2010
中国机械工业集团有限公司
年鉴

中国经济出版社
CEPH
CHINA ECONOMIC PUBLISHING HOUSE

图书在版编目(CIP)数据

中国机械工业集团有限公司年鉴.2010/《中国机械工业集团有限公司年鉴》编辑部编
—北京:中国经济出版社,2010.11
ISBN 978-7-5136-0308-9
Ⅰ.①中… Ⅱ.①中… Ⅲ.①机械工业—工业企业—中国—2010—年鉴 Ⅳ.①F426.4-54
中国版本图书馆CIP数据核字（2010）第206719号

中国机械工业集团有限公司年鉴（2010）

总 编 辑：乔卫兵
副总编辑：李祥柱
责任编辑：汪 京 黄 静 郑 潇
英文翻译：张 寿
美术编辑：原创在线

出版发行：中国经济出版社（100037 北京市西城区百万庄北街3号）
网　　址：www.economyph.com
电　　话：（010）64471681　64471644
经　　销：各地新华书店
承　　印：北京画中画印刷有限公司
开　　本：889mm×1194mm 1/16　　字　数：1500千字
插页印张：5.75　　印　张：46.5
版　　次：2010年12月第1版　　印　次：2010年12月第1次印刷
书　　号：ISBN 978-7-5136-0308-9/F·8602　　定　价：480.00元
广告经营许可证：京平工商广字第0688号

编辑出版说明

（一）《中国机械工业集团有限公司年鉴》（以下简称《国机集团年鉴》）由中国机械工业集团有限公司主管、主办，《国机集团年鉴》编委会编纂，中国经济出版社编辑出版。

（二）《国机集团年鉴》是一部全面记载国机集团改革与发展的大型工具书和资料性年刊。《国机集团年鉴》（2010）作为首卷，除刊载2009年国机集团的改革发展情况，还特别收录了国机集团从成立到2008年改革和发展的总体概况。

（三）《国机集团年鉴》坚持面向市场，面向读者，提供准确、翔实的数据、信息和资料，忠实地反映国机集团和国机人年度取得的新发展、新进步、新成就和新风貌。

（四）《国机集团年鉴》（2010）共八篇。

- □ 第一篇 重要文献。刊载集团公司主要领导在年度工作会议上的讲话、报告及有关文献。
- □ 第二篇 集团公司发展概况。主要刊载集团公司年度经济运行、董事会试点、主业经营、科技发展、资本运营、综合管理、企业党建等方面的发展情况，同时记述了1997—2008年集团公司的相关情况。
- □ 第三篇 子公司发展概况。主要刊载集团各子公司年度改革发展情况，并对子公司自加入集团至2008年的发展情况进行简要追述。
- □ 第四篇 规章制度选编。精选集团公司重要的规章制度予以刊载。
- □ 第五篇 荣誉汇编。记载集团公司年度获得的重要奖励和荣誉。
- □ 第六篇 大事记。简要记述2009年以及1997—2008年集团公司的重要工作。
- □ 第七篇 附录。主要收录了装备制造业调整和振兴规划、重大技术装备自主创新指导目录、中国企业100强名单、机械行业100强名单等相关资料。
- □ 第八篇 国机集团形象展示。以图文并茂的形式集中展示集团及各子公司取得的业绩与良好的形象。

（五）《国机集团年鉴》（2010）的编辑出版，得到了集团总部各职能管理部门和子公司的大力支持与协助，在此一并表示衷心感谢。

《中国机械工业集团有限公司年鉴》编辑部

二〇一〇年十一月十六日

中国机械工业集团有限公司董事长　任洪斌

写在前面的话

以铜为鉴，可以正衣冠；以人为鉴，可以明得失；以史为鉴，可以知兴替。

今之所谓年鉴，系指汇集一年或截至出版年为止、某一方面情况或统计数据等资料的参考书。在某种意义上讲，它记录历史，尔后也将是历史的一部分。

国机集团从无到有，由小到大，已经走过了12年不平凡的历程。这期间，我们栉风沐雨、披荆斩棘，用汗水、智慧、坚韧谱写了快速发展的华章。2009年集团实现营业收入1034亿元、进出口总额63亿美元、利润总额48亿元，分别是集团成立时的12倍、5倍和48倍；截至2009年底，集团资产总额980亿元，是成立当年的7倍。与此同时，国机集团在我国装备研发与制造领域、国际工程承包和国内外贸易等领域的核心竞争力、市场影响力得到空前提升，成为中国机械工业参与世界竞争的领先企业，不仅圆满完成国有资产保值增值这一核心任务，也为国家经济发展和社会进步，特别是为我国机械工业的发展与振兴忠实地履行了自己的责任。

从"一体两翼"的战略格局到今天"三大主业"并行发展，在一片纷繁芜杂、盘根错节中，国机人改革创新、与时俱进，走出了自己独特的发展道路——经过一系列管理创新、资源整合和结构调整，国机集团的工程承包、设备成套和咨询设计取得了长足进步，重大项目四海开花，非实体经营稳步推进；国内外贸易凯歌高奏，两个市场一起抓，产品逐渐走出国门、走向高端；装备研发与制造成为后起之秀，产业化进程加快、研发力度不断加强，为我国振兴装备制造业发挥了应有作用。

这十二年中，国机大家庭不断发展壮大，"和"文化建设日新月异。"合力同行，创新共赢"的文化实践、不断加强的内部合作，升华着国机大家庭的兄弟情谊——我们在打造"百年国机"的路上，同心协力，让"握紧的拳头更有力"。特别是2009年，在"形势之复杂、任务之艰巨，前所未有"的严峻局势下，我们视信心为战胜危机的利器，而责任让信心更加坚定。国机集团各级领导和广大干部职工同全国人民一道，携手共进，风雨同舟，以前所未有的信心、决心，危中求机、逆势而上，并把这种"国机信心"化入我们应对危机的一个又一个举措中、一次又一次的市场较量中，让我们面对现实、毫不畏惧，负重加压、精益求精，赢得了发展的先机。

——这是一段精彩的历史。我们是这段历史的创造者、参与者，我们也有义务和责任完成好历史记录者这一光荣又艰巨的任务。

于是，就有了年鉴编纂这项承上启下、继往开来、服务当代、有益后世的文化基础事业。编辑出版国机集团年鉴就是对国机集团十二年来的发展进行系统的梳理和总结，形成国机集团重要、权威的发展史料，为中国机械工业行业、国有企业、中央企业提供有益的史料补充，为各级各部门工作研究、科学决策提供重要参考，同时打造认识国机、宣传国机的新窗口。

于是，2010年，由这第一卷开始，铺陈开来，我们悉心记录今后国机集团每一年每一步的发展、成长。我们记录这当中的荣耀，也记录这其中的甘苦；纪念国机人在市场搏击中取得的巨大成功，也纪念人们为了这份成功而付出的非凡努力。

以史为鉴，就是要总结经验、梳理思路，再以与时俱进、奋发有为的精神状态，以勇挑重担、志在必得的豪迈情怀，以群雄逐鹿、舍我其谁的王者气魄，振奋精神，顽强拼搏，努力开创国机集团更加辉煌灿烂的明天！

2010年10月

合力同行 创新共赢
WORK TOGETHER WIN TOGETHER

国机集团
SINOMACH

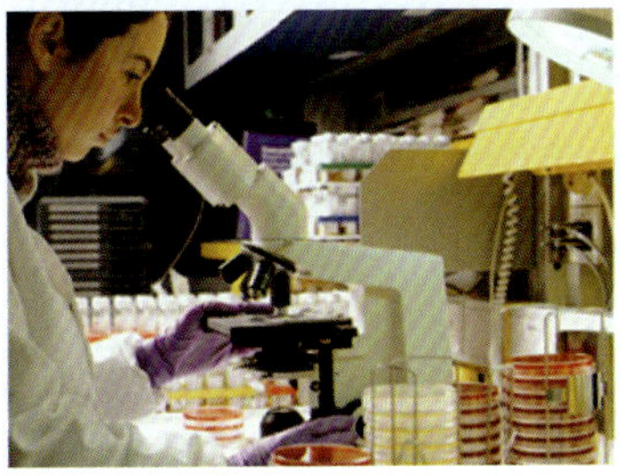

中国机械工业集团有限公司[国机集团]成立于1997年1月，是经国务院批准组建的大型国有企业，隶属国务院国有资产监督管理委员会直接管理。

国机集团是中国机械工业覆盖面最广、业务链最完善、研发能力最强的大型中央企业集团。旗下聚集了中国机械工业机械装备研发与制造、工程承包、贸易与服务等领域的核心骨干企业。拥有50家全资及控股子公司，6家上市公司，70多家海外服务机构，全球员工总数近10万人。国机集团连续多年保持30%以上的高速增长，2009年主营业务收入达到1034亿元。

国机集团主要业务包括：机械装备研发与制造、工程承包、贸易与服务。服务领域覆盖了工业、农业、交通、能源、建筑、轻工、汽车、船舶、矿山、冶金、航空航天等国民经济重要产业领域，为全球140多个国家和地区提供专业化服务。

国机集团具有较强的资源集成和运用能力。雄厚的研发实力、广泛的全球营销网络、强大的资金实力和项目融资能力，形成了涵盖设计、研发、制造、工程承包、系统集成、国际贸易等方面的完整产业链，具备独特的产业价值和市场竞争优势。

在机械装备研发与制造业务领域，国机集团是中国最大的农业机械、林业机械、地质装备制造企业，以及最重要的工程机械制造企业之一，众多市场领先的优秀产品远销世界各地。同时拥有在重型机械、电站设备、石化通用、机床工具、汽车工程、机械基础件、仪器仪表及环保设备等领域强大的研发能力和系统集成能力，向国内外市场提供了一大批具有重大影响力的装备和技术。

在国际工程承包业务领域，作为全球知名的国际工程承包商，国机集团连续多年入选（ENR）"全球225家最大国际承包商"前50强、"全球200强工程咨询设计企业"前100强，在业内具有广泛的影响力，在全球众多国家和地区的工程市场具有重要的市场地位。2009年，国机集团名列（ENR）"全球225家最大国际工程承包商"第28位、"国际工程设计企业200强"第77位。

在贸易与服务业务方面，国机集团是中国机电产品出口和国外先进技术和产品引进的重要窗口，是中国最大的汽车贸易和服务商。2009年，以机电产品为主的进出口贸易与服务业务已达63亿美元，成为中国机械工业最大的进出口贸易企业。

秉承"合力同行，创新共赢"的企业理念，致力于"和"文化建设，国机集团将努力打造国内一流、世界著名的综合性装备工业跨国集团，成为中国机械工业的领跑者，人类文明和进步的推动者。

亲切关怀

2005年4月26日，胡锦涛主席访问菲律宾期间，接见任洪斌董事长等在菲中资企业代表

2009年4月23日，江泽民同志视察中国联合工程公司

2009年7月6日，吴邦国委员长视察合肥通用机械研究院

2007年1月14日，温家宝总理和菲律宾总统阿罗约共同出席
菲律宾北吕宋铁路一期二段商务技术合同签字仪式

2009年11月4日，贾庆林主席参观“成就辉煌——建国六十周年工程机械行业成就展”

2006年4月19日，李长春同志视察天津电气传动设计研究所

2009年3月31日，习近平同志视察中国一拖集团有限公司

2008年11月14日，贺国强同志视察中国电器科学研究院

贺 信

中国机械工业集团公司：

欣闻你公司成立十周年庆祝活动隆重举行，谨表示热烈祝贺，并向集团全体员工致以亲切的问候！

机械工业是国家经济发展的重要基础，装备制造业是一个国家工业化的重要象征。十年来，中国机械工业集团公司充分发挥业务领域广泛、科研实力雄厚、市场信誉良好等综合优势，全面落实“走出去”战略，推动中国机械工业不断走向世界，确立了国内外工程承包和设备成套、机电产品进出口贸易、高科技产品研发与生产等领域的市场竞争优势和核心竞争力，跻身于中国最大的国际工程承包和进出口贸易企业行列，在机械领域科研开发及产业化基地建设方面走在前列，成为中国机械工业“走出去”的主力军，为我国机械工业的发展做出了重大贡献。

希望你们高举邓小平理论和“三个代表”重要思想伟大旗帜，全面贯彻落实科学发展观，再接再厉，奋发图强，为推动我国机械工业持续快速健康发展，为建设富强民主文明和谐的社会主义现代化国家，做出新的更大的贡献。

贾庆林

2006年11月23日

建设和谐企业
服务和谐社会

羅幹

二〇〇七年元月

艰苦奋斗建基业
开拓创新更辉煌

祝贺中国机械工业集团公司成立十周年

二〇〇六年十二月
邹家华

祝贺中国机械工业集团公司成立十周年。

十年来，你们面向市场，加强管理，深化改革，企业取得了长足发展。希望你们认真贯彻科学发展观，实施"走出去"战略，积极开拓国际市场，提高国际化经营水平，增强企业竞争力，努力创造一流品牌，为振兴中国机械工业作出新的贡献。

曾培炎

22/11-2006

創新制造
走向世界

路甬祥
二〇〇六年冬

肩負歷史使命
振兴机械工業

賀中国机械工業集团10年華誕

徐匡迪

二〇〇七年九月十日

牢记央企使命，扎实做强主业，

争创世界一流企业。

李荣融

2006 11 16

贺国机集团成立三十周年

发展国机
装备全球

二〇〇七年元月廿八日
何光远

贺 信

中国机械工业集团公司：

国机集团诞生于国内外市场竞争日益激烈，企业改革日益深化的时期，是贯彻实施机械工业大集团振兴战略的硕果。集团成立时，我讲过“创业维艰，玉汝于成”。十年来，国机集团形成了实力较强的科研开发及产业化基地，行业地位迅速提升。充分发挥了业务领域宽广、科研实力雄厚、市场信誉良好等综合优势，服务于国民经济建设，完成了一系列大型工程项目、高新技术和重大装备的研制与生产；全面落实“走出去”战略，推动着我国机械工业不断走向世界，已发展成为中国最大的国际工程承包和进出口贸易企业之一，堪称中国机械工业对外经济技术合作的主力军。

值此十年庆典之际，我衷心希望国机集团在贯彻落实科学发展观的实践中，再接再厉，努力创新，不断进取，在振兴我国机械工业的道路上再谱新华章！

包叙定

二〇〇七年一月

振兴中国机械工业

创建世界一流企业

邵奇惠

2006年11月14日

贺 信

中国机械工业集团公司：

欣闻国机集团迎来成立十周年庆典，特致函表示热烈祝贺！

十年来，国机集团充分发挥业务领域广、人才队伍强、融资水平高、市场信誉好等综合优势，全面落实“走出去”战略，推动中国机械工业不断走向世界。在经营管理中，自主创新，确定了“一体两翼”的发展思路，经营业绩多年保持告诉增长，企业规模不断扩大，国际声誉日益提高，确立了在国内外工程承包和设备成套、机电产品进出口贸易、高科技产品研发与生产等领域的市场竞争优势和核心竞争力，跻身世界知名的国际工程承包和进出口贸易企业行列，成为中国机械工业“走出去”的良好范例，展示出了强劲的发展潜力。十年里，国机集团全体员工共同努力，在我国国民经济各个重要领域，完成了一系列大型工程承包项目、高新技术和重大装备的开发研制与生产，为国家经济发展、国防建设和对外经济技术合作，特别是为我国机械工业的发展与振兴做出了重要贡献。

热切希望你们肩负使命，面向未来，团结奋斗，开拓创新，全面落实科学发展观，建设和谐国机，跨入世界一流行列，为推动我国机械工业快速发展，更好地服务于祖国建设谱写新篇章！

二〇〇六年十二月七日

求实创新

和谐国机

丙戌年 于玲

贺 信

中国机械工业集团公司：

欣闻你公司成立十周年庆祝活动隆重举行，谨表示热烈祝贺，并向集团全体员工致以亲切的问候！

机械工业是国家经济发展的重要基础，装备制造业是一个国家工业化的重要象征。十年来，中国机械工业集团公司充分发挥业务领域广泛、科研实力雄厚、市场信誉良好等综合优势，全面落实“走出去”战略，推动中国机械工业不断走向世界，确立了国内外工程承包和设备成套、机电产品进出口贸易、高科技产品研发与生产等领域的市场竞争优势和核心竞争力，跻身于中国最大的国际工程承包和进出口贸易企业行列，在机械领域科研开发及产业化基地建设方面走在前列，成为中国机械工业“走出去”的主力军，为我国机械工业的发展做出了重大贡献。

希望你们高举邓小平理论和“三个代表”重要思想伟大旗帜，全面贯彻落实科学发展观，再接再厉，奋发图强，为推动我国机械工业持续快速健康发展，为建设富强民主文明和谐的社会主义现代化国家，做出新的更大的贡献。

李长江

二〇〇六年十二月

贺 信

中国机械工业集团公司：

值此中国机械工业集团公司十周年华诞之际，我谨代表中国贸促委员会表示热烈的祝贺！

国机集团组建十年来，在深化改革，扩大开放的时代大潮中，以“振兴中国机械工业，跻身世界先进行列”为奋斗目标，积极开展技术引进和自主创新，利用国际国内两个市场和两种资源，形成了遍及世界的业务网络，为我国机械工业整体技术水平的提高、国际竞争力的增强，对外交流与合作的发展做出了重要贡献。

中国贸促会作为我国最大的贸易投资促进机构，长期以来致力与促进我国同世界各国，各地区之间的经贸关系的发展，促进各种形式的中外经济技术合作，在让“中国制造”走向世界的历程中，我们与国机集团建立了良好的合作关系，随着经济全球化进程的不断加快和我国全面落实“十一五”规划纲要，振兴装备制造业，我深信，我会与国机集团合作的领域将更加全面，空间将更加广阔。

我愿国机集团在未来取得更加辉煌的成就！

万季飞

二〇〇六年十二月二十日

贺 信

中国机械工业集团公司：

值此中国机械工业集团公司成立十周年之际，我谨代表科学技术部对贵公司表示热烈祝贺！并对国机集团全体员工致以亲切的问候！

当今世界，科学技术发展日新月异，科技创新能力日主体益成为国家竞争力的决定性因素。企业是技术创新的主体。落实全国科技大会精神，走自主创新路道，努力建设创新型国家，必须大力增强企业的自主创新能力，加快推进以企业为主体、产学研相结合的技术创新体系建设。

在十年的发展历程中，国机集团以市场为导向，坚持科技创新，不断加大研发投入，努力促进科技成果转化和产业化。企业规模不断壮大，科研实力显著增强，国际竞争力明显提升，国际集团已成为我国机械工业技术创新和产业化的重要基地，成为推动我国机械工业对外经济技术合作的骨干力量。

希望国机集团以十年庆典为新的起点，坚持以科学发展观为指导，大力增强自主创新能力，为推动我国机械工业技术进步，提升产业国际竞争力做出新的、更大的贡献！

徐冠华

二〇〇六年十二月廿九日

2009年集团领导工作剪影

1月12日，任洪斌董事长在2009年工作会期间向子公司授旗

6月1日，任洪斌董事长参观考察蓝科高新上海石化基地

3月24日，李延江书记在江苏苏美达集团公司调研考察

8月7日，李延江书记在国机集团数控车工技能大赛现场

3月24日，徐念沙副董事长在中国重型机械研究院有限公司调研考察

6月9日，徐念沙副董事长率外部董事在洛阳轴承研究所有限公司调研考察

2月28日，徐建总经理出席中国一拖集团有限公司与吉林省东风机械装备公司合作项目启动暨东方红大马力拖拉机下线仪式

3月26日，徐建总经理在中国收获机械总公司调研考察

6月29日，党委副书记、纪委书记谷政协为“先进基层党组织”荣誉称号获奖单位颁奖

9月29日，陈志副总经理在中国重型机械研究院有限公司调研考察

10月14日，李占永副书记在合肥通用机械研究院调研考察

12月9日，王松林副总经理出席2009年上海国际汽车零配件、维修检测诊断设备及服务用品展览会开幕式

4月23日，骆家駹总会计师到中国电器科学研究院检查指导企业改制上市工作，并参观考察该院高科技产业基地

3月17日，刘大山副总经理在桂林电器科学研究所调研考察

10月13日，谢彪副总经理签署黑龙江（阿穆尔河）界河铁路桥
俄方一侧建设项目合作协议

10月12日，刘大功副总经理在中国福马常林股份调研考察

《中国机械工业集团有限公司年鉴》编辑委员会

主　编

王松林　　中国机械工业集团有限公司副总经理

执行主编

纪学成　　中国机械工业集团有限公司新闻与信息中心主任

执行副主编

陈兴祥　中国机械工业集团有限公司新闻与信息中心新闻处处长

编　辑

于雪娟　张少晨

撰稿人

（按姓氏笔画排序）

丁建荣　于雪娟　万　鹏　马　林　马申煜　边建淮　王　可　王　冰　王　萍
王永祥　冯雪峰　全啸林　闫　方　闫　炎　闫献军　纪　然　刘　凤　刘　辉
刘　鹏　刘立群　刘永乐　刘珍珠　刘继东　朱玉珍　朱学新　孙金阶　宋　烨
汪　冰　陈兴祥　李　丰　李　光　李　霞　李良寿　李焰宏　李赐犁　肖晓帆
陈　昆　郑　杨　庞　辉　张　雷　张少晨　张文娟　张兰川　张发明　张秋娜
张歌旗　张毅杰　张媛媛　张馨月　杨　勇　杨学贵　杨昌福　杨晓刚　岳　恒
孟　钰　姚荣洋　贺　英　郭晋峰　郭渭鹏　钱祯祺　顾　全　姜德钧　谢胡萍
黄　丽　程美华　曾维佳　满　懿　彭心田

目　录

第一篇　重要文献

审时度势　破解难题　积极推进国机集团做大做强
——任洪斌在国机集团2010年工作会议上的讲话 …… 3
发挥政治优势　推动科学发展　为实现国机集团新跨越而努力奋斗
——李延江在中国共产党中国机械工业集团有限公司第一次代表大会上的报告 …… 9
突出主业　强化管理　促进国机集团持续健康发展
——徐建在2010年国机集团工作会议上的工作报告 …… 15
1997—2009年国机集团重要文献 …… 26
包叙定在国机集团暨中国机械装备（集团）公司成立大会上的讲话 …… 26
高元恩在国机集团1999年工作会议上的报告 …… 27
高元恩在国机集团2000年工作会议上的报告 …… 37
潘崇义在国机集团2001年工作会议上的报告 …… 49
任洪斌在国机集团2002年工作会议上的报告 …… 63
与时俱进　开拓创新　为全面提高国机集团的国际竞争力而努力奋斗
——任洪斌在国机集团2003年工作会议上的报告 …… 71
认清新形势　把握新机遇　跨越新高度　开创国机集团发展的新局面
——任洪斌在国机集团2004年工作会议上的报告 …… 84
求真务实　开拓创新　全面推进国机集团可持续发展
——任洪斌在国机集团2005年工作会议上的报告 …… 95
用科学发展观统领全局　保持国机集团持续快速发展
——任洪斌在国机集团2006年工作会议上的报告 …… 104
努力拼搏　开拓创新　谱写国机集团发展的新篇章
——任洪斌在国机集团2007年工作会议上的报告 …… 117
抢抓机遇　锐意进取　为做强做大国机集团而努力奋斗
——任洪斌在国机集团2008年工作会议上的报告 …… 129

面对新形势　迎接新挑战　谋求新发展
积极推进国机集团做大做强
——任洪斌在国机集团2009年工作会议上的讲话 …… 139
创新党建和思想政治工作　为实现国机集团持续全面健康发展提供政治保证
——李延江在2009年工作会议上的党委工作报告 …… 147
开拓创新　共克时艰　推进国机集团持续全面健康发展
——徐建在国机集团2009年工作会议上的报告 …… 152

第二篇　集团公司发展概况

基本情况 …… 167
1997—2008年发展情况 …… 176
发展综述 …… 176
主业经营 …… 178
科技发展 …… 187
重组改制 …… 217
综合管理 …… 224
企业文化与品牌建设 …… 234
重大改革创新 …… 247
企业党建 …… 257
2009年发展情况 …… 264
经济运行概况 …… 264
董事会试点 …… 265
主业经营 …… 269
科技发展 …… 278
资本运营 …… 286
综合管理 …… 290
企业党建 …… 300

第三篇　子公司发展概况

中国机械设备进出口总公司 …… 309
中工国际工程股份有限公司 …… 312
中国福马机械集团有限公司 …… 317
中国海洋航空集团公司 …… 323
中国地质装备总公司 …… 327
中国收获机械总公司 …… 332
中国机械工业建设总公司 …… 337
中国机床总公司 …… 339
中国重型机械总公司 …… 342
中国电工设备总公司 …… 348
中国通用机械工程总公司 …… 355
中国自动化控制系统总公司 …… 361
中国机械工业成套工程总公司 …… 367
国机财务有限责任公司 …… 372
中国进口汽车贸易有限公司 …… 377
中国汽车工业进出口总公司（中汽凯瑞贸易有限公司） …… 384
中国汽车工业国际合作总公司 …… 387
中国农业机械化科学研究院 …… 394
中国中元国际工程公司 …… 401
北京起重运输机械设计研究院 …… 406
中国一拖集团有限公司 …… 410
江苏苏美达集团公司 …… 414
中国浦发机械工业股份有限公司 …… 420
中国工程机械总公司 …… 423
中国磨料磨具进出口公司 …… 427
洛阳中收机械装备有限公司 …… 430
长沙汽电汽车零部件有限公司 …… 433
中国联合工程公司 …… 439
中国汽车工业工程公司 …… 444
机械工业第六设计研究院 …… 450
长春机械科学研究院有限公司 …… 457
沈阳仪表科学研究院 …… 460
合肥通用机械研究院 …… 464
甘肃蓝科石化高新装备股份有限公司 …… 468
兰州电源车辆研究所有限公司 …… 473
洛阳轴研科技股份有限公司 …… 477
郑州磨料磨具磨削研究所 …… 479
天津电气传动设计研究所 …… 483
中国电器科学研究院 …… 487
广州机械科学研究院 …… 491
济南铸造锻压机械研究所有限公司 …… 494

重庆仪表材料研究所 …………………………… 500
成都工具研究所 ………………………………… 505
中国重型机械研究院有限公司 ………………… 510
苏州电加工机床研究所有限公司 ……………… 514
桂林电器科学研究所 …………………………… 519

第四篇 规章制度选编

中国机械工业集团有限公司章程 ……………… 527
中国机械工业集团有限公司董事会工作制度 ……………………………………… 536
中国机械工业集团有限公司档案管理办法 ……………………………………… 542
中国机械工业集团公司公文处理办法 ………… 545
中国机械工业集团公司印章管理办法 ………… 553
中国机械工业集团有限公司外事管理暂行规定 …………………………………… 556
中国机械工业集团有限公司战略管理办法 …… 558
中国机械工业集团有限公司担保管理办法 …… 559
中国机械工业集团有限公司资金集中结算实施方案（试行） …………………… 563
中国机械工业集团有限公司资产处置管理暂行办法 …………………………………… 564
中国机械工业集团有限公司投资管理暂行办法 …………………………………… 568
中国机械装备（集团）公司关于所属企业领导人员任期经济责任审计的规定 ………… 575
中国机械装备（集团）公司内部审计暂行规定 …………………………………… 577
中国机械工业集团有限公司法律工作管理办法 …………………………………… 580
中国机械工业集团有限公司非实体经营管理办法 …………………………………… 582
中国机械工业集团公司全资及控股企业党员领导干部民主生活会的有关规定 ……… 587
关于中国机械工业集团有限公司全资及控股企业党组织换届选举工作实施办法 …… 589
中共中国机械工业集团公司委员会党风建设和反腐倡廉工作责任制实施办法 ……… 593
中国机械工业集团有限公司信息工作管理办法 …………………………………… 596
中国机械工业集团有限公司新闻采访与新闻发布管理办法 ……………………… 599
中国机械工业集团公司信息化建设项目管理暂行办法 ……………………………… 601
中国机械工业集团有限公司虚拟专用网络管理暂行办法 ……………………………… 603
中国机械工业集团有限公司业绩考核“经营管理指标”计分实施细则 ……………… 604
中国机械工业集团科学技术奖奖励办法 ……… 606
中国机械工业集团有限公司科技管理办法 …… 609
中国机械工业集团有限公司知识产权管理办法 …………………………………… 612
中国机械工业集团有限公司资质管理办法 …… 616
中国机械工业集团公司关于加强对装备制造归口管理企业管理与服务的实施意见 ……… 619
中国机械工业集团有限公司节能减排监督管理暂行办法 ……………………………… 622
中国机械工业集团有限公司关于汽车业务管理的若干规定 ………………………… 626

第五篇 荣誉汇编

2009 年全国、省部级、中央企业和国机集团先进集体及先进个人 ……………………………… 631
2009 年全国及行业优秀工程奖 ………………… 634
2009 年全国、机械行业和国机集团科学技术奖 …………………………………… 639

第六篇 大事记

1997—2008 年中国机械工业集团有限公司大事记 ……………………………………… 649
2009 年中国机械工业集团有限公司大事记 …… 663

第七篇 附 录

装备制造业调整和振兴规划 …………………… 671
重大技术装备自主创新指导目录 ……………… 676

2009 年中国机械工业 100 强企业名单 ………… 700
2009 中国企业 500 强前 100 强名单 …………… 704
2009 年中国进出口额 100 强企业名单 ………… 707
2009—2010 年入选 ENR 全球最大 225 家
国际承包商的中国企业名单 ………………… 718
中国机械工业集团有限公司子公司名录 ……… 721

第八篇 国机集团形象展示

中国机械工业集团有限公司 ……………… A1 ~ A2
中国机械设备进出口总公司 ……………………… B1
中工国际工程股份有限公司 ……………………… B2
中国海洋航空集团公司 …………………………… B3
中国机械工业建设总公司 ………………………… B4
中国重型机械总公司 ……………………………… B5
中国电工设备总公司 ……………………………… B6
中国通用机械工程总公司 ………………………… B7
中国自动化控制系统总公司 ……………………… B8
中国机械工业成套工程总公司 …………………… B9
中国中元国际工程公司 ………………………… B10
中国联合工程公司 ……………………………… B11
机械工业第六设计研究院 ……………………… B12
中国汽车工业工程公司 ………………………… B13
中国一拖集团有限公司 ………………………… B14
中国福马机械集团有限公司 …………………… B15
中国地质装备总公司 …………………………… B16
中国收获机械总公司 …………………………… B17
中国工程机械总公司 …………………………… B18
洛阳中收机械装备有限公司 …………………… B19
中国农业机械化科学研究院 …………………… B20
北京起重运输机械设计研究院 ………………… B21
长春机械科学研究院有限公司 ………………… B22
沈阳仪表科学研究院 …………………………… B23
合肥通用机械研究院 …………………………… B24
甘肃蓝科石化高新装备股份有限公司 ………… B25
兰州电源车辆研究所有限公司 ………………… B26
洛阳轴研科技股份有限公司 …………………… B27
郑州磨料磨具磨削研究所 ……………………… B28
天津电气传动设计研究所 ……………………… B29
中国电器科学研究院 …………………………… B30
广州机械科学研究院 …………………………… B31
济南铸造锻压机械研究所有限公司 …………… B32
重庆仪表材料研究所 …………………………… B33
成都工具研究所 ………………………………… B34
中国重型机械研究院有限公司 ………………… B35
苏州电加工机床研究所有限公司 ……………… B36
桂林电器科学研究院 …………………………… B37
江苏苏美达集团公司 …………………………… B38
中国进口汽车贸易有限公司 …………………… B39
中国汽车工业进出口总公司
（中汽凯瑞贸易有限公司）…………………… B40
中国汽车工业国际合作总公司 ………………… B41
长沙汽电汽车零部件有限公司 ………………… B42
北京中汽京田汽车贸易有限公司 ……………… B43
北京国机隆盛汽车有限公司 …………………… B44
北京国机丰盛汽车有限公司 …………………… B45
中国机床总公司 ………………………………… B46
中国浦发机械工业股份有限公司 ……………… B47
中国磨料磨具进出口公司 ……………………… B48
机翔房地产开发公司 …………………………… B49
北京华隆进出口公司 …………………………… B50
国机财务有限责任公司 ………………………… B51

CONTENTS

Part I: Important Documents

Assess the Situation Correctly, Analyze Difficult Issues and Push Forward SINOMACH aggressively so as to Make Group Corporation Grow and Powerful
——Speech by Ren Hongbin at 2010 Working Conference of SINOMACH 3
Give Full Play to Political Advantages, Push Forward Scientific Developments and Work Hard for New Jumps of SINOMACH
——The Report by Li Yanjiang at the First Representative Conference of the Chinese Communist Party of SINOMACH 9
Highlight Major Businesses, Enhance Management and Promote Sustainable and Healthy Developments of SINOMACH
——Speech by Xu Jian at 2010 Working Conference of SINOMACH 15
Important Documents of SINOMACH in 1997—2009 26
Speech by Bao Xuding at the Meeting to Mark the Establishment of SINOMACH 26
Report by Gao Yuan'en at 1999 Working Conference of SINOMACH 27
Report by Gao Yuan'en at 2000 Working Conference of SINOMACH 37
Report by Pan Chongyi at 2001 Working Conference of SINOMACH 49
Report by Ren Hongbin at 2002 Working Conference of SINOMACH 63
Advance with the Times, Pioneering and Innovative and Work Hard for Enhancing International Competitive Strength of SINOMACH
——Report by Ren Hongbin at 2003 Working Conference of SINOMACH 71
Get a Clear Understanding of Situation, Grasp New Opportunities, Leap over New Heights and Create a New Situation of Developments for SINOMACH
——Report by Ren Hongbin at 2004 Working Conference of SINOMACH 84
Be Genuine and Realistic, Pioneering and Innovative for Overall Advancing Sustainable Developments of SINMACH
——Report by Ren Hongbin at 2005 Working Conference of SINOMACH 95
Steer Overall Situation with Scientific Outlook of Developments and Maintain Sustainable and Fast Developments of SINOMACH
——Report by Ren Hongbin at 2006 Working Conference of SINOMACH 104
Strive Hard and Be Pioneering and Innovative for New Chapters of Developments in SINOMACH
——Report by Ren Hongbin at 2007 Working Conference of SINOMACH 117
Grasp Opportunities, Advance with Enterprising Spirit and Work Hard for an Ever - growing and Powerful SINOMACH

——Report by Ren Hongbin at 2008 Working Conference of SINOMACH …………………… 129

Face New Situation, Embrace New Challenges, and Plan for New Developments so as to Aggressively Advance SINOMACH to Grow and Become Powerful
——Report by Ren Hongbin at 2009 Working Conference of SINOMACH …………………… 139

Innovate Party Building and Ideology Related Political Work so as to Provide Political Guarantee for Comprehensive, Sustainable and Healthy Developments of SINOMACH
——Work Report delivered by Li Yanjiang at 2009 Working Conference of SINOMACH …… 147

Be Pioneering and Innovative, Pull Together to Overcome Difficulties for Advancing Comprehensive, Sustainable and Healthy Developments of SINOMACH
——Report by Xu Jian at 2009 Working Conference of SINOMACH …………………… 152

Part Ⅱ: The Development Overview of SINOMACH

Basic Information ………………………………… 167
Developments in 1997 - 2008 ………………… 176
The Overall Description of Developments ……… 176
Major Business Operations …………………… 178
Science and Technology Developments ………… 187
Reorganization and Restructuring ……………… 217
Integrated Management ………………………… 224
Enterprise Culture and Brand Construction …… 234
Major Reforms and Innovations ………………… 247
Party Building in Enterprises ………………… 257
Developments in 2009 ………………………… 264
The Overview of Economic Operations ………… 264
Experiment of Board of Directors ……………… 265
Operation of Major Businesses ………………… 269
Science and Technology Developments ………… 278
Capital Operations ……………………………… 286
Comprehensive Administration ………………… 290
Party Building in Enterprises ………………… 300

Part Ⅲ: The Overview of Developments in Subsidiary Companies

China National Machinery and Equipment Import and Export Corporation ………………… 309
China CAMC Engineering co., Ltd. …………… 312
China Foma (Group) Co., Ltd. ……………… 317
China Ocean Aviation Group Incorporation ……… 323
China Geo - Equipment Corporation …………… 327
China National Harvester Machinery Corporation …………………………………… 332
China Cmiic Engineering & Construction Corporation …………………………………… 337
China National Machine Tools Corp. …………… 339
China National Heavy Machinery Corporation …… 342
China National Electric Equipment Corporation …………………………………… 348
China National General Machinery Engineering Corp. ………………………………………… 355
China National Automation Control System Corp. ………………………………………… 361
China National Machinery Industry Complete Engineering Corporation ……………………… 367
SINOMACH Finance Co., Ltd. ……………… 372
China Automobile Trading Co., Ltd. …………… 377
China National Automotive Industry Imp. & Exp. Corp. …………………………………… 384
China National Automotive Industry International Corp. ………………………………………… 387
Chinese Academy of Agricultural Mechanization Sciences ……………………………………… 394
China IPPR International Engineering Corporation …………………………………… 401

Beijing Materials Handling Engineering & Research Institute ······ 406
China YTO Group Corporation ······ 410
Jiangsu SUMEC Group Corporation ······ 414
China Perfect Machinery Industry Corp., Ltd. ······ 420
China National Corporation of Construction Machinery ······ 423
China Abrasives Import & Export Corporation ······ 427
Luoyang Zhongshou Machinery&Equipment Co., Ltd. ······ 430
Changsha Qidian Automotive Products Co., Ltd. ······ 433
China United Engineering Corporation ······ 439
China Automobile Industry Engineering Corporation ······ 444
No. 6 Institute of Project Planning & Research of Machinery Industry ······ 450
Changchun Research Institute for Mechanical Science Co., Ltd. ······ 457
Shenyang Academy of Instrumentation Science ······ 460
Hefei General Machinery Research Institute ······ 464
Lanpec Technologies Limited ······ 468
Lanzhou Power Station & Vehicle Institute Co., Ltd. ······ 473
Luoyang Bearing Science & Technology Co. Ltd. ······ 477
Zhengzhou Research Institute for Abrasives & Grinding ······ 479
Tianjin Design & Research Institute of Electric Drive ······ 483
China National Electric Apparatus Research Institute ······ 487
Guangzhou Mechanical Engineering Research Institute ······ 491
Jinan Foundry & Metalforming Machinery Research Institute Co., Ltd. ······ 494
Chongqing Instrument Materials Research Institute ······ 500
Chengdu Tool Research Institute ······ 505
China National Heavy Machinery Research Institute Co., Ltd. ······ 510
Suzhou Electromachining Machine Tool Research Institute Co., Ltd. ······ 514
Guilin Electrical Equipment Scientific Research Institute ······ 519

Part IV: A Selection of Rules and Regulations

The Articles of Association of China National Machinery Industry Corporation (SINOMACH) ······ 527
The Work System for Board of Directors of SINOMACH ······ 536
Archive Management Method of SINOMACH ······ 542
The Document Handling Method of SINOMACH ······ 545
Seals and Stamps Management Method of SINOMACH ······ 553
Interim Provisions of Foreign Affairs Management of SINOMACH ······ 556
Strategy Management Method of SINOMACH ······ 558
The Guarantee Management Method of SINOMACH ······ 559
The Implementation Plan for Centralized Fund Final Settlement of SINOMACH (Tentative) ······ 563
Provisional Method for Disposal and Management of Assets of SINOMACH ······ 564
Provisional Method for Investment Management of SINOMACH ······ 568
Regulations Governing Auditing of Economic Responsibilities of Leaders of Affiliated Enterprises of SINOMACH during their Terms of Office ······ 575

Provisional Regulations Governing Internal Auditing of SINOMACH …… 577
The Management Method on Legal Affairs of SINOMACH …… 580
The Management Method for Non – entity Operations of SINOMACH …… 582
Regulations Relating Inner – Party Democratic Life for Leading Cadres at Wholly – owned Enterprises of SINOMAC or Enterprises in Which SINOMACH Holding Majority Shares … 587
Implementation Method for End – of – Term Election for Chinese Communist Party Organizations in SINOMACH's Wholly – owned Enterpriese or Enterprises Which SINOMACH Holding Majority Shares …… 589
Implementation Method of the Responsibility System Relating to the Work of Party Work Style Construction and Combating Corruption for Public Integrity of the Chinese Communist Party Committee of SINOMACH …… 593
Information Management Method of SINOMACH …… 596
Management Method of SINOMACH for News Coverage and News Releases …… 599
Interim Method of SINOMACH for Information Construction Projects …… 601
Interim Management Method for Virtual Networks of SINOMACH …… 603
Detailed Implementation Rules for Point Accounting of "Operation Management Indicators" in Performance Assessment of SINOMACH …… 604
Awarding Method for Science and Technology Prizes of SINOMACH …… 606
Science and Technology Management Method of SINOMACH …… 609
Intellectual Property Rights Management Method of SINOMACH …… 612
Qualification Management Method of SINOMACH …… 616
Implementation Suggestions of SINOMACH Concerning Strengthening Management of and Services for Equipment Manufacturing Enterprises that are Put under Centralized Management …… 619
Interim Supervisory and Management Method for Energy Conservation and Emission Reduction of SINOMACH …… 622
Several Regulations on Management of Automobile Businesses of SINOMACH …… 626

Part V: Compilations of Honors

Advanced Collectives and Individuals of National, Provincial and Ministerial levels and of Enterprises under Central Government as well as of SINOMACH in 2009 …… 631
Outstanding Project Prizes of National and Industrial Levels in 2009 …… 634
Science Technology Prizes of National level, Machinery Industry Level and of SINOMACH in 2009 …… 639

Part VI: Chronicles of Major Events

Chronicles of Major Events of SINOMACH in 1997—2008 …… 649
Chronicles of Major Events of SINOMACH in 2009 …… 663

Part VII: Appendices

Adjustment and Revitalization Plan for Equipment Manufacturing Industry …… 671
Guiding Directory for Independent Innovation in Major Technological Equipment …… 676

Name List for Top 100 Enterprises of Machinery Industry in China in 2009 ······ 700
Name List of Top 500 Chinese Enterprises in 2009 ······ 704
Name List of Top 100 Enterprises for Import and Export Volumes in 2009 ······ 707
Name List of Chinese Enterprises Listed in ENR Global Top 225 International Contractors in 2009—2010 ······ 718
Directory of Subsidiaries of SINOMACH ······ 721

Part VIII: Display of Subsidiaries of SINOMACH Images

China National Machinery Industry Corporation ······ A1 ~ A2
China National Machinery and Equipment Import and Export Corporation ······ B1
China CAMC Engineering co., Ltd. ······ B2
China Ocean Aviation Group Incorporation ······ B3
China Cmiic Engineering & Construction Corporation ······ B4
China National Heavy Machinery Corporation ······ B5
China National Electric Equipment Corporation ······ B6
China National General Machinery Engineering Corp. ······ B7
China National Automation Control System Corp. ······ B8
China National Machinery Industry Complete Engineering Corporation ······ B9
China IPPR International Engineering Corporation ······ B10
China United Engineering Corporation ······ B11
No. 6 Institute of Project Planning & Research of Machinery Industry ······ B12
China Automobile Industry Engineering Corporation ······ B13
China YTO Group Corporation ······ B14
China Foma (Group) Co., Ltd. ······ B15
China Geo – Equipment Corporation ······ B16
China National Harvester Machinery Corporation ······ B17
China National Corporation of Construction Machinery ······ B18
Luoyang Zhongshou Machinery&Equipment Co., Ltd. ······ B19
Chinese Academy of Agricultural Mechanization Sciences ······ B20
Beijing Materials Handling Engineering & Research Institute ······ B21
Changchun Research Institute for Mechanical Science Co., Ltd. ······ B22
Shenyang Academy of Instrumentation Science ······ B23
Hefei General Machinery Research Institute ······ B24
Lanpec Technologies Limited ······ B25
Lanzhou Power Station & Vehicle Institute Co., Ltd. ······ B26
Luoyang Bearing Science & Technology Co. Ltd. ······ B27
Zhengzhou Research Institute for Abrasives & Grinding ······ B28
Tianjin Design & Research Institute of Electric Drive ······ B29
China National Electric Apparatus Research Institute ······ B30
Guangzhou Mechanical Engineering Research Institute ······ B31
Jinan Foundry & Metalforming Machinery Research Institute Co., Ltd. ······ B32
Chongqing Instrument Materials Research Institute ······ B33
Chengdu Tool Research Institute ······ B34
China National Heavy Machinery Research Institute Co., Ltd. ······ B35

Suzhou Electromachining Machine Tool Research Institute Co., Ltd. ······ B36
Guilin Electrical Equipment Scientific Research Institute ······ B37
Jiangsu SUMEC Group Corporation ······ B38
China Automobile Trading Co., Ltd. ······ B39
China National Automotive Industry Imp. & Exp. Corp. ······ B40
China National Automotive Industry International Corp. ······ B41
Changsha Qidian Automotive Products Co., Ltd. ······ B42
Beijing Zhongqi Jingtian Auto Trading Co., Ltd. ······ B43
Beijing Guoji Longsheng Automobile Co., Ltd. ······ B44
Beijing Guoji Fengsheng Automobile Co, Lt. ······ B45
China National Machine Tools Corp. ······ B46
China Perfect Machinery Industry Corp., Ltd. ······ B47
China Abrasives Import & Export Corporation ······ B48
Jixiang Real Estate Developing Corporation ······ B49
Beijing Wallong Import & Export Corporation ······ B50
SINOMACH Finance Co., Ltd. ······ B51

第一篇

重要文献

审时度势 破解难题 积极推进国机集团做大做强

——任洪斌在国机集团2010年工作会议上的讲话

（2010年1月28日）

这次工作会议是在国际经济进入危机后期、我国经济处于结构调整升级、集团发展面临新挑战的关键时期召开的一次重要会议。对全面贯彻中央和国资委一系列会议精神，深入落实科学发展观，总结去年工作，分析面临的形势，部署今年工作，积极推进集团做大做强具有重要意义。

一、攻艰破难，集团发展站在了新起点

2009年是新世纪以来我国经济形势最为困难的一年，也是集团经受严峻考验、实现逆势增长的一年。面对复杂的经济形势和经营局面，各级领导和广大职工坚定信心，化危为机，攻艰破难，各项工作迈上了新台阶。

——董事会工作取得新进展。2009年3月，包括集团在内的7家中央企业董事会试点工作得到国务院正式批准，4月，国资委任命的6位外部董事到位。从2009年5月至今，集团共组织召开了6次董事会现场会议，3次董事会专门委员会会议，科学有效地决策了若干重大事项，符合中央企业试点要求的集团董事会真正运转起来。在集团领导下，部分子公司也积极探索和推进了董事会建设，取得了较好成绩。一年来，通过不断完善董事会各项规章制度，组织外部董事到所属企业调研，加强董事会有关制度的培训等，董事会有效发挥作用的保障机制初步形成，总体运行平稳有序。集团的各位董事尤其是外部董事，以高度的责任感，勤勉、忠实地履行职责和义务，为确保董事会运行的规范、高效、科学，为集团的持续健康发展做出了贡献。

——经营工作业绩显著。2009年，主要经营指标保持了平稳增长，实现主营业务收入1020亿元，利润总额46.1亿元。集团在中国企业500强、中国机械工业100强、国际工程承包商225强等多个权威排行榜上名次再创新高。一年来，以徐建同志为总经理的经营班子紧紧围绕集团改革发展大局，拼搏进取，沉着应对，积极落实董事会的各项决议，较好地完成了董事会交给的各项任务，为保持集团平稳较快发展付出了辛苦努力，成绩来之不易，应予充分肯定。各子公司领导和广大职工在不利形势面前，上下同心，奋力拼搏，共克时艰，经受了严峻的挑战和考验，做了大量工作，为集团实现逆势增长做出了重要贡献。

——党建工作成绩突出。2009年，集团党委紧紧围绕中心工作，深入开展学习实践科学发展观活动，职工群众对学习实践活动的满意度达到99.06%。积极探索新形势下加强和改进企业党建工作的新思路、新途径和新办法，努力把政治优势转化为核心竞争力，为应对金融危机、保持平稳较快发展提供了政治保证和组织保证。各级党组织的建设进一步加强，各级领导干部的政治素质和能力水平得到提升，战斗堡垒作用和党员先锋模范作用得到充分发挥。集团反腐倡廉建设取得积极进展，《国有企业领导人员廉洁从业若干规定》等制度得到有效宣传和落实。集团党建工作推动了集团的科学发展，成绩显著。刚刚闭幕的集团党代会全面回顾总结了五年来集团党委的各项工作，延江书记、占永副书记提出了今后一段时期集团党委和纪委的工作任务，集团各级党组织要认真学习，切实贯彻执行，各级行政领导要积极支持党的工作，形成推动集团改革发展的强大合力。

借此机会，我代表董事会，对各位董事、集团党委、经营班子、各子公司领导和全体员工，在面对金融危机影响和诸多困难挑战面前，所表现出的

不屈不挠、勇往直前、敢于担当的拼搏进取精神表示崇高的敬意和衷心的感谢！

同志们，今天恰逢国机集团成立十三周年，是我们全体国机人的节日。在这里，让我们一起，向为集团创立、在集团十三年发展历程中艰苦创业、努力拼搏、无私奉献的老领导和创业者们致以崇高的敬意和节日的问候！

回顾2009年，我们经历了艰难曲折的不平凡历程，取得了可喜的成绩。但是，在充分肯定成绩的同时，也必须清醒地看到，集团发展还面临一些问题，不同程度地影响和阻碍着集团的持续健康快速发展。一是产业链条不完善，整体竞争力有待提升；二是资源结构不合理，资源配置效率有待提高；三是产业升级任务重，亟待加快推进；四是决策和执行效率存在不足，急需改进提高；五是干部队伍建设形势紧迫，有待着力加强。这些问题，具有紧迫性，带有全局性，有的更具有长期性，必须引起高度重视，在今后的工作中认真加以改进和突破。

二、全面分析，把握发展面临的新形势

2010年是集团应对金融危机冲击、夺取新胜利，站在新起点、走向新发展的关键一年。形势可能更为复杂，需要全面分析、清醒认识、深入研判，保持对内外部环境变化的敏感性和前瞻性，在各项工作中不断做出符合形势发展要求、符合企业发展规律的科学决策。

（一）国际经济恢复增长但基础不稳固

世界经济开始复苏，今年国际经济形势可能总体好于去年，但是复苏的基础仍然脆弱，将会是一个复杂而曲折的过程。从有利方面看，近一段时间世界经济运行中显现出了一些好的迹象，主要经济体出现好转，一些新兴经济体和发展中国家经济增速加快。国际金融市场趋稳，全球贸易量和投资呈现恢复性增长。2009年第三季度以来，美国经济正逐渐走出谷底，第三季度按年率计算增长3.5%。欧元区经济环比增长0.4%，结束了连续5个季度的经济萎缩势头。欧元区两大经济体德国和法国的经济在第三季度分别环比增长0.7%和0.3%。日本第三季度继续保持增长势头，环比增长1.2%。联合国去年12月发布报告预测今年全球经济增长2.4%，国际货币基金组织去年10月公布预测为3.1%，国际权威机构对今年世界经济增长给出了相对乐观的预测。从不利方面看，一是金融危机的影响还将持续，金融风险并未消除，导致危机爆发的体制机制根源并没有得到实质性解决。二是各国抢占战略性新兴产业制高点的竞争日趋激烈，培育新的经济增长点需要时间。三是主要经济体政策协调难度加大，增长乏力，消费不振、投资疲软、产能利用率低、政府赤字和失业率居高不下等问题仍未得到明显改善。美国财政赤字在2009年达1.42万亿美元，占GDP比例升至10%，为二战后的最高水平，12月失业率10%，创16年来的新高。欧元区11月失业率增至10年以来最高记录10%，日本11月失业率升至5.2%。四是国际能源资源价格和美元汇率震荡可能加剧，世界各国都将面临通胀压力，2009年全球商品和服务贸易下降11.9%，国际贸易进一步恢复存在不少障碍，各种形式的贸易保护还将不断增多。五是全球经济结构面临调整，西方发达国家开始反思过度依赖负债和信用支撑、超前消费的模式，近来储蓄率有所上升，消费总需求增速趋于减缓，消费对世界经济增长的拉动受到影响。

（二）我国经济企稳向好但不牢固

总体上看，今年我国经济发展环境将好于去年。我国经济顶住了国际金融危机的严重冲击，回升向好的基础逐步巩固，市场信心明显增强，扩大内需和改善民生的政策效应将继续显现。从目前趋势分析，工业品市场需求将继续扩大，消费类产品的生产可望适度增长，城镇固定资产投资仍会保持一定规模，工业产品进出口也将好于去年，出口交货值将增长8%左右。金融危机形成的倒逼机制使企业更加重视技术创新、技术改造、节能减排、结构优化和管理提升，企业适应市场变化的能力和竞争力有所提高，我国经济发展的活力将继续增强。

但也要清醒看到，我国经济回升的基础还不牢固。经济运行中新老矛盾相互交织，经济增长的内生动力依然不足，结构性矛盾仍很突出；通胀压力显现，原材料价格有上涨趋势；当前投资和消费增长较快，很大程度上是政策作用的结果，居民消费不足，出口因为国际市场萎缩而显著下滑，经济回升仍然主要依赖投资拉动；发展粗放、结构失衡没有显著改善，重复建设和产能过剩严重；节能减排和发展低碳经济的压力越来越大，解决环境问题的紧迫性日益增强。今年，宏观经济政策在总体保持稳定的情况下，进行结构性调整，松紧搭配，如近期央行上调存款准备金率，银根收紧趋势明显。对各种不利因素应保持警惕，有效应对。

（三）行业发展总体趋好但冷热不均

我国正处于工业化、城市化高速发展时期，特别是城市化发展将创造出巨大的市场空间，形成一系列需求，为集团的相关业务拓展不断带来新的机遇。今年，随着经济的缓慢复苏，行业总体形势向好，但市场竞争更加激烈。

在工程承包方面，随着市场环境的触底回升，经济全球化和区域经济一体化趋势的不可逆转，国际工程承包市场将迎来新一轮的快速发展。从长远看，在国际市场特别是拉美、欧洲及北美市场我国具有相对优势的产业领域，在发展中国家特别是我国传统的亚洲和非洲市场，我国国际工程承包企业发展空间较大。2009 年，我国国际工程承包逆势而上，新签合同额同比增长 21%，集团新签合同额同比增长 9%，与全国平均增长水平相比，存在较大差距。

在贸易方面，我国已是全球第三大贸易体和第一大出口国，成为了发达国家采取贸易保护措施的主要对象，全球一半以上的贸易摩擦都针对中国。据商务部统计，2008 年我国遭遇反倾销、反补贴调查案件总数分别占全球的 35% 和 71%。仅去年前 11 个月，我国遭遇的反倾销、反补贴调查已分别达到 67 起和 13 起，频率之高、强度之大，超过以往任何国家。但从中长期看，随着世界经济一体化和区域化的发展，尤其是中国—东盟自由贸易区全面启动，国际贸易市场容量将日益增大，由于我国机电产品具有较高的性价比，在国际市场上具有一定的比较优势，危机过后，仍将稳步发展。预计今年机电产品贸易将恢复性增长，出口增长 10% 以上。

去年，全国机电产品出口同比下降 13.4%，进口同比下降 8.7%；集团出口比上一年降低 3.2%，进口比上一年增长 10.4%。集团进出口与全国相比实现了较好发展，但未来不能掉以轻心，要再接再厉，抢抓机遇，实现新的增长。

在装备制造与研发方面，国际金融危机对我国机械工业带来了前所未有的挑战，从 2008 年 10 月至今，机械工业经历了从高速增长到快速下滑、再逐步回升的起伏波动阶段。《装备制造业调整和振兴规划》及相关政策的出台和实施，对抵御危机的冲击发挥了重要作用。2010 年在国家有关政策保持连续的情况下，机械工业总需求将稳中有升，但由于全行业的产能增长过快，竞争将更加激烈，企业压力加大。预计今年机械工业总体产销增速可达 15% 左右。

农业机械行业受系列惠农政策，尤其是农机购置补贴、出口实行全额退税、原材料价格下调、农产品价格走高和农民收入增长等利好因素影响，去年表现出逆势上扬的高增长。今年在补贴政策继续实施、补贴额度有望增加的前提下，农机需求将继续向好，延续高增长的势头。有关企业要继续抢抓政策机遇，努力迈上新的台阶。

工程机械行业受金融危机影响海外市场需求疲软，2009 年出口严重下滑，但受国家利好政策和市场需求的强劲拉动，总体保持了较高的增长速度，具体产品类别则存在冷热不均现象。未来工程机械在工业项目投资高增长、基础建设投资延续、出口市场逐步复苏的拉动下，将温和增长。

汽车行业受汽车下乡、购置税减收等扩大内需政策的影响，2009 年汽车产销增速超过 40%。目前，我国人均 GDP 超过了 3000 美元，已进入汽车普及期，未来 10～20 年，汽车市场的增速将明显快于其他工业产品。今年国家继续实施鼓励汽车消费政策，汽车行业将保持较好的发展态势。

设计咨询行业近几年年均增长超过 30%，行业整体仍处于成长阶段。我国固定资产投资额不断增加，为设计咨询行业带来了较大的业务量。在城市化和重工业化的拉动下，设计咨询市场中长期的成长前景看好。

此外，重型机械行业、石化通用机械行业受重点工程、重化工、煤炭行业等复苏的影响，今年将有所回升。

总之，当前国内外经济形势仍然严峻复杂，不确定和不可预料的因素依然较多，集团发展还面临一些困难和问题。这就要求我们切不可盲目乐观，松懈斗志，既要坚定信心、锐意进取，自觉地把握、创造各种机遇，又要增强忧患意识、风险意识，周密做好应对各种困难和挑战的准备，及时发现和解决制约集团改革发展的深层次矛盾和问题，使集团的增长更有质量，发展更有后劲。

三、持续创新，破解集团发展新难题

根据外部形势变化，针对集团实际情况，要重点抓好以下工作。

（一）强化战略规划，推进科学发展

2009年，集团制定了2010—2012年发展规划，提出了未来三年的发展目标、业务定位和保障措施。今年，集团要按照规划要求，发挥战略导向作用，切实加强执行力。

1. 准确把握市场动态。要深刻理解世界经济发展环境出现的重大变化，关注今年我国宏观经济政策在力度、节奏、重点方面的微调对集团生产经营带来的影响，提前做好各项应对措施和预案。尤其要关注钢材等原材料价格上涨、通胀压力、银根紧缩的影响，采取更加灵活的价格策略，及时调整经营策略，抢抓市场，抢占制高点，保持生产经营良好运行。

2. 发挥战略导向作用。要加强宣传，合理引导，切实以战略为中心统领企业各项经营管理活动，加快信息化发展、科技发展、汽车业务发展和社会责任等分规划的制订、修订，进一步细化目标，完善措施，坚决把集团战略贯彻到各项工作中去。

3. 完善业绩考核体系。要研究探索业绩考核与集团资源配置的互动关系，根据实际情况，针对不同板块、不同企业，采取个性化的考核方式，推进经济增加值（EVA）考核，建立起战略导向与业绩导向有机结合的、科学的考核体系。

（二）优化业务结构，促进产业升级

2009年中央经济工作会明确把促进发展方式转变、实现结构调整升级作为未来发展的重点。国资委明确要求中央企业要加大业务结构优化调整力度，做强做大主业。国际上许多知名企业在这次危机中经历了痛苦的过程，但是他们迅速调整发展战略，加快业务优化升级，清理非核心业务，集中发展优势业务，企业竞争力反而得到了进一步增强。因此，我们必须充分认识到加快产业升级的重要性和紧迫性，做好以下工作。

第一，加快技术创新。目前，集团共有授权专利2593项，而其中发明专利仅占14.5%，这表明集团在原始创新方面还有一定的差距。今后，集团要加大研发投入和技术创新力度，努力突破一批居于行业领先地位的关键核心技术，打造一批拥有自主知识产权的知名品牌，为占据行业未来发展的制高点夯实基础。

第二，加快业务模式创新。积极利用集团在工程承包行业所积累的优势，探索和承担BT、BOT、BOO及其他营运模式的项目，向高端市场迈进，为集团工程承包业务开辟新的发展之路。加快延伸贸易业务环节，增强贸易增值服务能力，坚持开拓国际市场与扩大国内市场并举，促进贸易公司向综合贸易服务商的转型升级。

第三，加快新兴业务培育。抓住国际国内产业调整的重大机遇，充分发挥集团产业优势，在新能源、节能环保、低碳经济产品和技术等方面加大研究探索、投资开发的力度，逐步形成生产服务能力，培育新的增长点。

集团一些子公司在这方面就做得很好，走在了前面，做出了表率。苏美达积极进军光伏产业，大力发展太阳能电池组件业务，2009年签署了捷克太阳能电站项目合作协议，项目金额1亿美元，为今后在新能源业务上的发展奠定了基础。中工国际、中国重型、中机建设等探索发展国内外BOT投资业务，实现投资业务与工程承包业务的紧密结合。中进汽贸着力完善进口汽车批发及贸易服务业务的核心能力体系，加快推进向综合汽车贸易服务商转型。中海航注重对特色市场的研究开发，并取得了较好成效。轴研科技积极从军品研发向民用市场拓展，大力实施产业化，走出了一条独具特色的转型发展之路。中国一拖、中国福马、中国工程、中国电器院、广州机械院等研发、制造企业，十分注重市场导向、技术导向与竞争导向，加强了对市场趋势、技术发展方向、用户需求及竞争对手的分析研究，加大新产品的研究开发力度，在产品结构升级方面都有所突破。我们还有许多所属企业在这方面做得也很好，由于篇幅所限，在此就不一一列举了。

产业升级，人才先行。集团要结合中组部正在开展的“千人计划”，做好海内外高层次人才的引进工作，并通过多种途径，积极培育各类优秀人才，打造一支有过硬本领的创新人才队伍。

今年，各子公司一定要把产业升级作为重点工作来抓，不断加快培育核心竞争力，为集团未来5—10年的健康持续发展奠定坚实的产业基础。

（三）加快联合重组，推进资源整合

国务院国资委近年来把推进中央企业布局结构调整、公司制股份制改革与上市作为重点工作，今年这方面的工作力度将进一步加大，年底中央企业只保留80至100家，这些保留的企业将成为主业突出、业绩优良，拥有自主知识产权和知名品牌，有较强国际竞争力的大企业大集团。目前集团推进内外部联合重组任务紧迫，企业改制上市步伐亟待加快。

近期，一些中央企业已经利用国家加快央企布局结构调整的契机，纷纷迈出了对外联合重组的步伐，实现了跨越式发展。129 家中央企业中，已有 30 多家完成或正在运作整体上市。国资委 2009 年经营业绩 A 类 32 家企业的平均资产证券化率超过 40%，其中有 16 家已经完成或正在运作整体上市。

集团自成立以来，实现了从无到有、从小到大的快速发展，在内外部资源整合、企业改制等方面取得了较好的成绩。但目前仍然存在着集团层面资源调配能力相对有限、所属企业多数尚未建立现代企业制度、上市公司规模偏小、内部资源集中度不够等问题，集团目前资产证券化率只有 16%。集团内部相互竞争，打乱仗、争市场的现象时有发生。

这些问题事关集团的当前增长和长远发展。今后，要创新思路，坚持“明确方向、突出重点、先易后难、加强领导”的原则和要求，把资源整合作为集团发展的一项重点工作，采取切实有效措施，迈出大步伐，走出一条跨越式发展的新路子。一是要切实用好、用活国家有关重组优惠政策。去年底，工信部针对国内跨区域重组的体制性障碍，形成了应对的基本思路，在资本市场资金筹集、人员安置、资产划转、债务核定与处置、财税分配等关键问题上有所突破，积极促进各种资源向优势企业配置。对此，集团要跟踪了解，充分利用。二是要高度关注和及时把握联合重组的动态。对行业知名度高、资产状况较好、适合集团发展需要的企业，要加强沟通，开展重组可行性的研究论证，争取吸收更多更好的外部资源。积极考虑在国际金融危机背景下，低成本收购国外有关企业，尤其要关注拥有高新技术、具备研发能力、具有市场前景的企业，进一步优化集团业务结构，完善业务链条。三是以提高资产证券化率为目标，充分利用资本市场，加快推进集团的调整重组。通过引进战略投资者，促进投资主体多元化，积极做好上市资源的储备工作；通过增资扩股、收购资产等方式把优良资产、优势资源注入上市公司，逐步实现主业板块整体上市；把加快推进资产证券化和分板块调整重组相结合，采取分板块改制模式，将板块中产业增长突出的企业优先实施独立或联合重组上市，形成在市场上具有重要影响、在产业中占据突出地位的板块旗舰企业。未来 3 年，集团资产证券化率要达到 50%，5 年达到 80%，最终实现集团主要经营性资产全面进入资本市场。

（四）狠抓基础管理，提高决策效率

管理是企业永恒的主题。管理要与企业发展的不同阶段相适应，随着内外部环境的不断变化，旧的管理模式往往不能适应企业发展的新要求，不断加强管理创新成为企业与时俱进、做大做强做久的必然选择。经过十多年的发展，集团整体实力明显增强，管理水平显著提高。但是，相对于集团的发展速度和发展要求，管理能力的提升仍显滞后。今年，集团要在组织结构优化、协同创新和决策流程等方面认真研究，加以解决。

第一，优化组织结构。虽然经过多次清理，但是目前集团子公司、孙公司仍然很多，还有 600 多家，今后必须抓紧调整清理，这既是国资委的要求，也是集团发展的需要。要大力推进管理变革，进一步梳理管理流程，优化管理架构，压缩管理层级，缩短管理链条，切实提高资源配置效率、增强企业发展活力。最近，集团总部正在开展全员竞聘工作，在做好管理服务的前提下，要严格控制总部人员规模，严格把握用人标准，优化机构设置，完善岗位职责，理顺薪酬结构，进一步增强责任感，调动积极性，坚决防止和杜绝大企业病的发生。

第二，促进协同创新。要通过建立创新协同机制和管理模式，发挥集团总部、各子公司、各要素的作用，扩大协同效应，提高集团管理的统一性和整体性，做到手拉手度难关，肩并肩上水平。

在业务协同方面，积极推动、促进集团三大主业的相互协同支撑，尽快改变产业链上下游不完善的状况，不断提高产业链竞争力。利用集团科技发展基金，遴选若干重大技术专项，开展协同攻关试点工作，攻克一批关键技术，形成一批自有知识产权。

在资金协同方面，虽然集团已经取得了阶段性成果，资金集中度达到了 30%。但是，目前多数中央企业资金集中度超过 70%，国家电网、中国华能、航天科技等企业达到或超过 90%，与之相比我们仍有相当差距。今后，要继续扎实稳步推进集团资金集中结算工作，扩大集中结算规模，优化考核指标计算标准，逐步实现资金的统一管理和运作。

在采购协同方面，许多中央企业已走在了前面，如中国移动 2009 年通过集中采购，同比降低采购成本189亿元；武钢紧贴市场优质低价采购，2009年前三季度实现降本增效11.3亿元。集团要对目前开展的原材料及零部件统一采购及时总结经验；对需求量大、价格波动小、便于集中配送的一些大宗原材料和产品采购，积极实行统一招标；加快完善集团内部采购平台的建设，发挥信息化等管理工具在采购协同方面的重要作用，促进采购协同的开展。

在生产协同、品牌协同等方面，集团要抓紧研究，发掘潜力，积极探索协同的有效途径，形成国机集团独特的协同创新机制和模式。

第三，强化授权管理。在董事会试点的新形势下，根据集团的发展实际，研究梳理决策流程，修订相关规章制度，提高决策效率。

1. 理顺董事会决策流程。要不断健全集团内部的信息沟通与交流机制，完善相应授权机制及报告制度等，进一步形成各负其责、协调运作的公司治理机制。要认真研究企业的分类管理模式，加强授权管理，充分尊重上市公司和已改制企业领导班子的管理意见和专业能力，充分发挥子公司的积极性和创造性。既要确保控制好风险，又要保证管理质量和管理效率。

2. 发挥派出董事的作用。集团派出董事要勤勉尽职，切实履行职责和义务，维护出资人的权益，真正在决策中起到应有的作用。集团要加强派出董事在战略把握、职业操守、能力提高等方面的培训和教育，加强对派出董事的考核，如果派出董事不能很好履职，集团应及时调整。

（五）加快管理团队建设，适应发展需要

要适应未来更高层次、更高水平、更加激烈的竞争，关键是要有一支素质良好的干部队伍。目前，集团的主营业务收入已突破千亿元，业务规模越来越大，管理越来越复杂，对干部的要求也越来越高，今年要着重做好以下几个方面的工作。

1. 加强干部选拔。建立健全适应现代企业制度要求的集团干部队伍选人用人机制，制订完善各级领导干部的继任规划。选用干部要坚持德才兼备、以德为先。要重用政治坚定、有开拓创新精神、工作有实绩、清正廉洁、群众公认的干部，大胆提拔“想干事、能干事、干成事”的优秀干部，为集团持续健康发展提供人才保障。

2. 注重干部培训。突出抓好能力建设和团队建设，适时启动对在任主要领导的轮训计划，不断增强各级领导班子的凝聚力和领导力，提高引领企业科学发展的水平。要将新任领导干部岗前教育培训常态化、制度化。通过多方位、多层次、多途径的培训措施，提高领导班子政治觉悟、战略决策、经营管理以及应对突发事件和复杂局面等方面的能力。

3. 完善激励约束机制。要建立全过程绩效管理体系，将绩效管理与提升团队系统能力相结合。强化考核评价结果的运用，真正做到能上能下、能进能出。建立、完善干部退出机制，继续发挥拥有技术专长和丰富管理经验的退休领导同志的作用，做好干部队伍的平稳交替。

新的一年，形势复杂，任务艰巨，责任重大，让我们以邓小平理论和“三个代表”重要思想为指导，深入贯彻落实科学发展观，团结一心，以更加饱满的热情，审时度势，破解难题，在更高水平上推进国机集团做大做强，为保持国民经济平稳较快发展做出我们新的更大贡献！

发挥政治优势　推动科学发展
为实现国机集团新跨越而努力奋斗

——李延江在中国共产党中国机械工业集团有限公司
第一次代表大会上的报告
（2010年1月27日）

在全党全国认真学习贯彻党的十七届四中全会精神、深入贯彻落实科学发展观的新形势下，在集团改革发展取得新成就的喜庆时刻，我们隆重召开中国共产党中国机械工业集团有限公司第一次代表大会。会议的主要任务是：总结过去五年来集团党建工作，部署今后一个时期集团党建工作的主要任务，选举产生中国共产党中国机械工业集团有限公司第一届委员会和纪律检查委员会。

一、过去五年工作回顾

自2004年底集团召开上次党代会以来，集团各级党组织和广大党员在国资委党委的正确领导下，坚持以邓小平理论和“三个代表”重要思想为指导，深入贯彻落实科学发展观，紧紧围绕集团生产经营中心工作和改革发展稳定大局，全面加强党的思想、组织、作风、制度和反腐倡廉建设，有力地促进了集团的持续健康快速发展。

（一）认真落实中央决策部署，开展了两次集中学习教育活动

2005年，集团总部和所属企业分两批参加了保持共产党员先进性教育活动。集团党委在认真完成总部先进性教育活动的基础上，加强对在京企业开展活动的组织领导和对京外企业的巡查指导，保障了活动的扎实有序开展。各级党组织按照新时期保持共产党员先进性的具体要求，不断增强广大党员的党性观念和宗旨意识，积极探索建立永葆共产党员先进性的长效机制，加强了党组织和党员队伍的先进性建设，促进了各级领导班子思想政治建设和企业发展。

2009年，集团总部和所属京内外企业同步开展了深入学习实践科学发展观活动。集团各级党组织和广大党员紧紧围绕“科学发展上水平、合力共建新国机”的实践主题和“五个新”的活动目标，坚持突出实践特色，以较高的质量完成了各个阶段的任务，取得了积极的成果，得到了上级党委的肯定和职工群众的高度评价。活动的扎实开展，使集团和所属企业的发展理念更加科学，发展战略更加明晰，体制机制进一步完善，科学发展水平进一步提高。

（二）积极参与重大问题决策并带头执行，确保了集团改革发展稳定的正确方向

结合实际，党组织参与决策的形式不断创新。集团开展董事会试点工作前，针对企业经营管理中的重大事项，通过召开党政联席会议，坚持集体议事和民主决策，共同研究决定重大问题，提高了决策水平和执行效率。董事会试点工作启动以来，集团党委根据公司治理结构的新变化，积极探索在新的条件下发挥党组织政治核心作用的方式方法，制定了党委暂行工作规则，明确了党组织参与重大问题决策的内容、途径和程序。集团和各所属企业坚持“双向进入、交叉任职”的领导体制，结合自身实际，不断建立健全党政领导沟通磋商、集体议事等制度办法，提高了企业决策的科学化、民主化水平。

带头执行，各项决策部署顺利推进。集团各级党组织紧紧围绕企业重大战略部署和重点工作安排，充分发挥组织优势和思想政治工作优势，通过“党员先锋岗”、“党员示范岗”、“党员承诺”等活动载体，激励广大党员勇挑重担、攻坚克难，保障了集团各项决策部署的落实，促进了集团的快速发

展。针对企业改革和生产经营中的重点难点问题以及涉及职工群众切身利益的重大问题，各级党组织深入了解职工思想诉求，认真做好政策宣传，加强引导，解疑释惑，排忧解难，确保了企业重大改革事项的顺利推进和集团公司的整体稳定。

（三）强化理论武装和能力提升，促进了各级领导班子的思想政治建设、能力建设和作风建设

领导班子思想政治建设不断加强。集团各级党委坚持中心组学习制度，围绕学习贯彻党的十六大、十七大等重要会议精神和上级有关决策部署，认真抓好中心组理论学习，提高了各级领导干部的政策理论水平和科学发展意识。在学习方法上，坚持把理论学习与工作实际相结合，努力把学习成果转化为促进企业科学发展的措施办法，强化了学习的实际效果。各级领导班子坚持开好民主生活会，营造了和谐共事的良好氛围，增强了共谋发展的团结合力。集团党委加强对所属企业领导班子理论学习和民主生活会的指导检查，进一步促进了各级领导班子的思想政治建设。

领导班子能力水平稳步提升。集团党委以党内集中学习教育活动为契机，积极推进各级领导班子的能力建设。在先进性教育活动中，各级党员领导干部认真查找解决自身存在的与党的先进性要求不适应、不符合的实际问题，提高了领导班子的整体素质和自我完善能力；在学习实践活动中，各级领导干部通过深入学习和践行科学发展观，加深了对科学发展规律、企业发展的一般规律、行业发展规律以及本企业发展规律的认识和理解，进一步提高了领导企业科学发展的能力和水平。各级党委通过深入开展“四好”领导班子创建活动，不断提高班子的凝聚力、创造力和战斗力，打造了一支团结协作、开拓创新、务实高效的领导团队。

党员领导干部作风不断改进。各级党组织通过典型引路和警示教育，引导党员领导干部牢固树立正确的权力观、利益观和政绩观，大力倡导和培育求真务实、敬业奉献、清正廉洁、勤俭节约的良好作风。各级党员领导干部坚持勤俭办企业，深入生产经营一线，解决企业实际问题，关心职工生产生活，密切了党群、干群关系，树立了良好的作风形象。

（四）加强党组织自身建设，增强了党组织和党员队伍的凝聚力和战斗力

基层党组织建设逐步加强。集团党委认真抓好所属企业党委领导班子建设，稳步推进党委换届和委员增补工作，并根据集团内外重组和改制进程，及时理顺党组织管理关系，确保党组织活动正常有序开展。各所属企业党委以支部建设为重点，结合生产经营工作的开展，及时建立健全基层组织，扩大了基层党建工作的覆盖面。同时，选好配强支部书记，建设了一支具有较高素质的基层党组织带头人队伍，为充分发挥基层组织作用提供了可靠保障。

党员教育管理工作取得成效。各级党组织坚持对党员进行党的路线方针政策教育、理想信念教育、科学理论教育和法制教育，增强了党员的党性观念和宗旨意识。认真做好入党积极分子培训和发展党员工作，注意吸收生产经营一线的优秀职工特别是优秀青年职工入党，壮大了党员队伍，优化了党员队伍结构。同时，积极创新党员活动的方式和载体，为党员发挥作用、展示作为创造条件、搭建平台，增强了党组织活动的吸引力和实效性，激发了党员队伍的生机和活力。

党建工作制度体系不断完善。集团党委结合实际，制定完善了党委中心组学习、领导班子民主生活会、基层党组织换届选举、党内评比表彰、党员教育培训以及加强驻外机构党员管理等一系列制度办法。所属企业党委认真总结党建工作中的好经验、好做法，不断完善制度体系，提高了基层党建工作水平。

五年来，集团基层党组织不断健全，党员队伍规模不断壮大。截至2009年底，集团系统共建立基层党组织1743个，其中党委151个、党总支62个、党支部1530个，全系统共有党员30404名。各级党组织和党员队伍的积极性、创造性不断增强，凝聚力、战斗力不断提高，充分发挥了基层党支部的战斗堡垒作用和广大党员的先锋模范作用，为集团改革发展和社会和谐稳定做出了积极的贡献。五年来，集团系统共有153个基层党组织、382名共产党员、166名党务工作者荣获集团公司以及地市级以上表彰奖励。

（五）推进党风建设和反腐倡廉工作，保障了集团的持续健康发展

集团党委和各级党组织加强对纪检监察工作的领导，认真贯彻《建立健全教育、制度、监督并重的惩治和预防腐败体系实施纲要》，结合集团和所属企业实际，制定实施方案，强化学习宣传和组织

落实，初步建立了覆盖集团总部和所属企业的惩防体系基本框架，为全面推进集团党风建设和反腐倡廉工作打下了良好的基础。通过建立和落实党风建设和反腐倡廉工作责任制，扎实开展反腐倡廉宣传教育，大力弘扬廉洁文化，提高了广大党员干部特别是领导人员廉洁从业的意识和能力。着力从源头上预防腐败，健全完善了反腐倡廉工作各项规章制度，提高了工作的制度化、规范化水平。严格监督检查和查办案件，深入开展效能监察，维护了党的纪律和国有资产安全，促进了企业经济效益的提高。

（六）努力构建和谐国机，形成了推动发展的强大合力

企业文化和精神文明建设扎实推进。2006 年，集团全面启动企业文化体系建设，提炼形成了“合力同行、创新共赢”的核心价值观。通过几年的宣传和实践，集团“和”文化已深入人心。同时，精神文明创建活动的蓬勃开展，为企业的健康发展提供了强大的精神推动力。五年来，集团和所属企业累计获得地市级以上各类精神文明集体荣誉 165 次，其中两家企业荣获“全国精神文明建设先进单位”称号。

群团组织工作有声有色。建立健全工会共青团组织，成立集团工会和团委，建立了青年联合会，为更好地开展群团活动打下了基础。集团各级工会组织有计划地开展职工经济技术创新活动、职工文体活动以及各类评比表彰活动，提高了广大职工的理论素养和工作能力，丰富了职工文化生活，促进了企业班组建设和职工队伍建设。五年来，集团系统共涌现出地市级以上劳动模范和先进个人 207 名，地市级以上先进集体和班组 108 个，其中两家企业荣获全国五一劳动奖状，4 人荣获“全国劳动模范”和“全国先进工作者”称号。集团青联充分发挥人才智力优势和桥梁纽带作用，有力地促进了集团内部交流与合作。各级共青团组织广泛开展富有时代气息、青年特色和创新精神的团员主题实践活动，进一步提高了团员素质，推动了青年创新创效，促进了青年成长成才。各级党委积极落实党的统一战线方针政策，认真做好党外人士、归侨侨眷和复转军人工作，充分调动了各方面的积极性，增强了集团发展的合力。

职工民主管理不断深化。集团和所属企业根据深化现代企业制度改革和完善法人治理结构的实际，认真落实职工董事制度，充分发挥职工董事参与董事会决策、反映职工意见以及与工会、职代会沟通衔接的作用，促进了企业民主管理。集团党委加强对所属企业实施厂务公开以及职代会建设情况的调研和指导，各所属企业坚持和完善以职工代表大会为基本形式的民主管理制度，充分发挥职工民主管理和民主监督作用，保障了广大职工参与企业民主管理的各项权利。

内部民生不断改善，社会形象显著提升。集团设立帮困助学爱心基金以来，通过各级企业和职工个人的捐赠，共筹集爱心善款 650 多万元，对集团 1097 名困难职工进行了爱心济困，资助 432 名困难职工子女就读大学。各所属企业持续开展送温暖、献爱心活动，促进了企业的和谐稳定。在抗击汶川特大地震灾害斗争中，集团各级党组织和广大党员积极投身救灾抢险和灾后重建工作，并缴纳“特殊党费”491 万元，体现了集团广大党员强烈的社会责任感。集团和所属企业积极支持社会公益事业，捐建希望小学，开展对口帮扶，树立了良好的企业公民形象，集团公司连续多年获得多项履行社会责任奖项。

回顾过去的五年，我们感到，这既是集团党建工作不断加强和改进的五年，也是集团生产经营快速发展、经济效益显著提高、综合实力不断增强、内部凝聚力和社会影响力大幅提升的五年。五年来，集团各级党组织坚持围绕发展抓党建，抓好党建促发展，充分发挥了党建工作对生产经营中心工作的支持、保证和推动作用，促进集团改革发展各项事业迈上了新台阶。2009 年，集团资产总额、主营业务收入、进出口总额和利润总额分别达到五年前的 3.4 倍、3.8 倍、2.5 倍和 6.9 倍，主营业务收入更是历史性地突破了千亿元大关，标志着集团改革发展事业站上了新的历史起点。

总结集团改革发展历程和党建工作实践经验，我们深切体会到：

围绕中心、服务大局是集团党建工作的内在要求。生产经营工作是集团一切事业的中心，改革发展稳定是集团的大局，集团党建工作必须围绕中心、服务大局，才能更加有效地发挥党组织的政治核心作用和监督保证作用，才能真正把党组织的政治优势转化为集团的科学发展优势。五年来，集团各级党组织坚持围绕中心、服务大局，不断完善党建工作机制，丰富党建工作载体，既确保了集团改

革发展的正确方向，又增强了集团党建工作的向心力和生命力。

抓好班子、带好队伍是集团党建工作的关键所在。各级领导班子是集团改革发展事业的中流砥柱，是决定企业前途命运和兴衰成败的关键；职工队伍是集团改革发展的依靠力量，是实现企业和谐稳定发展的重要保障。五年来，我们紧紧抓住领导班子这个关键和职工队伍这个重点，大力加强领导班子的思想政治建设、能力建设和作风建设，不断提高职工队伍的整体素质，推动了集团的持续快速健康发展。

抓住基层、夯实基础是集团党建工作的根本任务。十七届四中全会指出，党的基层组织是党全部工作和战斗力的基础，是落实党的路线方针政策和各项工作任务的战斗堡垒。作为集团党建工作的基础单元，我们的基层党组织和广大党员不仅是党的各项方针政策的执行者，也是落实集团各项决策部署的先锋队。五年来，我们坚持把基层党组织建设和党员队伍建设作为集团党建工作的根本任务，不断增强基层组织的凝聚力和战斗力，提升了集团党建工作的影响力和保障力。

与时俱进、改革创新是集团党建工作的活力源泉。党的建设新的伟大工程不断推进、国家经济社会发展日新月异、集团改革发展各项事业快速前行，集团的党建工作也必须与时俱进，不断创新。五年来，我们顺应集团发展新形势、新阶段的新要求，不断创新党建工作方式方法，研究新情况，解决新问题，保证了党建工作的活力和实效。

各位代表，同志们，在过去的五年中，集团党建工作在改进中加强，在创新中发展，取得了明显的成效，也探索形成了一些有益的经验。成绩的取得，是国资委党委正确领导的结果，是集团各级党组织、广大党员和党务工作者辛勤努力的结果，是各级行政领导和广大职工大力支持的结果。在此，我代表集团党委，向各位代表并通过你们向集团全体党员、党务工作者和广大干部职工表示衷心的感谢！

在充分肯定取得的成绩和经验的同时，我们也必须清醒地看到，集团党建工作还存在不少薄弱环节：个别企业党的工作基础还不够扎实，党组织自身建设和党员队伍建设有待加强；一些企业党组织工作创新不够、活力不足，缺乏新形势下加强和改进党建工作的有效方法；有的企业党组织工作机构建设有待加强，机构设置、人员配备和职责分工不够明确；少数党员的先进性作用发挥不够明显，模范带头作用不够突出；部分基层党务干部的工作水平有待提高。这些问题，需要我们在今后的工作中努力加以解决。特别是去年下半年召开的全国国有企业党的建设工作会议，针对国有企业党建工作提出了许多新的思路，对确立党组织在公司治理结构中的政治核心地位、构建中国特色现代国有企业制度、加快培养造就优秀社会主义企业家、创新国有企业基层党建工作提出了明确要求。从今年开始实施的集团新的十年战略和三年规划，明确了在新起点上实现新跨越的宏伟目标。围绕集团发展战略规划以及现代企业制度改革不断深化的新形势，如何贯彻落实好中央和国资委党委的部署要求；如何使集团党建工作更好地融入中心、服务大局，推动集团新一轮跨越式发展；如何将集团党建工作与公司法人治理结构有效衔接，创新党组织发挥政治核心作用的方式方法，都是摆在我们面前的重大课题，需要我们在今后的工作中不断完善，积极实践。

二、今后一个时期的主要任务

今后一个时期集团党建工作的指导思想是：以邓小平理论和“三个代表”重要思想为指导，深入贯彻落实科学发展观，认真学习贯彻党的十七大、十七届四中全会和全国国有企业党的建设工作会议精神，大力加强各级领导班子思想政治建设、基层党组织建设、党员队伍建设和人才队伍建设，充分发挥党组织的政治核心作用、党支部的战斗堡垒作用、党员负责人的示范表率作用和广大党员的先锋模范作用，进一步动员和凝聚集团各级党组织和广大党员的智慧和力量，开拓创新、奋发进取，为国机集团科学发展提供坚强的思想保证、政治保证和组织保证。

根据这一指导思想，今后一个时期，要着重做好以下几个方面的工作：

（一）融入中心、服务大局，充分发挥党组织政治核心作用

完善集团党委领导体制。通过新一届党委选举，集团将设立全委会和常委会。根据集团党委领导体制的新变化，建立健全全委会会议制度、常委会议事决策制度、常委会向全委会报告工作制度以及常委工作制度，不断加强党委自身建设。

健全党组织有效参与决策的体制机制。根据集

团和所属企业建立现代企业制度的实际，不断完善现代企业制度条件下发挥党组织政治核心作用的运行机制和有效方式，健全党组织参与重大问题决策的方法和途径，既保证党组织的意见在企业重大问题决策中得到尊重和体现，又维护董事会对企业重大问题的统一决策权。

坚持党管干部、党管人才原则。主动适应现代企业制度改革的要求，把坚持党管干部原则与董事会依法选择经营管理者以及经营管理者依法行使用人权相结合，把组织考察推荐与竞争上岗、市场化选聘相结合，建立完善既符合现代企业制度要求又与集团实际相适应的选人用人新机制。加强集团后备干部队伍建设，优化干部队伍结构，完善干部队伍梯队。坚持党管人才原则，把人才强企作为企业最重要的战略，大力培养、引进和使用人才，努力营造感情留人、事业留人、待遇留人的环境，持续提升集团人才优势，增强集团核心竞争力。

发挥党组织政治优势。围绕集团重大决策和重点工作的实施，积极创新党组织发挥作用的方式和开展活动的载体，增强党组织融入中心、服务大局的能力和水平。各级党组织和全体党员要团结带领广大职工，推动集团各项决策的实施，并做好保证和监督工作，切实把党组织的思想政治优势、组织优势和群众工作优势，转化为集团的创新优势、竞争优势和发展优势。

（二）增强素质、提升能力，不断加强领导班子思想政治建设、能力建设和作风建设

提高思想政治素质。各级党组织要坚持和完善党委中心组学习制度和领导班子民主生活会制度，尤其要注重在实践中运用理论学习成果，解决好企业和班子自身存在的实际问题，不断强化学习效果，提高会议质量，使其成为交流思想、统一认识、解决问题的平台。集团党委要继续做好监督检查工作，确保各项制度的落实。

加强能力建设。认真总结“四好”领导班子创建活动的经验和做法，创新活动方式，丰富活动载体，围绕中心工作，把各级领导班子打造成为政治素质好、经营业绩好、团结协作好、作风形象好的领导集体。继续巩固和扩大学习实践活动成果，深化科学发展观理论学习，结合当前和今后一个时期集团改革发展的形势任务要求，着力增强领导班子驾驭全局、抢抓机遇、推动创新、科学决策的能力以及抓班子带队伍的能力，大力提升引领企业科学发展的能力和水平。

强化作风建设。继续发扬党的优良传统，大兴密切联系群众之风、求真务实之风、艰苦奋斗之风、批评和自我批评之风。各级党员领导干部要带头讲政治、顾大局，讲原则、守纪律，讲操守、重品行，充分发挥党员领导干部的带头表率作用。牢固树立宗旨意识，深入基层，关心群众，依靠职工群众办好企业。大力倡导正确的政绩观念，鼓励各级领导干部多做打基础、利长远的工作，为打造百年国机奠定基础。

（三）夯实基础、创新机制，扎实推进党组织自身建设和党员队伍建设

加强基层组织建设。大力加强对所属企业党组织建设的领导和监督，推进基层党委按时换届。按照党组织建设“三同时”原则，及时合理地调整党组织设置，结合企业党建工作实际需要，设置必要的工作机构，配备必要的党务干部。加强对基层党务干部的培训，不断提高基层党务干部的工作能力和水平。进一步健全基层党的组织生活，增强基层党组织的凝聚力、战斗力和影响力。

大力开展“四强”、“四优”争创活动。深入开展以争创“四强”党组织、争做“四优”共产党员为主要内容的创先争优活动。通过正面教育和典型引路，努力创建“政治引领力强、推动发展力强、改革创新力强、凝聚保障力强”的“四强”党组织，引导广大党员争做“政治素质优、岗位技能优、工作业绩优、群众评价优”的“四优”共产党员，努力把基层党组织和党员队伍打造成为推动集团改革发展的坚强堡垒和骨干力量。

创新党员教育管理工作机制。积极探索新形势下党员教育管理的长效机制，针对基层党建工作的特点以及党员思想变化的实际，创新方式方法，拓宽工作阵地，增强基层党建和思想政治工作的活力。建立健全党员经常性学习制度，深入开展社会主义核心价值体系学习教育，努力建设学习型组织。认真做好党员培训工作和发展党员工作，不断提高党员队伍素质，改善党员队伍结构。

（四）标本兼治、惩防并举，深入开展党风建设和反腐倡廉工作

抓好党风建设和反腐倡廉工作是各级党组织的一项重大政治任务。集团各级党委要加强领导，各级纪委和纪检监察部门要紧紧围绕企业的中心工作，继续坚持标本兼治、综合治理、惩防并举、

注重预防的方针，进一步贯彻落实《建立健全惩治和预防腐败体系2008—2012年工作规划》，完善惩防体系建设。坚持“一级抓一级，层层抓落实”的原则，认真落实党风建设和反腐倡廉工作责任制。通过多种方式，大力开展党性党风党纪教育、法制教育和职业道德教育，不断强化企业领导人员廉洁从业意识。以管资产、管人、管事为重点，针对关键领域、重点部位和管理薄弱环节，加强制度建设，不断提高企业防范和治理各种风险尤其是腐败风险的能力。继续加强各项规章制度的监督检查，以企业领导班子特别是企业党政主要负责人为重点，进一步加强和完善巡察工作，强化企业领导人员规范用权的自觉性。发挥纪检监察的组织协调作用，构建大监督格局，形成监督合力，提高监督效果。继续做好效能监察工作。加强纪检监察队伍建设，不断提高纪检监察干部的素质和能力。

（五）加强领导、凝心聚力，充分发挥群团组织桥梁纽带作用

适应现代企业制度的要求，积极构建集团民主管理新体制，进一步推进职代会建设和厂务公开工作。加强对职工董事、职工监事和职工代表的培训，不断提高他们参与企业决策和管理的能力。广泛开展有集团特色的职工文化体育活动、经济技术创新活动和各种评优活动，推进职工队伍建设。

坚持党建带团建，加强对青年工作的领导，不断提高共青团组织的工作水平。进一步完善青年创新创效活动工作机制，深入开展“青年文明号”、“青年岗位能手”和“青年安全生产示范岗”创建活动，在实践中不断创新青年工作的思路和方法。

充分发挥集团青联、侨联等群众组织的桥梁纽带作用，努力做好统战工作，助推集团发展。

（六）以人为本、和谐共进，大力提升集团软实力

做好职工思想政治工作。充分利用集团报刊、网络、杂志等各类宣传阵地和载体，加强对集团发展形势任务的宣传教育，统一思想行动，凝聚智慧力量。围绕涉及职工群众切身利益的突出问题，及时化解矛盾纠纷和不稳定因素。坚持以人为本，关注企业内部民生，做好离退休职工和困难职工工作，使企业改革发展成果更多地惠及职工群众，促进企业和谐和社会稳定。

深入开展精神文明创建活动。加强干部职工理想信念教育和职业道德教育，全面提高干部职工的综合素质。健全完善精神文明创建活动的目标体系和考核机制，加强对创建单位的督促检查，推动精神文明创建活动深入开展。

践行集团“和”文化。把企业文化建设与宣贯集团战略、加强内部协同、促进重组企业融合以及提升集团品牌形象有机结合起来，进一步加强集团“和”文化的渗透力和推动力，把集团企业文化建设提高到新的水平。

积极承担社会责任。在党和国家重大事件、重要活动和重点攻关项目中勇于承担责任，作出贡献。积极转变发展方式，创造经得起历史检验的实绩，树立国机集团良好企业形象。

共同的努力，成就了集团改革发展的辉煌；美好的未来，召唤着我们更加奋力地拼搏前行。站在新的起点上，实现国机集团新跨越的光荣使命历史地落在了我们的肩上，让我们紧密团结在以胡锦涛同志为总书记的党中央周围，以邓小平理论和“三个代表”重要思想为指导，深入贯彻落实科学发展观，在国资委党委的正确领导下，全面加强集团党建工作，团结带领全体党员和广大干部职工，牢记使命，扎实工作，同心同德，开拓进取，为开创国机集团科学发展新局面而努力奋斗！

突出主业　强化管理
促进国机集团持续健康发展

——徐建在2010年国机集团工作会议上的工作报告

（2010年1月28日）

报告的主要内容是，总结2009年的各项工作，查找影响和制约集团发展的风险与问题，分析当前面临的形势，明确2010年的发展目标、经营思路和重点工作，动员广大员工同心协力、攻坚克难，为实现全年经营目标而努力奋斗。

一、逆境中求发展，2009年经营业绩再攀新高

2009年，特别是上半年，金融危机继续深化蔓延，世界主要经济体陷入衰退，我国经济增速减缓，集团主要市场遭受严重冲击，业务发展受到较大影响。面对复杂严峻的经营形势，在国资委的正确领导下，在董事会的科学决策下，集团上下沉着应对、勇克时艰，在逆境中取得了新发展。

（一）有效应对金融危机，主营业务保持平稳增长

1. 全面完成国资委和董事会下达的经营指标。

2009年，实现主营业务收入1020亿元，同比增长6%（剔除2008年新会计准则影响后同比增长12%），完成董事会考核目标的120%；利润总额46.1亿元，同比增长19%（剔除非经营性收益和2008年新会计准则影响后同比增长65%），完成董事会考核目标的154%，是国资委考核目标的173%；进出口总额63亿美元，完成董事会考核目标的127%；净资产收益率为16.16%（剔除非经营性收益后为14%），比国资委考核目标高8.08个百分点；流动资产周转率为1.577次，比国资委考核目标高0.377次；成本费用占主营业务收入比重为96.59%，比国资委考核目标低2.91个百分点。

从指标完成情况看，2009年集团继续保持稳定增长的发展态势，主营业务收入、利润总额、进出口总额等主要经营指标均完成了国资委和董事会的考核目标，再创历史新高。

2. 所属企业稳健经营。

面对严峻的国内外经济形势，所属企业按照集团2009年工作会议的部署，主动应对挑战，积极抢抓机遇，奋力开拓市场，推进精细化管理，严格控制风险，实现了全年经营工作的稳步发展。2009年，在集团直接管理的企业中，主营业务收入同比增长的有35家，完成考核目标的有43家；利润总额同比增长的有40家，完成考核目标的有42家；进出口总额同比增长的有13家，完成考核目标的有22家。

从企业类别看，汽车企业、装备企业和科研院所发展状况较好，主营业务收入和利润总额实现了双增长，汽车企业主营业务收入和利润总额增长均超过了40%；从单项指标看，中工国际、中进汽贸、中国电工等主营业务收入增长40%以上，中国一拖、长春机械院、中汽国际、中机六院等利润总额增长一倍以上，中汽工程、中进汽贸、中工国际、中通公司等进出口总额增长50%以上，长电零部件公司、中汽工程、中汽进出口等新签合同额增长50%以上。在严峻的形势下，能取得这样的成绩，充分体现了这些企业具有应对复杂经营形势的能力和较强的市场竞争优势，有力地支持了集团的整体健康发展。

3. 市场开拓成效显著。

去年，面对金融危机导致的市场需求疲软、项目投资紧缩的严峻形势，所属企业认真分析市场动态和客户需求变化，调整市场开拓思路，拓展市场范围，创新开发模式，在艰难形势下取得了较好的成绩。2009年新签合同额201亿美元，同比增长8.4%，再创历史新高。新签1亿美元以上的国际

项目14个，其中CMEC签署的巴西2×35万千瓦燃煤电站、斯里兰卡2×30万千瓦燃煤电站、土耳其60万千瓦超临界燃煤电站、安哥拉渔业综合发展项目、马来西亚85万吨木浆厂项目，中国电工签署的菲律宾马利万斯2×30万千瓦燃煤电站、赞比亚21.9万千瓦水电站、俄罗斯远东铁矿等项目合同额均超过了5亿美元。新签1亿元以上的国内项目22个，其中中国重型院签署的攀钢方圆坯连铸机、中国联合签署的中化泉州石化动力站等项目合同额超过了2亿元。

面对不利环境，CMEC既加强传统市场的深度开发，又大力开拓新兴市场，并逐步向碱矿、垃圾焚烧电站、纸浆厂等新领域拓展，全年新签合同额60亿美元，同比增长35%。苏美达在西欧和北美等主要贸易市场陷入衰退的情况下，积极开拓中欧市场和国内贸易市场，取得了显著成效。中海航巩固并开拓特色水工市场，尤其是在国际工程项目领域，取得了较大进展。中汽工程调整营销策略，积极推行“组合式营销模式”，逐步实现从价格营销向技术营销、品牌营销、标准营销的升级。中国中元利用在医疗领域的设计优势，大力开拓中西部市场，签订了西藏军区总医院、昆明医学院第一附属医院等项目，将为改善中西部及二、三线城市的医疗卫生条件作出贡献。中汽国际利用规模优势和专业办展资源，努力开发自办展和协同办展项目，目前已成为我国自主品牌最多、综合实力最强的国际展览公司。中通公司承揽了重庆轻轨、深圳地铁等项目，发挥了在城市轨道交通领域的特色优势。中国工程在突尼斯、赞比亚、阿尔及利亚等国家获得260多台平地机的政府采购大单，扩大了企业和产品的影响。中国农机院研制的3WZG型高地隙自走式喷杆喷雾机，达到国际先进水平，市场占有率80%以上。中国电器院抓住国家“家电下乡”、扩大内需的有利契机，着力拓展市场，认证检测业务增长42%，国际委托检测业务增长98%。

4. 重大项目执行顺利。

面对项目融资困难、项目预期效益下降而造成的业主积极性不高、项目进度趋缓的状况，所属企业紧紧按照“促生效、抓执行、保重点、保质量”的指导方针，积极开展工作，一批重要项目执行顺利。

CMEC目前在手执行项目总额首次突破100亿美元，1亿美元以上的项目21个，刚果（布）22万伏输变电工程、赤道几内亚水电站输变电线路系统工程、土耳其60万千瓦电站等重点项目均按计划顺利进行，合同履约情况总体良好。中国电工成立了重大项目领导小组，实行重大项目不定期集中汇报制度，并对重大项目进行现场安全大检查，确保了项目的顺利执行。

此外，中工国际的印尼三林糖厂项目、中国重机的越南水泥厂项目、中汽进出口的菲亚特汽车项目、中汽工程的海马轿车项目、中机六院的大连机车项目、中国成套的泰安垃圾焚烧发电站项目等都在顺利实施中。

5. 业务转型升级取得进展。

为了打造市场竞争优势，提高竞争能力，所属企业根据市场需求变化，不断进行业务和产品结构的调整转型，促进业务升级，取得了积极进展。

中工国际投资的邳州和成都两个污水处理厂项目，去年陆续建设完工，顺利实现商业运营。中国重机的柬埔寨达岱水电站BOT项目（合同金额5.4亿美元）已开工建设，表明其由单纯的工程承包商向投资开发商角色转变迈出了第一步。中国成套注重打造“三主一辅”业务链，加强五个体系的建设，通过发展精品、特色工程项目夯实了主业基础。中汽国际由原来单一的展览业务向工程成套、国际贸易、实业投资、展览经营和综合业务五大板块发展，拓展了业务领域，增强了抗风险能力。成都工具所深入开展精品、新品工程，积极开发加工石油管的特殊扣刀具、钻杆刀具等高端产品市场，推进产品的升级换代，争取以优质产品拉开与对手的距离，避免在低端市场的激烈竞争。

6. 非实体经营管理得到强化。

2009年，在总结近年来工作经验的基础上，制定了新的《非实体经营管理办法》，明晰了非实体经营工作的宗旨和范围，对项目开发、执行等各个环节进行了明确界定；通过完善与执行单位的承包合同、加强项目评审、派驻项目监理等方式，强化项目管理，确保项目顺利执行；选聘了经验丰富的项目管理人员，加强了非实体经营工作力量。通过这些措施，确保了非实体经营业务的健康发展。2009年非实体经营取得了良好的经济效益，完成利润1.5亿元。

7. 协同合作更加深入。

2009年，集团通过建立协同合作考核机制、建设内部合作信息平台等一系列措施，在政策体系、工作机制、工作模式等方面推进协同合作广泛深入开展。共有40家企业在100个项目中开展了协同合作，合作金额75亿元，与2008年相比，协同合作范围大幅拓展，合作金额同比增长近60%。

集团工程事业部、中国联合第三设计院在利比亚4000套房建项目中与CMEC、中国福马、中国工程、中国浦发、中国联合机勘院共同创造了协同合作参与单位最多、涉及范围最广的新纪录；通过召开“国机集团水工工程内部交流与合作研讨会”等系列措施，促进了相关企业与中海航的协同合作，为把中海航打造成为集团水工工程建设施工平台奠定了基础，在苏丹港供水工程项目中，CMEC与中海航内部合作转包合同额近35亿元；由中国一拖、中国福马常林股份、中国工程鼎盛天工组成的“国机展团”，首次在北京国际工程机械展上共同展示了国机集团工程机械产品的整体形象。

（二）积极实施科技创新，企业竞争力进一步增强

2009年，根据工作会要求和科技大会精神，围绕实现科技发展“二次创业”的目标，集团不断增加科技投入，进一步夯实创新基础，科技创新工作取得了新成绩，创新能力显著提高。

1. 科研成果不断涌现。

2009年，集团共获得省部级以上各类优秀成果奖306项，其中，科学技术奖96项（国家科技进步奖3项），勘察设计咨询奖167项，其他类43项。申请专利733项，其中发明专利199项；授权专利432项，其中发明专利76项。主持或参与标准制定761项，其中国家标准398项。

中国重型院承担的“中薄板坯连铸机成套技术与关键设备开发及应用”项目、CMEC所属中机设计院和中国福马分别参加完成的两个项目荣获2009年度国家科技进步二等奖。

中国重型院的165兆牛自由锻造油压机获得2009年度中国机械工业科学技术特等奖。中国联合的浙江美术馆工程获得建国六十周年优秀建筑创作奖。中汽国际的DP-200干式螺杆真空泵获得中国服务业科技创新特等奖。中机建设承担了11项工程建设国家标准，占集团工程建设国家标准的四分之一。轴研科技、中国联合、中国中元和中汽国际分别荣获“全国企事业知识产权示范单位”、“十佳工程承包企业”、“十佳自主技术创新企业”、“中国会展业十大影响力企业”称号。

2. 科技创新体系不断完善。

一是继续加大科技投入。通过利用国家有关优惠政策、集团科技发展基金、争取国家资金支持等多种途径，科技投入逐年大幅增加，2009年达22亿元；二是加大科研和服务平台建设力度。去年，中国工程天工院、蓝科高新、合肥通用院成为国家创新型试点企业，所属企业19家省部级以上科研和服务机构获得批准，合肥通用院的“压缩机关键技术”被批准为国家重点实验室。三是积极推进“创新方法”应用。研究提出了“创新方法”工作指导意见，对今后几年的试点工作做了整体部署；四是积极参加产业技术创新战略联盟。继中国农机院成为我国首批产业技术创新联盟——农业装备领域的联盟理事长单位后，中国重型院、中装总公司、轴研科技等参加或正在组建产业技术创新联盟，通过联盟平台承担了一批重大技术创新项目，为产业发展和技术进步发挥了积极作用。

3. 重大科技项目稳步推进。

2009年，依托技术优势，集团承担的国家科研项目134个、资金4亿元。其中，国家重大专项等重点科技攻关项目116个、资金2.7亿元；军工项目18个、资金1.3亿元。

中国重型院、济南铸锻所、成都工具所、轴研科技、苏州电加工等承担的国家重大机床专项等十余项子课题，获得国拨资金支持超过1亿元。蓝科高新10500平方米板壳式换热器、中国一拖东方红1604/1804轮式拖拉机的成功研制，大力推动了行业的技术进步。中国福马“智能化铲土运输机械研发及产业化”项目的实施，将提高作业效率15%～20%。中国工程以节能、再制造技术为支撑的“0611”工程，形成了一批有自主知识产权的再制造技术和工艺。兰电所开发的国庆游行彩车，受到了甘肃省委和省政府的表彰。三磨所承担的“IC硅片高效超精密磨削用金刚石磨具的研究”项目、沈阳仪表院研发的微机械精细加工硅基压力敏感芯片批产工艺技术，填补了国内空白。重材所研制的双参数线状火焰探测器，为国庆阅兵装备提供了急需产品。中国联合建设完成了国内工艺最先进、设备档次最高的宽幅彩色铝板涂装生产线。北起院承揽了我国第一条新型脱挂抱索器客运索道——溪口索道，具有运量大、速度快、安全、舒适的特点。中装总公司研制的汶川地震断裂带施工钻探设备，是国际上钻进深度最深的绳索曲芯岩心钻机之一。

4. 节能减排取得良好效果。

2009年，集团积极挖掘内部潜力，加大节能投入，不断推进节能新技术、新工艺的应用，为节能降耗、环境保护做出了重要贡献。中国一拖投资2亿元建设煤气系统，预计每年节省9000吨标准煤。中国福马改进柴变试验台，减少了柴油消耗。洛阳中收将试验台电机更换为节能电机，改进涂装工艺，节电效果明显。中机六院承揽的杭州卷烟厂易地搬迁改造项目，是国内烟草行业第一家“三星级绿色工房”。广州机械院研发的“高速合成型电火花加工油”、“绿色极压切削油”等产品都在相关领域节能减排方面发挥了重要作用。苏州电加工研发的“高效低功率无电阻电火花脉冲电源”，电能利用率达90%，生产率提高了1~2倍。中通公司在城市污水和工业废水治理项目中业绩突出，承揽了西安第五污水处理厂、江苏兴达钢帘线电镀废水处理工程等多个污水治理项目，为节能减排和环境改善做出了积极贡献。

（三）继续推进资本运营，资源配置不断优化

2009年，围绕集团“三大主业”发展布局，深入推进资本运营，取得了成效。去年10月，作为中央企业重组工作的典型，集团在中央企业重组工作会议上作了经验交流。

1. 重组工作取得新进展。

在外部重组方面，紧紧抓住国资委加快中央企业布局结构调整的有利时机，加强与相关中央企业的联络沟通，及时掌握信息，积极寻找机会，完成了与中国农机院的联合重组，对完善集团农机业务链条，提高农业装备竞争力具有重要意义。同时，借助国家推出装备制造业振兴规划的契机，结合优化战略布局和完善业务链条的要求，密切关注行业内知名度高、资产状况良好的装备制造企业，对行业内优秀的研发与制造资源，包括机床、工程机械、柴油机等多个企业开展前期调研，进行持续跟踪。

为大力支持重组企业的发展，集团积极争取国家国有资本经营预算支出项目，经过不懈努力，进入集团的5家中央企业共获得5亿元的国有资本经营预算资金支持，为下一步的业务结构调整和发展创造了条件。

在内部资源整合方面，中工国际和中农机、合肥通用院和中国电瓷、中自控和中缆公司、中国一拖的收获机械业务与洛阳中收、中国浦发和中国空分等重组工作正在稳步推进，一些相关企业的重组工作也在逐步展开。经过几年努力，中汽工程构建了资源统一的管理体系，搭建了统一的运作平台，实现了“化学式”融合，为企业发展奠定了坚实的基础。

2. 企业改制持续推进。

按照分业务板块上市的指导思想，集团重点开展了整体改制工作。完成了轴研科技的资产注入工作，实现了整体上市；完成了中工国际的股权上划，开展了济南铸锻所、中国电器院的整体改制；继续推动蓝科高新、中国重型院、中进汽贸、CMEC的改制上市，着力做好上市前的各项准备工作。

3. 项目投资进一步优化。

2009年，集团共投资项目90个，总额35亿元，比上年增长64%，其中长期股权投资项目70个、总额11亿元；资本性支出项目20个、总额24亿元。这些投资重点支持了发展潜力大、面临资金短缺的主要企业，有效解决了其发展瓶颈；提高了集团的装备制造能力、产品研发能力和工程建设能力，进一步完善了业务链条。

（四）着力加强基础管理，管理能力逐步提高

1. 战略管理稳步推进。

2009年，根据内外部环境的新变化，研究制定了《国机集团2010—2012年发展规划》，明确了未来三年的发展目标、业务定位和相关措施。修订完善了《国机集团战略管理办法》，大力推进了信息化发展规划、科技发展规划、人才规划和品牌规划等分规划的实施。加强了战略评估工作，分析改进了战略执行中存在的问题，促进了战略管理工作的深入开展。

中装总公司、中海航、中机六院等结合学习实践活动，制定、完善了发展规划，理清了发展思路；中机建设、中国电工、中国重机、中汽国际、中进汽贸、中国电器院等在原有发展规划的基础上，分析研判内外部形势变化，主动调整发展战略，对克服金融危机、实现科学发展起到了重要作用。

2. 成本管理成效明显。

为应对全球金融危机带来的不利影响，集团积极推进精细化管理，强化成本控制，深入开展降本增效活动，取得了良好效果。

集团总部采取多种措施压缩管理费用，同比降

低5.5%。中国福马通过公开招标、比价采购和建立AB供应商体系等措施，加大对物资采购和配套件协作业务的规范化管理，实现降本增效4500万元。广州机械院利用价值流分析法，优化和压缩订单与生产流程，取得了显著效果。桂林电科所、兰电所全面推行6S现场管理，使生产、设备、安全等方面的管理逐渐步入科学化轨道。中国电器院对采购部门的询价、评审、决策、实施等关键环节实行岗位分离，采用定期轮岗制，降低了采购风险。

3. 风险管控能力进一步提升。

2009年，集团成立了全面风险管理工作小组，积极开展全面风险管理体系构建工作，并通过强化审计稽查、效能监察等工作，严控经营、法律等方面风险，多管齐下，全面推进风险管理工作，取得了积极成效。

积极防控经营风险，保证重大项目顺利执行。CMEC改进项目管理模式，注重对项目进度、成本的控制，采取矩阵式管理赤道几内亚输变电项目、精细化管理土耳其电站项目，取得了较好的效果。中国重机在项目的开发、投标、签订和执行阶段，严格执行项目管理工作办法，有效防控了项目风险。

集团法律服务和管理的各项规章制度逐步健全，一批企业建立了严格的合同审核制度，有效防范了经营活动中的法律风险。积极推进审计工作转型，将“以风险管理为导向，以内部控制为主线”的审计方式融入到审计项目中。以经济责任审计、投资项目审计、工程承包项目审计为重点，以“管理+效益”为目标，充分揭示企业存在的主要问题，促使企业改善经营管理，增强了企业防范和抵御风险的能力。全面梳理成本管理业务流程，找准薄弱环节，认真开展效能监察，通过完善制度、规范管理、堵塞漏洞，为提高企业经济效益发挥了重要作用。

4. 人力资源管理不断加强。

2009年集团进一步加强了对企业领导班子的考核与换届调整工作，加大了优秀年轻干部的选拔力度；进一步完善业绩考核体系，不断调动各类人才的积极性；加强专家人才的选拔和推荐工作，壮大了专家队伍；加大员工培训力度，开展了形式多样的培训活动。中进汽贸制定了员工职业发展规划，全方位、多角度促进员工成长，不断提升员工的综合素质。中国联合采用360度考核办法进行年终干部述职考评，取得了良好效果。合肥通用院压力容器与管道安全工程技术研究团队荣获中央组织部授予的“全国专业技术人才先进集体”荣誉称号；轴研科技获得“国防科技创新团队”荣誉称号。

5. 信息化建设步伐进一步加快。

2009年，按照“统分结合、分类指导、纵向贯通、横向集成”的方针，集团信息化工作稳步推进，取得了新进展。一是在集团层面，完成了经营管理和数据分析模块、集团化财务集中管理系统三期、内部合作信息平台、外部门户网站等系统的建设和应用，并初步实现了财务、经营、科技、人力资源等重要管理信息的图形化集成展现，为服务集团管控与决策支持奠定了基础。二是在所属企业层面，颁布了《关于加强所属企业信息化工作的指导意见》，明确了各业务板块信息化工作的目标和重点，并按照国资委对中央企业信息化水平评价的指标体系，对所属企业开展了信息化水平评价工作，苏美达被评为B级。中国福马常林股份的ERP系统、中国一拖的电子采购系统、中国电工的项目管控平台、中进汽贸的协同办公平台、中国中元的综合管理信息平台等，为企业管理和业务水平的提升发挥了积极的支撑作用。

6. 安全生产管理进一步加强。

发布了《国机集团工程总承包项目安全生产管理指导意见》，进一步规范了总承包项目的安全生产管理；积极推进安全生产“三项行动”和“三项建设”，全面开展了“三查一整改”活动，对发现的各类安全隐患全部完成整改；重点对装备制造企业和境内外总承包项目进行了安全生产监督检查，整改完成了发现的主要问题；认真开展“安全生产月”活动，分层次、分类别的组织了消防、反恐等不同形式的应急演练，完成了集团及所属企业生产安全事故和突发事件综合应急预案的修订和备案。

中国一拖深入推广“领导干部把责任落实在督查中，管理人员把责任落实在考评中，职工把责任落实在作业中”的安全理念，全面推进安全生产标准化工作，安全生产管理基本达到了规范化要求；中机建设把安全生产管理与“三体系整合贯标”有效结合起来，通过内部审核、第三方审核发现问题，及时对相关制度进行修改、补充和完善，做到了有法可依、有规可守、有标可循。

7. 企业文化和品牌建设取得新进展。

2009年，集团举行了隆重的授旗仪式，开展了一次生动的企业文化宣传与对接活动；创办了《国机文化与品牌》刊物，为宣传集团企业文化和品牌、引导所属企业文化和品牌与集团有效融合打造了平台；编写了集团首个《企业社会责任报告》，总结并集中展现了集团十多年的社会责任工作，中进汽贸、中机六院也相继向社会发布了《企业社会责任报告》；修订了VI体系，为进一步推进母子品牌联接奠定了基础；组织举办了国机集团第三届职工田径运动会，丰富了员工文体生活，激发了员工协力创新、勇攀高峰的精神风貌。通过一系列举措，宣传了集团的企业文化和品牌，一定程度上促进了母子品牌的联接，推进了企业精神文明建设，增强了集团的凝聚力。在由中国对外承包工程商会组织的评选中，集团荣获2009年中国对外承包工程企业社会责任金奖。

轴研科技“ZYS”商标被认定为中国驰名商标，企业品牌和知名度有了较大幅度的提升。中国一拖捐资了100万元，用于建设四川雅安灾区“东方红小学”。中机建设西南工程学校招收了108名藏族学生，承担藏区“9+3”免费职业教育工作，展示了作为国有企业在履行社会责任方面的卓越风采。集团总部和所属企业踊跃开展献爱心捐款活动，用于集团内部帮困助学，营造了和谐国机大家庭的良好氛围。

（五）努力强化财务管控，资金运作水平稳步提升

2009年，按照“夯实财务基础、拓宽服务领域”的工作思路，集团财务工作深入推进，整体管理水平稳步提高。

1. 资金集中度显著提高，资金集中结算取得重大进展。

经过五年的努力，集团集中结算资金已经具有相当规模，基本实现了京内所属企业的账户集中管理和结算限额管理，京外所属企业也在逐步从闲置资金存管模式向账户集中管理模式转变。2009年，所属企业在财务公司的日均存款余额达36亿元，比上年增长45%，资金集中度提高到30%以上。同时资金集中结算覆盖范围进一步扩大，中工国际克服法律障碍，积极参加了集团资金结算工作；CMEC、中进汽贸、中汽进出口、中国福马等积极推进其所属三级及以下企业参与资金集中结算。截至2009年底，财务公司对所属企业累计发放各类贷款28亿元，贷款余额17亿元，为集团节省利息支出1亿元。

2. 扩大银行授信额度，优化担保资源结构。

2009年集团发挥整体优势，在各家银行取得综合授信额度563亿元，较上年增长55%，其中大部分额度分配给所属企业使用。进一步深化与金融机构的合作，帮助所属企业争取获得免保银行授信，中国银行给予集团近200亿元的综合授信额度，授信条件优惠，不需要集团对获得授信的所属企业提供任何担保。加大了对优质项目的融资担保，严格落实反担保措施。在控制担保总量的同时，原则上不再提供无限制使用范围的银行综合授信担保。

3. 拓展债券市场，融资能力进一步增强。

去年集团成功在资本市场直接融资，发行了三年期8亿元人民币固定利率的企业债券，今年初又成功发行了一年期10亿元人民币短期融资券，节约了财务费用，优化了债务结构，降低了财务风险。目前正计划发行5年期20亿元人民币中期票据，已经完成了发行准备工作，将择机发行。

4. 加强预算管理，监控作用进一步强化。

为应对金融危机，所属企业加强预算分析，努力压缩成本费用开支，充分发挥了预算的引导及控制功能；通过预算分析，及时发现预算执行过程中存在的问题，并采取有效措施及时纠偏，调整与实际情况差异过大的预算项目，发挥了预算管理的决策支持作用。

随着综合实力的不断增强，国机集团各项社会排名稳步提升，影响力进一步扩大。2009年集团在全球最大225家国际承包商排名中列第28名，比上年上升了20位；在全球最大200家国际工程设计商排名中列第77名，比上年上升了10位。在2009年中国企业500强排名中列第59名，比上年上升了8位；在“中国机械工业百强”中列第1名。在国资委2008年度中央企业业绩考核中，国机集团首次进入A级企业行列。同时，集团再次荣登“新全球挑战者”百强榜，荣获“十佳工程承包企业”、“全国工程建设标准化先进集体”、“中国最诚信企业”称号。这充分表明，国机集团的综合实力和专业能力都有了显著增强。

2009年，在严峻的形势和极其困难的情况下，我们取得了优异的经营业绩，来之不易。这是国资委正确领导、董事会科学决策的结果，是全体国机人同心协力、团结拼搏的结果。我借此机会，代表集团领导班子，向所属企业经营者和全体员工表示

衷心的感谢！

同志们，虽然我们取得了显著的成绩，但必须保持清醒的头脑，要充分意识到工作中存在的差距和集团发展中亟待解决的突出问题。管理效率有待提高、外部资源重组力度需进一步加大、市场网络尚待有效整合、母子文化的融合进程需进一步加快等问题应当引起我们的高度重视，并在今后的工作中努力加以解决。

二、提升执行力，全面完成2010年主要工作任务

按照董事会要求，2010年主要经营目标是：营业收入争取值1200亿元，考核值1000亿元；利润总额争取值45亿元，考核值35亿元；进出口总额争取值55亿美元，考核值50亿美元。

根据国内外发展形势、董事会下达的经营目标要求和国机集团实际情况，2010年经营工作的总体思路是：全面贯彻中央经济工作会议和中央企业负责人会议精神，以科学发展观统领全局，按照发展战略的要求，狠抓业务发展，提高主业竞争力；强化科技创新，大力提升创新能力；加大资本运营力度，积极推进资产证券化；严格风险控制，确保稳健经营；深化企业管理，着力强化执行力；推进文化建设，快速提升软实力，促进国机集团的持续健康发展。

为确保经营目标顺利实现，要着力抓好以下六个方面的重点工作：

（一）抓业务发展，巩固和提高主业竞争力

今年，要把促进业务发展作为头等大事来抓，不断提升主营业务规模和盈利能力，保证业务发展再上一个新台阶。

1. 加大市场开拓力度。

新市场和新项目的开发关系到集团的后续发展。2008年以来，受金融危机冲击，集团的市场开拓受到了一定影响，新签合同额增幅有所下降。今年，要抓住经济形势向好的有利时机，采取有力措施，加大市场开拓力度。

一是充分利用国家在财政、税收、金融、贸易等方面的刺激性政策，尤其是“421专项”安排、100亿美元的优惠贷款额度、国家农机补贴等，培育市场、拓展业务、抢抓机遇，力争使新签合同额能有大幅提升。二是针对集团海外市场网络建设重复分散的问题，加强调研，摸清情况，采取相应对策，逐步形成与集团发展相适应的市场网络。三是创新市场开拓机制和模式，充分发挥所属企业在市场开拓方面的优势和特点，促进各企业联动、协同开发市场，不断提高整体市场开拓能力。四是发挥在污水处理、垃圾处理、生物发电等方面的优势，着力研发节能环保、新能源产品，积极开拓低碳经济领域的新市场，为集团未来的持续稳定发展奠定坚实、富有竞争力的新产业基础。

2. 推进业务转型升级。

目前，集团的主要业务都不同程度地面临转型升级问题，今年我们要下大力气推进这项工作。

在装备研发与制造业务方面，进一步优化产品结构，着力开发适应市场需求的新产品，不断提高新产品的比例，提升市场竞争能力；加强生产流程再造，改进生产工艺，提高产品质量；整合研发资源，积极开展协同创新，增强技术集成能力，提高集团整体研发水平。

在工程承包业务方面，要抓住后金融危机时代的有利时机，努力向国际工程承包产业分工的高端环节拓展，积极开发条件成熟的BOT项目，稳健开展国际资源性项目的投资；同时，通过自身培育、吸收外部资源等途径，完善集团工程承包业务链，形成为客户提供一揽子解决方案的能力，系统提高集团工程承包业务的国际竞争力。

在贸易与服务业务方面，要总结学习集团内外相关企业的经验，积极促进贸工技结合，延伸业务链条，深挖业务链的细分环节，着力提供专业增值服务，力求做到人无我有、人有我优，积极推进由单纯的贸易商向综合服务商的转型。

3. 提高项目管理能力。

项目管理是影响项目取得成功的重要因素，从事大型工程项目的企业，尤其要提高项目管理能力，加强项目管理。要通过总结、提炼，并借鉴相关企业的经验，逐步建立起与自身从事业务相适应的项目管理体系；要通过引进、培养等多种渠道，加强项目管理队伍建设；要在概念、规划、实施、结束等项目生命周期的不同阶段，强化成本、质量、进度、风险等方面的管理，切实提高项目管理的综合能力。

4. 加强协同合作。

不断深化协同合作，是集团发展的内在要求与长期工作任务。2010年，要利用已经形成的良好基础，加强对市场协同开发的指导与协调，避免内部恶性竞争，保护集团传统优势市场。支持重点企业

"深耕细作"，通过强化电站项目和其他工程业务链建设，形成优势集成、协同开拓市场的格局。要利用好内部合作信息平台，扩大平台的受众面，使其成为所属企业之间深化了解、交流信息和共享资源的有效载体。在现有措施基础上，进一步完善协同合作的奖励机制和考核体系。

5. 做好非实体经营工作。

2010 年，要重点做好非实体经营项目的开发和执行工作。项目开发方面，在稳固现有市场的同时，着力开发沙特、赞比亚、加纳、尼日利亚、泰国、俄罗斯等市场；加强与项目所在国政府和业主的联系沟通，积极争取我国政府有关部门及金融机构的支持，力争项目开发取得更大的进展。项目执行方面，重点抓好赤道几内亚输变电项目、印度尼西亚电站项目、菲律宾铁路项目的执行，加强对项目质量、进度、成本、安全等环节的监管，确保项目顺利实施。

（二）抓科技创新，大力提升创新能力

科技创新是集团持续发展的重要动力。今年我们要加大科技投入，加快科研成果转化，积极推进科技体制创新，不断增强科技创新能力。

1. 加强创新能力建设。

按照国资委的要求和集团战略部署，做好"十二五"科技发展规划的编制工作，对今后五年的科技发展进行研究和谋划。积极开展协同创新，聚集集团的科技资源，利用好国家有关支持政策和集团科技发展基金，对制约集团乃至我国装备制造业发展的某些瓶颈和关键技术进行集中攻关，对能带动我国产业技术升级的集成重大装备进行重点攻关，力争取得突破。积极推进国机集团中央研究院的建设，促进试验研究条件的升级换代，加强国家重点实验室等科研机构的建设，积极打造国家级科研平台，踊跃承担国家科技项目，支持所属企业参与产业技术创新联盟，继续推进在美国设立研发机构的工作。全面推进"创新方法"试点工作，培养一批种子工程师，形成一批发明及专利成果，在总结经验的基础上推广应用，提高自主创新能力。

2. 提高工程技术服务水平。

一是提升工程承包业务的技术水平。相关设计、施工企业要在保持传统优势的基础上，把加快提高支撑集团工程承包业务的技术水平作为一项重要工作来抓。要以重大项目为纽带，通过进行联合设计与施工，系统掌握一批工程设计和建设方面的关键技术。二是鼓励有条件的工贸公司打造自己的技术体系，加快人才引进和培养，不断提高技术水平，逐步改变在技术上处于弱势的状况，对工程承包业务形成有效的技术支持。三是充分发挥集团的"集成优势"，把集团内部的商务、咨询设计、项目管理、施工建设、设备成套、研发制造和投融资等资源协调起来，优化配置、形成合力，提升集团工程承包业务的技术水平和综合能力。

3. 抓好标准制修订和专利工作。

要积极参与国家标准的制修订，特别是加大通用性、基础性以及强制性、安全、节能、环保等领域的标准制修订工作力度；要加强与国际标准化组织的交流与合作，积极参与国际标准制修订，争取国际话语权；要加强标准化技术委员会的管理，提高标准的质量和水平。要继续加大专利、尤其是发明专利的申报力度，并确保专利的质量；要利用专利规则，跟踪前沿技术，规避侵权，保护权益。要提升试验、检测手段，提高检测人员素质，着力打造检测服务品牌。

4. 推进产业化基地建设。

支持有条件的企业通过引进战略投资、银行贷款、改制上市、发行债券等融资渠道筹措资金，扩大产业化规模。重点选择一批技术含量高、市场前景好的项目，进行技术改造，扩大生产规模，实现结构升级，快速形成新的增长点；部分企业要针对产品单一的现状，加快结构调整，选择若干产品形成产业化规模，避免市场环境变化带来的风险。

5. 促进装备制造能力快速提升。

2010 年，要加快研究制定装备制造业发展规划，明确发展方向和目标，推进装备制造业快速发展。农业机械要通过提高产品技术和完善产品系列，促进竞争力大幅提升，确保在国内行业中的领军地位。工程机械要加快调整产品结构，努力发展技术含量高、市场空间大的新产品。地质装备要通过优化资源配置和尽快解决历史包袱，不断培养市场竞争能力，早日走上健康发展的道路。林业机械要通过完善产品工艺链条，提升设备成套能力，确保行业优势地位，不断追赶国际优势企业。柴油机和小动力机械要不断向精、专方向发展，持续提高产品品质和配套能力。

（三）抓资本运营，积极推进资产证券化

资本运营是集团做强做大的重要手段，2010 年乃至今后一段时期，我们要通过吸收外部资源、加强内部资源整合、促进企业上市，逐步实现集团资产的证券化，构建资产的进入和退出机制，促进集团资产在资本市场有序流动，优化资产结构。

1. 加大对外重组力度。

外部重组要以发展三大主业为核心，以完善业务链为重点，加快吸收外部相关资源，增强集团整体实力。要充分利用国家和地方政府积极推进国有资产结构调整的优惠政策，发挥集团和所属企业的各自优势，在研发与制造领域吸收工程农机装备、重大装备、基础装备方面的有关资源；在工程承包与贸易方面吸收研发、设计、施工等方面的相关资源，完善业务链条，打造核心能力。同时，要对海外并购进行有益的尝试和探索，注重吸收国外先进技术和制造资源，争取有所突破。

2. 促进内部资源整合。

按照集团发展战略要求，完善资本运营计划，制定详细的执行方案，加快实施。今后，内部资源整合要迈开大步伐，把分板块资源整合和加快资产的证券化结合起来，以上市公司为平台，大力推进资源整合，进一步优化资源配置。

3. 推进企业改制上市。

加大改制上市工作力度，积极推进蓝科高新、中进汽贸等企业的改制上市工作，争取尽快上市；完成济南铸锻所、中国电器院的整体改制，为上市创造条件；利用现有上市公司平台，通过定向增发、现金收购等方式，继续推进将相关业务资产重组置入上市公司的工作，逐步实现核心业务板块整体上市。尤其要通过推进内部上市公司反向收购集团资产的方式，达到集团内部资源中心上移、积聚资金实力，以更好地支撑集团的重大战略行动。

（四）抓风险控制，努力保持集团健康发展

2010 年，要把风险管控放在经营工作的重要位置，着力推进全面风险管理体系建设，严格防范和控制经营、财务、投资等风险，通过审计、法律、监察等手段，确保企业持续稳定发展。

1. 继续推进全面风险管理体系建设。

集团全面风险管理体系 2010 年开始初步运行。要按照集团全面风险管理的具体要求，加强对风险事件的识别和管控，将风险管理的各项要求融入企业管理和业务流程中，完善相关制度，构建风险管理长效机制。加强有关风险管理知识的培训和宣传，不断增强员工的风险管理意识和能力，积极培育良好的风险文化和理念。按照先重点、后全面，试点先行、逐步推广的原则，在有条件的企业推行全面风险管理工作，逐步构建起全集团的风险管理体系。

2. 积极防控项目经营风险。

近年来，集团及所属企业承接的项目逐年增多，尤其是 1 亿美元以上的大项目越来越多，所面临的风险也逐步加大。要高度重视、系统分析项目各环节可能存在的风险，完善相关制度、风险控制程序和对策方案，将风险发生的可能性降到最低。对于跟踪项目，在签约前要考虑各种风险因素，避免造成不可挽回的损失；对于新签约未生效项目，在尽力创造生效条件的同时，要全面把握各项风险；对于在手执行项目，要注重从项目设计、采购和施工等环节，进行全过程风险管理与质量、工期、成本的有效控制，确保项目按要求、高质量地完成。

3. 切实防范财务风险。

要严控负债过快增长，合理控制债务规模，切实防范债务风险可能引发的财务危机。要加大应收账款催收力度，设立由财务总监负责，业务部门、法律部门参加的专门小组，全面了解客户资信和现金流状况，并结合账龄分析、制定和实施有效的应收账款催收方案，加快资金回笼速度，增强资金保障能力，确保资金链的安全稳定。

4. 严格控制投资风险。

随着投资规模、单项投资额越来越大以及投资方式的多样化，要特别注重对投资风险的控制。要强化集团战略对投资活动的引导，制定投资规划，指导和规范企业的投资行为；要加强投资项目执行过程的监督管理，尤其是后续执行和评价管理，防控投资风险。

5. 强化审计稽查工作。

要突出审计重点，继续抓好经济责任审计、投资项目审计、工程承包项目审计，重点关注企业经营管理的合规性和效益性；要积极探索事中审计，加大工程承包项目事中审计的力度，提高审计的时效性，确保及时发现存在的问题，避免相关风险的发生。对集团下达的审计意见，所属企业要抓好整改落实。

6. 加强法律风险防范机制建设。

要以落实国资委“新三年”中央企业法制建设工作目标为契机，按期完成集团法制建设目标要求；规范、落实重大纠纷案件管理制度，做好重大案件的备案和总结工作；加强对各类涉诉案件的研究，通过个案分析发现问题，完善相关制度，堵塞管理漏洞，提升法律风险管理水平。

7. 深入开展效能监察。

要围绕生产经营工作，把效能监察纳入企业经营管理体系，重点对重大投资、产权交易、资本运营、营销采购、人事管理、财务资金、安全环保、节能增效等环节中存在的突出问题选题立项，开展效能监察，通过检查规章制度、程序规则是否完善、执行是否严格，及时发现和纠正违规违纪问题，督促整改，强化内控机制建设，保证企业稳健经营。

（五）抓企业管理，着力强化执行力

1. 着力推进战略管理。

要在对国内外经济形势、行业发展趋势分析研究的基础上，组织制定《国机集团十二五发展规划》，明晰集团“十二五”发展定位和发展措施；要研究制定汽车业务、科技发展、信息化发展、社会责任等规划，进一步明确相关业务的发展方向、发展重点和发展措施。要加强对所属企业战略规划执行情况的评估检查工作，逐步将所属企业战略规划执行情况纳入检查考核范围，形成长效机制，真正实现战略落地。要通过集团网站、内部刊物等多种途径和方式，广泛深入地开展战略规划宣贯工作，统一思想，凝聚共识。

2. 加强人力资源管理。

按照集团发展战略的要求，进一步完善和细化人力资源管理制度，建立科学、规范的选人、用人、育人制度和激励约束机制。完善所属企业领导班子的选拔、培养、使用新办法，加强所属企业领导班子建设，培养和造就一支综合能力强、专业基础扎实、能经受各种考验的领导干部队伍；健全经营者绩效考核体系，严格执行考核指标、考核程序，规范经营者薪酬管理，继续做好工效挂钩、业绩考核和薪酬分配工作；加大人力资源培训力度，进一步提高各类人才的素质。

3. 深化财务管理。

要进一步加强对预算编制过程的审核控制，对成本费用、债务规模与结构、投资支出、存货和应收预付账款等关键指标加强预算审核。所属企业要采取有力措施，进一步控制成本费用，有效降低生产经营成本。

要进一步优化考核指标计算标准，扎实稳步推进资金集中结算工作，提高资金使用效率；要继续加强担保风险控制，坚持总量控制和结构调整相结合，提高担保资源配置效率。要把担保管理与资金集中结算结合起来，对于资金集中度达不到考核指标的企业，不提供担保支持。

要利用集团财务系统做好财务信息上报和分析工作，将集团财务信息系统与企业日常财务监管制度相结合，充分利用智能分析工具，为科学决策提供财务支持。

4. 提高信息化水平。

2010年，要紧紧围绕《国机集团“十一五”信息化发展规划》，着力推进集团信息化建设，确保2010年信息化水平达到国资委B级目标。重点加大所属企业信息化工作的推进力度，将所属企业信息化建设水平指标，纳入集团对所属企业领导班子年度经营业绩考核指标体系。积极研究探讨建立集团信息化建设专项基金，重点支持主要企业的信息化建设工作。2010年要全面建成国机集团信息集成管理平台，实现财务集中管理系统全覆盖，推进集团资金集中管理系统的建设，满足集团科学管理、高效决策的需要。全面建设视频会议系统，搭建信息化条件下方便、快捷的会议平台，有效降低会议成本。

5. 持续强化安全生产管理。

加强对安全生产的规范化工作。要针对生产作业活动过程，认真查找安全管理“短板”和“盲点”，完善安全管理制度和操作规程；要强化基层班组和项目组的岗前安全指导与教育，提高一线员工的安全意识，做好日常安全监督检查，实现安全管理规范化、岗位操作标准化；工程总承包企业应根据集团《工程总承包项目安全生产管理指导意见》要求，制定工程总承包项目安全生产实施细则，并具体落实到项目现场；具有施工、航运等资质的企业与装备制造企业应根据自身特点，健全完善相应的安全生产管理办法。

严格执行生产安全事故报告规定和事故责任追究制度。各企业要明确安全事故和突发事件的报告部门和人员，落实事故事件的报告责任；集团将加强对事故事件报告时限的监督，坚决杜绝迟报、漏报、谎报和瞒报等情况发生；一旦发生安全事故，要严格按照“四不放过”的原则，追究责任。

（六）抓文化和品牌建设，快速提升软实力

1. 加快企业文化与品牌建设。

文化和品牌是企业的软实力，是核心竞争力的有机组成部分。从规模实力、社会影响和发展需求等方面看，集团的企业文化和品牌建设滞后，在一定程度上影响了集团的进一步发展。因此，必须从企业发展战略层面上高度重视企业文化和品牌建设工作，加大国机文化与品牌的建设力度。要有计划、有步骤地开展一系列品牌营销和宣传活动，尽快使集团的品牌知名度有较大幅度地提升。

2. 加强集团与所属企业文化和品牌的联接。

实现母子品牌资源优化配置，不仅有利于集团提升形象、扩大影响，而且体现了集团“合力同行、创新共赢”的核心价值观。2010 年，要按照新修订的国机集团 VI 系统规范，分类别、分阶段、分步骤地大力推进母子品牌融合，使集团母子品牌联接迈上新台阶。

3. 注重企业社会责任工作。

今年，要认真贯彻中央企业社会责任工作会议精神，牢记肩负的使命和责任，完善社会责任管理体系，健全企业社会责任工作机制，提高履行社会责任的能力。要以发布《国机集团社会责任报告》为契机，全面宣传集团的社会责任理念，建立健全社会责任报告制度，加强信息披露和责任沟通；要制定社会责任工作规划，建立长效工作机制，以保障企业在日常经营活动中切实履行社会责任；要将社会责任融入企业使命、价值观和愿景中，使社会责任成为企业发展的内在要求和重要动力。

目标已经明确，思路已经清晰，我们的责任重大，任务艰巨。让我们在国资委的正确领导下，在董事会的科学决策下，以锐意进取、开拓创新的饱满精神，以攻坚破难、战胜挑战的坚定信念，团结拼搏，抢抓机遇，全面完成 2010 年的各项工作任务，为建设国内一流、国际著名的综合性装备工业跨国集团而努力奋斗！

1997—2009 年 国机集团重要文献

包叙定在国机集团暨中国机械装备（集团）公司成立大会上的讲话

（1997 年 1 月 28 日）

在我国“九五”计划顺利开局并迈入具有重要历史意义的1997 年，在机械工业“三大战役”各项任务全面展开之际，在国务院领导的亲切关怀和国家有关部门的鼎力支持下，以我部26 家部属公司为成员组建的国机集团及其核心企业——中国机械装备（集团）公司今天正式成立了。这是机械工业发展史上的一件大事，它标志着部属公司在深化改革和优化结构方面取得了突破性进展，标志着机械工业在实施“大集团、大公司”的振兴战略上迈出了坚实的一步。在此，我代表机械工业部，对国机集团和中国机械装备（集团）公司的成立致以热烈祝贺！对有关部门在国机集团和（集团）公司组建过程中所给予的关心、支持表示衷心感谢！

组建国机集团和（集团）公司，是我部贯彻中央提出的“两个根本性转变”和实施“三大战役”振兴机械工业的重大举措，是发挥部属公司整体优势以适应日趋激烈的国内外市场竞争的迫切需要，是部属公司共同的强烈愿望。十几年来，26 家直属公司在进出口、设备成套以及工程承包等方面积累了一定的经验，积蓄了相当的经济实力，为行业的发展和国民经济建设做出了积极贡献。但是，总体上看，部属公司力量分散，难以形成拳头，在很大程度上制约了今后的发展。鉴于这种情况，借鉴国内外成功经验，按照行业“组织结构优化战役”的总体要求，部党组经过慎重研究，决定组建国机集团和（集团）公司。目的就是要改变直属公司各自为政的局面，通过重组优化，走联合的路，以大集团、大公司为目标，拓宽业务，壮大实力，增强竞争力。国机集团和（集团）公司的成立，将成为推动行业“三大战役”的一支重要力量，对于行业打好“三大战役”、实现振兴必将产生深远的影响。

国机集团和（集团）公司，是我部直属的国有独资企业。（集团）公司是国机集团的核心企业，是以目前实力相对最强的中国机械设备进出口总公司为主体组建的。（集团）公司具有集贸易、产业、科技、金融于一体的综合生产经营功能和资产管理功能。其主要任务是：推动和扩大机电产品出口，特别是成套装备出口；承担大型建设项目的工程承包；搞好下属公司国有资产的运营和管理，确保保值增值；组建重大技术装备的开发研制；促进科研成果的商品化、产业化。

国机集团和（集团）公司的成立是机械工业深化改革的产物。希望国机集团和（集团）公司成立后努力做好以下几方面工作：

一是要按照江泽民总书记“讲学习、讲政治、讲正气”的要求，用邓小平建设有中国特色社会主义理论武装头脑，坚持党的基本路线，坚持两个文明一起抓，艰苦创业，锐意进取，早日建成在国内外具有较强竞争力和较高知名度的大型企业集团。

二是要切实按照部打好“三大战役”的总体部署和要求，结合自身的实际，尽快研究制订打好“三大战役”的实施方案，并认真抓好落实，为行业打好“三大战役”做出表率。

三是要加快思想、组织、制度、业务的磨合，抓紧理顺各方面关系。磨合工作关系到结构优化的进程，从开始就要高度重视并贯穿始终。要设立必要的机构、调配必要的人员、明确必要的职能，尽快确立一个体制框架；要着手建章立制，形成内部必要的管理制度，使各项工作有秩序地运转；要尽早组织资产财务清理，摸清家底，理顺财税关系，搞好资产运营。同时，要努力发挥各成员单位的作用，使集团真正形成一个整体。各成员单位要继续发扬组建过程中表现出来的顾全大局的精神，从大局出发，服从整体和全局的利益，保证集团建设的健康发展。

四是要在稳固和发展现有业务的基础上，通过联合起来，统一协调，优势互补，积极开拓新业务，拓展新市场，承担原来单个公司无力承担的国内外重大任务。当前，着重要抓好承担宝钢三期工程、马来西亚联合循环电厂、大庆乙烯改造项目等重大工程，以此为依托尽快开展业务，步入新的轨道。随着集团业务的拓展和运行的完善，要逐步吸收条件成熟的科研单位和生产企业为成员单位，进一步增强集团实力。

总之，国机集团和（集团）公司要通过自身的努力逐步完成由“板块结构”到“有机融合”的平稳过渡，运转经营早见成效，整体优势得到发挥，实现经营规模和经济效益双增长。

为了支持国机集团和（集团）公司的发展，部将根据有关规定，授权（集团）公司对集团全资子公司行使资产管理权、资产运营权和行政管理权；根据扶优扶强的原则，在争取政策、扩大出口、存量调整、增量投入、国内外大型工程项目承包、重大技术装备研制开发、科研成果商品化等方面给予集团公司以具体的帮助和扶持。部机关各职能司要通力配合，搞好协调服务，积极创造条件，支持国机集团和（集团）公司完善组织模式及运行机制，探索出一条符合两个转变和集团化发展的路子来。我们也诚恳地希望国家有关部门和社会各界像关心、支持机械工业改革与发展一样，关心支持国机集团和（集团）公司的成长与壮大。

创业维艰，玉汝于成。国机集团和（集团）公司的成立只是部属公司在结构优化上迈出的第一步，今后的任务更艰巨、更繁重。我们相信，经过各成员单位和全体职工的共同努力，国机集团和中国机械装备（集团）公司一定能够健康发展，为行业打好“三大战役”，为完成党和国家赋予我们的振兴机械、汽车工业的历史使命，为我国社会主义现代化建设做出应有的贡献！

高元恩在国机集团1999年工作会议上的报告

（1999年2月4日）

这次会议的主要任务是：认真学习和贯彻中央经济工作会议和全国机械工业工作会议精神；分析形势，统一认识，研究推进企业改革、重组，切实强化企业管理，着力提高国机（集团）公司整体素质和经济效益；部署1999年重点工作，激励全体干部职工，同心同德，为开创国机（集团）公司的新局面而努力奋斗。

一、1998年工作简要回顾

1998年是国机（集团）公司正式开始运行的第一年。自4月份国机（集团）公司董事会正式成立，结合原机械部机关人员的分流，工作人员的逐步到位，各职能机构的确立，国机（集团）公司的工作已全面展开。在国家机械局的直接领导和大力支持下，依靠各单位的共同努力，国机（集团）公司的改革和发展有了较大进展。

（一）生产经营保持平稳发展。

一是各项经济指标基本达到计划目标。1998年，全公司累计销售收入91.16亿元，同比增长0.2%；实现利润1.25亿元，同比增长5.0%；全年共完成进出口总额13.17亿美元，同比增长2.5%；其中出口创汇完成8.53亿美元，进口到货完成4.64亿美元，同比增长1.9%和3.5%。

从统计完成情况看，绝大多数单位各项经营指标基本达到计划目标。经营完成情况较好的单位有CMEC、工程与农机进出口总公司、重机公司、空分公司、中收总公司以及CMEC江苏公司等。如工程与农机进出口总公司在国际市场滑坡的情况下，采取多元化经营，不但保住了单机出口的优势，还结合行业特点，举重若轻，从商品的系列化、产品的成套化、经营服务一体化入手，取得了比较好的经营业绩。全年盈利4400万元，比上年增长10%；CMEC江苏公司面对亚洲金融危机给出口带来的严重困难，积极进行商品结构、市场结构及经营方式的调整，使公司进出口业务保持了较好发展势头。1998年，公司完成进出口总额4.86亿美元，其中出口2.5亿美元，较上年增长21.3%，业务规模达到建司20年以来的最高水平，经济效益也明显好于1997年。公司也因此作为全国外贸行业的代表，受到国务院表彰。

二是重要项目实施和承接较好。在项目实施方面，去年以来，各单位按照“保重点、保工期、保质量”的要求，积极开展工作，完成了一批重要项目的交货，并投入运行。如由CMEC承揽的缅甸两条货轮项目分别于去年8月和今年1月如期交货，船东对建设质量及进度均作出很高评价。目前第一条船运行良好，第二条船也已正式投入运行。马来西亚古晋电站已进入商业运行，孟加拉国吉大港2号电站机组和巴基斯坦木扎发戈4、5、6号电站机组项目也已完成收尾工作，伊朗阿拉克空冷项目也正在加紧执行当中；由CMIC分包的巴基斯坦联合循环电站项目有关部分现已基本完成了设备的安装和调试工作，蒙古国燃煤电厂锅炉岛项目，今年1月完成交货；由工程与农机进出口总公司承接的缅甸、孟加拉国四座钢结构桥梁项目，缅甸两座糖厂项目，孟加拉国两个程控电话机项目等有的已完工，有的正在紧张施工中，苏丹、孟加拉国两个泵站工程项目已经开工，其他各大项目均按合同规定抓紧进行了工作。在项目签约方面，各单位在内外贸形势处于十分不利的情况下，积极采取措施，广泛拓展业务，先后签约成交了一些重要的国内外成套项目。如由工程与农机进出口总公司牵头，国机（集团）公司参与组织的缅甸帝洛瓦船厂工程承包项目；由CMEC成交的河南禹州电厂项目、苏丹柴油发电机组项目和伊拉克6×3.8万千瓦燃气轮机工程承包项目；由CMEC和电工公司分别与有关生产企业合作共同成交的三峡水轮机项目；由电工公司和通用公司参与的伊朗地铁项目等。另外，还有一些重要项目正在加紧工作，有可能完成签约。如由国机（集团）公司组织承接的上海苏州河治理工程项目，由CMIC为主承接的伊朗浮法玻璃生产线项目等。通过这些项目的实施和承接，进一步积累了经验，扩大了国机（集团）公司的国内外影响，为下一步的发展打下了良好的基础。

三是工业产品产销稳步增长。1998年，中收总公司积极采取正确的营销策略，努力克服特大洪灾给农业和农民带来的不利影响，取得了联合收割机产销两旺的良好局面。全年生产销售联合收割机12712台，完成产值8亿元，实现利润总额3400万元，分别比去年增长18.5%、23.2%、25.6%。不仅取得了较好的经济效益，而且还有力地满足了农村市场的需求。

（二）改革、改组工作步伐加快

国机（集团）公司自组建以来，集团公司领导认识到，不改革、不创新，集团就无法发挥整体优势，并难以生存和发展，也就失去了组建集团的实际意义。因此，集团公司始终以改革的思路来推动各项事业的发展。去年以来，国机（集团）公司在推进内部改革、加速资产重组两个方面做了许多工作，取得初步成效。

在推进内部改革方面。一是构筑国机（集团）公司科学合理的法人治理结构。集团公司资产所有权、决策权和经营权的体制框架已基本建立，这是构筑集团公司全新经营机制和管理机制的一项核心内容。集团公司在年初成立董事会的同时，就制定出台了《中国机械装备（集团）公司章程》，明确了董事会、总经理为首的领导班子和办事机构的职权范围。一年来，新机制的运转情况基本正常；二是积极推进成员单位内部改革。以CMEC和中收总公司为重点的股改上市工作有了一定进展。目前，CMEC上市方案已经通过证监会初审，其上市方案正按证监会新的要求，在做修改和完善；中收总公司上市方案也正在抓紧制定当中；工程与农机进出口总公司组建内部职工持股有限责任公司，现已完成成立职工持股会，工商预名登记，各种章程、制度和办法制订等工作，待外经贸部批准和工商登记注册后，即将正式运行；CMEC 江苏公司也已完成将内部业务部及综合职能部门改组为具有独立法人资格的有限公司，并正式投入运行；长江磨床、电线电缆、电瓷及轴承等4家联营公司也在相继进行有限责任公司的改制工作。其中长江磨床公司、电线电缆公司已经制订了改制方案，正在办理有关审批手续；其他如重机公司、机床公司等单位内部机构和各项制度改革工作也在加紧进行，有的已经取得了较大进展，有的在研究制订方案，正待组织实施；三是根据国家经贸委的部署，国机（集团）公司整体改革试点方案也在加紧研究制订，目前已提出了初步框架，正在进一步细化当中。

在资产重组方面。为了促进国机（集团）公司向科工贸金一体化发展，实现国机（集团）公司生产和经营结构的合理调整，达到提高整体竞争实力的目的，去年以来，在集团公司组织下，积极开展了有关工作。一是积极推进吸收工业企业工作。去年7月，新疆联合机械集团公司通过资产划转的方式加入国机（集团）公司，并与中国农牧业机械总公司联合重组，成立了中国收获机械总公司；11月，我们又吸收了无锡拖拉机厂，授权中收总公司管理，并组建了无锡中收联合收割机有限公司，主要发展产品为市场急需的半喂式水稻联合收割机。进一步增强了中收总公司的实力。重组后的中收总公司运转十分良好。为国机（集团）公司实现科工贸金一体化发展的目标提供了一些很好的经验。与此同时，在年底中央国家机关与其所办经济实体脱钩之际，根据改革要求，将国土资源部所属的中国地质装备总公司并入国机（集团）公司，中装总公司是科工贸一体化的企业，公司下属6家生产企业、1个技术开发中心和3家贸易公司。中装总公司的加入，进一步拓展了国机（集团）公司的业务领域。二是积极抓好内部资产优化重组工作，上半年，我们结合对国机（集团）公司现状、问题的分析，制定了国机（集团）公司内部资产重组的工作思路，按照这一思路，做了一些推进工作。如推进工程与农机进出口总公司、成套设备公司、广告公司和工程机械公司等单位的重组，形成了一些初步方案，为进一步工作打下了基础。在资产重组当中，我们还积极转变观念，坚持实事求是，不但要请进来，而且要走出去，鼓励内部成员单位向外部优势企业靠拢。去年，我们推进了中自控总公司和国家纺织局所属的华源集团公司的联合，并已拟订了联合意向协议，以进一步达到盘活存量的目的。

（三）集团管理和制度建设逐步健全完善

为了尽快保证国机集团公司规范运作和正常运转，去年以来，我们从理顺关系、加强内部建设以及建章立制等方面做了许多工作。

在理顺关系方面，一是理顺内部产权关系。去年，我们完成了30家成员单位资产由国家机械局授权国机（集团）公司管理工作，先后办理了18家成员单位的资产划转手续，余下几家单位的资产划转手续也正在办理当中，浦发公司和4家联营公司与国机（集团）公司的产权关系已经得到明晰，并正在向财政部申报办理产权变更手续；二是理顺各种工作关系。一方面是与国家机械局及国家经贸委、国家计委、财政部、人事部、劳动部、国家统计局等国家有关综合部门，逐步理顺了工作渠道，建立了统一的工作关系，确立了统一的工作政策。另一方面是国机（集团）公司与各成员单位之间，按照管理要求，基本建立了各种业务的对口衔接关系，各项工作逐步走入正轨。

在抓好内部建设方面，我们突出了两个重点。一是集团公司内部建设，本着精干、高效的原则，集团公司本部共设置了七部一室的工作机构，明确了各部门职责，工作人员逐步到位，共有人员24名，各部门班子基本配齐，初步满足了集团公司开展各项工作的需要。一年来，集团公司本部人员表现了较强的敬业精神，较好地完成了集团公司赋予的工作任务；二是加强了各成员单位领导班子的建设，去年，国机（集团）公司党组对CMEC、CMIC、重机公司、机床公司、电工公司等16家单位的行政领导班子和10家单位的党委班子作了配备和加强工作。并对个别成员单位领导干部实行公开招聘、竞争上岗工作的试点。与此同时，按照“讲学习、讲政治、讲正气”的要求，加强了各单位领导班子的思想作风建设。各单位领导班子精神面貌总的来说是好的，大家能够讲团结，顾全大局，较好地贯彻落实了集团公司各项工作部署。

在建章立制工作方面，为建立符合集团公司新的管理体制，一年来，按照《公司法》要求，集团公司已陆续制定了近20个不同层次的包括人事、资产、财务、投资、担保、经营、外事等方面的管理制度、办法及改革改组工作意见等。使集团公司逐步走上了靠制度管理、规范化管理的轨道，一定程度上保证了集团公司各项工作正常开展。同时，集团公司总部一些必要的内部工作制度也逐步建立起来，各项工作基本做到有章可循。

（四）集团公司定位问题基本得到解决

去年以来，通过与国家有关综合部门积极争取，基本解决了国机（集团）公司定位问题，为国机（集团）公司的发展创造了良好的条件。

一是办理脱钩工作，争取纳入中央管理企业范围。去年年底，中央作出了国家机关和所办经济实体脱钩的决定，按照要求，我们积极配合国家机械局研究并拟订脱钩方案，制订脱钩工作意见，开展对所属成员单位基本情况、财务状况的调查等大量工作。经过努力争取，在国家机械工业局的大力支持下，国务院已正式批准，国机（集团）公司脱钩后纳入中央管理企业范围，明确了国机（集团）公司的发展定位。

二是积极申请进入国家重点联系的512家企业名单。在国家机械工业局领导的大力支持下，国机（集团）公司上下全力以赴，经过大量艰苦细致的工作，目前，国家经贸委已经同意了国机（集团）公司进入国家重点联系512家企业名单的申请，并已报送国务院待批。

三是其他申办事权工作进展顺利。包括国机（集团）公司的外事权已经得到国务院外事办公室的批准，国机（集团）公司收取管理费税前列支的方案也已得到国家税务总局的批准同意等。为促进国机（集团）公司发展产生积极的作用。

总之，在过去的一年里，国机（集团）公司的各项工作取得了较大成绩，集团整体发展态势良好。但是，在发展中也暴露了一些问题，整体上反映在企业对市场适应能力和竞争实力不足。企业经济效益不高，有的公司还难以为继；亏损企业较多，亏损额居高不下，据统计，1998年，国机（集团）公司亏损企业10个，亏损额达2313.7万元，比上年增长40%；不少单位管理存在严重问题，管理漏洞较多，业务经营无序，财务管理混乱，重大事项体现民主化决策不够，对外投资、担保随意性较大，不仅暴露出的一些问题触目惊心，而且还存在较大风险隐患。

从国机（集团）公司自身建设来讲，管理制度不完善，管理渠道不畅，人员素质、结构以及工作思路上还适应不了集团改革和发展的需要。再加上一些成员单位对组建国机集团目的和意义还存一些不同的认识，表现在工作上，对贯彻国机集团各项规章制度不严，执行力度不够这些都在很大程度上影响了国机（集团）公司各项工作的顺利开展。

二、正确认识国机（集团）公司面临的严峻形势和有利条件

关于国机（集团）公司当前面临的形势，总体上趋于严峻。

从外部环境看，一是从国际环境分析，受亚洲金融危机的持续影响，我国周边环境进一步趋紧。日本经济十分脆弱，东南亚经济一时难以好转。由于国机（集团）公司出口业务面向亚洲比例较大，因此，今年，国机（集团）公司的出口困难比去年更大；二是从国内环境分析，国有企业尤其是机械行业企业经济效益大面积滑坡的局面难以在短期内改观。虽然，国家将实行扩大内需的经济政策，但启动需求尚有一个过程，市场需求不会有大的反弹。这些将对国机（集团）公司的内外贸发展产生不利影响。

从国机（集团）公司自身发展情况看，也存在诸多不利因素，一是外贸企业处在深化改革过程中，国内很多外贸企业已经比较早的意识到了加快改革的重要性，比较快的采取了许多深化改革和调整的措施。国机（集团）公司内部也有些单位认识到了这点，这两年也开始着手这方面的工作。但是，我们深化改革的进展和整个国家改革和其他外贸企业深化改革的进展比较起来，相对滞后。企业机制转换慢、经营观念落后、管理工作薄弱的问题已经表现得非常突出，并严重制约了我们企业的发展；二是从计划经济向市场经济转变过程中，我们还有很多不适应的地方。过去外贸企业的经营业务主要是依靠国家指令性计划来进行，这种做法已经一去不复返了。随着企业外贸经营权的逐步扩大，并进一步扩大到私营企业，外贸企业的生存和发展的空间变得更加狭窄了。尤其是与国家机械局脱钩后，我们已被彻底推向市场，将面临更加激烈的市场挑战。在这种条件下，如何自我定位，自我调整，求得自我生存、自我发展的良好环境，还要有一个艰苦的探索过程；三是我们的很多成员单位由于管理不严和因一些历史遗留问题的影响，曾经做了不少风险很大的经营业务以及这样那样的担保，也搞了不少盲目投资。这些经营业务、担保和投资产生的风险和损失已经逐渐凸现出来，由此形成的不良资产和呆、坏账已经达到一定的规模，进一步加剧了企业经营困难。最近，中央提出要加强金融工作，规范金融秩序，要求各银行要加大回收贷款力度。因此，我们有很多单位近期将面临较大的偿债压力。这将对我们企业的发展产生较大影响。

尽管面临的形势不是十分有利，但从主客观分析，我们仍有许多有利条件。

从市场环境看，一是国家将加大对农业的投入，农村经济的发展和农民收入水平的进一步提高，为我们进入农村市场，为满足农民需求提供了广阔的空间，我们的联合收割机产品销量将会有一个大的增长；二是国家把扩大内需，开拓国内市场作为促进经济增长的主要措施和根本方针。对基础设施追加投资、鼓励消费需求，以及灾后恢复与重建，必将带动机械产品的需求和发展，目前，城乡电网改造、城市污水处理、大型粮库建设等项目即将全面启动。为我们承揽这些领域的项目和业务带来机遇；三是中央经济工作会议提出要千方百计扩大出口，在去年出台了一系列鼓励出口政策措施的基础上，今年国家还会实施一些新的政策，如增加买方和卖方信贷，以及最近出台的提高出口商品退税率政策，包括机械及设备、电器及电子产品、运输工具、仪器仪表等四大类机电产品出口退税率提高到17%，农机出口退税率提高到13%等，必将为我们扩大出口提供良好的条件。

从国机（集团）公司自身发展的情况看，目前，国机（集团）公司正处在一个非常好的发展条件下。一是有了一个非常好的政策环境。国务院有可能同意国机（集团）公司进入国家重点联系512家企业名单；国机（集团）公司与国家机械局脱钩后，已被正式批准纳入中央管理企业。一方面进一步巩固和确立了国机（集团）公司在国家经济发展当中的重要地位和优势。另一方面国机（集团）公司作为中央管理的企业将会得到国家在资金、政策等多方面的强有力的支持，对促进国机（集团）公司的快速发展产生极其重要的作用；二是向“科工贸金”一体化发展有了一个较好的基础。按照国家机械局要求，国机（集团）公司成为行业资产重组的“平台”。从国机（集团）公司两年来的发展情况看，这个“平台”的作用正在逐步发挥出来，先后已有40多家工业企业提出申请加入国机（集团）公司，许多科研单位也纷纷与我们接触，探讨加入事宜。目前，新联集团公司、无锡拖拉机厂，以及国土资源部所属的中国地质装备总公司等一些有一定实力和优势的工业企业已经加入国机（集团）公司。今年，伴随着科研体制改革，在国家机械局的统筹安排下，按双向选择的原则，还将有一批局属研究院所进入到我们中间来。通过工业企业和科研院所的加入，与成员单位联合重组，在若干领域内组建科工贸一体的企业集团，从而逐步形成国机（集团）公司的基本框架。朝着这一方向努力，在不远的将来，国机（集团）公司定将达到成为机械行业“国家队”的既定目标。

总之，我们要正确把握形势，冷静分析市场变化，要在看到困难的同时，也要看到我们自身的优势和有利条件。只要我们坚定信心，下定决心，上下同心，我们就一定能够把国机（集团）公司建设好，国机（集团）公司将会有一个十分光明的发展前景。

三、1999年工作要求

1999年是党和国家历史上具有特殊意义的一年。刚刚结束的中央经济工作会议在全面准确分析我国经济工作面临的形势，以及当前我国经济工作中存在的主要问题的前提下，确定了今年我国经济工作的大政方针和国民经济发展目标，对我们努力搞好今年集团的各项工作具有重要指导意义。集团各级领导和广大职工要深刻领会会议精神，特别要认真分析和把握国家政策动向，结合公司的实际情况认真贯彻落实。

1999年是国机（集团）公司奠定发展基础的一年。全年总的工作思路是：以经济效益为中心，不断开拓市场、提高科技含量；坚持改革、改组、改造，强化自身建设，夯实基础，构筑科、工、贸、金一体化框架；转变观念，严格管理，团结奋进，取得新的胜利。

按照上述思路，1999年国机（集团）公司的工作任务归纳为：“一个中心、两个重点，三项要求”。“一个中心”就是以开拓市场，加强经营管理，提高经济效益为中心；“两个重点”就是把强化自身建设和构筑科、工、贸、金一体化框架作为两个工作重点；“三项要求”：一是转变观念的要求；二是加强管理的要求；三是强化团队作用的要求。

（一）以开拓市场，加强经营管理，提高经济效益为中心

今年，国机（集团）公司生产和经营要在继续实现平稳发展的基础上，力争使经营额、销售收入和利润总额较去年有所增长；出口总额保持去年水平；现有亏损企业今年2/3要摆脱困境，明年做到全部解困。为实现上述目标，重点做好以下几方面工作：

1. 下大力气，做好市场开拓工作。

各单位领导班子特别是一把手要把主要精力用在抓市场上，真正抓出成效。在开拓市场上：

一是要采取多种方式，不断巩固和开拓国际新市场。首先是要做好市场分析、研究工作。当前，要结合亚洲金融危机的影响，认真研究出口市场结构变化情况，要根据不同市场、行业以及商品的特点制定市场开发规划，采取有效手段，有组织、有计划地推动落实。在市场开发上，要贯彻全方位、多元化与重点落实市场、重点突破相结合的市场战略，要在千方百计巩固东南亚已有市场的同时，对欧美日等传统市场，实行深度开发，最大限度地挖掘潜力，对中东、非洲、南美和东欧等发展中国家市场要积极开拓、占领；在出口商品战略上，要贯彻技术进步的方针，大力发展高技术含量、高附加值机电产品的出口，增加机电一体化产品、大型成套设备以及技术出口的比重。要努力发展培育具有自己品牌商品，实施品牌战略和以质取胜战略；在贸易方式上，积极推进贸易方式的创新和多样化，如中外合作承包、参股经营；要积极开展与有竞争实力的产品生产企业和科研单位结合，形成研究、生产、销售三位一体的产品基地和稳定的货源基地。特别是要充分利用国机（集团）公司的综合优势，积极对外承揽大型工程承包项目。今年，我们要通过组织抓好缅甸船厂、糖厂项目，伊朗阿拉克电站、地铁和空冷项目、伊拉克燃气轮机项目，以及孟加拉、马来西亚项目等的签约和实施为重点，积极承接新的工程承包项目，不断扩大出口贸易。

二是在开拓国际市场的同时，积极开拓国内市场。要抓住国家加大启动国内市场需求力度为契机，依托国家基础产业建设重点工程，加大成套设备和工程承包项目中标开发力度。今年，中收总公司要紧紧抓住市场潜力较大的水稻和玉米联合收割机产品，针对目前产品质量、性能、品种、能力尚不适应要求的状况，从提高设计、管理水平、提高关键件加工质量和测试条件等方面入手，提高产品质量和可靠性，改善性能，扩大批量生产能力，迅速占领市场，最大限度地满足市场需求。其他贸易企业，包括过去以经营国外项目为主的外贸企业都要合理组织力量，紧密结合当前国家要重点发展领域采取主动出击的方式，认真做好市场调研和开发工作，积极承接一些新的项目。比如，由国机集团出面组织有可能承接的参与上海苏州河治理工程项目，要进一步抓紧工作，做到尽快签约。三峡水轮机项目、河南禹州电厂项目要抓紧实施。最近，我们还要主动配合机械局一起，跑国家经贸委、国家计委、国家电力总公司、建设部、国家粮食储备局等有关部门和单位，积极了解信息，推进项目承接工作。

三是在开拓国际国内市场的同时，积极做好进口业务工作。一方面要根据国家产业政策调整方向，及时调整业务重点和开发方式。当前要结合国内重点工程项目的建设需要，做好重要设备和关键零部件的进口代理；另一方面要进一步拓宽进口业务，不局限于传统的机电设备进口代理，积极探索大宗的、具有长期性的原材料、散件进口业务，包括向汽车行业拓展，做好汽车零部件进口业务工作等；要利用国内外网络优势及与外商良好的合作关系，开展外商进口经销代理业务。

2. 发挥综合优势，不断开辟新的经济增长点。

国机（集团）公司不仅在工业生产和贸易方面有较大的规模和较强的实力，而且还具备开展注入房地产开发、展览、广告、储运及招标等多种经营业务的基础和条件。我们要在抓好生产和贸易主导业务的同时，积极扩大相关业务的发展，不断开辟新的经济增长点，增加新的经济增长成分。在房地产开发上，今年，我们将组织机翔公司等单位，针对目前有可能开展工作的几个项目，研究制定计划，积极组织实施。对国家机械局拟计划安排的礼堂改建、汽车局宿舍改造等项目，我们将抓紧配合机械局积极做好前期准备工作，争取年内开工。在开展展览业务上，我们要充分利用成员单位已有的展览力量，搞好组织协调工作，探讨多种形式的联合，共同开展业务，积极培育具有较高国内外知名度的自办展览会。广告业务是非常具有发展前途的行业，今年，我们将对广告公司结合改组改制，进

一步激发企业活力，以推动广告业务加快发展。

3. 增收节支，扭转经济效益低下局面。

近两年，国机（集团）公司各成员单位经济效益一直不太理想，这固然与外部市场环境变化有关，但重要原因之一是没有把主要精力放到企业内部的经营管理上。因此，我们必须眼睛向内，在加强管理，挖掘潜力上下工夫。要切实围绕提高经济效益抓好各项内部管理工作。

一是要切实加强目标成本管理，努力降低成本。各单位都要建立和完善内部成本控制体系，健全成本管理责任制，对执行情况进行严格监督和考核。要对各项经营开支实行科学合理的定额，采取切实措施堵塞漏洞，制止“跑、冒、滴、漏”，把各种费用支出降低到最低限度。

二是加强资金管理，提高资金的使用效益。要严肃企业内部资金管理，建立健全各种规章制度。各单位要挖掘企业内部资金潜力，把不合理的占用和沉淀降到最低限度；要积极做好货款清欠工作，加强合同的可靠性认定；要大力提高投资决策和管理的科学性，上新的投资项目要认真做好可行性分析，加强民主化决策。投资项目要按照国机（集团）公司事权规定办理审批手续后，方能实施。总之要千方百计提高资金使用效率，减少各种损失。

三是做好扭亏为盈、减员增效、下岗分流和再就业工作。当前，我们要突出抓好亏损企业扭亏为盈工作。国机（集团）公司将组织专门班子深入主要亏损企业调查研究。一户一户地具体分析造成亏损的原因和存在的主要问题、困难，协助企业有针对性地提出扭亏为盈的具体措施、意见，做到目标明确、指标到位、责任到人、并与收入密切挂钩。对亏损企业，我们将在做好分析的基础上，区别不同情况进行分类处理，对处于亏损边缘又确有发展前途的企业，要现场诊断，对症下药，限期增收增盈；对亏损较大而又有一定发展基础和发展潜力的、只是由于资金紧缺或机制不活等问题而影响发展的企业，要实行改革重组，使其加快发展；对长期亏损、资不抵债而又无主导经营业务的企业积极稳妥地实行破产。各单位都要根据实际情况和发展需要，切实把冗员减下来，精简内部管理机构，精干二线，充实一线，并努力抓好人员分流、再就业工作。凡有安排下岗人员的单位都要建立再就业服务中心，健全再就业服务体系。要加强对下岗人员的培训工作，开发各种就业渠道，解决好下岗人员的工作安排。

（二）抓好“强化自身建设，构筑科、工、贸、金一体化框架”两个重点工作

强化自身建设，构筑科、工、贸、金一体化框架，是保证尽快实现国机（集团）公司规范化运作，提高整体竞争实力，适应日益激烈市场竞争的根本要求，也是关系到国机（集团）公司能否健康、快速发展的大问题，我们必须认真抓好这两项重点工作。

1. 以建立现代企业制度为目标，强化集团自身建设。

强化集团自身建设就是按照建立现代企业制度的要求，通过深化内部改革，加快完善集团管理体制，建立健全管理制度，创建国机（集团）公司精干高效运行机制，逐步增强市场应变和快速反映能力。按照这个要求，今年要重点抓好五件事：

一是进一步完善母子公司管理体制。当前，首要的问题是理顺产权关系，进一步明确国机集团的出资人身份和进行产权管理的权力，并要把它落实到各项管理制度当中去。要逐步建立好适合国机（集团）公司条件的母子公司管理体制，要清晰界定母、子公司的职责范围，处理好集团公司集权和分权及利益协调的关系。按照这一要求，我们将从国机集团的功能建设上，从制定统一的管理制度上进一步规范和完善。今年，我们要结合国家经贸委对试点企业集团提出制定改革试点方案的要求，组织有关专家研究制定国机（集团）公司发展战略，并制定好以改革、改组、改造和加强企业管理为主要内容的具体改革方案，并组织实施。同时，我们还要积极争取进入国家试点企业集团行列。

二是按《公司法》要求，推进成员单位股份公司、有限责任公司改制工作。股份制改造是企业实现转换机制的重要形式，我们要积极抓紧抓好。首先，要抓好 CMEC、中收总公司股票上市工作。两家公司要尽快按照国家对上市公司的有关要求，抓紧做好前期准备工作，争取年底前上网发行；其次，要抓好有限责任公司改制试点工作。农机进出口总公司成立的内部职工持股有限公司要尽快完成经贸部审批和工商登记注册，争取一季度正式运行；电线电缆、长江磨床等 4 家联营公司，今年都要按照有限责任公司的形式，完成改制工作。其他企业也要根据自身条件，做好股份有限公司的改制

准备工作，今年国机集团将有针对性地选择2—3家重点企业开展试点工作。各单位在开展改制工作当中，可以探讨多种形式，如投资入股、兼并入股、股权转让、吸收外资入股、职工入股以及成员单位之间的相互持股等，实现股东多元化的股权结构。改制企业要根据《公司法》要求，建立由股东会、董事会、经理层和监事会组成的完善的法人治理结构。已采取公司形式的企业，也要按《公司法》要求严格进行规范化运作和管理。

三是认真搞好企业劳动、分配制度的改革工作。劳动、分配制度的改革是企业转机建制的前提。今年，集团公司将认真组织做好这项工作。在推进用工制度改革上，要全面实行劳动合同制，逐步引入竞争机制和激励机制；在推进分配制度改革上，集团公司总的原则和目标是逐步实现真正意义上的工效挂钩。分配制度的改革重点放在领导干部上，把工资、奖金的分配与各个单位的绩效直接挂钩，激励各单位领导干部争规模、创效益。各成员单位要制定合理的有利于调动职工积极性的工资和奖金分配办法，使职工的收入水平切实与企业的经济效益和个人绩效挂钩。各单位在配合劳动用工制度改革的同时，要逐步推行住房、养老保险、失业保险、医疗等方面的改革。

在抓好上述制度改革的同时，集团公司将逐步建立健全约束机制，大力完善经营目标责任制，逐步建立适应不同单位特点的绩效考核体系；建立财务监控机制，加强财务监控力度；完善集团内部审计制度，强化内部审计力度。

四是抓好清产核资，摸清家底工作。国机（集团）公司各成员单位在持续经营过程中，在资产、负债两个方面都积累和沉淀了很多问题，造成企业家底不清。很多企业财务报告的数据与真实的情况差距很大，使企业难以进行有效的资金运筹和投资决策，限制了企业的发展，因此，在加强集团自身建设的工作中，要高度重视清产核资工作。今年，各单位要按照财政部做好日常清产核资的有关要求，普遍开展清产核资工作。重点清查产权不清、财产损失和资金挂账等方面的问题。各单位要领导挂帅，组织专门人员进行清产核资工作，在工作中要做到不走过场、不留死角，暴露问题。要通过清产核资真实反映企业财务状况，维护企业合法权益。各单位要将清产核资情况及时报告集团公司。

五是塑造集团公司的形象，建立集团公司的企业文化。企业文化的核心是企业的精神，企业的风气，企业的形象。企业文化是集团广大员工共同意志和价值观的体现。积极向上、特色鲜明的企业文化的建立对增强集团凝聚力，提高集团公司对外形象具有十分重要的影响。我们要最大限度地动员广大干部职工参与集团公司企业文化的建设。要制定职工的行为规范，要树立讲奉献、讲团结，勤奋工作、追求卓越的职工队伍形象，要逐步培育国机（集团）公司自己的企业理念和企业精神，要形成国机（集团）公司精干、高效的工作作风，要逐步创建国机（集团）公司名牌产品和名牌工程。真正把国机（集团）公司建设成为具有国内外知名的大型企业。

2. 以提高市场竞争力为目标，抓好集团公司结构调整，构筑科、工、贸、金一体化框架。

构筑科、工、贸、金一体化框架是国机（集团）公司既定的发展目标。围绕这个目标，今年，我们重点抓好四件事：

一是认真搞好吸收工业企业工作。当前，我们要抓住国企改革和脱困的有利时机，加快吸纳工业企业的步伐。在选择吸收工业企业时，要按照优势互补原则，选择一些有一定经济技术实力、产品有特色、具有良好发展前景的工业企业加入国机（集团）公司。通过与工业企业联合重组，逐步改变国机（集团）公司目前主要依靠贸易发展的经济格局，促进集团公司向科、工、贸、金一体化方向发展。在这方面，今年我们拟在要求加入国机公司的企业当中，重点选择几家企业展开调查研究工作，探讨联合重组途径和方式。对于已经加入国机（集团）公司的企业我们将从理顺关系，加强管理以及推进内部改革改制上做好工作，真正达到有机融合，实现优势互补、共同发展的目的。

二是做好吸收科研院所和设计院所工作。按照国家科研体制改革要求，今后，中央各部门所属的科研、设计单位都要从原政府部门中脱离出来，走向市场。这对科研单位发展来说，是一件影响很大的事情。最近，陆续有很多局属研究院所主动找到我们，要求加入国机（集团）公司。我们认为，根据国机（集团）公司实际，选择一些有较强经济技术实力和有发展潜力的科研单位加入集团公司，一方面对壮大国机（集团）公司技术实力，增强发展后劲，促进集团公司向科、工、贸、金一体化的大型企业集团发展具有十分重要的意义；另一方面也可解决部分研究院所的归属问题。今年，我们要在国家机械局的统一领导和统筹安排下，有步骤有选择地做好吸收部分研究院所的工作。科研院所加入国机（集团）公司后，我们将对其实施有效的运作和管理，使其在发展高新技术，促进和组织科研成果商品化、产业化，培育新的经济增长点方面发挥重要作用。

三是抓好中工信托投资公司转为企业财务公司工作。根据1999年中办1号文件规定，中工信托投资公司转变为企业财务公司。中工信公司是国机（集团）公司建成为科工贸金一体化经济组织的重要组成部分。今年，我们要按照国家金融整顿和信托业务改组的要求，认真抓好中工信公司转型工作。要逐步发挥中工信公司在为集团企业融资，调节余额，提高资金效益，促进集团发展的重要作用。中工信公司要按照有关要求，积极调整公司的业务结构和机构设置，从严制定各项规章制度，规范风险，审慎经营，稳健发展。

四是大力推进内部重组工作。今年，我们要在总结去年开展资产重组工作经验的基础上，将进一步加大工作的力度，推进集团公司内部成员单位的资产重组。重组的基本思路是：按照抓大放小的原则，以成员单位中规模大、实力强的公司为主体，吸收或兼并规模小、实力差、业务相近的公司，实现优势互补，减少业务交叉重复，力量相互抵消的现象。在开展重组工作中，我们将采取态度坚决、步子稳妥的指导思想，突出一个发展，做到“先易后难、循序渐进，实事求是、尊重历史，改革改组、相互结合，群众路线、领导决策”。在这方面，我们今年工作的重点是：自控公司、工程与农机公司、工程机械公司、国机技术公司等。各有关单位都要按照要求做好工作。

（三）关于做好今年工作的三项要求

下面，结合今年的工作，提出三个方面的要求。

1. 关于转变观念的要求。

一是转变认识。在我们的工作当中，有很多的认识要转变，这里重点强调要转变对建立现代企业制度的企业管理体制的认识，也就是要转变对国机（集团）公司作为政府授权的资产所有者的认识。组建国机（集团）公司就是确立了国机（集团）公司作为授权范围内国有资产投资的主体，在这个前提下，国机（集团）公司与各成员单位之间的关系不是上下级之间的关系，而是一种以产权为纽带的母公司与子公司之间的关系，是资产所有者与经营者之间的关系。通俗地讲，国机（集团）公司是成员单位的“老板”，而不是行政管理上的“婆婆”，更不是有些人所说的那样，是个“空壳子”。对于这一点，我们都要有个正确的认识，尤其是要正确认识这种资产所有者与经营者之间的权限关系。因此，无论对国机（集团）公司本身，还是对成员单位来讲，都要摆正好位置，工作中都要力图按照母子公司职权要求来行事。从国机（集团）公司运行一年多来的情况看，我们有一些成员单位在这方面做的还很不够。有的单位在不经过国机（集团）公司批准的情况下，对外大量投资；也有的单位在国机（集团）公司完全不知晓情况下，就擅自对其下属子公司产权作出转让处理。如此等等，都已大大超出自己的权限范围，严重违反了有关规定，希望各成员单位都要引起足够重视。

二是转变作风。转变作风重点是强调我们国机（集团）公司本部人员要转变机关工作作风。我们本部工作人员基本上都是从原来政府机关里走出来的，在工作的方式、方法上，都难免受到机关工作的一些影响。企业和政府机关最大的区别就在于一切工作都要围绕以提高企业经济效益为中心，以追求利润最大化为原则，讲求实干，讲求效率。因此，我们要积极转变思想观念，不断提高思想认识。工作中要多注意调查研究，少一些主观主义，多干些实事，少一些空话。要建立积极为成员单位服务的思想，努力增强服务意识。要加强对各种业务知识的学习，包括财税、金融、投资、外贸以及现代企业管理等知识的学习，通过学习，不断提高我们的工作和决策水平。只有做到这一点，才能真正把我们的工作干好。

2. 关于加强管理的要求。

管理是企业的“灵魂”，通过管理出效益，促规模，这是促进企业发展的成功经验。当前，国机（集团）公司管理工作落后已非常严重和普遍。因此，我们必须高度重视加强管理的工作。在加强管理方面，除了要抓好资金、业务的管理外，还要突出抓好以下几方面的管理工作。

一是加强领导班子管理。配备好企业领导，是搞好企业的关键。应当承认，我们有为数不少的领导干部还缺乏在市场中求发展的风险意识和创新精神，市场经济的知识不够，管理现代企业的能力和经验不足，个别领导干部思想意识差，觉悟低，私心重，计较地位、待遇、闹不团结等。因此，要促进企业改革和发展就必须紧紧牵住加强企业领导班子建设这个“牛鼻子”。要按照德才兼备的原则，把那些政治思想好、懂经营、善管理、廉洁自律的优秀人才选拔到企业领导岗位上来。要加强对企业领导班子的考核，对各单位领导班子除进行任期审计和考核外，还将增加届中考核和年度经营目标考核，并制定考核标准和考核办法。对因经营管理不善而亏损的企业一把手，一年黄牌警告，两年撤职换人；对贪污受贿、违反纪律的，要坚决惩处；对经营实绩好的，要给予奖励。

各单位都要认真搞好企业民主化管理。党政领导要牢固树立全心全意依靠职工群众办企业的思想，充分发挥职工代表大会在审议重大决策、监督行政领导、维护职工合法权益等方面的权力和作用使企业管理民主化、科学化，杜绝决策的随意性和盲目性。

二是加强财务工作管理。财务管理在企业管理中处于核心的地位及我们要对原有的财务管理体制进行改革，建立和完善国机（集团）公司新的财务管理体系，以利于发挥国机（集团）公司在集中决策、统一组织、统一调控方面的功能和整体优势。在投资管理和产权管理上，我们要实行统一决策、统一授权，分级管理的管理制度；在利润分配方面，要按照资产的关系合理的使用和分配企业的利润；在财务控制上，我们要实行财务主管逐级派出制，同时，在会计稽核、财务检查、信息反馈等方面，实行内部链式控制制度等。在加强财务管理的同时，要加强审计监督，各单位都要结合本单位实际，抓住审计重点。今年，我们审计重点主要是搞好各级法人代表或经营者的经济责任审计、重大工程项目的跟踪审计和其他有关专项审计等。

三是加强信息统计管理。信息、统计工作是科学管理和决策的基础，微观上看，对企业战略制定、市场分析、竞争对手分析至关重要，宏观上看，对国家、对行业制定产业发展战略也是不可缺少的。大企业与小企业不同，更依赖决策科学。没有科学、符合实际的信息和统计，决策风险就会增大。因此，我们要予以足够的重视。我们要按照国家统计局的要求，加快建立国机（集团）公司信息统计管理系统，并完善相关管理规章制度，逐步使国机（集团）公司的信息统计工作步入法制化、规范化，实现集团内部信息资源的共享，为促进企业发展服务。

四是加强法律管理。要尽快建立健全国机（集团）公司法律管理制度，提高法律服务质量，强化对法律工作的管理。今年，将在集团范围内认真组织学习国家的法律行为，强化法治教育；要抓好重点案件的处理，减少经济损失，并开展案例教育，促使各级领导和广大员工树立依法经营和依法保护自身权益的意识。

3. 关于要强化团队作用的要求。

组建国机（集团）公司，目的就是把各成员单位组织起来，形成规模，发挥综合优势，增强竞争实力，以适应市场发展的需要。国机（集团）公司能否达到这个目的，全靠每一个成员单位能够自觉维护集团的“统一性”和“整体性”，也就是要求大家在工作当中，要讲团结，要增强团队意识，要时时刻刻维护集团的整体利益，认认真真服从于集团公司的统一领导和指挥。只有这样，国机（集团）公司优势和作用才能真正发挥出来。各单位领导不但自身要高度认识这个问题，而且要对广大干部职工做深入细致的思想工作，逐步使广大干部职工树立起“热爱国机，建设国机”的思想观念和责任感，共同把国机这个“家”、这个“平台”维护好，建设好。

要搞好全年的工作，最重要的保证就是要加强党的领导。要围绕“讲学习、讲政治、讲正气”，切实加强党的思想建设、组织建设和作风建设。党政领导干部要按照“三讲”要求，认真学习邓小平理论，不断提高政治理论水平。要加强对党员的教育，充分发挥组织政治核心作用和保证监督作用，发挥党组织的战斗堡垒作用和党员在企业改革和经营工作中的先锋模范作用。各级党组织要积极围绕经济发展这个中心，正确处理与行政领导的关系，密切配合行政领导专号经营工作。要大力开展党风廉政建设，深入开展厉行节约，反对铺张浪费活动，严肃查处违法乱纪案件，将反腐倡廉工作不断推向深入。

今年，是建国五十周年大庆之年，我们要按照中央有关要求，组织集团广大干部职工，开展丰富多彩的群众性文体活动；要继续办好集团公司内部各种刊物，发挥舆论导向作用；要树立尊老敬老的良好风气，关心老干部生活，做好老干部工作。春节前，各单位领导都要组织好给职工送温暖活动，保证职工队伍的稳定。

严峻的形势、巨大的挑战，更能考验我们各级干部和广大职工的意志。在新的一年里，我们要深入贯彻党的十五大精神，按照中央经济工作会议和全国机械工业工作会议的部署和要求，统一思想，坚定信心，团结一致，艰苦奋斗，努力完成国机（集团）公司确定的改革和发展任务，为推动国机（集团）公司各项事业的全面发展做出新的更大贡献！

高元恩在国机集团2000年工作会议上的报告

（2000年2月29日）

这次会议是集团公司面临如何推进改革、加快发展的一次重要会议。这次会议的主要任务是：深入贯彻党的十五届四中全会、中央经济工作会议、中央企业工委工作会议、全国外经贸工作会议及全国机械工业工作会议精神，总结1999年国机（集团）公司的工作，分析当前形势，部署2000年重点工作，统一思想，明确任务，坚定信心，全面完成2000年各项工作任务，为国机（集团）公司在新世纪快速、健康发展作出新的贡献。

一、1999年工作回顾

1999年是国机（集团）公司打基础、求发展的一年。在这一年里，国机（集团）公司按照党的十五届四中全会精神和要求，围绕“一个中心、两个重点、三项要求”的中心任务，积极开拓市场，加强自身建设，强化内部管理，使生产、经营和管理工作都取得了较大的进展。

（一）以效益为中心，开拓市场，生产经营和科技产业化稳步发展

1999年，在市场竞争激烈的情况下，国机（集团）公司国际工程承包和成套设备出口业务呈现较好发展势头，工业产品生产销售保持增长，扭亏增盈取得一定成效，科技产业化已迈出步伐，基本完成了年初确定的计划目标。

1.1999年工贸公司经济运行情况。

据对集团公司所属的工贸公司初步统计，1999年累计完成经营额142亿元，比上年增长1.3%，实现销售收入97.43亿元，比上年增长6.1%；实现利润8800万元，比上年下降48%。全年共完成进出口总额11.59亿美元，比上年下降10%，其中出口创汇完成8亿美元，比上年下降5.8%；进口到货完成3.5亿美元，比上年下降20.6%。全年共完成进出口成交额12.26亿美元，比上年上升4.6%，其中出口成交8.26亿美元，比上年上升17.5%，进口订货完成4亿美元，比上年下降14.6%。

从统计情况看，盈利企业有20家，占企业总数的66%。生产经营完成情况较好的单位有工程与农机进出口公司（CAMC）、中收总公司、电线电缆公司、机械设备进出口公司（CMEC）、重机公司、磨料磨具公司、空分公司、工程成套公司等。CAMC全年完成销售收入12.6亿元，比上年增长17.4%，进出口总额1.75亿美元，比上年增长32.8%，其中出口创汇1.5亿美元，比上年增长18.8%；进口到货2514万美元，比上年等于350.5%，是CAMC近三年来进出口完成最好的一年。电线电缆公司全年收汇3212万美元，比上年增长9%，实现利润799万元，比上年增长13%。磨料磨具公司销售收入2.1亿元，比上年增长18.9%，出口创汇2392万美元，比上年增长18%。

1999年，扭亏增盈工作取得一定成效。为抓好扭亏增盈工作，集团公司专门成立了工作组，对亏损企业逐个进行检查，分析造成亏损的原因和问题，研究提出扭亏增盈的具体措施。去年5月、9

月分别召开了两次经营工作座谈会，分析形势，围绕提高企业经济效益，针对当前生产经营中出现的问题，交流经验，研究对策。各亏损企业也针对自身开拓市场不力的问题，积极寻找措施，努力克服各种困难，千方百计增加效益，取得初步成效。截至去年年底，有5家企业实现了扭亏增盈，包括中地装总公司、电工公司、上海联销、机翔房地产和轴承联营公司；减亏的有6家，包括基础件公司、汽车咨询公司、包装公司、广告公司、国机技术公司和中自控公司。但是也应当看到，去年安装公司出现增亏，有3家公司包括机床公司、设备成套公司和上海浦发公司出现新亏，而且亏损额较大，全集团公司1999年亏损总额比1998年有所增加，新亏和增亏的问题应引起高度重视。

2. 重点项目的实施和完成情况较好，重大项目成交取得较大进展。

在项目实施方面，按照“保重点、保工期、保质量”的要求，完成了一批重要项目的交货，并投入运行。CMEC对外总承包的伊拉克电厂已发运设备40%，陵津滩水电站成套项目设备已发运完毕，禹州电厂锅炉岛1号机已交货完毕、2号机开始交货；CMEC和电工公司共同承包的威钢电厂项目已投入生产；重型公司宝钢三期焦化和烧结项目、缅甸糖厂项目等已顺利完成安装调试，进入质保期；CAMC苏丹泵站、缅甸两座糖厂、古巴制糖工业改造等项目全部完工，缅甸船厂项目已正式开工；电线电缆公司巴基斯坦132KV电缆工程、孟加拉国15个变电站项目已顺利完工；安装公司承接的澳门回归会馆钢结构安装工程、文莱钢结构安装工程、首都机场扩建工程顺利完工，缅甸糖厂、汕头地下气库正在验收；通用公司上海合流污水SB泵站项目已顺利完成安装调试；机翔公司运作的机械大厦土地置换项目，经过一年的努力，取得较大进展，国家机械局已与北京市签订了土地置换正式协议，后续工作正在进行之中。各公司在重大项目执行中对工程设计、设备材料采购、现场管理、工程监理、零备件供应、技术服务、劳务输出等各个环节加大了自我运作的力度，使工程承包业务不断深入。

在项目签约、生效方面，重大项目成交取得较大进展。去年全集团公司签约生效的、单项合同额在1000万美元以上的重大工程成套项目共有10个，合同总额达5.56亿美元。CMEC创出了成交签约的历史最好水平，超过1000万美元的项目有6个。包括孟加拉国18万门程控交换机通讯项目2.13亿美元，伊朗阿塞拜疆2台32.5万千瓦火力发电厂项目1.46亿美元，伊拉克燃气轮机组项目7500万美元；CMIC比利时成品油与化学品船项目、尼泊尔水电站项目、神头电厂和黑龙江农业机械项目共计7960万美元；重机公司广西防城港二期工程项目1亿元人民币等。其中孟加拉国18万门程控交换机通讯项目是CMEC历史上签约成交的最大的工程成套项目。

去年，集团公司已中标、待签约的重大项目有10个，总金额近6亿美元。包括CMEC的印度2台21万千瓦燃煤机组交钥匙工程，CMEC、通用公司和安装公司的肯尼亚糖厂和电线电缆公司的孟加拉国29个变电站的扩容改造工程项目等。

各公司在经营中十分重视质量管理，安装公司、重型公司、CMEC中设国际工程公司、电工公司的兴电监理公司等，去年都顺利通过了ISO质量体系认证，其他如CAMC等一些单位的ISO9000贯标认证工作也正在积极推进当中。

3. 机械产品生产销售保持增长。

中收总公司在收割机市场竞争十分激烈的情况下，贯彻“质量第一、稳步发展，全面实施精品工程”的方针，坚持“生产一代、研制一代、储备一代”的产品发展战略，狠抓产品质量，努力降低成本，较好地完成了全年生产经营任务，取得了联合收割机产销量连续三年超万台、产销率达98%、市场占有率70%以上的可喜成绩。在农业部组织的1999年全国收割机质量服务跟踪调查中，新疆—2收割机荣获第一名，新疆—3收割机经过1998、1999年两年的不断改进，产品性能进一步提高，深受农村用户的欢迎，市场逐步打开。ZS1305和ZS1305D四轮农用运输车的开发取得成功，并将成为中收总公司新的经济增长点。

中地装总公司生产经营摆脱了多年处于低迷的状态，产业结构和产品结构调整初见成效，初步建立起技术创新体系，重点产品产销出现较好的势头，去年共完成总产值2.2亿元，比上年增长15.9%；总收入1.9亿元，比上年增长17.1%；全年减亏1400万元；盈利43万元，实现了扭亏为盈。

4. 科技产业化进展良好。

去年，各研究院所在认真做好改制工作的同时，大力加强技术创新和科研成果产业化，取得了较好的经济效益。据对25个院所统计，全年总收入为10.5亿元，其中经营收入为9.1亿元。经营完成情况比较好的有济南铸锻所、西重所、广州电科所、天津工程机械所、合肥通用所等。全年收入超过5000万元的有9个，其中过亿元的有4个所，包括广州电科所1.38亿元、天津工程所1.1亿元、济南铸锻所1.1亿元、兰石所1亿元。目前25个院所承担重大科研、开发、攻关项目共约250项，其中有三分之一的项目是国家重大科技攻关、开发和重大技术装备研制项目，包括沈阳仪表所的工业变送器用扩散硅压力传感器、INSB霍尔元件工程化研究等18个专题、西重所的大型冶金连铸连轧项目中高效热连轧机除磷系统、结晶器液压振动系统等5个专题和济南铸锻所承担的30万辆轿车项目中缸体高效电驱动气流冲击造型生产线、铝合金铸件金属型精密成型技术及成套装置生产线等。通过攻关，并大力实施产业化，形成了一批在市场中有一定优势和影响的拳头产品，包括广州电科所的电控设备、天津工程机械所的高性能筑路机械、沈阳仪表所的弹性元件和各种工业用传感器、济南铸锻所的数控压力机和数控激光设备、北京起重所的客运架空索道和自动化立体仓库、成都工具所的硬质合金刀具、兰石所的板式换热器和表面蒸发式空冷器、天传所的高低压传动与配电装置、桂林电科所的电工合金触头材料、苏州电加工所的电火花加工机床等。部分院所产业化的产品经营收入已达到本所收入的70%以上，如天津工程机械所1999年总收入1.1亿元，其中高性能筑路机械产品产业化产值达7600万元，占总收入的70%，该产业化工程项目还得到国家计委的专项贷款支持；西重所通过在冶金行业积极承担重大技术装备和重点项目开发研制和技术服务，经营收入稳步增长，其经营收入占全所总收入近80%。去年，研究院所利用自身科技力量还承接了一批国家重点工程成套项目，其中1000万元以上的工程成套项目有5个，总金额1.27亿元。包括西重所广州铜材厂轧机项目、山东丛林集团油泵直接传动双动铝挤压机组项目；广州电科所格力电器项目；合肥通用所合肥王小郢污水处理厂；北京起重所联想公司立体库工程等。

（二）以改革为动力，强化管理，自身建设不断加强

1. 企业改组、改制工作取得一定成效。

去年，集团公司进一步加大了内部成员单位资产重组工作的力度，重点推进了机电广告公司与CAMC的重组、中工机电与北方公司的重组以及中自控与集团外单位上海中东公司的重组。

机电广告公司整体并入CAMC后，CAMC注入了一定的资金，在董事会和新的领导班子领导下，调整了内部机构，制定了有关规章制度，对债权债务进行相应的清理。重组后的广告公司保持平稳运行，广告和展览业务有了一定的起色，在上半年亏损的基础上，下半年实现了收支基本持平。中工机电和北方公司重组合并成北方装备公司后，扩大了资产规模，拓展了经营领域，经营实力得到了增强，去年全公司完成经营额3100万元，比上年增加499万元，实现利税48万元。中自控与上海中东公司的重组协议已经签署完毕，成立了临时董事会，进行了资产评估，有关工作正在积极推进。

CAMC为了探讨投资主体多元化，进一步调动职工的积极性，促进发展，经外经贸部批准，由职工持股20%的北京凯姆克国际贸易有限公司从去年初正式运营以来，取得了较好的经营业绩，全年出口创汇6500万美元，完成年计划的112.07%，实现税前利润3000万元。中收总公司根据国家对上市公司的要求，已完成有关资产评估、剥离、重组等工作，募集资金拟投资的项目已经报国家机械局批准立项，近期可完成中收新联股份有限公司工商注册登记，股份公司将在今年全面完成上市前的各项准备工作。长期磨床公司已由联营公司改制为有限责任公司，并开始运行；安装公司、北方装备公司制定并上报了整体改制初步方案；电线电缆公司、轴承联营公司、电瓷联营公司的改制工作也在积极推进；沈阳仪表所作为高新技术企业上市，相关工作正在进行当中；广州电科所和济南铸锻所正在制定局部改制方案。

2. 加强劳动工资管理，企业管理制度改革有了新进展。

一是抓好劳动合同制推行工作。去年集团公司把实施劳动合同制作为一项重要的工作来抓，制定印发了《中国机械装备（集团）公司关于实行劳动合同制的通知》。通过组织开展对劳动合同制的学习、培训和贯彻工作，提高了各单位对劳动合同制的重要性认识，到去年年底集团公司29家工贸公司基本上完成了劳动合同的签订工作。

二是做好企业下岗职工基本生活保障和离退休职工养老金按时足额发放工作。根据国家有关文件

精神，我们积极做好成员单位提高企业下岗职工及离退休人员生活费标准和国庆期间“两个确保”的工作。去年，我们申报中央财政补助资金总额648.49万元，全部及时足额拨付到位。

三是研究制定了经营管理者经济收入奖惩制度。为了使经营管理者的工资（收入）与工作业绩（经济效益）相挂钩，体现经营管理者责权利相一致的原则，我们花费了比较多的力量，组织有关部门进行论证，听取成员单位主要领导同志的意见，提出了“集团公司成员单位经营管理者任期目标奖惩办法”的草案，并拟在部分单位试行。

四是企业内部管理制度改革有了一定的进展。去年，各单位都加大了内部改革力度。CMEC调整管理机构，实行定岗定编，建立内部职工离岗修养制度等，管理人员从109人减少到74人，下降幅度32%。电工公司、通用公司等也都在内部人事制度、用工制度、分配制度和房改制度、医疗保险制度等方面做了不少工作，取得了一定的成效。

3. 产权关系逐步理顺，加强财务管理的工作取得一定成绩。

一是围绕建立以资产为纽带的母子公司体制，基本完成了资产产权确立和分级财产管理的框架。与主管部门“脱钩”后，申报确认了国机（集团）公司财务指标，在财政部财务关系单列，确立了中央财政归口管理地位。在办理“脱钩”工作的同时，处理了一些历史上遗留的资产产权问题，进一步理顺了内部产权关系。同时还进行了国机（集团）公司资本金合并工作、科研单位的清产核资工作、98年度合并会计决算工作、建立会计报表制度和建立了财务信息网工作等，在一定程度上，保证了集团公司规范运作。

二是紧密结合经营活动，有针对性地强化资金运作管理。去年，各单位普遍注意加强资金筹措和运作，采取了多项措施，开辟资金来源渠道，加强与各大银行的业务合作，基本保证了各企业正常运营和业务的开展。根据经营需要，集团公司制定了对成员单位重大融资项目的担保办法，按照这个办法，集团公司为CMEC和CAMC三个项目提供了卖方信贷担保，缓解了两个单位大型国际工程承包的筹资困难。

三是加强了资金回收、财务风险控制和对外投资管理。有的公司还专门成立了清欠办公室，将清欠责任落实到人，追回了一些长期难以收回的账款；CAMC、CMEC等几家较大的公司形成了经营、合同、财务、法律四个方面紧密合作的财务风险控制机制，互相配合、层层把关，财务决策融入经营活动的各个环节之中，有效的保障了经营目标的实现。投资管理工作也受到了一定重视，几家对外投资规模较大的公司对投出的资产进行调整，及时追加一些效益较好项目的投资额，对效益差的和发展能力弱的投资企业及时予以关闭或者是歇业清理，避免了投资损失。

4. 审计稽察工作得到进一步加强。

审计监督是企业监管体系的重要组成部分。为了加强审计工作，国机（集团）公司设立了审计稽察部，充实了人员，制定了《关于加强审计稽察工作的通知》，明确了审计稽察部的职能，提出了审计工作的要求；制定了《中国机械装备（集团）公司国有企业法人任期经济责任审计条例》，对集团公司11个单位的法人进行了任期经济责任审计。去年年底，集团公司召开了审计工作会议，就如何搞好审计工作，发挥审计监督作用，促进企业发展等，作出了具体的部署。

各成员单位普遍对审计工作提高了认识，并给以重视，如CAMC、CMEC、中地装公司、CMIC等公司及广州电科所、合肥通用所、西重所、兰州电源车辆所等单位都设立了专门的审计机构，配备了专职审计人员。各单位审计工作开展的范围不断扩大，特别是对下属单位法人的任期经济责任审计及经济效益的审计；对投资项目、基建工程、工程承包、经济合同、材料采购等方面的审计；参与对经济案件、违规违纪问题的调查审计，参与投资项目的论证分析审计等，都做了大量工作，为促进企业经营发展做出了成绩。

5. 集团管理和制度建设进一步健全完善。

去年年初，国机（集团）公司定位问题得到了进一步明确，国机（集团）公司正式进入了163个中央管理的企业行列和国家520户重点企业名单。为建立符合集团公司运行的管理体制，一年来，根据现代企业制度的要求和集团公司的实际，先后制定了领导干部管理办法、驻外机构干部管理办法、出国人员审批办法以及资产、财务、担保、经营、审计及各类信息报表等20多个集团公司管理制度、办法，从制度上保证了集团公司各项工作的正常开展。同时，集团公司本部工作制度也得到进一步健全完善，使各项工作逐步步入规范化运行。

（三）以科技兴贸为纽带，科工贸一体化的框架逐步形成

1. 科研院所吸收和管理工作顺利进行。

为贯彻国务院关于国家经贸委管理的10个国家局所属科研机构管理体制改革的精神，国机（集团）公司积极配合国家机械局完成了其所属科研机构的管理体制的改革任务，25家科研院所先后进入了国机（集团）公司。这批科研院所涉及机械工业主要行业的技术、产品和工艺的研究和开发，拥有7800名多科技人员和10多亿元净资产、并拥有36个国家级和省部级各类机电产品质量监督检测中心，11个国家级和部（局）级的工程研究中心，6个国家级和部（局）级生产力促进中心。是一支实力雄厚的科技队伍，为构筑国机（集团）公司科工贸一体化的框架，建立技术开发和科技创新体系提供了坚实的基础。

为了认真抓好进入国机（集团）公司的科研院所的转制工作和转制后科学管理，国机（集团）公司成立了技术中心，并召开了科研院所主要领导干部参加的工作会议，就院所管理体制改革的意义，做好转制中的重点工作，进入集团公司后管理模式和今后发展等问题进行了认真的讨论，有效地推动了转制工作开展。

以“为院所提供一个良好的发展空间，创造一个宽松的发展环境和条件，提供优质的服务”为指导思想，集团公司在充分听取各院所意见的基础上，制订并印发了《国机（集团）公司对科研院所的管理暂行办法》，为加强对院所有效管理创造了条件。

2. 实施科技兴贸战略，科工贸的结合开始起步。

为了加强技术创新，发展高科技，实施科技兴贸战略，加强科工贸结合，去年，集团公司组织全部成员单位召开了“科技兴贸与技术创新”会议，会上，集团公司组织收集整理了科研院所上百个技术含量高、预计在国际市场上具备出口潜力的产品项目进行广泛交流，会议明确了国机（集团）公司实施科技兴贸战略目标、措施和近期要抓好的几项工作。各研究院所、各经贸企业分别介绍情况，交流信息，取得了较好的效果。会后，一些单位认真开展贯彻落实工作，有的院所如广州电科所、兰石所主动与集团内有关经贸公司和生产企业联系，沟通情况，探讨合作方式和渠道；有的企业如CAMC还专门成立了科技兴贸领导小组，研究部署加快外贸出口与高科技产业、产品紧密结合，促进出口产品升级换代，增强外贸出口后劲的措施。去年，部分院所、企业已开始进行了一些内部合作工作，如济南铸锻所承担了中收公司冲压装备技术改造项目；基础件公司正在商谈承担中收总公司部分标准件的供应；广州电科所也在与中收总公司接洽提供粉末喷涂技术；CMEC和哈电所合作完成禹州电厂和其他工程项目；重机公司与西重所正在联合争取承揽济南、昆明等地有关冶金企业重大技术改造项目等，集团公司科工贸的结合有了良好开端。

（四）抓好队伍和精神文明建设，干部队伍素质与企业精神面貌有了较大的提高和改观

在加强领导班子建设方面，积极转变观念，强化市场意识和服务意识，对领导班子考核工作做到不等、不拖、不停，对到届、到龄和出现问题的领导班子及时认真地做好考核调整。去年加大了对领导班子考核和监督力度，着重解决了一些重点、难点单位领导班子的调整、配备，先后完成了CMEC、CAMC、安装公司、兰石所、合肥通用所、CMIC、机床公司等35个单位领导班子的配备和调整，任免干部137人次，对其中1个单位行政正职、4个单位党委正职作了调整，调整后的单位领导力量得到加强，一些单位的工作有了明显起色。

在加强专业技术干部队伍建设方面，去年，成立了国机（集团）公司的专家工作领导小组和专业技术职务评审委员会，开展了中国工程院院士和中国科学院院士候选人提名和推荐工作；组织了99年度选拔享受政府特殊津贴评审工作；推荐、选拔了国家“百千万人才工程”人选等，充分地调动了广大专业技术人员的积极性。同时还有136人通过了集团组织的专家和专业技术职务评审。

在加强政治思想工作，推进企业精神文明建设方面，去年，各单位认真贯彻中央精神，结合各企业的中心工作，积极做好职工政治思想工作，加强精神文明建设，开展了各种形式的爱国主义和爱岗敬业的教育活动，团结广大职工，振奋精神，努力工作，如重型公司党政领导紧紧围绕精神文明建设大题目，一年一个主题，一年一个进步。该公司已连续六年获“国家机关文明单位”称号，连续两年获“首都文明单位”称号。中收总公司作为新组建的公司重视精神文明建设，制定并实施了1999至

2000年《精神文明建设规划及实施办法》，在党委的领导下，通过全体职工的共同努力，公司两个文明建设，取得了明显的效果。在去年进行的三场重大政治斗争中，特别是抗议以美国为首的北约野蛮轰炸我驻南使馆和与“法轮功”邪教组织的斗争中，各单位党组织都做出了卓有成效的工作，发挥了重要作用。在庆祝建国五十周年和迎接澳门回归祖国期间，各单位都组织开展了丰富多彩的群众性文体活动，激发了广大职工爱国热情和集体主义精神，增强了企业的凝聚力。

在加强作风建设和党风廉政建设方面，各单位都能够按时召开领导班子民主生活会，集团公司派人参加了部分单位的领导班子民主生活会，及时掌握领导干部思想动态，对领导干部进行谈话诫勉，积极负责地做好政治思想工作。各单位认真贯彻党风廉政建设责任制要求，大部分单位都制定了党风廉政建设责任制实施细则，通过一级抓一级，层层负责，推动了党风廉政建设的开展。

（五）问题和不足

在过去的一年里，国机（集团）公司的各项工作取得了一定的进展，发展态势基本良好。但是也存在一些问题，综合反映在经济效益低。从去年的情况看，集团公司的经营规模扩大，销售收入增长，但利润下降，亏损额增加。分析原因，确实有许多客观因素造成的，一是1998年CMEC利润较高，由于1999年递延收益减少和巴基斯坦欠款严重等原因，致使利润下降幅度较大；二是我们在一些国家的工程项目虽然已经完工，但受当地政治经济的影响，不能如期收款；三是机床公司进口欧宝轿车事件，影响了公司的业务正常开展，造成亏损严重。四是有些企业在政策允许情况下，用当期部分收益消化和处理历史呆坏账。这样，从去年集团公司利润情况看，较1998年相比下降了很多。

但从总体上来看，国机（集团）公司经济效益不高，一直是一个比较突出的问题，其利润水平与集团公司的资产规模和经营规模还很不相称。造成效益不高的原因很多，有人员过多、历史包袱沉重的问题，也有资产结构不合理、经营单一的问题等等。当前，主要的问题表现在几个方面：一是不良资产多。据去年决算统计，集团29家公司长期沉淀的不良资产有5亿多元，个别单位不良资产占总资产比重超过80%，有些单位不良资产还在不断增加，几乎到了无法正常经营的程度；二是基础管理差。有些公司管理存在严重问题，制度不全，有章不循的现象比较普遍，管理漏洞多，运行成本居高不下，尤其是财务管理比较混乱；三是经营风险意识弱，法制观念淡薄。企业对外投资、担保随意性较大，风险隐患较多。有的企业上亿元的资金运作，领导班子没有很好的讨论，没有经过集团公司批准，使大量的资金投出后收不回来。因法制观念淡薄和法制管理不健全导致的经济纠纷屡屡发生。机床公司进口欧宝轿车事件，给企业造成的经济损失和影响相当大；四是改革创新观念落后。计划经济条件下那种因循守旧的思想在我们有些单位干部职工中表现得比较严重。去年，在推进有关单位改制和资产重组中，就遇到较大阻力，这种阻力主要来自人的思想观念。在市场竞争日趋激烈的形势下，企业如不创新求变，必然要被市场所淘汰；五是集团公司整体优势还未很好发挥出来等。以上这些问题，都极大地制约了公司发展，我们要引起足够的重视。

二、正确认识国机（集团）公司面临的形势，切实转变思想观念

2000年对于国机（集团）公司是非常重要的一年，摆在我们面前的有机遇，有挑战。能否抓住机遇，知难而进，不仅关系到国机（集团）公司今年的发展，也关系到集团公司将以什么样的姿态进入二十一世纪。各级领导和广大职工要深刻认识国内外环境变化给我们发展带来的重大影响，做好迎接挑战的充分准备。

首先，从国际环境看，2000年经济形势总体上好于1999年。一是国际经济形势的好转为我们扩大出口创造较为有利的环境，美国经济持续增长，欧洲经济有所起色，亚洲经济基本走出困境，东亚国家经济复苏加快；二是国际市场商品价格回升，有利于我出口增长。1999年下半年以来，很多产品价格和市场需求普遍有所回升；三是随着我国加入WTO步伐的加快，将会进一步促进经贸环境的改善，为外经贸带来新的发展契机。

其次，从国内环境看，近期国家为扩大内需，改善宏观经济环境和促进国有企业的改革与发展陆续出台了一系列力度很强的政策措施。中央决定2000年继续实施积极的财政政策，1000亿元的长期国债计划将在年初全部纳入预算，再加上去年国债建设资金的结转，会使今年长期建设国债所带动的固定资产投资实物量大大超过去年。在固定资产投资当中，其中设备投资占60%，同时，还安排了一些城市轨道交通、环保建设项目等，将启动一大批与此相关的机电产品市场。随着国家进一步稳定和发展农业经济、增加农民收入等一系列政策逐步到位和西部大开发战略的全面实施，近几年农村市场、西部地区建设和传统工业改造所需机械装备市场潜力巨大，为我们提供了新的发展机遇。

当然，我们在看到宏观环境有利因素的同时，也要看到不利因素。从国际环境分析，世界经济贸易存在许多不确定性，世界经济增长的基础还并不牢固，风险和隐患仍然不同程度的存在，美国、日本及欧元经济都有十分脆弱的一面，受金融危机冲击的国家经济复苏的基础还很薄弱，不能排除局部地区突发动荡和反复的可能性。全球性生产过剩依然严重，国际贸易冲突加剧，保护盛行等，对我出口十分不利。从国内经济环境分析，社会需求不足矛盾尚未得到明显改善，机械产品市场需求结构不断变化，对产品的技术性能、质量和服务提出了更高的要求，竞争更加激烈。我国加入世贸组织后也将有一个磨合期，短期内可能还有一些负面影响，这些都对我们今年的经营发展造成较大的困难。

从国机（集团）公司自身发展来看，一些深层次矛盾和问题还十分突出，如资产结构不合理、散、乱状况严重，主业不突出，机制转换慢，管理薄弱以及市场观念落后等，造成我们市场竞争能力还很弱，这些问题如不尽快解决，将直接关系到我们下一步的发展，甚至关系到我们在激烈市场竞争形势下的生死存亡。因此，我们一定要正确认识面临的形势。面对激烈的市场竞争，我们必须做出积极主动的调整。首先，必须彻底解放思想，牢固树立市场观念，以适应市场竞争的要求。

1. 要牢固树立市场观念。政企脱钩和研究院所由“事”转“企”后，使得我们的企业将直接面向市场，参与市场竞争。企业能否发展也取决于我们的市场竞争能力，要么在竞争中发展壮大，要么在竞争中被淘汰。各企业尤其是研究院所要进一步强化市场意识、创新意识、风险意识和商品化意识。要从过去“等靠要怨”的计划经济旧观念转变到“找挣钻抢”的市场新观念。通过观念创新，使企业走出一条闯市场、求发展的路子。

2. 要牢固树立改革观念。通过改革找出路，通过改革求发展，这已是成功企业的一条基本经验。改革的关键是产权制度的改革。只有通过产权制度的改革才能真正转换企业经营机制，调动广大职工的积极性，从根本上激发企业的活力。在改革的过程中，各企业要努力突破两大思想障碍，一是认为管理比改革重要，只要搞好了管理，改革不妨慢慢来；二是不到危机时刻不想改革，只要日子还能混得下去，就认为没有必要进行改革。

3. 要牢固树立整体观念。集团公司的组建把我们这些企业和院所放在了同一个平台上，在这个平台上，实行的是企业化的管理和运作，并通过实施一系列的改革重组，包括院所之间、企业之间以及院所与企业之间的重组，把目前单个、分散的企业逐步融合成一个有机结合的利益共同体，充分发挥集团公司整体优势。因此，各企业一方面要自觉维护集团的“统一性”和“整体性”，发扬团队精神；另一方面要善于利用并充分发挥集团海内外经营网络，以及金融、信息、广告展览等方面的综合功能优势，使之真正产生1+1>2的效应。

4. 要牢固树立法制观念。过去各企业在经营当中出现了很多问题甚至经济案件，主要是由于一些干部和职工法制观念淡薄、不依法规范运作、不照章办事造成的，给企业和个人都造成损失，市场经济就是法制经济，在市场经济体制下，各级干部职工必须树立依法经营、依法管理的意识，最大限度规避和防范经营风险，保证企业健康发展。

5. 要牢固树立以人为本的观念。企业发展的最宝贵资源是人力资源。我们必须树立以人为本、以人才取胜的思想。集团公司上下都要高度重视人才的管理和培养工作。要努力创造良好的用人环境，尊重人才，培养人才，建立有效的激励机制，充分调动广大员工的积极性和创造性。

三、2000年工作思路和主要工作任务

2000年是“九五”计划的最后一年，国有企业改革与脱困的三年目标也将力争在这一年实现。对于国机（集团）公司来说，2000年的工作既艰巨、繁重，又意义重大。根据中央经济工作会议、中央企业工委工作会议、全国外经贸工作会议和全国机械工业工作会议对今年经济工作总的要求和部署，今年国机（集团）公司的工作思路是：以提高经济效益为中心，大力开拓市场，积极推进企业产权制度的改革，调整资产结构，加强管理，塑造形象，不断提高集团公司整体竞争实力。具体可以概括为“围绕一个中心，抓好五项重点工作”。

根据上述工作思路，确定2000年经营目标是：经营规模和利润总额比去年增长7%，进出口总额保持上年水平，其中出口额增长5%。

（一）抓市场，保效益

今年，集团公司生产、经营规模和效益水平要在去年的基础上力争有较大增长和提高。为此，我们必须把主要精力放在抓市场上，并重点做好以下几方面工作。

1. 积极开拓国际、国内两个市场，不断扩大市场份额。

在开拓国际市场方面。首先做好市场分析、研究工作，重点是研究市场战略、营销战略、组织分工和内部机制问题，突出经营特色，调整经营结构，从根本上解决市场开发能力不高的问题。在市场开发上，要进一步贯彻全方位、多元化与重点市场突破相结合的战略，要逐步改变目前集团公司的出口市场过分集中东南亚和南亚地区的局面，要在巩固传统市场的同时，加大对两伊、非洲、拉美及独联体市场的开发力度。经营结构上，要发挥我们在工程承包、成套出口方面的信誉和优势，加大力度开展成套业务。在出口贸易方式上，积极开展贸工结合，密切与生产企业的联系。在贸易手段上，要积极利用计算机网络，探索开展电子商务，推进贸易业务的开展。今年，我们还将根据国家有关部门的要求，组织有关单位探讨开展境外加工贸易业务，在这方面，CMEC和农机公司已经做出了一些探索，其他有关公司也在着手考虑，我们要抓住国家政策支持机遇，积极推进开展这项工作。

对于海外机构，各单位要针对机构设置、发展、管理、分配等拿出改革的思路和办法来，要根据实际情况，对海外机构的功能和作用进行定位、调整布局、重点扶持，使其在业务、资本实力、人员等方面达到一定规模，然后向周边国家和地区辐射，充分发挥驻外机构处在第一线的作用，加强信息收集，抓紧建立和完善境外信息库，及时反馈详实的境外市场需求信息等，以便更好地拓展外贸业务。

在抓好市场开拓的同时，今年我们要努力抓成交，抓项目生效，重点做好肯尼亚糖厂、印度电站、苏丹柴油机、孟加拉国29个变电站扩容改造、埃及玻璃厂等项目的谈判工作，争取早日签约，力争在大中型项目的成交上有新的突破，去年不少项目签订了合同，有待于今年生效，要抓紧落实。同时要重视抓好缅甸船坞、伊朗阿塞拜疆火力发电厂、孟加拉国18万门程控电话通讯工程、伊拉克燃气轮机电站和孟加拉国钢轨等重点项目的执行。

在开拓国内市场方面，要抓住国家进一步加大启动国内市场需求力度为契机，依托国家1000多亿元国债资金支持的重点建设工程，积极加大中标开发力度。今年，中收总公司新疆-2号小麦联合收割机产品要针对市场竞争激烈以及产品仿冒严重的不利局面，加大开发和改造力度，实现产品的更新换代，进一步巩固市场，力争产销15000台，比去年有所增长。与此同时，要根据当前农村市场需求，扩大水稻收获机械、农用运输车产品批量生产能力，迅速占领市场。中地装总公司要结合市场需求，抓好产品结构调整，重点开发生产技术含量较高的基础施工设备，国家技术创新项目的开发研制要按计划完成，并尽快投入生产，产生效益。其他企业都要组织力量，紧密结合当前国家重点发展领域，着力开拓水利建设、国家储备粮库建设、城乡电网改造、环境保护、西部基础设施建设和传统工业技术改造等市场。今年，随着国家财政贴息的固定资产投资项目的全面启动，机械、冶金、石化、有色、造纸、电力、电子工业服务的机械装备市场潜力巨大。国家经贸委已经明确要求，国家重点技术改造项目所需机械设备以国内采购为主，并由国家机械局提出国产化意见。因此，我们要抓住这个机遇，主动配合国家机械局做好这方面的工作，主动跟踪调查，了解用户需求，积极做好项目承接工作。

2. 抓好科技兴贸工作，加强贸科合作与交流。

科技兴贸战略是外经贸部和科技部共同推出的一项推进经贸发展的战略举措，也是国机（集团）公司贯彻国家加强技术创新、发展高科技，实现产业化和科技兴贸行动计划的一项重要措施。集团公司现有25个科研院所，有29个经贸型企业，拥有上万人的科研队伍和几千人的市场营销队伍，这是我们区别其他企业的重要特征，也是集团公司在未来激烈市场竞争中取得发展的重要力量。我们当前的任务就是如何将两者有机地结合起来，发挥综合优势，形成整体实力。各经贸企业要加强与生产、科研、设计企业的联系和合作，提高技术含量，增强自身的工程成套能力，扩大工程成套产品的出口比重；各科研院所在抓产品产业化当中，不仅要面向国内市场，更要勇于面对国际市场，抓好一些适合于国际市场需要的、具有产业化前景的项目，充分利用集团公司国内外营销渠道进军国际市场。今年，集团公司将认真做好有关政策信息和项目信息的沟通工作；选择广州电科所、兰石所、济南铸锻所以及CMEC和CAMC等重点单位和重点项目，开展多种形式的交流和合作活动，努力形成一所对一企或一企对多所的、不同类型的联合机制；组织编制高科技产品目录，提高高新技术产业化项目，争取列入外经贸部等有关部委的政策支持，并组织有关单位开展与国际间的合作、交流，促进高新技术产品打入国际市场。

3. 以市场为导向，着力搞好科技成果产业化。

21世纪，是知识经济的时代，技术创新的快慢是决定企业发展快慢的关键因素，为此，今年集团公司首先是根据市场需求，组织各科研院所选择技术创新的重点，利用科研院所现有技术储备、人才力量，建立国机（集团）公司技术开发体系。其次，认真筛选已有技术，确定产业化、商品化重点、目标，今年，我们将选择一批在市场中有一定竞争规模的产业化产品，包括广州电科所电控设备和化工材料、天津工程机械所的高性能筑路机械和液力变矩器、北京起重所的客运架空索道和自动化立体仓库、兰石所的板壳式换热器和表面蒸发式空冷器、沈阳仪表所的弹性元件和传感器、广州机床所的橡塑密封件、济南铸锻所的数控压力机和数控激光加工设备等，进一步加大措施力度，扩大规模，占领市场。各研究院所都要依据市场要求，明确自己的产品产业化主攻方向，逐步形成自己的拳头产品和优势特色。在抓产品产业化工作中要注意抓好工程化研究，包括产品成套生产工艺研究等；要按照现代化企业制度要求，加强生产、经营、财务及成本的管理，建立严格的质量管理体系。研究所搞产业化要坚持“两头在内，中间在外”的原则，产品的生产加工要尽可能实行社会化协作。

4. 采取切实措施，抓好扭亏增盈工作。

今年，我们要突出抓好亏损企业扭亏和减亏工作。力争现有10户亏损企业中7户做到扭亏，基本不出现新亏和增亏，全年亏损总额减少50%以上。为此，集团公司将专门组织召开亏损企业会议，研究分析造成亏损的主要问题和困难，针对不同企业和不同情况，分别从抓好业务开拓、加强内部管理、实行改革改组几个方面提出扭亏增盈的具体措施，做到目标明确，责任落实。对各亏损企业，集团公司将在项目承接、资金和政策的落实上积极帮助做好工作。各个单位都要根据实际情况和发展需要，切实抓好增收节支和减员增效工作，建立和完善内部经营管理责任制，采取有效措施，控制各种费用支出，进一步精简内部管理机构，精干二线，充实一线，改革经营机制，激励广大职工争规模，创效益。

（二）抓改制，推进现代企业制度的建立

几年来，国机（集团）公司各成员单位在改革改制方面，做了不少工作，企业经营机制有了一定的变化，但总体来讲，产权制度改革变化甚微，企业监督、约束机制不健全，已经很大程度上制约了企业的进一步发展。根据党的十五届四中全会精神，企业改制的方向是建立现代企业制度。集团公司今年改革的主线是加大产权制度的改革，实现投资主体多元化，进一步建立健全监督、约束机制，完善法人治理结构，力争有较大突破。

1. 按现代企业制度要求，推进产权制度改革。

在产权制度改革上，集团公司将按照积极稳妥、整体规划、分步实施的指导思想，做到先易后难，分期分批地对集团公司各成员单位进行改制。各单位要解放思想，大胆探索，勇于实践。要因地制宜，因企制宜，不搞一个模式，不一刀切，可以采取有限责任公司、股份公司、股份合作制及合资合作等多种形式。

在改制方向和途径上，集团母公司将按照现代企业制度的要求，进一步完善法人治理结构，强化集团公司的决策功能，建立健全管理制度，调整管理机构和人员，以适应进一步发展的需要。集团公司成员单位要按照建立现代企业制度的要求进行规范的公司制改建。改制的方向为投资主体多元化的有限责任公司或股份公司。大中型企业整体改制有困难，可以局部改制入手，逐步扩大范围；小型企业要以有限公司、股份公司为主要方向实行整体改制，通过联合、兼并、租赁、出售等多种形式和途径，放开搞活；研究院所要加速由事业型向企业型转制，转为企业后，原则上改为有限责任公司或股份公司。各企业在改制途径上，可以通过多种入股形式，有条件的公司可争取股票上市。

按照上述改制思路和要求，今年，集团公司将以推进企业内部职工持股改制为重点，突出抓好三个方面的工作，一是选择广州电科所、济南铸锻所、安装公司、北方公司等单位，重点推进有限公司改制工作，并通过抓重点，促进和带动其他公司的改制。今年，我们还将组织召开一定范围的改革改制工作座谈会，通过总结、交流经验，推动改制工作逐步走向深入；二是抓好中收总公司、沈阳仪表所股改上市工作，中收总公司上半年要完成股份公司组建方案的报批和工商注册登记，下半年争取完成证监会验收和上市批准，争取明年年初上市发行。沈阳仪表所今年要争取完成高新技术企业认证和股改上市方案的制定、论证和报批工作；三是利用香港华盛昌公司窗口的作用，组织有条件的院所和企业探索在香港争取创业板块上市。

为了进一步推进和指导成员单位改制工作的顺利进行，集团公司还专门制定了《国机（集团）公司关于推进企业改制指导意见》（征求意见稿），在这次会议上将进一步征求大家意见。

各单位都要有专门领导班子负责改制工作。在改制中各企业要统筹规划，参照各地有关政策，按照集团公司总体要求，结合企业实际，研究制定相应的改制实施方案。各企业改制方案由集团公司审批后付诸实施。

2. 改革劳动、分配制度，逐步建立竞争和激励机制。

搞好劳动、分配制度的改革是建立现代企业制度的重要组成部分。今年，集团公司将认真组织，努力做好这项工作。在推进劳动用工制度的改革上，要通过完善劳动合同制，使员工的录用、培训、组合、考察和任用趋于更合理，实现劳动力的合理流动，改变劳动就业的终身制。各单位要根据自身实际情况进一步做好下岗分流工作，对下岗分流人员要加强培训，广开就业门路。要继续贯彻执行《保险法》，在搞好职工基本养老保险金的基础上，根据各单位财力情况，可以考虑给职工办理补充养老保险和大病统筹保险等商业保险。在推进分配制度改革上，重点是搞好经营者分配制度的改革。今年集团公司将正式出台《国机（集团）公司对经营者任用期目标考核及奖惩暂行规定》，并在有关单位开始试行。改革的总体思路是通过建立健全经营者业绩考评办法，逐步使经营者收入办法与本企业职工的内部工资分配制度相分离，使经营者年薪收入与企业的经营难度、经营风险和经营管理挂起钩来，把经营者收入分配与落实经营目标责任制结合起来，实现经营者责、权、利相统一。《暂行规定》在试行中，我们将进行逐步完善，并对不同类型的企业，相应建立不同的考评体系。各单位要进一步做好企业内部分配制度的改革，要突出岗位、职责和贡献的作用，使每一个员工都受到收入分配的激励，充分调动职工的积极性。

3. 建立约束机制，形成多方位、多层次的监督体系。

建立健全监督约束机制是建立现代企业制度、保证企业规范运行的重要内容。对国有企业监督长期以来一直是个薄弱环节。一些企业存在这样那样的问题和困难，在很大程度上对企业的监督不严有关。为此，我们把建立健全监督机制作为今年的一项重要工作来抓。并从几个方面来进行改革：一是探索实行财务总监派出制度，强化财务管理。财务总监派出制度是加强对企业进行有效监督管理的一种形式。今年，集团公司将着手开展这方面的工作。二是建立报审报告制度。建立报审报告制度的目的是及时把握各成员单位各类决策及其运营动态，并分析现状，发现问题，预测未来，保证企业健康发展。报审报告内容包括子公司报审内容和报告内容两个部分。报审内容包括：重要议题、投资项目、产权变动、发展战略及实施规划以及改革改制方案等；报告内容包括董事会或总经理会议纪要、报审内容外的企业结构调整情况、各子公司批准的投资、担保情况、重大举债行为及重大经营项目签约、执行情况等。报审报告采取每季度定期报告一次。集团公司根据各子公司报审报告进行综合分析，提出意见，并及时进行反馈，以指导各公司更好地开展工作。在这方面，集团公司还将制定专门的管理办法，并开始试行。三是建立和完善集团公司审计监督体系。今年，我们将重点抓好审计的组织建设、制度建设和队伍建设。在组织建设上要建立和完善集团公司从集团到各成员单位再到成员单位下属法人单位的审计网络；在制度建设上，要制定和完善集团公司审计工作规范，建立审计工作考评制度；在队伍建设上要加强审计人员的学习和培训，提高审计人员素质，以保证审计工作有效开展。

（三）抓调整，优化资产结构

实施资产结构的调整，发挥整体竞争优势是集团公司组建的既定目标，也是当前集团各成员单位比较关心的问题。今年集团公司抓调整工作的指导思想是着眼于集团公司长远发展，充分考虑目前的状况，从实际出发稳中求进。具体抓好三件事。

1. 结合编制集团公司发展战略，研究制定国机（集团）公司战略性改组方案。

推进集团公司战略性改组，将在合理调整布局的框架内进行，调整的原则是“集中优势、突出主业、有进有退、优化结构”。国机（集团）公司企业数量多，大小不一，类型各异，所处地位不同，我们将按照集团公司确定的突出工程设计成套、科研创新和工业产品生产三大业务支柱，对现有企业实行分类改组，通过推进存量资产的流动和重组，逐步使优良资本向三大支柱中的优势骨干企业集中，增强对集团公司经济发展的带动作用，通过几年的努力，逐步从整体上实现集团公司资源的合理布局。在调整方向上，一是要重点扶持几家科研院所发展成为高新技术企业；二是重点发展几家以设备工程成套、工程承包为主业的核心经贸公司；三是推进有条件的院所与贸易公司的优化重组，形成几家工贸公司；四是放活小型子公司，逐步淘汰一些缺乏活力的亏损企业。在调整方式上，可采取利用上市重组、同业兼并、股权转让等多种形式和手段。按照这个思路，今年我们将组织有关单位研究制定总体战略性调整方案，包括调整的思路和原则，调整的目标和重点以及调整的步骤和措施等，并逐步组织实施。

2. 按照战略调整要求，选择重点单位推进调整工作。

去年，按照集团公司提出的“态度坚决、步子稳妥”的指导思想，我们着重抓了有关单位的重组工作，并取得了一定的成效。今年我们将在总结去年开展重组工作经验的基础上，继续加大力量做好重组和调整工作。一方面是要争取在上半年完成中自控公司与上海中东公司重组，使重组后的中自控有限公司尽快正式运行；另一方面是按照轻重缓急的原则，重点选择一些企业和院所开展资产重组和调整工作。各单位也要认真按照规模化经营、专业化分工的要求进行内部组织结构调整和重组，使生产和经营业务相对集中，促使经营和服务向深层次发展。

3. 按照集团公司发展需要，做好吸收勘察设计院的工作。

按照国务院办公厅通知要求，今年上半年要完成勘察设计院管理体制改革工作。这次国家机械局所属勘察设计单位一共 15 家。目前绝大多数单位已经明确提出申请要求加入国机（集团）公司。通过我们对大部分设计单位的调研、考察，感到这些勘察设计单位企业化较早，市场意识较强，经济效益普遍较好。因此，结合国机（集团）公司实际，有选择地吸收部分有较强经济技术实力和有发展前途的设计单位，对壮大国机（集团）公司经济技术实力，尤其是增强集团公司工程成套设计能力，促进集团公司科工贸一体化发展具有十分重要的作用。为此，我们要抓住机遇，要在国家机械局的统一领导和统筹安排下，有步骤、有选择地做好勘察设计单位的吸收工作。设计院进入集团公司后，我们要按照企业化要求，加强对设计单位的管理，充分发挥其在工程建设设计方面的重要作用。

（四）抓管理，提高企业素质

强化企业管理，是建立现代企业制度的内在要求，也是提高企业效益和增强竞争能力的重要途径，我们必须予以高度重视。今年我们在强化管理方面突出抓好以下几方面的管理工作：

1. 加强领导班子及队伍的建设和管理。

抓好领导班子的建设和管理是办好企业的关键。树立以人为本，发挥人员潜能是我们一项长期战略思想。今年我们要以贯彻十五届四中全会精神为契机，进一步探索国有企业领导干部管理的模式和运行机制，搞好调研试点工作，增大改革力度。按照中央关于加强领导班子建设的基本要求，从目前的抓全班子管理逐步转变到以抓好一把手为重点的管理。对成员单位领导班子，好的和比较好的，以制度建设和机制转换为重点，加以完善和提高；对不适应企业发展要求的及时调整，对连年亏损，没有能力改变被动局面的，坚决改组。要有针对性地加强成员单位领导班子的考核工作，并根据年度经营目标考核情况兑现奖惩。要有重点地抓好成员单位领导干部和后备干部的教育培养工作，根据领导班子和干部队伍的现状，有计划、分层次组织现职领导和青年后备干部的培训。在选人用人方面，我们将积极探索适应现代企业制度要求的选人用人机制，逐步改变目前单一委任企业经营管理者的状况，形成以委任、公开招聘相结合的干部选拔制度，把党管干部的原则和董事会依法选择经营管理者及总经理依法行使用人权结合起来。对企业经营管理者的选拔，坚持“四化”方针和德才兼备原则，走群众路线，公开选拔。逐步建立企业经营管理者人才库，按照公开、公平、竞争、择优原则，促进人才流动，优化人才资源配置。努力创造条件，营造经营管理者和人才队伍健康成长的环境。

各单位都要依法建立和完善以职工代表大会为基本形式的民主管理制度，实行民主评议企业领导人和厂务公开。职代会和工会要充分发挥在维护职工合法权益，参与企业民主管理和民主监督方面的重要作用。

2. 加强资产和财务的管理。

资产和财务管理是企业管理的核心。在资产和财务管理工作中，重点加强以下几个方面的管理工作，一是做好资产的工作，进一步理顺产权关系。通过资产调查、投资跟踪，摸清家底，掌握资产的变化，建立并完善各级资产管理档案，包括对土地、房屋、不动产的产权使用权档案。各单位都要加紧对沉淀资产的清理，对历史上长期积累下来的悬而未决的资产问题，要着眼长远，果断地加以处置。对那些既无效益又无发展前途的各级子公司要进行认真清理整顿，根据情况可实行关闭、归并或转让，集中优势，避免投资分散。二是做好财务管理工作。要强化财务风险控制管理，建立科学的财务决策程序，重大事项一定要经过充分调研，摸清情况，班子集体讨论后做出决策。尤其是要关注贷款担保、拆借资金、对外投资、经济合同、应收账款等五个方面的财务风险，要加强跟踪，做到事前、事中和事后控制和管理，对应收账款要做到责任到人，时时监测，防止坏账。各单位要建立各级子公司财务预算管理制度，做好对营业收入、成本费用、融资规模、资本运用等方面的预算。通过预算确定企业财务目标，按预算目标进行控制、编制财务计划，把握现金流量，控制不合理开支。对此，集团公司还将专门进行布置。科研单位转制中的资产和财务工作也是我们要做好的一项重要工作。今年要按照会计准则和财务通则要求，在科研单位建立起企业资产运营管理和财务管理机制，试行统一的会计制度、报表制度。各单位要精心组织，按照规定实事求是地处理好转制中各种资产和财务问题，集团公司将制发统一的转制中会计核算转轨方案。同时还要做好转制中的产权登记工作。

3. 加强企业战略管理。

战略管理是市场经济条件下企业管理非常重要的一环，对企业的生存和发展具有决定性、全局性和长远性的影响，是企业必须首先要认真研究的。去年，集团公司把发展战略的研究放到了突出的重要地位来抓。通过努力，目前已初步提出了集团公司发展战略方案。今年，我们还要对这一方案进行深入研究、论证，广泛听取各成员单位的意见，达到逐步完善，最后成为集团公司统一的意志和行动指南。与此同时，各成员单位也要按照集团公司总的发展战略要求，结合对市场的科学分析预测和自己的具体情况，合理制定和实施明确的发展战略，并根据市场变化适时进行调整，促进企业健康快速发展。

4. 加强信息管理。

在信息管理方面，今年集团公司将成立信息中心，负责建立集团公司信息系统，完善相关管理规章制度，促使管理信息系统高效运行，实现内部信息资源共享。为了提高信息管理水平，集团公司还将加强计算机信息网络的建设和利用。今年集团公司将在集团公司与各成员单位之间、集团公司各部门之间全面实现计算机信息联网，加强计算机网络知识的培训，并结合集团公司实际要求进行开发工作，使尽可能多的信息能上网操作。通过办公自动化，进一步提高整个集团公司工作效率和管理工作水平。

（五）抓塑形，搞好企业文化建设

塑造集团公司的形象，建立集团公司的企业文化是凝聚优势、提高市场竞争能力的重要方面。今年，我们要在集团公司内部积极开展塑造企业形象工作。

1. 确立企业理念，强化企业精神。

实施企业文化管理首先是树立企业精神。国机（集团）公司是由几十家不同类型的公司和科研机构合并而成的，急需一种统一的意识整合干部和职工队伍。为此，我们要结合集团公司性质、特点和经营发展战略以及时代要求，用简明扼要、精炼确切的语言，确定出我们的企业理念和精神。并且运用多种途径和宣传，在集团公司上下强化这种精神，使之渗透员工的心灵，成为企业和员工的自觉追求。

2. 制定统一标识，塑造集团公司外部视觉形象。

塑造企业视觉形象对提高企业市场认知度，促进企业发展具有重要作用。去年，集团公司围绕建立集团公司的视觉形象，精心设计、制定了国机（集团）公司企业标识，表现标志图形、企业名称中英文字体、标准色等基本要素。以此为基础，今年我们还要针对集团公司环境布置、商标使用、新闻宣传、展览展示以及企业公关等应用要素，设计出统一的标准。并在整个集团公司内部制定统一的规范和要求，进一步提高国机（集团）公司的市场形象。

3. 深入开展塑形教育，强化企业形象的内在动力。

职工是企业的主体，企业形象首先通过职工的形象表现出来。因此塑造企业形象一定要在提高职工素质上下功夫。我们要以文化引导为手段，以集团公司内部刊物、简讯简报等为载体，做到日常教育与专题教育相结合，自我教育与强化灌输相结合。集团公司各级党团组织要联系实际，制定计划，抓住时机采取多种形式开展宣传塑形教育，实施企业凝聚力工程，把个人目标同化于企业目标，调动广大职工积极性，为企业发展贡献智慧，努力提高企业管理的团队意识，实现企业管理的飞跃。

为做好全年的工作，我们必须加强党的领导，充分发挥企业党组织的政治核心作用和党员的先锋模范作用。企业党组织要参与企业重大问题的决策，党组织对拟提交企业经营管理层讨论决定的重大问题要进行调查研究，广泛征求党员、职工意见，召开党委会议，提出意见和建议。各企业要以培养有理想、有道德、有文化、有纪律的职工队伍，推动企业物质文明和精神文明建设为目标，建立适应企业改革发展的企业政治思想工作和精神文明建设的新机制。坚持用邓小平理论和党的基本路线武装广大职工群众，大力弘扬爱国主义、集体主义、社会主义和艰苦创业精神，深入进行形势任务和民主法制教育，引导职工树立正确的世界观、人生观、价值观。加强职工业务技术培训，加强精神文明建设，不断提高职工的思想道德水平和科学文化素质。

各级党组织都要重视和加强职工政治思想工作，当前要特别加强困难企业、亏损企业员工的政治思想工作，主动关心并帮助解决困难职工和离退休职工的实际问题。

在新的一年里，只要我们团结一致，扎实工作，就一定能够全面完成今年的各项工作任务，国机（集团）公司就一定能够以崭新的面貌迈向新的世纪。

潘崇义在国机集团2001年工作会议上的报告

（2001年2月20日）

这次会议是集团公司跨入新世纪的第一次工作会议，也是集团公司面向未来，部署并开始实施十年发展战略的一次十分重要会议。这次会议对推进国机（集团）公司在新世纪的改革和发展将具有深远的影响。

这次会议的主题是：高举邓小平理论伟大旗帜，以江泽民总书记“三个代表”重要思想为指针，进一步深入贯彻落实党的十五届四中、五中全会精神，按照中央经济工作会议、中央企业工委工作会议和全国外经贸工作会议的总体部署，依据国机（集团）公司发展战略的要求，在总结过去工作和认真分析形势的基础上，集中精力，重点研究集团公司发展的一系列重大问题，确定集团公司2001年的工作思路和工作重点。

一、关于2000年工作情况的简要回顾

2000年是国机（集团）公司奠定发展基础的一年，在这一年里，国机（集团）公司按照党的十五届四中、五中全会精神和要求，结合年初提出的“围绕一个中心，抓好五项重点工作”的中心任务，积极采取措施，主动开拓市场，努力克服各种经营困难，取得了较好的工作成绩。一年来，集团公司

主业取得了快速发展，其他多元化业务稳步推进，内部改革力度不断加强，集团整体管理水平进一步提高，思想政治工作、精神文明建设取得了较好的成果。从总体上讲，集团公司的各项工作逐步走上正轨，整体优势得到了进一步发展，总体发展态势良好，集团公司广大干部员工对推进国有企业改革和发展的必要性和紧迫性的认识不断提高，这些都为集团公司在新世纪的改革和发展奠定了良好的基础。

（一）积极开拓市场，生产经营取得较快增长

1. 各项经营指标完成情况较好。

2000年，集团公司总的经营额177.61亿元，同比增长15.85%，实现利润总额2.27亿元，同比增长81.6%；全年共完成进出口总额14.5亿美元，同比增长30.4%，其中出口创汇完成9.97亿美元，同比增长28.84%，进口到货4.54亿美元，同比增长32.76%。全年完成进出口成交总额18.35亿美元，同比增长55.35%，其中出口成交额13.37亿美元，进口定货4.98亿美元，同比分别增长68.62%和28.23%。从集团公司总体经营情况看，无论是从销售收入、实现利润总额，还是从进出口完成情况看，都大大超额完成年初制订的各项经营指标。

从统计完成情况看，绝大多数单位各项经营指标达到或超过计划目标。全年经营完成情况较好的单位有CMEC、CAMC、电工公司、通用公司、上海浦发公司、电线电缆公司、工程机械成套公司等。

2000年，扭亏增盈工作取得一定成效。为抓好扭亏增盈工作，集团公司多次组织人员到亏损企业进行调查，帮助研究提出扭亏增盈具体措施，协调解决经营当中的困难。各亏损企业也针对自身存在的问题，积极寻找措施。上海浦发公司注意抓好“四个结合”，即把抓结构调整和扭亏增盈结合起来，基础管理和业务开拓结合起来，风险防范机制建立和经营责任制落实结合起来，求生存和图发展结合起来，收缩战线，突出重点，取得了显著成效，该公司2000年完成经营总额5.36亿元，销售收入4.65亿元，利润总额从上年亏损875万元到2000年实现1159万元；中地装总公司作为一个历史包袱较沉重的老生产企业，在1999年实现扭亏的基础上，去年该公司为巩固脱困成果，做了大量工作，包括加强管理、加快内部改革和产品结构的调整，使生产经营平稳增长，连续两年保持企业盈利。截至去年年底，集团公司亏损企业亏损总额由上一年的6426万元，减少到5606万元，浦发公司、机电广告公司两家企业实现了扭亏增盈；机床公司、中自控公司、包装公司、设备成套公司和基础件公司等5家企业做到了减亏。但是，去年国机技术公司、汽车咨询公司两家企业出现增亏；电脑公司、上海联销、电瓷公司等3家企业出现新亏。虽然去年集团公司亏损企业的亏损总额减少，但亏损面有所增加。

2. 重大项目实施顺利，成交情况良好。

在项目实施方面，一批重点项目实施顺利，CMEC承接的孟加拉国2.13亿美元的18万门程控电话通讯项目，去年9月完成了两个数字交换局的开通，整个项目预计于2002年8月竣工，将比合同期限提前6个月完成；通用公司承担的上海城市污水治理二期工程项目中的8000万元SB泵站重点工程项目顺利竣工，并荣获“上海市政工程金奖”；电工公司与通用公司共同参加的伊朗地铁项目一期工程也于2000年2月顺利开通；重机公司承接的济钢板坯连铸机高效改造及炉外精炼设施配套技术服务项目进展顺利；设计总院承接的佛山市第一人民医院、北京空港配餐楼工程设计，第二设计院承接的杭州天子岭垃圾填埋场气体利用工程设计和第六设计院林德——厦门插车厂工程设计项目分别荣获全国第九届优秀工程设计银奖。

在重大项目执行中，一些公司按照国际工程公司的管理模式运作，做到了从工程设计、土建施工、设备采购、调试运行等各环节进行全过程管理、工程项目的组织管理能力不断提高，为今后向工程承包公司发展奠定了良好的基础。如电工公司与CMEC联合承接的威钢电厂工程总承包项目，由电工公司具体组织实施，从签约到完成仅用了16个月的时间，做到了“干一个工程，树一座丰碑”；CMEC承接的伊拉克燃气轮机组项目，是CMEC第一个从组织设计、设备采购到安装调试等全部过程自行实施管理的项目，获得了业主的高度评价。

在项目签约成交方面，重大项目开发形势喜人。去年全集团公司成交合同总金额10多亿美元，跟踪开发的重大项目20多亿美元，还有一批正在进行前期开发的项目，为集团公司今年和今后几年的发展打下了较好的基础。去年，CMEC全年创造了项目成交合同约7亿美元的历史最好记录；空分

公司全年签订1万立方米以上大型成套空分设备项目共5套，合同成交额在3亿元以上；通用公司发挥在环保领域的专业技术优势，全年新签合同3.4亿元，是近年来最好的一年；电缆公司狠抓国际输变电工程市场的开拓，全年签约合同达1.2亿美元，为历史最好水平；CAMC为了鼓励开拓新项目，增设了“市场发展基金”，起到了良好的作用，全年在手合同达1.5亿美元。

从去年大型工程和设备成套项目执行情况看，呈现出几方面特点：一是市场范围有所拓展，除传统市场外，中东、非洲等已逐渐成为我们的重要市场；二是服务领域进一步拓宽，除传统机械领域外，通讯、造船、建材、环保等领域的项目占了相当比重；三是项目正在形成梯次开发格局，形成了完工投产一批，生效执行一批，开发储备一批的良性循环；四是利用和发挥集团作用承接大型工程项目的优势逐步显现。如集团公司组织CMEC、通用公司、上海浦发公司等单位共同参与承接的上海苏州河综合整治工程项目，通过集团公司统一协调和积极争取，CMEC中设招标公司取得了环卫项目土建及设备材料的招标代理，现已完成招标金额1200万美元；通用公司已中标2个截流工程项目，组织电缆公司承接孟加拉国29个变电站项目，并在争取政府审批和金融部门信贷支持上，集团公司发挥了积极的作用。

3. 科研开发与产业化取得较大成绩。

去年，各科研院所在认真做好转制工作的同时，注重市场调研，不断增强产品的市场竞争能力，强化生产管理，提高质量，不断增强产品的市场竞争能力，使科技经营工作保持了稳步发展的好势头。据不完全统计，去年各科研院所共完成科研项目100多项，其中20多项国家“九五”重大科技开发、攻关和军工配套项目通过了国家有关部门的鉴定验收，包括济南铸锻所的铝合金铸件金属精密成型技术及成套装备研究开发与示范项目、广州电科所的聚脂及关键材料开发和中试研究项目、长春试验机所的力学性能自动测试系统项目、桂林电科所的高速多工位级进冲模式成型工艺及设计制造研究项目、洛轴所的高速型数控车床主轴单元的工程化研究项目等等。重点科研开发项目的完成，推动了科技进步和产业化的进程。多数新产品已批量生产并逐步实现产业化，取得了较好的技术经济效益和社会效益。据统计，去年25家院所总收入12.74亿元，同比增长13.1%。25家院所中有19家院所较上一年相比总收入都有了较大的增长，增长幅度较大的单位有兰石所、广州机床所、成工所、桂林电科所、沈工所、洛轴所等。总收入超过5000万元的单位数比上一年又增加了3家达到11家。

去年，科研院所还利用自身科技实力承接了一批国家重点工程成套设备项目的研制生产任务，如广州电科所33万千瓦发电设备励磁装置项目、合肥通用所承接的九江石化总厂2000立方米球罐工程项目和436厂的船用空气压缩站项目、兰石所承接的中国第一台大型板壳式换热器研制生产项目和新型千米小钻机项目等等。

（二）深化改革、改组，企业体制创新有了明显改观

1. 企业产权制度改革迈出较大步伐。

去年，集团公司大力推进了企业产权制度改革工作。为了积极稳妥地推进企业产权制度改革，集团公司在年初组织召开了建立现代企业制度工作座谈会。围绕会议的召开，集团公司组织开展了大量的工作，包括调研有关企业改革改制工作经验，邀请了社科院、国务院发展中心、国家经贸委、外经贸部等有关领导、专家就企业产权制度改革理论、实践与要求进行了专题讲座，研究制订了国机（集团）公司关于推进企业改制工作指导意见和改制工作程序及有关暂行规定，并分别走访了国家经贸委、财政部、外经贸部等国家有关综合部门，听取意见和要求，形成并提出了国机（集团）公司改制工作原则、注意处理的关系和问题，提出了全年工作的方针等。在集团公司改制工作会议召开以后，各成员单位改制工作的热情普遍较高。很多单位都把开展内部改制工作作为一项重要工作来抓，成立了专门的工作机构，相应地开展了有关工作。很多单位已经或正在研究制订改制方案。截至去年年底，集团公司先后审定了10家单位的改制方案，包括北方公司整体改制方案、广州电科所擎天公司股改方案、郑州三磨所新亚公司股改方案、济南铸锻所内部职工持股改制方案、CMIC中经东源公司内部职工改制方案、北京凯姆克公司增加职工持股比例改制方案等等。与此同时，有20多家单位包括中地装总公司、成工所、重庆仪表所、磨料磨具公司等正在制订改制工作方案。整个改制工作正在有条不紊地向前推进。

去年，集团公司部分单位的股票上市前期工作也取得一定进展。中收农机股份公司的上市方案上半年已得到国家经贸委的批复，并召开了股份公司发起设立大会和第一届股东会和董事会，股份公司正式挂牌运行；CAMC股票上市改制方案已经集团公司批准，召开了发起人会议；其他如广电所、郑州三磨所、成工所等单位股改上市工作也在积极运作当中。

2. 企业劳动、人事、分配制度的改革逐步深化。

去年，集团公司把劳动工资、人事管理的工作重点放在基础建设上。一是积极推进科研院所“三项制度”改革，加速院所转企建制工作。集团公司印发了《科研院所实行劳动合同的通知》，提出了院所贯彻落实《劳动法》的要求，召开了院所实施劳动合同制工作会议，就院所加快建立现代企业制度相适应的工资分配形式和建立完善内部有效的分配激励机制进行了工作部署。与此同时，去年，集团公司还组织了部分成员单位参加了劳动与社会保障部举办的“实行劳动合同制”培训班，进一步系统学习了劳动制度的政策、操作步骤和应注意的问题，推动和加快了成员单位劳动制度改革的步伐。截至目前，有10家科研院所已经完成，其他院所单位也在进行之中；二是为配合劳动用工制度的改革，落实国家“两个确保”的政策，集团公司积极帮助成员单位争取国家和地方的支持，安排好下岗职工的生活。按财政部的要求，对1999年中央财政拨付的下岗职工基本生活费进行了清算，全年共争取中央财政拨款897万元，为11户困难企业3325名职工争取拨款724万元，保证了下岗职工的基本生活；三是加强了工资总额的宏观控制。根据国家要求，本着工效挂钩的原则，对成员单位的工资总额基数进行了调整，加强了工资总额的计划管理。

去年，各单位也都进一步加大了内部改革力度。中地装总公司通过对管理机构和管理人员的调整，减少中层管理干部8名，减员21名，对直属企业经营管理者制订了年薪制办法，摸索了经验，取得了效果；CAMC加大了公司分配制度改革和调整力度，出台了公务交通费管理规定、加大了中层干部竞聘上岗和中青年干部培养力度；CMEC进一步推进下岗分流、减员增效工作，目前，已有137名下岗员工交给人才交流中心托管。电工公司、通用公司、磨料磨具公司等也都在内部人事制度、分配制度上做了很多改革工作。各院所结合企业化转制要求，加快了内部改革步伐，如兰石所将内部原有的13个职能处室调整为5个，管理人员由96人减至42人；第二设计院将原来的中层干部实行全部下岗，实行公开竞聘，并请管理学院教授对竞聘者进行公开考试打分后，选拔优秀人才上岗。

3. 资产重组工作稳步推进。

资产重组工作是集团公司的一项重点工作。去年，在资产重组方面开展了有关工作。

一是积极推进集团内部单位与外部企业的资产重组。主要包括：一是进行了西宁工程机械研究所整体并入天工所的筹组，两所的资产重组方案，已由青海省政府和集团公司分别上报了国家经贸委；二是通过天工所，开展了与天津市机电控股公司下属的天津市搅拌机厂和天津市探矿机械厂两家生产企业的资产重组，通过吸收两家企业剥离出来的净资产，由天工所与天津市机电控股公司共同出资组建天津鼎盛工程机械集团有限公司，现该公司已办理完工商注册登记等有关工作；三是推进了中自控公司、包装公司与外部企业的重组。中自控公司与上海中东公司的重组历时一年半，集团公司组织开展了大量的工作，但因与上海中东公司在资产评估问题上产生分歧，以及中自控公司内部等多种原因，使重组工作受阻。为使中自控公司的发展不受影响，集团公司经多次与中东公司协商，签订了暂停重组工作的协议。包装公司的重组去年一年做了大量的工作，目前仍在进行当中。

二是积极抓好内部资产优化重组工作。去年下半年，在拟加入国机（集团）公司的勘察设计院中，二院、三院、五院、十一院和西勘院等五家单位拟进行联合重组，组建工程公司，以发挥综合优势，壮大经济实力。为此，集团公司积极给予支持，多次与五个院领导一起深入研究、探讨组建的模式，提出重组工作意见，明确工作原则和要求，确定以二院为核心，联合其他四家勘察设计院，利用“中国磨料磨具工业公司”牌子，组建带中国字头的国际工程公司。去年11月，在集团公司的统一部署下，重建工作正式启动。

三是认真做好存量资产的盘活工作。先后有成都工具所、安装公司所属的第四安装公司等单位经集团公司批准，利用土地资源进行出让开发，通过变现后获取一部分新的发展基金，用于企业新的经济增长点和产业化建设。目前第四安装公司项目基本完成，利用开发资金投入上海开发钢结构建筑业务，取得了一定的效果。与此同时，集团公司根据企业的要求，长春试验机所换建搬迁改造项目正在积极推进。

四是抓好中工信托投资公司转为集团财务公司工作。按照中国人民银行的要求，原中工信公司不再从事信托业务。其改组方案已经中国人民银行批准，相关工作正在进一步落实。中工信转制为财务公司后，可以在集团公司范围内开展财务公司的有关业务，有助于完善集团公司的金融功能。

4. 科研院所企业化转制和吸收勘察设计院的工作顺利完成。

按照国务院要求，2000 年研究院所都要完成由事转企工作，为此，集团公司积极组织各研究院所做好转企工商登记注册工作，截至去年年底，25 家院所除个别单位因特殊原因外，其他绝大多数单位都完成了企业化工商登记注册工作。部分单位完成了检测中心的转制，包括起重所的北京起重运输机械检验所、洛轴所的国家轴承质量检测中心、西重所的海威机械设备监理中心等。

去年，按照国家勘察设计单位管理体制改革的精神和要求，集团公司积极配合国家机械局完成了其所属勘察设计单位管理体制改革任务，有 8 家勘察设计院进入国机（集团）公司。这些勘察设计院是机械行业具有相当经济、技术实力的单位。8 家单位的加入对进一步壮大国机（集团）公司实力，提高集团公司工程设计和工程承包能力具有重要的作用。为了认真抓好进入集团勘察设计单位的管理，集团公司组织召开了 8 家勘察设计单位会议，制订并印发了《国机（集团）公司对院所管理暂行办法》，为加强对院所实行科学有效管理提供了依据。

（三）制订中长期发展战略，确定了集团公司的战略定位和发展方向

集团公司组建以来，始终高度重视发展战略规划的研究。在 1999 年完成调研工作的基础上，去年，集团公司全面深入地开展了集团发展战略的论证工作。在完成集团公司内部论证后，还专门组织了有关专家论证，征求了主要子公司、院所的意见，并进行了反复的研究和修改，目前已顺利完成了《中国机械装备（集团）公司发展战略》的制订工作。

国机（集团）公司的发展战略方案明确了集团公司的战略定位、发展目标，提出了分阶段的战略任务，并在此基础上制订了集团公司发展的实施方案。

集团公司发展的战略定位是："在目前贸易、科研、工程设计、工业产品生产等业务的基础上，以技术创新为动力，逐步发展成为以工程承包和高新技术产品为主导的，管理科学的、多元资本结构的集科、工、贸、金为一体的大型跨国企业集团。"

实现上述定位，计划用 10 年的时间来完成。发展的总体思路是"一个目标、两个阶段、三大任务"。一个目标，就是要通过 10 年的努力，把国机（集团）公司构造成为机械领域全国最大的工程承包企业和高新技术产品开发与产业化的重要基地。两个阶段，就是从 2000 年到 2005 年为第一阶段，这一阶段是以"调整重组"为核心，突出抓好"结构优化、高新技术产品产业化和现代企业制度建设"三大任务，为国机（集团）公司的进一步发展奠定基础；2006 到 2010 年为第二阶段，这一阶段是以"壮大实力"为核心，进一步加大对外联合重组的力度，促进科工贸结合，形成几大支柱企业；逐步拓展市场空间，实现跨国经营；着力建立和完善集团公司投资与金融功能，增强综合实力，全面实现战略定位和战略发展目标。

可以说，国机（集团）公司发展战略方案的编制完成，标志着集团公司进入一个更加明确发展目标和统一的战略指导思想的重要发展时期，对集团公司的长远发展具有十分重要的意义。

（四）不断强化管理，企业管理水平有了较大提高

1. 领导班子建设与管理得到进一步加强。

在抓好领导班子建设与管理上，集团公司注意加强了对干部管理的实效性和针对性，一是抓好对领导干部常规的考核、换届调整工作。2000 年共完成了 50 个成员单位领导班子的考核调整工作，共任免干部 118 人次。其中 18 个单位行政换届、8 个单位党委换届；二是针对有些单位领导班子战斗力不强、领导管理能力较弱，经济效益下滑的问题，不受任期的限制，及时采取措施，果断调整，取得了良好的实际效果。三是加大选拔优秀年轻干部的工作力度，注重抓好党政主要领导干部的选配工作，基本上配备了专职党委副书记、并在部分单位实行了党政主要领导干部交叉任职，为党组织参与

重大问题决策和党组织在企业中发挥政治核心作用创造了条件，全年调整任免党政正职47人次，其中新提任的13人，主持工作8人；四是加强领导班子的届中考核，强化了领导班子和领导干部经常性的考核监督和管理，通过参加班子民主生活会等形式，了解情况，及时解决出现的问题。在对9个单位领导班子的考核中，针对班子不团结等问题，采取了组织调整和思想教育等多种形式，增强了班子的凝聚力，保证了企业工作的正常运行。

2. 财务和资产管理工作取得一定进展。

去年，集团公司在财务、资产的管理上，开展了大量工作。一是编制完成了国机（集团）公司1999年财务决算，统一各级子公司会计决算报表，理顺了决算工作程序，建立和完善集团公司决算审计制度，进一步提高了会计信息的质量；二是按照财政部的要求，完成了对科研院所二次清算核资工作。通过清产核资，全面清查各项资产，经批准处理核销2.6亿元资产减值和损失，进一步盘实了资产，为科研院所的发展打下了比较好的财务基础；三是组织实施了对各级子公司和科研院所的产权重新登记，共完成189户单位的产权登记。通过这项工作，进一步明晰了产权关系，解决了科研院所与原主管部门脱钩后的产权归属问题；四是组织进行了科研院所会计制度转轨工作。为保障科研院所转企的顺利实施，实现2000年集团公司会计报表完全合并，准确地评价集团公司财务状况创造了条件；五是进一步落实子公司的财政和财务政策，在财政关系单列的基础上，变更了财政归口关系由以前的工业系统转为商贸系统，解决了外贸企业享受有关财政、财务优惠政策中存在的实际问题。

3. 审计监督管理力度进一步加大。

去年，集团公司进一步加大了对审计监督工作的力度。一是抓好制度建设，进一步修订和完善了经济责任审计条例，制定了专项审计办法，建立了审计工作考评制度；二是加强审计人员培训，组织审计人员开展业务学习，经验交流研讨，论文征集评比，先进范例推荐等活动，提高了审计人员业务素质，促进审计工作开展；三是在组织建设上，既注重发挥集团公司及各成员单位审计队伍作用，又加强对会计师事务所的沟通与联系，明确要求，做到各方面协调配合，真正达到审计目的；四是加大了审计监督力度，拓宽了审计工作范围，既有常规审计，也包括注入资产评估、财务决算、债权债务清理、个人借款清理及账外资产、小金库的清理检查、招待费、会议费等各种专项审计。全年完成了对21家单位的审计，尤其是对CMIC、机床公司的审计，通过审计，发现了问题，提出了建议。

各成员单位进一步提高了对审计工作的认识和重视，开展了各种类型的审计工作，如兰州车辆所的物资采购比价审计，天工所、兰石所的经济合同审计，中地装总公司的经营承包考评审计，广电所、洛轴所、合肥所的基建工程预决算审计，及各种经营项目专项审计等。为促进企业经营管理水平的提高起到了很好的作用。

4. 以服务为内涵，强化经营管理工作取得成效。

去年以来，集团公司本部十分注重树立服务观念，一切围绕以提高企业经济效益为中心，加强经营管理和服务。

一是加强与国家有关综合部门的联系，努力争取政策支持。去年，集团公司通过多次与国家经贸委、外经贸部争取，取得了一定数量的进口钢材、轮胎和汽车指标，这些指标全部用于支持各有关子公司的经营工作。与此同时，集团公司积极协助重机公司办理了平朔露天矿用车重点项目钢材进口指标的申请及海关长线证的批准；协助CMIC办理了稀土出口指标；协助中收总公司从俄罗斯进口钢材，大大降低了生产成本；协助轴承公司申请甲苯产品进口，创造良好的经济效益；协助电工公司办理大量机电进口产品的申请，提高了电工公司在合作伙伴中的信誉。

二是积极帮助有关单位办理国家有关资质、资格的申请和批准工作。如通过国家经贸委申请国家技术改造项目招标权资格，CMEC获得甲级资质，重机公司、通用公司、机床公司获得乙级资质，CAMC、CMIC获得乙级预备资质；通过外经贸部，为9家子公司办理了国外承包工程、劳务合作经营权的重新核定工作；为电工公司、电缆公司、安装公司的机械化施工公司申请了对外工程承包权；为空分公司、北方公司、中自控公司、机械成套公司申请了进出口经营等；通过建设部解决了集团公司工程建筑业资质管理、项目经理及关键岗位人员持证上岗管理等问题，经建设部授权，成立了国机（集团）公司项目经理资质考核评审委员会，首次评审通过项目经理316人，其中1级124人，2级139人，3级51人，4级2人。

三是向国家计委、国家经贸委、科技部组织申报了一批科研项目。有部分项目入选国家计划，并争取到了一定数量的拨款和贴息贷款。去年底，我们又向国家经贸委组织申报了一批今年的技术创新和国家级重点新产品试产计划项目。并围绕国家“十五”科技规划重点，选择并确定了与集团公司各科研单位有关的16个重点专题，并正在组织上报。

四是加强了信息统计管理。去年，集团公司不仅加强了对内部成员单位的统计管理，而且理顺了与中企工委、国家经贸委、外贸部、海关总署、国家统计局等有关综合部门的统计管理渠道，保证了经营、财务、人事的统计准确、及时的报送到各综合部门。在搞好集团内部统计工作中，针对各种业务统计种类繁杂的情况，为减轻企业重复报送数据的负担，集团制定了多表合一的方案，做到了一套统计表格满足各方面需要的目的。在加强企业信息化管理方面，去年，集团公司本部计算机信息局域网络基本建成。对各成员单位的信息统计在财务统计等方面已初步实现了计算机传送，提高了信息统计质量。在这方面，一些成员单位也加强了计算机信息化管理工作，济南铸锻所已经创造了很好的经验，CMEC、CAMC等公司内部局域网已经建成，并正在积极探索电子商务模式，促进经营业务的开展。

（五）企业政治工作得到不断加强，为企业改革和发展提供了坚强的政治保证

去年，在集团公司党组的领导下，各成员单位党组织以邓小平理论为指导，认真贯彻执行党的路线、方针、政策，建立健全组织机构，围绕企业的中心工作，积极发挥党组织的政治核心作用、基层党组织战斗堡垒作用和党员先锋模范作用，加强领导班子建设，积极开展党风廉政建设和反腐败斗争，加强企业思想政治工作和精神文明建设，带领广大职工艰苦奋斗，努力拼搏，积极进取，为企业的发展和国机（集团）公司的壮大提供了坚强的政治保证，做出了积极的贡献。

各单位重视领导班子自身建设，认真抓好领导班子中心组学习、不断提高领导干部的思想政治素质。例如，CMEC党委坚持领导班子中心组学习制度，每月一次集中学习，双月一次专题研讨，使中心组真正起到统一思想、指导实践的作用。各单位坚持领导班子民主生活会制度，自觉实践“三个代表”的要求，认真贯彻执行党风廉政建设责任制，保证了党的路线、方针、政策和集团公司各项决定的贯彻执行。

在党的基层组织建设方面，各单位注重基层党组织的建设，围绕企业中心工作，积极开展创先争优活动，较好地发挥了基层党组织的战斗堡垒作用和党员的先锋模范作用，增强了基层党组织的战斗力。为集团公司两个文明建设协调发展提供了组织保证。电工公司党委狠抓党支部的建设，坚持每半年听取支部工作汇报，及时研究工作中存在的问题，使基层党组织建设规范化、制度化，收到较好的效果。广电所多年来在党支部工作和党员管理工作中不断创新，通过制订制度，对党支部的工作和党员的行为进行了严格的规范和科学的考评，较好地发挥了党支部的战斗堡垒作用和党员的先锋模范作用。

在思想政治工作方面，各单位针对企业改革、改制工作的不断深入，努力发挥党组织的政治核心作用和工会、共青团等群众组织的作用，坚持用邓小平理论武装职工群众，深入进行思想政治教育。在与“法轮功”邪教组织的斗争中，各单位党组织切实加强领导，落实政治责任，深入开展思想政治工作，认真贯彻“团结、教育、转化、解脱绝大多数人”的方针，团结教育广大职工群众，与党中央保持高度一致，为取得斗争的胜利发挥了重要作用。

在精神文明建设方面，各成员单位紧紧围绕本单位中心工作，广泛开展精神文明创建活动，认真制订精神文明建设规划，努力塑造企业形象，着力抓好职工的政治素质和业务素质提高，推动了企业两个文明建设，取得了比较明显的成效。各单位还结合重要节日和重要事件积极开展了形式多样、丰富多彩的群众性文体活动，激发了广大职工爱国热情和集体主义精神，增强了企业的凝聚力。

集团公司党组根据中央的有关要求，结合集团公司实际，印发了《关于贯彻落实〈关于实行党风廉政建设责任制的规定〉的实施意见》和《国机（集团）公司本部工作人员廉洁自律若干规定》，加强了制度建设，明确了监督检查和责任追究等有关规定。根据中央企业纪工委的统一部署，去年下半年，在全集团开展了“学法规、学党纪”党风廉政教育活动，各单位对此都十分重视，通过对有关法律法规的学习，利用胡长清、成克杰等重大典型案

件进行警示教育等活动，提高了广大职工的法律意识和以法经营的自觉性，各单位领导干部按照集团公司党组的要求，在早学一点、多学一点、学深一点上下功夫，如哈电所、洛轴所、武汉外设所、天传所、重庆材料所等许多单位的领导干部都写出学习心得，在职工大会上进行辅导，推动了活动的开展。

纪检监察工作取得新成效。一些重大案件的查处取得了新进展，效能监察工作越来越引起各单位的重视，洛轴所、广州机床所等一些单位已取得明显的成效。为了提高纪检监察干部队伍素质，举办了纪检监察干部培训班，促进了纪检监察工作的有效开展。

二、关于国机（集团）公司面临的形势和存在的问题

2001 年是实施国民经济第十个五年计划的第一年，党的十五届五中全会、中央经济工作会议和中央企业工委工作会议为集团的改革和发展指明了方向。纵观国内外形势和集团公司内部环境，既有许多有利条件和重要的发展机遇，也有许多困难和严峻挑战。

首先，从外部环境看，机遇大于挑战，集团公司发展具有较好的外部条件。

一是全球经济和贸易增长仍然保持较快的速度，据有关方面的预测，今年世界经济发展速度要低于去年，但仍保持一定的增长。国内经济发展出现重大转机、国家鼓励外贸发展的政策以及改革开放的进一步加快，将有利于出口贸易的增长；二是国家坚持扩大内需的方针，继续实施积极的财政政策和稳健的货币政策，进一步促进经济建设发展和国民经济的增长。在投资方向上，国家提出要加强基础设施建设，用高新技术改造传统产业，发展小城镇，加大对农业的投入，加快实施西部大开发战略等，将极大地启动和增加一批与此相关的机电产品市场，尤其是农村市场和改造传统产业所需机械装备市场。国内工程市场也将十分活跃，对工程成套设备需求加大，勘察设计单位将面临十分繁重的基本建设和技术改造任务；三是面临我国加入 WTO 后的机遇和挑战。我国加入 WTO 后，虽然我们会面临来自国内外更加激烈的竞争，但加入 WTO 后，其他国家对我国的进口壁垒将大幅度削弱，甚至取消，包括进口配额、关税、投资等，抓住机遇，就完全有可能把握更多的贸易机会；四是国家对经济体制改革力度的进一步加大，中央提出今年要坚韧不拔地推进国企改革，要有新的起色。为此，国家经贸委制定了《国有大中型企业建立现代企业制度和加强管理的基本规范（试行)》。最近，国家经贸委、财政部、外经贸部等都正在制定出台有关推进企业改革和资产管理的一系列的政策和办法，尤其是对中央企业将制定授权经营措施办法等，对我们加快推进企业改革，转换经营机制，将产生十分重要的作用。

其次，从内部环境看，国机（集团）公司作为一个在竞争性领域具有一定规模和实力的大型科、工、贸企业集团，总体上看，我们具有一定的优势，但要看到，集团公司发展一些突出的矛盾和问题亟待解决。

一是集团公司发展中的结构性矛盾突出，尤其是组织结构散乱，形不成规模优势。从去年填报中央企业监事会材料统计结果看，集团公司现有大大小小的、具有法人资格的企业近 500 家，摊子过大、过散，管理层次多，致使有限的资源没能向优势产业、优势企业和优势产品集中，造成主业不突出、核心竞争力不强。这就要求我们必须未雨绸缪，通过加大结构调整力度，逐步解决结构性矛盾，大幅度提高业主盈利能力，保证集团公司主业的长远健康发展；

二是集团公司在发展中的历史包袱沉重，管理水平不高。历史包袱沉重主要表现为资产质量差，不良资产多，根据去年决算统计，国机（集团）公司已办理产权关系的单位的总资产 176.9 亿元，负债 149.8 亿元，资产负债率达 84.7%，而其中不良资产超过 8 亿元，某些公司不良资产超过 80%，甚至有的公司已资不抵债；管理水平不高，一方面是集团公司对各子公司的管理还很不到位，管理手段不健全，缺乏对重大事项研究决策和贯彻落实力度。另一方面绝大多数子公司内部管理还比较粗放，与现代企业制度和激烈的市场竞争要求存在较大差距。有些公司由于长期疏于管理，造成企业人心涣散，经营无序，对外乱投资、乱担保，投资随意性大，层层投资，对投资项目又不加强跟踪管理，造成投资失控，资产流失严重。据统计，国机（集团）公司各级子公司为有关单位提供各项担保金额总计 46.3 亿元，担保数额大，造成风险也很大，近几年已陆续出现追索担保责任官司不断。为此，我们必须加强管理，强化依法经营和依法管理意识，建立完善企业规范的管理制度，保证企业健康发展。

三是改组、改制缓慢，改革力度不足。近几年来，为了适应市场经济的需要，各公司在劳动、分配制度上进行了积极的探索，取得了一定成效。自去年以来，在集团公司的大力推动下，很多公司也在尝试产权制度方面的改革，但总体上讲，仍然速度慢，力度不足。而且，在产权制度改革上，很多公司没有把握从整体上如何通过改革促进经营机制转换、瞄准企业做强做大的长远发展要求，有些单位的做法缺乏规范性，也有一些单位在内部分配制度上，仍然存在不同程度的平均主义和大锅饭现象。这就要求我们必须进一步提高对改革的正确认识，加大改革力度，切实建立能够有效保障经营发展的机制。

四是人员素质很不适应飞速发展的市场要求。随着市场经济体制和企业改革的逐步推进和深化，以及我国即将加入WTO，使企业在市场中竞争的形势更加严峻。企业的竞争实际上是人才的竞争。从目前集团公司情况看，无论是人才使用的环境、人才的知识结构，还是人才的选拔和人才的培养等，都不适应发展的需要。因此，必须高度重视人才的管理和培养，努力创造良好的用人环境，建立有效的激励机制，吸引人才，留住人才，培养人才，以适应竞争的要求。

三、关于2001年的工作安排

2001年是国机（集团）公司正式实施十年发展战略的第一年，如何开好头、起好步，对保证战略目标的实现至关重要。根据当前国内外经济形势和集团公司发展战略的要求，在深入分析集团公司经营管理实际状况的前提下，集团公司经认真研究并确定了2001年工作安排。

2001年国机（集团）公司的工作的总体思路是：以提高经济效益为中心，积极开拓市场，促进主业发展；加快建立现代企业制度，推进子公司改组、改制，实施管理体制与经营机制的创新；大力提高企业经营管理水平，推行预算管理，建立绩效考评制度；加强精神文明建设，推动和保障各项工作的完成。

根据上述总体发展思路，确定2001年的工作方针是“深化改革，强化主业，加强管理，提高效益”。

确定2001年的总体经营目标是：经营总额160亿元，院所收入总额15亿元，利润总额2.3亿元，进出口总额14亿美元，其中出口10亿美元，进口4亿美元。根据总体目标要求，制订了各成员单位经营计划指标（详见《国机（集团）公司各成员单位2001年经营计划指标》）。

（一）围绕主导业务，加大市场开拓力度，促进集团公司经济效益的稳定增长

以工程承包为代表的外经贸业务和高新技术产业化产品是国机（集团）公司未来发展的重要基础。我们必须狠抓主业的发展，通过大力开拓市场，不断提高主业的规模和盈利能力，促进集团公司经济效益的稳定增长。为此，我们要重点做好以下三方面工作。

1. 积极开拓国内外工程市场业务，进一步提高进出口经营规模。

首先是抓好国内外工程承包和工程设备成套项目开拓。今年我们要紧密结合国家制定的大力发展对外承包工程的一系列政策措施要求，按照“大中小并举，国内外结合”的方式，力争有新的突破。

在开拓国际市场上，积极推进市场多元化战略，合理调整市场布局，在巩固和深度开发亚洲、非洲、中东和东欧等传统市场的同时，大力开拓拉美工程市场，并努力开拓欧美等发达国家市场。要充分利用我国的国际地位、双边关系和对外援助在发展中国家中的广泛影响，为开展对外承包工程创造条件。要积极推进新的贸易方式，如合作承包、中外参股经营等。努力拓展建材、交通、通讯、农业和环保等其他领域项目。

在开拓国内市场上，我们要抓住国家进一步加大国内市场需求力度为契机，紧密结合国家支持发展基础产业、西部大开发，千方百计支持农业发展和加快城镇建设的要求，积极加大中标力度，特别是要善于利用和发展勘察设计单位在工程项目前期咨询、勘察、设计的先导作用，积极承揽和开展工程总承包业务。

在抓好市场开拓的同时，今年要努力抓好已签约待生效或近期有望签约成套工程项目的工作，目前正在谈判的一些重大项目要抓紧做工作争取尽早签约。对正在执行的项目，要抓好项目执行过程中的业务、服务、质量管理，防范和控制可能出现的经营风险，保证预期效益。对已经承接的重大工程

承包和设备成套项目，在项目融资和项目管理上，集团公司将创造一切条件努力做好协调和服务工作。

其次是抓好单机进出口业务。在出口上，要坚持不断调整产品和市场结构，改进经营方式，尤其是要改变在集团公司内部单打独斗的经营方式。探索推进代理制，努力开拓国外政府贷款和第三方贷款的大宗采购项目或投标业务。积极通过合资、合作、联营等方式，密切与生产企业的关系，建立稳定的出口货源基地。也可协助客户在国外建厂，探讨开展境外加工贸易，逐步增加出口业务的储备和深度。在进口上，要密切关注国家产业政策调整方向，及时调整业务重点和开发方式，不断拓宽进口业务的经营领域。在深入开发国际金融组织和政府贷款业务的同时，加大现汇业务的开发。要适应国家开发大西部的战略要求，加大西部地区市场开拓力度，充分发挥集团公司综合优势挖潜扩大进口业务规模，提高经济效益。

第三是抓好其他业务的发展。包括招投标业务要抓住国家工程项目市场逐步规范、招投标业务迅速兴起的机遇，努力创出公司品牌，提高影响，扩大业务规模；广告、展览业务要加大市场和培植力度，培育自办国际展和专业展等，加强与国内外著名展览公司和国内外大中型企业合作和联系，培育稳定的客户群，拓宽业务发展空间；金融业务也要在最大限度地防范风险的前提下，积极、谨慎地进行。

2. 着力抓好高新技术产品产业化，不断扩大新产品市场份额。

一是要按照国家经贸委提出的国有大中型企业建立技术开发中心的要求，着手研究制定国机（集团）公司技术开发中心（包括若干国家级工程中心）总体建设方案，包括分层次建设的思路、步骤和措施；

二是结合国家计委、经贸委和科技部“十五”科技发展规划和2001年技术创新计划的要求，组织一批重点科研开发和产业化项目争取列入国家规划和计划；

三是重点抓好若干产业化重点项目的实施，尽快形成批量生产能力，迅速占领市场。具体包括：沈工所的弹性波纹管生产基地建设和滤光片技术改造项目、广州电科所的聚脂项目、中收总公司的玉米收割机技术改造项目，以及成工所和长春试验机所利用土地置换建设产业化基地项目等。

结合上述工作要求，今年集团公司将结合国家科技创新精神和“十五”科技规划要求，通过调查研究、组织座谈等形式，研究制订国机（集团）公司科研开发和新产品产业化实施意见。

3. 加强各成员单位经营业务的交流与合作，形成促进经营发展的合力。

今年，集团公司要进一步加大各公司、院所经营业务的合作和交流，发挥整体优势，逐步改变各成员单位各自为战的局面，形成经营发展合力，共同开拓市场业务。并为推进结构调整、实现有机融合奠定基础。

一是集团公司要充分利用自身优势，积极做好大工程项目的承接，包括孟加拉国输变电项目等，并组织各有关成员单位具体实施；中小型公司要注重利用国机（集团）公司品牌以及可以通过集团公司对外签约等形式，承揽一些受自身能力限制而承揽不了的大型项目。

二是积极组织各子公司开展项目合作，加强专业化协作。集团公司对成员单位之间已有一些合作意向的项目，如中地装总公司与兰石所、农机公司与设计院合作项目等将加快推进做好工作。对一些重大工程项目，将协调各有关单位联合投标，避免相互竞争，共同承接项目。

三是为加强市场开拓力度，国机（集团）公司将着手组织建立信息交换机制，充分发挥驻外机构及其他渠道的作用，广泛收集信息，加大国际、国内承包工程市场信息发布，为企业开拓市场提供服务。与此同时，要组织研究开展协调各院所如何利用目前外贸公司驻外机构拓展国际市场工作。

四是组织召开各种不同类型的经营工作座谈会、经验交流会，组织各成员单位参加各种交易会、展览会，进一步加强交流与合作，促进经营业务的拓展。

（二）按照建立现代企业制度的要求，加快企业改革、改组，促进经营机制的转换

今年，集团公司要以建立现代企业制度为方向，在深化内部改革和转换经营机制方面迈出坚定的步伐。要通过加强各子公司产权制度和劳动分配制度的改革，推进重点企业的改组，建立企业良好的内部管理和经营机制，为集团公司各项业务特别是主业的发展提供根本动力和保障。

1. 着手研究制定并实施国机（集团）公司管理体制整改方案。

一是根据发展战略确定的集团公司在管理上的定位，按照建立国机（集团）公司财务、人事、重大经营决策和运营监控等四大管理体系的要求，建立集团公司财务基本管理制度，制订和完善资产管理办法、投资管理办法；修改完善集团公司领导干部管理办法，包括领导干部的任用、考核、激励、制约以及培训的管理规定；在原来分别针对公司、研究所、设计院制定的重大事项管理暂行规定的基础上，进行进一步修改完善，形成国机（集团）公司统一的重大事项管理规定等，进一步理顺母子公司管理关系。

二是根据集团公司管理工作特点和发展现状，按照不断建立和完善集团公司管理功能的要求，对集团公司本部的管理机构做出适当调整，充实和配备必要的工作人员，进一步明确工作职责，建立和完善考核和激励办法，以适应集团公司发展的需要。

三是逐步实施产权代表制度。今年，我们要结合各子公司制度，建立子公司规范法人治理结构。集团公司对实行整体改制的企业逐步实施委派产权代表制度，做到管人和管资产结合起来，实现规范化管理。

2. 着力推进子公司产权制度和劳动、分配制度的改革。

今年，集团公司将遵循国家对国有企业改革要求，按照集团公司发展战略确定的改制方案，着力推动子公司内部改革，并务求取得较大进展。

一是继续推进子公司产权制度改革。今年，国机（集团）公司的改制工作继续坚持“积极稳妥、依法规范、保证质量、健康发展”的方针。在改制的形式上，原则是对实行多元法人持股的有限公司改制要积极支持；对具备一定条件的、拟实行向社会发行股票的股份有限公司改制要积极争取；对实行内部职工持股改制的要求在总结经验的基础上积极推进；对内部成员单位的相互持股改制要积极鼓励。在具体操作中，尤其强调要做到几点：一是改制要坚持以公有制为主体，以国民经济为主导的原则，要从实际出发，根据各企业不同情况和不同地位，实行有进有退，有的退得多一点，有的退得少一点，做到进而有为、退而有序；二是考虑企业改制时一定要瞄准企业整体与长远的发展，正确处理好局部搞活与整体发展的关系，避免长期出现“改制企业盈利，原有企业亏损”的状况；三是对实行内部职工持股改制的，要在保证国有资产保值增值前提下，一定要合理的确定改制企业的规模、比例。实行局部改制的，要处理好新老企业之间的分离与服务关系，不能用侵占国有资产的利益调动职工积极性，要确保国有资产不流失。

按照上述改制思路和原则，今年，突出抓好几方面的工作，一是着力抓好中收总公司、农机进出口总公司、广州电科所等单位的股份改革和上市工作；二是继续推进北方公司整体进行有限公司改制和济南铸锻所实行内部职工持股改制试点，并积极推进有关单位抓好内部改革改制工作；三是集团公司将进一步加大统一指导和协调力度，对子公司改制过程中涉及股本规模、股本结构、资产评估等若干重大问题，按照国家有关规定，结合集团实际，进行具体指导。集团公司将根据目前中央企业和地方企业改革政策差异较大的突出问题，积极与国家有关综合部门汇报，并努力争取取得一个好的改革政策环境。为了保证子公司改制的顺利进行，我们还将根据企业改制工作开展的情况和问题，组织召开一定范围的改革改制工作座谈会，总结、交流经验，不断推动改制工作逐步走向深入。

二是深化劳动、分配制度的改革。今年劳动领域的改革的重点是进一步深化制度改革，完善管理办法和强化管理，建立起竞争上岗、择优用人的机制和以岗位定薪，强化考核，绩效兑薪的分配制度。各单位要根据发展需要，科学设置工作岗位，确定用人数量。根据岗位层次构成，确定队伍结构。在用人制度上，科研院所和勘察设计院按《劳动法》全面推行劳动合同制度。已实行劳动合同制的企业，重点是强化合同管理和配套办法的完善。在分配制度上，建立和完善以岗位工资为主的基本工资制度，明确岗责，突出岗绩，强化岗酬。结合产权制度改革，积极探索生产要素参与分配的新型分配形式。加快建立和进一步完善社会保障体系，积极协调和大力推进科研院所和勘察设计院参加社会保险，指导成员单位建立内部补充养老、医疗保险制度和规范管理办法。进一步加强劳动领域的宏观调控，积极推行“模拟市场核算，实行成本否决”的人工成本管理为主的监控约束机制。

3. 稳步推进经济结构的战略性调整。

集团公司制定的发展战略提出前五年要以“调整重组”为核心。因此，今后几年，集团公司将按照“集中优势、强化主业、有进有退、优化结构”的方针，积极稳步的对现有企业实行分类改组，逐步使优良资本向两大主业中的优势企业集中，达到增强集团公司整体竞争实力的目的。按照这个思路要求，今年，集团公司将着力做好有关工作。

一是重点推进内部单位的联合重组。重点是抓好第二、三、五、十一设计院和机械工业勘察院等五家勘察设计院的联合重组，组建并逐步发展成为以设计为龙头，具有设计、采购、建设总承包能力型工程公司。五个院的重组总的目标是通过重组并结合改制，实现人财物的统一管理；实现资产业务的有效重组；实现经营机制的转换。为此，今年上半年要完成重组总体方案的编制审批、“中国”字头壳公司的运作、工程公司领导人员的确定，以及工商登记、有关资产划转和资质转移等工作。下半年按照总体方案的要求，组织实施。争取年内完成工程公司基本框架的搭建，下一步再逐步进行内部资产、业务和人员的整合。今年，集团公司还将着手将集团内部个别资产和经营规模较小的单位，将其资产注入到有一定实力和规模的企业，促使大企业进一步做强做大。

二是积极做好经营有一定困难的公司开展与外部有一定资金和实力的企业的资产重组，通过重组调整，寻求企业新的发展机遇。与此同时，我们还将着手通过资产运作，包括出售或转让，以及土地置换等方式，变现一部分国有土地和资产，用来促进结构调整和产业化建设。在这方面，今年集团公司将重点推进长春试验机所等单位土地置换项目的运作。

集团公司各单位都要按照专业化、集约化经营要求，抓好本单位内部业务重组、资产调整和经营结构整合工作，要下决心撤并那些经营亏损又没有发展前景的经营机构，对海外机构要按照提高效益、加大国际市场开发力度的要求进行清理整顿。去年，浦发公司在收缩战线、调整内部结构、防范经营风险上做了大量的工作，取得了很好的效果。今年，机床公司、CMIC 等一些内部经营结构散乱问题比较突出的单位，要把加强内部公司管理、调整内部结构作为一项重要的工作来抓。

（三）全面实施集团公司发展战略，大力提高企业经营管理水平，推行预算管理，建立绩效考评制度

针对集团公司经营管理中存在的一些深层次问题，今年，集团公司在进一步提高整体经营管理水平方面，将有重点地做好五方面的工作。

集团公司制订的中长期发展战略，进一步明确了集团公司的战略定位、发展目标、总体发展思路等全局性的重大问题，为集团改革和发展确立了目标。今年，集团公司将全力推动战略的落实和实施。重点是按照发展战略提出的现代企业制度建设、企业文化建设、资本结构优化、产品结构优化和技术创新以及人才资源开发和管理实施方案的要求，组织进一步的细化，并推进实施。

根据集团总体发展战略，各成员单位都要研究制订本企业的中长期发展战略与规划，明确企业的发展方向、发展目标和发展思路。

2. 切实加强领导班子及队伍建设，建立绩效考评制度。

今年，在加强成员单位领导班子和队伍建设方面，一是重点抓好成员单位领导班子建设，加强领导班子的思想作风建设的工作力度，及时了解掌握领导班子和领导人员思想工作情况，有针对性地解决出现的问题；二是要增强领导班子考核的针对性、有效性，重点抓好党政主要领导干部的管理监督，强化动态考核。充分发挥集团公司各职能部门的作用，结合经营过程中的问题进行考核。对班子问题较多、协调性较差、战斗力不强、经营严重下滑的，及时进行考核和调整；三是要抓紧建立经营管理者绩效考评激励制度，以经济效益和国有资产保值增值为主要考核内容，把经营者收入与经营业绩挂钩，充分调动经营管理者的积极性；四是紧密结合新的形势和任务，积极做好企业领导人员和后备干部的教育培训工作，建立培训基地和机构；五是要加快经营管理者选拔制度改革步伐，加大公开招聘和交流工作的力度，解决目前存在的干部派不出、调不进的问题。并积极探索党管干部与保证企业董事会、经理依法行使使用人权相结合的有效办法，积极进行建立法人治理结构的探索，完善集团公司干部管理办法。

3. 继续强化财务管理，推行预算管理制度。

今年，集团公司财务管理工作重点：一是推进各单位逐步实行预算管理制度，预算管理是强化管理、保证企业经营目标顺利实现的重要措施。集团公司预算管理分为集团公司本部预算、集团母子公司预算、各子公司、科研院所单位内部预算三个方面。集团公司在抓好预算管理上，将逐步予以推进

和深化。今年重点是推进集团公司本部预算管理和各子公司内部预算。在内容上，重点突出企业现金流量、成本费用和项目预算管理。集团公司将对如何开展和实施企业预算管理，提出有关意见和要求；二是要结合财政部就企业改革中关于资产、财务管理的有关精神，制订国机（集团）公司统一的财务和资产管理办法；三是要按照财政部的要求，组织开展会计法执行情况的检查。以进一步加强财会基础工作；四是认真配合监事会工作。今年，随着国务院监事会的进入，给我们会计工作提出了更高的要求，各单位都要做好充分的思想和工作准备。

4. 加强审计监督管理，建立和完善集团公司审计监督体系。

今年，我们要把进一步加强审计监督管理作为一项重要的工作来抓。从集团公司来讲，我们要重点抓好约束机制的建立，今年，国家审计管理条例即将颁发，集团公司将结合要求，完善现行的审计监督管理制度和办法。在组织建设上，一是要加强人事、财务、审计、纪检监察等部门工作的协调配合，发挥各部门在监督管理上的特点和作用，形成横向监督管理的合力；二是要在集团公司的统一组织下，充分发挥各子公司审计人员的作用，形成集团公司纵向的内审体系。在管理制度上，一是要结合集团公司的实际情况，制定各项审计标准及审计办法；二是要注重对审计结果的充分利用，以及对审计意见落实情况的跟踪检查，尤其是要加大对机床、CMIC 等单位经审计暴露出来的突出问题的处理。在队伍建设上，加强组织审计人员的学习和培训，提高人员素质，保证审计工作有效开展。各单位的领导一定要高度重视内控体系的建立和内部审计工作，都要结合本单位的情况制定内部审计制度，要在机构、人员和经费等方面予以安排，明确工作目标。要以经济责任审计为主线，抓好所属独立核算单位的监督考核，对下属公司要有监督管理办法。在审计工作的开展上，除了搞好年终审计外，要加强日常审计，包括各种专项审计，做到事前、事中和事后全过程审计。通过审计，规范核算，对经营不良的、资不抵债的公司要及时果断采取措施，制止“出血点”，减少损失。

5. 加强经营业务管理，抓好扭亏增盈工作。

一是要抓好经营目标责任制的管理。今年，我们根据集团公司的总体经营目标要求，结合各单位的基础和情况，制订了各单位的经营目标计划指标，要求各公司采取措施，确保年度经营管理目标的实现，在年终时进行对照考核；二是推进集团公司和子公司管理信息系统建设，加强计算机信息管理，建立和规范集团公司经营统计秩序，坚决杜绝该报不报或者报了又严重缺损、甚至乱报的问题，确保经营指标真实、准确；三是狠抓扭亏增盈工作。目前，集团公司亏损企业还很多（亏损面1/6），亏损额也较大（亏损额占利润总额近1/5）。因此，今年集团公司上下要统一思想、提高认识，充分认识扭亏工作的重要性和紧迫性。各子公司要花大力气解决经营特色不突出、经营规模小、经营方式单一等突出问题。要把扭亏工作与企业内部改革、资产结构调整和管理制度创新相结合，力争通过开拓市场、加强改革和管理等各种方式实现扭亏。今年集团公司将针对几家对集团发展有较大影响的重点企业，主动帮助指导企业做好各方面的工作，协调解决经营当中的困难和问题，使其尽快走出困境。

各单位要进一步完善和落实经营业务管理规章制度，积极推行 ISO9000 认证工作，全面实施质量管理，促进业务运作向标准化、程序化和规范化方向发展。要坚持依法经营，加强风险管理，建立健全有关法律管理的规章制度，杜绝重大经济损失的发生。

（四）加强企业政治工作，推进企业精神文明建设、为集团公司改革、发展和稳定提供坚强的思想和组织保证。

去年9月，集团公司召开的政治工作会议，提出了近一个时期企业政治工作的目标和任务，我们要继续认真贯彻落实。今年，重点要抓好以下几方面工作：

1. 以“三个代表”重要思想为指导，加强企业党的建设与思想政治工作。

今年，我们按照“三个代表”的要求抓好三方面的工作。一是抓好党的基层组织建设。各单位都要根据企业组织机构和党员分布状况变化，健全党的基层组织，选好党组织负责人。按照精干高效、有利于加强党的工作和从实际出发的原则，合理设置党组织机构和配备高素质的党务工作人员，要加强境外企业党建工作领导，加强股份或有限公司的党组织建设。并要按照坚持党内民主集中制原则，建立和完善党组织各项规章制度，定期召开党员大会或党员代表大会，按期进行换届选举。今年，集团公司将结合各单位党建工作开展情况，积极开展评选优秀党员、优秀党务工作者和先进基层党组织等“两优一先”活动，更好地发挥党支部的战斗堡垒作用和党员先锋模范作用；二是加强和改进企业思想政治工作。当前，在企业改革深化、结构调整力度加大的情况下，干部职工的思想问题多，思想政治工作难度大，各单位都要把思想政治工作纳入企业工作的整体部署之中，统筹规划、合理安排，使之与企业管理手段更好地结合起来，形成整体合力；三是努力做好企业的稳定工作。随着企业改革不断深化，必然带来职工利益的调整，从而产生许多新的矛盾和问题。我们必须做深入细致的工作，理顺职工情绪，关心职工生活，确保企业稳定。对于“法轮功”邪教组织要坚决斗争，做好“法轮功”练习者转化教育工作，确保企业稳定。

2. 以“三讲”教育为契机，加强企业领导干部思想政治建设。

中央决定在国有大中型企业开展“三讲”教育，这是加强企业党的建设和领导班子建设的重要措施。今年，集团公司将按照中央企业工委的统一部署，认真组织开展“三讲”教育活动，通过“三讲”学习教育，认真、全面、深刻地查找和分析解剖领导班子中存在的主要问题，研究解决问题的具体办法。企业各级领导尤其是领导班子成员，都要重视这项工作。要结合开展“三讲”教育活动，认真学习邓小平理论和江泽民总书记“三个代表”重要思想，学习党的路线方针政策，不断提高理论水平和政治素质。各单位要健全领导班子学习制度，提高学习针对性，注重实际效果，落实时间，保证质量。今年，集团公司还将举办企业领导人员培训班，集中学习有关政治、经济、改革和WTO知识等，不断提高领导者政治和业务素质。

3. 认真贯彻落实廉政准则，加强党风廉政建设。

今年，我们要进一步深化企业领导人员廉洁自律工作，落实中纪委提出的“五个不准”和中企工委及集团公司制订的有关廉政方面的各项规定要求。要进一步加强党风廉政宣传教育，教育企业领导人员正确行使权力。大力宣传企业领导人员勤政廉政的先进事迹。要坚持从严治党，加大违法违纪案件的查处。要倡导厉行节约，反对铺张浪费。

4. 全心全意依靠职工办企业，加强党对工会、共青团工作的领导。

我们必须强化职工的参政议政权、民主监督权。要以职工代表大会为载体，积极推行厂务公开。年初集团公司制订并印发了企业推行厂务公开工作意见，各企业都要按照要求认真组织落实。各单位工会、共青团组织要紧紧围绕企业的中心任务，带领职工积极投身改革和建设。要动员职工为企业出谋划策，广泛开展群众性建功立业活动。要坚持两个文明一起抓，组织开展健康向上、丰富多彩的企业文化活动。今年，各单位工会、共青团组织要结合集团公司企业精神和企业形象设计方案的编制完成，认真组织各种宣传活动，积极推进贯彻落实工作。

国机（集团）公司在新世纪改革和发展的目标宏观而远大，任务异常艰巨。我们肩负着国家的重托，肩负着集团广大干部职工的重托，更肩负着历史赋予我们的责任。在新的一年里，我们要进一步认清形势，解放思想，坚定改革的信念，坚定发展的信心，采取切实措施，推进集团主业的快速发展，推进集团整体经营规模和经济效益的提高。为实现我们的发展目标而努力奋斗！

任洪斌在国机集团2002年工作会议上的报告

（2002年3月11日）

2002年国机集团工作会议的主要任务是，深入贯彻党的十五届六中全会、中央经济工作会议、中央企业工委工作会议和全国外经贸工作会议的精神，依据国机集团发展战略，总结2001年国机集团的工作，分析当前形势，部署2002年重点工作，统一思想，明确目标，以奋发有为的精神状态，克服困难，全面完成2002年集团各项任务。

一、2001年工作简要回顾

过去的2001年，是新世纪的开端之年，我国加入世贸，成功申奥等，大事喜事不断。在全球经济增长明显减缓的情况下，我国经济继续保持较快增长。这一切令世界瞩目。同全国的形势一样，这一年，也是国机集团各项经营、改革和管理活动取得较大成果的一年。总结2001年集团的工作，主要有四个特点：一是经济规模和效益取得较大增长；二是大型项目签约成交创历史新高；三是改革管理工作取得一定进展；四是加强政治工作带来新的作风和面貌。

（一）经营工作取得了可喜的成绩

1. 各项经营指标完成情况较好。

2001年，在国际经济形势处于十分不景气的情况下，经集团全体员工的共同努力和奋力拼搏，取得了优异的经营业绩。全集团公司总的经营额达到199.19亿元，同比增长12.16%；实现利润总额3.6亿元，同比增长58.83%；完成进出口总额17.44亿美元，同比增长20.27%，大大高于全国外贸进出口7.6%的增长水平。其中出口创汇完成11.69亿美元，同比增长17.36%；进口到货5.74亿美元，同比增长24.21%。进出口成交总额19.41亿美元，其中出口成交13.57亿美元，进口订货5.84亿元，同比分别增长1.20%和16.73%。

从经营完成情况看，CMEC和CAMC两家单位在集团内部发挥了举足轻重的作用。去年两个公司的经营额、进出口总额和利润总额加起来分别达到113亿元、13.23亿美元和2.75亿元，占到集团总的经营规模、进出口总额和利润总额的56%、76%和76%，成为集团的经营支柱。CMIC、电工公司、重机公司、CMIC等在自身遇到一些困难的情况下，去年通过努力，取得了经营规模和经济效益的大幅度增长。中地装总公司面对传统机械产品市场竞争日趋激烈的形势，其生产经营经受了严峻的挑战，去年销售收入增长了9.3%。

科研、设计院所作为国机集团独具特色的科技型企业群体，已基本完成了由“事”转“企”工作，经营收入稳步增长。去年25家科研院所和8家设计院完成总收入18.7亿元，实现利润6636万元，分别是年初计划的115%和152%。在科研院所当中，除个别单位由于历史遗留问题的影响出现小额亏损外，绝大多数单位均保持了稳定的利润水平。其中中元国际工程设计院、兰石所、第二设计院、天工院、广州电科所、西重所、济南铸锻所等单位表现突出，收入总额均超过亿元，并在开展以技术、设计为主的工程承包业务上，取得了一定的进展。第四设计院经过努力，目前已在国内汽车生产企业中承担了大量设计和工程承包业务，在行业中具备了较高知名度。

2001年，亏损企业虽然经营工作面临许多困难，但经过艰苦努力，绝大多数亏损企业都将亏损额控制在计划范围之内，实现了减亏或扭亏。亏损企业数由上年的11家减少到9家，亏损总额由上年的7318万元减少到2092万元。

2. 重大项目实施顺利，项目成交创历史新高。

2001年，集团正在执行的大型工程成套项目约

13亿美元，进展都较顺利。其中，缅甸船坞项目已于2001年11月顺利完工；埃及220KV超高压埋地电缆工程顺利完工；伊朗萨汉德电站主机设备制造已完成90%以上；孟加拉国程控电话通讯项目和29个变电站项目预计提前半年完工；伊朗5座联合循环电站项目可望于2002年底完成安装调试；禹州电厂锅炉岛项目1号机组已经投入运行，2号机组已经通过168个小时满负荷试运行；缅甸水泥厂已完成全部设备的发运；比利时1850吨化学船2001年9月下水，预计今年5月交船；塞浦路斯4×3万吨货轮及德国2×7000吨多用途集装箱货轮执行顺利等。

2001年，十分可喜的是一批大型项目陆续签约，成交金额约15亿美元，创造了历史新高。其中超过1000万美元的有18项。其中上亿美元的有：印度诺亚西玛2台210MW电站项目，伊拉克萨拉哈厂1台300MW电站项目，意大利远程控制电子式电表项目，刚果（布）4台30MW水电站项目，出口塞浦路斯4条3万吨集装箱船项目，马来西亚古晋2台55MW电站二期项目等。

3. 科研开发和技术创新取得一批新成果。

2001年各科研院所在完成转制工作的同时，一方面努力寻求国家及地方科技开发的支持，积极承担国家及地方的重点科研开发项目。据不完全统计，去年各科研院所共承担各类科研开发项目195项，当年实际完成100项，其中获国家及省部级成果奖40项。包括：洛轴所FY－1（02）卫星动量飞轮子系统、济南所国家级重点攻关项目轿车铸件毛坯精华高效造型与清理成套技术装备、沈工所国家级重点攻关项目力、磁、热敏传感器可靠性增长技术研究、成工所硬质合金精密机械复杂刀具复合涂层成套技术和西重所宝甬特钢总、横剪切机组、天传所武钢硅扩建工程SCA5机组电气化系统等等。另一方面积极面向经济主战场，大力推进科技成果的产业化，如兰州电源所各类电源车的系列生产已形成批量，成为该所的产业支柱；重庆材料所热敏电阻已达1万支生产规模；成工所通过组建股份公司，扩大现有生产规模，各类刀具系列生产的条件已初步形成；广州电科所通过对擎天公司的增资扩股，做大做强产业。同时，一批依靠自主研制开发的产品，填补了国内空白。

2001年集团积极组织申报国家重点技术创新项目26项，国家重点新产品项目5项，重大技术国产化项目4项。经多方努力，国家经贸委已批准技术创新项目10项，项目总投资约1.27亿元，批准贷款8320万元，国家财政拨款补贴470万元。国家批准重点新产品4项，落实国家重点新产品财政补贴款50万元。此外，还争取到国家重大技术装备国产化项目2项，项目总投资3330万元，批准建设贷款2480万元，国家财政拨款120万元。

（二）改革改组取得一定成效

1. 推进企业产权制度改革取得初步成效。

2001年集团先后组织完成了对18家企业进行了产权制度改革工作。其中CAMC、洛轴所、成工所按照股份公司模式分别成立了中工国际工程股份有限公司、洛阳轴研科技股份有限公司和成都工研科技股份有限公司，并已进入上市辅导期，上市前有关证监会的工作进展顺利。空分公司、上海联销公司、浦发公司、沈工所、西重所和桂林电科所等单位则以局部改制进行试点。通过改制，如沈工所、苏州电加工所以及电线电缆公司等取得了显著效果。

2. 按照发展战略，实施资产重组迈出较大步伐。

一是积极组织五家勘察设计院联合重组，成立了中国联合工程公司，于2001年12月17日在杭州隆重揭牌，重组不仅壮大了竞争实力，拓展了发展空间，也是实施集团发展战略的重要体现，同时对推进国机集团的改革重组工作起到了示范作用；二是认真做好中工信托投资公司改组为国机集团财务公司工作。去年，集团成立了专门的筹备班子，开展了大量的前期工作，包括开展走访调研工作，摸清中工信的资产家底，研究制订财务公司运作初步方案，以及采取公开招聘，吸收优秀管理人才等等，目前各项筹建工作都在按计划顺利进行，只待人行批准后挂牌运行；三是积极推进中元国际工程设计研究院与电脑公司的联合重组，并批准运作了天工院与天津市有关企业的资产重组工作。通过重组，促进企业之间优势互补，壮大经营实力；四是顺利完成了包装公司进入农机院的重组工作等。

结合集团改革重组的要求，一些单位如CMEC、机床公司等积极调整内部资产和经营管理结构，收缩战线，适时出让和调整股权结构，盘整资产。对一些长期经营不善、缺乏发展前景的企业，及时进行破产关闭，解决长期以来形成的战线过长，管理不到位，经济效益低下等一系列问题。

（三）各项管理工作得到加强

1. 加强了领导班子建设和管理。

在抓好领导班子的建设和管理上，一是抓好对领导干部的考核和换届调整工作。去年共考核调整完成51个（次）单位的领导班子及领导干部，任免干部178人次；二是强化了对领导干部的届中考核和调整。对个别单位领导干部缺乏信心、工作责任心不强，以及群众反映强烈的，果断地进行了调整。同时加大了选拔优秀年轻领导干部的力度，及时改善了有些单位班子老化问题，保证了企业工作的正常运行；三是在个别单位经营者的任用上，打破传统的干部任用办法，引入市场机制，实行公开招聘试点；四是进一步强化了制度建设，去年，集团先后修订印发了《中国机械装备（集团）公司成员单位经营管理办法》《中国机械装备（集团）公司成员单位经营管理者收入分配办法》等，并研究起草了《中国机械装备（集团）公司企业领导人经济责任追究暂行办法》等有关制度，进一步规范了对领导干部的管理；五是建立完善了劳动工资宏观调控机制，对34个工效挂钩企业进行了工资清算，制定了工效挂钩方案，确保企业工资发放工作的顺利进行。

2. 加强了资产和财务的管理。

为了贯彻落实财政部《企业国有资本和财务管理暂行办法》，组织制订了《中国机械装备（集团）公司投资管理办法》《国机集团公司财务预算管理暂行办法》，规范了投资决策程序和各级企业有限的财务资源的合理使用。进一步理顺集团各级企业产权关系，截至去年年底，已经理顺57家公司的资产产权关系，并进行了182家各级子公司的产权重新登记和发证，为集团进一步实施资产重组和整合奠定了基础。

集团与有关政策性银行和商业银行就融资问题进行了交流和沟通。去年，我们与中国银行就银企合作进行了磋商，并初步达成了合作意向，已于今年年初签署了银企合作协议，为集团承揽大型工程项目创造了必要的条件。

3. 加强了审计监督管理。

去年进行任期审计22项，其中上年结转5项，本年度17项。同时，开展了专项审计调查工作，包括对轴承公司投资参股的东方星宏公司、机床公司洲际大厦工程决算、电脑公司与中经数据公司的债权事项等进行了专项审计调查，并提出了审计结果报告。

去年，集团还加强了对审计结果的落实情况的跟踪检查，进一步开展了对内控制度建立情况及分支机构管理的专题调查等工作。

（四）加强企业政治工作取得成效

2001年，各单位党组织以邓小平理论为指导，认真贯彻落实党的十五届四中、五中、六中全会精神和“三个代表”的重要思想，紧紧围绕企业的中心工作，积极开展政治工作，取得了成效。

一是注重抓好领导干部思想政治素质的提高。认真学习贯彻江总书记“七一”重要讲话精神，努力实践“三个代表”的重要思想，集团通过组织开展对企业党委书记和纪委书记的培训，提高了思想认识，增强了贯彻执行党的路线、方针、政策的自觉性和坚定性。结合学习培训，集团党委对加强企业领导干部作风建设提出了明确的要求。各单位按照集团要求，在抓好党委中心组学习的同时，把学习和开好领导干部民主生活会结合起来，认真贯彻落实党风廉政建设责任制，全面贯彻落实“八个坚持、八个反对”，切实转变工作作风。

二是认真开展“三讲”学习教育活动。通过“三讲”，领导班子精神面貌有了新的变化；针对集团存在的突出问题，制定出了切实可行的整改方案，提出了整改措施44条，目前，正在逐条落实；通过“三讲”普遍受到了一次党的群众观点教育，集团党群、干群关系有了新的改善；通过“三讲”，集团领导班子每个成员受到一次严格的党内生活教育，领导班子的战斗力、凝聚力有了新的提高。

三是各单位以建党80周年为契机，组织开展了庆祝建党八十周年的系列活动，大力宣传党的丰功伟绩，进一步提高了广大职工对党的认识，增强了广大党员的党性。通过开展“两优一先”活动，进一步发挥了基层党支部的战斗堡垒作用和党员的先锋模范作用，营造了赶学先进的良好氛围，促进了企业的改革和发展。北京起重所索道工程部党支部荣获“全国先进基层党组织”称号，受到中央组织部的表彰。

四是加强了制度建设。结合集团公司的实际，集团公司制定了《关于成员单位党组织换届选举工作实施办法》《关于改进领导干部民主生活会的通知》《党费收缴及管理实施细则》《关于加强国有资产效能监察工作的通知》和《关于实行厂务公开的实施意见》等，对各单位党组织的换届选举等工作提出了规定和要求。

五是不断探索企业纪检监察工作的新途径新方法、围绕企业生产经营工作，把纪检监察工作的重点放在教育和预防上，对因敢于管理引来的不实举报给予保护，对因失职、渎职造成国有资产大量流失的给予严肃查处。为企业的改革和发展保驾护航。

六是全心全意依靠职工办企业的思想进一步落实。各单位职代会制度不断完善，工会工作不断加强，2001年成立了在京单位直属工会联合会，健全了组织，理顺了关系，推动了在京单位工会工作的开展。

二、当前国机集团面临的形势和存在的主要问题

从目前情况分析，今年我们面临的经济形势总体上不容乐观。在外部环境中有许多对我们不利的因素和变化。主要表现在：一是世界经济陷入衰退，贸易投资全面下滑。据世界银行预测，今年世界经济增速将由2000年的3.8%下降到1.6%，国际贸易出现萎缩。国际货币基金组织预测，全球货物贸易量去年仅增长2%，大大低于前年12%的水平，今年也只能增长2.6%。跨国直接投资大幅下降。据联合国有关机构统计，去年全球跨国直接投资下降了40%左右，这是10年来的首次下降；二是受美国“911”事件的对世界经济造成巨大的负面影响，今年会进一步显现。对我国的影响程度，按照中央的估计，将会超过亚洲金融危机。目前世界经济衰退是全球性的，世界经济的衰退逐渐波及到我集团有关的亚洲、拉美、东盟等出口市场。而且“911”事件后，恐怖主义和反恐怖主义斗争的形势不断发展变化，突发事件随时可能发生，将会引起我们的出口地区的政治和经济局势动荡，给我们的经营项目造成影响。另外，我国的建筑和房地产经过近两年多的高速增长后，增幅开始回落，估计今年下半年起这种状态会直接影响到我们民用建筑设计业务的发展。同时，假如WTO世界上一些知名大企业加快抢滩中国市场的步伐，以及随着国内经济改革全面深入，将会从内外两方面对我们的科研与设计院所的市场、人才等构成竞争压力。种种情况表明，新一年我们面临相当困难的经营环境。

面对严峻的经营形势，我们要善于在困难中发现有利因素。应当看到，当前有利条件不少。主要表现在：一是虽然世界经济全面不景气，而我国经济却一枝独秀，依然保持着7%以上的增长速度。而且，今年国家将坚持扩大内需的方针，继续实施积极的财政政策和稳健的货币政策，中央决定今年要继续发行1500亿元长期建设国债，促进经济建设和国民经济的增长。将为我们提供广阔的工程设计、设备成套和机电产品配套市场；二是世界经济虽低速增长，但基本需求依然存在。尽管世界经济衰退，但俄罗斯等独联体国家、印度和中东经济保持较快增长，开拓国际市场仍有一定的空间。尤其值得一提的是，在去年年末今年年初之际，虽然在整个外贸经营形势处于十分低迷的情况下，我们新签约的大型工程与设备成套项目却直线上升，呈现出风景这边独好的景象。这无疑给我们今年的经营工作打下了良好的基础，增添了信心；四是国家新近出台的一些政策措施，对我们的改革和发展十分有利。如国家经贸委前不久出台了《关于发展具有国际竞争力的大型企业集团的指导意见》。《意见》中提出要对具备一定条件的大型企业集团实行授权经营，支持企业集团上市和多渠道融资，改革工资管理办法，处置不良资产等等政策。争取到这些政策对我们加快推进企业改革，促进经营发展将产生十分重要的作用。又如国家为鼓励外经贸发展，今年将推出一系列的政策措施。前不久，外经贸部石广生部长在听取了国机集团经营工作情况汇报后，表示了极大的兴趣，并责成外经贸部有关司局领导和金融单位领导，还专门到集团进行现场办公，进一步听取意见和要求。据悉，国家新近将出台一些包括加强对出口的金融支持，建立中小企业国际市场开拓资金、对外承包工程保函风险专项资金等政策，并将改革出口信用保险体制，启动出口融资的担保机制，以及增加出口企业流动资金，鼓励勘察设计企业实施“走出去”战略措施等等。这些必将对我们促进和开拓国际市场业务带来十分有利的条件。

在正确分析和充分认识客观环境给我们带来影响的同时，也要认真审视我们自身具备的优势和存在的突出问题。国机集团经过几年的发展，无论是从各种资源的条件，还是从经营的规模、实力，以及经营业绩和市场的影响程度等来看，总体上具有一定的优势和特色，而且发展潜能较大。但也要看到，当前集团发展的一些突出的矛盾和问题亟待解决。主要表现在：一是集团经营合力不强，凝聚力不高。集团在经营上缺乏统一的组织和领导，不能够很好地协调各单位的经营力量，做到优势互补。集团的品牌和其他综合资源优势没有很好地利用起来。集团缺乏把大家亲合在一起的有效办法和手段，客观上造成有集团无集团一个样。因而无法实现集团综合优势和整体竞争能力的发挥和提高。二是集团母子公司管理十分不到位，企业化运作管理功能不全。目前集团的管理仍停留在行政管理阶段，母子公司的关系很不规范，没有按照现代企业制度的要求对资产行使应有的管理权，包括收益权和处置权，子公司投资运作不能受到有效监控，母公司甚至不能及时准确地掌握子公司的运行状况。集团也没有相应的资产经营功能、生产经营功能和资金的融通功能，难以从集团战略需要出发实施必要的改革和经营发展工作。三是集团实现资产一体化进程缓慢，资产质量不高。从集团资产分布看，多点、线长、面广，高度分散。有限的资源得不到集中使用，严重影响资产使用的效率和效益。国机集团虽然有200多亿元的总资产，但资产质量不均衡，净资产中不良资产比例超过30%。某些成员企业乱投资、乱担保，造成资产损失严重，甚至到了资不抵债的程度。四是集团经营人才缺乏、人员素质不高。国机集团干部管理的基础薄弱，人才的使用环境、知识结构和人才的选拔、培养等都不适应企业化发展的要求。集团本部管理人员的结构和素质等适应企业化管理要求方面存在较大差距，思想观念陈旧，“机关病”突出，“守摊子”、“等等看”的思想现象严重，缺乏大胆创新、直面困难和矛盾的勇气和决心等。产生这些问题的原因有历史和客观条件形成的因素，更主要的是我们的市场观念和企业化运作的意识不够的问题。一些成员企业对待集团缺乏应有的信任，对母公司的主体地位和功能定位存在许多错误的认识。有些企业则存在依赖观念，甚至是挂靠的观念，把集团作为一级“政府”看待等。以上这些问题和思想观念如不尽快解决，将直接关系到我们下一步的发展。

三、2002年主要工作任务

今年国机集团确定的总体经营目标是：经营总额194.23亿元，其中：工贸公司176.51亿元；科研院所14.24亿元、勘察设计院3.48亿元。利润总额2.72亿元。进出口总额16.77亿美元，其中出口11.71亿美元。

依据总体经营目标要求，国机集团今年工作的总体思路是：以实施集团发展战略为目标，以落实国家提出的培育和发展具有国际竞争力的企业集团为契机，突出抓好四项工作，加速实现三个转变，不断增强集团凝聚力和市场竞争力，达到提高经营规模和效益，提高职工生活水平，为国家多做贡献的目的。

四项工作：一是发挥整体优势，共同开拓市场，增强主营业务发展能力；二是加快资本整合，优化资源配置，提高资产效率和效益；三是强化母子公司管理，完善基本管理功能，促进集团逐步实现企业化规范运作；四是加强领导班子建设，抓好企业政治工作，促进企业健康发展。

三个转变：一是加速实现集团母公司管理功能由目前单纯行政管理向企业型管理转变；二是加速实现集团经营由目前的经营力量分散、经营无序向以集团牵头组织协调、优势互补、共同开拓市场的转变；三是加速实现集团的资本由目前的分散状态向资本的统一合理配置转变。

今年国机集团要重点抓好四项工作：

（一）发挥整体优势，加大共同开拓市场力度，保证规模，提高效益，增强主业市场竞争力

今年，集团公司要针对经营合力不强的问题，突出抓好以下几项工作：

1. 积极创建集团统一品牌。

要增强集团的经营合力，首先必须要树立集团统一品牌，这是凝聚优势、打造企业核心竞争力的重要方面。国机集团是一个具有相当规模和实力的资源平台，我们必须善于利用好这个平台，为开展经营服务。为此，今年我们要加大力度积极做好集团VI系统的推广工作，制订专门的贯彻实施办法。要求集团从上到下都要开展树国机集团统一品牌的工作，自觉地在开展对外经营、宣传等方面加大对集团品牌的宣传力度。集团公司要组织开展对外创品牌、树形象活动，包括利用国机集团品牌成为成员企业承揽各类重大经营业务，利用国机集团品牌为成员企业经营搞好资金融通，为成员企业“借船出海”创造条件。集团要以整体名义参加国家各有关部门、协会、商会各种统计渠道，建立统计制度，参加国内外各种类型的经营统计排名，加入各种官方和非官方经营协调组织，以及对外开展各种类型的宣传活动等等，以逐步扩大影响。

2. 发挥集团非实体经营功能。

从今年开始，集团公司提出要发挥集团的非实体经营功能。所谓非实体经营功能，就是要充分利用集团整体的资源综合优势，包括资本实力、资金融通能力、国家级技术资质以及综合人才等等，充分利用这些资源，以及作为中央大型企业集团的特殊地位和影响力，开展一些大型的非实体经营活动。具体来说，利用自身的实力优势，积极承揽国内外大型综合业务，并组织集团有关子公司进行实施。为了创造和完善集团非实体经营功能，今年我们一方面要做好有关条件的准备工作，尽快办理完善集团公司所需的各种资质，包括外经贸部颁发的授外工程承包权、国际招标权，以及建设部、国家经贸委等颁发的有关经营资质；要建立相应的机构和人员。广泛疏通与各有关金融、保险机构的资金融通、担保等渠道。年初，集团公司已经与中国银行签订了 80 亿元的综合授信额度。下一步我们还将与其他银行建立紧密联系，并结合财务公司的组建和运作，广泛拓展融资空间，增强集团综合经营实力；另一方面在发挥集团非实体经营功能上，今年，集团要着手抓好一批重大工程项目的前期跟踪，搞好商务、技术谈判工作，做好签约准备。通过落实一批大型项目，组织各有关成员企业执行。以此组织和发挥企业各方面的特色和优势，提高集团凝聚力。集团各子公司都要善于利用和发挥集团的非实体经营功能，为开展经营服务。

3. 加强经营的组织和领导。

为发挥集团综合优势，集团公司将重视对经营工作的组织和领导，加强合作，优势互补，共同开拓市场。一是要加强政策和市场调研，建立信息发布制度，组织开展信息交流活动；二是组织建立各子公司、院所开展项目合作的协同机制。今年，我们要加强集团对大项目的管理和指导力度，包括建立大项目投标管理制度和大项目汇报制度，以便于集团及时了解掌握对大项目跟踪、签约和执行情况，凡是遇到集团公司各有关单位共同投标同一项目的，或者项目中各有关单位有条件能够承担部分业务的，集团将进行组织协调，进行内部分工合作。为此，集团公司最近已经出台了《中国机械装备（集团）公司对外承包工程及成套项目投议标协调管理办法》，集团公司将严格对《办法》的执行；三是积极促进勘察设计单位和研究院所与外贸公司的合资合作，促进开拓国外市场业务。今年，集团将结合国家鼓励勘察设计单位实施“走出去”战略的机遇，积极争取获得有关资质条件和各种政策支持，并对设计院开展国际业务，从资金融通、人才等方面给予支持。在院所科研开发和成果产业化方面，集团公司将组织一批重点科研开发和技术创新项目争取列入国家有关计划，并积极主动与有关部门（如总装备部等）联系，积极为研究院所组织、联系、开拓一批市场业务。各单位之间都要主动加强联系，开展广泛合作。

（二）加快资本整合，优化资源配置，提高资产的整体效率和效益

为逐步改变集团公司资产分散、资金使用不合理的状况，集团公司今年将把加大调整资产结构力度，加强资本管理作为一项重要工作来抓。具体工作是：

1. 认真抓好财务公司的组建和运作。

组建和运作好集团财务公司的目的主要是为了融通资金，提高资金使用的效率和效益，并通过财务公司的运作，促进集团资产和财务管理能够按照现代企业制度的要求逐步规范和到位。去年年底，集团专门成立了工作领导小组和工作班子。今年，我们要围绕财务公司的组建和运作，抓紧进行有关工作。一是要按照人行要求，对现在的中工信公司抓紧进行改组建制，尽快完成财务公司批准和工商登记注册手续后进入试运行；二是理顺财务公司的管理关系，建立财务公司规范的法人治理结构，建立严格的内外部管理制度和控制制度，力求公司经营管理规范化和系统化。三是要通过公开招聘的手段，吸收一些熟练掌握金融业务的优秀人才进入财务公司，提高财务公司管理水平；四是完成对财务公司的增资扩股工作；五是在业务发展上，要尽快明确财务公司功能定位，明确运作思路，制定实施方案。争取尽快进入正式运行阶段。各单位都要高度重视这件事情，并积极配合做好工作。

2. 积极主动调整资产结构。

今年，我们要按照“以强牵头、以大带小、积极稳妥、有序推进”的原则，加快调整重组工作步伐。调整重组总的方针是：要真正做强做大一批，坚决重组调整一批。目前，集团成员企业 60 多家，将来通过内部调整整合，把集团公司的资源，向优势企业、优势主导业务和优秀经营者集中，尽快促使其发展壮大；对于那些规模小、经营困难、发展无太大潜力的企业从现在开始就要认真研究对策，

要么及时主动进行调整重组，要么采取措施整改，1—2 年内仍无起色的，集团公司将考虑逐步进行重组整合。按照这个思路和要求，最近集团公司已经研究制定了《国机集团推进企业资产优化重组实施意见》。《意见》明确集团公司今后一个时期实施资产优化重组的指导思想、目标、原则、方式和实施步骤，提出了措施意见。今年，我们将花费比较大的力量来抓好这件事情，并选择若干重点的单位按照《意见》的要求，从加强集中管理、发挥整体优势、防范经营风险的目的出发，把抓好收缩战线、调整内部结构、减少管理层次的工作作为一项重要的事情来抓。

3. 继续稳步推进企业产权制度改革。

企业改组改制是当前集团的一项重点工作。这两年来，各有关企业按照集团的总体要求，在开展企业内部改革上进行了有益的探索，取得了一定的成效。但是，改制工作也存在一些问题。一方面有些单位对改制工作不重视，存在安于现状、求平稳的思想；另一方面有些企业改制操作不规范，甚至未经集团批准就成立运作起来了。为此，今年，集团公司在改制工作中，提出要坚持改组改制紧密结合，积极稳妥、依法规范的原则，在改制中牢牢把握住使国有资产保值增值的根本目的，防止国有资产流失或变相流失。对于具有一定规模和实力的企业，强调通过改制，促进企业整体发展，避免分散，减少层次；对于一些规模小或经营困难企业在符合集团总体改革改组要求的情况下，实行放开搞活。鼓励一些企业进行整体改制。为规范企业改制行为，近期，集团公司在原来制定的“改制工作指导意见”的基础上，根据目前企业改制情况，拟重新进行修改完善。今年，我们还将结合集团资产优化重组工作开展的要求，在适当时候组织召开企业改革改组工作研讨会，进一步总结经验，分析问题，明确工作方向。另外，今年我们还将积极争取国家有关改革政策，并选择个别企业进行试点工作。

（三）强化母子公司管理，完善基本管理功能，逐步实现企业化规范运作

国务院派驻国机集团监事会领导多次提出集团管理不到位的问题。因此，今年国机集团在建立健全出资者管理功能上要迈出实质性的步伐。主要抓好三项工作。

1. 建立健全出资者管理体系。

按照集团公司发展战略要求，国机集团要通过改革创新，建立起以资产为纽带的母子公司管理体制。按照这个要求，今年集团公司首先是从明确管理功能定位入手，建立符合内部特点的管理体系。为此，我们将组织力量，以及通过请有关咨询机构进行帮助、指导，研究制订集团公司管理体系建设实施方案。实施方案结合财政部《关于企业国有资本与财务管理暂行办法》的规定和要求，提出集团实施出资者管理的思路和管理模式。系统地解决集团公司对下属企业怎样实施管理，通过什么形式进行管理，管到何种程度等问题。并通过方案的实施，逐步建立健全集团公司出资者管理体制和管理制度。

2. 突出抓好财务预算管理、资产收益管理和资金管理。

体现出资者管理到位，核心是抓好财务管理。根据目前集团财务管理工作的实际，今年集团提出：要深入推进建立预算管理制度，实施资产收益管理，在一定范围、一定程度上着手抓好资金管理。具体来讲，一是在预算管理上，去年，集团公司制订印发了《国机集团财务预算管理暂行办法》，根据办法，各单位都不同程度地开展了有关工作。但总体上看，距离集团公司实施全面预算管理存在比较大的差距。今年，主要是抓好落实，进一步拓展预算管理范围，强化预算的监控功能。集团公司将加强对各单位预算管理制度建设情况进行监督检查，年终进行综合评价；二是在资产收益分配管理上，集团决定要建立国机集团统一、分级的收益管理制度，对子公司收益进行合理分配。今年，我们要组织调研，制定集团统一的收益管理制度，拟定2002 年子公司利润分配办法；三是在资金管理上，按照财政部的要求，今后集团公司必须逐步实现资金统一管理。为此，集团公司将结合实际，着手开展这项工作，总的思路是“实事求是，突出重点，循序渐进，务求实效”。今年，我们主要是结合财务公司的组建和运营，发挥财务公司平台作用，利用财务公司金融功能和手段，重点从集团融资担保项目入手，围绕银行授信额度的使用来抓好资金的管理，并以此逐步推开。对此，我们将研究提出具体的可操作性方案予以实施。各单位尤其是一些规模大，结构层次多的企业，都要结合财政部颁发的《国有资本与财务管理暂行办法》的规定和集团管理思路要求，抓好内部财务管理体系建设，加大统

一管理的力度。

3. 进一步强化审计监督管理。

今年，集团公司将强化对企业的监督检查功能，重点是加强对各企业制度建设和各企业对集团管理规章制度的执行情况的监督管理等，真正达到对企业实行全方位运营监控管理要求。具体来讲：主要从四方面入手，一是突出抓好对各企业财务制度建设的监督管理，我们将做好对各企业管理制度建设的监督检查，通过检查，对各企业管理制度建设情况进行评价，并督促各企业加以完善；二是有重点的对各类不同企业进行调查，检查企业对贯彻执行国家及集团规章制度的情况。促使企业遵纪守法，促进集团政令畅通；三是要进一步加强经济责任审计工作。集团要加强审计力量，审计部门人员要进行现场跟踪，对被审计单位要增加法人及财务负责人的信用承诺。集团对审计委托要承担部分费用。各单位内部都要加强审计工作，做好审计结果的利用；四是由集团财务、审计、纪检监察等部门联合组织对所属企业开展对外投资、担保和借款等“三清”工作。通过审计和效能检察，对集团资产损失的数额、形成的原因、影响及建议等进行综合评价分析。

（四）加强领导班子建设，抓好企业政治工作，促进企业健康发展

今年，集团要结合领导干部在思想作风上和在干部管理上存在的突出问题，重点抓好以下工作。

1. 切实加强领导班子管理。

加强领导班子管理，突出对企业党政“一把手”和集团总部人员考核调整力度。一是要大力选拔优秀年轻干部进入企业领导班子。目前，集团企业当中，有的领导班子缺乏活力，开拓创新精神不够。针对这一问题，我们要广开用人渠道，大胆选拔思想品德好、知识层次高、年轻的人员进入企业领导岗位；二是要加强对领导干部考核力度，建立对领导干部的激励、约束机制。集团已经制定印发了经营管理者经济收入分配办法，我们要通过这些措施办法的实施，真正改变旧观念的影响，促使高级管理人员敢于拿自己的收入，切实解决有些高级管理人员名义收入低、而隐性收入高的现象。集团现在正在研究制订对领导干部重大事项决策责任追究制度，以期规范决策领导的行为。这些制度、办法将在执行当中逐步进行完善；三是要加大调整不称职、不胜任现职领导干部的工作力度。对于思想观念和知识结构陈旧，缺乏创新意识和驾驭市场经济管理能力的；对作风专断，出现重大决策失误，导致国有资产损失严重的；对破坏班子团结的；对群众意见大、民主作风差的企业领导人员，将采取果断措施，予以调整。为了适应工作的需要，今年集团还要针对总部管理定位不清晰，机构设置和人员结构不尽合理，人员素质不高、力量薄弱等问题，将结合集团现状和发展的要求，按照管理功能定位，重新确定机构、职责和岗位，重新调整人员。对新机构和人员落实责任，制订目标，并进行规范考核，以此促进集团各项管理和经营工作的顺利开展；四是积极推进干部交流、培养后备干部工作。公司之间、院所之间、公司与院所之间，以及集团总部与下属企业之间将加大干部换岗交流，要严肃纪律，坚决解决派不进、调不出的问题。要重视后备干部梯队建设，对后备干部采取轮岗等方式有计划、有步骤地抓紧培养，加强教育、管理和监督，切实解决集团领导干部换届考核疲于奔命而无暇顾及人力资源开发的被动局面；五是做好对领导干部的学习培训工作，要建立一种经常的、使各级领导人提高政策理论和业务水平的一整套有效的培训教育制度，尤其是集团总部人员要加强学习，制订学习计划和要求。今年，我们还要修改完善干部管理办法，逐步建立领导干部公开招聘、竞争上岗制度等。通过上述措施的执行，不断提高领导干部素质。

2. 认真抓好领导干部作风建设。

在前一段集团“三讲”活动中，大家提的意见最多的是领导干部作风问题。大家反映，集团领导班子深入基层不够，分析和解决问题办法不多，总部机关办事效率低、服务意识不强；很多工作流于形式，落实力度不够等。针对这一处处问题，今年，我们要认真抓好整改。集团各级领导干部，都要充分认识加强和改进作风建设的重要性。抓好作风建设，一是要抓好思想作风建设。思想作风建设首先从领导班子自身做起，要结合“三讲”学习，切实解决我们领导者身上思想观念不解放、创新精神缺乏的突出问题；二是抓好工作作风，加强团结，加强深入基层调查研究，精简会议文件，提高办事效率，加强督促检查力度。集团领导班子成员要增加现场办公的次数，帮助企业解决许多难点热点问题，解决有些企业长期亏损问题。年初，集团专门制订印发了《关于集团公司总部加强和改进工

作作风建设的暂行规定》，我们要按此认真落实。

3. 深入开展企业政治工作。

做好企业政治工作是保证企业能否健康发展的关键。抓好企业政治工作要以促进企业经营发展为中心。要充分发挥党委在政治工作中的核心作用，党支部的战斗堡垒作用和党员的先锋模范作用，把工作重点放在对党员的教育和提高党员干部的思想觉悟上，进一步加强党的思想建设、组织建设和党风廉政建设。今年，党中央即将召开第十六次全国代表大会，我们要认真组织开展对党的十六大会议精神的学习和贯彻。要按照中央企业工委的统一部署，从实际出发，在集团上下继续深入开展对“三个代表”重要思想的学习，对党员干部进行理想信念教育、党性党风教育。坚持从严治党，继续抓好反腐倡廉工作，加大违法违纪查处力度，并进一步落实廉政建设责任制。要进一步发挥工会、职代会和共青团组织的作用，把职工群众紧密地团结起来，积极参与企业管理和各项事务，认真落实中央关于推行厂务公开制度的有关规定，建立机构、健全制度，加强领导，以多种有效形式向职工公开企业经营管理、职工切身利益、干部廉洁自律等重大事项，保证职工群众的权利和权益。各单位领导都要做好密切联系群众，关心职工生活的工作。目前集团公司存在一些困难的企业，我们领导干部都要重视这个问题，想办法帮助企业、帮助职工解决困难，保障职工的生活，尤其是保障离退休职工待遇的落实，维护社会的稳定。

今年的工作目标任务已经明确，我们要进一步认清形势、解放思想，坚定改革的信念，树立发展的信心，抓住机遇、迎接挑战，推进国机集团整体经营规模和效益的提高，为加快提升国机集团的国际竞争能力，全面实现集团发展战略目标而努力奋斗。

与时俱进　开拓创新
为全面提高国机集团的国际竞争力而努力奋斗

——任洪斌在国机集团2003年工作会议上的报告

（2003年2月17日）

2003年国机集团工作会议的主要任务是，以党的十六大精神为指导，认真贯彻中央经济工作会议、中央企业工委工作会议、全国经贸工作会议和全国外经贸工作会议精神，总结2002年国机集团的工作，分析当前形势，部署2003年的重点工作，统一思想，明确目标，与时俱进，开拓创新，为全面提高国机集团的国际竞争力而努力奋斗。

一、2002年工作的简要回顾

2002年是我国历史上又一具有重要意义的一年。我们党胜利召开了第十六次全国代表大会，我国国民经济保持了持续稳定的发展。2002年也是国机集团取得快速发展的一年。在这一年里，我们围绕年初集团提出的“抓好四项工作，实现三个转变”的总体目标和任务，大力开拓市场，深化改革，强化管理，加强企业党的建设和思想政治工作，全面超额完成了年初制订的各项经营指标，取得了显著的成绩。

（一）经营工作取得显著成绩

2002年，国机集团经营额首次突破200亿元，达到250.23亿元，同比增长30.6%；完成销售收入178.85亿元，同比增长25.61%，其中，出口额13.82亿美元，同比增长18.52%；进口额7.99亿美元，同比增长40.13%；实现利润额4.03亿元，同比增长13.03%，创造了国机集团成立以来最好的经营业绩。其中：

所属工贸公司完成情况：完成经营额224.66亿元，同比增长27.58%，占国机集团完成总额的

89.78%；完成销售收入159亿元，同比增长17.63%，占国机集团完成的88.90%；实现利润3.17亿元，占国机集团利润总额的78.49%；完成进出口总额21.81亿美元，同比增长25.61%。

所属院所完成情况：完成经营额25.56亿元，同比增长56.89%，占国机集团经营总额的10.22%；完成销售收入19.85亿元，同比增长41.14%，占国机集团完成总额的11.1%；实现利润8700万元，占国机集团利润总额的21.51%。

2002年，世界经济形势虽然好于上年，但总体上仍然处于低迷之中。尽管去年我国的外贸进出口呈现了大幅增长，全国出口平均增长21.6%，但国有外贸出口仅增长8%，国有企业出口占全国总的出口的比重比上年下降了4.5个百分点。在国有企业的进出口比重逐年下降的形势下，面对激烈的市场竞争，依靠国机集团广大干部职工的共同努力，集团的经营增长远远高于全国同类企业的平均水平，取得了很大的成绩，这是非常不容易的。回顾一年的经营工作，主要呈现以下七个特点。

1. 出口主业和工程成套特色更加突出。

一是机电产品进出口和对外工程承包业务快速增长，有力地推动了集团经营的整体发展。2002年集团进出口总额的增长高于全国进出口21.6%的平均增长幅度。主要的特点是：出口步入良性循环，进口迅速增长，在国有外贸企业中逆势而上，名列前茅。巩固了产品进出口业务在集团经营中的主要作用和重要贡献。在全国外贸进出口企业中的排名和地位进一步提升；二是工程承包能力进一步加强，确立了在我国对外工程承包企业中的领先地位。2002年，集团对外工程承包和设备成套业务已占集团进出口总额的50%以上（这还不含国内项目）。全年完成工程承包额7亿美元，占全国工程承包总额（111.8亿美元）的6%。特别是在机电设备类的工程承包项目上，国机集团工程承包额在全国居第一位。在大型工程承包项目方面，我们进一步强化了经营特色，巩固了原有领域内的竞争优势，拓宽了市场份额；三是项目管理和工程独立执行能力有较大提高，经营进一步深化发展。随着集团所属企业工程承包项目的规模和领域的不断扩大，传统的执行项目的方式及组织结构越来越难以适应业务发展的需要。因此，去年以来，许多企业进一步强化了项目经理责任制，调整了内部经营组织机构，加强了对项目管理和独立执行能力提高的工作，取得了较好的效果。一些大中型项目也逐步走上了自己独立执行的路子，如伊朗电站联合循环项目、伊拉克6台3.6万千瓦燃机电站项目、禹州电站锅炉岛项目和马来西亚古晋电站二期项目等都由自己独立执行，项目进展顺利，取得了业主好评，使得我们的主业竞争能力得到较大提高。

2. 集团整体盈利能力逐渐增强。

2002年，在经营额大幅提高的同时，国机集团整体利润水平也得到稳定增长。2002年，集团盈利额4.03亿元。57家所属企业中，盈利企业50家，其中工贸公司22家，占国机集团利润总额的80.09%；院所盈利单位28家，占利润总额的19.91%。重点企业继续保持较高的盈利水平，CMEC盈利2.23亿元，占国机集团利润总额的55%；CAMC盈利8200万元，占利润总额的20%，两家合计占国机集团利润总额的73%，依然是国机集团的创利大户。

3. 产品结构、市场结构和业务领域得到优化和拓展。

去年，我们在稳定传统市场的同时，加大力新市场和新领域的开拓力度，尤其是非洲市场和南美市场取得了积极进展。具有代表性的项目包括：CMEC签约的尼日利亚两个燃机电站、辅助设备项目和通讯项目（合同总金额约4.5亿美元），安哥拉的铁路项目（1亿美元）；CMEC的委内瑞拉水厂项目（1亿美元）、津巴布韦糖厂项目（8933万美元）和厄瓜多尔的钢桥项目（4000万美元）；CMIC的安哥拉输电项目（1500万美元）等。另外，重机公司、电工公司在东南亚、中东和美洲市场业务也取得了深度发展。在内贸业务方面，去年完成经营额45亿元，比上年同期增长了18.42%，表现了良好的增长态势，与外贸业务共同构成了2002年集团经营迅猛发展的大好形势。勘察设计单位积极开多新的业务领域，在工程承包市场上取得了一定的进展。中元国际工程设计研究院在巩固国内医疗建筑、大型公建、民用住宅、物流工程市场等方面优势基础上，积极实施“走出去”的战略，与巴基斯坦签订了Bestway水泥厂项目合同并顺利执行；中国联合工程公司在向工程项目国际化经营上迈出了步伐，在与重机公司合作承揽缅甸TIGYIT燃煤电厂项目基础上，去年又与CMIC合作签订了安哥拉城市供电项目合同。同时，还在国外市场上跟踪并有望签约的项目多达10多项；第四设计院在汽车行业工程与设备成套项目经营上已经确立了国内龙头地位。去年，我们在开拓军工产品市场方面也实现了新的突破。一些科技型企业如洛轴所、合肥通用所、沈阳仪表院、重庆仪表所、兰州电源车辆所、中地装总公司等利用科技上的优势，在开拓军工产品市场方面都取得了良好业绩。国机集团在军工行业机电产品市场的优势已初步显现。

4. 科研与产业化经营步伐进一步加快。

科研院所立足市场需求，选准开发项目，加大投资，搞好新产品的开发，进一步加快科技成果产业化进程。西重所的世界首台“万吨（100MN）油压双动大型铝型材料挤压机”研制成功，标志着我国具有自主知识产权的大型挤压机的总体设计能力达到世界先进水平；兰石所单台“3000平方米板壳式换热器”项目填补了国内空白；沈阳仪表院“传感器技术攻关研究课题”等获得国家及省部级成果奖。北京起重所“联想电脑公司集成化物流系统”、沈阳仪表院和重庆材料所完成的“传感器技术研究”等25个项目获得2002年度中国机械工业科学技术奖，其中：一等奖2项；二等奖11项；三等奖12项，充分显示出国机集团作为机械工业科学技术进步主力军的优势地位。2002年先后有合肥通用所、沈阳仪表院、广州电科院三个单位建立了博士后流动站，进一步增强了国机集团的研究开发能力。

科研开发能力的增强，推动了科技产业化的进程，多数新产品已实现了批量生产，科研院所的工程化和国际化经营也取得了长足的进步，获得了较好的技术经济效益和社会效益。

5. 非实体经营工作取得初步成效。

自去年集团提出实施非实体经营战略后，集团开展了大量工作。一是完善了集团公司所需的各种资质，包括外经贸部颁发的工程承包权以及建设部、国家经贸委等部门颁发的有关经营资质。以集团名义参加了国际国内有关经营统计和排名，如去年在以集团身份参加国际ENR排名中，在2002年度全球225家最大工程承包企业排名中国机集团居第50名；在2002年度全球200强工程设计咨询企业排名中国机集团位居第112名，扩大了集团经营的品牌知名度；二是广泛疏通了与各有关银行、保险机构的资金融通、担保等渠道。去年年初，集团公司已经与中国银行签订了80亿元的综合授信额度，并按照中行要求，已陆续安排落实到各有关子公司，解决了部分子公司的经营项目融资问题；三是积极推进以集团名义承接大型工程项目，目前跟踪并有较大进展的项目有委内瑞拉TOCOMA水电站项目、菲律宾北吕宋铁路建设项目和叙利亚现代工业公司毛纺车间改造项目等。上述项目合同总金额约10亿美元，有的项目有望在今年取得突破。

6. 成员企业经营工作各具特色并富有成效。

2002年，集团经营额或销售收入同比增长幅度超过40%的成员企业有20家，主要单位包括CMEC、CMIC、北方公司、西重所、洛轴所、合肥通用所、兰石所、北京起重所、广州机械院、规划院、第六设计院等。

进出口总额完成超过1000万美元的单位有11家，共完成进出口总额21亿美元，占集团进出口总额约96.21%。它们分别是CMEC（14.3亿美元）、CMIC（2.73亿美元）、CAMC（1.32亿美元）、电线电缆公司（9596万美元）、磨具磨料公司（3759万美元）、机床公司（3354万美元）、重型公司（3232万美元）、浦发公司（3227万美元）、电工公司（3002万美元）、工程机械公司（1160万美元）、长江磨床公司（1080万美元）。

院所单位经营普遍增长，经营收入超过1亿元的有10家单位，其中超过3亿元的是西重所，达到2～3亿元的是中国联合工程公司、合肥通用所、兰石所，达到1～2亿元的6家是洛轴所、天工院、中元国际工程设计院、天传所、桂林所、北京起重所等。

在集团经营工作中，各单位各具优势和特色，值得集团相关单位互相借鉴和学习。

7. 集团总部服务职能得到强化和发挥。

为企业经营提供服务工作，促进所属企业发展是实现国机集团“三个转变”的重要内容。2002年，国机集团总部各部室积极转变作风，坚持以经营工作为主线，遵循“在强化管理中提高服务，在服务中加强管理”的原则，增强了服务意识，围绕企业的经营活动加强了管理和服务工作。一是为企业开辟融资渠道。2002年，国机集团先后为四个子公司提供了11.78亿元的担保，解决了20.79亿元的融资困难问题；二是帮助所属企业搞好重大项目及资金的申报争取工作。2002年，集团组织向国家经贸委申报的国家重点技术创新、重点新产品和重大技术装备研制项目共31项，已被批准17项。项目总投资14836万元，其中争取国拨项目补助资金合计510万元；截至2002年底正在实施的军工民口配套科研项目33项，合计项目总投资9479万元，争取到国拨补助金8224万元，已到位5635万元。经过努力，集团已被纳入国防科工委军工民口配套一级管理，使集团的军工民口配套科研和条件保障建设项目工作纳入了正常的管理轨道，为拓展军工产品市场创造了条件；三是帮助企业申请中小企业国际市场开拓资金。去年，集团共获得699万元的国家政策资金支持；四是积极争取贸易配额，为所属企业开展专项经营业务，扩大经营规模创造条件。2002年，集团先后获得了国家经贸委、外经贸部在钢材、轮胎、进口汽车方面的配额支持；五是帮助所属困难企业申请下岗职工基本生活补助金，解决实际困难。2002年，集团新增加了中收总公司进入补助范围，全年共申请到补助金达1052万元；六是做好外事服务工作。2002年，共办理邀请外国人员来华签证通知232份、460人次；申请办理了12个高级代表团来华访问邀请手续；七是为企业提供法律咨询服务。帮助所属企业分析历史遗留问题，提出解决问题的意见和建议。

（二）深化改革，推进资产重组取得一定进展

改革工作是2002年国机集团的重点工作之一。去年我们本着“实事求是、积极探索、稳步推进”的原则，在企业改制、资产优化重组方面做了大量工作。

在企业改制方面，2002年国机集团重点研究提出了今后一段时期集团改制的思路、模式和方法。一是对已经改制试点的企业情况进行了调研分析，总结提出了改制中出现的八个方面的突出问题。二是走访相关单位，调研取经，拓宽我们在企业改制上的思路；三是通过组织召开体制创新研讨会，邀请中央有关部委、研究单位的领导、专家从政策上、理论上进行指导。通过这些工作的开展，国机集团上下对改制的认识基本形成共识，并研究制订了《国机集团关于企业改制工作管理暂行办法》，为下一步全面推进改革工作奠定了基础。

在探索改制模式的同时，国机集团2002年积极开展了对改制工作的实践，完成了北方公司和长江磨床公司等两家企业的整体改制工作。北方公司通过改制吸收三家社会法人资本900万元，设立了中国北方工业装备有限公司。长江磨床公司通过实行内部职工持股，实现了规范的公司制改革。另外完成了八家企业的局部改制，其中大部分是以剥离辅业和社会化职能为主进行。这些都为我们下一步全面推进改制工作积累了经验，进行了有益的尝试。

在资产优化重组方面，按照“十六大”精神和国机集团的发展战略，加快了结构调整的步伐。我们本着以市场为导向，以提高经济效益为中心，以发展主导业务为核心，以产权为纽带，积极引导资产存量向高效领域流动与重组。实施了电脑公司和中元国际工程设计院、杭照所和沈阳仪表院的重组。为了整合国机集团的资金资源，发挥金融功能，为集团的经营发展提供金融服务，我们还按照中国人民银行对中工信的改组转建要求，积极推进了国机集团财务公司的重组，完成了改组方案的制定和申报工作。本着“转让一批、突出主业、剥离一批、精干主体”的思路，对已经资不抵债的中自控中南公司果断地采取了承担债务式兼并；对于处于困境的中收总公司，国机集团在组织开展对中收总公司新疆学校资产实行社会化剥离的同时，由集团出资聘请中介机构为中收总公司进行企业诊断，寻找解决脱困的途径和出路。

去年，各有关企业按照集团的要求，也抓紧进行了内部的资产整合工作，CMEC、电工公司等单位不同程度的进行了内部公司调整和资产转让工作，取得了较好的效果。

（三）集团现代企业化管理得到加强

1. 实施资本收益管理，落实出资者责任。

国机集团按照“统一思想、积极推进；结合实际，循序渐进；措施得力、务求实效”的指导思想，积极推进资本收益管理。通过举办“资本收益管理暂行办法”座谈会，邀请子公司的主要的领导和财务负责人座谈，学习法规，进行讨论交流。大家对实施资本收益管理的重要性、迫切性都有了比较深刻的认识，提出了不少好的建议，为在国机集团各个层面推行“资本收益管理”打下了较好的基础。初步建立起国机集团资本收益制度，通过此项工作，迈出了将出资者权利和责任落到实处的第一步。

2. 加强财务管理，促进企业经营工作顺利开展。

随着国机集团经营规模逐年增长，成套项目和国际工程承包业务迅猛增长，许多子公司面临巨大的融资困难和财务风险工作压力。为支持子公司经营发展，控制融资风险，国机集团制定了“银行授信管理办法”和“担保管理办法”。针对部分主要

子公司存在的实际困难，集团与中国银行等商业银行合作，采取国机集团提供一部分担保、子公司提供部分抵押或质押、银行提供一部分免保授信的方式，为部分子公司解决了主要经营项目的融资问题，支持了企业经营业务的开展。

去年，很多企业重视和加强了财务管理工作，通过资金的融通和运作，降低了经营成本，节约了财务费用，提高了经济效益。如CAMC利用中国出口信用保险公司出具的保单与民生银行洽谈，将2500万美元额度内的外汇票据进行买断与贴现，节约财务费用600万元；CAMC利用银行的信用政策和优惠条件，衔接收汇期限与支付国内供应货款的期限，节约财务费用90万元。此外，在CAMC系统内实行统一融通、统一调度，并经争取获得银行的低息贷款和贴息支持，共节约利息支出670万元。为公司创造了良好的效益。

3. 认真抓好“三清”工作，取得阶段性成果。

去年，集团组织开展了“三清”工作。通过开展“三清”工作，进一步摸清了各企业的家底，及时纠正和解决了有关企业不规范的做法，堵塞了漏洞，加强了企业的投资、担保和融资等管理制度的建设，促进了企业规范运作，取得了阶段性成果。

4. 加强审计监督，保障企业健康发展。

为保障经营工作的有效运行和健康发展，注重了内部审计监督及内控制度建设。一是做好经济责任审计工作。为了加强审计力度，2002年，国机集团在审计中，增加了企业法人代表及财务负责人的信用承诺（真实、完整、不做假账）。2002年国机集团开展的经济责任审计累计近60项。同时加强了审计结果落实情况的跟踪检查，使集团审计监督进一步加强；二是强化了制度建设和各企业对集团管理规章制度的执行情况的监督管理。国机集团重点抓了对现有规章制度的清理和修订工作。新制定了22个规章制度，内容涉及人事、资产财务、外事、审计稽查、战略规划、行政管理、党建等各个方面，完善了国机集团的基本管理功能。去年，国机集团对各企业制度建设和各企业对集团管理规章制度的执行情况加强了监督检查。重机公司、广州电科院、第四设计院等单位对内部规章制度进行了重新修订、补充完善和整理汇编，将内部规章制度建设提升到一个新的层次。

5. 加强了质量管理体系建设。

国机集团总部及各单位都进一步重视了质量管理工作和体系建设工作。多数企业确立了“质量理念”；有的企业制订了“质量责任制”，单位一把手与各部门一把手签订了“质量保证书”。至2002年年底，国机集团58家成员单位中，有33家取得了IS9000的质量体系认证证书，其中10家为2000版认证证书，获得了国际竞争的“通行证”。

去年，国机集团总部管理体系的建设和认证工作也在顺利进行。计划在今年上半年通过质量管理体系和环境管理体系两标一体化的认证并取得国际、国内两套证书。

6. 积极推进了信息化建设工作。

一年来，国机集团总部和各单位对企业信息化建设的重视程度明显提高，加大了企业信息化建设的力度，并从基础建设入手，有计划、有步骤地推进信息化建设。到2002年底，已有49家单位建成了自己的网站，其中，28家单位建立了自己的局域网。部分企业在信息化建设方面进行了积极有益的探索，积累了不少经验。如电工公司投资300万元建成的综合信息管理系统，不仅大大提高了企业的管理效率和管理水平，提高了企业的核心竞争力，同时也塑造了新型的企业文化，为促进企业持续健康发展起到了积极的推动作用。CAMC、中元国际工程设计院等单位也都在着手建立企业的信息管理系统。2002年，集团总部专门成立了信息处，以加强国机集团系统和总部的信息化建设，《国机集团报》的创办得到所属单位的大力支持并取得良好效果。

7. 加强领导班子建设和人力资源管理。

在加强领导班子建设方面，2002年重点加强了对企业党政“一把手”的考核、调整和对领导干部的考核力度。一是以领导班子换届为契机，大力选拔优秀经营管理者，强化班子经营管理能力。在班子配备上，注重班子核心作用和团结协调氛围的建设，保证班子战斗力的发挥。针对有的领导班子缺乏活力、开拓创新精神不够的问题，国机集团广开用人渠道，大胆选拔思想品德好、知识层次高的年轻干部进入企业领导岗位。二是加强了对领导干部考核力度，建立起对领导干部的激励、约束机制。按《成员单位经营管理者收入分配暂行办法》，对14家单位申报的经营者年薪进行审核调整；通过聘请专业咨询机构，制定了《国机集团成员单位经营者及财务总监经济责任考核及收入分配办法》的方案（草案）。这对建立国机集团激励和约束机制将起到重要的作用。

在人力资源管理方面，围绕国机集团骨干人才队伍建设和激励竞争机制建立为主线，强化竞争、择优、培训机制的建立。一是改革干部任用制度。在以市场机制配置经营者方面做了有益的探索，推进国机集团的人事管理与市场接轨。二是改革用人机制。实行公开招聘、竞争上岗、择优录用。从集团系统内外招聘干部，充实到集团总部的不同管理岗位，使集团总部的工作作风、工作效率、工作质量都得到大幅提高。三是改革收入分配制度。集团总部及所属企业不同程度地进行了收入分配制度改革，按照岗位职责考核，按责任大小、业绩贡献确定报酬，建立了按劳分配、兼顾公平的企业收入分配办法。四是加强人才培训。通过举办中青年优秀领导干部、部分骨干企业总会计师、财务处长培训班，组织推荐工程承包和经营工作骨干参加国际项目管理 IPMP 和 PMP 的培训，初步形成了以企业领导及后备干部为主的培训、以财务、审计干部为主的经济管理培训和以项目经理为主的工程经营培训为“三条主线”的人才培训体系。五是加强了科技人才队伍建设与管理。向国家人事部推荐上报了五名国家级“新世纪百千万人才工程”候选人。评审通过了 121 名提高待遇的高级工程师、362 名高级工程师和其他系列的 70 名高级专业技术人员任职资格。

（四）党的各项工作和精神文明建设取得较大成果

2002 年，国机集团党的工作以江泽民同志“三个代表”的重要思想为指导，紧紧围绕国机集团中心工作，以“迎接、宣传、学习十六大”为主线，加强了政治学习，抓好党组织建设，做好思想政治工作，推进党风廉政建设，加强精神文明建设，为国机集团的改革、发展和稳定提供了坚强有力的政治保证和精神动力。

1. 突出抓好政治理论学习，用“三个代表”思想和十六大精神统一思想。

2002 年，国机集团党委把学习江总书记“七一”重要讲话和“5. 31”讲话精神以及学习宣传十六大会议精神作为全年开展政治理论学习教育活动的主要内容，紧紧联系实际，把开展学习同加强班子建设、深化改革、促进经营有机结合起来，切实把“三个代表”重要思想落到实处，有力地推进了集团改革、发展工作。所属企业党组织坚持了党委中心组学习制度，并通过开展各种形式的学习活动，增强了企业领导干部和广大党员的政治意识、大局意识、忧患意识和责任意识以及贯彻执行方针政策的自觉性，促进了国机集团各项改革措施的落实。

2. 围绕中心，服务大局，以促进经营工作为出发点，抓好基层党组织建设。

通过参与企业重大问题决策，发挥了党组织在企业中的政治核心作用。通过积极推进基层党组织近来，加强了党对企业经营工作的督导。通过健全基层党组织工作制度，使国机集团党建工作更加制度化、规范化。各企业都注重了狠抓制度建设和落实，推进党的各项工作。如北京起重所、沈阳仪表院、广州电科院、桂林电科所等单位制定了领导班子工作制度、党支部工作规范等一系列规章制度，以此加强了党的各项工作。

3. 深入调查研究，有针对性地做好企业思想政治工作，维护企业和社会的稳定。

2002 年集团总部职工增强了自觉执行《关于国机集团总部加强和改进工作作风建设的暂行规定》的意识，不断转变工作作风，提高了为所属企业服务的质量和水平。国机集团党政领导深入基层，调查研究、协调各方面关系，着力解决职工群众反映强烈的问题，对企业在改革过程中出现的新情况、新问题，以高度的政治责任感和使命感加以解决，从而维护了企业和社会的稳定。

4. 积极发挥工会、共青团组织的作用，推进精神文明建设和企业文化建设，促进基层民主政治建设和两个文明建设协调发展

2002 年，集团公司根据中企工委的要求，重点推进厂务公开工作，加强对所属企业厂务公开工作的检查和指导，在集团上下形成了党委统一领导、党政共同负责、有关方面各司其职、职工群众全员参与的工作体制和运行机制，厂务公开工作初见成效，基层民主建设不断加强。今年 1 月，兰石所作为中央企业厂务公开先进单位，受到了中央企业工委的表彰。一年来，集团所属企业大力学习宣传《公民道德事实纲要》，积极推进企业文化建设取得新成效。CMIC、第六设计院、沈阳仪表院等单位对本单位企业文化理念不断修订和完善，重机公司和中机建设公司等单位认真做好企业 CIS 的推广工作，促进了企业生产经营工作的开展。CMEC、CAMC 等单位以创建精神文明单位为契机，积极组

织了丰富多彩的文体活动，活跃职工文化生活，有力地推动了企业精神文明建设活动的开展。去年6月，国机集团组织所属企业开展了“儿童慈善一日捐”活动，共募集善款53万余元。9月，国机集团直属工会联合会组织召开了首届在京单位职工运动会，展现了职工良好的精神风貌。这些活动既树立了国机集团良好的企业形象，又增强了国机集团的凝聚力。

5. 进一步加强党风廉政建设。

2002年，国机集团继续加大了这方面的工作力度。首先是加强了党风廉政制度建设。组织贯彻落实企业领导人员廉洁自律若干规定，规范了领导干部的行为。其次是切实发挥纪委的保护、惩处、监督和教育四项职能，为企业的改革与发展保驾护航。2002年，加大了对群众反映的问题调查核实的力度。通过调查核实，对确实存在错误的干部进行了批评教育；对反映不实的问题进行了澄清，弘扬了正气。另外，在开好集团领导干部民主生活会的同时，国机集团党委加大了对所属企业召开民主生活会的检查、管理力度。要求开会不走过场，不流于形式，要查找问题，剖析思想，认真开展批评和自我批评。通过此项工作的开展，使领导干部的作风建设大大加强。

二、2003年国机集团面临的形势和目标

中央经济工作会议全面分析了当前国际国内形势的深刻变化。做好2003年的各项工作，必须对形势的发展变化有一个正确清醒的认识。

从国际环境看，影响我们经营发展的有利条件和不利因素都在增长，机遇和挑战并存。主要有利因素：首先是世界经济贸易走势将继续向好的方向发展，我们出口的国际环境将进一步改善。据国际货币基金组织预测，全球经济增长将从2002年的2.8%提高到2003年的3.7%。世界贸易额增长将从2002年的2.2%提高到2003年的6.2%。其中，美、日、欧三大经济体的经济增长将从2002年的2.2%、-0.5%和1.1%，分别提高到2003年的2.6%、1.1%和2.3%；作为我集团公司主要贸易伙伴的东南亚等国家和地区经济回升势头较快；其次是我国入世后的对外贸易环境得到改善，入世后我国的出口环境有所改善，出口配额额度增加，长期困扰我国产品出口的非关税障碍得以逐步消除。未来一段时间，我国机电产品、高新技术产品出口仍将保持较高的增长速度。从进口来看，我国入世以后，关税逐步降低，市场准入放宽，有利于进口加快增长。与此同时，利用外资也将保持高增长的态势，新一轮的引进外资高潮正在形成，外商投资国内企业欲望增强，投资领域大大拓宽。这将为我们实施“走出去”和“引进来”的经营发展创造良好的机遇和条件。影响我们经营发展的困难和不利因素：首先是世界经济复苏的前景尚存在很大不确定性，美国、日本、欧盟三大经济体经济表现不稳。虽然东南亚市场逐步好转，但作为我集团公司工程成套业务主要战场的巴基斯坦、伊朗、苏丹、缅甸、古巴等国仍将低速发展；其次，国际政治经济形势不确定因素很多，国际恐怖袭击事件频频发生，美国决意对伊拉克动武，将严重影响我集团公司在伊拉克和中东市场的项目成交和执行；第三，我国目前平均出口退税率已经接近15%，今后依赖外贸出口退税率促进出口的空间非常有限，而且目前情况下，许多应退未退金额越来越大，都将直接影响我集团公司的外贸经营和效益的增长。

从国内环境看，我国经济发展总体形势良好，国民经济持续较快增长，经济总量又迈上一个新的台阶，有利于我们经营发展的物质技术基础和政策体制环境进一步增强和改善。首先，今年是我们全面贯彻党的十六大精神，加快企业改革和发展的第一年，随着学习贯彻十六大精神的深入开展，必将激发起全党全国人民为全面建设小康社会积极奋斗的热情，必将为国有企业深化改革、加快发展创造良好的环境。其次，我国经济将继续保持较快增长，今年依然保持7%以上的增长速度。而且国家将继续实行积极的财政政策和稳健的货币政策，继续增发长期建设国债，大力推进新型工业化，振兴装备制造业。国内投资和消费将得到稳定增长，国内供给能力强劲，这为我们的国内工程设计与成套业务的开展和院所产业化经营提供了非常广阔的商机；第三，随着今年对中央企业管理体制改革的进行，国家对中央企业改革和发展的政策支持力度也将逐步加大。如国家提出来的要建立有利于大企业集团提高竞争力的制度，要赋予大企业相应支持政策，包括支持推进大企业进行股份制改革在境内外上市的政策、支持大企业分离分流改革政策、鼓励高新技术企业施行股权激励改革政策，以及下一步有望实行的对中央企业资产处置和管理方面的政策等等。这将对我们加快改革、促进发展产生十分重要的作用。又如国家为鼓励外经贸发展，今年将加大出口退税支持力度、建立出口融资担保体系、完善境外加工装配鼓励政策、设立“走出去”战略的资金支持政策等，将为我们促进国际市场业务开拓带来有利的条件。

从集团自身经营发展的现状来看，与外部环境的发展变化相比，虽然近年来集团各项业务也在不断发展，但持续发展的核心竞争力还较弱，发展的稳定性差，潜在风险较大。主要体现在：一是外贸主营业务深度不足，市场抗风险能力弱。这两年来虽然集团加强了对大型工程成套项目的开拓和执行工作，也取得了一定的成绩，但是深度不足，在专业技术上过分依赖外部力量，尚未形成自主的技术核心；在工程项目管理控制上不够严谨细致，出现了很多的技术问题，对于大量的在手合同执行和待开发的项目，我们现有高素质的项目经理人员明显不足。集团工程项目的市场结构也比较单一，从地区结构看，欧美市场难以开拓，市场主要集中在东南亚和中东地区，在两个地区完成的营业额、新签合同额占承包工程总量的近 90%。但这些地区受政治经济局势动荡影响较大，市场风险较高。从行业结构看，对外承包工程行业主要分布在交通运输、电力工业和制造业方面，在高科技含量的工业项目上竞争力较弱，而近年来国际工程承包行业发展的一个明显趋势是全球对包括制造业的投资减少，对基础设施投资有所增长，并大量涌现出电信工程建设。一直以劳动力成本为优势的我承包商在高科技含量项目上，显然不如以技术、融资及管理为优势的西方大型承包商。同时，也应当看到，我对外工程承包不仅面临着国际国内竞争对手的挑战，而且一些东道国在市场准入、国民待遇等方面对外国公司也设立了严格的标准，包括禁止外国企业独立参加投标，对专业人员资历认可等方面也加强了限制等等。针对这些情况，国际大型承包公司都加强了国际间的合作和交流，利用本地化生产经营方式进入该地区的某些受限领域，发挥自己的优势和特长，弥补由于地域等客观因素造成的影响，而我们由于各种原因，目前还没有主动地采用这种经营方式来实施经营。与此同时，BOO、BOT 方式等日趋普遍，加大了集团对外承包和劳务合作市场开拓的难度。二是科研与产业化经营发展的速度比较缓慢，对拉动整个集团经济增长的作用不明显。集团有 25 家科研院所和 4 家勘察设计院，科技资源丰富，力量雄厚，但目前除少数院所外，大部分科研院所科研生产经营特色不明显，经营规模小；勘察设计院也主要以传统单纯设计业务为主，工程化业务进展不大。随着市场化程度的逐步提高、经济体制改革的逐步深入和国家对科研院所政策支持的力度逐步减弱，科研和勘察设计院所将面临严峻的市场竞争威胁。国机集团如何发挥好科研院所的优势和力量，支持院所单位尽快做强做大经营规模和实力，使之尽快成为支撑集团公司经营发展、提高集团公司国际竞争力的一个重要支柱力量，已经成为摆在集团发展上的一个突出问题。三经营业务结构不合理，发展不平衡，经营风险较大。目前，从集团公司经济总量分析，无论是经营额，还是效益规模都集中在少数几家单位，而且这种差距还存在进一步拉大的趋势，发展很不平衡。集团公司还有相当大的一部分资源未充分发挥出应有的效益。这种发展不平衡、经营结构不合理的问题，不仅导致集团内部分工合作难以实现，而且造成集团经营风险加大，一旦几家规模较大的经营单位出现任何一点点的经营问题，都将直接威胁到集团的健康发展。四是重点亏损企业脱困难度较大。近两年来，虽然集团公司采取了一些积极的措施帮助亏损企业改善经营工作，在部分小额亏损单位取得了一定的成效，但对于几家亏损大户则成效不明显，而且经营发展的形势不容乐观。

总之，当前集团公司在业务经营的能力、经营的规模、效益和结构上的问题是十分突出的，再加上集团公司存在着管理体制不健全，资产质量较差，组织结构散乱，改革步伐缓慢等一系列深层次的问题，使得集团面临的发展形势是十分严峻的。当然，在正确分析自身存在诸多问题的同时，也要看到我们具备许多的优势和条件。我们既要正视目前的困难和问题，同时也要坚定发展的信心和决心。

今年，我们要在去年经济增长速度、质量和效益有较大幅度提高的基础上再迈出新的重大步伐，任务是十分繁重的。我们宁可把不利因素考虑得多一些，把困难估计得充分一些，把准备工作做得更扎实一些，居安思危，未雨绸缪，以便赢得工作的主动，努力实现经济的稳步增长。

2003 年集团总体经营目标是：

1. 计划考核目标：经营额达到 26 亿元，其中，工贸公司 189 亿元，科研和勘察设计院所 27 亿元。

集团利润总额3.85亿元。集团进出口总额18亿美元，其中出口13亿美元。

2. 争取目标：在2002年实际完成额的基础上，今年集团公司争取经营额、利润总额增长超过7%，进出口总额增长达到10%以上。

依据上述目标，2003年国机集团工作的总体指导思想是：深入贯彻落实党的十六大精神，继续坚持以经济效益为中心，努力开拓市场；大力实施集团体制、管理和科技创新；加强企业党的建设、领导班子建设和企业思想政治工作，促进国机集团国际竞争力的全面提高，保持集团持续、稳定、健康发展。具体概括为"围绕一个中心，抓好三大创新"。

关于上述指导思想和总体要求，需要强调的是：

第一，在新的一年，必须继续坚持加速实施"三个转变"的指导思想。去年，集团沿着"三个转变"的方向做了很大的努力，取得了一定的成果，但总体而言，离我们要达到的目标要求还有相当大的差距。今后一段时期仍需继续努力。

第二，在新的一年，我们一定要把各方面的工作放在如何促进国机集团整体发展的大局中去思考和谋划，努力做到发展要有新丝路，改革要有新突破，开放要有新局面，各项工作要有新举措。把创新作为我们全年各项工作的主线和落脚点。通过创新，全面提升国机集团的国际竞争力。

三、2003年的主要工作

根据上述工作目标和指导思想，国机集团2003年主要工作是：

（一）努力开拓市场，提高集团主营业务经营规模和效益

发展是硬道理，搞好经营工作是企业发展的第一要务。今年，国机集团要坚持围绕以提高经济效益为中心，在生产经营上突出抓好以下几方面的工作。

1. 实施深化经营，扩大市场份额。

今年，各单位要依赖自身的努力，在业务拓展上要积极实施深化经营工作，要抓住当前发展的有利时机，大力进行经营方式、经营产品和经营市场的创新。在市场开发上，要建立多元化和重点市场突破相结合的战略，国际工程业务在保持传统的东南亚市场的同时，应努力开拓和北美发达地区和南美、非洲地区的新市场；既要重视开拓国外市场，也要重视国内市场和国内项目。在经营方式上，以商务为龙头的国际工程公司要朝着专业化分工的模式和方向发展，向专业的管理工程公司和设计、执行一体化的工程项目公司过渡。在业务领域上，要努力开拓新的承包领域。以设计为龙头的工程公司要重点构筑工程总承包业务体系，全力开拓总承包经营业务，并力争在年内取得实质性进展；科研院所在努力抓好产业化工作的同时，积极搞好工程化技术服务和国际化业务；生产企业要结合新产品的开发研制，努力搞好产品结构调整，扩大新产品生产能力，迅速占领市场。进出口单机业务也要向深化方向拓展，要努力发展出一些有规模的稳定的产品，固化一些业务市场渠道。对于已经初步具有一定出口规模的产品，要努力引入技术力量和积累技术能力，逐步向控制市场、控制渠道、控制产品方向发展。今年，国机集团将按照"走出去"战略的要求，在工程承包方面，将探索新的发展思路，组织开展与国际上有实力的工程、设计咨询公司合作，加快工程业务的发展。另外，我们还将组织引导几家有实力的工贸企业探索实业化发展的道路，选择一些项目，尝试BOT和BOO运作方式。在单机出口领域，也将探索一些小规模的投资，以谨慎和适度、防范风险为原则，做好探索性的工作。

2. 加强集团对经营工作的组织、协调、服务和规范管理。

今年，我们要进一步强化集团的经营管理工作，全面把握主营业务发展和运行情况，加强对各子公司经营业务的支持、服务和指导。一是要加强对各项经营业务指标和重大项目完成情况的监督检查力度。集团公司要及时总结发现企业经营中的问题，及时会同有关企业研究并加以解决。集团总部和各子公司应根据整体目标和自身实际，制定各自的分目标和详细的经营计划，目标计划要层层分解、逐级落实。集团和各个子公司都要定期召开生产经营工作会议，对经营工作及时进行总结。集团公司要加大对经营完成情况的考核和奖惩工作，从今年开始，集团将每年评选经营业绩突出的先进单位和优秀经营者。对先进单位在有关政策上给予倾斜；对优秀经营者，在物质上给予奖励，并在干部任用上给予重点跟踪。二是由集团组织做好疏通融资、担保、保险和出口退税渠道的工作。在去年我们与中国银行签订80亿元授信额度的基础上，今

年集团公司要组织与进出口银行、工商银行、建设银行和其他有关商业银行等建立统一的信贷关系，进一步拓展融资空间，以有效解决部分成员企业尤其是中小企业融资难的问题。集团公司还将积极组织争取项目保险优惠政策，建立和完善集团公司内部担保机制。对于出口退税问题，集团公司将认真组织做好工作，争取尽快予以解决，保证各企业经营工作的顺利开展。三是集团将着手进行建立市场开发基金和科技发展基金的工作。为了鼓励企业特别是中小企业开发新市场、新领域，今年，集团公司将采取有效措施，根据自身能力，拿出一部分资金，作为企业开发基金。同样，为了支持企业科研与产业化，集团将设立科技发展基金，以有效促进集团科研与经营工作的开展。四是要进一步加强对经营业务尤其是对成套工程市场业务的组织协调管理工作。在经营中，我们要继续严格按照集团制定的经营协调管理办法的要求，认真做好经营项目的组织协调工作。要积极鼓励内部合作，严谨避免内部恶性竞争现象的发生。对于任何单位无视规定的做法，将给予严厉处罚，以保证集团的整体利益。五是要采取切实措施，引导、加强各企业之间的交流与合作。今年，集团公司将通过加强信息网络建设，搞好经营信息的交流发布工作；要定期制作院所的科技样本和资料，举办科技成果或新技术发布会，在集团内外广泛宣传我们的科技成果，展示科技实力；要筹划举办中国机械装备展览会，通过展会相互了解，增进交流，促进合作。六是要加强对经营人才培训工作。要建立健全项目经理责任制，提高项目管理水平和项目独立执行能力。今年，集团还将选拔年轻的经营领导干部组织到国外考察、学习培训，不断提高经营管理水平，以适应发展的需要。七是积极做好对困难企业的亏损增盈工作。帮助指导企业落实各项扭亏措施，使困难企业尽快走出困境。同时，我们要认真做好争取国家有关政策支持的工作。

3. 继续稳步推进非实体经营工作。

去年，集团公司提出了要发挥集团的非实体经营功能，为开展经营服好务。这是集团公司作出的一项重大的经营战略举措，这项措施的实施得到了各成员企业的充分响应，并取得了初步成效。今年，我们要继续贯彻非实体经营的战略方针，着力开展有关工作。一是以集团的名义，大力开发和承揽大型工程成套项目。这方面，我们主要围绕菲律宾北吕宋铁路项目、委内瑞拉 TOCOM 水电站项目和叙利亚现代工业公司毛纺车间改造项目等（三个项目合同总金额 10 亿美元），抓紧做好前期的商务、技术谈判等工作，力争有 1 ~ 2 个项目能够在年内签约执行，取得突破性进展。二是充分发挥集团综合优势，大力促进科研和勘察设计院所开拓市场业务。今年，集团公司将有计划地组织有关科研和设计院所开展对国外工程与设备成套市场的调研工作。我们将结合集团业务、资产的重组和整合，加强重点院所的商务力量，扩大资产规模，并在资金融通、贷款担保以及人才等方面给予大力支持，为院所开展工程业务创造条件。各有关院所都要充分利用集团品牌和资源优势，积极开展工程市场业务。在院所科研和产业化方面，今年，集团公司也将结合科技创新工程的实施，对重点科研和产业化项目从资金和国家政策上予以争取和支持，并认真组织落实好一批军工项目任务，加快院所经营发展。

（二）大力实施体制、管理和科技创新，促进国机集团国际竞争力的全面提高

创新是推动民族进步的灵魂，创新也是推进企业发展的不竭源泉。党的十六大报告中明确提出："要大力推进企业的体制、管理和科技创新。"这为企业改革发展指明了方向。实践证明，企业要发展就要创新，这是我们惟一的选择。我们就是要以创新的精神推进集团的改革和发展，要通过不断地推进体制创新、管理创新和科技创新，使集团的发展始终充满生机和活力。

1. 实施体制创新，全面推进集团改革重组工作。

党的十六大提出，要深化国有企业改革，进一步探索公有制特别是国有制的多种有效形式，要把继续调整国有经济的布局和结构，改革国有资产管理体制作为深化经济体制改革任务。根据党的十六大精神，集团公司要形成国际竞争力，必须围绕集团公司的发展战略，大力实施体制创新，抓好内部改革重组。通过资产重组，改革内部体制和机制，真正做到"集而能团，分而有治"。为此，今年主要从两方面开展工作：一是积极主动地抓好资产优化重组工作。从集团组建以来，集团公司就一直把搞好内部的资产重组作为一项重点任务来抓，但是，因为各种主客观的原因，这项工作进展不明显，成效不大。针对这一问题，去年，集团公司围

绕如何推进重组工作开展了认真的研究工作，并已形成正式的实施意见。实施意见对集团今后一个时期的重组工作，从工作的指导思想、目标、重点、步骤和措施等方面进行了具体的策划。今年，我们要按照这个意见，花大力气，全面推进实施工作。具体来讲，按照计划，将围绕形成两大主业的目标要求，着力抓好十多家中小型公司院所的重组整合工作。另外，今年，我们还要结合国家对中央企业管理体制改革的要求，积极做好与其他有关中央企业重组的工作。我们认为，在当前形势下，能不能搞好集团内部的调整工作是关系到集团下一步能否生存和发展的大事。对此，各方面都要统一认识，转变观念。党的十六大报告中明确提出："一切妨碍发展的思想观念都要坚决冲破，一切束缚发展的做法和规定都要坚决改变，一切影响发展的体制弊端都要坚决革除。"对此，集团公司已经下定决心做好这件事情。各有关单位都要按此要求，一方面要积配合，另一方面也要加大力度抓好各单位内部资产的整合工作。二是要继续规范、稳妥地推进企业改革改制。产权制度改革是建立现代企业制度的核心，我们必须认真抓紧做好这项工作。去年，集团公司在总结前段改制工作经验、问题的基础上，结合召开体制创新研讨会议，修改制定了《国机集团企业改制工作暂行管理办法》（以下简称《办法》）。根据《办法》的要求，今年集团在改制工作上强调要按照集团的统一规划要求来进行。改制的基本思路是：通过改制明确投资主体、优化资产结构、减少管理层次，向集团偏平化管理结构方向发展。在改制模式上，我们将积极推进企业进行整体改制，大型企业鉴于资产规模大、债务重等问题，整体改制有困难的，可以采取局部改制，但要通过剥离辅业，对经营主体进行集中改制，避免分散。鼓励有条件的企业按照上市股份公司进行改制。中小型企业原则上以实行整体改制为主进行。按照上述思路和要求，今年我们主要抓好三方面的工作：一是抓好对有关重点企业的上市公司的改制；二是结合国家提出的对高新技术企业实行股权激励改制试点要求，我们拟挑选有关研究院所积极开展试点工作；三是要积极做好对有关企业的剥离辅业改制工作等。各企业要结合集团的改制《办法》要求，认真做好改制工作。

2. 实施管理创新，不断深化提高集团现代企业化管理水平。

今年，集团公司要按照现代企业制度的要求，以推进企业新的会计制度管执行、抓好资本收益管理、开展财务总监派出试点、实施经营者绩效考核和收入分配办法、建立企业产权代表制度等为重点，进一步深化对企业的财务管理、人力资源管理和审计监督管理，努力实现管理创新。具体来讲：

一是以积极推进贯彻执行企业新的会计制度为契机，进一步加强财务管理。在推进财会管理制度创新上，今年，我们要按照国家要求，结合集团的实际情况，有重点地选择企业执行新的《企业会计制度》，在总结经验的基础上予以推广，保证在2005年以前，在全集团实施新的《企业会计制度》。在资本收益管理上，我们要按照集团已制定颁发的《国机集团资本收益管理暂行办法》要求，认真做好各企业税后利润的分配工作。监督检查、指导各公司、院所建立和健全资本收益管理制度的执行，保证资本收益制度的有效实施，此外集团各个层面落实好出资者权利和责任。对各企业上交的资本收益，我们要加快研究制定收益的投放、使用办法和意见，并及时做好投放工作，保障各单位的经营资金需求。在加强财会队伍建设方面，我们将采用"走出去、请进来"的办法，组织开展对企业财会人员进行重点培训，在集团范围内组织开展知识竞赛，调动财会人员加强业务学习的积极性，促进业务水平和能力的提高。同时，我们还将认真做好集团财务公司的组建和运行工作，今年，我们要争取尽快办理完成集团财务公司的批准成立，动员各企业完成对财务公司的增资扩股，积极开展集团资金运作业务。

二是以实施企业经营者年度绩效考核与收入分配办法为重点，加强人力资源管理。今年，我们要加快企业经营者年度绩效考核与收入分配办法的制定和执行工作。要通过执行新的分配办法，加快建立集团经营者有效激励和约束机制，营造鼓励经营者干事业、支持经营者干成事业的良好氛围。同时要建立起追溯经营者个人责任和决策责任制度，对于违反法律法规和企业重大决策程序致使企业遭受重大损失的，必须追究有关经营者个人的责任。在干部管理上，我们要进一步深化干部人事制度改革，积极探索广纳群贤、人尽其才、能上能下、充满活力的符合现代企业制度要求的选人用人机制。要优化人才资源，建立集团干部人才建设的层次结构体系。要促进人才流动，做好干部换岗交流工作。要切实加强干部教育培训工作，建立和完善培训体系，形成多层次、多渠道、大规模的干部教育格局。

三是建立集团产权代表制度，促进出资者管理到位。长期以来，国有企业在管理体制上存在个突出的问题是企业所有者和经营者权利、责任和义务不到位，严重制约了企业的管理和发展工作。为了规范集团管理体制，理顺管理关系，集团公司从今年开始要着手研究制定并建立企业产权代表制度。产权代表制度的建立是对传统的企业领导干部制度的一项重要改革举措。产权代表制度的建立将结合经营者的薪酬管理制度予以实施，建立企业经营者责、权、利的统一，强化资产运营和监管工作，以达到集团规范管理、规范运作的目的。

四是逐步施行国机集团财务总监派出制，加大监督管理力度。为了促进企业的规范管理，今年，集团公司将开始实施财务总监派出试点工作。为此，集团公司要抓紧研究，提出工作实施方案，并选择有关企业开展试点。在审计管理上，今年我们要进一步建立和完善内部审计制度，制定审计办法和审计标准，开展对重点案例调查分析，针对成员企业中重大的、共性的、对企业经营影响较大的事项开展调查，并组织进行发布交流，以促使各单位能够提高风险防范意识，减少损失。

五是推进信息化建设，加强信息管理。今年，集团要加强计算机信息网络建设和利用。为此，集团将组织做好集团信息网络建设规划工作，并逐步予以实施。要建立完善信息管理规章制度，加强企业之间信息交流和沟通，实现内部资源共享。要进一步认真办好《国机集团报》，丰富信息和内容，扩大宣传面。

六是要进一步提高集团总部管理水平。集团公司总部要努力提高整体管理水平。今年，集团公司总部各职能部门在搞好日常工作的基础上，都要按照集团总体发展战略的思路和要求，结合各部门的具体管理职能，认真开展发展创新研究，制定本部门重点工作创新思路和意见，并组织实施，以全力推进集团发展战略规划的落实；要进一步完善内部机构和制度建设；集团公司要努力改进工作作风，提高工作效率，搞好对子公司的服务。今年，我们还要认真做好集团本部质量管理和环境管理的贯标认证工作。

3. 实施科技创新，着力培育和提高集团经济持续发展的增长点。

市场的竞争，最主要、最直接的就是技术与产品的竞争。一个企业只有拥有自主开发能力，只有拥有品牌产品，才可能在竞争中争取主动，赢得市场。集团公司科技创新的思路是：以科技创新为先导，将改革重组与提高高新技术开发与成果产业化能力相结合，通过加大资金投入，建立并完善科技开发体系，在优势技术领域形成一批拥有自主知识产权，具有市场竞争优势的技术和成果，加快院所和有关生产企业科研开发与产业化、工程化和国际化经营步伐，培育国机集团经济持续发展的增长点。今年，我们要重点抓好三个方面的工作，一是要研究制定国机集团科技发展战略规划，通过统筹规划，明确科技创新发展方向、重点、目标和措施步骤，使之成为指导集团今后一段时期抓好科技创新工作的行动纲领；二是着力抓好国家重点科技开发项目和军品配套研制项目的申报、落实和实施工作，不断开拓渠道，争取有关方面的资金和政策支持，真正做到生产一批、开发一批，预研一批，加速科研院所实现跨越式发展；三是积极做好创建集团科技发展基金的工作。要结合集团实施资本收益管理工作，筹备设立集团科技发展基金，要研究制定《国机集团科技发展基金管理办法》，以促进集团重点科研开发和成果产业化项目的实施；四是要研究建立科技创新激励机制。集团公司将制定对重大科技成果评审奖励制度和科技人员重大贡献奖励办法。结合以上工作要求，今年我们要召开国机集团科技工作大会，通过会议进一步明确工作思路，落实有关措施和要求，推进集团科技创新工作的全面开展。

（三）学习贯彻党的十六大精神，加强党的建设和企业思想政治构成，为集团公司实现快速发展提供坚强保证

党的十六大提出的全面建设小康社会的宏伟目标，为我们工作指明了方向。实现集团 2003 年的目标正是我们落实党的十六大精神的实际行动。我们必须充分发挥各级党组织的政治核心作用、党支部的战斗堡垒作用和党员的先锋模范作用，调动一切积极因素，团结广大干部职工为壮大集团公司实力，为全面提高国机集团国际竞争力做出积极贡献。

1. 坚持用十六大精神统揽全局，切实抓好学习宣传贯彻十六大精神的各项工作。

用十六大精神统一思想，统揽工作全局，是完

成十六大提出的奋斗目标和各项任务的重要保证。各级党组织要把学习宣传贯彻党的十六大精神作为一项重要政治任务抓紧抓好，把广大党员干部职工的思想和行动统一到十六大精神和“三个代表”重要思想上来，统一到集团公司的战略部署上来。各单位要兴起学习贯彻“三个代表”重要思想的新高潮，企业党委中心组要认真学习十六大报告和党章，在掌握基本观点和领会精神实质上下功夫，不断提高领导干部的理论素养、政治素养和领导水平。领导干部要自觉做学习实践“三个代表”重要思想的模范。要引导企业广大党员干部职工全面准确领会十六大精神，使“三个代表”重要思想深入人心。要在学习中，坚持理论联系实际，把十六大精神和“三个代表”重要思想贯穿于企业改革发展的各项工作中。

2. 加强企业领导班子的思想政治建设和作风建设。

企业领导班子是企业改革、发展的保证，是维护企业稳定的核心。企业党政一把手要切实负起责任，切实把领导班子建设好。要把开好领导班子民主生活会作为加强领导班子思想政治建设的重要措施，认真组织开好领导班子民主生活会。通过加强领导班子成员的思想沟通，开展批评和自我批评，增强领导班子的团结，提高领导班子的凝聚力和战斗力，提高解决自身问题的能力。要认真贯彻党的十五届六中全会提出的“八个坚持，八个反对”，着力解决好领导干部在思想作风、学风、工作作风、领导作风和生活作风等方面的突出问题，努力在作风上有新改进、新气象。今年是集团公司改革重组的重要一年，各单位一定要以“三个代表”重要思想为指导，认真贯彻十六大精神，以创新的精神推进企业的重组改制工作。

3. 充分发挥党组织政治核心作用，确保今年生产经营目标的实现。

充分发挥党组织政治核心作用，切实加强企业党的建设，是实现企业改革发展稳定的根本保证。今年要以开展“创先争优”活动为形式，大力加强基层组织建设，充分发挥党支部战斗堡垒作用和党员的先锋模范作用。要加强制度建设，进一步建立健全企业党的工作的各项制度。要明确和规范企业党组织发挥政治核心作用的内容、程序和方法，切实保证企业党组织参与重大问题决策，着力提高党组织参与决策的能力和水平。要通过制度创新，适应新形势下的党建工作，围绕企业生产经营中心，服务企业经济发展大局，拓宽领域，强化功能，扩大党的工作的覆盖面，不断提高党的基层组织的凝聚力和战斗力。

4. 加强企业思想政治工作，确保企业和社会的稳定，促进企业的改革。

坚持稳定压倒一切的方针，正确处理改革发展稳定的关系，没有稳定为前提，一切都无从谈起，任何好的规划、方案都将难以实施，这是推进国有企业改革发展工作的一条最基本的经验。要进一步建立健全企业稳定工作责任制，各级领导干部要坚持党的群众路线，加强企业思想政治工作，努力运用说服教育、示范引导和提供服务等方法，满腔热情地解决职工群众工作和生活中的实际问题，确保企业稳定，促进企业的改革。各级党组织要紧紧抓住发展这一主题，大力推进企业的体制、技术和管理的创新，推进企业建立和完善现代企业制度。要紧紧围绕企业生产经营中心任务，切实增强政治工作的时代感，加强形势任务教育，团结和依靠广大职工齐心协力促改革，聚精会神搞建设，一心一意谋发展。

5. 加强和改进党的群众工作，进一步调动广大职工群众的积极性、主动性和创造性。

各级党政领导要牢固树立全心全意依靠职工群众办企业的思想，切实加强和改进党对工会、共青团、妇女等群众组织的领导，支持他们依照法律和各自章程积极开展工作。要认真贯彻实施《工会法》，坚持和完善以职工代表大会为主要形式的民主管理制度，保证职工依法行使民主选举、民主决策、民主管理和民主监督的权利。深入实行“厂务公开”制度，推进企业民主政治建设。积极开展群众性创新活动，动员广大职工积极投身于企业的改革和发展。

青年是祖国的未来，也是企业的未来，是企业改革和发展的生力军。各级党组织要教育和引导广大青年把学习科学文化和加强思想修养结合起来，把树立远大理想和进行艰苦奋斗结合起来，在企业改革发展中建功立业，锻炼成才。要重视青年干部的培养，做好“推优”工作，为青年成长成才创造良好的条件。

6. 以效能监察为重点，建立和完善适合企业特点的党风廉政责任制度，加大案件查处力度，开创纪检监察工作新局面。

一是紧紧围绕企业的中心工作，服从和服务于企业改革发展稳定的大局，以效能监察为重点，统一思想，提高认识，突出重点、切合实际，积极开展效能监察工作。制定相应的工作制度，规范工作程序，保证效能监察工作能够有序、有效和健康地开展，促进集团公司管理水平的提高。

二是加强党风廉政建设，有计划、有组织、有步骤地开展宣传教育活动；坚持标本兼治、治本为主的方针，注重从源头预防和杜绝腐败的产生，尤其加强对企业领导人员的示范教育和警示教育，落实企业党风廉政责任制。

三是加大案件查处力度，提高办案质量和效率，坚持惩处与保护并重的原则，支持改革者、教育失误者、保护守法者、惩治腐败者。

四是深入开展调查研究，不断探索适合企业特点的纪检监察工作新思路、新方法，建立一支政治素质强、工作作风硬的纪检监察队伍，开创纪检监察工作新局面。

7. 进一步推进企业文化建设，培养“四有”职工队伍。

一是要加大国机集团 VI 系统对内对外的宣传力度，努力塑造国机集团的企业形象，树立国机集团的品牌意识，增强国机集团所属各单位的团队意识，增强国机集团的凝聚力和向心力。

二是各单位党政领导要提高对搞好企业文化建设的认识，统一思想，扎实推进。投入推进企业文化建设，进一步提高职工队伍素质，提高企业的管理水平，提高企业的对外形象，增强企业的市场竞争实力。

三是深入开展企业精神文明建设，以贯彻落实《公民道德建设实施纲要》为重点，努力提高广大职工的思想道德水平，充分发挥社会主义市场经济机制的积极作用，不断增强职工的自立意识、竞争意识、效率意识、民主法制意识和开拓创新精神。继续开展文明单位的创建活动，促进企业持续健康地发展。

我们这次会议是在党的十六大会议结束不久的大背景下召开的。学习贯彻十六大精神，对于加快集团改革和发展步伐，有着非同寻常的意义。在新的发展时期，在新的历史任务面前，我们要以“三个代表”的重要思想为指导，始终保持蓬勃向上、奋发有为的精神面貌，始终保持与时俱进的思想品质，团结一致，开拓创新，努力开创国机集团改革和发展的新局面。

认清新形势　把握新机遇　跨越新高度
开创国机集团发展的新局面

——任洪斌在国机集团 2004 年工作会议上的报告

(2004 年 3 月 11 日)

2004 年国机集团工作会主要任务是，总结 2003 年国机集团的工作，分析当前面临的形势，研究部署 2004 年的重点任务。

一、2003 年工作简要回顾

刚刚过去的 2003 年，是不平凡的一年，是国际政治军事形势跌宕起伏的一年，是我国经济遭遇大挑战、取得大发展的一年。在这一年中，国机集团上下齐心协力，积极进取，经受住了突如其来的“非典”疫情的严峻考验和伊拉克战争带来的巨大挑战，抓住了稍纵即逝的发展机遇，通过三大创新，使生产经营跨上了新台阶，非实体经营实现了新突破，改革改组迈开了新步伐，科技工作出现了新局面，党建工作展现了新面貌。圆满完成了年初制订的各项任务，取得了可喜成绩。

（一）经营业绩又创新高

2003 年国机集团完成经营额 248 亿元、完成销售收入 185 亿元、完成利润超过 5 亿元（其中处理呆坏账和弥补亏损2.5亿元，实现利润2.5亿元,)、完成进出口总额22.54亿美元（其中：出口14.72亿美元、进口7.82亿美元），分别比计划目标增长15%、9%、32%、22%。综观2003年的经营情况，主要表现为以下三个特点：

1. 工程承包项目在主营业务中的地位突出。

2003年集团公司对外工程承包和成套设备出口完成额达到7.36亿美元，占集团公司出口总额的50%，占全国对外工程承包和劳务出口112.40亿美元的6.54%。特别是在机电产品类的工程承包中，新市场、新领域的开拓进一步提升了集团公司的核心竞争力，为集团公司可持续发展增加了后劲，也进一步确立了国机集团作为国内重要国际工程承包企业的地位。从与我们的标杆企业——Foster Wheeler LTD. 的比较来看，国机集团在ENR全球最大225家承包商中的排名由2002年的第50位上升到2003年的第42位，而Foster Wheeler LTD. 则由2002年的第16位下降到2003年的第22位，这说明集团公司在国际工程承包领域取得了较大进步。

2. 科研院所经营规模逐步扩大。

科研院所是集团公司经营工作的一支重要力量，高新技术产业是集团公司的另一大主业。几年来科研院所的经营工作一直保持着稳定增长的良好态势，科技成果产业化和其他形式的科技经营活动取得了可喜进展。目前科研院所占集团公司经营总额的比重已从2001年的10%上升到2003年的18%，占集团公司利润总额的比重已从2001年的16.5%上升到2003年的26.8%。

3. 成员企业的规模化经营取得可喜进展。

截至2003年底，集团公司经营规模超过亿元的公司有19家，占所属企业总数的39%，比2002年增加3家；其中：CMEC公司超过100亿元、占集团公司经营额的40%；CMIC公司、农机公司、建设公司、浦发公司和电线电缆公司等5家超过10亿元，经营额共计57亿元，占集团公司经营额的23%。

进出口总额超过1000万美元的单位有14家，共完成22.2亿美元，占集团公司进出口总额的98.5%。其中：CMEC、CMIC、CAMC的进出口总额分别达到14.8亿美元、3.01亿美元、1.37亿美元。

经营规模超过5000万元的院所有16家，占所属企业总数的33%，比2002年增加了7家。其中，联合工程公司、西重所、广电院等3家超过5亿元；天工院、兰石所等2家超过3亿元；合肥通用所、洛轴所、济南铸锻所、中国中元公司、天传所、四院、桂林电器所、北京起重所等8家超过1亿元。

以上数据表明，成员企业经营规模不断扩大，经营结构更趋合理，推动了集团公司的整体健康发展。

（二）重组改制迈出重要步伐

2003年是国机集团改革重组工作重在实施的一年，按照去年年度工作会议确定的工作方针，积极部署，稳步实施，在以下四个方面取得较大进展。

1. 内部资产优化重组力度加大，效果明显。

2003年先后完成了11家企业的联合重组，涉及重组资产约39亿元。通过重组，优化了资源配置，盘活了存量资产，改善了资产质量，提高了企业整体竞争力。如杭照所、秦皇岛所与沈阳仪表院重组后，管理水平有了较大提高，原来企业职工情绪不稳定、纷纷上访的现象没有了，严重影响企业生存发展的有关历史遗留问题也得到了化解，企业生产经营有了较大起色；空分公司重组到农机公司后，发展的空间得到拓展，做强做大空分业务逐步具备了条件；中元设计院与电脑公司、规划院的重组使资产、业务的布局更加合理；北方公司与机翔公司重组改制后，实现了资产规模的扩大，促进了企业经营规模大幅增长，其经营额比上年增长了近3倍。

2. 积极开展外部重组，进一步增强了集团整体实力。

集团公司积极配合国资委开展战略性结构调整工作，在对外部企业重组方面取得重大成果。顺利完成了对中汽总公司所属中汽进出口公司等6家企业的重组，进一步拓宽了集团公司的经营领域。同时，通过积极竞争，在吸收重组中国进口汽车贸易中心方面取得实质性进展，使又一家优良企业即将进入国机大家庭。这批汽车行业企业的进入，不但能进一步壮大集团的资本规模、提升竞争能力，同时也为把国机集团打造成为国内汽车服务贸易领域一流企业提供了良好平台和产业基础。

3. 顺利完成国机财务公司改组改制，实现了财务公司的正式挂牌运营。

组建财务公司是集团公司近两年来的一项重点

工作。在财务公司的组建过程中，各有关子公司给予了大力支持，有21家公司、院所共新投入2亿元资金对财务公司进行了增资扩股，并及时、足额汇入指定银行账户，按时完成资金入账手续。在集团上下的共同努力下，2003年7月，中国银监会正式批准中工信改组为国机集团财务有限责任公司。财务公司正式挂牌运营以后，使经营业务很快走上了正轨，先后为多家企业办理了贷款业务，为支持成员企业的经营工作发挥了作用。与此同时，财务公司的对外资本经营业务已经开始，并已取得一定收获。

4. 企业产权制度改革在探索中稳步推进。

集团企业改制工作紧紧围绕国家贯彻党的十六大精神，坚持按照“先重组、后改制”的原则，在总结经验、完善制度的基础上努力开展工作。首先是积极调整思路，以适应国家改革形势与政策的发展，年初制订并印发了《国机集团关于推进企业改制工作指导意见》，进一步指导和规范了所属企业的改制行为；其次是继续稳步推进部分企业的整体与局部改制工作，促进股权多元化与经营活力的增强。比如CMEC推进辅业子公司局部改制，将资源重点集中主业；自控公司加快改制剥离经营亏损的子公司，为企业走出困境创造条件；广电院实施股权结构性调整，着手解决股权管理与激励方面存在的遗留问题，以促进改制企业的健康发展。第三是贯彻落实国资委关于主辅分离、辅业改制的政策，确定了集团首批主辅分离改制的企业。目前，CMEC、联合工程公司等部分企业正在制定主辅分离改制方案，其他一些企业也正在积极筹划。第四是加强了企业改制上市的工作。包括积极推进中工国际上市取得良好进展；天工院收购控股“中发展”已进入实质性操作阶段等。按照集团改革重组工作的要求，重庆材料所、广州机械院、天传所等一些企业也在积极酝酿，提出改革重组方面的一些方案与设想，为促进企业的持续发展进行积极的探索。

（三）科技工作出现新局面

2003年成功召开了集团科技大会，统一了思想，凝聚了共识，形成了尊重人才、注重技术创新的大好局面；制定了《中国机械装备（集团）公司2003年—2010年科技发展战略》，为集团的科技发展指明了方向；制定了《中国机械装备（集团）公司科学技术奖励管理办法》，并首次评选出国机集团科学技术奖27项，200余人获奖，鼓舞和调动了集团公司广大技术人员的积极性；制定了《中国机械装备（集团）公司科技发展基金管理办法》，目前已有17个单位的24个项目提出申请，后续的工作正在展开；组织申报和评审国家重大科研项目300余项、组织或主持科技项目技术鉴定验收30余项，并积极主动地协调国家重点科研攻关项目、集团重点科技攻关和集团重点科技项目，及时解决项目实施过程中存在的问题，从而使项目完成率和优良率保持在90%以上，促进了科技创新工作的开展。2003年科技工作的特点主要体现在以下三个方面：

1. 科技投入力度加大。

通过发挥“国机”品牌的整体功能优势，在争取和承担国家重大科研项目、重点技改、军工配套项目以及争取国家资金等方面取得了突出的成绩。近几年来，国机集团科技开发的经费逐年增加，力度不断加大，2003年度仅国家有关部门已批复的国家科技攻关和技术改造项目就达40个，总投资2.8亿元，争取国家拨款支持5000多万元，国机集团2003年科技方面的投入已达到产品销售收入的10%左右。去年合肥通用所成功地被批准建立国家级工程研究中心，使国机集团的国家级工程研究中心上升到6家。所有这些都为国机集团所属企业的技术进步和产业化建设创造了有利条件。

2. 科技成果不断涌现。

2003年集团共获得国家和省部级科技成果奖41项，已授权专利44项、其中发明专利12项。如天津Φ220mm大无缝冷扎技术成套设备、纤维膜接触器处理工艺技术、特种介质大容量球罐等均处于国内领先水平。同时，设计研究院在工业工程、民用建筑、医疗建筑、物流工程和生物医药工程等许多领域创造了大量的科技成果，其中有获得国家优秀工程设计银质奖的“宁夏小巨人数控机床工程”、机械工业优秀工程咨询成果一等奖的“西藏三大重点文物保护工程可行性研究报告”等。洛轴所等单位因为“神舟”五号飞船成功发射作出重要贡献而受到总装备部的表彰；中国中元公司因为建设小汤山非典医院作出重要贡献而受到国家的表彰。

3. 产业化水平不断提高。

近年来，国机集团已开发研制出一批产业化程度很高的名牌产品，有171项高新技术产品的国内市场占有率超过20%，其中相当一批具有世界水平或国内先进水平。在重型机械、石化通用、电工、基础零部件等七大类设备中有86项产品的国内市场占有率超过了20%，经济效益显著。

（四）非实体经营取得新突破

随着所属公司和院所对非实体经营模式的积极响应，前后有一批项目纳入非实体经营范畴。集团公司正在跟踪的非实体经营项目有10项，项目总金额约90亿美元，涉及8个国家，分布在电站、铁路、轻轨等行业，这些项目将为集团加快非实体经营步伐创造条件。目前，这些非实体经营项目在有关所属公司积极参与下，都有了不同程度的进展。特别是菲律宾北吕宋铁路建设项目，在CMEC、CAMC的共同努力下，于2003年12月30日与菲律宾业主正式签约，实现了集团非实体经营零的突破。该项目合同金额4.2亿美元，经过努力，已经获得了中国进出口银行优惠买方信贷的支持。从菲律宾北吕宋铁路建设项目的签约可以看出，整合集团的整体综合实力，通过有效的运作，发挥集团自身及所属企业的各自优势，统一对外，不仅可以避免内部恶性竞争，而且可以大大提高集团整体对外承揽项目的能力。

（五）企业管理得到进一步加强

在过去的一年里，国机集团为了适应市场经济和建立现代企业制度的要求，并结合自身发展需要和管理特点，在管理和服务的方式、方法上做了大量工作，提高了管理水平。

1. 加强制度建设。

国机集团总部2003年修改和制定了62项规章制度，到目前为止，总部现在执行的各项制度超过110个，内容涵盖了改革、人事、资产财务、投资、经营、科技、审计、法律、党群和纪检监察等多方面的管理内容，基本上做到了各项工作有章可循。各成员单位在建章立制，规范管理方面也花了相当大的功夫，为搞好工作奠定了良好的基础。如：CMIC在2003年新制定和修改了25项规定，完成了公司规章制度的汇编工作。CMEC在战略实施措施中提出了“管理制度化”，建立起一套适应市场经济规律和符合现代企业制度的管理体制、机制，使CMEC的管理水平有了较大提高。

2. 狠抓质量管理。

截至2003年底，集团公司已有36家成员单位通过了质量认证，占企业总数的63%。国机集团总部去年开展了ISO9001. ISO14001两标一体化的贯标工作，并于2003年6月顺利通过了中国船级社质量认证公司正式审核，7月份获得了中国质量认可委员会颁发的CNAB证书、英国国家认可委颁发的UKAS证书和中国环境认可委颁发的CACEB证书等三张认证证书，为国机集团进一步规范管理、开展非实体经营、朝着国际化大型集团公司的方向发展奠定了基础。

3. 重视管理创新。

2003年，集团本部为适应企业发展的需要，增设了战略研究室，调整了部分部室的职能，加大了干部交流的力度，实行了部门及以下干部全员竞聘上岗的管理机制，取得了较好效果；同时，许多成员单位十分重视管理创新，在管理方式和方法上进行了有益探索。如：天工院继续投入大量人力、物力，逐步实施企业资源管理系统ERP工程和产品数据库管理系统PDM工程。CAMC在资金运作上利用金融衍生工具，不仅促进了资金的快速回流，节约了大量财务费用，而且降低了经营风险。

4. 人才队伍建设取得成效。

重点围绕国机集团骨干人才队伍建设这条主线，打造国机人才品牌。完成了14个成员单位行政领导班子换届工作，一批优秀中青年干部进入领导班子，经营管理人才队伍得到充实；进一步规范了专业技术人员任职资格的评审，严格了评审程序和申报条件，强化了评审标准，促进了专业技术干部学术水平不断提高。集团公司向国家人事部推荐20名优秀专业技术干部享受2002年度政府特殊津贴，107名同志评审通过享受提高待遇的高级工程师，20名同志获高级会计师任职资格，专业技术人才队伍进一步壮大；高层次人才培养基地建设取得新成果，西重所、天工院、洛轴所、重庆仪表材料所等四家单位获国家批准，建立博士后工作站，使国机集团系统博士后工作站总数达到7个。

5. 实施资本收益管理，落实出资者责任。

2003年是国机集团实施资本收益管理的第一年。在这一年里圆满完成了税后利润上缴和投资返还工作，资本收益工作有了良好的开始。共收取2002年税后利润7619万元，追加投资返还4778万元，实际留用2841万元。集团公司留用的税后利润主要用于：年度财务决算及任期责任审计费用、子公司经营者年薪、新会计制度培训、会计知识竞赛、拨改贷项目、集团公司组织的会议支出；建立了两项基金即市场开发基金和科技发展基金，做到了取之于企业、用之于企业。

6. “三清”工作成效显著。

2003 年，各单位根据集团公司的要求，在原有清理工作的基础上，进一步加大了“三清”工作的力度，逐项进行清理，取得了显著成效。截至目前，共收回借款 5.4 亿元，解除担保 5.9 亿元。CAMC 通过“三清”，对 18 个投资效益不好的项目逐一进行了清理，收回投资 438 万元；对 9 个借款项目全部进行了清理，共收回对外借款 4 亿多元，占原对外借款总额的 98%；对 8 个对外担保全部进行了清理，已解除担保 1.53 亿元。联合工程公司通过“三清”，摸清了家底，建立健全了公司财务管理制度，理顺了母子公司的关系，加强了企业的管理。机床公司、重机公司、兰州电源所等单位认真抓好“三清”工作，取得了实实在在的效果。

7. 强化审计工作。

内部审计工作是企业内部控制系统的重要组成部分，集团公司十分重视。2003 年通过健全机构、狠抓落实，进一步强化了内部审计工作。集团共完成审计 716 项，通过审计，查出损失浪费 2112 万元，促进增收节支 570 万元，提出的合理化建议被采纳 705 条，纠正违规金额 341 万元。审计工作为企业增收节支，严肃财经纪律，提高管理水平，发挥了积极的作用。

8. 加强对企业法律工作的管理，提高法律服务质量。

2003 年，集团陆续出台了《集团公司法律工作管理暂行办法》《国机集团加强企业法律工作的意见》等规范性文件，初步建立了集团法律工作管理和发展的框架，促进了集团法律工作的规范化和制度化。所属企业根据集团要求，加强企业法律工作，注意依法经营管理、运用法律手段维护企业合法权益。2003 年 CMIC 利用各种社会资源，采取法律手段，加大清欠工作力度，收回欠款 2300 多万元；重型公司重视法律工作，积极处理各种法律纠纷和诉讼案件，维护了单位的合法权益；部分企业初步建立了风险防范机制，加强了内部监督；一些企业加强了法律组织机构、法律顾问队伍建设，提高了法律工作水平。

（六）精神文明建设再创佳绩

2003 年，国机集团党委以“三个代表”重要思想为指导，重点抓了各级领导班子思想政治建设、基层组织建设和企业稳定工作，在工作中充分发挥各级党组织的政治核心作用、党支部的战斗堡垒作用和党员的先锋模范作用，积极探索党建工作的新思路，促进集团公司两个文明协调发展，为国机集团的改革发展提供了强有力的政治保证。

1. 加强企业党建工作。

党的组织建设是各级党组织发挥政治核心作用的重要基础，也是完成党的各项任务的重要保证。为了加强党的组织建设，切实履行党组织的各项职责，2003 年集团公司党委重点抓了党代会召开前的各项筹备工作、所属企业基层党支部建设工作以及成员单位党委换届选举工作。重机公司、重庆材料所等十家单位完成党委换届工作，对在改制重组中新组建和重组企业，及时建立了党组织，为企业重组改制提供了组织保证。

2. 加强企业领导班子思想政治建设。

一是认真开好集团公司领导班子民主生活会。根据国资委党委的要求，在民主生活会上，每位班子成员对照职工群众的意见和建议，对照一年来的工作，深刻剖析自己的思想认识，查找工作中存在的问题，明确今后努力方向，坦诚交流思想，认真开展批评和自我批评，真正达到了增进团结、促进工作的目的。

二是加强对所属企业领导班子民主生活会的督导。为强化对所属单位领导班子民主生活会的指导，2003 年集团公司党委根据上级党组织的有关规定，并结合集团公司实际，制定了《关于中国机械装备（集团）公司所属企业领导班子民主生活会的有关规定》，进一步规范了民主生活会的程序和要求，为提高民主生活会的质量奠定了基础。

3. 保稳定、促发展，企业思想政治工作卓有成效。

一是坚持以生产经营工作为中心，牢固树立发展是第一要务的思想观念。集团公司各级党组织结合企业的中心工作，深入宣传党和国家的方针政策，宣传企业改革的总体思路，认真学习《国有企业资产监督管理条理》，不断提高干部职工对改革的认识，做好统一思想，转变观念，鼓舞士气的宣传教育工作，为企业改革营造了和谐的氛围。

二是领导干部转变作风，深入基层，调查研究，落实企业稳定工作责任制。针对部分企业存在的问题，集团公司给予了高度重视，派驻工作组深入到基层单位调查了解情况，倾听职工呼声，掌握职工的思想动态，及时采取措施，有针对性地做好思想工作，确保企业稳定。特别是在与“法轮功”

邪教组织的斗争中，认真做好“法轮功”痴迷者的思想工作，为维护社会稳定做出了积极贡献。

三是深入开展“送温暖”活动，帮助职工解决实际困难。中收公司、机床公司在企业经济状况十分困难的情况下，千方百计筹措资金，解决企业生产和职工生活问题，慰问特困、下岗职工，解决职工冬季取暖及房屋整修等实际问题；2003 年上半年，广州、北京等地发生“非典”疫情后，各单位都给予了高度重视，及时成立工作小组，发放宣传手册，在预防、用餐、工作安排等方面采取一系列措施，确保了职工的身心健康。

4. 纪检监察工作进一步深入。

国机集团纪检监察工作紧紧围绕企业改革发展的实际，坚持标本兼治、综合治理的方针，逐步加大治本力度，努力从源头上预防和治理企业腐败问题。一是加强了对企业领导人员在重大项目、重要人事任免、事关企业改革发展和群众切身利益的重大问题、大额资金运作方面行为的监督，进一步规范了企业经营管理行为；二是积极组织力量，对过去积压的问题进行清理，在查办案件中坚持以事实为依据、以党纪国法为准绳，做到事实清楚，定性准确，处理恰当，程序合法，受到了各方面的肯定；同时，各成员单位还从本单位的实际出发，围绕企业中心工作，努力推进效能监察，有力地促进了企业管理水平和效益的提高。

二、面临的形势

2004 年是全面贯彻落实党的十六届三中全会精神的第一年，是我国经济体制、国有资产管理体制、外经贸体制改革进一步深化的重要一年，也将是国际政治经济军事格局进一步调整的一年，这些变化对国机集团这样一个以外贸为主导的大型国有企业的发展将产生重大影响。

（一）从国际形势看，机遇与挑战并存

世界经济回升，将扩大国际贸易需求，有利于我们产品的出口。联合国发布的《2004 年全球经济形势与展望》报告指出，随着美国经济扩张步伐达近 3 年以来之冠，亚洲和欧洲的消费者信心增强，全球经济增长将从 2003 年的 2.5% 提高到 2004 年的 3.5%。其中，美、日、欧三大经济体的经济增长将从 2003 年的 2.6%、1.9%、0.4%，分别提高到 2003 年的 4.0%、2.6%、2.3%；东亚发展中国家和地区的平均经济增长率将从 2003 年的 5.6% 提高到 2004 年的 6.3%；拉美经济增长率将从 2003 年的 1.1% 提高到 2004 年的 3.6%。总之，我们将经历全球经济同步成长的发展局面，展现在我们面前的国际市场将有较大增长。

但是，世界政治经济形势错综复杂，围绕全球多边贸易谈判、军控和防扩散等重大国际问题的斗争十分激烈，2004 年的国际政治经济关系仍然将呈现出整体调整、局部动荡的态势，旧的热点依然存在，新的热点有可能产生。作为我集团公司设备成套、工程承包业务主要战场的中东和东南亚地区是世界注目、大国争夺的焦点，国际军事冲突和恐怖袭击事件仍将继续，甚至有蔓延的危险，这将严重影响我集团公司在这一地区的业务拓展。同时，由于 2004 年是美国大选和欧洲议会的选举年，一些政治势力可能干扰中美、中欧经贸关系的发展；世界贸易组织坎昆会议失败、多边经贸合作步伐减缓、世界市场竞争日趋激烈、国际贸易保护主义抬头，以及我国出口规模的迅速扩大，将会引起针对我国反倾销调查等各种措施的增加，贸易摩擦也会不断出现，这些都将对集团的机电产品出口带来巨大挑战。

（二）从国内形势看，机遇大于挑战

党的十六大为我国新世纪前二十年的发展提出了战略目标，明确了方向。十六届三中全会为实现这一目标通过的《中共中央关于完善社会主义市场经济体制若干问题的决定》，提出了“五个统筹”、“五个坚持”的总体要求。中央经济工作会议为今年的工作提出了“稳定政策、适度调整，深化改革、扩大开放，把握全局、解决矛盾，统筹兼顾、协调发展”的发展思路，国家将继续坚持扩大内需的方针，实施积极的财政政策和稳健的货币政策。经济持续、快速、协调、健康发展将是 2004 年宏观经济工作的主要特征。

首先是经济的迅速增长，将带来内需的较大扩张。总体上看，我国经济正在步入新一轮机遇难得的扩张期。国家发改委宏观研究院课题组在日前完成的研究报告中认为，受新的内在增长机制明显增强及政府适当调整政策的影响，2004 年我国经济仍将保持高速增长的良好态势，GDP 增长不低于 8%，其中固定资产投资增长 16% 至 18%、出口增长 15%、工业增加值增长 14%。国际上的一些权威机构也认为，我国 2004 年 GDP 的增长将达到 8% 以上。西部大开发、东北老工业基地改造、东部发达地区的快速城镇化、粤港澳地区经济一体化带来的需求扩张将会进一步由2003年延伸到2004年。这将为我们的国内工程设计与成套业务的开展和院所产业化经营提供广阔的市场空间。

其次是在十六届三中全会精神的指导下，我国的社会主义市场经济体制改革将进一步深化。税收制度的改革、社会保障体系和市场体系的完善、产权制度改革政策的出台以及对外开放水平的提高，将为我们进行管理创新、科技创新、经营创新提供动力。

但同时我们必须关注今年经济发展中可能出现的新问题。一是出口退税和关税双双下调，出口退税率下调了3个百分点，进口关税税率下调了1个百分点，这两方面的变化相当于人民币实际汇率的微幅升值，将对我们的出口和对外工程承包业务带来较大的负面影响。二是人民币汇率的升值压力和对人民币汇率政策变化的种种预期，将会直接影响我集团公司的外贸经营和效益增长。

（三）国有资产监督管理体制将进一步完善，中央企业的改革将进一步深化

在去年底的中央企业负责人会议上，李荣融主任代表国资委提出了今年建立健全国有资产监督管理体制的五项重点工作：即完善国有资产监督管理法律法规，依法维护所有者权益和所出资企业各项合法权益；完善中央企业经营业绩考核体系，抓紧研究国有资本经营预算制度；继续探索按市场化选聘企业经营管理者的途径和做法，加大中央企业人才的培养和选拔力度；加强国有资产监管，完善国有资产授权经营制度，坚持和完善监事会制度；积极推进国有经济布局和结构调整，加快培育和发展一批具有国际竞争力的大企业。

同时，李荣融主任强调了对中央企业进一步加快改革和创新步伐的五方面要求，即建立健全现代企业制度，尽快形成规范的法人治理结构；加快股份制改革，尽快使股份制成为中央企业的主要实现形式；加快企业内部改革，进一步转换经营机制；加快主辅分离，辅业改制步伐，多种途径分离社会职能；加大企业重组调整力度，积极开展中央企业联合重组，进一步搞好企业内部组织结构调整。这一系列要求为集团公司深化改革指明了方向。

（四）用发展的眼光看，集团自身仍然存在一些不容忽视的问题

近年来，虽然我们集团的发展取得了长足的进展，但是与市场竞争的需要相比、与我们自身发展的潜力相比，仍然存在较大差距，发展中存在的问题不容忽视。

首先是外贸增长速度较慢，市场集中，风险较大。2003年我国外贸进出口总值高达8512亿美元，比上年同比增长37.1%；进出口贸易规模分别突破4000亿美元大关，出口4384亿美元、同比增长34.6%，进口4128亿美元、同比增长39.9%；其中，机电产品出口2275亿美元、增长44.8%，机械设备进口715亿美元、增长37.1%。我们的进出口增长速度与之相比有较大差距。我们的核心业务工程承包市场仍然是集中在中东、南亚、东南亚、南美等热点、动荡和不发达地区，市场风险较大，形势不容乐观。据统计，由于伊拉克战争的影响，集团公司所属CMEC、电线电缆和电工公司等单位在中东市场出口业务已造成相当严重的损失，十几个项目合同滞延执行或者无法执行，项目总金额达6亿多美元。

其次是业务链条不完善，子公司之间的业务互补性差，影响了业务的开展。我集团公司当前的出口项目特别是成套项目多为电站和输变电项目，由于国内市场需求旺盛、我们又不掌握生产资源，从而使我们处于被动地位，难以保证按合同执行，影响了我们的国际信誉，降低了我们的市场竞争力。与此同时，我们的生产企业和科研院所所能够生产的产品又不是我们外贸公司经营的主要产品，我们的外贸优势难以在推动生产企业和科研院所发展方面发挥更大作用。

第三是部分亏损企业经营困难，对集团的发展带来较大负面影响。2003年，集团公司亏损总额预计达到2.5亿元，主要是历史遗留问题。集团公司三个亏损大户：机床公司、中地装公司、中收公司预计亏损达2.2亿元，如加上潜亏数额，亏损将会更大。这影响了集团公司整体的效益与信誉，应引起高度重视。

第四是技术开发力量协作不够，难以形成积聚优势。虽然集团所属企业的科技队伍十分庞大，但因组织结构缺乏内在联系，所属企业在各自的传统领域中开展科研生产活动，缺乏技术交流、技术渗透和技术合作，研发资源未得到充分合理利用，优势未能互补配套，难以形成整体优势，尤其是难以进行重大项目关键技术创新、高科技产品开发和成套设备的研制生产。这些严重影响了集团的科技开

发实力和整体经济效益的提高。

第五是改革重组步伐难以适应我国社会主义市场经济体制进一步深化的要求。建立归属清晰、权责明确、保护严格、流转顺畅的现代产权制度的改革才刚刚起步，仍然处于探索阶段，一些深层次体制性问题没有得到很好地解决。相对于地方国有企业改革来讲，我们的改革滞后，步伐不够快，力度不够大。目前，国机集团所属 50 多家子公司中，已实现投资主体多元化的只有 6 家，其他企业都是单一的投资主体，绝大多数是按《企业法》注册的，实行的是总经理负责制；重组仍然是以内部为主，在市场经济条件下真正意义上的对外重组和购并还没有取得较大进展，根据发展战略的要求进行全国资源配置的能力还较弱，全球配置资源的实践还没有开始。

第六是企业内部监督制度有待进一步完善。目前，集团部分企业由于法律、财务等方面的内部监督制度不健全、不落实导致的问题还相当严重，经济纠纷和诉讼案件时有发生，有的还因此诱发了一些突发事件，给相关企业带来了较大损失，阻碍了企业的健康发展。

总之，当前集团公司在市场开拓、业务经营、科技创新、改革重组、内部监督等方面还存在一些比较突出的问题，对此我们必须引起足够的重视。

三、大力推进改革与创新，全面完成 2004 年各项主要工作

根据我们面临的新形势、新问题以及我们自身的发展情况，我们确定了 2004 年集团公司的总体经营目标，即：经营额 250 亿元，其中工贸公司 210 亿元、科研和勘察设计院所 40 亿元；利润总额 3.8 亿元；进出口总额 22.5 亿美元，其中出口额 15 亿美元。

依据上述目标，2004 年国机集团工作的总体思路是：深入贯彻落实党的十六届三中全会精神，紧紧围绕集团公司发展战略，以市场为导向，经济效益为中心，改革与重组为主线，创新与发展为动力，促进两个文明建设协调发展，为实现集团总体发展战略目标而奋斗。

2004 年的工作核心是改革与创新。要通过市场的开拓和产业链的优化来促进生产经营的健康、快速发展；要进一步明确集团公司资本运作的方向和目标，加快资产重组的步伐，逐步实现主要由内部配置资源、国有资本为主向全球配置资源、资本多元化的方向转变；要按照十六届三中全会的要求，进一步探索国有企业产权制度改革的有效途径，增强国有资本的控制力和国机集团的凝聚力，提高国机集团的整体竞争力；要进一步探索现代企业管理的有效途径，逐步实现运作高效、决策科学的企业管理目标；要以创新的思维来加强和改进党建工作。通过改革与创新，来实现国机集团国际竞争力的进一步提升。为此，必须做好以下六个方面的工作。

（一）以市场为先导，巩固和发展核心业务

1. 大力推动出口市场和出口产品的结构优化。

2004 年，国机集团要继续实施“走出去”战略，推动集团公司向着规模扩张、结构优化，产业升级和经济效益提高的方向迈进。

首先要坚持实施出口市场多元化战略。在力保现有东南亚、南亚、中东市场的同时，要密切跟踪已初见成效的拉美市场，并充分利用国家政策、大力开拓非洲市场。

其次，要大力调整和优化出口产品结构，提高质量和档次，增强国际竞争力。围绕国际出口市场不断变化的需求，从单纯注重品种调整，转到品种、品质调整并重，创出一批“拳头”产品和品牌产品，提高市场竞争力。

2. 促进内贸与外贸的结合，切实利用好两种资源。

一方面集团公司的外贸企业，应在保持外贸业务持续发展的同时，尝试与国内生产企业合作，利用各自的优势，增强市场竞争力，提高整体企业效益；另一方面集团公司的内贸企业，应在保持国内市场占有率的同时，利用集团公司总体平台优势，积极联合外贸公司，努力开发外贸业务，共同承揽工程项目，开发新的业务增长点。

近期，商务部针对大型外贸企业加快内外贸一体化进程，提出了通过技贸结合优势，建立出口基地；通过行业优势，尝试投资实业项目等一系列经营策略的指导性建议。集团公司要组织所属企业认真研究，针对自身实际，围绕集团公司的发展战略，积极做好经营结构的调整。

3. 提升工程承包技术含量，促进科技兴贸。

首先是以科技与贸易的嫁接，逐步提高工程承包业务的科技含量。跟踪工程承包国际市场的发展动态，加快吸纳集团内相关设计研究院、咨询单

位、施工单位，并有效利用社会上制造业的存量资源，形成从项目前期，到成套设计、成套供货、安装、监理以及成套服务等功能比较齐全的大型综合性工程承包公司。

其次是采用科学的手段和方法，提高项目的管理水平。在承包的工程项目中应用先进的管理工具、手段，并通过网络互联，加强设计研究院、设备供应、施工安装、工程监理等单位之间的信息沟通；组织专家编制完善一套覆盖工程总承包全过程的管理程序和制度，用于加强工程现场的合同管理、设备采购管理、计划与进度管理、成本核算与财务管理、总体组织与协调管理，并组织编制相关软件，提高项目管理水平。

4. 加强对非实体经营工作的引导和管理。

非实体经营工作必须坚持以体现集团综合实力为核心，对非实体经营工作要正确引导。首先对项目的规模要有基本要求；其次领域选择要有针对性；第三在执行过程中要统一调度，加强管理，努力做到做好一个项目，带动影响一批项目，扎扎实实地推动非实体经营项目的开展。

对非实体经营项目要严格把关，慎重选项。非实体经营代表了集团公司的50多家企业，代表了集团公司的几万名职工，代表了集团公司的品牌，因此必须做好风险防范，不允许规模小、风险大，利润薄及资金压力大，还款时间长的项目进入非实体经营领域。

集团公司在非实体经营工作上要逐步实现由被动向主动的转变，从品牌宣传、资源整合、市场开拓等几方面入手，积极主动地寻找非实体经营的新市场、新项目，在扩大非实体经营规模、壮大集团公司整体实力的同时为所属企业的经营工作提供帮助。

（二）以股份制为核心，加快企业改革创新步伐

在改制的思路上，集团公司将按照“整体规划，区分类别，多种方式，稳步实施”的方针，依据不同企业发展的规模和实力，将其划分为核心业务企业、优势业务企业和一般竞争性企业等三种类型，并分别采取不同的企业改制模式。对于核心业务企业，其主业部分的改制采取集团绝对控股模式；对于优势业务企业，其主业部分的改制采取相对控股模式；对于一般竞争性企业，则采取集团股权大部分或全部退出的改制模式。在改制的原则上，将坚持以下两点：一是将改制的重心放在子公司一级的层面上，积极推进子公司的整体改制，对于有较大规模的核心业务企业，整体改制有困难的，可以通过剥离辅业，对经营主业进行集中改制，避免分散。对于优势业务企业和一般竞争性企业原则上以实行整体改制为主；二是改制与重组要紧密结合，改制必须服从改组。在改制的方式上，集团将积极推进和支持各企业广泛吸引战略投资者，吸引外资、民营资本等，通过中外合资，内部企业之间相互参股，企业内部经营管理骨干、技术骨干入股，兼并收购，规范上市等多种途径进行股份制改革，实现投资主体多元化，大力发展混合所有制经济。

按照以上思路和原则，今年集团公司将制定出台“关于贯彻落实党的十六届三中全会精神，推进企业改制工作实施意见”，并召开改制工作研讨会；推进有关重点企业的改制上市，完成1～2家企业的上市工作；着力推进科研院所的股份制改革，把实现产权多元化与充分调动设计、科研人员和经营管理者积极性紧密结合起来，鼓励技术骨干、管理骨干持有股权，以留住人才、吸引人才；对于长期亏损的部分困难企业，将采取出售、破产和关闭等措施，加快改革脱困进程；充分利用中央关于主辅分离的优惠政策，重点推进一批中小企业的改制工作。

（三）以资本运营为手段，加大对内对外的重组调整力度

在对外重组方面，我们将积极吸引战略投资者，引进先进技术，引进急需的管理和技术人才，逐步形成与跨国公司、民营企业既竞争又合作的局面。集团公司下属有条件的子公司也要在搞好生产经营的同时，积极开展资本运营。要在新的国资改革的环境下，借助资本市场，实现资源的资产化和资产的资本化，发挥资本乘数效应，调动更多的资产和资源。以资本管理导向资本运作，以资本运作带动资产流动，通过资产流动实现资源配置优化。让更多的外部资本流向集团企业，同时让更多的企业走向全国、走向海外，做到有进有退，实现资产的合理流动，不断提高企业竞争力。在内部资产重组方面，我们将按照“以强牵头，以大带小，强强联合，有序推进”的方针，以打造汽车服务贸易、工程机械、石化通用、机械基础件板块以及推进设计、施工等业务的整合、完善业务链条为重点，着

力抓好十多家公司、院所的联合重组工作；以改革脱困为重点，着力抓好机床公司、中地装公司和有关院所的重组改革工作；围绕提高整体竞争力，进一步减少管理层次，结合今年开展的清产核资工作，通过多种途径，对集团三级以下的企业和对外无效投资进行清理，努力实现企业内部管理的扁平化，提高资产质量和管理效率，增强企业控制力。

（四）打造科技创新平台，着力强化科技优势

1. 完善技术创新体系，构筑集团的技术创新平台。

通过建立集团技术中心，逐步形成以集团技术中心为核心，所属企业为主体，上下贯通、协调一致的技术创新体系。加强集团对科技工作的科学决策、服务与协调，促进集团内科技资源的共享，有效发挥整体优势。集团技术中心将研究制定集团技术创新的相关政策措施，继续做好组织国家、行业和集团内重大科技攻关项目的立项、落实和协调、监督工作。采集、加工、发布科技信息，推广国内外、集团内科技成果，拓展科技界与产业界、金融界的沟通渠道，同时负责对创新风险投资进行审查与评估。所属企业分技术中心根据集团科技工作的总体部署，以市场需求为导向，确定技术创新方向，并组织实施。

2. 加强科研开发与成果商品化，培育新的经济增长点。

科研院所和生产企业的技术创新重点是大力推进新产品、新技术的开发与应用，促进科技成果产业化，培育新的经济增长点。

首先是以产品和技术为支撑，加强集团内部和行业间的技术合作，形成高新技术产业化基地。以先进制造技术及装备、工程农机、重型机械、电工设备、石化通用机械和环保设备等主机领域形成的产业化基地为基础，应用信息、生物技术，提升原有主机产品的技术水平，发展智能化高附加值产品，利用产品技术优势扩大产品批量；从事传感技术、测试技术、液力传动、智能化仪表、特种刀具等研究与相关元器件、零部件产业化的科研院所，要将已开发的产品和技术以申请专利的方式加以提升和保护，形成具有知识产权的核心技术，并根据市场和集团内所属企业的需求将技术向上延伸，发展以核心技术为依托的配套产品，逐步进行产业化生产。

其次是应用高新技术改造传统产业，以军工技术提升民品技术水平。在认真筛选已有科研成果和已部分产业化产品的基础上，促进其与高新技术结合，向机、电、液一体化，智能化，数字化方向发展，并进一步加大产业化、商品化的力度，迅速扩大规模、占领市场，使其成为加快集团发展的新的经济增长点；通过在民品上应用开发军品配套产品过程中掌握的高新技术，提升民品的技术含量和水平，增强市场竞争力。

3. 加强国际合作与交流，提高国际竞争力。

要进一步加大对外开放的力度，积极开展多渠道、全方位的国际技术合作与交流。把引进国外先进技术与加强自主开发更加紧密地结合起来，从根本上解决技术引进与消化吸收的脱节问题，在更高的层次上实现创新，开发自主知识产权，培育自我发展能力；在集团业务相对集中和市场有潜力的国家和地区，通过兼并、收购、合作等方式设立集团海外研发基地，增强技术开发能力。

（五）加强管理，提高效率

管理是企业永恒的主题。我们要加强学习，认真研究，努力探索如何在新形势下，以与时俱进的创新精神，扎实有效的务实作风，做好各项管理工作。

1. 以创新的思维、务实的作风，切实提高工作效率和工作质量。

一是各企业要学习推广国内外先进的管理思想、管理方法、管理手段，建立科学的管理体制和工作流程，结合体制改革，机制转换，集约经营，科技进步等开展管理创新。二是要加强信息化建设。各企业要注重运用计算机网络、电子商务等现代化手段实施管理，逐步实现管理的信息化、智能化；要继续推进企业办公自动化，实现无纸化办公，通过管理信息化促进企业管理水平的提高。三是要转变工作作风。集团总部工作要提倡求真务实，进一步研究采取什么方式来提高所属企业、有关领导和相关业务单位对总部管理与服务的满意度，提高服务质量；所属企业也要提高效率，包括落实集团公司要求的反馈速度，克服拖延现象。

2. 突出重点，抓好财务工作。

一是要抓住清产核资这一难得的历史机遇，解决好历史遗留问题。2004 年的清产核资工作是由国资委专门组织，财政部、国家税务总局等部门密切配合，解决企业历史遗留潜亏挂账问题的重要工作，各单位要高度重视，努力做到摸清家底、核实

质量、夯实资产。

二是要推进对重点企业委派财务总监的工作。今年将根据《中国机械装备（集团）公司财务总监管理暂行办法》，筛选10家重点企业，委派财务总监，以进一步加强集团公司财务监督，健全内部控制制度，履行出资者职责。

三是要切实抓好财务公司的有效运行，充分发挥财务公司资金结算中心的作用。为此，集团总公司将发挥必要的行政、协调手段，支持财务公司的运行和发展。目前，集团公司总部已在财务公司开立账户并存款结算，集团成员单位均须在2004年一季度在财务公司开立结算账户。同时也要求财务公司为集团公司成员单位提供比商业银行效益更好、效率更高、费率更低的金融服务。

3. 强化人力资源的开发与管理，增强战斗力。

首先是干部选拔要实行组织任命与市场配置相结合的办法，加大选择所属企业领导班子成员的竞聘力度。要利用2004年是行政班子换届“高峰年”的契机，选择5家主要企业的行政主要领导进行竞聘上岗。

其次是根据国资委对中管企业领导干部年薪制的办法，结合集团公司成员企业经营者年薪制试点情况，修改完善《国机集团成员企业经营者年薪制试行方案》和实施办法，建立和完善国机集团企业领导干部经营业绩考核体系。今年集团公司将与所属企业负责人签订经济责任书，并以此作为重要的考核标准。

第三是要建立国机集团人力资源开发体系。2004年集团公司将建立人力资源开发的专门机构和培训基地，构建从规划、组织到实施的完整的人力资源开发体系；同时，将举办多期领导干部、财务、经营、法律等方面的培训班。

4. 加强审计监督和法律服务工作，堵塞漏洞，防范风险。

首先要建立与集团管理体制和管理方式相适应的，有利于加强自我约束、有利于强化内部控制的审计体系。要坚持“全面审计、突出重点”的方针，紧紧围绕集团中心工作开展审计监督，在进一步加强经济责任审计的同时，加强管理审计和风险审计，要针对集团公司生产经营管理中的重大事项进行重点专项审计。

其次要不断加强企业法律保障体系建设，为集团的健康发展保驾护航。一是提高企业领导班子的法律意识，树立依法治企、依法维护企业合法权益和预防为主的思想，重视企业法律工作，实现决策的科学化和法制化。今后，集团将把所属企业依法经营管理和依法维护企业合法权益情况列入对企业领导班子考核的内容。二是健全法律组织机构，打造一流的法律顾问队伍。2004年集团将根据《集团公司法律工作管理暂行规定》和《国机集团加强企业法律工作的意见》的要求，对所属企业的法律机构设置情况、法律工作人员的配备情况、法律保障机制建设情况以及法律工作开展情况进行调查研究和检查督促。三是充分发挥法律部门和法律人员的作用，进一步建立和完善合同、担保、投资等各项管理制度，逐步形成较为完备的企业外部风险防范机制和企业内部监督机制。集团总部将继续建立和完善相关制度，严格落实《国机集团合同管理办法》等规章制度的要求，在各项合同签订前依照规定程序经法律部审核；对于金额大、周期长、风险大的重大项目，要及早介入，重点监控，全程服务，在整体上降低项目风险。

（六）切实加强党的建设，为集团发展提供坚强的政治保证

1. 充分发挥政治优势，确保2004年各项工作目标的实现。

各级党组织要认真学习贯彻党的十六届三中全会精神，围绕企业中心工作，发挥政治核心作用，着力抓好企业领导班子思想政治建设，为企业改革发展提供坚强的组织保障。认真落实党委中心组学习制度和企业领导班子民主生活会制度。为企业的改革发展做好职工的宣传和思想发动工作，创造企业改革发展的良好环境。发挥党支部的战斗堡垒作用和党员的先锋模范作用，确保企业科研、生产、经营和改革重组工作目标的实现。

2. 全心全意依靠广大职工，促进企业健康发展。

发挥工会、共青团等群众组织在企业改革发展中的积极作用，支持它们围绕企业中心任务，独立自主地开展工作；按照国资委的统一部署，全面实施职工素质工程；坚持和完善以职代会为主要形式的民主管理制度，指导工会组织认真履行维护职工合法权益的基本职责，团结和凝聚职工群众，深入开展群众性经济技术创新活动，深化厂务公开工作，不断推进决策的科学化、民主化。

3. 围绕企业发展，做好纪检监察工作。

2004年集团公司要按照“求真务实”的要求，积极有效的开展纪检监察工作。

首先是集团公司及所属企业领导人员，要坚决执行中纪委三次全会提出的四大纪律八项要求和“三个不得”，加强学习，提高修养，不断增强廉洁自律的意识，自觉遵守党的纪律，率先垂范，管好自己，管好亲属，管好班子，带好队伍。

其次是认真贯彻落实中共中央、国务院《关于实行党风廉政建设责任制的规定》。结合集团公司改革、发展的需要，不断深化党风廉政建设责任制，坚持谁主管，谁负责，一级抓一级，层层抓落实。

第三是着重查办在企业重组改制和产权变更交易过程中隐匿、侵占、侵吞、转移国有资产的案件，违反“三重一大”规定造成国有资产严重损失的案件，企业经营管理人员私办企业、搞违规交易、为亲友非法牟利等损害企业和职工利益的案件。

第四是各成员单位要根据集团公司的要求，全面开展效能监察工作，效能监察要逐步延伸到各子公司的驻外机构和国外的重点工程项目中。集团公司将对各企业效能监察的实施情况进行必要的督促与指导。

4. 认真落实企业稳定工作责任制，努力维护企业的稳定。

各级党组织要认真贯彻落实企业稳定工作责任制，全面了解、及时掌握和认真分析职工群众的思想状况，建立预警机制。针对企业改革中职工群众可能出现的问题，企业党组织要想在前面、做在前面，及时排查不稳定因素，不断提高工作的预见性、针对性和实效性，把解决思想问题同解决实际问题结合起来，理顺情绪，化解矛盾，稳定队伍，把问题解决在基层、解决在萌芽状态。

5. 加强精神文明建设，培育积极向上的企业文化。

以创建文明单位为重点，推动群众性精神文明创建活动不断取得新成效。及时发现、总结、宣传在改革攻坚和经济发展中涌现出来的先进典型，继续抓好先进典型的学习和宣传工作，在全集团努力形成崇尚先进、学习先进的良好风气。

充分发挥思想政治工作统一思想、凝聚力量、释疑解惑、化解矛盾、理顺情绪、激励斗志的作用，坚持“以人为本”，在培育“四有”职工队伍上下功夫，坚持把思想政治工作与企业生产经营和改革实际相结合，增强思想政治工作的时代感，加强针对性、实效性和主动性。以共同的理想、共同的理念、共同的目标凝聚广大职工，激发职工的创造力，增强职工的使命感、荣誉感和责任感，塑造良好的企业形象和职工形象，培育积极向上的企业文化。

目标已经确定，任务光荣而艰巨。我相信，在党的十六届三中全会精神指导下，在国务院国有资产监督管理委员会的正确领导下，依靠国机集团全体员工的共同努力，我们一定能够全面完成2004年的各项工作任务，取得更大的成绩！

求真务实　开拓创新
全面推进国机集团可持续发展

——任洪斌在国机集团2005年工作会议上的报告

（2005年2月21日）

这次国机集团工作会议的主要任务是，贯彻落实党的十六届三中、四中全会和中央企业负责人会议的精神，总结2004年集团公司的发展情况，分析面临的形势和任务，研究部署2005年的工作。

一、2004年的工作回顾

2004年，是不平凡的一年，是我国经济经受严峻挑战、取得快速发展的一年。在这一年中，集团上下齐心协力，积极进取，开拓创新，抓住了稍纵即逝的发展机遇，使生产经营等各项工作跨上了新台阶，圆满完成了年初制定的各项任务，取得了可喜成绩。

（一）经营工作迈上新台阶

2004年国机集团（不含中汽等八家企业）的经营额达352亿元，同比增长20%，完成全年计划的141%；主营业务收入达267亿元，同比增长20%，完成全年计划的137%；实现利润总额6.8亿元，完成全年计划的179%；进出口总额25.7亿美元，是全年经营计划的120%，完成国资委考核任务23.01亿美元的112%。如考虑中汽等八家企业，国机集团共完成经营额374亿元，主营业务收入288亿元，利润总额7.0亿元，进出口总额27.6亿美元。

从成员单位的情况来看，对比2004年初集团与各成员单位签订的经营责任指标，集团大多数成员企业都较好地完成了任务，尤其是中设集团、中农机、中国中元、中国联合、西重所、广电院等单位取得了突出的成绩。但是仍有部分企业没有完成考核指标，10家企业出现了亏损，中装公司、中收公司、机床公司等3家企业亏损严重，中电工经济效益出现了较大下滑，应引起我们的高度关注。

综观2004年的经营情况，主要表现出以下几个特点：

1. 工程承包及进出口业务继续保持良好发展势头。

2004年，国机集团完成工程承包及进出口贸易28.7亿美元，较2003年继续保持快速发展的良好态势。火电成套设备、水电成套设备、数字通信网络成套设备的出口均居全国第1位。目前正在执行的200万美元以上的工程承包项目201个，合同总额44亿美元，与去年同期相比增长87%，全年完成营业额6.2亿美元，累计完成营业额18亿美元，占合同总金额的41%。2004年，新签工程承包和设备成套项目95个，签约合同金额13.5亿美元。其中，印度斯特来斯电站、杭州七格污水处理厂二期、日照港1600万吨级矿石码头工艺系统成套设备等项目的合同额都超过了5000万美元。这些都为集团后续年份经营业务的持续、稳定发展奠定了坚实、可靠的基础。

2. 非实体经营取得突破性进展。

2004年先后有部分非实体经营项目进入实施阶段，特别是菲律宾北吕宋铁路一期一段项目合同已于2004年7月23日正式生效，这是国机集团第一个正在执行的非实体经营项目，它标志着我们的非实体经营业务取得了突破性进展。同时，也门萨那纺织厂援外项目也在2004年9月对外签约生效，开始实施。此外，菲律宾北吕宋铁路项目一期二段、安哥拉教育部学校项目、马尔代夫垃圾清理项目等一批非实体经营项目在有关所属公司的积极参与下，都有了不同程度的进展，纷纷进入项目论证和可行性研究阶段。目前集团跟踪的非实体经营项目共有8个，总金额达76亿美元，这为继续扩大战果奠定了基础。

3. 骨干企业的经营业绩再创新高。

2004年骨干企业加大了市场开拓力度，取得了良好的经营业绩。主营业务收入超过100亿元的公司1家，超过10亿元的6家；进出口总额超过10亿美元的1家，超过2亿美元的1家，超过1亿美元的2家。其中，中设集团的主营业务收入实现109亿元，比2003年增长17%；中农机实现23.6亿元，增长59%。这些成员企业的良好运行对集团公司经营规模的扩大以及经营目标的实现起到了重要作用。

4. 高新技术产业实现了业务发展与科技进步双丰收。

2004年集团所属成员单位，认真贯彻集团科技大会精神，落实科技发展规划，全面完成了年度科技工作。

2004年国机集团科技投入4.5亿元，其中由集团争取并组织实施的国拨资金3878万元，有力地促进了国机集团的科技进步。2004年获得国家与省部级科技奖46项，其中西重所研制的世界首台万吨铝压机获得国家科技进步一等奖，获得国家专利73项，制定国家标准和行业标准233项，提高了国机集团的声誉。

2004年，国机集团高新技术产业的经营额、主营业务收入和利润总额等经济指标的增长速度都超过了30%，主营业务收入占集团的比重达16%，利润总额占集团的比重达32%。在科研院所中，主营业务收入超过5亿元的1家，超过3亿元的3家，超过1亿元的9家。

回顾这几年走过的路，我们欣喜地看到，国机集团自2002年以来，连续三年主营业务收入均保持了20%以上的增长速度，全面完成了国资委下达的年度考核指标和集团经营计划。比较国机集团十年发展战略和三年规划制定的经营目标，2004年的经营额、主营业务收入、利润总额、进出口总额等经济指标均远远超过了当初的预测目标，达到了历史最好水平。国机集团在2004年全球最大的225家工程承包商排名中列第37位，比2003年上升了5位，在47家入选的中国公司中列第3位；在全球最大的200强设计商排名中列第94位，在12家入选的中国公司中列第4位；在全国百强企业中排名第84位，在全国进出口500强企业中排名第31位，在全国出口200强企业中排名第22位；在国资委管理的36家商贸类中央企业中，2004年国机集团的利润总额排名第4位，销售收入排名第6位。这充分显示了国机集团在全国同类企业中所处的优势地位和巨大的发展潜力。

（二）资本运营迈出新步伐

2004年是国机集团资本运营工作重在实施的一年，按照集团公司的工作要求，在以下三个方面取得了较大进展。

1. 重组工作实现了由被动向主动的转变。

在内部重组方面，按照集团公司确定的发展战略，加大了重组力度，实现了重组工作由强弱结合到强强联合的转变，重组工作从形式到内容更加丰富。如，推进了四院、五院、中汽咨询、北京汽车所等四家企业的重组工作，取得了阶段性成果；推进了中设集团、中机对外以及中设江苏公司等企业的重组，将中机对外重组进入中设集团，将中设江苏公司作为集团子公司进行管理，使中设集团和江苏公司可以在各自的主业范围内更好的发展，成为集团一体两翼主业架构的重要支柱。通过内部重组，优化了资源配置，盘活了存量资产，改善了资产质量，提高了企业整体竞争力。

在外部重组方面，2004年国机集团及时抓住中央企业实施战略性重组的机遇，按照优势互补、提高集团整体竞争力的要求，顺利实现了汽贸中心、中机国际工程设计院重组进入国机集团。同时，集团正在主动与一批相关中央企业接触，探讨联合重组问题，并取得了重要进展。

2. 企业上市实现了零的突破。

积极推进企业上市是集团公司的重点工作。去年集团采取多种方式争取企业上市，取得了实质性进展。2004年天工院收购了上市公司“中发展”，并经过国资委审核批复，于12月28日完成了股权过户手续，成为国机集团第一家上市公司，实现了零的突破。同时，经证监会股票发行审核委员会审议，中工国际和轴研科技首次公开发行股票的申请获得批准，正在积极进行发行前的准备工作，年内有望成功发行。企业上市工作的成功开展，对国机集团实现持续、快速发展具有重大意义。

3. 对战略合作进行了有益探索。

积极推进战略合作，培育新的经济增长点是国机集团的重要工作之一。2004年国机集团与广东省就汽车行业方面的合作进行了深入探讨，在合作开展汽车及零部件检测、国机集团参股广州汽车集团股份有限公司、共同举办广东汽车会展等方面达成了共识，相关工作正在积极推进。国机集团将通过进一步加大与外部资源的战略合作，拓展业务领域，培育新的经济增长点，加快发展步伐。

（三）企业建设取得新进展

在过去的一年里，国机集团为了适应市场竞争和自身发展的需要，在管理和服务的方式、方法上做了大量工作，提高了管理水平。

1. 健全管理制度，强化管理创新。

建章立制、规范管理是企业发展的基础。2004年，国机集团以质量管理体系和环境管理体系的内审和监督审核工作为契机，各部门针对管理中存在的问题和薄弱环节，相继出台了包括财务、人事、审计、科技等一系列管理办法，进一步补充和完善了《国机集团规章制度汇编》和《国机集团工作流程图汇编》，逐步建立起适应市场经济规律和现代企业制度要求的管理制度，使各项工作不断科学化、程序化，提高了管理效率。同时，对设计、工程建设监理以及对外经济合作经营等资质的申请、升级进行科学管理，进一步提高了各项资质的利用效率，增强了国机集团的竞争能力。

2. 推进财务体制改革，防范财务风险。

2004年制定发布了《资金集中结算实施方案》及其相关管理办法，重点抓了内部结算账户的开户工作。集团选择了实力较强、有广泛营业网点和先进的网上结算系统、具有大型企业资金集中结算管理经验的5家商业银行作为合作银行，在成员单位的大力支持下，对中机建设、中国中元、中轴公司、中农机、中国电缆等5家单位进行了资金集中结算试点，通过试点，在降低财务费用、实现资金集约化经营方面积累了经验。

根据《国机集团财务总监管理暂行办法》，推进对重点企业委派财务总监的工作。2004年已向5家重点企业委派了财务总监，以进一步加强财务监督，健全内部控制制度，履行出资者职责。

抓住清产核资这一难得的历史机遇，对历史遗留问题进行了彻底清理，共清查出损失金额25亿元，为国机集团摸清家底、核实资产质量、夯实资产打下了良好的基础。

3. 加强领导班子建设，探索企业主要经营者选拔的新途径。

2004年集团公司全年累计完成20家所属企业行政领导班子的换届工作，调整党政领导班子34次，任免干部131人次。根据去年工作会的要求，分两批完成了中设集团、中电工、中国重机、中机建设、中通公司、中汽对外合作等6家企业总经理的公开招聘工作，对企业主要经营者选拔的新途径进行了有益的探索，取得了较好的效果，为企业发展提供了组织保障。

4. 完善审计管理体系，强化内部审计工作。

建立和完善与集团管理体制相适应的，有利于加强自我约束、强化内部控制的审计体系，是集团审计管理体系建设的总体要求和长远目标。2004年发布了《国机集团关于审计工作实行联席会议制度的暂行规定》，明确了联席会议的组成、职责和工作规则。联席会议制度的实施，对于加强审计体系建设，提高审计质量，将起到积极的保证作用。审计方式正在由委托审计逐步向委托审计与自行审计相结合的方式转变，审计工作得到进一步深化。

5. 提高法律服务质量，维护集团合法权益。

集团法律部门在对外投资、结构调整、并购重组、工程项目执行等重大经济活动中提供了及时的法律服务，为集团公司的健康发展提供了有力的法律支持。同时，所属企业加强法律工作，运用法律手段解决经济纠纷，取得了明显成效。2004年，中农机、中汽进出口、中国重机等企业积极处理法律纠纷案件，减少了经济损失。部分企业初步建立了预警机制，法律部门在协助领导正确决策，为各部门提供法律服务，审查修改合同法律文件等方面，做了大量工作。

（四）党建工作打开新局面

2004年，国机集团党委及各级党组织紧紧围绕集团公司中心工作，积极探索党建工作的新思路，不断加强党组织自身建设和各级领导班子思想政治建设，有力地推动了企业的改革与发展。

1. 加强党建工作，促进企业发展。

2004年，国机集团召开了第一届党代会，选举产生了国机集团党委和纪委领导班子，完善了党的组织，明确了未来四年集团公司党建工作的指导思想、工作目标和任务，为今后一个时期国机集团的健康发展提供了思想和组织保障。

同时，集团公司各级党组织从集团公司改革发展的大局出发，通过党委中心组学习、领导班子民主生活会、举办领导班子培训班等多种形式，认真学习十六届三中、四中全会精神，树立科学发展观，不断提高领导班子成员思想政治素质，增强了企业领导班子的凝聚力和战斗力；各成员单位也积极探索现代企业制度下职工民主管理的有效途径，坚持和完善以职工代表大会为基本形式的企业民主管理制度和厂务公开制度，落实职代会的各项职权，保证职工依法行使民主管理、民主决策和民主监督的权利，有效调动职工参与和支持企业改革发展的积极性、主动性和创造性，保证了企业的健康发展。

2. 坚持惩防并举、注重预防，加强和改进纪检监察工作。

2004年国机集团进一步加强了党风建设和反腐倡廉工作，扎实开展党风廉政教育，不断增强党员干部的廉洁自律意识和能力。针对近年来出现的新情况、新问题，结合集团特点，坚持标本兼治、综合治理的方针，逐步加大治本力度，努力从源头上预防和治理企业腐败问题。多次组织集团总部和在京单位的领导干部观看反腐倡廉宣传教育片，分片组织集团成员单位开展座谈学习与交流活动，着重抓了领导干部世界观、人生观、价值观和权力观的教育，增强了党员干部特别是领导干部自觉拒腐防变的能力，对从源头上预防腐败发挥了十分重要的作用。同时，还全面推进了效能监察工作，有效地防止了国有资产流失。

2004年在集团广大干部职工的共同努力下，我们取得了显著的成绩。但是，我们要居安思危，在看到取得以上成绩的同时，必须认识到我们自身还在经营效益、企业改制、战略管理等方面存在着一些突出问题。战略管理体系尚未健全，与集团公司发展战略相适应的子战略还没有制定，大部分子公司还没有制定切实可行的发展战略和发展规划，难以实行全面战略管理；2004年部分企业亏损额依然较大，中装公司、中收公司和机床公司三家企业共计亏损2.1亿元，占其他企业利润总额9.5亿元的22%，占集团总亏损额的83%，严重影响了集团公司的整体效益；集团公司的生产经营成本依然较高，2004年我们的成本费用占主营业务收入的比重达97.62%，在国有大型企业中处于较高水平；产业链条不完整，贸易公司、生产企业和科研院所、设计院之间的业务互动不够；集团在推进企业改制工作中还存在着一些难点和问题，并且对改制后企业的管理重视不够。更为严重的是，有的成员单位无视政策法规和管理制度，令不行，禁不止。在改制和产权转让检查过程中，我们发现有的单位未经集团批准，擅自改制，擅自对外投资，擅自转让国有产权等。这些问题已经严重影响了国机集团的健康发展，对此我们必须高度重视，并采取果断措施进行整改。

二、2005年的工作任务

2005年是充满机遇和挑战的一年。世界经济和贸易将继续保持较快增长；国际投资趋于活跃，发达国家向我国产业转移的势头有望保持；我国经济将继续保持快速健康发展的态势；中央企业的战略性调整步伐将进一步加快等，都将给国机集团的进一步发展壮大带来机遇。但是，我国宏观调控政策的进一步加强，利率、汇率、物价的不稳定预期，国际经济合作的安全形势日趋严峻等因素将给国机集团的发展带来严峻挑战。

根据集团自身的发展状况和面临的发展形势，经研究确定，国机集团2005年的主要发展目标是：经营额330亿元，主营业务收入230亿元，利润总额4亿元，净资产收益率5%，进出口总额26亿美元。

依据上述目标，2005年国机集团工作的总体思路是：认真贯彻党的十六届三中、四中全会和中央企业负责人会议的精神，牢固树立科学发展观，以战略管理为先导，主业发展和资本运营为重点，切实做好保障工作，大力推进国机集团的改革与发展。

为此，2005年我们必须做好以下几个方面的工作：

（一）强化战略管理

科学地制定发展规划和实行战略管理是一个企业适应环境变化，合理配置资源，提高经营管理效率，取得竞争优势的重要手段。去年我们根据国资委要求，完成了2004—2006年三年发展规划。这个规划确定了国机集团近期与远期的发展目标，明确了企业发展的战略定位与指导思想。去年下半年集团已经行文，把发展规划的目标任务进行了分解下达。今年要把战略管理当作一项主要工作来抓，努力搞好企业发展的战略规划与战略管理。

1. 全面实行战略管理。

2005年，集团将出台《战略管理暂行办法》，把集团公司总体战略规划与子公司发展规划的制订和实施纳入制度化管理和监控的轨道上来，用制度化、程序化的管理办法来监督、评估战略实施效果，从而达到集团公司战略发展的协同性和资源配置的有效性，增强集团核心竞争力，实现集团公司价值的最大化。

集团要按照发展战略和三年规划确定的战略定位、战略目标和指导思想，采取集权式战略管理模式，分层次、分阶段建立健全战略管理组织体系，制定详细的战略实施计划，建立和完善战略评估、执行和完成情况报告制度，逐步建立战略监控的统计指标体系。积极探索和尝试在部分所属单位逐步推行战略管理，采用关键业绩指标和分阶段评估控制方法，加大战略实施的力度，全面实行战略管理，提高集团公司的战略执行能力。

2. 制定完善子战略。

要围绕三年发展规划，积极推动集团人力资源规划、信息化规划和企业文化发展规划的开展，理顺汽车服务贸易板块的发展思路，积极对有关集团战略发展的重点、难点问题进行前期研究，为实现集团中长期战略目标奠定基础。

要加大对战略规划和战略管理的宣传，提高成员单位战略管理和战略执行的能力，加深对集团公司战略意图的理解，确保所属成员单位的战略规划与集团发展战略的协同性和一致性。督促、指导所属成员单位完善战略管理体系，坚决反对忽视战略规划、盲目发展、轻率决策的行为；积极通过主导、合作、参与、指导等多种方式协助所属子公司完成战略规划的制定和实施工作，进一步理清发展思路，树立科学的发展观，促进企业快速、协调发展。

（二）优化主业结构

1. 拓展市场领域。

要巩固我们在东南亚、南亚、西亚、非洲等地区发展中国家的市场优势，进一步加大研究和开发北美与欧洲部分发达国家市场的力度，拓展市场范围；要加大对中亚、非洲和拉丁美洲等地区具有战略资源国家的市场开发力度，探索以工程换资源的项目经营新模式；要继续扩大在电站工程方面的优势，努力开拓通讯、建材、冶金、重型矿山、交通等行业的项目；要抓住世界汽车产业结构调整带来的机遇，拓展汽车整车和零部件的出口市场。今年集团公司将加大对市场开拓基金的投入力度，使市场开拓基金的规模达到1000万元，增强市场开拓能力。

2. 加强内部合作。

积极倡导集团内部企业之间的合作，鼓励集团成员企业之间建立广泛的联系，实现资源共享，优势互补，提高市场拓展能力；搭建互通有无的合作平台，为全面有效的，多角度、多层面的合作创造有利条件；建立公平合理的、市场化的项目合作与利益分配机制；整合并优化海外市场营销资源，构建国机集团资源利用高效、内部分工合作、品牌清晰一致的海外市场营销网络体系，最大限度的提高集团整体经济效益。今年上半年，集团公司将组织相关单位，在电力建设工程和建筑工程项目中，分别开展咨询、设计、设备配套及施工合作的专项交流，大力推进集团公司业务的内部合作。

3. 完善业务链条。

目前国机集团正处在完善产业链和培育企业核心竞争力的发展阶段，学习与研究产业链理论对指导我们的工作具有十分重要的意义。产业链是建立在产业内部分工和供需关系基础上的一种产业生态图谱，其本质是指一个具有某种内在联系的产业集合。一个完整的产业链上的所有环节共处在一个产业生态系统之中，其供需链、价值链、信息链协同合一，能够形成高效率的组织运转机制，实现资源共享、成本节约，从而提高企业市场竞争力。

从产业链理论认识国机集团的主业发展，就要强调整体概念、关联概念，即企业之间，企业内的业务之间不能孤立存在，而是要根据产业链要求形成有机整体，产业上下游之间相互支持、相互依存。只有把国机集团的主业发展放在产业链的整体背景下来认识，去构架，去完善，才能在今后内整外联、扩大规模、强壮主业的工作中少走弯路，迅速发展。

因此，2005年我们要加快推进集团公司或大型商贸骨干企业吸纳相关设计院、咨询单位、施工企业的步伐，弥补集团公司在电力、冶金装备等方面设计、研发和生产能力的不足，形成覆盖从项目前期，到成套设计、成套供货、安装、监理以及成套服务等方面完善的业务链条；要发掘工程设计骨干企业已形成的技术优势，积极拓展工程设计及总承包业务的能力；要加快科研院所吸收商务策划、工业生产方面有效资源的步伐，促进科技成果产业化、商品化；要整合集团公司内外汽车服务领域的丰富资源，构建以汽车工程咨询、设计与承包、汽车贸易、汽车物流、汽车整车及零部件的开发与检测、汽车维修保养、汽车会展、汽车金融、汽车租赁、汽车信息服务为一体的汽车服务贸易体系，打造国机集团汽车服务品牌。

（三）推进资本运营

目前，我国企业，尤其是国有企业正处在大重组、大调整阶段，有条件、有准备的企业，可以通过对内重组，优化结构；通过对外重组，扩大规模，增强实力。国机集团要进一步做大做强，就必须在联合重组方面有所作为。

1. 加大对外联合重组力度。

国资委围绕培育和发展30～50家具有国际竞争力的大公司大企业集团的目标，2005年要在推进中央企业布局和结构调整方面迈出新步伐。国机集团要根据这一形势的要求以及自身发展的需要，在大量调查研究与方案设计的基础上，积极主动地与有关企业接触，推动联合重组，扩大外生规模。目前，已有4～5家具有一定规模和实力的中央企业有望通过联合重组进入国机集团。今年我们将加大工作力度，积极做好争取工作。

2. 继续开展内部战略板块重组。

去年我们在内部资源整合重组方面做了大量工作，积累了一些经验。今年要继续扩大内部重组范围，加大重组力度，深化重组层面，加强工程承包、贸易企业同科研院所之间的资源整合。从战略发展高度打造汽车服务业、工程机械、电力设备等业务板块。要继续围绕完善产业链条，在减少管理层次，实现企业内部扁平化管理，增强企业控制能力，提高管理效率等方面展开工作，尽力扩大内生规模。同时，还要加强对重组后企业经营管理效果的监督与检查。

（四）促进改革与创新

1. 坚持正确的产权制度改革方向，加快主辅分离步伐。

国有企业产权制度改革，涉及权利和利益的再调整，涉及社会的公平与公正，必须规范推进。首先要按照集团公司三年改制目标和《国机集团企业改制模式指导意见》的要求，在深入研究各企业实际情况的基础上，制定企业改制工作的目标、方向和步骤，加速推进条件成熟企业的改制工作。同时，改制工作必须公开、透明，要严禁内部交易和其他不规范的改制行为，防止国有资产流失，确保企业改制工作的顺利开展。其次要加快主辅分离工作进程。今年集团公司将加大工作力度，力争把纳入主辅分离范围的企业和资产在上半年完成方案的报批工作，并尽快实施。第三要加快中央企业分离办社会职能工作。要按照国务院有关通知精神，依据分类处理、区别对待的原则，对集团兴办的中小学、医院、市政机构、消防机构、社区机构、生活服务单位等进行分离，力争在年底前全部完成分离工作。

2. 继续深化财务管理创新，有效防范财务风险。

今年，各企业要认真贯彻执行《企业会计制度》及一系列相关的会计准则，逐步统一会计政策和会计核算方法，进一步完善相关财务会计规范；要不断加强企业内部会计控制管理，认真组织实施《内部会计控制规范》，全面实施财务总监派出制度；加强财务预算和成本费用的控制，防范财务风险；积极稳妥地推进资金集中结算工作，加大资金、担保等资源向核心业务的倾斜力度，进一步规范投资管理。

3. 加大科技创新力度，促进企业快速发展。

去年国机集团的科研开发与技术创新工作又上了一个新台阶，这是一个良好的发展态势，今年要沿着这一思路，利用我们在应用技术研究和实用产品开发方面的优势资源，加大科技创新力度，促进企业快速发展。

要在研究开发经费上坚持企业、集团和国家三结合，力求从国家争取更多的经费支持。通过自主开发与国家支持项目的实施，力求满足以企业和国家发展需要为核心，带动企业相关领域的技术发展、带动系列产品的开发、带动技术人才队伍的培养、带动基础设施的改善，形成国机集团新的经济增长点。

要继续加大科技发展基金的投入，使科技发展基金的规模在2004年500万元的基础上翻一番，达到1000万元。要发挥科研基金的导向作用，探索科研基金项目由企业自主命题、专家评审方式逐步向由集团公司根据主业发展需要来设置的方式转变，加大对重点项目的投入力度。

要在已有的基础上努力为国机集团及下属单位争取更多的项目和资金支持。要继续深入研究开发新技术、新产品，保持我们在专有产品和军工产品领域的优势地位，为国家做出更大的贡献。

要对国机集团的几十个检测中心和生产力促进中心的资源进行整合，发挥我们在试验与检测领域的优势，促进这一资源的有效利用。要通过加强内部整合，吸纳外部资源，提高效能，将其培育发展成为国机集团主业产业链中的重要环节。

4. 完善激励约束机制，积累人力资本。

以人为本发展企业，是国机集团的既定指导思想。去年在这方面我们做了大量的工作，取得了明显的成效，今年要进一步完善激励与约束机制，吸引人才，培养人才，为国机集团的大发展储备和积累丰富的人力资本。

首先，要制定人力资源发展规划，逐步建立更加开放、畅通的人力资源通道；抓好集团所属企业领导班子建设，继续加大公开招聘企业管理者的工作力度；抓好所属企业党政领导班子后备干部的选拔、培养、使用和锻炼工作，培养和造就一支作风过硬、综合能力强、专业基础扎实、能经受各种考验的后备干部队伍。

其次，要完善企业经营者绩效考核体系，建立有效的人才激励与约束机制，做好所属企业经营者的经营业绩考核工作。按照《国机集团企业经营者经营业绩考核暂行办法》的规定，严格执行考核指标、考核程序，规范经营者薪酬的监督管理，完善《企业经营者薪酬管理手册》，把管理手册作为经营者任职期间经营业绩、薪酬发放、领取延期兑现年薪的重要依据。

第三，要健全人才培训与人力资源开发制度，把关心人、培养人的工作落到实处。做好集团所属单位领导干部的培训工作，提高经营管理能力；加强对总会计师和财务总监的岗位培训，组织好企业主要经营者财务知识培训工作；加强集团总部员工管理知识和素质教育培训，提高总部员工的综合素质。

（五）加强党的建设

1. 加强企业党建工作，为企业改革发展提供思想组织保证。

做好企业党建工作，关系到集团公司战略目标的实现，也关系到国机集团改革工作的顺利进行。国机集团第一次党代会已对今后一个时期企业党建工作做出了总体部署，在此再强调以下几点：

一是要加强企业领导班子思想政治建设。企业领导班子是企业改革发展的直接领导者、组织者和推动者，企业领导班子的思想政治素质是企业改革发展的重要条件。各级党组织要突出抓好领导班子思想政治建设，通过学习政治理论、市场经济理论和相关业务知识，不断提高各级领导班子成员的思想政治素质。要认真开好领导班子民主生活会，积极开展批评与自我批评，切实提高民主生活会的质量，不断提高领导班子的战斗力和凝聚力。

二是要不断完善党组织的工作机制。认真贯彻落实《中央组织部、国务院国资委党委关于加强和改进中央企业党建工作的意见》的精神，紧紧结合集团公司实际，研究制定《国机集团党委关于加强和改进企业党建工作的实施意见》，进一步明确党组织参与企业重大问题决策的内容、途径和方法，发挥党组织的政治保证作用。

三是要认真开展保持共产党员先进性教育活动。保持共产党员先进性教育活动是今年企业党建工作的首要任务，我们一定要按照国资委党委和所在地方党组织的工作要求，紧密结合企业的实际，精心组织，周密安排，切实把先进性教育活动开展好。

四是要加强集团公司企业文化建设。企业文化是企业精神和个性的集中体现，也是企业核心竞争力的有机组成部分。今年，集团公司要围绕发展战略，制定集团公司企业文化建设规划。各级党组织要把企业文化建设作为党的工作的一项重要任务来抓，把企业文化建设融入到企业的各项管理工作之中，推动企业各项工作的开展。

2. 进一步做好纪检监察工作。

要认真贯彻落实中纪委第五次全会和国资委中央企业纪检监察工作会议精神，继续坚持标本兼治、综合治理、惩防并举、注重预防的方针，加大预防腐败的工作力度，采取有效措施，从源头上预防和解决腐败问题；要认真落实党风廉政建设责任制，贯彻中纪委、中组部、监察部、国资委《国有企业领导人员廉洁从业若干规定（试行）》，并制定具体办法；要积极探索创新，加快构建国机集团防腐体系的步伐；要把效能监察作为今年纪检监察工作的重点任务，以企业经营管理中的重点部位和关键环节作为切入点，注重事前防范、事中监督、事后检查，切实推进效能监察工作。

（六）做好保障工作

1. 塑造国机品牌。

品牌是企业形象和经济实力的体现。现代市场经济的发展已进入品牌竞争时代，品牌在现代市场营销和竞争中发挥着越来越重要的作用。随着我们事业的快速发展，塑造统一、响亮的国机品牌必须提到议事日程上来。从今年开始要把国机集团品牌培育工作当作一项重要工作来抓。要确定国机集团品牌发展目标，制定国机集团的品牌培育计划；要对下属单位统一使用国机集团品牌做出明确要求与规定。

2. 加快信息化建设。

加快信息化建设，提高管理效率和决策反应速度是集团发展的需要。今年要在充分调研的基础上，尽快制定国机集团信息化发展规划，明确集团未来几年信息化建设的总体目标和分阶段任务，有计划、有重点地推进集团信息化建设；要整合所属子公司信息资源，完善信息网络系统，使单个企业孤岛式的应用向集体协作的方向发展，建立起以集团为主导的、互联互通、分级共享的信息平台；要加强信息资源的开发和利用。在市场开拓、科研开发、技术成果、生产经营、商业信息方面建立起安全的共享机制，利用网络提供有关商贸热点、科技前沿和工程项目信息，有效利用信息资源，提高决策速度。

3. 增强法律服务的保障作用。

在市场经济条件下，法律服务对企业的经营管理具有很重要的保障作用。今年要在法律事务工作中，按照现代企业制度的管理要求和集团的实际情况，在国家相关企业法律制度的基础上，完善集团各项法律制度，从制度上预防和减少企业法律风险；根据国资委的要求，积极研究企业总法律顾问制度，着手进行企业总法律顾问制度试行的各项准备工作，为健全法律服务运作机制打好基础；加强集团对外投资、融资贷款、为子公司提供担保、兼并重组和子公司股份制改造方案的法律审查，切实把各项规章制度落到实处，真正减少法律风险；加强企业特别是科研院所和生产企业的商标、专利、商业秘密的保护，建立和完善知识产权法律保护机制。

4. 加大审计监督力度。

根据集团的发展要求，要不断建立和完善审计制度，制定基建项目和工程项目审计办法，健全审计制度体系；要在搞好经济责任审计和其他专项审计的同时，积极开展基建投资、工程承包及境外机构的审计工作，加强管理审计和风险审计；要不断加大对重点企业和重点项目的审计力度，促使重点企业和重点项目的健康运作；要加强对审计结果落实情况的监督，通过后续审计和跟踪检查，督促企业对审计出的问题予以整改。

5. 切实保障安全生产。

安全生产是集团健康发展的保证，各单位要给予足够的重视。要强化经营管理者和员工的安全意识，树立“安全第一、预防为主”的安全观，做到居安思危，警钟长鸣；要建立安全管理机构，集团公司目前已设置安全生产委员会、安全生产办公室和应急指挥中心办公室，各所属企业应建立相应的对口机构，主要领导是安全生产的第一责任人，各单位一把手要亲自主抓安全生产工作；要制定并落实有关安全生产管理制度，集团公司已经下发《国机集团安全生产管理规定》，各企业要认真贯彻执行；要建立安全生产管理运作机制，在执行有关制度和规定的基础上，分工明确，责任到人，落实安全责任追究制度，将其纳入领导班子考核体系；要根据集团的组织结构及业务特点，分层次建立应急预案，完善集团安全生产管理体系。

2005 年，集团公司要加大企业安全检查力度，组织专门人员检查重点企业的安全工作，主要检查安全制度和应急预案的落实情况；要加强驻外机构、常驻国外人员和因公临时出国人员的安全管理，建立应急预案。驻外人员要遵守驻外纪律，主动采取防范措施，消除安全隐患；驻外机构要与我国驻当地使领馆保持密切联系，服从使领馆的统筹安排，如遇突发事件，应立即报告集团公司和当地中国使领馆，及时启动应急预案。

6. 努力做好稳定工作。

要进一步落实企业稳定工作责任制，企业党委书记要切实承担起第一责任人职责，主要领导要密切配合，根据稳定工作责任制，把维护稳定的工作逐级落实到基层，把矛盾解决在基层和萌芽状态；要进一步建立健全各项稳定工作制度，完善处理突发事件的工作预案。各子公司要和集团建立有效沟通、快速反应的机制，一旦出现问题要及时报告，尽早解决；要认真排查企业不稳定因素，各子公司要建立健全排查台账，及时发现可能影响企业稳定，尤其是可能引发群体性事件的苗头性、倾向性问题，真正做到早发现、早报告；要敢于面对不稳定问题，遇到问题不回避，不拖拉，要争取主动，努力化解不稳定因素，防止事态向不利方向发展；要把握好政策，注意工作的方法和策略。对待上访人员要注意把握好政策尺度，注意态度，搞好接待工作，能在本单位解决的，力争在本单位解决，对一时难以解决的问题，要做好解释说服工作，防止问题激化。

7. 把脱困工作落到实处。

去年全集团的经济效益有较大的提高，但是，亏损企业的经营状况尚未得到有效好转，亏损面较大，亏损额 2.5 亿元，吃掉集团利润的 26%。亏损企业对集团经营业绩的影响十分明显。因此，必须面对现实、正视问题，把 2005 年作为解决企业脱困问题的起步年，狠抓企业脱困工作。今年集团公司已经成立了企业脱困工作领导小组，下一步将进行深入调研，理清解决问题的思路，列出计划，制定出解决机床公司、中装公司、中收公司等困难企业的脱困方案和具体措施，并认真推进。集团公司要在今后的 3 ~5 年内完全消除亏损企业。

今年的工作任务依然十分繁重，让我们在国务院国有资产监督管理委员会的正确领导下，求真务实，开拓创新，扎实工作，为国机集团的发展与改革做出新贡献！

用科学发展观统领全局 保持国机集团持续快速发展

——任洪斌在国机集团2006年工作会议上的报告

（2006年1月17日）

这次会议的主要任务是，总结2005年集团公司的发展，分析形势、明确任务，按照党的十六届五中全会和中央企业负责人会议精神的要求，研究部署2006年的工作。

一、2005年的工作回顾

2005年国机集团在生产资料价格上涨、人民币升值、国民经济宏观调控力度加大、国际贸易保护主义抬头、部分国际市场局势动荡等严峻形势的挑战面前，全体员工同心协力，积极进取，通过拓展市场、改革创新、优化主业、加强管理，抓住了难得的发展机遇，取得了国机集团成立以来的最好成绩。

（一）生产经营再创佳绩

2005年国机集团经营额500亿元，比上年增长33%，完成全年计划的152%；主营业务收入344亿元，比上年增长29%，完成全年计划的150%；利润总额10亿元，比上年增长50%，完成全年计划的250%；进出口总额36.8亿美元，比上年增长30%，完成全年计划的142%；出口总额22.8亿美元，比上年增长32%。全面超额完成了国资委的考核指标和集团公司2005年的生产经营任务。

综观2005年的经营情况，主要表现为以下几个特点：

1. 工程承包和工程设计业绩突出。

工程承包是集团公司的主体业务，2005年集团公司工程承包业务取得了显著成绩。

在市场开拓方面，2005年新签工程承包项目134个，合同总金额35亿美元，其中当年签约当年生效项目118个，合同金额15亿美元。在国际工程方面，CMEC新签的工程总承包项目——苏丹供水项目、苏丹喀士穆北方电站三期扩建项目合同金额分别为3.45亿美元、1.75亿美元。在国内工程方面，中国重机的成套服务项目——山东日照港1600万吨铁矿石码头工程二期、广西防城港20万吨级矿石码头设备的合同金额分别为6亿元和2.1亿元。中农机总包的天钢2×28000m^3/h空分装置及工程设备总承包项目、安钢2×23500m^3/h空分工程合同金额分别为3.2亿元和3.1亿元；中机建设以总承包方式，承接了合同额达2.2亿元的东方电气集团百万千瓦核电设备制造基地项目和合同额1亿元、全长1100多米、重约35000吨的香港昂船洲大桥拼装项目。这些项目的签约有力地支持了集团公司工程承包业务的持续发展。

在项目执行方面，正在执行的国际工程承包项目158个，合同总额45.7亿美元，累计完成营业额16.9亿美元，其中2005年完成营业额8.8亿美元、比上年增长175%。这些项目分布在孟加拉、缅甸、安哥拉、苏丹、古巴、委内瑞拉、英国、意大利等40多个国家。正在执行的国内工程承包项目145个，合同总额13.8亿美元，累计完成营业额8.7亿美元，其中2005年完成营业额5.1亿美元、比上年增长70%。目前，项目进展顺利，客户反映良好，为集团公司进一步拓展工程项目市场奠定了坚实的基础。

在以工程设计为核心的业务方面，中国中元、中国联合等公司表现突出，通过工程承包、工程管理和代建方式承接了许多大型项目。其中，由中国中元设计的2008年奥运配套项目——东直门综合交通枢纽是集公交、地铁、城铁、航空运输等为一体的、亚洲最大的交通枢纽中心，仅设计费就达3000万元；经过多年的发展，中国中元的医院设计在北京重点医院市场占有率达80%以上；航空物流设计在全国大中型机场的市场占有率达95%以上。中国联合2005年新签的工程项目7个，合同金额达10亿元，杭州松下家用电器有限公司搬迁工程、杭州纺织信息中心大厦项目合同金额都在2亿元以上。这些项目的签约与实施说明了集团公司以工程设计为核心的国内工程承包业务迈出了新步伐。

2. 国内外贸易不断发展。

国内外贸易作为“一体两翼”中的一翼，对集团公司的整体发展起着举足轻重的作用。2005年5月商务部公布了2004年进出口500强和出口200强企业排名，国机集团分别位居第34位、第25位，在中央企业的名次分别列第12位、第8位，比上年度分别上升了3位和1位。2005年中设江苏的船舶、电动和园林工具、纺织服装的出口额分别为1亿美元、2亿美元和1.6亿美元；机电设备、钢铁和炉料、木材的进口额分别为1.5亿美元、1亿美元和1.1亿美元。中国浦发进口电工钢10万吨，进口额1.5亿美元。CMEC的机动车辆零件、计量仪表、船舶出口额分别为1亿美元、9000万美元、7000万美元。中农机仅对古巴市场出口自创品牌小家电就达4000多万美元。中国工程机械总公司出口自产工程机械260台，出口额1.5亿元，是2004年的5倍。中进汽贸销售汽车3000多辆，销售收入14亿元，比2004年增长146%；中汽凯瑞销售汽车4500多辆，销售收入14亿元，比2004年增长30%。国内外贸易业务的快速增长有力地促进了国内产业的发展，繁荣了国内市场，同时也带动了集团公司其他业务的增长。

3. 高科技产品开发与生产硕果累累。

在科技投入方面，正在执行的国家重点科研、技改、军品配套研制和条件保障项目149个，总金额达10亿元，其中由集团公司争取并组织实施的国家项目87个、国拨资金1.6亿元。2005年集团公司科技发展基金支持科技攻关项目19个，资助金额775万元，引导带动科技投入7000万元。科技发展基金的作用已初步显现，到目前为止，已实现销售收入1亿多元，实现利润1700多万元，科技基金资助的项目已经成为集团一个新的经济增长点。国家重点科研项目的研发和重点技术改造的实施，以市场需求为目标的自主项目的开发，有力地推动了集团公司的科技进步和业务发展。

在产业化方面，集团公司高科技产品产业化水平不断提高，在其细分市场领域占据了重要地位。西重所抓住近几年国家加大固定资产投入的发展机遇，积极承接国家重点工程和重大项目，2005年连续承担了我国最大规格的攀钢360×450mm大方坯连铸机的总包和舞钢300×2500mm宽厚板坯连铸机的大型项目，其中与攀钢签订的2号方坯连铸机成套项目单项合同额就达2.34亿元，为产业化的跨越式发展奠定了坚实的基础；洛轴所为神舟系列航天飞船提供了四大装置21个品种的特种精密轴承，为国防科技工业做出了突出贡献；广州电科院在大量技术储备的基础上一举拿下了世界最大容量的励磁系统之一——龙滩水电站70万千瓦机组励磁系统项目，成为该领域的领先企业。中国工程机械总公司开发的平地机在国内市场占有率达43%以上，并不断创新业务模式，积极开拓国际市场，2005年140台平地机出口阿根廷，实现出口额1亿元，创下了全国工程机械企业中一单出口量最多、金额最大的纪录。成都工具所的石油管螺纹梳刀、沈阳仪表院的组合电器补偿器、重材所的钨铼丝、桂林电科所的干式不饱和聚酯模塑料和薄膜生产线等产品的市场占有率都在50%以上。产业化水平的不断提高有力地促进了集团公司科研院所的快速发展。

2005年，集团广大科技工作者积极进取、拼搏奉献，共获得国家和省部级科学技术奖86项，全国和省部级各类优秀设计奖17项，申请专利169项，已授权专利114项，其中发明专利16项。主持制定国家标准和行业标准292项，参与制定国家标准和行业标准115项。如西重所的“宝钢2号RH多功能钢水真空处理装置”获国家科技进步二等奖。同时，在工业工程等许多领域创造了大量科技成果。其中有获得国家优秀工程设计金奖的“北京市双榆树供热厂项目”和机械工业优秀工程咨询成果一等奖的“哈尔滨动力集团有限公司出海口基地建设项目”。这些成绩的取得增强了国机集团在我国科技发展中，尤其是在我国应用技术发展中的地位，提升了国机集团的核心竞争力。

4. 非实体经营取得显著成效。

2005年集团公司非实体经营工作取得了实质性进展。目前已有4个项目正在执行，总金额6.7亿美元，还有一批项目正在跟踪。

在菲律宾北吕宋铁路项目一期一段工程执行中，面对菲方拆迁拖延、阿罗约政府政治动荡等不利环境，努力创造各种有利条件完成现场勘测和初步设计工作，目前项目正在按计划积极推进，预计今年一季度正式开始现场施工。安哥拉教育部 11 所学校建设项目在集团公司的积极努力下，2005 年签约并生效，目前项目进展顺利。老挝南沙湾铜矿项目经过初步经济效益分析，已正式立项并成立了合资公司，目前正在进行矿山的勘探工作，从初步勘探的结果看，发展前景比较乐观。这一项目标志着集团公司在境外资源类项目的开拓上取得了实质性进展。中亚市场是集团公司重点开发的新市场，在政府有关部门的协调下，集团公司承接了土库曼斯坦机车出口项目，实现了非实体经营在中亚地区的突破。

经过三年努力，非实体经营已经初步形成了滚动开发、梯次执行、可持续发展的良好态势。继上述 4 个项目之后，集团公司在现有市场继续延伸，跟踪的菲律宾北吕宋铁路一期二段项目已争取到国家 5 亿美元优惠贷款的支持，预计正式合同今年签订。安哥拉教育部 15 所学校建设项目、土库曼斯坦浮法玻璃厂项目、老挝南宋、唐阁铜矿投资项目、沙特铝厂项目、赤道几内亚水电站项目、墨西哥水电站项目正在跟踪开发，预计今年将有 8 亿美元的项目签约。

在业务规模快速增长的同时，非实体经营在很多方面实现了更深层次的发展和提高，参与非实体经营的下属企业也越来越多。在工程领域方面，从铁路拓展到电站、建筑、冶金、建材、矿产资源等；在市场方面，从传统的东南亚地区逐步发展到非洲、中亚、拉美等地区；在项目承揽模式上，从 EPC 总包方式拓展到出资建设方式；在项目开拓与执行上，集团公司的主导作用得到进一步加强，集团的整体资源优势得到了更充分的发挥；在配合国家有关政策方面，通过安哥拉项目和老挝铜矿项目的开发，积极落实国家“工程换资源”战略，在为国家换取资源的同时实现自身业务的发展，为集团公司非实体经营走出了一条新路；在项目管理上，确定了集团公司经营管理部负责开发执行、资产财务部和法律事务部等部门服务支撑、下属企业参与的基本格局，项目管理进一步规范。非实体经营工作的开展，有效地推动了国机集团品牌的建设、内部资源利用效率的提高，海外市场开发的有序、规范和持续性带动了集团公司和下属企业经营业务的发展。

5. 脱困工作初见实效。

2005 年是集团公司困难企业脱困工作的启动年，集团公司在年初成立了脱困工作领导小组，专门负责集团公司的脱困工作。一年来，脱困工作领导小组多次听取中收公司、机床公司和中装公司三家重点亏损企业的工作汇报，并多次深入基层进行调研，了解情况。为理清思路、制订方案、解决问题奠定了基础。脱困工作领导小组结合三家企业的实际情况，经过全面分析和认真研究，指导三家重点亏损企业制定了详细的脱困工作计划，树立了企业的信心，有力地推动了脱困工作。

在集团脱困工作领导小组和困难企业的共同努力下，脱困工作取得了阶段性成果。中收公司新一届领导班子在狠抓内部管理、规范生产经营的同时，积极与新疆自治区政府沟通，在盘活现有存量资产、解决历史债务、新产品开发、市场营销体系建设等方面做了大量工作，取得了明显成效，实现减亏 2883 万元。机床公司在集团脱困工作领导小组的帮助下，解决了与华融资产管理公司和东方资产管理公司之间 12.37 亿元的债务问题，债务负担大大减轻，财务费用大大降低，实现减亏 3481 万元。以如意技贸为基础的新业务平台也初步形成。中装公司在集团脱困工作领导小组的指导下，针对北仪厂、黄海厂、张探厂存在的问题做了许多工作，调整了北仪厂的领导班子，确定了黄海厂的改制方案，深入研究了张探厂的破产问题和职工身份置换问题，为下一步脱困奠定了基础。

6. 安全生产工作呈现良好局面。

2005 年在大家的共同努力下，集团公司召开了安全生产工作会，理顺了安全生产工作的思路，增强了突发安全生产事件的预防和救援工作的能力，有效地遏制了生产安全事故的发生。集团公司的境外工程承包项目有很多是在中东、东南亚、非洲等一些高风险或较高风险的国家和地区，安全环境较为恶劣，恐怖袭击、自然灾害等突发事件频繁。面对这些不确定因素，集团公司所属子公司在加强项目现场安全生产工作的同时，也加强了对突发事件的预防和紧急救援工作，未发生重大安全事故，项目人员的人身安全得到了有效保障。

（二）改革重组稳步推进

1. 企业改革不断深化。

主辅分离、辅业改制工作全面启动。按照国资委的部署，2005 年集团公司主辅分离、辅业改制工作取得了实质性进展，完成了集团公司主辅分离改制分流总体方案的报送和批复，目前集团公司第一批主辅分离改制分流的4家子公司正在组织实施过程中。第一批改制分流单位涉及从国有净资产中支付经济补偿金、提留内退及离退休人员费用等3884万元，分流安置富余人员815人，妥善安排离退休人员等393人。集团公司第二批主辅分离辅业改制单位已经上报国资委、财政部和劳动保障部，共涉及企业12家、改制总成本1.7亿多元，并将分流安置富余人员2242名、妥善安排离退休等人员890名。

企业办社会职能移交工作进展顺利。根据国办发〔2005〕4号文件精神，集团公司2005年被列入中央企业分离办社会职能工作范围。按照国资委、财政部的工作部署，通过与各有关地方政府的协商沟通，顺利完成了中装公司、桂林电科所4所全日制中小学的移交工作。涉及职工273人，其中离退休职工120人；每年减少经费支出816万元。减轻了企业负担，解决了中小学教职工和离退休教师社会化管理以及工资待遇差异等问题，维护了社会的和谐与稳定。

企业改制上市及股权分置改革工作稳步推进。2005年5月26日，洛轴所所属的洛阳轴研科技股份有限公司在深交所成功上市；2005年集团公司还相继对洛阳轴研科技股份有限公司、河南黄河旋风股份有限公司、浙江盾安人工环境设备股份有限公司、福建龙溪轴承（集团）股份有限公司进行了股权分置改革。通过改革，国有资产实现了翻番增长，取得了上市流通权，为进退资本市场，抵御市场风险，有效进行资本运作，创造了必要条件。

2. 重组步伐逐步加快。

2005年按照集团公司发展战略的要求，积极开展多方式、多途径的资源优化重组活动。全年共完成11组23家企业的联合重组，通过重组使集团直接管理的子公司由2004年底的54家减少为43家。其中，四院五院重组组建中国汽车工业工程公司、中国成套和北方装备重组、广州电科院重组武汉外设所、天工院与工程成套重组，以及中汽对外合作、机电广告公司等6家企业联合重组等，都是围绕集团的核心业务板块展开的，是将集团优质资源向核心业务、核心企业和优秀管理者流动和汇聚的具体体现。沈阳仪表院托管沈阳真空所、中机建设托管中轴公司和国机技术，以及中国浦发收购长江磨床等，则体现了优势资源共享的特点，目的是要通过核心企业的资源优势，支持和带动一般企业共同快速发展。通过以上的重组活动，我们已经初步达到了改善资源结构，提高资源综合效益的目的，使集团企业的核心竞争力得到了增强。同时，重组还在一定程度上解决了集团公司管理幅面宽，管理成本高、效率较低等问题，提高了集团对各子公司管理的规范性和科学性。通过对外重组进入集团公司的企业都取得了比以往更好的成绩，如中进汽贸取得了跨越式发展，利润由2004年亏损1300万元转变为2005年盈利4100万元。

（三）企业管理得到加强

1. 战略管理初步展开。

2005年是集团公司战略管理起步的一年，经过一年的努力，战略管理已初步展开。一是战略管理体系初步建立。2005年集团在充分调研和广泛征求意见的基础上，出台了《国机集团战略管理暂行办法》，从制度上加强集团公司的战略管理工作，提高集团整体战略决策的科学性和有效性，为今后进一步加强战略管理工作打下了良好的基础。二是加快分战略规划的制订工作。在《国机集团三年规划》的统领下，2005年集团公司先后进行了汽车板块发展规划、高层次人才队伍建设规划、品牌规划和信息化规划的制订工作，对于涉及集团发展的一系列重大问题进行部署，明确了发展方向。三是加强对子公司战略管理工作的指导。2005年中农机在集团的指导下，制订完成了《中农机五年发展战略》，并开始实施；中设江苏公司在已有的《2004—2008年中期发展战略》的基础上，制订完成了《“十一五”发展规划》。CMEC、中机建设、中国联合等一批子公司的战略规划正在逐步制订中。

2. 经营管理逐步规范。

为提高集团公司的经营管理能力，做好生产经营工作，2005年在探索经营新模式，规范并强化经营管理方面做了许多工作。一是探索建立集团公司内部合作模式，提高集团整体效益。集团公司组织召开电站领域内部合作交流会，对持续有效地促进集团内部单位在电站领域项目上的合作进行了探讨，加强了沟通，总结了经验，为进一步加强合作创造了条件；在集团公司的指导下，中机建设与中农机签署了尼日利亚1500T/D糖厂施工合同，与CMEC就共同建设尼日利亚电站项目达成了意向，集团公司内部合作已经有了一个良好的开端。二是创建专项业务研究机制，有效防范经营风险。2005年集团公司根据汇率变化形势召开了“人民币汇率变化”专题研讨会，讨论了人民币汇率机制形成之后对集团公司工程项目及进出口业务的影响，以及应采取的应对措施；并在此基础上逐步建立研究机制，收集各类相关信息进行分析研究并定期发布，规避经营风险。三是完善项目评审工作，加强风险控制。2005年集团公司以“合理控制风险、提高项目效益、发挥整体优势”为原则，进一步完善了项目评审工作，按照工程项目的不同特点，初步建立了各自的评审模式，重点加强了对项目风险及合同条款的审查与分析，有力地支持了集团公司所属企业境外工程承包项目的开展。

集团公司所属企业在经营管理创新方面也进行了多方面的探索和实践。CMEC在国际工程承包方面提出了价值链竞争战略，即创新国际工程经营管理模式，创建和加强自己的工程项目规划设计能力，形成包括项目营销、谈判签约、融资服务、项目建设管理、验收及项目后期维护、收汇结算及清算等完整的工程成套业务价值链。中收公司提出了在人事、财务、技术开发、生产组织、市场销售等6个方面统一管理的经营管理思路。中国联合为了适应和推进工程总承包业务的发展，突出工程总承包业务的战略地位，对组织结构进行了调整，建立了平衡矩阵型的生产组织模式。同时加强了审计、法律事务的统一管理工作，为企业的良性运行规避了风险。中进汽贸根据进口汽车政策的重大变化，制定了新的发展战略，全面创新经营模式。一方面，从原有单店经营转向进口汽车品牌总代理、车型总代理和区域总代理进口批发业务；另一方面，通过入股天津空港国际汽车园等举措，全面拓展了进口汽车零售、物流、会展、信息业务。总之，经营管理方面的创新，使老业务焕发生机，新业务蓬勃发展。

3. 科技管理不断创新。

在国家科技项目管理方面，集团公司充分利用“十五”期末国家对产业化建设加大投入的有利时机，组织有条件的企业积极申报国家技术改造项目，使集团公司在投资体制改革后的第一年就有5家企业的6个技术改造项目获得国家批准，合计总投资1.7亿元，其中争取到国家补助资金2000多万元，是国机集团近年来从国家获得技术改造资金支持最多的一年。为了更好地实施科技项目，专门编制了国机集团“科技项目综合计划”。在科技发展基金管理方面，对市场前景好、技术含量与投资收益高的共性技术项目，通过招标方式竞标科技发展基金，为探索科技发展基金的支持方式积累了有益的经验。在管理体系文件建设方面，针对管理体系文件与实际工作结合不紧等问题，组织部门进行研讨，并对体系文件进行换版，理清了工作的接口和分工，为集团公司管理工作的流畅、高效奠定了基础。

4. 人力资源管理进一步加强。

2005年集团公司人力资源管理在人才队伍建设规划、领导干部的选用配置、经营者业绩的考核以及人才队伍培训等方面做了许多工作，取得了一定成效。一是在充分调研的基础上，结合集团公司的实际情况，制定了国机集团高层次人才队伍建设规划，提出了选用人才、激励人才、培训人才的指导原则和实施方案，为集团公司人才队伍建设奠定了基础。二是强化了经营者队伍建设，加大了市场配置领导干部的力度。围绕集团公司重组工作，为重组后的几家企业配备了强有力的经营管理队伍；解决了一些重点、难点班子问题。加大了市场化选聘领导干部的力度，CMEC、中进汽贸、中通公司、兰石所等企业通过公开竞聘上岗选用了一批中层干部，使企业管理有所加强。三是进一步完善了经营业绩考核体系，研究制定了《国机集团工效挂钩管理办法》和《实施细则》，加强了对工资总额的预核、清算，使工效挂钩工作更加规范；按集团公司的有关规定，加强了绩效考核管理，推进了经营者年薪制，增强了经营者的工作责任心，调动了工作积极性。四是加大了人才队伍的培训。去年集团公司总部举办了多期讲座，涉及新经济与管理创新、系统科学与战略思维等领域，收到了明显效果；集团系统各企业结合自身特点，针对不同人才，组织了形式多样的岗位培训、短期培训、专题讲座和学术交流，提高了员工的技能水平。五是高科技人才队伍建设取得明显成效。去年集团公司又有24名专家获得了2004年度国务院政府特殊津贴，评选出61名教授级高工，中国联合的程泰宁总建筑师当选为中国工程院院士，使集团公司的人才优势进一步增强。

5. 资产财务管理继续深化。

集团公司2005年认真执行新的《企业会计制

度》，进一步探索加强企业预算管理，不断完善和加强内部控制制度，强化财务管理，防范财务风险；强化财务总监制度，继续完善资本收益管理办法；加强财务信息管理，做好财务信息综合利用；为子公司业务发展大力提供财务金融支持等，做了大量有成效的工作。

通过强化与金融机构的合作，不断拓展集团公司融资渠道，提高了集团公司的融资能力。2005 年在中国建设银行、中国银行等开展了集团公司整体授信工作，在中信实业银行、招商银行等商业银行已申请银行授信 40 亿元；与中国进出口银行的合作进一步加强，双方近期签署了 30 亿美元的银企合作协议；与国家开发银行已经就集团公司高新技术产品产业化项目的扶持初步达成了共识，国家开发银行将以中长期软贷款的方式加强对科研开发和科技产业化的支持。

2005 年集团公司制定和完善了《担保实施细则》，并为子公司提供了 81 亿元的担保，有力地支持了子公司业务的开展和项目执行。通过对子公司银行账户的开立、使用进行统一管理，强化了集团公司资金集中结算的协调能力；通过加强对财务公司的业务监管，发挥财务公司资金蓄水池的作用，开展对子公司资金贷款、票据贴现等业务，降低了财务费用，为子公司提供了及时的资金支持。

6. 审计监督作用有效发挥。

2005 年，集团公司共完成审计项目 757 项，查处损失浪费 849 万元，促进增收节支 785 万元，提出的合理化建议被采纳 671 条。集团公司进一步健全了审计制度，制定了基建审计、境外机构审计和工程项目审计暂行办法；扩大了审计范围，对基建项目、境外机构、高风险投资业务、科技开发基金和市场开拓基金开展了审计；突出了审计重点，对重点企业和重大经营业务加大了审计监督力度，查出账外账、小金库等违规违纪问题；提高了审计质量，审计结论更加客观，审计建议更加可行；强化了后续审计，督促企业整改落实，改善了经营管理，审计监督作用得到有效发挥。

7. 法律服务能力稳步增强。

2005 年，国机集团法律机构和法律顾问队伍建设取得较大进展，目前已有 34 家企业建立了企业法律事务机构或者设置了专兼职企业法律顾问，拥有法律顾问 70 余人。出台了《所属企业重大法律纠纷案件管理办法》，编印了《国机集团案例选编》，加强了所属企业重大案件的管理，促进了所属企业法律风险防范机制的建设。2005 年，集团公司及所属企业积极运用法律手段维护企业合法权益，通过参与诉讼仲裁，避免和挽回经济损失 2 亿多元。集团公司法律工作的开展，有效地防范了企业法律风险。

（四）党建工作不断强化

1. 先进性教育活动取得实效。

按照中央和国资委的统一部署，集团总部和所属 52 家企业分两批共 16000 多名党员参加了保持共产党员先进性教育活动，圆满完成了各项学习任务，取得了实效。

国机集团党委高度重视保持共产党员先进性教育活动，认真完成了国机集团总部先进性教育活动，并在此基础上，认真总结了集团公司总部先进性教育活动的经验，研究制订了第二批先进性教育活动的实施指导意见，领导在京所属企业开展了先进性教育活动，派出五个督导组对在京企业开展先进性教育活动给予帮助和督导，并编写了先进性教育活动文件汇编和工作指导手册，指导所属企业做好先进性教育活动的各项工作。与此同时，由集团公司领导带队组成三个巡回检查组，对京外所属企业逐一进行了先进性教育活动的巡回检查指导。共编写先进性教育活动简报 100 多期，促进了各企业间的经验交流。

各企业紧紧抓住学习实践“三个代表”重要思想这条主线，深入贯彻落实胡锦涛总书记针对先进性教育活动提出的“关键是要取得实效”和“真正成为群众满意工程”的重要指示精神，紧密结合企业实际，坚持领导干部带头，注重发挥党支部作用；坚持边学、边议、边整、边改，解决了一些群众反映强烈的突出问题；坚持统筹兼顾，合理安排，做到了“两不误、两促进”，取得了较好的效果。

一是广大党员的党性观念和组织观念得到了加强，党员学习实践“三个代表”重要思想的自觉性和对党的先进性建设的思想认识进一步提高。在先进性教育活动中，国机集团涌现出 26 个先进基层党组织、55 名优秀共产党员和 23 名优秀党务工作者。党员的先锋模范作用得到了充分体现。

二是基层党组织得到了加强。集团公司 10 家所属企业党组织完成了换届选举，两家企业党委领导成员得到补充和调整，8 家企业党组织隶属关系得到了调整和理顺，两家企业新建了党委。基层党支部在这次教育活动中得到了锻炼和考验，党组织的凝聚力和战斗力进一步增强，发展新党员100多名，新申请入党的积极分子600多名。一些企业党组织不断探索企业党建工作的新方式、新方法，CMEC党委坚持与时俱进，创造性地将ISO9001标准体系导入企业党建工作，取得了中央企业第一张“党建质量管理体系认证证书”，在先进性教育活动中经受了实践的考验，取得了较好的效果。

三是企业领导班子思想政治素质进一步提高。在先进性教育活动中，领导班子开展调研活动500多次，建立领导干部联系点300多个，召开领导班子民主生活会和党组织生活会600多次，通过认真学习，深入谈心，开展批评和自我批评，领导班子解决自身问题的能力进一步增强。在教育活动中，领导班子认真制订整改方案，共提出整改措施1800多条，已整改900多条，一些涉及职工群众切身利益的实际问题得到了解决，进一步密切了党群干群关系。广大党员领导干部通过先进性教育活动，增强了政治意识、大局意识、责任意识和忧患意识，提高了思想政治素质。

四是各企业坚持“两不误、两促进”，在开展先进性教育活动的同时，认真抓好企业生产经营工作，并用先进性教育活动的成果促进企业生产经营工作。中国联合提出的坚持“三个三”，即要通过教育活动做到“三个结合”、“三个提高”、“三个满意度”，做到了“两不误、两促进”，得到国资委和浙江省的重视，受到了中央巡回检查组的好评。先进性教育活动的开展，有力地促进了企业生产经营工作。

2. 纪检监察工作得到加强。

2005年集团公司的纪检监察工作按照中纪委和国资委纪委的部署，以保持共产党员先进性教育活动为契机，努力学习贯彻《建立健全教育、制度、监督并重的惩治和预防腐败体系实施纲要》。加强思想政治教育，多次组织活动，从正反两个方面教育党员，特别是企业领导人员，坚定理想信念，树立马克思主义世界观、人生观、价值观和正确的权力观、地位观、利益观，不断增强党性修养，不断提高拒腐防变的自觉性。加强了监督检查，对子公司党政领导班子成员进行任前谈话、戒勉谈话30人次，参加了23个子公司领导干部民主生活会。加大了查办违法违纪案件的力度，严格责任追究。对职工反映强烈的个别公司的原主要领导存在的问题进行了重点调查核实，对给企业造成的损失进行了处理；开展了清产核资后续管理专项效能监察工作，在所属企业的覆盖率达85%，提出监察建议47条，制定和完善责任追究制度33项，处理违规违纪人员17名，发挥了效能监察在企业经营管理中的重要作用。

二、面临的形势和需要关注的几个问题

（一）面临的形势

认清形势，把握变化，全面运筹，正确决策，对完成今年的工作任务至关重要。

从世界经济的发展看，支持世界经济增长的有利因素没有发生大的逆转，在美国经济复苏和中、印、俄等发展中国家经济增长的拉动下，今年世界经济仍将平稳增长；在世界经济和跨国投资持续增长的情况下，世界贸易也将保持较快发展。据国际货币基金组织预计，今年世界经济增速为4.3%，基本与去年持平；世界贸易将增长7.4%，略高于去年的7%。

从国内经济的发展看，今年是“十一五”规划的开局之年，深入贯彻落实科学发展观、推进经济结构调整和经济增长方式转变，加快构建和谐社会已成为举国上下的共识。据商务部预测，在宏观调控措施和经济周期规律的共同作用下，今年经济增长速度可能会在近两年9%以上的较高增速上有所回落，可望保持在8%以上；同时，我国出口已连续4年保持快速增长，受国际市场空间和贸易保护的限制，出口继续保持快速增长的难度较大，今年我国对外贸易将增长15%左右，增幅比去年放缓。尽管如此，我国经济和贸易仍将保持较快的增长势头，为集团公司的持续发展创造了有利条件。

国资委围绕培育和发展80～100家技术先进、结构合理、机制灵活、具有自主知识产权、有较强国际竞争力的大公司大企业集团，今年将加快中央企业的重组和调整。就目前发展看，国机集团在这次重组和调整中处于比较有利的地位。国资委主任李荣融在去年8月中央企业负责人会议上指出，国资委正在研究制定加快推进中央企业重组的措施，今年将予以实施。这为我们进一步做强做大提供了难得的历史机遇。

近年来，随着我国经济的快速发展，国内资源短缺的问题越来越严重。为此，国家采取多项政策

鼓励企业将对外贸易、投资和境外工程承包等业务与境外资源开发相结合，通过“市场换资源”、“工程换资源”、“贷款换资源”等途径，建立多元、稳定、可靠的境外资源供应渠道。同时，国家大力开展经济外交，推动我国对外经济合作和对外关系的发展，胡锦涛主席去年在联大提出中国将在今后3年内向发展中国家提供100亿美元优惠贷款，用以帮助发展中国家加强基础设施建设；中央领导还将出席今年的“中非合作论坛”，探讨进一步加强中非各方面合作事宜。这些都为国机集团利用援外优惠贷款实施工程承包项目提供了很好的条件，有利于我们大力发展境外工程承包和成套设备出口业务。

通过对国内外环境的分析可以看出，今年国机集团所面临的发展环境比较平稳，国内外经济和贸易仍有较快增长，为公司的持续快速发展提供了良好的外部环境；国资委的战略重组步伐继续加快，是国机集团进一步做强做大的良好契机。但整个形势与去年相比面临的挑战较大，人民币汇率上升、国际油价持续波动、国际贸易保护主义加剧以及国内消费和投资增长不协调、国内市场供过于求加剧、拉动经济增长的力量发生结构性变化等因素，会对集团公司的经营业务产生一定的负面影响。

对国际工程承包和贸易业务的影响主要有三个不利因素。首先，人民币汇率上升压缩了利润空间，加大了经营困难。2005年7月21日，我国开始实行以市场供求为基础、参考一揽子货币进行调节、有管理的浮动汇率制度，人民币汇率升值2%。汇率形成机制的改革，对国机集团这样一个以国际工程承包、成套设备出口为主营业务和主要利润来源的公司来说，影响很大。据CMEC、中国重机等企业测算，人民币升值后，按现有在手合同计算，将减少利润2亿元以上，影响1亿多美元签约合同的执行。而且人民币还有进一步升值的压力，这无疑加大了集团公司的经营风险。其次，石油及原材料价格持续波动。从各方面预测看，明年国际油价仍会保持在较高水平。油价过高不仅会直接影响企业的生产经营，并将在一定程度上降低世界经济和贸易的增长速度，从而降低我国的外贸需求，影响国机集团国际工程承包和贸易业务的发展。原材料的高价位运行也将增加成套设备的成本，影响成套设备的出口。第三，国际贸易摩擦加剧。近年来，我国已经成为被反倾销调查最多的国家，去年前三季度，我国遭遇的各类贸易摩擦涉案金额达到89亿美元。从目前情况看，今年针对我国的贸易摩擦将会继续升温，这必然影响我们的出口业务。

对国内工程承包、咨询设计与部分高科技产品而言，国家宏观调控政策的影响不容忽视。去年以来，由于国家宏观调控政策的实施，中国联合工程设计和承包业务中许多已签合同项目停建或缓建，城市规划、市政及中小热电站项目明显减少，严重影响了企业效益；受国家宏观调控政策的影响，2005年工程机械市场需求趋缓，特别是路面机械产品与2004年同期比较下降近35%，对中国工程机械总公司的生产经营产生了较大影响。从目前形势看，今年宏观调控政策仍将继续，工程设计、工程机械等行业市场可能面临进一步萎缩，影响集团公司相关业务的发展。对于部分科研院所来说，五年的免税期已经到期，今年将不再享受以前的免税政策，如何应对激烈的市场竞争将是摆在它们面前的一项重要课题。同时，随着工程设计行业竞争的加剧，业主对设计的要求越来越高，但设计收费标准有下降趋势，这将会降低工程承包和工程设计业务的利润率。

此外，随着外贸经营权的放开，国机集团的贸易业务受到的竞争压力将越来越大；由于目前国内汽车市场增速减缓以及汽车品牌销售管理办法的实施，汽车板块业务也将受到一定影响。这些都给集团公司的业务发展带来了挑战。

总的来看，我们既面临着一定的发展机遇，也面临着严峻的挑战，我们必须认真分析、准确把握所面临的形势，站在战略的高度，合理安排好明年的各项工作。

（二）需要重点关注的几个问题

从集团公司内部形势看，虽然我们2005年取得了巨大的成绩，但也应当清醒地认识到当前企业发展所面临的困难和挑战。有以下几个问题在2006年要给予重点关注和解决。一是我们的子公司仍然较多，二级、三级子公司达几百家，资源分布散，管理链条长，管理层次和管理环节多，信息传播时间长，造成决策周期长、管理效率低、管理缺失时有发生，优势资源难以有效利用；二是部分子公司注重眼前、轻视长远，对企业的发展战略和可持续发展问题重视不够。据对各子公司的调查，已经制定战略并且正在按照战略予以实施的占31%；曾经制定过战略，但已到期或已经远远不能满足当前发展需要的占 26%；从未制定过战略的占 43%，实际上有将近 70% 的所属企业目前没有切实可行的战略作为企业发展的指导。从实施情况看，按照战略方案进行实施并且效果比较满意的仅占制定战略单位的 46%。同时，在科研开发及产业化、人力资源开发、业务创新等重要方面投入不足，核心竞争力的提高受到严重制约；三是部分企业领导班子不健全，尤其是党委领导班子不健全的现象比较严重，个别企业领导班子战斗力不强，在职工中威信不高，影响了企业的全面发展；四是我们的脱困工作虽然取得了一定成效，但是形势依然严峻。从集团的经营快报来看，2005 年仍然存在多家亏损企业，尤其是中装公司的形势不容乐观，它关系到上万名职工的生产、生活和企业稳定问题，必须给予高度关注；五是风险防范意识有待进一步提高。经营项目的评估与决策体系不完善、不科学，制度执行不严格，造成决策失误和时机丧失的情况时有发生；有的企业对审计工作和审计结果重视不够，整改滞后或整改不力；有的企业法律工作不得力，把关不严，签订的合同条款对企业非常不利，在合同履行出现问题时束手无策，遭到对方巨额索赔。有的企业官司不断，诉讼缠身，严重影响了企业的正常经营。总之，我们还存在着一系列影响企业健康发展的主要问题，必须在 2006 年的工作中，认真研究，正确应对，寻求解决问题的办法和途径。

三、2006 年的工作任务

根据集团面临的发展形势和自身的发展状况，以及中央企业负责人会议的要求，2006 年国机集团工作的指导思想是：以邓小平理论和“三个代表”重要思想为指导，认真贯彻党的十六届五中全会精神，牢固树立和落实科学发展观，坚持以人为本，强化经营与管理，推进改制与重组，加强和改进企业党的建设，努力促进国机集团持续、稳定、健康、和谐发展。主要发展目标是：经营额 400 亿元，主营业务收入 300 亿元，利润总额 6 亿元，净资产收益率 5.25 %，进出口总额 30 亿美元。要实现上述目标，确保全面完成今年的任务，必须重点做好以下四个方面的工作。

（一）强化经营与管理工作，保持集团可持续发展

1. 加大市场开拓力度。

2006 年要加大市场开拓力度，创新业务开拓方式，通过政策引导、资金扶植、管理服务、信息支撑等手段，把各项经营工作落到实处。

在工程承包方面，主动配合国家外贸外交政策，利用随国家高层领导出访的机会，积极参与协调落实国家领导人的出访成果，推动集团及各所属企业相关业务的发展，促进经营任务、政治任务双丰收；加强与商会、银行、保险等机构的合作，保持和提高在传统国际市场的主导地位；要发挥国机集团整体优势，大力开发工程承包业务的国内市场。在设计咨询方面，各设计企业要继续加大市场开拓力度，巩固在设计咨询领域的优势地位，拓展设备成套和工程总承包业务。在国际贸易方面，各进出口企业要抓好出口成交工作，并重视发展进口业务，力争使进口业务成为新的增长点，在风险较小的情况下实现经营规模的迅速扩张。在非实体经营方面，要认真做好在手项目的执行，抓好成本核算，控制好业务风险，有计划的跟踪和开发重点市场，在重点市场、重点领域要有新突破，把好新项目的签约关。在高科技产业方面，要大力提高高科技产品在细分市场上的占有率，保持市场优势。

2. 进一步加强内部合作。

内部合作是国机集团产业链建设、核心业务形成以及核心竞争力打造的一项战略措施，今年集团将制订内部合作的具体办法。原则上，能够在国机集团内部完成的项目，一定要内部合作；集团提供担保的项目，必须优先内部合作。今后集团公司将继续加强项目的内部协调管理，整合各所属企业资源开发项目，对中亚、赤道几内亚等重点项目市场进行集中开拓，以实现集团公司整体利益最大化；2006 年集团公司将在 2005 年电站领域内部合作交流会的基础上，通过对 CMEC 与中机建设和中国联合内部合作的电站项目进行跟踪调研，在实践中不断摸索、总结、改进和提高，并将成功经验逐步拓展到其他企业和其他领域。

3. 提高自主创新能力。

胡锦涛主席在刚刚结束的全国科学技术大会上指出“自主创新能力是国家竞争力的核心，是实现建设创新型国家目标的根本途径”，也是促进企业发展的关键所在。面对国内外科学技术的迅速发展和市场竞争日趋激烈的新形势，我们必须加大对科研开发和产业化的资金投入，提高国机集团的自主创新能力，加快产品产业化进程，把国机集团建设成为创新型企业。要做好自主创新，必须加强原始

性创新，努力获得更多的科学发现和技术发明；必须加强集成创新，使各种相关技术有机融合，形成具有市场竞争力的产品和产业；必须加强在引进国外先进技术的基础上积极进行消化吸收和再创新。要从集团公司的发展战略出发，立足于本企业发展的实际，针对存在于重点领域的技术瓶颈问题，制定技术发展对策，进行重点突破。要加强对前瞻性科研开发项目和重点科研开发项目的投入，加大对重点应用技术基础性研究项目的投资，加快市场前景好、经济效益高的科研项目的研究速度。要不断完善由集团公司引导激励、所属企业筹集资金和社会融资，共同研究开发核心技术，推进高科技产品开发的模式。为建设创新型国家做出贡献。

4. 切实加强战略管理。

集团公司要加快战略规划的制订工作，启动并完成《国机集团（2007—2010 年）发展规划》，所属企业也要按照集团公司战略规划的总体要求，积极制订或修订本单位战略规划；集团公司已经制订出台了《国机集团战略管理办法》，今年要加大对管理办法的宣传、执行和考核力度，规范集团公司战略管理工作，提高企业战略决策的科学性和有效性；同时要继续加强对所属子公司战略管理的指导，进一步建立健全战略管理体系，完善所属主要企业的战略管理机构，强化战略管理人员的培训工作。

5. 塑造国机强势品牌。

在市场竞争日趋激烈、商品和服务的同质化迅速提高、差异性不断缩小的今天，品牌已经逐渐成为先进企业取得市场竞争优势的有力武器。打造“国机”品牌，对增强集团的凝聚力、向心力，扩大市场影响力，提升集团的核心竞争力，有着极其重要而深远的意义。为此，我们在 2005 年制定了《中国机械工业集团公司品牌战略规划》，确立了国机集团的品牌定位、品牌理念和品牌形象，明确提出了国机集团的品牌发展模式，以及国机集团品牌管理和品牌建设的步骤和阶段性目标。今年集团本部要按照《中国机械工业集团公司品牌战略规划》的要求，理顺管理体系，完善管理制度，明确工作职责，制定工作计划，全面推进品牌的塑造工作。各子公司要按照集团公司的要求，明确相关支撑机构和负责人员，做好品牌塑造工作。

6. 加快信息化建设步伐。

按照国资委“加快推进企业信息化，增强中央企业竞争力”的要求，紧密围绕集团公司发展战略和主营业务，坚持突出重点，务求实效，加快国机集团信息化建设的步伐。2006 年要召开国机集团信息化推进大会，进一步提高对信息化建设的重要性和迫切性的认识，为开展信息化建设营造良好的环境；颁布实施《中国机械工业集团公司信息化发展规划》，使国机集团信息化建设工作沿着正确的轨道，有计划地稳步推进。同时要按照规划的要求，启动相关基础性工作。编制《国机集团信息数据字典与数据交换规范》，为建设国机集团动态信息平台打好基础；编制《国机集团网络形象（WEB CI）规范与网站建设规范》，塑造国机集团的统一形象；编制《国机集团网络建设规范》，选取 1 ~ 2 家子公司进行组网试点，积累组网经验。

7. 推进财务集中管理，增强资金保障能力。

针对中央企业在运营监管以及资金管理方面存在的问题，国资委去年提出，中央企业要实现管理模式的创新，财务集中化管理是确保财务信息的及时性和有效性，防范财务风险，提高资金利用效率的有效手段。因此，集团公司从今年开始将加大推进财务集中管理的力度，通过加强财务基础管理、实行财务信息集中化、加强内控机制建设、对各级子公司实施资金集中管理、采取有效措施防范财务风险等手段，增强集团总部对各级子公司的资源配置和财务监控能力。同时，要进一步加强境外企业财务监管和高风险投资业务监管，加快建立重大投资决策失误和重大财务损失责任追究制度。要在去年向 9 家子公司派出财务总监的基础上，今年将向 5 ~ 10 家子公司派出财务总监，其他企业的财务总监也将陆续到位。

为缓解集团及所属企业迅速发展过程中的资金紧张状况，降低集团公司整体财务费用和财务风险，集团公司决定申请发行总额为 14 亿人民币的一年期融资债券。融资债券发行后取得的资金主要用于集团和所属企业经营业务对流动资金的需要、加大科技产业化的资金扶持和投入。今年集团公司要继续积极与多家政策性银行进行接触、洽谈，开展更多的合作，为集团所属企业中长期信贷项目的发展提供更多的信用支持。集团公司将出台鼓励科研院所产业化发展的办法，鼓励科研院所把科技成果转化为企业生产力，为科研院所的产业化发展提供政策鼓励和支持，将集团对科研院所的支持和激励落实到企业的生产经营中。同时，要求财务公司在稳健经营的基础上继续为集团所属企业提供优质服务。

8. 加强审计监督，强化法律服务。

审计工作要按照国资委的工作部署，紧密结合集团中心工作，加强企业风险审计；加强企业改制、重组审计；加强重大投资、重要经营项目审计，保证规范运作。要重视审计结果的利用，对审计披露的问题，有关部门要督促企业整改落实。要加强对所属企业审计工作的指导和监督，搞好审计"人、法、技"建设，努力提高集团公司审计工作的整体水平。

今年要进一步采取有力措施，继续加强企业法律工作。所属企业领导要牢固树立依法治企的思想，充分认识企业法律风险防范工作的重要性，尽快建立和完善法律风险防范机制；加快以企业总法律顾问为核心的企业法律顾问制度建设；突出工作重点，严密防范影响企业生存发展的重大法律风险。同时，集团总部要加强对所属企业法律工作的指导、监督和考核。集团在对所属企业领导班子进行考核时，将把企业依法经营管理和依法维权的情况列入考核内容。

（二）加快重组与改制步伐，推进现代企业制度建设

1. 总结工作经验，继续推进企业重组。

在内部重组上，今年将下大力气完成8～10家企业的重组工作。重组的重点将由过去侧重一般业务企业的重组逐渐转移到侧重集团核心业务企业之间和核心业务企业与优势业务企业之间来展开，单项重组涉及的资源规模也将逐渐增大，重组的形式也更加丰富多样。同时，针对目前集团内部资源分布散，管理链条长，管理层次和管理环节多的突出问题，年内将组织各企业进行全面的清理，并在清理的基础上制定调整重组的措施并予以实施，通过调整，力争年内大多数子公司取消4级及以下投资的企业或机构。

在外部重组上，今年集团要紧密结合国资委开展的对中央企业实施产业布局调整和企业资源重组工作，积极寻求整合兼并外部相关资源，扩大企业发展规模，增强集团整体竞争实力。此外，集团还将开展对一些地方性的优良资源的重组，通过多种方式吸纳相关产业资源，以完善集团的产业链，提高集团各战略主业的核心竞争力。

2. 推进核心企业改制，强化组改结合。

过去几年，集团公司的股份制改造主要侧重于中小企业，随着集团公司战略性结构调整的逐步到位，核心业务企业的股份制改造已经提上了议事日程，今年我们要在核心战略主业上有所突破，力争完成一到两家核心业务企业的股份制改造试点。通过股份制改造，实现企业做强做大目标。

同时要加强改组与改制的结合，注重建立核心业务企业和优势业务企业之间的资产纽带关系，强化内部企业间的协调与合作。通过改制与重组的结合，形成以大带小、以强带弱、协调发展的格局，构建高效的企业运行机制，优化资产和业务布局，突出主业，增强竞争力。

3. 加快主辅分离工作，促进企业快速发展。

去年年底，国务院印发了《国务院关于进一步加强再就业工作的通知》，《通知》继续鼓励国有大中型企业进行主辅分离、辅业改制，相关扶持政策审批截止时间延长到2008年。为了贯彻落实国务院《通知》和国资委有关精神，根据国资委、财政部、劳动保障部已经批准的国机集团主辅分离、辅业改制总体方案的要求，年内要认真做好纳入总体方案的企业的改制实施工作，重点是抓紧完成第一、第二两批16家企业改制实施工作，并积极启动第三批企业方案的申报。通过主辅分离改制，解决企业富余人员、精干主业等问题，促进企业快速发展。

（三）进一步加强党建、纪检监察工作，保障企业健康发展

1. 加强组织建设，强化领导班子。

加强党组织建设、强化领导班子是加强和改进企业党建工作的重要环节。今年集团公司必须紧紧围绕领导班子思想政治建设，扎扎实实抓好创建"四好"领导班子活动。要抓好企业领导班子成员的理论学习，增强政治意识、大局意识和责任意识，不断提高领导班子的整体素质；要加强企业领导班子作风建设，建立健全激励企业领导班子求真务实的机制，坚决反对弄虚作假和虚报瞒报的不良作风；要健全企业基层党组织，理顺同地方党组织的关系；要积极推进所属企业党组织换届选举工作，今年要完成10家以上企业的党组织换届工作。

2. 建立长效机制，保持共产党员先进性。

2006年，集团党委要会同下属企业各级党组织着力研究建立保持共产党员先进性长效机制。要将在先进性教育活动中形成的成功做法和取得的有效经验转化为经常之举，用制度的形式固定下来、执

行下去，并随着形势的变化不断修订和完善，使其具有时代性、政策性和可操作性。

建立保持共产党员先进性长效机制，重点是要建立健全党员教育培训长效机制、建立健全民主评议和整改提高长效机制、建立健全党内组织生活长效机制、建立健全反腐倡廉和监督制约长效机制、建立健全党员干部联系群众的长效机制。构建保持共产党员先进性长效机制，就必须探索长效机制发挥作用的有效途径，要通过构建目标明确的责任平台、持之以恒的制度平台和党内党外结合的互动平台，确保保持共产党员先进性长效机制的建立与良好运转。

与此同时，要深入抓好先进性教育活动整改措施的落实，巩固和扩大教育活动的成果；要重点抓好党员教育、管理、监督的制度建设，切实加强党风廉政建设。

3. 进一步加强纪检监察工作。

要认真贯彻落实中纪委六次全会精神，学习党章、遵守党章、贯彻党章、维护党章，加大构建集团公司惩治和预防腐败体系的工作力度；要继续加强思想政治教育，坚定理想信念，加强道德修养，发展党内民主，严明政治纪律，强化制约监督，不断增强广大党员特别是企业领导人员维护国有资产保值增值的责任意识和廉洁从业、拒腐防变的能力；要继续加强制度建设，提高制度本身的系统性、科学性和可操作性；要落实党风廉政建设责任制，完善企业党风建设和反腐倡廉工作机制；要以查办违纪违法案件为突破口，继续加大惩治腐败的力度；要紧紧围绕集团公司的中心工作，继续推进和深化企业效能监察，发挥效能监察在标本兼治、防范风险方面的监督保障作用。

（四）坚持以人为本，构建和谐国机

1. 加强人才队伍建设，实施“人才强企”战略。

百年大业，人才为本；千万资源，人才第一。今年要切实抓好“人才强企”战略的落实工作。第一，要大力倡导以人为本的理念。集团各单位要牢固树立科学的人才观，统一思想，提高认识，结合实际，采取更加有力、更加扎实的措施，优化人才的培养和使用环境，营造人才脱颖而出和充分施展才华的良好环境。第二，要启动“人才强企”战略的四项重点工作。以高层次人才队伍建设为重点，加大人才选拔和培养力度，加快人才结构调整，加强人才机制创新。第三，要完善干部交流制度，加大干部交流与实践锻炼的力度，使干部交流成为国机集团的经常性工作。这几年集团公司的干部交流工作在逐渐加强，收到了比较好的效果。所以今后要继续努力创造各类人才相互交流和学习提高的机会，尤其要加大干部交流的力度。通过交流在实践中培养人才，把各类人才尤其是年轻人才放到关键项目和重要岗位上进行锻炼培养，在人财物等方面给予必要的扶持，使他们在实践中增长才干，提高素质。通过交流不断提高各类人才的知识水平和专业技能。

2. 大力提倡学习之风，建设学习型企业。

学习型企业是能够不断加强个体和团体的能力来创造他们最渴望的绩效的企业组织。国机集团要做强做大主业、提高市场竞争能力、保持持续快速发展、取得骄人的业绩，就必须想方设法强化决定企业核心竞争力的关键要素——企业的学习能力。今年集团公司要制订出创建学习型企业的行动纲领和实施细则，要继续做好各种培训和讲座工作，要通过政策与制度优化学习环境，要通过倡导和宣传营造学习氛围。要求全体员工学理论、学方法、学技术，要向书本学、向实践学、向市场学、向标杆学、向客户学、向竞争对手学。经过一段时间的努力，在整个集团形成良好的学习风尚与学习习惯，把国机集团培育成为学习→创新→再学习→再创新，具有永不枯竭的发展动力的现代化学习型企业。

3. 加强企业文化建设，增强企业凝聚力。

企业文化是企业中人们所共同拥有的、特有的价值理念和行为准则，它在企业发展过程中的重要作用不仅表现为企业哲学、价值观念、思维方式、行为作风、接人待物习惯，而且更重要的体现为企业的导向力、凝聚力、约束力、纽带力和辐射力。企业文化是一种决定企业发展的核心竞争力。

今后几年，国机集团要致力于企业文化建设。一是要继续完成国机集团企业文化建设规划，制定五年建设发展目标与计划；二是集团本部要转变思想观念，改变工作作风，提倡爱企、敬业，诚信、友爱，团结、高效的企业精神，逐步树立起优良的工作作风；三是要从整个集团出发，围绕“振兴中国机械工业、跻身世界先进行列”的总目标，通过调查、归纳、总结，提炼出国机集团的企业哲学、价值理念和行为准则，并着力进行宣传推广，贯彻到整个集团的每个环节和每一位员工，凝结成为支撑国机集团长久可持续发展的核心竞争力。

4. 关爱员工，实现员工的全面发展。

坚持以人为本是科学发展观的出发点与落脚点，坚持以人为本就是要关心人、尊重人、爱护人、发展人和依靠人。对国机集团而言，发展企业的最终目的是为了给全体员工创造全面发展的良好环境，为员工的身心发展打造平台。坚持以人为本就是要努力加强企业管理，提高经营效益，创造更多优秀的科研成果与产品，强化主业、增强市场竞争力，为员工的全面发展打下坚实的物质基础；坚持以人为本就是要培育优秀的企业文化，形成员工之间互相关爱、互相帮助、互相促进的良好风尚与优良的生活方式；坚持以人为本就是要加快企业脱困工作，全集团要帮助困难企业尽早脱困致富，提高全体职工的生活水平，实现全面小康；坚持以人为本就是要依靠全体员工、尤其是高层次人才的共同努力，保持企业持续快速发展。

今年，集团公司准备设立困难企业员工救助基金，解决困难企业困难职工的生活问题。同时，要在集团内开展扶贫助困活动，并逐渐形成互帮互助、团结友爱、共同发展、和谐美好的工作与生活环境。

5. 继续做好脱困工作，努力保持企业稳定。

今年是集团公司困难企业脱困工作的关键年，中收公司、机床公司和中装公司等三家重点困难企业要认真落实脱困工作计划。机床公司在继续做好债务处理工作的同时，要积极稳妥地做好新业务平台的搭建工作，保证业务渠道的畅通，巩固并发展核心业务，促进企业健康发展。中收公司要重点抓好两方面工作：一是大力推进债务重组，积极盘活存量资产，解决好历史遗留的银行债务和其他债务；二是抓好生产能力建设工作，更好地满足国内农业发展对收获机械的市场需求。中装公司要重点解决好黄海厂的改制工作，力争今年上半年全面完成承债式转让工作；要继续做好张探厂政策性破产的各项准备工作，制订好各项相关方案，并切实抓好在政策性破产过渡期内的职工稳定工作；北仪厂应强化内部管理，全面落实“瘦身计划”，力争今年的生产经营工作有明显的提高。集团各部门一定要认真配合集团脱困领导小组的工作，想困难企业所想，把困难企业的事情办好。

同时，要妥善处理好企业改革、发展、稳定三者之间的关系，充分考虑职工的承受能力，深入细致地做好职工的思想政治工作，把矛盾解决在基层和萌芽状态；要认真贯彻落实《信访条例》，疏通信访渠道，维护职工群众的建议权、申诉权以及其他合法权益，切实为职工群众解决实际问题，保持企业稳定。

6. 抓好安全生产工作，保障企业长远发展。

要建立和完善安全生产责任制度。今年集团要与所属子公司法定代表人签订《安全生产责任书》。各子公司要结合本单位的实际情况，对安全生产责任目标加以细化，与本单位下属企业和下级工作层面进行目标和责任分解，做到横向到边、纵向到底、层层分解、不留死角。

要加强对海外工程总承包项目安全生产工作的现场检查。计划今年上半年组织一次境外项目的现场检查，重点检查境外项目安全管理制度、管理机构的建立情况、安全生产责任划分分解情况以及安全生产工作的落实情况，各企业在集团组织统一检查前，要做好自查工作，认真落实各项要求。

要加强对生产安全事故及突发事件应急预案的演练。今年各子公司要至少组织一次应急预案的实际演练，以便查漏补缺，对预案作进一步完善。集团安全生产办公室也将对境内安全事故和境外突发事件的应急救援组织一次演习，以切实提高实战能力。

今年是国家“十一五”规划的开局之年，是国机集团茁壮成长的第十个年头，是国机集团承前启后、继往开来、再上新台阶的新起点。国泰百业兴，人勤三春早。今年的工作会比往年提前了一个多月，希望大家认真做好工作安排，在党的十六届五中全会精神指导下，在国务院国有资产监督管理委员会的正确领导下，用科学发展观统领全局，认清形势，抓住机遇，团结一致，开拓创新，努力奋斗，为国机集团的持续快速发展做出新贡献。

努力拼搏　开拓创新
谱写国机集团发展的新篇章

——任洪斌在国机集团2007年工作会议上的报告

（2007年1月29日）

2007年工作会议的主要内容是听取监事会赵喜子主席的重要讲话，讨论研究工作报告，听取审计报告，表彰先进集体。下面，我从回顾国机集团十年的发展历程，总结2006年集团公司的工作，分析面临的形势和安排2007年工作任务四个方面分别报告如下：

一、十年历程回顾

1997年1月28日，国机集团正式宣告成立了。从此，“国机人”承载着时代赋予的重任，凭着顽强的毅力和坚定的信念，脚踏实地，开拓进取，一步一个台阶地走过了十年不平凡的岁月。可以说，国机集团的十年是迅速崛起的十年，是改革创新的十年，是传承历史、提升文化的十年。十年间，硕果累累，成绩斐然。

（一）企业规模实力显著增强

——集团公司整体经营规模大幅提升。主营业务收入从1997年的89亿元增加到2006年的465亿元，增长了4倍；利润总额从1997年的1.0亿元增加到2006年的14.5亿元，增长了14倍；资产总额从1997年底的140亿元增加到2006年底的422亿元，增长了2倍；进出口总额从1997年的12亿美元增加到2006年的46亿美元，增长了3倍；各项经营指标的快速增长大幅增强了集团公司的实力。

国机集团连续多年在全球225家最大国际承包商排名中列前50位，在全球最大200家设计商排名中列前100位，在2006年中国企业500强排名中列第84位。在第14届世界生产力大会上荣获“2006世界市场中国（承包商）十大年度品牌”。

——子公司的规模化经营取得可喜进展。集团公司主营业务收入超过10亿元的公司2000年3家，2006年增加到7家；主营业务收入超过亿元的院所2000年3家，2006年增加到16家；进出口总额超过5000万美元的单位2000年3家，2006年增加到10家。子公司经营规模不断扩大，经营结构更趋合理，推动了集团公司的整体健康发展。

（二）主营业务快速发展

——工程承包项目总体业务量和单个项目金额均有大幅度增加。从工程承包项目总体业务量看，集团公司签约国际工程承包项目合同总金额1997年2.8亿美元，2006年达到48亿美元；签约国内工程承包项目合同总金额1997年30亿元，2006年达到57亿元。从单个项目金额看，签约5000万美元以上的国际工程承包项目1997年1个，2006年38个；签约5000万元以上的国内工程承包项目1997年6个，2006年20个。单个项目金额增长较快，在目前准备签约的项目中，单个项目金额有望达到10亿美元，有的甚至将超过20亿美元。

——科技自主创新成果不断涌现。1997—2006年，国机集团共获得国家和省部级科技成果奖500余项，获得专利900多项。其中，世界首台“100兆牛双动力铝挤压机”、“宝钢2号RH多功能钢水真空处理装置”、“在役重要压力容器寿命预测及安全保障”、“压力管道安全检测与评定技术研究”等一批项目分获国家科技进步一、二等奖。这些成绩的取得增强了国机集团的竞争力，提高了国机集团在我国装备工业科技发展中的地位。

——高科技产品产业化水平不断提高。经过多年发展，集团公司已开发研制出一批产业化程度很高的名牌产品，在重型机械、电工电器、机床工具、石化通用、仪器仪表、农业机械、工程机械等设备中有100多项产品的国内市场占有率超过了

20%。其中，具有世界先进水平的产品有40多项，有些还是市场的主导产品甚至垄断产品，经济效益显著。

——国际贸易业务取得长足进展。在大力开拓国际工程承包市场的同时，国机集团努力扩大机电产品出口，为我国机电产品出口事业做出了突出的贡献，在商务部公布的全国最大200家出口企业中始终名列前茅。在提高出口商品的技术含量方面，国机集团充分利用自身资源，瞄准欧美等发达国家市场，推进面向出口的高新技术产品的开发与生产。苏美达利用市场营销资源和地域优势，通过与国外大型采购集团建立长期供货关系，持续创新，不断研制和生产满足市场最新需求的机电产品，实现了研发能力和生产能力的快速增长；CMEC与国内高科技企业联手开发，成功研制出科技含量较高的远程智能控制电表，打入了技术门槛很高的意大利电力市场。

（三）企业改革持续深入

——资源重组整合和结构调整稳步推进。国机集团成立之初，子公司业务交叉重复，内部竞争严重；资产分布散乱，资源配置不合理；面对规模参差不齐、实力相差悬殊的70多家子公司，集团公司难以实施科学有效的管理。为此，从2001年开始，集团公司逐步加大了资产重组力度。在内部重组上，先后组织实施了47家企业的重组，减少直接管理的子公司31家，子公司原有的散、乱和不平衡状况得到了较大改善，提高了资源的使用效率和对子公司的管理能力。在外部重组上，一是积极配合国资委开展大型国有企业战略性结构调整工作，先后完成了对中国汽车工业总公司所属的中汽进出口等6家企业，以及中进汽贸、中机国际工程设计研究院的重组。8家企业进入国机集团后，根据国机集团战略发展需要进行了进一步的调整重组，走上了快速发展的道路。二是按照国机集团业务板块发展的要求，积极兼并吸收各有关地方行业资源。如天工院兼并“中发展”等六厂一校，中国重型院兼并陕西省冶金设计研究院等，使国机集团工程机械和冶金重型机械板块的业务链得到了完善，实力得到了增强。

——股份制改革取得重要进展。近年来，国机集团本着“实事求是、积极探索、稳步推进”的原则，一直积极推进企业的股份制改革。2002年在调研分析的基础上，研究制订了《国机集团关于企业改制工作管理暂行办法》，为全面推进改制工作奠定了基础。2004年以来，采取多种方式争取企业上市，取得了实质性进展，天工院收购的“中发展”成为国机集团第一家上市公司；2005年洛阳轴研科技股份有限公司在深交所成功上市；2006年中工国际成为我国资本市场全流通时代第一股，既募集了资金，又扩大了影响。

（四）企业管理水平明显提高

——总部的管理和服务能力显著提升。在管理方面，一是建立了比较完善的管理体系。规范了母子公司关系，明确了集团公司作为最高决策中心和投资中心的地位，对子公司充分行使重大经营决策、人事和收益等三项权利，并建立和完善了重大经营决策管理体制、人事管理体制、财务管理体制、运营监控管理体制，为强化管理奠定了基础。二是改进和强化了企业领导班子建设。在加大对领导班子考核力度的同时，积极探索适应现代企业制度要求的、充分体现党管干部原则与市场化选聘企业经营者相结合的国有企业选人用人机制。三是加强了财务管理，逐步完善集团公司的集中调控功能。强化了全面预算管理，建立了财务决算分析和评价体系。以业绩考核结果决定企业资本收益的上缴、返还及使用政策，激励了企业超额完成业绩目标。通过组建财务公司进行资金集中结算，提高了集团内部资金使用效率，降低了集团整体财务风险。四是科技创新体系不断完善，平台建设步伐逐年加快。

在服务方面，一是积极为企业开辟融资渠道，解决企业的融资困难；二是帮助企业搞好重大科技项目的申报工作。2002年以来，集团公司组织申报并被批准的科技攻关项目、军工研制项目、技术改造项目293个，共获得国拨资金3.6亿元；三是帮助企业申请中小企业国际市场开拓资金，2003—2006年共获得2000多万元资金支持；四是帮助所属困难企业申请下岗职工基本生活补助金。1998年以来，共为下岗职工申请获得7100万元生活补助金，解决了职工的实际困难；五是为企业提供法律咨询服务，帮助所属企业分析历史遗留问题，提出解决问题的意见和建议。

——各子公司的管理逐步规范。近年来，各子公司在企业基础制度建设、人事分配制度建设、质量管理体系建设、财务控制体系建设等方面强化管理，取得了明显成效。绝大多数子公司实施了岗位竞聘制度，改革了分配制度，基本建立了岗位能上能下、职务能升能降、待遇能高能低的机制，有效地调动了员工的积极性。目前绝大多数子公司都在积极开展质量管理体系建设，并通过了质量管理体系认证。质量管理体系有效规范了企业管理，提高了企业管理水平。

同时，许多子公司十分重视管理创新，在管理形式和方法上进行了有益探索。兰石所成立了人事管理、监督考核等委员会，形成了监督、控制、考核、奖惩的工作体系，增加了管理透明度，实现了民主决策。苏美达利用信息网络系统随时监控项目的进展和款项的回收情况，为领导及时有效决策提供了很大便利。中农机在资金运作上利用金融衍生工具，不仅促进了资金的快速回流，节约了大量财务费用，而且降低了经营风险。

（五）党的建设和企业文化建设不断加强

——党的建设不断加强。十年来，国机集团党委和各级党组织深入学习党的十五大、十六大精神，认真贯彻执行党的各项路线、方针、政策，努力实践“三个代表”重要思想，树立落实科学发展观，牢牢把握企业持续发展这个主题，不断加强企业领导班子建设和党风廉政建设，强化基层党的组织建设，建立健全保持共产党员先进性长效机制，高度重视思想政治工作和企业稳定工作，积极开展精神文明创建活动，促进了企业的改革与发展。按照中央的要求和上级党组织的工作部署，先后在集团公司领导班子中开展了“三讲”学习教育活动，在全体党员中组织开展了保持共产党员先进性教育活动等，党的思想、组织、作风和制度建设取得新成果，教育、制度、监督并重的惩治和预防腐败体系初步形成。贯彻执行党的民主集中制，认真开好领导班子民主生活会，加强班子思想建设。注重发挥基层党组织的政治核心作用，积极参与企业重大问题决策，保证了企业决策科学、规范。注重发挥工会、共青团等群众组织优势，团结凝聚了企业广大职工。坚持两年一度党内推优制度，树立典型，弘扬正气，一批先进人物受到表彰，营造了企业奋发向上、和谐发展的良好氛围。

——企业文化建设稳步推进。国机集团和所属子公司十分重视企业文化建设，经过多年的努力推进，国机集团的企业使命、愿景、核心价值观逐步清晰，有力地引导、凝聚和激励着广大员工。企业文化建设的各项工作日益成为企业领导班子和广大员工的自觉行为，形成了广泛参与的浓厚氛围。企业文化建设已经有机地融入到企业生产经营管理的各项工作之中，有效提升了管理水平和品牌形象。

近年来，集团大部分所属子公司从发展战略的高度出发，积极推进企业文化建设，取得了丰硕成果。中机建设所倡导的“真诚服务人类、用心建设未来”核心经营理念提升了员工的思想境界，增强了员工的职业自豪感和使命感。中国联合始终坚持以人为本的理念，以全面提升公司员工的生活品质为核心目标，使全体员工真切地感受到公司的人文关怀。经过几年的倡导和实践，以人为本的企业文化已深入人心。

多年来，国机集团积极开展精神文明创建活动，取得了丰硕成果。中国中元、中国重机、中农机等8家企业多次获得“中央国家机关文明单位”和“首都文明单位”称号。国机集团获得2005年度“中央国家机关文明单位”称号。

（六）十年发展经验总结

在国机集团十年的发展历程中，我们狠抓生产经营、强化企业管理，深化企业改革、提高经济效益，积累了丰富的经验，这些经验主要体现为“四个坚持”。

第一，坚持深化企业改革，创新运行机制。

国机集团为了适应企业发展面临的内外部形势变化，不断加大在用人制度、财务制度、经营体制等方面的改革。不断扩大市场化选聘人才的范围，进一步完善人才的选用、激励和约束机制；以收取投资收益取代原先向子公司收取的管理费，并努力开展“非实体经营”业务，逐步实现从管理型集团向经营型集团的转变；通过组建国机集团财务公司，为集团内部提供金融服务，提高了资金的使用效率；按照“一体两翼”的业务发展思路，对现有企业进行了大规模的战略性重组，基本实现了资源的有效配置；通过推动企业上市，引进先进的管理机制，为建立健全现代企业制度奠定了基础。通过这一系列改革，国机集团的整体竞争力明显增强，企业面貌焕然一新。

第二，坚持战略统领，走可持续发展之路。

国机集团十分重视企业发展战略的研究与管理工作。从2000年起，先后制定了2001—2010年国机集团十年发展战略，2004—2006年、2006—2008年发展规划，提出了以工程承包为主体，以国内外贸易、高新技术产品开发与生产为两翼的“一体两翼”业务发展思路。按照这个发展思路，通过资源整合，形成了由若干主业突出、技术和经济实力比较雄厚、具有较大规模的支柱企业支撑的格局，为集团公司的持续发展奠定了基础。对集团公司的发展规划，各单位积极宣贯、强化执行，以发展战略统领全局，有力地促进了集团公司的全面、持续发展。

在集团公司的指导下，各子公司对战略管理工作也日益重视，目前已有 19 家子公司制定了发展战略和规划，其中中农机、苏美达、CMEC、中国重机等公司结合外部环境的变化和企业实际情况，创造性地提出了一系列发展思路和策略，取得了明显成效。

第三，坚持市场导向，持续创新经营模式。

自上世纪 90 年代末以来，由于受国际工程承包方式转变、国家外贸经营权逐步放开、国家对科研院所的资助经费逐年减少等因素的影响，国机集团的工程承包、贸易和高新技术开发与生产业务面临激烈的市场竞争，为应对挑战和压力，我们不断寻求经营模式的创新，积极主动地应对国内外市场和客户的需求变化。

在国际工程承包领域，我们在巩固国际市场营销能力和商务运作能力的基础上，重点培育和强化国际融资服务能力、国际项目管理能力、国际资源配置能力、技术服务和集成能力，逐步形成了以国际项目运营为核心的设备成套集成能力和国际工程承包能力。在大批量、规模化的单机贸易领域，利用多年积累的优势资源对业务链相关环节进行有机整合，向业务链上下游延伸。一方面，以市场为导向，向业务链上游的技术研发、核心产品制造、质量保证等环节延伸；另一方面，密切同国际著名品牌连锁店和大型进口商的关系，向业务链下游的品牌打造、营销渠道等环节延伸；实现了由纯贸易向技工贸结合的经营模式转变。在科技开发和设计领域，我们改变了过去仅靠转让技术和图纸维持生存的局面，以市场为先导、开发和设计为核心，培育成套能力，提供成套装备，使企业焕发了活力。在工程设计领域，逐步由单靠设计向以设计为核心的工程管理和工程总承包转变。

第四，坚持资源共享和优势互补，加强内部合作

近几年，国机集团通过信息收集、重点推介、专题研讨、业务协调等手段，集中优势资源，不断加大内部合作力度，并在实践中取得了很大成功。CMEC、中国联合、中机建设在苏丹电厂项目，CMEC 和中机建设在尼日利亚 335MW 电站、特立尼达和多巴哥电解铝厂项目，中农机和中通公司在苏丹泵站项目，中农机和中机建设在尼日利亚糖厂项目中成功地进行了内部合作。通过资源共享和优势互补，增强了集团公司的综合能力，提高了市场竞争力。

同志们，回顾集团公司十年来的各项工作，广大干部员工团结拼搏，攻坚破难，跨越了一个又一个台阶，夺取了一次又一次胜利。在此，我代表集团党政领导向大家表示诚挚的感谢！并通过你们向集团全体员工表示崇高的敬意和亲切的慰问！

二、2006 年工作总结

2006 年是国家“十一五”规划的开局之年，“国机人”在宏观调控、人民币升值、市场竞争激烈、国际贸易保护主义抬头等不利环境条件下，齐心协力、努力奋斗，在生产经营、改革创新、企业管理、思想文化建设等方面取得了长足的发展，国机集团又赢得了一个丰收年。

（一）生产经营迅猛增长

2006 年，国机集团全面超额完成了国资委下达的各项考核指标和集团公司的年度经营任务，主要经营指标再创新高。实现经营额 600 亿元、主营业务收入 465 亿元、进出口总额 46 亿美元、利润总额 14.5 亿元。具体表现在：

1. 工程承包与贸易业务继续大幅增长。

2006 年，工程承包及设备成套业务实现收入 139 亿元、同比增长 42%，国内外贸易实现收入 277 亿元、同比增长 20%；新签项目合同总额 55 亿美元，比 2005 年增加 20 亿美元；正在执行的工程承包及设备成套项目 627 个，合同总额 76 亿美元；目前跟踪的国际工程承包项目 440 多个，总金额 600 亿美元；完成进出口总额 46 亿美元，同比增长 27%。

2. 科研开发与生产业务继续快速发展。

2006 年集团公司科研院所和设计院实现业务收入 77 亿元，同比增长 26%，占集团公司的 17%，利润占集团公司的 30%。其中，兰石所、苏州电加工、中机院、中机六院、成都工具所、合肥通用院等院所的主营业务收入增长 50% 以上，有的甚至超过了 80%；中国重型院和中国联合的主营业务收入

在2005年较高的基数上，分别实现了32%和24%的增长。集团公司的科研开发与生产业务呈现快速发展的势头。

集团正在执行的国家重点科研、技改、军品配套研制和条件保障项目243个，总金额12.4亿元，其中由集团公司争取并组织实施的国家资金补助项目78个，国拨资金2.1亿元。新增的国家科技支撑计划项目15个，国拨资金3500多万元；新增的军工项目28个，国拨资金6400多万元；集团科技发展基金支持的科技攻关项目21个，引导带动科技投入4500多万元。

2006年获得国家和省部级以上各类优秀成果奖131项，申请专利185项，已授权专利129项。主持制订了617项国家标准和行业标准，其中7个项目荣获首届“中国标准创新贡献奖”。

3. 非实体经营迈上新台阶。

2006年，经过各方面的共同努力，克服困难，实现了非实体经营工作的全面稳步发展。正在执行的非实体项目3个，合同总金额6.7亿美元。其中，菲律宾北吕宋铁路项目一期一段，合同金额4.2亿美元，已于2006年10月开工；安哥拉教育部11所学校建设项目，合同金额9385万美元，已于2006年4月开工，将于今年3月底按期完工；土库曼斯坦机车供货项目，合同金额1.5亿美元，将于近期发运完毕。2006年新签非实体项目2个，合同总金额6.8亿美元。目前正在跟踪的非实体项目11个，总金额超过30亿美元。

4. 脱困工作成效显著。

2006年，中装公司、中收公司、机床公司三家主要亏损企业按照脱困工作计划，积极推进各项工作。机床公司在同资产管理公司的债务重组、部分对外投资公司的清理整顿、股权转让和资产处置方面做了大量工作，以8.9亿元的代价清偿了超过14亿元的债务，同时还解除了7.2亿元的担保责任，不仅大大减少了债务负担，而且使经营工作得以恢复和发展。实现经营额2.8亿元，主营业务收入1.9元，完成利润总额1200多万元。中收公司去年经营情况取得较大进展，经营额和主营业务收入均有大幅增长，其中，实现经营额5.3亿元，主营业务收入4.9亿元，当期利润157万元。中装公司去年实现经营额5.8亿元，主营业务收入4.2亿元，减亏1100万元；顺利完成了中装公司连云港黄海机械厂的整体改制转让，实现了企业的平稳移交。中装公司所属的张探厂、衡探厂两户企业的政策性破产工作已经国务院批准，取得了阶段性成果。

（二）资本运营工作有了新进展

2006年是国机集团资本运营工作继续深入推进的一年，按照集团公司的工作要求，在以下三方面取得了较大进展。

1. 资产重组工作继续稳步推进。

在内部重组上，通过改制重组相结合，完成了西重所与中国机床锻压铸造设备公司的重组，成立了“中国重型机械研究院”；完成了中国浦发与机电联销、广州机械院与中汽零部件的重组；实施了对中汽京田、国机隆盛和机翔房地产等三家企业归口集团资产管理中心管理的工作；开展了广州电科院与中国机械基础件技术成套公司重组组建“中国电器科学研究院”的工作等。

在外部重组上，一方面积极跟踪、了解央企重组动态，做好与国机集团业务相关联的有关中央企业的工作，并已取得了一定的进展。另一方面，主动与有关地方政府沟通，从地方企业中寻找可以完善集团业务链的资源。去年我们组织力量对有关基础装备企业、工程机械企业和汽车零部件企业开展了重组的前期工作，为下一步重组打下了基础。

2. 企业改制逐步向核心主业展开。

2006年集团改制工作的显著特点是逐渐由辅业向主业，由局部向整体转变。一是重点抓好核心企业的改制，按照高起点、大思路、全方位的战略规划，在调研的基础上，对CMEC改制提出了“整体改制，境外上市”的工作思路，启动了CMEC整体改制工作；为解决中国工程机械总公司生产经营与基本建设面临的资金不足问题，引进了天津市1.4亿元战略投资资金，对中国工程机械总公司进行整体改制；针对兰石所发展状况，明确了整体改制上市的发展思路，并已开始前期工作。二是继续推进主辅分离、辅业改制。重点推进了国资委批复的两批16户企业主辅分离、辅业改制方案的实施。目前中农机所属的空分公司、机床公司所属的中国机床锻压铸造设备公司的改制已经完成。兰电所、长试所等大多数企业已经完成了审计评估，正在制订实施方案。

3. 资产运营取得较大进展。

一是完成了大量投资项目。纳入集团审批管理范围的投资项目38个，投资总额10.4亿元，创历史新高。集团投资3500万元在洛阳兴建中收生产基地，投资2459万元收购中国浦发4569万股，使集团在中国浦发的持股比例由18%增加到40%；中汽凯瑞出资1400万元收购了宁波中汽公司股份，出资400万元持有一家4S店40%的股份；中进汽贸投资2200万元兴建了3家4S店。二是完成了大量资产处置工作。共处理了股权转让和固定资产转让项目20多项，实现资产变现1.8亿元；清算处理了15项长期无效投资，进一步提高了集团资产运营效率。三是抓好四级及以下子公司的清理工作。去年年初集团制订了《关于清理调整四级及以下子公司的实施意见》，各有关企业按照集团的要求，进行了认真落实。目前已经清理和正在清理的89家，计划在2007年底前清理114家。

（三）企业管理与服务进一步加强

1. 战略研究与管理逐渐展开。

一是大力开展战略问题的预研究。结合集团发展需要，相继完成了《国家发展装备制造业政策研究》《国机集团国际工程承包竞争力研究》《中亚五国市场拓展研究》工作，分别从关系集团发展的装备工业政策、工程承包业务发展和中亚市场开拓方面进行了深入地研究和探讨，提出了一系列有益的措施和建议。

二是滚动制订了新的发展规划。按照国务院国资委文件要求，去年完成了集团公司2006—2008年发展规划，确定了未来三年要努力实现的主要发展目标，并提出了体制创新、组织优化、业务发展、科技发展、人力资源开发、信息化建设、品牌塑造、文化建设等方面的分目标和具体措施，以保证规划目标的落实和完成。同时，CMEC、苏美达、中通公司等一批子公司制定了新的发展规划，为未来的发展指明了方向。

三是加强了战略管理。去年集团组织了战略管理培训研讨会，对所属子公司战略管理人员进行了业务培训，提高了战略管理人员的业务能力。同时，对兰石所、苏美达、中机建设、中国重机、中国中元等一批子公司的战略执行情况进行了评估，收到了良好效果。

2. 经营管理与服务得到加强。

2006年，集团公司经营管理工作进一步加强。改革了经营统计体系，增删了部分统计指标，使经营指标的统计更适合集团目前的业务发展现状，并请专业公司制作了网上项目统计系统，项目统计的效率得到了明显提高；进一步加强了安全管理。建立健全了安全生产责任制，机构、人员、制度逐步落实到位。开展了“安全生产月”活动，促进了各子公司的安全检查和隐患整改。建立了应急管理体系，有效处理了1起境外突发事件和2起安全事故；项目协调力度不断加强。在集团公司的统一协调下，所属子公司在苏丹、赤道几内亚、纳米比亚等国市场上的竞争行为得到了有效规范。

2006年，集团公司继续强化对子公司的经营服务工作。为鼓励推动所属子公司开拓市场，集团公司将市场开发基金的额度增加到1000万元，同时修改完善了《市场开发基金管理办法》，对能够带动整体经营业务发展的项目、开拓新兴市场的项目、以内部合作方式跟踪的项目、出口高技术、高附加值的产品和成套设备项目、非实体经营项目、重点开发国家和地区的项目优先支持。去年集团公司帮助企业申请国家中小企业国际市场开拓资金980万元，支持了企业相关业务的拓展；申报商务部对外经济合作基金项目14个，项目前期费用和运营费用共3400多万元。集团组织承办了“北京国际汽车展”，组织参加了“广交会”、“中国—东盟博览会”等展览会，展示了形象，宣传了品牌，提高了知名度。

3. 科技管理不断深化。

加强了科技管理制度建设。制订了国机集团《科技发展基金申报指南》，修订了《科技发展基金管理办法（试行）》，进一步明确了基金使用方向，完善了资助方式，有效加强了科技基金的管理；制订了国机集团《技术改造项目管理办法》，使所属子公司技术改造项目的审批及管理更加制度化、规范化和科学化；修订了《科学技术奖励办法》，对进一步鼓励集团科技创新和科技成果的推广应用起到了积极的推动作用。

努力建设科技平台。利用“十一五”开局之年国家科技优惠政策，通过积极争取，中国重型院、广州机械院被批准为首批国家创新型企业试点单位。广州电科院“国家日用电器检测中心”被评为2006年度“中国最佳CB试验室”，其检测报告获得世界上40多个国家认证机构的认可，是世界上获得CB认可数量最多的试验室之一。与此同时，集团正积极与国家科技部沟通，拟在中国重型院、广州电科院建立国家企业重点实验室。

4. 人力资源管理体系更加完善。

以高层次人才队伍建设为主线，构建国机集团人力资源管理体系，在人才队伍建设、所属子公司领导班子建设、人才激励和收入分配机制以及人才队伍培训等方面，完成了大量工作。完善了党管干部与市场化选聘企业经营者相结合的国有企业选人用人机制，完成了18家子公司领导班子成员的公开招聘、调整和补充、换届考核工作。完成了4家子公司党委换届工作；开展了所属子公司经营者经营业绩考核工作，规范了经营者收入分配办法；加强了专家队伍的选拔和推荐工作，壮大了专家队伍。

5. 财务管理与服务工作取得较大进步。

财务预算管理继续深化，出台了集团财务预算管理办法，规范了预算的编制、上报、审核以及预算调整、评价的整体流程，为强化预算管理职能、提高预算编制和管理水平、防范财务风险提供了保障；资金集中结算工作取得了重要进展，去年各子公司在财务公司的日均存款余额达到8亿元，比上年度增长81%；集团授信融资担保等功能得到了进一步发挥，基本缓解了各子公司对资金的需求矛盾。通过加强银行授信的统一协调管理，在各家银行取得综合授信138亿元，较好地促进了各子公司的业务发展；通过债券市场直接融资取得突破，经中国人民银行批准，集团获准发行14亿元一年期短期融资券，其中首期10亿元已于去年5月成功发行，节省集团整体财务费用2000万元以上。第二期4亿元短期融资券也于近日成功发行。

6. 审计、监督和法律保障工作更加有力。

2006年，集团共完成审计项目650多项，提出的合理化建议被采纳1000多条。按照国资委《关于加强中央企业内部审计工作的通知》要求，以内部控制和风险管理为导向，重点开展了经济责任审计、高风险投资业务审计和企业风险管理专项调查。制订了《审计结果利用暂行办法》，规定了审计结果利用的原则，明确了相关责任。通过制订《关于加强工程项目审计的意见》，加强对子公司审计工作的指导，促进企业改善工程项目管理工作，降低了经营风险。

国机集团纪检监察工作按照党的十六届六中全会以及中纪委六次全会精神和国资委纪委的工作部署，以深入贯彻落实《建立健全教育、制度、监督并重的惩治和预防腐败体系实施纲要》为主线，扎扎实实推进党风建设和反腐败工作。组织广大党员认真学习党章，开展多种形式的反腐倡廉警示教育和形势教育。加快构建惩防体系制度建设，初步提出了反腐倡廉制度体系的框架。加强了监督检查力度，严肃查办违法违纪案件，对职工反映强烈的个别子公司原主要领导存在的违法违纪问题进行了重点调查核实，并进行了严肃处理。开展了治理产权交易中商业贿赂工作，18个产权交易项目列入治理范围。开展了不良资产管理效能监察工作，发挥了效能监察在企业经营管理中的重要作用。

进一步加强了法律管理和服务工作。完善集团合同评审程序，规范集团授权书管理办法等相关规章制度，提高了集团防范法律风险的能力。制定知识产权法律保护相关指导意见，组织知识产权法律保护工作经验交流座谈会，提高了科研院所知识产权法律保护的能力。继续加强对所属子公司法律工作的指导和协调，积极帮助所属子公司维护自身的合法权益。中国重型院商业秘密侵权案，经过三年多坚持不懈地努力，终于得到较好地解决。在国资委组织的“四五”普法验收中，集团系统两家企业被评为中央企业“四五”普法先进单位，三名个人获中央企业“四五”普法先进个人称号。

（四）党的工作和企业文化建设得到加强

国机集团党委按照国资委党委的工作部署，认真学习贯彻党的十六届五中、六中全会精神，以生产经营工作为中心，大力加强企业领导班子建设、基层党组织建设和党建工作制度建设，全面落实科学发展观、推进企业持续稳定健康发展，取得了显著成绩。“四好”领导班子创建活动取得成效，中国重型院作为中央企业“四好”领导班子单位受到了中组部和国资委党委的表彰。CMEC在中央企业党建工作中率先引进党建质量管理体系的创新做法得到了国资委党委的肯定，并在中央企业党建工作会议上进行了大会交流，取得了很好的效果。同时，集团党委加强对工会、共青团等群团组织工作的领导，建立健全了集团公司群团组织，成立了国机集团工会联合会、国机集团青年联合会和国机集团团委等群众组织，促进了企业的和谐健康发展。

去年集团公司积极推进企业文化建设工作。从抓企业文化培训入手，加强对所属子公司企业文化建设的调研工作，并在此基础上，多方论证，反复提炼，形成了集团公司企业文化理念体系。同时，通过组织举办国机集团第二届职工运动会等活动，把企业文化建设和精神文明创建活动结合起来，进一步激发了集团广大员工的热情与活力，促进了各子公司之间的交流，增强了集团公司的凝聚力和向心力。

三、认清形势 把握机遇

认清形势，把握机遇，是国机集团正确决策，高效运营的重要条件。

在国内外经济发展趋势方面，尽管今年世界经济增长速度会有所下降，但仍将保持较快增长。据国际货币基金组织预测，今年世界经济的增长速度为4.9%，低于去年的5.1%，国际贸易增长率为7.6%，也低于去年的8.9%，但均属较高增幅。世界经济、贸易继续保持稳定增长，有利于国机集团国际工程承包和贸易业务的发展。据中国社会科学院预测，今年我国经济增长在宏观调控措施的影响下，将比去年有所回落，但仍将保持在10%左右的较高水平。国机集团可继续乘我国经济快速发展的列车，推动国内业务的持续发展。

在市场开拓形势方面，在去年召开的中非合作论坛上，我国政府提出在今后三年内向非洲国家提供30亿美元的优惠贷款和20亿美元的优惠出口买方信贷；并设立中非发展基金，基金总额逐步达到50亿美元。同时，我国还将在未来几年内向东南亚、南亚、中亚等地区的相关国家提供100多亿美元的优惠贷款，以支持国内企业在当地的投资建设项目。此外，为推动“走出去”战略的实施，国家设立了“对外经济技术合作专项资金”，对“走出去”的企业给予一定的资金支持。这些都为我们进一步开拓国际市场创造了有利条件。

在国企改革方面，国资委明确提出中央企业下一步重组调整的总体方向是推进国有企业深层次的结构调整和制度创新。按照国资委的计划，要在2010年之前通过重组将目前的159家中央企业缩减到80～100家。经过多年的快速发展和我们的持续努力，国机集团将在下一步重组调整中处于比较有利的位置。同时，国家振兴装备制造业的有关举措也为我们进一步做强做大提供了难得的历史机遇。

在看到发展机遇的同时，我们必须充分认识到，世界和我国经济发展中各种不确定和不稳定因素仍然较多，国际石油和大宗原材料价格仍然在高位徘徊；美国房地产市场下滑可能对美国经济造成较大打击，从而冲击世界经济；国际贸易保护主义加剧，针对我国的贸易壁垒越来越多；人民币升值压力持续加大，人民币快速小步升值态势明显；国家坚持加强和改善宏观调控，调整相关外贸政策等都会给我们的业务发展带来较大的影响。在这些因素里面，我们应该重点关注以下三个方面的影响：

首先是人民币汇率升值的影响。自2005年7月21日人民币汇改启动以来，人民币升值幅度超过6%，其中去年一年升值幅度就达3.3%。去年由于人民币升值给集团公司造成较大损失，同时也影响了一批新项目的签约。在目前贸易高顺差（1800亿美元）和外汇储备（超过1万亿美元）大幅攀升的背景下，国际上对人民币汇率问题持续施压，使人民币升值的预期仍然较高。人民币持续升值对国机集团这样以国际工程承包和出口业务为主的企业而言，将在很大程度上削弱竞争优势。因此，人民币升值对我们的影响是比较大的，需要引起足够重视。

其次是国家宏观调控政策的影响。去年12月，中央经济工作会议召开，会议对今年的工作任务进行了部署。首要任务就是要坚持加强和改善宏观调控，继续执行稳健的财政政策和货币政策，控制投资增长，优化投资结构。同时，国家为缓解我国经济内外部失衡压力，扭转贸易顺差和外汇储备持续快速增长的状况，不断地对现行的外贸政策包括出口退税政策进行调整，提出要加快转变外贸增长方式，优化出口结构，扩大进口。这一系列政策将对集团公司相关领域的国内工程承包、贸易业务和高新技术产品的发展带来较大影响。

第三是国际贸易保护主义的影响。近年来，随着对外贸易的持续发展，我国已进入贸易争端多发期，成为国际贸易保护主义的重灾区。值得注意的是，贸易保护主义的形式也发生了明显变化，目前，很多国家通过绿色壁垒、技术壁垒、反倾销和知识产权保护等非关税壁垒措施来规避多边贸易制度的约束，从而保护本国就业、维持在国际分工和国际交换中的有利地位。尤其是发达国家在噪声污染、电磁污染、节能性、安全性、兼容性等方面设置技术性、环保性贸易壁垒，给我们的机电产品出口带来了较大影响。

综上所述，今年我们面临的外部发展形势仍然是挑战与机遇并存，从某种程度上讲，甚至挑战更大。我们必须密切关注今年各项工作面临的不利因素，高度重视，积极应对。

同时，国机集团也在业务链、组织结构、风险防范、改制重组、品牌塑造等方面还存在着需要进一步研究的问题，我们要在今后的工作中努力探索解决这些问题的新方法和新途径。

四、2007 年的工作任务

2007 年是国机集团发展历史上第二个 10 年的开始。根据国机集团面临的发展形势、自身的条件与发展状况，以及中央企业负责人会议的要求，2007 年国机集团工作的指导思想是：以邓小平理论和“三个代表”重要思想为指导，认真贯彻落实党的十六届六中全会和中央经济工作会议精神；继续以科学发展观统领全局，坚持以人为本，强化企业责任；把握形势，抓住机遇，大力开拓市场，加强经营与管理，努力扩大经营成果；持续推进企业管理体制、机制与科技创新，加大企业改制与重组力度，完善业务链，全面提高集团公司的竞争力；加强和改进党的建设，继续推进企业文化建设，着力构建和谐国机，努力促进国机集团持续健康发展。

2007 年的主要经营任务是：主营业务收入 395 亿元，利润总额 11 亿元，净资产收益率 6%，进出口总额 35 亿美元。为了确保全面完成今年的任务，具体安排如下：

（一）大力推进自主创新，打造集团核心能力

“自主创新能力是国家竞争力的核心，是实现建设创新型国家目标的根本途径”，去年初的全国科技大会和年底的中央经济工作会议把提高自主创新能力提到了前所未有的高度。国机集团作为我国机械工业领域的骨干企业，要充分认识到企业在国家自主创新活动中的主体地位，紧紧抓住自主创新这个促进发展的关键所在，利用我们具有的基础和优势，坚持走自主创新之路，着力把国机集团建设成为创新型企业。

1. 采取切实措施推进自主创新。

充分利用我们的科技资源，增强自主创新能力，提高国机集团在国内外市场中的竞争力，为实现到 2010 年把国机集团打造成为“全国机械领域综合技术水平最高、研究开发与产业化能力最强的大型高新科技型企业集团”的科技发展战略总目标，必须采取切实措施，大力推进自主创新。

一是认真贯彻落实全国科技大会精神和国家中长期科技发展规划，把集团“十一五”科技发展纲要落到实处，为科技发展构筑创新平台。建立多层次、分类型的技术创新网络，完善技术创新机制，提高国机集团整体技术创新水平。

二是要抓好三项工程。抓好科技人才工程建设，优化人才结构。制定有利于调动技术创新人员积极性的激励政策，通过开发、吸引、使用和培养，造就一大批新型的懂技术、会管理、能够开拓市场的复合型人才；抓好产业化基地建设，扩大产业化规模。创建科研院所、生产企业、设计院与工贸公司相结合，并能合理利用社会有效资源，年销售额达 30 亿 ~ 50 亿元的大型科技企业；抓好知识产权保护工程，建立健全知识产权的创造、运用和保护机制，提高国机集团整体把握和应用自主知识产权的能力与水平。

三是鼓励和引导多渠道、多层次筹措资金，加大技术创新投入。要抓住国家大力鼓励科技创新的有利时机，利用好国家支持科技创新的相关优惠政策，争取国家更多的支持。同时，要进一步加大国机集团科技发展基金的投入力度。积极支持科技型企业通过股票上市、发行债券等多种方式筹措资金，用于技术开发、新产品研制、技术改造，提升技术创新能力。2007 年实现科技投入 10 亿元，占集团计划主营业务收入的 2.53%。

2. 大力提高技术创新与产业化水平。

要采取更加有力的措施，破除体制性、机制性障碍，创造更加有利的条件，使企业真正成为研究开发投入的主体、技术创新活动的主体和创新成果应用的主体；要充分利用国家科技攻关和军工配套研制项目，提升技术水平；要大力推进科研院所和生产企业的科技成果产业化，培育新的业务增长点，提高产业化规模，实现跨越式发展。对发展前景好、市场容量大、带动效应强、技术水平领先的高新技术产品要进行重点支持；形成一定产业化规模的企业，要继续利用技术优势扩大产品批量，壮大产业化基地的实力和规模，为国机集团培育出更多具有自主知识产权、国内外知名的优秀产品，打造国机集团在市场上的核心竞争力。

（二）继续扩大经营成果，不断深化内部合作

1. 积极创新经营模式。

必须加强市场研究，根据市场的变化和集团自身的优势，寻找突破点，通过创新经营模式来进一步扩大我们已有的竞争优势，实现更高水平的市场竞争。尤其是主营业务经营模式要紧跟市场发展变化的趋势，不断创新。要不断总结我们在发展中国家业务运作中的成功经验，继续加以创新推广，不

断强化市场竞争优势。

2. 加大市场的巩固与开发力度。

工程承包业务市场在去年取得了较大发展，今年要再接再厉，继续加强。国际工程承包及设备成套业务要紧紧把握市场的变化趋势，有针对性地调整经营策略，拓宽融资渠道，创新经营模式，并积极利用国家对外发展经济的各项政策支持，发挥集团公司的资源优势和整体作用，在今年力争取得更大的成绩。国内工程承包及设备成套业务在保持传统市场的同时，要着力向国家重点支持发展的领域与行业拓展。设计咨询业务要在巩固设计咨询领域优势地位的基础上，向工程总承包和项目管理业务转型的步伐可以迈得再大一些，占领更大的市场。对外贸易业务要认真研究并积极应对国家外贸政策调整所带来的影响和机遇，一方面调整我们的出口产品结构，推动技工贸结合，重点培育具有高附加值的出口产品；另一方面要抓住国家扩大进口的时机，努力做好进口工作。

在巩固东南亚、南亚、西亚、非洲等地区市场优势的同时，进一步加大对中亚、非洲和拉丁美洲等地区具有战略资源国家的市场开发力度，推广并发展以工程换资源的项目经营新模式；要继续扩大在电站工程方面的优势，努力开拓冶金、建材、交通、环保、通讯等行业的项目。要抓住世界汽车产业结构调整给中国汽车产业带来的机遇，扩大汽车整车和零部件的出口，大力发展汽车服务业。高科技产业要大力提高高科技产品在细分市场上的占有率，巩固并扩大市场优势。

3. 深化企业内部合作。

根据集团公司战略规划的要求，要不断地加强内部合作。既要加强所属子公司之间的内部合作，也要促进非实体经营业务中的内部合作。通过集团的支持和协调，参与内部合作的子公司要逐步形成一种稳定的供需关系，相关的其他子公司要有意识地进行业务调整，来适应这种发展趋势。要进一步扩大内部合作的领域，形成以点带面的良好局面。在项目合作管理模式上也要有所创新，比如菲律宾铁路项目一期一段由中机建设参与工程管理就是一次突破。今年内部合作要有更大的进展。

4. 抓好非实体经营。

非实体经营工作要在健全组织机构、完善管理制度的基础上，依靠集团平台，依托子公司，充分发挥子公司的人员、信息、渠道优势，促进集团公司内部合作和业务链的完善；参与非实体经营项目的子公司要高度重视，为非实体项目配备充足的优秀人才，保证非实体项目顺利实施；在非实体项目前期，要做好考察和评审工作，从源头上把好关；在项目执行过程中，要加强监督和控制，严防风险。

（三）加强企业管理，提高服务水平

1. 进一步加强人力资源管理。

今年人力资源管理要重点抓好四项工作。一是根据集团发展战略的要求，结合党政领导班子考核，建立并完善集团各级领导干部管理办法，加快后备干部梯队建设，为国机集团的快速发展提供人力保障。二是结合集团内部改制重组，建立中长期激励机制，重点研究制订上市公司股权激励办法，促进上市企业的快速发展。三是根据集团高层次人才队伍建设规划，研究制订高层次人才选拔管理办法和培训管理办法，建立人才培训中心，加快人才选拔、培养力度。四是根据工作需求和对人才培养与使用的要求，继续加大干部交流。

2. 继续加强财务管理。

继续推进财务信息化工作，规范和提高会计信息质量；努力加强财务队伍的管理和建设，进一步提高财务人员的业务能力；尽快完善风险防范措施，加强预算执行情况评估，健全预算监管体系；进一步做好资金集中结算工作，提高资金的利用效率；继续强化会计基础规范工作，做好执行新企业会计准则体系的准备工作；根据国资委即将出台的《中央境外企业财务管理暂行办法》，制订集团境外企业财务管理办法，加强境外企业财务监管。

3. 强化审计、监督和法律服务功能。

逐步开展企业内部控制评审工作，促进企业完善内部控制机制，规范管理，降低风险；加强对改制企业审计，促使企业规范运作；提高审计监督的透明度，逐步建立符合集团实际的审计公告制度，有效发挥审计监督作用；加强工作指导、人员培训和工作考核，提高审计队伍综合素质，提升集团审计工作整体水平。

认真贯彻落实中央纪委七次全会精神，结合国机集团工作实际，进一步明确工作定位和思路，切实履行纪检监察工作职责，为集团公司的改革、发展与稳定提供有力的保证。继续加强思想政治教育，坚定理想信念，加强道德修养，不断增强广大党员特别是企业领导干部维护国有资产的责任意识和廉洁从业、拒腐防变的能力；发扬党内民主，严明政治纪律，强化制约监督；继续加强制度建设，提高制度的系统性、科学性和可操作性，加快推进惩防体系建设；落实党风建设和反腐倡廉工作责任制，完善党风建设和反腐败工作机制；以查办违法违纪案件为突破口，继续加大惩治腐败的力度；推进和深化企业效能监察工作，发挥效能监察在标本兼治、防范风险方面的监督保障作用，促进企业经营管理水平不断提高。加强纪检监察队伍建设，不断提高工作能力和水平。

加强法律风险防范机制建设，做好以下几个方面的工作：一是要进一步强化企业法律风险防范意识，努力将法律风险防范工作纳入企业管理、决策程序的全过程，实现对企业法律风险的全方位防范和动态化监控；二是要真正落实依法决策、依法经营管理的责任，把依法决策、依法管理、依法经营作为考核企业经营管理人员的重要依据。三是要加强对重点领域的法律风险防范和管理工作。围绕国机集团工程承包、改制重组、投资担保、上市融资等工作重点，把好法律审查关。延伸对集团所属子公司法律事务的管理工作，加强对所属子公司法律事务的指导。组织召开集团法律工作会议，交流法律工作先进经验，提高企业法律事务管理水平。今年是国家“五五”普法第一年，要按照国资委的要求，加强普法宣传工作，全面落实“五五”普法规划的各项工作要求。

4. 加快企业信息化建设。

按照《国机集团2006—2010年信息化发展规划》，在硬件建设方面，着手建立覆盖各子公司的虚拟专用网络，逐步形成上下贯通、安全快捷、稳定高效的信息通路，有效承载各种应用体系；在集团财务信息化方面，以提高财务工作效率为目标，以财务数据集中为突破口，实施好集团财务集中试点工作，并在试点成功的基础上，逐渐向全集团扩展；在信息集成应用方面，要启动国机集团数据集成管理平台的建设工作，初步实现“一次输入、多方共享、多角度利用”，提高管理信息的一致性、真实性、及时性和有效性，满足日常工作、管理与决策支持的要求。

（四）努力加快企业改革步伐，继续增强对外重组力度

1. 抓住机遇，增强对外重组的力度。

今年，集团公司将把开展外部重组作为一项重要工作来抓，通过对外部资源的吸纳，促进集团业务领域的拓展和业务链条的完善。一是要积极关注国资委实施中央企业产业布局调整和推进企业重组工作的新政策、新举措，配合国资委开展工作。根据国务院《关于推进国有资本调整和国有企业重组的指导意见》，中央企业的重组工作近期内将进一步加快。为此，我们要按照国资委的精神，积极建立与同行业和相关行业中央企业的沟通联络渠道，选择目标，寻找机会，主动出击，争取吸纳中央企业中的有效资源，完善集团的业务链条。二是要广泛关注机械装备行业内有关地方企业的动向，根据集团的发展战略，以及核心业务对资源要求的紧迫程度，研究选择重点重组方向和目标，并结合当前对外重组工作的新特点和新要求，制定相应的对策方案。在重组的手段和方式上，在追求低代价重组的同时，对于重点行业的重要企业，要通过积极运用资源杠杆手段和其他必要配套措施，促进重组的实现。

2. 创新改制形式，加快核心主业的股改上市步伐。

今年，集团公司的改制改革工作要积极探索新的办法和途径，破解改革进程中的难题，既要借鉴其他单位国企改革的成功经验，又要根据我们的实际情况开辟新路。在引进资本上，要广泛利用各种资本对国有企业进行嫁接改造，通过增量注入盘活存量；在改制形式上，要积极响应国资委关于中央企业“A+H”境内外上市的要求，通过上市，把成熟的企业管理机制引进来，真正使我们的企业通过股改上市实现根本性的变化，加快现代企业制度建设。集团公司计划在今后一段时期内要把培育发展一批境内外上市公司作为改革发展的重点工作，并力争在3~5年内实现集团上市公司由现在的3家逐步增加到10家的目标。为此，今年将着力抓好CMEC、兰石所等企业整体股改上市工作，逐步引导和带动其他具备条件的主业板块的核心企业加快股改上市步伐。

3. 改制重组相结合，推进内部资源的有效整合

今年，集团公司要结合主业股份制改革和辅业分离改制工作，继续推动内部业务、资产的重组整合。一是对效益高、发展前景好的主业板块的核心企业，集中优势资源支持其发展；对资本金不足的重要企业，要充分利用国家下达给国机集团进行清理的各种拨改贷资金、经营性基金和集团内外部资源，通过直接投资注入方式，调整这些企业的资本

结构、债务结构，促进其健康发展。二是继续推进内部资源重组。要围绕重点板块，加快各种要素的整合，达到资源的优化配置，进一步做强做大核心企业，为股份制改造创造条件。三是要加大对辅业投资、无效投资和闲置资产的清理处理力度，继续做好四级及以下子公司的清理调整工作。同时要继续做好主辅分离辅业改制工作，已经国资委批准的辅业改制项目要尽快予以实施。

（五）进一步完善安全管理体系，确保安全生产

从去年的安全生产与管理状况看，部分子公司仍然存在着安全隐患。面对当前国家安全生产大环境和集团公司的长远发展要求，我们在2007年所面临的工作任务更加艰巨、所肩负的责任更加重大，在努力抓好经营工作的同时，要着力抓好安全生产管理。首先，各级领导作为第一责任人要始终保持清醒的头脑，克服麻痹思想，树立警钟长鸣的观念；克服侥幸心理，树立常抓不懈的观念；克服厌战情绪，树立长期作战的观念。其次，一定要按照安全生产工作会的安排，进一步明确安全生产目标，建立健全各项规章制度，规范安全管理体系，落实安全生产责任制；要建立总经理安全生产工作例会制度，定期分析安全生产形势；要完善自控和监管机制，确保境外机构和工程项目安全；要完善应急救援体系，广泛开展应急演练，提高处理突发事件的能力；要加强宣传教育培训力度，建设安全管理人才队伍；要建立健全安全生产档案，确保安全管理的可追溯性。

（六）加强党的建设，促进企业发展

今年，国机集团各级党组织要以“三个代表”重要思想和党的十六届六中全会精神为指导，全面贯彻落实科学发展观；以“迎接十七大胜利召开”为主线，加强基层党组织建设和宣传工作；以深化“四好”领导班子创建活动为重点，提高领导干部思想政治素质；以内聚人心、外塑形象为目标，全面推进企业文化建设和精神文明建设，增强凝聚力，树立集团品牌形象；以发挥群团组织作用为着力点，加强对工会、共青团的领导，充分发挥其积极性和创造性，构建企业和谐氛围；坚持把企业党建工作融入企业的改革发展，与时俱进，进一步统一思想，强化责任，努力开创国机集团党建工作新局面。

（七）强化企业责任，构建和谐国机

随着社会的进步和经济的发展，企业作为市场竞争的主体、现代社会文明和经济发展的主要推动者，其利益相关者越来越多，与利益相关者的关系也越来越密切。企业要赢得市场竞争的主动权、要赢得持续健康发展、要赢得社会的尊重，必须强化自己的责任，这是世界先进企业发展的规律，也是当代企业发展的潮流。

国机集团是市场全球化的企业，资源配置要在全球范围内进行；国机集团的主要资源集中在研发、设计，营销以及售后服务等价值链的两端，这些环节是价值链的核心环节，利润空间最大，体现的最大特点就是服务。资源配置的全球化、经营业务的服务化以及主导业务的宽领域和多层次使得利益相关者多、社会期望高，这决定了国机集团的发展必须注重企业责任。

首先要健全企业责任体系。完善经营管理制度，强化执行能力，推进精细化管理，深入挖潜，提高企业效益，为提高员工生活质量做出更大努力，为国有资产保值增值做出更大贡献，为服务社会创造物质基础；加强质量保证体系建设，使质量第一的思想融入各项制度中，落实在各项行动上，为用户提供高质量的产品、高质量的服务或满意的解决方案；加强环境保证体系建设，为员工创造健康愉悦的工作环境，为客户提供绿色的产品和服务；积极推进SA8000社会责任标准认证，控制风险，确保企业安全、员工安全、生产安全、业务安全、产品安全以及利益相关者安全；积极支持、参加各项社会公益事业、尤其是与我们企业发展息息相关的公益事业。促进国机集团内部的和谐、国机集团与环境和社会的和谐。

其次要以“和”为心，全面提升企业文化。“和”是五千年博大精深中华文化的结晶，是辨证的统一，是不断地解放思想、转变观念、突破常规、勇于超越、追求新目标的创新思想，是多赢、共赢的和谐思想。国机集团是根植于中国、胸怀世界，肩负“引领机械工业前进方向、创新机械工业发展道路”历史重任的企业，必须传承五千年的中华文化，借鉴、吸纳世界先进企业的管理经验和现代企业管理思想，营造积极向上的企业发展氛围，凝聚团队，优化资源，创新共赢，奉献社会，迈向世界一流企业。

去年完成的《中国机械工业集团公司企业文化建设战略规划》，明确提出了集团公司企业文化建设的指导思想和未来五年的总体目标，强调要实施

“树国机品牌、建国机团队”两项工程，抓好“树立核心价值观、创新制度文化、搞好文化融合、创建学习型企业、实施品牌战略、建设高素质员工队伍”等六项工作，努力构建和谐国机。今年要初步搭建集团公司内部的企业文化传播网络，抓好企业理念的宣贯工作，在企业理念的指导下完善制度，规范行为，切实推动企业文化建设。

我们的理想是要把国机集团打造成为百年企业，“国机人”肩负着振兴与发展祖国机械工业的历史使命，始终要以强烈的企业责任意识，尽最大努力为我国经济社会的发展贡献力量。今年是国机集团发展历程中第二个十年的起步年，是国机集团承前启后、继往开来、再上新台阶的新起点。让我们在邓小平理论和“三个代表”重要思想的指导下，在国务院国有资产监督管理委员会的正确领导下，用科学发展观统领全局，抓住机遇，团结一致，发挥优势，克服不足，开拓创新，努力拼搏，为谱写国机集团发展的新篇章而奋斗！

抢抓机遇　锐意进取
为做强做大国机集团而努力奋斗

——任洪斌在国机集团2008年工作会议上的报告

（2008年1月17日）

2008年工作报告的主题是，贯彻落实党的十七大精神，按照科学发展观的要求，明确国机集团未来三年的发展目标、发展重点及主要战略；总结去年的工作，部署今年的任务；统一认识、坚定方向，抢抓机遇、锐意进取，为做强做大国机集团、振兴我国装备工业而努力。

一、加快发展步伐，再造一个新国机

过去几年，国机集团在党的十六大精神鼓舞下，正确贯彻了党和国家的各项方针政策，全面执行了国资委的战略部署，始终坚持科学发展观，以改革和发展为首要任务，团结奋斗，矢志创新，战略管理，高效运营，卓有成效地完成了一系列工作，取得了令人瞩目的成就。从经营数据看，截至2007年底，国机集团资产总额、主营业务收入和利润总额分别是五年前的2.2倍、3.6倍和6.7倍；从企业软实力看，国机集团的市场竞争力、价值创造力、社会影响力和企业凝聚力都获得了大幅度提升。一个步入健康、快速、良性发展轨道、生机勃勃的国机集团展现在世人面前。

十七大翻开了我国社会发展的新篇章，总书记的报告勾画出了全面建设小康社会、加快推进中国特色社会主义现代化建设的宏伟蓝图，明确了指导思想、基本要求和根本方法。我们要认真贯彻落实党的十七大精神，始终不渝地坚持科学发展观、坚持自主创新、坚持以人为本、坚持全面和谐与又好又快发展，以更加解放的思想，更加科学的方法，更加务实的作风，更加饱满的热情，紧紧抓住国家振兴装备制造业和国有企业战略性结构调整重组的有利时机，把国机集团做实、做强、做大，再造一个“新国机”。

（一）未来三年的发展目标

加快发展步伐，再造一个“新国机”，是国机集团今后三年的发展目标，是“国机人”在新形势下的必然选择与新的追求。坚持以人为本，以市场为导向，以创新为动力，大力发展机械装备研发与制造、工程承包、贸易与服务三大主业，向国内一流、世界著名的综合性装备工业跨国集团迈进。

到2010年，实现主营业务收入1200亿元，进出口总额85亿美元，利润总额超过40亿元，职工平均收入处于中央企业先进水平；基本上形成以科研开发为内核、以工程承包和装备制造为主体、以资本市场为平台、以发达的国内外市场营销网络为基础，在市场上具有较强大的核心竞争力；培育先进的企业文化、塑造著名的企业品牌、建立学习创新型企业组织、形成比较雄厚的企业软实力，为打造“百年国机”奠定坚实的基础。

（二）基本要求

十七大报告指出，科学发展观是马克思主义关于社会发展的世界观和方法论，是与时俱进的科学理论，已作为中国特色社会主义理论体系的重要组成部分写进了党章，在国机集团未来发展的一切工作中，一定要始终不渝地坚持。

坚持科学发展观，首先要做到以人为本。即在企业发展的同时，促进人的全面发展。在物质、精神、职业发展和个人价值实现等方面充分关心人、爱护人，使每个员工得到全面发展；要进一步重视企业内部的民生问题，不断提高员工的生活水平。其次要顺应大势，抓住时机，科学发展。企业的发展应该是波浪式的，有高有低，有快有慢。科学地发展就是根据企业内外部环境条件变化的要求，追求适合、适时、适度地发展。未来三年，内外部环境的变化要求国机集团必须有一个跨越式、超常规的大发展。再次要同社会环境协调发展，肩负国家使命，承担社会责任，节约资源，保护环境，做到又好又快发展。

（三）重点工作

1. 加强资本运作，构建强大的资金平台，积累资本，增强实力，为企业的大规模快速发展提供强有力的资金保障。

2. 发展装备制造业，优化装备制造资源结构，不断提高市场竞争力，逐步增强在装备制造业若干领域的带动力、影响力。

3. 抓住机遇，大力重组外部资源，加强内部资源整合，增强制造能力，完善产业链。

4. 加大研发投入力度，推进产业化基地建设，建成若干个结构布局合理的机械装备研发中心和产业化基地，不断提升国机集团的核心竞争力。

5. 拓展工程承包业务领域，提升业务层次，开展投资经营，加强项目管理综合能力建设，提高执行力，获得更大效益。

6. 总结贸易业务发展经验，加强模式创新，实现集团贸易业务的转型与升级，建立适应市场发展、引领行业进步的现代贸易业务运行体制和机制。

7. 加强企业文化与品牌建设，形成具有特色、引领发展的优秀企业文化，努力打造世界著名的国机品牌。

（四）重点战略措施

利用国有企业战略性结构调整重组的大好机遇，集中力量，调动资源，抓住关键，发挥优势，实施三大重点战略，实现做强做大目标。

1. 资本运营战略。

资本运营是企业突破发展瓶颈、超常发展的助推器，是世界著名大型企业集团普遍采用的主要发展形式之一。

近几年，虽然国机集团的资本运营取得了较好的成绩，但是，从集团未来发展的要求看，必须把资本运营作为企业发展的重要战略举措。紧紧围绕主业板块，创新思路，创新方法，通过兼并收购、股权置换、合资经营、战略联盟和发行股票、发行债券、设立基金等资本运营方式，实现规模扩张、业务链完善、产业升级，走出一条跨越式发展道路。

2. 持续创新战略。

坚持走创新驱动型发展之路，加强管理创新，推动科技进步，建设创新型国机，实现可持续发展。

加强科技创新，致力于提高产品和服务的附加值。高度重视原始创新，大力推进集成创新，努力加强引进技术消化吸收再创新，推进高新技术产业化和工程化；围绕主业板块，加大研发投入，推进科技资源有效整合；通过国内外技术合作、项目合作等方式，提高技术、工艺和产品开发水平。

加强管理创新，提升管理水平，提高管理效率。利用先进的管理理念、思想和方法，创新管理的体制和机制，推进经营模式创新，推行科学的战略管理、人力资源管理、投资管理、财务管理、质量管理和风险管理，不断提升企业文化，使集团管理向集约化、精细化迈进。

3. 品牌提升战略。

在发展战略导向下，建立品牌体系，树立品牌理念，强化品牌形象，把品牌传播贯穿于整个企业行为。不断提升集团品牌的知名度和美誉度，发掘和提升核心价值，积极开展品牌经营，以品牌促进企业发展，形成品牌扩张与核心竞争力不断增强的良性互动关系，为集团创造更多的超额价值。

通过三大重点战略的实施，实现国机集团的实业化、规模化、一体化和科技化发展。

同志们，国机集团已经迎来了品牌提升、规模扩张、实力壮大的超常规、跨越式发展新阶段。未来三年，要为打造“百年国机”奠定坚实的基础；未来三年，将成为国机集团发展历史上最关键的时期。让我们振奋精神，昂扬斗志，用勤劳和智慧再造一个“新国机”！

二、2007 年的工作总结

2007 年，是全国上下认真贯彻落实科学发展观，以优异成绩迎接十七大胜利召开的重要一年，也是国机集团跨入第二个十年、进入全面发展新阶段的关键一年。这一年，我们克服了价格上涨、汇率升值、竞争激烈等不利因素的影响，紧紧围绕三大主业，以市场求发展，以创新求效益，取得了第二个十年的“开门红”。

（一）经营指标全面超额完成

2007 年国机集团生产经营继续保持良好的发展势头，主要经营指标再创历史新高。实现主营业务收入 624 亿元，同比增长 32%；利润总额 31 亿元，同比增长 113%；进出口总额 57 亿美元，同比增长 20%；均全面超额完成了国资委的各项考核指标（2007 年各项指标均不包括中海航、福马机械、一拖集团）。在 2007 年发布的中国企业 500 强排名中，国机集团位列第 78 名，较上年提高了 6 位。

从子公司的情况看，绝大部分子公司都较好地完成了经营任务，实现了持续快速发展。CMEC、国机财务、中汽工程、中汽国际、兰电所等主营业务收入增长 50% 以上；国机财务、中国浦发、中汽凯瑞、中进汽贸、中国联合、中国中元等利润总额增长 50% 以上。子公司的快速、健康发展有力地支撑了集团的整体发展。

（二）工程承包与设计咨询业务增长迅速

2007 年工程承包与设计咨询业务实现了快速发展，完成业务收入 251 亿元，同比增长 59%，占集团业务收入的 40%；实现毛利润 25 亿元，同比增长 26%，占集团毛利润的 36%。

1. 新签合同额大幅增加。

2007 年集团新签项目合同额继续大幅增长，达到 90 亿美元，同比增长 65%。其中新签国外项目合同额近 81 亿美元，同比增长 70%；新签国内项目合同额近 10 亿美元，同比增长 32%。

在国外项目方面，超过 1 亿美元以上的项目有 14 个，其中老挝宏掌 3×60 万千瓦燃煤电厂、印尼 3×33 万千瓦火电、赤道几内亚输变电、尼日利亚联合循环热电等项目合同金额均超过了 4 亿美元；在国内项目方面，超过 1 亿元以上的项目有 17 个，其中海南纸业、济钢、大连中北、上海通用等项目合同金额均超过了 2 亿元。新签大项目的增多、合同总额的大幅增长为集团的持续快速发展提供了保证。

2. 市场拓展取得新成效。

2007 年集团继续巩固传统市场，努力开拓新兴市场，取得了较大突破。一方面，利用在非洲、东南亚、南亚、中东等传统市场形成的优势，充分挖掘市场潜力，签署项目合同总额超过 52 亿美元；另一方面，整体协同开发中亚和赤道几内亚等新兴市场，陆续签约了一批重点项目，合同总额超过 13 亿美元。

子公司在开拓国际市场方面措施有力，卓有成效。CMEC 按照既定发展战略，努力开拓市场，项目成交在 2006 年创历史纪录的基础上又有新突破，2007 年工程成套项目成交额成倍增长，并形成项目成交、签约、跟踪的梯次开发格局；中国重机实施了区域滚动开发战略，以现有项目的执行为依托，开发项目所在国其他行业和领域的市场，以点带面，辐射周边，先后在缅甸、越南开发了能源、建材、环保、基础设施等领域的项目 20 多个；中电工调整了市场开拓组织结构，一改过去对市场开拓部门的专业限制，淡化了专业分工，极大地调动了市场开拓人员的积极性，全年中标项目金额 41 亿美元，创历史新高；中汽国际以印度市场为突破口，大力开拓电站成套设备供货业务，签署项目合同总额近 4 亿美元，开辟了新的业务增长点。

3. 工程承包模式不断创新。

为赢得市场竞争优势，提高竞争能力，集团不断探索和创新工程承包业务经营模式，由单一的工程承包向投资开发等领域拓展，取得了一定成效。中农机与江苏省邳州市政府签署了特许经营协议，获得了邳州市城北污水处理厂 30 年特许经营权；CMEC 经过一段时间的探索，专门成立了事业部运作加蓬铁矿“工程换资源”项目，目前正在稳步推进。这些对经营模式的探索和创新将不断增强集团工程承包业务的持续发展能力。

4. 工程设计咨询取得新进展。

2007 年集团所属设计咨询企业充分发挥工程设计优势，大力拓展业务和市场领域，效果良好。中汽工程面对汽车市场的激烈竞争，积极拓展新的业务市场，承接了大庆油田真空加热炉和抽油机两个项目，这是中汽工程首次进入石油石化装备领域，具有重要的意义。中国联合承建的杭州松下、浙江省疾病预防控制中心等大型工程承包项目，进展良好，受到用户的高度评价。六院设计的郑州国际会展中心项目，在结构、智能化等方面达到了国际一流水平，荣获第七届中国土木工程詹天佑奖。

5. 内部合作持续深入。

2007 年，在集团的积极倡导下，内部合作取得了深入发展，签约内部合作项目 33 个，合同总额 75 亿元。CMEC、中电工、中机建设、中农机、中国重机、中国联合、中通公司、中国电器院、合肥通用院和中汽凯瑞等都不同程度地参与了内部项目的合作。集团内部合作呈现出参加单位多、合作范围广、合作金额大、合作形式多样的发展态势和良好局面，体现了集团"合力同行、创新共赢"的核心价值观。

6. 非实体经营工作迈上新台阶。

2007 年，顺利完工了安哥拉学校一期项目，这是非实体经营的第一个完工项目；正在执行的非实体经营项目 5 个，合同总额超过了 15 亿美元；新签约项目 5 个，签约总额超过 22 亿美元；正在跟踪一批项目，其中印尼 2×35 万千瓦火电站项目近期将要签约，项目金额近 6 亿美元。

非实体经营在内部合作方面发挥了主导作用，合作项目金额达 68 亿元，占内部合作合同总额的 90%。非实体经营已经发展成为促进内部合作、发挥资源优势、提高竞争实力的大平台。

（三）贸易业务稳步发展

2007 年，在人民币汇率升值、出口退税政策调整等不利因素的影响下，国内外贸易业务稳步发展，实现业务收入 307 亿元，同比增长 21%，占集团业务收入的 49%；实现毛利润 23 亿元，同比增长 14%，占集团毛利润的 33%。

1. 贸易量平稳增长。

2007 年集团进出口总额达 57 亿美元，迈上了 50 亿美元的新台阶，尤其是出口额继续保持较快增长，达 41 亿美元，同比增长 29%。苏美达的机动船、服装、园林工具出口额分别为 3.4 亿美元、1.4 亿美元和 1 亿美元，同比增长分别为 410%、47% 和 44%；中国工程机械总公司出口自产平地机 300 多台，出口金额近 2 亿元，同比增长 171%；中汽凯瑞积极开拓产品出口领域，向欧洲和美洲市场出口了船舶和柴油发动机等产品，拓展了新的贸易增长点。贸易业务的稳步增长带动了集团整体业务的发展。

2. 贸易模式创新转型。

近年来，随着国家外贸政策的逐步调整和市场竞争的日趋激烈，贸易企业的生存和发展环境日益严峻，集团所属贸易企业不断创新贸易模式，拓展服务领域，提高了市场竞争能力。中进汽贸加强汽车贸易服务能力体系建设，不断提升汽车贸易增值服务能力，逐步由汽车进口商和经销商向综合贸易服务商转变，深化了与跨国公司的战略合作关系，为持续发展奠定了基础；苏美达坚持"以贸易为主导，贸工技结合"的战略思路，向产业链上下游延伸，构建新的能力体系，成绩突出，被江苏省列为贸易企业标杆；中汽凯瑞在汽车零部件、船舶出口贸易方面初步实现了产销一体化，提升了贸易水平，增强了竞争力。

（四）研发制造业务生机勃勃

2007 年，在把国机集团建设成为创新型企业目标的指引下，广大科技工作者积极进取，努力拼搏，研发制造业务取得了丰硕成果。实现业务收入 54 亿元，同比增长 21%，占集团业务收入的 9%；实现毛利润 12 亿元，同比增长 17%，占集团毛利润的 17%。

1. 科研开发成果显著。

2007 年国机集团获得省部级以上各类优秀成果奖 191 项，其中科学技术奖 59 项，勘察设计咨询奖 116 项。申请专利 303 项，其中发明专利 106 项；授权专利 151 项，其中发明专利 19 项。主持或参与标准制定 1377 项，其中国家标准 276 项。中国电器院、中国重型院成为国家批准的首批"企业国家重点实验室"建设单位。继 2006 年集团两家企业成为首批国家创新型企业试点单位之后，中国电器院 2007 年又成为国家创新型企业试点单位。

2007 年争取国家重点科技攻关等各类项目 22 项，新增国拨资金 5000 多万元。集团所属子公司坚持原始创新、消化吸收再创新和集成创新三结合，实现了技术产品应用的新突破。洛轴所的精密轴承、沈阳仪表院的波纹管、兰石所的超声波检测技术等成功参与了"嫦娥一号"卫星发射任务，不仅为"嫦娥一号"的成功发射和运转提供了良好的技术保障，也较大地提升了国机集团在航空航天领域的技术实力和市场地位；中国重型院研发的125兆牛油压双动铝挤压生产线成功投产，又一次刷新了该技术领域的世界记录；苏州电加工研制的数控电火花蜂窝磨机床，被国防科工委、发改委联合表彰为“国产数控机床优秀合作项目”，在吨位、数控轴数、工件的复杂性等方面开创了国内电加工设备之最；中国工程机械总公司在大型路面摊铺机等产品上成功应用智能化控制系统，打破了我国工程机械智能控制技术长期被国外垄断的局面。产品技术水平的不断提升进一步巩固和拓展了市场领域，增强了国机集团在市场上的竞争能力。

2. 产业化基地建设欣欣向荣。

目前集团的产业化基地和正在实施的技术改造项目15个、投资13亿元，具备了相当的产业化规模。其中，兰石所新建的兰州基地和上海基地总投资4.3亿元，国家“十一五”规划的超大型板壳式换热器产品将在上海新基地诞生，这将对我国石化装备行业的技术进步起到积极的推动作用；中国工程机械总公司产业化基地总投资3亿元，已于2007年4月正式投产，生产能力比原来翻了一番；中国电器院新建的国家电子电器检测基地，是亚洲规模最大、检测范围最广的电子电器检测试验室，检测能力在国内处于领先地位。产业化基地的大规模建设，将为把国机集团打造成综合性装备工业跨国集团奠定坚实的基础。

（五）战略投融资业务成果丰硕

1. 积极开展有价证券战略配售业务，效益显著。

在认真分析国内证券市场发展趋势，长期进行业务跟踪的基础上，国机集团利用国内大型优质企业公开上市发行股票的契机，充分发挥集团财务公司的金融平台作用，积极进行资本运作，成功获得了中国工商银行、中国远洋、中国人寿、中国平安、广深铁路等企业的战略配售股份，将取得良好的收益。上述战略配售收益，既为财务公司迅速做大做强奠定了坚实的基础，也为集团的发展提供了重要的资金支持。

2. 努力拓展融资渠道，效果良好。

在国家加强宏观调控，控制信贷规模增长的情况下，集团充分发挥整体优势，积极开拓市场融资渠道，在多家银行取得综合授信额度超过200亿元，并受理审批了对一批子公司的担保事项；同时，继成功发行14亿元短期融资债券后，目前正在积极运作发行8亿元十年期债券和12亿元一年期短期融资债券，这将有力地支持集团主业的发展。

（六）对外重组和企业改制成效显著

1. 对外重组取得重大进展。

2007年集团工作会议提出，当前和今后一段时期，要把开展对外重组作为一项头等大事来抓，力争取得新的突破。为此，集团紧紧围绕发展战略，以做强做大主营业务为目标，以完善业务链为重点，积极调动各方力量和资源，大力推进对外重组工作，取得了重大进展。顺利完成了对中海航和福马机械的重组，增强了集团在水工海运、工程机械和林业机械领域的实力；实现了与中国一拖的重组，这是国机集团有史以来最大的一项外部资源重组活动，将大力提升集团的装备制造能力，增强集团的行业地位。

2007年对中海航、福马机械和中国一拖的重组，使集团总资产增加166亿元，净资产增加67亿元，主营业务收入增加177亿元，进出口总额增加2.8亿美元，利润总额增加5亿元，资产负债率降低6个百分点，大幅增强了规模实力，是集团走向实业化和规模化发展道路的重要里程碑，具有重大的战略意义。

2. 企业改制稳步推进。

2007年重点推进了核心业务企业的改制上市工作，取得了阶段性成果。兰石所的改制上市取得重要进展，2008年有望在国内A股市场上市；CMEC的改制上市在积极稳妥地推进，上市方案已报送国务院国资委和证监会；中国重型院和中进汽贸改制上市的基础工作基本完成，2008年将改制为有限责任公司，完成上市的关键步骤。

积极推进了主辅分离辅业改制工作。长试所和兰电所的整体改制已经完成；中地装衡探厂和张探厂政策性破产已被批准，正式进入破产程序；第三批主辅分离辅业改制方案正在报批之中。

（七）企业管理水平不断提高

战略管理逐步深入。滚动制定了2008—2010年发展规划，明确了新形势下的业务定位和发展战略，使集团的战略思路更加清晰，战略方向更加明确。根据集团业务发展需要，深入开展了装备工业发展和国际工程承包研究，对主营业务的发展具有指导作用。子公司对战略管理工作比较重视，目前大部分子公司都制定了发展战略，战略管理进一步深入。中国重机在总战略的框架下，制定了 8 个经营战略和相关的职能战略，构建了总体战略、经营战略和职能战略组成的战略管理体系，建立了战略实施控制和评估制度，全面提升了管理水平。

人力资源管理体系不断完善。加强了企业领导班子建设，在充分调研和考核的基础上，完成了一批企业领导班子的调整和补充，公开招聘了部分企业经营者，保证了企业经营工作的有效运行；加强了专家队伍建设，评选出第一批 62 名集团高层次科技人才专家，壮大了专家队伍；加大了员工培训力度，制定了培训管理办法，开展了多种形式的培训活动；建立健全了经营者年薪和企业年金制度，发挥了薪酬、福利的激励与约束作用；全面实施了劳动合同管理，规范了劳动关系，为稳定企业、管控用人风险、构建和谐国机奠定了基础。

财务管理不断深化。加强了预算管理办法的执行，进一步强化了预算执行过程的监管分析工作，切实落实预算管理职责；加大了财务决算的管理力度，拓宽了决算管理的内容，通过决算深入了解子公司的经营效益、资产质量和风险控制状况，为准确决策提供了依据；完善了资产评估管理办法，形成了规范的产权管理操作程序；进一步加强了资金集中管理，2007 年子公司在财务公司的日均存款余额达 12 亿元，比上年增长 50%，财务公司全年累计对子公司发放贷款 38 亿元，比上年增长 54%，节省集团整体财务费用 5000 万元以上。

信息化建设扎实推进。开展了集团内部专用网络的试点工作，为 2008 年全面建成集团信息化专用网络奠定了基础；推进了信息集成管理平台建设，完成了第一期信息系统建设，促进了信息共享，提高了信息利用和处理效能，减轻了子公司的信息报送负担；开展了财务信息集中管理试点工作，为贯彻统一的财务制度、加强对子公司的财务监控、及时规避财务风险积累了有益经验；实施了非涉密电子公文的传输，从根本上解决了纸质行文工作量大、效率低等问题。

审计和法律服务工作继续加强。在强化经济责任审计的同时，开展了境外机构审计、工程项目审计、企业改制审计和企业内部控制审计，对重大经营风险提出管理建议，堵塞了漏洞；加大审计结果跟踪检查的力度，督促企业认真落实整改意见，使审计为控制风险、强化管理发挥了重要作用。法律服务深入到集团经营工作的各个层面，重点为工程承包项目提供法律服务，有效降低了项目的法律风险；在改制重组、投资担保和上市融资等工作中，严把法律审核关，切实维护了集团的合法权益；积极开展法制宣传教育，全面落实国家“五五”普法规划，企业法律意识和法律顾问的服务能力不断增强。

脱困工作稳步推进。在脱困领导小组的正确领导和企业的积极努力下，三家脱困企业全面完成了 2007 年的各项经营指标，比计划减亏 1.14 亿元，脱困成效显著。更为重要的是，困难企业摆脱了被动应付各项债务的局面，已经逐步把工作的重心转向企业的发展，三家企业都提出了新的发展思路。

安全生产工作迈上新台阶。2007 年，集团按照年初制定的安全生产工作计划，完善了责任目标考核体系，强化了安全生产责任的落实；加大安全生产检查力度，认真开展了安全生产隐患排查治理专项行动，促进了事故隐患的排查消除；加强应急管理，修订了应急预案，开展应急演练工作，提高快速反应能力，妥善处理了生产安全事故和突发事件；开展了安全教育培训工作，提高了员工的安全意识和安全专业水平。实现了无较大、重大、特别重大生产安全事故发生，继续保持了安全生产的良好局面。

企业社会责任得到强化。2007 年集团总部通过了社会责任管理体系认证，各项社会责任工作不断加强；子公司的社会责任意识逐步增强，部分子公司参与了许多有益的社会责任活动，有效提升了企业形象。

（八）党的工作和企业文化建设稳步推进

1. 党的建设进一步加强。

2007 年，国机集团党委和各级党组织全面贯彻落实科学发展观，积极推进党的各项工作。顺利完成了十七大代表候选人和在京中央企业党代会代表的推选工作；组织学习十七大文件报告，大力宣传了十七大会议精神；坚持党委中心组学习制度，坚持开好集团和子公司两级党员领导干部专题民主生活会，不断提高领导干部的思想政治素质，改进了工作作风；不断加强基层党组织建设，进一步提高了党员的积极性和主动性，有效发挥了党员的带头模范作用。中机建设创新党组织基层建设，把支部建立在项目上，做到了施工现场到哪里，党组织就建立到哪里，活动就开展到哪里，党员作用就发挥到哪里，充分发挥了基层党组织的战斗堡垒作用。

2007年，以贯彻落实《建立健全教育、制度、监督并重的惩治和预防腐败体系实施纲要》为主线，加快构建惩防体系，深入开展效能监察。制定了《国机集团建立健全教育、制度、监督并重的惩治和预防腐败体系实施方案》，集团和子公司签订了党风建设和反腐倡廉责任书；制定了《国机集团党风建设和反腐倡廉工作责任制实施办法》等相关制度，加强了制度建设，健全了反腐倡廉体系；开展了不良资产管理、招投标管理、经营管理等方面的效能监察，保障了国有资产的保值增值；重点查处了职工反映强烈的违法违纪案件，维护了国家法律和党的纪律，保护了国有资产的安全。

2. 企业文化建设和品牌建设逐步推进。

2007年，以内聚人心、外塑形象为目标，积极宣传“合力同行、创新共赢”的核心价值观。把企业文化建设与集团的发展战略和生产经营管理紧密结合起来，以核心价值观为主题，着力推进内部合作，成效显著。通过努力，国机集团的外部形象得到进一步提升，荣获“2007最受赞赏的中国公司”、“2007中国最具核心竞争力企业”、“第三届中国优秀企业公民”等荣誉称号。

子公司的文化建设进一步推进。中国重机在前几年文化建设的基础上，2007年建立了完整的企业识别系统，制定了企业文化落地实施方案，并组织了一系列活动，把企业文化建设的成果进一步推向深入；中机建设认真宣贯集团的核心价值观，积极主动地开展同集团内部兄弟企业的合作，把集团企业文化融入到生产经营活动中，推动了自身的快速发展。

在集团的大力传播和倡导下，国机集团品牌知名度有了一定的提高，子公司对集团品牌的认同度不断增强，兰石所、广州机械院、中国重型院、兰电所等不同程度地实现了与集团母品牌的联结，集团的凝聚力和向心力进一步增强。

三、2008年的工作任务

2008年，是全国人民迎接奥运，展示中华民族新面貌的一年；是全国上下深入贯彻十七大精神，落实科学发展观，全面建设小康社会，大力推进社会主义现代化建设的一年；也是充满发展机遇和严峻挑战的一年。世界和我国经济继续保持较快增长，将呈现给我们一个充满活力、持续增长的市场；随着我国国际化和重化工业的深入发展、全球产业的转移和国家实力的增强，装备制造业、工程承包业以及相关服务业仍将继续增长；国有资产结构调整和国有企业的大量联合重组等给国机集团的进一步发展提供了难得的机遇。但是，宏观调控力度加大、物价上涨、人民币汇率升值、出口退税政策调整与美国经济次贷危机的扩散、石油价格上涨、国际贸易保护主义势力增强等，将在一定程度上影响我们的发展；随着国内行业性企业业务垄断行为的加剧，对我们的工程承包和工程服务等主营业务的发展将带来严峻的挑战。同时，我们自身存在的业务链不够完善、资金相对紧张、项目执行力亟待提高和外贸业务急需转型等问题，也将在不同程度上影响集团的健康发展。我们必须高度重视，抓住机遇，迎接挑战，确保发展。

根据集团面临的发展形势和自身的发展状况，经研究确定2008年的主要经营目标是：主营业务收入900亿元，利润总额35亿元，进出口总额60亿美元，成本费用占主营业务收入比重98.7%。为确保完成今年的工作任务，要着力抓好八项工作：

（一）继续抓紧外部资源重组，做强做大国机集团

党的十七大报告提出了“促进工业由大变强，振兴装备制造业”的发展要求，各级政府分别出台了相关政策，鼓励装备领域的企业联合重组，并加大了对外资并购装备龙头企业的审查力度，这为我们打造大型装备工业集团、做强做大提供了契机。

国机集团作为大型国有企业，要实现打造“百年国机”的愿望，就必须按照战略规划要求，主业向关键环节聚集，向关联环节拓展，重组吸收外部相关资源，完善业务链，强化主体业务。

2008年要大力推进对外重组工作。

一是高度重视，着力推进。要把对外重组工作放到关系集团发展、甚至生死存亡的高度来认识。加强力量，细化工作，明确责任，落实到人，强化执行力。

二是要把对中央企业的重组作为重中之重。更加积极主动地关注国资委实施中央企业调整重组的新政策，重点跟踪一批与集团业务关联度高、资产状况较好的中央企业，通过主动工作，争取更多的优秀中央企业进入集团。

三是高度重视对地方国有企业的重组。既要积极主动、创新重组模式，又要根据集团的实际，认真评估、慎重决策。广泛关注行业内有关产业资源

调整动向，研究行业知名度高、经营效益好、业务竞争力强的有关地方企业，以低成本、高效益为原则，创造重组共赢的发展局面。

四是加强对重组后企业运行机制的研究，做好重组企业的融合工作，大力支持重组企业的健康发展。

（二）继续强化科研开发，加速产业化发展

不断加强科研开发、持续推进产业化发展，是打造国机集团核心竞争力的关键，是我们连续多年来坚持的发展思路，已经取得了明显的成效，初步形成了由科研院所孵化研发中心和高科技企业，到培育产业化基地、进行规模化生产的发展模式。今年要继续按照这一思路，加快发展步伐，做好如下工作：

第一，加大科研创新能力建设力度。进一步完善国机集团科技创新体系，加强自主创新能力建设。加快国家重点实验室、工程中心、技术中心、博士后工作站等科研机构的建设和研究试验设备的升级换代；继续努力争取国家各类项目，利用国家优惠政策、集团科技发展基金等引导企业加大科技投入；加强激励、培养和积累科研创新人才；不断完善科研开发中心、生产基地和市场的互动创新机制，形成系统的持续创新能力。

第二，加速科技成果产业化发展。目前，国机集团的科研院所基本上完成了市场化转变，孵化出了一批高科技企业，走上了快速发展的道路，科研开发与产业化发展势头迅猛。今年要继续实施重大项目带动产业化战略，集中力量培育高科技骨干企业。在政策和资源上继续大力支持产业化基地建设，抢抓时机，提高效益；重点支持开发市场容量大、带动效应强、技术实力领先的高新技术产品，建设产业化基地，形成规模化生产；对于初步形成产业化规模的企业，要继续利用技术优势扩大产品批量，增强市场竞争力，壮大产业化基地的实力和规模。要围绕国家政策，大力推进节能减排关键技术研究及其重点产品的产业化进程，为实现国家节能减排目标做出贡献。

第三，抓好专利和标准规范工作。今年要继续抓好国家知识产权试点工作，进一步增强知识产权保护意识，健全知识产权利用制度，完善科技创新激励机制，构建知识产权管理和保护体系，加大专利利用和申报工作力度，发挥知识产权在科技管理中的导向作用。要认真总结在集团各项业务经营中运用标准、规范和技术法规的经验，积极参加行业、国家和国际标准的制定，使标准规范工作在业务拓展中发挥重要作用。

（三）继续抓好工程承包、贸易和工程服务经营，促进业务模式升级

1. 促进工程承包业务升级。

研究表明，在国际工程承包产业的分工体系中，处于上游和利润高端的是项目的规划、设计和管理。国际著名大型工程承包企业的核心竞争力主要体现在为客户提供全面解决方案的能力。当前大型国际工程承包企业发展的趋势是向承包商 + 投资商角色演变，项目经营的主要模式是总承包、BOT 和 PPP 等先进模式。国机集团作为我国从事工程承包的大型企业，目前仍然以传统的总承包或分包为主，严重制约着盈利能力的进一步提升。因此，必须推进工程承包业务模式的升级。

一是要加强研究探索。继续对我国和发展中国家工程承包市场进行深入研究，总结经验，寻找突破点，大力推进先进经营模式的成功运用。研究如何根据市场变化和集团自身的优势，通过提升经营模式，提高竞争实力，实现更高层面的市场竞争，获取更大利润。

二是要增强系统的综合配套能力。通过自我培育成长、内部合作互补和吸收外部资源等途径，提高项目规划设计、解决技术难题、投融资和项目经营管理水平，完善国机集团工程承包业务链，着力提高工程承包核心企业的工程技术管理水平，形成为客户提供一揽子服务的能力，在区域市场和重点行业上形成核心竞争力，赢得竞争优势。

2. 转换贸易业务模式。

转换经营模式是集团贸易业务实现持续、稳定、快速增长的关键，也是一些单纯贸易企业走出徘徊局面的唯一出路。现实和经验告诉我们：单纯贸易之路越走越窄，产研结合、工贸一体的道路越走越宽。集团的贸易业务，尤其是外贸业务，必须通过延伸业务环节和提供专业化增值服务等途径，尽快实现模式转换和升级。集团内部已经涌现出了比较典型的贸易模式成功转换的企业，要组织学习先进企业的经验，积极促进贸易业务转型。同时，要对集团贸易业务板块开展研究，加强内部合作，以工促贸、以科兴贸、不断创新，开创国机集团外贸业务的新局面。

3. 努力发展工程服务业。

在集团层面，继续发展和深化内部合作，充分发挥国机集团的“集成优势”，把集团内部的工程咨询、设计、商务、项目管理、施工建设、设备成套、研发制造和投融资等国际工程承包资源与能力协调起来，优化配置、形成合力、增强优势。在继续深化工贸公司与设计、勘测、施工企业合作的同时，加强工贸公司与研发制造企业的内部合作；由单个项目的分工合作形式，向组成项目公司和利益共同体的形式深化发展。

在子公司层面，商务、设计、勘测和施工生产企业，要以自身的优势业务为核心，发展成为能够为客户提供专业服务的国际化工程公司。

（四）加快股改上市，抓紧资源整合

1. 大力推进核心企业股改上市。

根据集团的发展战略要求，结合重组进入集团的新资源，以集团若干战略板块为基础，以核心企业为对象，研究制订国机集团所属企业的改制上市规划意见，指导改制上市工作；对已经启动改制上市工作的CMEC、兰石所、中进汽贸和中国重型院等企业，继续做好方案的审报工作，力争实现1～2家企业上市发行股票；按照滚动发展要求，启动1～2家企业改制工作，为培育上市公司做好准备。

2. 抓紧内部资源整合。

以做强做大主业为目标，结合核心企业的改制上市，按照减少管理层次，进一步实行扁平化管理的要求，积极推进相关资源向上市企业集中，以改制上市带动资源整合；要积极做好已改制企业的资产调整，达到减少管理层次，进一步做强做大改制主体的目的。

（五）拓宽融资渠道，强化资金平台

今年集团要在拓宽融资渠道，强化资金平台方面加大工作力度。

加深银企合作，争取更多授信额度；利用国家有关政策支持，做好开发银行项目融资；利用债券融资方式，做好企业债券发行工作；利用投资项目，开展项目融资，引进战略投资者；利用集团财务公司平台，积极开展证券一级市场业务，获取更大的收益；研究集团发行基金的途径和可行性，探索长期稳定的融资渠道。紧紧抓住我国资本市场的发展机遇，探讨多样化产品，通过多种途径，拓宽融资渠道，为集团的快速发展提供资金保障。

（六）推行全面风险管理，提高项目执行能力

全面风险管理，是指企业围绕总体经营目标，通过在企业管理的各个环节和经营过程中执行风险管理的基本流程，培育良好的风险管理文化，建立健全全面风险管理体系，从而为实现风险管理总体目标提供合理保证的过程和方法。

今年，集团要按照国资委《中央企业全面风险管理指引》的相关规定，推行全面风险管理，保障企业健康发展。要针对企业管理的各个环节和经营过程设立风险管理机构、设计合理高效的操作机制、健全制度、运用先进科学的管理工具，实行严格的风险管理。通过一系列的全面风险管理工作，确保实现真实、可靠的信息沟通，包括编制和提供真实、可靠的财务报告；确保企业遵守有关法律法规；确保重大经营措施的贯彻执行，保障经营管理的有效性；建立针对各项重大风险发生后的危机处理机制，努力将风险控制在与总体目标相适应、并可承受的范围内。

要把审计和法律服务工作作为全面风险管理的重要手段。积极开展多层次审计，加强投资资金使用过程中的阶段审计，加大工程项目审计力度，对执行项目开展事中审计，及时披露存在的问题，督促整改，降低项目执行风险；适应集团不断创新的工程承包经营模式，提供更加专业的法律服务。进一步落实企业法律顾问制度，不断加强企业法律风险防范能力。通过制度建设、合同管理，构建完善的企业知识产权法律保护体系。

今年要重点在控制集团担保风险、投资风险、工程项目风险和应对汇率风险等方面开展积极有效的工作，尤其是要着重提高项目执行能力，降低工程承包业务风险。

过去，集团境外工程承包项目在执行过程中就存在着一些问题，2007年新签合同额大幅增加，签订了许多大项目，在项目风险控制方面遇到了许多新情况和新问题，给项目的管理和执行带来了新挑战。今年集团与有关子公司一定要高度重视，把项目执行作为重点工作来抓。第一，切实加强项目管理，建立和完善质量、进度、成本和安全控制体系，利用完备的体系来保障项目的成功运作；第二，要加强项目执行能力建设，提高项目执行人员的技术水平和管理能力，引进和培训项目经理人，增加力量和人员。第三，要做好项目考察和评审工作，从源头上把好关；在项目执行过程中，加强监督和控制，严防风险。对目前已经在工期、质量、还款等方面存在问题的项目，要抓紧妥善解决，并

组织进行案例分析，总结经验教训。要用多种办法，强化项目执行能力，提高企业项目管理水平。

（七）进行内部管理改革，提高企业管理效率

今年，国机集团已经作为国资委的中央企业董事会试点单位。随着董事会试点工作的开展、集团所属企业的股份制改造、上市公司数量的增加、对外重组企业的不断加入和非实体经营业务的深化发展，要求必须进行企业内部管理改革，提高管理效率。

——集团建立董事会制度，实行决策层和执行层分开，董事会行使决策权，经理层行使执行权，大部分董事不能在经理层兼职，并设立若干独立董事。董事会通过下设的各种委员会，如战略发展委员会、提名委员会、薪酬委员会和审计委员会行使决策权。董事会制度的引入，势必逐步把国机集团导向法人治理结构完善的现代化企业，必将引起国机集团管理制度的重大变革。我们要在思想和行动上高度重视，积极配合国资委做好董事会试点工作，调整组织，完善制度，转变机制，逐步完善企业法人治理结构。

——按照集团2008—2010年发展规划的要求，把握发展方向，落实战略措施，提高执行力，完善评估体系，逐步将子公司战略规划执行情况纳入检查考核范围，真正发挥战略管理引领企业发展的重要作用。

——继续加强人力资源管理，不断深化干部人事制度改革，加大干部交流和干部队伍建设力度；建立健全薪酬、企业年金等中长期激励机制，充分调动每位员工的积极性；积极开展各种培训工作，提高员工素质，着力造就高素质干部队伍和人才队伍。

——财务管理工作要在集团规模扩张、主业快速发展的过程中，发挥财务决策、资金筹措、预决算、风险防范等功能，继续加强集团财务队伍建设与管理，着手制定国机集团内部控制指引，为财务管理工作提供科学系统的制度保障。

——落实国有资本经营预算制度。建立国有资本经营预算制度，是国家有效落实出资人资本收益权的基本要求，是加快国有资本结构调整的重要手段。《国务院关于试行国有资本经营预算的意见》和《中央企业国有资本收益收取管理暂行办法》明确规定，从2006年起，对中央企业分类收取国有资本收益。集团将根据国家政策对资本收益办法进行修订，各子公司要大力配合，做好这项工作。

——强化投资管理工作。今年集团必须围绕突出主业发展要求，做好投资规划。通过制定规划，确定方向，明确要求。合理引导增量投资，有效管理投资资金，提高投资效益；继续加强对无效投资的清理调整，针对对外长期股权投资中的不良项目开展全面清理和整顿处置专项工作。

——继续加快集团企业文化和品牌建设。要通过一系列持续有效的工作，大力宣贯集团企业文化，着力打造强势“国机”品牌，增强集团的凝聚力、向心力，扩大国机集团的影响力。

——落实信息化发展规划，加快信息化建设步伐。要根据《加强中央企业信息化工作的指导意见》，明确任务，加快信息化建设步伐。对集团信息化发展规划中确定的目标和任务，认真组织落实。在财务集中管理系统和信息集成管理平台建设的基础上，继续扩大综合管理信息系统建设范围，为进一步提高集团的决策和管控能力提供支持。

——要进一步履行企业社会责任，并把这一工作贯穿到日常活动中去，做出表率，树立国机集团的良好形象。继续实行安全生产责任制，把安全生产当作头等大事抓紧抓好。

（八）推进党的建设，促进企业和谐发展

2008年，各级党组织要认真贯彻落实十七大精神，探索建立现代企业制度条件下发挥党组织作用的途径和方法，坚持把企业党建工作融入企业的改革发展；着力加强基层党组织建设和党员教育工作，加强企业党组织能力建设；各级党组织和广大党员干部要更加关注企业内部民生，坚持以人为本，进一步转变工作作风，牢固树立勤俭办企业的思想。继续做好企业脱困和维护稳定工作。要不断加强企业领导干部廉洁自律工作，提高党员干部拒腐防变的能力，进一步增强广大党员干部的危机意识、责任意识和大局意识，真正做到居安思危，廉洁自律。要扎实推进企业惩治和预防腐败体系建设，在坚决惩治腐败的同时，更加注重预防和制度建设。

切实加强对工会、共青团的领导，充分发挥群团组织的作用，积极探索有效发挥职代会职能的途径和方法，努力构建和谐国机。

在新的一年里，让我们在党的十七大精神指引下，在国资委的正确领导下，用科学发展观统领全局，认清形势，抢抓机遇，团结一致，开拓创新，为做强做大国机集团而努力奋斗！

面对新形势　迎接新挑战　谋求新发展
积极推进国机集团做大做强

——任洪斌在国机集团2009年工作会议上的讲话

（2009年1月13日）

这次会议是在国内外形势发生重大变化、集团改革发展的关键时期召开的一次具有重要意义的会议。昨天，李延江书记、徐建总经理分别就党的工作和经营工作作了工作报告，我都赞成。会议期间，大家进行了热烈讨论和交流，对国机集团2008年取得的成绩感到非常振奋和鼓舞，对2009年面临的严峻形势已有了充分的思想准备，对今后的发展目标充满信心。同时，对集团做好2009年的工作与今后的发展提出了许多很好的意见和建议。对会议代表所提出的问题，我建议从本次会议开始，集团经理层要对代表提出的问题进行汇总、整理，对于共性的问题，要研究、出台政策；对于个性的问题，要采取书面的形式逐一回复，并且以后要将这种书面答复会议代表问题的做法长期固定下来。

一、发展中的成绩与差距

（一）发展成绩值得肯定

2008年，在外部环境困难的情况下，集团认真贯彻落实国资委的一系列部署，深化改革，强化管理，做了大量卓有成效的工作。董事会试点、生产经营和党建工作都有了新的进展，取得了较好成绩。

2007年12月，国资委决定在国机集团进行董事会试点工作，集团成为试点的32家中央企业之一，这是国资委赋予我们义不容辞的责任和光荣使命，体现了国资委对国机集团在行业中的重要地位和作用的认可，体现了国资委对国机集团的信任和期望。科学规范的法人治理结构，是国机集团进一步提高核心竞争力、做强做大做久的重要体制基础。

2008年是集团开展董事会试点工作的第一年，一开始外面有很多担心，董事会是不是只是一个形式？搞试点会不会给企业增添负担？国机集团能搞好董事会试点吗？等等，一些同志存在疑虑。但运行一年下来，总体情况不错。在外部董事未到位的情况下，根据国资委的要求，由内部董事组成了董事会，开始履行集团董事会管理的有关职责。起草了《公司章程》以及董事会运作的各项规章制度，选举了职工董事，设立了董事会秘书和董事会工作机构，组织了公司治理及董事会运作等有关方面的培训，董事会召开了7次董事会会议、11次董事会常务委员会会议，决策了若干重要事项。中央企业里以前开展董事会试点工作的实践表明，有的运作良好、获益匪浅，有的还未适应、成效不显著。对于刚加入董事会试点企业的国机集团来讲，这项工作是探索、也是挑战。企业改革越深化，面临的考验越大。开弓没有回头箭，国机集团既然选择了这条路，就要直面勇对、全力以赴。我们应该有信心、有决心，建设具有中央企业特色的、一流的董事会，为打造百年国机、实现基业长青构建规范高效的制度保障。

2008年是再造新国机的第一年，是中国一拖、中国福马、中海航等企业加入集团后相互融合的第一年。这一年我国经济发展极不寻常，国机集团面临严峻形势，但以徐建同志为总经理的经理层，锐意进取，顽强拼搏，带领广大员工，克服困难，沉着应对，各项生产经营工作取得了可喜成绩，集团的主营业务收入、利润总额、进出口总额等各项指标都创历史新高，三大主业创新发展，内部合作、资本运营、管理水平等迈上新台阶，成绩来之不易。

党建和思想政治工作是集团发展的坚强保证。

2008 年，以李延江同志为书记的集团党委，奋发进取，扎实工作，带领集团各级党组织、党务工作者和广大党员，在领导班子思想政治建设、基层党组织建设、党风廉政建设、维护企业稳定等方面做了大量卓有成效的工作，切实增强了党组织的凝聚力和战斗力，发挥了党员的先锋模范作用，为集团的改革发展稳定和各项工作任务的完成，提供了强有力的政治保证，成绩喜人。

在这里，我代表集团董事会，对党政领导班子所取得的优异成绩给予充分肯定，对党政领导班子所付出的辛勤劳动，表示衷心的感谢！并借此机会，对所属企业领导并通过你们向国机集团全体员工表示亲切的问候！

（二）发展存在一定差距

多年来，国机集团取得了持续快速发展，规模和实力不断增强，在机械工业中位居前列，已经成为具有较强国际竞争力的大型国有企业。但我们不能骄傲自满，固步自封，在充分肯定成绩的同时，也要对集团存在的不足和薄弱环节，有个清醒、客观的认识，更加理性的看待集团的发展。我们与过去相比虽然取得了较好的业绩，但与全国的机械工业、进出口贸易、国际工程承包的发展进行横向比较，国机集团还有一定差距。下面，我将集团三大主业的经营情况与全国的整体水平做一下对比，由此不难看出我们存在的差距（略）。

以上这些差距应该引起大家的高度重视，认真对待。企业搞不好，可以说出一千条、甚至一万条理由，但在同样的环境下，总有一些企业在激烈的市场拼杀中以道取胜，在不懈的努力中以勤求胜，在大胆创新中迸发智慧的火花，在持之以恒下保持着稳健的发展。关键是要转变思想，反应及时，措施得力，在危机中抓住商机，在逆境中把握机遇，做到平稳度过，甚至跨上新的平台，实现逆势增长。远的不说，集团内部一些企业的经验就值得我们总结。

苏美达在传统外贸模式受到冲击，面临外部恶劣环境的情况下，推进“贸工技”结合，向业务链上下游延伸，促进结构升级，实现了模式转型，保持了持续快速发展。

中进汽贸在国家进口汽车配额取消等不利情况下，创新经营理念，调整组织结构，巩固原有业务优势，开拓新的业务领域，延伸服务链条，不断取得良好的经营业绩。

危机是企业的常态，没有勇气面对危机才是最大的危机。危机中企业的成败，关键在于有没有准备，有准备的企业就会转“危”为“机”，没有准备的企业就会丧失机遇。市场不相信眼泪，也不承认眼泪，只承认智慧、勇气、胆略和毅力。未来，在困难与危机中保持集团的持续全面健康发展对我们是一种考验，广大员工要以饱满的热情和高度的责任感投入到工作之中，做到上不推矛盾，下不卸责任，谈工作不能只强调客观和问题，一定要提出解决问题的有效办法和措施。

二、发展中的问题与对策

企业是在发现问题、分析问题和解决问题的过程中不断发展的，国机集团在快速发展过程中也会产生这样或那样的问题，关键是要有正确对待问题的态度和科学处理问题的方法。经过深入的调研和分析，我认为集团当前还存在着以下几个方面的问题，必须引起高度重视。

1. 效率问题。

国机集团开展董事会试点工作才刚刚起步，正处于探索与磨合阶段，没有现成的经验可循，在 2008 年的试点工作中确实存在效率问题。集团的规模从成立之初主营业务收入不足 100 亿发展到目前的近 1000 亿，管理幅度增加了，管理事项增多了，但管理能力和管理水平还没有能及时跟上集团快速发展的需要，一定程度上存在着协同不力、效率不高等现象。集团总部和所属企业的管理效率还有待进一步提高。

但是，我们决不能把董事会试点作为管理效率低下的借口，我建议把 2009 年确定为国机集团的“提高效率年”。通过完善董事会试点工作制度，做好董事会、党委、经理层之间各项工作的衔接，以制度建设提高决策效率；通过加大培训力度，倡导学习之风，增强员工素质和工作能力，尽快提高总部各部门的管理能力和服务水平，以能力建设提高服务效率；通过加快信息化建设步伐，完善信息管理系统，全面促进集团管理体系的实施，以信息化建设提高运行效率。只有这样，才能使我们的管理工作再上新台阶，才能以管理创造效益，以管理促进集团发展。

2. 沟通问题。

实现和谐、互信，离不开有效的沟通。无论是工作效率低，还是执行力差、领导力不高等，归根结底都与沟通有关。因此，提高管理沟通水平显得尤为重要。

要营造出“开放、分享”的沟通文化。以“开诚布公”、“推心置腹”、“设身处地”的心态，通过会议、活动、论坛等正式或非正式的方式和手段，创造人人能沟通、时时能沟通、事事能沟通的良好氛围，在沟通中分享知识、分享经验、分享成果。

要建立起“顺畅、务实”的沟通机制。建立健全有关沟通管理制度，加强定期、不定期的沟通，就重大问题相互了解；加强专项沟通，就专门事项听取具体负责同志的汇报；集团公司领导在代表集团参加各种公开活动之前要进行事前沟通，统一思想和对外口径，把沟通纳入制度化轨道，使信息沟通更快捷、更顺畅。

在实际工作中，集团董事会、党委、经理层要协调配合到位、充分沟通、相互理解。董事会在涉及发展战略、重大投融资、重大改革与重组等事项决策前要充分听取经理层的意见，要定期听取经理层的工作汇报与工作建议。董事会、经理层在重大决策和重要工作中要与党委进行充分的沟通。董事会要保证党组织的意见和建议在重大问题决策中得到充分的尊重和体现，党委也要维护董事会对重大问题的统一决策权，使党的政治优势转化为企业的竞争优势。

所属企业领导班子成员之间也要加强相互沟通与协调，提高决策的科学性。目前，个别企业发生了由于主要领导意见不一致，而影响了企业发展的问题，这种情况以后不允许再出现。

3. 风险问题。

无数企业兴衰成败的案例告诉我们，风险防范是企业发展的永恒主题。国资委在《中央企业全面风险管理指引》中明确要求，要居安思危，加快实施全面风险管理，不断建立健全企业风险预警机制和评估机制。结合实际情况，进一步开展全面风险管理是集团今后的重点工作之一。

集团近年来发展步伐很快，资产规模和经营实力大幅提升，整体竞争能力和抵抗风险能力明显增强。但正是集团这几年发展速度较快，在一定程度上忽视了对风险的关注。主要表现在：一是在思想认识上对风险的重视程度不够，风险意识有待加强；二是对有关风险防范和控制制度的执行力度不够，风险责任还没有扎扎实实地落实到每一个层次和每一个环节；三是相关人员的数量、水平、经验和能力与业务的快速发展还不相适应，影响了对风险的有效识别、评估、防范和控制。

面临国内外复杂多变的经济环境，集团要着力抓好风险管控工作，建立健全以事先防范、事中控制为主、事后补救为辅的风险防范机制，将风险防范工作纳入企业管理的全过程，实现对风险的全方位防范和动态化控制。加强投融资管理，认真组织论证项目的可行性，全面开展风险评估，严格履行投资管理审批程序，有效控制风险。加强现金流管理，细化资金预算安排，合理安排生产经营活动的资金需求，坚持量入为出，留足资金头寸，实现稳健经营。加强担保授信集中管理，强化担保保证措施和保后监督管理，合理控制负债规模，防止资产负债结构和财务状况恶化。对于影响集团发展的重大经营项目和并购项目，重点加强从投标、签约到执行的全过程风险控制，提高集团对此类项目风险的驾驭能力。

开展业务，不能只求速度与数量，忽视风险，盲目扩张，否则，将容易酿成严重的经营危机。当然，我们还要注意把握风险的度，既要把可能存在的风险想周全、估计足，但又不能畏惧风险。过分强调风险，有时会在机遇来临时失去机遇，应该说错失发展机遇是更大的风险。

4. 市场问题。

全面爆发于 2007 年 8 月的次贷危机，延续至今，愈演愈烈。目前我国经济进入了相对困难的时期，突出表现为经济增长速度明显回落，出口增速下滑严重，不少行业增速放缓，有的行业甚至出现亏损。应当看到，国际金融危机对中国企业的影响刚刚开始，还在继续扩散和蔓延，对实体经济的影响还会进一步加深，其严重后果还会进一步显现。

由于外部环境和形势的变化，集团去年下半年工程承包业务开始出现了签约合同额下降、已签约项目接到业主通知要求暂缓生效、跟踪多年的项目收到业主暂停招标的现象。在贸易方面，由于外部消费需求下降，使集团的出口业务受到了较大影响，签约量的增长速度明显降低。

市场是我们生存的基础，市场没有了，客户没有了，合同就没有了，长此以往公司也就离关门不远了。我们一定要提高市场驾驭能力，努力做到：

第一，贴近市场。密切关注、认真研判金融危机的演进趋势、经济形势变化、政策及市场动向，结合集团的特点和实际情况，加强市场研究，把对各方面的困难估计充足、分析透彻，做到判断准确、有的放矢，及时采取有效应对措施。

第二，适应市场。抓好营销体系建设，完善国际营销网络，加大对国际市场的服务支持力度，培养国际化人才。推进集团内部管理的规范化和精细化，使集团体制、机制、文化等适应市场的要求。根据国际市场需求，利用国外成熟渠道，找准定位，有针对性地承揽工程承包项目、研发适销对路产品。

第三，抢抓市场。准确、及时地把握好市场，推广区域滚动发展与梯度式开发经验，积极巩固壮大现有市场，深耕区域市场，抢合同，抓签约量；跟踪国家拉动内需所投资的项目，由目前国际业务为主导向国际业务与国内业务并重发展；争取进入新兴市场，开拓新业务，占据更多更好的市场资源。

5. 资本运营问题。

随着我国市场经济的发展和成熟，传统的企业内生增长方式已无法适应大型现代企业的发展要求。资本运营已经成为大企业优化配置资源、增强核心竞争力，最大限度实现增值的重要手段。

近年来，集团在资本运营方面取得了不错的成绩，但还存在一些不足。虽然重组了一批企业，但是后续整合的力度不够；虽然有不少上市公司资源，但还没有很好地利用起来，这些都需要我们在今后的工作中认真研究。

（1）注重效益和资本增值。资本运营的本质是实现增值。我们不仅要注重增加当期利润，更要注重增加长期利润；不仅要注重增加利润额，更要注重提高利润率；不仅要注重企业利润最大化，更要注重企业价值最大化。

（2）注重形式多样，手段丰富。要推进集团符合条件的企业，特别是重点业务板块、重点企业的改制上市。充分利用集团现有上市公司资源，加快资产注入，实现板块整体上市。利用国资委最近提出的要重组 40 ~ 60 家中央企业的时机，加快低成本吸纳其他中央企业的步伐。抓住国有企业战略性调整重组的机遇，在国家装备制造业调整重组中发挥重要作用，并购吸收相关方面的研发与制造资源、工程项目领域的重要设计与施工资源等。可以在条件成熟时，利用金融危机导致国际市场企业估值比较低的有利时机，加强海外并购，增强集团的国际竞争力。

海外并购是一项系统工程。结合集团的实际，我们现在应将目标锁定在海外研发机构的并购和设立上。做好这项工作，首先要做到培训工作先行，选拔人才工作跟上，培训、选拔一批具有战略视野、技术扎实、管理能力强的中青年技术骨干和复合型人才，作为集团“走出去”的人才储备。未来一段时期，海外并购恰逢其时，不可错过这个机会，“机不可失，时不再来”，希望集团经理层今年上半年拿出具体的实施时间表，所属企业也要积极参与其中，真正抓好落实工作，力求实效。

（3）注重重组后的整合和提升。资本扩张其实是把双刃剑，并购重组中充满了风险和不确定性，如果不重视企业效益和整体发展，不重视提高经营管理水平，不重视提高生产要素使用效率，就有可能使新重组的企业背上沉重的包袱。企业重组必须考虑管理整合与业务提升，否则，就难以取得成功。集团要积极主动地解决重组企业发展中的问题，为重组企业注入强大的发展动力，实现重组企业与集团战略的对接，使重组企业的发展速度快于进入前的发展速度、发展质量高于进入前的发展质量，成为集团业务链上的重要资源、所属领域的著名企业。

6. 业务链问题。

由于历史原因，国机集团的装备制造能力比较薄弱，在研发制造与工艺技术上对主要工程承包和对外贸易业务的支撑力度不够，业务链条急需完善，向客户提供一揽子解决方案的能力有待提升。科研院所、生产企业所生产的产品和外贸公司之间还没有形成有机的业务链。集团工程承包业务同竞争对手相比，因自身缺少相应的设备制造、施工建设、设计咨询等业务链上的核心资源，缺乏对工程承包项目主要环节的控制力。

一些中央企业，在完善业务链方面就做的很好。如中粮集团，1992 年以前是一家传统的粮食外贸代理企业，伴随着市场环境的不断变化，加快战略调整，实施产业化，充分利用自身在粮食产业方面的优势，通过一系列举措积极拓展产品线、控制上游原材料、进入能够与业务链发展形成协同的成长性行业，目前已经形成了以粮油食品加工业为主体，兼顾相关行业的发展格局。中粮集团的“福临门”食用油、“长城”葡萄酒、“金帝”巧克力等品牌享誉全国。

集团要结合实际情况，按照发展战略要求，逐步加大对机械装备研发与制造业务的并购和投资力度，在工程农机装备、电力冶金装备、基础通用装备、汽车及零部件等领域增强装备研发与制造能力。

完善工程承包业务链，提高工程承包业务技术含量，增强系统集成能力。打造包括从项目前期策划、商务公关、项目融资、规划设计，到项目总包、施工建设、运营管理等各环节的为客户提供全方位、多层次的一揽子解决方案的能力。

拓宽贸易思路，深化科技兴贸，加强工贸企业与科研院所的合作，促进具有自主知识产权和自主品牌的高新技术产品的出口；创新贸易模式，推动机电产品贸易升级，条件成熟的所属企业要向业务链上游的技术研发、核心产品制造等业务延伸，打造品牌，形成市场优势。

7. 资金集中结算问题。

实施资金集中结算是集团一项十分重要的战略举措。近几年，集团资金集中结算工作取得了显著成绩，促进了集团的发展。但是，现有的资金集中结算规模与集团整体资金情况相比，仍然存在不足，与其他资金集中结算开展好的中央企业相比，我们还有很大差距。今年，要进一步加强集团资金统一集中结算工作，扩大集中结算规模。第一，集团内部非上市企业，要严格按照集团要求，全面纳入集团资金集中结算系统；集团内部上市公司，要认真借鉴其他中央企业的成功经验，积极创造条件，履行相关程序，尽快纳入集团资金集中结算系统。第二，今年要将子公司资金集中结算情况作为评选年度先进单位的重要参考指标，以后将逐步考虑把资金集中度指标作为子公司年度经营管理考核指标，下达执行。第三，今后，集团授信、担保资源及发债资金的使用分配等，都要与子公司资金集中结算开展情况挂钩，进一步向执行集团财务资金管理政策、积极支持集团资金集中结算工作的子公司倾斜。第四，要进一步提高资金集中结算的风险控制与服务水平。财务公司一定要强化内部风险控制，严格项目评审，独立审慎决策；财务公司董事会、监事会要认真履行职责，严格把关；集团资产财务部、审计部等相关部门，要加强对财务公司业务开展及风险控制情况的监督检查，确保集中结算资金高效安全，做到万无一失。

8. 科技发展问题。

在科技发展方面，国机集团具有比较好的基础条件。拥有25家国家一类研究院所和9家设计院，其中创新型企业4家，覆盖了装备工业的主要领域，拥有一大批国家级、省部级工程研究中心、生产力促进中心、质检中心、重点实验室和标准化委员会；具有较完善的试验、检测手段和产业化设施以及较多的技术带头人和技术骨干；承担了众多国家重点科技攻关、科技开发、重大技术装备研制项目，完成了一大批具有重大影响的设计项目。这在国内和中央企业中，也是不多见的。

尽管所属科技型企业比较多，专业领域覆盖面广，但科技资源分散，业务互补性差，科研开发资金投入不足等问题，在一定程度上影响了集团科技创新能力的提高。

2008年10月，国机集团科技大会提出了科技发展要“二次创业”的理念，我认为很好。作为机械行业的领跑者，就是要发挥集团科技资源丰富的优势，坚持走创新驱动的发展道路，聚集科技创新要素，推进科技资源的有效整合，增强集团自主创新能力，建设创新型国机。

我将向集团董事会建议，将今年的科技发展基金投入增加到1亿元。要紧密结合经济社会发展的重大需求，发挥集团科技发展基金的引导作用，积极发展符合国家产业政策要求的高效、节能、低污染的优势产品；培育能形成具有核心自主知识产权、对企业自主创新能力的提高具有重大推动作用的战略性产业；针对集团迫切需要解决的技术和能力问题进行立项研究，突破一些技术瓶颈；重点围绕集团内部合作，打造业务链，支持有利于集团重点发展领域的技术进步和业务升级。所属企业也要加大配套资金的筹措力度，利用好集团的科技发展基金，确保真正出成果、出效益。

加快科技创新平台的培育和建设。要尽快出台有关办法，鼓励所属企业积极申报科技创新平台，重点给予政策倾斜和资金支持；继续加大对现有科技创新平台的支持力度，促进技术升级。

科技创新关键在人，要充分认识科技人才是提高自主创新能力的关键所在。把创造良好环境和条件，培养和凝聚各类科技人才，特别是优秀拔尖人才，充分调动科技人员的积极性和创造性，作为科技创新工作的首要任务。努力开创人才辈出、人尽其才、才尽其用的良好局面，努力建设一支与国机集团发展相适应的、结构合理的高素质科技人才队伍，为集团科技发展提供充分的人才支撑和智力保证。

9. 解困与稳定问题。

去年，中地装所属张探厂和衡探厂被列入全国政策性破产规划项目，获得财政补助资金4亿多元，安置各类人员8000余人，解决了大部分历史遗留问题。中收公司和机床公司后续发展的新平台搭建方案已经形成，正在积极推进。通过共同努力，集团的解困工作取得了阶段性成果。

在看到成绩的同时，我们也要认识到在企业发展中一些深层次的矛盾和问题还没有得到根本解决，集团部分科研院所由于转制遗留等问题还存在一些不稳定因素，解困与稳定问题仍然不容轻视。

我们要始终把职工群众的切身利益放在重要位置，关心员工生活，妥善解决好职工群众最关心、最直接的利益问题和现实问题，促进和谐国机建设，营造国机大家庭的和谐氛围，这是国机集团作为中央企业要自觉履行的社会责任。

在企业破产方面，严格按照国家有关政策法规操作，积极稳妥地推进政策性破产工作，维护好职工权益。

在内部民生方面，完善集团扶贫济困的有效机制，改善困难企业的经营状况，及时建立困难职工档案，深入开展“送温暖”活动，帮助职工解决实际困难，提高贫困职工的生活水平。管理好集团爱心基金的使用，继续发挥爱心基金在帮困助学方面的作用。

在群众上访方面，要进行及时梳理，细致耐心地做好说服教育工作，确保职工群众表达意愿和反映问题的渠道顺畅，消除潜在的不稳定因素，把问题解决在基层，防止发生、妥善解决大规模群体性事件。

在当前的严峻形势下，要千方百计克服困难，做到减薪不裁员，歇岗不失业，为保持国家就业形势基本稳定做出应有的贡献。

针对大家比较关心的转制科研院所离退休职工生活待遇问题，我在去年三月的全国政协会议上提过议案，最近人力资源和社会保障部给予了积极答复，但是一些问题还没有得到根本解决，我们还要继续奔走呼吁。

各级党政领导要高度重视解困与稳定问题，加强沟通协调，在条件许可的情况下，积极创造条件，维护企业和大局的稳定。春节即将来临，各所属企业要安排好困难职工的生活，保证职工群众和家属过一个欢乐、祥和的佳节。

10. 勤俭办企业问题。

2008年，国资委李荣融主任多次指出，中央企业要大力开展各种节约活动，减少非生产性支出，降低管理费用，切实降低生产经营成本。昨天，监事会丹笑山主席在讲话中也谈到，经济形势不好的时候，是企业降低管理成本的最好时机。

国机集团要坚持一贯倡导的“勤俭办企业”的理念，充分认识到提高管理水平、挖掘内部潜力、增收节支、降本增效的巨大作用，做好过“紧日子”的长远打算。通过大力强化管理，精简不必要的会议；严格控制出国团组，特别是不必要的出国考察；节约招待费用，减少不必要的支出；严格控制固定资产购置，加强资产的有效利用等一系列措施，千方百计节约各项成本开支，严格控制管理费用。今年集团总部要确保管理费用比去年减少5%，所属企业要制定相应的措施，坚决在“勤俭办企业”方面下功夫。

要大力宣传，提高节能减排意识，树立节能减排就是“节支增效”的科学理念，营造节能光荣、浪费可耻的氛围。加强组织领导，落实节能工作目标责任制，完善节能减排工作管理体系。建立和健全节能减排标准和规章制度，实施节能激励机制，加强能源消耗的计量、采集、整理、统计、报告。大力推行节能减排新技术，逐步用新型绿色环保设备代替老式高耗能设备，改造企业耗能设施，逐步提升产品的节能水平，实现节能降耗。

三、努力完成2009年目标任务

在国际金融危机快速蔓延和国内经济急剧下滑的大背景下，中央经济工作会议确定今年经济增长预期目标为8%左右。并且指出，必须把保持经济平稳较快发展作为首要任务，采取一切有效措施，努力实现今年经济预期增长目标。

关于今年的经济形势，中央经济工作会议、国资委领导的有关讲话已作了全面深入的分析。总的判断，今年是新世纪我国经济发展最为困难的一年，同时，也是蕴含重大机遇的一年。

今年，以跨国经营为主的国机集团所面临的形势可能更加严峻，困难更多。面对半个多世纪以来最严重的金融危机，世界实体经济正受到越来越大的冲击，国际市场形势将比国内市场更加严峻。世界银行预测，2009年世界经济增速将显著放慢至0.9%；国际金融学会预计，2009年世界经济可能增速为0.4%。

国机集团经过多年的发展积累，活力、竞争力显著增强，特色优势明显，如拥有较强的资源综合集成与运用能力、业务市场开拓能力、科研开发与设计实力、项目融资能力等，是集团抵御风险、保持持续全面健康发展的保证。综合考虑国内外各种因素的影响，集团今年的主营业务收入争取突破1000亿元，利润水平与去年相当。

今年，国资委已经明确要重点研究和适时推出石油石化、重大装备、电子和商贸流通4个业务板块的布局调整方案，上半年确定并公布第一批国有资本必须保持控制力的重要子企业名单。适应新形势的要求，国机集团要努力成为“国有资本必须保持控制力的重要子企业”。集团经过多年的发展，在装备制造领域基本形成了涵盖研发、设计制造、系统集成等方面的完整产业链，具备了相当规模。在推动我国重大装备研发与制造技术进步、推进我国先进装备和技术出口等方面发挥了重要作用。目前，集团是中国最大的农业机械、林业机械、地质装备制造企业，是最重要的工程机械制造企业之一，拥有在电站设备、重型机械、石化通用、机床工具及环保设备等领域强大的研发、制造和系统集成能力，同时还承担了大量国防和军工配套项目。集团已经由成立之初的商贸企业逐步转型为研发、设计、制造、系统集成等环节的、产业链完善的装备工业企业集团。国机集团已经具备进一步发展装备制造业的良好基础和美好前景，理应在我国装备制造业的布局结构调整、资源优化配置中发挥领军者的作用，切实提高我国装备制造业的国际竞争力。要通过我们的努力，尽快改变温家宝总理所指出的我国“装备制造业发展滞后，产品可靠性差，成套能力弱”的局面，在积极提高我国重大装备研发设计能力、制造能力和集成能力方面发挥巨大作用，为我国装备制造业的振兴做出重要贡献。

“合抱之木生于毫末，九层之台起于垒土”。谋求集团新发展，需要我们脚踏实地，采取切实措施一步步推进、一条条落实，需要我们日复一日地不懈努力。在新的一年里，集团要结合自身实际，加大工作力度，积极落实新举措，努力实现新目标。为此，提几点要求和希望。

第一，确保完成今年的工作任务。希望集团经理层早谋划、早安排，联系实际，认真总结，做好年初规划，周密部署，狠抓落实，有效遏止集团发展速度和部分经营指标下滑的趋势。通过扩大工程与贸易业务市场竞争优势，促进转型升级；推进科技发展再上新台阶，增强主业核心竞争力；加快科技成果产业化，扩大产业化规模；深化全面风险管理，应对不确定性挑战；优化内外资源结构，促进企业改制上市；狠抓市场开拓和项目实施管理，提高经营效率；强化财务管理，保障资金需求；学习实践科学发展观，全面提升管理能力；推进企业文化建设，加大对接与融合力度等一系列重点工作，取得新成效，迈上新台阶。

第二，加快规范董事会建设。去年底，中央组织部、国务院国资委党委共同制定印发了董事会选聘高级管理人员工作的指导意见和董事会、董事评价办法。文件进一步深化了国有资产管理体制改革，第一次明确将经理层的管理权交给董事会，实现中组部、国资委选派和管理董事会，董事会选聘和管理经理层，从制度上保证所有权与经营权有效分开，其中董事会选聘高级管理人员的范围是：集团总经理、副总经理、总会计师和董事会秘书；文件为公司法人治理结构的有效运转提供了制度保证，确定在授权和管理层层到位的情况下，出资人、董事会、经理层各司其职、各负其责、协调运转、有效制衡；文件明确由原来对国有企业领导人员的集中统一管理，转变为中组部、国资委党委管董事会和党委，董事会管经理层，这是国有企业领导人员管理体制改革的新突破，也是对现代企业制度条件下党管干部原则实现形式的积极探索。

我们要按照中央和国资委的要求，认真贯彻落实文件精神，按照新的国有企业领导人员管理体制运行。为了使集团决策更符合形势发展需要、更符合集团实际，提高董事会决策的科学性、前瞻性和敏锐性，今年，我们要进一步规范董事会建设，完善法人治理结构。一是董事会成员要有强烈的政治责任感和使命感，掌好权、选准人，真正担负起战略决策和选聘、管理经理层的重任；二是要进一步建立和完善董事会运作的规章制度和工作程序，使董事会运作走上科学化、制度化、规范化管理的轨道；三是董事会要加强对经理层的建设和管理，选好配好经理层，充分授权，强化考核和奖惩；四是董事会要不断提高履职能力和水平，引领企业持续全面健康发展。同时，要把健全现代企业制度与发挥企业党组织政治核心作用结合起来，保证公司法人治理机制有效，保证党组织政治核心作用有效，使政治优势转化为企业核心竞争力。

第三，加强领导班子建设，继续深入推进干部交流工作。集团要取得持续全面健康发展，各级领导班子建设是关键。面对新的形势和任务，要以学习实践科学发展观活动为契机，切实抓好企业党委中心组的理论学习。尤其要结合企业改革发展的实际，不断加深对科学发展观深刻内涵的理解和把握，增强贯彻落实的自觉性。切实把企业领导班子建设成为推进企业科学发展、创新发展、加快发展的带头人。

要制定各级领导班子培训规划，加强企业领导班子的培训工作，组织好企业领导班子建设经验交流会，交流经验，拓展思路，提高领导班子战略决策、经营管理、开拓创新、应对突发事件和复杂局面等方面的能力和水平；要积极建立健全公司法人治理结构下企业干部队伍的选聘机制，加强后备干部队伍建设，制订完善各级领导干部的继任规划，为集团发展提供人才保障；要教育各级领导干部牢记“两个务必”，大力倡导胡锦涛总书记在中纪委第七次全体会议讲话所提出的八个方面的良好风气。进一步转变作风，深入基层，加强调研，善于发现并解决实际问题，促进企业健康和谐发展。

要继续推进干部交流工作。积极探索干部交流工作的新形式、新方法，完善干部交流工作制度，促进干部交流工作的制度化、规范化，使干部交流成为集团工作的常态。突出重点，有计划、有步骤地把各类人才尤其是年轻人才放到关键项目和重要岗位上进行锻炼培养，在交流实践中增长才干，全面提升工作能力。真心诚意地关心爱护交流干部，帮助交流干部解决实际困难和问题，妥善安排其工作和生活。

要继续探讨所属企业领导的岗位退出保障机制。对考核业绩突出、身体健康、具有业务专长的所属企业主要领导干部，在退出领导岗位后，应继续发挥其作用，给予适当安排，使其业绩得到尊重，待遇得到保障；结合董事会试点工作，发挥退休领导的专业优势和经验优势，完善派出董事监事管理办法，制订配套的福利待遇措施，鼓励从岗位上退下来的领导干部继续为国机集团的生产经营发展出谋划策、发挥余热。做到在位时工作安心，不在位时生活舒心，解除后顾之忧。

第四，增强忧患意识，坚定信心，沉着应对。国机集团业务所处的行业不是垄断行业，而是市场竞争日趋激烈的行业，我们始终要有忧患和危机意识，不断增强责任感和使命感，心要热、头要冷，保持不屈的精神和必胜的信念，周密谋划、科学应对。特别是面对内外部复杂多变的环境时，要把困难和风险估计得更充分一些，把应对方案考虑得更周全一些，把工作措施做得更扎实一些，从变化的形势中捕捉和把握发展机遇、在逆境中发现和培育有利因素。从长远来讲，要在完善体制机制、提高管理水平、加强风险管控、增强创新能力、提高队伍素质等基础工作上下功夫。

我相信，只要我们坚定信心，准确判断，趋利避害，一定能战胜不利因素的影响，全面完成集团今年的工作任务。

经过11年的发展，集团的经营额已经突破了1000亿元。新的一年开启新的希望，新的历程承载新的梦想。展望严峻挑战和充满机遇的2009年，让我们以邓小平理论和“三个代表”重要思想为指导，深入学习实践科学发展观，同心同德、审时度势、创新思维、科学决策，以更加饱满的激情、更加扎实的作风、更加高昂的斗志、更加过硬的本领，开创国机集团发展的新局面，谱写国机集团奋进的新篇章！

创新党建和思想政治工作 为实现国机集团持续全面健康发展提供政治保证

——李延江在2009年工作会议上的党委工作报告

（2009年1月12日）

一、2008年党建工作回顾

刚刚过去的2008年，是我们党和国家历史上一个重要而特殊的年份，也是集团实施新的三年发展规划的起步年。一年来，在国资委党委的正确领导下，集团各级党组织全面贯彻落实科学发展观，始终坚持围绕企业中心工作，团结带领广大党员和职工积极应对各种挑战，在推进企业改革发展以及维护企业和社会稳定等方面发挥了重要作用，企业党建和思想政治工作不断加强，党组织政治核心作用有效发挥，反腐倡廉建设、企业文化建设取得了一定的成果。

（一）党委政治核心作用进一步增强

2008年，是集团实施董事会试点工作的第一年，针对公司治理结构的新变化，集团党委结合工作实际，调整充实了党委工作部门和人员，组织起草了《中共中国机械工业集团公司委员会暂行工作规则》，初步建立了党委发挥政治核心作用与公司法人治理结构有效衔接、相互融合的新机制，为在董事会试点条件下进一步加强和改进集团党建工作进行了有益的探索。

集团所属企业党组织也不断适应各自不同的运行机制和管理模式，不断完善党组织发挥政治核心作用的方式方法，在贯彻落实党的路线方针政策、参与企业重大问题决策、加强领导班子和干部队伍建设以及组织抗震救灾、维护企业稳定等方面发挥了重要作用，促进了企业发展。

（二）领导班子思想政治建设不断加强

2008年，集团各级党组织严格坚持党委中心组学习制度，深入学习党的十七大报告、中央领导同志一系列重要讲话和国资委有关会议精神。坚持理论联系实际，突出自身实践特色，注重把学习的成果转化为促进发展的正确思路、推动工作的有效办法和解决问题的实际行动，形成了领导带头、学以致用、用以促学的良好风气，使企业领导干部的思想政治素质得到了进一步提高。

集团各级党组织始终坚持把开好企业领导班子民主生活会作为加强领导班子思想政治建设的重要内容，按照中央和国资委党委的部署和要求，组织召开了以“学习和实践科学发展观”为主题的领导班子民主生活会，严格按照会议程序，充分发扬民主，深入交流思想，认真查摆问题，制定整改措施，不断提高领导班子解决自身问题的能力，促进了企业领导班子建设。

（三）基层党组织战斗堡垒作用和党员先锋模范作用有效发挥

集团各级党组织不断巩固和发展先进性教育活动成果，在2008年抗击自然灾害、支持北京奥运等重大活动和实际工作中，集团131个基层党委，1469个党总支、支部和两万八千多名共产党员，发挥了政治核心、战斗堡垒和先锋模范作用，一批先进集体和个人受到了中央和地方各级党组织的表彰奖励。CMEC党委、沈阳仪表院张仕卿同志、中国联合赵拥军同志分别被授予“中央企业先进基层党组织”、“中央企业优秀党务工作者”和“中央企业优秀共产党员”称号，为集团争得了荣誉。

在抗震救灾活动中，集团和所属企业捐款捐物折合人民币4767万元，党员缴纳“特殊党费”491万元。中国一拖、中海航、中机建设、成都工具所等单位组织先进救援装备、救灾物资和人员深入重灾区进行抢险救灾。中国福马、国机财务、中进汽贸、苏美达、中国浦发、兰石所等单位捐赠了大批救灾设备和大量生活物资。CMEC 所属中机国际、中电公司、中国联合、合肥通用院、兰电所有限公司、中国电器院等单位积极为灾民安置和灾区重建提供技术支援。洛阳中收派出“义务抢收服务队”为灾民抢收小麦。

在奥运工程建设中，中机建设、中电公司、中国中元、北京起重所等单位承担了一批奥运场馆和配套设施的设计、施工以及工程咨询、监理等任务。中地装、中国中元、合肥通用院、兰石所等单位为北京奥运的环境评估和安全保障提供了先进设备和技术服务。

在抗震救灾和保障奥运等急难险重任务面前，在企业的日常生产经营工作中，集团各级基层党组织和广大党员以自己的实际行动，彰显了危急关头迎难而上、勇挑重担的战斗堡垒作用和先锋模范作用。

（四）企业党建和思想政治工作不断创新

集团所属企业党组织结合实际，不断研究探索新形势下做好企业党建工作的方式方法，以改革创新精神加强和改进企业基层党建和思想政治工作，展现了基层党建工作的特色和优势。

CMEC 党委通过建立党务工作者能力素质模型，开辟了企业党务干部培训工作的新思路、新办法。中国福马党委深入开展“创建共产党员模范责任区”活动，把广大党员的先锋模范作用转化为履行职责、做好工作的实际行动。中进汽贸党委努力构建全体员工共同的精神家园，为公司的战略转型提供了不竭的精神力量。中汽国际党委针对公司重组之初的不利局面，以文化融合促进企业整合，实现了经营业绩连续三年翻番的跨越式发展。洛阳中收、广州机械院党委等单位通过开展党员承诺和党员先锋岗活动，有力地促进了班组建设。中国电器院党委扎实开展“三创建三促进”学习实践活动，促进了企业发展。中国联合党委大力开展“作风建设提升年”等主题实践教育活动，增强了党员的党性观念和党组织的向心力、感召力。沈阳仪表院党委持续开展党支部创新活动，取得了显著的成效。

（五）企业稳定工作取得一定成效

2008 年，集团既面临国家大事多、难事多的特殊社会环境，又面临企业内部不断推进改革的新实践，稳定工作任务繁重，责任重大。集团党委坚持把做好稳定工作作为一项重要任务来抓，周密部署，明确要求，建立和落实稳定工作责任制。集团所属企业党组织严格按照集团党委的统一部署，强化意识、明确责任、狠抓落实，保障了企业生产经营的良好秩序，维护了企业和社会稳定。

中地装所属张探厂、衡探厂政策性破产工作任务重、牵涉人员多，稳定工作压力大，中地装党委做了大量思想政治工作，及时应对可能出现的不稳定情况，积极稳妥地推进政策性破产工作，努力维护企业稳定。中收总公司党委通过建立困难职工档案，并与地方党组织共同建立帮扶救助的工作渠道，帮助职工解决实际困难，维护了新疆片区企业的稳定。中国机床党委对公司上访案件进行及时梳理，细致耐心地做好说服教育工作，消除潜在的不稳定因素，努力把问题解决在基层。

集团部分科研院所由于转制遗留问题和本单位的特殊情况，也存在一些不稳定因素。有关单位党政领导高度重视，加强沟通协调，积极创造条件解决问题，确保了企业和社会的稳定。

（六）党风建设和反腐倡廉工作扎实推进

2008 年，集团党委认真贯彻十七届中央纪委二次全会精神，积极推进惩防体系建设，以加强企业领导人员的教育、监督为重点，切实抓好集团党风建设和反腐倡廉工作。

以科学发展观为指导，整体推进惩防体系建设。集团党委印发了《国机集团建立健全教育、制度、监督并重的惩治和预防腐败体系实施方案》，在集团和部分所属企业建立了惩防体系信息管理系统。通过分片指导、狠抓落实，46 家所属企业全面开展了子体系建设，初步形成了国机集团惩防体系基本框架，为全面、科学、系统地推进企业的党风建设和反腐倡廉工作打下了良好的基础。

坚持反腐倡廉教育，重点开展对企业领导干部廉洁自律的教育。集团组织在京企业领导班子成员、集团总部处长以上干部集中收看了“中央企业案件情况通报视频会议”，并邀请最高人民检察院职务犯罪预防厅有关领导就“国有企业职务犯罪问题的分析与治理”作了专题讲座。各企业注重发挥各种资源优势，密切结合企业实际，努力做到用身边事教育身边人。通过坚持不懈地宣传教育，领导干部遵章守纪、廉洁从业的自觉性不断提高。

加大对制度执行力和执行情况的监督检查，着力强化领导干部执行制度的意识和能力。严格执行党风建设和反腐倡廉责任制，一级抓一级，层层抓落实。围绕领导干部的廉洁自律和规范用权，重点开展了贯彻落实领导人员廉洁自律“七项要求”和集团总部“三重一大”决策制度执行情况的专项检查。通过检查，集团各级领导干部的廉洁自律意识普遍增强，集团领导班子的用权行为更加规范。经国资委督查调研组的民主测评，集团贯彻落实廉洁自律“七项要求”和“三重一大”决策制度执行情况的满意度分别达到98.9%和96.8%。

创新监督机制，探索加强企业领导班子监督管理的新路子。2008年，集团在继续做好任前把关、廉洁谈话的基础上，开展所属企业的巡察工作，以中地装、中国电器院、广州机械院等单位为试点，对企业领导班子进行监督检查，拓宽了监督视野，拓展了监督平台，综合利用了监督资源，有效提高了监督的效率和效果。

深化企业效能监察，不断推进效能监察融入管理、规范运作。按照国资委的要求，集团积极推动和指导企业开展效能监察，各企业密切结合实际，通过选题立项，选择大宗物资采购、重点工程招投标、工程项目管理以及强化制度的执行力等重点领域和重要管理内容开展效能监察，进一步提高了企业管理水平和经济效益。

（七）群团组织服务企业改革发展大局的作用日益显现

集团党委加强对群团组织工作的领导，按照工作程序和要求，认真做好职工董事、职工监事的推选和培训工作。集团各级工会组织坚持完善以职工代表大会为基本形式的企业民主管理制度，扎实推进厂务公开工作，积极探索新形势下加强和改进工会和职代会建设的方式方法，切实维护职工参与民主管理的各项权利。大力实施职工素质工程，广泛开展“创建学习型组织、争做知识型职工”等企业经济技术创新活动，取得了良好的成效。在第六届中国国际发明展览会上，集团的三个参展项目荣获金奖。结合庆祝改革开放30周年，由集团工会组织举办的职工文艺调演和书画、篆刻、摄影作品展等活动带动了所属企业工会工作的开展，丰富了职工文化生活，为企业和谐发展营造了浓厚的氛围。

集团各级团组织广泛开展青年创新创效和青年文明号、青年岗位能手活动，在企业生产经营和奥运志愿服务工作中，一批先进集体和个人受到国资委和中央企业团工委的表彰。国机集团和中汽进出口分别荣获了中央企业系统北京奥运会驾驶员志愿者工作“优秀组织奖”和“特殊贡献奖”。

集团党委积极构建大统战的工作格局，充分发挥侨联、青联组织和统战人士在沟通协调、团结稳定方面的桥梁纽带作用，通过组织召开经济形势研讨会和实地参观考察活动等形式，不断加强内部交流与合作。

（八）精神文明建设和企业文化建设不断深入

集团各级党组织高度重视精神文明创建工作，坚持党政工团齐抓共管，通过开展多种形式的活动，把企业精神文明创建活动引向深入。2008年，集团通过深入开展“迎奥运、讲文明、树新风”活动以及“五五”普法和安全生产月等活动，大力加强职工思想道德教育，不断改善职工生产生活条件，取得了明显的成效。经2008年申报评审，集团总部和9家在京企业荣获了2007年度“中央国家机关精神文明单位”称号，中农机、中国重机、中通公司、中国中元等4家企业荣获了2007年度“首都文明单位”称号，一部分京外企业也荣获了各地“文明单位”称号。

2008年，集团各级党组织继续深入推进“和”文化建设，大力宣贯“合力同行，创新共赢”的核心价值观，进一步增强了集团内部凝聚力和向心力，提升了集团的社会形象和品牌知名度，为集团的改革发展提供了强有力的文化支撑。

在过去的一年中，集团的党建和思想政治工作在改进中加强，在创新中发展，有力地促进了集团改革发展和生产经营工作的顺利开展。成绩的取得，离不开集团各级党组织和广大党员、党务工作者付出的艰苦努力，也离不开各级行政领导和广大职工群众的大力支持和密切配合。在此，我代表集团党委向各级党政班子、广大党员和干部职工表示衷心的感谢！

在肯定成绩的同时，我们还要看到，集团党的工作还存在一些不足和薄弱环节。一是基层党组织建设和党员队伍建设有待进一步加强，一些企业党委不能及时换届，影响了党的工作的正常开展。二是一些企业思想政治工作创新不足，特别是在当前经济社会形势发生深刻变化、企业党员和干部职工思想较为活跃的情况下，如何探索党员和干部职工教育管理以及思想政治工作的新思路和新方法，显得尤为迫切。三是随着集团和所属企业现代企业制度改革的不断深化，如何将企业党建工作与公司法人治理结构有效衔接，如何创新党组织发挥政治核心作用的方式方法，更是一项需要我们在实践中不断探索的艰巨任务。以上问题，需要我们高度重视，并在今后的工作中着力加以解决。

二、2009 年工作任务

2009 年集团党建工作的总体要求是：深入学习实践科学发展观，紧紧围绕集团改革发展的中心任务，不断加强和改进党建和思想政治工作，带领广大党员和干部职工进一步坚定信心、迎难而上、凝心聚力，促进国机集团持续全面健康发展。2009 年，要重点抓好以下几方面的工作：

（一）以学习实践科学发展观活动为契机，进一步提高企业科学发展水平

根据中央和国资委党委的统一部署，集团将于今年 3 月到 8 月开展深入学习实践科学发展观活动。按照干部管理权限，集团的学习实践活动在国资委党委的领导下进行，集团所属企业的学习实践活动在国机集团党委的领导下进行，京外企业的学习实践活动由地方党委协助。学习实践活动以企业领导班子成员为重点，全体党员参加。集团党委将成立学习实践活动领导小组和工作机构，加强对这项工作的领导和监督。

这次活动历时长、任务重、涉及面广，集团各级党组织要高度重视，抓紧做好思想准备、组织准备和工作准备，结合企业工作实际和党员干部思想实际，精心制订好活动方案和具体措施。

在组织开展学习实践活动中，各级党组织要紧密联系本单位实际，突出企业特色，注重活动实效，总结发展经验，破解发展难题，不断提高企业科学发展水平。

各级领导干部要通过继续加强学习，准确把握科学发展观的科学内涵、精神实质和根本要求，认真查找自身在思想和工作中存在的与科学发展观要求不相适应的情况和问题，不断增强贯彻落实科学发展观的自觉性和坚定性，进一步提高带领企业科学发展的能力和水平。

（二）以领导班子思想政治建设为核心，进一步加强企业领导班子建设

集团各级党组织要始终把领导班子思想政治建设放在首位，坚持和完善党委中心组学习制度，不断提高党员领导干部的思想政治素质和理论政策水平。今年，要继续围绕深入学习实践科学发展观这个主题，组织好领导干部的学习。党员领导干部要坚持讲党性、重品行、作表率，自觉加强思想道德修养，在学习实践活动中要做到先学一步，多学一些，学深一点，为广大党员做出表率。

要认真组织开好领导班子专题民主生活会，加强领导班子成员的工作沟通和思想交流，不断提高领导班子解决自身问题的能力。

要按照集体领导、民主集中、个别酝酿、会议决定的原则，完善党委议事规则，加强领导班子民主集中制建设，努力形成一个团结合作、富有活力的领导核心，保证协调高效运转，增强班子整体合力。

（三）以加强基层党组织建设和党员队伍建设为基础，进一步提高党组织的凝聚力和战斗力

要全面加强基层党组织建设。企业党组织任期届满，一般应按时进行换届选举。在任期内出现委员缺额，要按照有关规定及时增补。对逾期未能及时换届的单位要重点督导。要根据企业改革发展变化的实际和市场领域拓展情况，及时建立健全包括海外项目现场在内的企业基层党组织，不断扩大党的工作的覆盖面和影响力。

要不断加强党员队伍建设。要继续坚持和完善党员队伍先进性建设的长效机制，进一步健全党员教育管理的工作制度，着力提高党员素质。今年，要认真搞好国机集团两优一先评比表彰活动，加强对党务干部的培训，做好发展新党员工作。

今年下半年，要按照国资委党委的安排，做好集团党委换届准备工作，探索集团党委领导体制的新形式，更好地服务集团改革发展中心工作。

（四）以惩治和预防腐败体系建设为重点，进一步加强反腐倡廉建设

集团各级党组织要切实担负起全面领导党风建设和反腐倡廉的政治责任，认真落实党风建设和反腐倡廉责任制，把反腐倡廉建设列入重要议事日程，以惩防体系建设为重点，以落实《建立健全惩治和预防腐败体系 2008—2012 年工作规划》为主线，以贯彻落实科学发展观为主要内容，全面推进企业的党风建设、领导人员的廉洁从业和从源头上防治腐败等工作，为集团改革发展稳定提供有力保证。

加强对学习贯彻落实科学发展观的监督检查，增强广大党员特别是领导干部贯彻落实科学发展观的主动性和自觉性，确保集团深入学习实践科学发展观活动取得实效。

扎实推进惩防体系建设，认真贯彻落实《工作

规划》，积极探索现代企业制度和公司治理结构下，加强企业党风建设和反腐倡廉工作的实现途径和方式方法，着力建立健全科学的权力运行制约机制和风险防范机制。

加强对企业领导人员特别是主要负责人的教育、监督。以学习实践科学发展观活动为契机，引导领导干部讲党性、重品行、作表率，筑牢拒腐防变的思想道德防线。注重强化监督的力度和效果，认真做好企业巡察工作。继续开展廉洁谈话、述职述廉和民主评议，督促企业领导干部遵纪守法、诚信经营、认真执行廉洁从业的各项规定。

继续深入开展企业效能监察；充分发挥查办案件的治本功能；坚持集团党委对纪检监察工作的组织领导，不断加强纪检监察干部队伍的组织建设和能力建设。

（五）以充分发挥群团组织的桥梁纽带和凝聚吸引作用为手段，进一步加强职工队伍建设

按照国资委的部署和要求，今年要开展建立集团职代会的各项准备工作。继续完善职工董事、职工监事制度，加强对职工董事、职工监事和职工代表的培训，不断提高他们参与企业决策和管理的能力。所属企业要充分发挥职代会的职能，进一步深化厂务公开工作。

根据集团产业和人员结构的新变化，要大力加强高技能人才队伍建设，积极开展多种形式的劳动竞赛活动和双增双节活动，引导职工参加技术创新实践，推动企业技术进步。

继续深入开展精神文明创建活动，推动集团“和”文化建设，通过组织开展职工田径运动会等富有集团特色的群众性文体活动，丰富职工文化生活，增进所属企业之间的沟通和了解，增强国机集团凝聚力。

大力加强团的组织建设，支持各级团组织开展适合青年特点的各项争创活动和主题实践活动。要加强对青年党员、青年职工的培养教育工作，引导广大青年立足岗位锻炼成才，更好地发挥生力军和突击队作用。要进一步发挥青联、侨联组织在促进内部交流合作、服务企业改革发展方面的独特优势和作用，充分调动各个方面的力量为实现国机集团新的战略目标做出贡献。

（六）以构建和谐企业为目标，切实做好职工思想政治工作和维护企业稳定工作

2009 年，世界经济形势将更加严峻复杂，企业和社会中的不确定、不稳定因素进一步增加，集团部分受影响较大的企业和困难企业将面临更加严峻的考验。各级党组织要切实提高对维护稳定工作重要性的认识，增强大局意识、责任意识，制定工作措施，落实工作责任，确保企业和社会的稳定。

要关注企业内部民生，继续深入开展“送温暖”活动，切实解决好职工困难，维护好职工权益，实现好职工利益。要充分发挥国机集团爱心基金在帮困助学方面的重要作用，积极营造互帮互助的良好氛围，共同构建和谐国机大家庭。

要充分发挥党组织思想政治工作优势，教育引导广大干部职工既要看到外部经济形势产生的不利影响，又要看到企业长期以来形成的技术、品牌和行业优势，认清形势，坚定信心，把广大干部职工的积极性和创造性引导到企业改革发展大局上来，充分利用优势企业在市场调整中的有利地位，努力在挑战中求机遇，在危机中谋发展，确保集团宏伟战略目标的实现。

新的形势和新的任务对党建和思想政治工作提出了更高的要求。我们要以科学发展观为统领，坚持目标不动摇，努力工作不懈怠，同心同德不折腾，把集团党建和思想政治工作提高到一个新的水平，为实现国机集团持续全面健康发展而努力奋斗！

开拓创新　共克时艰
推进国机集团持续全面健康发展

——徐建在国机集团2009年工作会议上的报告

（2009年1月12日）

国机集团2009年工作会议的主要内容是，以科学发展观为指导，总结2008年的经营管理工作，分析面临的形势，按照集团战略规划与经营任务要求，研究对策，明确任务，坚定信心，鼓舞干劲，努力推进国机集团持续全面健康发展。

一、2008年经营工作总结

2008年是我国发展进程中很不平凡的一年，也是集团实施“三年再造一个新国机”战略的起步年。面对上半年国家宏观调控、人民币汇率升值、原材料涨价以及下半年国际金融危机等经济环境的剧烈波动，国机人不畏艰险、勇于拼搏，在国资委的正确领导下，在董事会的科学决策与指导下，奋力开拓市场，着力控制风险，强化企业管理，全面超额完成了各项经营任务。

（一）生产经营指标完成良好

1. 经营指标超额完成。

2008年，在国内外经济环境复杂多变的形势下，集团依然取得了优异的经营业绩。经营额达到1119亿元；主营业务收入933亿元，比上年增长38.3%；利润总额40亿元，比上年增长22.6%；进出口总额63亿美元，比上年增长10.8%；净资产收益率17.28%，流动资产周转率1.65次，成本费用占主营业务收入比重96.8%。均全面超额完成了国资委的各项考核指标和集团的经营计划任务。

2. 所属企业稳健发展。

2008年，大部分所属企业延续了近年来持续稳健的发展势头，较好地完成了经营任务。CMEC、苏美达等主营业务收入超过了100亿元，CMEC、国机财务等5家企业利润总额超过了2亿元，中进汽贸、中电公司等4家企业主营业务收入增长50%以上，CMEC、中进汽贸等11家企业利润总额增长50%以上，为集团做大规模、增强实力、提高效益做出了重要贡献。

3. 综合排名进一步提升。

规模实力的不断增强，提升了集团的综合排名，扩大了集团的社会影响。2008年集团在全球最大225家国际承包商排名中列第48名，比上年上升了7位；在全球最大200家国际工程设计商排名中列第87名，比上年上升了5位。在2008年中国企业500强排名中列第67名，比上年上升了11位。在中国服务业企业500强排名中列第28名，比上年上升了5位。

（二）工程承包与设备成套业务稳步发展

2008年工程承包与设备成套业务实现了持续稳定发展，完成业务收入334亿元，占集团业务收入的35.7%；实现毛利润31亿元，占集团毛利润的32.4%。

1. 新签单个项目规模增大。

2008年，新签1亿美元以上的对外工程承包项目20个，其中CMEC签署的巴基斯坦水电站、喀麦隆保罗比亚体育中心、土耳其BIGA三期机组项目，中电公司签署的博茨瓦纳循环硫化床电站、印尼2×35万千瓦电站、马来西亚沙巴州火电站，中国重机签署的柬埔寨达岱水电站等项目合同额均超过了3亿美元。新签1亿元以上的国内工程承包项目15个，其中中汽工程新签的上汽通用五菱汽车、内蒙古载货汽车等项目合同额超过了2亿元。大项目的增多，充分体现了集团市场开拓能力不断增强。

2. 重大工程项目执行良好。

集团正在执行的工程承包与设备成套项目934

个，合同总额176亿美元，创历史新高。

从重大项目的执行情况看，CMEC承建的刚果（布）输变电工程、赤道几内亚吉布劳水电站输变电工程、巴基斯坦水电站、斯里兰卡普特拉姆火电站、土耳其60万千瓦电站，中电公司承包的印尼3×33万千瓦电站、阿塞拜疆电站大修项目，中农机承包的委内瑞拉输水项目、吉尔吉斯水泥厂等大型项目均按合同进度稳步推进，总体进展顺利。中海航承建的青岛海西湾造船基地50万吨、30万吨两个超大型干船坞，总造价7亿多元，占地面积60万平方米，单体船坞宽度为“中国第一、世界第二”，目前主体工程已经完工。

从项目执行的效果看，中农机承建的委内瑞拉法肯州输水项目获得了高度评价，为表彰对法肯州输水项目做出的卓越贡献，任洪斌董事长被授予“法肯州胡安·克里斯托莫元帅一级英雄荣誉勋章”；中机六院设计的郑州国际会展中心工程、中国联合和中机建设设计施工的中国东方电气集团公司出海口基地建设项目赢得了中国土木工程创新最高奖——詹天佑奖；中国重机总承包的日照港木薯干输送及灌包工艺系统项目解决了高粉尘大宗散货的接卸效率和污染问题，荣获2008年中国机械工业科学技术一等奖。中通公司参与建设的污水处理厂的污水处理量超过全国总量的10%，为国家环保工作做出了重要贡献。通过铸造精品工程，我们实现了“做一个项目，树一座丰碑”的目标，提升了集团形象，宣传了集团品牌。

3. 设计与施工业务迈上新台阶。

2008年工程设计与施工业务继续保持了健康发展的良好势头。中国联合和中机建设在集团“培育电站设计和施工力量，完善电站板块业务链”的战略指引下，与中电公司密切合作，依托大型非实体经营项目，着力提升电站设计和施工水平，既增强了自身的专业能力，也为完善集团电站工程承包业务链做出了重要贡献。中海航加入集团，填补了集团水工施工资质的空白，增强了水工工程的施工能力。中国中元承担了中国驻美使馆新办公楼的施工图设计和全过程项目管理等任务，参建人员受到了胡锦涛主席的亲切接见；同时利用在医疗建筑和航空物流设计领域的优势地位，积极开拓国内市场，大幅提升了市场影响力，并以强烈的社会责任感关注西部地区的医疗建筑，近期先后完成了新疆、西藏、宁夏、甘肃等地的医疗设计项目，目前承建的医疗设计项目已基本覆盖全国。中机六院承揽的我国烟草行业史上规模最大的技改项目——杭州卷烟厂“十一五”易地技术改造项目，工艺技术和装备水平达到国内一流、国际先进。中汽工程的涂装、总装、焊装等工艺专业在国内同行业居领先地位，初步形成了较强的品牌优势。中电公司设计的山西晋城煤层气发电厂是迄今为止世界上最大的煤层气发电厂，在煤层气发电技术设计方面达到了国际领先水平。

中国中元和中国联合荣获首批全国工程设计综合甲级资质，中电公司、中国中元、中机六院荣获全国工程监理综合资质，为工程设计和项目管理提供了更高的发展平台。

4. 项目运作模式不断创新。

为了实现业务升级、提高效益、做实做强工程承包业务，集团近年不断推进项目运作模式创新，取得了积极成效。

一是投资类项目开发取得了突破，中国重机与柬埔寨政府签订了达岱水电站BOT项目，合同金额5.4亿美元，是迄今为止中国企业在柬埔寨投资额最大的水电项目。二是市场开拓策略不断改进，中电公司发挥在电力行业的技术优势，积极采取区域市场滚动开发策略，相继在印尼和马来西亚分别签署了17亿和5亿美元的电站项目；中汽国际深耕印度市场，稳扎稳打，两年内承揽了4套电站机组。三是加强与国际大型工程承包商的互利合作，中农机凭借多年形成的市场声誉，分包了加拿大国际工程承包公司马达加斯加镍矿项目，不仅取得了较好的经济效益，也学习了先进的管理经验。四是延伸了项目服务链条，中电公司在承建一批新电站建设项目的同时，承接了阿塞拜疆火电站大修项目，拓展了新的服务领域。

5. 非实体经营取得新进展。

2008年，集团新签2个非实体经营项目，分别是印尼2×35万千瓦电站项目和利比亚4000套住宅建设项目，合同总额12亿美元；正在执行的项目9个，合同总额35亿美元。非实体经营项目的开展促进了中国成套、中机建设、中国联合等企业的业务发展。

为了有效防范和控制非实体经营项目风险，强化项目执行能力，提高项目管理水平，集团组成了由工程事业部、执行企业、项目总监和专家结合在一起的项目管理团队；并针对项目的重要节点和关键路径，设置了风险防范预控点，制订了管控流程。通过强化管理、有效控制风险，使非实体经营项目取得良好进展。

（三）贸易与服务业务创新发展

2008年，在国内外环境剧烈波动的影响下，通过大力开拓市场、加强模式创新和业务升级，贸易与服务业务实现收入412亿元，占集团业务收入的44.2%；实现毛利润34亿元，占集团毛利润的35.5%。

1. 产品结构不断优化，业务领域稳步拓展。

贸易企业积极应对严峻形势，着力优化产品结构，大力拓展业务领域，保持了持续健康发展。苏美达加大新产品开发力度，在功能设计、外观造型等方面进行不断创新，提高了产品的技术含量和附加值；同时有选择地进入新能源领域，太阳能光伏组件和风电机械部件的出口达1.5亿美元，推进了产品结构的优化升级。中进汽贸在巩固进口汽车批发、零售服务、汽车物流园区业务竞争优势的同时，着力开拓新业务领域，在二手车连锁经营、汽车租赁、汽车电子商务等方面取得了积极进展。

2. 市场领域进一步扩大，服务链条逐步延伸。

面对日趋激烈的市场竞争环境，贸易与服务企业不断开拓市场领域，延伸服务链条，创新贸易模式，提高了市场竞争力。中汽国际不断创新，大力开拓国内外展览市场，三年内展览面积从不足20万平方米扩大到100多万平方米，展览领域从单一的汽车扩展到机电、建材等多个领域，已经成为我国综合实力最强、影响力最大的展览公司。中汽进出口经过艰苦努力，成为菲亚特授权的中国进口整车总经销商，这是国内企业第一次获得国际著名汽车品牌的总经销商资格。中进汽贸持续加强汽车贸易服务体系建设，加快推进从单纯的汽车进口商向综合汽车贸易服务商的全方位转型，在为跨国汽车公司提供市场分析、车型选择、订货管理、资金融通、通关物流等服务的基础上增加了进口前的3C认证、环评认证、工程改造等服务及进口后的PDI检测、维修、销售信息反馈等服务，向两端延伸了服务链条，提升了汽车贸易增值服务能力。苏美达稳步推进“贸工技”结合战略，着力向业务链上游的技术研发、核心产品制造、质量保证和业务链下游的品牌、渠道延伸，确保了核心产品在行业和区域内的领先地位。2008年苏美达船舶、园林工具、电动工具、新能源产品等出口规模、利润总额均保持了健康快速的发展态势；进口业务已连续三年保持江苏省同行业第一。

（四）装备研发与制造能力不断提升

2008年，集团的自主创新能力进一步提升，创新成果不断涌现，产业化规模日益扩大，装备制造实力继续增强。装备研发与制造业务实现收入186亿元，占集团业务收入的20%；实现毛利润31亿元，占集团毛利润的32.4%。

1. 科研成果不断涌现。

集团获得省部级以上各类优秀成果奖219项，其中科学技术奖94项，勘察设计咨询奖84项。申请专利452项，其中发明专利130项；授权专利326项，其中发明专利33项。主持或参与标准制定、修订886项，其中国家标准570项。中国重型院荣获国家首次设立的“企业科技创新奖”，是我国转制院所中唯一获此殊荣的单位；中国福马江苏林海动力机械集团被国家发改委认定为国家级企业技术中心；洛轴所牵头研发的“提高航空发动机主轴轴承寿命”项目荣获2008年度中国机械工业科学技术一等奖。

立足市场需求，加大科技投入，研制出一批具有国内领先或国际先进水平的核心技术和产品。中国工程经过2年多的潜心研究，成功研制出节能型装载机，技术指标国内领先，节省油耗10%～25%。中国福马设计制造的48英寸热磨机处于国内领先水平，生产的纤维质量优良，改变了我国大型中密度纤维板生产线热磨机完全依赖进口的局面。中国重型院研制的165兆牛自由锻造油压机，是目前世界最大吨位的液压驱动自由锻造油压机，标志着在大型自由锻件装备技术领域达到国际先进水平。兰石所研制的9000平方米大型板壳式换热器是我国目前换热面积最大的板壳式换热器，标志着其大型化和国产化进入了一个新的发展阶段。桂林电科所研制的6.7米双向拉伸聚丙烯薄膜生产线，在我国国产同类产品中幅宽最宽、速度最快，结束了我国聚丙烯薄膜宽幅高速生产线只能依靠进口的历史。中机六院总承包的我国最大的肉制品企业——双汇集团活水深度处理的脱氮除磷技术的成功，实现了国内外同类技术的突破。众多科技创新技术和产品研制成功，充分体现了国机集团在我国装备工业科技进步中的突出作用。

国机集团利用自身的科技实力和品牌影响力，积极参与了国家重大工程建设。中机建设、中国中元、北起所、中地装、合肥通用院、兰石所等参与了北京奥运有关工程；兰石所、洛轴所、沈阳仪表院、桂林电科所等参与了“神七”工程；洛轴所、沈阳仪表院、兰电所、合肥通用院、重材所等参与了国家武器装备配套部件和产品的开发研制工作，为国家的发展做出了重大贡献。

2. 装备制造业务实力增强。

通过推进科研成果产业化，增强了装备制造能力。在集团大力支持下，科研院所的产业化水平显著提高。合肥通用院研制了一系列先进的球罐产品，在乙烯球罐工程中占有全国70%以上的份额。济南铸锻所凭借自身技术优势，研制的静压造型生产线和汽车纵梁成形、冲孔、折弯生产线等车架生产成套设备的国内市场占有率均超过了80%。郑州三磨所研究开发的高精度超硬材料切割片具有高技术、高质量、高附加值的优势，占有近60%的国内市场份额。中国电器院的大中型水电励磁产品处于国内领先水平，占据了50%的国内市场份额。兰石所、中国电器院、洛轴所等结合自身技术的发展，着力进行了大规模生产基地建设，有的项目已经形成了规模化的制造能力；有的项目正在实施中，今后几年将形成新的能力。这些拥有先进技术和规模化生产能力的产业化基地建设，为提升集团整体装备制造能力打下了良好基础。

通过外部重组，快速壮大了装备制造实力。中国福马、中国一拖等企业的加入，给集团带来了大量的现代化装备制造产业资源和多个优势品牌，使集团的装备制造业务实现了跨越式发展。中国一拖的大中轮拖业务持续保持了国内领先地位并实现了大幅增长；洛阳中收的自走式玉米收获机在国内市场取得了销量第一的良好业绩，使集团成为国内农业装备领域综合实力最强的企业。中国福马、中国工程和中国一拖在工程机械业务方面形成的综合实力，使集团成为国内工程机械行业的重要企业。

（五）内部合作迈上新台阶

2008年，在集团和有关企业的共同努力下，内部合作取得了较快发展。

一是合作金额增加，合作单位增多，单个合作项目规模增大。2008年集团内部合作项目51个，合同总额47亿元，参与企业达29家，均创历史新高。CMEC与中机建设合作的特多项目合同额3.42亿美元，是集团迄今为止最大的内部合作项目。二是以完善工程承包业务链为目标的内部合作取得了突破。由中电公司、中国联合和中机建设共同承建的印尼2×35万千瓦电站项目的开工建设，标志着集团为实现提升单机容量30万~60万千瓦电站的设计、安装技术水平，通过内部合作完善业务链条，提高电站工程承包综合能力的发展目标迈上了新台阶。三是生产资源和贸易资源的相互合作取得积极进展。苏美达和中国福马密切合作，推动了中国福马动力机械的出口；中国工程和中国一拖密切合作，增强了集团在工程机械产品成套出口方面的优势。四是集团的支持力度进一步加大，内部合作更加深入具体。集团加大了科技发展基金、市场开发基金对内部合作的投入力度；多次组织召开内部合作对接会，促进了业务人员之间的互相交流，加强了企业间对产品、技术和服务能力的相互了解，进一步推进了内部合作的发展。

（六）资本运营稳步推进

1. 积极推进了内外部资源整合。

外部重组方面，与洛阳市政府签订了重组协议，并经国务院国资委批准，中国一拖加入了国机集团；与湖南省国资委签订了重组长电汽车零部件的协议。同时也在密切关注行业知名度高、资产状况良好的装备制造企业，并对部分企业进行了调研和重组的可行性论证，为下一步开展工作创造了条件。

内部重组方面，重点开展了以上市公司为平台或以上市为目的的内部资源整合工作。按照“轴研科技股权上划、辅业剥离改制、轴研所整体改制、定向增发”的改制步骤，使轴研科技成为集团旗下第一家整体上市的企业；济南铸锻所改制重组和资源整合工作正在进行中，将为打造集团高端数控锻压及铸造成套机械装备研发与制造基地奠定基础。

2. 稳健推进了核心企业改制。

CMEC改制前期的基础性工作已经完成，剥离了非主业且不宜纳入上市范围的业务和资产，完成了拟纳入上市范围的子企业改制，上市工作取得了阶段性成果；成立了甘肃蓝科石化高新装备股份有限公司，将兰石所的有效资产及主营业务全部注入蓝科公司，完成了整体改制工作，发行A股上市具备了条件；中国重型院改制为有限公司，并确定了战略投资者，上市平台搭建成型；中进汽贸的整体改制已经完成，目前正在努力寻求上市的途径。

（七）管理水平进一步提高

1. 集团管理、服务与宣传工作不断强化。

在新的体制下，面对复杂多变的经营环境，集团以着力抓好经营管理、提高服务水平为重点，通过开展企业运行情况沟通交流会、现场决策与指导、个别重点沟通、实地调研等多种工作形式，深入了解了所属企业在严峻形势下的经营状况，及时掌握了企业发展中存在的问题，果断决策，着力解决企业面临的困难，为所属企业的持续健康发展提供了强有力的支持。

构建了以报纸、刊物、网站及信息系统为支撑的“四位一体”的宣传体系，大力宣传了集团的改革与发展，扩大了集团在国资委、中央企业及有关方面的影响力，提升了集团的知名度和美誉度。

2. 战略管理稳步推进。

强化了集团战略的导向作用。通过传播媒介的宣传和战略宣讲，使全体员工更好地理解了集团的战略意图，使所属企业明确了自身在集团发展中的定位，理清了发展思路，推进了集团战略的有效执行。

加强了分战略和子战略的管理工作。在总战略的指引下，集团信息化、人力资源和科技等分战略的执行工作正在稳步推进；通过对所属企业战略制订和执行情况的指导、监督和检查，加强了子战略的管理工作；苏美达、中进汽贸、中国重机、中国电器院等高度重视战略管理工作，根据环境的变化，及时调整和完善发展规划，并认真贯彻实施，有力地促进了企业的持续健康发展。

3. 风险管理能力不断增强。

按照去年工作会“要加强全面风险管理”的工作部署，集团采取多项有效措施，切实提高风险防范和控制能力，确保了业务的稳定发展。

通过严格控制担保规模，加强担保项目的后续跟踪和监管，积极采取有效可行的反担保措施，使集团的担保金额呈下降趋势，担保风险有所降低。积极探索内部控制评审，对照国家颁布的内部控制规范，在关键控制环节上查找差距，促使企业及时建章立制，完善了内控制度；加强对审计结果的跟踪检查，督促企业认真落实审计意见，纠正错误，规范管理，尤其是加大了工程承包项目审计力度，对项目执行过程进行事中审计，及时披露存在的问题和风险，督促项目执行单位采取有效应对措施。通过向生产经营单位派驻法律顾问，实现了对生产经营中法律风险的防范和动态化监控，有效减少和规避了法律风险；围绕改制重组、投资担保、上市融资、资产转让等重大事项，严把法律审核关，较好地防范和控制了企业重大决策中的法律风险。

所属企业进一步增强风险意识，逐步构建完善的风险防范与控制体系，提高了风险管理能力。CMEC严格执行项目评审制度，采取分阶段的评审办法，在项目立项、签约和合同生效等阶段进行多方面评审，加强了全过程风险防范与管理。中国重机适时调整国际市场开发策略，适当控制项目规模，不单方面追求规模和成交指标，而以项目利润为前提，进行认真分析和取舍，避免了市场波动等不利因素带来的风险与损失。中进汽贸通过加强市场分析预测、业务运作管控和财务风险监控能力体系建设，筑起了三道防范风险的“闸门”。苏美达加强了内控制度建设，在业务运作流程中增加了风险控制点，明确了每个控制点的详细内容和责任人，并设置了风险预警提示，有效防范和控制了经营风险。

4. 人力资源管理不断深化。

企业领导班子建设进一步加强。调整充实了20多家所属企业的领导班子，选拔了一批优秀管理者，优化了领导班子结构，提高了领导班子整体素质；涌现出了一批作风扎实、精诚团结、努力改革创新的领导班子，创造了良好的经营业绩。

业绩考核体系不断完善。根据集团发展战略和企业所处行业特点修订了《国机集团经营业绩考核管理办法》，重新确定了经营者的业绩考核指标，在增加生产经营、节能减排、安全生产等经营管理指标的同时，薪酬构成上也体现了中长期激励导向，从制度上保证了企业经济效益的持续稳定增长。

5. 财务管理与服务成效显著。

继续加强了预算与资金管理。在预算执行过程中，按季度进行预算执行分析，并密切关注执行中出现的偏差，不断整改；通过加强资金集中管理，已基本实现了在京企业的账户集中管理和结算限额管理，2008年所属企业在国机财务的日均存款余额已达25亿元，日均贷款余额保持在20亿元以上，为集团节省利息支出超过1亿元，对控制财务成本、提高资金使用效率起到了重要的作用。

进一步发挥了授信融资担保功能。集团在各家商业银行取得407亿元的综合授信额度，成功发行12亿元一年期短期融资券，与国家开发银行签订了200亿元的中长期战略合作框架协议，为集团持续发展提供了资金保证。

6. 信息化建设不断深入。

围绕提高集团化管控能力、管理水平和管理效率，继续稳步推进信息化建设。建立了覆盖所属企业的信息高速公路——VPN 系统，在集团系统内搭建了企业专用网络，为集团化应用系统高效、安全地传输数据打下了坚实的基础；在科技系统建立了信息集成管理平台，科技及军工管理实现了电子化，提高了管理效率；集团在 14 家企业中实施了财务集中管理系统，集团化财务集中的规模进一步扩大，财务信息质量、传递速度和监督力度明显提高。苏美达的财务——业务一体化系统、中电公司的项目管理系统、中国工程和广州机械院的 ERP 系统、中国重型院的设计网络系统，在支撑主体业务发展、提高企业管理水平方面发挥了重要作用。

7. 脱困工作取得阶段性成果。

为解决部分企业长期亏损问题，集团于 2005 年成立了脱困工作领导小组，专门负责脱困工作。脱困工作领导小组在深入调研的基础上，认真制订方案，精心组织实施，解决了出现的主要矛盾和问题。经过四年的不懈努力，脱困工作取得了阶段性成果。中收公司、中国机床、中地装等三家困难企业由 2004 年亏损 2 亿多元，债务缠身、经营混乱、职工队伍不稳定，到 2008 年扭亏为盈（含非经常性收益），实现利润总额 2031 万元，经营状况得到较大改善。

2008 年，中地装所属两家企业完成了政策性破产程序，获得国家财政补助资金 4 亿多元，解决了 1600 多人的上岗问题；历史遗留的上亿元房地产税收问题通过清产核资等政策基本解决。中收公司和中国机床积极利用原来的有效资产和债务链，通过债务重组等手段，搭建了新的业务发展平台。中国自控总公司打破常规，冲破传统，结束了十多年的亏损状态，使公司近两年保持了平稳发展。

8. 企业文化建设进一步推进。

2008 年，集团认真落实《企业文化体系文件》，以“合力同行、创新共赢”的核心价值观为主题，把企业文化建设融入到生产经营活动中，增强了集团的凝聚力和向心力；结合抗击雪灾、抗震救灾、迎奥运、“神七”工程等重大事件，把企业文化建设与精神文明建设结合在一起，积极组织集团及所属企业参与社会公益事业，承担社会责任。集团向汶川地震灾区捐款捐物 4767 万元，并荣膺中华慈善奖——“最具爱心内资企业”称号。

中机建设大力加强与集团文化的融合，在努力践行集团核心价值观的同时，广泛宣传集团的文化理念。中机六院倡导“和气”、“和睦”、“和谐”的“三和”文化，中国电器院坚持“和”、“实”的文化理念，围绕企业改革发展，构建了具有时代特征、催人奋进、促进企业和员工共同发展的文化建设架构，使企业发展目标与员工职业生涯相结合，营造了健康、和谐的发展氛围。中进汽贸提出了“整合提升、合作共赢、合力同行、融合和谐”的“合”文化，传承与融合了集团“和”文化；并发布了中国汽车流通行业首份《企业社会责任报告》，体现了勇于承担社会责任的决心和勇气。

（八）经营工作存在的问题

在充分肯定成绩的同时，我们必须清醒地看到一些影响集团经营发展的突出矛盾和问题，这些问题既有集团规模不断增大过程中引起的矛盾，也有由于经营环境的波动和资源状况的变化产生的问题。突出表现在以下几点：一是业务链有待完善。虽然我们通过外部重组壮大了装备制造业务，并积极培育电站自主设计和施工力量，在完善电站工程承包业务链方面做了很多工作，取得了有效进展，但从整体业务的发展来看，距离为客户提供一揽子全方位、多层次解决方案的能力，还有相当大的差距；二是项目执行能力有待进一步提高。随着集团在建项目越来越多，项目规模越来越大，项目执行的复杂程度也越来越高，由于项目管理人员的数量、能力、经验与业务的快速发展不相适应，给项目开发、管理和执行带来一定的挑战，出现了一些工程质量问题、境外纠纷和突发事件；三是企业文化与品牌建设有待加强。尽管我们制定了企业文化与品牌建设发展规划，但推进的步伐与集团的发展现状不相匹配，尤其是在集团文化和品牌的宣传推广以及所属企业与集团文化和品牌的融合方面还有很多工作要做；四是集团担保数额过大，潜在风险较大；五是部分企业资产负债率过高。有 20 多家企业的资产负债率超过 80%，10 多家企业超过 90%，这在很大程度上制约了企业的进一步发展。

面对这些影响集团经营发展的突出矛盾和问题，我们必须居安思危，未雨绸缪，积极应对。

二、2009 年发展面临的形势

（一）国内外经济形势的分析与估计

从国际形势看，金融危机愈演愈烈，迅速从局部发展到全球，从发达国家传导到新兴市场国家和发展中国家，从金融领域扩散到实体经济，酿成了一场历史罕见、冲击力强、波及范围广的国际金融危机。这场金融危机对实体经济的影响正进一步加深，其严重后果还会进一步显现。2009年世界经济形势将更加严峻，经济下行已成定局。

从国内形势看，受国际金融危机快速蔓延和世界经济增速明显减缓的影响，加上我国经济中尚未解决的深层次矛盾和问题，我国经济运行中的困难进一步增多，经济下行压力不断加大，2009年我国经济增速将放缓。为缓解经济下滑，确保平稳较快发展，国家已经实行积极的财政政策和适度宽松的货币政策，密集出台了一系列刺激经济、扩大内需的政策，预计2009年我国经济增速保持在8%左右。

（二）集团面临的严峻挑战

在国际金融危机继续向实体经济蔓延、国内经济增速明显减缓的环境下，2009年集团的业务发展必然会面临严峻挑战。

工程承包业务方面，由于金融危机导致世界经济衰退，许多项目投资者采取了紧缩和观望的态度，跟踪了多年的许多项目被取消，给项目开发造成了很大难度；随着金融支持力度减弱、原油和原材料价格大跌，国际融资难度加大，项目所在国的支付能力下降，执行项目的收汇风险增大。

贸易业务方面，由于国际贸易的主要客户多在欧美，经济衰退造成的需求下降必然影响国际贸易业务，目前已出现订单减少或推迟的现象；一些金融机构倒闭或被收购，部分国家信用恶化，贸易履约风险和结算风险增大，这将进一步加剧国际市场的激烈竞争；许多国家和地区经济增长放缓、失业率上升，可能采取更为保守的贸易政策和措施，全球范围的贸易保护主义威胁增大。

装备研发与制造业务方面，尽管国家已出台了一系列支持经济发展、扩大内需的政策，但这些政策的实施效果需要一段时间才会显现，短期内装备研发与制造业务仍然面临整体市场需求疲软的不利环境，产品销售额可能会继续下滑。

（三）发展机遇

只有在危中求机，转危为机，才能牢牢地掌握发展的主动权。虽然面临严峻的经营环境，但我们必须清醒地看到，保持集团业务平稳发展仍存在有利条件和积极因素。

一是世界经济衰退、发达国家企业资产缩水和困难加剧所造成的竞争力下降有可能会给我们让出一部分市场和机会。

二是集团业务的竞争性质和构成相对多元，在一定程度上分散了金融危机带来的风险。集团业务属于竞争性业务，所属企业在激烈竞争的风浪中经历了长期的磨砺，形成了较强的御险抗险、化险为机和险中求机的能力；尤其是我们的科研院所，创新能力突出、产品种类众多、市场范围广泛，这些业务特点赋予了企业较强的抵御风险能力。

三是国家已陆续在财政、税收、金融、贸易等方面采取了多项政策措施，各地政府也相继推出了许多经济刺激政策，这将促进经济保持平稳较快增长。国家出台了4万亿元的投资计划，将加快建设保障性安居工程，加快农村基础设施建设，加快铁路、公路和机场等重大基础设施建设；国家再次增大了农用生产资料的补贴力度；多次上调了机电产品出口退税率，将进一步改善对外贸易环境，采取必要措施，支持优势企业和产品出口，增加国内需要的产品进口。这些政策将有利于集团相关业务的发展。

总之，2009年经营工作既面临严峻挑战，也充满发展机遇。我们既要充分估计国内外经济环境的复杂性和严峻性，又要正确认识到有利条件和积极因素，在逆境中强身健体，化危机为机遇，变挑战为动力，赢得更大的发展空间。

三、2009年经营工作部署

同志们，2009年是改革开放30年来首次遭遇全球性金融危机的一年，是国机集团成立以来遭遇经营环境最复杂的一年，是实现三年再造一个新国机的关键之年。2009年，我们既要面对严峻形势的巨大考验，又要在多年快速增长的基础上，完成各项经营指标，任务艰巨而繁重。在经营工作中我们将积极贯彻董事会的各项决策，坚定信心，把握全局，掌控关键，开拓创新，确保各项经营指标顺利完成。

今年要利用国家在中央企业全面落实学习实践科学发展观的有利时机，对国机集团的经营管理工作进行全面提升。经营工作要以企业发展为核心，以创新为动力，以科学、务实、高效为基本要求，对外实行低成本扩张、对内优化资源结构、大力拓展国内外市场、全面深化风险管理、强化管理与科技创新、促进业务模式升级、提高经营管理效率，努力保持国机集团持续全面健康发展。

根据集团面临的经营形势和发展状况，经研究确定，2009年的主要经营目标是：主营业务收入争取值1000亿元，考核值850亿元；利润总额争取值40亿元，考核值30亿元；进出口总额50亿美元，成本费用占主营业务收入比重97.3%。为确保完成今年的工作任务，要着力抓好以下八项重点工作：

（一）扩大工程与贸易业务的市场竞争优势，促进转型升级

集团的工程承包、设计咨询和贸易与服务业务目前正处于转型期，在新的严峻形势下，一定要通过创新业务模式，促进业务升级，扩大市场竞争优势。

工程承包业务要稳健发展投资经营，推广“区域滚动发展”与“梯度式开发”经验，深耕区域市场，提高市场集中度，降低市场开发与维护成本。重点研究国家经济政策走向，抢抓市场机遇，寻找新的增长点。

设计咨询企业要继续发展工程总包业务，不断完善功能，提升水平；相关企业要努力发展同集团内部业务相配套的设计能力，为完善集团主营业务链条做出贡献；勘察设计企业尤其要利用国家拉动内需投资建设大批项目的机会，充分发挥行业技术优势，抢抓机遇，大力拓展市场，促进企业发展。

贸易企业要集中资源，发挥优势，抓紧培育和发展连续、稳定、可靠性较高的业务，着力促进业务转型；汽车板块企业，要在拓宽业务范围和延伸业务链条的同时，积极寻找市场机遇，发展技术含量高的零部件配套生产业务，加速拓展汽车销售与服务的终端市场，占据更多更好的市场资源。

（二）推进科技发展再上新台阶，增强主业核心竞争力

2009年科技工作的重点是落实去年科技大会提出的“二次创业”发展目标，做好标准制定、专利申请与知识产权保护工作，持续增强自主创新能力，加快产业化发展。

1. 增强集团自主创新能力，推动主业快速发展。

加快聚集科技创新要素，增强自主创新能力，推动装备研发与制造业务快速发展。要抓住机遇，充分关注和利用国家大力引导、支持创新要素向企业聚集的各项政策，切实为自主创新创造更好的条件；要进一步深化科技管理体制改革，完善科技创新体系，优化科技资源配置，健全鼓励技术创新和科技成果产业化的激励机制；加大科技投入，推进试验研究条件的换代升级，加强国家重点实验室、工程中心、技术中心、博士后工作站等科研机构的建设；积极组建申报国家级科研平台，大力支持国家级科研机构的设立，为争取在今后几年新增国家级科研平台3～5家打好基础；加快人才队伍建设，建立完善人才成长和发展的机制与管理模式，吸纳国内外高层次人才进入集团。目前，国家正在对高新企业进行重新认定，原来是高新企业的单位要争取认定通过，有条件的单位要积极申报，并充分利用好高新企业所享有的优惠政策。

努力提高支撑集团工程承包主业的勘察设计水平和能力，增强工程承包业务核心竞争力。国机集团有很强的设计力量，但在工程承包主要业务领域，设计院的设计水平和能力还相对较弱，支撑作用不强。在电工电站、交通运输、水利、电子通讯、环保等行业，设计院对工程承包业务的支撑能力更弱。集团从战略发展上十分重视提高支撑主业的设计能力建设，下大气力，着力进行培育。今年各有关企业在保持传统设计优势的基础上，要把加快提高支撑集团业务的设计水平和能力，提升设计资质等级作为一项重要工作来抓。科技管理部门要落实去年科技大会确定的三项推进措施，拿出具体方案，着力提升集团工程承包业务的勘察、设计、施工技术水平与综合能力。

依托军工科研，形成一批核心技术，带动技术升级。以重大军工科技专项、共性技术基础研究和关键技术研究为重点，依托军工项目，不断突破技术瓶颈，不断攻克技术难关，保持行业领先位置。提高集成创新能力，努力寻求并创造机遇，积极承接武器装备部件与总成的开发研制任务，争取整套产品的生产与供货。不断完善以市场为导向、产学研相结合的军工科研创新体系，充分利用全球科技资源，消化吸收国外先进技术和产品，加快军工技术和产品的再创新步伐，带动集团技术水平升级。

2. 做好标准制定、专利申请与知识产权保护工作。

当今世界，谁掌握了标准的制定权，谁就掌握了技术和经济竞争的主动权。国机集团有24个全国标准化委员会，是重要的资源。今年要进一步重视标准工作，加大工作力度，统筹计划，完善机构，充实人员，提高待遇，积极参加行业和国际标准的制定，研究并提出如何在国际贸易中运用标

准、规范和技术法规的策略，实现标准和贸易的战略组合。鼓励所属企业积极参与各种标准的制定工作，充分发挥标准在市场竞争中的特殊作用。

尽管集团目前的专利拥有数处于中央企业的前列，但我们应该清醒的看到，有些中央企业一年的专利申报量近千项，我们只有200多项，形势严峻。集团要大力推进以专利为重点的知识产权战略。增强专利和知识产权保护意识，加大专利申报和利用力度，实施对授权专利奖励政策，所属企业要对专利进行相应配套奖励，为企业技术创新营造良好环境；以推行第三批知识产权试点单位为契机，以专利为重点，构建知识产权管理和保护体系，建立有效运用知识产权制度促进科技创新的激励机制，发挥知识产权在科技管理中的导向作用。

3. 加快科技成果产业化，扩大产业化规模。

面对新的发展环境，今年将进一步加快科技成果的产业化进度，扩大产业化规模。利用银行贷款、债券发行、股票上市、股权融资等资金，同时积极争取国家各种项目资金，并增加集团科技发展基金，选择技术含量高、发展前景好、市场容量大、带动效应强、技术实力领先的高新技术产品进行重点支持，扩大生产规模，形成装备研发和制造基地；加大对现有装备制造企业的技术改造力度，促进集团装备制造业务快速发展。

（三）深化风险管理，应对严峻挑战

越是经营环境复杂多变，越是要加强风险的防范与管理。在2008年工作的基础上，要继续推进全面风险管理体系建设，完善全面风险管理体制，细化管理制度和办法，把企业经营风险降到最低限度。

第一，有效防范经营管理风险。

今年，要针对企业经营管理中的每个环节，设计合理高效的操作机制，运用先进科学的管理工具，落实和深化全面风险管理。要重点控制好生产经营风险，节能降耗，开源节流，减少库存，充分利用原材料价格下调的机会降低经营成本，扩大生存空间；要继续在控制集团担保风险和财务风险等方面开展积极有效的工作；尤其要着力抓好项目的执行与管理，严防工程项目风险。对在手执行项目，要加强对应收账款的催缴力度，对已签约待生效合同，要充分利用各种有利条件，尽快促成项目生效，针对不利的合同条款尽可能争取重新谈判，进行补充或修改；新开拓项目要注意规避各种风险，对项目的潜在风险要有足够的估计和认识，确保工程项目有较高的收益。

第二，严格控制投资风险。

认真贯彻落实国资委《关于进一步加强中央企业投资管理的通知》精神，强化投资决策责任，严格决策程序。对于年初没有申报计划、不符合企业主业发展方向、未经过有资质咨询机构进行可行性研究论证的项目原则上不予审批。对已实施的投资项目要进行全程跟踪监督，并对投资效果进行评价，及时清理和处置回报率低下的投资。对不符合制度和管控程序要求的投资，将追究有关责任。对外投资必须充分考虑各种风险，加强可行性研究，使投资项目达到风险与回报的合理匹配。对收购、股权投资和固定资产投资进行全面清理，充分合理的利用好有限资源，将企业投资规模严格控制在合理的资产负债率之内。

第三，充分发挥法律和审计工作的风险防范作用。

要在经营管理、资本运营、财务管理，尤其是在重大项目投资、资产转让和重要工程承包项目等业务活动中，大力加强企业法律风险防范机制建设，逐步形成并完善由企业决策层主导、企业法律工作者提供业务保障、全体员工共同参与的法律风险责任体系。

要有效发挥审计在风险防范和控制中的作用，积极推进以风险为导向的审计工作转型，进一步加强经济责任审计、投资项目审计和工程承包项目审计等工作。

（四）优化内外资源结构，重点抓好企业改制上市工作

抓住国家调整经济结构，央企加快重组步伐的有利时机，利用一切可以利用的条件和机会，密切关注行业知名度高、资产状况良好的装备制造企业，主动出击，争取重组；同时，积极推进实施对地方相关优质企业的吸纳重组。

通过分析重要产业的资本市场价值，研究确定集团核心业务资源在资本市场的定位与布局；对重要子公司借助资本市场实现资本扩张的路径、方案和预期效果等进行可行性研究，搭建核心业务和重要子公司之间的资本平台。重点解决好上市主体和上市地的选择、上市的思路和方式、资产整合的路径、同业竞争及关联交易等一系列问题。继续推进核心业务企业的整体改制工作，争取符合条件、完

成改制的企业早日上市。

（五）狠抓市场开拓和项目管理，提高经营效率

1. 抢抓市场机遇。

国家四万亿大规模投资计划和地方的大量投资，以及其他后续刺激消费、拉动内需政策，会给企业带来诸多商机。在继续发挥我们传统优势，不断开拓国际市场的同时，要充分把握和利用好国内发展的机遇，培育和发展新业务增长点，扩大国内市场份额。国家在基础工程建设方面的巨大投资，将直接带动农业机械、林业机械、工程机械以及工程设计、工程承包的市场需求，我们要集中力量，加强针对性研究，重点跟踪，抢抓机遇，发展业务。

2. 提高管理效率。

精细化管理已经成为企业增收节支、提高盈利能力的重要管理手段，从今年开始，要在集团提倡并逐步实行精细化管理。对于每项经营管理活动，每个经营环节都要注重细节、立足专业、科学量化管理，着力改变依赖经验、感觉进行推测和判断的粗放式管理。在当前执行项目众多、特别是大项目较多，又面临国内外严峻经济形势的情况下，要着力抓好工程项目的实施管理，结合自身特点，注重学习和采用先进的项目管理方法与技术，实行精细化管理。加强项目执行检查、审计和评审工作，建立重大项目执行情况的全息反馈和全程跟踪制度。

要继续坚持节约办企业，“捂紧钱袋子”、“过好紧日子”。节能减排，开源节流，增产节支，努力降低生产成本；要降低各种管理费用，减少财务费用，提高经营管理效益。

2009年集团将进一步提高管理和服务水平，加强对所属企业的管理和服务；加强业绩考核导向，提升经营管理的质量与层次；进一步改善和提高统计工作，全面、动态掌握经营情况，为集团运营决策服务。

3. 创新内部合作模式。

集团内部合作从无到有，由少到多，取得了显著的成效。2009年，集团公司将着重在内部合作的模式创新上下功夫，通过业绩考核，充分调动所属企业的积极性，促进集团内部资源的优化配置。充分利用集团内部贸易企业的商务资源、科研院所的研发资源、勘察设计及施工企业的相关资源，协同开发国际市场，提高竞争力，争取更大市场优势。利用集团平台争取更多的市场机会，为有关所属企业提供更好的市场支撑。

4. 深化非实体经营。

2002年集团提出的“非实体经营”到现在已经7个年头了，无论是在提高经济效益、促进集团内部合作、增强凝聚力，还是在有效利用内外部资源等方面都发挥了积极作用，通过几年的实践证明，它是建立在充分发挥集团企业所具有的整体优势和资源基础上，并超越所属企业单体能力的工程承包经营模式，是一个成功的创新型经营发展模式。非实体经营作为集团战略的一部分，其目的就是基于集团的整体能力，最大程度发挥集团合力优势，进行更高层面上的竞争。

2009年，非实体经营工作同样面临很大挑战，一方面，要扩大市场，增加签约额，另一方面，要着重抓好35亿美元项目的执行，不能偏废。要着力在发挥优势、联合开发，承包授权、落实执行，团队运作、跟踪监督和培养工程管理咨询力量等方面下功夫。重点抓好执行项目的实施、新项目的开拓、业务模式的升级，完善非实体经营管理，加强风险防范、队伍建设等工作。

5. 确保安全生产。

根据国资委《中央企业安全生产监督管理暂行办法》，集团将制定《中国机械工业集团公司所属企业安全生产监督管理暂行办法》，加强安全生产管理。进一步完善安全生产责任目标考核管理办法，特别是要加强对外工程承包项目的安全生产管理制度建设。根据商务部《对外承包工程管理条例》，要完善机构、优化方案、强化执行，切实保障国际工程项目、工作人员及财产的安全。对外承包工程公司应根据工程项目所在国家或地区的安全状况，有针对性的对外派人员进行安全防范教育和应急知识培训，增强外派人员的安全意识和自我保护能力。

（六）强化财务管理，确保资金需求

在全球金融危机与经济衰退的背景下，今年我们要进一步强化财务管理、严控金融风险、加强资金保障。

1. 强化财务管理。

加强现金流管理，高度重视应收账款回收工作。在大部分企业面临资金紧缺的环境下，谁先收回货款，谁就抢占了先机。我们要加大应收账款催收力度，建立逾期应收账款月报制度，严格禁止对集团外企业的担保，合理控制负债规模。要加快存

货周转速度，合理安排生产，控制存货规模，不断优化存货管理模式，降低存货成本。

严格禁止从事高风险投资业务。除国机财务外，集团所属企业未经批准，不得从事股票投资、外汇买卖、商品期货及衍生品交易、金融期货及衍生品交易、委托理财等高风险投资业务。

继续加强担保管理。2009年集团担保管理工作着重于风险控制，在做好担保总量与结构双控制工作的基础上，优化集团担保资源配置，严格控制和逐步减少风险较高的银行授信担保，对新增担保项目落实反担保措施，加强担保项目的后续跟踪管理。按照集团发展战略要求，有针对性、有重点地配置集团的担保资源，加大担保向优质业务倾斜的力度，加快担保额度周转，提高集团担保资源的使用效率。

同时，今年要进一步强化预算管理，加强对企业境外资产的监管，建立财务重大事项备案制度。

2. 加强资金保障。

继续积极推进集团资金集中结算工作，加强对所属企业落实集团资金集中结算政策规定的检查与考核力度；在合法合规、履行程序、公开披露、控制风险的基础上，认真研究并逐步推进内部上市公司参与集团资金结算工作；尽快开展外汇资金集中结算工作；进一步完善相关规定，鼓励子公司积极参与资金集中结算。将在对外担保、银行授信管理、发债资金使用等方面，对认真落实集团政策，积极参与资金集中结算的所属企业，优先予以支持。

积极拓宽融资渠道，做好外部资金保障。根据资本市场的变化特点，积极调整融资规模和品种，探讨多样化融资模式；在扩大集团合作银行范围的基础上尽快完成新定合作银行的集中授信工作。灵活拟定授信使用模式和标准，提高授信额度的可用性，积极争取扩大所属企业免保授信额度。在严控风险的前提下，以致力于获取稳定且成本较低的资金流为首要目标，为集团业务发展提供保障。

3. 努力拓展集团财务金融支持渠道。

为规范管理集团内部大量外汇资金，有效控制外汇资金风险，提高外汇资金使用效率，计划在集团内部开展外汇资金集中结算、外汇存贷款、外汇委托存款、贸易融资和外汇担保等业务。关注国家有关政策变化，积极争取进出口银行、财政部、商务部的支持。充分发挥国机财务资金集合优势，依靠国机财务在信用鉴证、担保审查方面的专业优势，通过积极获取集团外部债券等金融资源，支持集团主业发展。

（七）努力学习实践科学发展观，全面提升管理水平

以学习实践科学发展观为契机，全面提升经营管理水平，提高经营管理效率，确保国机集团健康发展。

进一步强化战略管理工作，确保发展规划顺利实施。充分发挥战略引领企业发展的导向作用，围绕不断提高战略管理水平、实现集团的战略意图开展具体工作。制订集团（2010—2012）年发展规划，做好对子公司战略规划的指导、审核、反馈与备案工作。完善战略规划编制流程，健全战略管理制度，深入开展集团及子公司的战略评估工作。所属企业要抓好战略规划与战略管理工作，努力提高战略管理能力。

调整人力资源管理战略，加强人力资源建设。建立科学、规范的选人、用人、育人管理制度和激励约束机制；加快多层次人才的选拔、引进与交流，加强后备干部队伍建设；加大培训力度，充分利用集团内部现有条件和资源，建立各类人才库和开发基地，加强人力资源培训与开发。

推进信息管理系统建设，提高信息化管理水平。要加快信息集成管理平台的建设与应用，进一步规范管理流程，提高信息的及时性、准确性和可靠性，初步实现财务、人力资源、科技、经营信息的集成共享，为科学决策提供有效的信息支持；通过信息化手段，搭建内部合作平台，在集团范围内共享产品、服务和项目信息，增强所属企业之间的了解，推动内部合作；出台各业务板块的信息化指导意见，明确各业务板块信息化建设的方向和目标，并进一步加大制度约束和政策引导，加大扶植和推进力度，全面推动所属企业信息化建设。所属企业要在集团信息化规划和指导意见的指导下，按照“需求驱动、急用先行、务实高效”的原则，开展企业的信息化建设，提高企业的精细化管理和抵御风险能力。努力以信息化带动管理与业务的持续优化，使集团的信息化建设水平在整体上达到中央企业信息化评价B级。

（八）积极推进企业文化建设，加大对接与融合力度

企业文化和品牌既是企业软实力，又是核心竞争力的重要组成部分。今年，要把企业文化工作当

作集团发展中的一项重要工作来抓，积极推进企业文化建设，进一步增强凝聚力。

1. 大力宣传集团公司的企业文化。

集团公司在 2007 年 1 月的工作会议上正式颁布了国机集团“企业文化体系文件”，两年来，“合力同行，创新共赢”的核心价值观已经成为大家的共识。今年要通过多种形式大张旗鼓地宣传集团的企业文化，逐步使国机集团的核心价值观成为支配企业经营管理行为的自觉意识，并逐步渗透到集团的每一个企业和各项工作中去。

目前，在实施对外重组、扩大社会影响、提高知名度、促进所属企业发展等方面，十分需要国机集团的文化和品牌的外向性宣传。利用集团内部的报刊、杂志和网络，利用社会有关媒体与渠道，大力宣传集团的品牌和企业文化，逐渐打造强势品牌与文化，用较强大的软实力助推市场开拓、业务扩张与企业发展。

2. 着力促进集团公司文化和品牌同子公司文化和品牌的对接与融合。

在“和”文化的旗帜下，聚合每个子企业的优秀文化因子，使这些优秀文化因子在整体中提升、发扬和光大，成为集团企业文化的有机组成部分。通过多种形式，逐步引导集团公司文化和品牌同子公司文化和品牌的对接与融合，逐步形成先进、和谐、富有国机特色的企业文化。

在新的一年里，让我们在国资委的正确领导下，在董事会的科学决策和指导下，以高昂的斗志、饱满的热情和科学的方法，把握形势，抢抓机遇，开拓创新，扎实工作，为做强做大国机集团而努力奋斗！

第二篇

集团公司发展概况

基本情况

【成立背景】 中国机械工业集团有限公司（简称：国机集团）成立于1997年1月，是经国务院批准组建的大型国有企业，隶属国务院国有资产监督管理委员会直接管理。经过十二年的快速发展，国机集团逐步形成了在机械装备研发与制造、工程承包、贸易与服务三大主业领域的市场竞争优势，市场地位和社会影响力显著提升。

国机集团的成立是中国政治经济体制改革的产物。上世纪末，我国的政治体制和经济体制改革正如火如荼地展开。从计划经济体制向社会主义市场经济体制转变的改革大趋势，决定了国机集团的组建和发展。国机集团的成立主要基于以下背景：

1. 社会主义市场经济发展的需要。原机械工业部所属企事业单位是按照计划经济需要组建而成，它们自成体系、分工清晰、责任单一。但在社会主义市场经济的发展进程中，这种单一分工使得力量分散，难以形成拳头，不再符合日益激烈的市场竞争的需要。随着整个国家的经济体制从计划经济向社会主义市场经济转变，机械工业部所属单位也必然要随之进行改革，探索新的领导体制。

2. 新的领导体制建设的需要。原机械工业部所属单位所承担的功能在市场经济的蓬勃发展中呈现逐步萎缩的态势，甚至无法再维持下去，必须探索一种新的领导体制。首先，这个领导体制的核心必须具有出资人的身份，对国有资产保值增值负责；其次，这个领导体制遵循利益一致的原则；第三，必须在前两条的基础上实行有效管理；第四，这个领导体制要既能够充分发挥领导的作用，也能够充分发挥各个单位的积极性。

基于上述原因，为了贯彻落实中央提出的实现“两个根本性转变”和实施机械工业部“三大战役”的战略部署，发挥部属公司整体优势，以适应日益激烈的国内外市场竞争，原机械工业部提出以原部属26家工贸公司为成员组建国机集团的设想，并得到时任国务院副总理吴邦国和邹家华同志的支持。其时，处在改革大潮中的机械工业部，将组建国机集团视为贯彻中央战略部署、振兴中国机械工业的重大举措。当时的国务院和机械工业部对国机集团寄予厚望，希望它能发挥机械行业最高平台作用、国家队作用和试点作用，并能在思路上、工作上、若干重大行动上，对机械工业部及其后的国家机械工业局起到支撑作用。

1996年12月31日，原国家经贸委正式批复机械工业部关于组建国机集团的申请（国经贸企〔1996〕906号）。1997年1月28日，国机集团暨中国机械装备（集团）公司成立大会召开，标志着国机集团的正式成立。公司注册资本10亿元，隶属原机械工业部管理。

国机集团的成立是机械工业发展史上的一件大事，标志着原机械工业部在深化改革和优化结构方面取得了突破性进展，标志着我国机械工业在实施“大集团、大公司”的振兴战略上迈出了坚实的一步。

【隶属关系】 成立之初，国机集团隶属机械工业部管理；1998年国务院政府机构改革后，国机集团归属国家机械工业局管理。

1999年初，中央要求中央国家机关与其所办经济实体脱钩，国机集团正式列入163个中央管理的企业行列和国家520户重点企业之一，隶属中共中央大型企业工作委员会管理。

2003年3月，国务院成立国务院国有资产监督管理委员会（国资委），国机集团成为国资委监管的大型中央企业集团。

【名称演变】 2005年9月8日，国机集团全称由原“中国机械装备（集团）公司”正式更名为

“中国机械工业集团公司”。2009 年4 月，国机集团全称由“中国机械工业集团公司”更名为“中国机械工业集团有限公司”，简称保持不变。

【管理体制】 国机集团实行母子公司管理体制，对所属二级企业行使出资人职权。成立之初，集团设董事会；2002 年实行总经理负责制；2007 年国务院国资委决定在国机集团开展董事会试点，集团成立董事会。

【组织机构】 在十二年的发展过程中，集团总部机构和职工人数逐步增加，所属子公司数量则经历了较为复杂的变化过程。

1. 集团总部机构设置：成立之初，国机集团总部设有办公室、规划发展部、人事部、经营部、工程部、财务部、审计部、法律部共 8 个职能部室，主要由当时机械工业部机关分流人员和从中国机械设备进出口总公司等企业抽调人员组成，在岗人员 20 多人；至 2000 年，集团总部的组织架构基本成型，共设有办公室、党群办、人事部、财务部、审计稽查部、规划发展部、经营部、工程部、监察室、法律部、技术中心共 11 个部室，正式在岗人员 36 人。

随着国机集团管理体制的变化、业务领域的拓展、企业规模的扩大和管理幅度的延伸，根据企业发展需要，集团总部组织结构经过优化调整，至 2009 年形成 17 个部室，在岗人员 157 人。

2009 年国机集团组织机构设置：

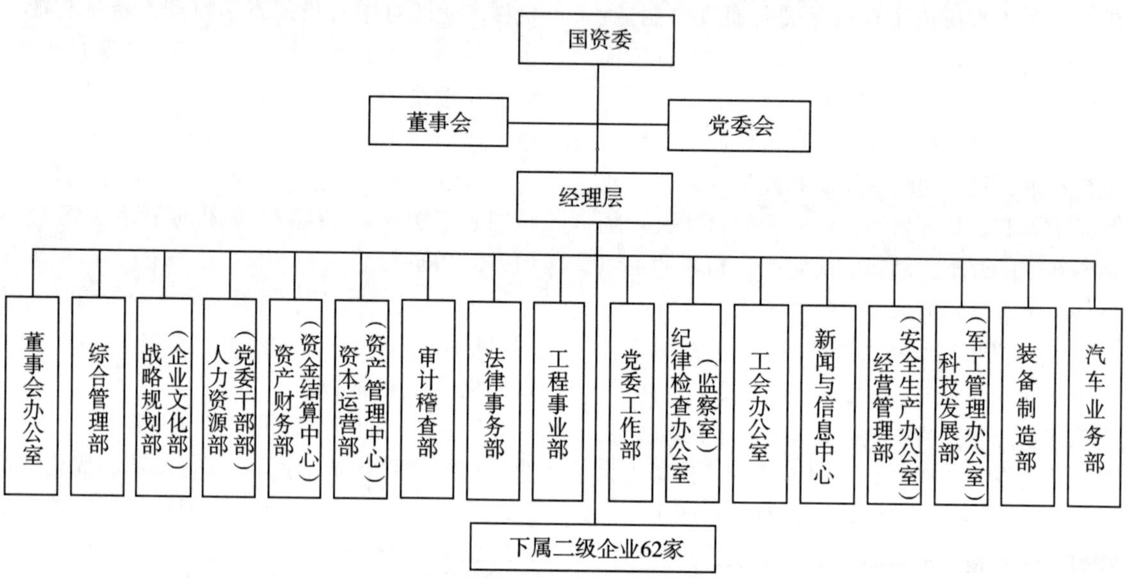

2. 所属企业：国机集团组建之初，以原属机械工业部管理的 26 家工贸公司为主体，随后又陆续有原机械工业部、国土资源部、中国汽车工业总公司、国务院国资委和部分地方国资委管理的企业进入集团。至 2009 年底，累计加入或重组进入国机集团的企业总数达到 83 家。

与此同时，按照调整产业布局、完善产业链条、减少管理层次、提升管理效率的要求，在集团的统一组织下，从 1999 年开始，陆续开展一系列内部资产重组和资源整合工作，集团直接管理的二级子公司数量始终处于变化的状态。至 2009 年底，国机集团共有全资及控股子公司 62 家，三级子公司 351 家，四级子公司 155 家。其中控股上市公司 6 家。

【办公地址】 1997 年成立至 2005 年 10 月 19 日，集团总部在位于北京市西城区三里河南五巷 1 号办公。2005 年 10 月 20 日，集团总部迁入位于北京市中关村丹棱街 3 号的国机集团大厦。

【品牌形象】 2000 年，首次完成集团 VI 系统设计，确定了集团品牌形象的基本要素。中文品牌名称为“国机集团”，英文品牌名称为“CNMEG”，标识图形如下图。

2005 年借更名迁址契机，国机集团对企业视觉识别系统进行全新设计，于 2005 年 10 月 20 日发布并启用。中文品牌名称为“国机集团”，英文品牌名称为“SINOMACH”，标识图形如下图。

公司原 LOGO

公司新 LOGO

【历任领导】

1. 历任主要领导。

邵奇惠：1997 年 1 月—1998 年 11 月，任国机集团党组书记。

奚家成：1997 年 1 月—1998 年 2 月，任国机集团总经理。

朱森第：1998 年 2 月—1998 年 10 月，任国机集团董事长、总经理。

高元恩：1998 年 10 月—2001 年 2 月，任国机集团总经理；1998 年 11 月—2001 年 2 月，任国机集团党组书记、董事长。

潘崇义：2001 年 2 月—2001 年 9 月，主持国机集团工作；2001 年 9 月—2004 年 12 月，任国机集团党委书记。

任洪斌：

2001 年 10 月—2004 年 12 月，任国机集团总经理、党委副书记；

2004 年 12 月—2007 年 12 月，任国机集团总经理、党委书记；

2007 年 12 月起，任国机集团董事长、党委副书记。

李延江：2007 年 12 月起，任国机集团董事、党委书记。

徐念沙：2007 年 12 月起，任国机集团副董事长。

徐　建：2007 年 12 月起，任国机集团董事、总经理、总工程师。

2. 2009 年之前曾任职的领导（按姓氏笔画）。

卢　环　权义鲁　孙祖梅　沈克林　李树智
李维城　吴晓华　杨　桦　郎中强　赵风茂
姚明伟　姜承勋　胡桂祥　贾成炳　陶建幸
徐家富　曹忠元　梅振新　蔡惟慈

3. 2009 年在任领导。

任洪斌：董事长、党委副书记；

李延江：董事、党委书记；

徐念沙：副董事长；

徐　建：董事、总经理、总工程师；

谷政协：党委副书记、纪委书记（至 2009 年 11 月）；

陈　志：副总经理（2009 年 8 月起）；

李占永：党委副书记（2009 年 8 月起）、纪委书记（2009 年 11 月起）；

王松林：副总经理；

骆家駹：总会计师；

刘大山：副总经理（至 2009 年 9 月）；

谢　彪：副总经理；

刘大功：副总经理；

刘　冰：董事会秘书；

王淑清：总经理助理；

赵　兵：总经理助理；

王　强：总法律顾问；

丁宏祥：总经理助理（2009 年 7 月起）；

苏维珂：总经理助理（2009 年 7 月起）。

表1 国机集团组建时第一批授权管理的25户企业 单位：万元

序号	企业名称	资产总额	所有者权益	利润总额
1	中国机械设备进出口总公司	752890	120125	8191
2	中国重型机械总公司	39366	8857	475
3	中国电工设备总公司	44670	6416	-41
4	中国机床总公司	82049	13675	553
5	中国通用石化机械工程公司	14380	3750	51
6	中国机械设备成套工程公司	4345	1161	7
7	中国空分设备公司	12605	1340	153
8	中国磨料磨具公司	1415	870	1
9	中国铸造材料公司	747	187	6
10	中国国际热能工程公司	1618	198	-2
11	机电工业上海联销公司	14224	736	25
12	中国包装和食品机械公司	3640	1559	23
13	中国农牧业机械公司	6153	1059	-51
14	中国工程机械成套公司	1741	708	51
15	中国机械基础件成套技术公司	2061	396	2
16	中国自动化控制系统总公司	20729	5016	-842
17	中国机械工业技术总公司	6058	898	28
18	中国机械工业电脑应用技术开发公司	5165	1284	49
19	中国北方专用设备开发公司	1540	751	23
20	中国机电广告公司	594	285	74
21	中工机电发展总公司	3231	614	100
22	凯宁公司	3710	1824	24
23	中国机械工业安装总公司	46169	7158	295
24	中国机械对外经济技术合作总公司	126324	12207	370
25	中国工程农机进出口总公司	90668	35246	4797

注：1. 资料来源：机械经〔1996〕969号文附件。
2. 有关数据为1995年统计数。

表 2　**国机集团成立后加入或重组进入的企业**

企业名称	加入时间	原主管机构	批准文号	备　注
1. 国机技术装备有限责任公司	1998 年 3 月 9 日	机械工业部	机械经〔1998〕182 号	100% 资产划转
2. 机翔房地产开发总公司	同上	同上	同上	同上
3. 深圳中机实业开发中心	同上	同上	同上	同上
4. 机械部设计研究院	同上	同上	同上	同上
5. 中国浦发机械工业股份有限公司	1998 年 3 月 12 日	同上	国家机械工业局国机经〔1998〕238 号	股权划转
6. 北京起重运输机械研究所	1998 年 3 月 19 日	同上	机械政〔1998〕331 号	同上
7. 中国轴承进出口联营公司	1998 年 7 月 2 日	同上	同上	同上
8. 中国电瓷进出口联营公司	同上	同上	同上	同上
9. 中国长江磨床进出口联营公司	同上	同上	同上	同上
10. 中国电线电缆进出口联营公司	1998 年 7 月 6 日	同上	国家机械工业局国机经〔1998〕244 号	同上
11. 中国汽车工业咨询公司	1998 年 10 月 31 日	同上	国家机械工业局国机改〔1998〕554 号	100% 资产划转
12. 机械工业规划研究院	1999 年 3 月	同上	科学技术部、国家经济贸易委员会 国科发政字〔1998〕197 号	同上
13. 哈尔滨电站设备成套设计研究所	同上	同上	同上	同上
14. 合肥通用机械研究院	同上	同上	同上	同上
15. 兰州石油机械研究所	同上	同上	同上	同上
16. 洛阳轴承研究所	同上	同上	同上	同上
17. 天津工程机械研究院	同上	同上	同上	同上
18. 广州机床研究所	同上	同上	同上	同上
19. 郑州磨料磨具磨削研究所	同上	同上	同上	同上
20. 长春试验机研究所	同上	同上	同上	同上
21. 秦皇岛视听机械研究所	同上	同上	同上	同上
22. 兰州电源车辆研究所	同上	同上	同上	同上
23. 济南铸造锻压机械研究所	同上	同上	同上	同上

续表

企业名称	加入时间	原主管机构	批准文号	备　注
24. 沈阳真空技术研究所	同上	同上	同上	同上
25. 沈阳仪器仪表工艺研究所	同上	同上	同上	同上
26. 重庆仪表材料研究所	同上	同上	同上	同上
27. 成都工具研究所	同上	同上	同上	同上
28. 广州电器科学研究所	同上	同上	同上	同上
29. 武汉计算机外部设备研究所	同上	同上		同上
30. 西安重型机械研究所	同上	同上	同上	同上
31. 苏州电加工机床研究所	同上	同上	同上	同上
32. 杭州照相机研究所	同上	同上	同上	同上
33. 中国收获机械总公司	1999 年 6 月	同上	—	新联集团与中国农牧业机械公司重组成立
34. 中国地质装备总公司	1999 年 9 月	国土资源部	—	100% 资产划转
35. 天津电气传动设计研究所	2000 年 1 月	机械工业部	—	同上
36. 桂林电器科学研究所	2000 年 1 月	同上	—	同上
37. 北京汽车工业发展研究所	—	同上	—	同上
38. 机械工业部设计研究院	2000 年 11 月	同上	国办发〔2000〕71 号	同上
39. 机械工业部第二设计研究院	同上	同上	同上	同上
40. 机械工业部第三设计研究院	同上	同上	同上	同上
41. 机械工业部第四设计研究院	同上	同上	同上	同上
42. 机械工业部第五设计研究院	同上	同上	同上	同上
43. 机械工业部第六设计研究院	同上	同上	同上	同上
44. 机械工业部第十一设计研究院	同上	同上	同上	同上
45. 机械工业部勘察研究院	同上	同上	同上	同上
46. 中国汽车工业进出口总公司	2003 年 11 月	中国汽车工业总公司	国资改革函〔2003〕358 号	同上

续表

企业名称	加入时间	原主管机构	批准文号	备　注
47. 中汽对外经济技术合作公司	同上	同上	同上	同上
48. 北京西岭宾馆	同上	同上	同上	同上
49. 中汽人才交流中心	同上	同上	同上	同上
50. 中汽汽车及配件销售职业培训服务有限公司	同上	同上	同上	同上
51. 中国汽车零部件工业联营公司	同上	同上	同上	同上
52. 中国进口汽车贸易中心	2004 年 4 月	国务院国资委	国资改革〔2004〕281 号	同上
53. 中机国际工程设计研究院	2004 年 7 月	国务院国资委	国资改革〔2004〕552 号	同上
54. 中国福马机械集团有限公司	2008 年 2 月	国务院国资委	国资改革〔2008〕97 号	同上
55. 中国海洋航空集团公司	2008 年 2 月	国务院国资委	国资改革〔2008〕98 号	同上
56. 中国一拖集团有限公司	2008 年 2 月	洛阳市国资委	国资改革〔2008〕177 号	同上
57. 长沙汽电汽车零部件有限公司	2009 年 1 月	湖南省国资委	国资产权〔2009〕13 号	同上
58. 中国农业机械化科学研究院	2009 年 7 月	国务院国资委	国资改革〔2009〕489 号	同上

表3 国机集团及所属二级企业名单及代码（截至2009年12月31日）

序　号	企业名称	企业代码	企业级次
	中国机械工业集团有限公司	10000803－4	1
1	中国机械设备进出口总公司	10000071—0	2
2	中国福马机械集团有限公司	100001844	2
3	中国海洋航空集团有限公司	10000337－2	2
4	中国地质装备总公司	10174387－4	2
5	中国收获机械总公司	10000313－7	2
6	新疆中收农牧机械公司	22858028－3	2
7	中国机械工业建设总公司	10000196－7	2
8	中国机床总公司	10000240－9	2
9	中国重型机械总公司	10000004－0	2
10	中国电工设备总公司	10162110－5	2
11	中国通用机械工程总公司	10000066－3	2
12	中国自动化控制系统总公司	10000164－1	2
13	中国机械工业成套工程总公司	100003735	2
14	国机财务有限责任公司	10001934X	2
15	中国进口汽车贸易有限公司	10200517－9	2
16	中国汽车工业进出口总公司	100001166	2
17	中国汽车工业国际合作总公司	10000801－8	2
18	北京中汽京田汽车贸易有限公司	72261375－7	2
19	北京国机隆盛汽车有限公司	77639039－2	2
20	机翔房地产开发公司	10001494－4	2
21	中国中元国际工程公司	10000644－2	2
22	北京起重运输机械设计研究院	40000178－2	2
23	中国一拖集团有限公司	16995805－4	2
24	江苏苏美达集团公司	134762166	2
25	中国浦发机械工业股份有限公司	132205323	2
26	中国工程机械总公司	1000684－8	2
27	中国磨料磨具进出口公司	10000061－4	2
28	深圳中机实业有限公司	192174581	2
29	洛阳中收机械装备有限公司	79191005－0	2
30	长沙汽电汽车零部件有限公司	77009148－X	2
31	中国联合工程公司	10000163－3	2
32	中国汽车工业工程公司	780345964	2
33	机械工业第六设计研究院	17005429－8	2
34	长春机械科学研究院有限公司	72316305－7	2
35	沈阳仪表科学研究院	81788843－8	2
36	合肥通用机械研究院	70505480－X	2
37	甘肃蓝科石化高新装备股份有限公司	22452909－3	2

续表

序　号	企业名称	企业代码	企业级次
38	兰州电源车辆研究所有限公司	22447835－3	2
39	洛阳轴研科技股份有限公司	73386110－7	2
40	郑州磨料磨具磨削研究所	41604769－7	2
41	天津电气传动设计研究所	40136028－5	2
42	中国电器科学研究院	100006899	2
43	广州机械科学研究院	45586124－5	2
44	济南铸造锻压机械研究所	49300080－9	2
45	重庆仪表材料研究所	203207909	2
46	成都工具研究所	201959066	2
47	中国重型机械研究院有限公司	16305212－0	2
48	苏州电加工机床研究所有限公司	74069536－2	2
49	桂林电器科学研究所	49867232－1	2
50	中国机械对外经济技术合作总公司	10000047－0	2
51	兰州石油机械研究所	43800118－X	2
52	中国工程与农业机械进出口有限公司	10000067－3	2
53	北京国机丰盛汽车有限公司	66560463－4	2
54	中国汽车零部件工业公司	10000362－0	2
55	中国如意技贸中心	10122895－2	2
56	中汽凯瑞贸易有限公司	710922368	2
57	中国轴承进出口联营公司	100000622	2
58	中国农业机械化科学研究院	40000158X	2
59	成都工研科技股份有限公司	733432652	2
60	中工国际工程股份有限公司	710928321	2
61	中国空分设备有限公司	10000001－6	2
62	北京华隆进出口公司	10112162－9	2

注：中国机械对外经济技术合作总公司、中国工程与农业机械进出口有限公司、中国如意技贸中心、新疆中收农牧机械公司、中汽凯瑞贸易有限公司、中国空分设备有限公司、兰州石油机械研究所、中国汽车零部件工业公司、中国轴承进出口联营公司、国机技术装备有限公司等企业分别由中国机械设备进出口总公司、中工国际工程股份有限公司、中国机床总公司、中国收获机械总公司、中国汽车工业进出口总公司、中国浦发机械工业股份有限公司、甘肃蓝科石化高新装备股份有限公司、广州机械科学研究院、中国机械工业建设总公司等企业托管，并比照后者子公司进行管理。

表 4　　国机集团控股的上市公司（截至 2009 年 12 月 31 日）

公司名称	证券交易所	股票代码
第一拖拉机股份有限公司	香港证券交易所	00038
常林股份有限公司	上海证券交易所	600710
林海股份有限公司	上海证券交易所	600099
鼎盛天工工程机械股份有限公司	上海证券交易所	600335
洛阳轴研科技股份有限公司	深圳证券交易所	002046
中工国际工程股份有限公司	深圳证券交易所	002051

1997—2008年发展情况

发展综述

【总体概况】 国机集团自成立以来，大致经历两个主要发展阶段。

第一个阶段（1997年至2001年）：新的管理体系和运行机制建立阶段。

该阶段主要工作包括：搭建组织架构；吸纳和接收原机械部直属的企事业单位，理顺各种关系；建章立制，建立集团内部管理体系和运行机制；整合资源，转变职能。初步形成了科、工、贸一体的集团架构，从而为下一步的发展奠定了基础。

第二阶段（2002年以来）：以经营为中心的全面改革创新和快速发展阶段。

该阶段提出“加速实现集团母公司管理功能由单纯行政管理向企业型管理转变；加速实现集团由经营力量分散、经营无序向由集团牵头组织协调、优势互补、共同开拓市场的转变；加速实现集团资本由分散状态向统一合理配置转变”的发展方针，围绕这一方针，国机集团全面推动经营创新和管理创新，先后实施一系列重大改革举措，主要包括：推进人事制度改革、实施资本收益管理、开展非实体经营、创建财务公司、明确“一体两翼”和“三大主业”发展战略、加快企业内外部重组力度、加快企业改制上市步伐、强化科技创新和科技产业发展、推进内部合作和产业协同、提出三年再造一个“新国机”发展目标、加强企业文化和品牌建设、加强企业党建和精神文明建设，等等。在这些重大改革发展举措的有力推动下，国机集团实现了跨越式发展。

【主要指标】 由于国机集团是依靠政府行政手段组合起来的集团公司，组建之初，业务分散，企业规模参差不齐，实力相差悬殊，缺乏凝聚力和整体竞争力。针对存在的上述问题，从2001年开始，集团把资源整合和组织架构再造作为改革发展的关键点和突破口，明确了战略目标，通过内外部重组，引进增量、调整存量，使集团产业布局和内部结构得到不断优化，集团对子公司的控制力更强、决策反应更快、管理更为科学。

与此同时，集团大力实施“走出去”战略、“科技兴企”战略、“人才强企”战略，加强管理创新和经营创新，加大市场开发和科技投入力度，使机械装备研发与制造、工程承包、贸易与服务三大主业发展迅速，均形成在各自领域的核心竞争力。国机集团整体保持了持续、快速、稳定、健康发展，实现了国有资产的保值增值。尤其是2002年以来，国机集团主要发展指标连续保持高速增长，无论是企业规模和国际国内影响力均得到前所未有的快速提升。

截至2008年12月31日，国机集团总资产805.14亿元、主营业务收入974.17亿元、进出额63亿美元、利润总额38.71亿元，分别是1997年集团成立时的5.8倍、10.9倍、5.3倍、36.9倍。

1997—2008 年国机集团主要经济指标

单位:万元

项　目	1997 年	1998 年	1999 年	2000 年	2001 年	2002 年
资产总额(万元)	1401804.00	1496677.00	1701629.60	2156174.72	2310353.84	2559201.49
净资产(万元)	281607.00	319396.90	315412.00	312988.09	374924.71	413880.61
营业收入(万元)	887043.00	953258.00	953162.70	1270950.41	1418506.19	1732096.97
利润总额(万元)	10464.00	18427.00	11583.70	25337.76	40110.35	45587.46
进出口总额(亿美元)		13.01	11.59	14.51	17.41	21.68
技术开发投入(万元)					10105.50	8804.18
利税总额(万元)					75299.80	82093.40
全员劳动生产率(万元/人·年)					4.24	4.30
净资产收益率(%)				1.74	6.21	5.11
总资产报酬率(%)					2.98	2.59
国有资产保值增值率(%)					106.29	107.67

项　目	2003 年	2004 年	2005 年	2006 年	2007 年	2008 年
资产总额(万元)	2816729.07	2906244.23	3267920.49	4177109.79	6105797.91	8051402.11
净资产(万元)	489464.99	365466.16	431794.58	522445.82	1280954.65	1882262.66
营业收入(万元)	2054720.00	2670121.31	3423596.56	4650196.46	6830273.35	9741657.57
利润总额(万元)	26723.98	66697.11	95257.92	143423.85	327943.87	387090.18
进出口总额(亿美元)	23.01	25.74	36.77	46.14	56.97	63.10
技术开发投入(万元)	15651.41	21219.89	99354.64	115101.00	151809.75	204317.46
利税总额(万元)	98762.88	237793.94	359480.33	533237.25	568841.86	747993.49
全员劳动生产率(万元/人·年)	4.65	5.48	8.35	12.62	13.34	9.19
净资产收益率(%)	0.9	13.1	13.6	15.0	21.6	15.1
总资产报酬率(%)	2.1	3.2	3.8	4.6	6.7	5.9
国有资产保值增值率(%)	104.0	114.5	114.5	124.8	125.9	116.3

【行业排名】 国机集团的快速发展使得企业规模不断扩大，国机集团的市场竞争力、价值创造力、社会影响力和企业凝聚力都获得了大幅度提升，成为引领中国机械工业发展的重要力量。2008年度国机集团主要排名情况：

1. 在中国企业排名：2008 年中国企业 500 强第 67 位。

2. 在中国机械行业排名：2008 年中国机械工业 500 强第一位。

3. 在国际工程方面的排名：2008 年“全球 225 家最大国际承包商”排名第 48 位，较上年提高 7 位，在入选的中国企业中位列第 3 位；2008 年“全球 200 强工程咨询设计企业”排名第 87 位，较上年提高 5 位，在入选的中国内地公司中排名第 3 位。

4. 在中国进出口企业排名：2008 年中国进出口 500 强第 22 位；2008 年中国出口 200 强第 12 位。

5. 国资委业绩考核情况：国机集团以其良好的发展，在国资委 2008 年度中央企业业绩考核中，首次进入 A 级企业行列。

主业经营

【总体概况】 1997—2000 年，国机集团各主要所属企业都在经历着从传统计划经济经营模式向市场经济经营模式的深度转变过程之中，各项经营工作虽有一定的基础和实力，但相对薄弱，且受各种历史遗留问题及当时国际国内环境的影响，经营业绩起伏波动较大。1998 年当时 31 家所属企业销售收入总额为 95.3 亿元，利润总额 1.63 亿元，进出口总额 13.01 亿美元。自 2001 年开始，国机集团在新任领导班子的带领下，坚持市场导向，把握时机，锐意进取，经营工作取得显著成绩。2008 年，实现主营业务收入 974 亿元，年均增长 31.4%；利润总额 38.7 亿元，年均增长 38.2%；进出口总额 63.1 亿美元，年均增长 20.2%。

【主业及构成】 经过多年业务整合后，国机集团形成了机械装备研发与制造、工程承包、贸易与服务三大主业。

表 1　2008 年国机集团三大主业业务构成情况

业务分类名　称	业务收入		毛利润	
	数量（亿元）	比重（%）	数量（亿元）	比重（%）
机械装备研发与制造	186	20	31	32
工程承包	334	36	31	32
贸易与服务	412	44	34	36

注：表中数据为 2008 年经营快报数，按业务类别口径统计。

【机械装备研发与制造】 国机集团是中国最大的农业机械、林业机械、地质装备制造企业，以及最重要的工程机械制造企业之一，众多市场领先的优秀产品远销世界各地。同时拥有在重型机械、电站设备、石化通用、机床工具、汽车工程、机械基础件、仪器仪表及环保设备等领域强大的研发能力和系统集成能力，向国内外市场提供了一大批具有重大影响力的装备和技术。

国机集团装备研发与制造业务由制造企业和科研院所研发业务等两个部分组成，经历了由小变大、由弱变强的发展历程。1999 年，装备研发与制造业务实现销售收入 13 亿元，利润总额 2900 万元；至 2008 年，国机集团装备研发制造业务实现主营业务收入 186 亿元，占集团当年整体比重的 20%，实现毛利润 30.7 亿元，占集团当年整体比重达 32%。

国机集团机械装备制造业发展初期，只有中国收获机械总公司的收获机械制造业务、中国地质装备总公司的地质装备制造业务；2004 年，天津工程机械研究院以承担 1.59 亿元债务的方式，无偿受让中国对外建设总公司所持“中外建发展股份有限公司”的全部国有法人股股权，经重组后，更名为鼎盛天工工程机械股份有限公司；2005 年，由天津工程机械研究院、中国工程机械成套公司重组设立中国工程机械总公司，经营工程机械业务；2006 年，国机集团投资设立洛阳中收机械装备有限公司，经营收获机械业务；2008 年，中国福马机械集团有限公司、中国一拖集团有限公司进入国机集团。至此，国机集团装备制造归口管理企业共六户，国机集团的装备制造业务进一步壮大。2008年，六家装备制造部归口管理的企业完成工业总产值122.5亿元，实现工业销售产值118.7亿元。

国机集团所属的20多家原机械工业部骨干科研院所，涉及机械行业的众多领域。经科学规划、增加投入、营造环境、搭建平台，各院所逐渐发展为科技型企业，科技产业得到了持续、快速、健康的发展。2008年集团科技型企业（含中国工程机械总公司）主营业务收入和利润分别达到105.9亿元和7.18亿元，是2001年的5.7倍和10.1倍。

随着国机集团装备研发与制造业务的快速发展，结合国家振兴装备制造业发展规划和自身资源条件，2008年，国机集团的发展战略从以工程承包为主体，以科研开发和国内外贸易为两翼的“一体两翼”转变为“机械装备研发与制造、工程承包、贸易与服务”三大主业，装备研发与制造业务在国机集团发展战略中的地位进一步凸现。

1. 机械装备制造企业的业务情况。

（1）主要装备制造企业：中国一拖集团有限公司、中国福马机械集团有限公司、中国工程机械总公司、中国地质装备总公司、中国收获机械总公司、洛阳中收机械装备有限公司。

在装备制造领域企业所属子公司中，有第一拖拉机股份有限公司、常林股份有限公司、林海股份有限公司、鼎盛天工工程机械股份有限公司等4家上市公司。

（2）装备制造业务主要领域及市场情况。

农业机械。农业机械是国机集团装备制造业务中规模最大、产业链最完善、制造能力最强的业务领域，综合实力和影响力居于国内首位。主要产品有履带拖拉机、大轮拖、中轮拖、小轮拖、小麦收割机、玉米收割机、水稻收获机以及其他农牧业机械和农机具。从事农业机械制造的企业主要有：中国一拖集团有限公司、中国收获机械总公司、洛阳中收机械装备有限公司、中国农业机械化科学研究院等企业。

工程机械。工程机械在国机集团装备制造业务中规模居第二位。主要产品有装载机、压路机、平地机、推土机、摊铺机、叉车等。从事工程机械制造的企业主要有：中国福马机械集团有限公司、中国一拖集团有限公司、中国工程机械总公司等三户企业。

林业机械。研发、制造综合实力位居全国同行业第一。主要产品有营林机械、风力灭火机、泵、人造板成套设备等。从事林业机械生产、经营的企业为中国福马机械集团有限公司。

地质装备。研发、制造综合实力位居全国同行业第一。主要产品有钻机、泵、钻具、地质仪器等。地质装备的生产、经营企业为中国地质装备总公司。

内燃机。主要产品有柴油机、小汽油机。生产、经营企业为中国一拖集团有限公司和中国福马机械集团有限公司。在自配的同时，向社会配套。

车辆。主要产品为专用车、改装车、摩托车。中国一拖集团有限公司生产经营专用汽车和汽车改装车，中国福马机械集团有限公司生产经营摩托车、特种车。

2. 机械装备研发业务情况：见本年鉴“科技发展”。

【工程承包】 工程承包业务是国机集团传统、优势业务，在国机集团产业结构中具有重要地位。

国机集团是国家开展对外工程承包、发展对外经济技术合作、实施“走出去”战略的重要践行者与代表者之一。在经济全球化和中国改革开放不断深入的大背景下，国机集团大力实施“走出去”战略，以中国机械设备进出口总公司为代表的一批工程与贸易企业，利用自身资金、渠道、市场、技术和人才优势，加快海外工程市场开发和大型成套设备出口业务，先后完成了千余项对外大型“交钥匙”工程和设备成套项目。特别是自2002年以来，集团的工程承包业务进入一个较快的发展阶段，新签合同额不断攀升，一批重大海外工程项目先后签约，市场及业务领域不断扩大，在国际国内的市场影响力持续提升。

2008年，工程承包和工程设计业务实现主营业务收入334亿元，实现毛利润31亿元；2008年实现新签工程成套项目合同额95.48亿美元，其中新签1亿美元以上项目22个，合同总金额71.08亿美元。2008年，在手执行项目936个，合同总金额177亿美元（境外项目292个，合同总金额152亿美元），其中超过1亿美元的项目达到27个，合同总金额88.18亿美元。

表2　2002—2008 年国机集团工程承包和工程设计国际排名情况

年　度	ENR 全球 225 家最大国际工程承包商	ENR 全球 200 强工程设计咨询公司
2002	50	112
2003	42	93
2004	37	94
2005	47	90
2006	50	97
2007	55	92
2008	48	87

注：国机集团从 2002 年开始参加 ENR 排名。

1. 工程承包主要领域。

主要包括：电力、冶金矿山、石化通用、工业、交通、通讯、环境、农业、轻工纺织、建材、物流、文教卫生体育等领域的工程总承包建设，形成了涵盖工程规划、设计、勘察、施工、监理、设备采购供货、系统集成、人员培训、运行管理等完整产业链条。其中：海外电站工程总承包是国机集团最重要的工程领域，在国际国内具有重要影响力；在国内工业、汽车、烟草、物流、医疗等领域的工程规划和设计处于市场领先地位。

2. 主要区域及国别市场。

国机集团工程承包业务主要集中在东南亚、中东及非洲地区。以 2008 年底正在执行项目为例，上述三地区占在手执行合同金额的 88.7%。这些项目分布在 62 个国家和地区，从国别来看，除中国本土外（合同总金额占比 14.6%，下同），项目比较集中的国家有印度尼西亚（10.4%）、土耳其（8.2%）、刚果（6.7%）、安哥拉（6.4%）、赤道几内亚（6.1%）等。

3. 主要工程总承包及勘察、设计企业：中国机械设备进出口总公司、中工国际工程股份有限公司、中国海洋航空集团公司、中国机械工业建设总公司、中国重型机械总公司、中工电工设备总公司、中国通用机械工程总公司、中国机械工业成套工程总公司、中国自动化控制系统总公司、中国中元国际工程公司、中国联合工程公司、中国汽车工业工程公司、机械工业第六设计研究院。

表3　2000—2008 年国机集团重大工程承包项目合同概况

年　度	新签合同额（万美元）	其中：境外合同额（万美元）	合同个数	其中：境外合同个数
2000	27967	27967	2	2
2001	47857	46791	10	7
2002	73918	68474	28	13
2003	154835	109318	61	23
2004	186969	142133	153	43
2005	411380	352951	250	73
2006	677099	594320	467	142
2007	909195	801949	429	116
2008	954831	848180	433	119

注：1. 此处“工程承包”项目包含传统的工程总承包、工程分包、成套设备供货、船舶出口、设计咨询等项目；

2. 统计项目范围为：合同金额（或折算值）100 万美元以上的工程承包、成套设备供货及船舶制造项目，项目投资额（或折算值）1 亿人民币以上的设计咨询项目。

表 4 **2001—2008 年国机集团 1 亿美元以上项目**

序号	签约时间	项目名称	签约单位	国　别	合同金额(万美元)
1	2001 年 8 月	刚果英布鲁水电站项目	中国机械设备进出口总公司	刚果	34000
2	2002 年 3 月	Omotosho335MW 燃机电站	中国机械设备进出口总公司	尼日利亚	17372
3	2002 年 7 月	委内瑞拉法肯州输水工程	中国工程与农业机械进出口总公司	委内瑞拉	10000
4	2003 年 12 月	菲律宾北吕宋铁路项目一期一段	中国机械工业集团公司	菲律宾	42105
5	2003 年 10 月	印尼北苏风港燃煤电站	中国机械设备进出口总公司	印度尼西亚	23354
6	2003 年 10 月	通钢热轧超薄带钢生产线工程	中国重型机械总公司	中国	13564
7	2004 年 12 月	苏丹 GARRI 4 2×55MW 石油焦电站	中国机械设备进出口总公司	苏丹	12941
8	2004 年 12 月	苏丹 ROSEIERES – KHARTOUM 输变电线路	中国机械设备进出口总公司	苏丹	21487
9	2005 年 4 月	苏丹喀土穆北电站三期扩建	中国机械设备进出口总公司	苏丹	17500
10	2005 年 12 月	特多铝厂	中国机械设备进出口总公司	特立尼达和多巴哥	40400
11	2005 年 7 月	印度 GCW4×23MW 电厂	中国机械设备进出口总公司	印度	10776
12	2005 年 4 月	尼泊尔水电站	中国机械设备进出口总公司	尼泊尔	111500
13	2005 年 6 月	苏丹港供水项目	中国机械设备进出口总公司	苏丹	46785
14	2006 年 11 月	菲律宾北吕宋铁路项目一期二段	中国机械工业集团公司	菲律宾	58691
15	2006 年 3 月	马来西亚沐胶 2×135MW 电站项目	中国机械设备进出口总公司	马来西亚	19390
16	2006 年 3 月	刚果英布鲁输变电项目	中国机械设备进出口总公司	刚果	64883
17	2006 年 6 月	政府网	中国机械设备进出口总公司	塞内加尔	11000
18	2006 年 3 月	普特拉姆火电站	中国机械设备进出口总公司	斯里兰卡	45500
19	2006 年 8 月	土耳其 BIGA 二期电站	中国机械设备进出口总公司	土耳其	13805
20	2006 年 7 月	老挝 XEPONE 水电站项目	中国机械设备进出口总公司	老挝	20000
21	2006 年 12 月	赤道几内亚马拉博城网改造项目	中国机械设备进出口总公司	赤道几内亚	28871

续表

序号	签约时间	项目名称	签约单位	国　别	合同金额(万美元)
22	2007 年 7 月	安哥拉教育部一期补充工程	中国机械工业集团公司	安哥拉	10300
23	2007 年 4 月	赤道几内亚吉布劳水电站输变电工程项目	中国机械工业集团公司	赤道几内亚	64722
24	2007 年 1 月	也门巴吉尔水泥厂	中国机械设备进出口总公司	也门共和国	11300
25	2007 年 4 月	尼日利亚联合循环热电联供电站	中国机械设备进出口总公司	尼日利亚	45042
26	2007 年 7 月	刚果吉利水厂项目	中国机械设备进出口总公司	刚果	19043
27	2007 年 3 月	巴基斯坦 20 万千瓦电站	中国机械设备进出口总公司	巴基斯坦	15720
28	2007 年 3 月	土耳其 600MW 电站 2 号	中国机械设备进出口总公司	土耳其	30100
29	2007 年 3 月	土耳其 EREN 600MW 电站 1 号	中国机械设备进出口总公司	土耳其	31160
30	2007 年 4 月	刚果(金)Inga 变电站及 Kinshasa 变电站建设项目	中国机械设备进出口总公司	刚果	12898
31	2007 年 8 月	罗安达市城市电网改造四期	中国机械设备进出口总公司	安哥拉	17709
32	2007 年 4 月	刚果(金)Inga – kinshasa500kv,260km 输变电项目	中国机械设备进出口总公司	刚果	26708
33	2007 年 8 月	海南金海浆纸业有限公司动力厂二期扩建工程	中国电工设备总公司	中国	11625
34	2007 年 3 月	越南大青水电站 2 × 30MW + 2 × 40MW	中国电工设备总公司	越南	12000
35	2007 年 11 月	阿塞拜疆火电站大修(7 × 300MW)项目	中国电工设备总公司	亚洲其他国家(地区)	18359.61
36	2007 年 3 月	印尼 3 × 330MW 火电项目	中国电工设备总公司	印度尼西亚	86000
37	2008 年 12 月	安哥拉卡宾达基础设施一期工程建设项目	中国机械工业集团公司	安哥拉	27577.16
38	2008 年 1 月	利比亚 ZAWIYAH 市住宅建设项目	中国机械工业集团公司	利比亚	62600
39	2008 年 1 月	巴基斯坦 N – J 水电站	中国机械设备进出口总公司	巴基斯坦	49800
40	2008 年 12 月	苏丹 AFLUFA 电力项目	中国机械设备进出口总公司	苏丹	68033
41	2008 年 5 月	巴基斯坦 DCL 电站	中国机械设备进出口总公司	巴基斯坦	10896
42	2008 年 6 月	巴基斯坦 GEL 电站	中国机械设备进出口总公司	巴基斯坦	16244

续表

序号	签约时间	项目名称	签约单位	国　别	合同金额(万美元)
43	2008 年 1 月	土耳其 SILOPI 电站二期	中国机械设备进出口总公司	土耳其	23000
44	2008 年 2 月	土耳其 BIGA 三期 2 号机组	中国机械设备进出口总公司	土耳其	32400
45	2008 年 2 月	土耳其 BIGA 三期 1 号机组	中国机械设备进出口总公司	土耳其	34600
46	2008 年 5 月	喀麦隆体育设施项目	中国机械设备进出口总公司	喀麦隆	27233
47	2008 年 7 月	安哥拉卡宾达公路	中国机械设备进出口总公司	安哥拉	15228
48	2008 年 11 月	印度尼西亚 T. J. AWAR－AWAR(2×350MW)电站	中国机械工业建设总公司	印度尼西亚	16375
49	2008 年 1 月	印尼加里曼丹岛 2×60MW 火力发电站	中国重型机械总公司	印度尼西亚	13200
50	2008 年 1 月	尼日利亚木薯酒精加工项目(2 个)	中国重型机械总公司	尼日利亚	14000
51	2008 年 6 月	柬埔寨达岱水电站 BOT 项目	中国重型机械总公司	柬埔寨	54000
52	2008 年 7 月	马来西亚沙巴州亚庇 190MW 联合循环电站	中国电工设备总公司	马来西亚	12000
53	2008 年 8 月	印尼 BANJARSARI2×135MW 电站	中国电工设备总公司	印度尼西亚	24300
54	2008 年 3 月	马来西亚沙巴州火电站电站 4×84MW 机组	中国电工设备总公司	马来西亚	31000
55	2008 年 4 月	印尼 2×350MW 火电项目	中国电工设备总公司	印度尼西亚	58800
56	2008 年 11 月	博茨瓦纳 Morupule B 4×150MW 电站 EPC 项目	中国电工设备总公司	博茨瓦那	97000
57	2008 年 7 月	杭州市卫生事业发展中心下沙医院建设工程项目	中国联合工程公司	中国	11250
58	2008 年 7 月	杭州市滨江医院筹建处滨江医院建设工程项目	中国联合工程公司	中国	11250

注:上述多数项目都已生效并执行,部分项目已经执行完毕。

表5　　**2008年国机集团在手执行1亿美元以上项目**　　单位:万美元

序号	项目名称	执行单位	国别	签约日期	生效日期	合同金额
1	安哥拉教育部一期补充工程	中国机械工业集团公司	安哥拉	2007年7月	2008年6月	10300
2	菲律宾北吕宋铁路项目一期一段	中国机械工业集团公司	菲律宾	2003年12月	2004年7月	42105
3	利比亚 ZAWIYAH 市住宅建设项目	中国机械工业集团公司	利比亚	2008年1月	2008年5月	62600
4	赤道几内亚吉布劳水电站输变电工程项目	中国机械工业集团公司	赤道几内亚	2007年4月	2008年10月	64722
5	苏丹喀士穆北电站三期扩建	中国机械设备进出口总公司	苏丹	2005年4月	2007年1月	17500
6	萨哈拉丁电站1号机组	中国机械设备进出口总公司	伊拉克	2000年3月	2001年5月	26000
7	巴基斯坦 N－J 水电站	中国机械设备进出口总公司	巴基斯坦	2008年1月	2008年4月	49800
8	印度 GCW4×23MW 电厂	中国机械设备进出口总公司	印度	2005年7月	2005年7月	10776
9	马来西亚沐胶2×135MW 电站项目	中国机械设备进出口总公司	马来西亚	2006年3月	2006年4月	19390
10	刚果英布鲁水电站项目	中国机械设备进出口总公司	刚果	2001年8月	2004年11月	34000
11	刚果英布鲁输变电项目	中国机械设备进出口总公司	刚果	2006年3月	2007年12月	64883
12	苏丹 GARRI 4 2×55MW 石油焦电站	中国机械设备进出口总公司	苏丹	2004年12月	2006年9月	12941
13	苏丹 ROSEIERES－KHARTOUM 输变电线路	中国机械设备进出口总公司	苏丹	2004年12月	2006年4月	21487
14	普特拉姆火电站	中国机械设备进出口总公司	斯里兰卡	2006年3月	2007年7月	45500
15	土耳其 BIGA 二期电站	中国机械设备进出口总公司	土耳其	2006年8月	2007年1月	13805
16	巴基斯坦20万千瓦电站	中国机械设备进出口总公司	巴基斯坦	2007年3月	2007年9月	15720
17	印尼北苏风港燃煤电站	中国机械设备进出口总公司	印度尼西亚	2003年10月	2005年3月	23354
18	土耳其600MW 电站2号	中国机械设备进出口总公司	土耳其	2007年3月	2007年12月	30100
19	土耳其 EREN 600MW 电站1号	中国机械设备进出口总公司	土耳其	2007年3月	2007年7月	31160
20	土耳其 BIGA 三期1号机组	中国机械设备进出口总公司	土耳其	2008年2月	2008年5月	34600
21	赤道几内亚马拉博城网改造项目	中国机械设备进出口总公司	赤道几内亚	2006年12月	2008年1月	28871
22	印度尼西亚 T. J. AWAR－AWAR(2×350MW)电站	中国机械工业建设总公司	印度尼西亚	2008年11月	2008年11月	16375
23	海南金海浆纸业有限公司动力厂二期扩建工程	中国电工设备总公司	中国	2007年8月	2007年8月	11625
24	阿塞拜疆火电站大修(7×300MW)项目	中国电工设备总公司	亚洲其他国家(地区)	2007年11月	2007年12月	18360
25	马来西亚沙巴州火电站电站4×84MW 机组	中国电工设备总公司	马来西亚	2008年3月	2008年5月	31000
26	印尼2×350MW 火电项目	中国电工设备总公司	印度尼西亚	2008年4月	2008年8月	58800
27	印尼3×330MW 火电项目	中国电工设备总公司	印度尼西亚	2007年3月	2007年3月	86000

【贸易与服务】 国内外贸易，特别是进出口贸易一直是国机集团的传统主导业务，在国机集团的产业结构中有重要地位。

在国机集团的企业群中聚集了原机械工业部众多窗口公司，具备丰富的国际市场经验和众多外贸人才。国机集团贸易企业根据国际市场和中国外贸形势的变化趋势，不断转变经营方式、调整产品结构，增强核心服务能力，经过12年的发展，内、外贸规模迅速扩大。

按经营快报数统计，2008年，国内外贸易业务实现主营业务收入412亿元（其中国内贸易179亿元），占集团整体比重44%；实现毛利润34亿元，占集团整体比重的36%。年进出口总额从1998年的13.01亿美元增长到2008年的63.10亿美元，增长了4.85倍。

国机集团基本形成以机电设备为主导的贸易产品多元化、贸易方式多样化和贸易市场全球化的格局，成为中国机电产品出口和国外先进技术和产品引进的重要窗口，是中国最大的汽车贸易服务商、中国机械工业最大的进出口贸易企业，机电产品的进出口贸易量多年来都排在机械工业行业首位。

1. 主要贸易与服务领域。

主要包括机电产品贸易和汽车服务贸易，涉及机械、电子、汽车、船舶、轻工、纺织等众多领域。主要产品包括：成套设备、电站设备、船舶、农业机械、工程机械、机床工具、电动工具、园林工具、机床、风电设备、太阳能光伏组件、建材、服装、电子产品；汽车整车、汽车零部件；机电产品展览及汽车展览等。

表6 1998—2008年国机集团进出口额情况

年 度	进出口总额（亿美元）	其中：出口额（亿美元）	其中：进口额（亿美元）
1998	13.01	8.57	4.44
1999	11.59	8.06	3.53
2000	14.51	9.97	4.54
2001	17.41	11.66	5.75
2002	21.68	13.82	7.86
2003	23.01	14.67	8.34
2004	25.74	16.21	9.53
2005	36.77	22.78	13.99
2006	46.14	30.37	15.77
2007	56.97	40.94	16.03
2008	63.10	47.18	15.92

注：上述进出口总额包含境外工程承包项目实现的进出口额。

表7 2002—2008年国机集团进出口额全国排名情况

年 度	商务部全国进出口企业500强	商务部全国出口企业200强
2002	15	8
2003	31	22
2004	34	25
2005	28	25
2006	27	22
2007	26	14
2008	22	12

2. 主要贸易与服务类企业：江苏苏美达集团公司、中国进口汽车贸易有限公司、中国机械设备进出口总公司、中工国际工程股份有限公司、中国汽车工业进出口总公司、中国汽车工业国际合作总公司、中国机床总公司、中国浦发机械工业股份有限公司、中国磨料磨具进出口公司。

3. 汽车服务贸易。

汽车服务贸易是国机集团的重要贸易领域，经历了从小到大，由弱到强的发展过程。集团组建之初，与汽车相关业务的主要业务为汽车工程设计咨询及零部件检测等。随着2003年11月原中国汽车工业总公司所属六家企业、2004年4月中国进口汽车贸易中心等汽车企业重组进入集团，国机集团汽车服务贸易业务板块初步形成。

2003年，国机集团提出“为造车人服务，为用车人服务”的汽车产业发展理念，紧密围绕“汽车服务贸易、汽车装备制造及研发检测和汽车金融服务”三大业务体系，不断提升核心能力，着力打造中国汽车服务贸易领先企业。经过5年多的不懈努力，汽车服务贸易从当初的20亿元左右规模，发展到2008年的124.16亿元规模，占集团当年主营业务收入的13.3%，实现利润3亿元，占集团当年实现利润的7.48%（以上统计数据不含汽车设计咨询、零部件检测，以及长沙汽电汽车零部件有限公司数据），旗下一批从事进口汽车批发、汽车整车销售、汽车整车及零部件出口、汽车展览的企业得到蓬勃发展。

（1）汽车板块归口管理企业：中国进口汽车贸易有限公司、中国汽车工业进出口总公司、中国汽车工业国际合作总公司、长沙汽电汽车零部件有限公司、北京中汽京田汽车贸易有限公司、北京国机隆盛汽车有限公司。

（2）主要汽车贸易领域及市场情况。

汽车整车进口业务。汽车整车进口业务主要集中在中国进口汽车贸易有限公司和中国汽车工业进出口总公司2家企业。已与国际著名的汽车厂商，如大众、克莱斯勒、福特、通用、菲亚特等建立起良好的合作关系，组织进口的汽车业务涉及到众多国际著名汽车品牌，在国内进口汽车贸易领域名列前茅，尤其是在有效执行一系列政府项目方面，受到国家有关方面的好评。

汽车整车及零部件出口业务。汽车整车出口业务主要集中在中国汽车工业进出口总公司、中国汽车工业国际合作总公司等企业。主要从事卡车、发动机、汽车零部件的出口业务，在美国、古巴、安哥拉等国建立销售网络。近年来还重点开辟非洲市场，从2007年开始向安哥拉出口重型卡车，并在当地建有销售点，有专人常驻罗安达进行市场开发和销售工作，已初步建立起维修服务站和零件备件库。

在汽车零部件出口业务方面，对一些畅销产品，在投资国内生产基地的同时，还在海外设点建库，形成产销一条龙，既稳固了出口，又提高了经济效益。

汽车整车销售。拥有大众、通用、本田、丰田、宝马、福特、克莱斯勒、日产等品牌汽车销售4S店20多家。

汽车展览业务。国机集团是中国最大的展览服务商，主要从事汽车会展业务的企业是中国汽车工业国际合作总公司。经过四年创新办展模式的实践，国机集团汽车展览业务在规模方面已跻身国际“百万平方米”展览规模企业，年展览面积达100多万平方米，是成立初期18万平方米的8.3倍；拥有自主品牌展览30多个，是成立初期的6倍，成为中国唯一一家展览规模过百万平方米的展览企业。

【经营管理】

1. 扭亏脱困工作。

国机集团十分重视困难企业的扭亏脱困工作。2005年，针对集团公司12家企业亏损23086万元的现状，集团公司成立了专门的脱困工作领导小组，重点解决中国地质装备总公司、中国收获机械总公司、中国机床总公司三家亏损大户（累计亏损16517万元）的脱困问题。

（1）扭亏脱困工作采取的主要措施。

一是成立专门机构，明确目标任务，落实责任，集中精力解决问题。

集团脱困领导小组深入困难企业基层及时解决困难企业的实际问题。打破企业间、部门间的界限，调动企业和集团各方面的集体智慧和经验，实现横向、纵向全方位的交流和共享。集团各有关部门也都重视和关心企业脱困工作，积极帮助和配合三家困难企业解决具体实际问题，在经济纠纷、政策咨询、资金支持、项目协调等诸多方面发挥了积极的影响和作用。

二是针对企业的不同情况，多管齐下，务求实效。

在中国地质装备总公司的扭亏工作中，一是积极申请政策性破产，彻底解决历史性债务。二是积极搭建生产经营新平台，为破产企业平稳过渡创造条件。三是在保证职工利益的前提下，对连云港黄海机械厂实施整体转让。四是抓住“退城进园”机会，再造无锡钻探工具厂。五是转让三期房地产权益，一揽子解决房地产债务纠纷。

在中国收获机械总公司的扭亏工作中，一是投资3500万元，设立了洛阳中收机械装备有限公司，解决了中收总公司内地市场的生产经营问题，同时为新疆企业提供了部分关键配套件的生产任务。二是组织新疆片区企业开展生产自救，通过独立核算，落实责任制，加强管理等手段，提高油筒、营房、牧机等产品的生产经营能力，最大限度地安置职工就业。三是充分利用国家政策，解决企业一些实际困难，通过下岗再就业基金、分离企业办社会职能等，积极争取中央财政支持。四是重视产品技术开发，在小麦机国家取消补贴的情况下，及时推出玉米机，保证了生产规模和市场占有率。

在中国机床总公司的扭亏工作中，采取的措施主要是债务重组。通过债务重组，该公司最终以8.9亿元的还债代价清偿了14亿多元的债务，同时还解除了7.2亿元的担保责任，使中国机床总公司的负债总额从1999年末的16.59亿元减少到2亿余元（包括或有负债）。重组收益达5.3亿元。

（2）取得的成效。

三家企业到2008年底全部实现了扭亏为盈；妥善解决法律诉讼58件，涉案金额178978万元；解除担保等或有负债88769万元；三家企业通过债务重组，资产净盘盈6105万元，通过清产核资，增加资本公积87462万元；三家企业从各级财政获得的各种补贴累计42187万元。

2. 建立市场开发基金。

为支持集团所属企业开展项目的前期市场开发活动，国机集团于2003年设立了市场开发基金。

（1）市场开发基金的使用情况。

自2003年至2008年期间，按照集团市场开发基金管理办法的相关要求和规定，共组织5次市场开发基金评审工作，对集团工程事业部及所属27家企业申报的项目给予了一定的资金支持，总计支持项目77个，支持金额4075万元。其中，支持工程承包和成套设备出口类项目58个，支持金额3320万元；服务贸易类项目16个，支持金额560万元；装备制造类项目3个，支持金额195万元。

在海外市场方面，鼓励企业深挖传统市场，同时注重新市场、新领域的培养。共支持新市场、新领域项目11个，支持金额740万元。

在行业和业务领域方面，突出对集团公司电力、轨道交通等优势业务领域的支持，支持项目21个，支持金额1345万元。此外对环保、纺织、石油化工、机电安装等业务领域项目也给予了较大支持。

在支持产业结构优化和业务升级方面，除重点支持EPC类型的工程承包项目外，对以BOT、BOO等投资类项目在市场开发基金评审办法上给予特殊的鼓励。同时，市场开发基金对于内部合作项目的开拓也给予大力支持，共支持内部合作项目17个，支持金额1830万元。

（2）市场开发基金发挥的作用。

市场开发基金成立以来，取得了较好的成效，在企业的多方面努力下，相继有40个项目签约，合同额达23亿美元。其中已完工或正在执行的35个项目所实现的利润达4.6亿元。多年来，市场开发基金的使用有力地带动了集团公司传统市场、区域市场、新兴市场和新兴产业的开发，在促进集团公司优化产业结构，转变增长方式，拓展非实体项目，推动集团公司内部合作和科研院所“走出去”，以及培养大批项目开发、执行和管理人才等方面都发挥了重要作用。

科技发展

【主要科技力量】 国机集团科技发展的基础力量主要来源于所属众多科研院所和勘察设计院。

1999年3月，原国家经济贸易委员会管理的10个国家局所属242家科研机构管理体制改革工作启动，由此正式揭开了科研院所体制改革工作的序幕。在这242家改制科研院所中，先后有原机械工业部直接管理的26家一类科研院所进入国机集团，涉及机械工业众多行业和产业领域；2000年以后，原机械部工业部直接管理的9家骨干勘察设计院也陆续进入国机集团。

科研院所作为一国科技创新、人才培养、造就知识经济国家竞争力的中坚力量，其改制作为国企改革中重要的组成部分，极大地影响着我国未来的综合国力，从而形成了国机集团独特的科技资源和科技产业格局。

国机集团所属科研院所：北京起重运输机械研究所、机械工业规划研究院、北京汽车工业发展研究所、哈尔滨电站设备成套设计研究所、长春试验机研究所、沈阳仪器仪表工艺研究所、沈阳真空技术研究所、秦皇岛视听机械研究所、天津工程机械研究院、天津电气传动设计研究所、济南铸造锻压机械研究所、兰州石油机械研究所、兰州电源车辆研究所、西安重型机械研究所、洛阳轴承研究所、郑州磨料磨具磨削研究所、杭州照相机械研究所、合肥通用机械研究所、武汉计算机外部设备研究所、苏州电加工机床研究所、广州电器科学研究所、广州机床研究所、成都工具研究所、重庆仪表材料研究所、桂林电器科学研究所、洛阳拖拉机研究所（随一拖集团整体进入）。

国机集团所属勘察设计院：机械工业设计研究院、机械工业勘察设计研究院、机械工业第二设计研究院、机械工业第三设计研究院、机械工业第四设计研究院、机械工业第五设计研究院、机械工业第六设计研究院、机械工业第十一设计研究院、中机国际工程设计研究院（原机械工业第八设计研究院）。

截至2008年底，国机集团共有研究院所26家，勘察设计院9家。

【主要科技领域】 按照机械行业传统专业分类，结合科技资源的实际情况，国机集团科技产业分为十大主要技术领域。

1. 电站设备及工业电气控制系统领域。

（1）电力电源设备研究与开发。主要从事同步发电机励磁装置、电源设备、小功率风冷柴油机低噪声电站、智能化多制式低噪声电站、野营汽车电站、特种电机等产品技术研究。

（2）电气传动与电控配电技术研究。主要从事数字控制器、高性能系统控制方法、大功率电气传动系统、智能配电系统、电控配电成套设备等技术研究。

（3）电工材料研究与开发。主要从事大功率风力发电机、新型核动力驱动机构、太阳能发电、超大型水轮发电机、混合动力汽车等绝缘系统特种绝缘材料，电工、电子、薄膜材料，低、中压银氧化锡触头材料和高压铜钨/铬铜触头材料等产品技术的研究与开发。

2. 重型机械设备领域。

（1）大型冶炼设备及技术的研究与开发。主要从事炉外精炼技术装备、连铸成套装备、铁水预处理技术装备、钢带真空镀膜技术装备等重大技术装备的研究与开发。

（2）轧制设备及技术的研究与开发。主要从事型薄板冷轧装备、板带材精整加工装备、管棒型材轧制和冷弯成型装备等重大技术装备的研究与开发。

（3）重型锻压机械研究与开发。主要从事大型工业铝型材挤压新型高效工艺装备、反向挤压机、难变形金属挤压机、大型锻造操作机、大型高效节能电液锤等重大技术装备的研究与开发。

3. 石化通用机械和环保设备领域。

（1）石油钻采机械研究与开发。主要从事研发深井超深井钻机、欠平衡钻井、全液压钻机、连续管钻机、小井眼专用钻机等新型钻井装备、深水领域半潜式结构钻井设备为主的海洋石油装备、燃气轮机、油气水分离器等产品技术研究与开发。

（2）大型石油化工储备与空冷装置研究与开发。主要从事大型板壳式换热器、大型球罐、新型LNG蒸发器、大型火电机组板式空冷凝汽装置、火电站及核电站大型热交换器等电站空冷设备。

（3）承压设备、压缩机、泵、阀等通用设备的研究与开发。

（4）大型污水处理技术及设备研究与开发。

（5）废旧家电回收技术及装备研究与开发。

（6）尾气处理技术及装备研究与开发。

4. 农林机械领域。

（1）大马力拖拉机及零部件研究开发。

（2）大型、多功能、高效、通用联合收获机械及零部件研究开发。

（3）田间复式作业机具研究开发。

（4）畜牧业机械研究开发。

（5）收获后加工机械研究开发。

（6）农业机械先进制造与智能化技术研究开发。

（7）农产品深加工装备的研究与开发。

（8）人造板连续压机生产线、多层压机成套设备及备料、热磨机、砂光机、人造板二次加工设备等林业机械研究和开发。

5. 工程机械与物流技术成套设备领域。

（1）工程机械及零部件研究与开发。主要从事液压挖掘机、摊铺机、铣刨机、节能装载机、压路机、平地机、旋挖钻机、小型多功能工程机械、沥青路面再生技术及装备、改装车、搅拌设备和自卸车等系列产品及零部件的研究与开发。

（2）物料搬运机械研究与开发。主要从事大型的自动化立体仓库、物流配送系统、脱挂式客运索道、港口散料输送设备、大型煤矿输送设备、垃圾搬运起重机等成套设备研究与开发。

6. 先进制造技术与装备领域（机床工具领域）。

（1）铸造及数控锻压设备研究与开发。主要从事清洁高效铸造设备、数控转塔冲床、大型精密数控辗环机、高速精密数控冲床、双路主传动伺服数控回转头压力机等产品和技术的研究与开发。

（2）特种加工技术与设备研究与开发。主要从事电火花线切割加工技术及设备、电火花成形加工技术及设备、数控电火花高速小孔及微孔加工技术及设备、四轴数控高效电弧展成加工工艺及设备、大型精密数控激光加工设备等产品技术研究与开发。

（3）专用刀具及加工辅料研究与开发。主要从事切割、磨削砂轮及设备、压机设备、磨料新技术、新产品、高性能刀具材料、硬质合金精密成型刀具、表面改性技术、精密测量仪器等产品技术的研究与开发。

7. 地质装备领域。

（1）钻探机械研究与开发。主要从事地质岩心钻机、水文水井钻机、工程施工钻机等产品技术研究与开发。

（2）地质工具研究与开发。主要从事绳索绞车取芯钻探工具、钻管、钻头等各类钻探工具研究与开发。

（3）地质仪器研究与开发。主要从事物探仪器、分析仪器、环保仪器等产品技术研究与开发。

8. 仪器仪表领域。

（1）敏感器件研究与开发。主要从事高性能压力传感器、温度传感器、组合电器波纹补偿器、远程无线 GIS SF6 密度及微水含量在线监测系统、高性能全自动划片机、弹性技术和波纹管类组件、生命科学滤光片、精密光学薄膜元件等产品技术的研究与开发。

（2）试验分析机械研究与开发。主要从事电液伺服试验设备、全数字测控试验系统技术、大型结构试验机、材料力学性能特殊环境模拟试验系统及装备、专用及特种规格校直机技术及设备、先进应用型试验软件等产品技术的研究与开发。

（3）电器检测及装备研究与开发。主要从事家电试验与自动化检测成套设备、电池自动检测装置、制冷空调产品性能试验装置等试验检测技术及设备研究与开发。

9. 机械基础件、新材料领域。

（1）高、精、尖、特轴承研究与开发。主要从事军工配套各类轴承，电主轴及主轴单元、重型精密轴承等产品技术的研究与开发。

（2）密封件及润滑技术研究与开发。主要从事各类新型密封件，大特异密封件、润滑油、液压等产品技术研究与开发。

（3）功能材料研究与开发。主要从事航空航天工程用特种高温合金，高弹性极限合金，宽温域恒弹性合金，超高温高性能弹性合金，深部地层、深海工程用高性能耐蚀合金，含硫油气勘采专用的高性能耐腐蚀合金材料，新一代智能变送器用恒弹性精密合金，耐腐蚀合金等产品材料的研究与开发。

10. 工程设计与工程总承包领域。主要从事工业、民用、市政、环境、能源等工程的勘察咨询设计业务，涉及机床工具、轻工烟草、重矿机械、石化机械、轨道交通装备、风电机械、建材机械、工程机械、纺织机械、通用机械、农用机械、电工电器、输变电设备、汽车及汽车零部件、仪器仪表、航空航天、军工、船舶、能源装备、医院、物流、烟草、大型公用建筑、综合办公建筑、商业建筑、住宅建筑，污水处理、垃圾处理、医疗垃圾处理、污泥处理等工程领域。

【科技发展历程】 1999 年，242 家科研机构实施管理体制改革，原机械工业部所属的 25 家科研院所加入国机集团，科技创新在国机集团工作中逐步显现，各院所在积极适应体制机制转变和经营模式转型的同时，主要还是以原有模式和体系自发开展科技研发工作。

2000 年，原国家机械工业部所属 8 家勘察设计院进入国机集团，以及随后一些重要的装备制造企业进入集团，科技创新和发展逐步成为国机集团日益重要的工作内容。

为适应新的业务管理要求和加强科技管理工作，2001 年初，集团总部成立科技部，为集团科技创新工作的业务归口管理部门。

2001 年 8 月，集团新一届领导班子成立以后，国机集团对以科研院所、设计院为核心的科技产业发展和科技创新工作给予高度重视。为进一步加大集团科技工作力度，2002 年科技部改为科技质量部，并成立军工管理办公室，以科技、质量、军工科研和配套为主要业务构架的集团总部科技管理格局初步形成。

2003 年 10 月 11 日，国机集团成功召开首次科技大会，并制定颁布集团第一部科技发展规划。规划提出“构筑一个体系平台，实施技术和体制创新，抓好人才工程、成果产业化工程、知识产权工程，提升集团国际竞争力”的科技发展思路，结合市场需求和国机集团的技术现状，明确集团九个重点发展领域，为集团科技发展指明方向。同时，为适应新的形势和发展需要，集团总部科技质量部，在职能调整的基础上更名为科技发展部，对集团科技创新的战略研究和部署、统筹协调等工作提出更高的要求。

2005 年末，国机集团启动“十一五”科技发展纲要的编制工作，2006 年初完成。该发展纲要是在总结集团科技发展经验的基础上研究提出，为集团“十一五”科技发展发挥了积极的指导作用。

为进一步落实科技兴贸、科技强企战略，2006 年 10 月 22 日，国机集团在南京组织召开集团的首次科技兴贸工作交流会。会议就工贸公司如何实施科技创新，促进国机集团工程承包与贸易业务的持续快速健康发展进行讨论和交流，并研究今后一段时期内科工贸结合、科技强企的重点工作和措施。

2008 年，国机集团在院所改制转型、科技发展等方面取得长足发展的基础上，提出国机集团科技发展“二次创业”的思路，明确发展的新目标、重点任务和重要措施。并于 2008 年 10 月 15 日召开的第二次科技大会上做了部署，集团科技工作由此进入一个新的、更高的发展阶段。

【发展成就】 人才队伍：截至 2008 年 12 月 31 日，集团拥有包括院士在内的工程技术人员 19088 人，其中高级职称人员 5214 人，中级职称人员 5677 人。享受政府特殊津贴人员 900 余人，百千万工程国家级人选 17 人，有突出贡献的中青年专家 24 人。

科技产业发展：2008 年国机集团科技型企业主营业务收入 105.9 亿元，与 2001 年的 18.7 亿元相比，增长 5.7 倍；利润 7.18 亿元，与 2001 年的 0.66 亿元相比，增长 10.1 倍。

表 1　**2001—2008 年国机集团科研院所主营业务收入情况**

年　度	2001	2002	2003	2004	2005	2006	2007	2008
主营业务收入（亿元）	18.7	25.6	31.7	46.1	56.8	76	93.7	105.9

表 2　**2001—2008 年国机集团科研院所利润情况**

年　度	2001	2002	2003	2004	2005	2006	2007	2008
利润（亿元）	0.66	0.84	1.56	2.89	2.88	4.8	7.54	7.18

创新平台建设：截至 2008 年底，集团拥有国家工程（技术）研究中心 6 家，国家企业技术中心 5 家，国家重点试验室 2 家，国际合作基地 1 家，省部级工程（技术）研究中心 15 家，博士后工作站 12 家，国家生产力促进中心 6 家，省部级以上质量监督检测中心 45 个（其中国家级 18 个），全国标准化委员会 31 家。

科技奖项：截至 2008 年底，集团共获得省部级以上各类成果 4167 项，其中，国家科学技术奖 107 项。

2001—2008 年期间，共获得包括 11 项国家科技进步奖在内的省部级以上各类优秀成果奖（含全国行业性优秀成果奖）1074 项，年获奖数量从 2001 年的 56 项增加到 2008 年的 219 项。

表 3　　2001—2008 年国机集团省部级奖以上各类优秀成果情况

年　度	2001	2002	2003	2004	2005	2006	2007	2008
优秀成果（项）	56	65	97	106	166	156	209	219

重大科研项目：国机集团年承担国家 863、科技支撑计划、技术创新等国家和地方重点科技攻关项目 300 多项。

标准制订：年主持和参与制修订国家和行业标准 500 余项。

专利情况：截至 2008 年底，累计获得授权专利 2013 项，其中发明专利 265 项。

2001—2008 年期间，共申请专利 1301 项，年专利申请数量从 2001 年的 107 项增加到 2008 年的 452 项；共授权专利 1018 项，年授权专利数量从 2001 年的 68 项增长到 2008 年的 336 项。

表 4　　2001—2008 年国机集团申请专利数量情况

年　度	2001	2002	2003	2004	2005	2006	2007	2008
申请专利（项）	107	122	87	91	112	162	338	452

表 5　　2001—2008 年国机集团授权专利及发明专利数量情况

年　度	2001	2002	2003	2004	2005	2006	2007	2008
授权专利数（项）	68	79	48	74	75	143	205	336
其中：发明专利	13	21	8	15	12	18	20	33

科技论文数量：由 2001 年 460 篇增加到 2008 年的 1024 篇。

表 6　　2001—2008 年国机集团科技论文数量情况

年　度	2001	2002	2003	2004	2005	2006	2007	2008
科技论文（篇）	460	509	562	690	767	825	1104	1024

科技创新成果：

国机集团在农林机械、电工电站、重型冶金、机床工具、工程机械、地质装备、石化通用、仪器仪表、基础零部件、新材料、工程承包与设计等各领域取得一大批重大科研成果，形成一大批自主知识产权，研制出一批产业化程度很高的名牌产品，许多成果达到国内领先、国际先进水平。为国民经济各行业提供了大量装备，为国民经济建设和国防建设发挥了重要作用。

在重型机械领域，创造 70 多项“中国第一”，完成“165MN 自由锻造油压机”等一大批重大技术装备的研制，对提高国内大型装备制造业总体水平具有重大的战略意义；在电工电站领域，自三峡工程后，承揽了包括世界上单机容量最大的水力发电厂之一——龙滩水电站 7×700MW 水轮发电机组励磁系统在内的、所有公开招标的国内单机容量 700MW 及以上的水电站励磁系统的研制和供货；在工程机械领域，完成国家“863”科技攻关计划，实现大型路面摊铺机等产品上应用智能化控制系统，为工程机械产品的结构升级起到了积极的推动作用，打破了我国工程机械智能控制技术长期被国外垄断的局面；在农业机械领域，完成“多功能农业装备与设施研制”、“大马力‘东方红’拖拉机”等大批国家和行业重点科技攻关项目，农机综合研发水平和力量保持在国内最强的地位；在通用石化领域，为国家千万吨炼油、百万吨乙烯、国家战略石油储备、西气东输等重大工程项目提供了国内一流、国际先进水平的压力容器、压力管道、特材设备等石油化工装备产品和技术，一批产品填补了国内空白；在地质装备领域，全液压中深孔岩芯钻机等为代表的一大批产品处于我国技术和市场的主导地位。为矿产和资源勘探提供大量装备；在高精尖轴承、传感器、特种弹性元件、密封产品、特种金属材料等基础件零部件和新材料技术领域方面，完成多项国家重大技术攻关与产业化项目，取得数十项发明专利，掌握一大批核心技术，先后承担从“神一”到“神七”、长征二号运载火箭、嫦娥一号卫星的精密特种轴承、弹性元件等产品的研制和供货任务，为国民经济和国防建设做出突出贡献；在工程设计和工程总承包领域，形成医疗、航空物流、工厂设计、烟草、汽车工业、民用建筑等领域的勘察设计的技术优势，先后完成一大批重大项目和精品工程，获得包括詹天佑、鲁班奖在内的省部级以上各类成果数百项；在工贸公司业务领域，通过实施“以贸易为龙头，以技术为支撑，围绕贸易做产业”，坚持以市场为导向，重点向产业链上游的技术研发、核心产品制造环节延伸，创造条件向产业链下游的品牌和渠道延伸，贸易方式逐步由低附加值产品贸易向高技术、高附加值产品贸易转变，工贸企业的核心竞争力有了明显的提高，有些企业连续多年70%以上产品出口到技术门槛不断提高的欧美市场，有力地支撑了工贸公司的业务和经济的增长。国机集团近十年来的科技发展为企业的发展提供有力地支撑，同时为行业的技术进步和国民经济建设发挥了重要作用。

集团科技工作所取得的业绩，受到业内和同行关注，同时也得到国务院有关领导同志和国资委主管部门的积极评价。前国务委员陈至立同志曾对国机集团科技工作做了“总结国机集团好的做法，请媒体配合宣传”的专门批示。这是对集团科技创新工作的充分肯定，同时也对集团科技创新工作提出更高的要求。

【发展战略】 国机集团十分重视科技发展战略的规划工作。2003年首次完成《国机集团科技发展战略（2003—2010年）》的编制工作，2006年编制《国机集团“十一五”科技发展纲要》，2008年在总结院所转制以来发展历程的基础上，提出科技发展“二次创业”的思路。

1. 2003—2010年科技发展战略。

《国机集团科技发展战略（2003—2010年）》依据国家“科教兴国”战略，结合国机集团发展规划实际情况，研究提出了到2010年把国机集团打造成为“全国机械领域综合技术水平最高、研究开发与产业化能力最强的大型高科技企业集团”的总体目标。规划明确了“构筑一个平台，实施两个创新，抓好三项工程，提升国际竞争力”（即123工程）的发展思路。这一发展思路的具体内涵是：构筑技术创新平台，实施技术创新和科技体制创新，抓好人才队伍建设、产业化基地建设、知识产权保护三项工程。

规划提出了实现集团科技创新工作跨越式发展的五种模式：一是在产品与技术创新方式上，坚持“点上创新，面上跟进”的原则；二是在调整技术创新模式上，从只注重单项技术的原始创新转变为单项技术与多项技术集成创新并重；三是围绕集团公司的创新重点领域，坚持按“高、新、尖、特、优”进行技术创新；四是在保证国家安全的前提下，通过军工配套先进技术向民用产品转化，促进集团技术创新；五是有选择地进军高科技领域，通过与社会资源的重组、股份制等运作方式建立产业化基地，进一步提高集团公司高科技产品收入的比重。

规划同时明确了八项重点工作，确定了九个重点发展的技术领域。这九个重点领域是：

（1）以铸造自动化、数控锻压、特种加工设备和高性能特色刀具、磨料磨具等为代表的先进制造技术与装备领域。

（2）以高性能筑养路机械、地下基础施工机械、新型资源勘探与开发、现代物流技术及物料搬运设备为代表的工程和起重运输机械先进技术与设备领域。

（3）以石油钻采机械、炼油化工设备、油田地面工程、海洋石油工程及污水处理、垃圾焚烧设备等为代表的石化通用机械和环保设备领域。

（4）以黑色金属的冶炼、轧制设备和有色金属的锻压、轧制设备为代表的重型机械设备领域。

（5）以联合收割机、青贮饲料收获机为代表的农业装备领域。

（6）以电站励磁装置、高速器、电气传动设备、电气控制系统等为代表的电站设备及工业电器控制系统领域。

（7）以传感器、弹性元件、光学器件和仪表材料为代表的仪器仪表和装置领域。

（8）以高精尖轴承、专用加工设备、密封件为代表的机械基础件和装备领域。

（9）以工厂设计、工程承包和大型公用及民用建筑设计为代表的工程设计与工程总承包领域。以及提出了五条保障措施。

2. “十一五”科技发展纲要。

《国机集团“十一五”科技发展纲要》依据国家有关产业政策，结合集团发展战略和科技发展实际情况，在2003年国机集团科技发展战略基础上，提出“十一五”期间的科技发展目标和思路。

“十一五”科技发展总目标是：自主创新能力显著增强，研制一批具有自主知识产权的高技术产品，形成新的高新技术产业，造就若干个有国际竞争力的科技型企业，提高集团整体科技水平，建设成为创新型企业，为实现集团发展战略奠定基础。

“十一五”科技发展思路：深入实施“123工程”，即建立完善一个体系、大力推进两项工作、深入实施三个战略。具体是指完善适应新形势的科技创新体系；推进自主创新工作、推进产业化工作；实施人才、知识产权、标准三大科技战略。

“十一五”科技发展八项重点任务：一是推进集团科研机构建设；二是加大科技投入；三是促进技贸结合；四是集团科技发展基金重点资助6~8个重大科研专项、4~6个重大产业化专项；五是推进知识产权工作，重点抓好专利工作；六是研究探讨集团标准战略，全面开展标准工作；七是进一步做好科学技术奖工作，营造良好的科技人才激励环境；八是为企业改制及资源整合提供有力支持。

3. 科技发展“二次创业”计划。

2008年，国机集团在院所改制转型、科技发展等方面取得令人瞩目成就的基础上，提出了国机集团科技发展“二次创业”的战略思想。

“二次创业”的总目标：依据《国家“十一五”规划》、《国家中长期科技发展规划纲要》，结合集团发展战略和科技发展规划，围绕三年再造一个“新国机”的发展目标，组织一批重点研制项目，攻克一批关键技术，形成一批具有自主知识产权的高新技术产品；加快成果产业化，建设若干个大型产业化基地，造就若干个有国际竞争力的科技型企业，提高集团整体科技水平，为集团又好又快发展提供技术支撑，为实现以机械装备研发与制造为主体、以工程承包、贸易与服务为两翼的长远发展目标奠定坚实基础。

“二次创业”重点工作和任务：重点做好三项中心工作、深入实施三大科技战略、积极推进四项重要措施。三项中心工作：一是进一步聚集科技创新要素，增强集团自主创新能力，推动装备制造与科研开发业务快速发展；二是努力提高支撑集团工程承包业务的勘察设计水平和能力，增强工程承包业务核心竞争力；三是进一步加强内部合作，深化科技兴贸，引领贸易业务可持续发展。三大战略包括人才强企战略，以专利为重点的知识产权战略，标准战略。四项重要措施：一是加快科技成果产业化，扩大科技产业化规模；二是利用好集团内外资源，加强科技合作与交流；三是依托军工科研，形成一批核心技术，带动技术升级；四是进一步完善制度建设，加大科技管理执行力度。

【创新体系平台建设】 国机集团十分重视创新体系建设，在规划中提出围绕“构筑一个体系平台，实施技术和体制创新，抓好人才工程、成果产业化工程、知识产权工程，提升集团国际竞争力”的发展思路，不断构建和完善以市场为导向、产学研贸金结合的具有国机特色的科技创新体系。重点围绕省部级以上科研平台建设、积极参加国家创新型企业试点、组建产业技术联盟、国际合作基地建设、科研战略合作、行业技术服务体系等工作展开，并形成了以国家工程（技术）研究中心、国家企业技术中心、国家重点试验室、省部级工程（技术）研究中心、博士后工作站、国家生产力促进中心、省部级以上质量监督检测中心、全国标准化委员会、国家创新型试点企业等多层次、多领域科技创新平台和体系。

表 7　　国机集团创新体系平台建设情况

类别	名称
国家工程技术研究中心 4 家	国家精密工具工程技术研究中心
	国家超硬材料及制品工程技术研究中心
	国家仪表功能材料工程技术研究中心
	国家压力容器与管道安全工程技术研究中心
国家工程研究中心 2 家	国家传感器工程研究中心
	国家电气传动工程研究中心
国家企业技术中心 5 家	中国地质装备总公司技术中心
	天津鼎盛工程机械技术中心
	江苏林海动力机械集团公司技术中心
	中国一拖集团有限公司技术中心
	常林股份有限公司技术中心
企业国家重点试验室 2 家	金属材料挤压/锻压装备技术国家重点实验室
	工业产品环境适应性国家重点实验室
省部级工程（技术）研究中心 15 家	铸造装备工程研究中心
	物料搬运工程研究中心
	环境技术研究中心
	工程机械传动工程技术中心
	材料测试仪器工程研究中心
	高速精密轴承工程研究中心
	机械工业橡胶密封工程研究中心
	流体机械传动技术工程研究中心
	电工材料工程技术研究中心
	传热与节能工程技术研究中心
	产品环境适应性工程技术研究中心
	配电自动化工程技术中心
	汽车制造装备技术中心
	中国收获机械技术中心
	小型动力机械工程技术研究中心

续表

博士后工作站 12 家	中国电器科学研究院博士后科研工作站
	合肥通用机械研究院博士后科研工作站
	洛阳轴承研究所博士后科研工作站
	中国工程机械总公司博士后科研工作站
	西安重型机械研究所博士后科研工作站
	沈阳仪表科学研究院博士后科研工作站
	重庆仪表材料研究所博士后科研工作站
	桂林电器科学研究所博士后科研工作站
	天津电气传动设计研究所博士后科研工作站
	广州机械科学研究院博士后科研工作站
	林海集团博士后科研工作站
	一拖集团博士后科研工作站
国家生产力促进中心 6 家	国家超硬材料及制品生产力促进中心
	国家仪表功能材料生产力促进中心
	国家精密工具生产力促进中心
	国家工程机械行业生产力促进中心
	国家工业及日用电器生产力促进中心
	国家真空技术生产力促进中心
国际合作基地 1 家	中国电器科学研究院（广州电器科学研究院）
国家质量监督检测中心 18 个	国家仪器仪表元件质量监督检测中心
	国家磨料磨具质量监督检测中心
	国家刀具质量监督检测中心
	国家电控配电质量监督检测中心
	国家铸造锻压机械质量监督检测中心
	国家起重运输机械质量监督检测中心
	国家客运架空索道安全监督检验中心
	国家试验机质量监督检测中心
	国家轴承质量监督检测中心
	国家压缩机、制冷质量监督检测中心
	国家日用电器质量监督检测中心
	国家真空设备质量监督检测中心
	国家照相机质量监督检测中心
	国家冶金重型机械质量监督检测中心
	国家内燃发电机组质量监督检测中心
	国家石油钻采炼化设备质量监督检测中心
	国家农机具质量监督检验中心
	国家食品机械质量监督检验中心

续表

部级质量监督检测中心27个	量具量仪质量监督检测中心
	中小型水力发电设备质量监督检测中心
	仪表材料质量监督检测中心
	阀门质量监督检测中心
	机械密封件及柔性石墨密封件质量监督检测中心
	工程机械及液压件质量监督检测中心
	液力变矩器质量监督监测中心
	往复泵质量监督检测中心
	分离机械质量监督检测中心
	压力容器质量监督检测中心
	包装机械质量监督检测中心
	换热器产品质量监督检测中心（2家）
	计算机终端产品质量监督检测中心
	分马力电机产品质量监督检测中心
	电工产品环境适应性质量监督检测中心
	日用电器电磁兼容性质量监督检测中心
	电影机械与电教设备质量监督检测中心
	机床液压元件产品质量监督检测中心
	橡胶密封件质量监督检测中心
	电加工机床产品质量监督检测中心
	电工材料产品质量监督检测中心
	火电设备性能质量监督检测中心
	油品检验评定中心
	日用电器产品质量监督检测中心
	汽车零部件质量监督检测中心
	液力偶合器产品质量监督监测中心

续表

全国标准化委员会31家	全国磨料磨具标准化技术委员会
	全国刀具标准化技术委员会
	全国量具量仪标准化技术委员会
	全国起重机械标准化技术委员会
	全国滚动轴承标准化技术委员会
	全国分离机械标准化技术委员会
	全国压缩机标准化技术委员会
	全国阀门标准化技术委员会
	全国冷冻设备标准化技术委员会
	全国电工电子产品环境条件与环境实验标准化技术委员会
	全国电器附件标准化技术委员会
	全国真空技术标准化技术委员会
	全国冶金设备标准化技术委员会
	全国特种加工机床标准化技术委员会
	全国模具标准化技术委员会
	全国电工合金标准化技术委员会
	全国绝缘材料标准化技术委员会
	全国试验机标准化技术委员会
	全国锻压机械标准化技术委员会
	全国家用自动控制器标准化技术委员会
	全国建筑物电气装置标准化技术委员会
	全国工业车辆标准化技术委员会
	全国连续搬运机械标准化技术委员会
	全国熔断器标准化技术委员会小型熔断器分技术委员会
	全国移动电站标准化技术委员会
	全国低压成套开关设备和控制设备标准化技术委员会
	全国照相机械标准化技术委员会
	全国仪表功能材料标准化技术委员会
	全国农业机械标准化技术委员会
	全国低速汽车标准化技术委员会
	全国风力机械标准化技术委员会
国家创新型试点企业4家	中国重型机械科学研究院有限公司
	广州机械科学研究院
	天津电气传动设计研究所
	中国电器科学研究院

【科技管理】

1. 建立管理职能和机构。

在2001年集团总部科技部设立以前，各科研院所和设计院主要沿用事业单位的科研体系实施管理。2001年初，集团成立科技部时的主要职责是制订集团科技发展规划、统筹管理集团科技具体业务、争取国家重大科技创新项目和国债项目等工作。随着业务的发展以及军工配套任务的增多，2002年，科技部改为科技质量部，下设科技处、质量处，并成立军工管理办公室，下设军工处。由此，以科技、质量和军工配套为主要管理职能的集团总部科技管理架构逐步形成。2003年，为适应新的形势和发展需要，集团总部科技质量部在职能调整的基础上更名为科技发展部。

截至2008年底，国机集团科技管理业务主要包括科技综合管理和项目管理两大类12项：研究制订国机集团科技发展规划；科研平台建设；知识产权管理；成果与奖励管理；标准管理；科技交流与合作；科技统计；开拓新渠道和业务；国家项目管理；基金项目管理；技术改造项目管理；备案项目管理。同时，承担了进口设备免税确认书的办理、专业期刊管理等一些辅助业务。

军工配套管理主要业务：军工科研项目的管理、军工技改项目的管理，以及相关资质的管理。

质量管理主要业务：集团总部四标一体化的认证和评审工作。

资质管理主要业务：各种资质的申请、换证、升级等项工作。

2. 规章制度建设。

国机集团注重科技管理的规章制度建设，根据发展需要建章立制，先后制订《科技管理暂行办法》《科学技术成果鉴定管理暂行办法》《中国机械工业集团科学技术奖奖励办法（试行）》《知识产权管理办法（试行）》《技术改造项目管理办法（试行）》《科技发展基金管理办法（试行）》《军品项目管理办法（试行）》《军品配套工作保密管理办法》《资质管理办法》《满意度调查管理办法》等十部管理办法。

2008年，为适应董事会试点工作要求，结合几年来的各项业务发展和管理工作的实际情况，集团对相关的管理办法做了进一步修订。截至2008年底，已经新制定、修订涵盖科技、军工、质量、资质等方面的管理规定和办法共十三部。通过制定、修订规章制度，国机集团逐步形成了科技工作的管理架构，进一步明确了管理思路和程序，为科技管理工作的科学化、规范化、制度化奠定了基础。

3. 科技管理重点工作。

（1）国家重大科技创新和技术改造（国债）项目的争取和监管。

申报国家重大科技创新和技术改造（国债）项目、争取和落实国家资金、实施项目监管一直是集团科技管理的重点工作之一。自集团组织申报项目以来，先后争取到国家项目168项，争取和落实国家资金达4.19亿元。其中，国家重大科技创新项目及技术改造项目51项，获得国家资金1.08亿元，军工配套项目116项，获得国家资金3.12亿元。在项目实施监管方面，国机集团本着对国家有关部门负责的态度，加强对国家项目尤其是军工项目的监管力度，并率先对军工项目实施季报制度，及时向国家有关部门汇报，便于对项目实施过程出现问题早发现、早协调、早解决，有效保证了项目实施进度和产品质量，这一监管措施得到国防科工委的认可，并在全国军品配套项目管理中得到推广应用。

（2）国机集团科技发展基金工作。

为进一步加大科技投入，鼓励、引导和促进所属单位科研开发、科技成果转化和高新技术产业化工作，加速集团科技发展和科技进步步伐，结合集团的实际，国机集团于2003年批准设立额度为500万元的科技发展基金。基金额度逐年增加，2005年增长到1000万元，2007年达到5000万元。

为加强科技发展基金的申报和管理工作，集团制定《科技发展基金管理办法（试行）》（国机科〔2003〕353号）。依据国家产业政策以及鼓励发展的技术产品方向，结合集团战略发展需要，编制科技发展基金项目申报指南。所属单位依据指南和自身技术优势进行项目申报，由集团组织行业内专家进行评审，项目评审通过后报集团公司领导（党政联席会、总经理办公会）批准，集团批准后签订项目合同，按实施进度拨付资金并实施监管。

截至2008年底，集团先后分六批共计审批立项科技发展基金项目117项，集团计划拨付基金金额总计8050万元，带动项目研发总投入20.3亿元。

表 8 　2004—2008 年国机集团科技发展基金拨付额度、支持项目和引导科技投入情况

年 份	基金金额（万元）	支持项目（个）	引导投入（万元）
2004	500	18	5600
2005	775	19	5129
2006	865	21	5477
2007	2280	31	11653
2008	3630	28	175534
总计	8050	117	203393

表 9 　2008 年国机集团科技发展基金项目情况

序 号	项目名称	承担单位
1	单机容量 300MW 机组的电厂设计勘察能力提升	中国联合工程公司
2	大型火电工程建设施工能力提升	中国机械工业建设总公司
3	电站锅炉燃煤节能降耗低污染技术与装备	中电工哈尔滨电站设计所
4	生物质发电工程秸秆包自动储运系统	北京起重运输机械研究所
5	烟草工业节能减排技术研究	机械工业第六设计研究院
6	核电站一回路测温关键设备国产化研究	重庆仪表材料研究所
7	嵌入式二次电池检测控制平台的开发及产业化	中国电器科学研究院
8	发动机喷油嘴精密微孔数控电火花	苏州电加工机床研究所
9	12000 吨张力拉伸机	中国重型机械研究院
10	超大型及中高压板壳式换热器开发及应用	兰州石油机械研究所
11	800kv 特高压组合电器用波纹管补偿器	沈阳仪表科学研究院
12	国产化经济型液货船型开发	江苏苏美达集团公司
13	人造板连续平压压机研究开发	中国福马机械集团有限公司
14	水性面漆喷涂系统	中国汽车工业工程公司
15	9YFQ1. 5 方草捆压捆机	中国收获机械总公司
16	自走式八行玉米联合收获机研制	洛阳中收机械装备有限公司
17	高精度超硬材料制品精密检测技术的研究	郑州磨料磨具磨削研究所
18	印制绕组手摇发电机研制	桂林电器科学研究所
19	数码影像产品检测关键技术研究与设备开发	沈阳仪表院杭州照相机械研究所
20	数控机床激光测量系统的研究	成都工具研究所
21	化工废水回用技术	CMEC 中机国际工程设计研究院
22	大厚度湿陷性黄土场地桩基研究	中国联合工程公司机勘院
23	医院洁净手术部数字化集成控制设备	中国中元国际工程公司
24	内网安全系统研究	中国电器科学研究院武汉外设所
25	中大型节能数控冷室精密压铸机的研制	广州机械科学研究院
26	工程机械智能化动力传动系统及控制装置	中国工程机械总公司
27	工业产品环境适应性国家重点实验室	中国电器科学研究院
28	金属材料挤压/锻造国家重点实验室	中国重型机械研究院

集团科技基金项目取得一系列的科研成果，有81个项目的科研成果实现不同程度的推广应用，累计实现销售收入29.2亿元，累计实现利润5.2亿元，新增利润3.37亿元。累计获得省部级各类奖项11项；申请专利92项，其中发明专利28项；获得授权专利60项，其中发明专利12项；制（修）订国家标准26个，制（修）订企业标准51个；发表论文166篇；编写管理规范及优化设计手册12部。

（3）科学技术奖奖励工作。

为奖励在机械工业科研开发、技术创新、勘察设计、工程承包、工程施工、高新技术产业化等科技工作中做出突出贡献的科技人员和单位，鼓励广大科技工作者的积极性和创造性，促进科学技术的进步和发展，根据《国家科学技术奖励条例》以及集团的实际情况，国机集团于2003年设立科学技术奖，制订《科学技术奖励暂行办法》（国机科〔2003〕143号），并于当年组织科学技术奖项目的申报和评审工作。

2004年，根据国家《社会力量设立科学技术奖管理办法》的有关规定，为推进机械工业行业的技术进步，奖励我国机械工业行业在科技进步方面做出突出贡献的组织和个人，经国机集团研究决定，面向全国机械行业设立“中国机械工业集团科学技术奖”，并于当年9月经国家科学技术部和国家奖励办批准注册。为维护奖励的严肃性和权威性，“中国机械工业集团科学技术奖”奖励工作实行公开、公平、公正原则，评审和表彰工作不受任何组织或个人的不当干预。该奖项每年评审、奖励一次。奖项设特等奖、一等奖、二等奖、三等奖四个层级。奖金金额分别为特等奖10万元、一等奖4万元、二等奖2万元、三等奖1万元，奖金由中国机械工业集团科学技术奖奖励基金提供。

“中国机械工业集团科学技术奖”自设立以来，共评出获奖项目160项，其中一等奖20项，二等奖45项，三等奖95项，奖励个人1170人次。

表10　2003—2008年“中国机械工业集团科学技术奖”评选情况

年　度	奖励项目数量（项）	一等奖（项）	二等奖（项）	三等奖（项）
2003	27	3	8	16
2005	32	3	7	22
2006	21	3	5	13
2007	24	4	7	13
2008	28	4	8	16
合计	132	17	35	80

表11　2008年“中国机械工业集团科学技术奖”获奖项目

序号	项目名称	完成单位	主要完成人
一等奖项目			
1	转炉煤气干法净化回收系统	中国重型机械研究院	叶天鸿、翟玉杰、郭启超、王永刚、田野、屈薛勇、张娟、张光辉、王静、薛海、席育粽、张玉朴、王光武、徐丹、李朝阳
2	上海电气集团临港重装备基地大型先进核岛重型装备自主化、国产化制造工程	中国联合工程公司、上海市机电设计研究院有限公司、上海市电气临港重型机械装备有限公司	金亚春、郭杭峰、唐扬、宓红烈、钦明畅、郭伟华、张剑佶、张素刚、赵建成、徐敏杰、甘军明、周锋、陆荣海、傅青峰、单辉

续表

序号	项目名称	完成单位	主要完成人
3	东方红－1604/1804 轮式拖拉机	中国一拖集团有限公司	郭志强、陈龙、王东青、杨为民、冯春凌、陈文波、徐书雷、李仲兴刘涛、赵考田 王红、郭振杰、薛志飞、康健、曹艳岩
4	特种精密金属波纹管寿命及批产工艺稳定性	沈阳仪表科学研究院	丰艳春、黄乃宁、肖跃军、林国栋、吴虹、于振毅、罗淑芬、潘继先、张玉杰、李敏、张秀华、刘谦、刘继文、隋捷、关长江
二等奖项目			
1	医药物流中心成套设备关键技术研究及应用	北京起重运输机械研究所	陆大明、陈涤新、祁庆民、周薇、侯娟、徐庆才、赵峰、吴宇东、陈肖群
2	膜技术在大型钢铁企业废水处理及回用中的应用	中国通用机械工程总公司、唐山钢铁股份有限公司、上海东硕环保科技有限公司	牟国超、姚力、范国华、黄祖德、顾伟文、陈业钢、梁宏书、张海林、周明霞
3	大中型风力发电机组关键轴承研究	洛阳轴承研究所、洛阳轴研科技股份有限公司	杨晓蔚、赵滨海、孙立明、马新志、陈原、宋丽、周凯、叶军、扈文庄
4	苏州远东砂轮有限公司群控炉窑余热综合利用节能减排系统工程项目	机械工业第六设计研究院	赵新力、莫运水、韩祎、邢书涛、司文元、席增伟、张汉玲、王洪猛、宋天杰
5	四行自走式玉米联合收获机	洛阳中收机械装备有限公司、中国收获机械总公司	李晓华、雷雨春、高海涛、解文东、孙光明、吴美珍、蔡涛、桂应发、曹伟鹏
6	D46110 大型放电切割机	苏州电加工机床研究所	周新明、汪牟、俞锡锋、顾林峰、朱红月、陈敏、汪喜旺、马建中
7	YTR4108 型柴油机	中国一拖集团有限公司	王林军、董伟、朱敬安、俞荣江、鲍建军、陈泰岭、周梅、魏朋玺、杨艳珺
8	浙江美术馆工程	中国联合工程公司	程泰宁、钱伯霖、王大鹏、李建坤、蒋群、滕亮、金国刚、郭莉、郑茂恩
三等奖项目			
1	大型抽水蓄能机组数字式励磁装置的研制	中国电器科学研究院、广州擎天实业有限公司、白山发电厂	熊巍、吴国兵、李志远、秦汉军、程振江

续表

序号	项目名称	完成单位	主要完成人
2	石化装置安全保障中以可靠性为中心的维护关键技术研究	合肥通用机械研究院、中国石化股份有限公司茂名分公司、中国石化股份有限公司广州分公司、中国石油兰州石油化工公司研究院	黄汪平、陈学东、韩建宇、崔军、饶龙宝
3	双端面超精密磨削用超硬材料砂轮的研制	郑州磨料磨具磨削研究所	李克华、邱丽花、田书跃、郭凤英、丁春生
4	M 系列宽带砂轮光机	中国福马机械集团有限公司（苏州苏福马机械有限公司）	沈文荣、刘艳丽、杨志林、徐迎军、金海敏
5	前宽后窄（前窄后宽）汽车纵梁折弯生产线	济南铸造锻压机械研究所、东风汽车有限公司	张波、沈宏、杨晋穗、孙淑华、庞东平
6	耐久型磁流变体材料研究	重庆仪表材料研究所	刘奇、唐龙、张平
7	压力传感器型谱系列	沈阳仪表科学研究院	徐淑霞、唐慧、徐长伍、刘宏伟、张治国
8	煤气余热回收节能系统	中国电工设备总公司、广州市科迪热力设备有限公司	赵若林、李正宓、陈泽鹏、吴贵生、乐家林
9	无毒环保型耐候粉末涂料用聚酯树脂的研制	中国电器科学研究院、广州擎天实业有限公司	顾宇昕、何涛、张捷、周年忠、刘亮
10	360 度翻转小型四冲程汽油机	江苏苏美达五金工具有限公司	孙鹤鸣、刘楷、王敏、庄勇进、唐琦
11	石油钻采工具试验基地试验系统及其设备的研制	兰州石油机械研究所	邱真理、章发明、葛松、马爱彬、高翔
12	沈阳机床（集团）有限责任公司涂装二期工程总承包项目	机械工业第六设计研究院	李国顺、王明磊、皮开合、岳杰、曹治金
13	解放军三零六医院综合医疗楼工程设计	中国中元国际工程公司	黄锡璆、许海涛、石启雷、张静茹、袁白妹
14	燕山石化第一热电厂站燃油锅炉改造工程	中国联合工程公司	王建新、黄士炎、董旭、张建平、胡加平
15	高合金热处理生产线工程	中国联合工程公司	霍健、周恩、董元、李晓蓉、丁竑
16	七辊式大规格高精度高合金圆钢矫直机组	中国重型机械研究院、大连金牛股份有限公司	赵西韩、周民、赵永平、薛红卫、薛占军

"中国机械工业集团科学技术奖"评审工作建立了规范的运行机制，始终依法规范运行，评审结果均在集团报纸、网站上进行公示，并实行异议制度。

坚持并实行专家评审制度，评审人员均为机械工业行业知名专家，包括院士、国家科学技术奖评审专家、大型企业资深专家等在内各领域专家，具备权威性和代表性。评选过程中，依据项目所属专业，选择该专业所在机械工业分行业内的权威知名专家组成评审委员会，确保了评审工作的高质量和高水准。国机集团还将奖项的运作和评审管理纳入到集团ISO9000质量管理体系范围内，保证奖励运作的规范性。由于规范的管理和高水平的评审工作，"中国机械工业集团科学技术奖"在机械工业行业内具有权威性和代表性。同时，国机集团坚决贯彻《国家科学技术奖励条例》精神，在奖励过程不收取参评单位或个人任何费用。

根据国家科学技术奖的奖励有关规定的变化要求，以及结合几年来的运行情况，国机集团先后对《中国机械工业集团科学技术奖奖励办法》进行两次修订，进一步完善了有关运行程序和制度，为该评选工作的健康持续发展奠定了基础。

通过积极申请，国机集团自2006年正式成为国家科学技术奖推荐单位。截至2008年底，有国家科学技术奖推荐资格的中央企业共9家，国机集团是其中最早获该资格的5家中央企业之一。

（4）知识产权管理。

国机集团在2003年首次科技大会和中长期科技规划中都明确提出大力实施知识产权的战略，把知识产权战略作为推进自主创新的重要战略举措。通过完善机构、建章立制、加大宣传和培训力度、设立专利奖励、参加全国第三批试点等一系列措施，知识产权工作取得长足进展，实现了申请和授权专利量较大幅度的增长，并以优异的成绩通过国家知识产权局和国资委联合组织的验收总结，集团实施知识产权战略更加深入，为集团的科技创新发挥了积极的作用。

建立组织保障：国机集团建立和完善组织机构，集团设立知识产权管理工作领导小组，负责集团知识产权管理和保护的统筹领导工作，总部层面知识产权管理和保护工作的具体业务，分别由科技发展部和法律事务部负责。所属单位明确了知识产权管理部门或岗位，具体负责本单位的知识产权保护和管理工作。

国机集团知识产权管理工作领导小组及相应业务部门对知识产权保护和管理工作的主要职责是：贯彻执行国家知识产权法律、法规，开展集团知识产权战略研究，制定集团知识产权工作的方针、政策和规划，指导、监督、检查有关单位的知识产权保护和管理工作；协助有关单位和部门进行知识产权争议和纠纷的调解和处理等。所属单位均明确分管领导和归口管理部门或岗位，负责知识产权保护和管理工作。经过多年的摸索和实践，现已逐步完善了管理机构，建立了知识产权的保护和管理的组织机构，即：知识产权决策层、知识产权管理层、知识产权执行层，形成了完整的管理和保护网络。

规范管理：国机集团于2006年制定《知识产权管理办法（试行）》（国机科〔2006〕36号），2008年结合新的形势要求，对该管理办法进行修订，对知识产权的管理及保护进行进一步的规范。国机集团于2008年开始建立以专利为重点的数据库，将集团内所有专利纳入数据库管理。

加强培训：国机集团利用年度科技大会、科技工作会等会议邀请国家知识产权局领导专家来集团宣讲培训，集团先后组织完成所属单位领导近300人次的知识产权管理与保护的培训和讲座，增强单位主要领导的知识产权意识。国机集团2007年设立专利奖励，对各单位的授权专利发明人实行奖励。

推进第三批知识产权试点单位的组织实施：2006年国机集团被国家知识产权局列入第三批全国企事业知识产权试点单位，是本批试点单位的4家中央企业之一，试点期限三年。集团以此为契机大力推进知识产权工作，全面开展以专利为重点的知识产权试点工作。按照全国第三批试点方案及工作部署，制定了工作计划，提出了试点期间重点工作内容，分阶段逐步推进，围绕知识产权工作，加大宣传力度、完善机构、建章立制，在推进专利申请力度和规则运用，以及加强权益保护等方面做了大量工作，并取得显著成果。国机集团申报专利量由2005年的112项，增长到2008年的452项，增长303%，授权专利量由2005年的75项增长到2008年的336项，增长348%。2008年按国家知识产权局《关于开展第三批全国企事业单位知识产权试点工作总结验收工作的通知》（国知发管字〔2009〕34号）的要求，国务院国资委于3月26日组织专家对集团的知识产权试点工作进行总结验收，得到评审专家的肯定，并以优秀的成绩通过验收。

（5）标准化工作。

长期以来，国家一直高度重视标准在国民经济和社会发展中的重要作用。国机集团也非常重视标准化工作，无论从集团发展战略、科技规划，还是从促进行业技术进步、履行央企社会责任的角度，集团始终都把标准化工作放在重要的位置来抓，要求所属企业高度重视标准化工作，集团提出并实施对标准化工作的支持和资助。

截至2008年底，国机集团拥有国家级标准化技术委员会31个，一直致力于标准化学术研究、标准制修订方面的工作，年承担制修订标准数百项；同时与国际知名的标准化组织建立良好的合作关系，在国际上有广泛的影响，承担部分国际标准化技术委员会的工作。集团所属的工程设计、施工企业，多年来也一直坚持不懈地参与国家工程建设标准的制订和规范工作。

为加强对标准化工作的管理，确立集团在机械工业众多行业领域的地位，充分体现中央企业的社会责任，在广泛调研的基础上，集团制定《国机集团标准制（修）订工作资助实施办法（试行）》，对于承担国际、国家和行业标准制（修）订工作的企业给予一定资金资助，从而有效激发了所属企业参与国家或行业标准化工作的积极性。

【科技投入】 2001年以来，集团通过争取政府项目、集团和子企业自身投入、资本市场融资等手段，多层次、多渠道加大科技投入。科技投入逐年加大，全集团科技投入总额从2001年2.4亿元快速增加到2008年的20.4亿元，增长近八倍。2008年科技投入占集团主营业务收入的2.18%，其中，科技型企业的科技投入占当年主营业务收入的比重为8.1%。

一是集团年新增国家和地方各类科技攻关项目100余项，年均获政府资金近1.5亿元。

二是集团设立科技发展基金，引导所属企业加大科技投入。年投入从500万元增长到1亿元，带动企业科技投入的比例均在1:10以上。科技发展基金重点支持符合集团发展方向的前瞻性、关键技术和基础共性技术的研究，支持国家重点实验室等平台建设以及成果产业化。

三是鼓励所属单位设立科技发展创新基金，许多科技型企业设立不同形式的科技创新基金，加大对科技投入力度。

四是通过资本市场融资、支持部分子公司上市、发行债券等渠道为企业研发募集投入资金。

表12　2001—2008年国机集团科技投入情况

年　度	2001	2002	2003	2004	2005	2006	2007	2008
科技投入（亿元）	2.4	3.7	5.6	6.7	9.5	11.5	13.9	20.4

【产业化发展】 国机集团产业化发展主要包括四类模式：一是研究院所依托产品和技术优势，加快成果转化，扩大生产规模，大力实施产业化基地建设的发展模式。二是以设计、勘察、咨询，以及成套设备研发业务为主业的设计院和部分科研院所，向以工程总承包为主要形式的产业化转变的发展模式。三是贸易为龙头的工贸公司，提升自主出口产品的研发和制造能力，围绕贸易做产业的发展模式。四是以制造力量为核心的装备制造企业，实施技术改造，实现产业结构调整和升级的产业发展模式。

国机集团所属设计院通过改制成为工程公司，并以工程设计技术为核心，大力发展工程总承包业务，推进业务转型升级，产业化得到快速发展，通过产业化实现的销售收入从2001年4.9亿元的增长到2008年的36.6亿元，增长7.5倍。

截至2008年，国机集团实施的重大新建项目和技改项目共33项，项目总投资约24亿元。其中，11项被列入国家重点技术改造项目和国债项目，获得国家资金支持近1亿元。集团所属研究院所均不同程度建设了生产和加工基地，部分研究院所已经建成较大规模的产业化基地，科研院所的产业化发展初现成效，通过产业化实现的销售收入从2001年的13.8亿元增长到2008年的69.3亿元，增长5倍。

表 13　　2001—2008 年国机集团重要建设项目及投资情况

序号	项目名称	承担单位	项目总投资（万元）
1	专用精密刀具技术改造项目	成都工具研究所	2850
2	技术中心能力建设项目	中国地质装备总公司	1180
3	高精度带材轧制成套装备产业化项目	中国重型机械研究院有限公司	5300
4	大型石化装置用特种材料设备国产化项目	合肥通机械研究院	5200
5	MEMS 压力传感器与相关智能仪表产业化项目	沈阳仪表科学研究院	7000
6	机械工业汽车零部件产品质量监督检测中心	广州机械科学研究院	2180
7	洛轴（轴研股份）特种精密轴承及陶瓷轴承	洛阳轴研科技股份有限公司	16000
8	同步发电机静止励磁装置及电磁测试设备	中国电器科学研究院	8300
9	洛轴（轴研股份）数空机床主轴单元及高速精密轴承	洛阳轴研科技股份有限公司	2900
10	油气长输管线阀们性能检测实验装置	合肥通机械研究院	2000
11	国家电控配电设备质量监督检查中心扩建工程项目	天津电气传动设计研究所	3465
12	50 吨硬质合金石蜡工艺生产线项目	成都工具研究所	700
13	聚酰亚胺薄膜生产线建设项目	桂林电器科学研究所	700
14	无锡钻探工具厂搬迁改造项目	中国地质装备总公司	6300
15	大型通用自走式联合收获机产业化基地项目	洛阳中收机械装备有限公司	15000
16	精密型重型机械轴承产业化项目	洛阳轴承研究所	23400
17	低压电网智能化滤波补偿装置产业化研究项目	天津电气传动设计研究所	840
18	粉末涂料和聚酯树脂生产基地迁址及扩大产能项目	中国电器科学研究院	7520
19	转炉煤气干法净化回收技术项目	中国重型机械研究院	4400
20	大型装置用低温容器设备研发和检测中心项目	合肥通机械研究院	18200
21	广州电器科学研究院建设认证检测中介服务新基地	中国电器科学研究院	10800
22	中设集团建立出口产品生产基地	中国机械设备进出口总公司	560
23	广州机械院建设金属加工液中试基地	广州机械科学研究院	540
24	无锡钻探工具厂建设新厂区	中国地质装备总公司	2000
25	甘肃蓝科建设产业化基地	兰州石油机械研究所	13700
26	中汽工程建设汽车工艺装备工程中心	中国汽车工程公司	16948
27	中汽国际建设汽车铝轮毂基地	中国汽车工业国际合作总公司	499. 8
28	中国电器院对认证检测新基地的追加投资	中国电器科学研究院	1700
29	洛阳轴研科技建立热处理车间	洛阳轴承研究所	785
30	兰石所在上海建立产业化基地	兰州石油机械研究所	10000
31	上海蓝滨建设产业化基地	兰州石油机械研究所	6700
32	上海蓝滨购置土地	兰州石油机械研究所	1750
33	轴研所建设产业化项目	洛阳轴承研究所	33800

【军工科研与配套】 军工科研与配套工作是集团的一项重要业务。集团于 2002 年成立军工管理办公室，作为军工科研与配套业务的归口管理机构。军工管理办公室下设军工处，与集团公司科技质量部科技处合署办公，2006 年军工处更名为军工

技术处。

国机集团现有11家所属企业参与国防武器装备配套科研生产任务，配套科研项目和产品涉及航空、航天、船舶、兵器、电子、核工业等领域共30大类300多个品种。主要产品有特种精密轴承、高性能传感器、弹性元件、制冷系统及装置、各类机泵阀、仪表功能材料、测温元件、合金材料、高低压触头材料、绝缘材料、高性能液压系统及密封元件、特种粘接剂、磁探仪器及设备、军用移动电站、飞机牵引车以及热障涂层材料和飞机结构强度载荷谱实测技术等。

国机集团所属11家军品配套企业中有10家企业已具备武器装备保密资格和军标质量体系认证资质，9家企业具备武器装备科研生产许可证资质。2002—2008年，共承担军品配套科研、建设项目总数为116项，其中，军品配套重点专项10项，年度科研项目97项，研制和生产条件保障建设项目9项。为武器装备科研生产配套产品约65万件（套），特种材料约65000kg（m），另有6家企业从事与军工任务相关的工程承包、设计咨询和成套设备供货等业务，年实现销售收入4亿多元。

表14　国机集团军品配套企业及产品

序　号	单位名称	主要配套产品及相关业务领域
1	洛阳轴研科技股份有限公司	军工专用中小型、微型精密轴承及配件
2	沈阳仪表科学研究院	压力、位移传感器；精密金属、电沉积波纹管等
3	合肥通用机械研究院	制冷通风装置、压缩空气装置、空气干燥过滤装置、换热器及各类泵阀等
4	重庆仪表材料研究所	测温元件及材料、特种合金材料
5	桂林电器科学研究所	低压触头、绝缘材料、印刷绕组伺服电机
6	天津鼎成高新技术产业有限公司	动态仿真试验装置、海水泵、污水泵
7	广州机械科学研究院	特种密封件、液压系统及元件、特种润滑油及粘接剂
8	兰州电源车辆研究所有限公司	汽车电站、拖车电站、方舱电站、电瓶启动车
9	奥迪探测仪器公司	探雷器、磁梯度仪、航弹仪、坡度仪
10	北京金轮坤天特种机械有限公司	飞机牵引车、多功能叉车、舰船生活保障装置、热障涂层材料及技术
11	北京蓝天时代飞机强度研究所	飞机结构强度载荷谱实测技术及数据处理
12	中国机械工业成套工程总公司	机械成套设备供货
13	中国中元国际工程公司	军工相关工程设计咨询
14	北京起重运输机械设计研究院	军需物资储备立体仓库工程
15	苏州电加工机床研究所有限公司	军工异型产品生产及其装备制造
16	中国重型机械研究院	军工专用重大装备开发及制造
17	中国电器科学研究院	军工产品涂装设备制造

为加强集团军工研发、科技攻关、项目执行和军工管理等工作，集团于2005年1月1日制订并颁布第一部《中国机械装备（集团）公司军品项目管理办法》和《中国机械装备（集团）公司军品配套工作保密管理办法》。从2002年起，每两年召开一次集团公司军工工作会，会议总结两年来的军工工作取得的成绩和存在的问题，研究部署后两年的重点工作和主要任务。参加会议的有集团公司主管

军工工作的领导、总部有关部门领导、所属有关企业的领导，邀请国防主管部门有关部门领导作专题讲座，组织军工集团公司有关部门领导与所属企业就军品配套科研项目的市场开发和配套服务等内容进行对口交流。

国机集团军工企业为我国国防科技工业的进步和军工配套做出了突出贡献。2003 年 12 月 30 日凌晨，标有“ZYS”商标的洛阳轴承的“神舟”飞船再一次遨游在太空；2003—2009 年国机集团共有 4 家企业参与神舟飞船的配套研制和实验验证工作。2006 年，洛阳轴研科技股份有限公司、沈阳仪表科学研究院、合肥通用机械研究院等三家企业和于文标、孟庆伟、葛世东等 8 位个人，分别获得“十五”国防科技工业军工协作配套先进集体和先进个人的表彰和奖励；2007 年，洛阳轴研科技股份有限公司荣获中央军委、国务院颁发的某工程科研生产建设突出贡献先进单位称号，9 人荣获某工程科研生产建设荣誉奖章。

【质量体系】

1. 四标一体管理体系的建立。

为进一步增强国机集团的服务意识、市场意识和质量意识，提高整体管理水平，为实施全面的科学管理奠定基础，进而提高集团的美誉度；同时也是为开展非实体经营业务、走向国际市场拿到通行证，2002 年 12 月 4 日，国机集团总部召开 ISO9001 质量管理体系和 ISO14001 环境管理体系宣贯动员大会，拉开了国机集团进行标准认证的序幕。自 2003 年 3 月两标体系建立到现在，体系运行已进入第八个年头，其间，体系文件经过三次换版，由最初的质量、环境两标体系发展到涵盖质量、环境、职业健康安全和社会责任四标一体管理体系。

国机集团总部质量管理体系的建立过程：

2002 年 11 月，国机集团成立体系认证领导小组，任命管理者代表，并成立体系认证执行办公室。

2002 年 12 月，国机集团召开质量和环境管理体系宣贯动员大会，拉开国机集团进行 ISO9001 和 ISO14001 标准认证的序幕。

2003 年 3 月，国机集团召开两标一体化管理体系文件颁布大会，公司的管理体系文件电子版在内部局域网上开始运行，管理手册和程序文件也发放到每个员工的手中，这标志着集团公司的管理体系从此进入到贯彻、实施的试运行阶段。

2003 年 6 月，国机集团接受中国船级社质量认证公司审核。

2003 年 7 月，国机集团获得质量认证证书（含尤卡斯证书）和环境认证证书。

2005 年 12 月，换版后的两标一体化管理体系文件颁布运行。

2007 年 8 月，建立符合 SA8000、GB/T28001、GB/T19001、GB/T24001 四标一体化管理体系文件颁布运行。

2007 年 11 月，国机集团接受通标标准技术服务有限公司对集团总部社会责任管理体系进行认证审核。

2007 年 12 月，国机集团获得社会责任（SA8000）认证证书。

2. 管理体系建立发挥的积极作用。

国机集团总部管理体系的建立和运行，规范了管理流程，提高了管理的规范性和管理效率，集团总部的管理工作取得长足的进步，也得到社会各界的肯定。

（1）集团总部员工质量、环境、社会责任和职业健康安全的意识逐步得到提高。

通过集团主要领导亲自主持召开体系宣贯动员、体系文件颁布大会；持续、系统开展对全员进行体系认证培训、内审员培训；组织一年一度的内审、管理评审；落实各项管理责任等举措，集团总部全体员工的质量、环境、社会责任和职业健康安全意识得到大幅提高。

（2）集团各项管理工作日趋科学化、规范化、制度化。

通过体系的建立，各部室结合自身工作流程和特点，加强研究，制定并不断优化部门工作程序文件、规章制度。截至 2008 年底，集团公司发布有效规章制度 329 项，程序文件 81 个，大大提高了各项管理工作的科学化、规范化和制度化。管理延误率、发文错误率两项指标连续多年低于集团设立的目标值，近两年的统计显示更是趋近于零，说明集团总部管理工作质量确实得到了提升。

（3）集团顾客满意度逐年提高。

以顾客为关注焦点是八项质量原则中最重要的一项。顾客和服务对象满意度是集团公司总部最重要的质量目标。根据管理体系要求，集团每年进行一次调查，通过顾客满意度来了解集团总部各项职能的执行情况。集团自2003年开始进行满意度调查工作，至今进行8次调查，集团总部的满意度分值从2003年的83.77%上升至2008年的95.91%，职能类别逐年增多，满意度分值逐年提高，不满意项逐年递减，最高分与最低分的差距逐渐缩小并呈整体上移趋势，说明集团总部的工作职能逐年得到细分，服务质量逐年得到提高，所属企业对集团总部工作的认可程度也逐年提高。

【资质管理】 资质作为企业开展业务的准入门槛，是企业生存、发展的重要条件，也是企业核心竞争力的体现。集团资质管理工作主要包括：负责组织所属企业申报住房和城乡建设部、国家发展改革委、商务部和国家质检总局主管的工程建设、咨询、对外承包、经营和设备监理等各类资质的初审、报送工作。多年来，集团在准确理解各类资质管理规定、政策和标准的基础上，深入指导企业进行资质申报工作，组织企业积极参与资质标准制定、资质评审工作，同各部委加强交流、沟通，争取了资质获取的主动权，保证了企业生产经营的正常进行和发展需求。

1. 正确掌握国家政策，及时获取企业所需资质。

伴随国民经济的快速发展和市场化、国际化进程的推进，建设部、发改委、商务部等各部委按照行政许可法的要求不断对国内从事工程设计、施工、监理、咨询和对外承包工程的企业资质标准和管理办法进行完善和改进。集团在准确理解新资质标准的基础上，指导企业进行资质申报工作，组织企业积极参与资质标准制定、资质评审工作，同各部委加强交流、沟通，争取了资质获取的主动权。截至2008年底，集团所属企业共拥有各类资质近521项，其中工程建设勘察设计、施工、监理、造价、规划资质253项；工程咨询资质76项；设备监理资质25项；对外承包、进出口、劳务输出等对外经营资格70项；尚有其他认证、保密、特种设备、质量检验等资质资格97项。企业资质的获取，基本保证了企业生产经营的正常进行和发展需求。

表15 国机集团主要资质情况

一、工程设计资质

编号	单位	资质名称	资质等级	业务范围
1	中国中元国际工程公司	工程设计	综合甲级	可以从事资质证书许可范围内相应的建设工程总承包业务以及项目管理和相关的技术与管理服务。
			一体化	建筑装饰装修工程设计与施工一体化一级资质。
2	中元国际工程设计研究院	工程设计	甲级	建筑行业（建筑工程）。
3	中国联合工程公司	工程设计	综合甲级	可以从事资质证书许可范围内相应的建设工程总承包业务以及项目管理和相关的技术与管理服务。
4	机械工业第二设计研究院	工程设计	甲级	机械行业；建筑行业（建筑工程）。
5	机械工业第三设计研究院	工程设计	甲级	机械行业；建筑行业（建筑工程）。市政公用行业（给水、排水、城市隧道、道路、桥梁工程）；环境工程设计（水、气）；风景园林专项；建筑智能化系统工程设计。
			乙级	商务粮行业；市政公用行业（热力、环境卫生）；环境工程设计（物理污染防治工程）。

续表

6	中联西北工程设计研究院	工程设计	甲级	机械行业；建筑行业（建筑工程）；轻纺行业轻工工程（食品发酵烟草工程、家电电子及日用机械）；军工行业（控制系统、光学、光电、电子、仪表工程）。
			乙级	商物粮行业（冷藏库、批发市场与物流中心、制冰厂、商业仓储、储备及物流）；市政公用行业（热力、排水、给水）；电子通信广电行业电子工程类（电子基础产品项目、电子整机产品项目）；建筑行业（人防工程）。
			专项	建筑智能化系统工程设计 甲级；环境工程（废气甲级；废水、固废乙级）。
7	机械工业第四设计研究院	工程设计	甲级	机械行业；建筑（建筑工程）；轻纺（家电电子及日用机械）；市政公用（环境卫生、道路）；军工行业（船舶机械工程）。
			乙级	电力（火力发电）；电子通信广电（电子整机产品项目、电子系统）；建筑（人防工程）；轻纺（日用化工、食品烟草）；商物粮（制冰厂、冷藏库、批发市场与物流中心、储备与物流）；市政公用行业。
			专项	环境工程设计（水、大气污染防治、物理污染防治、固体废物处理处置工程）甲级；建筑智能化系统工程设计 甲级。
8	机械工业第五设计研究院	工程设计	甲级	化工石化医药行业（中成药）；轻纺行业（家电电子及日用机械）；机械行业；建筑行业（建筑工程）；农林行业（兽医、畜牧工程）；商务粮行业（粮食工程）；军工行业（坦克、装甲车辆）。
			乙级	化工石化医药行业（橡胶加工）；轻纺行业（食品烟草、日用化工）；市政公用行业（热力、排水、道路）；冶金行业（有色铝型材加工）；电子通信广电行业电子工程类（电子基础产品项目）；建筑行业人防工程；商务粮行业。
			专项	环境污染防治专项工程设计（废气甲级、废水噪声乙级）。

续表

<table>
<tr><td rowspan="3">9</td><td rowspan="3">机械工业第六设计研究院</td><td rowspan="3">工程设计</td><td>甲级</td><td>机械行业；建筑行业（建筑工程）；轻纺行业（食品发酵烟草工程）；军工行业（船舶机械（水中兵器除外）、坦克、装甲车辆）；环境污染防治专项工程设计（水、气、固）。</td></tr>
<tr><td>乙级</td><td>民航行业（航站楼及附属设施）；商务粮行业（冷藏库、包装工业、批发市场与物流中心、储备及物流）；冶金行业焦化耐火（耐火）；建筑行业人防工程；市政公用行业（给水、排水、热力、环境卫生）；环境污染防治专项工程设计（物理污染防治工程）。</td></tr>
<tr><td>一体化</td><td>建筑智能化工程设计与施工一级资质。</td></tr>
<tr><td rowspan="2">10</td><td rowspan="2">中机国际工程设计研究院</td><td rowspan="2">工程设计</td><td>甲级</td><td>机械行业；建筑行业建筑工程；轻纺行业（家电电子及日用机械）；市政公用行业（排水、给水、热力、道路、城镇燃气、环境 卫生）；冶金行业（金属材料工程）；军工行业（坦克、装甲车辆，控制系统、光学、光电、电子、仪表，船舶机械（水中兵器除外））；环境工程（废水、物理污染防治工程、固废）；风景园林专项甲级。</td></tr>
<tr><td>乙级</td><td>电力行业（火电）；电子通信广电行业电子工程类（电子基础产品项目、电子特种环境、电子系统）；化工石化医药行业（橡胶加工、药物制剂、医疗器械）；农林行业（林产工业）；轻纺工业（日用化工）；商务粮行业（冷藏库、制冰厂、批发市场与物流中心工程、商业仓储、储备及物流）；石油天燃气行业（石油机械制造与修理）；市政公用行业（桥隧、公共交通）；环境工程（废气）。</td></tr>
<tr><td>11</td><td>中机十院国际工程有限公司</td><td>工程设计</td><td>甲级</td><td>机械行业；建筑行业（建筑工程）；环境工程（水污染防治工程）。</td></tr>
<tr><td rowspan="3">12</td><td rowspan="3">中机中电设计研究院</td><td rowspan="3">工程设计</td><td>甲级</td><td>机械行业；商务粮行业（批发配送与物流仓储、冷冻冷藏、成品油储运工程）；市政公用行业（热力）；建筑行业建筑工程。</td></tr>
<tr><td>乙级</td><td>电力行业（火力发电）；电子通信广电行业电子工程类（电子特种环境）；石油天燃气行业（石油机械制造与修理）；市政公用行业（燃气、环境卫生）；建筑行业人防工程；环境污染防治工程（废气、噪声）。</td></tr>
<tr><td>专项</td><td>建筑智能化系统工程设计甲级。</td></tr>
</table>

续表

13	陕西省冶金设计研究院	工程设计	甲级	建筑行业（建筑工程）。
			乙级	冶金行业；市政公用行业（燃气）。

二、工程咨询资质

编号	单位	资质名称	资质等级	业务范围
1	中国农业机械化科学研究院	工程咨询	甲级	机械、农业、轻工。
2	中国中元国际工程公司	工程咨询	甲级	机械、建筑、市政、火电、医药、生态环境、核工业、农业、物流、城市规划、综合经济。
3	机械工业规划研究院	工程咨询	甲级	机械。
4	中元国际工程设计研究院	工程咨询	甲级	建筑。
5	中国汽车工业咨询发展公司	工程咨询	丙级	机械。
6	北京起重运输机械设计研究院	工程咨询	乙级	索道工程。
7	中机中电设计研究院	工程咨询	甲级	机械、火电、建筑、生态环境、市政、商务粮。
8	中机十院国际工程有限公司	工程咨询	甲级	机械、建筑、市政、生态环境、轻工、城市规划。
9	机械工业第五设计研究院	工程咨询	甲级	机械、化工医药、电子、轻工、建筑、商务粮、农业（畜牧）、兵器。
10	机械工业第三设计研究院	工程咨询	甲级	机械、建筑、市政、生态环境、轻工、电子、城市规划。
11	中国农业机械化科学研究院呼和浩特分院	工程咨询	乙级	机械（农业机械）。
12	中国联合工程公司	工程咨询	甲级	机械、建筑、市政、火电、石油天然气、化工医药、建筑材料、电子、轻工、生态环境、城市规划、综合经济。
13	机械工业第二设计研究院	工程咨询	甲级	机械、建筑、城市规划。
14	杭州信安建设监理有限公司	工程咨询	甲级	机械、建筑、市政。
15	机械工业第四设计研究院	工程咨询	甲级	机械、建筑、生态环境、市政。
16	机械工业第六设计研究院	工程咨询	甲级	机械、建筑、市政、生态环境、轻工、火电、城市规划。
17	中机国际工程设计研究院	工程咨询	甲级	机械、建筑、市政、生态环境、电子、环评、火电、有色冶金、城市规划。
18	中国重型机械研究院有限公司	工程咨询	甲级	钢铁、建筑、市政。
19	中联西北工程设计研究院	工程咨询	甲级	机械、电子、轻工、建筑、商务粮、市政、军工。
20	甘肃蓝科石化高新装备股份有限公司	工程咨询	乙级	机械。

续表

三、工程监理资质				
编号	单位	资质名称	资质等级	业务范围
1	京兴国际工程管理公司	工程监理	综合甲级	
2	北京兴电国际工程管理公司	工程监理	综合甲级	
3	郑州中兴工程监理有限公司	工程监理	综合甲级	
4	杭州信安建设监理有限公司	工程监理	甲级	房屋建筑、市政公用、机电安装。
5	中汽智达（洛阳）建设监理公司	工程监理	甲级	房屋建筑、冶炼工程、公路工程、市政公用、机电安装。
6	陕西华建工程监理有限责任公司	工程监理	甲级	房屋建筑、市政公用。
7	北京佳德建设监理有限责任公司	工程监理	甲级	房屋建筑。
8	中机十院国际工程有限公司	工程监理	甲级	房屋建筑、市政公用、机电安装。
9	中机国际工程设计研究院	工程监理	甲级	房屋建筑、市政公用。
10	天津五岳工程建设监理公司	工程监理	甲级	房屋建筑。
四、施工总承包企业资质				
编号	单位	资质名称	资质等级	业务范围
1	中国机械工业建设总公司	施工总承包	一级	房屋建筑、冶炼工程、市政公用、机电安装、化工石油。
2	中海工程建设总局	施工总承包	一级	港口与航道、市政公用、房屋建筑。
3	中国联合工程公司	施工总承包	一级	房屋建筑。
4	中国中元国际工程公司	专业承包	一级	机电安装、消防设施、建筑智能化。
5	机械工业第六设计研究院	专业承包	一级	建筑智能化。
五、进出口企业、对外经营合作、对外贸易企业、对外工程承包企业资格				
编号	单位	资质名称	资质等级	业务范围
集团及所属企业具备进出口企业、对外经营合作、对外贸易企业、对外工程承包企业资格证书60多个。				

2. 深入了解企业需求和具体困难，帮助企业获取急需资质。

在深入了解企业资质获取的需求和具体困难的基础上，指导工程建设企业加大科技投入，注重人才培养和储备，帮助企业向各级主管部门争取更多领域和更高级别的资质，累计完成集团所属企业400多项资质的重新核定、升级、就位工作。支持企业成立技术中心，组织企业工法评审并积极申报国家工法，已有5部工法获批国家级工法。

3. 进一步研究和探索发挥资质作用，拓展经营业务领域。

2003年对各所属单位及其分支机构的资质情况和管理体系认证情况进行第一次全面调查。集团所属57家单位拥有各类资质证书161项。

2004年组织完成中通公司等6个单位设计、监理、对外经营资格资质的申报工作，全部获得通过。

2005年组织完成北京起重运输机械研究所等21个单位设计、监理、招标代理资质的申报工作，全部获得通过。

2006 年对各所属单位及其分支机构的资质情况和管理体系认证情况进行第二次全面调查。集团所属 33 家企业拥有各类资质证书 521 项。组织完成机械工业第五设计院等 13 个单位 18 项专业、专项设计资质、1 个单位申请设备监理企业资格的申报工作，全部获得通过。

2008 年中国中元和中国联合双双成为全国首批（共 8 家）获得工程设计综合甲级资质的设计单位。建设部于 2007 年 3 月重新修订的《工程设计资质标准》中首次设立综合甲级资质标准。综合资质只设甲级，在考核内容上重点体现鼓励大型设计企业向工程总承包和工程项目管理方面发展，申请该资质的设计院必须满足注册资金、技术人员、各类注册工程技术人员、技术装备、工作业绩等方面的较高要求。获得该资质的大型设计院原则上可以承接所有 21 个行业的设计和工程总承包业务。此次为全国首批公示批准综合甲级资质，共有 8 家单位获此资质，集团公司报送的两家企业均获通过。

2008 年组织完成机械工业第六设计院等 7 个单位 22 项专业、专项甲级设计资质、4 个单位申请工程咨询资格、2 个单位申请对外承包工程经营资格的申报工作，全部获得通过。组织完成第二届全国设备监理技术委员会委员、全国注册设备监理工程师工作委员会委员和 2007 年度全国优秀设备监理工程师的审核报送工作。

2008 年集团所属 13 家企业 26 人入选全国设备监理技术委员会委员，赵兵总经理助理当选技术委员会副主任委员和全国注册设备监理工程师工作委员会主任。中国重型机械研究院李彦峰当选全国注册设备监理工程师工作委员会副主任委员。由集团报送的聂颖新、李江、陈觉生三人获全国优秀设备监理工程师。作为设备监理人员注册登记机构，完成 20 名设备监理人员首次注册、64 名延续注册、2 名变更注册和 1 名注销注册。

【重要研发成果及产品】

1. 100MN 油压双动铝挤压技术与装备研制：由中国重型机械研究院有限公司（原西安重型机械研究所）研制，获 2004 年度国家科技进步一等奖。该生产线以世界首台 100MN 油压双动铝挤压机为主机，配备了 2600kW 铝棒感应加热炉、500kW 板式中频模具加热炉、精密风—水淬火装置、800kg 牵引机、500 吨拉伸矫直机、60m 型材传输设备、30m 时效处理炉等具有世界先进水平的辅助设备。采用国际先进的铝合金型材挤压工艺，通过技术攻关，解决子大型工业铝型材生产的关键技术，并在挤压机设计制造、铝锭坯铸造、模具加热、型材淬火等多方面有所突破和创新，专门用于轨道交通、航空航天、集装箱等行业领域所用的特大型铝合金工业型材的生产。该生产线经国家冶金重型机械质量监督检验中心检验，所有设备主要性能参数均达到设计指标要求。由该生产线生产的大型工业铝型材经国家有色金属质量监督检验中心检验、测试，各项指标均完全达到国标 GBT3190—1996 以及 Q/LCL002—2000 企业标准要求，产品达到国际先进水平。

2. 中国重型机械研究院创新工程及金属锻压装备技术研发平台建设：获 2008 年度国家首次创新工程奖（国家科技进步二等奖）。项目投资 5000 多万元（包括试验设备及仪器仪表费用），建成有 4000m^2 的现代化实验厂房。

项目建设打破传统体制束缚，在相近领域广泛展开科技攻关横向联合，依靠学科间和产业间的交流与合作，使技术的突破与创新形成技术互换和优势互补关系，注重产、学、研、用相结合。

在金属锻压技术装备领域开发的 20 多台（套）拥有自主知识产权、首次国产的大型技术装备，在我国经济发展中发挥巨大的支撑作用。通过实施创新工程，中国重型机械研究院 2004 年至 2007 年间累计完成百余项产业化科技成果，向数百家企业提供了 300 台（套）具有自主知识产权的生产线和大型成套设备，广泛应用于钢铁、有色、机械、石化、汽车、航空、航天、船舶和兵器以及轻工、电子等行业。所供设备每年直接产出 2000 亿元的工业产品。

3. 制冷空调设备检测技术、装置及标准的研究与应用：由合肥通用机械研究院研发，获得 2006 年度国家科技进步二等奖。项目属制冷与低温工程技术领域，着重研究制冷空调产品的测试分析技术和建立产品的标准化体系，为全行业的自主创新能力提高提供手段。

项目主要采用理论分析、实践研究、产品研制开发的思路，在非稳态制冷循环技术、人工环境模拟技术、基于焓差法的综合测试技术、多联式空调热泵机组、谷物冷却机、大型风冷和水冷冷水机组测试技术研究等方面取得突破。提出的测试方法被

21项国家标准和2项行业标准所采用，建立了我国制冷空调产品的标准化体系，项目研究成果达到了国际先进水平，多联机和谷物冷却机的测试研究达到了国际领先水平。

在该项成果的基础上，已开发出6大类21种规格的产品试验装置，成功实现了试验装置的产业化。几年来为行业近200家企业提供了范围不同、规格各异的检测装置近400余套，累计实现直接销售收入近5亿元，为用户节约维修费用等开支达20亿元。大量的试验装置在企业投入使用，替代了进口，提高了企业产品的质量，促进了企业的自主技术创新，提升了行业的技术水平和国际竞争力，推动了我国制冷空调产品标准化和节能降耗工作的开展，有效保证了行业的健康稳定发展。

4. 在用重要压力容器寿命预测与安全保障技术研究：由合肥通用机械研究院研发完成，获得2005年度国家科技进步二等奖。项目针对在役大型、重要、关键性压力容器，开展介质环境条件下在役压力容器在应力腐蚀、腐蚀疲劳、应变疲劳、氢损伤等主要失效模式下的安全性评定，高温（480℃）条件下在役压力容器的不停车在线超声波检测，大型储油罐底板腐蚀减薄不停车在线（超?）声发射检测、监测等技术研究。项目研究成果在全国二十多个省（市）的五十余家大型企业的6000余台重要压力容器和1000余公里管线的安全保障中进行了成功应用，其中在全国石化企业覆盖率在95%以上，产生直接经济效益13亿元以上。有关研究成果还被2项国家规范、1项国家标准及2项行业标准采纳，经济和社会效益十分显著。

5. 宝钢2号RH（多功能钢水真空处理装置）的工艺与装备技术的开发和应用：中国重型机械研究院有限公司研发。项目成果是集理论研究、实验研究、科研开发、工程应用、项目总包为一体的自主创新和集成创新项目。研发应用成果——武钢生产的RH多功能真空精炼技术装备、宝钢生产的2号RH多功能钢水真空成套处理装置，分别获2001年度、2004年度国家科技进步二等奖。

RH（钢水精炼真空循环脱气）精炼炉，是精炼系列产品中技术含量最高、性能最完善、功能最齐全的大型设备，目前已经为世界生产特殊钢材企业所普通采用。与国际国内同类产品技术水平相比，该项目开发、研制的RH装置，在炉型选择、自动化控制方面，特别是在其关键设备真空泵方面均达到国际领先水平，而且有新的技术发现和技术创新。如具有自主知识产权的顶枪技术和真空泵核心技术，其各项性能指标都达到国际先进水平；自主、独创的生产工艺和成套设计，生产自动化程度、安全性能、人性化理念都达到了一个新的高度；系统总体布局合理，设备占地面积小、操作空间充足、装备及性能水平先进，并体现了集成创新；工程实施与科研开发同步并举。最终形成一套有关RH的设计、制造、设备安装、调试、生产工艺优化整套软件，以及EPC工程总包模式。多年来，先后向武钢、宝钢、梅钢、莱钢、攀钢等二十多家钢铁企业提供了三十多台套装备。

6. 宝新1500mm不锈钢纵切机组和横切机组：项目由中国重型机械研究院有限公司（原西安重刑机械研究所）研制，获2001年度国家科技进步二等奖。

它是国家重大项目——宁波宝新不锈钢工程七条主要生产线中惟一由中国自行设计，成套制造，并技术总负责的两条生产线，也是国内不锈钢生产行业惟一由中国自行设计，成套制造，并技术总负责的两条大型剪切线。项目被列入国家机械工业科学技术发展计划。设计成套的机组性能指标达到了国际先进水平，带材卷取塔形误差、错层误差、板材定尺长度误差、对角线差、堆垛整齐度等技术指标处于国际领先水平。

7. 大型板壳式换热器：大型板壳式换热器代表着热交换器的最高技术水平。由甘肃蓝科石化高新装备股份有限公司研制完成的“超大型板壳式换热器”及“超大型及中高压板壳式换热器开发及应用”分别被列为2006年、2007年甘肃省重大科技专项计划项目。“大型板壳式换热器产业化”项目被推荐为2007年国家级火炬计划产业化项目。2006年，超大型板壳式换热器被列为中国石化重大装备国产化研制项目。2007年12月，10000平方米高效节能板壳式换热器开发研制项目被列入科学技术部《“十一五”国家科技支撑计划项目》。2008年1月，10000平方米板壳式换热器被列入国家发展与改革委员会《“十一五”重大技术装备研制和重大产业化技术开发专项规划·重大技术装备研制专项》。

大型板壳式换热器在多回收过程热量的同时，减少了冷热公用工程，节约钢材，节省占地，节水，减少操作费用，符合国家环境保护政策，具有多方面的重要意义。以 140 万吨/年重整装置进料换热器为例，采用单台大型板壳式换热器与多台列管式换热器相比，多回收热量 4000Mcal/h，每年节省燃料油 3350 吨，约 1000 万元。节约加热炉投资 25.6 万元，节约空冷器投资 35 万元（不包括由此节约的电耗），如采用水冷器，则每年可节约循环水量 420 万吨，节省操作费用约 170 万元。根据测算，我国近十年内在新建及改扩建催化重整装置中需要采用超大型板壳式换热器的工位 40～50 台，共可回收热量约 2000MW，每年节能收入 13.75 亿元。大型板壳式换热器在乙烯装置、芳烃装置、加氢装置、甲醇等石化装置中都具有突出的节能减排降耗效果。

该产品主要技术创新点包括超宽板型开发、1.5m～2m 超宽板片焊接技术、进料分布器、热膨胀保护结构、板束支撑结构等。甘肃蓝科石化高新装备股份有限公司开发研制的大型板壳式换热器具有自主知识产权，已获得一项发明专利，五项实用新型专利，从产品研发、设计，到制造、生产形成完整的产业化链条，实现了板壳式换热器的国产化、大型化、超大型化。

蓝科高新研制的 5000 平方米以上大型板壳式换热器销售累计 30 多台套，已先后应用于金陵石化、高桥石化、福建炼化等数十家国内知名石化企业。大型板壳式换热器国内市场占有率达 40%，并已出口苏丹、哈萨克斯坦、伊朗等国，技术达到国际先进水平，可完全取代同类进口产品。

8. 东方红－1604/1804 轮式拖拉机：由中国一拖集团公司研制生产。是根据我国市场需求，通过自主创新，全新开发的具有完全自主知识产权的大马力轮式拖拉机。

产品采用了多项在国内属于首创或首次应用的拖拉机产品新技术和新结构。产品采用增压中冷柴油机、同步器换挡变速箱、电液控制差速锁、动力输出离合器、分动箱等多项新型技术，其整机及部件技术目前已获授权专利 26 项，其中发明专利 1 项。

东方红－1604/1804 轮式拖拉机的开发投产，可在一定程度上改变目前国内对大功率拖拉机的需求主要依靠进口的状况，为国家农业机械化的实现提供强大助力。自 2005 年投产至 2009 年底，该产品已销售超过 500 台，新增产值超过 1.75 亿元，并实现出口 40 余台。

9. 广州新白云国际机场南航基地货运站：由中国中元国际工程公司承担完成。获 2005 年度中国机械工业集团科学技术一等奖、2006 年度中国机械工业科学技术一等奖、2006 年度全国优秀工程设计金奖。

项目为国家重点工程项目，为国际、国内复合型的大型枢纽性空运货站。设计突出研究解决了适应复合枢纽型货站运营作业、流程、数据信息相当复杂且运营模式及技术发展变化快的技术难题。年货邮吞吐量 86 万吨，占地 28 万 m^2，建筑面积 104600m^2，主体建筑物长 608m，是当时国内水平最高、规模为国内最大，在亚洲仅次于香港一号货站、世界排名第三的空运货站。该项目设计提出的“单元化无障碍安全分区的大空间站房”创新设计模式，综合发展改进了工艺、建筑、结构、消防设计理念，突破性地解决了以往模块分隔式站房影响复合枢纽型货站的流通速度与柔性发展等问题。项目设计推出了 12 项符合国情与国际航空运输发展的新工艺、新技术和新理念，使我国的航空运输工程规模、水平跻身于国际先进水平之列。

项目投入使用后，货物通过速度提高了 35% 以上。项目达到设计能力时，可为民航货运创造每年约 53 亿元运费收入的地面服务价值，社会与经济效益显著。项目 2004 年 6 月通过国家计委、民航总局的验收，被评为优良工程，得到了用户及国内外行业好评，所采用的新技术被作为范例后续推广应用到扩建的首都、浦东、南京、成都等机场的货站设计中，在我国货运工程设计中具有重要的指导与影响作用。

10. 上汽临港产业基地工程项目（一期）涂装类车间工程总承包项目：由中国汽车工业工程公司机械工业第四设计研究院总承包。项目为年产 22.5 万辆的轿车涂装车间，建设工程内容包括自动化涂装工艺生产线和与之配套的厂房及公用设施系统，初期主要产品是“荣威”品牌 550 系列和 MG6 系列轿车。

涂装生产线采用 5C3B 轿车水性漆涂装工艺，配置了当前业内最为先进的制造装备，均为当前国际涂装领域最主流的装备。全面的节能、环保、绿色设计理念，不但对空调风进行合理的组织和回收利用，而且在国内设计中首次采用整线水性涂装工艺（水性中涂＋水性基色面漆）；同时采用无铬钝化前处理、无锡铅阴极电泳的工艺和 RTO 废气集中焚烧净化技术，实现节能、环保和VOC低排放目标。该项目还首次利用AutoMod软件平台开发出了生产线仿真分析系统，在设计阶段模拟生产线各类运行状态，进行动态跟踪、效率评估及故障分析、运行管理等优化，从而合理配置生产线资源、提高设备利用率，同时，也减少了设计失误、降低了投资及运行风险。

项目建成后，被上汽集团树立为标杆项目，并授予中国汽车工业工程公司机械工业第四设计研究院2007年度优秀供应商的荣誉，是目前已投产的由国内总包商进行工程总承包的规模最大、技术水平及性价比最高的轿车涂装车间，是我国民族汽车装备业发展中的一个里程碑。

11. 水电励磁产品：由中国电器科学研究院（原广州电器科学研究院）研发生产。自1971年第一套静止可控硅励磁装置研制投运成功以来，已为世界各地的1000多座电站配置了4000多套励磁装置，先后研制了新型微机励磁调节器、高规格的功率柜、新型灭磁过压保护装置等新产品在许多电站成功应用。

可靠的品质和完善的售后服务体系为公司赢得了良好的信誉，得到了国内外众多用户的信赖和支持，成功出口到欧、美、非、亚等二十多个国家。主要产品EXC9000型全数字化励磁系统在先进性和可靠性方面已居于国际先进水平。

代表性用户：

广西龙滩电厂（7×700MW）、青海拉西瓦电厂（5×700MW）、贵州构皮滩电厂（5×600MW）、四川瀑布沟电厂（6×600MW）、四川大岗山电厂(4×650MW)、四川锦屏电厂（14×600MW）、四川二滩电厂（6×550MW）、云南阿海电厂（5×400MW）、青海公伯峡电厂（5×300MW）、吉林白山电厂（5×300MW）、广西岩滩电厂（4×302.5MW）、吉林白山抽水蓄能电站（2×150MW）、广东东深供水工程（12×5MW同步电动机）、陕西蒲城电厂（2×360MW汽轮机）、湖南创元电厂（2×300MW汽轮机）、广州南沙电厂（2×300MW汽轮机）、广东坪石电厂（2×300MW汽轮机）、土耳其EREN（2×600MW汽轮机）、印尼INDRAMAYU（3×350MW汽轮机）、越南Srepok 3水电站（2×110MW）、印尼阿萨汗ASAHAN水电站（2×90MW）。

12. 常林装载机：由中国福马机械集团有限公司研制生产。形成比较完整的产品系列，在各级别主导产品上具有高、中、低各档次品种，具有市场竞争力，能够满足目前市场需求。推出的936、956型装载机，使各产品技术和市场定位更趋清晰。批量生产的定轴式变速箱、驱动桥，技术成熟、质量可靠；近几年研发的电控变速箱、湿式驱动桥，具有自主知识产权，技术先进。产品在环保、舒适性、安全性设计，在国2排放、欧3排放、电喷发动机、降噪、造型等设计和应用方面不断取得新进展。2008年，该装载机产品全年销售收入10.8330亿元，948、958型装载机产品获得CE认证。

13. BSG系列宽带砂光机：由中国福马机械集团有限公司在引进西德Bison公司BWS/130—2G—2K技术后改进设计制造。产品主要用于诸如刨花板、中密度纤维板、石膏刨花板或其他木质和非木质板材的定厚和光整磨削。

2007年，凝聚了多年设计制造砂光机技术经验的M型砂光机完全取代Q型砂光机，实现了产品的升级换代，标志着BSG系列砂光机跻身国际先进水平行列。目前BSG系列砂光机已形成多个产品技术系列，拥有百余种机型，满足各种规模人造板企业的要求，形成完整系列。

产品已突破人造板行业，涉及建材行业、金属行业、印刷等其他行业，遍布全国各地，并远销海外。到2007年底，砂光机已累计实现销售超1000台，始终居国内市场占有率首位，是国内主流人造板企业的共同选择。

14. 热磨机：由中国福马机械集团有限公司研制生产，是中高密度纤维板生产线和造纸制浆行业中的关键设备。

在热磨机研发中，采用国际国内先进技术，催生自有专利技术。热磨机采用国内领先技术3项，国际领先技术5项；催生专利技术8项，其中：授权实用新型专利6项，申报发明专利1项；在国内本行业权威杂志发表技术论文8篇。

自20世纪90年代承担国家“九五”科技攻关子专题“新型热磨机的研制”以来，已形成了磨盘直径分别为42’、44’、48’、50’、54’、58’六种规格的机型，满足年产5～20万中高密度板不同产能的生产需要，其中，部分规格热磨机已替代进口，54’/58’热磨机占据行业热磨机技术国内领先地位。

15. 360度翻转小型四冲程发动机：江苏林海于

2007 年与天津内燃机研究所合作研制而成。该发动机具有污染小、油耗低的特点，可节约汽油 20～30%。尤其是作为手持机具动力，可大大改善操作者的工作环境。研究成果获得了国家火炬计划重点项目和江苏省重大科技成果转化基金支持。研究成果产业化后，迅速得到市场的认可，主要出口欧美市场，取得很好的经济和社会效益。

重组改制

【总体概述】 国机集团成立以来，始终把推进实施战略重组、建立现代企业制度作为主要战略任务。近年来紧紧抓住国有经济布局和结构战略性调整的契机，以“三大主业”发展战略为导向，内部资源整合与外部重组并举，集团的资源结构和业务布局得到迅速改善，集团的管控能力和企业的向心力、凝聚力得到显著增强，集团整体竞争力得到大幅提升，成功实现了三个“重大转变”：集团从“由小到大”发展阶段向“既大又强”新阶段的转变；集团组织结构分散、经营无序向以集团牵头组织协调、优势互补，各子公司相互协同支撑、共同开拓市场转变。集团的各项资源由分散状态向集团统一合理配置、聚集于三大主业转变，改革重组也促进了集团的快速发展。

【明确思路】 成立之初的国机集团，以划转进入的 70 多家企事业单位为基础，汇集了一部分优秀行业资源，但在资源结构方面，整体资源分散、产业链不完整、主业方向不明确的问题十分突出。

在充分认识自身差距和不足的基础上，国机集团审时度势，抓住中央企业经济结构战略性调整的契机，提出了改革重组的总体思路：把资源整合和组织架构再造作为集团改革发展的关键点和突破口，从突出集团主业板块、完善产业链条的角度研究集团的发展问题，通过内外部重组并举，加快引入增量、调整存量，着力解决集团资源结构不合理的问题。

在这一思路指引下，国机集团围绕装备制造与研发、工程承包和贸易与服务“三大主业”的业务布局，提出了“以完善产业链条为目标，根据集团‘三大主业’的业务发展构架，按照‘内整外引并举、先内部整合后外部重组’的策略，促进资源向高效益领域——优势业务、优势企业和优秀经营者流动与集中，优化资源配置，提高集团整体竞争力”的指导方针。通过“内整外引”，逐步打造集团三大主业、若干业务板块的企业群，使子公司实力更雄厚，集团对子公司的控制力更强，决策反应更快，管理更为科学。

【内部整合】 根据确立的改革发展思路，国机集团首先从内部资源整合入手，注重提升现有资源的效率，着力打造集团支柱产业，并形成了以下工作思路：以“三大主业”为基础，将三大主业细分为国际工程承包与贸易、科研与产业化、装备制造、勘察设计施工、汽车贸易与服务、财务管理与投资等六大板块，进行分板块整合，形成若干有核心竞争力的子集团。

国机集团先后组织实施内部资源整合 40 多项，涉及企业 60 多户，整合企业资产总计超过 250 多亿元。通过内部资源整合，减少集团直管子公司 30 余户，使直管子公司由 70 余户减少至 40 余户；同时，加快对四级及以下层次企业的清理，减少四级及以下公司共 120 多户，大大缩小了集团的管理幅度，集团管控能力、管理水平有较大提升，子公司散乱状况得到明显改善。

在内部资源整合过程中，坚持集团主导、子公司自愿相结合的重组原则，形成以下五种整合模式：

一是避免重复，合并同类资源。如中国机械设备进出口总公司和中国机械对外经济技术合作总公司同属国机集团内以工程承包为主业的老牌外贸企业，规模大、实力强，两企业资源雷同，市场重叠。2004 年 12 月，集团主导推动两家企业实施重组，重组后中国机械设备进出口总公司的市场开拓能力显著增强，新签约工程成套项目连续两年成倍增长，主业收入年均增长超过30%，利润年均增长率在50%以上。又如国机集团下属的机械工业第四、第五设计院两家设计单位，双方都以汽车工程咨询、设计为主业，业务范围基本相近，市场投标相互压价竞争。2005年8月集团对两家企业实施合并重组，重组后成为国内汽车工程设计行业的龙头企业，市场占有率得到大幅提高。

二是构建产业链，整合上下游资源。2003年12月中国电工设备总公司与哈尔滨电站设备成套研究所的重组，2005年12月重组组建的中国工程机械总公司等，都是采用产业链上下游企业联合重组的模式，实现科、工、贸相结合。

三是以优扶劣，盘活低效资源。集团所属的一些中小型企业，要么主业不突出，要么主业发展前景差，但这些企业资源基础都不错，通过与关联核心企业的重组，一方面可以强化核心业务企业能力，另一方面也盘活了被重组企业的优势资源。2005年3月中国电器科学研究院和武汉计算机外部设备研究所重组，带动了武汉外设所的快速发展，三年内武汉外设所主业收入增长200%。

四是以大带小，聚集区域资源。采用这种模式主要是实现核心业务企业优势资源的共享和区域资源的相对集中，带动小企业共同发展。2003年1月沈阳仪表科学研究院重组沈阳真空技术研究所，2005年8月中国机械工业建设总公司重组国机技术公司，2006年2月中国浦发机械工业股份公司重组上海机电工业联销公司等都是按照这一模式展开的。

五是突出主业，分拆不同资源。江苏苏美达集团公司原为集团所属中国机械设备进出口总公司下属企业，由于两家企业业务不同，基本上互不关联，一家从事工程承包业务，一家从事与该工程承包业务没有支撑关系的贸易业务。为发挥两块优势业务的最大潜力，2004年12月集团对中国机械设备进出口总公司进行分拆，并将分拆出的江苏苏美达集团公司作为集团贸易服务板块的核心企业来扶持。分拆后两个企业主业收入均突破百亿元，2008年中国机械设备进出口总公司和江苏苏美达集团公司主业收入之和近400亿元，合计利润比分拆前翻了两番。

表1　**国机集团内部重组情况（截至2008年12月31日）**

<table>
<tr><th rowspan="2">序　号</th><th rowspan="2">重组时间</th><th rowspan="2">文　号</th><th colspan="2">重组企业</th><th rowspan="2">重组后企业名称</th></tr>
<tr><th>重组主体</th><th>被重组企业</th></tr>
<tr><td>1</td><td>1999年6月2日</td><td>国机企规〔1999〕087号</td><td>中国北方专用设备开发公司</td><td>中工机电发展总公司</td><td>中国北方专用设备公司</td></tr>
<tr><td>2</td><td>1999年6月18日</td><td>国机企规〔1999〕058号</td><td>中国工程与农业机械进出口总公司</td><td>中国机电广告公司</td><td>中国工程与农业机械进出口总公司</td></tr>
<tr><td rowspan="5">3</td><td rowspan="5">2000年11月16日</td><td rowspan="5">国机企规〔2000〕330号</td><td rowspan="5">中国磨料磨具工业公司</td><td>中国机械工业第二设计研究院</td><td rowspan="5">中国联合工程公司</td></tr>
<tr><td>中国机械工业第三设计研究院</td></tr>
<tr><td>中国机械工业第五设计研究院</td></tr>
<tr><td>中国机械工业第十一设计研究院</td></tr>
<tr><td>机械工业勘察设计研究院</td></tr>
</table>

续表

序号	重组时间	文号	重组企业		重组后企业名称
			重组主体	被重组企业	
4	2002年12月20日	国机企规〔2002〕524号	中元国际工程设计研究院	中国机械工业电脑应用技术开发公司	中元国际工程设计研究院
5	2003年1月2日	国机规〔2003〕06号	沈阳仪表科学研究院	杭州照相机研究所	沈阳仪表科学研究院
6	2003年3月17日	国机规〔2003〕88号	中国北方工业装备有限公司	机翔房地产开发公司	中国北方工业装备总公司
7	2003年4月4日	国机规〔2003〕122号	中元国际工程设计研究院	机械工业规划研究院	中元国际工程设计研究院
8	2003年4月4日	国机规〔2003〕123号	中国电工设备总公司	中国机械工业基础件成套技术公司	中国电工设备总公司
9	2003年8月20日	国机规〔2003〕407号	中国工程与农业机械进出口总公司	中国空分设备公司	中国工程与农业机械进出口总公司
10	2003年9月12日	国机规〔2003〕443号	沈阳仪表科学研究院	秦皇岛视听机械研究所	沈阳仪表科学研究院
11	2003年12月3日	国机规〔2003〕564号	中国电工设备总公司	哈尔滨电站设备成套设计研究所	中国电工设备总公司
12	2004年4月13日	国机资〔2004〕148号	中国汽车工业进出口总公司	中国汽车零部件工业联营公司	中国汽车工业进出口总公司
13	2004年12月9日	国机资〔2004〕511号	中设江苏机械设备进出口集团公司	中设江苏机械设备进出口集团公司	江苏苏美达集团
14	2004年12月9日	国机资〔2004〕510号	中国机械设备进出口总公司	中国机械对外经济技术合作总公司	中国机械设备进出口总公司
15	2005年3月24日	国机资〔2005〕136号	广州电器科学研究院	西岭宾馆	广州电器科学研究院
				武汉计算机外部设备研究所	
16	2005年3月24日	国机资〔2005〕137号	中国机械工业建设总公司	中国轴承进出口联营公司	中国机械工业建设总公司
17	2005年8月2日	国机资〔2005〕398号	中国机械成套设备总公司	中国北方工业装备有限公司	中国机械成套设备总公司
18	2005年8月5日	国机资〔2005〕378号	中国机械工业建设总公司	国机技术装备有限责任公司	中国机械工业建设总公司
19	2005年8月8日	国机资〔2005〕381号	中国电工设备电动工具公司	机械工业部第四设计研究院	中国汽车工业工程公司
				机械工业部第五设计研究院	

续表

序号	重组时间	文 号	重组企业		重组后企业名称
			重组主体	被重组企业	
20	2005年11月2日	国机资〔2005〕533号	沈阳仪表科学研究院	沈阳真空技术研究所	托管
21	2005年12月6日	国机资〔2005〕604号	中国机电广告公司	中汽人才交流中心	中国汽车工业国际合作总公司
22	2005年12月13日	国机资〔2005〕625号	中国工程机械成套公司	天津工程机械研究院	中国工程机械总公司
23	2005年12月15日		中国浦发机械工业股份有限公司	中国长江磨床进出口联营公司	中国浦发机械工业股份有限公司
24	2006年2月20日	国机资〔2006〕66号	中国浦发机械工业股份有限公司	机电工业上海联销公司	中国浦发机械工业股份有限公司
25	2006年8月8日	国机资〔2005〕411号	中国机械工业基础件成套技术公司	广州电器科学研究院	中国电器科学研究院
26	2006年9月1日	国机资〔2005〕457号	中国机床锻压铸造设备公司	中汽对外经济技术合作公司	中国重型机械研究院
				中国汽车工业咨询发展公司	
				北京汽车工业发展研究所	
				中汽汽车及配件销售职业培训服务有限公司	
				西安重型机械研究所	
27	2006年12月18日	国机资〔2006〕636号	广州机械科学研究院	中国汽车零部件工业公司	广州机械科学研究院
28	2007年4月13日	国机资〔2007〕206号	合肥通用机械研究院	中国电瓷进出口联营公司	托管
29	2007年4月13日	国机资〔2007〕219号	中国机械设备进出口总公司	机械工业部第八设计研究院	中国机械设备进出口总公司
30	2007年4月25日	国机资〔2007〕219号	中国机械设备进出口总公司	中机国际工程设计研究院	中国机械设备进出口总公司
31	2007年4月23日	国机资〔2007〕206号	合肥通用机械研究院	中国电瓷进出口联营公司	合肥通用机械研究院

【外部重组】 国机集团围绕国有经济布局和结构战略性调整的要求，以完善产业链条为目标，以提升三大主业核心竞争力为重点，着力推进外部重组工作。在外部重组中，国机集团始终坚持“三项基本原则”：坚持缺补相适的原则，坚持做强做大的原则，坚持互利共赢的原则。

根据上述三大基本原则，针对集团三大主业中的薄弱环节，国机集团进一步明确了外部重组的重点方向：

一是积极吸纳装备制造与研发资源，完善机械装备制造与研发主业板块。针对装备制造主业中集团制造资源相对匮乏而国际贸易等资源相对丰富、装备研发实力较强的特点，国机集团计划通过外部重组，积极吸纳重大装备、基础装备和工程与农业机械装备制造资源，打造若干具有特色和知名品牌的装备研制生产基地；同时进一步补充科研开发资源，打造装备制造业技术实力最强、研发工艺相对完善的技术研发平台。

二是努力补充工程专业设计和专业施工资源，完善工程承包主业板块。针对工程承包主业中集团商务、资金能力强，专业设计、施工能力薄弱的特点，国机集团计划通过外部重组，努力补充工程项目领域的专业设计技术和专业施工能力，形成若干集系统设计、系统集成、工程总承包和全程服务于一体的、提供全过程解决方案的工程公司；

三是积极引入零部件研制和贸易服务资源，完善贸易与服务板块。针对贸易服务主业中集团部分贸易服务功能不强、配套不完善的特点，国机集团计划通过重组，进一步引入检测、研发及零部件制造等贸易服务资源，打造成贸工技相结合、产业链上下游延伸的国际化贸易服务集成供应商。

近年来，国机集团在国务院国资委的大力支持下，先后完成了与中国进口汽车贸易中心、中机国际工程设计研究院、中国福马机械集团有限公司、中国海洋航空集团公司以及原中国汽车工业总公司所属的中国汽车工业进出口总公司等5家企业，共10户中央企业的重组工作，并完成对中国一拖集团有限公司、中发展工程机械股份有限公司、长沙汽电汽车零部件有限公司和陕西省冶金设计研究院等4户地方国有企业的重组工作。通过外部重组，完善了集团产业链条，增强了企业综合实力，促进了资源优化配置。

由于集团重组工作成效显著，得到国务院国资委的充分肯定。2008年10月，作为中央企业重组工作的典型，集团在中央企业重组工作会议上作了经验交流。

国机集团外部重组中央企业10家：中国汽车工业进出口总公司、中汽对外经济技术合作公司、北京西岭宾馆、中汽人才交流中心、中汽汽车及配件销售职业培训服务有限公司、中国汽车零部件工业联营公司、中国进口汽车贸易中心、中机国际工程设计研究院、中国福马机械集团有限公司、中国海洋航空集团公司。地方国有企业4家：中发展工程机械股份有限公司、陕西省冶金设计研究院、中国一拖集团有限公司、长沙汽电汽车零部件有限公司。

【建立现代企业制度】 国机集团改制工作经历了一个探索、总结、改进和不断提高的过程，具体可分为三个阶段：

1. 第一阶段为早期改制阶段（2006年以前）。

早期改制工作主要采取两种模式：

第一种模式是少数企业实施的部分职工持股改制。主要是在集团所属的部分科研院所试点实施，如沈阳仪表科学研究院、济南铸造锻压机械研究所等，职工持股比例从40%～70%不等。改制对于探索改革经验，稳定骨干队伍、提高职工积极性起到了积极作用。但是在一些规模较大的核心企业开展职工持股改制不利于主业发展，也会产生一系列管理问题。

第二种模式是部分所属企业的主体改制上市。国机集团实施主体改制及上市的工作稍晚于职工持股改制。2003—2006年，主要实施中国工程与农业机械进出口总公司、洛阳轴承研究所、成都工具研究所所三家企业的主体改制及上市工作。设立了轴研科技、中工国际和工研科技三家股份公司，前两家分别于2005年5月和2006年6月完成上市工作。这种改制模式整体上相对规范，也促进了主业的发展。

2. 第二个阶段为重组改制调整阶段（2006—2008年）。这一阶段国机集团改制工作思路是：尽可能推动企业实施整体改制，不留空壳；对现有的上市公司通过上划集团管理、母体资产注入等方式进行调整。同时，提出了总体要求：一是要紧密围绕集团发展战略，各企业的改制要服从集团整体规划要求，实现集团资产与业务结构趋于合理；二是围绕核心板块建设，将改制与重组相结合，加快推动核心业务企业整体改制上市；三是要积极利用政策性破产、主辅分离等国家优惠政策，加快困难企业的脱困和非主业资产、业务的剥离。

按照这一思路，集团的改制工作逐步深入，基本完成“由辅业到主业，由局部到整体，由私募到上市”的改制思路和重点工作的转移，工作中形成四条主线：

一是推进核心业务企业的整体改制。主要通过增量扩股、存量转股等方式将全民所有制企业改造成符合公司法要求的多元化投资主体的公司制企业，最终推动核心业务企业实现整体改制上市。比如兰州石油机械研究所设立甘肃蓝科石化高新装备股份有限公司，中国进口汽车贸易公司、中国重型机械研究院改制为有限责任公司，中国机械设备进出口总公司整体改制并境外上市都取得阶段性成果。

二是实施以上市公司为平台或以上市为目的内部资源整合。重点是将同一板块内相关联的资源向改制上市主体集中，做到以改制上市带动资源的整合，推动关联业务及上市公司的共同发展。比如上市公司洛阳轴研科技股份有限公司对洛轴所定向增发进行资源整合，轴研科技是由集团所属洛阳轴承研究所经营性资产改制上市而来，改制上市时由于政策限制，洛轴所的检测、军品等业务未能纳入轴研科技范围。为进一步整合集团轴承业务资源，在相关政策许可的条件下，集团实施了洛轴所改制并整体注入轴研科技。通过整合关联优势资源，减少了同类业务领域的关联交易和潜在的同业竞争，达到同一板块内关联资源向上市主体集中，提升了轴研科技的研发能力和盈利能力，促进关联业务及上市公司共同发展的目的。这一阶段还实施了中工国际工程股份有限公司股权上划集团，济南铸锻所整体改制等，对企业的发展起到了积极的促进作用。

三是主辅分离辅业剥离改制和社会职能移交工作。

通过辅业剥离、整体改制等方式，实现辅业资产、人员和业务的剥离，部分职工国有身份的转换，建立起产权多元化的公司制企业。先后完成了中国空分设备公司、长春试验机研究所、兰州电源车辆研究所、苏州电加工机床研究所等四家企业的主辅分离整体改制以及有关企业局部辅业的剥离改制工作。共计剥离三类资产 1.9 亿元，剥离辅业人员 876 名；移交 7 所中小学，移交在职职工 153 人，离退休教师 185 人，争取财政补贴 967 万元。

四是围绕困难企业脱困解困为核心的企业重整改制。

通过推动政策性破产、搭建新平台工作，加快困难企业的脱困步伐，确保企业优质资产完整保留，恢复具有良好潜力的经营业务。中地装所属张探厂、衡探厂通过政策性破产核销债务 9.1 亿元（含银行本息 3.9 亿元），争取中央财政补助资金 4 亿元，变现资产 1.88 亿元，安置各类人员 8000 余人（其中在职人员 3093 人）。移交社会职能给地方，解决了大部分历史遗留问题。同时，先期搭建的新平台解决 1600 人上岗，通过资产回购充分利用了原有的有效资产，并延续了原有的业务、品牌，保住了在地质装备行业的地位。

3. 第三个阶段为股份上市发展阶段。

从 2008 年年开始，在集团领导带领下，国机集团着手研究企业下一步改革的总体思路，制定了“国机集团资本运营规划”，明确集团下一阶段改制工作的总体思路：加大力度，加快步伐，推进集团主业股份上市工作。

国机集团将以三大主业为基础，并将三大主业细分为若干板块，通过内部资源整合与企业改制相结合，进行分板块整合，加快分板块企业整体上市，建立若干以上市公司为核心的子集团。

在实施途径上：

一是选择板块中产业增长突出的优势企业优先实施独立上市或重组上市，加快树立核心企业的竞争优势，形成有市场影响、有产业地位的核心企业；

二是同步实施板块内的企业改制，为后续重组做好基础。

截至 2008 年底，国机集团控股或拥有实际控制力的上市公司 6 家，包括中工国际（SZ002051）、轴研科技（SZ002046）、鼎盛天工（SH600335）、林海股份（SH600099）、常林股份（SH600710）、第一拖拉机（HK00038），其中国内上市公司 5 家，香港上市公司 1 家。

表 2　　国机集团企业改制情况（截至 2008 年 12 月 31 日）

序　号	年　份	文　号	改制主体企业或主发起人	改制后企业
1	2001	原国家经贸委国经贸企改〔2001〕1337 号和四川省人民政府川府函〔2001〕341 号	成都工具研究所	发起设立成都工研科技股份公司
2	2001	原国家经贸委国经贸企改〔2001〕142 号	洛阳轴承研究所	发起设立洛阳轴研科技股份有限公司，2005 年上市
3	2001	原国家经贸委国经贸企改〔2001〕342 号和财政部财企〔2001〕243 号	中国工程与农业机械进出口总公司	发起设立中工国际工程股份有限公司，2006 年上市
4	2003	中国银行业监督管理委员会银监复〔2003〕23 号	中工信托投资公司	国机财务有限责任公司
5	2007	国机资〔2007〕407 号	长春试验机研究所	长春试验机研究所有限公司
6	2007	国机资〔2007〕681 号	兰州电源车辆研究所	兰州电源车辆研究所有限公司
7	2007	国机资〔2007〕583 号	中国进口汽车贸易中心	中国进口汽车贸易有限公司
8	2007	国机资〔2007〕581 号	中国重型机械研究院	中国重型机械研究院有限公司
9	2008	国机资〔2008〕281 号	济南铸造锻压机械研究所	济南铸造锻压机械研究所有限公司
10	2008	国机资〔2008〕469 号	洛阳轴承研究所	洛阳轴承研究所有限公司，后通过定向增发进入轴研科技
11	2008	国机资〔2008〕629 号	苏州电加工机床研究所	苏州电加工机床研究所有限公司
12	2008	国务院国资委国资改革〔2008〕1282 号	兰州石油机械研究所	发起设立甘肃蓝科石化高新装备股份有限公司

【主要经验】 一是坚持以发展战略为导向。国机集团始终坚持以发展战略为纲领，紧密围绕集团“三大主业”业务布局，致力于行业内相关优秀企业和重点资源的重组整合。在重组工作中，国机集团明确提出：不能为了重组而重组，更不能为了片面追求做大而重组，而是要以发展战略为导向，充分考虑企业间业务的关联性和资源优势的互补性，最终达到促进双方企业更好更快发展、把企业进一步做强做大的目的。

二是注重重组与改制紧密结合。改革重组工作要注重全局性、统一性，对重组工作要统一规划，做到重组与后续的改制工作相衔接。国机集团在重组工作中，坚持先重组后改制的原则，通过重组实现完善产业链、优化资源配置的目标，在企业发展的运行模式基本稳定后，再考虑进行进一步的改制，只有这样才能有利于企业的健康发展和重组的有效实施。

三是明确“一企一策”的重组策略。重组策略的正确与否直接影响到重组的效果好坏。在重组实施过程中，由于被重组企业的发展历史、隶属关系、资源配置等存在较大差异，因而在重组中要根据重组企业的实际情况，有重点、有针对性地选择重组策略。在重组中，国机集团坚持采用“一企一策”的策略，做到对症下药、有的放矢，较快地解决了企业发展中的瓶颈问题，更好地推动了重组工作的顺利实施。

四是确保经营与重组的相互促进。经营工作是企业发展的根本。重组过程中，由于企业多方面都处于调整变动状态，往往会对正常经营产生一定的影响，不稳定的经营状态也间接影响到重组工作的推进。国机集团在重组过程中时刻关注这一问题，在推进重组工作时，始终坚持做到重组与经营两手抓，两手都要硬。在推进重组的同时不放松经营，以经营的发展，保企业的稳定，确保重组工作的稳步开展。

五是加强重组后的全方位整合。重组的成败关键在于重组后的整合管理。重组实施后要加强对被重组企业的组织领导，尽快推动必要的整合工作，通过一系列的制度安排和措施，使重组尽快发挥协同效应。国机集团在重组过程中，通过战略整合、业务对接、管理衔接和文化融合等手段全方位加强重组后的整合工作，迅速提升了集团和重组企业的综合实力，较快实现 1 + 1 > 2 的协同效应。

综合管理

【总体概述】 企业管理工作是实现国机集团规范、高效、平稳运行的重要基础工作，通过建立和完善企业的各项管理制度，强化和优化工作流程，有效地保障了企业的高效运营。

2004 年以来，国机集团以质量管理体系和环境管理体系的内审和监督审核工作为抓手，针对企业管理工作中存在的问题和薄弱环节，相继出台一系列涉及企业运营、战略、财务、人事、风险等各方面的管理制度，形成《国机集团归档制度汇编》和《国机集团工作流程图汇编》，初步建立起适应市场经济规律和现代企业发展要求的管理制度，使企业的各项工作科学化、规范化运行，提高了企业的管理效率，促进了企业的发展。

【战略管理】 国机集团自成立以来，一直高度重视战略管理工作。1999 年，组织外部专家和企业内部人员，共同开展宏观环境、行业环境和集团内部资源与问题的研究，开始着手编制集团战略规划。2000 年，制定实施《国机集团十年发展战略》，明确了工程承包和高新技术产品开发与生产两大主业，提出要形成若干主业突出、技术和经济实力比较雄厚、具有较大规模的支柱子企业。2003 年，成立战略研究室，专门负责集团战略管理和发展研究工作。2004 年，根据内外部环境的变化，对原有发展战略中的有关内容进行适时的调整和修订，制定实施《国机集团 2004—2006 年发展规划》，明确了“以工程承包为主体、以国内外贸易、高新技术产品开发与生产为两翼”的“一体两翼”三大主业定位。2006 年，在原发展规划的基础上，进行滚动修订，调整对标企业，细化具体业务及各类型子公司的发展方向，制定《国机集团 2006—2008 年发展规划》。2007 年底，为了适应党的十七大提出振兴装备制造业、中央企业联合重组等形势的发展变化，进一步制定《国机集团 2008—2010 年发展规划》，提出由“一体两翼”主业定位向“三大主业”并重发展、未来打造装备制造业为主体的战略转型思路。同时提出加快发展步伐、三年再造一个“新国机”的新目标、新追求，使集团规模更大，竞争力更强，发展更和谐。

同时，为了发挥战略管理在企业管理中的指引作用，制定《国机集团战略管理办法》等战略管理制度，有效规范了集团母子公司战略规划的制定、执行、反馈、评估、修订过程，构建了集团战略管理的神经系统。集团的发展战略成为各所属企业、各职能部门、不同管理人员、不同员工保持行动一致、朝同一目标方向努力的指引。在总体发展战略的统领下，先后开展科技发展战略、汽车板块发展规划、高层次人才队伍建设规划、品牌建设规划、信息化发展规划、农业机械发展规划等制定实施工作，进一步加强了分战略的管理工作。

【人力资源管理】 实施“人才强企”战略是国机集团实现战略目标的重要保证，是国机集团积极应对人才竞争、创造国机集团人才优势和核心竞争力的重大举措，也是振兴中国机械工业，构筑机械行业人才高地的必然要求。

国机集团从可持续发展的高度出发，树立以人为本的理念，开展了大量卓有成效的工作。

1. 人才队伍数量不断增加，人才队伍结构明显改善。

截至2008年12月31日，国机集团从业人员81795人，在岗职工71739人；离退休人员53105人。

截至2008年12月31日，国机集团有各类专业技术人才29080人，其中高级专业技术人才6246人，中级专业技术人才8709人；有各类技能人才（技术工人）31538人，其中：高级技师203人，技师2208人，高级工9261人，中级工10040人。

表1　2008年国机集团专业技术、技能人才情况

单位：人

项　目	总人数	分项数据
技术人才	29080	高级：6246
		中级：8709
技能人才	31538	高级技师：203
		技师：2208
		高级工：9261
		中级工：10040

国机集团切实从企业发展的需要出发，不断改善和加强人才队伍建设，通过内部培养和外部引进，不断壮大人才队伍。截至2008年底，在高、尖端人才方面，国机集团拥有一大批国家级和省部级专家，其中院士2人，享受国务院政府特殊津贴人员949人，百千万人才工程国家级人选17人，国家中青年科技专家1人，有突出贡献的中青年专家24人，中组部直接管理的专家5人。此外，国机集团还拥有一大批国家级专业注册人员、高级项目经理、高级商务人员和专业带头人。

表2　2008年国机集团专家队伍状况

序　号	类　别	人　数
1	院士	2
2	国家中青年科技专家	1
3	有突出贡献的中青年专家	24
4	中组部直接管理的专家	5
5	百千万人才工程国家级人选	17
6	享受国务院政府特殊津贴人员	949

2. 进一步完善规章制度的建设。

制度建设是管理工作的基础，是保障国机集团人才工作有效进行的关键。2005年，国机集团制订国机集团高层次人才规划，确立人才队伍建设的“12233”工程。2006年，为了进一步加强国机集团高层次科技人才队伍的建设，国机集团颁布实施了《国机集团高层次科技人才管理暂行办法》，在制度上规范了国机集团高层次科技人才队伍的选拔、激励和管理办法。集团对高层次人才授予“国机集团高层次科技专家”荣誉称号，并颁发证书，并通过各种途径，为高层次科技人才提供良好的工作和生活环境，为其提供科研平台和个人发展空间。该办法颁布实施以来，集团组织两次高层次科技人才评选（每两年评选一次），共有78人被评为国机集团高层次人才。

3. 创新市场化选聘任用领导干部的机制。

国机集团着力建立并完善领导人员管理的各项规章制度，加大对领导班子的考核力度，积极探索适应现代企业制度要求的、充分体现党管干部原则与市场化选聘相结合的国有企业选人用人机制。坚持以业绩和能力考核为重点，加大干部的考核力度，提高经营管理人才选用的科学化、规范化。

从2004年开始，国机集团开展所属企业高级经营管理人员公开招聘工作，其中公开招聘正职的企业10家，副职5家，财务总监13家，开展高管公开招聘的企业占国机集团所属企业的55%。通过公开招聘走上领导岗位的31人，占国机集团管理所属企业领导干部的10%。

在公开招聘过程中，国机集团积极实践，勇于探索，结合企业具体情况，建立发布公告、资格审查、笔试面试、组织考察、上会通过、发文任命等一整套规范、透明，公正、公开的招聘流程，有针对性地设置了多维度、立体考评应聘者素质、能力、业绩表现等内容，使招聘工作逐步专业化，为集团所属企业干部的选拔提供有力支撑和更为科学的依据。

公开招聘高级经营管理者，一方面有效扩大了集团选人用人的渠道，使集团能够在更宽广的范围内把企业急需的高素质、高层次人才选拔配备到领导岗位，不断提高干部队伍的整体素质和工作能力；另一方面也使在岗领导人员的观念有了较大的转变，进一步激发了勤奋学习、开拓进取、转变作风、创造佳绩的积极性和主动性，增强了干部队伍的活力。公开招聘高级经营管理者是集团干部人事工作管理制度的一次重大改革创新，为高层次人才搭建了舞台，同时扩大了干部选拔的视野。

表3 **2004—2008年国机集团公开招聘所属企业高级经营管理者情况**

年　份	招聘职位	涉及企业
2004	总经理	中国机械设备进出口总公司 中国电工设备总公司、中国重型机械总公司、中国机械工业建设总公司 中国通用机械工程总公司 中汽对外经济技术合作公司
	副总经理	中国电工设备总公司
2005	财务总监	中国机械设备进出口总公司 中国工程与农业机械进出口总公司 中国电工设备总公司、中国重型机械总公司、中国机械工业建设总公司 中国进口汽车贸易中心 中汽对外经济技术合作公司 中国汽车工业进出口总公司 合肥通用机械研究所 广州电器科学研究院 广州机械科学研究院 中设江苏机械设备进出口总公司
2006	总经理及行政副职	中国工程与农业机械进出口总公司
	财务总监	合肥通用机械研究院、广州电器科学研究院、机械工业第六设计研究院、中国通用机械工程总公司、中国进口汽车贸易中心、中国中元国际工程公司
2007	总经理及行政副职	中国电线电缆进出口有限公司
2008	总经理	中国海洋航空集团公司、中国机械设备进出口总公司

4. 完善业绩考核和收入分配办法，进一步强化人才选聘及人才激励机制。

为了适应国机集团的发展，按照国资委的要求，国机集团针对业绩考核和薪酬管理中存在的问题，重新颁布实施了《国机集团企业经营业绩考核暂行办法》《国机集团企业经营者薪酬管理暂行办法》和《国机集团实施中长期激励暂行办法》，改善了企业经营者的薪酬结构，强化了业绩考核，增加了中长期激励，细化了经营业绩考核指标，从政策上引导和关注企业的中长期利益，制约了企业的短期行为。

5. 不断加强人才培养和干部教育培训工作力度。

逐步建立、健全、完善国机集团人才培养和干部教育培训管理体系，逐步形成全方位、立体化、多层次国机集团人才培养和干部教育模式。

通过不断完善国机集团的人才培养和干部教育培训方式，使国机集团干部教育培训形成了短期培训与中长期培训相结合，国内培训与国外培训相结合；专业培训与干训调训相结合；学历、学位等高端培训与大众化培训相结合的格局。

【财务管理】 从集团成立以来，财务管理工作不断深入，在“夯实财务基础、拓宽服务领域”的思路的指引下，集团在推进财务集中管控、转变财务管理职能方面取得了一定的成绩，具体表现在以下方面：

1. 加强财务信息管理，提升财务信息质量。

（1）加强会计信息基础管理，夯实财务基础。

根据财政部、国资委的统一安排，集团于2004年和2007年先后顺利实施2004年执行企业会计制度和2007年执行企业会计准则。在2004年执行企业会计制度前，通过国资委统一组织的清产核资工作，夯实了企业的资产质量，减轻了包袱，促进会计信息更真实的反映。结合执行企业会计制度的契机，集团统一制定了资产减值准备管理制度等，统一了会计政策。结合2007年执行企业会计准则的变化，及时重新修订了相关会计政策，制定《国机集团会计核算手册》，更进一步细化和规范了集团所属企业的财务核算规范，确保了会计信息的真实、完整。

同时，集团不定期组织子企业开展会计基础规范检查工作，要求子企业通过开展自查、互查和集团重点检查，加强对日常财务管理工作的重视，以促进财务信息质量的提升。

（2）加强财务决算管理，以决算信息推动管理提升。

财务决算信息是反映企业全年经营成果的重要依据，为了确保财务信息质量的可靠、完整，集团通过加强信息质量考核、实行财务决算审计机构的集中委派、加强与相关部门的信息沟通等方式，不断提升财务信息质量。

通过子企业的积极配合和努力，集团财务决算工作质量和效率逐年提升。集团三级以上出具标准无保留意见的企业占比已从2005年的81.1%上升到2008年的90.8%，集团从2004年至2008年连续五年获得财政部的财务决算先进表扬。

同时，结合国资委对集团财务决算的批复意见和决算中反映出的各类财务问题和管理问题，提交相关管理部门予以关注，通过管理手段整改提升。如根据决算信息，清理子企业中管理级次过长的企业和连续亏损企业，根据对外担保等信息加强企业法律风险防范等。通过决算信息的充分利用，有效推动了集团管理的提升。

（3）积极推进财务信息化建设。

集团从2006年启动财务信息化的建设工作，通过统一的网络化财务软件的设计和实施，推动财务信息的透明、统一，提高获取子企业财务信息的效率和质量。通过几年的努力，至2008年集团已实现大部分子企业的财务数据在集团服务器上运行，争取实现全部企业的财务报表通过集团网络平台上报。财务信息化建设不但大大提高了财务人员的工作效率和财务信息质量，而且部分企业已经开始结合本企业的业务实际，启动财务、经营、资金、税务等高智能分析系统的集成，解决业务和财务重复劳动，效率低下、信息分离等问题，真正做到时时出数据，时时出分析，为企业经营提供高效优质的服务。

（4）逐步推进全面预算管理工作。

集团从2002年起启动财务预算工作，并于2005年对预算管理办法进行修订，在“完善审核内容、加强分析力度、确保预算执行效果”的指导思想下，不断推进财务预算管理工作。

一是加强对预算的审核。在预算审核中，除了关注传统的收入、利润等经营指标外，更注重对资产结构、融资规模和结构、资产管理能力及资金管理效果等质量的审核。

二是增加预算批复环节。对部分企业预算编制中反映出的企业经营管理、财务管理等方面的薄弱环节和可能存在的问题予以提前关注，要求企业在实际运行过程中改善资产质量，关注运营效果，对薄弱环节积极整改。

三是在预算执行过程中，按季度进行预算执行分析。对集团所属企业运行过程与预算发生的偏差予以关注，并提请有关企业重视。在半年运行结束后，进行半年预算调整工作，通过预算调整，及时反映集团全年的整体运行状况。大部分企业能够实事求是地上报财务预算，对执行过程中的偏差予以合理解释并及时调整。

2. 强化资金管控，防范财务风险，创新金融服务。

财务管理工作的重中之重就是资金管理。国机集团从2003年成立财务公司，并专设资金管理部门，在推动集团资金集中管理工作中取得积极的成果。

（1）资金集中度显著提高，资金集中结算工作取得重大进展。

通过五年来的努力推进和扎实、系统的工作，集团资金集中结算系统已形成相当规模。基本实现了京内所属企业的账户集中管理和结算限额管理，京外所属企业也在逐步从闲置资金存管模式向账户集中管理模式转变。

一是集团资金集中度进一步提高，资金使用效益显著。集团已基本实现了在京子公司的账户集中管理和结算限额管理，对京外子公司继续推进闲置资金存管模式。2008年各成员单位在财务公司的日均存款余额已经达到25亿元。随着财务公司资金集中结算规模不断扩大，提高了资金管理水平，大大节约了财务费用。截至2008年底，平均贷款余额稳定保持在18至20亿元，直接为集团节省银行利息支出超过1亿元，对于控制财务成本、提高资金使用效率，并进而促进集团的快速发展起到重要的作用。

二是集团进一步发挥授信融资担保功能，致力于支持成员企业的业务发展。2008年，集团发挥整体优势，在各家银行取得综合授信额度累计达到363亿元人民币，其中大部分额度分配给子公司使用。

三是集团积极拓展债券市场直接融资。集团从2006年起开始发行短期融资券，短期融资券的成功发行和按期兑付，使集团在债券市场的影响力逐步增强，投资人对集团发行的债券具有较高的认购意愿。2008年4月，集团再次成功发行12亿元一年期短期融资券，为集团和子公司发展提供了充裕的资金保证，节约财务费用2600多万元。此外，集团2008已经完成发行3年期、规模8亿元企业债券的发行准备工作。3年期债券或中期票据的发行，不仅能够为集团及所属企业发展提供稳定的较低成本的资金支持，与此同时可以调整集团整体的债务周期和结构，降低财务风险。

（2）加强担保后续监督，严控担保风险。

集团担保管理工作通过控制担保总量和调整担保结构来优化集团担保资源配置。一是严格执行担保管理办法，子企业不得对集团外企业进行担保，以避免担保风险，同时，集团总部在控制集团担保总量的同时，加大对符合集团主业的优质项目融资担保；二是加强担保项目的后续跟踪管理，针对部分企业将集团提供担保的银行综合授信额度使用在经济效益较低，风险较大，不属于集团重点支持项目上的问题进行了调查和清理。

3. 加强财务队伍建设。

（1）建立财务总监委派制。

集团2004年制订《财务总监管理暂行办法》并于2004年底对子企业委派第一批财务总监，截至2008年底，集团共委派18名财务总监，基本涵盖了集团所属的重点企业。各财务总监在完善企业财务管理体系，有效防范企业财务风险，拓宽融资渠道等方面发挥了重要作用，并且成为集团与所属企业朝着共同目标前进的联结纽带。财务总监为企业谨慎把脉，在企业经济效益良好的状态下，不忘财务风险控制，采取多种手段降低风险，为企业经营的持续健康发展保驾护航；在企业面临资金需求时积极拓宽融资渠道，为经营发展服务；积极参与解决企业以前年度遗留的历史问题，引导企业向良性发展的轨道运行；在企业面临人民币升值、外贸业务压力的情况下，认真研究对策，积极利用多种金融工具缓解资金压力，保障企业利益。

（2）开展各层次财务人员培训。

集团除高层财务总监的委派及培训外，还积极探索各层次财务人员的培训方式。通过中国会计学会机械分会的平台，将在京财务人员的继续教育全部统一培训；每年统一培训人员达到300多人。培训内容结合集团的财务规范和企业的业务特点以及最新的财会税收政策，有针对性的培训起到积极的效果，较好地推广了集团的财务管理政策，提升了财务人员素质。

【风险管理】 风险防范制度体系的建设和切实运行是企业健康发展的基石。国机集团一直高度重视企业风险管理工作，在发展中不断调整和完善企业风险防范的内容和重点，在法律风险控制、财务风险控制、审计风险控制、资本运营风险控制以及经营风险控制等各方面逐步形成了一整套管理体制，初步构建起国机集团的全面风险控制体系。有效避免了重大风险的发生，有力保障了企业的健康、快速发展。

1. 法律风险管理。

在市场经济条件下，法律风险控制对经营管理具有重要的保障作用。国机集团在成立之初就设立法律事务部，从组织上为法律风险控制提供保障。集团法律事务部先后制定、出台《国机集团法律工作管理暂行办法》、《国机集团加强企业法律工作的意见》以及《2004—2006年国机集团法律培训学习规划》等一系列文件。随着上述规章制度陆续出台，集团法律工作管理和发展的框架基本形成、法律风险防控体系初步建立。

一直以来，国机集团按照现代企业制度的管理要求，结合集团自身情况，不断充实和完善集团各项法律管理制度，从制度上预防和减少了企业的管理风险。通过印发《中国机械工业集团公司总部授权书管理暂行办法》，在标准格式授权书基础上进一步规范授权管理；通过制定《所属企业重大法律纠纷案件管理暂行办法》，对所属企业重大法律纠纷案件进行备案管理和个案指导；建立了合同评审制度，规范了合同评审程序和具体要求；积极开展企业知识产权的保护工作，参与处理所属企业重大商业秘密侵权案件；全程参与非实体项目的谈判、签约以及企业合并、重组工作等，这些工作有力支持了企业的发展，有效防范了企业在日常生产、经营和管理活动中的法律风险。

随着集团业务规模不断扩大，集团法律工作也随之不断创新和提升。2007年以来，集团法律事务部调整工作思路，提出“建立以事前防范、事中控制为主，事后补救为辅的法律风险管理体系”，从防范和严控风险向治理和管理风险转变，通过开展包括加强调研，促进法制建设，实现资源共享，加大监督和管理力度等多项工作，对企业法律风险管理工作进行了新的探索和尝试。至2008年底，集团总部的企业规章制度、经济合同、授权书审批和重要决策事项的法律审核把关率达到100%，法律工作步入规范发展轨道，法律风险防范愈加深入。

2. 财务风险管理。

财务风险管理是国机集团企业风险管理的重点，一直以来国机集团以资金管理为核心，全面开展财务风险管理工作。

2003年，国机集团成立财务公司，集团以财务公司为平台加强资金集中管理工作，通过5年的努力推进和扎实系统的工作，集团资金集中结算已形成相当规模，基本实现京内所属企业的账户集中管理和结算限额管理，京外所属企业也在逐步从闲置资金存管模式向账户集中管理模式转变。到2008年底，各成员单位在财务公司的日均存款余额已经达到25亿元人民币，随着财务公司资金规模的扩大，集团整体资金管理水平、节约财务费用的成效已初步显现。

集团通过资金集中管理，发挥整体优势，在获得融资信贷方面取得了较好的效果。2008年在各家银行取得综合授信额度合计达到363亿元人民币，其中大部分额度分配给所属企业使用。另外，集团积极推进与合作银行“总对总”的合作模式，扩大和深化金融机构对集团总体服务质量，探讨多样化融资模式，积极帮助所属企业争取获得免保银行授信，逐步加大合作银行分担企业风险的比例，并在中国银行、中信银行等长期合作金融机构取得了较大突破。

同时，集团通过债券市场直接融资支持子企业的业务发展，到2008年，集团已累计发行债券规模26亿元，发行利率处于较低水平，不但节约了财务费用，而且优化了债务结构，进一步降低了财务风险。为集团整体发展提供了稳定的长期资金支持。

在担保风险管理方面，国机集团2004年出台《担保管理办法》和《担保管理实施细则》等制度，全面规范了国机集团的担保管理体系。并从2005年开始，根据集团的经营情况和管理目标变化对上述制度文件进行多次修订，较好地满足了集团公司的发展需要。

2007年开始，为进一步控制担保风险，集团公司通过控制担保总量和调整担保结构来优化集团担保资源配置，有效防范了担保风险。一是严格执行集团担保管理办法，在控制担保总量的同时，原则上不再提供限制使用范围的银行综合授信单位，加大对符合集团主业的优势项目的跟踪，并且严格落实反担保措施；二是加强担保项目的后续跟踪和监督管理，及时掌握担保项目执行情况，降低担保风险。通过努力，除部分企业因重组至集团前仍有部分遗留对集团外企业担保外，其余企业已无对集团外企业担保，集团总部对子企业的担保对于促进企业发展业务，控制经营风险，发挥了积极作用。

3. 审计风险管理。

审计风险控制是国机集团全面风险管理的一个

重要内容。自1999年成立以来，国机集团不断扩大审计范围，开展任期经济责任审计、军工建设项目竣工财务决算审计和技术改造项目审计、基本建设投资审计和股权投资审计、内部控制评审、工程项目审计、审计结果跟踪检查、市场开发基金和科技发展基金审计、高风险投资业务审计、企业改制审计、境外机构审计、会议审计等工作。通过积极研究审计风险防范措施，国机集团已初步形成国机集团审计风险防范体系。

在审计工作范围不断扩大的基础上，国机集团审计稽查部研究制定相关规章制度。1999—2008年，先后制、修订15项规章制度，分别为《中国机械装备（集团）公司国有企业法人任期经济责任审计条例》《中国机械装备（集团）公司专项审计实施办法》《中国机械装备集团公司审计人员工作考评办法》《中国机械装备集团公司内部审计工作暂行办法》《国机集团关于委托中介机构实施任期经济责任审计的暂行办法》《国机集团内部审计暂行规定》《国机集团关于国防军工建设项目竣工财务决算审计的规定》《国机集团关于所属企业领导人员任期经济责任审计的规定及操作指南》《国机集团总部会议费用审核办法》《国机集团关于审计工作实行联席会议制度的暂行规定》《基本建设项目审计办法》《境外机构审计办法》《工程项目审计办法》《审计结果利用暂行办法》《委托中介机构审计管理办法》。

任期经济责任审计项目是国机集团审计稽查部工作重点。1999年，国机集团审计稽查部制定《中国机械装备（集团）公司国有企业法人任期经济责任审计条例》。随着经济责任审计工作不断深入，2003年，在大量调查研究的基础上，制定《国机集团关于所属企业领导人员任期经济责任审计的规定及操作指南》。经济责任审计规定及操作指南，明确了审计工作各个环节的工作程序和工作标准，从制度层面防范审计风险。

国机集团将审计风险控制贯穿于审计业务各个环节，并开展一系列具体工作：一是通过实施PDCA全过程管理，在审计全过程严格质量控制和风险防范；二是于2004年制定《国机集团关于审计工作实行联席会议制度的暂行规定》，使审计工作沟通机制制度化，规范化，保证了审计相关方信息对称，有效降低审计风险；三是充分利用国机集团信息化建设成果，有效发现审计线索，提高审计质量，降低审计风险；四是利用机械工业审计学会平台，积极开展业务研讨和业务培训，提高集团公司审计业务水平；五是建立以风险为导向审计模式，充分发挥内部审计在内部控制和风险管理中的作用，及时识别、评估风险，提出防范和控制风险的建议。

集团在推进风险导向型审计时，充分借鉴全面风险管理工作成果，以集团公司风险的识别和评估为基础，确定公司及投资、工程项目的风险点，以此作为审计重点。通过建立以风险为导向的审计模式，充分发挥了审计在企业风险管控中的作用。

4. 投资风险管理。

自1997年国机集团成立以来，集团及所属企业的各级领导对投资业务的风险管控高度重视，各级投资业务管理部门认真把好投资业务风险管理的审查关，在集团投资业务的风险管控方面开展了以下工作：

一是集团领导高度重视投资业务，积极参与投资业务审议决策。集团成立以来，集团各级领导高度重视投资管理工作，对于所属各层级企业的投资事项，无论投资事项金额大小，均将投资事项作为本企业的重大事项，提交党政领导班子进行集体研究，广泛征求意见，审慎决策。集团层面，在集团领导的提议下，本着抓大放小的原则，建立由集团领导及集团相关职能部门负责人担任委员的投资审查委员会制度，共同审议集团各级企业的重大投资事项，提高投资业务审查的科学性。

二是集团投资管理制度不断完善，优化投资业务审查审批流程。随着集团的快速发展，集团所属企业的投资业务规模也不断扩大，为做好投资业务的风险管控，国机集团结合国务院国资委的相关要求，制定一系列的投资管理制度，包括《投资管理暂行办法》《投资监督管理实施意见》《投资审查委员会工作暂行办法》《企业资本金专项投资实施意见》等多项制度，同时对上述制度开展定期修订，以确保制度符合所属企业发展的实际需要。此外，集团投资管理部门围绕投资管理制度分类分级管理的原则，发挥板块归口管理部门的积极性，梳理和优化投资业务审批审查流程，并结合集团“四标一体”体系建设工作，形成了业务流程图谱，确保投资业务审查审批实现流程化，有效控制审查审批风险。

三是集团投资业务培训持续开展，提高所属企业投资风险意识。近年来，为适应集团投资规模不断扩大、投资类型形式多样的新趋势、新变化，集团认真组织所属企业开展多层次的、理论实践相结合的投资业务培训工作。通过在集团、职能部门以及所属企业等多个层面开展投资业务培训，将投资风险管理意识灌输给各层次投资业务决策者；通过理论研究、政策介绍和实例分析相结合的投资业务培训，将先进的投资管理理念，重要的投资政策以及其他兄弟企业投资管理中的成败经验传递给每一个投资业务管理者，真正提高集团各级企业投资管理的风险意识。

5. 经营风险管理。

国机集团一直以来高度重视经营风险管理，通过多种措施加强经营风险的控制。

在项目经营风险管理方面，集团通过改进项目管理模式，运用信息化管理手段，加强对项目全过程的管理，注重对项目进度和成本的控制，对经营风险进行了有效防控。同时，经营管理部在集团对所属企业进行项目风险担保前，组织有关专家从项目经济技术可行性进行评估，确保项目风险的有效控制。

在所属企业经营风险管理方面，经营管理部根据总经理办公会要求，每两个月向总经理办公会汇报所属企业经营指标完成进度情况。对完成进度指标明显落后于时间进度的企业进行分析和了解情况，查明原因后向集团领导汇报。

在工贸企业板块的经营风险管理方面，经营管理部定期组织有关企业进行沟通，了解各种项目进展和经营情况，对企业在工作中遇到的问题和困难进行调解，及时查找和防范潜在的经营风险。

6. 非实体经营风险管理。

严格防范和掌控风险，促进非实体经营业务快速、健康发展，是非实体经营工作的一项基本原则。国机集团自2002年开展非实体经营业务以来，集团高度重视非实体经营业务的风险管理，并开展了一系列切实有效地工作。

一是在业务的关键环节要进行严格评审。集团在项目签约后，出现业主、价格、资金等情况发生重大变动及国际政治、经济环境发生重大变化或者签约超过六个月仍无法生效的情况下，在开立预付款保函、履约保函或办理其他关键生效事项前均进行项目生效评审。在项目生效后，在执行过程中遇到价格、主要技术要求、工期等重大变更的情况，集团将按照变动后合同总金额的规模等级重新办理评审。

二是在由集团总部工程事业部对项目的执行进行整体策划的过程中，强调项目的风险分析。

三是采用项目经理负责制，通过采用国际通行的项目管理技术和方法对非实体经营项目管理，降低了项目执行风险。

四是要求参与非实体经营业务的相关企业所属企业建立健全相应的规章制度，相关所属企业主要领导对工作总体负责，项目经理对工作直接负责。项目经理要按月向集团总部工程事业部、集团主管领导、总经理提交工作报告；按月向集团总部资产财务部提交财务报告，每半年提交项目预算执行情况报告。

五是在采购和分包环节建立严格的工作程序和评审、审批管理程序。非实体经营项目对外的分包、采购工作采用公开或邀请招标方式办理，坚持公平竞争、择优选择的原则，全方位对项目风险进行有效控制。

【信息化建设】 国机集团整体开展信息化工作，大致可分为初创、规范、发展三个阶段。

1. 初创阶段（2002—2004年）。

2002年以前，国机集团总部没有负责信息化的归口管理机构，总部的信息化工作也几乎为零。各所属企业也主要是在CAD、会计电算化、综合业务系统应用、办公自动化等方面有不同程度的应用。缺乏统一的组织领导，处于各自为战的状态。

2002年7月国机集团综合管理部信息处正式成立，国机集团整体信息化工作正式提上议事日程。信息处成立之初，在信息化方面主要担负三大职能：国机集团总部信息化基础设施的建设与管理；国机集团信息化建设规划与应用系统建设、运行保障；对所属企业信息化工作的归口管理和指导。

在初创阶段，信息处白手起家，针对人手少，信息化基础弱的实际情况，主要开展了三方面的工作：

一是基础设施建设。基于北京市西城区三里河办公地点的实际情况，因陋就简，设立简易的计算机机房，完善基础网络环境，形成信息化应用的基本运行条件。

二是推进应用系统建设。结合当时国机集团的对外宣传与管理工作的实际需要，于2002年建成了中国机械装备（集团）公司网站（www. cnmeg. com），以及国机集团邮件系统；2004年完成国机集团总部办公自动化系统并投入运行，全面提高了集团总部的工作效率和办公水平，也为国机集团总部信息化建设树立了第一座里程碑。

三是制度建设，先后制定计算机及网络设备管理办法、局域网管理办法等一系列规章制度，初步建立了信息化建设制度体系的雏形。

2. 规范阶段（2005—2008年）。

随着国机集团的发展，通过信息化加强集团化管控的能力与企业核心竞争能力成为必然的选择。《中国机械工业集团公司2006—2010信息化发展规划》（以下简称《国机集团“十一五”信息化规划》）的制定和执行，标志着国机集团信息化建设步入规范阶段。

《国机集团“十一五”信息化规划》作为国机集团信息化建设第一份纲领性文件，确立了国机集团“统分结合、分类指导、纵向贯通、横向集成”的信息化建设模式和“规范、实用、创新、高效”的建设原则，提出了国机集团“十一五”期间信息化建设的战略目标、指导思想、总体策略、实施步骤，为国机集团探索务求实效的“节约型信息化明”道路提供了有力的指导。围绕《“十一五”信息化规划》的执行，集团整体信息化建设逐渐步入正轨。

在整体推动方面，先后于2006年召开国机集团首次信息化推进大会，2007年在江苏苏美达集团召开信息化现场会，并按照国务院国资委的要求，开展了对所属企业信息化的水平评价，在统一大力推动信息化建设以提高企业核心竞争力的思想、增强信息化建设过程与应用效果的感性认识、提高信息化建设的针对性和规范性方面起到积极的作用。此外，国机集团还于2007年成立挂靠于综合管理部的信息中心，进一步强化了信息化工作职能。

在基础建设方面，以国机集团迁入位于北京市海淀区的国机大厦为契机，于2005年完成了国机大厦信息化基础设施建设。自2006年起，先后编制《国机集团数据字典》《国机集团网络建设规范》，建成国机集团数据中心、覆盖集团二级企业的虚拟专用网络（VPN），实现与国务院国资委主导建设的中央企业视频会议系统的对接，为信息化应用打下了良好的基础。

在应用系统建设方面，先后进行国机集团信息集成管理平台、集团化财务NC系统、集团化电子公文传输系统、外事审批系统等的建设，有效提高了集团化管控能力和工作的效率；并先后进行国机集团网站改版、《国机集团报》电子化、国机集团成立10周年网上成就展等项工作，进一步满足了集团对外宣传工作的需要。

3. 发展阶段（2008年以来）。

随着国务院国资委对中央企业加快信息化建设的要求不断提高，以及国机集团信息集成管理平台、集团化财务系统等逐渐显效，国机集团信息化建设迎来大发展的阶段。

在推动信息化建设方面，国机集团于2008年将信息中心升格为新闻与信息中心，作为独立部门运转，为信息化建设提供了有力的组织保障。新闻与信息中心成立后，国机集团按照国务院国资委的要求，自2008年起先后制定了《国机集团信息化登高计划》《关于加强所属企业信息化工作的指导意见》《国机集团信息化建设项目管理暂行办法》等，为加快信息化建设步伐提供了有力的依据。

在信息化整体建设方面，国机集团信息化建设在“统分结合”的模式下，集团总部与所属企业均步入稳步发展的阶段，一是各类应用系统投入应用后，用效果说明信息化手段在提高科学管理水平、提高业务能力和工作效率方面的作用，使各级领导和员工在直观感受的基础上，对为什么进行信息化有了较为明确的认识，形成了较好的信息化建设氛围；二是基础设施建设有了较大进展，初步形成以国机集团总部数据中心为核心节点，覆盖所属二级企业的基础服务平台，并开展了对应的信息安全保护工作；三是在主营业务信息系统建设方面有了较大进展，除集团加快信息集成管理平台、集团化财务集中管理系统、内部合作信息平台等以强化集团化管控水平和决策支持信息可视化能力外，各板块核心企业均在认真思考如何通过信息化建设帮助解决制约企业发展的瓶颈问题的基础上，开展切合实际的核心应用系统建设。

信息化大事记：

2002年，成立国机集团综合管理部信息处；国机集团对外网站（www. cnmeg. com）投入使用；国机集团邮件系统投入使用。

2003年，启动国机集团总部办公自动化系统建设工作。

2004年，国机集团总部办公自动化系统投入应用。

2005年，完成国机集团位于北京市海淀区丹棱街办公地点的信息化基础设施建设；变更集团公司网站域名为 www. sinomach. com. cn 以配合国机集团更名；编制《中国机械工业集团公司2006—2010年信息化发展规划》。

2006年，召开国机集团首届信息化推进大会；颁布实施《中国机械工业集团公司2006—2010年信息化发展规划》；颁布实施《国机集团网络建设规范》；编制《国机集团数据字典与数据交换规范》；启动集团化财务集中管理（NC）系统一期建设；改版国机集团网站；开展 Auto Desk 公司相关产品团购，实现正版化。

2007年，在江苏苏美达集团召开信息化工作现场会；建设国机集团虚拟专用网络（VPN）并投入应用；建设国机集团信息集成管理平台科技部分；集团化财务集中管理（NC）系统一期投入应用；国机集团接入中央企业视频会议系统并投入应用；国机集团10年成就展（网上展）投入使用；《国机集团报》电子版投入使用；开展微软公司相关产品团购，实现正版化。

2008年，国机集团信息集成管理平台科技部分投入使用；启动国机集团人力资源管理系统建设；进行集团化财务 NC 系统二期建设；升级集团邮件系统；部署网络管理系统；颁布执行《国机集团信息化项目建设管理办法》；对所属企业进行信息化水平评价。

【安全生产】 在国资委的正确领导下，国机集团认真贯彻落实党中央、国务院、国资委和国家安监总局关于安全生产工作的各项方针、政策和具体工作要求，牢固树立“以人为本”的管理理念，坚持“安全第一，预防为主，综合治理”的方针，扎扎实实开展安全生产工作。按照“谁主管，谁负责”、“管生产必须管安全”的原则，精心组织，强化管理，狠抓安全生产责任制和各项措施的落实。通过集团各级领导和全体职工的共同努力，自集团成立以来实现了无较大、重大、特别重大生产安全事故，保持了安全生产形势的长期稳定局面，有力地保障了国机集团的和谐健康发展和经营工作的持续快速增长。

1997—2008年，国机集团安全生产管理体系经历初创、规范、不断改进的发展过程。在安全生产责任制落实方面，多年来，集团公司总经理每年与所属企业负责人签订《安全生产责任书》，明确所属企业安全生产的责任主体、责任内容、责任目标、责任考核和责任处罚。在组织建设方面，集团公司2002年成立安全生产领导小组，下设安全生产办公室；2007年成立安全生产委员会和应急指挥中心，并不断调整充实人员、明确管理职责。在建章建制方面，集团公司2005年发布《安全生产管理规定》，2007年发布《安全生产责任目标考核试行办法》。在隐患排查治理方面，集团公司每年组织所属企业开展安全生产自查自纠和隐患排查治理活动，并组织联合检查组对境内外工程总承包项目现场、生产制造现场等重点场所进行安全生产监督检查和工作指导。在应急管理方面，2007年集团公司发布《生产安全事故及境外突发事件综合应急预案》，组织所属企业编制各类应急预案并备案，多次组织集团总部和所属企业的应急预案演练活动，有效地提高了集团公司的应急管理能力；集团公司还多次发布境外安全预警通知。在安全宣传教育培训方面，集团公司通过举办讲座、培训班、经验交流等多种方式，每年对所属企业安全生产管理人员进行培训；每年结合全国“安全生产月”活动，广泛开展形式多样、内容丰富、覆盖全面的安全宣传教育。在生产安全事故处理方面，集团公司严格按照“四不放过”原则处理生产安全事故，并认真分析查找事故原因，总结经验教训，采取积极措施，提高事故防范能力，同时对事故责任人进行行政和经济处罚。

企业文化与品牌建设

【总体概况】 文化锻造内力，强化素质，塑造和展示形象，优秀企业文化是激励员工为共同的目标奋斗不息的源动力。国机集团一直十分重视企业文化建设，把企业文化工作当成集团发展中的一项重要工作来抓，积极推进企业文化建设，在企业文化体系建设、文化宣传平台建设、品牌塑造、企业文化宣传、开展企业文化活动等方面开展了大量工作，取得了积极的成效。

2006年8月，为进一步深化企业文化融合，国机集团聘请国内知名的咨询机构一起研究制订《国机集团企业文化体系文件》。该体系文件建构了国机集团企业文化体系，系统阐释了企业核心价值观、国机文化内涵等重要内容，成为国机集团企业文化建设的规范性指导文件。结合国机集团的发展历史和自身特点，通过精心提炼，国机集团将文化定位为“和”文化，将“合力同行、创新共赢”作为公司的核心价值观，来指导企业和员工行为规范。自此《国机集团企业文化体系文件》开始在集团公司内部全面推行。

1. 文化定位——“和”文化。

“和”之本源：

中华五千年文化源远流长，一个“和”字，主宰着中华民族生生不息的历史。从儒道释三家的价值观内核，到21世纪的“中国和平崛起原则”，“和”无不以其精神的博大指导着先贤和后生。

国机集团历经曲折，记载着历史和文化的延续与创新。国机人的“和”不是一团和气，而是和而不同，是竞合；国机人的“和”是传承与发展的“和”，是辩证与博弈的“和”；国机人的“和”是融合所属企业文化精髓的“和”，是和谐共生的“和”；国机人的“和”是国机集团内外平衡的“和”，是生态循环的“和”。

和文化是对中华传统文化的继承、创新和发展。中华文化以“和”作为人文精神的核心，以“和”作为价值标准来齐家、治国、平天下。“礼之用，和为贵”代表了儒家的思想。在待人接物时，孔子提倡“君子和而不同，小人同而不和”，既承认差异，又强调和合不同，通过互补互济，达到和谐、统一。

国机集团是基于民族装备工业发展、内合外融而形成的跨国集团。国机集团“和”文化，是在继承发扬传统文化基础上的实践与创新，是在去伪存真基础上的博采与发展。通过民族文化中“和”的力量来开创国机集团广阔的发展空间，让国机集团的事业成为国机人共同的事业、让国机集团的未来成就国机人的未来。

和文化是国机集团发展历史的经验总结和哲学思考。国机集团不平凡的发展历程，记载着国机人对企业文化的探索和积累，谱写着国机集团企业文化的壮丽篇章。倡导的“和”文化必将对国机集团的稳定、持续和健康发展具有很强的推动作用。多年以来，国机集团从内外资源的逐步整合到产业布局的不断完善，从各方利益关系的妥善处理到各方面积极性的充分调动，从松散到紧密，从一个普通的企业集团已逐步发展成为具有国际影响力的集团公司。

国机集团的“和”文化正是促进国机集团快速发展的催化剂，它营造着和谐、积极、健康、向上的组织氛围，激发着团队的活力，提升着协作的效率，增强了组织的向心力、凝聚力、竞争力。

“和”之涵义：

和，是融合——国机集团紧密团结、协同互补，目标一致、思想一致、行动一致，凝心聚力、和衷共济、融为一体。

和，是责任——引领机械工业前进方向，维护国家、企业的利益，与行业共进步，与员工同成长，与社会相融通。

和，是人本——坚持人才为第一资源，尊重每位员工，调动积极性，发挥主动性，提高创造性，营造人文和谐。

和，是创新——创新机械工业发展道路，解放思想、转变观念、自主创新、追求卓越，增强企业的生机和活力。

和，是和谐——发挥所属企业合力、达成内外共赢，国机人同心同德、奋发有为、拼搏进取、共谋发展。

“和”之性质：

“和”文化是合力文化。“和”同“合”，相对于“散”而生，是国机集团文化发展的必然要求，是合力同行价值观的真实体现。“和”文化是国机集团在对所属企业文化适度整合的基础上形成的文化定位，是国机人情感渗透与磨合而产生的向心力，是国机集团勇于承担发展机械工业重任、构建和谐社会的出发点。

“和”文化是系统文化。“和”文化既包括国机集团共同拥有的理念信仰和价值主张为核心的主体文化，也包括所属企业在主体文化指导下发展、形成的多元子文化。多元子文化是“和”文化的有机组成部分，是和而不同的辩证统一。所属企业结合实际，发挥各自优势，深入挖掘，充分提炼，形成个性化的子文化。子文化丰富与成熟，是“和”文化向管理实践发展的坚实基础。

“和”文化是生态文化。随着外部环境的变化、内部资源整合的深入，以及未来发展中融合外部资源的要求，国机集团文化需要不断创新、发展和丰富。“和”文化以其博采众长的人文精神和充分的融合性，适应新形势、新变化，追求集团文化与社会文化的和谐统一、与时俱进，从而永葆集团文化的生机与活力。“和”是治企之道，兴业之本，生财之策，理想之标。

2. 企业使命——引领机械工业前进方向，创新机械工业发展道路。

企业使命是企业存在的意义和价值，是企业肩负的最大责任，是企业存在的根本目的。“引领机械工业前进方向，创新机械工业发展道路”是指国机集团要以高度的政治责任感和社会责任感，努力探索机械工业发展途径，满足客户、员工、股东和社会的需求，为我国装备工业的发展搭建平台，以践行历史赋予国机集团的重任。

“引领机械工业前进方向，创新机械工业发展道路”是我们的使命和天职；是国机人具有创新性、快速发展性、追求卓越性的人性化属性；是发挥国机集团整体优势，创造一流平台、培养一流人才、成为国际一流企业的目标使然。

“引领机械工业前进方向，创新机械工业发展道路”要求国机集团积极整合资源，完善内部产业关系，提升核心竞争力，实现国有资产保值增值，履行国家、历史赋予国机集团的重任。

“引领机械工业前进方向，创新机械工业发展道路”表明国机集团通过产业发展，致力于为出资人、客户、员工和合作伙伴创造价值，实现促进社会的繁荣与稳定，达成与社会的和谐，从而为提升社会生活品质贡献力量。

“引领机械工业前进方向，创新机械工业发展道路”强调必须夯实各项基础工作，不断增强自身的发展、创新、盈利和参与国际国内竞争的能力，做强做大，持续发展。

“引领机械工业前进方向，创新机械工业发展道路”需要国机集团站在国际化竞争的战略高度，瞄准国际最优秀企业，持续改进、提高，使国机集团在涉足的领域里持续获得客户的信赖和赞誉。

企业愿景——机械工业的领跑者，社会价值的创造者：

企业愿景是对企业未来状况的美好憧憬，是企业努力追求的理想和抱负。“机械工业的领跑者，社会价值的创造者”是指国机集团要通过持之以恒的努力，逐步奠定和巩固机械工业领跑者的地位。同时，作为大型国有集团公司，从社会价值链、社会责任角度，明确社会价值高于利润价值，为社会的繁荣进步贡献力量。

“机械工业的领跑者，社会价值的创造者”需要国机集团成为具有一流的员工队伍、一流的服务品质、一流的管理机制、一流的社会效益、一流的集团品牌的综合性跨国集团。

“机械工业的领跑者，社会价值的创造者”赋予国机集团是有梦想、有激情、有追求的集团公司；是持续进行科技创新、服务创新、发展创新的集团公司；是履行集团使命，勇担企业责任、关注社会发展的集团公司。

“机械工业的领跑者，社会价值的创造者”需要国机集团全面贯彻落实科学发展观，促进员工、企业、国家和社会利益的长期化与最大化。

“机械工业的领跑者，社会价值的创造者”需要国机集团通过稳健的经营，整合集团内外资源，优化产业价值链，持续创造社会价值，为社会提供理想的回报。

“机械工业的领跑者，社会价值的创造者”需要国机集团依靠科技创新能力、经营开拓能力、管理整合能力，为客户提供高质量的产品和服务。

“机械工业的领跑者，社会价值的创造者”需要国机集团创造良好的工作环境和发展空间，坚持以人为本，充分发挥员工才能。

“机械工业的领跑者，社会价值的创造者”需要国机集团以共赢的态度，帮助合作伙伴及利益相关者获取合理的经营收益。

“机械工业的领跑者，社会价值的创造者”需要国机集团依托科技力量、资金后盾、各方关系、人才队伍，优化内部资源，发挥集团品牌优势。

3. 核心价值观——合力同行，创新共赢。

核心价值观是国机集团遵循的基本的价值取向，是指导企业和员工行为的最核心的原则，“合力同行，创新共赢”是国机集团在创业期间所总结、在发展期间所需坚持的价值判断标准。

合力——引导向心力、增强凝聚力、提升竞争力。

合力是目标一致、思想一致、行动同步、集体奋斗；合力体现了同心同德、追求卓越的精神，其实质是着眼大局、紧密协作，不断追求更高效率和更优业绩。

用明确的战略引导所属企业的向心力，用优秀的企业文化增强员工的凝聚力，用完善的业务能力构建具有国际水准的竞争力。

强调集体奋斗，是国机集团形成合力的重要条件。明晰国机集团的使命、愿景，强化所属企业对国机集团共同理念的认同至关重要。

同行——承担责任、建立信任、探索自身特点、内外共同发展。

国机集团因责任而存在。同行需要主动承担对国家、社会、客户、员工的责任，国机集团愿以真诚的态度承担相应的社会责任和对伙伴的责任。

同行强调所属企业相互信任，相互配合，对事业的高度忠诚，通过积极塑造承担社会责任的形象，以赢得各方的支持、信赖和称誉，从而赢得市场。

建立、完善共享平台与机制。坚持合法经营，不断提高产品和服务品质，努力使客户满意，切实践行回报股东、成就员工、服务客户、回馈社会之责任。

创新——依托发展重点、拓宽经营思路。

创新需要实事求是，坚持科学的发展观，采用科学的管理方式，引进先进的技术手段，实现高质量可持续发展。

创新要求主动学习，紧紧依靠技术能力和科技进步，探索满足客户需求的途径，为客户创造价值。

科技创新是生存的基础，思维创新是前进的动力，机制创新是活力的体现，经营创新是竞争的法宝，管理创新是高效的保证，要在新形势下不断探索符合自身发展特点的创新途径。

共赢——科学与合理取舍、寻求互补多赢、实现可持续发展。

共赢意味着与政府和社会各界保持良好的关系，营造和谐的发展环境。追求健康、良性的发展，需要构建国机集团与社会各界、整体与个体、个体与个体的和谐统一、共同发展的良好氛围。

共赢需要重视协调发展过程中各方利益关系，实现整体发展。正确处理好国机集团与所属企业、整体与局部、近期利益与长远利益的关系，能够在得与失之间做出选择。

共赢提倡在平等互利的基础上与合作者建立战略伙伴关系，充分保证社会、客户、企业、合作伙伴的正当利益，积极寻求实现优势互补、共同发展、利益共享。

【品牌发展】

1. 明晰国机集团品牌发展方向。

为改变国机集团品牌繁杂、母子品牌关联度不高、品牌发展不清晰的现状，2005 年国机集团启动品牌战略规划的制订工作。经过持续半年多的调研和论证，于当年底完成《国机集团品牌战略规划报告》的起草和制定工作。集团品牌战略规划制订的完成，为集团未来品牌建设工作确定了方向。

报告通过定性定量调研，阐述了集团在品牌建设方面走过的历程，分析了集团在当前品牌建设方面存在的问题和困难，开创性地提出未来一段时间内集团开展品牌建设工作的指导思想，明确了集团品牌定位、品牌理念、品牌形象、品牌模式等品牌建设的核心内容。

（1）指导思想。

以国机集团总体发展战略为指导，以提高国机集团品牌价值、提升国机集团品牌形象和核心竞争力，打造百年“国机”品牌为目的，通过对国机集团品牌现状的分析、诊断，明确国机集团品牌建设的目标和方向，确定国机品牌核心价值和品牌定位，规范母子品牌关系，提出国机集团的品牌管理、特别是品牌传播策略。

（2）品牌定位。

“中国机械工业的领跑者”。“领跑者”赋予国机集团的人性化属性，具有创新性、快速发展性、追求上进性和先导性、前瞻性的特质。“中国机械行业的领跑者”体现了有足够话语权的、占据行业至高点的、具有行业纵向整合能力的、实力雄厚的、有责任的国机集团特点。

（3）品牌理念。

“超越自我，推进未来”。“超越自我”是创新，是改革、是发展、是不断前进、是否定之否定；“推进未来”是前瞻的，是领先客户需求的，是富于社会责任感的。“超越”是大型国有企业蜕变和发展的核心，“推进”是发展的目标和企业的责任。“超越”和“推进”有前进和动力的感觉，也体现了机械工业的特性。

（4）品牌形象。

“支撑世界的中国力量”。“支撑”和“力量”表明企业的业务领域是机械工业，是为国民经济提供装备的基础工业；“中国”意味着是中国的大型国有企业；“世界”表明了国机集团成为国际化大企业的目标和决心。“支撑世界的中国力量”也表现了国机集团稳健、务实、奉献、进取的品牌个性。“世界”和“中国”的碰撞，激发出振兴民族产业的自豪感和服务大众、造福社会的责任感。

（5）品牌模式的选择。

混合品牌模式。通过几年的努力，经过母子品牌联接、母子品牌联合的演变，最终达成混合品牌的建设目标。具体演变路径如下图。

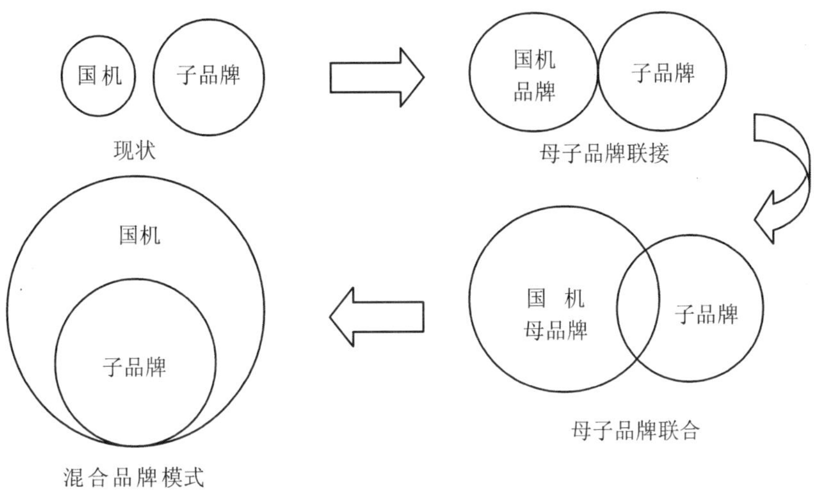

2. 规范和建立新的视觉识别系统。

2005年，国机集团开始进行企业识别系统（CI）的导入工作，并于2005年11月18日正式发布启用新的企业视觉识别系统。

新标识图案：设计方案视觉识别性强，易读易记，内涵丰富，不论从外观形状，还是从内在寓意来看都十分符合国机集团的文化特色，完整地体现并诠释了国机集团的气质特征与理念文化。

新标识释义：

（1）M造型代表机械工业（machinery），体现了国机集团在行业中的领导者地位，并展现国机集团以“振兴中国机械工业，跻身世界先进行列”为己任的宏伟目标。

（2）三角造型象征着雄伟的山峰，M造型象征展开双翅的雄鹰腾飞于巅峰，寓意国机集团勇攀高峰，腾飞发展。

（3）图形凹凸有致、颜色匀称，讲究对称，体现了特有的和谐美和均匀美，展现了“和谐国机”的概念。

（4）标志整体似长城造型的演绎，体现了民族特色，梯形造型展现了集团的踏实稳健、诚信可靠。

(5) 图形中内含“人”的造型，突出国机集团“以人为本”的企业理念，以人的汇聚烘托机械工业未来发展。

【企业社会责任】 企业在创造经济价值的同时，有效管理在运营过程中对利益相关方和自然环境的影响，实现经济、社会和环境的综合价值最大化，有助于实现企业、社会与环境的和谐、科学发展。作为国务院国资委监管的中央企业，国机集团秉承“合力同行、创新共赢”的核心价值观，围绕建设“和谐国机”的目标，不断深化社会责任意识，积极承担社会责任，自觉履行企业公民义务。

1. 建立相对完善的社会责任体系。

社会责任理念：“引领机械工业前进方向，创新机械工业发展道路”的发展使命，要求国机集团全面贯彻落实科学发展观，积极承担责任，回报社会，通过不懈追求，努力促进员工、企业、国家和社会利益的长期化与最大化。

通过诚信、稳健、科学经营，推动企业发展，持续创造稳定优良的经济价值，确保国有资产保值增值，为社会提供理想回报。

以人为本，保护员工权益，构建成长通道，让员工在和谐、安全的工作环境中生产、生活，共享企业发展成果。

凭借深厚的科研实力，不断创新，以高质量的产品和服务解决行业重大需求，帮助客户创造价值。

秉持强烈的环保意识，将环境责任融入自身运行，发挥企业科技优势，以绿色技术、绿色产品、绿色设计、绿色工程，为自然和人类社会可持续发展贡献力量。

以仁爱之心，为社会伸出温暖援手，致力慈善公益事业，服务和谐社会建设。

环境方针：营造绿色环境，共享和谐美好。国机集团总部和个人的所有在用汽车都达到北京市制订的汽车尾气排放标准。固体废弃物特别是国家危险废弃物名录所列含汞废物都得到有效的控制。集团实行电池、硒鼓以旧换新的办法，没有出现丢弃有害固体废弃物的现象。资源消耗和能源消耗都有相应的管理办法，并得到合理的控制。

职业健康安全方针：确保安全生产，保障职业健康。国机集团总部的职业健康安全目标确定三项，一是及时获取安全生产法律法规及其他要求，定期更新安全生产法律法规及其他要求清单；二是无重大及以上级别的安全生产责任事故发生；三是事故处理达到“四不放过”原则。

社会责任政策：坚持以人为本，建设和谐国机。国机集团总部的社会责任目标确立四项，即杜绝使用童工和未成年工；职工工资、社会保险保障率100%；总部职工投诉回复率98%、信访回复率100%；完成政府下达的社会救助、希望工程、扶贫、扶残等项目的指标。

2. 社会责任履行情况。

(1) 积极履行市场责任。

国机集团依法从事各项经营活动，遵守社会公德、商业道德，接受政府和社会公众的监督；建立全面风险管理体系、惩防体系和内审内控机制，严防风险，保障企业资产安全；建立了质量、环境、职业健康安全、社会责任四标一体管理体系，确保了国机集团的健康发展。

国机集团发挥深厚的机械工业技术底蕴，承担大量的国家重点科技攻关、重大技术装备研制项目，为众多行业提供关键性技术和装备。在电工电气、重型矿山机械、工程机械、农业机械、石化通用机械等行业，国机集团担负着国家重大科研项目的研制开发、行业规划、标准制定、工程研究和质量监督与检测的任务，为我国机械行业的技术进步做出贡献。

国机集团积极与全球各地140多个国家和地区的政府组织、行业机构、国际企业等建立良好的合作关系，积极开展工程承包、国际贸易、技术交流，带动了当地社会、经济的发展，促进了我国的产品、技术和服务走向世界。

(2) 切实履行环境责任。

国机集团积极开展节能宣传教育活动，提高节能意识，加强组织领导，健全相关制度，挖掘内部潜力，加大节能投入。同时，发挥集团科研设计力量雄厚的优势，在技术研发和产品设计环节中注重提高节能减排性能，从产品与服务角度为集团内外企业的节能减排作出了积极贡献。未来三年，国机集团计划投入近200亿元，加大自主创新投入，调整产业结构，加强企业技术改造，推进增长方式转变，使营业收入综合能耗进一步下降，争取达到国际先进水平。

国机集团坚持“绿色”理念，大力推行绿色设计、绿色技术、绿色工艺、绿色制造，在水资源利用、节能降耗、减排等方面为社会创造了巨大价值。国机集团研制的360度翻转小型四冲程汽油机为国际领先产品，与现有二冲程汽油机相比，污染物排放下降86%，油耗下降28%；国机集团研制的板壳式换热器，在“高效、节能、环保”等方面具有显著优势，满足了当前石油化工及电力行业节能减排、实现装置大型化的需求；国机集团的工程机械再制造，节约了大量资源，成为了践行低碳经济的典型案例。

国机集团将业务发展与环境保护相结合，承接了污水处理厂、垃圾焚烧发电厂、废物处理工程等大量的环保项目，开发并广泛应用了污水处理技术、除尘技术、生物技术及其他工业环保技术，有效保护了环境，提高了环境质量，帮助自身和客户共同创建资源节约型企业。

（3）自觉履行企业公民责任。

关注企业内部民生。2006年，国机集团通过所属企业和个人的捐赠，筹建“国机集团爱心互助基金”，用于专项资助企业内部困难职工的生活、就医和子女上学。绝不让一个集团的孩子辍学。

扶持教育事业。国机集团先后在河北、江西等众多地区捐助几十所希望小学，并多次为学校捐款、捐物；2009年，国机集团所属西南工程学校实施藏区“9+3”免费教育计划，首批招收108名藏区学生，并切实保障了入校藏区学生的学习和生活；从1998年至今，国机集团所属中国一拖设立专项“东方红奖学基金”，每年资助陕北佳县东方红小学师生，为陕北老区教育事业做出积极贡献。

支持奥运。2008年，国机集团圆满完成北京奥运会国家体育场主体钢结构安装、丰台垒球场设计、奥运举重馆设计等20多个服务项目，提供了大量工程、技术服务，以及为奥运提供了大量志愿服务。

积极赈灾。2003年面对“非典”疫情，国机集团在一个星期内出色完成小汤山医院的全部设计任务，创造了建筑史上的奇迹。2008年面对冰雪灾害，国机人众志成城、齐心协力，充分利用集团的科技力量，为受灾群众救危解难。2008年汶川地震，国机集团迅速启动应急预案，安排部署抗震救灾工作，第一时间向灾区捐款1000万元，紧急征调12架飞机投入抗震救灾，并号召国机集团所有员工积极向灾区捐款捐物，累计捐款捐物价值总额达5000多万元，同时组织专家奔赴灾区，为灾后重建和恢复生产提供援助。

扶贫帮困。十多年来，国机集团及所属企业对新疆乌苏市、河南固始县、云南镇康县、安徽灵璧县等近20个贫困县市或地区进行战略、资金、技术、人才、物资等方面的支持，帮助这些地区加快脱贫致富的进程。

国际援助。依据中国政府的相关政策，国机集团对亚洲、非洲、拉丁美洲等多个国家和地区开展项目、技术援助；在众多国际事件中也积极伸出援助之手，在古巴和缅甸风灾后，国机集团分别捐赠一批应急电力设备和大量救灾善款。

【文化和品牌传播的平台建设】 按照集团品牌和文化建设规划的方向和目标，国机集团多渠道、多途径致力于文化和品牌的传播与推广。内外宣传工作是品牌和文化建设的重要组成部分。为加强和改进内外宣传工作，国机集团建立起《国机集团报》《SINOMACH TODAY》英文杂志和国机集团门户网站等三个主要宣传平台。按照全方位、立体化，及时准确、覆盖面广的要求推进内外宣传工作。

1. 创办《国机集团报》。

为加强国机集团系统内外的沟通交流，增强凝聚力和向心力，打造与国机集团实力、地位相吻合的企业形象和国机品牌，国机集团于2002年9月28日创刊《国机集团报》。《国机集团报》是国机集团自主创办的最为重要的宣传平台，以记载国机人奋力前行、积极进取的发展历程为己任，宣传国机集团生产经营、建设发展、改革创新、科技进步等各方面的成就。

《国机集团报》经历初创、成长、成熟三个发展阶段：

2002年9月—2004年6月为初创阶段。采用正度八开本，每期八个版，发行量2500份。报纸设有经营新闻、科技新闻、综合新闻、企业纵横等版面，版面设置相对粗放，子栏目少，信息量相对较小，报纸的设计风格尚未定型，出版周期长且不稳定。

2004年6月—2008年1月为发展阶段。2004年，《国机集团报》推出新的版面规划，对报纸八个版面所应承载的内容做了细致的梳理，确定各个版的版面定位：头版重要新闻、二版经营新闻、三版科技新闻、四版综合新闻、五版至八版为专题、企业纵横或副刊。这是《国机集团报》自创刊以来所做的重要创新之一，报纸风格自此形成。改版之后，板块划分更加清晰，陆续增加一些贴近企业、贴近职工的专版和专栏；消息类新闻更加短小精悍，专题策划明显增多，信息量增大；图片与版面基色趋于简化和稳定；出版周期逐步缩短并稳定在半月左右。

2008年以来为成熟阶段。2008年借《国机集团报》出版发行百期之际，报纸进行第二次改版。开本由原正度八开本改为大度八开本；重新设计了报头、报眉；修订了出版信息和相关附属内容。开本变大和字号减小，使版面容量显著提高，版面面积扩大30%，汉字容量增加50%；单位版面的信息容量也有了大的增加，以动态消息为例，由原来的每版5~6条新闻，增加到8~10条，增加约60%。在沿袭原有的版面定位和编辑模式基本不变的基础上，动态新闻，主要在编辑和排版设计上下功夫，突出"重、快、广、新"四大要素，要求同版稿件同中有异，稳中有变，使新闻同质化现象逐步得到改善；专题新闻，主要增加与国机集团发展密切相关的政策信息、行业发展研究成果、可资借鉴的经验与做法等内容，突出适用性、可读性、故事性。

《国机集团报》创刊以来，在集团总部和所属企业建立一支近百人的稳定通讯员队伍，培养了业务能力强、有高度责任感的采编人员。

在广大通讯员和编辑部全体采编人员的共同努力下，《国机集团报》的编辑、出版和发行工作稳步推进。截至2008年底，《国机集团报》共出版120期报纸中，版面总数达到1018版、总发稿量4270篇、各类图片3251张、总发稿字数300余万字。其中，发布消息类新闻稿件2774篇，包括要闻430篇、经营类新闻807篇、科技类新闻603篇、综合类新闻651篇、图片新闻283篇；编辑专题类稿件1209篇；此外还完成新闻评论40篇，各类按语和导读210条。

《国机集团报》累计发行近40万份，发行范围对内覆盖集团总部、各所属企业及其二级子公司，对外覆盖39个中央和国务院部委，9省15市，68个行业组织，46个企业及相关银行、保险机构，27所大学，27家新闻媒体。受到企业职工和社会各界人士的普遍关注和好评。报纸发行量逐年增加，从最初的2500份，达到2008年的6500份。

2007年12月19日，在《国机集团报》创刊100期之际，报纸网络版正式上线，数十倍放大报纸的阅读面，使报纸的影响力得到有效提升。

报纸发挥的作用：

（1）记载历程的史志作用——《国机集团报》是国机集团最庞大、最全面、最权威的"资料库"；（2）沟通交流的桥梁作用；（3）舆论宣传的导向作用——作为国机集团的机关报，《国机集团报》始终坚持党的办报方向和新闻宣传方针，立足公司改革发展和精神文明建设两个基本点，坚持正确的舆论导向，充分发挥了其集团党政喉舌作用；（4）品牌推广的窗口作用；（5）内刊编辑的示范作用——许多成员单位的内刊无论从办刊的形式，还是从功能定位、版面规划、选题策划、报道方式、排版形式等方面，都不同程度地吸收和借鉴了《国机集团报》的做法，使国机集团企业内刊的编辑出版质量迈上一个台阶，取得了显著的进步。

2. 建设门户网站。

2003年，国机集团门户网站正式上线。网站的创建，将国机集团的宣传工作推上一个新高度。它突破了平面媒体版面和出版周期的限制，使信息发布的数量成倍增长、时效性显著增强。同时，也为社会各界动态关注、了解国机集团提供便利。

网站先后进行两次改版，使板块内容设置更为丰富、合理。网站设立公司简介、新闻中心、主营业务、所属企业链接、通知公告等板块，信息发布覆盖了国机集团生产经营活动、重大改革发展情况、党建和企业文明建设等方面的内容。几年来。集团网站经过数次改版，调整了子栏目设置，增加了信息量，版面设计也逐步优化。

据统计，网站发布的信息量成逐年上升态势：2006年，集团网站发布信息301条次；2007年发布396条次，2008年发布423条次。信息更新的时间也从最初的基本每周一次缩短为每周至少三次。

3. 创办《SINOMACH TODAY》英文杂志。

为加大对海外市场的宣传力度，扩大国机集团在海外市场的影响力和知名度，树立国机集团的国际品牌形象，2007年9月，国机集团创办《SINOMACH TODAY》英文杂志。

英文杂志为季刊，采用国际标准开本（210×285mm），基本页数32页，印量为3000份。发行对象为外国驻华使领馆（大使、参赞）、友好合作国家驻华商务机构、驻华国际组织、海外客商、国外工程项目组、驻外办事处、重要涉外活动赠送等。

英文杂志主要刊载国机集团及所属企业的重要商务往来活动、重大海外工程项目进展情况、进出口贸易、社会责任的履行等，以及中国政府的相关政策解读和行业信息、国际关注的中国社会热点问题等内容。

栏目设置为：国机声音——在社会关注的重点热点问题上报道国机集团的立场和观点；焦点关注——国机集团当期发生的重大事件、重大项目或行业热点问题分析追踪、政策解读；高层往来；工程进展；对外贸易；一线传真等内容。

在抗震救灾专题报道和奥运专题报道中，英文杂志利用"焦点关注"、"国机声音"等板块广泛深入地宣传、介绍国机集团及所属企业在承担社会责任方面所做的工作。英文杂志还对《对外工程承包条例》进行解读、对中国海外电站建设业务发展情况和中国国际工程承包市场进行分析。

据统计，2007 年，英文杂志出版两期，采用信息 58 条次，2008 年，出版四期，采用信息 83 条次。英文杂志创刊两年以来，初步形成简明大气的风格，成为国机集团与国际友人、海外客商沟通交流的重要渠道。

【推进企业文化融合】

1. 加强组织保障。

一是明确企业文化领导体制，形成董事会、党委、经理层齐抓共管的工作格局，切实加强对企业文化工作的组织领导。二是设置机构、配备人员，2006 年就专门成立企业文化部，具体负责企业文化建设工作，贯彻执行国资委有关规定要求。三是总部各相关部门做到企业文化职责分工明确，已初步形成完善的企业文化建设推进体系。四是确保经费预算，针对企业文化建设的不同阶段，从资金、设施和经费上给予必要的投入，以保障企业文化建设工作的深入开展。

2. 推进母子文化融合。

在提炼集团核心理念时，充分考虑行业和企业特点，特别是国机集团重组企业多的情况，确定以"和"文化作为国机集团的文化定位，明确"引领机械工业前进方向，创新机械工业发展道路"的企业使命，提出"机械工业的领跑者，社会价值的创造者"的企业愿景，以及"合力同行，创新共赢"的核心价值观。在企业文化的融合中，既考虑重组企业与集团企业文化的统一性、整体性，又兼顾重组企业文化的独特性、多样性；既最大限度地减少文化冲突、促进文化融合，又创新集团文化，传承、保留、吸纳各子公司优秀的文化传统和精髓。

部分所属企业围绕集团"和"文化，提出适合自身发展特点的企业文化体系。如所属中国机械工业第六设计研究院倡导"和气"、"和睦"、"和谐"的"三和"文化；中国电器科学研究院坚持"和"、"实"的文化理念；中国进口汽车贸易有限公司提出"整合提升、合作共赢、合力同行、融合和谐"的"合"文化，都围绕企业改革发展，传承与融合集团"和"文化，构建具有时代特征、催人奋进、促进企业和员工共同发展的文化建设架构，使企业发展目标与员工职业生涯相结合，营造了健康、和谐的发展氛围。

3. 实施视觉识别系统。

视觉标志确定之后，国机集团组织专业人员编印《中国机械工业集团公司企业视觉识别系统规范》。从 2006 年 7 月开始，国机集团新标志在系统内全面推广，并逐步在社会上展示出国机集团的独特风采，得到系统内外的一致肯定。2009 年 6 月，国机集团启动《中国机械工业集团有限公司企业视觉识别系统规范》的修订工作，为进一步推进母子品牌联接奠定基础，所属企业 VI 系统都按照相关要求与国机集团实现不同程度的对接。

4. 开展企业文化培训。

积极开展企业文化培训。一是举办专题培训，系统讲授企业文化的基本知识和集团企业文化的基本内容、基本要求，促进各所属企业全面、准确地理解集团意图，认真做好企业文化的宣贯推广工作，为全面实施 CIS 奠定良好的基础。二是组织素质培训。集团坚持"走出去"与"请进来"相结合、理论培训与工作实践相结合，分别组织不同层次、不同形式、不同内容的素质培训，有力地推动了崇尚科学、崇尚学习的良好氛围。

同时，通过利用集团内部报刊、杂志、网络，以及社会有关媒体等渠道，大力宣传集团企业文化，塑造集团品牌形象，促进母子品牌的联接，推进企业精神文明建设，增强集团凝聚力。

5. 开展丰富多彩的文化活动。

为了促进公司系统内企业文化融合，多年来国机集团坚持开展形式多样的文化活动，形成展示"国机文化融合"的一道亮丽风景线，受到广大员工干部的热烈欢迎和广泛好评。如每年组织的职工文艺汇演，两年举办一次的国机集团运动会，以及不定期开展的数控车工技能大赛、财务知识竞赛、“人文讲堂”等系列活动，丰富了员工文体生活，激发了员工协力创新、勇攀高峰的精神风貌。

【主要成效及经验】

1. 主要成效。

（1）助推了集团科学发展。

秉承“合力同行，创新共赢”的企业核心价值观，通过积极推动“和”文化，在业务发展方面，国机集团成功地实现了企业内部资源的优化配置；在文化建设方面，国机集团有效地促进了内部企业文化的有机融合。近年来，国机集团的可持续、健康、科学发展正在企业文化融合思路的指引下稳步前行。

（2）提升了集团整体形象

近年来，国机集团通过促进公司系统内部的企业文化融合，形成了较强的经济实力，庞大的经营规模，稳定的经济效益，先进的经营管理和优良的工作作风，逐步树立了良好的企业信誉和“求真务实、诚信守约、依法经营、规范运作”的企业形象。2006 年，国机集团荣获“年度最具社会责任企业”奖。2007 年，国机集团获得“最受赞赏的中国公司”、“中国最具核心竞争力企业”、“第三届中国优秀企业公民”等荣誉称号。2008 年，国机集团荣膺年度中华慈善奖“最具爱心内资企业”称号。

（3）增强了集团凝聚力。

自 2007 年集团正式颁布“企业文化体系文件”以来，积极倡导“和”文化，认真落实体系文件要求，以“合力同行、创新共赢”的核心价值观为主题，积极开展企业文化宣传活动，把企业文化建设融入到生产经营活动中，大力推进企业文化融合，不仅营造了和谐、积极、健康、向上的组织氛围，激发了团队的活力，而且提升了协作的效率，增强了组织的竞争力、向心力、凝聚力。“合力同行，创新共赢”的核心价值观已经成为广大员工的共识。

2. 主要经验。

（1）坚持以中国特色社会主义理论体系为指导。中国特色社会主义理论体系是马克思主义中国化最新成果，是推动我国改革开放和中国特色社会主义事业不断向前发展的根本指导思想，也是指导企业文化建设的强大思想理论武器。国机集团企业文化建设要自觉坚持用马克思主义中国化最新成果作指导，将社会主义核心价值体系要求落实到国机文化实践之中，保证企业文化建设始终沿着正确的道路，不断深化发展。

（2）坚持企业文化在集团改革发展中的战略地位。企业文化只有与企业发展战略相适应，才能更好促进战略目标的实现。国机集团始终从发展战略的高度谋划企业文化建设，把企业文化放在集团公司核心竞争力的首要位置，作为集团发展战略规划的重要内容进行超前部署、系统谋划、扎实推进。在集团领导的高度重视和直接领导下，企业文化建设作为集团发展引擎越来越得到干部职工的广泛认同。

（3）紧密结合集团科研生产经营管理实际。企业文化只有融入生产经营管理、保障生产经营管理，才能发挥它独特的魅力和优势。国机集团始终围绕集团行业特点和企业特色，紧密结合科研生产经营管理实际，直接作用于重点任务、重点项目的全过程，与科研生产、经营管理深度融合，丰富企业文化内涵，为企业文化融入经营管理开辟了广阔空间。

（4）采取整体推进、上下联动、全员参与的科学方法。企业文化建设是一项系统性很强的工作。启动之初，国机集团重点抓好系统规划，制定企业文化发展的蓝图和纲领，明确企业文化建设的指导思想、目标体系、实施步骤、实施原则和考核要求，避免了在工作中走弯路。在建设过程中，坚持理论先行、充分调研、集思广益的原则开展每一项重点工作，采用了外部专家组与内部项目组合作开发的模式，借鉴了系统工程和型号管理的经验。开展广泛的访谈和问卷调查，使企业文化建设内容具有更加广泛深入的群众基础，激发了员工参与、宣贯文化建设的活力与热情。切实加强对企业文化建设的领导，建立了组织保障机制，形成了企业文化主管部门牵头组织、职能部门分工协作的良好局面。

表 4

国机集团对口扶贫情况

地区名称	事例简述
广西隆林各族自治县、西林县	从2003年开始，国机集团所属中国福马定点帮扶广西隆林各族自治县、西林县，共捐款280多万元，并派四人分别挂职帮扶县的县委副书记和县长助理。
云南省临沧市镇康县	作为镇康县的定点扶贫单位，国机集团所属中海航根据国务院扶贫开发领导小组的要求，结合镇康县和自身的实际，为扶贫县做了一些迫切需要做的事，为更好地改善镇康人民群众的生活环境、促进镇康经济社会的发展做出了应有的贡献。中海航被中共云南省委、云南省人民政府表彰为2007年度社会扶贫先进集体。
重庆市秀山县	国机集团所属中国联合从2003年起一直参加重庆市建设委员会扶贫集团对口扶贫秀山县，支持资金77万元。从2006年起一直参加重庆北部新区对口支援集团支援万州区，支持万州区资金30.5万元，并优惠为万州工业标准厂房进行设计。
陕西省旬邑县、横山县、府谷县	国机集团所属中国重型院从1997年到2009年，在陕西省扶贫开发领导小组的统一安排下，先后与旬邑县赤道乡北嘴村、横山县付家坪乡、府谷县武家沙卯村结对子开展扶贫活动，被榆林市扶贫办和府谷县政府授予“扶贫济困，兴县富民”匾牌。2002年，被陕西省授予“扶贫先进单位”。
江苏省沭阳县	国机集团所属苏美达集团公司自2008年起，参加江苏省委组织的扶贫攻坚、五方扶贫活动，每年对口捐助江苏沭阳地区18万元。
安徽省灵璧县	国机集团所属合肥通用院于2007年对安徽省灵璧县进行干部交流，支援当地的经济建设。
河南省新安县、嵩县	国机集团所属洛轴所于2001年派遣扶贫帮建干部，到国家级重点贫困县新安县驻村扶贫，为期1年。2003年，再次派遣扶贫帮建干部，到嵩县驻村扶贫，为期1年。
河南省汝阳县	国机集团所属中汽工程对帮扶对口单位——汝阳县靳村乡小门村积极捐款捐物。

表 5

国机集团扶助的希望小学情况

时　间	被支援单位	事例简述
1997年	广东河源市骆湖镇石狮小学	1997—2000年，国机集团所属中国电器院帮扶石狮小学，捐助书桌、板凳、图书、衣物等一批物资。
1998年	江苏涟水闸口小学	1998年8月，国机集团所属苏美达集团公司为该小学捐款5000元。
	陕北佳县张家庄东方红小学	1998年，国机集团所属中国一拖职工自愿捐款138600元，建立“中国一拖东方红奖学基金”，用以资助陕北佳县张家庄——《东方红》歌曲作者李有源家乡东方红小学的师生们。

续表

时　间	被支援单位	事例简述
2004 年	粤北山区英德市某小学	自 2004 年起，国机集团所属广州机械院为该校认领贫困生，为受资助的贫困学生送去学费。
	蓝田县灞源乡沙沟村某小学	2004—2006 年，国机集团所属中国联合对口扶贫蓝田县灞源乡沙沟村，先后捐款捐物折合价值近 8 万元，援建村小学一座、图书室 1 间，并争取到 50 万元的省扶贫帮困资金；蓝田县委、县政府赠匾"扶贫济困、功绩长存"。
	江苏省南京市残疾人福利基金会	2004 年 10 月，国机集团所属苏美达集团公司参加南京市残疾人福利基金会组织的捐资助学活动，捐款 5000 元资助 5 个残疾儿童入学。
2005 年	句容苏美达希望小学	2005 年 6 月，国机集团所属苏美达集团捐款 20 万元，援建了一所苏美达希望小学。
	南京市六合区苏美达希望小学	2005 年 12 月，国机集团所属苏美达集团捐款 30 万元，援建了一所苏美达希望小学。
2006 年	密云县太师屯镇东庄禾小学	2006 年 9 月，国机集团所属中国中元捐赠的物品有台式电脑 10 台、移动存诸器 40 个、课外书籍 2400 余册以及文具用品。
	桂林市七星区某小学	2006 年 8 月 1 日，国机集团所属桂林电科所开展了"知识工程"捐书活动，共捐书 537 本、磁带 16 盒，捐款 245 元。
	瑞金长征希望小学	2006 年 11 月 1 日，国机集团所属中进汽贸捐赠 20 万元帮助扩建一个"长征希望小学"。
	沂蒙老区某小学	2006 年 6 月，国机集团所属苏美达集团捐资 2000 元，兴建"苏美达"图书室。
	广东清远市浸谭镇小学	2006 年，国机集团所属中国电器院开展了"与希望同行"捐资助学活动，浸谭镇小学推荐的 12 名贫困学生全部被认捐。
2007 年	江西某贫困县希望小学	2007 年，国机集团所属 CMEC 为江西某贫困县希望小学捐款 20 万元。
	新疆塔城某小学	2007 年，国机集团所属中国福马捐资 10 万元资助贫困学生。
2008 年	江苏省外来工子弟学校	2008 年 1 月，国机集团所属苏美达集团参加江苏省共青团组织的服务青少年月活动，向外来工子弟学校捐助 6 万元。
	甘肃省民乐县中小学	2008 年 4 月，国机集团所属中汽工程团委组织开展"献爱心、送温暖"活动，全院各团支部共捐赠书籍、文具 606 件。
	陕西重型机器厂子弟学校	2008 年 8 月，国机集团所属中国重型院捐资 10 万元用于该校实验室设备的改造。每年还给陕西省科技工委捐款，用于解决陕西科技系统贫困子女的学费问题。
	长安大学	2006—2008 年，国机集团所属中国福马捐助 30 万元在长安大学设立奖学金，资助品学兼优的贫困学生。

表 6　　**2008 年国机集团汶川大地震救援及捐助情况**

序 号	企业名称	捐款数额（万元）		备 注
		单 位	职 工	
1	中国机械设备进出口总公司	400	25.5895	
2	中国工程与农业机械进出口总公司	150	12.9722	
3	中国福马机械集团有限公司	1349.8	62.1324	其中包括价值 1300 万元的设备；另向灾区紧急调拨 700 台汽油发电机、79 台切割锯
4	中国海洋航空集团公司	40	26.0876	所投资企业—中信海直公司急调 12 架直升机支援灾区；捐款中 5 万元为定向支援集团公司在川受灾企业
5	中国地质装备总公司	7	5.8965	
6	中国收获机械总公司	11	5.248	
7	中国机械工业建设总公司	50	20	
8	中国机床总公司	1	3.485	
9	中国重型机械总公司	50	10.456	
10	中国电工设备总公司	30	10.1526	
11	中国通用机械工程总公司	16	4	
12	中国自动化控制系统总公司	2.57	2.43	
13	中国机械工业成套工程总公司	10	3.645	
14	国机财务有限责任公司	80	1.36	
15	中国进口汽车贸易有限公司	110	11.0874	其中包括价值 10 万元越野车 1 辆
16	中汽凯瑞贸易有限公司	61	5.2629	
17	中国汽车工业国际合作总公司	20	4	
18	中国电线电缆进出口有限公司	25	2	
19	北京中汽京田汽车贸易有限公司	4.107		
20	北京国机隆盛汽车有限公司	0.86		
21	中国中元国际工程公司	30	21.5051	
22	北京起重运输机械研究所	5	6.011	
23	江苏苏美达集团公司	550	17.7336	其中包括价值 500 万元的服装和 20 万元电机产品
24	中国一拖集团有限公司	176.8	186.2613	其中包括价值 160 万元抢险设备
25	中国浦发机械工业股份有限公司	367	7.355	其中包括价值 331 万元的服装
26	中国工程机械总公司	30	13.4722	
27	中国磨料磨具进出口公司	10	2.03	
28	深圳中机实业有限公司	3	1.27	
29	洛阳中收机械装备有限公司	1	2.41	

续表

序号	企业名称	捐款数额（万元）		备注
		单位	职工	
30	中国联合工程公司	41	60.8406	
31	中国汽车工业工程公司	10	21.366	
32	机械工业第六设计研究院	10	14	
33	长春试验机研究所有限公司	1	1.21	
34	沈阳仪表科学研究院	5		
35	合肥通用机械研究院	10	10	
36	兰州石油机械研究所	8.72	7.346	
37	兰州电源车辆研究所有限公司	5	2.315	
38	洛阳轴承研究所	10	7.7298	
39	郑州磨料磨具磨削研究所	10	4	
40	天津电气传动设计研究所	10	8.21	
41	中国电器科学研究院	20	16.189	
42	广州机械科学研究院	12	7.3	
43	济南铸造锻压机械研究所	12	6.2125	
44	重庆仪表材料研究所	4	4.994	
45	成都工具研究所	5	8.2968	
46	中国重型机械研究院	20	15	
47	苏州电加工机床研究所	3	2.1021	
48	桂林电器科学研究所	5	6.7391	
49	北京国机丰盛汽车有限公司	0.728		
50	集团总部	100	7.04	
截至2008年5月26日，国机集团系统累计募集爱心救灾款4588.1443万元				

表7　**2008年国机集团奥运会主要服务项目**

序号	项目名称	承接单位
1	国家体育场（鸟巢）主体钢结构吊装、焊接，膜附属钢结构制作、安装	中机建设
2	奥运会开闭幕式机械设备安装工程	中机建设
3	丰台垒球场设计	中国中元
4	北航体育馆（奥运举重场馆）设计	中国中元
5	老山自行车馆赛道项目咨询服务	中电公司
6	奥运会开幕式场地上空缆索项目	北京起重所
7	北京射击场飞碟靶场工程监理	中电公司
8	奥运场馆环境评估	中国中元
9	奥运媒体村C4区建筑设计	中国中元

续表

序　号	项目名称	承接单位
10	首都机场三号航站楼高速行李输送系统安装调试	中机建设
11	北京奥运交通指挥中心设计	中国中元
12	北京饭店二期改扩建设计	中国中元
13	奥林匹克公园中心园区智能化工程承包	中国中元
14	中日友好医院（负责收治运动员、教练员、裁判员）设计	中国中元
15	北京协和医院（负责收治奥委会的官员和贵宾）设计	中国中元
16	北京安贞医院（负责收治注册媒体记者）设计	中国中元
17	奥运保障燃气供热项目工程总承包	中国中元
18	国家体育场油烟净化机组	合肥通用院
19	奥运会保障气源地压力容器检验任务	兰石所
20	为奥运场馆提供探雷器	中地装

重大改革创新

【实施“三大转变”】 作为国家行政机构改革的产物，由于各方面原因，成立之初的国机集团在内部管理和外部环境方面面临着巨大的威胁和挑战。主要表现为经营合力不强，凝聚力较弱；企业化运作管理功能不全，母子公司管理不到位；集团实现资产一体化进程缓慢，资产质量不高。

针对这种状况，经过认真分析和研究存在问题和面临的形势后，集团领导认识到，国机集团作为我国机械工业领域的骨干企业，应该肩负起振兴祖国机械工业的历史使命，必须发展成为一个强大的现代化企业集团。为此，2002年初提出实现“三大转变”的发展思路。具体内容为：加速实现集团母公司管理功能由单纯行政管理向企业型管理转变；加速实现集团由经营力量分散、经营无序向由集团牵头组织协调、优势互补、共同开拓市场的转变；加速实现集团资本由分散状态向统一合理配置转变。

为实现这一目标，国机集团不断加强管理创新，持续转变经营模式，着力推进资本运作，实行全方位的体制机制改革。

在管理方面，根据内外部环境的变化，先后制定实施一系列战略规划，明确了集团的发展方向和发展路径；制定《国机集团战略管理办法》等战略管理制度，有效规范了母子公司战略规划的制订、执行、反馈、评估、修订过程，建立比较完善的战略管理体系。开展董事会试点工作，18家所属企业建立公司法人治理结构，逐步建立健全公司制管理的体制机制。建立资本收益收取和使用制度，进一步明确集团与子公司的产权关系，增强了集团调配资源的能力。坚持把党管干部原则和市场化选聘人才相结合，在中央企业中率先面向全社会公开招聘所属企业经营者，共完成13家所属企业10个领导班子正职、19个领导班子副职岗位的招聘工作，创新选人用人机制，打造出一支高素质的经营者队伍。大力推进全面风险管理，强化安全生产管理，确保了企业的健康发展。

在经营方面，创新非实体经营模式，利用国机集团的品牌和其他有形、无形资产，积极承揽国内外大型综合性业务，组织所属企业共同实施，把所属不同业务性质的企业用多种纽带连接在一起，既形成强大的综合实力，又带动企业共同发展，增强了集团的凝聚力和向心力。加强内部整合和培育，完善产业链；开展外部并购，充实产业链中的不足环节；强化内部协同，实现产业链的相互支撑；通过一系列内外部并购、整合、协同，优化了资源配置，完善了产业链条，强化了核心业务。通过加大科技投入、加强科技人才队伍建设、推进科技成果产业化、完善科技创新体系，大幅增强集团的科技实力。创新业务经营模式，在工程承包业务上，先后推行了工程换资源和大型BOT电站工程等经营模式，拓展了市场领域，提升了竞争能力；在贸易业务上，利用多年积累的优势资源对产业链相关环节进行有机整合，着力向产业链上下游延伸，实现了业务模式的转型；在科技开发和设计业务上，努力改变了过去仅靠转让技术和图纸维持生存的局面，积极向以市场为先导、开发和设计为核心，培育成套能力，提供成套装备与工程总包的经营模式转换。

在资本运作方面，开展内部50多家企业的重组，减少直接管理的子公司30余家，优化了资源配置，推进了扁平化管理；并购了15家中央企业和地方企业，完善了产业链条，扩大了企业规模，增强了抗风险能力。积极推动了股改上市，除6家上市公司，正在推进一批核心企业的改制上市工作。积极拓展债券市场直接融资渠道，为集团发展提供了稳定、较低成本的资金支持。

“三大转变”的提出与实施对于集团实现企业化经营的转变起到了决定性和战略性的作用。经过几年的发展，国机集团“三大转变”的目标基本实现，由此走上了一条持续、健康的发展道路，规模实力大幅增强，社会影响力明显提升，为集团在“十二五”期间的持续健康发展奠定了坚实的基础。

【实施资本收益】

1. 背景和目的。

国机集团从1997年成立以来，主要收入来源于收取子公司的管理费，至2002年，每年收取的管理费约700万元左右，仅能勉强维持总部的日常管理和运营费用，集团总部无法对子公司的业务进行资金支持，更无法进行集团化的运营工作。总部对子公司的控制方式相对松散，甚至管理费用的收取也存在部分企业以各种理由拖欠或拒绝缴纳。

为了改变集团总部缺乏资金，对子公司缺乏控制力的现状，集团经研究决定从2002年起，从子企业税后利润中收取资本收益。2002年11月7日下发《中国机械装备（集团）公司资本收益管理暂行办法》（国机企财〔2002〕452号，以下简称“资本收益管理办法”）文件，决定收取子企业资本收益，并从2002年税后利润中开始实施。

资本收益管理办法主要规定如下：

（1）对于全资子公司实现的税后利润按国机集团的规定分配，每年的分配比例由集团决定；对于国机集团控股和参股企业，按《公司法》的规定，由企业董事会制定利润分配方案，并经股东会批准。

（2）国机集团当年分配收回的利润，主要用于追加对子公司的投资或补充流动资金不足，其余由国机集团集中使用。国机集团集中使用部分，由国机集团根据发展战略和规划以及有关计划，主要用于集团运营、并购业务、资产重组、科技创新投入、重大资本性支出、子公司法定代表人和国机集团委派人员的薪酬以及国家规定可用于其他的用途。

2. 开展情况。

集团总部开始对2002年财务决算税后利润收取资本收益，当年按照税后净利润40%的比例进行收取，并按照收取金额的40%～60%的比例对子企业进行追加投资。2003年4月底前，全部应缴资本收益的企业均按时上缴资本收益，当年收取0.8亿元，对子企业追加投资0.5亿元，集团集中使用0.3亿元。

2003—2008年，集团累计收取全资及控股企业资本收益共计4.5亿元，剔除从2007年开始上缴财政部的国有资本收益1亿元后，集团集中使用的资本收益共计3.5亿元。收取的资金完全用于集团的发展和子企业的重点项目中，极大地促进了集团的整体发展，也为集团进一步加强管控能力创造了条件。

3. 实施效果。

集团收取的资本收益主要用于加强集团管控能力，促进子企业的健康发展，集团集中使用的资金主要有以下用途：

（1）设立市场开拓基金。

集团从资本收益中专项设立市场开拓基金，由经营管理部每年对符合申报条件的企业进行评审，资金专款用于子企业市场拓展和开发，2003—2008年，集团共支出0.4亿元，集团出资承担了新市场的开发风险，极大地鼓励了子企业的新市场、新业务拓展，为集团的快速发展打开了局面。

（2）设立科技发展基金。

集团从资本收益中专项设立科技发展基金，由科技发展部负责对符合申报条件的企业进行资金支持，专款用于新技术的研究与开发项目以及科技成果产业化的投入，鼓励企业在科研上的配套支出和投入。2003—2008 年科技发展基金共支出 0.6 亿元，为集团的可持续发展和科研成果的产业化转换提供了资金保障。

（3）对子企业追加投资支出。

资本收益中还有很重要的部分用于对子企业追加投资或进行外部企业重组。2003—2008 年，共用于对子企业追加投资和外部企业重组的支出达到 2.6 亿元，其中主要用于兰州石油机械研究所 1 亿元，国机财务有限责任公司 0.32 亿元，洛阳中收机械装备有限公司 0.35 亿元，以及收购中国浦发机械股份有限公司和中国电线电缆进出口有限公司、北京中汽京田贸易有限公司股权等。

通过集团整体运用资本收益资金，支持了集团内部企业重组和完善产业链的资金需求，支持了重点企业的发展，并成功地进行外部企业重组，壮大了集团整体实力，为实现集团战略发展目标提供了资金支持。

（4）集团信息化建设支出等集团运营支出。

集团还将资本收益的资金用于提升集团管理能力，促进集团化发展的项目中，如大力推动集团整体信息化建设，在信息化建设上已发生支出 0.03 亿元；由集团统一委托年度财务决算审计机构，提升集团财务信息质量；集团大型会议支出；集团整体形象宣传和展览支出；资本运作的相关中介费支出；对优秀经营者的奖励支出等。

2003—2008 年，除信息化支出外，其余集团整体管理性费用支出 0.7 亿元。由集团整体运作的管理性项目支出，不仅节省了各企业单独运作的精力和成本，也有力于发挥集中管理的优势，提升集团整体管理水平。

集团从 2002 年税后利润开始收取资本收益以来，该项政策已逐步得到了子企业的理解和支持，部分子企业由最初的略有抵触情绪，在上缴时间和资金上提出拖延要求，到无条件执行，及时上缴资金，体现出了集团集中管理力度的不断加强。

从整体上说，集团所属全部企业都是资本收益政策的受惠者，集团所属盈利较薄弱的企业上缴的资本收益远低于集团对他们的投入和支持，解决了许多企业经营发展中面临的资金瓶颈，极大地促进了企业的发展，企业收入利润规模不断扩大；集团所属盈利较好的企业，资本收益虽上缴较多，但随着集团整体实力的增强，集团对这部分企业业务发展上给予的担保和资金支持的能力也不断增强，也促进了企业的快速发展。

资本收益政策实施后，有力地促进了集团的发展，集团整体的合并收入和利润从 2002 年的 146 亿元和 3.7 亿元，增长至 2008 年的 974 亿元和 38.7 亿元。而资本收益的收取规模也从 2002 年所属企业税后利润中仅实际收取的 0.3 亿元，增长到 2008 年税后利润中实际收取的资本收益 1.4 亿元（剔除应上缴财政部的国有资本收益），增长约 4.7 倍。

资本收益政策已经成为集团健全公司治理结构、理顺母子公司关系，增强集团凝聚力，促进集团整理良性发展的重要手段。也符合国资委对于中央企业加强财务集中管控力度，促进集团整体财务管控水平提升的要求。

【成立财务公司】 国机集团成立初期，财务管理中“散、乱、差”现象十分突出——银行账户、资金管理十分分散；乱投资、乱担保量大且潜藏较大风险；整体财务管理水平较差。国机集团系统企业每天大概有 50 亿元的存款放在银行，同时又有近 70 亿元的银行贷款，大约每年 2 亿元的存贷利差都“贡献”给了银行。同时，集团内部资源得不到有效配置，分散的资金管理模式存在很大的风险隐患。提高财务控制力和凝聚力，控制财务与资金风险成为当务之急。

为搭建集团级的金融服务平台，为成员单位提供金融服务，通过财务公司这个平台来推进集团资金集中结算，优化内部资金资源配置，支持优质企业和项目的发展，提高集团整体效益和凝聚力、控制力，成立国机集团财务公司势在必行。

在克服注册资金缺口等诸多困难之后，2003 年 9 月，经中国银监会批准，由原中工信托投资公司改制重组成立国机财务有限责任公司。

公司成立以来，坚持“依托集团资源，服务集团发展”的经营宗旨和“规范、服务、发展、创新”的经营理念，不断提高服务质量和效率，积极拓展经营领域，努力开发适合集团成员单位需求的金融产品，在促进集团整体发展的同时，赢得了自身的快速成长。2004 年至 2008 年五年间，公司累计实现利润 12.31 亿元，为公司 5.5 亿元注册资本的 2.24 倍，为投资者创造了较好的投资回报，同时也为公司健康长远发展奠定了良好的基础。截至 2008 年底，公司总资产 40.45 亿元，净资产 13.60 亿元。

【开展“非实体经营”】 2002年，根据集团公司发展战略，集团公司决定开展非实体经营业务，2007年，为加强非实体经营工作，集团公司正式成立工程事业部，负责非实体经营业务的开发、管理和执行。

非实体经营是指利用和发挥集团公司整体优势，以集团公司名义对外承接，集团公司总部和所属子公司共同实施的经营活动。非实体经营业务范围包括：大型成套机电设备出口和对外工程承包业务，包括BOT等投资承包工程业务；大宗商品进出口及国内贸易；依托对外工程承包优势的自然资源投资开发业务。

非实体经营业务服务于集团公司整体发展战略和所属企业个体发展战略，目的是促进集团公司整体和所属企业的共同发展。

非实体经营业务的实施主体为集团所属企业。非实体经营业务的基本经营模式为“联合开发，承包执行，项目管理，咨询监理”。项目的开发，在集团公司领导下，由工程事业部和所属企业共同开拓；项目的履约执行，由工程事业部组织一家所属企业总承包或者组织多家所属企业共同承包；项目的管理，由所属企业和工程事业部共同组成项目部，实行项目经理负责制；项目的监理，由工程事业部组织所属企业担任项目顾问咨询和项目监理。非实体经营项目的利润原则上按五五比例在集团公司和所属企业之间分配，集团公司与所属企业据此原则签订项目执行承包合同。

2008年以前，非实体经营共实施11个项目，金额38.17亿美元。其中已完工项目2个，金额1.76亿美元；正在执行项目9个，金额36.41亿美元。自2005年以来，集团公司非实体经营业务主营业务收入及利润逐年增长。非实体经营2005年集团实现主营业务收入8378万元人民币、利润908万元人民币，2006年集团实现主营业务收入24552万元人民币、利润2319万元人民币，2007年集团实现主营业务收入64614万元人民币、利润5367万元人民币，2008年集团实现主营业务收入204516万元人民币、利润1.65亿元人民币。

非实体经营是国机集团经营创新的重要举措，在促进集团系统整体业务发展，提升集团系统工程总承包项目的设计、施工、项目管理等核心竞争能力，提高国机集团的凝聚力，推进协同合作等方面都发挥了重要的作用。

表1 国机集团非实体经营执行项目情况

年度	执行项目	执行项目个数	合同金额（亿美元）	备注
2004	菲铁一期一段项目（5.93亿美元）	2	7.43	
	土库曼斯坦机车出口项目（1.5亿美元）			
2005	菲铁一期一段项目（5.93亿美元）	2	7.43	
	土库曼斯坦机车出口项目（1.5亿美元）			
2006	菲铁一期一段项目（5.93亿美元）	3	8.37	
	土库曼斯坦机车出口项目（1.5亿美元）			
	安哥拉一期11所学校项目（0.94亿美元）			
2007	菲铁一期一段项目（5.93亿美元）	7	18.793	其中，安哥拉一期11所学校项目于2007年6月完工
	土库曼斯坦机车出口项目（1.5亿美元）			
	安哥拉一期11所学校项目（0.94亿美元）			
	安哥拉学校、医院建设项目（0.82亿美元）			
	乌滋别克水泥车项目（0.06亿美元）			
	安哥拉二期15所学校项目（0.93亿美元）			
	印尼3×330MW燃煤电站项目（8.613亿美元）			

续表

年 度	执行项目	执行项目个数	合同金额（亿美元）	备 注
2008	菲铁一期一段项目（5.93 亿美元）	10	37.233	其中，安哥拉学校、医院建设项目于 2008 年 5 月完工
	土库曼斯坦机车出口项目（1.5 亿美元）			
	安哥拉学校、医院建设项目（0.82 亿美元）			
	乌滋别克水泥车项目（0.06 亿美元）			
	安哥拉二期 15 所学校项目（0.93 亿美元）			
	印尼 3×330MW 燃煤电站项目（8.613 亿美元）			
	印尼 2×350MW 燃煤电站项目（5.88 亿美元）			
	赤道几内亚吉布劳水电站输变电工程项目（6.47 亿美元）			
	安哥拉教育部一期补充工程项目（1.03 亿美元）			
	利比亚 Zawiyah 市 4000 套住宅建设项目（6 亿美元）			

【从“一体两翼”到“三大主业”】 国机集团高度重视战略规划对集团科学发展的引领作用。十余年来，根据宏观经济形势变化、行业发展趋势和企业自身资源与能力状况，不断调整和完善发展战略和产业定位，努力推进战略转型，促进了企业的持续健康发展。

2004 年，根据集团内外部环境的变化，对原有发展战略中的有关内容进行适时的调整和修订，制定《2004—2006 年发展规划》，结合当时的业务发展实际，提出了“一体两翼”的战略架构，亦即：在业务发展方面，要把国机集团打造成为以工程承包为主体，以国内外贸易、高新技术产品开发与生产为两翼，业务链条完善，国内最强、国际著名的工程承包商。按照这一战略要求，有条件的子公司纷纷向工程承包领域转型，同时，国内外贸易额继续保持高速增长，高科技产品开发与生产硕果累累，出现了“一体强劲，两翼齐飞”的局面。

2006 年以来，国机集团的内外部发展环境发生了深刻变化。从国家产业政策来看，2006 年国务院下发《关于加快振兴装备制造业的若干意见》，2007 年党的十七大报告进一步提出“振兴装备制造业、推动高技术产业基地建设”的任务和要求，2008 年国家有关部委、地方政府支持装备制造业的政策密集出台，2009 年国务院审议通过《国家装备制造业调整振兴规划》。这一系列举措表明，国家已经把振兴装备制造业放在关系国民经济和社会发展全局的战略地位。从国机集团自身资源条件变化看，经过十多年的发展，国机集团的组织结构、资产结构和经营结构已经发生巨大的变化，这些变化为国机集团由成立之初的“商贸企业”，转型为以机械装备制造与研发为主体的企业创造非常好的条件。从国机集团的社会责任看，作为我国机械工业的领军企业，国机集团理应发挥国家队作用，承担起振兴我国装备工业的重任。

根据形势的不断变化，2007 年，进一步制定《国机集团 2008—2010 年发展规划》，前瞻性地提出由“以工程承包为主体，以国内外贸易、高新技术产品开发与生产为两翼的业务格局”向“机械装备研发与制造、工程承包、贸易与服务三大主业并重发展，打造以人为本，以市场为导向，以创新为动力，管理科学，资本结构多元，业务链条完善，国内一流、世界著名，集工、贸、科、金为一体的综合性装备工业跨国集团”发展的战略转型。

在这一战略指引下，针对集团装备制造业相对较弱的情况，集团重点加强装备研发与制造业务的发展，相继并购中国福马机械集团有限公司、中国一拖集团有限公司、长沙汽电汽车零部件有限公司、中国农业机械化科学研究院等装备研发与制造企业，扩大了装备制造业规模；依托坚实的科技开发资源，建设工程机械、农业装备、石化通用机械等领域的产业化基地，加快科技成果产业化步伐，在东北、西北、华南、华东、华中各大区域建立高新技术产品产业化基地，初步形成布局全国的发展态势；整合研发资源，积极开展协同创新，增强技术集成能力，提高了集团整体研发水平；优化产品结构，着力开发适应市场需求的新产品，不断提高新产品的比例，提升了市场竞争能力；加强生产流程再造，改进生产工艺，提高了产品质量。通过这些措施，壮大了集团装备研发与制造业务的实力。

同时，对集团传统的工程承包和贸易与服务业务，努力巩固传统市场，不断拓展新市场；持续创新经营模式，积极促进业务转型升级。

在工程承包业务上，不断提升商务运作、项目管理、系统集成、投融资能力，形成为客户提供一揽子解决方案的能力，系统提高集团工程承包业务的国际竞争力；同时，努力向国际工程承包产业分工的高端环节拓展，积极开发条件成熟的 BOT 项目，稳健开展国际资源性项目的投资，创新经营模式，使国机集团逐步发展成为具有工程总承包、系统集成、国际贸易、投融资能力的大型企业集团。在贸易业务上，利用多年积累的优势资源对产业链相关环节进行有机整合，着力向产业链上下游延伸，实现了业务模式的转型；在汽车贸易方面，持续加强汽车贸易服务体系建设，逐步从单纯的汽车进口商向汽车贸易综合服务商转变，通过与大型跨国公司加强合作，在为厂家提供 3C 认证、环评认证等服务的同时，协助厂家进行工程改造服务，延伸了服务链条，提升了汽车贸易增值服务能力；在机电产品贸易方面，稳步推进“贸工技”结合战略，着力向产业链上游的技术研发、核心产品制造和产业链下游的营销渠道延伸，确保了核心产品在行业和区域内的领先地位。

通过一系列措施，国机集团三大主业得到快速发展，业务结构趋于平衡，逐步形成三大主业齐头并进的发展态势。

【开展“内部合作”】 随着集团公司的业务规模不断扩大，以及新重组企业的不断增加，企业构、业务结构和产品结构等都发生很大变化，为适应集团公司的快速发展，提升集团公司整体实力，合理利用集团公司的有效资源，促进内部资源优化配置，利用集团平台争取更多的市场机会，集团公司提出了内部合作的创新思路，并采取多项措施和手段，积极推动此项工作，并取得一定成效。

1. 以“战略”引导，用“文化”提升。

从 2002 年开始，国机集团每年都将成员企业间的业务协调和合作列入当年的重点工作，作为提升集团公司经营管理水平的一项核心工程抓紧抓好。

（1）从认识上强调倡导内部合作是实现集团发展战略的要求。国机集团向成员企业明确提出加强内部合作期望达到的三个目标和要求，以此作为推进内部合作工作的思想基础：一是通过内部合作，逐步实现集团公司业务结构的良性调整与优化发展，完善主营业务链条，加速提升核心竞争力；二是通过内部合作，实现内部资源的优化配置和优势互补，在市场竞争中取得最大利益，并达到集团公司整体和谐发展的目标；三是通过内部合作，加强所属企业之间的业务联系，相互促进，共同提高，增强集团公司的凝聚力和向心力。

（2）从理念上强调企业的核心价值观，提升认识的层次和深度。国机集团将“合力同行，创新共赢”作为企业“和”文化体系的核心价值观，强调其实质是着眼大局，密切协作，不断追求更高效率和更优业绩。内部合作被作为企业核心价值观的重要组成部分提出，提升了成员企业对其重要性的认识层次和高度。

2. 集团公司“搭台”，成员企业“唱戏”。

国机集团推进内部合作，不是简单地促成成员企业在一两个项目上的合作，也不是临时性、随意性地对项目进行撮合，而是重在创新经营管理方式，建立长效机制，实现规范化、制度化。

（1）建立组织管理体系。由集团公司经营管理部门牵头并归口管理，成立由集团公司和各主要成员企业分管领导及指定人员组成的内部合作工作组，按照“集团组织，企业参与，互联互通”方式运作。集团公司的功能主要是制定相关政策与措施，为内部合作创造条件、提供支持及进行协调，成员企业则具体开展内部合作工作。

（2）构建内部合作的信息平台。2007 年国机集团发布《第一批国机集团内部合作产品与服务目录》，重点推荐国机集团在行业内具有较大影响力、较高市场占有率的工程承包相关企业的产品与服务目录，为工程承包业务开展内部合作，促进业务链条进一步完善起到一定作用。通过在平台上定期分批、分次发布《国机集团内部合作产品与服务目录》，使各成员企业可以了解掌握相关的产品与服务特点，更好地选择合作目标。

（3）组织多种形式的内部合作交流。一是利用各种会议，将内部合作作为重要议题进行研讨，加强内部沟通和业务探讨，充分听取成员企业的意见和建议。近年来，举办“国机集团水工工程内部合作交流与合作研讨”等多次研讨会议，二是分期分批组织工贸公司和科研院所的人员进行互访和交流，尤其是让工贸公司的人员深入生产企业和科研院所中去，了解产品的实际情况，将其带入国际市场。如组织中国一拖与 CMEC 及中工国际等就共同开拓非洲市场举办了对接交流活动。三是建立成员企业战略合作关系，先后有多家成员企业结对，形成集团公司统一协调下的众多业务联合体。

3. 既要“市场化”，又要“导向化”。

（1）遵循市场化原则开展内部合作。2007 年上半年，国机集团出台了内部合作工作的指导意见，要求合作各方要以自愿、经济、便利为前提，以合同约定的权利、责任、义务为依据，强调经济关系一定要建立在合同法的基础之上，遵循市场化的原则来开展内部合作。

（2）注重政策上的扶持、引导和管理上的创新。为对内部合作进行正向约束和引导，国机集采取了五项措施：一是强制性规定部分合作项目。规定凡集团公司签约的非实体经营项目、集团公司融资担保的项目、集团公司基金支持的项目和集团公司统——协调的项目，只要符合条件的，原则上都要进行内部合作。二是将市场开发基金的管理与内部合作工作挂钩。每年从集团公司市场开发基金中拿出不少于 1/3 的份额，用于支持内部合作项目。三是借助网络技术加强信息交流。在覆盖整个集团公司的内部计算机网络系统中开辟内部合作专区，介绍各成员企业的业务特点和专长，发布合作项目信息。四是要求内部合作的分包方（配合方）积极主动配合总包方开展项目跟踪的前期工作。提前介入项目跟踪，为总包方提供必要的技术方案支持和专业咨询等；在经费上进行必要的先期投入；在合作价格上给予适当优惠，体现“同等条件内部优先”的合作原则。五是建立内部合作统计、考核体系。建立内部合作统计指标和内部合作项目档案，并进行跟踪检查。对完成质量好的项目以奖励；对不认真履约，致使项目的设计、施工和产品质量严重不合格，或因工期拖延，造成业主索赔的合作企业，将给予处罚。此外，还设立“国机集团内部合作奖”，对在内部合作工作中表现突出的单位给予表彰和奖励。中国机械设备进出口总公司由于内部合作工作中业绩突出，荣获 2007 年度的该奖项。

几年来，通过上述措施和手段，内部合作工作取得丰硕成果。内部合作工作无论在规模、领域、内容、方式等方面都发生可喜的变化。一是合作规模在不断扩大。2009 年集团公司共有 40 家企业在 100 个项目中开展协同合作，合作金额 75 亿元，其中包括苏丹港供水工程项目、利比亚 4000 套房建项目等一批特大型国际工程项目。内部合作较前几年相比，无论从项目数量还是质量都有所巩固与提高。二是合作领域在不断拓宽，已涉及电力、房建、轨道交通、环保、建材等多个领域。三是合作内容更加广泛，由总包与设备供货的合作逐步发展成包含勘察、设计、咨询、施工、设备供货等多方面的合作。四是合作方式与模式更加丰富，不同类型的企业都参与到内部合作中来。

在集团领导的高度重视下和所属企业积极参与下，内部合作工作不断深入、广泛开展。不仅强化了对工程承包项目的控制和管理，节约了项目成本，而且对于增强企业凝聚力、提升集团核心竞争力、提高产业集中度、培育和完善产业链发挥了重要作用。

表 2　　国机集团内部合作项目情况　　单位:万元

序　号	发包单位	项目名称	国　别	内部合作合同额	内部合作单位	内部合作内容
1	中国机械设备进出口总公司	苏丹港供水工程项目	苏丹	347100	中国海洋航空集团公司	总转包
2	中国机械设备进出口总公司	苏丹喀土穆北电站三期 2×100MW 机组扩建项目	苏丹	4083	中国通用机械工程总公司	电站辅机供货
3	中国机械设备进出口总公司	苏丹吉里 4 期 2×50MW 电站	苏丹	1778	中国联合工程公司	设计
4	中国机械设备进出口总公司	苏丹石油焦棚	苏丹	2500	中国机械工业建设总公司	土建及安装
5	中国机械设备进出口总公司	土耳其 EREN 电站项目	土耳其	5269	中国通用机械工程总公司	通信电缆、水泵、阀门供货 灭火系统、起吊设备等供货
6	中国机械设备进出口总公司	土耳其 BIGA 超临界燃煤电站 1 号	土耳其	1210	中国通用机械工程总公司	泵、阀门供货
7	中国机械设备进出口总公司	越南热轧钢厂公辅项目	越南	1750.8	中国通用机械工程总公司	高压站、锅炉房、机修间、魔辊间、水处理系统设备供货及服务
8	中国机械设备进出口总公司	马来西亚民都鲁 209E 联合循环电站化学水设备	马来西亚	1508	中国通用机械工程总公司	设备供货
9	中国机械设备进出口总公司	马兰热卡库苏城网改造	安哥拉	14674	中国电线电缆进出口有限公司	国内总包
10	中国机械设备进出口总公司	特立尼达和多巴哥 125000 吨/年电解铝厂总承包	特多	233928	中国机械工业建设总公司	工程总包
11	中国重型机械总公司	柬埔寨达岱河水电站工程勘测	柬埔寨	4900	中国联合工程公司	勘测
12	中国重型机械总公司	印尼 PLTU 1 KALIMANTAN TENGAH 2×60MW 燃煤电站	印尼	1398	中国联合工程公司	设计咨询
13	国机集团工程事业部	菲律宾北吕宋铁路项目一期一段工程	菲律宾	315982	中国机械工业建设总公司	现场勘设,设备及材料采购、检测、运输、安调,保险、培训、验收、试运行等服务。

续表

序 号	发包单位	项目名称	国 别	内部合作合同额	内部合作单位	内部合作内容
14	国机集团工程事业部	印尼 2 × 350MW 燃煤电站电项目	印度尼西亚	441000	中国电工设备总公司	联合体
15	中国电工设备总公司	阿塞拜疆 TPP8 × 300MW 机组大修项目	阿塞拜疆	1188	中国通用机械工程总共公司	照明灯具系统、化学试验室设备、机修车间电工和热控设备供应
16	中国电工设备总公司	阿塞拜疆 TPP8 × 301MW 机组大修项目	阿塞拜疆	1000	中工国际工程股份有限公司	工程机械成套供货
17	中国电工设备总公司	阿塞拜疆 TPP8 × 302MW 机组大修项目	阿塞拜疆	131000	中国机械工业建设总公司	施工总承包
18	中国电工设备总公司	阿塞拜疆 TPP8 × 304MW 机组大修项目	阿塞拜疆	2340	中国联合工程公司	工程设计、管理及技术咨询
19	中国联合工程公司(三院)	利比亚 ZAWIYAH 市 4000 套住宅项目	利比亚	3300	中国福马机械集团有限公司	设备总承包
20	中国联合工程公司(三院)	利比亚 ZAWIYAH 市 4001 套住宅项目	利比亚	9180	中国浦发机械工业股份有限公司	钢材代采购、开工机具供货
21	中国联合工程公司	天津石化热电工程总承包项目	中国	15000	中国浦发机械工业股份有限公司	电站设备和材料供货
22	江苏苏美达集团公司	汽油发动机	德国、意大利	5000	中国福马机械集团有限公司	汽油发动机
23	江苏苏美达集团公司	发动机采购	德国、意大利	13548	中国福马机械集团有限公司	汽油发动机采购
24	江苏苏美达集团公司	汽油发电机组采购	德国、意大利、尼日利亚	12435	中国福马机械集团有限公司	汽油发动机电机组
25	江苏苏美达集团公司	汽油发动机	尼日利亚	11213	中国福马机械集团有限公司	汽油发动机
26	中工国际工程股份有限公司	邳州 BOT 项目	中国	1230	中国通用机械工程总公司	设备采购总承包

续表

序号	发包单位	项目名称	国别	内部合作合同额	内部合作单位	内部合作内容
27	中工国际工程股份有限公司	秘鲁营销服务中心项目	秘鲁	1482	中国福马机械集团有限公司	采购工程机械
28	中国一拖集团有限公司	工业园33000台大轮拖项目总承包	中国	7629	中国汽车工业工程公司	项目总承包
29	中国农业机械化科学研究院	出口苏丹2000m^3/h液体空分	苏丹	2882	中国浦发机械工业股份有限公司	空分主体设备的设计、采购、制造及工程设计、设备安调
30	重庆仪表材料研究所	重材所功能材料产业化基地建设项目	中国	3200	中国重型机械研究院有限公司	购买25MN快锻油压机组
31	中国重型机械研究院有限公司	攀华1450mm五机架全连续冷轧机组	中国	1130	天津电气传动设计研究所	传动及自动化系统
32	中国中元国际工程公司	甘肃会展中心建筑群项目展览中心、大剧院兼会议中心、能源中心建筑智能化系统项目	中国	3326	中国自动化控制系统总公司	建筑智能化系统的设备材料采购、制作及相关服务
33	中国机械工业成套工程总公司	国内钢材采购项目	中国	22155	中国浦发机械工业股份有限公司	钢材采购
34	中国进口汽车贸易有限公司	大众4S店基建项目	中国	2242	中国机械工业建设总公司	基建总包
35	中国福马机械集团有限公司	(常林)柴油机配套	中国	1036	中国一拖集团有限公司	产品配套及相关事宜
36	中工国际工程股份有限公司	邳州污水BOT项目	中国	1230	中国通用机械工程总公司	设计总包
37	洛阳中收机械装备有限公司	大型自走式联合收割机生产	中国	2779	中国一拖集团有限公司	小麦机、玉米机驾驶室采购,柴油机采购

【再造一个"新国机"】 在2008年1月17日召开的年度工作会上，国机集团明确提出未来三年的发展目标是"加快发展步伐，再造一个'新国机'"。

"新国机"发展理念主要包括四层含义：

一是国机集团的发展进入新的发展阶段，赢利能力和资产规模均跃上了新的台阶。在此基础上，未来三年（2008—2010）要积极努力，推动集团获得更大发展，再造一个新的"国机"。其目标是实现经济总量上翻一番，即：主营业务收入从2007年的600亿元增长到2010年1200亿元；实现利润总额超过40亿元；实现职工平均收入处于中央企业先进水平。这是规模上的"新"。

二是推动国机集团产业结构的调整和升级，在保持工程承包和贸易业务稳定发展的同时，大力推动机械装备研发与制造业务的发展，从"一体两翼"逐渐向"三大主业"并行发展。这是业务结构上的"新"。

三是作为国资委中央企业董事会试点单位，会有更多的外部董事介入集团的管理，国机集团的管理模式也将发生变化。这是管理模式上的"新"。

四是随着董事会试点工作的开展、集团所属企业的股份制改造、上市公司数量的增加、对外重组企业的不断加入和非实体经营业务的深化发展，国机集团在观念、文化等方面将面临更多的新挑战，要求全体干部职工必须以新的理念、新的胸襟、新的气魄去适应和面对企业不断发展带来的新挑战。

再造一个"新国机"，是国机集团在新的发展阶段和发展形势下确定的重要阶段性发展目标。按照"新国机"建设目标的要求，国机集团坚持以人为本，以市场为导向，以创新为动力，大力发展机械装备研发与制造、工程承包、贸易服务三大主业，抢抓发展机遇，克服金融危机和企业发展中面对的各种挑战，努力推进"新国机"各项目标的实现。

企业党建

【党建工作】 2001年8月，由原中央企业工委批准撤销国机集团党组，成立国机集团党委、纪委。2003年3月，国务院机构改革，成立国务院国有资产监督管理委员会后，国机集团党的工作受国资委党委领导。

截至2008年12月31日，国机集团共有党员28813人，其中女党员6299人，35岁及以下党员6290人，在岗党员17178人，在岗工人党员4459人，学生党员287人，离退休党员10839人，其他党员509人。党委134个，党总支48个，党支部1400个。

一直以来，集团各级党组织和广大党员在上级党委的正确领导下，坚持以邓小平理论和"三个代表"重要思想为指导，全面贯彻落实科学发展观，围绕企业中心工作，团结协作，辛勤工作，务实创新，在推进企业改革发展以及维护企业和社会稳定等方面发挥了重要作用，企业党建和思想政治工作不断加强，党组织政治核心作用得到有效发挥，反腐倡廉建设、企业文明建设取得了一定的成果，有力地促进了集团的发展壮大。

1. 认真贯彻落实中央路线方针政策，为集团公司的改革发展奠定思想基础。

多年来，集团公司党委和各级党组织运用办班培训、专题研讨、宣讲辅导、知识竞赛等多种形式，利用局域网、内部刊物、简报、通讯、橱窗等宣传工具，大力宣传党的路线方针政策，不断掀起学习邓小平理论、"三个代表"重要思想，深入贯彻落实党的十五大、十六大和十七大精神的热潮，促进了广大党员干部职工政治理论水平的提高和思想观念的转变，为全面贯彻落实党的路线方针政策奠定了坚实的思想基础，促进了企业的改革与发展。

2005年，集团总部和所属企业分两批参加了保持共产党员先进性教育活动。集团党委在认真完成总部先进性教育活动的基础上，加强对在京企业开展活动的组织领导和对京外企业的巡查指导，保障了活动的扎实有序开展。各级党组织按照新时期保持共产党员先进性的具体要求，不断增强广大党员的党性观念和宗旨意识，积极探索建立永葆共产党员先进性的长效机制，加强了党组织和党员队伍的先进性建设，促进了企业发展。

2. 加强企业领导班子的思想政治建设，提高各级领导班子的凝聚力和战斗力。

（1）开展“三讲”学习教育活动，加强集团公司领导班子建设。按照原中央企业工委的统一部署，从2001年9月至11月，国机集团领导班子开展以“讲学习、讲政治、讲正气”为主要内容的“三讲”学习教育活动。通过此项活动的开展，加强了集团公司班子建设。突出表现在：一是领导班子成员普遍受到一次深刻的马克思主义理论教育。二是找准、抓住并深刻剖析了领导班子和成员在党性党风及工作中存在的突出问题。三是领导干部受到一次生动的群众路线和群众观点的再教育。四是恢复和发扬批评与自我批评的优良传统和作风。五是较好地解决党性党风和工作中存在的主要问题，领导班子的凝聚力、战斗力明显增强。

（2）抓好党委中心组学习，各级领导班子的政治理论素质不断提高。多年来，集团公司党委始终坚持把学习党的十五大、十六大和十七大精神作为统揽全局、促进企业发展的政治任务来抓，从加强领导干部贯彻“三个代表”重要思想的自觉性和实践能力入手，坚持把理论学习与解决集团公司在发展过程中遇到的突出问题相结合，与加强企业党建工作，增进班子团结相结合，建立了党委中心组学习制度。把参加党委中心组学习的成员扩大到总部部门负责人，每次集中学习都明确中心发言人，围绕专题深入进行座谈研讨，促进了中心组理论学习的深化，增强了大家同谋改革、共求发展的责任感和紧迫感，有力地推动了集团公司改革与发展。并将学习成果通过报纸或其他方式及时宣传到所属企业，以集团公司领导班子的学习带动了所属企业领导干部和广大党员的学习。

各单位党组织认真落实集团公司党委和所在地方上级党组织的有关要求，把中心组学习定位在加强领导班子建设，提高领导干部理论素养，增强领导班子的凝聚力和战斗力上；定位在学理论、议大事、转观念、出思路上，制定学习计划，提出学习要求，配发学习资料，学习氛围浓厚，提高了中心组学习质量，领导班子的政治理论素质和决策能力不断提高。

（3）狠抓民主生活会质量，增强领导班子的凝聚力和战斗力。几年来，集团党委按照学好理论，找准问题，交流思想，认真开展批评和自我批评的工作程序，坚持开好集团公司领导班子民主生活会。通过民主生活会这一党内有效的组织活动，加强班子成员的思想建设，不断提高领导班子解决自身问题的能力。同时，注重对所属企业领导班子民主生活会的督导。

各单位坚持领导班子民主生活会制度，认真落实集团公司党委和各自所在地方党组织的有关要求，广泛听取职工群众的意见，认真查找和分析班子及班子成员在工作、学习、廉洁自律等方面存在的问题，并制定相应的整改措施，增强了领导班子解决自身问题的能力，促进了企业领导班子建设。

3. 围绕企业生产经营做好各项工作，为集团公司改革发展提供强有力的支持。

（1）积极参与重大问题决策。集团开展董事会试点工作前，针对企业经营管理中的重大事项，通过召开党政联席会议，坚持集体议事和民主决策，共同研究决定重大问题，提高了决策水平和执行效率。董事会试点工作启动后，集团党委根据公司治理结构的新变化，积极探索在新的条件下发挥党组织政治核心作用的方式方法，制定了党委暂行工作规则，明确了党组织参与重大问题决策的内容、途径和程序。集团和各所属企业坚持“双向进入、交叉任职”的领导体制，结合自身实际，不断建立健全党政领导沟通磋商、集体议事等制度办法，提高了企业决策的科学化、民主化水平。

（2）带头执行各项决策部署。集团各级党组织紧紧围绕企业重大战略部署和重点工作安排，充分发挥组织优势和思想政治工作优势，通过“党员先锋岗”、“党员示范岗”、“党员承诺”等活动载体，激励广大党员勇挑重担、攻坚克难，保障了集团各项决策部署的落实，促进了集团的快速发展。在2008年抗击自然灾害、支持北京奥运等重大活动和实际工作中，集团系统所有基层党委、党总支、支部和全体共产党员，以自己的实际行动，危急关头勇挑重担，充分发挥了战斗堡垒作用和先锋模范作用。在抗震救灾活动中，集团和所属企业捐款捐物折合人民币5100万元，党员缴纳“特殊党费”491万元。

（3）做好职工思想政治工作，维护企业稳定。集团公司党委及各级党组织坚持把思想政治工作与经营工作相结合，针对企业改革和生产经营中的重点难点问题以及涉及职工群众切身利益的重大问题，深入了解职工思想诉求，坚持把思想政治工作与爱国主义、集体主义和理想信念教育相结合，创新思想工作形式，认真做好政策宣传，加强引导，解疑释惑，排忧解难，有效地消除了误解，化解了矛盾，密切了干群关系，增强了企业的凝聚力，确保了企业重组改制、兼并、主辅分离、减员增效等工作重大改革事项的顺利推进和集团公司的整体稳定。

集团公司党委及所属企业党组织积极贯彻落实中央的统一部署和上级有关会议精神，做好“法轮功”痴迷者教育转化工作，建立和完善了同“法轮功”邪教组织斗争工作责任制。集团公司党委与所属在京单位签订《防范和处理邪教工作责任书》，针对每个单位的实际，分别提出工作目标和工作要求。

4. 加强党组织自身建设，增强党组织和党员队伍的凝聚力和战斗力。

（1）加强基层党组织建设。随着企业重组改制工作的深入，企业党组织建设也随之不断加强。集团公司党委根据企业重组改制工作的整体部署，加强了对重组企业党建工作的指导，对重组改制企业的党组织进行了调整，及时理顺党组织管理关系，确保党组织活动正常有序开展。对新组建的企业，及时成立了党组织，保证了企业党建工作的顺利开展。集团党委根据“健全组织，充实力量，提高战斗力”的原则，认真抓好所属企业党委领导班子建设，大力发扬党内民主，充分尊重党员的民主权利，严格按照工作程序，积极推进所属企业换届选举和委员增补工作。各所属企业党委以支部建设为重点，结合生产经营工作的开展，及时建立健全基层组织，扩大了基层党建工作的覆盖面。同时，选好配强支部书记，建设了一支具有较高素质的基层党组织带头人队伍，为充分发挥基层组织作用提供了可靠保障。

（2）做好党员教育管理工作。各级党组织坚持对党员进行党的路线方针政策教育、理想信念教育、科学理论教育和法制教育，增强了党员的党性观念和宗旨意识。认真做好入党积极分子培训和发展党员工作，注意吸收生产经营一线的优秀职工特别是优秀青年职工入党，壮大了党员队伍，优化了党员队伍结构。同时，积极创新党员活动的方式和载体，为党员发挥作用、展示作为创造条件，搭建平台，增强了党组织活动的吸引力和实效性，激发了党员队伍的生机和活力。

（3）完善党建工作制度体系。集团党委结合实际，制定完善了党委中心组学习、领导班子民主生活会、基层党组织换届选举、党内评比表彰、党员教育培训以及加强驻外机构党员管理等一系列制度办法，促进了党建工作的制度化和规范化。所属企业党委认真总结党建工作中的好经验、好做法，不断完善制度体系，提高了基层党建工作水平。

（4）广泛开展“创先争优”活动。多年来，集团公司党委及所属企业党组织始终把“创先争优”活动作为发挥基层党组织政治核心作用和党员先锋模范作用的重要载体，通过“创先争优”活动的开展，涌现出了许多先进基层党组织、优秀共产党员和优秀党务工作者。他们的先进事迹鼓舞和激励了广大党员干部职工，通过“创先争优”活动的开展，为企业营造出良好的赶学先进氛围，有力地推动各项工作的开展。

【纪检监察】

1. 加强队伍建设，不断提高纪检监察工作的能力和水平。

集团纪委坚持以政治坚强、公正清廉、纪律严明、业务精通、作风优良为目标，切实加强自身建设，使纪检监察干部队伍的思想政治素质和业务能力不断提高。每年利用纪检监察工作会议，组织所属企业纪委书记集中学习胡锦涛总书记重要讲话和中央纪委全会精神，认清形势、明确任务、振奋精神、坚定信心；开展“做党的忠诚卫士，当群众的贴心人”主题活动，强化纪检监察干部的政治意识和责任意识。组织开展理论研究，探索国有企业构建惩防体系的新思路、新方法，不断提高纪检监察人员理论素养和业务水平。向国资委提交论文18篇，其中2篇论文分别获二、三等奖。向监察学会机械分会提交论文8篇，其中2篇论文获一等奖。通过举办各类培训班，积极抓好纪检监察干部的业务培训；结合每年工作重点，召开专项工作研讨座谈会，在做好沟通情况的同时突出面对面的学习交流。为营造创先争优的良好氛围，集团纪委还在集团层面建立了表彰先进的激励机制。集团纪委共举办纪检监察干部培训研讨会10个，培训纪检监察干部480人次。表彰先进集体6个、先进个人10

名。经过多年的努力，国机集团纪检监察组织建设得到加强，所属45家企业都配备纪检监察岗位编制，43家企业成立纪委。国机集团共有纪检监察人员509名（含二级、三级、四级企业），其中专职113名，兼职396名。实践证明，国机集团纪检监察机构及其广大纪检监察干部是一支值得信赖、敢于负责、能担重任的队伍。

2. 加强反腐倡廉教育，营造廉洁经营环境。

集团纪委十分重视反腐倡廉教育，积极引导企业打造廉洁文化，不断提高广大党员特别是领导人员廉洁从业的意识和能力。为加强反腐倡廉教育，营造廉洁经营环境，纪委组织形式多样的廉洁从业教育活动，主要包括：组织领导干部参观监狱；举办加强领导干部作风建设专题讲座；组织参观“全国检察机关惩治与预防职务犯罪展览”；组织学习贯彻《建立健全惩治和预防腐败体系2008—2012年工作规划》知识答题活动；举办反腐倡廉教育专题讲座；对新任职干部进行廉洁从业教育培训和谈话；深入企业开展廉洁从业教育，用身边事教育身边人等活动。

3. 以惩防体系建设为重点，扎实推进制度建设。

2004年，中央纪委在山东鲁能电力集团开展调研和试点工作，国机集团纪委积极参与山东鲁能电力集团的惩防体系建设工作，先后三次召开研讨交流会（二次在北京，一次在山东），组织集团所属企业纪委与山东鲁能电力集团纪委研究惩防体系建设工作。

中央颁布《建立健全教育、制度、监督并重的惩治和预防腐败体系实施纲要》（简称《实施纲要》）以来，集团纪委坚持把惩防体系建设作为反腐倡廉建设的一项重要政治任务和提高党员干部综合素质的一项重要措施抓紧落实。在调查研究、反复酝酿的基础上，制定《中共中国机械工业集团有限公司委员会关于建立健全教育、制度、监督并重的惩治和预防腐败体系实施方案》（简称《实施方案》），明确了工作的目的、总体目标和至2012年的阶段性目标，并对构建惩防体系的基本原则、主要工作内容和要求做了较为全面和具体的规定，初步提出了反腐倡廉制度体系的框架。由集团总部和所属企业两级体系构成的全方位、多层面、立体式的国机集团惩防体系基本框架已经初步形成，集团所属企业根据《实施方案》制订的具体实施办法或实施细则，已全部出台并付诸实施。

按照构建惩防体系的要求，集团纪委着力从源头上预防腐败，扎实推进制度建设。把制度建设作为党风建设和反腐倡廉工作的基础，对国机集团所有现行规章制度进行全面梳理并不断加以补充和完善。根据中央纪委和国资委的有关规定，集团纪委结合集团及所属企业情况，先后制定并印发《中国机械装备（集团）公司效能监察工作规定》《中国机械装备（集团）公司效能监察工作实施指导意见》《党风建设和反腐倡廉工作责任制实施办法》《巡察工作办法（暂行）》《纪检监察先进集体和先进个人评选表彰实施办法》等一系列规章制度，使纪检监察工作更加规范，依靠制度建设强化惩治和预防腐败的能力和水平不断提高。

4. 严格执行党风建设和反腐倡廉责任制，一级抓一级，层层抓落实。

结合所属企业实际情况，制定《党风建设和反腐倡廉工作责任制实施办法》（简称《实施办法》）。从制度上进一步明确企业党风建设和反腐倡廉工作必须坚持党委统一领导、党政齐抓共管、纪委组织协调、部门各负其责、依靠群众支持和参与的反腐败领导体制和工作机制。集团党政主要领导认真履行政治责任，坚持“两手抓、两手都要硬”，努力做到重要工作亲自部署、重大问题亲自过问、重点环节亲自协调、重要案件亲自督办，保证了集团党风建设和反腐倡廉工作落到实处。按照《实施办法》的规定，集团及各企业全部签订了党风建设和反腐倡廉工作责任书，明确领导班子及成员党风建设和反腐倡廉工作的责任范围及内容，按照一岗双责，逐级将责任分解到各部门、各责任人，确保谁主管、谁负责，一级抓一级、层层抓落实，形成“横向到边，纵向到底”的责任网络，使责任制做到全覆盖。集团各级企业近三年共签定责任书2177份。

5. 严格监督检查，进一步规范企业领导人员用权行为。

集团纪委牢牢把住企业领导人员正确行使权力这个关键，认真履行监督检查职责，提高领导人员遵纪守法、规范用权的意识和能力；保证民主集中制的贯彻落实，维护了党的纪律和国有资产安全。

（1）全面开展落实廉洁自律“七项要求”的自查自纠工作，不断强化领导干部廉洁从业的意识和能力。

按照国资委党委的统一部署，集团结合实际制定自查自纠工作实施方案，明确开展自查自纠工作的组织领导、工作内容、工作步骤和时间安排。集团总部及各所属企业按照实施方案认真组织自查自纠，包括国机集团领导、总部部门负责人、集团所属二级企业中层以上干部和集团所属三级企业领导班子成员在内，共有2409名领导干部参加自查登记，占应参加人数的98.6%。经逐条对照检查，集团绝大部分领导干部，特别是集团领导班子成员和企业领导班子成员能够自觉遵守廉洁从业规定，认真落实廉洁自律“七项要求”。通过自查自纠，不仅进一步强化了领导干部自觉遵守国家有关廉洁从业规定的意识和能力，而且对完善制度、规范从业行为起到积极的促进作用。

（2）进一步规范集团“三重一大”集体决策制度的贯彻执行。

按照国资委的督查方案和要求，重点对集团总部“三重一大”决策制度执行情况进行自查。截至2008年7月，共计建立与“三重一大”内容相关的制度100多个、程序性文件60多个。2008年集团实行董事会试点以后，对议事规则按照法人治理结构做了进一步的改进和完善，集团的决策范围、原则、程序和方式更加明确，决策流程更加清晰，有关“三重一大”的决策能够做到决策民主、操作公开、过程明晰、落实到位。集团涉及“三重一大”的决策事项没有出现过一起重大失误。有关执行情况得到国资委督查调研组的充分肯定。

各所属企业普遍重视“三重一大”。建立和完善以议事规则为核心的“三重一大”决策制度，规范决策的原则、程序和方式。绝大多数企业领导遵守制度，规范用权，发扬民主，集体决策。

（3）落实各项监督制度，加强对领导班子特别是主要负责人的监督检查。

严格执行党内监督条例，通过参与对所属企业领导班子的考核，参加企业领导班子民主生活会，听取企业领导人员述职述廉，了解和掌握企业民主评议和民主测评的情况，保证民主集中制的贯彻落实。

积极开展企业巡察。2008年是落实巡察制度、开展企业巡察工作的第一年。集团首选中国地质装备总公司、中国电器科学研究院和广州机械科学研究院三家企业进行了巡察，有重点地对企业领导班子特别是企业主要负责人落实集团重大决策、执行包括“三重一大”决策制度在内的有关制度和廉洁自律的情况进行了监督检查，有力地促进了企业领导人员规范用权、廉洁从业，并得到所在企业群众的普遍认可和好评，效果良好。

（4）认真受理信访举报，维护企业稳定。

截至2008年12月共受理信访件227件。其中：纪检监察业务范围外的信访件17件次，检举控告类203件次，申述类5件次，批评建议类2件次。匿名信占74%。信访件反映的主要问题都是群众关心的热点和焦点问题，如：国有资产流失，贪污、受贿，失职渎职以及违反财经纪律等方面的问题。

针对信访举报中反映的问题，及时分析原因，做好预警防范。对苗头性、倾向性问题，认真执行诫勉谈话制度，坚持做到早发现、早提醒、早纠正，力争把问题消灭在萌芽状态，使领导干部少犯错误、不犯错误；对发现的侵害国家利益、企业利益和职工合法权益等违纪违法行为，严肃查处，维护了党的纪律和国有资产安全。

纪检监察信访举报工作具有依靠职工群众对领导干部进行监督的作用，是纪检监察机关发现案件线索的主渠道，在党风建设和反腐败斗争中具有不可替代的作用，对腐败分子具有巨大的震慑作用。

6. 严肃查办违法违纪案件，维护企业健康发展。

近年来集团纪委以维护国有资产安全为重点，严厉查处贪污、受贿、挪用公款和私设“小金库”等严重违纪案件。

从近年集团纪委查办的案件情况来看，违反财经纪律的问题仍很突出，“小金库”案件时有发生。“小金库”违反企业财务管理制度，致使出现“两本账”、“多本账”、甚至假账，“小金库”的资金游离在财务、审计监督之外，一定程度上扰乱了企业经营秩序，造成企业财务会计信息失真，影响企业对成本控制决策和经营管理。

集团领导对“小金库”的查处和治理高度重视。在集团每年召开的工作会议上，集团党政主要负责人反复强调治理“小金库”的问题，要求各级领导干部，特别是企业主要负责人，认清“小金库”的危害，“小金库”不仅是滋生腐败的土壤，而且损害企业的整体形象，严重损害党群、干群关系。

在集团每年召开的纪检监察工作会议上，集团纪委对“小金库”的查处和治理都有具体的要求和部署，一是对“小金库”问题决不姑息，发现一起查处一起。近年集团纪委立案查处的案件都涉及“小金库”的问题。二是发挥查办案件的治本功能，针对企业管理中存在的漏洞和问题，及时向有关单位提出整改意见和建议，不断完善制度，消灭产生“小金库”的机会。三是加强对“小金库”危害的教育。使领导干部，特别是单位的“一把手”在思想上认清“小金库”的严重危害性。道理讲透，危害讲够。结合集团所属企业发生的“小金库”案例，用发生在身边的人和事进行教育。

7. 深入开展效能监察，不断提高企业经营管理水平。

多年来，集团公司党政领导十分重视效能监察工作，积极推进效能监察工作，并按照国资委的要求和国机集团的中心工作，不断将效能监察工作引向深入，力图通过效能监察，进一步抓好重要制度、重点工作、重点项目的检查落实，进一步提高企业经营管理水平，进一步搞好企业经营管理人员规范用权、廉洁自律。近三年，重点抓了以下工作：一是完善现有制度，保证效能监察工作科学、规范、有序进行。自《中央企业效能监察暂行办法》发布以来，在认真总结工作经验，仔细研读和理解掌握国资委的有关要求的基础上，对集团现有的效能监察办法做了全面的修订工作。二是按照国资委的要求，结合集团实际，突出工作重点，通过全面部署和落实，普遍开展了招投标管理效能监察、成本管理效能监察，为企业规范招投标、实现降本增效起到了积极的促进作用。三是加强督促、指导，引导企业不断拓展效能监察工作的广度和深度。经过多年的努力和实践，越来越多的企业已经深刻意识到效能监察是企业生产经营管理链条中不可或缺的重要环节，不少企业不仅做到针对物资采购、项目招标、基本建设、资产处置、成本管理等方面的效能监察常态化，而且结合企业发展的实际需要，已经把效能监察延伸到企业改制、工程项目管理甚至海外工程项目管理等重要业务领域。通过效能监察，强化了管理，实现了过程监督和全程管控，使企业的风险防范能力和获利能力进一步提高，有力地保证了企业持续健康稳定发展。

【企业文明】 企业文化和精神文明建设扎实推进。集团公司成立精神文明建设综合治理领导小组，加强对精神文明建设工作的领导，积极开展精神文明单位创建活动，为企业的健康发展提供了强大的精神推动力。通过开展“讲文明树新风”、城乡共建、举办职工运动会等活动，促进了企业精神文明建设，增强了集团公司凝聚力，树立了集团公司良好的社会形象。各单位以培育团队精神，增强企业凝聚力、竞争力为目的，通过举办歌咏比赛、职工书法摄影展览和职工体育活动等丰富多彩的积极向上的群众性文化体育活动。集团和所属企业获得多项地市级以上精神文明集体荣誉称号。

2006 年，集团全面启动企业文化体系建设，提炼形成“合力同行、创新共赢”的核心价值观，从而有力推动了企业文明的建设工作。

【群众工作】

扎实推进群团组织工作。建立健全工会共青团组织，2006 年 8 月召开国机集团第一届团代会，建立系统团委，成立共青团中国机械工业集团公司委员会。2006 年 5 月，成立中国机械工业集团公司青年联合会，为更好地开展群团活动打下基础。集团团委成立后，加强团组织自身建设，带领各级团组织和广大团员青年围绕企业中心工作，在青年思想教育、青年创新创效、服务青年成长成才、履行社会责任等方面广泛开展富有时代气息、青年特色和创新精神的团员主题实践活动，凝聚广大团员青年发挥生力军作用，为推动企业发展做出了贡献。在 2008 年北京奥运会中，国机集团组织团员青年积极参加奥运志愿服务工作，受到国资委和中央企业团工委的表彰。国机集团青联自成立以来，充分发挥人才智力优势和桥梁纽带作用，有力地促进了集团内部交流与合作。各级党委积极落实党的统一战线方针政策，认真做好党外人士、归侨侨眷和复转军人工作，充分调动了各方面的积极性，增强了集团发展的合力。

集团党委积极构建大统战的工作格局，充分发挥侨联、青联组织和统战人士在沟通协调、团结稳定方面的桥梁纽带作用，通过组织召开经济形势研讨会和实地参观考察活动等形式，不断加强内部交流与合作。

【工会工作】 中国机械工业集团有限公司工会联合会，于 2006 年成立以来，不断加强对所属企业工会的指导工作，特别是在加强工会自身建设，职工技能培训，评先创优，丰富职工文化生活等工作方面取得了显著的成绩。

1. 工会自身建设。

2006 年 4 月 26 日，在北京召开国机集团工会联合会第一次代表大会，选举产生国机集团工会联合会第一届常务委员会和经费审查委员会，魏锋同志当选为工会主席，李忠义、马平生、吴萍同志当选为工会副主席，史辉同志当选为经费审查委员会主任，会议通过工会联合会工作细则，建立健全了集团工会的组织机构。同时对参加会议的各企业工会干部进行“怎样当好工会主席”的培训。

2007 年 5 月 28 日，在杭州召开国机集团工会联合会一届二次全委会，会议免去李忠义工会副主席职务，补选李承群为工会副主席，会议表决通过集团工会联合会女工委员会成员，通过吴萍为主任，李军、奥金茸为副主任。

2008 年 5 月 29 日，在北京组织召开国机集团工会联合会一届三次会议，来自所属企业的工会主席、在京企业部分职工代表 96 人参加本次会议，集团工会联合会主席魏锋同志总结了 2007 年工会工作，并对 2008 年工会工作进行部署。同时，会议进行国机集团职工董事选举工作。

经集团公司党委推荐，报国资委党委批准，集团工会联合会主席魏锋同志、集团法律事务部副部长孙淼同志为候选人。通过选举，集团工会主席魏锋同志当选为国机集团董事会职工董事。

2. 评先创优工作。

2007 年 1 月 28 日，在庆祝国机集团成立十周年庆典晚会上，表彰王清池等 10 名同志国机集团“劳动模范”和许国良等 20 名国机集团“先进生产者”。

2008 年 4 月，完成向中华全国总工会推荐“全国优秀职工之家”工作。中国机械设备进出口总公司作为被推荐单位，经过评选，被授予“全国优秀职工之家”称号。

3. 职工技能培训。

2008 年 10 月 10 日，组织所属企业参加中国科技发明博览会，集团对各所属企业选拔推荐的参展项目，经评选后参加了在苏州举行的会展，来自中国海洋航空集团有限公司和合肥通用机械研究院的三个项目获得金奖。

4. 女工工作。

2008 年 3 月 6 日，组织召开在京企业庆“三．八”暨女工工作座谈会，会议总结了 2007 年女工工作的情况，部署了 2008 年女工工作，通过座谈，特别提出要关心大龄青年的工作和生活，要为单身女性搭建婚恋平台，在京企业工会女工委员共 20 余人参加会议。

5. 职工文化生活。

2006 年 9 月 20 日，在北京丰台体育场，举办了国机集团第二届职工运动会，来自集团公司所属企业 41 支代表队，近 1800 名运动员参加 60 个田径项目的比赛。中机建设等 8 家企业获得团体比赛前八名。12 家企业获得精神文明奖。中国电工等 26 家企业获得优秀组织奖。

2007 年 10 月 16 日，在北京举办国机集团第一届“和谐国机杯”乒乓球、羽毛球比赛。来自集团所属的 34 家企业、288 名运动员参加比赛。通过 4 天的角逐，中地装等 8 家企业获得乒乓球团体比赛的前八名，中机六院等 8 家企业获得羽毛球团体比赛的前八名。

2009 年发展情况

经济运行概况

【发展综述】 2009 年是新世纪以来中国经济发展最为困难的一年。国际金融危机进一步扩散蔓延，世界经济深度衰退，中国经济受到严重冲击，出口大幅下降，不少企业经营困难，有的甚至停产倒闭，失业人员大量增加，农民工大批返乡，经济增速陡然下滑。在异常困难的情况下，国机集团广大干部职工坚定信心，迎难而上，顽强拼搏，抢抓机遇，从容应对国际金融危机冲击，使国机集团改革发展各项事业取得了新的重大成就。

随着综合实力的不断增强，国机集团各项社会排名稳步提升，影响力进一步扩大。2009 年集团在全球最大 225 家国际承包商排名中列第 28 名，比上年上升 20 位；在全球最大 200 家国际工程设计商排名中列第 77 名，比上年上升 10 位；在 2009 年中国企业 500 强排名中列第 59 名，比上年上升 8 位；在“中国机械工业百强”中列第一名；获 2009 年度国资委中央企业负责人经营业绩考核 A 级，2007—2009 年度国资委第二任期业绩考核 A 级。同时，集团再次荣登“新全球挑战者”百强榜。

【主要指标】 2009 年，国机集团实现营业收入 1034.98 亿元，首次突破千亿大关，同比增长 6.2%；利润总额 48.41 亿元，同比增长 25%；利税总额 97.56 亿元，同比增长 30.4%；国有资产保值增值率 120.2%。

截至 2009 年 12 月 31 日，国机集团总资产 980.21 亿元，净资产 248.72 亿元，同比分别增长 21.7%、32.1%。从指标完成情况看，2009 年集团继续保持稳定增长的发展态势，主营业务收入、利润总额、进出口总额等主要经营指标均完成国资委和董事会的考核目标，再创历史新高。

2009 年末国机集团主要经济指标

项　目	2008 年	2009 年	同比增长（%）
资产总额（万元）	8051402.1	9802158.9	21.7
净资产（万元）	1882262.7	2487217.1	32.1
营业收入（万元）	9741657.6	10349795.9	6.2
利润总额（万元）	387090.2	484098.2	25.0
技术开发投入（万元）	204317.5	247991.0	21.4
利税总额（万元）	747993.5	975534.8	30.4

续表

项 目	2008 年	2009 年	同比增长（%）
全员劳动生产率（万元/人·年）	9.19	7.83	-14.8
净资产收益率（%）	15.1	15.8	0.7 个百分点
总资产报酬率（%）	5.9	5.9	0
国有资产保值增值率（%）	116.26	120.2	3.94 个百分点

董事会试点

【基本概况】 中央企业董事会试点工作，是贯彻落实党中央、国务院深化国有企业改革、建立现代企业制度要求的重要举措，是中央企业提高竞争力、确保企业持续健康发展的体制基础，也是中央企业发展的客观要求。将国机集团列为中央企业董事会试点，充分体现了国务院国资委对国机集团的亲切关怀与殷切期望。

2009 年，国机集团董事会按照国资委加快推进董事会试点工作、完善企业法人治理结构、建立规范有效的董事会运行机制的要求，贯彻落实科学发展观，不断完善《公司章程》《董事会工作制度》等有关公司治理文件，建立健全规章制度，组织外部董事到集团所属企业调研，发挥外部董事作用，组织召开董事会各项会议，科学决策企业发展中的若干重大事项，进一步完备内部制约机制，优化决策体系，增强风险防范能力，实现了企业持续、稳定、健康发展和国有资产的保值增值。

【试点进程】 2008 年 1 月 17 日，国务院国资委下发国资任字〔2007〕162 号文件《关于任洪斌等 8 人任职的通知》，成立中国机械工业集团公司董事会，并任命任洪斌为董事长，徐念沙为副董事长，李延江、徐建为董事。国机集团开始按照董事会运作模式管理运行。

2008 年 5 月 29 日，根据国资委关于成立国机集团董事会的有关精神，以及有关董事会试点企业职工董事管理规定，国机集团召开董事会职工董事选举大会，魏锋同志当选为董事会职工董事。

2008 年 6 月 27 日，经国务院国资委批准，国机集团第一届董事会第一次会议在北京召开。会议讨论通过董事会运作有关文件，聘任经理层班子、董事会秘书等集团公司高级管理人员，设立董事会工作机构。同时，根据公司章程和有关文件，成立由内部董事组成的董事会常务委员会。自此，集团公司董事会正式开展工作。

2009 年 3 月 19 日，国资委下发国资改组〔2009〕179 号文件《关于将东风汽车公司等 7 家中央企业列入董事会试点的通知》，集团董事会试点工作得到国务院正式批准。

2009 年 4 月，国资委任命的 6 位外部董事（含京外董事 2 人）全部到位，国机集团董事会正式成立。

2009 年 9 月 17 日，国资委召开中国机械工业集团有限公司董事会试点工作会议，公司董事会试点工作正式启动。

【机构设置】 经国机集团第一届董事会第一次会议审议通过，国机集团董事会下设四个专门委员会：常务委员会、提名委员会、薪酬与考核委员会、审计与风险管理委员会。根据规定，提名委员会中外部董事占多数，薪酬与考核委员会、审计与风险管理委员会成员则全部为外部董事。

国机集团设立董事会办公室并作为董事会日常办事机构，主要负责董事会的日常事务。主要职责包括：筹备董事会、常务委员会和董事会其他专门委员会会议；督促、检查董事会、常务委员会和董事会其他专门委员会会议决议的执行；进行调查研究，为董事会决策提供服务和合理化建议；负责集团董事会的对外联络，与国资委、其他有关部门进行沟通和联系等。

同时，根据董事会工作制度规定，综合管理部、战略规划部、人力资源部、资产财务部、审计稽查部、法律事务部等部门分别作为董事会各专门委员会的支撑部门，协助专门委员会开展工作。

【制度建设】 2008年上半年，按照国资委《董事会试点中央企业董事会规范运作暂行办法》的相关精神，在对其他中央企业调查研究的基础上，结合公司实际，国机集团董事会委托专业咨询公司制订《公司章程》《董事会工作制度》《董事会常务委员会议事规则》《董事会提名委员会议事规则》《董事会薪酬与考核委员会议事规则》以及《董事会审计与风险管理委员会议事规则》《董事会秘书工作制度》《总经理工作制度》等公司治理文件，国机集团董事会运行制度体系基本形成。

2009年4月，外部董事到位后，董事会再次委托咨询公司对国机集团领导、有关部门负责人及部分所属企业高级管理人员进行深度访谈，听取前一阶段内部董事会运作情况，整理公司各层面对公司治理的设想和建议，对《公司章程》及《董事会工作制度》等董事会文件进行修订。2009年5月27日，中国机械工业集团有限公司第一届董事会第一次会议审议通过章程修订议案。2009年12月18日，新修订的《公司章程》得到国资委批准。

随着董事会试点工作的逐步深入，国机集团董事会根据生产经营和管理需要，不断摸索，持续完善董事会工作制度及议事规则。经深入调查研究并咨询顾问公司，2009年12月23日，国机集团董事会审议通过《关于审定修改〈中国机械工业集团有限公司董事会工作制度〉的议案》。

【日常运行】 国机集团董事会认真贯彻《公司法》和国资委关于董事会试点工作的相关要求，严格按照公司章程和相关治理文件规范运行。

1. 严格遵守公司章程和公司治理文件，规范决策程序。

董事会严格规范议事规则，遵守各项会议流程。各位董事按时参加会议，认真执行会议议程，充分发表意见，对董事会及专门委员会所议事项深入讨论，慎重表决。董事会及时形成会议决议和会议记录，并整理归档。

2009年12月，国机集团董事会制定《2010年国机集团董事会定期会议安排》，初步规定了定期会议的时间、地点、议题等内容，方便董事及有关部门提前做出工作安排。

2. 严格按照公司治理文件的职责划分和授权行使职责。

《公司章程》及《董事会工作制度》等8个公司治理文件详细规定董事会、经理层，董事长、总经理的职责划分，明确各自的权利和义务。同时，董事会建立审慎、科学、制衡与效率兼顾的授权机制，在确保符合法律、法规的前提下，对董事会常务委员会、董事长、总经理进行相应的授权。

国机集团董事会准确把握自身职责定位，注重研究决定公司发展的重大事项，着重研究决策公司发展战略、中长期规划、经营计划、财务预算与决算、重大项目投资及资产重大变更等方面的问题，突出体现董事会宏观决策和战略引领作用，集中精力议大事、把方向、防风险。

董事会和经理层各负其责，决策权与执行权分开。董事会及各位董事不干预日常生产经营，董事长不参加总经理主持召开的总经理办公会，不干预总经理的工作。

3. 强化信息沟通，为董事履职创造条件。

国机集团统一要求各相关职能部门向董事提供所有公司文件和资料，为董事设立OA账户，第一时间通报集团动态信息，保障各位董事特别是外部董事及时有效了解集团现状，掌握生产经营相关信息。设立董事办公室，建立董事文件档案，方便董事查阅。

按照治理文件要求，董事会会议文件提前7个工作日提交各位董事，方便董事在决策前进行研究。部分重大项目在董事会召开前组织专门汇报会，为董事提供更加翔实的决策信息。

董事会、党委、经理层建立沟通协调机制，对重大问题事前沟通、充分协商，确保发挥董事会、党委、经理层各司其职、协调配合的分权制衡协调机制。国机集团党委与工会主要负责同志分别作为董事和职工董事参加国机集团董事会会议，在相关议题讨论过程中，各位董事与党委和工会进行充分沟通，听取意见。外部董事与非外部董事、外部董事之间在会上、会下积极沟通。

董事会对运作过程中遇到的问题，及时向国资委相关司局请示汇报，积极沟通。如2009年9月，董事会薪酬与考核委员会专门与国资委分配局领导召开沟通会，汇报国机集团薪酬现状，反映相关问题。

4. 积极组织外部董事调研工作。

国机集团董事会组成外部董事考察调研组，由副董事长带队，分别赴河南和江苏、浙江、上海地区开展两次考察调研工作，并形成调研报告。

2009 年 4 月，在共计 16 天的考察调研期间，考察调研组驱车 3000 余公里，走访调研国机集团在河南郑州、洛阳，江苏南京、泰州、常州、苏州，浙江杭州、宁波和上海等地共计 20 家企业。调研的企业包括：生产企业、贸易公司、工程建设公司、研究院所、设计院等多种企业类型，涉及工程机械、农业机械、拖拉机、特种机床、精密仪器、工程设计、技术咨询、市政规划、工程施工、贸易等众多领域。

通过调研，外部董事进一步了解集团所属企业的具体情况，为提高决策能力和决策效率提供有力保障；集团所属企业也对董事会试点制度有了更加深入的认识，进一步熟悉了集团董事会管理模式。

【决策与效果】 2008 年 6 月 27 日至 2009 年 5 月，国机集团按照董事会运作模式管理运行，其间共召开董事会会议 14 次、董事会常务委员会会议 14 次，决策若干重要事项，总体运行平稳有效。

2009 年 5 月 27 日至 2009 年 12 月 31 日，国机集团董事会按照《公司章程》履行职责，共组织召开 5 次董事会会议。董事会四个专门委员会中，审计与风险管理委员会召开 2 次会议，薪酬与考核委员会召开 1 次会议。

在这 5 次董事会会议中，共审议议案和听取专项汇报 32 项，其中，涉及国机集团制度建设与管理 4 项，发展规划与经营指标计划 2 项，企业改制与资产重组 6 项，重大项目与投资 7 项，机构设置与调整 2 项，重要干部任免 4 项，财务预算及财务管理 5 项，经理层工作汇报 1 项，捐赠 1 项。

1. 审慎、科学决策重大问题，忠实体现出资人意志。

2009 年是全球金融危机继续深化蔓延、世界主要经济体陷入衰退、我国经济增速减缓的一年，国机集团董事会贯彻执行党中央、国务院的政策要求，落实国资委总体部署和关于加强企业战略管理、主动应对金融危机的相关指示精神，积极发挥自身科学决策作用，在对国机集团发展战略、重大项目投资、企业重组改制等议案的审议过程中，认真分析研判经济走势和企业内外部形势变化，强化战略引领作用，加强项目风险管控力度，注重体现中央企业的政治责任、经济责任和社会责任，忠实体现出资人意志。

同时，对提供信息不够完整或内容不够成熟的议案，给予暂缓审议。

2. 充分发挥外部董事作用，科学完善董事会决策。

国机集团董事会六位外部董事均来自政府监管部门以及大型企业领导岗位，政治素质高，全局意识强，具有丰富的管理和实践工作经验。各位外部董事依据公司章程，以高度责任感，勤勉、忠实履行职责和义务，深入研究关系国机集团发展的战略问题和重大事项，在董事会会议上充分讨论，独立发表意见，依法进行科学决策，提出多项宝贵意见和建议，确保董事会规范、高效、科学运行。

3. 促进经营业绩持续增长，逐步提升管理水平和核心竞争力。

面对 2009 年复杂严峻的经济形势，董事会与党委、经理层一起沉着应对，使国机集团继续保持稳定增长的发展态势，整体经营业绩创历史新高，超额完成了国资委考核指标，实现国有资产保值增值。

同时，随着试点工作逐步深入，国机集团董事会不断推动集团公司整体管理水平提升，战略管理稳步推进，成本管理成效明显，风险管控力度加大，信息化建设水平逐步提升，安全生产管理得到加强，企业文化品牌建设取得新进展。

国机集团董事会注重强化集团“四大核心竞争优势”，深入研讨海外市场培育、重大项目投资、科技研发投入、资源平台整合以及干部队伍建设等问题，科学决策，着力增强国机集团核心竞争能力。

4. 加强风险控制力度，加快全面风险管理体系建设。

控制企业经营风险是董事会重要职责之一。国机集团董事会一方面不断完善董事会议事规则，严格遵守决策程序，逐步改进决策机制，在制度程序上规避经营风险，加大风险控制力度；另一方面，各位董事认真履行职责，深入了解和掌握国机集团发展现状，认真研究市场经济形势和发展变化，为企业内部管理机制的改进提供指导意见，为企业经营发展作出科学决策。

同时，国机集团董事会认真贯彻国资委建立健全全面风险管理体系的要求，积极推进国机集团全面风险管理体系建设。2009 年初，董事会开始规划布置全面风险管理工作，审计与风险管理委员两次听取经理层专项汇报，对全面风险管理体系建设工作提出指导和建议。

国机集团全面风险管理体系建设咨询项目（一期）已基本完成。项目内容包括初步建立集团总部全面风险管理基本体系，制定国机集团全面风险管理体系建设总体实施规划、全面风险管理制度和手册，完成集团总部三个重点领域风险管理实施方案，开展对集团总部及相关所属企业的风险管理培训工作。下一步将按照先重点、后全面，试点先行，逐步推广的原则在有条件的所属企业推行并建立全面风险管理体系，进一步贯彻全面风险管理的理念和要求，逐步构建起国机集团全系统的全面风险管理体系。

【监督管理】

1. 突出出资人代表地位，加强对经理层的管理。

国机集团董事会始终站在出资人代表立场，监控、考核经理层的战略执行效果和管理水平。在董事会指导下，国机集团制定《中国机械工业集团有限公司 2010—2012 年发展规划》；在经营指标制定上，董事会对经理层提出更高要求，各项经营指标均高于国资委考核指标，着重体现指标对公司发展和经理层工作的引领、拉动作用；在 EVA 考核管理上，国机集团近几年一直进行内部 EVA 的测算统计。

因国机集团处于董事会试点工作的第一年，在对经理层考核与薪酬管理方面尚未达到国资委授权董事会考核管理经理层的相关要求，经请示国资委相关厅局，2009 年、2010 年国机集团经理层的考核与薪酬继续由国资委管理。同时，董事会薪酬和考核委员会结合国机集团现状，积极与国资委分配局、综合局领导沟通，领会国资委文件内涵，开始着手制定国机集团经理层管理、考核、薪酬制度，为 2011 年董事会全面行使对经理层的管理做好制度准备。

2. 深入了解企业运营状况，提供咨询指导，实施战略监督。

国机集团董事会注重整体把握国机集团生产经营运行情况。运行之初，董事会就听取了经理层对集团整体运行情况的汇报。同时，对集团重大事项提前听取相关汇报，为企业下一步工作开展提供建议。

国机集团董事会各专门委员会积极发挥自身作用，审计与风险管理委员会、薪酬与考核委员会多次听取企业风险管理部门与人力资源部门的汇报，及时了解和掌握国机集团风险管理与薪酬考核的现状，针对出现的问题提出可行的指导意见。

2009 年，董事会秘书根据董事会议事规则，列席总经理办公会和所属企业经营汇报专题会，专门了解在 2009 年金融危机大环境下所属企业经营情况。

3. 采取多项措施，做好决策落实工作。

国机集团董事会采取多项措施确保董事会各项决议得到落实：一是由董事会办公室根据董事会决议和会议记录，形成董事会会议纪要，明确、细化董事会对议案的具体实施意见，便于经理层落实实施；二是在每年董事会定期会议计划中，明确一年两次听取经理层落实董事会决策情况的汇报，整体把握董事会决策执行情况，并对执行中出现的问题及时给予指导；三是要求经理层着手制定项目负责人制度，对项目管理开展后评价，加强对经董事会决策的重大项目的监管力度；四是对董事特别是外部董事提出的问题和要求，由董事会办公室综合整理后，由董事长或总经理批示有关领导或部门组织研究答复，对其中的重大问题，还列为研究课题，深入调查研究，提出研究报告。

表 1　中国机械工业集团有限公司第一届董事会成员

序　号	姓　名	职　务
1	任洪斌	董 事 长
2	徐念沙	副董事长
3	李延江	董　　事
4	徐　建	董　　事
5	韩锡正	外部董事
6	刘高倬	外部董事
7	安德武	外部董事
8	连维增	外部董事
9	张来亮	外部董事
10	陶建幸	外部董事
11	魏　锋	职工董事

表2 中国机械工业集团有限公司第一届董事会专门委员会及成员

常务委员会		
1	任洪斌	主任
2	徐念沙	委员
3	李延江	委员
4	徐　建	委员
5	韩锡正	委员
6	刘高倬	委员
7	安德武	委员
提名委员会		
1	李延江	主任
2	连维增	委员
3	张来亮	委员

薪酬与考核委员会		
1	刘高倬	主任
2	连维增	委员
3	张来亮	委员
审计与风险管理委员会		
1	韩锡正	主任
2	安德武	委员
3	张来亮	委员

主业经营

【经营综述】 2009年，国机集团有效克服金融危机带来的种种不利影响，逆势而上，取得较好的经营业绩，主要经营指标再创新高，保持了持续发展的良好势头。

1. 逆势而上，经营业绩再攀新高。

2009年，在金融危机的影响下，世界主要经济体陷入衰退，我国经济增速减缓，国机集团主要市场遭受严重冲击，业务发展受到较大影响。面对复杂严峻的经营形势，在国资委的正确领导下，在董事会的科学决策下，国机集团积极抢抓机遇，充分利用国家扩大内、外需的相关政策，沉着应对，勇克时艰，取得了良好的经营业绩。

2. 市场开拓取得新成效，新签合同额实现同比稳步增长，重大项目执行顺利。

面对金融危机导致的市场需求疲软、项目投资紧缩的严峻形势，所属企业认真分析市场动态和客户需求变化，调整市场开拓思路，拓展市场范围，创新开发模式，在艰难形势下取得了较好的成绩。2009年新签合同额201亿美元，同比增长8.4%，再创历史新高。新签1亿美元以上的国际项目14个。

面对因项目融资困难、项目预期效益下降而造成的业主积极性不高、项目进度趋缓的状况，国机集团按照“促生效、抓执行、保重点、保质量”的指导方针，积极开展工作，一批重要项目执行顺利。

3. 业务转型升级取得进展。

为了打造市场竞争优势，提高竞争能力，所属企业根据市场需求变化，不断进行业务和产品结构的调整转型，促进业务升级，取得了积极进展。

中工国际工程股份有限公司投资的邛州和成都两个污水处理厂项目，陆续建设完工，顺利实现商业运营；中国重型机械总公司柬埔寨达岱水电站BOT项目（合同金额5.4亿美元）开工建设；中国汽车工业国际合作总公司由原来单一的展览业务向工程成套、国际贸易、实业投资、展览经营和综合业务五大板块发展，拓展了业务领域，增强了抗风险能力；成都工具研究所深入开展精品、新品工程，积极开发加工石油管的特殊扣刀具、钻杆刀具等高端产品市场，推进产品的升级换代，以优质产品拉开与对手的距离，避免在低端市场的激烈竞争。

4. 协同合作更加深入。

通过建立协同合作考核机制、建设成员企业内部合作信息平台等一系列措施，在政策体系、工作机制、工作模式等方面推进协同合作广泛深入开展。共有40家企业在100个项目中开展了协同合作，合作金额75亿元，与2008年相比，协同合作范围大幅拓展，合作金额同比增长近60%。

5. 节能减排取得良好效果。

积极挖掘内部潜力，加大节能投入，不断推进节能新技术、新工艺的应用，为节能降耗、环境保护做出了重要贡献。中国一拖投资2亿元建设煤气系统，预计每年节省9000吨标准煤；中国机械工业第六设计研究院承揽的杭州卷烟厂易地搬迁改造项目，是国内烟草行业第一家“三星级绿色工房”；苏州电加工研发的“高效低功率无电阻电火花脉冲电源”，电能利用率达90%，生产率提高了1～2倍；中国通用机械工程总公司承揽了西安第五污水处理厂、江苏兴达钢帘线电镀废水处理工程等多个污水治理项目，为节能减排和环境改善做出了积极贡献。

6. 合同生效额同比下降幅度较大。

由于金融危机的影响，2009年国机集团实际合同生效额总计130亿美元，同比下降17.7%，其中工程成套项目生效额为60.6亿美元，同比下降36.6%。相当一部分新签合同额项目，特别是境外工程成套项目在落实融资、保险方面遇到困难。相对于新签合同额的同比稳定增长，合同生效额却同比较大幅度下降。

7. 项目执行能力有待进一步提高。

随着集团正在执行项目越来越多，项目规模越来越大，项目执行的复杂程度也越来越高，项目管理人员的数量、能力、经验与业务的快速发展不相适应，给项目开发、管理和执行带来一定的挑战，应当继续加强项目质量、工期、安全生产等方面的管理，进一步提高应对突发事件的应急能力。

8. 受金融危机和宏观经济政策的影响，原材料价格波动幅度较大，企业的资金压力和市场风险增大。

2009年，在金融危机及宏观经济政策的影响下，原材料价格、市场预期等都出现了大幅且较为剧烈的波动，给经营管理工作带来了较大的难度。例如，桂林电器科学研究所的主打产品低压触头的主要原材料是白银，一年之内，其价格从4860元/千克到2200元/千克，然后又回升到4000元/千克左右，原材料价格的剧烈波动使得部分企业的经营工作面临巨大的资金压力和市场风险。

9. 国家宏观经济政策调整节奏较快，对经营管理工作提出新的挑战。

为应对金融危机，国家采取了一系列刺激经济发展以快速渡过危机的政策，包括“4万亿”投资拉动内需，提高出口退税率稳定外需，通过中国出口信用保险公司实施的促进大型成套设备出口“421”专项和促进短期出口的“840”专项等政策，对2009年顺利实现保“8”的目标起到巨大的促进作用。国机集团积极抢抓机遇，争取政策支持，受益良多。装备制造业务的农业机械板块受国家加大农机补贴、刺激经济发展的影响，实现超预期的经营业绩。中国一拖2008年利润总额仅为1100万元，2009年则实现利润总额2.5亿元。此外，在“421”、“840”等专项政策的带动下，实现上述新签合同额的稳定增长。

【应对金融危机】 面对全球性金融危机带来的严峻挑战，国机集团按照“提前采取措施、提前做好准备、提前做好安排”的总体思路和要求，多措并举，沉着应对，大力调整经营策略，抢抓各种机遇，积极开拓两个市场，确保市场份额，同时坚持创新调整，控制经营风险。确保2009年经营工作没有出现较大的波动，总体上仍保持了较快发展。

1. 早着手、早准备，制定八项应对措施。

2008年底，集团领导班子及组织各有关企业认真研究并确定应对金融危机的“八项措施”，即：一是大力加强现金流管理，确保资金链的安全；二是2009年预算工作要做扎实；三是拓展融资渠道，有效解决资金短缺压力；四是充分利用各种有利因素和自身优势，抢抓机遇，谋求发展；五是全面抓好在手执行项目和合同的履约管理；六是加强投资管理，有效控制投资风险；七是强化管理、练好“内功”，降本增效，从企业内部积聚抗风险能力；八是进一步加强内部合作工作，共同应对困难和挑战。实践证明，这八项措施是国机集团一年来应对金融危机的最有效手段，取得了良好的成效。

2. 高度重视，树立战胜危机的必胜信心。

（1）高度重视，行动有力。从上半年危机开始显现以来，国机集团高度重视，迅速行动。集团董事会密切关注这场危机的演进趋势和对经营工作产生的影响，要求集团经营层认清形势，对照企业自身经营情况和市场变化，采取积极的应对措施。经过认真研究分析，国机集团对金融危机的影响有了深刻的认识，对面临的困难做好了充分的思想准备，在8月份的年中经营工作会上确立“提前采取措施、提前做好准备、提前做好安排”的总体应对思路和要求。

（2）领会精神，认真落实。国机集团领导班子成员利用党委中心组学习、总经理办公会等机会深入学习、认真领会国资委李荣融主任先后提出的“捂紧钱袋子”、“过好紧日子”、“中央企业要高度重视的四个问题”、“中央企业当前要着力抓好的六项主要工作”等指示精神，多次召开专门会议，反复重申正确认识当前经济形势的重要性，要求各单位吃透学好中央及国资委相关精神，结合企业的特点和实际情况，进一步把对形势的研判工作做深、做细，把对各方面的困难估计充足、分析透彻，做到判断准确、有的放矢，从而有针对性地采取有效应对措施，调整经营策略。

集团要求各级党委在关键时刻要加强思想政治建设，树立大局意识，搞好班子团结，增强凝聚力和战斗力，以有效发挥党组织在应对当前严峻的国际国内经济形势中的中坚作用。

（3）统一思想，坚定信心。为加强舆论引导，统一思想，坚定信心，国机集团充分利用企业内刊和网站等宣传平台，广泛宣传国资委关于应对金融危机的要求和指示，刊登国机集团及所属企业学习、贯彻国资委要求的具体举措，介绍推广各单位在应对金融危机方面好的经验做法，为国机集团集思广益、共度难关，提供了有力的舆论支持。广大党员干部进一步统一了思想，坚定了信心：一方面，对年内所面临的严峻形势和艰巨任务有了清醒的认识，在面对危机时能够做到处惊不乱，冷静观察，坚定信心，沉着应对；另一方面使他们有理由相信，在党中央、国务院的正确领导下，在国资委的正确指导和支持下，只要能够做到未雨绸缪、运筹得当，完成好各项经营工作就有了坚实的基础和保障。

3. 深入调研，掌握企业真实信息。

（1）深入基层，解决所需。充分掌握企业的各种真实信息，是做好应对金融危机重要的基础性工作之一。从年初开始，国机集团通过各种形式开展大量的信息调研和情况摸底工作，全面了解所属企业的真实情况。并组织力量就金融危机对国机集团的实质性影响，以及经济形势的变化趋势进行专门研究。

2009年一季度，在不到一个月的时间内，集团公司所有经营班子成员分别带领总部各相关部门负责人走访31家所属企业，开展大面积调研；9月中下旬的十几天时间里，国机集团又密集召开9家所属企业的运行情况沟通交流会。对这些企业的年度经营计划落实情况、经营工作部署和运营情况以及需要集团帮助解决的问题等进行现场办公。紧密结合学习实践科学发展观活动，对所发现的问题逐一专项落实整改措施，并逐项明确了主管领导、责任部门和整改时限。各所属企业也分别制定了本企业整改落实方案，重点解决实际困难和问题，突出强调针对性和实效性。

（2）结合主业发展，开展专题研讨。金融危机爆发以来，国机集团针对不同业务板块的不同特点，组织多次专题研讨，提问题、出主意，想办法，有针对性地研究三大业务在金融危机形势下的调整、应对和发展途径。

在对海外工程承包业务发展的研讨中，充分考虑到金融危机对未来2～3年海外工程承包市场可能产生的影响，从行业范围、市场领域、经营形式、重点行业的竞争形势等方面进行系统的分析，提出存在的主要问题与今后发展的重点和对策。

在10月召开的国机集团科技大会上，提出“科技发展二次创业”的战略举措，并把它作为推动集团各项事业进一步发展的重要途径。该战略拟通过推进科技创新、建立产业化基地、培养优秀科研人才等方式，将国机集团机械装备研发与制造水平提高到一个新的高度，使之成为支撑对外贸易和工程承包的重要力量，以持续提升国机集团的核心竞争力，提高抗击各种风险的能力。

在召开的国机集团汽车工作座谈会上，与会代表充分分析汽车行业面临的严峻挑战，交流汽车行业应对金融危机的措施。确定了在加大市场开拓力度的同时，坚持有所为有所不为，练好内功，加强人才队伍培养，把握汽车行业兼并重组时机等发展思路。

4. 狠抓营销，开拓新领域、新市场。

（1）狠抓市场营销，实施区域滚动开发，巩固传统市场。传统市场是国机集团生存的基础。在市场需求大幅下降的严峻形势下，国机集团狠抓市场营销和开拓不放松、不动摇，调整营销策略和手段，把巩固传统市场基本面作为抵御危机的战略方针和重点。集团所属江苏苏美达集团公司在传统市场积极调整和平衡好“订单、风险、成本”三者之间的关系，“宁让利，不让地”，在全球船舶订单普遍萎缩的情况下，通过狠抓营销，不断巩固欧洲市场和新加坡、韩国等地市场，并顺利取得了新船订单，鼓舞了士气，也为后期的发展做好铺垫；中国一拖集团有限公司在能够保证有一定利润的范围内采取一单一价等特殊的价格策略，保住了传统市场的订单；中国机械设备进出口总公司在熟悉的市场、熟悉的领域做熟悉的事，充分利用已有优势，加大业务滚动开发力度，并在土耳其、马来西亚、赤道几内亚、安哥拉、苏丹等多个传统市场取得较大收获，其中新签约的马来西亚纸浆厂EPC总承包项目合同价格达14.5亿美元；中国电工设备总公司坚持“做一个项目，树一座丰碑”的理念，促进市场滚动开发，取得良好效果，仅在印度尼西亚一个市场就累计拿到近17亿美元的工程订单。

（2）抓住机遇，及时调整资源配置，大力提升优势主导产品的市场占有率。中国福马机械集团有限公司在所处行业市场需求大幅下滑的情况下，公司领导亲临一线，挂钩区域市场，组织销售竞赛，及时解决市场中的问题，从而使装载机保住了市场份额，平地机、压路机市场占有率有较大幅度提高，热磨机市场占有率由30%提高到50%，市场排名第一；砂光机新增有效合同105台，市场占有率由原60%提高到70%，巩固了在同行业的市场领先地位。

（3）围绕主营业务积极开发新的市场、新的产业。在世界范围内太阳能电池业务全面下滑的背景下，江苏苏美达集团公司2009年承接了捷克最大的35兆瓦太阳能电站项目，项目金额超过1亿美元，全部采用苏美达自主生产的太阳能电池板；中国电器科学研究院充分发挥自身家电检测试验和生产设备技术方面的优势，针对国际上发展中国家家电产业刚刚起步，对技术支持、建厂经验、及生产设备都有需求旺盛的机遇，专门成立国际装备分公司，积极开拓家电整厂总承包国际市场，该项业务的合同额已近1亿元；中国一拖集团有限公司有针对性的调整区域市场结构，在中亚、非洲等受金融风暴影响较小的地区拓展业务，也取得明显成效。

（4）强化管理，练好“内功”，降本增效，确保质量，创新市场开发模式。为保证产品价格竞争性，集团公司开展了一系列降本增效活动，实行全面预算管理，压缩管理费用，降低运营成本。严格控制项目和产品质量，保证履约，以高质量和低成本取胜。

中国电工设备总公司调整各部门分工，强化内部资源配置和合作，通过建章立制，从企业内部积聚抗风险能力和企业核心竞争力。2009年实现新签合同额约22.7亿美元，生效合同额约13.35亿美元，再创历史新高。

中国汽车工业进出口总公司在市场竞争中一直努力做到“人无我有，人有我新”，在对安哥拉卡车出口项目和古巴柴油机出口项目上都取得新的较大突破，在国内市场上也成为中国重汽集团制动配件的唯一供应商。中国一拖集团有限公司积极推进SKD组装项目，实现产销本土化，已经在波兰、土耳其、哈萨克斯坦、吉尔吉斯斯坦成功实施SKD组装方式销售，俄罗斯、乌克兰和塞尔维亚的SKD项目也即将开始执行。

（5）拓展融资渠道，解决担保压力困扰。一是在创新融资方式和模式上“做文章”，并争取在“项目融资”方面有所突破；二是控制担保风险，严格授信担保，加强担保跟踪管理。首先，严格控制和逐步减少风险较高的银行授信担保，对新增担保项目落实反担保措施，加大担保向优质业务倾斜的力度，配合集团发展战略有针对性、有重点地配置集团有限的担保资源。其次，加强担保项目的后续跟踪管理。加快担保额度的周转，尽快释放已占用担保额度，提高集团担保资源的利用效率；第三，促进各企业提高财务管理能力和主动控制风险的能力。通过统一调动各方力量加强与金融机构沟通和合作，2009年国机集团在金融机构获得融资授信额度达到783亿元人民币，比2008年的408亿元增加375亿元，有力地支持了各所属企业各项经营工作的开展。

5. 积极响应和落实好国家政策，抓住政策机遇。

为应对金融危机，国家出台一系列应对措施。

在商务部主导下，国家及时出台促进大型成套设备出口的“421”专项资金安排、“840”短期出口信用保险安排、100亿美元优惠买方信贷等优惠政策。国机集团紧紧抓住政策机遇，在第一时间就“421”专项安排先行与中国出口信用保险公司召开业务对接会，及时解决一批重点、大型成套工程项目的合同生效问题。同时还通过大力推进项目的跟踪和落实，打好基础，加快进程，以得到中国进出口银行等政策性金融机构的鼎力支持，也使得一批大项目合同得以落实和生效。

此外，还积极申请和使用商务部中小企业国际市场开拓基金、对外经济技术合作基金等多项优惠政策支持，也得到了机电商会、承包商会等倾力相助。这些政策和相关机构的大力支持使我们在经营形势十分严峻的情况下取得了良好的经营业绩，有力地促进了国际市场的开拓和进出口业务的开展。

在国内市场，国机集团的农机板块也充分享受到了国家农机购置补贴等惠农政策直接拉动，中国一拖集团有限公司销售收入和利润都实现大幅增长。

6. 加强内部合作，积极推进市场协同开发。

把丰富的市场资源、设计资源、施工资源、产品研发制造资源积极组织起来，加强内部合作，携手开发国际市场，抱团取暖过冬，利比亚民建项目合同金额6.35亿美元全部由6家所属企业协同开发和执行。所属中国机械设备进出口总公司和中国海洋航空集团公司签署几十亿元的苏丹港供水项目分包合同，树立了市场协同开发的又一典范。

7. 加强风险防范，推行全过程风险管理，积极构建完备的风险管理体系。

（1）全面抓好在手执行项目和合同的履约管理。一是加强境外工程项目在质量、工期、进度等方面的管理，采取迅速有效措施防范境外项目劳务纠纷和突发事件的发生；二是防范收汇风险，努力避免业主为躲避其自身财务困难而拖延付款甚至不付款提供理由和借口，确保资金安全。

（2）加强投资管理，有效控制投资风险。确定2009年投资的原则和主要方向是：紧密围绕发展战略、提高主业竞争能力、完善产业链条。加强投资管理，做到“三个不准”，即：不符合主业的坚决不准投，超出自身能力的坚决不准投，投资回报率低的坚决不准投。一旦有不符合制度和管控程序要求的投资，一经发现必将予以责任追究。密切跟踪形势变化，对已审核通过的投资项目，根据自身资金状况把握好时机和进度节奏，防止给资金链带来威胁。

（3）大力加强现金流管理，确保资金链的安全。加大对应收账款催收力度，高度重视应收账款管理。要求各企业设立由财务总监负责，业务部门、法律部门参加的专门小组，密切了解客户资信和现金流量状况，制定和实施有效的应收账款催收方案，加快资金回笼速度，确保了资金链的安全稳定。

建立逾期应收账款月报制度。要求各企业按月分析并上报逾期应收账款情况，特别是要将单笔金额较大的逾期应收款项，包括应收账款、其他应收款和预付账款等情况具列明细，上报集团。

（4）扎实做好预算工作。2009年，主要从以下两个方面进一步加强预算管理。一是对预算审核和执行监督实行多层控制。根据业务板块分类，增加业务管理部门对所管理板块企业进行预算审核和执行监督；二是加强对预算执行情况的过程分析和纠偏。在预算执行监督环节，由资产财务部门根据财务月度快报和预算报表，对预算执行情况进行分析，并将分析结果提交相关管理部门，对需要纠正的偏差予以提示并严格监督企业预算的执行。

截至2009年12月31日，在复杂多变的国际市场形势下，国机集团没有出现较大的经营风险和损失，风险控制工作得到有效落实，为经营工作的开展起到“保驾护航”的作用。

【主业及构成】 根据经营快报数统计，2009年，机械装备与制造、工程承包、贸易与服务三大主业分别占集团主营业务收入的21.4%、33.9%、44.7%。

表1　2009年国机集团三大主业业务构成情况

业务分类名称	业务收入		毛利润	
	数量（亿元）	比重（%）	数量（亿元）	比重（%）
机械装备研发与制造	218.6	21.4	39.1	33.7
工程承包	345.6	33.9	42.9	37
贸易与服务	455	44.7	34.1	29.3

注：表中数据为2009年经营快报数，按业务类别口径统计。

【装备研发与制造】 新重组企业给国机集团带来装备制造产业资源和多个优势品牌，使国机集团成为国内农业装备、工程机械行业的重要企业。通过推进科研成果产业化，进一步增强了装备制造能力。同时通过加大科技投入，研制出一批具有国内领先或国际先进水平的核心技术和产品，标志着国机集团装备制造业务进入一个新的发展阶段。2009年，装备研发与制造业务实现主营业务收入218.6亿元，实现毛利润39.1亿元，同比分别增长17.5%和26.1%。

表2　　2009年国机集团装备制造与研发业务情况

项　目	2008年	2009年	同比增长（%）
主营业务收入（亿元）	186	218.6	17.5
毛利润（亿元）	31	39.1	26.1

1. 装备归口管理企业业务情况：2009年，中国一拖集团有限公司、中国福马机械集团有限公司、中国工程机械总公司、中国地质装备总公司、中国收获机械总公司、洛阳中收机械装备有限公司共六户归口管理的装备制造企业，实现工业总产值125亿元，比上年同期增长2%；实现工业销售产值122亿元，比上年同期增长3%；实现利润总额3.5亿元，为上年度的2.3倍。

（1）主要产品销售情况。

农业机械：2009年，生产履带拖拉机2392台，市场占有率超过90%，处于国内垄断地位；生产大轮拖38496台，市场占有率37.7%，位于行业第一位；生产中轮拖22236台，市场占有率13.8%，位于行业第四位；生产小轮拖49102台，市场占有率15%，位于行业第二位；生产小麦收割机5027台，市场占有率9.9%，位于行业第二位；生产玉米收获机1245台，市场占有率45%，位于行业第一位。

工程机械：2009年，生产装载机3445台，市场占有率4.27%，位于行业第八位；生产压路机2199台，市场占有率16.34%，位于行业第二位；生产平地机834台，市场占有率38.92%，位于行业第二位；生产推土机452台，市场占有率5.9%，位于行业第五位。

（2）重大改革发展措施。

完成装备制造板块收获机械业务的重组。洛阳中收机械装备有限公司和中国一拖集团有限公司的子公司一拖（洛阳）收获机械有限公司，是国机集团装备制造板块企业中收获机械的主要企业。为聚合力量，增强竞争力，国机集团组织对收获机械业务进行整合，以中国一拖集团有限公司增资的方式，将其所属收获机械有限公司的全部资产、人员、经营业务合并到洛阳中收。

完成合并后，洛阳中收机械装备有限公司的注册资本由3500万元增加到6000万元，其中，国机集团持57.41%，中国一拖持42.59%。两个企业的重组，增强了洛阳中收的制造能力，实现了优势互补。

（3）重大投资项目。

中国一拖大功率柴油机项目。一期项目总投资28486万元，建成后形成2万台生产能力。

中国一拖大功率轮式拖拉机项目总投资27250万元，新建整车大轮拖联合厂房、整机试验室、多功能试验跑道、扩展提升现有机加工能力，项目建成形成大功率轮式拖拉机33000台的年生产能力。

中国一拖新型农业装备能力提升项目（即车桥项目）。项目总投资22286万元。

中国一拖技术中心建设项目。项目总投资39337万元，建设内容包括发动机、零部件试验室、整机试验室等，主要是提升企业自主研发能力。

中国福马实施人造板连续平压热压机示范生产线项目。项目总投资23715万元，建设规模为年产15万立方米中高密度纤维板。

中国福马实施常林工业园建设项目，项目总投资69849万元。

（4）其他。

2009年12月11日，《工业和信息化部关于印发〈机电产品再制造试点单位名单（第一批）〉和〈机电产品再制造试点工作要求〉的通知》（工信部节〔2009〕663号），将中国工程机械总公司所属天津工程机械研究院确定为试点单位。

2. 装备研发业务情况：2009年，国机集团所属科技型企业（含中国工程机械总公司）主营业务收入138.7亿元，同比增长30.4%；实现利润9.94亿元，同比增长38.4%。

装备研发业务的其他情况见“科技发展”部分内容。

【工程承包】 2009年，工程承包和工程设计业务实现主营业务收入345.6亿元，实现毛利润42.9亿元；实现新签工程成套项目合同额130亿美元，其中新签1亿美元以上项目15个，合同总金额74.4亿美元。截至2009年底，在手执行项目932个，合同总金额203亿美元（境外项目287个，合同总金额173亿美元），其中超过1亿美元的项目达到31个，合同总金额110亿美元。

2009年，境外工程承包除新签合同额继续保持较快增长外，境外投资类项目开发也取得突破。中国重型机械总公司与柬埔寨政府签订达岱水电站BOT项目，并已正式开工建设；中工国际工程股份有限公司泰国NNE燃气电站BOO项目也正式启动。

2009年，在总结近年来工作经验的基础上，制定新的《非实体经营管理办法》，明晰了非实体经营工作的宗旨和范围，对项目开发、执行等各个环节进行明确界定；通过完善与执行单位的承包合同、加强项目评审、派驻项目监理等方式，强化项目管理，确保项目顺利执行；选聘经验丰富的项目管理人员，加强非实体经营工作力量。通过这些措施，确保了非实体经营业务的健康发展。2009年，非实体经营正在执行项目9个，金额36.41亿美元；集团实现主营业务收入265840万元人民币、实现利润2亿元人民币。

表3 **2009年国机集团工程承包业务情况**

项 目	2008年	2009年	同比增长（%）
主营业务收入（亿美元）	334	348	4.2
毛利润（亿元）	31	42.9	38.4
新签项目合同额（亿美元）	95.48	130	36.1
新签1亿美元以上项目（个）	22	15	-31.8
在手执行项目金额（亿美元）	177	203	14.7

表4 **2009年国机集团工程承包和工程设计国际排名情况**

名 称	2008年	2009年	变化情况
ENR全球225家最大国际工程承包商	48	28	提升20位
ENR全球200强工程设计咨询公司	87	77	提升10位

表5 **2009年国机集团新签1亿美元以上项目情况**

序 号	签约日期	项目名称	签约单位	国 别	合同金额（万美元）
1	2009年9月	马来西亚年产85万吨纸浆厂	中国机械设备进出口总公司	马来西亚	145000
2	2009年7月	尼日利亚KADUNA州2×42MW单循环燃机电站	中国机械设备进出口总公司	尼日利亚	10300
3	2009年7月	尼日利亚KANO州126MW单循环燃机电站	中国机械设备进出口总公司	尼日利亚	15350

续表

序号	签约日期	项目名称	签约单位	国别	合同金额（万美元）
4	2009 年 8 月	安哥拉渔业综合发展项目	中国机械设备进出口总公司	安哥拉	60000
5	2009 年 6 月	斯里兰卡 PUTTALAM 二期 2×300MW 燃煤电站	中国机械设备进出口总公司	斯里兰卡	89100
6	2009 年 3 月	越南金兰弯船厂项目	中国机械设备进出口总公司	越南	10849
7	2009 年 8 月	土耳其 AYAS1×600MW 电站	中国机械设备进出口总公司	土耳其	69500
8	2009 年 8 月	科特迪瓦阿比让－大巴萨姆高速公路项目	中国机械设备进出口总公司	科特迪瓦	13400
9	2009 年 11 月	赤道几内亚马拉博燃气电厂扩容项目	中国机械设备进出口总公司	赤道几内亚	13999
10	2009 年 1 月	安哥拉罗安达南部郊区电气化建设	中国机械设备进出口总公司	安哥拉	29838
11	2009 年 11 月	苏丹白尼罗河州输变电线路项目	中国机械设备进出口总公司	苏丹	20000
12	2009 年 6 月	巴西 CTSUL2×350MW 燃煤电站	中国机械设备进出口总公司	巴西	89595
13	2009 年 6 月	俄罗斯 Kimacn 矿厂项目	中国电工设备总公司	俄罗斯联邦	51990
14	2009 年 2 月	菲律宾马利万斯火电站	中国电工设备总公司	菲律宾	58000
15	2009 年 6 月	赞比亚 KALUNZWISHI 水电站	中国电工设备总公司	赞比亚	66900

【贸易与服务】 2009 年，贸易与服务业务实现主营业务收入 455 亿元，实现毛利润 34.1 亿元，同比分别增长 4.4% 和 0.3%；金融及社会服务业实现主营业务收入 15.5 亿元，实现毛利润 6.4 亿元。

2009 年，累计实现进出口总额 63.3 亿美元，同比略有增长。其中出口 45.60 亿美元，同比降低 3.2%；进口 17.72 亿美元，同比增长 10.4%。

在金融危机的特殊背景下，2009 年中国的外贸形势十分严峻，进出额出现较大幅度的下滑。据海关统计，全国进出口总额同比下降 13.9%、出口下降 16%、进口下降 11.2%。国机集团的贸易业务则保持了进出口总额的基本稳定。同时，数据反映出集团整体在进口和出口的结构方面发生微妙的变化，进口增速达到 10.4%，这对平衡集团进出口贸易结构具有积极的意义。

表 6　　2009 年国机集团贸易与服务业务情况

项　目	2008 年	2009 年	同比增长（%）
主营业务收入（亿元）	412	455	4.4
毛利润（亿元）	34	34.1	0.3
进出口总额（亿美元）	63.1	63.3	0.3
其中：出口（亿美元）	47.2	45.6	-3.4
其中：进口（亿美元）	15.9	17.7	11.3

表 7　　2009 年国机集团进出口额国内排名情况

名　称	2008 年	2009 年	变化情况
全国进出口额最大的 500 家企业	22	24	下降 2 位
全国出口额最大的 200 家企业	12	16	下降 4 位

汽车贸易发展情况：截至 2009 年年末，集团汽车板块归口管理 6 家二级企业（中国进口汽车贸易有限公司、中国汽车工业进出口总公司、中国汽车工业国际合作总公司、长沙汽电汽车零部件有限公司、北京中汽京田汽车贸易有限公司、北京国机隆盛汽车有限公司）共实现主营业务收入 187.9 亿元，同比增长 48.7%；实现利润总额 4.2 亿元，同比增长 40.2%；实现进出口总额 4.6 亿美元，同比增长 62.5%。主营业务收入增速在 10 个百分点以上的有 4 家企业，长电零部件公司扭亏增盈 2967 万元。2009 年汽车板块主要经济指标对集团整体贡献率均在 20% 以上。

在中国汽车市场保持快速增长的背景下，2009 年中国进口车市场海关进口量为 41.9 万辆，同比增长 2.8%，但进口车上牌量达 35.3 万辆，同比增长 30.9%；国机集团所属 2 家主要汽车整车进口企业经营的进口车品牌上牌超过 3.5 万辆，同比增长 78.65%，远高于全国进口车总体增长速度，占据进口车市场的十分之一强。其中经销的进口轿车、SUV、MPV 等各种车型上牌量全线飘红，尤其轿车上牌量位居行业第三名。

在汽车进口方面，2009 年初，中国进口汽车贸易有限公司成功与大众进口汽车销售有限公司续签为期两年的合作协议，当年共销售大众进口汽车 21476 台，实现销售收入 84.16 亿元；全年克莱斯勒－吉普项目共实现销售汽车 7019 辆，销售收入 19.59 亿元；2009 年，中国进口汽车贸易有限公司通用进口车项目中，欧宝品牌共批发 567 辆，实现销售收入 1.28 亿元；别克 Enclave 车型共进口 6344 辆，实现销售收入 23.52 亿元。

在汽车出口方面，2009 年共向安哥拉出口各型卡车总计 179 台，出口的车辆类型包括自卸车、水罐车、油罐车、载货车、吸污车和牵引车，出口金额累计近 1000 万美元。

在汽车零部件出口业务方面，对一些畅销产品，在投资国内生产基地的同时，还在海外设点建库，产销一条龙，既稳固了出口，又提高了经济效益。如山东莱州华汽公司，是中汽进出口公司属下一家专门经营汽车刹车盘、刹车毂、刹车片的生产型企业。现有欧美亚刹车盘、刹车毂品种 1600 多个，年生产能力 500 多万件，2009 年实现出口约 4000 万美元。

在汽车展览业务方面，2009 年全国举办规模以上展览（展览面积 3 万平方米以上）256 个，国机集团所占份额高达 12%，总展览面积超过 100 万平方米，国内展览项目布局更加完善，进一步巩固了在汽车展览领域的优势地位。

【经营管理】

1. 经营考核工作。

国资委对国机集团的考核。国资委自 2004 年起对中央企业正式开展业绩考核工作，分为年度和任期两种考核方式。集团公司经营管理部主要承担考核指标的测算、上报考核目标建议值及考核完成结果的报送等工作。2008 年以前，国资委对集团公司的年度及任期考核结果均为 B 级。

随着国机集团发展规模不断增大以及对考核工作的深入认识和更加重视，国机集团在国资委2008年年度经营业绩考核完成情况中首次进入A级序列。随后在2009年度和2007—2009年任期经营业绩考核中均获得A级，同时荣获中央企业2007—2009年任期业绩考核“业绩优秀企业”荣誉称号。

对所属企业考核。国机集团自成立之初，即开始了对所属企业的经营业绩考核工作。特别是自集团公司推行质量管理体系认证以来，规范了对所属企业的业绩考核的管理工作。每年年初，经营管理部按照“两上两下”的流程，依据不低于过去三年完成值的平均值等原则，确定各所属企业的经营考核指标，报送集团人力资源部，由人力资源部以签订经营目标责任书的形式向各所属企业下达经营考核指标。到第二年年度财务决算工作完成之后，与资产财务部一起核定各所属企业的经营指标完成情况，并将结果报人力资源部，由人力资源部完成对各所属企业负责人的考核工作。

2009年，为发挥业绩考核对经营工作的导向作用，经营管理部会同集团相关部门出台《中国机械工业集团有限公司业绩考核“经营管理指标”计分实施细则》（国机经〔2009〕377号），增加了经营业绩目标考核基准值的确定、内部合作、科技投入、资金集中结算度等方面的考核计分规定，并在2009年度所属企业考核工作中正式实施。

2. 内部合作。

2009年集团内部合作规模进一步扩大，合作领域进一步拓宽。全年共有40家企业在100个项目中开展协同合作，合作金额75亿元，较前几年相比，内部合作项目无论从数量还是质量都有所巩固与提高。

针对集团内部合作的需求，2009年9月，国机集团内部合作信息平台投入试运行。平台面向所属企业，搭建了有效的相互了解与合作的信息平台，各级用户可以共享产品、项目信息，进行合作意向交流。

3. 市场开发基金。

随着集团的不断发展壮大以及新重组企业的不断增加，企业结构、业务结构、产品结构、经营规模等发生了很大变化，为适应集团的快速发展和变化，更大地发挥基金的作用，2009年集团将区域协同开发项目、内部合作共同开发项目、境外工程设计咨询项目、资源开发和企业自有产品在国际市场上的推广项目等作为重点支持对象给予基金支持。共评出支持项目20个，支持金额1000万元。其中工贸公司工程承包项目4项、科研院所工程承包项目3项、内部合作项目3项、协同开发区域市场项目3项、产品开拓市场及贸易促进项目7项。

科技发展

【基本概况】 2009年，根据年初工作会要求和科技大会精神，围绕实现集团公司提出的科技发展“二次创业”的工作目标，科技创新工作取得了新的突破，科技创新体系不断完善，自主创新能力不断增强，科技创新能力进一步得到提升。产业化进程不断推进，加快产业结构升级。截至2009年底，集团累计获得省部级以上各类成果4950项，其中国家科学技术奖150项；授权专利2613项，其中发明专利391项；集团拥有国家工程（技术）研究中心8家，国家企业技术中心5家，国家重点试验室4家，国际合作基地3家，省部级工程（技术）研究中心16家，博士后工作站12家，国家生产力促进中心6家，省部级质量监督检测中心48个（其中国家级19个），全国标准化委员会35家。国机集团注重人才和创新团队的培养，2009年度在由中央组织部等四部委联合举办的第四届全国杰出专业技术人才表彰大会上，合肥通用院压力容器与管道安全工程技术研究团队荣获“全国专业技术人才先进集体”荣誉称号，跻身30个“全国专业技术人才先进集体”行列。在全国第二批国防科技创新团队活动中，洛轴所获得“国防科技创新团队”荣誉称号。国机集团“中国一拖集团有限公司新型农业装备能力提升项目”等8项技改项目被列入国家重点振兴和技术改造项目，项目建成后将形成年销售收入70多亿元，产业结构更加优化升级，集团的科技创新有力的支撑了集团的发展。

【科研成果】 获奖情况：2009 年，国机集团获得省部级和全国行业性奖以上各类优秀成果奖313 项，其中国家科技进步奖 3 项，科学技术奖 96 项，勘察设计咨询奖 167 项，其他类 50 项。

表 1 2009 年国机集团科技成果获奖情况

类　别	2009 年数量（项）	2008 年数量（项）	同比增加（项）
省部级、全国性行业奖	313	219	94
国家科技进步奖	3	2	1
科技创新奖	96	94	2
勘察计设咨询奖	167	84	83
其他	50	48	2

2009 年获国家科学技术奖项目：中薄板坯连铸机成套技术与关键设备开发及应用；高层混合结构体系的关键技术及应用；稻/麦秸秆人造板制造技术与产业化。

专利情况：2009 年，共申请专利 733 项，其中发明专利 199 项；授权专利 452 项，其中发明专利 91 项。

表 2 2009 年国机集团专利成果情况

类　别	2009 年数量（项）	2008 年数量（项）	同比增加（项）
申请专利	733	452	281
其中：发明专利	199	130	69
授权专利	452	326	126
其中：发明专利	91	35	56

标准和论文情况：2009 年，主持或参加标准制修订 761 项，其中国家标准 398 项。发表论文 1669 篇。

表 3 2009 年国机集团标准制定和发表论文情况

类　别	2009 年数量（项）	2008 年数量（项）	同比增加（项）
标准制定（个）	761	886	105
其中：国家标准	398	570	172
发表论文（篇）	1669	1024	675

新增科研机构：新增省部级以上科研及服务机构 20 家（包括质检中心和标准化技术委员会），国家级科研及服务机构 10 家（包括质检中心和标准化技术委员会）。

【科技企业主营收入】 国机集团科技型企业在全球金融危机的环境下，依然实现较快发展，主营业务收入由 2008 年 105.9 亿元增长到 2009 年 138.7 亿元（含中国农机院），同比增长 30.4%；实现利润由 2008 年的 7.18 亿元增长到 2009 年的 9.94 亿元（含中国农机院），同比增长 38.4%。

【科技创新体系建设】 集团利用自身优势和技术特点，加大国家级科研平台的申请建设力度，选择“压缩机关键技术”等四个领域申报国家重点实验室建设。其中合肥通用机械研究院“压缩机关键技术国家重点实验室”获得批准。另外，所属单位利用自身专业特点和优势，申请 22 家省部级以上科研及服务机构的建设，其中有 20 家获得批准，增强了在相应专业领域的研发能力。合肥通用机械研究院继中国农业机械化科学研究院、中国电器科学研究院之后，成为国机集团第三个国家科技部授予的国际科技合作基地。

为了吸引海外高层次人才和利用国外相关领域的先进技术，集团积极推进在美设研发机构工作，选择电器（气）和装备制造两个领域工作组进入实质筹建的准备阶段，按工作计划正在有序开展和推进。

鼓励和引导所属企业参加产业技术创新战略联盟。产业技术创新战略联盟是我国重点推进的产学研结合科技创新体系的一种重要创新模式，集团所属院所企业为了保持自身在行业中的地位，始终占据本技术领域制高点，积极参与产业技术创新战略联盟的组建工作，继中国农业机械化科学研究院成为我国首批产业技术创新联盟—农业装备领域的联盟理事长单位后，中国重型机械研究院有限公司、中国地质装备总公司、洛阳轴研科技股份有限公司等一批单位先后参加或正在组建产业技术创新联盟，通过联盟平台承担了一批重大技术创新项目，为产业发展和行业的技术进步发挥了积极作用。

表 4　**2009 年国机集团新增省部级和国家级科研及服务机构**

机构类别	科研机构名称	级　别	申请单位
工程技术研究中心	陕西省文物岩土工程技术研究中心	省部级	中国联合工程公司
工程实验室	太阳能干燥技术装备工程实验室	国家级	中国农业机械化科学研究院
重点实验室	压缩机技术国家重点实验室	国家级	合肥通用机械研究院
	压缩机技术省级实验室	省部级	
	饲草料收获及加工机械装备企业重点实验室	省部级	中国农业机械化科学研究院
	机械工业硬质涂层重点（工程）实验室	省部级	成都工具研究所
	机械工业压力容器与管道寿命及其可靠性重点实验室	省部级	合肥通用机械研究院
	机械工业制冷系统传热强化与节能重点实验室	省部级	
企业技术中心	河南省企业技术中心	省部级	洛阳中收机械装备有限公司
博士后工作站	江苏省博士后科研工作站	省部级	中国福马机械集团有限公司
科技创新服务平台	国家压力容器与管道安全保障技术创新服务平台	国家级	合肥通用机械研究院
	吉林省材料试验机科技创新中心	省部级	长春试验机研究所有限公司
	企业院士工作站	省部级	合肥通用机械研究院
国际合作基地	科技部国际合作基地	国家级	合肥通用机械研究院
质检中心	国家安全生产北京矿用起重运输设备检测检验中心	国家级	北京起重运输机械设计研究院
标准化技术委员会	全国喷射设备标准化技术委员会	国家级	合肥通用机械研究院
	全国机械密封标准化技术委员会	国家级	
	全国食品包装机械标准化技术委员会	国家级	
	国际标准化组织/制冷和空调技术委员会/制冷压缩机的测试和评定分技术委员会	国家级	
	全国变频调速设备标准化技术委员会	国家级	天津电气传动设计研究所

【科技投入】 通过充分利用国家支持自主创新方面的有关税收优惠政策，集团科技发展基金引导作用和争取国家项目与资金支持等多种有效途径，集团的科技投入又有大幅增加，2009 年科技投入达到 24.8 亿元。

表 5 **2009 年国机集团科技投入情况**

项　目	2009 年	2008 年	同比增长（%）
集团总投入（亿元）	24.8	20.4	21.6
占集团主营业务收入比（%）	2.43	2.18	0.25 个百分点
科技型企业总投入（亿元）	12.13	8.58	41.4
占科技型企业主营业务收入比（%）	8.8	8.1	0.7 个百分点

【推进创新方法应用】 为贯彻党的十七大精神和国务院领导多次对创新方法（TRIZ）工作的重要批示，落实科学发展观和《国家中长期科学和技术发展规划纲要》，切实加强创新方法工作，从源头上推进创新型企业建设，根据国家科技部等四部委《关于加强创新方法工作的若干意见》，结合实际情况，针对集团所取得成果的数量、水平、速度，以及技术创新能力依然与集团的快速发展不相匹配，创新方法落后和陈旧等现状，国机集团决定在今后几年内加快推进“创新方法”在自主创新中的应用。先后研究提出创新方法工作指导意见，完成了对 150 多人次的创新方法初级培训，提高了各单位对创新方法工作的认识，并对今后几年的试点工作做了整体部署。通过试点力求创新方法在科研人员技术创新中得到普遍应用，增强自主创新能力，为实现集团科技创新“二次创业”战略目标提供有力支撑。

2009 年中国农业机械化科学研究院进入集团，为国机集团打造中国最强的农业机械研发体系注入了新的血液，国机集团的科技实力再次得到较大幅度的提升，为国机集团重构科技创新体系奠定了更坚实基础和提供了较好机遇。

【标准和专利工作】 为落实集团领导对标准工作的重要指示，进一步加强国机集团标准工作，集团提出对各单位制修订标准给予适当的资金支持，并制定《标准编制工作资助办法》。按照管理办法，目前组织开展对年度制修订标准支持资金拨付具体工作。为进一步加大集团专利工作力度，集团利用全国第三批企事业知识产权试点单位为契机，通过实行加大宣传培训、完善机构、建章立制、专利奖励等各项措施，实现了申请和授权专利量较大幅度的增长，申请专利由 2005 年的 112 项增长到 2009 年的 733 项，授权专利由 2005 年 75 项增长到 452 项。

【成果推荐和奖励】 “中国机械工业集团科学技术奖”2009 年度共奖励中国重型机械研究院有限公司“莱钢 120 吨 RH 炉外精炼成套技术装备”等 28 项优秀成果，奖励科技工作者 220 余人。经国机集团推荐，2007 年度“中国机械工业集团科学技术奖”一等奖获奖项目——中国重型机械研究院有限公司承担的“中薄板坯连铸机成套技术与关键设备开发及应用”项目，获得 2009 年度国家科技进步二等奖，该项获奖表明“中国机械工业集团科学技术奖”正逐步发挥行业激励作用，有效履行了推荐国家奖的职责。

【科技发展基金】 2009 年，组织开展第七次科技发展基金项目的申报和评审工作。共评审出支持项目 31 项，支持资金 3570 万元，引导所属单位科技投入 17912 万元。

表6 **2009年国机集团科技发展基金资助项目**

序号	项目名称	承担单位
1	聚酰亚胺薄膜生产工艺研究	桂林电器科学研究所
2	金属复合板材生产技术及工艺开发研究	中国联合工程公司
3	南亚软质灰岩地基特性及工程应用研究	中国联合工程公司机勘院
4	国外民用建筑工程采用BS标准、ASTM标准体系应用研究	中国联合工程公司第三设计院
5	国内综合医院的安全性设计与研究	中国中元国际工程公司
6	工程机械智能监控器	中国工程机械总公司
7	BM1115/15/50热磨机研发	中国福马机械集团有限公司
8	余热发电工程建设施工能力提升	中国机械工业建设总公司
9	汽车U形纵梁数控三面冲孔生产线	济南铸造锻压机械研究所
10	高性能长寿命夹布密封件的研制	广州机械科学研究院
11	5行自走式采棉机的研发	中国收获机械总公司
12	气动剪枝机产业化	中国收获机械总公司
13	特大功率电解电源设备的研制	中国电器科学研究院
14	组合式和大直径高精度超硬材料切割砂轮的研究	郑州磨料磨具磨削研究所
15	资源节约型高强无磁奥氏体不锈钢的研制	重庆仪表材料研究所
16	工业窑炉余热回收利用技术研究	机械工业第六设计研究院
17	超高压水射流无污染飞机除漆设备研究	合肥通用机械研究院
18	机车专用全无油压缩机的研制	合肥通用机械研究院
19	液化天然气（LNG）球形储罐的研发	兰州石油机械研究所
20	多回路多头脉冲电解去毛刺技术与装备	苏州电加工机床研究所有限公司
21	高压束阵式自动清洗装置	沈阳仪表科学研究院
22	虚拟成像微显示光学系统的系列化研究开发	沈阳仪表科学研究院杭照所
23	鱼眼类型视频监控镜头系列的开发	沈阳仪表究院秦皇岛试听所
24	汽车用金刚石刀具的设计与制造技术	成都工具研究所
25	电子蠕变/松弛试验机数字式测控系统	长春试验机研究所有限公司
26	节能型桥式起重机系列研制	北京起重运输机械设计研究院
27	多辊精密矫直机及板形检测、智能控制	中国重型机械研究院有限公司
28	HCD3000型全液压多功能岩心钻机	中国地质装备总公司
29	摩擦输送系统开发	中国汽车工业工程公司

【体系工作】 为适应集团组织机构变化和集团董事会运行新机制的要求，国机集团对标准体系文件进行改版，并于2009年正式颁布并运行新改版的GB/T19001—2008四标一体化管理体系文件。

2009年7月，接受中国船级社质量认证公司对集团总部职业健康安全管理体系、进行初次认证第一阶段审核。

2009年7月，接受中国船级社质量认证公司对集团总部质量、环境和职业健康安全管理体系进行了复评和认证审核。

2009年9月，集团总部获得新版质量（ISO9001：2008）认证证书（含尤卡斯证书）、环境认证证书和职业健康安全认证证书。

2009年11月，国机集团获得新版社会责任（SA8000：2008）认证证书。

【资质工作】 2009年，集团新申请工程设计甲级资质11项、工程咨询单位资格3项、设备监理企业甲级资质增项2项、援外物资项目实施企业A级资格1项，全部获得通过。建筑业企业施工总承包一级资质2项，正在审理当中。并按照国家有关的要求和部署，完成集团所属12家企业近200项工程设计资质的换证工作，为集团的工程承包设计等业务提供有力保障。

【制度建设】 完善科技创新相关制度，为科技创新提供保障。为适应集团新的治理结构，按集团工作统一安排，结合几年来集团的发展、科技业务的不断拓展和制度的运行过程中遇到的问题等实际情况，对集团科技、军工、质量管理等方面的八部办法进行制修订和颁发，并新制定颁发管理办法四部，使得科技、军工、质量管理进一步科学化、规范化、制度化。

【争取和落实国家科研项目】 2009年，在承担国家科研项目方面取得丰硕的成果，集团依托技术优势新争取立项的国家科研项目134项，争取国家资金39611万元。其中，国家重大专项等重点科技攻关项目116项，争取国家资金26611万元；军工项目共18项，争取国家资金13000万元。中国重型机械研究院有限公司、济南铸锻所、成都工具研究所、洛阳轴研科技股份有限公司所等多家单位承担了“2万吨难变形合金卧式挤压机研制”等国家重大专项十余项子课题，落实国拨资金超过1亿元，国家资金的落实对科技投入给予有效的补充，同时通过承担国家项目始终占领相应技术领域的技术制高点。在争取更多的国家科研项目的同时，抓好国家科研项目的组织实施、鉴定验收和推广应用工作，近百项重要成果通过专家鉴定验收或形成知识产权，形成一批前瞻性、高水平的科研成果，培养了一大批高层次科研人员，有大量成果分别获得国家和省部级科学技术奖、詹天佑奖、优秀设计等优秀成果奖，集团技术创新能力和技术水平得到进一步提高。以大型挤压机、连铸连轧成套设备、东方红大轮拖、板式湿空冷器、道路冷再生机、航空发动机轴承为代表的新技术、新产品研发和推广应用，对集团的技术水平和行业的技术进步起到积极的推动作用。

【产业化发展】 2009年新立项技术改造项目和新增国家技术改造项目共14项，项目投资总额19亿元，其中9项为国家技术改造项目，项目总投资154398万元，获得国家资金补助9469万元。目前，各项目均按计划正常执行。项目建成后预计将形成年销售收入70多亿元。通过产业化项目建设和实施，产品、产业结构将进一步优化升级，不仅提升了产品研制和生产水平，而且实现了由单一的研究院所向高科技产品型企业转变，结构得到进一步优化。

集团在加大力度实施技术改造项目的同时，进一步抓好项目执行和管理工作。一是坚持对项目进行半年检查，通过对在建项目进行检查后，发现个别项目在实施过程中大幅度调整了投资额度后没有及时报集团审批的问题，集团按技术改造管理办法及时要求项目实施单位重新报批。对项目实施不符合管理办法规定的单位，提出了纠正要求。二是坚持对项目可行性、初步设计、建设调整等重点过程的审查批复。三是及时组织项目的竣工验收工作。先后完成广州机械科学研究院“机械工业汽车零部件产品质量监督检测中心”项目、成都工具研究所“50吨硬质合金石蜡工艺生产线”项目、中国地质装备总公司“无锡钻探工具厂搬迁改造项目”的竣工验收。

表7　2009年国机集团新增中央投资重点产业振兴和技术改造专项项目

序号	项目名称	承担单位	项目总投资（万元）	国家补助资金（万元）
1	合肥通用机械研究院“大型装置用低温容器设备研发和检测中心项目”	合肥通用机械研究院	18200	1800
2	中国一拖集团股份有限公司“新型农业装备能力提升项目”	中国一拖集团股份有限公司	10326	724

续表

序号	项目名称	承担单位	项目总投资（万元）	国家补助资金（万元）
3	中国工程机械总公司“非路面行驶车辆双变（变矩器、变速箱）传动系统及智能控制国产化项目”	中国工程机械总公司	19800	961
4	中国汽车工业工程公司“节能环保、替代进口的汽车整车生产线装备制造项目”	中国汽车工业工程公司	30923	1728
5	洛阳轴研科技股份有限公司“大型数控机床电主轴及精密轴承产业化技术改造项目”	洛阳轴研科技股份有限公司	22116	1103
6	郑州磨料磨具磨削研究所“高效精密超硬材料制品产业化基地”	郑州磨料磨具磨削研究所	10683	486
7	中国农业机械化科学研究院“中机北方机械有限公司自走式全幅玉米联合收获机技术改造项目”	中国农业机械化科学研究院	14151	1080
8	中国农业机械化科学研究院“中机南方机械股份有限公司水稻全程机械化设备产业化项目”	中国农业机械化科学研究院	14096	907
9	中国农业机械化科学研究院“现代农装科技股份有限公司保定分公司精量低污染大型喷雾机项目”	中国农业机械化科学研究院	14103	680
	合　计		154398	9469

【重大科技成果及产品】

1. 中薄板坯连铸成套技术与关键设备开发及应用。

由中国重型机械研究院有限公司研制，获2009年度国家科技进步二等奖。

项目成功应用十多年来，跟踪的国际先进技术和新工艺连铸技术，解决凝固过程中中薄板坯质量问题的工艺，开发了高拉速、高质量铸坯生产工艺的关键设备，解决中薄板坯连铸机稳定生产和精细控制的自动化系统，设备总体技术达到国际先进水平。项目成果还应用到其他规格的新建连铸机和旧有连铸机的改造上，并使其全面更新换代，为我国钢铁工业的创新型发展进行有益尝试，提升了与外国同类技术和产品的综合竞争力。在国内的国际招标项目中，中国重型机械研究院有限公司的中标率由0提高到50%，使我国国产中薄板坯连铸机2008年首次走出国门，进入土耳其市场。

2. 高层混合结构体系的关键技术及应用。

由中国机械设备进出口总公司所属中机国际工程设计研究院等单位联合研制完成，获得2009年度国家科技进步二等奖。

项目组在国家自然科学基金和教育部重点项目基金等资助下，历经14年，通过模型试验、理论分析和工程应用，对复杂高层结构设计与施工中几个工程界难以解决和新出现的关键技术问题进行深入系统研究和应用，主要成果有：

（1）提出了能充分反应不同结构特性、不同材料特性、不同材质和组砌方式墙体的阻尼比计算模型，建立了反应不同结构实际阻尼比变化规律的修正反应谱曲线，完善了现行抗震设计理论；通过加层减震模拟振动台试验，提出了加层减震工程应用的连接构件参数优化设计方法。

（2）提出了杆系钢结构半刚性连接节点初始刚度、极限弯矩计算方法；提出了半刚性端板连接节点的实用设计方法；建立了半刚性连接空间杆系钢结构理论计算模型及稳定的刚重比控制方法。在结构层面上建立了高层混合结构中楼面与钢筋混凝土核心筒和外钢框架的刚性连接、半刚性连接和铰接连接时的内力分析方法和抗震性能；建立了冷轧带肋钢筋楼板受力机理、刚度分析及极限荷载计算模型。

（3）针对巨型结构新设计理念、各工种施工立体交叉难度大的现实，建立了以模拟计算为指导，将结构分步穿插施工、施工卸载及监控技术有机结合的施工工法；建立了高层建筑结构考虑施工过程和混凝土的徐变收缩对高层混合结构竖向变形影响的实用分析方法，解决了材料、结构设计和工程施工等方面存在的混合结构竖向变形差问题。

项目研究成果已纳入国家规范和规程的相关条文中，获授权发明专利 3 项、实用新型专利 2 项，专著 6 部，所发表的论文收录 32 篇，并成功应用于华天贵宾楼工程、重庆大剧院、新加坡会展中心等 200 余项工程，有力推动了行业的科技进步和产业化发展，应用前景广阔。

3. 车架纵梁柔性制造成套生产线。

由济南铸造锻压机械研究所有限公司研制。是载重汽车车架纵梁生产的专业化成套生产线，纵梁生产装备的升级换代产品，满足了国内卡车、大型客车等行业车架车间整套生产工艺急需的成套关键设备。

与传统工艺流程相比，该成套生产线具有较高的生产柔性，并且在节材、高精度、高可靠性、高生产率和环保等方面具有突出的优势。项目技术成果集成创新度高，拥有完全自主知识产权。已申请国家专利 16 项（其中发明专利 5 项），已获实用新型专利授权 9 项，并申报企业产品标准获批两项。2009 年 12 月已通过省级科技成果鉴定，经中科院宋玉泉院士、工程院陈蕴博院士等专家评审，认为主要指标达到国际领先水平。截至 2009 年底，已为国内重型汽车制造业如东风汽车、济南重汽等骨干厂家提供了 30 余条车架纵梁柔性制造成套生产线的子生产线，新增产值 55980 万元，新增利润 6665 万元，新增税收 6253 万元。并已出口到缅甸等国家，在国内外处于同行业竞争的有利地位。

4. 上海浦东国际机场 T2 航站楼行李自动处理系统。

由中国中元国际工程公司开发完成，获 2009 年度中国机械工业科学技术一等奖、2009 年度机械工业优秀工程设计一等奖。

上海浦东国际机场为亚太地区核心枢纽机场，T2 航站楼总建筑面积 54 万 m^2，年旅客吞吐量 4200 万人次，高峰小时行李流量 15000 件。项目为上海浦东机场提供了从行李系统总体规划、基础数据分析研究、T2 航站楼行李系统设计、设备招标文件编写、技术配合、施工阶段技术服务、施工监理及技术培训的全过程优质服务。

在该项目设计、实施过程中，通过分析、研究，创新一系列设计方法及工艺，构建了适用于我国民航机场行李系统量化分析方法，填补了国内机场行李系统设计空白，率先完成国内大型国际枢纽型机场的行李系统总体规划设计。

在国内首次提出“自动分拣系统 + 直通输送线”模式的行李系统处理方案，取代国外传统的两套自动分拣系统，缩短了输送路线、提高运输效率，并减少系统投资 2 亿元。行李系统可采用两种处理作业方式，增加了系统的柔性，关键设备之间备份更为有效，增加了系统的可靠性。在国内机场大规模应用垂直螺旋式输送机，缩短运输路线，行李运输时间从 12 分钟缩短为 6.5 分钟，提高运输效率约 46%。首次在国内外机场成功实施了旅客与行李的“人包对应”技术，通过利用网络、视频、图像处理和数据处理等技术，将旅客信息、旅客肖像图片、行李安检图像等建立对应关系。该技术在民航空防安全、逃犯追捕、治安防控等领域也具有应用价值。

5. HCDF－6 型钻机（FYD－2200 分体塔式全液压动力头钻机）。

由中国地质装备总公司研发，用于深部固体矿产资源勘探地质装备。

中国地质装备总公司已陆续开发出 HCD 系列钻机（5 型、6 型）。其中钻深 1000 米的 5 型钻机已经正式投放市场，钻深 2000 米的 6 型钻机已完成生产性试验，用于 3000 米钻深的 HCD 钻机正在研发中。

HCDF－6 型钻机为 6 型 HCD 钻机的一款机型，设计钻深并连续取心 2200m（S75 口径）、3000m（S59 口径）。该型钻机消化、吸收了国内外钻机的优点，全部配套设备采用国产设备；采用小口径金刚石绳索取心工艺；全液压主机、动力站、钻塔、泥浆泵 4 部件采取分体模块化设计，拆装搬迁运输方便，适合在山区、丘陵等我国当前深部找矿的重点地区作业；专门配套设计制造的适合深孔钻探的加强型钻杆和取心钻具综合性能优越，完全可以适应复杂地层深部钻探的施工要求；操作系统数字化与智能化，降低工人工作强度，可实现精确钻进。

2009 年 6 月，HCDF－6 型全液压岩心钻机在安徽六安周集镇的深部矿床勘探中，最终创造了 S75 口径钻孔深度为 2706.68m 的全国纪录（之前国内连续取心记录为 S75 口径 2100 米），并一举打破了国内取心钻机无法突破 S75 口径连续取心 2500m 的瓶颈，大大推动了中国取心钻探设备的技术能力和水平。作为自主研发的固体矿产资源勘探全国产化新装备，该型钻机在安徽六安生产性试验期间受到了前所未有的关注，两院院士常印佛、中国地质大学教授鄢泰宁、俄罗斯科学院院士功勋发明家叶戈罗夫、中国大陆科学站主任王达等知名钻探专家先后前往试验矿区，进行考察指导，并对该型钻机给予了高度评价。

资本运营

【外部重组】 2009 年，紧紧抓住国资委加快中央企业布局结构调整的有利时机，加强与相关中央企业的联络沟通，及时掌握信息，积极寻找机会。

1. 7 月，完成与中国农业机械化科学研究院的重组。该院重组进入集团后，将作为集团农装板块的技术载体，大幅提升农装板块的技术实力和自主创新能力，为集团打造中国第一、国际知名的农业装备品牌奠定良好的基础。

2. 2 月，完成对中国一拖集团有限公司增资扩股工作。其注册资本增加至 27.89 亿元，集团持股比例由 67% 增至 84.58%。

3. 完成长沙汽车电器零部件有限公司的资产划转和增资扩股工作。1 月，国资委批复同意集团重组长沙汽车电器零部件有限公司，3 月份完成了工商变更登记，同时及时协调广州机械院对其注资 2000 万元。重组长沙汽车电器零部件有限公司，延伸了集团汽车业务链条，为打造集团汽车贸易服务板块奠定了良好的基础。

表 1　　2009 年国机集团外部重组情况

公司名称	重组时间	原所属部门	批准文号
1. 长沙汽电汽车零部件有限公司	2009 年 1 月	国务院国资委	国资产权〔2009〕13 号
2. 中国农业机械化科学研究院	2009 年 7 月	国务院国资委	国资改革〔2009〕489 号

【内部重组】 以完善产业链条为目标，促进资源优化配置，实现企业间的化学式融合，为企业发展奠定坚实的基础。

1. 积极推进集团收获机械类企业重组。9 月，集团批复同意中国一拖集团有限公司收获机械业务和洛阳中收机械装备有限公司进行重组。重组采取要素重组模式，是集团内部重组工作的一次新的尝试，有益于进一步壮大国机集团收获机械的经营能力，避免同业竞争。

2. 实施完成中国自动化控制系统总公司与中国电线电缆进出口公司重组。10 月，集团批复同意两公司重组，重组采取将集团持有中国电线电缆进出口公司 57.14% 的股权无偿划转给中国自动化控制系统总公司，使中国电线电缆进出口公司成为其控股子公司。12 月，中国电线电缆进出口公司完成工商变更登记。

3. 实施中国浦发机械工业股份有限公司与中国空分设备有限公司重组。11 月，集团批复同意两公司重组。重组采取将集团持有中国空分设备有限公司 51% 的股权，以增资扩股的方式注入中国浦发机械工业股份有限公司，中国空分设备有限公司成为中国浦发机械工业股份有限公司的控股子公司。

4. 继续推进合肥通用机械研究院与中国电瓷进出口有限公司重组。该项重组是一项复杂而连续性的工作，涉及多个环节。为确保重组工作万无一失，有效规避各类法律风险，集团相关部门召开了十多次专题会议讨论重组方案，精心设计重组路径，并于 10 月正式批复合肥通用机械研究院重组方案。重组工作已初步完成更名、投资、分立工作，后续相关工作也在顺利进行中。

表 2　2009 年国机集团内部企业重组情况

重组时间	文　号	重组企业		重组后企业名称
		重组主体	被重组企业	
2009 年 1 月 23 日	国机资〔2009〕47 号	中国收获机械总公司	新疆中收农牧机械公司	中国收获机械总公司
2009 年 7 月	—	中工国际工程股份有限公司	中国工程与农业机械进出口总公司	中工国际工程股份有限公司
2009 年 9 月 9 日	证监许可〔2009〕854 号	洛阳轴研科技股份有限公司	洛阳轴承研究所有限公司	轴研科技股份有限公司
2009 年 9 月 24 日	国机资〔2009〕550 号	合肥通用机械研究院	中国通用机械研究院	合肥通用机械研究院
2009 年 9 月 24 日	国机资〔2009〕563 号	洛阳中收机械装备有限公司	一拖股份的收获机械业务	洛阳中收机械装备有限公司
2009 年 10 月 23 日	国机资〔2009〕620 号	中国自动化控制系统总公司	中国电线电缆进出口有限公司	中国自动化控制系统总公司
2009 年 11 月 9 日	国机资〔2009〕650 号	中国浦发机械工业股份有限公司	中国空分设备有限公司	中国浦发机械工业股份有限公司

【改制工作】 2009 年的改制工作，主要是按照集团确定的分业务板块上市的指导思想，重点推进核心业务企业的改制上市。

1. 积极推进整体改制上市。

（1）洛阳轴研科技股份有限公司非公开发行方案顺利获得监管部门的审核批准，轴研科技成为集团旗下第一家直接控股并实现了整体上市的上市公司，控股比例由 34% 提高到 40.47%，为企业的发展和后续的资本运作搭建了较好的平台。

（2）中工国际工程股份有限公司与中国工程与农业机械进出口总公司资源整合取得阶段性成果。中工国际股权上划获得国资委和证监会的批准，中工国际成为集团直接控股的上市公司。按照公布的重组预案，按时完成中国工程与农业机械进出口总公司相关资产的剥离，清退了中凯国际工程有限责任公司的职工股权，将中国工程与农业机械进出口总公司改制为有限责任公司，达到重组上市的要求，在完成审计评估工作的基础上，形成中工国际非公开发行方案。通过半年的努力，正式重组前的基础工作全部顺利完成，履行决策程序后便可上报国务院国资委和中国证监会审批。

（3）完成济南铸造锻压机械研究所的整体改制工作。通过引入宝钢集团及集团所属的三家企业

（中国重型机械研究院、中国浦发机械工业股份有限公司、机械工业第三设计研究院）加盟，吸引战略投资约1.3亿元，解决了近几年一直困扰企业发展的资金短缺问题，落实了企业产业化投资项目和支付改制成本的资金来源，达到整体改制和扩大产业化规模的双重目的。

（4）成都工具研究所的整体改制工作取得阶段性进展。按照“股权划转、研究所改制、增资扩股”的重组步骤推进工作，11月，成都工研科技股份有限公司股权上划集团获得国务院国资委的批准，办理了国有划拨土地的出让手续，整体改制的基础性工作基本完成。

（5）启动中国电器科学研究院的整体改制上市工作。面对该院资产类型复杂、土地处置、职工股收购资金来源、检测资质的保留、上市平台的选择等问题，经过多次调研反复论证，形成保留广州电器科学研究院作为承接非主营业务和剥离资产的平台，以中国电器科学研究院为上市主体，置入核心业务和相应资产的改制上市思路，全面启动有关改制工作。

（6）继续推进先期启动的整体改制项目。在资本市场低迷上市发行停滞的情况下，甘肃蓝科石化高新装备股份有限公司按照上市公司的要求，规范治理，尽力解决历史遗留问题，初步完成上市前的辅导工作，发行A股上市的条件基本成熟；中国重型机械研究院有限公司、中国进口汽车贸易有限公司改制完成后处在培育期内，按照相关要求对内控管理进行核查，及时完善发现的问题；在完成中国机械设备进出口总公司改制前期的基础性工作的前提下，积极争取政策努力寻求“三类人员”安置、“同业竞争”等问题的解决方案。

2. 稳步推进职工股权的清理规范。

按照国务院国资委要求，对集团所属企业职工持股情况进行摸底调查，研究制定职工股权清理规范的总体方案，分三批审核上报集团所属9家二级企业中各级中层以上管理人员持有下级公司股权的清理方案，并获得国务院国资委的批复。按照上报的实施方案将清退3036名职工的股权，股权收购金额约28266万元。职工股权清理工作组织得当，推进平稳，操作规范，成效显著。通过职工股权的收购、转让清理，基本落实了国务院国资委有关政策规定，提高了对核心业务的控制力，有利于国有资产的保值增值；中国工程与农业机械进出口总公司、中国电器科学研究院、济南铸造锻压机械研究所等企业职工股权的清理，结合整体改制重组推进，为优化产业布局和促进主业发展提供保障。

3. 稳步实施政策性破产，努力解决历史遗留问题。

中国地质装备总公司所属衡阳探矿机械厂和张家口探矿机械厂较为圆满地完成破产清算、职工安置工作，两厂先后获得地方法院的破产终结裁定书，标志着政策性破产工作正式结束。通过政策性破产，两厂核销金融债权近4亿元，获得财政补助资金40140万元，变现资产1.88亿元，安置各类人员8000余人，基本完成社会职能移交给地方的工作，历史遗留问题基本得到彻底解决。同时，先期搭建的新平台安置1542名职工再就业，通过资产回购充分利用原有的有效资产，并延续了原有的业务、品牌，保住了在地质装备行业的地位，新公司生产、经营情况正常，职工队伍稳定。集体企业等个别遗留问题仍在积极争取有关政策或有待进行个案处理。

表3　2009年国机集团改制企业情况

序号	文号	改制主体企业	改制后企业
1	国机资〔2009〕295号	成都工具研究所	成都工具研究所有限公司
2	国机资〔2009〕618号	中国工程与农业机械进出口总公司	中国工程与农业机械进出口有限公司改制后通过定向增发，进入中工国际
3	国机资〔2009〕630号	中国电器科学研究院	中国电器科学研究院有限公司（进行中）

【**投资工作**】 2009年，投资工作的管理思路实现三个转变：从被动受理向主动参与转变；从静态的审批管理向动态的全过程管理转变；从听取项

目汇报向实施项目后评价转变。

集团及所属企业的投资继续保持较快的增长势头，主业投资力度进一步加强。全年集团共实施投资项目90项，其中集团总部13项，集团所属企业77项。投资总额达41.2亿元，其中固定资产投资16.4亿元，股权（产权）投资24.8亿元。全年共组织召开投资审查会议11次，审查项目21个，其中通过17项，否决4项。

1. 加强投资基础管理工作。为适应集团管理体制的变化，结合集团章程和董事会工作制度，全面修订《国机集团投资管理暂行办法》《国机集团投资管理实施意见》和《投审会工作暂行办法》，制订集团《对所属企业资本金专项投资实施意见》。为实现投资项目从静态的审批管理向项目全过程管理的转变，对自《投资管理暂行办法》正式实施以来的所有投资项目，根据管理需要建立项目不同的档案，既方便了日常管理，又为下一步进行信息化管理奠定基础。

2. 认真做好对成员企业投资项目审查与管理。共审查集团成员企业投资项目77项，与上年相比增加了20项，投资总额达约24.38亿元，其中股权类投资5.58亿元，资本性支出18.8亿元。加大了对所属企业投资项目的监督、检查与跟踪，继续开展对有关投资项目的后评价工作。特别是对集团投资的中国机械工业建设总公司中山重型钢结构建设项目，实施动态监控。

3. 积极争取国家财政对重组加入集团的企业的资金支持。为大力支持重组企业的发展，集团积极争取财政部、国资委的国有资本经营预算支出项目，经过不懈努力，已经争取到5亿元的国有资本经营预算资金，用于补充重组进入集团的5个中央企业的资本金，来支持这些企业的发展，提升企业的核心竞争力。

4. 组织开展投资总结和投资计划编制与上报以及境外投资机构统计工作。对集团整体投资规模和投资概况进行系统汇总和总结，对集团防范投资风险、集团投资管理体制的建设情况、投资对集团主业的促进作用以及项目实施过程中出现的问题等方面做了明确分析，获得国资委好评。按照国家商务部和外汇管理局的要求，完成对集团所属相关企业境外投资情况统计工作，参与年检的境外企业16家，参检率达到100%。

表4　2009年国机集团固定资产投资完成情况　单位：万元

	完成投资总额	按投资方向分		按项目阶段划分		按资金来源划分		
		主业	非主业	新开工	续建	自有资金	贷款	其他
境内	160917.92	156088.92	4831	75869.35	85048.57	129057.92	23985	7875
境外	3084.55	3084.55	0	3084.55	0	3084.55	0	0
合计	164002.47	159173.47	4831	78953.9	85048.57	132142.47	23985	7875

表5　2009年国机集团股权（产权）投资完成情况　单位：万元

	投资总额	按投资方向分		按资金来源分		
		主业	非主业	自有资金	贷款	其他
境内	245202.94	244383.44	819.5	244702.94	500	0
境外	3462.4	3462.4	0	3462.4	0	0
合计	248665.34	247845.84	819.5	248165.34	500	0

【资产管理】　2009年，积极规范产权管理和资产处置，重新修订《国机集团资产处置管理办法》，加大对长期无效投资和四级以下公司的清理力度，有效维护了国有资产的保值增值。

1. 加强集团对四级及以下企业的清理工作。在继续做好四级及以下公司的清理调整工作的同时，加大对长期无效投资的清理力度。在集团开展清理调整专项工作的3年多时间里，已累计清理调整所属四级子公司数量超过80家。通过清理，集团四级公司户数明显减少，进一步缩短了集团的管理链条。

2. 加大对长期无效投资的清理力度。开展所属企业对外长期股权投资全面清理工作，将清理调整不良、无效投资的专项工作放大到所属三级子公司范围，并对各所属企业做出部署，要求安排专门机构和具体人员，明确责任目标，制定切实可行方案。2009年处理一批无效、闲置资产，共转让股权19项，其中股权类15项，固定资产类4项。

3. 拨改贷资金的清收工作又有新收获。2009年通过采取确权、催缴和诉讼等方式，继续加强对“拨改贷”资金的清收工作，取得了良好成效，2009年全年共收回资金1953万元。其中，2009年度与10户企业签订还款协议，涉及本息原值5529.55万元，协议还款936.06万元，实际已回款811万元；收回以前年度签约的款项1142万元。同时，协助资产财务部对已经完成清理项目进行可税前扣除财务损失的证据搜集申报及审核工作，保障了集团的合法权益。

4. 开展“中央级基本建设经营性基金”清收、处置工作。经过集团及有关企业努力争取，财政部将“中央级基本建设经营性基金”75项，本息合计2.45亿元转为集团资本金。为支持所属企业发展，集团将其中的2.3亿元转为中国机械工业建设总公司、中国机械工业成套工程总公司资本金，壮大了企业的资本实力，满足了企业高速发展的需要。

5. 开展“中央财政委托贷款”核转国家资本金项目工作。根据财政部、国家发改委等有关部门要求，积极协调集团所属12户企业，核定原中央财政委托贷款本息合计4500多万元转为国家对集团和所属企业的投资。

综合管理

【基本概况】 年初，集团提出将2009年作为“制度年”，根据企业变化发展和管理需要，对集团成立以来的各种规章制度进行一次全面清理，完成撤销制度8项，重新修订制度64项，新新拟定制度15项，有力促进了集团的制度建设，使企业的管理更加制度化、规范化。

2009年，国机集团着力加强基础管理，在涉及企业战略、人力资源、财务、风险管控、信息化建设、安全生产、企业文化和品牌建设等方面的管理能力逐步提高，推动了集团整体的持续、健康发展。

【战略管理】 2009年，集团战略管理工作主要包括战略的制订、实施、评估、修订等主要环节。

2009年，国机集团根据内外部环境的新变化，研究制定《国机集团2010—2012年发展规划》，明确了未来三年的发展目标、发展战略和相关措施。规划提出四大战略和九大行动措施：要通过实施资本运营、持续创新、品牌提升、人才强企四大战略；充分发挥科技优势，提升产业链竞争力，优化贸易服务体系，强化工程承包优势，巩固工程服务业务，积极发展金融服务，大力推进资本运营，打造制造服务平台，充实高端制造资源等九大战略行动措施。规划提出的发展目标是：有效整合内部资源，强化机械装备制造服务优势，积极争取重大技术装备领域的高端资源，快速提升机械装备研发与制造、工程承包、贸易与服务等产业链环节的协同效应，将集团打造成制造服务优势突出、在机械工业若干重点领域内产业链整体竞争力快速提升、国内外知名的综合性装备工业集团。到2012年实现主营业务收入1300亿元，利润总额50亿元，资产总额1250亿元。

战略评估是企业战略管理过程中的一个重要内容，通过对战略实施情况进行有效评估和调整以保证企业的持续发展是国内外大企业大集团通行的做法。为进一步加强和完善集团的战略管理工作、提高执行力、掌握所属企业的战略规划执行情况，在2009年初开展对集团子公司战略规划2008年执行情况的评估工作，掌握了规划的落实情况。战略评估工作主要采用定量与定性相结合的方法、采取以子公司自我评估为主，集团选择部分企业进行实地评估的方式进行。最后进行总结，找出存在的问题和不足，形成集团年度战略评估报告，供领导参考。通过开展评估工作，总结了经验，吸收了教训，找出问题所在并采取相应的纠正措施。

通过网络、媒体、会议等途径加大对集团战略规划的宣传；为了适应董事会试点的要求，修订完善《国机集团战略管理办法》；持续开展对集团部分子公司战略规划的指导、审核、反馈与备案工作；加强与新加入集团企业、新的二级企业的战略对接活动；大力推进信息化发展规划、科技发展规划、人才规划和品牌规划等分规划的实施。

所属企业按照集团总体战略的要求，结合自身实际情况，有效推进了战略管理工作。中国地质装备总公司、中国海洋航空集团公司、机械工业第六设计研究院等结合学习实践活动，制定、完善了发展规划，进一步理清了发展思路；中国机械工业建设总公司、中国电工设备总公司、中国重型机械总公司、中国汽车工业国际合作总公司、中国进口汽车贸易有限公司、中国电器科学研究院等所属企业在原有发展规划的基础上，分析研判内外部形势变化，主动调整发展战略，对克服金融危机、实现科学发展起到重要作用。

【人力资源管理】

1. 国机集团职工队伍状况及劳动用工情况。

截至2009年12月31日，国机集团从业人员82462人，在岗职工75703人；离退休人员52246人。

截至2009年12月31日，国机集团有各类专业技术人才31743人，其中高级专业技术人才6808人，中级专业技术人才9508人；有技能人才（技术工人）32525人，其中，技师2195人，高级工8512人，中级工8932人。

国机集团和所属企业与职工劳动合同签订率达到100%，其中无固定期和中长期劳动合同占79%。

表1 2009年国机集团专业技术、技能人才情况 单位：人

项 目	总人数	分项数据
技术人才	31743	高级：6808
		中级：9508
技能人才	32525	高级技师：247
		技师：1948
		高级工：8512
		中级工：8932

2. 进一步深化干部人事制度改革，加强国机集团领导干部队伍建设。

2009年，按照国机集团的战略部署和对领导干部管理工作的整体要求，进一步深化干部人事制度改革，加强领导干部队伍建设。特别是针对近年来所属企业改制较多的情况，通过不断完善公司法人治理结构，增加专业基础扎实、工作经历丰富的外部董事选派数量，规范所属企业股东会、董事会、监事会和经营层的职权，努力形成决策、执行、监督三分开的现代企业制度，为提高集团整体管理水平奠定了良好的基础。

2009年，国机集团干部人事工作共涉及集团所属企业39家，调整干部185人次。

3. 加强干部梯队建设，做好后备干部的选拔和培养工作。

根据《国机集团全资、控股企业领导干部管理暂行办法》，建立了2009—2010年度新一批国机集团所属企业的后备干部人才库，并根据所属企业的需求和实际情况，及时地对相应的领导班子进行补充。

4. 加大干部交流力度，推进干部交流工作。

根据中组部、国资委的有关要求，2009年，国机集团选派两名优秀干部分别到西藏自治区建筑设计研究院和国资委挂职锻炼，通过这种干部交流方式，进一步加强了所属企业与地方之间和政府之间沟通交流，为企业优秀干部的成长提供广阔的平台，为国机集团人才队伍建设提供有效保证，有力地促进了国机集团干部队伍正常有序的流动和健康发展。

自2000年至2009年底，集团内部交流58人次。通过内部干部交流，促进了集团干部有序流动

和健康发展，在健全和完善所属企业领导班子建设，培养和锻炼一批管理突出、业务精通、肯打硬仗的干部队伍，为年轻干部提供施展才干的舞台等方面，发挥了积极作用。

5. 企业经营者的业绩考核和收入分配进一步完善。

2009年初，国机集团与47家所属企业经营者签订《年度经营目标责任书》，同时对2008年业绩突出的中国机械设备进出口总公司等12家企业授予“国机集团2008年度先进单位”；中国海洋航空集团公司等5家单位获得“国机集团2008年度单项奖”；中国重型机械研究院、中国电器科学研究院获得“国机集团2008年度科技进步特别奖”。

2009年，国机集团重新颁布实施《企业经营者经营业绩考核管理办法》《企业经营者薪酬管理办法》和《企业经营者中长期激励管理办法》。新的管理办法与原办法有了较大改进：一是采用按企业规模确定基薪，保证了各企业之间的公正公平。二是细化经营业绩考核指标，对企业在安全生产、经营管理等方面做出的重大贡献和严重失误进行定量，从而保证了对所属企业考核的全面性和与国资委考核的一致性。三是增加了中长期激励，从制度上制约了企业的短期行为。

6. 人才队伍建设取得新进展。

（1）高层次人才队伍的建设情况。

截至2009年12月31日，国机集团有院士2人、享受国务院政府特殊津贴人员949人、百千万人才工程国家级人选17人、国家中青年科技专家2人、有突出贡献的中青年专家24人，中组部直接管理的专家5人。

表2　　2009年国机集团专家队伍情况

序　号	类　别	人　数
1	院士	2
2	国家中青年科技专家	2
3	中组部直接管理的专家	5
4	百千万人才工程国家级人选	17
5	有突出贡献的中青年专家	24
6	享受国务院政府特殊津贴人员	949

在中组部、人力资源和社会保障部、科技部、中宣部2009年举办的全国高技能人才先进集体和先进个人评选中，由国机集团推荐的合肥通用机械研究院“压力容器与管道安全工程技术”团队荣获全国专业技术人才先进集体称号，在人民大会堂受到党和国家领导人的亲切接见。这是国机集团第一次进入国家级核心评选序列并获大奖。

（2）第四届高级专业技术职务评审委员会成立。

经人力资源和社会保障部批复同意，国机集团第四届工程、经济、会计系列高级专业技术职务评审委员会成立，对上届评委会的24名评委进行换届调整。

新一届评委会于2009年9月组织对工程、经济、会计、政工四个系列的高级专业技术职务评委进行评审。所属企业共有189人参加教授级高工、高级工程师、高级会计师、高级经济师、高级政工师的评审，经过评审，四个系列评审共通过102人，平均通过率为80%。

（3）开展企业法律顾问职业岗位等级资格的评审。

根据国资委的统一安排，国机集团2009年开展对企业法律顾问等级的评审。为保证评审工作的顺利进行，国机集团成立了法律顾问职业岗位等级评审委员会，评审委员会由9位法律、人力资源、企业管理方面的专家组织，副总经理谢彪任主任。

7. 加强工效挂钩管理，完善工资总额宏观调控。

2009年，国机集团根据国资委要求，继续实行工效挂钩管理，年初核定工效挂钩基数，年中根据财务快报动态监测企业工资支付情况，2009年底根据快报的企业效益，预核出各企业当年应提工资，保证了企业工资总额平稳有序增长。

8. 企业年金计划正式启动。

经国务院国资委批准，人力资源和社会保障部备案同意，国机集团从2009年起正式启动企业年金计划。为保证企业年金安全运行，2009年先后制定《国机集团企业年金管理办法》《国机集团试行企业年金方案》等一系列制度文件，编写了企业年金服务手册。截至2009年底，正式建立企业年金计划的企业6家；正在制定企业年金方案的企业14家，占国机集团二级企业的37.5%。

企业年金计划的正式建立并启动，充分显示了国机集团以人为本、珍惜人才、构建和谐国机、实现企业健康可持续发展的战略思想。对于保障职工退休后的生活质量、吸引优秀人才、增强企业凝聚力和竞争力具有重要意义。

9. 职工教育培训工作。

（1）广泛与国内外培训机构建立战略合作关系。

为建立国机集团多层次的教育培训体系，逐步形成短期培训与中长期培训、国内培训与国外培训、专业培训与岗位任职培训相结合的格局，一是加强与国资委、商务部、中组部、北京市相关培训机构，以及国家外专局、人力资源及社会保障部、教育部及国务院学位办等上级部门建立良好的工作关系；二是探索与外国政府和国际顶级的教育培训机构及国外知名大学建立战略合作关系。2009 年与比利时政府、欧盟驻华文化教育机构、瑞士洛桑国际管理学院（IMD）、瑞士国际管理教育集团（MEGA）、美国贝克·麦坚时律师事务所、美国 Customer Centric Selling 教育中心、美国斯坦福大学、肯尼迪大学、加州大学伯克利分校、瑞典隆德大学、英国董事学院等国外知名教育培训机构及大学建立广泛的合作。通过“走出去”的战略，进一步促进了本土人才国际化的发展。2009 年国机集团选派 4 批 90 人次赴欧盟进行现代企业经营管理——“提高企业核心竞争力”相关课程的培训学习，取得很好的效果。

2009 年，首次与清华大学进行跨院系、多学科、多领域高技能人才产学联合及校企合作。共同举办 4 个项目“工程类硕士专业学位研究生”教育，清华大学为国机集团搭建的产学联合、校企合作平台涉及清华大学 2 个学院，1 个研究院，5 个学系，7 个国家重点实验室，10 个研究中心和 15 个研究所，开创了产学联合与校企合作的先河。

（2）根据企业需求开展形式多样的教育培训。

一是针对部分所属企业领导干部年纪轻、进入班子时间短的特点，加强对领导班子成员新入职领导干部和骨干人才的企业管理知识的培训；二是为适应国机集团的战略目标，组织所属企业管理人员到欧洲参加企业文化战略、财务知识、人力资源管理和现代企业经营管理方面的学习；三是针对企业重组，组织总部相关职能部门对福马、中海航、一拖集团中层以上干部进行国机集团管理职能、规章制度培训，使新加入企业更快融入国机大家庭。

2009 年，国机集团举办国内培训 19 期，培训人员 1454 人次，组织国外培训 4 期，培训人员 90 人次。先后多批选派中高层领导人员参加国资委党校、国家会计学院、人力资源和社会保障部、商务部组织的培训班。

10. 集团总部人力资源管理工作。

（1）加强内部规范化管理，修改完善规章制度。

2009 年，随着外部董事的到位和集团更名工作的完成，国机集团部室管理工作程序和要求发生很大变化。结合国机集团实际情况，制订、修改、完善有关规章制度 15 项。通过制度创新，结合部门专项研究项目，制定《国机集团部门平衡计分卡绩效考核管理办法》和《国机集团员工绩效考核管理办法》，通过工作目标的制定和量化考核，提升员工的工作绩效水平，使考核结果得到实践应用。以《中国机械工业集团有限公司职工暂行条例》为主线的一系列规章制度，明确了职工的权利和义务，规定了职工退休、退职及退岗条件，逐步建立健全国机集团职工科学的管理体制，完善了职工录用、退出保障机制。

（2）人力资源信息化系统初步建成。

为提升国机集团总部人力资源管理水平和工作效率，实现人事工作的信息化、制度化、科学化，由国机集团人力资源部、新闻与信息中心与用友软件公司共同开发的国机集团人力资源管理信息系统一期项目基本结束。该系统包括干部管理、劳动合同和薪酬管理、培训和人才队伍管理等人力资源管理的主要板块。系统启用后将大大提高人力资源部的工作效率和工作质量，为国机集团领导决策提供更为客观准确的基础数据和参考信息。

（3）加强集团总部人员管理工作。

根据国机集团战略发展需要，在做好集团总部人员的日常管理工作的同时，进一步规范工作流程，提高工作效率和管理水平。重新修订总部各部门工作职责，2009 年底进行三年一次的总部全员竞聘工作。

（4）国机集团加入中国劳动学会。

为及时了解和准确把握国家有关劳动政策信息，加强与国家相关部门的沟通，2009 年国机集团被中国劳动学会正式接纳为会员单位，总经理助理王淑清同志被选为常务理事，人力资源专业委员会和劳动关系专业委员会的常务理事。

【财务管理】 2009年，集团财务管理工作深入推进，整体财务管理水平逐步提升，在“夯实财务基础、拓宽服务领域”的思路的指引下，取得一定的成绩。同时，结合国资委2009年度中央企业财务工作会会议精神，集团及时组织召开2009年年中财务工作会，向所属企业传达国资委对中央企业在未来三年内财务管理工作的目标和工作重点，提出集团今后财务管理工作的思路。

1. 财务信息管理智能化水平迈上新台阶。

通过几年的努力，集团已有35家单位的财务数据在集团服务器上运行，2009年年底实现所有企业财务报表的全覆盖。其余单位也将从2010年开始启用新的账务系统，届时集团将实现企业财务信息化的全覆盖，不但大大提高了财务人员的工作效率和财务信息质量，而且部分企业已经开始结合本企业的业务实际，启动财务、经营、资金、税务等高智能分析系统的集成，解决业务和财务重复劳动，效率低下、信息分离等问题，真正做到时时出数据，时时出分析，为企业经营提供高效优质的服务。

2. 广泛宣贯核算办法、积极传达最新政策、人才培养成果明显。

为使所属企业熟悉和正确运用企业会计准则和《国机集团会计核算办法》，加强财务人员对经济业务的监控，防范经营风险，集团与中国会计学会首次合作开展京外会计人员培训项目，并取得了一定突破。2009年集团会计人员继续教育邀请了财政部、中国会计学会、会计师事务所等专家就企业关心的企业会计准则最新变化、国机集团会计核算办法、企业税收政策最新变化、内部控制基本规范的实施等问题分别在北京、洛阳、广州地区举办五期培训班，参加培训的财务人员累计达到700多人。在洛阳、广州两地参加培训的300多人已经作为中国会计学会的预备会员，将得到中国会计学会各项会员服务。在提高财务人员业务素质的同时也扩大了国机集团财务人员的交流平台和业务视野，获得了良好的培训效果。

2009年下半年，集团资产财务部与人力资源部联合组织所属企业财务总监和财务经理40多人赴欧盟参加了两期培训。通过走出去培训，了解国外财务管理动态和学习先进财务理念，拓展视野，为集团的国际化发展做好人才储备。

3. 加强决算管理，财务信息质量进一步提升。

通过各企业的积极配合和努力，2008年度决算工作质量和效率进一步提升。集团三级以上出具标准无保留意见的企业占比已从2005年的81.1%上升到2008年的90.8%，集团2008年连续第五年获得财政部的通报表扬，国资委对集团2008年业绩考核结果为A级。根据国资委对集团2008年度财务决算的批复意见，从财务绩效评价得分来看，集团总体得分为84.7分，处于商贸行业优秀水平。其中：盈利能力和经营增长指标处于行业优秀水平，债务风险指标处于行业良好水平，资产质量状况处于行业平均水平，国有资本保值增值率处于商贸行业优秀水平。

4. 加强财务预算分析，监控作用进一步强化。

2009年，国际金融危机导致不少企业的营业收入面临下滑的不利形势，集团多次召开专题会议强调要尽最大努力压缩各项成本费用开支，要求所属企业加强预算分析、充分发挥预算引导及控制功能，为2009年集团全面完成预算目标打下坚实的基础。

集团在预算分析的基础上，及时发现问题偏差、发挥决策支持作用。通过分析及时查明企业预算执行过程中存在的问题，要求所属企业采取有效措施及时纠偏，调整与实际情况差异过大的预算项目，确保经营目标的实现。

5. 开展财务工作检查，做好财务基础工作。

集团从下半年启动财务专项检查工作，要求所属企业从2009年7月下旬开始开展财务自查工作，并及时上报汇总自查报告。自查工作中，各企业根据自身实际成立专门的自查小组，部分企业还由公司一把手亲自带头组织开展工作，全部所属企业均上报自查报告。

从自查过程来看，各企业对该项工作较为重视。中机建设、一拖集团组织专项组到其所属企业进行现场检查，督促整改落实；广州机械院和中进汽贸配合自查工作开展财务知识竞赛，对集团会计核算办法进行有效宣贯；中海航针对存在的问题专门邀请会计师事务所进行讲解，制定整改计划，完善有关制度等。大多数企业对于可以一次整改的，结合此次自查工作制订了计划，在近期内整改完毕；对于需要逐步整改的，制订相关的整改计划；对于需要其他部门配合整改的，及时将信息反馈给有关部门，督促整改。

国机集团2009年通过重点做好提升会计信息质量、扩展会计人员培训、加强预算管理、重视财务基础工作规范等工作，促进了集团整体财务水平的不断提升。

【风险管理】 2006年6月6日，国务院国有资产监督管理委员会下发《关于印发〈中央企业全面风险管理指引〉的通知》（国资发改革〔2006〕108号），将《中央企业全面风险管理指引》作为指导中央企业管理创新、增强企业竞争力和促进企业持续、健康、稳步发展的一个重要文件，同时，部分中央企业开始试点开展全面风险管理工作。

作为中央企业董事会试点企业之一，2008年6月27日，国机集团第一届董事会第一次会议召开，董事会下设包括审计与风险管理委员会在内的四个专门委员会，并成立由徐念沙副董事长领导的审计与风险管理委员会临时工作小组，进行全面风险管理体系建设的筹划与准备工作。

1. 全面风险管理工作重大事件。

2009年6月24日，国机集团第一届董事会审计与风险管理委员会第一次会议举行。会议审议通过了临时工作小组提交的《国机集团全面风险管理工作计划方案》。会后，根据各位董事建议，成立由徐建总裁担任组长，谢彪副总裁、王强总法律顾问担任副组长，包括法律事务部、审计稽查部、资产财务部、资本运营部、经营管理部组成的国机集团全面风险管理工作小组（以下简称“工作小组”），负责组织实施全面风险管理体系建设。

2009年9月9日，“国机集团全面风险管理体系建设咨询项目（一期）”（以下简称“项目一期”）启动大会在国机集团总部举行，工作小组和招标选聘的咨询机构合作，正式启动全面风险管理体系建设工作。

2. 全面风险管理体系建设及成果。

（1）制订中长期工作规划。

工作小组和咨询机构共同完成《国机集团全面风险管理体系建设总体实施规划》，规划以“整体设计、分步实施、突出重点、稳步推进”的思路拟定国机集团全面风险管理体系建设三个阶段的具体工作内容。

（2）进行总部风险评估与诊断。

通过风险辨识、风险分析和风险评价，归纳国机集团总部风险分类框架，形成168条风险事件、5大类一级风险、24类二级风险、58种三级风险的风险事件库；从风险事件库中精炼总结出国机集团2010年面临的14个重大风险，包括：汇率波动风险、战略规划与制定风险、经营监控风险等，并编制《国机集团总部风险评估与诊断报告》。

（3）初步建立国机集团风险管理体系雏形。

国机集团全面风险管理体系包括风险管理组织职能、风险管理工作流程、风险管理报告、风险管理业绩考核机制等内容。体系成果通过《国机集团全面风险管理制度》（以下简称“制度”）和《国机集团全面风险管理手册》（以下简称“手册”）两份文件加以落实。其中制度是国机集团开展风险管理工作的纲领性文件，手册则是操作指南。

风险管理组织职能相关机构包括董事会、审计与风险管理委员会、总经理、全面风险管理工作小组、总部部门、所属二级企业风险管理机构。

风险管理工作流程包括风险评估流程、风险管理策略制定流程、风险管理解决方案制定流程、风险管理监督与改进流程。

风险管理相关报告包括《国机集团年度风险评估诊断报告》《国机集团重大风险管理解决方案》《年度国机集团全面风险管理报告》等；由所属企业提交国机集团备案的报告包括《所属企业年度风险评估诊断报告》《所属企业重大风险管理解决方案》《年度所属企业全面风险管理报告》等。

（4）提出三个重要业务领域的重大风险管理改进建议。

《非实体经营领域的重大风险管理改进建议报告》主要提出以下改进建议。项目开发阶段：优化项目评审流程、优化评审意见表、优化评审结果计算方法、优化评审报批表；项目执行阶段：风险监控职责优化、监控流程优化、监控报告优化。

《担保管理领域的重大风险管理改进建议报告》主要提出以下改进建议。明确集团总部的资产安全性要求以及业务成长性要求，以“安全性”和“成长性”两项指标共同确定集团总部可承受的担保总额和可承受的担保风险总额；在总量控制规模的基础上，分户设计所属企业的担保限额，从而避免“一刀切”的做法；优化被担保项目的执行监控机制，将担保项目执行情况与未来可授予的额度挂钩。

《资本运营领域的重大风险管理改进建议报告》主要提出以下改进建议。选取投资审查项目的关键风险考核和监控指标（NPV、投资收益率、内部报酬率、投资回收期、净资产收益率等），定义各个指标的风险承受度，进而分析判断项目的可行性；梳理、优化现有投资评审与决策流程；增加风险控制点评审内容，分析风险控制点对审查项目目标实现的影响程度；加强内外部专家参与投审会的审查力度，完善评审议事机制。

3. 重要风险管理工作。

（1）充分发挥内部审计在内部控制和风险管理中的作用，将风险为导向审计模式融入到审计项目。

2009年审计稽查部统一认识，积极推进审计工作转型，将风险为导向审计模式融入到审计项目。

任期经济责任审计项目中，审计稽查部重点关注公司战略风险、市场风险、财务风险、运营风险及法律风险等风险领域。工程项目审计项目中，审计稽查部重点关注工程项目的合同风险、市场风险、财务风险、工程招投标风险等风险领域。审计稽查部充分借鉴全面风险管理工作成果，以集团公司风险识别和评估为基础，确定审计项目的审计重点，有效降低审计风险。

开展内部控制制度评审，参与监督所属企业日常经营管理工作，为集团公司防范风险提供制度保证。

内部控制制度是一种强调以预防为主的制度，目的在于通过建立完善的制度和程序来防止风险的发生。2009年，审计稽查部开展原材料采购内部控制制度专项评审。该项评审，旨在规范原材料采购内部控制制度，保证采购控制制度的健全性和有效性，规避采购风险，改善采购质量、降低采购成本。审计稽查部通过对企业原材料采购内部管理制度的梳理，评价制度设计合理性；通过对企业有关人员访谈，对重要业务流程穿行测试，评价制度执行有效性。审计稽查部内部控制制度评审工作，有助于规范集团公司内部管理，防范公司风险。

（2）围绕资金管理开展财务风险防范工作。

2009年，国际金融危机对企业经营造成巨大冲击，在此严峻的形势下，集团资产财务部将资金管理列为财务风险管理的首要任务。2009年集团重点对资金集中度进行考核、扩大融资规模、严控担保风险，有效提升了集团抗风险能力。

一是资金集中度显著提高，资金集中结算工作取得重大进展。

根据国资委要求和集团领导部署，通过五年来的努力推进和扎实、系统的工作，集团资金集中结算系统已形成相当规模。集团基本实现京内所属企业的账户集中管理和结算限额管理，京外所属企业也在逐步从闲置资金存管模式向账户集中管理模式转变。

特别是2009年下半年集团决定将“资金集中度”纳入所属企业年度经营管理考核的重要指标之一，对所属企业法定代表人进行考核。同时，量化了资金集中考核的奖惩标准，资金集中结算度30%以上可以获得相应的考核加分。集团所属企业反响强烈，参与资金集中结算的积极性大大提高。2009年下半年，各成员单位在国机财务有限责任公司的资金集中度已显著提升至30%。同时，资金集中结算覆盖范围进一步扩大，已经有中国机械设备进出口总公司、中国进口汽车贸易有限公司、中汽凯瑞贸易有限公司、中国福马机械集团有限公司等多家企业积极推进其所属三级及以下企业参与资金集中结算；受相关监管政策限制，无法纳入集团财务公司资金集中结算系统的中工国际等上市公司也努力取得政策突破，正在逐步加入资金集中结算系统。

随着财务公司资金集中结算规模不断扩大，提高集团整体资金管理水平，节约财务费用的成效已然有目共睹，截至2009年底，财务公司对所属企业累计发放各类贷款为集团节省利息支出1亿元。财务公司平台成立6年来，其专业化、规范化的业务运作模式以及优质的服务越来越得到所属企业的认可。

二是扩大银行授信融资能力，致力于支持所属企业发展。

2009年，集团发挥整体优势，在各家银行取得综合授信额度合计达到563.3亿元人民币，较上年同期增长55%，其中大部分额度分配给所属企业使用。与此同时，面临全球金融危机带来的经营环境恶化的局面，在充分评估资金风险的基础上，集团2009年继续为所属企业申请的优质项目提供银行授信额度使用担保。另外，集团积极推进与合作银行“总对总”的合作模式，扩大和深化金融机构对集团总体服务质量，探讨多样化融资模式，积极帮助所属企业争取获得免保银行授信，力争逐步加大合作银行分担企业风险的比例。并在中国银行、中信银行等长期合作金融机构取得了较大突破。中国银行2009年给予集团公司整体192.5亿元人民币的综合授信额度，授信条件优惠，不需要集团对获得授信的所属企业提供任何担保。

三是积极拓展债券市场直接融资，融资能力进一步增强。

2009年4月，集团公司成功兑付到期的12亿元人民币一年期短期融资券，保持了在资本市场一贯的良好形象。2009年3月，集团再次成功在资本市场直接融资，发行三年期8亿元人民币固定利率的企业债券，发行利率处于近年来历史最低水平，不但节约了财务费用，而且优化了债务结构，进一步降低了财务风险。为集团整体发展提供了稳定的长期资金支持。

四是加强担保后续监督，担保风险得到进一步控制。

2009年，集团担保管理工作通过控制担保总量和调整担保结构来优化集团担保资源配置。一是严格执行担保管理办法，在控制集团担保总量的同时，原则上不再提供不限制使用范围的银行综合授信担保，加大对符合集团主业的优质项目融资担保，并且严格落实反担保措施；二是加强担保项目的后续跟踪管理，针对部分企业将集团提供担保的银行综合授信额度使用在经济效益较低，风险较大，不属于集团重点支持项目上的问题进行调查和清理。

【信息化建设】 2009年，信息化建设重点围绕强化业务指导、提高规范程度、强化基础设施、强化系统应用四个主题开展。

在强化业务指导方面，根据《国机集团2006—2010年信息化发展规划》，一是在充分调研的基础上，由集团新闻与信息中心牵头制定《关于加强所属企业信息化建设的指导意见》，进一步明确在“统分结合”的信息化建设模式下，各所属企业在管理信息化，以及装备制造与科研研发、工程承包、贸易与服务三大板块信息化建设的方向、目标和重点，对所属企业开展信息化建设提出明确、切实、可行的要求；二是制定了将信息化纳入所属企业领导班子绩效考核的措施，为大力推动信息化建设提供了制度保障；三是参照国资委对中央企业的信息化水平评价标准，对所属企业进行信息化水平评价，使所属企业认清了信息化建设的差距，并在整体上明确了国机集团落实登高计划的努力方向和重点，提高了工作的针对性；四是通过集团公司主管领导带队对典型企业调研的方式，有力地推动了所属企业信息化建设；五是明确提出用3年的时间，国机集团所有信息化岗位从业人员均需参加由人力资源和社会劳动保障部主办的“企业信息管理师”职业资格培训并取得相关职业资格的要求，安排包括集团新闻与信息中心主任在内的集团总部、12家所属企业共39人参加2009年培训工作并取得职业资格认证。

在提高规范程度方面，2009年国机集团统一建设的各信息化项目均参照《国机集团信息化项目建设管理暂行办法》执行，提高了项目管理的科学性和规范性。2009年，还先后制定《中国机械工业集团有限公司虚拟专用网络管理暂行办法》，修订《中国机械工业集团公司总部计算机软件管理办法》《中国机械工业集团公司总部计算机及网络设备管理办法》《中国机械工业集团公司总部局域网管理暂行办法》，提高了日常管理的规范程度。各所属企业也都参照上述办法，制定、调整各自的管理制度。

在强化基础设施方面，一是结合身份认证、数字签名等信息安全方面的要求，在中央企业中率先建设企业级数字认证（CA）中心，打下良好的信息安全应用基础；二是结合网络覆盖面不断扩大的实际情况，优化调整网络管理系统，提高了网络运行状况监管能力；三是结合应用系统不断增多、对总部服务能力要求不断提高的特点，对国机集团中心机房进行扩容，扩展网络接入带宽，优化了服务能力；四是对集团化财务集中管理系统的硬件服务环境进行升级，有效满足了服务性能、数据安全方面的要求，提高了系统的可靠性；四是对集团总部进行基于域管理方式的改造以整体提升计算机系统安全性，并初步统一管理策略和管理手段，提高了防止外部入侵、病毒防护、紧急安全事件处置能力风险抗御能力。

在强化系统应用方面，围绕管理可视化的主题，重点进行数据整合、图形化展现与决策支持工作。一是基于信息集成管理平台，初步实现财务、经营、科技、人力资源等主要管理信息的采集，以及各类指标的图形化展示与穿透式查询，使传统表表中枯燥的数字能够通过图形化的方式表现特定的含义，为管理决策提供了直观的帮助；二是基于集团化财务管理NC系统，初步实现核心企业财务的集中化管理，提高了集团化管控能力；三是建成内部合作信息平台，除有效复用信息集成管理平台中的产品资源、科技资源信息外，还在各所属企业的大力支持下整合了贸易、项目资源信息，为增进集团各所属企业之间的了解，强加各所属企业内部合作提供有力的信息化支撑；四是建设人力资源管理系统，满足集团总部干部、所属企业领导班子、专家与后备干部队伍等的管理信息化要求；五是外事审批系统投入使用，有效减少了差旅、沟通成本，提高了工作的规范化水平和效率；六是对照国资委中央企业网站评价的要求，对国机集团网站进行了改版，优化了形式，丰富了内容，提升了对外宣传和服务的效果。

2009 年的信息化建设，始终贯彻“规范、实用、创新、高效”的原则，呈现出三个特点并得到国务院国资委的肯定。

一是探索出“节约型信息化道路”。采用“统分结合”的信息化建设模式，符合国机集团三大主业的实际，符合集团化管控的需要。在应用系统方面，避免了建设大系统所带来的巨大投入和漫长的建设周期，特别是信息建成管理平台的建设与应用，不但投入少，而且能够迅速向领导提供图形化的决策支持信息，快速实现了管理可视化；在基础设施建设方面，则能够充分发挥集约优势，例如国机集团企业级 CA 系统的建设，仅财务 NC 系统中应用一项，相比购买商业认证，每年即可节约 20 万元左右。

二是各类系统切合需求，应用效果明显。国机集团所有统一建设的应用系统均运转良好，实现建设一个、成功一个的目标，并通过实际应用效果营造良好的信息化氛围。其中，集团化电子公文传输，在不增加所属企业投入的情况下，实现了公文的瞬时送达和收阅状态跟踪，极大地提高了办公效率，在中央企业中走在前列。

三是工作保障力度不断加大。除不断健全组织机构、完善规章制度、专门列支信息化经费外，将信息化纳入所属企业领导班子绩效考核这一措施，更是为信息化建设提供有力的保障，得到时任国资委副主任李伟同志的充分肯定并向中央企业推广。

【安全生产】 2009 年，集团公司安全生产管理再上新台阶。集团公司全面落实“安全生产年”的各项工作部署，切实贯彻落实国资委 21 号令《中央企业安全生产监督管理暂行办法》要求，积极开展“三项行动”、“三项建设”活动，进一步加强安全生产的组织建设和制度建设，强化安全监管力度，深入开展隐患排查治理，安全生产管理工作得到进一步加强。一是经国资委批准，集团公司由中央企业安全生产监管第二类企业调整为第一类企业。为进一步加强安全生产管理工作，集团公司成立具有独立职能的安全生产部。二是集团公司取得了 GB/T28001“职业健康安全管理体系”的认证证书，职业健康安全管理体系的建立、运行和持续改进过程，将促进集团公司进一步规范和强化安全管理，不断完善预防管理机制，全面推进集团安全生产工作。三是发布《工程总承包项目安全生产管理指导意见》，进一步强化和规范总承包项目安全生产管理工作；为加强运行过程控制，指导意见要求总承包项目部制定安全管理计划、建立项目安全管理 10 项制度、形成安全生产 12 类记录；对施工分包方安全管理要求签订《分包工程安全管理协议》，加强分包方的资质审查，明确分包方的安全管理目标、安全管理责任和安全管理奖惩措施。四是集团公司全年四次组织对所属制造企业及境内外总承包项目的安全生产监督检查，针对检查过程中发现的不足，向有关企业正式下发整改通知书，并监督企业按期完成整改工作。五是修订集团公司《生产安全事故及境外突发事件综合应急预案》，重点对危险性分析、事故或事件报警程序、培训与演练、备案等内容进行了补充和完善。六是进一步加强安全生产管理人才队伍建设，精心组织注册安全工程师继续教育培训班，全集团 65 人参加培训，全部取得继续教育培训证书；同时加大注册安全工程师取证力度，全年共有 83 人经培训合格后取得国家注册安全工程师执业资格证书和注册证书；截至 2009 年底，在集团公司备案的国家注册安全工程师共有 198 人。

【企业文化建设】

1. 大力开展企业文化建设。

（1）举行隆重的授旗仪式。

2009 年 1 月，在国机集团工作会议及文艺汇演上，举行隆重的授旗仪式，开展一次生动的企业文化宣传与对接活动。各所属企业负责人从任洪斌董事长手中接过了象征方向和力量的国机旗帜。通过授旗仪式，进一步增强了国机集团的凝聚力和向心力，提升了国机集团上下在严峻的经济危机形势下抱团作战、攻坚克难的信心，彰显了企业文化有机融合的优势。

（2）创办《国机文化与品牌》杂志。

2009年1月，创办《国机文化与品牌》刊物，在创刊号的领导寄语中，集团领导对刊物的创办给予了殷切希望。

杂志采用国际标准开本，基本页数36页，印量为2000份。发行对象为国资委、机械联合会等上级单位，所属子公司、有关客户，以及重要涉外活动赠送等。该杂志以建设、宣传和发展国机集团企业文化融合和品牌统一为宗旨，立足国机集团，面向所属企业及外部合作伙伴，集中反映国机集团文化融合与品牌建设的过程和经验，已成为宣传集团企业文化和品牌、引导所属企业文化和品牌与集团有效融合打造了平台，以及展示国机集团企业文化融合成果的重要宣传阵地。

已经发行四期，系统展示国机集团企业文化体系，国机集团视觉识别系统，国机集团品牌战略规划的相关内容；宣传了国机集团在企业文化建设、品牌塑造、社会责任工作方面取得的成就；以及部分所属企业在开展母子企业文化与品牌的联接融合，进行全方位的宣传和报道，为加强企业文化建设、推进集团品牌塑造、引导所属企业文化和品牌与集团有效融合起到积极的促进作用。

（3）加强企业文化宣传。

集团以应对金融危机的宣传报道与舆论引导作为宣传工作一条重要主线，利用内部报纸、网站等信息载体，以消息、通讯、专题的方式持续关注和报道金融危机形势下集团的经营动态，及时传达集团领导重要指示和有关工作部署，介绍与国机集团主业相关的国家政策变化和市场变化情况，挖掘、推广所属企业应对危机的成功经验和做法，为坚定广大干部职工信心、沉着应对危机、抢抓发展机遇鼓劲呐喊。同时还对集团改革发展取得的重要成就和应对危机的成功经验在经济日报、中国商报、科技日报、新华网等媒体进行适当报道。

在建国60周年之际，集团组织策划并实施了以“爱国、爱企、奉献”为主题的系列宣传活动。《国机集团报》策划制作专刊一期，相关报道涉及版面10个版；集团网站策划制作专题子网站，累计发稿200余篇；参与国资委网站、新华网联合开展的“国家名片”高端直播访谈，任洪斌董事长作为10家央企嘉宾接受访谈；在《人民日报》、《英才》杂志、《机电工业》杂志策划、创意并发布整版或跨版祝贺广告。这一系列活动，利用建国60年契机，广泛宣传国机集团为经济社会发展所作贡献，表达全体国机员工爱国、奉献的企业公民责任和抱负，展现了良好的企业形象和品牌形象，效果良好。

（4）开展丰富多彩的文化活动。

2009年9月18日，主题为“合力同行，创新共赢”的国机集团第三届职工田径运动会在丰台体育馆隆重举行。来自集团公司总部和所属企业49支代表队、2300名运动员在各项比赛中激烈角逐。本届运动会设立比赛项目60个，其中田径项目34个，趣味项目26个，规模和参与人数都创历史之最。运动会的举行，进一步丰富了员工文体生活，激发了员工协力创新、勇攀高峰的精神风貌，共同谱写了一曲和谐奋进的国机之歌。

中国进口汽车贸易有限公司通过开展编辑《我们的家园》企业文化系列丛书、组织员工参加业余兴趣小组等形式多样的企业文化活动，使全体员工真正参与到企业文化建设的过程中，有力地促进了集团企业文化的融合。

2. 品牌形象塑造。

2009年，国机集团组织修订VI体系，为进一步推进母子品牌联接奠定基础。在2009年修订的《国机集团企业视觉识别系统规范》中，明确规定了两种母子品牌联接模式。对于新成立、重组或者改制的所属企业，以及愿意直接使用国机集团标识的所属企业，经集团批准，可直接使用国机集团标识。对于知名度较高、品牌影响力较大、品牌体系较复杂，若直接使用国机集团标识将对公司业务发展产生较大影响的所属企业，经集团批准，子公司标识可以与集团标识联接使用，并对联接的方式提出了要求，做出了规定。这样既体现了“和而不同”的文化理念，又得到了所属企业的普遍认同，有力地促进了品牌的对接融合，提升了集团整体品牌形象。

2009年，洛阳轴研科技股份有限公司“ZYS”商标被认定为中国驰名商标，企业品牌和知名度有了较大幅度的提升。

【履行社会责任】

1. 组织申报优秀社会责任实践项目。

根据国资委《关于开展“中央企业优秀社会责任实践”征集活动的通知》（国资厅发研究〔2009〕68号）的要求，集团公司企业文化部就开展社会责任的情况在集团系统内进行广泛调研，共收集申报项目资料27份。经认真研究和筛选，将“国机集团东方红奖学基金资助陕北老区师生项目”和“国机集团浙江中烟公司杭州卷烟厂易地技术改造项目”报送国资委参加中央企业优秀社会责任实践项目评选。

2. 积极开展捐资助学和扶贫济困。

2009年，中国一拖集团有限公司捐资100万元，用于建设四川雅安灾区“东方红小学”。中国机械工业建设总公司招收108名藏族学生，承担藏区“9+3”免费职业教育工作，展示了作为国有企业在履行社会责任方面的卓越风采。集团总部和所属企业踊跃开展献爱心捐款活动，用于集团内部帮困助学，营造了和谐国机大家庭的良好氛围。

3. 编制企业社会责任报告。

根据国资委《关于中央企业履行社会责任的指导意见》（国资发研究〔2008〕1号）的相关要求，集团公司将总结自成立以来践行企业责任的成效，并组织编写国机集团的首个企业社会责任报告。2009年6月25日，企业文化部正式委托北京国机联创广告有限公司编制《国机集团社会责任报告》，于年底前编制完成国机集团第一份社会责任报告。

通过一系列举措，宣传了集团的企业文化和品牌，一定程度上促进了母子品牌的联接，推进了企业精神文明建设，增强了集团的凝聚力。2009年，在由中国对外承包工程商会组织的评选中，集团荣获中国对外承包工程企业社会责任金奖。

企业党建

【基本概况】 截至2009年12月31日，国机集团共有党员30404人，其中女党员6920人，35岁及以下党员6969人，在岗党员18965人，在岗工人党员4501人，学生党员185人，离退休党员9662人，其他党员1592人。党委151个，党总支62个，党支部1530个。2009年，国机集团各级党组织在国资委党委的正确领导下，高举中国特色社会主义伟大旗帜，坚持以邓小平理论和“三个代表”重要思想为指导，深入贯彻落实科学发展观，紧紧围绕集团生产经营中心工作和改革发展稳定大局，全面加强党的思想、组织、作风、制度和反腐倡廉建设，有力地促进了集团的持续快速健康发展。

【学习实践科学发展观活动】 按照中央和国资委党委的统一部署，国机集团参加了全党第二批深入学习实践科学发展观活动。活动于3月正式启动，集中开展活动阶段历时近4个月，集团总部和所属50家企业1500多个基层党组织、28000多名党员参加了活动。

国机集团深入开展学习实践科学发展观活动以“科学发展上水平、合力共建新国机”为实践主题，紧密结合集团和所属企业实际，坚持高起点谋划、高标准要求、高质量推进，科学有序、扎实有效地开展学习调研、分析检查和整改落实三个阶段的各项工作，较好地完成学习实践活动的各项工作任务。

1. 学习调研阶段。

时间安排：3月初开始至4月中旬基本结束，约45天左右。

总体要求：学好理论、提高认识、统一思想、转变观念，形成共识。学习与调研统筹安排、结合进行。

主要任务：召开动员大会，组织学习调研，开展解放思想讨论。

集团和所属企业各级党组织按照“分层次、有重点、重实效”的工作要求，坚持领导带头、支部推动，积极创新学习调研方式，认真抓好学习调研阶段的各项工作。一是抓好理论学习。集团和所属企业各级党组织坚持把党员领导干部的理论学习放在首位，在学习培训环节共组织141次党委中心组学习活动。各级党员领导干部认真学习规定书目和有关文件，深入交流思想，畅谈心得体会，不断深化对科学发展观的认识。为增强学习实效，集团董事长、党委副书记任洪斌同志率先垂范，从理论和实践两个层面系统阐述了自己的学习思考所得，为总部全体员工作了一场既生动又深刻的辅导报告，引起了强烈的反响。各所属企业组织了形式多样、内容丰富的学习交流活动，各单位党政主要领导也分别通过不同的方式，为企业干部职工作专题辅导，带动了广大干部职工的学习。二是广泛开展调研。集团领导班子成员根据各自分工，精心确定调研题目，带着课题深入联系企业开展专项调研，初步查找出了影响集团和所属企业科学发展的一些重大问题，并充分运用科学发展观理论加以分析研究，撰写出近15万字的专题调研报告，对集团进一步做好相关工作具有重要的指导意义。各所属企业紧密结合实际，创新方式，拓宽范围，扎实开展调研活动。三是深入开展解放思想大讨论。集团和所属企业组织广大党员、干部在提高思想认识的基础上，紧紧围绕本企业“是不是科学发展、能不能科学发展、怎么样科学发展”等重大问题深入开展了解放思想大讨论。集团总部各部室负责人进行“头脑风暴”思想碰撞大讨论，共同为集团的发展出谋划策。各所属企业的解放思想大讨论活动也开展得有声有色、富有成效。

通过广泛深入的学习调研和解放思想大讨论活动，集团广大党员和干部职工进一步加深了对科学发展观的认识和理解，促进了观念的转变和认识的统一，凝聚了科学发展共识。

2. 分析检查阶段。

时间安排：4月中旬开始至5月下旬结束。

主要任务：召开领导班子专题民主生活会和党员专题组织生活会，形成领导班子分析检查报告，组织开展群众评议。

一是广泛征求意见。集团党委通过多种方式，就集团领导班子及成员在贯彻落实科学发展观方面存在的问题和不足，向总部和所属企业广大职工广泛征求意见，共收到涉及集团发展战略、经营管理、科技创新、人才队伍建设以及党建和思想政治工作等各个方面的意见建议460多条。各所属企业采取切实有效措施，面向广大职工群众征求意见建议。二是开好领导班子专题民主生活会和党员专题组织生活会。集团党委组织召开以“科学发展上水平、合力共建新国机”为主题的领导班子专题民主生活会。各所属企业紧扣发展主题，组织召开了高质量的领导班子专题民主生活会。在开好领导班子专题民主生活会的同时，集团总部和所属企业认真组织召开党员专题组织生活会。三是认真撰写领导班子分析检查报告。集团党委就把形成高质量的分析检查报告作为重要工作来抓，由党政主要领导共同负责报告的撰写工作。报告初稿形成后，集团党委广泛征求所属企业和总部各部室意见，并由集团党政主要领导主持，分别召开4个座谈会，广泛听取党内外干部群众代表以及机械工业行业老领导等各方面的意见建议，对报告进行反复修改完善，七易其稿，最终形成集团领导班子关于贯彻落实科学发展观情况的分析检查报告。分析检查报告得到集团广大干部职工的普遍认可，从评议结果来看，对集团分析检查报告各分项的认可度都在97%以上。各所属企业结合各自实际，针对分析查找出来的突出问题，找准切入点和突破口，明确发展方向，提出整改措施，撰写了具有较高质量的分析检查报告，为集中解决问题、推动企业科学发展提供了重要依据。据统计，46家企业的分析检查报告群众评议结果各分项认可度均超过80%。

3. 整改落实阶段。

时间安排：6月初开始至6月底基本结束。

主要任务：制定整改落实方案、解决突出问题、组织总结测评和召开总结大会。

一是制定整改落实方案。集团领导班子经过集体研究，把分析检查报告提出来5个方面27条整改措施进一步目标化、具体化、责任化，制定《国机集团深入学习实践科学发展观活动整改落实方案》，列出下一步整改落实的98条具体工作措施，并逐项明确了主管领导、责任部门和整改时限。各所属企业也分别制定本企业整改落实方案，着重在解决突出问题上下功夫，强调针对性和实效性，为做好整改落实工作提供了清晰明确、可操作性强的“路线图”。二是建立整改落实工作保障机制。

4. 学习实践活动取得的初步成效。

一是进一步明晰了推进集团科学发展的工作思路。集中活动阶段结束后，国机集团党委继续深入抓好学习实践活动整改落实后续工作，定期自查，持续整改，不断巩固和扩大学习实践活动成果。集团制定新的十年发展战略和2010—2012年发展规划，并根据集团总体战略目标制定完善核心业务板块发展规划，进一步明晰了集团未来发展的总体思路和发展路径。二是初步解决了一些影响集团科学发展的突出问题和职工群众关心的现实问题。集团从活动一开始就强调学习实践活动要突出实践特色，始终把查找和解决突出问题摆在学习实践活动的重要位置。在开展活动过程中，集团坚持边学边改、边查边改、边整边改，解决了一些影响和制约集团科学发展的实际问题。集团整改落实方案提出的21条学习实践活动期间落实事项已全部落实，取得了阶段性成果。部分年内落实事项也取得了积极进展。各所属企业分别结合企业实际，着重在解决突出问题上下功夫，切实让职工群众体会到学习实践活动带来的成效。三是进一步完善推动科学发展的体制机制。修订发布了董事会工作制度等八个公司治理文件。同时，着手建立战略管理组织体系和风险防范体系，进一步健全完善集团管理体制。各所属企业在完善科学发展体制机制方面也取得了积极成效。四是进一步提高了各级领导干部领导科学发展的能力和素质。在开展学习实践活动中，集团党委牢牢把握领导班子和党员领导干部这个重点，根据集团发展的新阶段和新形势，大力加强领导干部能力素质建设。各级领导干部通过深入学习实践科学发展观，进一步加深了对科学发展规律、行业发展规律以及本企业发展规律的认识和理解，进一步加强了对企业发展形势的研究判断，进一步提高了战略思维能力、抢抓机遇能力和统筹兼顾、驾驭全局的能力。特别是通过解放思想大讨论以及召开民主生活会，广大党员干部在思想上受到了很大的触动，大家自觉对照科学发展观要求，积极转变思想观念，进一步提高了带头贯彻落实科学发展观的自觉性和坚定性，进一步增强了忧患意识、责任意识、发展意识、创新意识和廉洁意识，进一步坚定了攻坚克难、加快发展的信心与决心。各级领导班子成员进一步转变作风，主动加强班子成员之间的沟通交流，增进班子团结，增强班子合力；主动深入职工群众，密切了干群关系。五是在加强和改进集团党建和思想政治工作上取得新进展。集团党委在认真梳理党组织和党员总体情况的基础上，扎实推进基层党委换届工作，及时调整理顺了重组改制企业党组织的管理关系，并制定完善了加强集团党建工作有关制度办法。集团总部党总支对支部进行了合理调整，将由资产管理中心管理的三家企业组成联合党支部，保证了学习实践活动全面覆盖、不留空白。所属企业各级党组织在做好活动组织实施工作的同时，进一步加强党组织自身建设和党员队伍的先进性建设。六是形成一批重要的理论和实践成果，提升了国机集团的科学发展水平，得到上级党组织和广大职工群众的认同和肯定。在8月18日开展的群众满意度测评中，国机集团学习实践活动总体满意率达99.06%。集团党委书记李延江在中央企业学习实践活动总结大会上代表集团公司作了典型发言，树立了集团的良好形象。

【领导班子思想政治建设】 一是集团各级党委坚持中心组学习制度，围绕学习贯彻党的十七届四中全会等重要会议精神和上级有关决策部署，认真抓好中心组理论学习，提高各级领导干部的政策理论水平和科学发展意识。在学习方法上，坚持把理论学习与工作实际相结合，努力把学习成果转化为促进企业科学发展的措施办法，强化了学习的实际效果。2009年全年共组织5次集团党委中心组学习。

二是各级领导班子坚持开好民主生活会，营造和谐共事的良好氛围，增强共谋发展的团结合力。集团党委加强对所属企业领导班子理论学习和民主生活会的指导检查，进一步促进各级领导班子的思想政治建设。

三是对中央企业党组织设置、国有企业党建工作存在的难点和热点问题以及现代企业制度条件下企业党组织的定位和作用等问题积极进行研究和探索。11月，召开在京企业党建思想政治工作座谈会，组织在京企业党委负责同志和党办主任对十七届四中全会和全国国有企业党的建设工作会议精神进行深入学习，对现代企业制度下如何开展党建和思想政治工作进行座谈研讨。

【党委换届选举和重组对接工作】 一是做好集团党委换届筹备工作。按照上级要求和集团党委工作部署，上半年对集团党委换届工作开展前期调研准备，8月全面启动集团党代会的筹备工作。制定集团党代会工作方案，经与国资委党委相关部门进行多次沟通，成立党代会筹备工作领导小组和相关机构，组织完成新一届“两委”委员候选人的推荐提名和党代会代表的选举选派工作。完成会议文件的起草工作。

二是加强对所属企业党委换届选举工作的指导。针对所属企业党委的实际情况，研究制定2009年所属企业党委换届工作推进方案。全年共有15家企业完成党委换届工作。

三是根据集团内外部重组工作的进展，及时与新进企业进行党建工作对接，对部分所属企业党组织进行设置和调整，理顺部分三级企业的党组织隶属关系。为进一步加强总部党建工作，根据总部党员和部门变动情况，3月，对总部基层党支部进行重新调整和支委会选举，并对集团党委名称根据实际情况及时进行变更。

四是进一步完善相关制度。结合开展学习实践活动，对《关于进一步加强和改进中国机械工业集团有限公司全资及控股企业党委中心组学习的意见》《中国机械工业集团有限公司全资及控股企业党员领导干部民主生活会的有关规定》等5个规范性文件进行重新修订完善和颁布实施。

【党员日常教育管理工作】 一是做好党员教育工作。根据《2009—2013年全国党员教育培训工作规划》和国资委党委有关要求，结合党员队伍实际，制定有关贯彻落实意见和2010年工作计划，对全系统开展党员集中教育培训活动提出要求。根据国资委党委有关要求，国机集团全系统党员广泛开展向吴大观同志学习活动，积极参与“双百”评选活动，认真学习科学发展观理论和党的十七届四中全会精神。二是做好入党积极分子和党务工作者培训工作。按照中央党校国资委分校的安排，选派所属企业党委负责同志参加中央企业党建工作负责人培训班。组织举办在京企业2009年度入党积极分子培训班。集团总部和19家所属企业的92名入党积极分子参加培训。三是组织开展“创先争优”活动，评选表彰2006—2008年度先进基层党组织35个，优秀共产党员120名，优秀党务工作者38名。四是做好党内统计及党费收缴等日常工作。按期完成2008年度党内统计年报和党费汇集上缴工作以及中央企业所属二级单位党组织设置及班子行政领导人员变动情况统计上报工作。按照中组部和国资委党委有关要求，对总部和在京所属企业党费收缴、使用和管理情况进行全面自查，并根据自查结果向国资委党委进行书面报告。同时，按照中组部和国资委党委有关规定及要求，对总部党员党费交纳标准根据实际情况进行调整。

【纪检监察】

1. 贯彻落实《工作规划》，整体推进惩防体系建设工作。

按照《建立健全惩治和预防腐败体系2008—2012年工作规划》的要求，引导集团所属企业抓紧制定实施办法，推进《工作规划》的落实。

（1）对所属企业惩防体系建设工作进行全面检查，重点检查“落实责任”、“推进工作”、“惩防体系建设工作机制”等三个大项20个子项的工作情况。检查工作由国机集团各级党委统一领导，惩防体系建设领导小组负责部署和落实工作，各级纪检监察机构具体负责检查工作的组织实施与协调工作。

（2）针对落实惩防体系建设工作过程中存在的问题，于10月在云南组织召开惩防体系建设专题研讨会，与会同志认真学习中央、国资委关于构建惩防体系的有关文件，对国机集团惩防体系建设工作的经验和认识进行深入交流。大家畅所欲言，把中央关于建立健全惩防体系的总体要求，与企业自身改革发展的战略目标紧密结合，以改革创新为动力，就加强教育、健全制度、强化监督、严肃惩处，积极完善有国机集团特色的惩防体系提出许多建设性意见。

（3）为了整体推进惩防体系建设工作，抓好《建立健全惩治和预防腐败体系2008—2012年工作规划》的落实，加强所属单位惩防体系建设工作的学习交流，对国机集团及所属企业惩防体系建设的工作制度、实施方案等有关文件进行整理汇编，印制《中国机械工业集团公司贯彻落实〈建立健全教育、制度、监督并重的惩治和预防腐败体系实施纲要〉文件汇编》（整书约65万字），下发至所属二级企业及部分三级企业。

2. 认真贯彻落实《国有企业领导人员廉洁从业若干规定》。

认真组织开展学习贯彻落实《若干规定》的宣传教育活动。一是组织集团领导班子成员认真学习贺国强、何勇在全国纪委书记座谈会上的重要讲话以及贾福兴在中央企业纪委书记座谈会上的讲话，深刻领会贯彻落实《若干规定》对于促进国有企业领导人员加强作风建设、增强党性修养、保证企业健康发展的重大意义，准确把握《若干规定》的主要内容、基本要求和精神实质，进一步增强贯彻、执行《若干规定》的自觉性和主动性。二是向全集团二级企业以上的领导干部发放单行本并组织各级企业领导班子成员系统学习，特别是对新任职干部进行重点辅导，逐条讲解。使企业领导全面正确理解和掌握国有企业领导人员廉洁从业行为规范的内涵，分清是非界限。三是分层次、有针对性地面向集团各级领导干部、纪检监察和审计人员、关键部门和关键岗位人员开展多种形式的学习培训和警示教育，进行廉洁从业行为规范的教育，强化廉洁从业意识。四是利用集团及二级企业内部报刊、网络、电视等媒体，加强舆论宣传，使集团的每一位员工了解国有企业领导人员廉洁从业的要求，提高执行《若干规定》的自觉性和参与监督的积极性，为集团营造反腐倡廉的良好氛围。

3. 积极推进企业效能监察，促进企业不断提高管理水平。

按照国资委的要求明确企业开展效能监察的工作重点，要求企业要普遍开展招标管理的效能监察，并结合实际针对企业的薄弱环节、管理漏洞和关键部位，选择诸如改制重组、产权转让、基础项目管理等开展效能监察，务求效能监察取得实效。在深化企业效能监察的同时，重点开展企业成本管理效能监察。2009 年 1 月至 11 月国机集团各级企业开展效能监察共立项 208 件，避免经济损失 169 万元，挽回经济损失 348 万元，节约资金 2382 万元，直接增加经济效益 3363 万元，提出监察建议 229 条，整章建制 105 个，有效地促进了企业的经营管理工作。

4. 加强案件检查和信访举报工作，发挥查办案件的治本功能。

查办违法违纪案件是反腐败工作的重要手段和有力武器，在查办案件的过程中，始终坚持“重点突出、严格制度、把握政策、立足治本”的指导思想和工作方针。办案水平和质量得到进一步提高。

（1）重点查处个别违犯财经纪律案件。在调查核实过程中，针对企业管理中存在的漏洞和问题，及时向有关单位提出了整改意见和建议，注重发挥查办案件的治本功能，提出预警和防范对策；对苗头性、突发性和全局性问题及时向上级领导报告。较好地发挥了案件检查工作在惩治和预防腐败体系建设中的重要作用。

（2）做好受理信访和举报工作，纪检监察信访举报工作具有依靠职工群众对领导干部进行监督的作用，是纪检监察机关发现案件线索的主渠道，在党风建设和反腐败斗争中具有不可替代的作用。对腐败分子具有巨大的震慑作用。处理好信访工作对密切党群关系，维护集团公司稳定起着不可或缺的特殊作用。集团纪委对此十分重视，认真对待，特别对反映的重大问题，及时汇报、慎重核实。对署名举报信件按规定办理，注重保护举报人的合法权益。2009 年共接待群众来访 8 人次，处理信访举报 30 件。每月按时将集团的纪检监察信访情况上报国资委纪委。

（3）按照国资委纪委和集团领导的要求，配合中纪委和北京市检察院对相关人员的问题进行调查核实。与北京市检察院沟通情况，协调和指导所属单位追究涉嫌违法人员的法律责任。

（4）组织编写案例分析材料，对集团近年来发生的案件进行梳理，剖析典型案例，总结企业违纪违法案件的特点和规律。其中，三篇案例分析材料，被国资委纪委选入国有企业廉洁从业教育读本《镜鉴》。

5. 落实党风建设和反腐倡廉责任制，保证企业反腐倡廉工作的有效开展。

坚持两手抓、两手都要硬的原则，积极协助集团党委做好党风建设和反腐倡廉责任制的落实工作。年初，按照集团党风建设和反腐倡廉责任必须与企业经营目标责任同步落实的要求，结合集团实际工作需要，重点明确 2009 年企业落实党风建设和反腐倡廉责任的重要内容。国机集团各级企业共签订《党风建设和反腐倡廉责任书》1062 份，实行廉洁承诺 1160 人，领导人员述廉议廉 1352 人。通过一级抓一级、层层抓落实，确保了今年党风建设和反腐倡廉各项任务的顺利完成。

【精神文明创建】 一是按照国资委有关要求，组织开展“迎国庆讲文明树新风”公益广告刊播活动；二是组织完成全国“三八红旗手”推荐申报工作，中工国际工程股份有限公司董事长、总经理罗艳被授予“全国三八红旗手”荣誉称号。三是组织在京所属企业参加首都精神文明单位和首都精神文明单位标兵评选活动，中国重型机械总公司被授予“2008 年度首都文明单位标兵”称号，中国通用机械工程总公司被授予“2008 年度首都文明单位”称号。

【共青团和青年工作】 一是年初召开在京企业团委委员工作会议，对全年工作进行部署。二是组织参加评选表彰活动。组织参加 2008 年度中央企业五四评比表彰活动，集团 11 家单位和 9 名青年获得表彰。组织参加“寻找身边的榜样”——中央企业青年成长成才教育活动，集团共评选出20名优秀青年，以专栏形式在集团报上进行事迹宣传，其中2名被中央企业团工委评选为青年榜样。组织参加第二届中央企业青年创新奖评选活动，上报推荐了7个创新项目。其中：国机集团申报的“挖掘机下车架侧框工艺改进”等9个项目分别荣获1项银奖、1项铜奖和7项优秀奖，国机集团团委荣获优秀组织奖。组织开展2008年度国机集团团内评比活动，对59个集体和109名个人进行表彰。三是组织开展青年爱国主义和理想信念教育活动。组织在京单位350名团员青年开展纪念五四主题团日活动；组织召开国机集团2008奥运会驾驶员志愿者工作一周年纪念座谈会。四是加强工作交流。承办中央企业团工委和《中国共青团》杂志社联合宣传座谈会暨中央企业分类引导青年工作座谈会。12月18日，组织参加中国化工、国机集团、中钢集团、中国普天四家团委联合举办的“青春面对面 和谐共发展”——2009年中关村地区中央企业团员青年唱响青春红歌会，国机集团荣获“最佳效果奖”。五是加强团组织自身建设。建立团组织年度工作述职制度，组织所属企业团委做好共青团工作和青年工作年度述职，并向中央企业团工委报送年度述职报告；加强对团干部的培训，组织所属企业团干部参加“中央企业团干部和青年骨干在职研究生＋国际特许职业资格培训班”。及时推进所属企业团委到期换届工作，全年共有5家单位完成换届工作；建立国机集团团委QQ群，加强所属企业共青团工作信息交流。六是召开中国机械工业集团有限公司青年联合会一届三次会议。

【统战工作】 组织开展全国侨联系统归侨侨眷先进集体和个人相关推荐工作，中国中元国际工程公司侨联荣获“全国侨联系统先进基层组织”称号；中国中元国际工程公司首席总建筑师黄锡璆等3名同志荣获“全国归侨侨眷先进个人”称号。组织开展2009年国有企业统战工作督导检查活动，按要求上报调查表和调研报告。两节前夕，国机集团侨联开展了向归侨侨眷慰问活动。

【维稳工作】 一是参加国资委防范法轮功领导小组办公室工作和国资委防范邪教工作等，及时对会议精神进行传达和贯彻，跟踪摸排重点巩固人员转化情况。二是在春节、国庆等重大节日前夕，认真做好特殊困难党员、老干部、复转军人的节前慰问工作，及时向所属企业传达中央和国资委维稳工作文件精神。三是新疆“7·5”事件发生后，及时对中收总公司的稳定工作提出具体要求。四是组织庆“八一”在京所属企业复转军人座谈会。

【老干部工作】 一是国庆节前，根据中组部要求，对所属企业上报的办理提高部分离休干部医疗待遇材料进行审核和批复，为在京34名离休干部办理了提高医疗待遇的医疗证及医院备案。二是根据财政部通知精神，组织2009年中央企业离休干部医药费补助申报工作，对申报补贴的所属企业进行了认真的审核和调查，向财政部申请国家财政拨款。三是为落实中纪发〔2008〕41号文件，组织召开在京企业人力资源负责人会议进行交流，并对全系统落实离休干部津补贴情况进行调研，经过反复测算，起草形成全系统离休人员调整津补贴情况调研报告。根据前期调研、咨询和协调结果，制定落实方案。对部分离退休同志反映的问题进行调查、核实和汇报。四是结合实际情况，对《总部退休人员管理办法》进行重新修订和发布。

【工会工作】

1. 工会自身建设。

（1）工会联合会于2009年4月8日至10日在河南洛阳召开集团工会联合会一届四次会议，会议总结集团工会联合会2008年主要工作，部署2009年的工作，增补工会联合会常委，表彰国机集团职工文艺调演和职工书画、篆刻、摄影大赛的先进单位和优秀个人，以加强职工素质为主题进行大会经验交流，参观中国一拖第三装配厂，柴油机公司，观摩一拖职工技术运动会。

（2）根据国资委有关规定，经全国总工会和国资委批准，中国机械工业集团有限公司工会联合会于2009年9月1日起，正式更名为中国机械工业集团有限公司工会委员会。

（3）8月21日，召开在京地区企业工会主席工作会。通报全国总工会和国资委群工局关于国机集团工会联合会更名两个批文，中国机械工业集团公司工会联合会更名为中国机械工业集团有限公司工会委员会，这次名称的变更使得工会工作更加实体化；总结上半年主要工作，安排部署下半年的工作；对在京地区企业工会主席进行一次健康知识讲座培训。

2. 职工技能培训。

（1）2009 年 8 月 4 日—8 日，在合肥举行国机集团数控车工技能大赛，有 6 家所属企业的 9 支代表队共 22 名选手参赛，通过为期 4 天的理论考试、上机操作，中地装、洛轴所、中国一拖派出的王红军、白峰、闫百楼分获前三名。

（2）2009 年 10 月 16 日—21 日，组队参加国资委举办的中央企业数控车工决赛。比赛由北车集团承办，比赛地点设在山西大同市，根据集团数控车工大赛的比赛成绩，集团派出了中地装、中国一拖、洛轴所的三名选手参赛，经过 5 天的比赛，三名选手取得一个铜奖和两个优秀选手称号的成绩。

3. 劳动模范表彰。

2009 年 4 月 23 日，国资委召开中央企业先进集体和劳动模范表彰大会，集团李延江书记、魏锋主席和劳模代表王清池同志参加大会。集团下属中国电器科学研究院广州擎天实业有限公司励磁分公司被评为中央企业先进集体；中国机械设备进出口总公司王清池、中国收获机械总公司艾买提·莫合买和机械工业第六设计研究院武浩杰三位同志被评为中央企业劳动模范。

4. 女工工作。

（1）2009 年 3 月 4 日，在集团 B1 层报告厅，聘请中国艺术研究院行为艺术会委员马小霞老师为女职工举办女性修养的专题讲座，在京各公司、院、所工会女干部及积极分子代表，集团总部女职工共 260 余名参加讲座会。

（2）参加“中国十大经济女性”的评选活动。推荐集团公司下属单位的罗艳同志参加此次评选活动，并当选为“2008 年度中国十大经济女性”。

5. 职工文化活动。

（1）2009 年 1 月 6 日至 13 日，在北京国机集团总部组织“颂改革 迎奥运 赞国机”职工书画、篆刻、摄影展，集团各基层企业职工报送 1700 余件作品参赛，通过专家老师的评选，获得书画组、篆刻组、摄影组一等奖作品各三件，二等奖作品各 6 件，三等奖作品各 9 件，优秀作品若干件。

（2）2009 年 1 月 13 日，组织国机集团职工文艺汇报演出。共有 22 家企业上报 47 个参演节目，经对上报节目的评选，有 17 个节目，340 名演职人员参加在空军指挥学院的汇报演出。

（3）2009 年 9 月 18 日，在北京丰台体育场举办国机集团第三届职工田径运动会，来自集团各级企业的 46 支代表队，2300 多名运动员参加 67 个项目的比赛。中机建设、苏美达等 8 家企业获得团体总分前八名，12 家企业获得精神文明单位，其他单位获得优秀组织奖。

（4）2009 年 10 月 12 日，组织集团乒乓球队参加国资委第四届“节能杯”中央企业乒乓球大赛。抽调中机建设、中国通用、中国联合、洛轴所、集团总部等 12 名选手，分别参加了领导干部组、男子 30～40 岁 B 组、男子 30 岁以下 C 组的比赛。经过 4 天的角逐，男子 30 岁以下的 C 组，在 45 支参赛队伍中取得第五名的成绩。

6. 爱心基金。

根据 2007 年国机集团《关于印发中国机械工业集团公司爱心基金管理办法的通知》（国机发〔2007〕293 号）文件精神，调整爱心基金管理委员会，主任由李延江同志担任。

7. 扶贫工作。

2009 年 12 月，根据国机集团关于《国机集团扶贫工作调整的通知》的精神，集团扶贫工作小组办公室调整到集团工会办公室，此项工作今后由工会办公室负责承办。

第三篇

子公司发展概况

中国机械设备进出口总公司

【基本概况】

1. 发展情况及历史沿革。

中国机械设备进出口总公司（以下简称中设集团）于1978年10月在北京成立，历经32年的发展，企业规模不断扩大，业绩不断增长，已经成为以电站工程承包为核心业务，以国际工程承包、成套设备出口、国际贸易、科研设计、资源开发及相关服务业为主营业务的大型国际化综合性企业，成为国际著名企业品牌的工程承包商。

公司核心业务：国际工程、国际贸易、工程设计、矿产资源、相关服务业务是公司的主营业务，国际工程总承包、成套机电设备出口和国际贸易是公司核心业务，其中电站出口是核心业务的重点。

公司在电站出口方面积累了丰富的经验，30年累计完工、在建和签约电站装机总容量已达8000多MW，保持着“中国电站出口第一”的荣誉。在全国进出口额最大的500家企业排名中，中设集团始终处于前列。商务部公布的2008年度中国对外承包工程业务完成营业额前50强企业中，中设集团名列第三位。

公司总部设有职能管理部门，并设7个国际工程事业部；在国内有24家全资、控股子公司；在海外有14家全资控股子公司、17家驻外代表处和数十个项目经理部。

中设集团现有职工3532人（含离退休人员），中级以上职称976人，其中高级职称461人。

2. 自进入国机集团至2008年发展情况。

1997年1月，经国家经贸委和国家机械局批准，以中设集团等原机械系统企业、科研院所为核心企业组建国机集团，中设集团作为第一批进入集团的企业。自1997年后连续八年，中设集团每年进出口额占国机集团进出口总额的60%，为集团初期积累和发展做出了贡献。

（1）区域市场拓展。

到2008年，中设集团当年进出口总额23.55亿美元，年营业总额超过241亿元（人民币），当年新签约国际工程项目达43.9亿美元，当年正在执行的国际工程成套项目169个，项目金额97.98亿美元。

（2）国际市场拓展。

中设集团在开拓巴基斯坦、东南亚、苏联、东欧、北美、西亚市场后，又开拓南欧、西非、南亚及印度市场，已经与五大洲120多个国家和地区建立商贸关系。

中设集团在国际工程承包和成套设备出口方面，自成立以来，共签订和执行成套设备出口合同1000多份，大中型项目200多个。逐步形成了以承包国际工程项目为经营主体的格局。

2. 核心业务电站出口。

中设集团自20世纪80年代初首次承建大型电站成套项目至今，已向包括亚洲、欧洲、非洲、中北美洲、南美洲在内等国家出口电站或发电机组。共承建燃煤、燃气、燃油发电站火电机组50多台（套），水力发电站水轮发电机组230多台（套）。

2008年，承建电站相继完工的有：苏丹吉利4期2×50MW燃石油焦电站、印度古吉拉特4×23MW热电站、尼日利亚翁多州335MW燃气轮机电站、越南班康水电站等项目交钥匙工程。在建的有：印度尼西亚北苏风2×115MW燃煤电站、刚果（布）英布鲁水电站、马来西亚沐胶电站、土耳其伊斯达2×135MW（循环硫化床锅炉）电站、土耳其斯洛迪1×135MW（循环硫化床锅炉）电站、土耳其艾仑600MW超临界燃煤电站、巴基斯坦塞伊夫225MW联合循环电站、埃塞俄比亚FAN水电站、赞比亚MULUNGUSHI电站、印度竹拉兰水电站。斯里兰卡普特拉姆燃煤电站一期工程、巴基斯坦NJ水电站生效，开工。苏丹鲁塞里斯—喀土穆600Km输变电项目、刚果（布）大型输变电线路工程进展顺利。签约的有：几内亚马内阿1×42MW燃机电站、马来西亚砂捞越州沐若水电站设备项目、老挝宏撒3×600MW亚临界褐煤发电站、土耳其伊斯达2×600MW超临界电站、SILOPI火电站二、三期工程和BIGA电站三期工程。

3. 扩大新产品领域。

在工程和成套设备出口方面不断开拓新的市场领域。已经从80年代出口设备的轻纺、建材、化工冶金、机械制造等行业，到2008年，已经扩大到邮电通讯行业、传媒信息行业、公路铁路码头等交通行业、城市基础工程等新行业。

4. 贸易和相关服务领域。

国际贸易：已经与五大洲120多个国家和地区建立商贸关系。作为传统式贸易商，进出口机电产品品种广泛。业务由过去的一般产品进出口，转化为与著名国际企业建立长期代理关系，成为欧洲、日本指定进出口代理供应商，将贸易延伸到工具、汽车配件、灯具、服装的国内外仓储超市供应。2008年一般机电产品进出口贸易超过10亿美元。

相关服务业方面：国际招投标代理业务增长迅速，2008年，完成代理招标委托金额59.88亿美元，完成代理招标中标金额44.40亿美元。会展业务发展良好，2008年，经营额达到1.2亿元。国际货运、货贷、仓储等业务稳步增长，2008年完成营业收入5.59亿元。工程咨询设计业务增长很快，通过转型，逐步为主营业务和核心业务配套，2008年完成金额近1600多万美元。非外贸经营开展正常，年经营额达10亿多元。

【主要指标】

1. 经营业绩与财务分析。

2009年，公司总资产达100多亿元人民币。完成进出口总额超过23.42亿美元，经营总额达202多亿元。当年正在执行的国际工程等项目合同金额达101亿美元。

2009年中国机械设备进出口总公司主要经济指标

项　目	2008年	2009年	同比增长（%）
资产总额（万元）	1689214	1975245	16.9
净资产（万元）	224620	294410	31.1
营业收入（万元）	2650000	2020000	-23.8
利润总额（万元）	93700	126200	34.7
技术开发投入（万元）	44029	1534	-96.5
利税总额（万元）	93764	126533	34.9
净资产收益率（%）	37.52	35.22	-2.3
总资产收益率（%）	6.07	7.04	0.97
国有资产保值增值率（%）	144.74	140.71	-4.03

2. 主要经营指标完成情况。

2009年完成进出口总额23.42亿美元，同比下降0.5%，超额完成国机集团下达的进出口计划指标。其中，实际出口20.12亿美元，同比增长5%；进口到货3.09亿美元，同比下降27%。

2009年工程成套业务板块完成进出口总额为13.89亿美元，同比增长23%，其中实际出口完成13.22亿美元，同比增长30%。正在执行的项目合同额为101.34亿美元，同比增长3%。2009年全年完成新签合同额59.60亿美元，同比增长34%，成交额12.73亿美元，同比下降39%。

2009年进出口贸易板块完成进出口总额为9.53亿美元，同比下降22%。其中实际出口6.90亿美元，同比下降23%；进口到货2.42亿美元，同比下降25%。

2009年完成营业收入约202亿元；完成利润总额12.62亿元；净资产收益率为35.22%。

2009年由于受到国际金融危机的影响，营业收入有所下降，进出口总额基本持平，但利润总额保持连年大幅增长，成本费用占营业收入比重、净资产收益率等财务指标保持良好态势。可以说，中设集团经受住了国际金融危机的严峻考验，总体上保持了稳定发展，完成国机集团下达的年度各项经营指标，并被评为国机集团先进单位。

【改革与改制】

1. 资产重组。通过资产重组，中设集团原来控股的子公司中工信托投资公司和中设江苏机械设备进出口公司先后划归国机集团直接控股，中设海南机械设备进出口公司也从中设集团划出。中国机械对外经济技术合作总公司（CMIC）和中机国际工程设计院（原机械工业部第八设计院）先后整体并入中设集团，成为 CMEC 的全资子公司。已形成国际工程、国际贸易、工程设计、矿产资源和相关国际服务（包括国际展览、国际物流、国际招标）等五个业务版块。

2. 建立事业部制。中设集团将原有的成套业务部和部分子公司改制为国际工程成套事业部，既体现总公司实力和管理，又发挥事业部的经营能力。

【重大决策与重大项目】

1. 以国际工程承包为核心业务，电站工程为核心重点。

2009 年，中设集团完工、在建和新签约生效的电站项目装机总容量已经超过 9000MW，中设集团的国际工程承包和成套设备业务年出口量超过 12 亿美元，是成立之初几年平均的几十倍。

2. 积极开拓国际贸易业务，向广度发展。

国际贸易是中设集团另一个主营业务版块，也是核心业务。2009 年国际贸易突破 10 亿美元，与 120 个国家和地区建立了贸易往来，形成了强大的商业信息网络。

3. 配合核心业务，主营业务向多元化发展

工程设计业务作为新的主营业务之一，正逐步与核心业务融合。下属中机国际工程设计研究院是一家优秀的科研单位，多次获得国家部省级科研设计奖，通过资产重组，该院逐步与总公司核心业务结合，在工程上既有外部设计的合作伙伴，又有自身工程设计能力，同时积极推动工程设计自主研发的比率，减少对外设计的依存度。

在核心业务壮大发展的同时，注重与国际工程和贸易产业链条相联系的多元业务的并存，其中国际服务产业链条环节的“国际招标、国际展览、国际储运物流”三个领域的相关国际服务版块业务，作为传统主营业务，伴随中设集团 核心业务逐渐壮大。

国际展览业务整合转变方向，瞄准会展业高端开拓。下属西麦克国际展览公司和中经国际展览公司每年招展的国际博览会、专业展览会遍及几十个国家，已经成为中国展览行业老牌企业，也成为中国企业向世界展示中国制造和中设集团形象的窗口。

国际招标业务异军突起。下属国际招标公司年招标代理风力发电项目金额达几十亿元，被国家指定大型招标公司之一，成为招标业内快速崛起的实力型企业。

国际物流业务为主业服务。下属国际储运公司和上海国际货贷公司在仓储及大型设备海运和陆地运输能力备受瞩目，运输设备遍及亚洲和非洲几十个国家，成为物流业内的国际货贷佼佼者。

【市场开拓与产品营销】

1. 开拓新产品、新领域，向深度发展。

新开拓的行业有：通讯电子行业的电话局网、国家互联网、广播电视。交通行业的船舶、汽车、铁路、公路、海港码头。建材行业的水泥厂、浮法玻璃厂。轻纺行业的纺织厂、轧糖厂、粮库、冷冻库。城市基础设施的体育场馆、供水系统、街道照明系统等。重型矿山行业的重型机械厂、化工厂、煤矿综采等大型工程领域。

针对地区国家的不同，在进出口产品范围上，也从传统的一般机电产品，扩展到向欧美发达国家出口大批量高科技、高附加值的产品：小型水电站、远程智能电表、高效节能灯、汽车轮毂等。向亚非国家出口政府网络工程电子设备、国家广播电视中心设备、全国电话局、粮仓、供水、供电网线、体育场馆、医院设备等城市基础设施及民生设备。

2. 提升技术含量，高新技术设备出口到发达国家。

2009 年 8 月，与德国著名电站运营商合作签署阿亚斯电站 1×600MW 超临界机组。至此，通过深度开发和滚动发展，仅在土耳其高端技术电力市场生效执行的电站项目总额已经达到 13 亿美元，共

签订出口土耳其大型电站五座。

自2001年以来连续8年，在意大利国家电力部远程智能控制电表项目多次中标，已经出口几百万块智能电表到意大利，也是中国高新技术首次大批量进入西欧发达国家市场。

3. 提升核心竞争力，实现以工程换资源新战略转变。

2005年开始，发挥自身国际工程成套设备出口、机电产品出口的优势，进一步尝试“以设备换资源、以工程换资源和国际资本运作”的新思路，瞄准国际矿产资源。2008年成功地与加蓬政府建立了联合铁矿股份公司，通过开发加蓬矿产，中国将得到铁矿股权和开发权，加蓬将得到总承包建设的电站、铁路和港口。2009年股份公司开始运转，中设集团在经营形式上建立“矿产资源实体和国际融资”新的平台。

【主要管理经验】

1. 加大对传统市场及传统领域的研究及深度开发，抓执行促开发，提倡在熟悉的市场、熟悉的领域做熟悉的事，从而建立一批相对巩固的根据地。如在马来西亚、土耳其、安哥拉、赤道几内亚、斯里兰卡等都带来了二期甚至三期项目。这在金融危机背景下稳步拓展业务，控制风险至关重要。

2. 加大对新兴市场的开发，力争有所突破。例如在巴西、智利、委内瑞拉、塞尔维亚、哈萨克斯坦等都有所进展。

3. 推进一系列的结构调整。一是调整业务结构，狠抓核心业务，即通过抓成套补单机取得成效，几年来工程成套业务的核心地位不断巩固，规模不断扩大。二是调整市场结构，顺应国家“走出去”战略和加大与非洲国家经济交往力度，公司的非洲市场项目比重稳步增加。三是调整业务模式结构。中设集团工程成套业务是以卖方信贷起家并发展起来的，长期以来，卖方信贷的业务模式占据了工程成套业务的主体。随着国家汇率改革，人民币出现长期升值趋势，对传统的业务模式进行相应的调整，大幅度地减少卖方信贷业务的比重，增加买方信贷、优惠贷款、现汇项目的比重。四是注重质量检查，完善项目完工后的总结报告制度。同时加强对项目的审计工作，总体上较好地控制了项目的经营风险。

3. 建立健全各级安全保证体系，并对重点项目派出专职安全管理员，进一步加强安全生产管理力度。

4. 出口贸易业务方面在进一步完善总公司层面管理制度的基础上，加大对单机贸易子公司的支持力度，鼓励扩大业务规模，同时加大对进口业务的支持力度，争取尽快扩大进口业务规模，弥补单机出口的下滑，确保公司的整体规模。同时在市场开发方面，调整原来的主攻欧美客户的策略，充分利用工程成套项目多分布在非洲等不发达地区，在当地具有较好的信息渠道和市场开拓能力的特点，展开业务推广和市场开发，争取市场份额。

中工国际工程股份有限公司

【基本概况】

1. 发展情况。

2001年4月，经中华人民共和国商务部批准，中工国际工程股份有限公司（以下简称中工国际）成立。中工国际是由国内著名的外贸公司、设计院、机械制造商和施工单位共同发起设立的股份有限公司，于2006年6月在深圳证券交易所挂牌上市（股票代码：002051），为全流通条件下的IPO第一单。

中工国际核心业务是国际工程总承包、海内外投资业务和进出口贸易。中工国际具有丰富的国际工程总承包管理经验，已完成数十个大型交钥匙工程和成套设备进出口项目。业务范围覆盖东南亚、南亚、中亚、中东、非洲、南美洲及加勒比地区诸国，业务涉及水务工程、农业工程、电力工程、工厂建设、交通工程等领域，已完成的项目获得了所在国家业主的广泛认可和好评。

2. 基本情况。

中工国际拥有5家境内子公司，分别是：中国工程与农业机械进出口有限公司、中凯国际工程有限责任公司、北京中凯华国际货运代理有限责任公司、成都中工水务有限责任公司、邛州中工水务有限责任公司。拥有7家境外分（子）公司，分别是：老挝装配修理厂、中工国际津巴布韦公司、委内瑞拉华隆机械有限公司、中工国际南美股份公司、中工国际塔什干有限责任公司、中工国际土库曼分公司、中工国际工程股份有限公司菲律宾分公司。

中工国际2001年成立之初员工人数54人，截至2009年12月31日，中工国际员工人数192人，平均年龄33岁。学历构成：硕士研究生及以上49人，大学本科133人，大学专科10人。专业技术职务构成：高级职称及以上25人，中级职称58人，初级职称75人。含中农机、中凯国际、中凯华员工人数达到385人。

3. 自成立至2008年发展情况。

自2001年成立以来，中工国际大力开拓市场，重点监控项目执行，不断创新管理机制，稳步提升管理水平，实现了公司的跨越式发展。

2001—2008年中工国际工程股份有限公司经营指标实现情况

年　份	净资产（亿元）	营业收入（亿元）	工程承包额（万美元）	出口收汇（万美元）	利润总额（万元）
2001	2.6	4.18	6447	3980	5680
2002	2.63	3.8	1820	2363	6901
2003	3.35	5.04	3446	7593	7669
2004	3.6	5.71	4859	7952	8007
2005	3.92	6.44	16695	8674	8119
2006	8.73	11.23	17786	15401	10566
2007	9.28	11.43	22247	26601	12495
2008	10.06	18.72	32912	47333	16728

（1）中工国际自成立至2008年各项经营指标实现情况。

与2001年公司成立时相比，2008年营业收入增长3.48倍，利润总额增长1.95倍。

（2）改革发展情况。

培育重点市场、开发新市场，不断完善市场布局。中工国际刚成立时，市场区域主要集中于东南亚地区的少数几个国家。中工国际在发展过程中，基于对具体的市场条件和自身资源能力的正确判断，确立了重点目标市场。对重点目标市场，加大投入和支持的力度，进行深度开发，逐步培育和建立在该市场的竞争优势，在市场份额上持续保持领先地位或在业务模式创新上率先突破。与此同时，加快新市场的开发力度，将业务向非洲、中亚等地区延伸。截至2008年底，中工国际基本形成东南亚与南亚、拉美、非洲和中亚俄语地区市场四大区域市场的格局。

集中优势资源，树立专业竞争优势。中工国际在开展业务过程中，有计划、有步骤地把有限的资源和能力配置在最有可能形成竞争优势的业务领域，以加快中工国际对相关专业领域知识和经验的积累，发挥规模效应。中工国际重点领域为水务工程、农业工程、电力工程、工厂建设和交通工程领域，并围绕重点领域不断加强自身能力建设，积累业绩和经验，竞争能力得到了有效提高。通过一系列重点项目的锻炼，中工国际逐渐在供排水和农业工程方面树立了一定的专业优势，在电力工程、工厂建设、交通工程等领域的专业技术能力和项目管理能力也得到显著提升。

不断创新业务模式，推动“产业升级”。中工国际在发展过程中不断创新业务模式。从早期以单机贸易为主，逐渐转移到成套工程，并进而发展成为以国际工程总承包为主营业务。2006年，中工国际确立“产业升级”战略，并成功在国内实现突破，实施两个污水处理厂BOT项目。中工国际将电力和水处理项目作为海外市场BOT业务发展重点，将供水和污水处理项目作为国内BOT业务的发展重点。通过几年的培育和发展，产业升级战略已初见成效。

发挥战略领航作用。中工国际制定“2006—2010战略规划”，提出“相对专业化”、“重点市场领先”和“产业升级”三大战略。构建完善的战略管理体系，保障各项战略措施的有效实施。在战略实施过程中，每年组织召开战略质询会，对上一年公司战略执行的情况进行评估，明确当年战略工作重点。每年召开多次区域市场研讨会和战略研讨会，对市场进行深入分析研究，对重大战略问题进行研讨。每年的战略目标分解到相关部门，并根据目标合理配置资源，保障各项战略目标的实现。根据战略规划和业务发展阶段要求，中工国际在发展过程中，不断优化组织结构。先后增设了成套工程五部、工程管理部、成套工程六部、业务拓展部和融资部，职能划分进一步明确。

大力推进企业文化建设。经过历史的沉淀和系统的梳理，中工国际形成了系统而独特的企业文化，以“传递中国工程价值”为使命，以“做国际知名工程服务商”为愿景，以“做强中工、回报股东、造福员工”为企业宣言，以“奉献、诚信、执着、创新”为核心价值观，形成“公平、信任、关爱、和谐”的文化氛围。每年，中工国际通过企业文化宣讲、手册制作、沟通交流例会、征文、《原动力》特刊发行、企业文化摄影展等多种形式进行企业文化宣贯，并开展各种企业文化拓展活动。

建设战略人力资源管理体系，加强人力资源管理。中工国际自2003年开始，通过竞聘方式公开选拔中高层管理人员，干部能上能下、员工能进能出。同时，开展薪酬改革工作，对公司全员进行定岗定编、薪酬设计和绩效考核。2005年经过多次论证修改完善了奖励分配办法，使分配制度更趋于公平合理。2006年开始构建新的战略人力资源管理体系，2007年开始全面实施，制定2007—2010年人力资源规划，核心是岗位管理体系、薪酬管理体系和绩效管理体系。新的体系进行岗位梳理和优化，增设专业岗位发展序列，实现员工多通道职业发展。以部门工作成果为导向、以员工贡献度为导向，彰显了科学性、客观性、公平性和公正性。在人才培养方面，不断完善培训体系，形成高管管理培训、“赢在中层”职业经理人培训、项目经理培养、新员工“一帮一”引导和后备人才培养等多层次的人才培养体系。同时，还推行轮岗换岗制度，通过职能部门与业务部门人员间的交流，达到培养复合型人才，为公司的未来发展建立人才储备的目标。此外，公司还为员工的发展设立“管理系列发展”和“专业系列发展”的不同发展通道，通过公开竞聘达到人尽其才。

加强项目全过程管理，建设项目管理体系。为加强项目管理，中工国际于2003年成立工程管理部，不断建章建制，相继发布《项目管理办法》《项目前期实施流程》《项目执行期实施流程》等，并参与到备案项目、合同的签订、项目执行等各个过程中，对各项目进行全程管理。2008年初启动“项目管理体系建设项目”，并发布项目管理体系文件。项目管理体系共分为《项目管理组织体系》《项目工作流程体系》《项目执行管理体系》《项目评价体系》《企业支持控制体系》《多项目管理体系》《合作伙伴关系管理体系》等24个分册，以全方位规范项目管理流程，使公司的项目管理流程走向规范化、科学化和精细化，从而保障公司业务稳健发展。

实施预算管理，开展全面风险控制。中工国际大力推进全面预算管理工作，落实“开源节流”。不断加强资金管理，统筹安排境外资金，降低境外资金存量，控制财务风险。强化对分支机构的财务管理及税务管理要求，并建立专人负责与各境外机构和项目组对口联系和管理的机制，向相对集中市场和部分项目现场派出现场财务经理、区域财务总监，加强项目财务管理。中工国际建立较为完善的内部控制体系，2008年初，公司成立内控小组，并制订《中工国际内控制度检查小组工作暂行办法》。通过内控小组的工作开展使公司内控体系不断健全，大大降低了公司系统风险。

不断推进信息化建设。中工国际自2005年开始实施KOA自动化办公系统，作为企业行政管理和知识管理的平台。2006年中工国际引进P3E/C项目管理软件和EXP合同管理软件。2008年建立《工程造价管理信息数据库》。

承担企业社会责任。中工国际在发展过程中，一直把践行社会责任、回报社会作为一项重要使命。2008 年，在汶川发生地震时，中工国际捐款100 万元，广大党员和员工也纷纷组织各种捐款，积极帮助灾区人员度过难关。同年，在缅甸发生风暴后向缅甸政府捐款 10 万美元；在吉尔吉斯斯坦发生地震后，向奥什州州政府捐款 5 万美元，用于购买活动板房以安置灾民；在古巴发生飓风袭击后，捐款 10 万元，并捐赠 20 万元的电力设备。同时，中工国际在委内瑞拉执行灌溉项目的项目人员积极在当地开展慈善活动，为当地贫困儿童送去新衣服。2007 年，成立爱心基金管理委员会，并举办慈善之夜募捐晚会。同时，组织员工赴太阳村为特殊儿童献爱心。2004 年，印度洋发生海啸时，员工积极捐款。2001 年，在缅甸捐款 10 万美元建设希望小学。公司还曾向缅甸教育部捐款 2 万美元，用以支持当地的教育事业。

【主要指标】 2009 年，中工国际主要经营指标大幅增长，全面完成集团下达的各项经营指标，主营业务收入和利润总额超额完成并达到集团下达的争取完成值。全面完成董事会下达的各项经营指标，工程承包额完成董事会指标的 181.15%，出口收汇完成董事会指标的 164.12%。

中工国际 2009 年实现营业收入 31.39 亿元，是 2001 年的 7.5 倍；工程承包额 4.67 亿美元，是 2001 年 7.2 倍；出口收汇 3.94 亿元，是 2001 年 9 倍；利润 2.42 亿元，是 2001 年 4.3 倍；净资产 11.4 亿元，是 2001 年的 4.4 倍。

2009 年中工国际工程股份有限公司主要经济指标

项　目	2008 年	2009 年	同比增长（%）
资产总额（万元）	312094	312324	
净资产（万元）	100622	114743	14.0
营业收入（万元）	187210	313923	67.7
利润总额（万元）	16728	24188	44.6
技术开发投入（万元）	6854	4644	
净资产收益率（%）	14.97	19.59	4.62
总资产报酬率（%）	6.33	7.77	1.44
国有资产保值增值率（%）	114.99	120.64	5.65

【重大决策与重大项目】 深度开发老市场，保持重点市场领先。2009 年，面临全球国际金融危机所带来的机遇和挑战，中工国际把 2009 年定义为“把握机遇年”。在“重点市场领先”的战略指引下，中工国际更加重视老市场的深度开发，保持重点市场领先。2009 年，中工国际新签项目中，如委内瑞拉瓜里科河灌溉农业综合项目三期、三期二段，委内瑞拉芦荟项目一期，菲律宾阿格诺河综合灌溉项目，苏丹达利供水项目等，都是来自老市场的深度开发，对公司业务的可持续发展给予强力的支撑。

持续推进产业升级。为实现长期可持续发展，2009 年，中工国际大力发展海外和国内 BOT 投资业务，并将投资业务与 EPC 业务紧密结合。中工国际根据 BOT 类特许经营业务和公司自身业务特点，确立海外主攻电力领域、国内市场主攻水务及环保领域的投资业务指导方针。2009 年，中工国际投资的成都和邛州水务公司分别进入正式运营。在海外市场，中工国际正在开发包括菲律宾风电项目、泰国 NNE 燃气联合循环电站项目、老挝朗勃拉邦酒店项目、菲律宾阿固斯 3 水电项目、沙特轮胎项目等多个项目，都取得不同程度的进展。

重点监控项目执行，全面贯彻项目管理体系。2009 年，中工国际同时执行的重点项目有 17 个。每一个项目都至关重要，每一个项目都要做好成本管理、进度控制、质量控制、安全管理等工作。中工国际全面贯彻实施项目管理体系，从项目前期到项目实施，都进行精心准备。通过现场工作周报、月报和季报，及时监控项目中出现的问题并进行解决。落实专人跟踪制度，深入项目现场进行工作检查和技术支持，解决疑难问题。各执行项目均按照进度计划顺利进行，总体执行情况良好。特别是委内瑞拉法青州输水工程二期三段已完成所有施工工程，并通过最终竣工验收。至此，合同总金额近3亿美元的法青州输水项目整体全部完工，中工国际承建的输水管道与净水厂均已投入使用，为当地居民源源不断地输送生活用水，改善了法青州西部地区缺水的窘况，为中委两国经济合作添上了精彩的一笔。

【产权制度改革】 2009年1月，为减少国有股东决策程序，使管理层级进一步扁平化，国机集团与中农机签署《股份划转协议》，将中农机持有的中工国际62.04%的股份计11788万股采用国有股权行政划转方式由国机集团直接持有并控股，经国务院国资委批复和证监会核准，上述股权过户手续于2009年6月办理完毕，至此中工国际由国机集团的三级子公司升格为二级子公司。2009年6月底，根据集团的整体工作安排，中工国际与中农机的重组工作正式启动。7月23日，中工国际与国机集团签署《发行股份购买资产协议》；10月26日，中农机改制工作完成。重组完成后，公司将拥有以对外工程承包业务为核心，包括工程承包、海外投资、国内投资、进出口贸易业务的四大业务板块。

2009年中工国际与中农机重组后，增设成套业务七部、成套工程八部、成套工程九部、国内投资部4个业务部门，增设技术支持部、法律部和党委办公室3个职能部门。

【主要管理经验】 坚持用科学发展观指导实践。2009年，中工国际围绕“把握机遇、科学发展，谱写中工国际新篇章”的活动主题，开展深入学习实践科学发展观活动。公司领导班子召开专题民主生活会，进一步统一思想，统一观念，并分别就分管工作进行分析总结，并提出整改措施。广大党员、干部带头进行系统分析工作现状，肯定成绩、寻找不足，探索新的业务发展模式。通过学习实践活动，公司进一步明确了科学发展思路，强调突出实践和重在落实，扎扎实实推进中工国际又好又快发展。

加大战略领航的力度。2009年，中工国际按照战略管理体系要求，继续加大战略对业务的指导力度。在年初组织召开战略质询会，组织召开战略性议案评审会。成立战略小组，召开多次战略小组会议，对公司的重大战略问题进行详细讨论。召开投资战略研讨会，分析公司新产业的发展机遇，明确公司未来业务结构、下一步投资业务重点、评价体系和评价标准。

进一步强化企业文化建设。2009年是中工国际企业文化深入推广的第四年，公司继续通过多项文化管理措施，打造中工国际强势企业文化。先后组织“把握机遇、行在中工”企业文化摄影展；利用公司领导带队检查海外项目执行情况的机会，分别在委内瑞拉、乍得、埃塞、肯尼亚、苏丹项目现场举行主题为“把握机遇、行在中工”的企业文化交流会；组织“把握机遇、行在中工”2009年度企业文化活动，并设计制作两期企业文化活动特刊《原动力》；举办以奉献、诚信、执着、创新为贯穿线索的“中工印迹”大型晚会。通过各项企业文化建设工作的开展，充分调动全体员工参与企业文化建设的积极性，渲染公平、信任、关爱、和谐的文化氛围，使具有中工国际特色的强势文化体系日臻完善。

不断加强人才培养，以人为本，落实员工关怀。中工国际一直倡导以人为本、造福员工的管理理念。2009年，中工国际持续进行人才培养，开展高管管理培训，组织进行“赢在中层”职业经理人培训和第一期和第二期项目经理滚动培养，开展新员工“一帮一”引导和后备人才培养等分层次的人才培养工作。作为国机集团第一批企业年金单位，中工国际正式开始实施企业年金制度，为员工缴纳企业年金。同时，重视员工身心健康，组建6个健身俱乐部。公司领导每逢节假日都会对员工及家属进行节日慰问，免除驻外员工的后顾之忧。

坚持预算管理，加强境外财务管理，控制内部风险。2009年，中工国际重点推进全面预算管理工作，落实“开源节流”。在制定预算时落实费用控制的具体措施，实时监控预算执行情况。同时，加强资金管理，根据项目收支情况合理安排资金结构。统筹安排境外资金，降低境外资金存量，控制财务风险。加强境外机构财务管理，对《境外机构财务管理制度》进行修订，加大对境外机构的监管和财务检查力度，对境外机构银行账户进行备案和清理。2009年，中工国际内控小组设计《内部控制风险调查问卷》，对公司的风险进行调研。通过对调查结果的分析，对公司风险管理及内控基本规范落实情况有了比较清晰全面的认识，并撰写《中工国际风险分析报告》。

中国福马机械集团有限公司

【基本概况】

1. 发展情况。

中国福马机械集团有限公司（以下简称中国福马或集团公司）前身是林业部林业机械公司，于1979年4月以原林业部机械局与所属18个工厂为基础组建。

中国福马以生产经营工程机械、林业机械、小动力及摩托车制造；林产品加工；相关技术服务及贸易为主业。现主要经营建筑工程机械、农业机械、环保机械、木材加工机械、营林及木材采伐机械以及其他专用设备的制造和销售；内燃机及配套机械、摩托车发动机、摩托车及其他特种车辆的制造和销售；木材切削工具手工工具的制造和销售；人造板材的制造和销售；木材、家具及其他木制品的销售；汽车（含小轿车）的销售；车辆改装；相关产品、原辅材料、仪器仪表、零配件及技术的进出口业务（国家有特别规定的除外）；承办中外合资经营、合作生产及开展来料加工、来样加工、来件装配和补偿贸易业务；国内外工程承包；与以上业务有关的设备安装、技术服务、技术咨询等业务。

中国福马现在是中国专用设备研发、制造、销售的大型企业，位居中国机械500强，是中国林业机械协会的会长单位和中国工程机械协会副理事长单位。截至2009年底，拥有全资及控股子公司12家，三级企业13家，其中包括常林股份有限公司、林海股份有限公司二家上市公司，还与多家世界著名企业分别建立合资企业，在全球各大洲建立有代理机构或办事机构，产品销往世界各地。各子公司均分布在北京、上海、天津、广州、哈尔滨等中心城市和东部发达地区。

中国福马积极实施“引进来、走出去”战略，先后与韩国现代重工业株式会社合资成立常州现代工程机械有限公司（注册时间：1995/01/27）、江苏现代工程机械有限公司（注册时间：2003/01/12），与日本小松制作所合资成立小松（常州）工程机械有限公司（注册时间：1995/05/15），与日本雅马哈发动机株式会社合资成立江苏林海雅马哈摩托有限公司（注册时间：1994/12/14）、泰州雅马哈动力有限公司（注册时间：2003/08/28），与美国、意大利客商等合资成立江苏联海动力机械有限公司（注册时间：2004/12/24），与新加坡酿美树美公司合资兴建天津林美锯业有限公司等中外合资企业（注册时间：2004/12/23）。在马来西亚投资建立合资的常林（马）工程机械有限公司（注册时间：2004/03/01）。近年来，外贸出口额占主要业务收入达35%左右。

拥有国家认定企业技术中心2个、博士后科研工作站2个、国家火炬计划重点高新技术企业3个、省级高新技术企业4个，地市级技术中心2个，地市级人造板装备技术研发中心1个。有数十个产品通过3C、EMC、CARB、CETL、欧标等国内和国际认证。2009年末，专门从事新产品研制的专业技术人才755人，其中高级工程师219人。

近年来，与同济大学、上海交通大学、江苏大学联合举办工程硕士班共培养约90名骨干技术人才。集团公司及各主要制造企业还加强与大专院校和科研机构的广泛深入合作，并借助合资企业优势向国际先进企业学习先进的技术和开发经验，开发自主知识产权的产品。共开发新产品169项，获得省部级及以上奖项11项，完成省部级及以上科技成果转化项目3项，“863”、“十一五”科技支撑等国家科研课题项目3项。申请专利122项，获得授权80项。实现新产品销售收入110亿元。

中国福马致力于提升设计手段和水平。2006—2009年，公司科技投入累计65224.5万元，占销售收入的4.06%。三个主营业务板块增加和完善液压系统、电气系统、传动系统等主要部件的试验和检测手段；增加工程机械、小动力机械、人造板单机设备整机的性能试验及检测手段，工程机械专门设置实验车间，小动力机械板块设置内燃机、摩托车性能实验室；各技术中心在原CAD/CAPP/CAM以及PDM等产品开发的软件及基础硬件上，继续加大投入，进行系统及硬件升级，使其达到行业中的先进水平；围绕三维UGNX软件系统升级及SE扩展应用，开展技术人员多层次、多目标系统培训。

中国福马拥有多条工程机械、小动力机械、全地形车、摩托车等自动化水平较高的装配生产线和国际先进水平的大中型加工中心、热处理多用炉、数控切割机、焊接机器人柔性生产线、高精度磨床、三座标测量仪、数控火焰切割机、大型落地镗铣床和大型龙门铣床等各类精密及大型制造和检测设备，以及国家一级计量水平的计量检测系统。2009年末，集团公司拥有在职职工4580人，技能人才2417名，其中，有高级技工482名，高级技师和技师133名。

中国福马持续推动企业信息化，所属常林股份有限公司成功实现ERP管理，并被列为国家863制造业信息化培育示范13家企业之一，2006年常林股份有限公司入选“中国企业信息化500强企业”，并荣获“中国产品创新数字化应用示范奖”。

中国福马所属各骨干制造企业分别推行5S管理、精益管理、可视化管理等现代管理方法。加强产品的国内外认证工作，主要生产企业都实施通过ISO9000认证，现已有多个产品通过3C、EMC、CARB、CETL、欧标认证等国内和国际认证工作。

2. 历史沿革。

1980年3月，根据林业部《关于改变中国林业科学研究院林业机械研究所、北京林业机械研究所领导关系的通知》，两个林业机械研究所并入公司。于1983年前后，在广州、上海、北京、哈尔滨建立4个经销公司。1986年，根据国家经济委员会、国家计划委员会、国家经济体制改革委员会、机械工业部《关于国务院各部门直属机械企业下放有关事项的通知》的安排，中国福马所属的13个工厂被先后下放到地方，保留常州、泰州、苏州、镇江林业机械厂和天津林业工具厂。

于1986年9月和1993年4月公司名称先后变更为中国林业机械公司、中国林业机械总公司。1993年，集团公司获得外贸部授予的自营进出口权。1996年11月，按照《公司法》改制为国有独资公司，更名为中国福马林业机械集团有限公司（“福马”是“林业机械”英文缩写“FOMA”的音译）。1999年1月与国家林业局脱钩，划归中央企业工委管理，同时，两个林业机械研究与公司脱钩，划归国家林业局管理。鉴于公司的主营业务已由单纯的林业机械拓展为专用设备制造，成为国内外有一定影响力的专用设备供应商，于2006年11月更名为中国福马机械集团有限公司。2007年11月，并入中国机械工业集团公司。

3. 进入国机集团改革发展情况。

2008年，中国福马并入国机集团，按照“一手抓稳健经营，一手抓谋划发展”的经营方针，以“抓好当前、立足长远、加快调整、苦练内功”为各项工作的着力点，有针对性地实施一系列工作措施，较好地完成了年度目标。2008年资产总额448449万元；净资产235327万元；营业收入360667万元；利润总额10260万元；利税总额22202万元。

（1）明晰2008—2012年发展战略，确定总部定位。

中国福马2008—2012年发展战略规划通过国机集团审核，并通过集团公司董事会审定。战略规划提出集团公司理念、经营方针、发展目标和五大发展战略以及八项战略措施，明确了集团公司到2012年的各项目标任务。

根据集团公司总部由控股型公司向控股经营型公司转变的定位，成立林机林产事业本部、工程机械事业本部，以及审计与风险管理部，在增设公司总部经营部门和功能的同时，加强企业的风险防控能力，并开始经营工作。

（2）提高装备水平，增强机械制造能力。

集团公司所属常林股份有限公司投入832万元，购买安装台车炉、数显双面镗床、数控龙门铣削专机、数控火焰切割机等先进机械加工设备。林海集团公司通过刀具改善，提高加工速度，降低加工节拍，07C发动机箱体机加工时间由7分钟缩短至3.6分钟。苏福马公司投入961万元，添加Φ130落地镗床和12米重型龙门铣床。镇江中福马公司投入资金522.7万元，购买数控龙门镗铣床、大型卧式车床和外圆磨床。全面提高了集团公司主导产品的制造能力。

（3）推进产权制度改革，优化资产结构。

修订公司章程，中国福马由国有独资公司改建为一人有限公司，注册资本调整为7亿元。

将中国林业机械广州公司所持华仪电气股份有限公司1077438股股票划由公司持有。

集团公司所属常林股份有限公司投入7651万元，收购位于厂区的常州现代工程机械有限公司土地72857m^2、厂房及附着物32685.71m^2。

江苏林海动力机械集团公司增持江苏联海动力机械有限公司6.97%股权，持有的股权比例增至24.5%。

镇江中福马机械有限公司增资650万元，该公司注册资本由3000万元改为3650万元。对子公司苏州苏福马机械有限公司增资500万元。

中国福马林业机械上海有限公司投资参股安徽省沪千投资实业股份有限公司，持有该公司3.5%的股权。

常熟福马人造板有限责任公司（公司持股41%的参股企业）投资3000万元，参股南京瑞霖木业有限公司。

（4）技术开发区的显著成效。

2008年，集团公司进一步加大科技能力建设，全年科技投入13651万元，占产品销售收入3.91%。

取得多项技术创新成果。2008年，集团公司获得专利权技术授权18项，获得省部级科技进步奖3项。主持制定并被批准的国家标准1项。大吨位装载机、挖掘机、压路机系列产品获得GOST技术认证，4吨、5吨位装载机获得CE技术认证。LH150T-16摩托车、ATV300-B和ATV400特种车获得欧标（EEC）认证。

集团公司所属林海技术中心被认定为国家级企业技术中心，林海集团公司被批准建立省级博士后工作站；常林、林海、苏福马通过省高新技术企业的复评；镇江中福马被批准为市级技术中心。

（5）扩张营销渠道，增强市场影响力。

2008年，集团公司通过适时召开自公司成立以来的第一次营销工作大会，表彰在国际、国内市场开发中做出突出贡献的5个集体和15名个人。进一步加大了国际国内市场开拓力度，资源适当向国际市场、国内重点市场和优势主导产品集中。有机搭建推介平台，提升了各板块的品牌影响力。通过参加国际国内展览，加强对重点产品的营销推广和宣传。

工程机械板块，新建立新疆新瑞通、青海建东两个代理商。220平地机销售收入同比增长171.79%。220平地机、挖掘装载机、30E-5装载机在国内市场具有较高的占有率。

小动力机械板块，与广西省消防总队、河北省林业厅防火办、大兴安岭林管局建立批量性业务往来。07C摩托车参加全国年度车型评比活动，荣获2007年弯梁车组年度车型桂冠。07C摩托车销售63522辆，成为新的产品销售增长点。消防ATV、消防泵、割灌机、油锯等产品在国内市场占有较高的占有率。ATV520和CUV400批量销往国际市场。汽油机1P65、特种车ATV260/300、CUV300出口位居同类产品前列。新开拓俄罗斯市场，进行林海ATV系列产品的销售。2008年在中汽协会摩托车分会四届一次会员代表大会上，子公司江苏林海集团当选为中汽协会摩托车分会副理事长单位。

人造板机械板块，新拓展印度、泰国、孟加拉、越南、马来西亚、俄罗斯、乌兹别克斯坦、以色列等海外市场。热磨机实现销售收入同比增长101.3%，八英尺砂光锯切生产线成为新的产品销售增长点。砂光机国内市场占有率约为50%。刨花板生产线设备市场占有率约为20%，鼓式削片机国内市场占有率60%以上。环式刨片机、筛环式打磨机国内市场占有率90%以上。热磨机国内市场占有率50%以上。国产首台48英寸大型热磨机和国产首台最大型的BX2116鼓式削片机投放市场。

木工刀具板块，分别与东北地区、内蒙古地区、上海地区、西南地区的大型产品经销商签订地区总代理经销协议，与全国各地的数十家产品经销商签订区域经销协议。并在上海、沈阳、济南设立办事处。“林工”进口优质带锯条、合金锯片、0.9米以上直径圆锯片、超薄活塞环、表盘零件加工用送料盘等产品在市场的占有率均在同行业居领先水平。对缅甸出口圆锯片销售收入同比增长6.6%、对俄罗斯出口带锯条销售收入同比增长64%。

【主要指标】 2009年，中国福马在应对金融危机中抢市场、练内功、提水平，保持了生产经营总体平稳运行，成功走出“V”形走势，各项改革发展工作取得积极进展，取得较好的经营业绩，积累了转危为机、解决问题的宝贵经验。资产总额462530万元；净资产243356万元；营业收入313851万元；利润总额8287万元；利税总额22530万元。

2009 年中国福马机械集团有限公司主要经济指标

项　目	2008 年	2009 年	同比增长（%）
资产总额（万元）	448449	462530	3.14
净资产（万元）	235327	243356	3.41
营业收入（万元）	360667	313851	－12.98
利润总额（万元）	10260	8272	－19.38
技术开发投入（万元）	13612	13460	－1.12
利税总额（万元）	22202	22530	1.48
全员劳动生产率（万元/人·年）	11	9	－18.18
净资产收益率（%）	3.89	2.76	－1.13
总资产报酬率（%）	2.92	2.39	－0.53
国有资产保值增值率(%)	102	101.05	－0.95

【重大决策和重大项目】 中国福马加强了对战略规划执行情况的评估和控制工作，编制下发《2009 年度发展战略实施计划》，并按季度对实施情况进行检查总结。

1. 总部转型及建设工作稳步推进。建立健全林机林产事业本部和工程机械事业本部的组织结构、管理制度和业务流程，采取传帮带等方式培训营销队伍，初步满足经营工作的需要。积极拓展与国机系统内企业的合作，与机械工业第三设计研究院签订总价约 3000 万元的利比亚房建项目设备总包合同，与中国联合、中国一拖等企业建立战略合作关系，成功举办面向国机集团系统内企业的产品推介会。积极发展海外代理，2009 年在伊朗建立公司海外第一家代理商，签约肯尼亚新的 MDF 生产线合同，签署在刚果建立木材加工工业园的备忘录。总部全年实现主营业收入 4100 万元。

2. 重大投资项目取得积极进展，制造能力明显增强。2009 年末，集团公司拥有各级技能人才 2417 人，其中技师和高级技师 133 人，高级技术工人 482 人，并通过技术改造、购买大型关键设备等措施，具有显著增强了机械制造能力。

常林工业园项目。2009 年投入资金 7500 万元，购买卧式加工中心、数显卷板机、插齿机、动臂焊接机器人工作站、斗杆焊接机器人工作站、真空电子束焊机、精密三坐标测量机、数控激光切割机等关键设备。在 9 月底举行奠基典礼，根据土地指标情况，及时完成整体布局调整和各车间布局、工艺流程设计等工作。项目总平面规划设计通过常州市规划局审查，项目主要建筑施工图样设计通过常州市建设局审查。

对产品性能较接近的产品进行整合，提高产品基础部件的通用化程度。整机免油漆工艺：提高生产效率，逐步推行部件面漆后进行总装的生产模式，由点到面进行试运行。精益生产提高自制率：充分利用现有设备资源，发掘生产潜力；解决油漆工序占用时间，由原来的 3～4 天，尽可能降低至 2 天。现代收回件 12 种，至 2009 年 6 月，共收回装载机、平地机、现代件三大系列 54 种部件，180 多种外协件为自制件，年增加自制产值约 5000 万元。

林海百万台汽油机项目。2009 年投入资金 202 万元，购买摩托车装配线、摩托车动力试验台、两轮摩托车检测线、箱体密封检测机等关键制造设备，达到提高产能、提高效率的目标。

林海锂离子动力电池项目。2009 年投入资金 150 万元，完成 10AH 软包铁锂电池的设计，确定实验室试生产工艺，并完成相关设备的分析选型，部分采购设备已经到位。

加快林海工业园区建设，完成苏美达林海公司布局调整，新车间正式投入使用，形成 1P65 系列动力、8－17 马力汽油机及园林机械等产品 100 万台的生产能力。完成林海雅马哈摩托车新场地建设，形成年产 20 万辆摩托车的生产能力。

人造板连续平压热压机示范生产线建设项目被列入国有资本经营预算支出项目，得到 1 亿元的资本金注入，2009 年投入资金 200 万元。

天津林业工具厂投入资金66.3万元，购买齿侧磨床、旋转电炉、齿顶磨床等关键制造设备。

【产权改革】

1. 完成苏美达林海职工股权清理、对南京瑞霖木业有限公司的转投资等工作。

2. 修订集团公司章程，注册资本调整为7.02亿元。

3. 完成江苏林海奔腾动力机械有限公司的清算注销。

4. 完成常州常林创新液压件有限公司的清算注销。

5. 完成中国林业机械北京公司的清算注销。

6. 完成常林股份有限公司对参股企业小松（常州）工程机械有限公司增资1088万元。

7. 苏州苏福马机械有限公司增持江苏福鑫木业有限公司20%股权，完成投资675万元，苏州苏福马机械有限公司持有江苏福鑫木业有限公司的股权比例增至100%。

【科技创新】

1. 技术创新成果。

2009年，集团公司获得专利权技术28项，获得国家级科技进步奖1项，获得省部级科技进步奖3项。制定并被批准的国家标准1项，行业标准2项。装载机、平地机、压路机系列产品获得CE技术认证。

2. 技术开发管理。

集团公司定期开展公司科技发展和技术进步的项目立项认证和评审、重大技术创新活动的决策，以保障技术开发项目的布局与公司整体发展战略相适应。

2009年公司科技研发经费总支出13460.2万元，比2005年支出9499.9万元增长41.68%。

2009年中召开的科技大会，选拔19名新一批技术带头人，制订《中国福马集团公司2009—2012年产品开发、技术创新重点项目指导目录》，设立科技创新基金，出台人才激励系列政策，为集团公司科技创新营造良好氛围，明确了科技创新的主攻方向和目标任务。

不断加大自主知识产权的申报和保护力度，推动企业技术进步，增强企业的原始创新能力。设立知识产权奖励基金，对获得授权的发明、实用新型等专利予以专项奖励。

对技术人员进行定岗、定责、定目标，实行工资收入倾斜，其人均工资是全公司两倍以上。薪酬分配方面，在岗位工资的基础上，实行项目业绩与收入紧密挂钩，鼓励拉开差距，让有技术、有贡献的工程技术人员得到更高的薪酬。

【主要管理经验】

1. 降本增效活动取得丰硕成果。

集团公司组织开展以公开招标、比价采购为重点的效能监察工作，出台《关于加强对比价采购和招标采购效能监察工作的指导意见》，各企业在集团公司的大力推动下，结合自身实际，积极开展覆盖采购、设计、生产、工艺等各个环节，以公开招标、比价采购、推行AB角、实施阳光采购和建立实时价格浮动机制等为手段的降本增效活动，全年在剔除原材料自然降价的基础上，约降本增效6000万元，有效化解了因产品价格下降、消化高成本存货和出口减少所带来的毛利大幅下降的不利局面，为保持集团公司整体效益发挥重要作用。

全年实现采购等降本4500万元，管理费用降低1100万元，财务费用下降近450万元。生产效率和存货周转率大幅提高，存货和产成品库存分别比年初下降22.26%和27.73%。

2. 实现人才培训工作经常化。

建立覆盖高层、中层、中层以下、操作工人四个层面的全员培训体系。在总部举办员工文明礼仪、劳动合同法、工程机械知识等讲座。建立集团公司员工培训基地，举办国际贸易实务培训班和法律事务培训班。集团公司出台《关于促进关键性人才引进工作的通知》，总部一名年轻同志下派到子公司挂职锻炼。

3. 风险管控得到强化。

制定《中国福马机械集团有限公司总部经营合同授权签署规定》。修订完善《中国福马机械集团有限公司法律事务管理暂行办法》。加大年报审计力度，深化任期经济责任审计，狠抓以采购、配套协作件为主的专项效能监察，促进企业不断规范经营管理。加大应收账款催收力度，严格控制经营风险，编写部分子企业重点风险和防控措施分析报告，风险预警和控制机制不断完善。

4. 财务管理进一步加强。

根据国机集团的统一部署，认真开展2009年财务基础工作检查。推进精细化财务管理，狠抓目标成本管理和费用预算管理，降低产品成本，压缩可控费用，促进了降本增效。发布内部财务管理报表，完善利用IUFO编制合并财务报表工作，并启用商业智能分析系统（BI），财务集中管理信息化建设扎实推进。集团公司积极发挥集团整体融资功能，资金保障能力进一步增强。各企业通过优化融资方式和资金运作，降低了财务费用。

5. 质量管理工作继续深化。

主要制造企业全面完成ISO9001：2000质量管理复评，集团公司所属常林股份有限公司、林海集团公司、镇江中福马公司进一步通过ISO9001：2008质量管理体系认证；林海集团公司通过2008质量管理和ISO14001：2004环境管理体系认证；常林机械取得质量体系认证证书。各企业继续推进"可溯、受控"的质量管理模式，三个板块的质量损失率均有所下降，工程机械板块控制在5‰以下；小动力机械及摩托车板块控制在4‰以下；人造板机械板块控制在6‰以下。

6. 制度建设不断推进。

先后出台《关于集团公司负责人薪酬考核试行办法》《集团公司资金适度集中管理办法》《关于加强对比价采购和招标采购效能监察工作的指导意见》《集团公司科技创新资金管理办法（试行）》等文件，修订涵盖财务管理、审计监督、人事管理、科技创新等管理制度近30项。

7. 信息化建设取得阶段性成果。

按照"立足发展规划、紧扣管理核心、深化体系推进、着力发挥成效"的总体思路，围绕制度保障、网络基础及安全保障、信息交换与集成和辅助生产研发四个核心体系，紧密结合公司发展实际，推进信息化建设。

升级改版公司网站，建立了集团内部便捷异地信息交互系统，集团公司OA系统一期正式投入使用，为提升办公效率和管控能力搭建信息化平台

通过设备更新升级、引入专业安全系统、不断升级和完善防御策略，提升运行保障质量。持续地增强网络基础设备及信息安全投入力度，安全保障体系更趋强化。

所属苏州苏福马机械机械有限公司和江苏林海动力机械集团公司分别对ERP及PDM/PLM项目进行细致的前期调研和试点工作，组织多次有针对性的系统演示会议，为2010年项目顺利实施奠定坚实的基础。

常林股份有限公司以"生产组织、营销服务、质量控制、成本管控"为核心的ERP体系更趋成熟，运行质量得到保障，功能流程更加优化。成功实施ERP与远程智能监控系统的集成，贯通销售服务信息，提升管控和服务能力。

全三维设计模式在集团081项目及086项目研发中取得成功。同时在086项目中尝试采用了基于三维的虚拟设计和产品数据管理体系相结合的完整操作应用规范，并取得较好成效，为后续加大推广范围奠定良好基础。

8. 党建思想政治工作进一步加强。

2009年，中国福马党建、思想政治工作以学习实践科学发展观为契机，以围绕中心、服务大局，不断加强党的建设，保障和促进了集团公司的发展。

学习实践科学发展观活动扎实推进。按照国机集团的统一部署，集团公司以"科学发展上水平，促进福马新发展"为主题，分三个阶段开展深入学习实践科学发展观活动。集团公司的《学习实践活动整改落实方案》列出六个方面79条具体整改措施，各责任领导和责任部门逐条进行落实。到12月底，计划2009年底前完成的30条措施全部按时完成；计划于2012年底前完成的16条措施，均已着手筹划，有的项目已经提前完成；计划持续推进的33条，都在适时向前推进。各企业结合实际制定整改方案，各条具体措施也全部得到落实。群众满意度测评中，满意率达76%，比较满意的占24%。

党的建设取得新进展。召开中国福马党代表大会，选举产生第一届党的委员会和纪律检查委员会。集团公司党委进一步加强制度建设，修订制定"两优一先"评选办法、中心组学习指导意见、党组织换届办法等规章制度。各级党组织以"创建共产党员模范责任区"各种丰富多彩的活动为载体，把党的政治优势转化为集团公司的科学发展优势，有力地促进了和谐企业建设和生产经营工作。坚持标准，2009年新发展党员33名，保持了党组织的生机活力。

领导班子建设进一步加强。下发《关于进一步加强"四好班子"建设的意见》，"四好"领导班子创建活动在子公司领导班子建设中不断深入。完成所属林海股份有限公司董事会、监事会、经理层换届工作。调整所属苏州苏福马机械有限公司、常

林股份有限公司班子，完成林海股份公司董事会、监事会、经理层换届工作。动态调整后备干部名单工作正常开展，组织后备干部培训2期共10人。

党风廉政建设稳步推进。集团公司形成党委统一领导，党政齐抓共管，纪委组织协调，部门各负其责，群众积极参与的领导体制和工作机制。

中国福马党委与各直属企业党组织书记继续签订《党风建设和反腐倡廉工作责任书》，并不断完善责任书内容，也与集团公司各位班子成员签订《党风建设和反腐倡廉工作责任书》，各位中层干部签订了《党风廉政建设和反腐倡廉承诺书》。

印发《关于推进教育、制度、监督并重的惩治和预防腐败体系建设的意见》。2009年3月底以前，各直属企业都制定出台《关于建立健全教育、制度、监督并重的惩治和预防腐败体系实施办法》，并将集团公司《实施方案》与各直属企业《实施办法》汇编成册，印发各直属企业，促进各单位之间的互相学习、互相借鉴、共同提高。印发《中国福马机械集团有限公司经济责任审计实施办法》，对集团公司内部的经济责任审计工作进行了规范。

加强廉洁从业制度建设。在学习实践活动及后续工作中，制定党员干部党性党风党纪方面的突出问题15项措施，围绕总部转型制定修订《经营性活动财务审批办法》《总部国内差旅费管理办法》《总部通讯设备管理办法》，《总部车辆管理办法》等管理制度。

以推动降本增效为目的，对3家制造企业进行物资采购效能监察。修订《中国福马集团公司所属企业负责人经济责任审计实施办法》《中国福马机械集团有限公司法律事务管理暂行办法》，进一步规范工作流程，提高工作质量。集团公司所属各企业开展效能监察33项，共节约资金1734万元，直接增加经济效益300万元。

大力构建福马特色企业文化。2009年1月1日，中国福马建司以来的第一份报纸《中国福马报》创刊，为进一步弘扬福马精神提供新的平台。印发《中国福马机械集团有限公司企业文化建设发展纲要》。

中国海洋航空集团公司

【基本概况】

1. 发展情况。

中国海洋航空集团公司（以下简称中海航）是经国务院批准，1999年9月在国家工商局登记注册的中央企业。

中海航的前身是中国海洋航空公司，1985年成立，出资人为海军。1999年，党中央、国务院、中央军委作出军队不经商的决策，海军68户军办企业与军队脱钩，中海航与原海军所属的青岛海滨实业总公司、上海海虹实业总公司、广东新海俊发展公司、海南榆海实业发展公司、华海房地产开发公司和中海工程建设总局（包括这些单位的所属企业共68家法人单位）联合组建中国海洋航空集团，整体移交，划归中央管理。中国海洋航空公司更名为中国海洋航空集团公司，为集团母公司；青岛海滨、上海海虹、广东新海俊、海南榆海、华海房地产和中海工程总局6家企业为全资子公司。2007年12月，经国务院批准，中国海洋航空集团公司并入中国机械工业集团有限公司，成为国机集团全资子公司。

中海航集团公司业务范围包括工程、物流航运、制造、房地产、酒店管理、贸易与服务等。中海航集团公司拥有多种类型船舶组成的运输船队，可承运油料、粮食、矿石、化工产品、杂货等各种商品；拥有大型施工机械、工程船舶及施工管理人员和专业技术队伍，可承揽中外港口、码头、机场、道路、桥梁、工业与民用建筑等各类工程勘测、设计、施工及安装；拥有劳务外派权，可向世界各国和地区外派海员、渔工及各类技术劳务人员；有商品进出口经营权，外贸客户分布于50多个国家和地区；具有开发房地产的资质和能力；所属国际旅行社和多种制造加工生产企业，以及分布在沿海城市的数十家宾馆，可为社会各界提供优质服务。

2. 基本情况及历史沿革。

（1）名称变更。

1999年，党中央、国务院、中央军委作出军队不经商的决策，海军68户军办企业与军队脱钩，中国海洋航空公司与原海军所属的青岛海滨实业总公司、上海海虹实业总公司、广东新海俊发展公司、海南榆海实业发展公司、华海房地产开发公司和中海工程建设总局（包括这些单位的所属企业共68家法人单位）联合组建中国海洋航空集团，整体移交，划归中央管理。中国海洋航空公司更名为“中国海洋航空集团公司”。

2007年12月，经国务院批准，中国海洋航空集团公司并入中国机械工业集团有限公司，成为国机集团全资子公司。为适应中海航集团公司加入国机集团后业务对接需要和自身发展的要求，经中海航董事会常委会第9次会议和总经理办公会研究决定，对中海航集团公司机构设置做如下调整：原办公室更名为综合管理部，下设四个处（室）；原综合管理部更名为经营管理部，下设五个处；原组织人事部更名为人力资源部、党委工作部（两部合署办公），下设三个处；原财务部更名为资产财务部，下设三个处。

通过职能部门的调整，中海航本级理顺了与国机业务对接途径，建立了信息沟通、制度落实的工作渠道，规范了工作程序，确保管理体制协调一致，形成上下贯通的管理体系。

（2）子公司数量。

中国海洋航空集团公司为集团母公司，中海工程建设总局、国际航运有限公司、上海海虹实业公司、广东新海俊发展公司、海南榆海实业发展公司5家企业为全资子公司。

（3）员工构成。

2009年中国海洋航空集团公司员工构成情况

类　别	人　数		学　历	人　数	
	本　部	全公司		本　部	全公司
年末从业人数	69	4476	研究生	22	48
年末职工人数	62	2575	本科生	32	521
其中：在岗职工	59	2575	专科生	9	538
年末离休人数	0	0	中专生及以下	6	2715
年末退休人数	16	139	合　计	69	3822
55岁以上	9	111	管理人员	52	691
50～54岁	14	324	研究开发人员	0	40
40～49岁	20	679	销售人员	0	188
30～39岁	8	1226	专职审计人员	2	2
29岁以下	18	1482	专职纪检监察人员	0	
合　计	69	3822	其　他	15	2901
			合　计	69	3822

3. 自进入集团至2008年发展情况。

中海航集团公司对自身结构和功能进行调整，加强营运操作能力建设，直接面向市场，整合中海航集团公司各子公司、直属企业、分支结构的资源，统一调配、运营，发挥整体优势，提升中海航的项目运作能力和市场竞争能力。中海航集团公司本级探索经营模式转变，在海外项目上寻找突破口，本级（非实体经营）业务以中海航集团公司为平台承揽工程项目，锻炼管理团队。

【主要指标】 2009 年末中海航集团公司资产总额 24.4 亿元，负债总额 17.8 亿元，少数股东权益 0.6 亿元，归属于母公司所有者权益 6 亿元。全年完成主营业务收入 22.6 亿元，比考核值 20 亿元增加 2.6 亿元，比 2008 年增加 0.6 亿元，增长 2.73%；实现利润总额 5110.6 万元，比考核值 4100 万元增加 1010.6 万元，比 2008 年增加 416.9 万元，增长 8.88%；净利润 4057.3 万元，比 2008 年增加 160.3 万元，增长 4.11%；上缴税金 10220.9 万元，比 2008 年增加 162.4 万元，增长 1.61%。

净资产收益率 6.33%，比考核值 4.90% 高 1.43 个百分点；流动资产周转率 1.34%，比考核值 1.20% 高 0.14 个百分点；资产负债率 72.92%，国有资本保值增值率 105.99%，盈利能力、资产质量、债务风险和经营增长状况均处于建筑行业平均水平。

2009 年中国海洋航空集团公司主要经济指标

项　目	2008 年	2009 年	同比增长（%）
资产总额（万元）	231036.8	244060.3	5.64
负债总额（万元）	169007.8	177980.0	5.31
净资产（万元）	62029.0	66080.3	6.53
营业收入（万元）	221562.5	227586.4	2.72
利润总额（万元）	4693.7	5110.6	8.88
净利润（万元）	3897.0	4057.3	4.11
利税总额（万元）	13955.5	14278.2	2.31
技术开发投入（万元）	183.5	507.4	176.51
全员劳动生产率（万元/人·年）	5.6	6.0	7.14
国有资本保值增值率（%）	105.70	105.99	0.29
总资产报酬率（%）	3.15	2.74	-0.41
净资产收益率（%）	6.46	6.33	-0.13
流动资产周转率（%）	1.47	1.34	-0.13
技术投入比率（%）	0.08	0.22	0.14

【重大决策与重大项目】 2009 年 12 月 10 日，中国海洋航空集团公司与中国机械设备进出口总公司正式签订苏丹港供水工程项目的执行合同，这是中海航集团公司承接的第一个海外工程项目。苏丹港供水工程项目工程所在地属热带沙漠气候，施工环境恶劣、工程量大、点多线长，施工组织难度大。中海航集团公司统一部署，成立苏丹港供水工程领导小组，组建施工项目部筹备班子，明确项目部的机构设置、人员配置。

在做好苏丹港供水工程项目的同时，以中海航集团公司本级为平台，加强与中国机械设备进出口总公司、中工国际工程有限公司、中国重型机械总公司、中国电工设备总公司、中国机械工业建设总公司、中国机械工业成套工程总公司等兄弟单位的内部交流与合作研讨，使兄弟企业了解中海航集团公司的业务能力和优势，为下一步的内部合作奠定了基础。

2009 年宏观经济形势有所好转，在各级领导班子积极带领下，中海航集团公司各企业通过加强管理、降低成本、规避风险，保持整体经营工作的稳定与发展。

【主要管理经验】

1. 党建管理。

中海航集团党委在国机集团党委的领导下，以邓小平理论、“三个代表”重要思想为指导，深入贯彻落实科学发展观，认真学习党的十七届四中全会和全国国有企业党的建设工作会议精神，坚持融入中心，服务大局，努力探索在现代企业制度条件下，发挥企业党组织政治核心作用的途径和方法，为中海航的快速发展提供强大的思想保证和组织保证。

第一，必须坚持不懈地用理论武装头脑，为改革发展提供强有力的思想保障。只有坚持解放思想、更新观念、实事求是、与时俱进，牢固树立和全面落实科学发展观，保证集团坚定不移地走效益经营、特色发展之路，才能在市场竞争中保持企业持续发展的良好态势。

第二，必须加强党组织建设，充分发挥党组织的政治核心作用。实践证明，在企业改革发展中要坚持“党政一体化、责任共同化、效益最大化”，围绕中心，服务大局，把政治优势转化为发展优势。要大力加强党组织建设，切实提高党组织在企业中政治核心的作用，保证企业改革发展的顺利进行。

第三，必须坚持改革，鼓励创新。市场形势千变万化，要因变而变，努力探索，大胆改革。只有改革，中海航才能自我完善和发展，才能始终保持生机和活力。要增强改革的自觉性和主动性，从新的实际出发，不断创造新的经验，不断推动新的改革。要以改革的精神不断加强和改进党的建设，始终不渝地抓基层、抓基础、抓作风，永远保持党组织和党员的先进性。

第四，必须牢牢把握住发展这个第一要务。要充分认识到没有发展党就会失去凝聚力；没有发展，企业就不能长期生存。只有把促进发展作为企业一切工作的第一要务，才能实现政治与经济的相互结合、相互促进，才能在市场经济条件下保持思想政治工作的勃勃生机。要以班子建设和人才队伍建设为龙头，以市场为导向，以提高效益为核心，重点强化各级领导干部的科学决策能力和执行力，为公司又好又快发展打下坚实基础。

第五，必须坚持党要管党、从严治理的方针，从源头上预防和治理腐败。实践证明，党风廉政建设和反腐败工作是中海航企业健康有效发展的重要保证。各级党委、纪委加大标本兼治，预防在先的力度，加强干部学法自律，及时查处有关违纪案件和问题，促进了企业的党风廉政建设。

第六，必须坚持全心全意依靠广大职工办企业的方针，充分发挥职工的主人翁作用。只有尊重群众、相信群众、依靠群众，才能赢得群众的支持拥护，才能把群众的聪明才智转化为巨大的生产力，推动企业快速发展。要发扬艰苦创业、无私奉献的精神，始终保持职工队伍的顽强斗志和昂扬锐气，打造特别能吃苦、特别能战斗、敢于胜利、甘于奉献的中海航团队。

2. 信息化建设。

2009 年中海航信息化工作紧紧围绕企业发展战略开展，按照科学发展观的要求，从提高精细化管控能力与水平，提升主营业务核心竞争力的角度出发，以信息化手段促进管理创新与业务创新，促进企业全面协调可持续发展。

确定信息化工作的基本原则：统一规划，分步实施，需求驱动，急用先行。

完善信息化建设组织机构。成立信息化工作领导小组和信息化工作办公室，由副总经理担任 CIO，并明确信息化工作职能分工。

根据国机集团信息化规划及对所属企业信息化工作的指导意见，向所属企业下发《中海航信息化建设情况调查表》，全面掌握中海航信息化现状，并结合调查表反馈信息，起草中海航信息化规划框架，研究中海航统一集成网络、综合管理信息系统和主营业务信息系统建设思路，并进行市场调研工作，根据调研情况编制预算。

加快推进使用正版软件工作，加强软件资产的管理，维护软件资产使用的合法性，提高软件资产的使用效率。

认真落实信息系统安全等级保护要求，按照公安机关和相关主管单位要求，做好信息安全等级保护工作。对保护级别在 3 级以上的应用系统，应采取同城异地备份安全级别以上的灾备方案，并有灾备演练计划。

认真实施和使用集团统一建设的 NC 财务系统、信息集成管理平台、内部合作平台等系统的同时，系统运维和数据采集工作积极认真，确保数据真实、有效、全面，可用性好。

3. 企业文化建设。

中海航积极与国机集团的主体文化对接、融合，同时建设具有自身特色的企业文化。

第一，加强与国机集团企业文化的对接和融合。结合国机集团 VI 标准，发布《中国海洋航空集团公司 VI 系统规范》，对中海航集团标志、中英文字体、辅助图形、子母公司标志组合、名片、信笺、资料袋、旗帜、胸卡、笔记本等基础系统及应用系统进行标准化、规范化，借助国机集团的平台进一步突出企业品牌，塑造企业形象。

第二，建立文化与制度相交融的文化管理体系。建立健全与企业文化建设相配套的运行制度，考核评价制度、奖罚制度、动态管理制度等基础性制度，确保企业文化建设各项工作的实施。

第三，中海航把企业文化融入生产经营管理的全过程，坚持有计划、分步骤、层层推进，诚信、守法、服务、敬业等成为中海航企业文化的主流。中海航集团积极承担社会责任，开展了为镇康县扶贫捐款献爱心的活动，先后共筹得扶贫资金 58.6825 万元。中海航集团还积极开展拥军活动，每年八一建军节都向海军部队捐款慰问，累计达 200 多万元。

第四，在文化建设中推进品牌建设。根据中海航企业文化发展纲要，提取 MI（理念识别）部分，在宣传册、宣传短片及网站上加以宣传，把中海航品牌的形象和内涵推向国内外市场、推向社会，建立良好的社会公共关系，树立良好的公共品牌形象。

中国地质装备总公司

【基本概况】

1. 发展情况。

中国地质装备总公司（以下简称中装总公司）成立于 1987 年，1999 年并入中国机械工业集团有限公司（以下简称国机集团），为国机集团所属全资子公司。

中装总公司原隶属于地质矿产部，所属企业均有 40 年以上的历史，主要为地勘队伍提供所需的地质机械仪器产品，为我国地质找矿事业做出重要贡献。中装总公司经过 20 多年的发展，成为集产、供、销与科、工、贸为一体的国有大型企业，业务领域涉及钻探机械、钻探工具、物探仪器、分析仪器等产品的研发、制造与销售，相关产品的进出口贸易，基础工程和勘察工程施工等。主导产品包括：钻探机械（岩心钻机、汽车钻机、水井钻机、工程钻机、泥浆泵、钻塔等）、钻探工具（钻杆、钻头、孔底钻具、凿岩钎具、人造金刚石及制品、硬质合金及制品等）、物探仪器（重力、磁法、电法、地震、放射性和井中仪器）、分析仪器（原子吸收、原子荧光、等离子光谱仪、电化学分析仪、测汞仪等）。产品应用覆盖地质、冶金、有色、煤炭、石油、核工业、国防、建筑、水利水电、交通、环保等行业。中装总公司的钻探机械、钻探工具、物化探仪器等产品在国内地质装备市场占主导地位，为我国矿产资源勘查、经济建设和国防建设提供各类装备 20 多万台套，并出口到 47 个国家和地区。

中装总公司作为我国地质装备制造行业的龙头企业，研制出世界上第一台全自动双道氢化物发生原子荧光光度计；生产出我国第一台立轴式岩心钻机，第一台大型动力头式基础工程施工钻机，第一台变量式泥浆泵，第一台直流塞曼技术背景的原子吸收分光光度计，第一台石英弹簧重力仪、磁力仪和绳索取心钻具，填补了国家多项空白；有 20 多项产品获得了国家银质奖，50 多个产品获得了省部级优质产品奖和科技成果奖。中装总公司主导产品在国内地质装备市场占主导地位，直接服务于多项国家重点建设项目。

中装总公司拥有地质装备行业唯一一家国家认

定企业技术中心，担负行业关键技术装备的研究开发工作，承担着多项国家科研项目的攻关任务，具有较强的研发能力和技术人才储备。

2. 基本情况。

截至2009年底，中装总公司有职工3301人、离退休人员3735人；职工中有各类专业技术人员856人，其中具有中、高级职称的410人；有各级管理人员598人，销售人员157人，工程技术人员202人，各类高级技能人才264人。

中装总公司总部设有11个职能部门，1个技术中心、3个贸易部和1个行业性期刊编辑部。中装总公司拥有9个全资子企业，分别是张家口中地装备探矿工程机械有限公司、衡阳中地装备探矿工程机械有限公司、重庆探矿机械厂、北京地质仪器厂、重庆地质仪器厂、无锡钻探工具厂、北京钻探工具厂、北京中地装机械仪器有限责任公司、北京华钻建设工程有限责任公司；有1个参股子公司：北京华宝技贸公司。

3. 历史沿革。

中装总公司的历史与我国地质装备业的发展紧密相连：1964年，国家经委批准成立的中国地质机械仪器工业公司，是全国试办的12个工业托拉斯之一；1982年，成立探矿工程装备工业公司，为地质矿产部部属事业单位；1987年，成立中国地质机械仪器工业总公司，为地质矿产部直属企业；1992年，成立以中装总公司为核心企业的中地装备工程集团（1996年更名为“中地装备集团”）；1996年，地质矿产部将张家口探矿机械总厂等9家部直属企业的国有资产划入中国地质机械仪器工业总公司；1997年，中国地质机械仪器工业总公司更名为“中国地质装备总公司”；1999年3月并入国机集团。

2005年，由中装总公司发起成立中国矿业联合会地质与矿山装备分会并当选为理事长单位。

4. 1999年至2008年发展情况。

1998年末，中装总公司资产总额为87189万元，资产负债率76%，主营业务收入15671万元，亏损1348万元，从业人员11258人。到2008年末，在有3家直属企业转让、破产的情况下，中装总公司资产总额为87209万元，资产负债率57%，主营业务收入54708万元，利润总额31万元，从业人员3018人。10年间，中装总公司年经营性亏损一度高达6921万元，资产负债率为139%。面对总部债务负担沉重、部分企业连年亏损、房地产开发失利、提供贷款担保被判承担连带责任等严重困难和问题，走过一条从转变观念、改革改制、扭亏脱困到加快发展的道路，减员增效，扭亏为盈，改善了资产结构，提高了资产质量，实现国有资产保值增值，完成国机集团历年下达的各项考核指标。

（1）下大气力解决历史遗留问题。

20世纪90年代中后期，受宏观调控和自身经营管理等多种因素的影响，中装总公司背上沉重的债务负担，寄希望于通过房地产开发扭转被动局面。1999年12月，北京地质仪器厂房地产开发项目启动，2003年该项目运作出现资金链断裂，直接影响到中装总公司的稳定；2003年12月，中装总公司因为兄弟单位提供借款担保，被判对6621万元本息负连带责任，各项诉讼随之而来。各种历史遗留问题和债务纠纷，一度成为影响中装总公司发展的首要问题。2004年至2007年，中装总公司痛下决心，分步进行资产处置，转让房地产开发收益，用以维持企业运转、偿还历史债务、了结11起法律诉讼、免除违约责任。通过下大气力解决遗留问题，改善了外部环境，使集中精力发展主业成为可能。

（2）积极推进连云港黄海机械厂转让、改制。

2003年，中装总公司制定深化企业改革改制的指导意见，向改革改制谋求生路。连云港黄海机械厂资产负债率为201%，累计亏损7829万元，生存危机不断加剧，以改制求生存的呼声很高。该厂承债式资产转让和整体改制工作2003年12月启动，至2006年6月全面完成。这是在国机集团领导下，中装总公司主导完成的第一个企业整体改制项目，转让、改制体现广大职工的根本利益，1007名职工全部得到妥善安置，解除了中装总公司9200万元担保责任，同时锻炼了人才、积累了经验。

（3）迎难而上对两家骨干企业实施重组和政策性破产。

张家口探矿机械总厂、衡阳探矿机械厂历史包袱沉重，资产负债率分别为480%和380%，是中装总公司的主要亏损源。中装总公司把握政策机遇，积极争取，赶上政策性破产的“末班车”。2006年，两厂列入国务院企业兼并破产计划，2007年12月下达“2户企业进入破产程序的通知”，2008年2月、3月当地人民法院分别下达企业破产裁定书，两厂进入破产清算和职工安置阶段。同时操作两家企业政策性破产，难度之大，前所未有。中装总公司根据实际，采取先重组、后破产的方针，于2006

年12月和2007年4月先行组建衡阳中地装备探矿工程机械有限公司、张家口中地装备探矿工程机械有限公司，这一举措对破产操作的顺利进行和实现职工、社会的稳定起到关键作用。2009年完成两家企业的破产操作。

（4）把握机遇对无锡钻探工具厂全面更新改造。

无锡钻探工具厂是中装总公司规划中的钻具生产基地，但该厂厂房老化、设备陈旧，生产能力严重不足，急需进行更新改造。2006年11月，中装总公司利用无锡市工业布局调整的政策，出让该厂原址土地，以土地差价在无锡市惠山经济开发区投资建设新厂。一期工程占地60亩，建设面积22454平方米，新增设备69台套，搬迁利用原有设备106台套，至2008年5月15日建成投产，形成固定资产1.5亿元。

（5）加强新产品开发和技术管理工作。

2006年1月，国务院发布《关于加强地质工作的决定》，中装总公司技术创新工作加速进行，技术中心和各直属厂都有一批新项目开发投产。2006年至2008年，中装总公司技术中心新研发的HCD－5型全液压钻机进入样机试制及小批量生产销售阶段；HCDU－6型全液压岩心钻机、HCDF－6型分体式全液压岩心钻机完成样机试制。为加强技术管理工作，中装总公司制定加强技术工作的若干意见、科技管理办法、科技发展基金管理办法、知识产权保护管理办法以及知识产权保护工作计划。技术中心创新能力建设项目获得国家发改委资金支持并完成建设，直属企业新产品研发和传统产品改进工作取得成效，为企业发展提供技术储备。

（6）调整思路全力抓扭亏脱困和加快发展。

2005年，中装总公司被列为国机集团扭亏脱困重点单位，共产党员先进性教育活动提振了广大党员、干部、职工扭亏脱困的信心和决心，总部和所属困难企业相继成立脱困工作领导机构、制定扭亏脱困措施。2006年，调整充实后的领导班子提出扭亏脱困“5项措施、6项工作”；2007年提出全面扭亏脱困的“22111”工程，制定出台《中国地质装备总公司“十一五”发展规划》；2008年适时地、鲜明地提出“加快发展”的主题。明确的工作思路，激励所属企业抓住国家加强资源开发、振兴装备制造、加强地质工作的有利时机不断改革进取，通过内部挖潜、更新产品、委外加工等一系列措施，克服原材料涨价等不利因素，大力开拓市场、增加销售，经济总量连年持续增长。2007年中装总公司获国机集团减亏特别奖，2008年末整体扭亏为盈。

【主要指标】

2009年，中装总公司克服金融危机的影响，紧紧围绕加快发展的主题，积极采取应对措施，较好地完成集团下达的各项经营考核指标，重点工作取得突破性进展，为中装总公司加快发展奠定了基础。

主营业务收入全年实现56016万元，比上年同期的54708万元，增加1308万元，增长2.39%，完成集团考核指标52300万元的107.1%。利润总额实现1256万元，比上年同期增加1225万元，超额完成集团经营考核指标。成本费用总额占主营业务收入的比率104.96%，技术投入比率4.24%，均达到集团考核的水平。全公司实现进出口总额917万美元，完成集团考核指标的150.32%。

资产总额。2009年，中装总公司资产总额91502万元，比上年增加4293万元，增长4.92%；负债总额48625万元，比上年减少1066万元，降低2.15%，其中，流动负债47965万元，占负债总额比例98.64%；资产负债率为53.14%，比上年降低3.84个百分点。

净资产。2009年，中装总公司净资产42，877万元，比上年增加5358万元，增长14.28%，其中，实收资本增加30万元，是国机集团下拨的科技发展基金转增投资形成的；资本公积增加25万元，增长原因是北京科创海光公司折价收购个人股份形成的；未分配利润增加5339万元，其中净利润转增726万元，其他因素调增4613万元；少数股东权益减少35万元。

营业收入。2009年，中装总公司完成营业收入70098万元，比上年增加11368万元，增长19.36%。其中，主营业务收入56016万元，完成集团考核指标52300万元的107.11%，比上年增加1308万元，增长2.39%；其他业务收入14082万元，比上年增加10060万元，其中非经常性房地产开发收入增加8799万元，房租、技术服务费等经常性收入增加1261万元。

利润总额。2009年，中装总公司实现利润总额1256万元，与国机集团考核指标持平，比上年增加

1225万元，增长3951.61%，其中房地产开发利润总额622万元，生产经营利润总额634万元，生产经营利润同比上年增加603万元，增长1945.16%。

成本费用总额。2009年，中装总公司主营业务成本费用总额为58796万元，比上年增加2618万元，增长4.66%，高于主营业务收入增幅2.27个百分点；主营业务成本费用总额占主营业务收入的比重为104.96%，低于集团考核指标（105%）0.04个百分点。其中，主营业务成本42396万元，比上年增长0.35%，低于主营业务收入的同期增长率2.04个百分点；三项期间费用15935万元，比上年增长17.51%，主要是管理费用中的人工成本、无形资产（土地）摊销、税金的增加。

2009年中国地质装备总公司主要经济指标

项　目	2008年	2009年	同比增长（%）
资产总额（万元）	87209	91502	4.92
净资产（万元）	37519	42877	14.28
营业收入（万元）	58730	70098	19.36
利润总额（万元）	31	1256	3951.61
技术开发投入（万元）	2775	2377	-14.34
利税总额（万元）	3710	6636	78.87
全员劳动生产率（万元/人·年）	4.49	5.68	26.50
净资产收益率（%）	-0.82	1.71	2.53
总资产报酬率（%）	0.05	1.68	1.63
国有资产保值增值率（%）	99.01	101.73	2.72

【重大决策与重点项目】

1. 两企业政策性破产工作完成，新公司投入正常运转。

2009年1月14日、7月10日，衡阳、张家口两地法院分别下达破产程序终结民事裁定书，衡阳探矿机械厂、张家口探矿机械总厂政策性破产工作宣告结束。两厂政策性破产安置职工7500人，其中离退休职工3242人；核销债务91685万元，其中金融机构42456万元；剥离企业办社会职能，每年可为两个新组建公司节省费用920万元。政策性破产消除了两个亏损大户，重组的两个新公司2009年实现盈利，为地质装备行业的发展、为职工队伍和社会的稳定奠定基础。中装总公司政策性破产领导小组被国资委评为中央企业政策性关闭破产工作先进集体，3名成员被评为先进个人。

2. 无锡钻探工具厂搬迁改造项目通过验收。

2009年11月18日，国机集团项目验收组对无锡钻探工具厂搬迁改造工程项目进行现场竣工验收。该项目厂房、环境、安全、消防等建设内容符合规范要求，各生产线所购设备通过安装、调试，运转情况正常，项目管理到位有效，做到“三同时”。改造后的新企业生产环境改善，技术工艺手段加强，生产能力大幅提高。该项目是中装总公司首次对直属企业进行大规模技术改造，为“十二五”期间旗下更多企业的技术改造拉开序幕。

3. 拓展服务领域，海外工程施工取得突破。

2009年，中装总公司积极融入国机集团业务链条，加强与国机集团所属企业内部合作，首次涉足国外工程施工领域，承揽菲律宾北吕宋铁路一期一段软基处理工程项目，合同额1.69亿元。发挥中装总公司的技术、设备优势，向工程施工领域拓展，是中装总公司的既定方针。为此，中装总公司成立工程施工部，负责对外承包工程的组织实施，2009年实际完成工作量2492万元。

4. 三个重点项目前期准备工作相继启动。

2009年，立足于中装总公司长远发展，确立三个重点项目，并启动前期准备工作。一是拓展总部、北京地质仪器厂、北京钻探工具厂生产研发空间的“中装总公司生产研发基地项目”，成立专项工作组，经过实地考察论证，形成可行性报告初稿；二是重庆探矿机械厂“退城进园”更新改造项目，进行选址和论证工作；三是无锡钻探工具厂二期工程，通过利用优良资产实施对外联合的方案，因外部环境变化，进行重新论证。

【科技创新】

1. 科研项目完成情况。

钻机类项目：2009 年，中装总公司通过竞标，承担“汶川地震断裂带科学钻探二号孔（WFSD－2）深部施工钻探设备”（KZ－3000 钻机）项目的开发。按照计划，2009 年，中装总公司完成方案论证、图纸设计、全套部件加工以及外购件选型等工作。HCDF－6 型全液压岩心钻机项目研制完成，进入生产性试验阶段。HCDU－6 型全液压岩心钻机项目完成样机组装。

仪器类项目：AFS－9700 双道全自动注射泵原子荧光光度计获 2009 年第十三届北京分析测试学术报告暨展览会唯一“金奖”。井中质子磁力仪和高精度井中三分量磁力仪被国土资源部确定为应用推广项目。

专利申请：2009 年，中装总公司共有 8 项技术创新成果提交专利申请并获受理，其中 3 项为发明专利。

2. 技术管理情况。

2009 年，技术中心通过了国家发改委等五部委组织的评估，并正式更名为中国地质装备总公司技术中心。为强化技术管理，增设技术管理部，成立技术工作调研组，对所属企业产品结构、新产品研发、奖励分配政策、技术管理工作进行调研，针对各企业情况提出加强技术管理工作的具体意见。以行业技术和产业为支撑，加强对外合作，与 3 家科研院所签订战略合作协议和 6 项具体项目合作协议。受国土资源部委托，作为发起单位，启动“深部地质勘查装备产业技术创新战略联盟”的筹备工作。

3. 产业化发展情况。

根据国家新一轮投资方向和市场需求，重点推进 7 个技术条件成熟、能在较短时间内形成量产的产品项目的研发。为增强技术创新能力和新产品产业化速度，整合在京单位研发制造能力，提出“中装总公司北京生产研发基地建设项目”，成立工作组，完成初步可行性报告。通过重点帮扶，以张家口中地装备探矿工程机械有限公司为重点，逐步形成全液压钻机等更新换代产品的生产基地。

【主要管理经验】

1. 发挥战略规划引导作用，立足企业长远发展。

企业发展，规划先行。在 2007 年 9 月出台《中国地质装备总公司“十一五”发展规划》的基础上，2009 年再次对发展规划进行修订，《中装总公司 2010—2014 发展规划》初稿印发至各企业。在两家企业完成政策性破产、1 家企业搬迁改造投产的基础上，提出在北京建立生产研发基地、对 3 家探矿机械生产厂进行搬迁改造、建设无锡钻探工具厂二期工程等重大举措，并在 2009 年开展项目论证等前期工作。这标志中装总公司已经进入整体大规模更新改造的发展阶段，站到了加快发展的新起点上。规划的制定，贯彻了引导直属企业科学发展、加快发展和长远发展的理念，体现了中装总公司敢啃“硬骨头”的信心和决心。

2. 深入学习实践科学发展观，解决影响发展的突出问题。

中装总公司的学习实践活动紧扣“立足新的起点、加快科学发展，共建和谐中装”的主题，提出总公司从“扭亏”、“脱困”到“做大做强”三步走的设想，形成总部和各直属企业的分析检查报告、整改落实方案 16 份，针对各直属企业的《关于加强企业管理工作的意见》7 份。通过深入开展学习实践活动，增强了广大党员、干部坚持科学发展、加快发展的责任感和使命感，提高了对国家矿产资源需求和本行业发展趋势的认识。至 2009 年 11 月底，影响和制约自身科学发展的 102 个问题，有 98 项得到解决或基本解决，对各方面工作起到重要的推动作用，促进了总公司各项任务指标的完成。

3. 信息化建设谋篇布局，管理水平提升初见成效。

为提高工作效率，降低集团型企业的内部沟通成本，中装总公司上马连接总部和各直属企业的视频会议系统。2009 年 5 月系统建成并投入使用，至 2009 年底，召开 11 次视频会议，参会人员 700 人次。以此为突破口，全面启动信息化建设工作，包括信息化情况全面调研摸底，构建信息化内部管控体系，建立信息化管理制度，依托信息化建设提高总部精细化管理水平迈出第一步。

4. 加强对外合作，服务社会，提升行业影响力。

2009年，中装总公司承担了更多的社会责任，受国土资源部委托开展“深部地质勘查装备产业技术创新战略联盟”筹备组建工作，承担中国地质调查局“地质技术装备调研”项目，向中矿联提出“我国地质技术装备现状及发展建议”，承办“全国地质与矿山装备产品展示交易会”、“2009中国（北京）国际地质技术装备展览会暨论坛”、“2009年地质岩心钻探钻具研讨会”，组织企业参加第106届广交会和中国（天津）国际矿业大会，与17家部委院所建立起密切联系或技术合作关系，与两家院所签署战略合作框架协议，这些活动进一步提升了中装总公司的行业影响力，也为中装总公司的发展创造良好的外部环境。

中国收获机械总公司

【基本概况】

1. 发展情况。

中国收获机械总公司（以下简称中收总公司）主要生产、销售系列大型谷物联合收割机、牧草机械、林果机械、油田野营房车、农业包装容器、高低压配电柜、剪羊毛刀片、钢结构加工制造、物业管理、农业生产、热力供应等产品。

中收总公司前身——新联集团是新疆地区骨干企业，在建国的60年期间，为新疆农牧业发展、兵团建设、新疆石油建设提供了大量的机械装备。

中收总公司在国内主要区域拥有4家全资、控股、参股子（分）公司，中国风力发电行业协会挂靠在公司内。

中收总公司现有职工1404人，工程技术人员155人，其中高级技术职称人员46人，中级技术职称人员51人，进厂25年以上工龄职工占85%以上，生产技术管理中级以上职称人员119人，高级技师19名，技师59名。

在疆企业占地面积为44万平方米，有各类房屋建筑面积11.5万平方米，拥有各类大型生产设备1400余台，固定资产原值约2.1亿元。并拥有252万平方米（约3800亩）农场，从事农业产品的种植。

中收总公司现有主要农牧机产品有：新疆-2.0、新疆-3.0、新疆-4.0、新疆-5.0、新疆-8.0自走式稻麦联合收割机；4YZ-4、4YZ-5、4YZ-7和直脱式玉米联合收获机；系列旋转式割草机、指盘式搂草机、方草捆机、圆草捆机、圆盘铡草机、精量播种机、果园开沟施肥机；95MR76.2B剪毛机；林果树木高中低枝气动修枝剪、青核桃脱皮机、核桃清洗机、气动式核桃破壳机。

此外，中收总公司还附带生产金属容器包装桶——锥形及直开口系列蕃茄专用桶及石油化工用桶、户外营房车系列和电器产品高低压柜等。

联合收割机一直是企业的主导产品之一，从1978年开始，先后研制生产新疆-2.5牵引式联合收割机、新疆-2、新疆-3、新疆-4、新疆-5、新疆-8自走式联合收割机、三行、四行、五行、七行玉米收获机等系列产品，其中：新疆-2.5牵引式联合收割机1983年获国家银质奖，这也是我国收获机械行业唯一获得国家银牌奖的产品；新疆-2自走式联合收割机1993年开始批量生产，迅速风靡全国，十几年来，以新疆-2为代表的2号机成为实现我国小麦生产全程机械化环节的主导机型。1995年该产品先后获得新疆维吾尔自治区科技进步一等奖、国家经贸委科学技术进步巨大成就奖。

中收总公司生产的新疆-2产品在全国成功开创小麦收割机跨省区收割新模式，为我国农业机械化的推广做出突出贡献。“中国收获”在全国有很高的知名度和美誉度，“中国收获”品牌拥有巨大的无形资产，2006年成功入选国家商务部“最具有市场竞争力品牌”。

中收总公司在“九五”、“十五”、“十一五”期间，主持和参与多项国家和行业主管部门委托的农机科研开发项目和国家支持的技术改造项目。

企业现有优势：有成熟的谷物收获机械、牧业机械、林果机械等系列产品，经过长期的市场培育，建立许多长期稳定的客户和广泛的信息渠道，同国内外有关政府部门和行业组织保持良好的关系。其产品在市场上拥有很高的知名度，有较强竞争力，且市场前景很好。

与中亚五国建立良好的传统贸易关系，为中国农机产品打入中亚市场打下基础。随着国家西部大开发和对外开放战略实施，中收新疆生产基地具有成为国机集团农机板块在西部的制造基地的地缘优势，同时也是国机集团及所属公司在中亚国家承接工程总承包项目时的加工基地。

由于新疆地区综合机械加工能力较为薄弱，中收总公司仍是新疆地区仅存不多、加工能力较强、设备较为齐全的大型机械加工企业。其非主业产品，如油田营房车、农产品包装容器、剪毛机刀片等生产已形成一定规模，对中收总公司起到支撑作用，特别是农产品包装容器的产量已成为新疆第二大生产单位，在全国同类产品中，其规模也名列前茅；油田营房车在新疆同行业也很有知名度；新疆是国家风电资源大省，市场前景十分看好，大型风电配套设备的属地化制造与运输，企业拥有得天独厚的发展优势，对此中收总公司已采取积极措施，多方筹划，准备在风电配套设备中的“塔筒与法兰”制造市场赢得一定份额。

公司所属北京华贸兴业贸易有限公司是中收总公司国际贸易窗口，在国外有多个传统客户和经销体系。

2. 历史沿革。

清光绪23年4月21日，即公元1897年5月22日，清甘肃巡抚饶应祺奏请光绪皇帝，批准创办新疆军械工业。1898年9月25日，设立新疆机器局。该局初设于乌鲁木齐市（旧称迪化）城南三屯碑地域，后迁至市区以北水磨沟地域，并修建厂房，安装设备正式开始投入枪炮修理，是新疆最早的军工厂，也是这个企业百年建厂的起始点。1907年新疆地方当局又在机器局内增设铸币局，正式开创新疆制造货币的历史。从民国初期至新疆和平解放前期该企业几易其名，历经坎坷，艰难渡过四十几载漫漫长夜。

1949年9月25日新疆和平解放，新疆军区派军代表接管该企业，经过改组和整顿，使企业成为当时少数几个大型国有企业之一，隶属于新疆军区军工部直接领导，担负起支援新疆恢复国民经济、屯垦戍边和发展工农业生产的光荣任务。

从1950年开始，工厂完全停止军工生产，转产民品。1954年正式确定农具制造，先后改名为乌鲁木齐农业机械厂、新疆第一农业机械厂、新疆联合收割机厂。

1995年11月30日，经新疆维吾尔自治区人民政府批准，将原新疆联合收割机厂、新疆牧业机械厂等多家单位合并，成立新疆联合机械（集团）有限责任公司（以下简称新联集团）。1998年4月，经国家机械工业局和新疆维吾尔自治区人民政府批准，原新联集团以资产划转方式加入中国机械工业集团公司（以下简称国机集团），并与国机集团的子公司中国农牧业机械总公司合并组建集科、工、贸为一体的国有大型企业——中国收获机械总公司。注册时间为1998年9月10日。注册资本金为15519万元。公司注册地在北京，生产基地在新疆乌鲁木齐市。

1999年中收总公司从国家机械工业局获得上市指标，以在疆的生产经营性资产为主体，联合乌鲁木齐市国有资产经营公司等8家单位，发起成立中收农机股份有限公司（以下简称中收股份），中收股份由中收总公司控股，于2000年6月在北京挂牌成立；2002年3月中收股份注册地由北京迁回乌鲁木齐市。

3. 自进入国机集团至2008年发展情况。

中收总公司自1998年加入国机集团至2008年的十年中，资产总值从1998年底的2.80亿元到2008年底的4.51亿元，增加61%。销售收入累计实现33.94亿元，其中主要产品累计生产销售：系列谷物联合收获机械类56668台、大型农机具及牧草机械类18788台套、剪毛机动定刀片2089431片（其中90%销往国外市场）、金属容器包装桶127.4万只、野外营房车1720栋。

公司在加入国机集团的十年，中收人既尝试了市场扩张战略带来的经济形势的繁荣，也经历了企业每况愈下、惨谈经营的屈辱，有许多经验和教训值得总结。但是中收人秉承永不放弃的企业精神，在国机集团的关心、支持和领导下，按照市场定位调整产业结构，一方面积极开发适销对路的新产品，改善生产条件，提高产品质量，不断扩大产能，逐步扩大市场占有率；另一方面盘活新疆资产，剥离解决已形成的债务问题，为再造新疆生产基地进行着不懈的努力。

多次承担国家级大型科技项目：

（1）2006年1月10日至2008年10月31日，主持完成“十一五”国家科技支撑计划项目《现代化农业与机械化耕作技术研究与示范》之《稻麦跨区收获机械化技术研究》课题。

（2）2006年1月10日至2008年10月31日，参与完成《现代化农业与机械化耕作技术研究与示范》之《玉米收获机械化技术研究与示范》课题中的子课题《自走式玉米联合收获机研制》项目。

（3）1999年2月至2000年12月，承担国家经贸委《国家技术创新项目》之《国家大型农机具重点开发项目——自走式玉米收割机（三行、四行）技术开发》项目。该项目的研制拉开我国生产自走式玉米收获机的序幕，经过近10年的发展，自走式玉米收获机已逐渐走向成熟，在玉米实现机械化收获的进程中起到重要的作用。

（4）2001年1月至2002年12月，承担国家经贸委《国家技术创新项目》之《国家大型农机具重点开发项目——采棉机采棉滚筒的研制》项目。

（5）“九五”期间，承担国家科委“九五”科技攻关“五大作物”项目中的“棉花大面积高产综合配套技术研究开发与示范”之《4MZ－2/3型自走式采棉机研制》专题研制。

新疆－2型联合收割机年产上万台。由中收总公司研制成功的新疆－2型联合收割机，于1993年正式投产，是1999年作为唯一参加国庆50周年大典成就展示的农机产品。十几年来，以新疆－2为代表的2号机成为实现我国小麦生产全程机械化环节的主导机型。

1997、1998、1999年新疆－2联合收割机连续3年产销超过万台，成为全国同期生产自走式联合收割机数量居首的主导企业。创造新疆－2收割机占全国总销量70%的奇迹。2007年5月26日第“十万台”收割机下线典礼仪式在新组建的洛阳中收机械装备有限公司（以下简称洛阳中收）隆重举行。

1995年，由于新疆－2联合收割机适应农村经营体制的变革，成为农民致富的畅销产品，并开创从南到北的跨区收割尝试，1996年，农业部在河南省组织召开全国“三夏”跨区机收小麦现场会，对农民首创的大规模联合收割机跨区收获小麦进行组织管理，推动了跨区机收这种新型的农机服务模式的发展。

着眼大局，支持洛阳中收建设项目。2006年中收总公司按照国机集团打造农机板块的战略部署，选定洛阳新建生产基地——洛阳中收，接续中收总公司在内地的收获机械整机生产销售。项目2006年3月确定，2007年5月26日举行新工厂落成剪彩仪式，整个工程在洛阳市创造了建设周期短、初期投入少、工程质量高的工程建设记录。为支持洛阳中收快速发展，中收总公司从国机集团打造农机板块的战略高度出发，按照服务大局的原则，将内地原有的产品、技术、商标、社会供销体系、人力资源、市场区域等无形资产提供给洛阳中收使用。为确保洛阳中收的生产销售，2007年起，中收内地最大的生产企业—郑州中收联合收割机有限公司及中收西安分公司停止生产所有收割机整车，新疆片区生产的产品只在疆内销售。使洛阳中收建成后实现当年投产，当年赢利的良好开局。

根据国机集团的部署及时调整产品结构及市场定位。在农机行业，中收总公司一直是行业的排头兵，靠的就是适销对路的新产品技术。小麦收获机如此，玉米收获机也是如此。从1995年开始，经过十多年对玉米收获机的不断改进、试验、应用，2007年产品基本趋于成熟，成为继新疆－2收割机后又一新的经济增长点。2007年洛阳中收利用中收技术生产的440台玉米收割机销售一空，位列国内销量第一，2008年又实现生产销售近800台的良好业绩，为洛阳中收初期发展奠定非常好的经济基础。

2007年10月，根据国机集团的总体部署，洛阳中收分立，由此打破中收总公司已形成的小麦、水稻、玉米、牧业收获机械等产品优势互补的农牧业装备大主业的产品格局，公司迅速调整了市场定位和产品发展方向，小麦收获机在原创技术优势的基础上，向大型、多功能方向发展，加大了新疆－5、新疆－8型收割机的研制力度，以适应新疆及中亚市场；根据新疆对棉花收获机械的需求，启动了采棉机研制的调研工作，2008年对新疆棉花市场和当前收获现状等各方面情况进行认真调查研究，并根据市场的需要着手采棉头的国产化研究和关键零部件的工艺突破；根据新疆林果业发展的需要，完成果树剪枝机、核桃青皮剥离清洗机等产品的国产化，核桃青皮剥离清洗机已实现小批量生产和销售，用户订货踊跃。通过积极开发新产品，拓宽产品使用功能，为企业培育新的经济增长点。

【主要指标】 截至2009年12月31日，公司合计资产总额45844.8万元，比2008年多716.67万元。2009年全年实现营业收入16282.42万元，比2008年多790.09万元，主要销售产品：系列谷物联合收获机械类156台、农机具及牧草机械类661台套、林果机械类78台套、剪毛机动定刀片129335片（其中90%销往国外市场）、金属容器包装桶46.39万只、野外营房车292栋。利润总额1322.84万元，比2008年多4987.55万元。主要原因是生产成本及管理费用均采用预算控制，另外对中收西安分公司及中国农牧业机械镇江公司的资产进行处置，使营业外收入增加。

2009年中国收获机械总公司主要经济指标

项　目	2008年	2009年	同比增减
资产总额（万元）	45128.13	45844.8	716.67
净资产（万元）	-45767	-56987.91	-11220.91
营业收入（万元）	15492.33	16282.42	790.09
利润总额（万元）	-3664.71	1322.84	4987.55
技术开发投入（万元）	287	227.98	-59.02
利税总额（万元）	351.14	1789.41	1438.27
全员劳动生产率（万元/人·年）	5.6	3.03	-2.57
净资产收益率（%）	8.07	-2.30	-10.37
总资产报酬率（%）	-7.06	3.019	10.079
国有资产保值增值率（%）	98.27	98.42	0.15

【重大决策与重大项目】 2009年，面对国际金融危机等经济环境的剧烈波动和企业内部“生存、稳定、发展”的现状，中收公司在国机集团的正确领导下，奋力开拓市场，积极调整产品结构，注重产品研发和机制的转换，取得显著的成绩，走上一条自我完善、自我发展的道路。

1. 制订符合公司实际的发展战略。

提出“立足新疆，面向中亚，退城进园，做实平台”的长远发展战略，明确以农牧机械装备制造为基础、油田装备制造、金属包装容器、钢结构设计与制造、风电设备装备制造、林果机械装备制造并重，物业管理、房产开发、商贸采购、外贸出口产业为补充的发展战略，为企业今后的发展奠定坚定的基础和方向。

2. 生产经营和资产重组并重，避免国有资产的流失。

（1）根据国机集团的部署，完成中国机械对外技术合作总公司所持有的新疆新联机械制造有限公司、新疆新联物业管理有限公司股权置换到新疆中收农牧机械公司（以下简称新疆中收）的工商变更。

（2）先后完成部分二级公司的股权调整，公司收购新疆金牛电器股份有限公司全部个人所持有的股份（新疆乌鲁木齐威斯特公司、新疆通达牧业公司个人持股在2008年已全部被公司收购），将其纳入公司统一管理。

（3）为了盘活资产，经营重点转入新疆，公司在国务院国资委天津产权交易中心，成功挂牌转让子公司——中国农牧机械镇江公司，转让工作进行顺利。

（4）由于西安市城市建设开发的需要，中收西安分公司的拆迁补偿工作经过与西安市政府艰苦谈判，最后达成补偿协议，此工作已全部完成。

（5）公司通过债转股的形式，收购吉林省辉南车轮总厂、中国农业机械化科学研究院、无锡中良橡胶化工有限公司、江苏五菱柴油机股份有限公司、天津轮胎橡胶工业有限公司五公司所持有的中收股份股权，机械工业部第四设计研究院股权收购正在进行中。股权收购完毕后，中收股份股东由八家剩下两家，即中收总公司和乌鲁木齐国有资产经营有限公司，个人股权全部退出。为下一步资产重组奠定基础。

【科技创新】

1. 新疆－8大型通用联合收获机研制成功。

经过两年多的研制，新疆－8大型通用联合收获机研制成功，并与2009年6月26日正式生产下线，8月22日在新疆乌鲁木齐举行新产品演示会获得成功，受到各方面专家的一致好评。该机型填补国内自主研发大型通用联合收割机的空白，符合国务院《装备制造业调整和振兴规划》精神。对于丰富国机集团农机板块的产品线，增强板块实力，将发挥重要作用。

2. 大豆专用割台试制成功。

2009年9月中旬，结合市场需求，为联合收割机配套设计的大豆专用割台，完成试制组装任务，并在东北三省进行田间试验，效果明显，为批量化生产奠定较好的基础。

3. 气吸式玉米铺膜精量播种机通过鉴定。

公司机修事业部与新疆农业大学合作开发的气吸式玉米铺膜精量播种机，2009年初在新疆博乐地区试播成功，满足农艺要求，受到农民的欢迎，该项产品通过自治区农机鉴定站的鉴定。

【市场拓展】

1. 完成制桶生产线建设的前期准备工作。

由于现有生产线建于上世纪70年代末，设备老化，故障频发，制约了企业的生产。2009年虽开足马力，仍不能满足市场需求，使大量定单无法承接。为了公司长远战略发展考虑，在资金十分紧张的情况下，公司决定投资385万元再建设一条国内目前最先进的制桶生产线，完成后使公司两条线生产能力达到70万只桶生产能力，年销售收入达5000万元。制桶事业部前期场地搬迁和设备采购合同已与设备生产厂家签订，第一批合同预付款已支付。

2. 拓展工程承包领域，形成公司新的经济增长点。

2009年，公司工程制作和安装实现突破，全年完成钢结构和非标制作2500吨，并已完成国外的安装工作；完成塔吉克斯坦氟化岩化工项目压力容器设备制作1100吨，该项目设备制造和采购基本完成。

新签库车—吐鲁蕃铁路金属挡风墙合同1300吨。

【企业维稳】 2009年，中收总公司既面临国家大事多、难事多的特殊社会环境，又面临企业内部生存发展的新实践，特别是新疆“7·5”事件的发生，使企业和社会稳定工作任务繁重，责任重大。公司党委要求各级党员领导干部要统一思想，认清“7·5”事件的本质，旗帜鲜明地反对“三股势力”，树立“三个离不开”的思想，维护民族团结的大好局面。同时，坚持一手抓稳定、一手抓生产经营，教育干部职工，坚守工作岗位就是对党和政府的最大支持，就是对犯罪分子的有利打击。“7·5”事件期间，公司没有一个人参与、没有一个人受伤，保证了公司的稳定，受到国机集团的表扬。与此同时，公司还及时成立护厂队，基层单位领导亲自带班值班；加大对困难职工的帮扶力度，深入到基层了解职工的思想动态及家庭生活情况，适时给予帮助，并根据企业需要，接受9名少数民族大学生进入公司工作。

中国机械工业建设总公司

【基本概况】

1. 发展情况。

中国机械工业建设总公司（以下简称中机建设）始建于1953年9月，是我国成立最早的大型国有施工企业之一。公司是建设部批准的工程施工总承包一级企业，拥有AAA级资信等级和商务部批准的对外经营权、对外贸易权、对外派遣劳务资质和许可证书，通过ISO9000质量管理体系、ISO14001环境管理体系、GB/T28001职业健康安全管理体系审核认证。

中机建设现有12个全资子公司、5个分公司、4个专业化公司、5个办事处、8个参股公司和一所工程技术学校。公司员工总数1万余人，其中各类专业技术人员3000多人。

中机建设成立50年来，先后承担数百项大中型重点工程建设，工程领域遍及机械、汽车、建材、冶金、电力、化工、石油、电子、轻工、广播电视、环保、市政、公用和民用建筑等行业，施工业绩遍布全国各地，为我国的工业建设和发展做出重要贡献。

2. 自进入国机集团至2008年发展情况。

进入国机集团以来，中机建设积极面向国际市场，适时调整经营结构，全面创新管理机制，在国际工程承包方面取得长足发展，承担德国、英国、圭亚那、委内瑞拉、尼日利亚、苏丹、马来西亚、缅甸、中国香港特区、中国澳门特区等国家和地区的工程项目建设，在国际工程承包与项目管理方面取得快速发展。

此外，中机建设还积极参与国机集团内部合作，承建菲律宾铁路、尼日利亚欧姆托休电站、印尼2×350MW燃煤电站等项目，企业的综合实力取得较大提升。

【主要指标】 2009年中机建设累计完成企业总产值占公司年计划的118.44%，比2008年同期增长13.43%；新签合同额占公司年计划的153.66%，比2008年同期增长5.12%；主营业务收入达到国机集团下达指标的123.64%；实现利润总额达到国机集团下达指标的150.94%；进出口总额达到国机集团下达指标的123.58%，圆满完成国机集团下达的各项指标。

2009年中国机械工业建设总公司主要经济指标

项　目	2008年	2009年	同比增长（%）
资产总额（万元）	215008.52	233167.71	8
净资产（万元）	16416.39	46289.70	182
营业收入（万元）	307333.21	355374.78	16
利润总额（万元）	3062.70	4034.52	32
技术开发投入（万元）	3307.79	4310.98	30
利税总额（万元）	11669.92	12860.04	10
全员劳动生产率（万元/人·年）	4.87	5.84	20
净资产收益率（%）	8.19	9.96	1.77
总资产报酬率（%）	1.17	2.77	1.60
国有资产保值增值率（%）	119.78	119.18	-0.60

【重大决策与重大项目】 2009年，中机建设确定“围绕五大产业板块，深入打造中机建设核心竞争力”的战略思路，并确定公司重点发展的五大板块——电力业务板块、交通工程业务板块、钢结构业务板块、环保市政业务板块和机电工程业务板块；与此同时，明确五大板块的发展思路——以国机集团非实体经营为主要平台，积极响应和推进集团内部合作，以总承包为主要业务模式，重点发展电力和交通工程业务板块，巩固和提升传统机电工程业务板块，创新发展环保市政业务板块，整合优化钢结构业务板块，逐步使五大业务板块形成协同发展、具有国际竞争力的格局。

经营开发方面，中机建设取得新的突破，提前一年完成公司第二个五年规划的经营目标。从签约项目集中度看，公司过亿元项目8个。各子公司也充分发挥自身优势，围绕目标市场加大开发力度，成效显著。一公司针对灾后建材行业的良好市场形势，把加大建材行业市场开发作为新的业务增长点，年内共承接9条水泥生产线的施工任务；三公司在承担特多项目的重任同时，继续巩固提升在传统二手设备拆迁业务优势，成功签约澳大利亚三菱冲压设备资产拆卸承包工程及英国、美国、德国等多项二手设备拆迁项目；四公司发挥自身在电站专业化市场的特长，开发尼日尔电厂工程；五公司利用公司在水泥建材行业的业绩优势，在安徽海螺水泥生产线、余热发电领域保持领先优势；经总公司牵头、机械化公司全面配合，采用“承包商联盟施工合作”方式承接加拿大超达镍公司新额里特尼亚镍矿冶炼厂项目。

公司各在建工程进展顺利，圭亚那斯凯尔顿糖厂项目竣工投产；香港昂船州大桥成功合拢；缅甸柴油机厂项目于2009年12月29日胜利竣工；中海油工程800T龙门吊项目经过组织和策划，成功起吊；北京福田康明斯发动机项目圆满竣工投产。

【科技创新】 2009年，由中机建设主编的《机械设备安装工程施工及验收通用规范》《金属切削机床安装工程施工及验收规范》《锻压设备安装工程施工及验收规范》《锅炉安装工程施工及验收规范》四部国家标准正式颁布。

中机建设全系统先后荣获省部级以上奖20余项，其中，《中国东方电气集团公司出海口基地建设项目》荣获第八届中国土木工程詹天佑奖；《建筑物桁架整体提升方法及其设备》荣获国家发明专利；《二手轿车焊装生产线拆迁施工工法》被批准为国家一级工法；《大型场馆类钢结构安装工法》等七项施工工法被批准为部级工法；《余热发电工程建设施工能力提升》获准为2008年度国机集团科技发展基金项目，获得80万元无偿资助基金支持，并荣获国机集团科学技术三等奖。

【产权制度改革】 中机建设所属中国三安建设工程公司收购三源建筑（天津）电气有限公司。通过收购三源建筑（天津）电气有限公司，大大提高了企业知名度，同时在一定程度上优化了中国三安建设工程公司天津分公司的办公环境，为企业的长足发展打下坚实的基础，注入了新鲜的血液，增强了竞争的实力。

【主要管理经验】 中机建设在经营管理方面取得深入发展。在国机集团的支持下，占地420亩、投资规模3.6亿元的中山钢结构产业化基地投资项目顺利获批；一公司重建办公楼及压力容器制造基地、二公司在武汉开发区新基地建设、三公司新建办公楼、四公司拆迁改建办公楼等一批投资项目相继动土开工，这标志着中机建设整体实力的增强。广州分公司通过国机集团资产划转方式，拥有新的办公基地；西南工程学校在在国机集团和总公司的大力支持下，取得灾后重建资金，并顺利开展操场改造、综合楼建设工作。此外，中机建设还获得国机集团以其持有的1.5913亿元“中央建设基金”对公司的投资；公司开创性地通过期货市场定价模式，用合同金额10%的资金远期锁定价格，与国际知名现货公司为特多项目签订远期购买原铝合同。

中机建设积极开展深入学习实践科学发展观活动，成效明显。在国机集团党委的正确领导下，总公司党委以“把握机遇促进科学发展，提升能力做强集团支撑”为主题，以解放思想为先导，以分析检查为关键，以整改落实为重点，以群众满意为目标，科学筹划，周密部署，按照预先确定的工作程序和日程安排，顺利地完成各阶段的活动内容。公司党委进一步理顺全系统的组织管理体系，加强对下属单位党建工作的指导。公司成功组织召开第一次由全系统党员代表参加的党员代表大会，全系统形成更加坚强有力，更加上下贯通的组织体系，为充分发挥党组织的政治核心作用提供坚强的组织保障。在领导班子建设方面，坚持党管干部的原则，以“四好班子”为标准，按照“双向进入、交叉任职”的方式，不断完善领导体制，形成“党政关系协调、工作主动配合、业务相互融入”的良好状态。

公司的信息化建设积极推进。全系统围绕提高公司的管控水平和工作效率这一核心，加强财务集中、OA协同平台和信息集成管理平台等项目建设。2009年，总公司启动OA系统升级工作，提高了处理效率。结合项目物资采购、集港、发运的需要，与专业IT企业合作，引进、开发物资采购管理系统，有力地促进了项目管理工作。二公司结合企业实际，自主开发涉及经营管理、项目管理、人力资源管理、技术管理、质量安全管理、资料管理等多个环节的运营管理数据库，建立相应的管理制度，大大节约了人力成本，提高了工作效率。西南工程学校重视信息化建设在教学中的重要作用，新建6个规范的多媒体教室，改善学校的教学条件，取得良好的教学效果。

2009年，中机建设司歌《中机建设之歌》正式出台，完善了企业文化体系。公司全系统积极开展唱响司歌的歌咏比赛活动，取得良好的效果。企业宣传工作的重要性得到普遍认同。所属单位的宣传工作取得新的成绩，一公司、二公司、三公司、西南工程学校均进行简报的改版工作。《中机建设报》质量日益提高，内容更加丰富，众多稿件被《国机集团报》、集团英文杂志、集团《品牌与文化》杂志、国资委网站选用，另有4篇稿件直接被《中国建设报》采用。全系统各单位继续向社会进行多项捐助活动，为社会奉献爱心；西南工程学校响应四川省号召，积极参加四川藏区“9+3免费职业教育计划”，接收111名藏区贫困农牧民学生，帮助他们实现“零缴费”和“无障碍入学”。另外，在各单位的积极参与下，由82名运动员组成的中机建设代表队参加2009年国机集团第三届职工运动会，参与大会3个组别的55项比赛，并最终再次蝉联团体总分第一，赢得国机集团运动会的三连冠，再次展示了中机建设良好的精神风貌和团队精神。

中国机床总公司

【基本概况】 中国机床总公司自1979年12月26日组建成立已走过30年的历程，是我国机床行业第一家实行内外贸相结合，集技工贸于一身的经济实体。中国机床总公司主要负责组织全国机床工具行业开拓国内国外两个市场，从事机电产品及除国家指定单位经营外的所有产品的进出口贸易和国内营销业务，开展生产技术合作，提供机械工程项目技术设备成套服务，是我国机床工具行业最大的进出口和技术设备成套专业公司。

自1990年以来，中国机床总公司一直跻身于全国最大500家外贸企业行列，名次逐年提升，1991年名列第153位，进出口额达17336万美元。1992年被国家授予“甲级机电设备成套单位”；1995年，经机械部报请国家经贸委审批，同意成立以中国机床总公司为核心企业的“中床机电工业集团”，并要求在集团成立后，进一步调整企业组织结构，发挥群体优势，提高市场竞争力，以国际市场为导向，致力于我国机床工具行业的发展。

中国机床总公司在“七五”、“八五”期间共承接了200余个重点成套项目，这些成套项目主要分布在汽车、兵器、船舶、航空、电子等行业，对机电设备项目和相关领域总承包。其中有国家重点大型建设项目25个，承接组织供应设备超过50亿人民币；成套成线项目40余个，负责组织供应设备达20亿元；比较突出的业绩有：1985—1995年，负责一汽中型卡车换型改造的设备组织供应，组织装备500多（台）组合专用机床；组织13万辆轿车先导工程专用设备1.4亿元人民币，均通过国家验收。此外，还为一汽新型变速箱项目组织供应80%以上的国产设备。

1985—1990年，负责组织重型汽车“斯太尔”项目的技术装备供应，进口设备约3亿元人民币，国内设备4亿多元人民币。同时完成南京汽车制造厂“依维克”项目的技术设备供应等，项目建成投产后，均通过国家验收。

1985—1995年，先后组织二汽“康明斯”发动机项目的生产设备和八吨平柴驾驶室混流焊接生产线，价值约2亿元人民币，并通过国家验收。还为二汽轻型车项目组织四条冲压生产线，现都已投产使用。还承揽江铃汽车项目8条生产线，采购设备达5亿元人民币。

1990—1995年，承揽神龙汽车机加工生产线、冲压、总装等8条生产线，组织供应价值约6亿元人民币的设备。同时，承包天津夏利24条生产线，组织供应价值5亿元的设备。并负责上海大众汽车变速箱续建工作。

在这些重点项目的组织实施中，取得较好的经济效益和社会效益，受到建设项目单位的好评，为公司赢得较高的声誉，为提高机床工具工业技术水平做出贡献。

1999年，中国机床总公司因进口汽车案件致使公司在行业、市场中的商业信誉受到严重影响，经营业务大幅萎缩，经营额快速下降。进口汽车案件尽管被天津检察院撤销了起诉，但随之而来的连带诉讼官司不断，导致公司陷入困境。反思教训暴露出企业存在的决策失误，用人失当，管理失控，制度失效，监督失利，信息失真等深层次问题，为此，中国机床总公司领导班子确定2000年开始为管理年，确定“开好头，起好步，摸清家底，夯实基础，抓重点，见实效”的工作思路。

近十年来，在国机集团领导和职能部门的支持和帮助下，中国机床总公司尽管面临较大的困难和问题，但中国机床总公司党政领导班子和全体员工始终坚持实事求是、依法办事的原则，吸取教训，面对现状，相互支持协作，努力做好经营发展、官司诉讼、清理整顿等工作。一方面通过债务重组，尽可能实现以最小的偿债额度，清偿最大化的债务；另一方面尽可能盘活部分资产，打通渠道，为经营工作顺利开展提供条件。在资金、经营项目非常困难的情况下，努力维持经营业务的开展。2008年，中国机床总公司全系统已达到盈亏平衡。

截至2009年，中国机床总公司所属分子控公司在岗职工217人，其中公司本部72人，分子控公司145人，有高级以上技术职称33人、中级42人，35岁以下青年职工88人。

【主要指标】 2009年，国机集团对中国机床总公司下达的考核经营计划指标全面完成，主营业务收入考核指标12300万元，实际完成14616万元，完成计划的119%；进出口总额计划指标1380万元，实际完成1644万元，完成计划的119%；利润总额为306万元。

2009年中国机床总公司主要经济指标

项　目	2008年	2009年	同比增长（%）
资产总额（万元）	17042	11698	-31
净资产（万元）	-9647	-10684	
营业收入（万元）	22732	14616	-36
利润总额（万元）	200	-823	
利税总额（万元）	1688	491	-71
总资产报酬率（%）	3.25	-3.20	

【重大决策与重大项目】

1. 拟定公司战略规划。

公司明确提出短期和中长期的战略发展目标，初步明确公司经营业务发展的总体定位，即“机床为主、技贸结合、扩展成套市场、逐步向综合性贸易企业过渡”。初步考虑利用机床公司品牌，通过适当规模的资本合作等方式，与生产制造企业及其产品相结合，逐步获取其产品代理销售以及全面的贸易服务；而后结合用户企业的需求，有选择地确定具有技术优势的产品，着力开发合作企业的自主品牌产品，逐步提升公司在合资生产企业的投资收益以及贸易服务收益。

2. 搭建新的经营平台。

努力搭建机床公司新的经营平台。力争在国机集团领导和支持下，尽快构建一家具备良好内外部环境的经营载体。

3. 集中分散的经营业务。

将销售公司确立为全系统经营工作开展的主体，逐步将系统内分散的经营业务流转到销售公司运行。为经营业务开展和运行提供良好的资金和环境，最终达到有效带动经营发展的目的。

4. 内控管理。

以实现高效经营管理的实际需求为第一原则，通过进一步整合机床公司本部、销售公司等下属公司的组织结构和人力资源，缩短相互间的管理链条，减少管理层次，形成运营效率高，适应能力强，能够保障新平台可持续发展的组织。加快企业信息化建设，根据行业和公司的实际，逐步做到全系统的信息化管理。

5. 资本运作。

一方面通过股权和资产重组，把系统内现有的无效益投资进行处置；另一方面通过改革改组，利用机床公司品牌与行业内生产型企业及其产品结合，从挂牌贸易到挂牌生产，逐步涉入机床及其零部件、工具的生产、加工领域。利用各种方式为经营工作补充资金。配合集团积极进行“拨改贷”清收工作，争取通过“拨改贷”清收工作获得的部分资金收益以弥补经营性资金的不足；通过“拨改贷”的债权性资产用于解决部分公司对外债务，以缓解因对外债务对公司造成的压力；通过出租房产、抵押融资等方式获取资金。同时继续积极同商业银行就项目抵押方式进行有关授信额度等方面的融资。

6. 人力资源管理。

主要风险是人力资源存在结构性矛盾，经营开拓人才严重匮乏；同时由于企业经营困难，存在一定程度人才流失。对于贸易公司，人力资源是最大财富，在公司非常困难，很难从外部引入人才的情况下，必须采取得力措施，创造条件，最大限度地挖掘业务人员的潜能，用创利高、薪酬高的奖励机制调动现有经营人员的工作积极性，留住业务精英，提高企业凝聚力；同时制定切实可行的激励制度和实施细则，以吸引外部优秀人才的加入。

7. 信息化建设。

信息中心的工作既是一项服务工作，又是一项技术工作，没有各个部门的充分理解和配合，全公司网络信息化就不可能连接起来，要努力营造一支既有分工、又有协作，既有纪律、又有情趣的工作团队。主要工作一是设备维护，管好用好公司设备，保证设备的正常使用，提高设备的使用率，使设备更好地为办公区服务。使交换机、网线、电脑、投影仪等等，处于良好的工作状态。出现了问题就及时的处理，坏了就尽量自己修，为公司节约不必要的开支。二是积极推动公司的信息化、网络化发展进程，加强网络、网站及各管理系统的维护，续约公司的企业邮箱，系统的数据集中归档，增开公司的日语、英语版网站。

【主要管理经验】

1. 推进企业文化建设工作，积极履行社会责任。

中国机床总公司虽然还处于困难阶段，但公司领导班子和全体员工的精神面貌和工作作风是积极的、良好的，特别是2007年新的一届班子成员团结协作，带领员工奋发向前，克服一个又一个困难，在2008年使公司经营扭亏为盈。尽管2009年受到全球金融危机的影响，但全公司上下工作热情高，干劲不减。特别是经过科学发展观学习实践活动，针对公司存在的几大问题，分析检查深刻，整改落实客观，广大党员和员工有信心将机床公司的事情做好。同时，公司党委和行政领导班子还时刻不忘履行企业的社会责任，青海玉树发生地震后，公司党委、工会积极行动起来立即发出捐款倡议书，号召全体职工，尤其是各级领导干部、共产党员、共青团员，积极为灾区群众献爱心。经过6天的筹集，共募集善款27988元。

2. 加强基层党组织建设、领导班子建设和精神文明建设。

（1）加强党的支部建设，发挥党支部的战斗堡垒作用和党员的先锋模范作用。2009年按照公司整体发展规划的要求，职工的办公地点、办公环境都进行了相应的调整，根据这一实际情况，公司党委本着方便党员参加党支部组织活动的原则，对党支部进行重新调整，由原来的10个党支部调整为7个党支部。对于近两年来表现突出的党支部和党员，公司党委在“七一”前夕召开“两优一先”评比活动，对3个先进党支部和18名优秀党员予以奖励，不断促进机床公司的精神文明建设。

（2）做好入党积极分子培养工作。2009年，公司党委按照培训计划，继续做好组织发展工作，吸引公司优秀人才和青年职工，为公司党员队伍增添新鲜血液，不断增强党的战斗力。7月，公司党委组织14名入党申请人参加国机集团组织的积极分子培训班，经过为期三天的学习，14名积极分子都圆满完成学习任务，取得积极分子培训班毕业证书。经过对入党积极分子的培养和考察，目前已成功发展党员1名，其余人员也都积极要求进步，认真撰写思想汇报，与各自联系人定期开展谈心活动，及时向党组织汇报思想，不断靠近党组织。

（3）公司党委紧紧围绕“四好”领导班子的创建要求，坚持用“三个代表”重要思想和党的十七大精神武装头脑，学习和贯彻科学发展观，通过定期召开领导班子理论中心组学习，召开领导班子民主生活会，加强领导班子团结协作、科学应对经济危机的能力，对公司重大事项专题专议，力争达到“政治素质好、经营业绩好、团结协作好、作风形象好”的四好要求，使党委的政治核心作用得到较好的发挥。

（4）紧紧抓住深入开展学习贯彻落实科学发展观活动的重大契机，使党员干部在活动中受教育，职工群众在活动中得实惠。学习实践活动中，公司党委严格按照国机集团党委的要求，加强组织领导，落实领导责任，抓住关键环节，鼓励探索创新坚持统筹兼顾，做到活动和经营两手抓、两不误、两促进。活动分学习调研、分析检查和整改落实三个阶段进行。在学习调研阶段，公司党委重点抓好理论学习、深入调研、解放思想讨论三个环节；在分析检查阶段，重点抓好召开专题民主生活会、形成领导班子分析检查报告、组织群众评议三个环节；在整改落实阶段，重点抓好制定整改落实方案、解决突出问题、创新体制机制三个环节。

通过三个阶段近3个月的学习实践，公司全体党员进一步增强了贯彻落实科学发展观的自觉性和坚定性，全体员工进一步明确了推进公司科学发展的思路和方向，同时针对制约公司稳定生存与科学发展的突出问题，公司领导班子也提出了解决思路、拟定了整改措施。学习成果的取得无疑对公司将来的发展起到推进器的作用，为全体员工重塑机床公司的辉煌树立了信心。

在丰富职工业余文化生活方面，机床公司工会在公司党委和行政领导班子的支持下，号召和组织部分职工参加国机集团主办的职工运动会。经过自愿报名、统筹协调等工作，最终共计约120人参加运动会开幕式，并有72名运动员代表机床公司参加此次运动会的比赛项目，在与兄弟单位的比赛拼搏中展现了机床公司职工良好的精神风貌。

中国重型机械总公司

【基本概况】

1. 发展情况。

1980年9月，经国务院批准，中国重型机械总公司（以下简称中国重机）成立。从事的主要业务包括国内外工程总承包和工程项目管理、进出口贸易、招标业务和投资运营。服务领域涉及冶金、矿山、港口、建材、锻压、电力、城市供水、环保、生物能源、交通、城建、化工、粮库、机场等。

截至2009年12月31日，中国重机总部职工230人，平均年龄39.89岁。学历构成：硕士研究生及以上46人，大学本科142人，大学专科29人，中专2人，高中及以下11人。专业技术职务构成：高级职称93人，中级职称48人，初级职称53人。执业资格：国际项目管理师（IPMP，C级）11人，项目管理师（CPMP）16人，注册设备监理师27人，注册安全工程师12人，注册会计师2人，高级人力资源管理师1人，人力资源管理师1人。

中国重机下设深圳市中重机械有限公司、北京中重技贸开发公司、北京重矿成套设备销售中心3个全资子公司和北京三联国际投资有限公司1个控股子公司。经商务部批准，中国重机在缅甸、越南、柬埔寨、塔吉克斯坦、印度尼西亚、土耳其等6个国家设立驻外代表处。

中国重机成立29年来，根据国家经济体制改革不断深化发展的要求，以市场为导向，以不断创新适应市场变化、在不断进行业务转型升级中实现可持续发展。

成立初期，中国重机的业务是以技术、设备成套为中心，通过技术引进、合作制造，承包以重型机械装备为主的国家重点成套项目，组织成套开发、成套设计、成套制造、成套供应、成套服务。为冶金、矿山、港口、建材、锻压五个行业提供重大技术装备，承担了宝钢二期、三期工程，元宝山露天煤矿，秦皇岛三期煤码头工程，广州港新沙煤、矿石码头工程等一批代表中国重型机械装备水平的大中型成套项目。

1993年，中国重机取得外贸进出口经营权，在承担国内重点项目的同时，开展对外贸易，以单机出口为起点，在摸索中不断发展。1997年，以为美国通用汽车公司在泰国和英国提供两条冲压生产线，向缅甸欧顿和缪拉糖厂出口日榨2000吨甘蔗的制糖工程设备等合同的签订为标志，开始组织成套设备出口。1998年，首次进入全国进出口额500强企业行列。

随着2001年中国加入WTO和国家实施“走出去”战略，中国重机在自身发展战略的指导下，进入国内外业务同步发展，实施工程总承包和投资运营发展阶段。业务模式从国内业务、单机和成套设备出口逐步向工程总承包和工程项目管理转变。同时，通过加强战略管理，加强基础制度建设，加强企业文化建设和信息化建设，推动企业经营稳步发展。2006年获国机集团“十五时期突出贡献奖”。

29年来，中国重机承包的工程项目多次获国家及有关部委的奖项。中国重机承包的宝钢1900、1600、1500毫米大型板坯连铸机项目、鞍钢1550毫米大型板坯连铸机项目获国务院重大技术装备领导小组“国家重大技术装备成果特等奖”，宝钢320T混铁水车项目、自动化立体仓库设备项目获“国家重大技术装备成果一等奖”，宝钢2050毫米热连轧机、4063立方米高炉、6米焦炉、450平方米烧结机、秦皇岛三期3000万吨/年煤码头工程成套设备、平朔安家岭露天煤矿年产千万吨级露天矿成套设备、兰州日产54万立方米煤制气工程成套设备等项目获“国家重大技术装备研制突出贡献奖”。1993—2007年连续获中央国家机关精神文明建设协调领导小组授予的“中央国家机关文明单位”称号，1997—2007年连续获首都精神文明建设委员会授予的“首都文明单位”称号，2008—2009年连续获首都精神文明建设委员会授予的“首都文明单位标兵”称号。

中国重机承包的攀钢1350毫米板坯连铸机、马钢300平方米烧结机项目获机械工业部“科技进步特等奖”和科技部“科技进步一等奖”、“科技进步二等奖”，广州港新沙煤、矿石码头工程成套设备项目获机械工业部“科技进步一等奖”，元宝山露天煤矿连续开采工艺成套设备获国家机械工业局“科技进步二等奖”，日照港木薯干输送及灌包工艺系统获中国机械工业联合会和中国机械工程学会“中国机械工业科技一等奖”。

2. 历史沿革。

1980年9月12日，中国重型机械总公司成立，隶属第一机械工业部。部重型矿山机械总局领导兼任总经理。

1984年9月，机械工业管理体制改革，机械工业部成为国务院统管全国机械行业的职能部门，部重型矿山机械局和中国重机实行政企职责分开，重矿局领导不再兼任中国重机总经理。

1985年2月，为贯彻中央简政放权和政企分开的指示精神，机械工业部批准将部成套管理局所属冶金设备成套公司、矿山设备成套公司并入中国重机。

1985年6月，国家经济委员会批准机械工业部在原有的32个公司基础上，调整合并为18个公司，中国重机为18个公司之一，更名为中国重型机械工程成套公司。

1988年6月，机械电子工业部批准恢复中国重型机械总公司名称。

1997年1月，中国机械装备（集团）公司成立，中国重机作为初始成员单位之一，正式划归国机集团。

3. 自进入国机集团至2008年发展情况。

1997—2008年进入国机集团的12年中，中国重机通过转变思想观念，面向市场，创新管理机制，深化内部改革，经营规模和效益不断提高，实现企业稳步发展。

表1　1997—2008年中国重型机械总公司主要经济指标实现情况

年　份	主营业务收入（亿元）	利润总额（万元）	进出口总额（万美元）
1997年	3.49	429	1625
1998年	3.18	490	6027
1999年	4.09	444	817
2000年	3.59	51	797
2001年	4.2	650	952
2002年	5.2	780	3232
2003年	8.7	930	6197.8
2004年	5.6	1200	6050
2005年	5.86	2941	15914
2006年	7.88	2950	8123
2007年	9.12	4100	12469
2008年	10.39	3858	12247

2008年与进入国机集团前的1996年相比，主营业务收入增长1.68倍；利润总额增长6.91倍；进出口总额增长5.2倍。截至2008年底，总资产17.39亿元。

转变经营发展思路。1994年，中国重机提出“以成套求生存，以外贸求发展，以服务求信誉，以管理求效益”的经营指导思想。随着国家实行宏观调控和由计划经济向市场经济转变的深入，国内大型成套项目已不足以支撑企业的发展，2001年，将“以成套求生存”调整为“以内贸求生存”，并赋予新的内涵。同时，将内贸业务的范围从大型成套项目拓展为技术开发、方案设计、工程承包、设备成套、设备监理、安装调试和技术服务等。提出工程总承包和工程项目管理、进出口贸易以及招投标业务为经营业务的主要方式。在巩固冶金、矿山、港口、建材、锻压五个传统主业领域的同时，确定电力（火电、水电、输变电、核电）、城市供水、环保、交通（桥梁、铁路、公路）、城建、化工、粮库、轻工、机场等新的发展领域，明确各专业部门的主业和新业发展方向。2000年以来领导班子提出前两年“调整、稳定”，后两年“改革、提高”的阶段战略举措。转变观念，调整内部组织机构，调整政策，稳定思想，稳定职工队伍，集中精力开发项目，开拓国内国外两个市场。通过加大内部改革力度，提高管理水平，提高经济效益。

实施国际市场开发“区域滚动”发展的经营战略。针对自1993年取得外贸进出口权以后，国际市场开发一直没有形成稳定的、有发展潜力的目标市场，随机性和随意性较大的问题，中国重机贯彻“以外贸求发展”，加大国际市场开发力度，2001年，中国重机提出实施开发国际市场的“区域滚动”发展战略。以出口项目的现场服务为依托，开发该国市场，选定有实力的代理商，建立外贸渠道，以点带面，辐射周边，精耕细作。在缅甸市场以正在执行的糖厂项目为依托，开发其他行业和领域市场。陆续签订缅甸燃煤电站、丹伦（毛淡棉）大桥、露天煤矿、2个水电站和输变电项目承包合同。取得了在同一个市场深入发展，连续签约，市场迁移性低，稳定性高的效果。随后，将在缅甸市场的经验推广到孟加拉、越南、土耳其、柬埔寨、塔吉克斯坦、马来西亚等国外市场开发中，移植到国内市场开发当中。

业务模式不断转型升级。在国际市场开拓中，中国重机通过提升工程技术含量，向高端工程承包市场迈进，业务模式从单纯国内业务、单机出口和设备成套出口逐步向对外工程承包、工程总承包和BOT等业务模式转变。外贸业务特别是国际工程承包业务逐渐成为核心业务。2008年，出口成交额占当年总成交额78.88%，出口签约额占当年总签约额的89.9%。2005—2008年，累计国际工程承包签约额占总签约额的59.83%。2008年6月20日，中国重机与柬埔寨工业矿业和能源部、经济和财经部签订柬埔寨达岱河水电站BOT项目执行协议和土地租赁协议，与柬埔寨国家电力公司签订购电协议等三个法律文件，项目进入开工前的准备阶段。以柬埔寨达岱水电站BOT项目签约为标志，中国重机从工程承包商逐步向工程承包商加投资开发商角色转变，经营模式跃上更高层次。

加强战略管理。2001年4月，中国重机制订成立以来的第一个发展规划——《2001—2010年发展规划纲要》。按照国资委和国机集团对战略管理的要求，2005年4月，制定完善《2005—2010年发展规划》，明确中国重机定位是以内贸为基础，以外贸为主导，集技术开发、方案设计、工程承包、设备成套、设备监理和投资运营为一体的技工贸公司，将“投资运营”作为主营业务之一。提出“创新、发展、改革、图强”的战略举措。到2007年，又制定完善7个经营和4个相关职能战略，构建由总体战略、经营战略和职能战略组成的战略管理体系。2008年，中国重机对总体战略，经营战略和相关职能战略进行评估，为战略滚动修订和完善提供依据。

创新管理制度。中国重机通过创新管理制度，规范管理工作，细化管理过程，促进企业健康发展。2002年12月，修订后的中国重机《规章制度汇编》（2002版）印制，汇集规章制度99个。2006年，中国重机再次对现行规章制度重新梳理，结合经营管理工作需要及规章制度执行中存在的问题进行系统修订补充，2007年《规章制度文件汇编》（2007版）印制，收集汇编制度112个。在修订完善制度的同时，自2004年以来，每年对现行规章制度的执行情况进行一次全面检查、评估，并把规章制度执行情况检查工作当成一项制度，加强制度的执行，用制度规范工作，用制度提高管理水平，用制度管人、管事。

加强财务管理。加强全面预算管理，制定企业年度财务预算，控制、调整、分析预算执行情况，采取有效措施，全面完成财务预算。加强资金管理，通过多种方式，拓展融资渠道及融资规模，为经营发展提供资金保障，同时，加强资金合理使用，提高资金使用效率，节约资金成本，降低财务费用。加强财务风险控制和投资管理。做好应收应付款项的管理，严格执行资金支付审批制度，保持企业具有足够的偿债能力，通过项目的远期外汇买卖，外汇保值的手段，锁定汇率，确保企业的利益；加强对工程项目的财务管理。建立项目现场财务管理及会计核算等管理办法，并外派财务人员长驻国外项目现场。加强财务信息化建设，财务信息系统纳入集团公司NC系统。加强税务管理，保证出口退税及时到位，持续保持北京纳税A级企业资格。2008年顺利完成新旧《企业会计准则》的衔接工作。

推进人力资源管理变革。改革选人用人制度。2000年，开始实行全员聘任制，打破“铁饭碗”，对一部分员工实行内部退养政策，推行中层管理人员任期制，打破“干部终身制”。2006年，建立以《岗位说明书》为核心的岗位管理制度，推行按需设岗，打破“因人设岗”。同年，进行第一次全员岗位竞聘，引入竞争机制，打破“论资排辈”。建立招聘制度，通过市场配置人才。制定《引进特殊人才暂行办法》，为引进高层次人才提供制度保障。从2001年至2008年底，累计招聘141人。实行劳动合同制，建设和谐劳动关系。中国重机从2000年4月开始全面实施劳动合同制度，制定一系列与劳动合同相配套的规章制度。改革薪酬制度，加大对人才的有效激励和保障。2002年，进行工资结构调整，首次引入“绩效工资”概念。2005年，按照“按需设岗、以岗定薪、竞聘上岗、绩效考核”薪酬制度改革指导思想，聘请专业咨询机构进行薪酬制度改革方案设计。2006年全面实行新的薪酬制度，根据岗位价值确定薪酬，适当拉开收入差距，收入分配政策向关键岗位职工倾斜，向创效益多做贡献大的职工倾斜，从制度上打破平均主义“吃大锅饭”。完善绩效考核制度。2006年，随着薪酬制度的改革与实施，建立与之相配套的考核制度，引入“工资产出效益率”理念，把职工薪酬与所创效益联系起来，将年度绩效考核结果与员工个人绩效年薪挂钩，改变了以往“干与不干一个样，干多干少一个样，干好干坏一个样”的状况。完善培训制度，制定员工培训规划，加强培训工作，提高职工素质。

加强企业文化建设。2002年8月，中国重机成立CIS管理委员会，陆文俊总经理担任主任。2003年1月1日起，实施《中国重型机械总公司视觉识别系统VI管理手册》。2005年6月开始，建设企业理念识别系统和企业行为识别系统。2006年9月，发布《中国重机企业文化纲领》《中国重机员工行为规范》和《中国重机企业文化建设规划》，企业文化建设进入成果宣贯和落地实施阶段。随后几年，按照《中国重机企业文化建设落地实施方案》，持续开展系列企业文化落地实施活动。2006年，举办企业文化知识竞赛，2007年，举办中国重机企业文化知识答卷活动、举行企业文化辩论会，2008年，开展对企业理念、企业行为和企业视觉识别系统导入、认知和执行情况进行全面系统的落地实施检查，组织企业文化建设阶段性成果汇报对抗赛等。通过多种形式的企业文化落地实施活动，努力使职工对企业文化从认知、认同，变成自觉行动。

加强信息化建设。2003 年制定《信息化建设总体规划方案》《计算机终端设备配置方案》和《网络中心机房硬件设备配置方案》。2008 年 8 月，中国重机办公自动化（OA）管理系统首批流程正式上线运行。

【主要指标】 2009 年，中国重机实现主营业务收入 11.52 亿元，完成国机集团考核计划 11.33 亿元的 101.68%；实现利润总额 3957 万元，完成国机集团考核计划 3900 万元的 101.46%；实现进出口总额 1.31 亿美元，完成国机集团考核计划 1.30 亿美元的 100.82%；净资产收益率 10.7%，完成国机集团考核计划 11.11% 的 96.31%；成本费用占主营业务收入的比重 97.39%，为国机集团考核计划 98.34% 的 99.03%；流动资金周转率 0.78，完成国机集团考核计划 0.84 的 92.90%；技术投入比率 1.48%，完成国机集团考核计划 1.47% 的 100.68%；已获利息倍数 5.71，完成国机集团考核计划 5.17 的 110.44%。

2009 年末，中国重机资产总额 133501.8 万元，比上年下降 23.23%；负债总额 102119.5 万元，比上年下降 30.58%，其中：流动负债 96301.4 万元，占负债总额比例达 94.3%；资产负债率为 76.5%，比上年下降 43.81 个百分点；流动比率为 1.33，比上年增长 0.12，速动比率为 1.33，比上年增长 0.12。净资产为 31382.2 万元。上缴税金 2614.3 万元，比上年增长 32.32%；总资产报酬率为 3.08%，比上年上升 0.8 个百分点。

2009 年，中国重机年初国有资本及权益为 26804.6 万元，本年增加 2993.7 万元，本年减少 816.2 万元，年末国有资本及权益为 28982.1 万元，扣除客观增减因素后，上报国有资本保值增值率为 111.2%。

2009 年，主合同成交额 51 亿元，相比上年同期 22.68 亿元增长 124.85%。

通过以上指标看，2009 年在受国际金融危机不利因素影响下，中国重机主要经营指标完成国机集团考核计划，并有所增长，保持经营稳定。从财务指标看，总资产减少 4.04 亿元，主要原因是流动资产减少 4 亿元，资产负债率较上年大幅下降，经营风险降低，资本结构更趋合理。

表 2 **2009 年中国重型机械总公司主要经济指标**

项　目	2008 年	2009 年	同比增长（%）
资产总额（万元）	173905.7	133501.8	-23.23
净资产（万元）	26804.6	31382.2	16.7
营业收入（万元）	103942.5	115212.1	10.84
利润总额（万元）	3858.3	3957.1	2.56
技术开发投入（万元）	1445.6	1704.9	17.94
利税总额（万元）	4837.2	5093.6	5.3
全员劳动生产率（万元/人·年）	27.06	30.08	11.16
净资产收益率（%）	11.4	10.7	-0.7
总资产报酬率（%）	3.055	3.08	0.025
国有资产保值增值率（%）	114.2	111.2	-3

【重大决策与重大项目】 调整经营策略。2009 年，面对国际金融危机冲击所带来的各种困难和挑战，中国重机为适应外部变化，调整经营策略，提出“适时调整经营策略，突出以效益为中心；加强项目的执行管理，向管理要效益；多渠道开拓国际市场，积极推进国际市场多元化”的应对形势变化措施。在经营工作中，不单方面追求经营规模和成交指标，以确保项目利润为前提，对市场进行分析，对项目进行取舍。在 2009 年战略修订中，提

出业务发展方式“先多元领域发展，后专业领域聚焦，在多元化发展的基础上逐步向专业领域集中”，推进“业务领域多元化、业务类型多样化、市场区域分散化”，巩固原有国外市场，积极开拓新兴市场，化解国外市场过于集中的风险。

防范资金风险。2009年，中国重机积极催收应收账款，收回缅甸糖厂项目和缅甸TIGYIT火电项目全部余款，收回越南宣光水泥厂项目全部货款。

开拓国际市场。2009年，中国重机坚持市场开发“区域滚动”发展战略，按照“业务领域多元化、业务类型多样化、市场区域分散化”的要求，利用国家实施对外经贸战略和国家政策性银行的资金支持带来的发展机遇，抓好成熟市场的区域滚动发展，加大对新的市场开发。积极开拓东盟地区的柬埔寨、马来西亚，南亚地区的巴基斯坦、孟加拉等国市场。2009年9月3日，与柬埔寨国家电力公司签订柬埔寨金边环网输变电工程EPC项目合同，总金额7988万美元。把非洲市场作为开发重点，从2009年6月开始，向东部非洲的埃塞俄比亚、肯尼亚和乌干达等国派出人员进行考察，了解市场，寻找商机，跟踪项目，调整国际市场布局，培育新的经济增长点。

承揽国内业务。把握国家实施加大投资，拉动内需，刺激经济增长的政策机遇，积极承揽国内传统优势业务。2009年，北部湾港岸边集装箱装卸桥项目签约1.44亿元。车斗项目进入金属矿山领域，签约57台，合同成交额1.13亿。为建材、航天等项目开展设备招标代理，招标金额4.07亿元人民币。参加利用国际金融组织贷款、国债等项目的设备采购招标，在郑—西和太—中两个铁路项目设备采购国际招标中，中标金额1.19亿元。

推动柬埔寨水电站BOT项目实施。为柬埔寨水电站BOT项目建设设立的“北京三联国际投资有限责任公司”（简称“三联国投”）注册成立，中国重机占股权比例51%。由三联国投全资在柬埔寨设立柬埔寨达岱水电有限公司，负责完成柬埔寨水电BOT项目建设，并取得项目的所有权和管理权。2009年5月21日，在北京举行柬埔寨水电BOT项目开工仪式暨北京三联国际投资有限责任公司、柬埔寨达岱水电有限公司成立大会。9月完成项目在国内所有的核准报批工作，完成项目的保险、融资和施工招标工作。到2009年底，柬埔寨水电站BOT项目全面进入施工阶段。在BOT项目的推进过程中得到国机集团的重视和大力支持。

加强重点项目的执行管理。2009年5月10日，越南新光日产2500吨水泥厂EPC项目开工，在项目执行过程中，做好成本控制、进度控制、质量控制，加强现场安全管理和组织协调工作，项目执行进展顺利。土耳其新蒸汽锅炉EPC项目，抢回由于业主改变锅炉蒸汽量带来的4个月的工期延误，按合同计划进度进行。苏丹粮库EPC项目顺利完成，2009年11月4日，业主签发接收证书。越南达门水电站项目，两台机组的转子一次吊装成功，一次试验成功。

【主要管理经验】 坚持战略统领。坚持用战略统领各项工作，进一步明确发展方向和目标，指导企业抓住机遇和创造良好的发展条件，并有效进行资源的优化配置，促进企业持续发展。2009年，修订完善中国重机《2009—2011年总体战略》、7个专业部门经营发展战略和《2009—2011年财务发展战略》《2009—2011年人才工作规划》《2009—2011年技术发展规划》等3个职能战略。

坚持正确的经营思路。根据内外部环境变化和企业自身发展的阶段性特点，不断更新发展理念。2009年，中国重机坚持“以内贸求生存，以外贸求发展，以服务求信誉，以管理求效益”的经营指导思想，坚持实施市场开发的“区域滚动”发展战略，以内贸为基础，紧紧扭住国内市场不放，以外贸为主导，积极拓展国际市场的发展空间，大力推进“业务领域多元化、业务类型多样化、市场区域分散化”战略的实施。

坚持管理制度创新。积极探索全面风险管理体系建设。规范工程项目管理，筹划《工程项目管理手册》编制。加强安全生产管理，2009年，按GB/T28001—2001标准要求，建立起职业健康安全管理体系，编制《办公楼消防专项应急预案》，修订《境外办事处安全专项应急预案》，加强海外EPC项目施工现场的安全管理，在国机集团安全生产年度考核中获得A级。

坚持用企业文化凝聚人心。2009年，继续扎实推进企业文化落地实施，把职工的思想和行动统一和规范到企业文化的要求上来，外树形象，内强素质，调动广大职工的积极性，凝聚人心，增强信心，有力地促进了企业和谐发展。

坚持以市场为主导，积极推动业务转型。2009

年，中国重机投资建设的柬埔寨达岱水电站BOT项目顺利实施，拓宽和延伸了原有业务领域，改变了单凭商务能力获得项目的方式，实现了项目类型结构的深刻调整，实现了经营业务的不断转型升级。

坚持抓好党建工作，为经营发展提供保障。充分发挥基层党组织的政治核心作用、党支部的战斗堡垒作用和党员的先锋模范作用。加强思想工作，努力提高职工队伍思想道德素质和科学文化素质。积极推进惩防体系建设和反腐倡廉工作，积极探索廉洁文化建设。在1993—2007年连续14次获“中央国家机关文明单位”称号，1997—2007年连续8次获“首都文明单位”称号，2008年获“首都文明单位标兵”称号的基础上，2009年再次获”首都文明单位标兵”称号。

中国电工设备总公司

【基本概况】

1. 发展情况。

中国电工设备总公司（以下简称中国电工）成立于1979年，是中国机械工业集团有限公司（以下简称国机集团）下属的全资子公司。

中国电工是一家以工程承包为主要业务的大型国际化专业工程承包公司，连续数年被美国ENR列入全球国际工程承包商225强。中国电工主营业务是承担国内外火力发电、水力发电、输变电、能源综合利用、环保、市政、建筑及其他领域的工程总承包，以及设备成套、工程设计与咨询、工程管理与监理、进出口贸易、电站性能检测、技术创新与产品研发等综合性、一体化服务等。

中国电工拥有多项国家级最高资质证书：工程总承包甲级、机电设备成套甲级、工程设计综合甲级、工程造价咨询甲级、工程监理综合资质、建筑智能化设计甲级，并于1997年和2003年分别通过ISO9001 - 1994、ISO9001 - 2000质量认证体系，2007年取得“三合一”管理体系（质量、环境、职业健康安全）认证证书，财务信用评定为AAA级。

截至2009年12月31日，中国电工设有9个职能管理部门、13个业务部门、11个境外机构、5个全资或控股子公司；共有职工1142人，其中，国家注册类工程师292人，高级工程师242人（含教授级高工35人），享受国务院政府津贴的资深专家18人。

2. 历史沿革。

1979年10月11日，中国电工设备总公司成立。

1983年12月23日，中国电工设备总公司和机械工业部电器工业局政企分开，电站设备成套公司、中国通用电气公司、中国电焊条公司并入中国电工设备总公司。

1985年6月，机械工业部第八设计院北京工作队并入中国电工设备总公司，成为公司的工程咨询设计部，1987年1月1日更名为“中国电工设备总公司设计研究院”。

1987年4月24日，中国电工设备总公司更名为“中国电工设备工程成套公司”，12月恢复使用“中国电工设备总公司”名称。

1990年3月，机械部郑州机械研究所北京精艺焊接技术开发公司划归中国电工设备总公司。

1993年12月1日，筹建北京兴电工程建设监理公司。

1997年1月，中国机械装备（集团）公司成立，中国电工设备总公司划为其全资子公司。

2000年11月9日，筹建北京中电华强焊接工程技术有限公司。

2003年12月11日，哈尔滨电站设备成套设计研究所并入中国电工设备总公司。

2007年1月17日，北京兴侨国际工程技术有限公司进行股权重组，中国电工设备总公司享有31%的股权。

2008年2月28日，总部迁入“中国电工大厦”，并举行隆重的庆典仪式，标志着中国电工设备总公司进入一个新的发展时期。

3. 1997—2008年发展概况。

（1）发展综述。

20世纪80年代，中国电工引进300MW、600MW火力发电机组设计制造技术和三峡水电工程主机制造技术，完成山东石横电厂（我国首次引进300MW火电机组技术）、菲律宾巴里格坦水电厂等项目；90年代，中国电工从单纯的技术引进和设备供货逐步向工程承包、工程设计与咨询、国际贸易、产品研发等领域拓展，完成安徽平圩电厂（我国首次引进600MW火电机组技术）、双榆树供热厂集中供热项目及秦皇岛煤码头二三四期等项目；进入2000年以来，中国电工承接博茨瓦纳Morpule B 4×150MW循环硫化床电站、印尼Indramayu 3×330MW火电站、阿塞拜疆TPP 7×300MW火电站增容改造等多个重大重要项目，其中老挝洪沙3×600MW坑口燃煤电站项目，创我国建国以来火电机组出口装机容量和单个合同金额“双第一”。中国电工在国内外工程总承包领域实现跨越式发展。

（2）主要经营指标完成情况。

1997年国机集团成立，中国电工成为其全资子公司，进入全新的发展平台。特别是从2004年底以来，在集团领导和时任领导班子的正确领导下，中国电工连续多年全面超额完成国机集团下达的各项经营指标。销售收入、税前利润、进出口额等主要经济指标较之以往都大幅提高，并连创历史新高（见表1、表2、表3）。其中，年销售收入2005年为61303万元，2006年为91193万元，2007年为112016万元，2008年为197119万元；税前利润完成额2005年盈利526万元，2006年盈利1551万元，2007年盈利2235万元，2008年盈利6500万元；年进出口总额2005年为5581万美元，2006年为5473万美元，2007年为5456万美元，2008年为21345万美元。中国电工走出经济严重滑坡的低谷时期，扭亏为盈，走上快速发展的道路，并保持连续增长的势头。

表1　　2005—2008年中国电工设备总公司销售收入完成情况　　单位：万元

项　目	2005年	2006年	2007年	2008年
集团考核指标（全年）	40000	48000	65000	86000
实际完成指标	61303	91193	112016	197119
集团考核指标完成率（%）	153.26	189.99	172.33	229.21

表2　　2005—2008年中国电工设备总公司税前利润完成情况　　单位：万元

项　目	2005年	2006年	2007年	2008年
集团考核指标（全年）	150	200	300	1500
实际完成指标	526	1551	2235	6500
集团考核指标完成率（%）	350.67	775.50	745.00	433.33

表3　　2005—2008年中国电工设备总公司进出口额完成情况　　单位：万美元

项　目	2005年	2006年	2007年	2008年
集团考核指标（全年）	3675	4000	5300	5800
实际完成指标	5581	5473	5456	21345
集团考核指标完成率（%）	151.86	136.83	102.94	368.02

（3）重大经营决策和改革措施。

迈入新世纪，中国电工迎来了发展的新纪元。中国电工在前期探索的基础上确立了“成为国内一流、国际知名的工程公司”的奋斗目标，并初步确立了以工程总承包为主的服务模式和向大项目进军的市场开拓思路。这些理念在2004年底以后得到进一步强化，时任领导班子围绕这一方向进行大刀阔斧的改革，带领公司实现了跨越式发展。

第一，实施重大改革，促进市场开拓。

一是加强班子建设，提高领导核心战斗力。提倡“地不分南北，人不分党派，注重品德、能力、业绩”的用人原则，坚持科学、民主的决策程序。根据公司的实际情况，公司相继实施总裁办公会、党政联席会、季度经济质量运行分析会、重大项目汇报会等措施，保证重大问题决策的准确性。

二是重视战略管理，不断持续发展。2006年，公司制定完成《2006—2010年中国电工设备总公司发展战略规划》，第一次明确“送人类明温暖，还自然碧水蓝天”的企业使命；并提出公司的新愿景：致力于成为国内一流、国际知名的专业性国际工程公司；确定中国电工的核心竞争力在于对工程管理能力、技术能力及产品开发能力的有机结合能力，并相应提出“以电力建设、环境工程为主业，工、技、贸相结合”的公司定位和“专注于工程总承包业务，专注于全程价值链整合”的公司核心业务定位。2008年中国电工提前两年完成原定战略目标。针对环境巨大变化，2008年中国电工又着手准备新的《2009—2012年发展战略规划》，继续指导企业持续发展。

三是确定市场开发战略，拓展工程承包领域。2005年，中国电工提出“以市场为导向、以改革为动力、以经济效益为中心、以人为本寻求变化、抓住机遇、迎接挑战”的指导思路，并确立“占市场求生存，改善和阻止经营下滑，寻找和培育目标市场”的经营工作方针。中国电工实行了一套行之有效的市场开拓措施，强调“远近结合、内外并举、突出重点、滚动开发”，使公司在四年多时间内迅速取得古巴、阿塞拜疆、印尼、乌兹别克斯坦、马来西亚、赞比亚和越南等市场的成功开拓并逐步形成滚动开发态势，扭转了亏损局面，进入良性发展轨道。

四是淡化部门专业分工，形成市场开拓新格局。2005年，领导班子深入分析中国电工原有主要矛盾后，对公司进行了机构调整：打破业务部门水电、火电等专业限制，统一命名为工程部，允许各部门在自身优势市场和业务领域进行开拓；每个事业部全方位拓展的同时，逐步形成其部门的专业特色，以多元化带动专业化；公司层面做好各事业部门间的协调工作，加强事业部之间合作。

五是增设事业部门，扩大公司创收点。淡化部门专业分工，增设业务部门，扩大公司创收点，在增强部门竞争实力的同时，也创造新的经济增长点。2008年，公司事业部已由原来5个增加到10个，新的部门活跃于市场，分散、降低了经营风险，扩大了公司的收入来源。

六是改革分配机制，调动员工积极性。考核方法由原先的以成本考核为主转变为以利润考核为主；在奖励分配机制上一改固定部分比例过大、奖罚不明的状况，调整薪酬体系：降低员工固定收入部分，提高与业绩挂钩的绩效工资。

第二，提高经营管理水平，追求企业质的提升。

一是建立“三合一”管理体系。2006年，正式启动建立“三合一”管理工作，成立了认证工作领导小组和工作班子，进行管理体系标准及内审员的培训、程序文件编写等工作，并研究制定了一系列适合公司操作的具体措施和制度。2007年通过了认证审核，获得了“三合一”管理体系认证证书。

二是深入推行信息化建设。中国电工坚持在项目执行管理中推广使用P3软件，尤其是在公司重大重要项目执行中强制使用，加强项目进度和成本及预算管理，并在ERP数据库基础上构建了项目管控平台，把“三合一”体系中的部分内容通过电子信息的方式保存和传递，全面了解项目进度、成本、付款等情况和出现的问题，保障项目的顺利执行。

三是制定规范各项制度。2005年开始，根据管理和业务发展的需要，中国电工不断推出新的规章制度，并定期对其进行整理、归类、更新。2005年共清理规章制度151个，作废规章制度30个，修订制度48个。截止到2008年12月31日，中国电工在执行的规章制度共有100个。

四是以人为本，提升人力资源管理水平。改变用人机制，科学选拔人才，对用人机制进行了改革：给予部门经理充分的信任和自主权，调动其工作热情；使中层干部的任期与总经理任期一致，同时加强年度绩效考核，避免了中层领导短期行为；增设项目总监、技术总监，激发人员科研创造。建立育人机制，提升人员素质。中国电工逐步建立健全以员工培训为主的育人机制，每年制定全面的员工培训计划和目标，培训对象覆盖公司各个层面的员工，已经形成的常规培训项目有：国际工程项目风险管理实务、出口项目融资和汇率风险讲座、出口信用保险政策、项目成本管理与控制、P3 软件应用技术、新员工岗前培训、各类注册工程师考前培训、各类注册工程师继续教育、各类持证上岗培训、质量管理体系培训、中层以上干部领导人情商培训、劳动合同法、IPMP 培训等。

五是强化安全生产工作。公司建立突发事件处理机制和严格的规章制度，相继出台了《安全生产事故应急预案》《安全生产责任目标考核办法》《公司安全生产工作计划》《安全生产隐患排查治理工作计划》《消防安全疏散演习方案》等系列安全生产规章制度，并定期组织安全生产大检查。

六是不断加强审计和法律服务工作。2005 年，公司成立了审计部，赋予其对公司工程项目审计、全资子及控股子公司财务收支审计、干部离任审计、公司财务专项审计、企业内控审计等职责。

2007 年 5 月，公司成立了法律事务部，赋予其参与公司项目投标评审、合同评审及设备招标采购工作并提出法律意见、为公司各部门及子公司提供法律咨询服务、负责合同文本的审查及各类合同范本的起草、更新等职责。

七是适时转移工作重心，提升管理水平。中国电工从求生存阶段转移到谋发展阶段，主要矛盾的变化必然引起工作重心的变化。2007 年底，公司根据形势变化及时提出实施工作重心转移，强调企业管理水平的思想，共有三项主要任务：一是注重全面提升公司的管理水平；二是注重项目的执行工作，加强项目执行力；三是注重市场开拓方式的转变。

（4）经营发展状况。

2005—2008 年，中国电工签约的重大重要项目有 79 个，合同金额达 43.61 亿美元；签约并已生效的重大重要项目有 61 个，合同金额达 26.43 亿美元。2008 年合同生效额高达 10.82 亿美元，是 1997 年合同生效额 2.8 亿美元的 3.9 倍。

截至 2008 年 12 月 31 日，中国电工在手的上亿美元项目共 8 个，项目规模连创新高。从古巴项目 5000 万美元开始，到阿塞拜疆大修项目的 2.16 亿美元，再到印尼 INDRAMAYU 3 × 330MW 项目的 8.6 亿美元，到博茨瓦纳 Morpule B 4 × 150MW CFB 火电站项目的 9.71 亿美元。此外，中国电工较大的项目还有：2007 年 8 月签订的海南金海项目，合同金额 1.36 亿美元；2008 年 2 月签订的马来西亚沙巴 4 × 84MW 燃煤电站工程总承包项目，合同金额 3.1 亿美元；2008 年 4 月签订的印尼 AWAR - AWAR2 × 350MW 燃煤电站工程总承包项目，合同金额 5.88 亿美元；2008 年 7 月签订的马来西亚 190MW 燃气联合循环电站项目，合同金额 1.21 亿美元；2008 年 8 月签订的印尼 BANJARSARI2 × 135MW 火电站工程总承包项目，合同金额 2.43 亿美元。

2007 年，在集团非实体经营的战略指导下，中国电工成功签署印尼 INDRAMAYU 3 × 330MW 和印尼 AWAR - AWAR2 × 350MW 电站项目，两个项目合同总金额达 14.48 亿美元。非实体经营深化了中国电工与集团及兄弟公司的内部合作，为集团非实体经营战略的实施进行有效的实践。

自 2005 年起，中国电工坚持在项目执行管理中推广使用 P3 软件；2007 年中国电工通过“三合一”管理体系认证，公司项目评审把关、合同重要环节执行等各环节管理水平均有所提升；2008 年 4 月，项目管控平台正式运行，对项目进行进度、成本及预算管理，起到良好的及时跟进及监控效果，保障了重大项目的顺利实施。

2008 年，中国电工注册资金为 22604 万元，比 2004 年的 5404 万元增加 17200 万元。

2008 年，中国电工总资产达 289399.9 万元，是 1997 年总资产 57091 万元的 5.07 倍；公司净资产达 27144.5 万元，是 1997 年净资产 7785 万元的 3.49 倍。

2008 年，中国电工授信总额达 24.9 亿，是公司净资产 2.42 亿元的 10.28 倍；比 2004 年的 5.5 亿元增加 19.4 亿元，增长约 352%，对重大项目的承揽起到支撑和保障作用。

2008 年 2 月 28 日，中国电工新办公大楼落成并完成入驻，新办公楼设置企业文化板块宣传企业文化理念，公司加强视觉形象识别系统建设，制作新版公司画册，企业形象、文化建设及员工精神面貌极大改善，并获得金融机构、行业协会、国内外重要合作伙伴的进一步认可支持。

【主要指标】 2009年，中国电工再次出色完成国机集团下达的各项经营指标。主营业务收入完成280550.06万元，为指标180000万元的155.86%，同比增长40.93%；利润总额完成8777.62万元，为指标5000万元的175.55%，同比增长25.66%；进出口总额完成21914万美元，为指标10000万美元的219.14%，同比增长2.66%（见表4）。成本费用占主营业务收入比率完成98.28%，比计划指标99.5%节约1.22%，同比上升0.43%；净资产收益率完成24.76%，比计划指标7.67%超额17.09%，同比增长12.29%。

表4　2009年中国电工设备总公司主营业务收入、税前利润、进出口额完成情况　单位：万元

序号	项目	集团考核值	实际完成值	任务完成比例（%）	同比增长（%）
1	主营业务收入	180000	280550.06	155.86	40.93
2	税前利润	5000	8777.6	175.55	25.66
3	进出口额（万美元）	10000	21000	219.14	2.66

随着经营开拓重心向工程承包与技术咨询方向倾斜，中国电工在手执行项目以工程总承包为主，项目规模发展迅速。2009年主营业务收入中工程承包与设计咨询收入所占比重大大提高，占87.36%，其中金额较大的项目有：印尼3×330MW电站EPC项目，阿塞拜疆TPP大修项目，泰国TPI PL余热电厂项目，博茨瓦纳Morupule B 4×150MW火力发电项目等；国内外贸易收入所占比重有所下降，占6.6%，其中金额较大的有：海南金海浆纸业公司动力部二期扩建工程-货物合同，精铁粉采购合同，采购汽车零部件合同等；科研开发与生产占主营业务收入6.04%，其中金额较大的有：新产品-蛇形管生产线，新产品-膜式壁生产线，新产品-平面分段流水线等。

经营规模的扩大同时带动了经营业绩的提高，2009年利润总额大幅攀升，营业利润占利润总额的94.25%，其中有62.07%来自于主营业务利润，37.93%来自于长期股权投资的转让收益和其他业务收入（主要为租赁收入），这与2008年利润总额中65.58%来自于营业利润，34.42%来自于营业外利润（处置莲花河办公楼收入）的利润结构发生很大变化，说明中国电工经营业绩主要依赖于可持续发展的长效型经常性业务收益，为公司将来不断发展壮大奠定坚实的基础。

表5　2009年中国电工设备总公司主要经济指标

项　目	2008年	2009年	同比增长（%）
资产总额（万元）	289399.9	496822.3	71.7
净资产（万元）	27144.5	33185.4	22.3
营业收入（万元）	199326.0	281241.8	41.1
利润总额（万元）	6985.0	8777.6	25.7
技术开发投入（万元）	1877.6	2497.0	33.0
利税总额（万元）	11602.9	12751.5	10.0
全员劳动生产率（万元/人·年）	10.4	11.6	11.5
净资产收益率（%）	22.1	24.8	2.7
总资产报酬率（%）	3.3	2.6	-0.7
国有资产保值增值率（%）	124.8	127.5	2.7

【重大决策与重大项目】

1. 经营指导思想。

2009年中国电工成立30周年，中国电工经营工作指导思想是：以科学发展观统揽全局，坚持理论联系实际，突出实践特色。依据国内外环境变化及发展趋势，制定中国电工新的发展战略。继续以提高管理和执行力为重点，把握机遇、关注危机、防控风险，确保中国电工各项事业全面、协调、可持续发展。在该思想的指引下，公司克服金融危机带来的不利影响，化危为机，锐意进取，全面超额完成国机集团下达的各项经营指标，更保持了快速、稳定的发展势头。

2. 战略管理。

2009年6月，中国电工完成《2009—2012年中国电工设备总公司发展战略规划》，并召开三年发展规划宣贯大会。新的发展战略规划明确提出"中电的战略核心价值在于可持续性；盈利模式是资源控制型全价值链服务；核心能力是专业化一站式服务能力"等观点，契合中国电工业务快速发展的新形势和新需要。该规划是对原五年发展规划的继承和发展，是学习实践科学发展观过程中的重要成果。8月，三年战略规划报集团审批通过，之后中国电工积极组织力量逐步落实规划中提出的各项工作和目标。

2009年9月，中国电工举办所属子公司战略研讨会。各子公司结合自身特点，分别阐述各自的发展思路和规划，并对战略发展的协同性方面达成共识，截至2009年12月31日各子公司已完成战略规划编制工作。

3. 市场开拓。

（1）合同生效额、签约额完成情况。

截至2009年12月31日，中国电工签约项目合同金额25.60亿美元，较2008年的22.87亿美元增长12%；生效项目合同金额13.39亿美元，较2008年的8.32亿美元增长61%。一亿美元以上项目达12个，其中五亿美元以上的项目6个。2009年7月，国机集团半年总结会议召开，总经理赵若林代表中国电工作了题为《成功的市场开拓是企业生存和发展的生命线》报告，就市场开拓工作做了经验交流。

（2）市场滚动开发态势依然强劲。

2009年，中国电工在传统市场上又有新收获。在赞比亚市场，继穆伦古希水电站改造项目后，又连续开发了卡伦维希、路西瓦希等水电项目；在阿塞拜疆市场，继TPP大修、哈奇马斯等项目后，又开发了水电站改造项目和330kV输变电等项目。另有印度尼西亚、苏丹、乌兹别克斯坦、古巴、马来西亚市场等，中国电工已在近10个国家或地区形成滚动开发的格局。

4. 重大项目进展情况。

2009年，中国电工在手执行的重大项目总体进展顺利，未发生重大安全事故。

印尼INDRAMAYU3×330MW火电项目。2009年是该项目进入执行的第三年，施工图设计基本完成，业主签字确认工程设计总量的86%，并签发等额的付款证书。

博茨瓦纳4×150MW火电项目。2009年4月正式开工，截至同年年底完成项目初步设计、三大主机和给水泵等主要辅机设备的采购、现场的地质详勘、场地平整等工作。

印尼AWAR－AWAR项目。截至2009年12月31日，现场勘测、进场道路、临建、试桩等工作全部完成。2009年12月14日，该项目贷款协议在雅加达签署。

阿塞拜疆大修项目。第一、二台机组分别于2009年6月12日和12月25日顺利投入运行，圆满完成合同规定的各项指标，在当地引起强烈反响。

马来西亚190MW联合循环项目。2009年5月正式开工，同年9月，1号燃机本体就位，其辅机安装工作正在进行；2号燃机本体土建基础已完成。

海南金海项目。受金融危机影响停建后，2009年6月该项目开始复工建设，截至2009年12月中旬，土建工程完成50%，设计院图纸卷册完成70%，设备订货基本完成。

【科技创新】 2009年，中国电工设计的晋城煤层气发电厂、北京德青源固废生物沼气发电站建成并网发电，被称为国内绿色能源利用的典范；9月，公司哈尔滨发电设备产业基地创业中心正式成立，该基地创业中心是培育发电设备企业的专业孵化器；10月，中国电工非实体经营的内蒙古扎兰屯垃圾处理厂项目竣工，为当地奉献了一座花园式的垃圾处理厂；12月，公司获得中国机械工业集团有限公司科学技术三等奖。另外，公司坚持科技创新和产业化发展，打造一个“产、学、研”结合的焊接技术研发基地，从锅炉专业焊接设备不断创新发展到风电、石化、建筑施工焊接专用设备，形成产业化发展；在巩固原有业务领域的基础上，成功开拓地铁大兴线、地铁十号线二期多个系统的安装监理工程，逐步迈入轨道交通的工程监理领域。

【主要管理经验】

1. 经营管理。

（1）项目管理逐步规范化。项目评审工作有所改进，合同评审率达100%，事后补评审情况较以往也大幅减少；重大项目领导小组的成立及重大项目专题汇报会的多次召开，有效解决了项目执行过程中的问题；项目计划及分包采购管理工作加强。执行过程中的项目月报提交率大幅提高，继续严格执行《招标采购管理办法》，对所采购的产品和服务，在质量、进度、价格方面都有了较好控制。

（2）“三合一”管理体系持续推进。2009 年，除完成内审、外审、培训等工作外，中国电工及下属子公司都顺利完成质量管理体系由 2000 年版向 2008 年版的升级换版工作，修编后的体系文件更加贴近业务实际。此外，还完成与下属子公司管理体系的衔接工作。

（3）安全生产工作常抓不懈。2009 年初，公司领导与各事业部领导、各重大项目经理签订了安全生产责任书；公司主要领导分别带队，对古巴水电站项目、扎兰屯垃圾项目、海南金海电站项目进行安全检查，并有计划地多次开展对中电大厦等处的内部安全监察工作，及时进行整改。2009 年中国电工未发生任何生产安全事故。

2009 年 6 月，国机集团刘大山副总裁带队的安全生产检查组对中国电工印尼 Indramayu3 ×330MW 电站项目进行现场检查。检查组认为 Indramayu 项目现场安全生产管理在集团同类工作中具有代表性，可作为集团制定境外项目安全生产管理制度的典型案例，并为该项目现场安全生产工作总结了“十个有”管理做法。

（4）信息化建设持续发展。2009 年中国电工逐步形成了包括一个综合平台、五个应用子系统的综合信息管理系统。项目管控平台上运行的重大重要项目增至 17 个；2009 年，中国电工获得“中国企业信息化 500 强”称号。

（5）资质建设工作成绩显著。2009 年 5 月、7 月、8 月，中国电工分别获得《对外援助物资项目 A 级实施企业资格》《海关 A 类管理》以及工程承包商会颁发的《进出口企业信誉 AAA 级》证书。10 月，又获得国家电力行业（火力发电）专业乙级设计资质，这是公司首次获得设计方面的资质证书。2009 年 4 月，中国电工所属子公司兴电管理获得财政部颁发的政府采购代理机构甲级资格证书。

2. 人力资源管理水平不断提高。

（1）建立企业年金制度，完善员工福利保障体系。并将员工岗位工资 M 值从 810 元调整为 920 元，人均月岗位工资增加了 258 元。另外，为适应企业发展，重新设计薪酬、考核体系。

（2）推出导师制，制定《新员工导师制管理办法（试行）》，率先在集团工贸公司中推行导师制，促进知识经验传承。

3. 财务管理工作迈上新台阶。

（1）融资规模继续扩大。截至 2009 年 12 月 31 日，公司总授信额度达 49.3 亿元，其中常规授信 25.8 亿元，专项授信 23.5 亿元，是公司净资产 2.86 亿元的 17.24 倍。

（2）关注政策，把握机遇。2009 年中国电工利用国家“421 专项”贷款，成功解决博茨瓦纳、菲律宾等多个大项目的融资问题，成为特殊时期国家优惠政策的直接受益者。

4. 法律、审计工作稳步开展。

（1）法律工作逐步参与到重大合同项目前期谈判及投标前的合同评审环节。2009 年中国电工发布《土建施工合同》《设备采购合同》《设计合同》《进出口合同》《佣金合同》《招投标文件》等 6 个标准合同范本，降低业务的法律风险和运营成本。

（2）参与公司重大项目开标工作的审计，发布《中国电工设备总公司专项审计办法》；对所属四个子公司总经理进行任期届满责任审计；对工程五部海南金海浆纸业扩建项目进行审计。

5. 企业品牌形象不断提升。

伴随业务的快速发展，中国电工品牌形象不断提升，宣传形式逐步多样。2009 年首版企业宣传片制作推出，内部刊物《中国电工》正式发刊，CCTV－1 黄金时段播放的大型文献纪录片《辉煌 60 年》中收录中电赞比亚 6.69 亿美元水电项目的签约仪式场景，作为成功“走出去”的中国企业代表之一。此外，《国际商报》《机电工业》杂志、《中国能源报》、新浪网、搜狐网等多家媒体，也对中国电工进行关注报道。

6. 企业文化建设丰富多彩。

2009年正逢国庆60周年及公司成立30周年，中国电工紧密结合学习实践科学发展观活动，举办全体员工企业文化培训讲座、“我与中电共成长”征文、职工文艺汇演等多种活动；参加集团运动会和文艺调演；通过向古巴捐赠电力设备、向扎兰屯市属小学捐款助学等，积极践行“回报社会”的企业责任理念。

7. 企业党建工作。

（1）学习实践活动突出实践特色。按国机集团党委统一部署，中国电工深入学习实践科学发展观，结合自身实际情况提出“创新实践、强化管理、营造和谐、科学发展”活动主题。截至2009年12月31日，九大项41项整改措施中有17项已按期完成。2009年，中国电工党委被评为国机集团2007—2008年度“先进基层党组织”。

（2）党组织建设有条不紊。通过不断完善党委中心组学习制度、民主生活会和谈心提醒制度，公司党委强化领导责任，打造学习型、民主型、廉洁勤政领导作风；坚持贯彻民主集中制，严格执行重大问题集体决策和领导带班制度；同时完善党委纪委及公司基层党组织建设，新发展党员5人，按期转正5人，并适当提高业务部门中层以上干部的党员比例。

（3）反腐倡廉及惩防体系建设。2009年年初，组织签订党风建设和反腐倡廉责任书；以中心组学习和专家授课等多种形式，加强反腐倡廉宣传培训；在年终述职考核中增加述廉内容，并以此作为选拔、任用干部的重要依据。

（4）发挥团组织作用。2009年，中国电工改革团委专项经费管理，加强团委的制度建设和组织建设；积极组织团员参加中央企业团工委主题实践活动，进一步增强了团的凝聚力和战斗力。

中国通用机械工程总公司

【基本概况】

1. 发展情况。

中国通用机械工程总公司（以下简称中通公司）是中国机械工业集团有限公司（以下简称国机集团）的全资子公司。中通公司是集工程承包、设备集成、技术服务、进出口贸易为一体的专业工程公司，具有对外工程承包经营、进出口贸易、甲级工程总承包、甲级机械工程设计、甲级设备监理、压力容器和环境工程专项设计等资质；中国机电产品进出口商会、中国对外工程承包商会、中国通用机械工业协会的会员单位。

中通公司经营范围：石油、化工、石油化工、医药、轻纺、城建、建材、冶金、能源、交通、农林、地矿、原材料、冷冻空调、给排水、流体输送、供热、环保、节能、节水等方面的工程承包和成套设备服务；石油、化工、轻工、冷冻空调、给排水、流体输送、供热、环保、节能、节水等方面的设计；招标代理；汽车销售；进出口业务；承包境外机械工程及境内国际招标工程；设备监理；有色金属、钢材的销售；与以上业务有关的技术咨询、技术服务和展览展销。

截至2009年12月31日，中通公司在岗员工232人，占在岗员工总数的87.5%，高级职称98人（含研究员级高工11人），中级职称37人。离退休人员317人。

截至2009年12月31日，中通公司拥有控股企业2家，即：通达机械有限公司（香港注册，股比73%）、北京佳德建设监理有限责任公司（股比51%）。

中通公司成立于1979年。30年来，公司充分发挥专业特长，广泛服务于经济建设各个领域，截至2009年末，共计完成工程承包、技术服务、设备成套、进出口贸易项目3000余项，获得省部级以上科技及工程项目奖72个，其中国家级科技奖4个，并连续15年被评为中央国家机关文明单位和首都文明单位，实现了企业发展与社会发展的和谐统一。

中通公司发展主要经历“艰苦创业、合并转型、加快发展”三个阶段。

第一，艰苦创业阶段（1979—1990年）。中通公司的前身第一机械部通用机械技术设计成套公司（以下简称通用公司）和中国石油化工设备成套公司（以下简称石化公司）分别成立于1979年和1985年，均属第一机械工业部直属企业。创业初期，公司发展基础薄弱，工作条件简陋，干部员工自力更生，艰苦奋斗，依靠技术闯市场，发展成为通用机械行业中集工程承包、设备集成、技术服务、进出口贸易为一体的专业工程公司。

该阶段所做代表性项目：国内首次出口的成套技术设备项目泰国泰美伦纺织厂空调工程、国家重点大型工程上海宝钢二期通用设备成套工程项目、城市大型污水处理工程北京高碑店污水处理厂一期工程项目及BZ28－1和W11－4海上石油平台首批国产化成套设施供货、上海吴泾化工厂30万吨合成氨国产化设备供货、哈尔滨依兰煤气、燕山石化球罐群等国家重点工程项目。

期间，自主研发出啤酒厂二氧化碳回收装置、钛泵等设备和产品，并投入市场。

1985年，投资成立香港通达机械有限公司。

第二，合并转型阶段（1991—1999年）。1991年，通用公司与石化公司合并创立中通公司。此时，国家开始由计划经济向市场经济转型。合并、转型对公司的发展产生了深刻影响。面对新的形势，公司一方面内部机构、人员和业务的整合，一方面坚持进行技术开发和创新，经营领域不断拓展。

该阶段所做代表性项目：国内最大成套机电设备出口项目伊朗德黑兰地铁工程中的通风工程、国家重点项目毛主席纪念堂通风空调改造工程、北京水源九厂、上海合流污水预处理厂（日处理量140万吨）、上海城市污水治理二期SB泵站工程（日处理量170万吨）、岭澳核电站技术服务等工程项目。自主研制开发成功核电站气体保护系统、煤码头洒水除尘系统、医用氧发生装置等成套工艺技术和设备，并投入市场。

1992年，中通公司办公楼建成投入使用。1996年，投资成立北京佳德监理有限责任公司。

1998年，中通公司由机械工业部直属企业划归中国机械装备（集团）公司（以下简称国机集团）管理。

截至1999年末，中通公司注册资金2700万元，资产总额20851万元。

第三，加快发展阶段（2000—2009年）。2000年，中通公司领导班子完成新老交替。其间，先后制定实施《中通公司2000—2004年发展规划》和《中通公司2005—2009年发展规划》，围绕主要经营指标翻一番的规划目标，实施国内外两个市场开拓并举、区域项目滚动的发展战略，坚持以市场为导向、以项目为依托开展技术创新，转变经营机制，优化业务结构，形成了以环保、能源、交通、基础设施四个领域为主的业务格局。

该阶段所做代表性工程项目：廊坊污水处理厂（10万吨/日，国产化设备示范工程），重庆鸡冠石污水处理厂（60万吨/日）、绍兴工业污水处理厂（30万吨/日）、南宁江南污水处理厂（24万吨/日）、西安第三污水处理厂（10万吨污水处理及5万吨中水回用/日）等污水处理工程；苏州工业园区自来水厂（45万吨/日）、上海5#水源地青草沙泵站等城市供水工程；重庆轻轨、深圳地铁等城市轨道交通工程；呼和浩特、沈阳、吉林松原等城市供热工程以及出口印度电除尘、苏丹农业泵站、苏丹马兹穆水厂、苏丹喀土穆北电站等国外设备集成工程项目。公司已具备大中型污水处理工程和自来水工程项目的总承包能力。

代表性技术开发项目：北京柳荫湖公园湖水净化工程（国机集团科学技术一等奖）、唐山钢铁集团南区工业废水治理回用项目（国机集团科学技术二等奖）、宁夏银川垃圾处理场渗滤液处理工程（国机集团科学技术三等奖）。

其间，中通公司清理撤销所属二级企业18家（含挂靠企业）；配合北京市城区规划改造，完成宣武区南纬路35号院转让及拆迁工作，解决多年历史遗留问题。

截至2009年末，中通公司注册资金4202万元，资产总额63037万元。

2. 历史沿革。

1979年8月，第一机械工业部通用机械技术设计成套公司成立。

1985年，更名为“中国通用机械技术设计成套公司”。

1988年，更名为“中国通用机械工程公司”。

1991年，中国通用机械工程公司与中国石油化工设备成套公司合并创立为中国通用石化机械工程公司。

1993年，更名为“中国通用石化机械工程总公司”。

1998年，更名为“中国通用机械工程总公司”。

表1　中国通用机械工程总公司资质情况（截至2009年12月31日）

序号	资质名称	等　级	颁发单位
1	对外工程承包资格	含劳务	商务部
2	进出口企业资格		商务部
3	设备监理资格	甲级	质监总局、国家发改委
4	质量管理体系认证	9001：2000	中国船级社
5	工程总承包	甲级	建设部
6	工程设计（机械行业）	甲级	建设部
7	工程设计（环境工程）	甲级	建设部
8	工程设计（市政公用行业）	乙级	建设部
9	压力容器设计许可证	A1　A2	质监总局

3. 自进入集团至2008年发展情况。

1998年，中通公司由机械工业部直属企业划归国机集团管理，改革发展步伐加快。其间的工作重点是：实施战略规划，完善经营机制，加强市场开拓，深化内部改革，解决遗留问题，实现可持续发展。

表2　1998—2008年中国通用机械工程总公司主要经济指标

年份	资产总额（万元）	净资产（万元）	营业收入（万元）	利润总额（万元）	技术开发投入（万元）	利税总额（万元）	净资产收益率（%）	总资产报酬率（%）	国有资产保值增值率（%）	新签生效合同成交额（万元）
1998	20000	4552	10186	126	127	678	1.28	0.99	101.29	24414
1999	20851	4705	13995	94	211	438	0.70	1.18	103.35	13032
2000	29991	4792	16031	151	167	256	1.80	1.52	101.86	23539
2001	35134	4878	22582	101	53	165	1.01	1.12	101.01	32405
2002	31688	4925	20272	110	19	216	0.99	1.25	100.93	21811
2003	43384	4259	29514	165	76	273	1.35	0.91	105.95	38266
2004	41387	2942	27235	243	68	358	3.70	1.10	103.90	32744
2005	48944	3057	30063	269	913	627	4.10	0.90	103.70	50866
2006	63931	3257	34870	373	1057	757	6.50	2.30	104.80	51833
2007	61589	4064	38075	493	1140	1021	8.80	2.00	110.50	51336
2008	69256	4523	46557	685	1378	848	13.20	1.90	112.00	78289

1998年，通过中国船级社质量认证公司ISO9001质量管理体系认证。财务管理全面实现电算化。上海城市污水治理二期SB泵站工程项目（日处理量170万吨）获上海市政工程金奖。

1999年，实行全员劳动合同制，全体员工与企业签订劳动合同。改革干部聘用制度，实行竞聘上岗。

2000年，首次制定并实施《中通公司2000—

2004 年发展规划》，提出主要经营指标翻一番目标。干部队伍完成新老交替。重庆城市电网改造项目签约，首次进入城市电网建设工程领域。

2001 年，深化劳动用工和分配制度改革，实施全员岗位绩效考核的收入分配制度，按国家有关政策终止和解除员工劳动合同 20 人，迈出打破“铁饭碗”的第一步。廊坊污水处理厂国产化设备示范工程受到国家经贸委的通报表彰，获得“九五”国家技术创新优秀项目奖。

2002 年，参加北京市城镇职工医疗保险。承接鞍山市垃圾填埋场沼气回收利用项目，首次进入城市固体垃圾处理工程领域。

2003 年，重庆轻轨环控通风工程项目签约，首次进入国内城市轨道交通工程领域。承建宁夏银川垃圾处理场渗滤液处理工程项目，该项目技术成果《垃圾填埋场渗滤液高效生物处理技术研究》获得国机集团 2007 年科学技术三等奖。投资国机集团财务公司（股比 1.64%）。

2004 年，承接北京柳荫湖公园湖水净化项目，首次进入城市湖泊治理工程领域，该项目通过生化工艺、水体修复、景观美化，实现城市湖泊综合治理，其技术成果《景观水体综合生态治理示范工程研究》获国机集团 2006 年科学技术一等奖；承接唐山钢铁集团南区工业废水治理回用项目，首次进入钢铁废水净化处理工程领域，该项目通过综合治理，分质回用，达到钢铁废水零排放，其技术成果《膜技术在大型钢铁企业废水处理及回用中的应用》获 2008 年国机集团科学技术二等奖。

2005 年，制定并实施《中通公司 2005—2009 年发展规划》，提出主要经营指标再翻一番的目标，并系统提出企业文化建设内容和要求。承接重庆鸡冠石污水处理厂（60 万吨/日）、广西南宁市污水处理厂（24 万吨/日）、苏州工业园区自来水厂（45 万吨/日）等工程项目。

2006 年，签订伊朗德黑兰地铁四号线工程项目；《城市污水厂污泥后处理系统技术开发》课题通过原国家经贸委专家组评审验收；参加制订的《压力容器高强度钢板》（GB19189）国家标准获国家技术质量监督检验检疫总局和国家标准化委员颁发的中国标准创新三等奖；完成宣武区南纬路 35 号院转让及拆迁工作。

2007 年，提出经营发展方式“五个转变”，即：市场开拓重点向具有发展前景的行业领域转变；项目选型向规模效益好、技术含量高、见效快的项目转变；服务方式向长效优质规范转变；经营业务向市场多元化需求扩展延伸转变；企业管理向精细化转变。获得国家技术质量监督检验检疫总局设备监理甲级资质。

2008 年，签约上海青草沙泵站、出口印度电除尘设备、呼市热力三期、重庆轻轨环控等工程项目。转让医用氧发生装置技术，调整二氧化碳回收装置经营业务。公司及员工为汶川地震灾区捐款 30 万元。

加入国机集团 11 年间，中通公司签约项目的合同成交额及毛利润分别占公司发展 30 年总量的 56.9% 和 46.8%，并连续八年提高员工收入。2008 年提前实现《中通公司 2005—2009 年发展规划》目标，保持了持续较快健康发展态势，开创了科学发展新局面。

【主要指标】

表 3　**2009 年中国通用机械工程总公司完成经营考核指标情况**

序号	国机集团经营指标项目	考核指标	实际完成	完成率（%）	同比增长（%）
1	主营业务收入（万元）	45100	49377	109.5	6.4
2	利润总额（万元）	710	903	127.2	31.82
3	进出口额（万美元）	2000	2952	147.8	57.52
4	净资产收益率（%）	9.08	14.64	161.2	9.31
5	成本占主营业务收入比重（%）	98.86	98.86	100	0.33
6	科技投入比（%）	2.5	2.5	100	-15.82
7	已获利息倍数	2	2.57	128.5	17.89
8	流动资产周转率（次）	0.674	0.79	117.2	

说明：流动资产周转率（次）是国机集团 2009 年度新增考核指标。

2009年，中通公司克服金融危机带来的不利影响，全面完成国机集团下达的经营指标，实现主要经营指标五年翻一番的发展规划目标，在逆境中取得新发展。

偿债能力方面，流动比例1.04%，同比增加0.02个百分点；速动比例0.63%，同比增加0.15个百分点；资产负债率91.33%，同比减少2.14个百分点；已获利息倍数2.57，同比提高0.39。上述指标反映出公司资产质量逐年提高，资本结构合理、稳定，偿还债务本息的能力有保障。

运营能力方面，应收账款周转率8.14次，同比增加1.58次；流动资产周转率0.79次，同比增加0.04次；全员劳动生产率7.16万元/人·年，同比增加1.71万元/人·年。上述指标反映出公司资产周转速度上升，经营活动现金流状况良好，企业资金使用效率和劳动生产率逐年提高。

获利能力方面，主营业务利润率9.12%，同比减少1.96个百分点；成本费用利润率1.85%，同比增加0.35个百分点；净资产收益率14.6%，同比增加1.4个百分点。上述指标反映出企业通过内部挖潜、降本增效、成本费用控制得力，获利能力增加，自有资本获取收益的能力提升，运营效益良好。

发展能力方面，营业收入增长率6.38%，同比减少15.9个百分点；营业利润增长率9.12%，同比减少33.45个百分点；资本保值增值率122.1%，同比增加10.1个百分点；技术投入比率2.5%，同比减少0.47个百分点。上述指标反映出在金融危机影响下，虽然营业收入增长率和营业利润增长率有所放缓，但仍保持正增长，国有资本保全状况良好；在主营业务收入提高的情况下，技术投入绝对值逐年提高，企业的发展能力增强。

表4　　2009年中国通用机械工程总公司主要经济指标

项　目	2008年	2009年	同比增长（%）
资产总额（万元）	69256	63037	-9
净资产（万元）	4523	5468	20.89
营业收入（万元）	46557	49527	6.38
利润总额（万元）	685	903	31.82
技术开发投入（万元）	1378	1236	-10.3
利税总额（万元）	848	1421	67.57
全员劳动生产率（万元/人·年）	5.45	7.16	31.38
净资产收益率（%）	13.20	14.60	1.4
总资产报酬率（%）	1.90	2.20	0.3
国有资产保值增值率（%）	112	122.10	10.1

【重大决策与重大项目】　经营战略决策：以科学发展观为指导，坚持国内外两个市场开拓并举，实施区域项目的滚动发展。发挥技术创新、设备集成、项目管理三大优势，重点开拓环保、能源、交通、基础设施四个领域，继续推进经营发展方式“五个转变”。优化业务结构，突出主业发展，完善内控制度，健全风险防范体系，有效应对金融危机，全面完成国机集团下达的年度经营指标。研究制定《中通公司2010—2012年发展规划和五年发展设想》。

市场开拓：2009年，新签项目40个，新签生效合同额6.4亿元，新签项目毛利4113万元。在环保领域，承揽广州亚运会重点工程“东濠涌水质净化工程”、西安第五污水处理厂等工程项目。在城市轨道交通领域，连续中标重庆轻轨1号线的朝—沙段、沙—大段工程，成功顺延了3号线二期的系统设备项目的执行，实现了区域项目滚动发展。在城市基础设施建设和电站领域，承揽吉林松原热力改造工程、岭澳核电二期辅机等项目。同时，加强与大型外贸公司的业务合作，积极拓展国外市场，相继签约土耳其电站、印度尼西亚电除尘等工程项目，积极跟踪开拓苏丹、印度尼西亚、伊朗等国家的项目。

重大项目进展：加强对项目的动态管理，确保重大工程项目顺利执行。深圳地铁四号线项目的环控系统顺利安装调试；吉林松原市热力工程实现供暖；上海市政青草沙供水泵站项目如期完成水泵及电机的真机试验。马来西亚、土耳其及印尼的燃煤电站机组供货、韩国、印尼和菲律宾的电除尘设备监造及供货等国外项目进展顺利。

【科技创新】 2009年，公司坚持以市场为导向，以项目为依托开展技术创新，重点落实稀土工业废水处理、工业废水治理、城市污水及污泥后处理和轨道交通环控系统等研发课题，分别进行工艺技术方案交流论证、可行性分析、系统技术总结等工作，并根据项目实际和业主需求，有针对性地进行工艺方案优化设计、系统安装调试和技术指导，加强工程项目的技术质量保障，形成以工业废水处理、城市污水综合治理、城市供水、垃圾渗滤液处理、城市轨道交通环控系统深化设计等工程专业为主的技术创新能力，加快推广和应用。

【主要管理经验】

经营管理：全面实行经营指标和工作目标责任制，分解落实《中通公司2009年经营指标、工作目标考核办法》及《2009年度公司费用预算指标》。

调整优化组织机构和业务结构，退出二氧化碳回收装置业务领域，调整机构人员，把资源和力量投入到有发展前景的市场业务中，突出主业发展。

完善投融资、担保、法律、合同、资金等方面的风险管控制度，严格项目前期及合同管理评审，定期分析经营情况和资金状况，加强经营风险管控。

全面推进费用预算管理和工程项目预算管理，以控制日常现金流量为主要内容，合理调配资金，严控项目资金收付和采购，将总费用有效地控制在预算之内。

全面启动质量、环境和职业健康安全“三系合一”管理体系建设工作。对公司原有规章制度进行全面清理，形成新的制度体系。

落实安全生产责任制，完善安全生产应急机制，实现零责任事故目标。

人力资源建设：结合公司行政领导班子考核与换届工作，调整干部结构，干部队伍进一步年轻化；加强员工培训，完成“2215”人才培养计划目标和专家队伍的选拔推荐工作；整合人力资源，人员配置向优势部门和项目倾斜；完善考核分配机制，坚持绩效考核与收入分配挂钩，激励调动员工积极性。

信息化建设：加大基础建设，改善计算机及外部设备配置，提高信息数据采集、传输、存储和利用能力，实现与集团办公、财务、科技及外事等系统网络对接，建立起层级分明、全方位覆盖的基础网络平台。

党建工作：认真开展深入学习实践科学发展观活动，进一步理清公司发展思路，制定并落实整改方案，转变发展方式，创新体制机制，增强科学发展能力。完善党建工作制度，完成公司党委、纪委和党支部换届工作。

企业文化建设：结合发展规划，明确公司发展愿景、经营理念和核心价值观，以“创建精品工程”活动为载体，打造国机集团和中通公司品牌。

2009年，中通公司被评为“首都文明单位”称号，中通公司团委被评为中央企业“五四红旗团委”。

中国自动化控制系统总公司

【基本概况】

1. 发展情况。

中国自动化控制系统总公司（以下简称中国自控）隶属中国机械工业集团有限公司，主要从事综合性工程承包业务。中国自控成立于1981年，总部位于北京CBD商圈，拥有4个全资子公司、4个控股公司、5个参股公司。

中国自控成立以来，凭借自身雄厚的技术实力和具有较高理论水平及丰富实践经验的人才优势，承揽完成国家及省市重点工程和境外机电工程项目千余项。领域涉及电力、石化、冶金、轻纺、建材、港口、智能建筑、剧场会展、输变电工程、公用工程和环保工程。曾荣获国务院“重大办”颁发的国家重大技术装备研制成果特等奖三项、突出贡献奖三项及国家首批颁发的机电设备甲级成套资格证书和收费资格证书。

2. 历史沿革。

1980年10月28日，国家仪器仪表工业总局以（80）国仪办字572号文，批准成立的国家仪器仪表工业总局物资供应公司，即中国自控的前身。公司为供销企业性质、实行独立核算；直属国家仪器仪表工业总局领导，在全国六大区设立物资供应办事处；编制290人，注册资金5000万元。

1981年4月17日，根据国家机械委员会国机经发〔1981〕61号《关于成立国家仪器仪表工业总局供销服务公司的批复》，在原物资供应公司的基础上增加销售、服务业务。各地区原物资供应办事处改名为国家仪器仪表工业总局华北、东北、华东、中南、西南、西北供销服务公司。

1982年5月6日，原一机部、农机部、国家仪器仪表工业总局等合并为机械工业部，故公司改名为“机械工业部仪器仪表供销服务公司”，仍保留和维持原机构建制，任务不变。

1985年3月18日，根据（85）机企函字549号文，由机械工业部批准，机械工业部仪器仪表供销服务公司与1983年5月17日成立的同为机械工业部所属、以工程技术设备成套为主及联营服务性质的中国自动化控制系统总公司合并，公司名称定为“中国自动化控制系统总公司”。总公司是独立核算、自负盈亏的经济实体，所属子公司更名为中国自动化控制系统总公司华北、东北、华东、中南、西南、西北分公司；1992年，根据国家整顿公司的要求，子公司改名为中国自动化控制系统华北、东北、华东、中南、西南、西北公司，北京销售成套公司，北京思远公司。公司注册资金4903万元。

1997年1月28日，中国自控进入国机集团，2000年至2009年分别对华北、东北、华东、中南、西北公司进行改制，其改制公司已不归属中国自控序列。

2009年10月23日，经国机集团批准，将其持有的中国电线电缆进出口有限公司（以下简称中缆公司）57.140376%的股权无偿划转给中国自控，并将产权划拨基准日确定为2008年12月31日。

3. 自进入集团至2008年发展情况。

1997年1月28日，中国自控进入国机集团行列。

1993年前，中国自控主要从事流通领域物资购销业务，拥有紧俏材料的计划指标审批权，为仪表行业各单位提供服务，经济效益一度不错。进入市场经济后，中国自控失去了原有的政策支持和行业优势，加之转型较慢，到2000年，中国自控华北、东北、西北和北京销售成套公司已资不抵债，不能正常经营，其他公司也是难以偿还银行到期债务。对此，中国自控提出对子公司治理整顿的原则：对净资产额较大、技术能力较强、能够继续经营且有发展前景的公司进行改制；对有资产但无经营能力的公司进行重组或转让；对资不抵债的公司坚决实施破产、重组或关闭。

从2003年开始，在国机集团的关怀与支持下，中国自控陆续对所属华北、东北、华东、中南、西北5家常年亏损的全资子公司进行改制。通过2004年7月及2008年9月两次清产核资工作，中国自控净资产由原来的资不抵债状态一跃达到7800万元，对其发展起到极大的推动作用。

在国机集团的大力支持下，中国自控积极贯彻“超常规”的经营理念，通过广大干部职工的共同努力，经营领域不断扩大，主力经营板块逐步形成。在保持传统的工业自动化控制、水处理等工程项目的基础上，开拓了如油品液化品储运自控工程、氨法脱硫环保工程、智能建筑及弱电工程、生物质发电及风电新能源工程、国际工程等新领域。初步形成了自控工程、国际工程和国际贸易、输变电总包及成套工程、产品与开发、环保工程、新能源工程六大主力业务板块，20多个门类的良性经营格局。经济效益也随之发生变化，从2005年起结束亏损局面连续实现盈利，且盈利水平逐年上升，营业收入由4800万元增加到88791万元；总资产从4407万元增加到63170万元；净资产从1156万元增加到15830万元；总资产负债率为74.94%。职工收入连年大幅增长，中国自控进入正常的发展轨道。

产权制度改革情况：

（1）投资成立中自控自动化技术有限公司。

1998年3月，中国自控投资成立控股公司中自控自动化技术有限公司，持股52%。

（2）北京中控发科贸有限公司转让。

1998年1月，中国自控投资成立控股公司北京中控发科贸有限公司，持股80%。

2003年国机集团以国机规〔2003〕513号文批准北京中控发科贸有限公司实施改制，中国自控将国有法人股权全部转让给自然人。改制工作于2004年全部完成。

（3）投资成立北京中自控创新科技发展有限公司。

2001年5月8日，中国自控投资成立控股公司北京中自控创新科技发展有限公司，持股60%。2003年2月10日，北京中自控创新科技发展有限公司增资扩股，中国自控持股比例变更至34%，具有实际控制力。

（4）重组中自控（北京）技术工程发展有限公司。

2003年8月14日，国机集团以国机规〔2003〕392号文批准将中国自控工会成立的中国自动化控制系统总公司技术工程发展公司纳入中国自控全资子公司管理。

2005年2月24日，国机集团以国机资〔2005〕76号文批准中国自动化控制系统总公司技术工程发展公司增资扩股改制，更名为中自控（北京）技术工程发展有限公司，中国自控持股51%。

（5）重组北京中自控能源环境工程技术有限公司。

2004年3月15日，中国自控控股的中自控自动化技术有限公司根据股东会决议，投资成立北京中自控能源环境工程技术有限公司（以下简称能源环境公司），中自控自动化技术有限公司持股30%。

为落实国资委《关于推动中央企业清理整合所属企业减少管理层次有关问题的指导意见》，2004年8月13日，国机集团以国机资〔2004〕330号文批准调整能源环境公司的投资主体，中自控自动化技术有限公司退出，中国自控持股30%。

（6）成立中国自控（香港）有限公司。

为搭建海外业务平台，开拓海外市场，2006年9月12日根据商务部商合批〔2006〕683号文批准成立中国自控（香港）有限公司。9月13日颁发批准证书：〔2006〕商合境外投资证字第001121号。

【主要指标】

2009 年中国自动化控制系统总公司主要经济指标

项　目	2008 年	2009 年	同比增长（%）
资产总额（万元）	22943	63170	175.3
净资产（万元）	8292	15830	90.9
营业收入（万元）	23450	88791	278.6
利润总额（万元）	202	781	286.6
技术开发投入（万元）	34	42	23.5
利税总额（万元）	1038	2558	146.4
净资产收益率（%）	1.79	3.83	2.04
总资产报酬率（%）	1.22	0.96	-0.26
国有资产保值增值率（%）	101.86	103.90	2.04

第一，历史遗留问题得到彻底解决。出资 300 万元解决历史上形成的、对所属全资子公司华北公司银行贷款的担保问题，本息合计 1852.66 万元；出资 1150 万元解决了中国自控总部历史上形成的本息合计 1700 万元银行贷款及为所属全资子公司北京销售成套公司 2700 万元银行贷款的担保问题；解决了长达十年的青岛交行押汇案。

第二，中国自控克服了为解决历史遗留问题造成的资金短缺和由于金融危机的深化和扩散，海外信用环境的恶化对对外承包工程的风险等诸多不利因素，努力挖潜、增收节支，积极寻找新的经营增长点。除主营业务收入占成本费用指标未达标外，其余全面完成了国机集团年度考核指标。合并中缆公司后，实现主营业务收入 88338 万元，利润总额 781 万元；净资产收益率 3.83%，比 2008 年增加 2.04 个百分点；国有资产保值增值率 103.90%，比 2008 年增加 2.04 个百分点。

第三，经过几年的努力，从财务状况的变化到解决历史遗留问题的进展，再到中缆公司的加盟，中国自控的财务状况明显好转，银行信誉等级由原来的无法评定到 2009 年底被中信银行、农业银行、民生银行等银行评定为 A 级。资产总额 63170 万元，负债总额 47340 万元，净资产 15830 万元，总资产报酬率 0.96%。

【重大决策与重大项目】 经过几年“超常规经营”和全体职工的不懈努力，中国自控各方面均有较大起色，传统业务领域得到巩固和拓展，新的主营业务板块更加清晰，逐渐成为新的经济增长点。

1. 经营、战略方面的重大决策。

根据国机集团资本运营规划的设想和“三大主业”业务战略布局的要求，2009 年 10 月，国机集团以国机资〔2009〕620 号文件批准中国自控与中缆公司实施重组整合。

中国自控与中缆公司通过产权划转方式的重组，实现了资源优化整合。中缆公司的加盟，不仅有利于发挥双方各自优势，促进信息共享和资源共享，而且推动了双方技术资源和市场资源的有机结合；壮大了中国自控的整体实力，增强了市场竞争力和抗击风险的能力，符合国机集团发展战略和重组双方发展的实际需要。

2. 重大项目进展情况。

（1）海外项目的执行情况。

经过两年的努力，2009 年中国自控完成孟加拉国两个卖贷项目、29 个变电站项目及 230KV 输变电线路项目应收账款的卖断，解除了国机集团 85% 的担保，规避了这两个项目未来的汇率风险，也改善了企业的财务状况。

中国自控 2006 年、2007 年签约的孟加拉国的工程项目中仍有 8 个在建项目，进展基本顺利，多数已近尾声；老挝的输变电项目因分包商的违约，工期出现了滞后，正在赶工期。

（2）国内项目的执行情况。

2009 年全面完成安徽金源热电厂脱硫工程项目。

黑龙江海伦市生物质热电联产工程项目，主机已订货。

甘肃兰州会展中心弱电工程项目已签约，正在执行阶段。

（3）2009 年市场开拓、签约、产业发展等情况。

在科威特，中国自控在承接国际大公司分包工程的基础上，取得在电力部自行承接输变电工程的资格，已开始以总承包方的身份进行投标。

中国自控积极争取澳大利亚铜金矿和钼矿总承包工程项目，已签署合作协议，正在委托有关设计单位进行前期的可研工作。

【科技创新】 2009 年中国自控依照客户需求自主研发了液化品仓储企业信息管理系统和液化品仓储企业信息集成平台。

1. 液化品仓储企业信息管理系统。

系统立足液化品仓储企业实际管理需求，涵盖企业业务、生产管理的全过程，全面实现了整个业务处理和管理活动的信息化、标准化和规范化。保证了各种业务生产数据的高可靠性、完整性、时效性和全面性，保证了系统的可操作性。降低了工作强度，提高了整体管理工作效率。

根据库区的实际需求，提供和企业（集团）ERP 系统、海关监管系统、工业自动化控制系统、库区安防监控系统、企业 OA 系统等的多种异构系统及数据库的数据同步和无缝接口。此系统已经在多家液化品仓储企业中应用，为客户信息化管理提供了有效技术支持。

本系统已经进行国家计算机软件著作权登记，登记号 0200874。

2. 液化品仓储企业信息集成平台。

随着信息化技术的推进，许多液化品仓储企业内部存在的分散独立的信息子系统的弊端逐步显现。中国自控根据客户企业信息化的实际情况及对于信息系统集成的实际需求，开发了液化品仓储企业信息集成平台。将分散独立的各信息子系统进行集成，巧妙地处理各系统中异构的数据结构和数据存储方式，将各系统的数据进行整合，减少数据冗余；在一个统一的平台上进行数据发布和管理，有效地实现信息共享，发挥了信息化的整体优势、使各方潜力得以充分发挥。

本系统已经进行国家计算机软件著作权登记，登记号 0201090。

【产权制度改革】

1. 2009 年，中国自控完成两项产权调整，一项并购重组。

（1）能源环境公司完成增资扩股。

2009 年 5 月 26 日，国机集团以国机资函〔2009〕12 号确认函，对能源环境公司利用 2007 年度未分配利润 450 万元转增注册资金予以确认，能源环境公司注册资金由 50 万元增至 500 万元。

（2）中自控创新科技发展有限公司产权结构调整。

2009 年 4 月 3 日国机集团以国机资〔2009〕152 号文批准中国自控转让中自控创新科技发展有限公司 31% 的产权。通过挂牌交易，于 2009 年 9 月 29 日完成产权结构调整。

（3）中国自控总公司与中缆公司实施重组。

2009 年 10 月 23 日，国机集团以国机资〔2009〕620 号文批准中国自控与中缆公司实施重组整合，将国机集团持有的中缆公司 57.140376% 的股权无偿划转给中国自控。

2. 截至 2009 年 12 月 31 日，中国自控有 13 个下属公司。包括 4 个全资子公司、4 个控股公司和 5 个参股公司，其中 1 个公司进入破产程序，1 个公司实施改制。

（1）北京销售成套公司实施破产。

2007 年 10 月 15 日国机集团以国机资〔2007〕563 号文批准对没有经营场所、业务停止、资不抵债的北京销售成套公司实施破产。

2008 年 3 月北京市东城区法院作出《民事裁定书》，依法受理北京销售成套公司的破产申请；2009 年 3 月召开第一次债权人会议，至 2009 年 12 月 31 日，破产工作尚未完结。

（2）华北公司实施改制。

2009 年 5 月 5 日国机集团以国机资〔2009〕225 号文批准对没有经营场所、业务停止、资不抵债的华北公司实施改制。通过挂牌交易，中国自控转让华北公司 90% 股权给自然人。华北公司改制工作于 2009 年 12 月 4 日完成，更名中国自动化控制系统华北有限公司。

【主要管理经验】

1. 经营管理。

通过近几年的不懈努力，中国自控的全面建设有了较大起色，为其后续发展奠定一定的基础。

（1）企业内部管理。

中国自控在经营管理中，不断加强和完善企业内部管理建设，从费用支出、借款报销到合同管理及对外投资等方面都制定了相应的审批程序和管理办法，确保各项经营活动有序、合法。

建立财务初审、复审和总经理一支笔审批制度。各项付款及费用报销业务，按《总公司借款和费用报销制度及审批程序》执行。

对外签订的各项合同按《总公司合同管理办法》进行审核、管理。在合同管理办法中，合同管理摆到了与业务并重的地位。从项目跟踪、合同签订到执行全过程必须经过审核和监控。同时，法律顾问介入、参与公司的经营活动，及时防范法律风险。由于加强合同管理，使公司控制风险的防线前移，确保项目正常履约、按时回款，减少了经营风险。

使用中国自控授信额度按《总公司关于开具项目投标（履约）保函、信用证和投标资信证明的申请程序和要求》执行。

公司对外投资严格执行国资委《中央企业投资监督管理暂行办法》和国机集团《投资管理暂行办法》的相关规定以及公司《关于加强对子公司的管理办法》中对投资的具体要求，按规定程序清理、转让子公司的对外投资。减少了投资管理级次，有效地避免了投资风险。

实物资产管理严格执行公司《低值易耗品管理办法》和《固定资产管理办法》。明确采购、使用管理和报废各环节的审批要求，规范使用和管理人员的责任和义务。

（2）预算管理。

在统一认识的基础上，公司总部各业务部门经理、下属全资及控股子公司经理会同资产财务部、计划经营部，根据各自业务正在进行及发展的实际情况为预测基础，编制预算报表，最终由总经理办公会批准，总经理签署上报集团。

为确保年度预算的完成，公司工作重点放在落实责任、落实目标、落实考核上。具体监督措施由公司资产财务部牵头，按季度分析总部各部门、下属全资及控股子公司各项预算指标完成比例，发现差异及时查找原因；根据实际情况随时了解预算指标编制的合理程度，定期报告总经理办公会，使公司管理层能够随时掌握预算执行进度，确保完成各项预算指标。

（3）财务管理。

严格控制多头开户和资金账外循环，实施资金的集中管理，积极规避财务风险；加强现金流量分析预测，严格控制现金流入和流出，保证支付能力和偿债能力；树立“资金流到哪里，管理就紧跟到哪里”的观念，将现金流量管理贯穿于企业管理的各个环节；高度重视企业的支付风险和资产流动性风险，严把现金流量的出入关口，对经营活动、投资活动和筹资活动产生的现金流量进行严格管理。

建立预算编制、审批、监督的全面预算控制系统。预算范围由过去单一的经营资金计划扩大到经营、投资等全面资金预算。预算编制采取逐级编报、逐级审批、滚动管理的办法，预算一经确定，即成为企业内部组织经营活动的法定依据，不得随意更改。

积极开展内部审计，前移监督关口，强化事前预防和事中控制。

健全财务规章制度，减少人为因素，实现高效率的信息化管理，达到财务与业务一体化的要求。

（4）绩效考核管理。

根据中国自控业务发展方向和实施事业部管理模式，制订《总公司业务部门经营业绩考核办法》及配套的《业务部门利润分配管理办法》，明确各部门经营和管理指标的构成和计分办法，依据年度事业部的总得分情况确定奖惩比例。做到赏罚分明、鼓励进取，实行奖励不封顶，处罚与岗位工资挂钩，两年考核不合格撤销部门等具体措施。

同时，制订《总公司年度绩效考核管理办法》。《办法》中规定年度考核的机构、程序及内容；明确中层干部和普通职工在考核中的具体打分项目、得分构成以及考核等级确定、考核结果反馈等具体内容，使职工的年度考核与工资待遇挂钩，充分调动职工的积极性。力争做到年度考核公正、透明、量化和便于操作，实现绩效考核科学化的管理目标。

（5）薪酬管理。

中国自控自2002年实行的薪酬制度已与现状不符，为此重新制订《总公司薪酬管理办法》。在保留基础工资和工龄工资的基础上，加大岗位工资的弹性和比重。岗位工资分为纵向的等级和横向的档次，等级共分11级，每级分为若干档次；等级的升降与职务的变动挂钩，档次的升降与年度考核的结果挂钩。新的《薪酬管理办法》既照顾到工资制度的连续性，又保证了与绩效考核衔接的科学性。

2. 党建工作。

2009 年，中国自控党委在国机集团党委的领导下，以党的十七大精神为指导，以科学发展观为统领，紧紧围绕公司的中心工作，抓班子、带队伍、促发展，按计划和步骤开好了领导班子民主生活会和党委中心组学习会；党员转正五名、发展新党员两名，较好地发挥了基层党组织的政治核心、战斗堡垒和党员的先锋模范作用，有力地推动了公司三个文明建设的健康协调发展。

根据国资委和国机集团的部署，在公司党委的统一安排下，全体党员自 2009 年 3 月起开展深入学习实践科学发展观活动，活动历时 3 个月，分为三个阶段。重点是整改落实方案，包括九大类、19 个具体措施，涉及公司发展规划、完善体制机制、健全考核体系、人才培养和引进、加强资本运作、科技研发和党建工作等方面。通过此次学习实践活动，公司领导干部和全体党员对公司“是不是科学发展、能不能科学发展、怎么样科学发展”等重大问题有了清醒的认识并形成初步的共识。

根据国机集团党委和纪委的有关通知要求，中国自控陆续开展针对党风建设、反腐倡廉工作责任制落实情况和关于推进惩治和预防腐败体系建设情况的自查工作。从惩防体系建设和反腐倡廉工作的责任范围、责任内容和责任人的落实，到《党风建设和反腐倡廉工作责任书》的签订；从项目评审到签约执行；从风险管理到制度建设；从民主监督到法律约束机制等方面进行全面检查，发现问题，及时监督整改。公司已经形成党委领导、纪委协调、党办实施、部门各负其责，群众支持参与的领导体制和工作机制。

3. 信息化建设。

中国自控高度重视信息化建设工作，成立负责信息化工作的部门。按照国机集团的要求，制定信息化建设的短期和中期规划，并予以认真贯彻实施。特别是各板块信息化研讨会后，公司加大投入力度，上半年投入 20 万元对服务器及网络系统进行更新改造，并计划在下半年针对软件系统进行统一规划，集中进行建设和改造。采取以下措施：增购服务器和磁盘阵列柜；新增一条 10Mbps 的光纤通道；建立基于公司内部服务器的 WEB、Mail、FTP 等多种服务；设立局域网防火墙提高公司内部网络的安全性；更新台式电脑，采购统一的杀毒软件。

4. 企业文化建设。

中国自控党委高度重视企业的和谐建设，树立“以人为本”的理念，增强企业的亲和力和凝聚力，努力把公司建设成为“科学发展、遵章守法、诚信至上、团结协作、关爱员工”的和谐企业。

（1）充分发挥工会、共青团等群众组织的作用，认真落实职工的知情权、参与权和监督权。保障职工参与民主决策、民主管理和民主监督的权利，认真解决好职工群众关心的热点难点问题。

（2）积极主动落实来信来访人员反映的问题，做到“件件有着落、事事有回音”，保持公司的和谐稳定。

（3）加强人才培养和引进，打造高素质人才队伍。随着业务不断发展和壮大，公司加强了对在岗职工的技能培训，并有计划地引进技术人才，初步形成一支相对稳定、能吃苦、打硬仗的职工队伍。

（4）离退休人员的收入水平也随总公司的发展不断提高。在国机集团的大力支持下，中国自控努力改善离退休人员的政治和生活待遇。克服企业资金困难，为离退休干部落实生活补贴及解决了大部分的医疗费。

（5）开展“献爱心，帮困”活动。公司一位职工因患重病，急需抢救治疗，因其家庭经济困难，一时拿不出高额的医疗费，家属非常着急。在紧要关口，公司号召广大干部职工发扬“一方有难，八方支援”的精神，为这名职工进行捐款。公司 115 名职工，共计捐款 7 万余元。公司也在资金紧张的情况下，为这名职工解决 2 万元医疗费用。

（6）支持工会、团委开展丰富多彩及职工喜闻乐见的教育活动，更好地发挥群团组织的作用。对职工进行爱国主义教育，组织收看《吴大观先进事迹报告会》录像；为迎接新中国成立 60 周年，认真组织开展“双百”评选群众投票活动，使广大干部群众在参与评选中受到教育、得到提高；为丰富广大职工的文化生活、促进职工思想交流、创造和谐的文化氛围，利用重大节日开展丰富多彩的文体活动；精心组织职工参加国机集团第三届职工运动会，公司全体职工上下一心，积极准备，文明参赛，被授予“优秀组织奖”。

中国机械工业成套工程总公司

【基本概况】

1. 发展情况。

中国机械工业成套工程总公司（以下简称中国成套）成立于1985年，是经原国家经贸委批准，在原机械工业部成套管理局的基础上组建而成的从事国内、国际工程承包、设备成套、国际贸易、招投标以及监理、咨询的专业化公司。隶属于国家机械工业部。主要从事国内国家重点基本建设和技术改造项目的机电设备成套。作为“需方总代表”，负责为国民经济各部门重点项目提供设备成套和组织管理工作。

1996年中国机械工业成套工程总公司获得外贸自营权，外贸业务收入占公司营业总收入的50%。1998年获得境外工程承包和外派劳务权。

1998年国家调整产业管理格局，撤销国家机械工业部，成立国家机械工业局，同时成立中国机械装备（集团）公司，管理原机械工业部所属的公司。同年成为中国机械装备（集团）公司的全资子公司。

2005年8月，国机集团决定原中国机械设备成套工程公司与中国北方工业装备有限公司（以下简称中国北方）实行重组。中国机械工业集团有限公司将其持有的中国北方的40%股权转到中国成套公司，行使国有资产的管理权。同时，中国成套公司更名为“中国机械工业成套工程总公司”。

2. 基本情况及历史沿革。

（1）基本情况。

注册资本金：1.00349亿元人民币；经营性质：全民所有制；注册地址：北京市西城区三里河路46号；经营方式：承包、供应、安装、调试、进出口、设计、开发、生产、批发、零售、代购、代销、租赁、咨询；公司资质：对外工程承包资格证书，进出口企业登记表，甲级成套单位证书，甲级建设工程监理资格证书，甲级建设工程设备招标资格证书，ISO9001质量管理体系证书，ISO14001环境管理体系证书。

中国成套共有在册职工180名，其中：在岗职工93名，在岗职工平均年龄37岁；离岗休养职工11名；离退休职工76名。共有子公司7家，其中二级子公司2家，分别是中国北方工业装备有限公司和北京中润伟业投资有限公司。三级及四级子公司（项目公司）5家分别是：安徽中北房地产开发有限公司、重庆中慧房地产开发有限公司、甘肃北方房地产开发有限公司、安徽汇晶置业有限公司和甘肃北方中科环保电力有限公司。

（2）历史沿革。

1985年8月，经原机械工业部批准设立中国机械设备成套工程公司。

1989年8月，经原机械工业部批准设立中国北方专用设备开发公司。

1994年6月，经原机械工业部批准设立中工机电发展总公司。

1999年6月，原“中国北方专用设备开发公司”与原中工机电发展总公司重组并更名为“中国北方工业装备总公司”。

2003年1月，中国北方工业装备总公司经国机集团批准整体改制为中国北方工业装备有限公司。

2003年4月，按照中国机械工业集团有限公司要求，中国北方工业装备有限公司托管机翔房地产开发公司，2006年9月，机翔房地产开发公司收归中国机械工业集团有限公司直接管理。

2005年8月，原中国机械设备成套工程公司与中国北方工业装备有限公司重组并更名为“中国机械工业成套工程总公司”。

3. 自进入集团至2008年发展情况。

1998年中国机械工业成套工程总公司成为中国机械工业集团公司的全资子公司。

1998年至2005年，公司按照“一业为主、多种经营，立足国内、开拓国外市场”的经营方针，在成套工作中强调技术服务和现场服务，并重点尝试和开拓内外贸业务。

2005年8月，原中国机械设备成套工程公司与中国北方工业装备有限公司实行重组，更名为“中国机械工业成套工程总公司”。重组后，经过业务与管理模式的逐步调整，经济效益取得了长足发展，2008年中国机械工业成套工程总公司实现主营业务收入比2005增长148%，利润翻了59倍，较之前在资金与融资渠道上都有一定的积累，为今后的发展也奠定基础。同时，公司在这一阶段积极响应国家“走出去”的号召，向国际工程项目迈出重要的一步，先后成功开发并执行安哥拉教育部一期11所学校建设项目，一期补充，二期15所学校建设项目以及总承包缅甸年产10000顿（浓度50%）双氧水厂建设项目。此时，中国机械工业成套工程总公司业务结构逐渐清晰，各部门围绕着主营业务发展的特点也逐现，业务范围由单一的设备供货向以城市基础设施建设为基础的多元化方向发展。

（1）国际工程承包业务与设备成套业务进展顺利。在国际工程总承包和设备成套方面，中国成套坚持实施“走出去”战略，加大在手执行的国际工程项目和所在国家的工程项目开发力度。在执行工程项目的过程中，积极寻找新的工程建设信息和潜在合作伙伴，充分利用以往的良好业绩和成功的经验，积极开拓国内外市场。

中国成套总承包的缅甸双氧水厂建设项目以及申请并执行的非实体经营项目：安哥拉教育部学校建设一期、一期补充及二期工程项目以及待生效的三期都有力地证明了在国际工程承包领域中逐渐显现的潜力。

中国成套多年来始终保持在设备成套的优势。2008年更是利用参与俄罗斯卡卢金公司设计生产的冶金高炉的专利技术项目——热风炉工程项目的优势在多个国家打开了市场局面，取得连续订单。

（2）房地产开发业务取得进展。房地产开发业务作为中国成套的传统经营项目，多年来积累了丰富的开发经验，在二三线城市开发工作中具有一定的知名度，逐步形成和推出自己的品牌。2008年按照战略规划要求，房地产业务以安徽、重庆、甘肃三个项目为立足点，确立在西北、西南和中原进行区域性市场开发的战略部署；开发项目的类别由原来的单一商住楼发展为商住、别墅、纯商业地产综合性开发。房地产开发的品牌建设和推广工作同步开展，实现开发面积和经济效益同步增长的局面。

（3）国内垃圾焚烧发电市场稳步推进。中国成套2006年9月与来宾中科环保电力有限公司签订来宾垃圾焚烧发电项目总承包合同，正式进入垃圾焚烧发电市场。2007年投资参股山东泰安垃圾焚烧发电厂项目已顺利执行完毕。2008年与北京中科通用能源环保有限责任公司签订战略合作协议共同开发武威、兰州、常德、安庆等诸多城市的垃圾焚烧发电项目。

（4）进出口贸易持续。发展在对外贸易和服务方面，中国成套注重利用国际经济区域发展的大趋势，积极开拓新项目。在开发国际工程市场的过程中，引入区域经济发展概念，在开发独立项目中注重派生项目的潜在市场效应。积极推进贸易多元化的步伐。作为国外先进技术、装备引进和国内优质产品走出国门进入国际市场的窗口，积极完善营销体系、通畅贸易渠道、扩大市场范围，基本形成机电产品为主、其他优质产品为辅的贸易多元化、方式多样化的格局。到2008年，已经成功取得国际一些著名品牌产品的国内代理权，如IBM通讯电缆与零配件、意大利TESMEC公司牵张机设备、美国格里森刀具等。

至2008年，中国成套明确“求精、求实、求特色、求效益”的经营方针，以城市基础设施开发建设为经营思路，努力做好市场开发，优秀团队的建设，技术支持与技术服务，融资渠道的开辟与项目的有效的执行五个环节的严格控制。中国机械工业成套工程总公司在国际工程与贸易良好发展的前提下，不断扩大军工装备的传统业务，保持独具特色房地产理念的完善更新，并逐步扩展到能源环保这一新兴领域，基本构建完成了工程、进出口贸易、房地产以及军工四大业务板块和谐发展的多元化经营体系。

【主要指标】 全年完成主营业务收入65089万元，考核目标值46000万元，完成年计划141.5%。全年完成进出口总额1043万美元，考核目标值1000万美元，完成年计划101.04%。全年实现利润3464万元，考核目标值2380万元，完成年计划的145.55%。净资产收益率全年考核指标为9.8%，全年实际净资产收益率为17.49%。成本费用总额占主营收入比例考核目标值为94.43%，全年完成97.04%。技术投入比率考核目标为1.22%，全年实现1.22%。已获利息倍数考核目标为11，全年实现为9.8。

2009年中国机械工业成套工程总公司主要经济指标

项　目	2008年	2009年	同比增长（%）
资产总额（万元）	57380	67970	18.46
净资产（万元）	9000	18706	107.84
营业收入（万元）	50864	69441	36.52
利润总额（万元）	3183	4209	34.13
技术开发投入（万元）	25	850	3300
利税总额（万元）	11203	8877	-20.76
全员劳动生产率（万元/人·年）	39.79	52.61	32.22
净资产收益率（%）	25.93	28.32	2.39
总资产报酬率（%）	7.45	7.34	-0.11
国有资产保值增值率（%）	130.33	152.45	22.12

【重大决策与重大项目】

1. 重大决策。

中国机械工业成套工程总公司高度重视资本运营的战略地位，通过资本方式整合优化资源和信息，拓宽投融资平台，增强公司资本实力和主营业务市场竞争力。

（1）整合业务链。中国成套把三条主营业务链统一并到城市基础设施建设领域，从城市整体规划高端介入，把单一项目的开发动作打包到城市的开发经营上来，着眼于国家的产业政策，把国家政策、公司战略、项目动作合三为一进行整体规划动作，借助资本动作的工具，逐步把项目或公司整体纳入资本平台。

（2）优化资产的结构和质量。中国成套对2005年8月重组前对外实际投资或名义投资的公司进行清理，对不参与运营或经营情况不理想的转让股权或注销公司。对主业突出、资产优良、规模适中、效益较好的公司采取首购重组的方式吸纳进来，优化次产，增强对外投资和主营业务的盈利能力。

中国成套有子公司7家，其中，重组收购北京中润伟业投资有限公司，该公司在外贸业务、招标业务和军工产品配套业务上的年营业额平均达到5亿元人民币，与世界著名的美国GE医疗系统公司、荷兰飞利浦医疗系统、德国蒂森克虏伯集团公司等国际知名企业的部分产品代理权。该项收购大大提升了中国成套在进出口经营额、进出口产品的专业化程度和与国际知名企业的合作。

（3）扩充资本金实力，两次增加注册资本。2005年重组当年注册资本金1000万元，2006年通过增持中国北方工业装备有限公司股权增资2300万元，2009年，原财政部对地方企业投放的中央基本建设经营性基金27家共计7484万元资产划归中国机械工业成套工程总公司，注册资本增资到10034.9万元人民币。

（4）以项目为切入点分阶段逐步通过资本方式完善上下游产业链条。中国成套先后与建筑设计、城市规划、电力设计等多家机构签署战略合作协议，建立紧密型合作关系，通过项目合作发挥双方优势，形成具有市场竞争力的完整业务链条，通过项目选择资本优良、专业突出、队伍精干的专业机构以资本方式完善产业链。

（5）加强建立银企合作关系有效拓展融资平台。2009年中国成套综合授信总额比重组当年增长650%。除商业性授信外，分别与中国进出口银行、国家开发银行等政策性银行建立银企合作关系，启动国家政策性银行对融资和项目的支持。

2. 重大项目进展情况。

中国成套正在执行及执行完成的1000万美元以上工程承包合同6个，累计合同金额3.3亿美元。其中缅甸1万吨双氧水厂建设项目作为中国机械工业成套工程总公司第一个国际工程承包项目于2006年顺利投入生产运营。

安哥拉教育部建设项目全部接近尾声，项目实现利润超过11%的预算指标，其中累计上缴中国机械工业集团有限公司净利润及管理费1592万美元，累计为中国机械工业集团有限公司非实体经营实现主营业务收入近18亿元人民币。安哥拉总统多斯桑托斯亲自参加一期项目竣工验收仪式，被列为总统大选的政绩工程，为今后在安哥拉继续市场开发奠定基础。是中国机械工业成套工程总公司2005年重组5年来的主要利润增长点，是整体规划贯彻国家“走出去”战略的第一个成功实施的项目，为在手的4个安哥拉项目积累了宝贵经验。

中国成套正在执行的房地产项目6个，已开发完工的建筑面积42万平方米，累计实现销售额18亿元人民币，实际投资回报率200%，项目利润均超过20%。现在手执行项目约100万平方米，土地储备200亩。从多层到100米高层，从普通住宅到花园洋房，从旧城改造到大规模小区开发多种开发类别，打造精品工程，树立央企品牌。其中容县绣都苑项目获批为广西自治区“西北大开发”免税项目；重庆中慧第一城项目获得“园林设计中国人居典范设计金奖”和“铂金品质楼盘将”；合肥吴家弦城中村改造项目是时尚家园项目后在合肥开发的第二个项目，是立足中原滚动开发在安徽实施的第四个项目，是中国机械工业成套工程总公司计划与国家开发银行合作，服务于国家“农村城镇化建设”运作的第一个城中村改造项目。

中国成套正在执行和执行完成设备配套项目13个，其中水电站配套项目6个，垃圾焚烧电站配套项目2个，风电站配套项目1个，化工及农机具配套项目3个，合同金额4亿元人民币。

【科技创新】 2009年，借助垃圾焚烧发电设备的高技术含量，中国机械工业成套工程总公司所属中国北方工业装备有限公司凭借“焚烧生物质燃烧的链条炉的炉排保护方法及其专用装置”的发明专利再次被评为国家级和中关村高新技术企业，提升了公司的科技产业化能力。

【主要管理经验】

1. 调整战略规划布局。

（1）准确把握市场动态和国家的政策。根据国家宏观经济政策的重点和中国机械工业集团有限公司2010—2012年发展规划，中国成套把主业尽快的调整到国家产业政策发展方向和发展重点上来。其中：国际工程承包贯彻中央“走出去”战略，加快国际化步伐，尽快提升国际竞争力；房地产开发和能源环保贯彻国家“农村城镇化建设”和“发展新能源和低碳经济”的战略，归并到城市建设综合规划开发上来；文化发展贯彻国家“大力发展文化产业”的战略，把文化发展融入到城市建设综合规划开发上来；同时继续巩固和发展军工装备的传统特色业务。形成国际工程、城市建设综合规划开发、军工装备为主营业务，开展工程总承包、对外投资和贸易服务。

（2）加快业务模式创新。中国成套积极利用中国机械工业集团有限公司在工程承包行业所积累的优势，探索和承担BT、BOT、BOO及其他营运模式的项目，向高端市场迈进，为工程承包业务开辟新的发展之路。加快延伸贸易业务环节，坚持开拓国际市场与扩大国内市场并举。

（3）加快新兴业务的开发和培育。中国成套抓住国内外产业调整的重大机遇，借助中央企业的平台和优势，在新能源、节能环保、低碳经济产品和技术等方面加大研究探索、投资开发的力度。以泰安垃圾焚烧电站项目、二滩雅龙江官地水电站电缆配套项目、北京官厅风电场配套项目、印度太阳能项目为突破口，集中优势资源尽快向纵深发展。

（4）加快完善城市综合开发的运作体系。中国成套抓住国家农村城镇化的大好时机，高端进入当地政府对城市的整体规划、建设、运营管理，把旧城改造、低成本住房、能源环保、文化产业科学地相结合，以承担社会责任的眼光和境界，用市场经济的手段和方法，打造一种全新的城市综合开发模式。

2. 加大资本运作力度，推进优质资源整合。

（1）中国成套通过联合重组，扩充主业的资源优势和规模效益。吸收外部优质资源，不断优化和改良资产结构，完善产业链条，提升整体规模效益水平。

（2）中国成套通过引进战略投资者，改善资本结构，促进投资主体多元化，为整体或分项目进入资本市场做准备，把资产证券化作为资本运作的目标。

3. 加大市场开发力度。

（1）转变开发思路强化执行力度。中国成套面对激烈的市场竞争和针对后发的起势势头，在思路和打法上有了新的突破。首先转变开发观念，以大胆积极的态度面对市场，果断占位。

（2）围绕主营业务从单一项目开发转变到产业链的建设开发。中国成套把引进战略投资者作为市场开发的主要任务，从源头入手，直接引进具有优势资源的投资者，完善产业链各环节。从央企的社会定位出发，联合政府、金融机构、专业科研机构共同发挥协同作用，实现互利共赢的局面。

（3）中国成套的市场开发以业务板块为单位、以发展区域为单位确立了今后的开发重点。无论是国际或是国内，开发的方向是发达的洲际国家或区域以后发展的国家或城市为主、滞后发展的洲际、国家或区域以相对发达的国家或城市为主。

（4）中国成套由高层组成决策管理机构，负责规划、协调、指挥、推进职责，由部门作为工作主体，负责组织、落实实施工作。做到规划可行、目标明确、人员到位、责权利配套，形成一个自上而下，全员跟进的局面。

4. 加强高素质团队打造。

（1）战略层面实施“走出去”、“请进来”。中国成套把对国家宏观政策有深入了解的、在资本市场有丰富经验的、在专业技术上有特色优势的、与公司有多年合作经验的专业机构或资深人士请进来，作为战略顾问，帮助规划的制定和实施。同时，通过加强培训、走出去交流等形式，逐步提高高层管理者的战略思考能力、中层干部的组织执行能力和员工的专业执行力。

（2）加强人才流动。中国成套通过引进专业人才解决在专业技术上的薄弱环节，同时加强内部的人员交流与干部选拔。首先，通过依靠建立战略伙伴与设计院、施工单位建立良好的关系。其次，选聘一些具有丰富工作经验的离退人员充实员工队伍。再次，在内部建立和实施科学的考评体系，做到及时发现人才、培养人才和使用人才。通过考核发现专业素质好、业务能力强的员工，并大胆使用，为员工开辟和寻找个人职业发展通道。中国成套在人才管理上始终忠于“干部能上能下，员工能进能出”的原则。明确业务带头人发展业务链条的责任，并赋予他们培养和带队伍的责任，为团队建设树立榜样，并把团队建设纳入对其的考核范围内。

5. 信息化管理提升了工作运行效率。

从2005年到2009年，中国成套先后建成并不断完善了公司门户网站系统、OA办公平台系统、邮件管理系统、安防监控系统等软件系统，硬件每户配备了大型服务器4台，大型交换机3台，总投资上百万元用于提升信息化管理水平。特别是内部办公系统平台的搭建解决了出差找难、员工信息管理难、公司上下沟通难等现状。2009年中国机械工业成套工程总公司在中国机械工业集团有限公司47家企业信息管理评比中位列第15名。

6. 企业文化和精神文明建设成果显著。

中国成套连续11年获得中央国家机关精神文明先进单位。积极宣传和倡导“责任、奉献、团结、忠诚、敬业”的企业文化精髓。从公司层面履行社会责任，先后为汶川灾区、助学爱心基金等捐款，2009年度向中国机械工业集团有限公司爱心基金捐款10万元人民币，用于资助因付不起学费而放弃大学的孩子们。通过组织“爱心环保登山活动”、组织“爱心关注交通行活动”，要求全体员工从我做起，关心关注身边的每一个人和每一件公益事业。

2009年，中国成套积极开展各类文体活动，融合团队，打造“和谐成套”。通过组织参观各类展览、组织拓展训练和文艺晚会、组织党员集体宣誓、参加中国机械工业集团有限公司组织的各类竞赛活动等多种形式提升的凝聚力、战斗力。

国机财务有限责任公司

【基本概况】

1. 发展情况。

国机财务有限责任公司（以下简称国机财务）是在集团领导的关心支持下，于2003年经中国银监会批准，由原中工信托投资公司改制重组成立的。公司2003年9月成立，2004年开始正式营业。

国机财务成立以来，坚持董事会确定的“依托集团资源，服务集团发展”的经营宗旨和“规范、服务、发展、创新”的经营理念，通过建立完善的法人治理结构，准确定位，明确公司的发展思路，健全风险防范机制，不断提高服务质量和效率，积极拓展经营领域，努力开发适合集团成员单位需求的金融产品，在促进集团整体发展的同时，赢得了自身的快速成长。截至2009年底，公司注册资本为5.5亿元人民币，资产总额达到83.38亿元，所有者权益达到15.20亿元，经营范围涵盖行业监管办法所规定的全部业务。已由成立时的小型财务公司发展成为国内中等规模的财务公司。

2. 基本情况及发展沿革。

（1）历史沿革。

2003年7月，经中国银行业监督管理委员会批准（银监复〔2003〕23号），原集团成员单位下属的中工信托投资公司改组为“国机财务有限责任公司”，注册资本金为39043.06万元人民币，股东单位21家。

2005年9月，经北京银监局批准（京银监复〔2005〕464号），公司注册资本由39043.06万元减至19060万元，股东数量由21家减为20家。

2006年4月，经北京银监局批准（京银监复〔2006〕75号），公司注册资本由19060万元增至30660万元，股东单位由20家增至24家。

2007年11月，经北京银监局批准（京银监复〔2007〕671号），公司注册资本由30660万元增至55000万元，股东单位由24家增至28家。

2009年11月，经北京银监局批准（京银监复〔2009〕657号），中国工程与农业机械进出口总公司将所持有的财务公司股权无偿转让给中国机械工业集团有限公司。股权转让后，财务公司股本总额不变，股东单位由28家变为27家。

（2）经营范围。

经中国银监会批准，国机财务经营范围包括：对成员单位办理财务与融资顾问、信用鉴证及相关的咨询、代理业务；协助成员单位实现交易款项的收付；对成员单位提供担保；办理成员单位之间的委托贷款及委托投资；对成员单位办理票据承兑与贴现；办理成员单位之间的内部转账结算及相应的结算、清算方案设计；吸收成员单位的存款；对成员单位办理贷款及融资租赁；从事同业拆借；经批准发行财务公司债券；承销成员单位的企业债券；对金融机构的股权投资；有价证券投资；成员单位产品的消费信贷、买方信贷及融资租赁。

（3）员工数量及构成。

截至2009年底，国机财务拥有正式员工36名，大学本科以上学历32人（其中研究生为6人），占人员总数的89%；财务、金融专业28人，占人员总数的78%；从事财务、金融工作5年以上的23人，占人员总数的64%。

3. 自成立至2008年发展情况。

（1）主要经济指标。

2004年至2008年五年间，国机财务累计实现利润12.31亿元，为公司5.5亿元注册资本的2.24倍，为投资者创造了较好的投资回报，同时也为公司健康长远发展奠定良好的基础。截至2008年底，公司总资产40.45亿元，净资产13.60亿元。

2004年以来，国机财务累计向成员单位发放各类贷款128亿元，年平均贷款余额由2004年的3.03亿元，发展到2008年的20亿元，增长近6

倍，年平均复合增长率达到45%以上；受集团资产财务部委托，为集团提供担保的25个项目进行担保风险调查，累计金额74亿元；累计为成员单位提供担保20亿元，所有担保项目及委托调查的担保项目执行良好，在集团内部发挥了必要的金融服务职能，积极支持了成员企业的健康快速发展。

在国机集团及成员单位的支持下，国机财务不断提高服务质量和效率，存款和资金集中结算业务取得长足进步，公司平均存款余额由2004年的2.7亿元左右，发展到2008年的24亿元左右，增长近10倍，公司集中结算量也由2004年的57亿元，发展到2008年的1010亿元，增长17倍左右。存款的增长与资金集中结算度的提高，为财务公司其他金融业务的开展及在集团内部更好地发挥金融服务职能奠定坚实的基础。

作为财务顾问，协助国机集团成功发行总额为26亿元的短期融资券，并协助集团以委托贷款方式发放给集团成员单位使用，为集团节省财务费用超过4000万元，较好地解决集团成员单位快速发展过程中的短期资金紧张问题，并树立了集团在资本市场上良好的企业形象。财务公司与集团资产财务部组建战略配售工作小组，抓住机遇，开展了国内部分优秀大型企业A股股份的战略配售工作，取得了良好的经济效益。

（2）运营情况。

五年来，国机财务克服重重困难，顺利解决原中工信遗留问题，取得较快的发展，连续多年取得较好的经济效益，规模、实力及风险控制能力得到较大改善，公司金融产品日益丰富，服务质量不断提高，在集团内部树立了良好的企业形象。

一是准确定位、明确公司的发展思路。公司组建伊始，十分重视战略和规划对实践科学发展观的引领作用，通过综合分析宏观经济形势和金融环境，客观面对财务公司的特定地位和优势，明确公司的基本定位和经营思路，即坚持“依托集团资源、服务集团发展”的经营宗旨和“规范、服务、发展、创新”的经营理念，稳健经营，坚决控制经营风险，不断提高公司信誉；明确提出努力使公司逐步发展成为集团的资金结算中心、信贷中心和对外融资中心，成为集团资本运营的重要参与者和主要业务平台，打造金融业务特点鲜明、资产质量良好、效益稳定、服务高效、成员单位满意的“精品”财务公司的发展愿景。根据现实条件，国机财务公司确定“三步走”的战略，将公司的发展规划为三个阶段，即“夯实基础、固本培基”阶段，“服务创新、开拓市场”阶段和“稳健规范、成熟发展”阶段。几年来，公司根据既定的发展思路和战略规划，脚踏实地开展工作，使公司沿着正确的方向稳步发展。

二是建立完善的法人治理结构。遵循现代企业经营管理规范和发展规律，努力构建完善的法人治理结构，为公司的良好运营奠定基础。公司设立股东会、董事会和监事会，形成“三会分设、三权分开、有效制约、协调发展”的基本格局，并在经营中强化董事会、监事会的监督作用；实行董事会领导下的总经理负责制，总经理依据董事会的授权开展经营活动。公司第一届董事会成立以来，共召开会议26次，其中审议业务议案近60项。完善的法人治理结构形成对公司经营活动的有效监督和制约。

三是健全风险防控机制。为有效防范经营风险，公司下大力构建防范机制。一是健全机构，设立专门的业务审查委员会，如投资决策委员会、信贷审查委员会等，在经营中严格执行“部门、委员会、董事会”的三级业务审批程序；组建审计监督部门，并在各业务部门内设置稽核岗，对公司经营活动的全过程实施监督；二是加强内控制度建设，针对经营管理的各个环节和各个层面分别制定规章制度，并结合业务发展的需要先后三次进行修改完善，形成规范的业务管理办法、操作流程130项，涵盖全部经营活动；三是加强信息系统等相关风控设施建设，完善防范的手段。公司成立以来，不断强化风险控制，努力优化资产结构，加大内控制度的执行力度，落实潜在风险项目的监控措施，使公司在几年的经营中各项业务不良资产率一直为零，保持了良好的资产质量，确保了公司的健康发展。

四是不断提升服务品质。公司始终把为集团及成员单位提供高品质服务作为公司发展的立足点，不断完善自身功能，提高服务品质。例如，借鉴商业银行的成功经验，推行客户经理制服务模式，为成员单位提供贴身及全方位的金融服务，针对客户的需求，量身定做服务方案，高效率解决成员单位的资金需求，支持了企业的发展；通过下大力量打造较为完备的结算系统，大幅度提高成员单位办理结算业务的效率，加快了成员单位的资金周转速度，为企业节约了结算费用。通过优质高效的服务，深化了与集团成员单位的合作，为公司培育了稳固的市场。

五是以创新推动公司持续发展。为了更好地满足成员企业金融需求，公司进行一系列业务产品和服务模式创新，比如“异地企业项目封闭结算”、“母子公司资金集中管理”、“商业承兑汇票贴现”、“国内保函”等金融产品及建立健全客户服务体系等，有些金融创新产品在财务公司同业中属于首创。这些新的金融产品贴近成员单位的行业经营特点，在一定程度上满足了成员企业的金融需求，深受成员单位的欢迎。随着新产品的推广应用，不仅支持了成员单位的发展，也为公司拓展了业务领域，扩大了经营规模，从而带动公司持续发展。

【主要指标】

1. 指标完成情况。

根据集团下达的考核指标，财务公司2009年营业收入为12000万元，利润总额为6000万元，成本占主营业务收入比重49.99%，净资产收益率3.32%。2009年公司实现营业收入25907万元，实现利润总额16205万元，分别完成预算的216%和270%，成本费用占主营业务收入比重41.62%，净资产收益率8.40%。全面完成集团下达的考核指标。

截至2009年末，公司资产总额83.38亿元，负债总额68.18亿元，所有者权益15.20亿元。与2008年相比，公司资产、负债规模大幅上升，所有者权益稳步增长。

2. 财务状况分析。

2009年累计实现营业收入25907万元，同比下降66%，完成预算的216%，主要包括：

（1）利息收入。本年贷款基准利率仍然保持上年底的较低水平，加上公司贷款规模的下降，全年累计实现利息收入11119万元，同比下降27%。

（2）金融企业往来收入。由于资金存量的富足，本年存放同业平均值较高，累计实现金融企业往来收入4244万元，同比增长47%。

（3）手续费及佣金收入。主要包括委贷手续费收入和咨询服务收入。其中委贷手续费收入和担保费收入208万元，同比减少50%，主要是由于委贷平均规模下降所致。咨询服务收入10207万元。

（4）投资收益。本年新增短期、长期投资业务，如购买货币基金、申购新股等，为公司带来投资收益75万元。

（5）汇兑收益。2009年人民币兑美元汇率走势较为平稳，累计损失3.2万元。

（6）其他业务收入。为房租收入，全年累计57万元。与上年相比，基本无变化。

2009年累计发生营业支出9695万元，同比减少4823万元，降低19%。主要包括：

（1）利息支出。累计发生6010万元，同比尽管利率水平降低，但本年存款规模大幅提高，日均余额达到36亿元，且定期存款的比重上升，由年初的40%增长为67%，由此带来利息支出同比增长19%。

（2）金融企业往来支出。本年一季度出现几次临时性资金紧缺，公司通过信贷资产转让和转贴现弥补临时资金缺口，累计拆入资金11.5亿元，发生金融企业往来支出121万元，占预算的50%。

（3）手续费及佣金支出。累计发生该项支出3笔，共计1060万元。

（4）业务及管理费。累计发生2207万元，同比下降54%。主要支出项目为工资及五险一金、固定资产折旧等。

（5）资产减值损失。大量贷款到期偿还，信贷规模较同比下降较大，导致本年累计发生贷款减值损失转回1057万元。

（6）营业税金及附加。本年累计营业税金及附加1354万元，同比下降66%。

2009年累计实现利润总额16205万元，与上年同期相比，减少45449万元，下降74%。

2009 年国机财务有限责任公司主要经济指标

项　目	2008 年	2009 年	同比增长（%）
资产总额（万元）	404977	833801	105.89
净资产（万元）	135933	152014	11.83
营业收入（万元）	76323	25907	-66.06
利润总额（万元）	61654	16205	-73.72
利税总额（万元）	77285.2	14641.28	-81.06
全员劳动生产率（万元/人·年）	1997.83	519.03	-74.02
净资产收益率（%）	39.99	8.4	-31.59
总资产报酬率（%）	17.35	2.62	-14.73
国有资产保值增值率（%）	148.54	108.89	-39.65

【重大决策与重大项目】

1. 战略管理。

2009 年国机财务经营管理面对的主要冲击和压力表现为：一是从 2008 年下半年开始大规模爆发的金融危机，加剧了公司经营环境的不确定性，增加了公司准确把握市场走向、应对经营风险的难度；二是宽松货币政策出台，导致市场流动性大增，利率大幅下降，同时商业银行也在一定程度上降低业务门槛，挤压了公司的市场份额，压缩了公司的盈利空间；三是集团部分成员企业受金融危机的影响，业务出现一定程度波动和调整，资金需求下降，同时集团企业债券的发行，部分成员单位以集团企业债券替换财务公司贷款，导致公司贷款规模出现明显下降；四是在全球金融危机影响下，国内证券市场大幅下挫，并且长期低位徘徊，战略配售业务备受各位董监事及股东单位关注，防范及化解风险的压力巨大；五是虽然公司资金结算工作取得较大进展，但是与集团整体资金状况及其他中央企业相比，资金集中度依然较低，公司业务发展的稳定性受到很大的制约。

在客观分析公司所面临的经营环境的基础上，适时调整战略实施方案，确定“立足自身，内抓管理，外强服务”的 2009 年总体经营工作思路，作出加快金融平台建设步伐，突破发展瓶颈的重大决策。在这一战略决策的主导下，实施配合集团产业链的延伸拓展自身的业务领域、开发网上银行业务以提升财务公司的服务功能和品质、配合集团推广集中结算三大类具体措施。随着三项措施的落实，使公司的发展格局、综合能力迈上一个新的高度，为持续健康发展打下坚实基础，并确保公司实现了预期的战略目标。

公司执行 2006 年《企业会计准则》及有关补充规定，以财务预算考核指标为基础目标，通过定期财务指标的计算和分析，反映公司的资金周转、盈利能力、偿债能力，监督公司的业务完成情况、成本费用支出情况、资产质量情况，帮助公司及时找出发展过程中的障碍，为公司的各项经营决策提供参考和依据。

2. 市场开拓。

2009 年，财务公司通过强化精细化管理，提高控制风险、正确研判市场及科学决策的能力，不断提升金融服务水平，拓展业务领域和空间，确保了全年工作顺利有序开展。

一是以稳定并扩大公司存款规模为基础，积极推进资金集中结算工作。积极开展资金集中结算，发挥集团“现金池”功能，提高集团资金配置的效率和效益，是金融监管部门及集团赋予财务公司的基本定位，也是财务公司在集团内部发挥金融服务职能的基础。在集团领导和集团资产财务部的正确领导与大力支持下，公司 2009 年集中结算工作扎实推进，取得了重大进展。一是与集团重要大型企业的存款及结算业务合作进一步扩大；二是上市公司存款问题取得突破；三是在稳定公司原有存款客户的基础上积极联系新重组进入集团的企业，主动提供金融服务，为公司拓展了存款及其他业务资源；四是做好集团资金集中度考核的相关配套服务工作，获得成员企业的理解支持，实现公司与合作企业的互利双赢。在集团的政策推动和成员企业的大力支持下，经过努力，财务公司存款规模稳步增长。

二是强化服务意识，努力保持公司信贷业务的稳定发展。受市场流动性充足、企业贷款需求下降、集团企业利用集团债券资金替换财务公司贷款等各种内外部因素不利影响，公司 2009 年信贷规模下滑较为严重。为此，公司主要从以下几方面开展工作：一是牢固树立市场竞争意识，强化信贷业务从业人员的责任和动力，积极与集团优质企业联系，提前了解企业资金状况及需求动态，提早安排授信与资金，同时积极争取将这些企业的部分商业银行贷款进行置换。经过积极沟通交流，得到存在现实贷款需求的成员企业的响应与支持；二是加强金融创新，通过开发银（商业银行）财（财务公司）联开保函等业务，为成员企业提供个性化金融服务支持，通过利率下浮，增强成员企业授信使用的便利化，降低借款企业财务成本，提升财务公司贷款业务的竞争力；三是根据成员企业特点，及时筹划开展融资租赁等新型信贷业务品种，支持企业产品销售，拓宽信贷服务领域。随着公司各项应对措施的落实，初步遏制了公司信贷规模下滑的趋势，将公司信贷规模由最低时的 11 亿元左右，稳定在 16 亿元左右。

三是积极申请扩大业务范围，并获得银监会批准。公司在努力稳定扩大现有金融业务规模的同时，从年初开始，即着手向监管部门申请扩大业务范围，申请开展融资租赁、有价证券投资（二级市场投资、股票基金投资等）、消费信贷、买方信贷等业务。在北京市银监局的大力支持下，上述申请于 2009 年 11 月获得中国银监会批准。为安全稳健地开展好上述金融业务，公司进行必要的业务决策、业务操作、风险控制制度及相关人员、机构的准备，同时，已就融资业务的开展与中国福马、鼎盛天工等工程机械制造企业进行多次研讨。

四是把握市场机遇，成功实现战略配售股份的出售。全球金融危机爆发以来，为有效应对危机，保证战略配售业务的经济效益，实现国有资产保值增值，公司制定周密的业务操作方案，并较好地把握市场时机，在年度市场最高时成功完成绝大部分剩余战略配售股份的出售工作，为集团及财务公司创造良好的经济效益，也为增强财务公司实力，保持财务公司的健康长远发展打下重要的物质基础。

【主要管理经验】

1. 不断提升内控管理水平，保证公司持续发展。

经过几年发展，财务公司资产规模已达到 83.38 亿元，净资产 15.20 亿元，无论从总资产还是净资产，公司都已开始由小型财务公司向全国中等规模的财务公司迈进，而且随着集团资金集中度的进一步提高、集团规模不断扩大，财务公司将得到进一步的发展。因此，完善内控体系、提升管理水平、防范各类经营风险的发生，显得越发重要。监管部门对此也有明确要求。为提高公司管理能力，公司在以前年度工作的基础上，开展以下两项工作：一是开发建设快捷、安全、全覆盖的公司信息系统；二是着眼公司全面风险控制体系建设，健全公司风险控制体系，提高公司风险机制的预警、执行、防范、评价能力，实现公司的又好又快发展，努力打造“百年老店”。

2. 加大信息化建设投入，为公司快速发展提供有力支撑。

对金融企业而言，加强信息化建设是提升公司经营水准的重要方面，是支撑公司快速发展的命脉。为此，公司高度重视信息化建设，不断加大投入、提高信息化水平。

一是完善公司信息化建设的管理制度。通过对现行管理办法及工作运行情况进行总结检查，针对发现的问题，从系统开发、实施、验收到后期管理的全过程，对信息系统管理办法进行全面修订，进一步完善公司的信息系统建设管理体制。

二是加强对系统运行情况的日常监控，定期进行应急演练，强化风险意识，提高抗风险能力。

三是为更好地满足公司各项业务持续发展及控制风险的需要，同时为成员企业提供更为高效、优质的金融服务，公司在广泛调研广的基础上，坚持安全可靠性第一、高性价比的原则，通过招标，全面开发建设包括信贷、融资租赁、证券投资、资金结算、网上银行、资金计划、同业业务、财务管理、风险控制等在内的 ERP 系统。公司信息系统建设方案得到公司董事会批准，正在开发建设中。同时，为配合网上银行业务的开展，公司对网络架构进行改造，解决了单点故障问题，加强了公司网络抗风险及抗攻击的能力。

3. 深化公司党建及企业文化建设。

2009年国机财务有限责任公司较好地完成党建工作的各项任务，并进一步推动企业文化建设的健康发展。

（1）深入学习实践科学发展观，推动公司持续健康发展。

按照集团党委的统一部署，公司组织开展学习实践科学发展观活动，按照以领导干部为重点、党员全程参加、职工参加有关环节的基本要求，组织全体员工接受系统全面的科学发展观教育，并通过学习调研、分析检查、整改落实三个阶段的活动，取得实实在在的活动成果。主要表现在：一是加深了广大员工特别是领导干部对科学发展观的科学内涵、精神实质和根本要求的认识和理解，紧密结合公司发展实践，牢固树立起走科学发展之路的理念。二是广大党员干部及公司员工以科学发展观为指导，对公司的经营发展进行科学的分析和把握，找出公司在科学发展方面存在的突出问题，厘清发展思路，制定切实可行的整改落实方案，并迅速组织落实，对公司的发展产生巨大的推动作用，使公司在逆境中保持良好的发展势头。三是促进公司加大在机制体制方面的建设力度，建立科学发展的长效机制，为公司的持续健康发展提供可靠保障。

（2）全面推进惩防体系建设。

2009年，按照集团党委工作部署以及公司有关实施计划，继续推进惩防体系建设工作。一是细化工作内容，落实工作责任。按照各体系的目标要求，进一步确定具体工作内容和任务，并针对党委、纪检监察、人力资源、审计稽核等职能机构以及各业务部门的主要工作领域进行分工。二是深入开展党风党纪教育，加强公司廉洁文化建设。针对党员干部，系统组织开展了党员先进性教育、“讲党性、重品行、做表率”活动、落实国有企业领导人员廉洁自律七项要求、反不正当交易专项治理等专项活动，以提高党员干部拒腐防变的自觉性和抵御能力。三是加强对领导干部的监督。在不断完善法人治理结构的同时，公司从工作考核评价、廉洁从业监督、责任追究等方面，进一步加强对领导干部的监督。

（3）围绕企业发展的总体目标，不断深化企业文化建设。

对公司在多年良好发展中逐步形成的“风险”、“团结”、“敬业”、“创新”的基本理念，经过归纳和提炼，构建起公司的核心价值观、经营理念、发展愿景、员工行为准则等企业文化体系，并紧密联系经营实践，促进文化与管理的融合。通过开展“爱岗敬业树新风，岗位建功创荣誉”等主题教育活动，系统推进文化建设，进一步强化员工对公司经营管理理念的认知和共识，真正使公司的文化理念成为全体员工的共同追求，进而转化为自觉行动。

中国进口汽车贸易有限公司

【基本概况】

1. 发展情况及历史沿革。

中国进口汽车贸易有限公司（以下简称中进汽贸）是经国务院批准于1993年5月19日成立的大型国有企业，原名“中国进口汽车贸易中心”，2007年改制更名为“中国进口汽车贸易有限公司”。

中进汽贸原隶属于国家经贸委。国家机构改革后，作为国家骨干企业先后由中央大型企业工委、国务院国资委直属管理。2004年5月，经国务院国资委批准，与中国机械工业集团公司重组，成为该集团的成员单位。

公司自成立之日起，与国际著名的汽车厂商，如通用、福特、克莱斯勒、大众等一直保持着良好的合作关系，组织进口的汽车涉及到大部分国际著名汽车品牌，在国内进口汽车贸易领域名列前茅，尤其是在有效执行一系列政府项目方面，受到国家有关方面的好评。

在创造良好的经营业绩同时，中进汽贸还不断提高持续经营能力。全力做强做精“汽车进口批发核心业务、汽车零售服务业务、汽车物流园区业务”三大支柱业务，培育开拓“汽车租赁及二手车业务、汽车金融及战略投资业务、汽车电子商务及传媒业务”三个新业务板块。同时，加强资本运作，加速成长。

17 年来，中进汽贸共进口、销售汽车十余万辆，上缴税收 60 多亿元，从一个依靠政策吃饭的传统国有企业逐步发展成为一个拥有 22 家控股子公司的现代化企业，员工人数也由成立之初的十几人增加到 1100 人。

进入新时期，中进汽贸面对国际、国内汽车市场的新形势和新变化，确立了向综合贸易服务型企业转型的发展战略。中进汽贸将利用良好的行业地位、充足的资金实力和专业的运作经验和团队，努力为汽车制造企业提供市场分析、车型选择、认证协助、订货管理、资金融通、通关物流等多项增值服务和当地化服务。中进汽贸将在为合作伙伴创造价值的过程中体现自身的价值，不断成长为受尊敬的多品牌综合汽车贸易服务商。

2. 自进入集团至 2008 年发展情况。

2004 年 5 月，中国进口汽车贸易有限公司正式重组进入国机集团。由于进口汽车配额取消，跨国汽车公司获准进入进口汽车贸易领域等一系列政策和市场环境的变化，中进汽贸原有经营模式面临重大挑战。2004 年，中进汽贸主营业务收入仅 5. 8 亿元，当年亏损 1300 万元，企业面临着能否继续生存的问题。

在国机集团的正确领导和大力支持下，在新一届领导班子的带领下，中进汽贸开始面对危机寻求生存的转型。通过四年的艰苦努力，中进汽贸实现从亏损 1300 万元到盈利 2. 1 亿元，销售收入从 5. 8 亿元到 86 亿元的跨越式发展。

（1）适时调整发展战略，积极推进企业转型。

第一次转型：面对危机、寻求生存的被动转型。2004 年 8 月，新一届领导班子上任后，提出“适应三个变化：政策的变化、市场的变化、竞争对手的变化；推进三个转变：经营理念转变、经营机制转变、经营模式转变；提高员工三化水平：专业化、职业化、市场化；提升团队三个能力：执行能力、经营能力、综合管理能力”的全新工作思路，开始调整员工观念，改变落后机制，创新业务模式的第一次转型。2007 年 12 月，中进汽贸正式由全民所有制企业改制为有限责任公司。中进汽贸通过第一次转型建立起较为科学的业务发展架构，较为完善的内部管理体系，为企业的可持续发展打下坚实的基础。

第二次转型：顺应变化、追求卓越的主动转型。由于中国汽车产业的不断成熟，汽车贸易环节的利润率不断降低，单纯依靠汽车贸易已经不能支撑中进汽贸的长期可持续发展。2008 年 5 月，以公司成立 15 周年为契机，中进汽贸开始向业内受尊敬的多品牌综合汽车贸易服务商转变的第二次转型，向贸易要规模，向服务要利润，用贸易带动服务，用服务促进贸易。

在大量调研基础上，中进汽贸最终确定《中国进口汽车贸易有限公司战略规划（2008—2010）》，并确立公司“以进口汽车为核心、行业领先的汽车贸易服务商”的战略定位和“为造车人服务，为用车人服务”的企业使命，提出“三年再造一个新的‘中进汽贸’”的经营目标，确定“持续创新战略”、“资本运营战略”、“品牌提升战略”三大战略和“管理支撑”、“财务支撑”、“人力资源支撑”三大支撑，同时详细规划各个业务板块向贸易服务型转型的方法和途径，从战略上为转型提供了保障。

（2）不断创新业务模式，提升核心竞争能力。

在加入国机集团至 2008 年的四年时间里，中进汽贸不断创新业务模式，积极开拓业务领域，开创了汽车进口批发及贸易服务这一核心业务，积极拓展汽车零售服务业务和汽车贸易服务园区业务等支柱业务，积极开拓汽车租赁及旧车业务、汽车电子商务及传媒业务等汽车后市场业务，搭建起较为完整、科学的发展构架。

进口汽车批发及贸易服务业务从无到有，由弱到强。自 2004 年开始，中进汽贸先后与克莱斯勒、大众、通用等跨国汽车公司建立战略合作伙伴关系，为其提供进口汽车批发及贸易服务。在与跨国汽车公司的合作过程中，中进汽贸的服务链条不断延伸，核心能力不断增强，能为跨国汽车公司提供包括市场分析、车型选择、市场定位、3C 认证、环保认证、报关仓储、物流分销、信息反馈等全链条、菜单式的服务。至 2008 年，中进汽贸已经成长为中国进口汽车贸易领域专业能力最强的多品牌综合汽车贸易服务商。

汽车零售服务业务从零起步，发展迅速。从 2005 年开始，中进汽贸大规模进入汽车零售服务领域，汽车零售服务网络不断扩大。截至 2008 年底，中进汽贸参控股汽车 4S 店已达 10 家。在大力推进 4S 店建设的同时，加强 4S 店经营管理，促进 4S 店的销售及维修业务的发展。4S 店的服务链条不断延伸，售后服务的利润贡献率稳步提高。

汽车贸易服务园区业务理念先进，领跑行业。2005 年底，在进行大量调查研究的基础上，经国机集团批准，中进汽贸投资 4800 万元人民币入主天津空港国际汽车园发展有限公司。经过三年的建设和发展，天津空港国际汽车园已经成为集汽车文化、汽车娱乐、汽车展示、汽车驾乘和汽车交易为一体，国内理念最先进、功能最完善的汽车服务贸易园区之一。天津空港国际汽车园项目为中进汽贸汽车贸易服务园区业务的发展积累了宝贵经验。

汽车租赁及二手车业务模式不断创新，成效初显。中进汽贸的汽车租赁业务以中高端车型为主，以外资企业、金融机构、政府机关等中高端客户作为目标客户群，经过连续多年的优质服务，与客户建立了信任、稳定的伙伴关系。同时，中进汽贸还不断探索新的租赁服务模式，积极与东风日产、东风悦达起亚、上海通用等厂家洽谈“品牌租赁”等模式，为公司及行业的发展探索新的道路。2007 年，中进汽贸大力拓展二手车业务，推出全新的二手车经营品牌——“真容二手车”，并兴建全国第一家“真容二手车”专营 4S 店，该店可为消费者提供二手车评估鉴定、收购、整备、销售、配件供应、维修、置换等全过程服务。同时，积极探索与厂家合作的新模式，争取形成共赢局面，探索与 4S 店、租赁相结合的模式，通过为厂家和顾客提供更便捷高效的服务从而谋求业务规模的有效扩大，以实现行业领先的战略目标。

汽车传媒及电子商务业务顺利开拓，开局良好。2007 年，中进汽贸联合新浪网成功举办“中国进口汽车风云榜”评选活动。在此基础上，中进汽贸与新浪网签署联合打造新浪网进口汽车频道的框架协议，并成立中进名车文化传播（北京）有限公司专门负责与新浪网的合作，使门户网站的影响力与中进汽贸的行业公信力完美结合。以此为契机，中进汽贸整合跨国汽车公司、进口车经销商等资源，将在进口汽车传媒及电子商务领域全面拓展。

（3）经营管理能力体系不断完善。

财务管理能力体系的提升为公司发展提供有力支撑。近年来，中进汽贸在资金管理、会计核算、财务制度建设等方面采取一系列有效措施，有效地保障了公司资金需求，扩大了融资渠道，创新融资结算方式，建立健全公司的资金集中管理系统，并通过财务预警机制和财务总监“一票否决权”制度的建立有效地预防了资金风险，形成企业发展有力的“财务支撑”。

人力资源管理能力体系的完善是近年来企业快速发展的重要推动力。自 2004 年起，中进汽贸加大绩效管理力度，一部分不能跟上企业发展速度的员工被淘汰，企业发展需要的骨干力量不断壮大，越来越多的优秀人才也被吸引到中进汽贸这个团队。2005 年初，中进汽贸实行“全体起立，竞聘上岗”，打破传统的人事任免机制，真正形成“能上能下、能高能低、能进能出”的灵活用人机制和靠业绩说话的科学评价体系，为企业进一步的创新和发展夯实基础。中进汽贸还大力推进“人才引进计划”、“员工成长计划”、“员工分享计划”，不断提高员工“专业化、职业化、市场化、国际化”的“四化水平”，提升团队“执行能力、经营能力、综合管理能力和整合、服务、盈利能力”的四个能力。

市场分析能力及品牌建设力度的加强有效提升企业的行业影响力。自进入集团至 2008 年，中进汽贸不断提升其对市场、对宏观经济的研究能力、持续创新能力。在进口汽车批发业务上及时对过去的市场情况进行分析，进行前瞻性的预测，为业务部门和合作伙伴的决策提供支持，有效地规避经营中的风险。中进汽贸发布的周、月、季度市场分析报告在行业内具有较大的影响力。自 2004 年开始，由国机集团、中国汽车流通协会主办，中进汽贸承办的中国进口汽车高层论坛已顺利举办四届，已成为中国进口汽车行业内规格高、影响大，最具知名度和影响力的盛会。2007 年，中进汽贸还与新浪网合作启动“中国进口汽车风云榜”评选活动，在业内形成广泛影响。中进汽贸还先后多次组织并参与天津空港国际汽车嘉年华（汽车展览）、北京国际商务车展等一系列展贸活动，中进汽贸在进口汽车领域的品牌影响力显著提升。

【主要指标】 2009 年，中进汽贸累计实现主营业务收入 1381473 万元，同比增长 60.16%；累计实现利润总额 23350 万元，同比增长 10.36%；净资产收益率 12.05%，超额完成集团下达的全年业绩考核指标。

2009 年中国进口汽车贸易有限公司主要经济指标

项　目	2008 年	2009 年	同比增长（%）
资产总额（万元）	278163	514745	85.05
净资产（万元）	94733	133169	40.57
营业收入（万元）	862578	1381473	60.16
利润总额（万元）	21158	23350	10.36
技术开发投入（万元）	2995	4537	51.49
利税总额（万元）	72098	173969	141.30
净资产收益率（%）	16.59	12.05	-4.45
总资产报酬率（%）	9.80	6.50	-3.30
国有资产保值增值率（%）	116.88	114.95	-1.93

【重大决策与重大项目】

1. 适应变化，调整战略，进一步深化向综合汽车贸易服务商的转型，确保企业可持续发展。

在“二次转型”战略思想的指导下，中进汽贸在巩固进口汽车批发业务的基础上，不断开拓新的业务领域，延长服务链条和产业链条，有效地化解金融危机对企业的影响，并于 2009 年 10 月实现主营业务收入超过 100 亿元的历史性突破。在此基础上，中进汽贸总结提炼了深化转型的核心内涵，即“通过创新模式，完善机制，升级管理，加强党建，不断提升进口服务能力，加强零售基础地位，延长贸易服务链条，提升公司核心竞争能力，实现企业可持续发展”，并提出《中进汽贸关于进一步深化转型促进可持续发展的意见》，为全体干部职工建立目标共识、战略共识和价值观共识，对中进汽贸持续健康发展具有重要意义。

2. 在稳健经营的基础上，积极开拓新业务。

2009 年，中进汽贸在稳健运作的同时，不断在危机中寻找机会。一方面继续加强在汽车贸易服务领域的优势地位，巩固和加强与已有合作伙伴的合作关系；同时进一步延伸服务链条和产业链条，开拓新的合作项目。在与跨国汽车公司的战略合作及进口汽车批发与服务业务、汽车改装件经销、4S 店开拓及汽车贸易服务园区等相关实业型项目领域持续开拓创新，取得一定的进展。

与跨国汽车公司的战略合作及进口汽车批发与服务业务不断拓展。2009 年，中进汽贸与福特（中国）确定福特 EDGE 项目的合作模式，进口汽车贸易服务链条进一步延伸。中进汽贸除了为福特（中国）提供市场分析、3C 及环评认证协助、报关仓储等服务外，还将积极协助福特（中国）进行车型的前期工程改造工作。

2009 年，中进汽贸与路虎、世爵、萨博等多家跨国汽车公司进行商谈，路虎第一期项目开始运作，世爵等项目初步达成合作意向，中进汽贸的核心业务得到进一步拓展，有效缓解了项目过于集中的经营风险。

汽车改装件经销业务顺利启动。中进汽贸经过甄选以及多次商谈，于 2009 年 3 月 18 日、4 月 17 日分别与德国 ABT 汽车改装公司、德国 Irmscher 汽车改装公司签署长期合作协议，成为 ABT 公司及 Irmscher 公司在中国大陆地区的总经销商，标志着中进汽贸成功开拓了汽车改装件经销业务这一全新业务领域，进一步延长了作为综合进口汽车贸易服务商的服务链条，进一步巩固了中进汽贸在汽车贸易服务领域的领先地位。

4S 店开拓进展顺利。2009 年，中进汽贸围绕与跨国汽车公司有包销业务的品牌，在重点区域积极开拓 4S 店零售服务业务，提升在零售服务领域的话语权，推动汽车包销业务的纵深开展。中进汽贸积极推进的宁波大众进口汽车4S店、上海进口大众汽车4S店投入运营，北京大众进口汽车4S店新店竣工。同时，还新申请到三菱、克莱斯勒4S店授权。

3. 围绕向多品牌综合汽车贸易服务商转型，各业务板块不断创新服务模式，提升服务能力。

（1）进口汽车批发及贸易服务业务模式不断创新，核心能力体系不断增强，进口包销汽车的市场份额明显提升。

2009年，中进汽贸着力提升进口汽车批发及贸易服务业务的核心能力体系，取得明显效果，基本构建起以市场分析能力、认证协作能力、政府沟通能力、财务管理能力、资金融通能力、专业运作能力、团队协同能力、危机应对能力等八大能力为主体的核心竞争能力体系，可以给跨国公司提供菜单式服务，为合作伙伴创造价值的能力大大增强。

2009年，由中进汽贸进口包销的进口大众、克莱斯勒－吉普、通用欧宝、通用别克 Enclave 等品牌汽车的市场份额由2008年的6.6%提升到9.2%，中进汽贸进口车型份额不断提升，市场影响力不断增强。

（2）汽车零售服务业务将在加强管理的基础上加快拓展速度。

2009年，中进汽贸汽车零售服务业务通过增加精品销售及新车改装、提升售后服务质量等方式，不断增强服务能力，有效提升了各4S店的盈利能力。

在已有4S店不断做强的基础上，2009年，中进汽贸着力扩大重点品牌及重点区域的4S店建设，尤其是与中进汽贸有战略合作关系的各品牌4S店建设，同时积极探索“品牌总监”管理模式，通过零售网络的不断扩大及相同品牌4S店间合作协同的进一步加强，不断增大对跨国公司的话语权，进一步提升应对变化的抵抗能力，真正使零售和批发能够良性互动，销售和服务互相促进。

（3）汽车租赁业务与厂家的合作进一步增强，服务标准不断提升。

中进汽贸汽车租赁业务确立以长租业务为支柱，大力拓展零租业务，大力培育商务用车业务，积极探索以租代售业务，积极开拓与厂家的战略合作的发展方向。中进汽贸与东风悦达起亚合作推行的“品牌租赁”模式已初步取得成效。在此基础上，中进汽贸又拓展与上汽荣威品牌的合作。中进租赁的商务车队业务也日渐成熟，高素质的司机队伍，配以中高档、个性化的公务、商务车型，打造出一个品牌强、规格高的商务车队，得到消费者的一致认可，有力地提升了盈利能力和企业形象。

（4）二手车业务能力体系逐步完善，竞争优势开始显现。

2009年，中进真容二手车公司在新一任领导班子的带领下进行一系列调整，通过全员竞聘上岗、优化管理模式等方式使企业扭亏为盈，销售收入首次突破500万元，利润较2008年翻了一番。同时，中进真容通过能力体系分析、培训、吸引外部人才、加强管理等措施不断将专业的评估能力打造成为企业最大的竞争优势。2009年，在奥运会官方用车拍卖活动中，中进真容一举中标，获得奥运会官方用车的经营权，在为企业创造利润的同时大大提高了中进真容的品牌知名度。

（5）汽车贸易服务园区业务在巩固和发展过程中寻找新的复制机会。

2009年，天津空港汽车园的汽车贸易、汽车金融服务、物业运营及展览展示四大主营业务得到进一步巩固和发展，园区服务能力、核心业务能力和企业盈利能力不断增强，打造百亿元市场的目标提前实现。同时，天津空港汽车园还积极开拓新业务，培育新的经济增长点，如围绕进口汽车贸易服务关键环节的进口汽车验放中心一期工程投入运营；汽车加油站及撬装加油站项目已经获批。在认真总结天津空港汽车园发展经验及教训的基础上，中进汽贸正在积极寻找机会，将空港汽车园模式复制推广。

（6）汽车传媒和电子商务业务战略及目标更加清晰，自身能力不断提高。

中国名车网是中进汽贸汽车传媒及电子商务业务的主要平台。2009年，中国名车网进一步明确国内知名的中高端及进口汽车专业网站的定位，并制定出未来三年新的战略发展规划、落实的步骤、具体措施及详细方案。

【主要管理经验】

1. 内部管理向体系化、精细化方向发展。

2009年，中进汽贸着力打造一系列精细化管理能力体系，并把管理体系化建设作为对职能部门考核的主要绩效指标。

首先，组建跨部门市场分析小组和品牌建设小组，不断提升中进汽贸品牌形象，努力打造国内权威的进口汽车市场研究能力体系。

在品牌建设方面，2009年初，中进汽贸成立跨部门品牌推广工作小组，制订并实施《中进汽贸品牌推广战略》。依照战略规划，中进汽贸坚持以"为造车人服务、为用车人服务"的理念，进一步加大提炼品牌价值，强化品牌形象，传播品牌理念的工作力度，企业品牌知名度不断提升。在为造车人服务方面，中进汽贸发布一系列市场分析报告，受到业内一致好评。同时，中进汽贸主办的中国进口汽车高层论坛、中国进口汽车风云榜等品牌活动也在同步推进，各进口汽车厂商的参与热情越来越高，中进汽贸的行业影响力大大增强。在为用车人服务方面，中进汽贸建立起"名车通"会员服务体系，通过这一体系整合中进汽贸系统资源，努力提升中进汽贸在终端消费群体中的知名度和影响力。

在市场研究方面，2009年初，中进汽贸发布《2008中国进口汽车市场年度报告》及《2009中国进口汽车市场运作策略报告》等一系列市场分析报告，得到进口汽车厂商的高度认可。为进一步提高市场分析能力，为跨国汽车公司提供更具价值的市场信息，中进汽贸成立跨部门市场分析小组。经过跨部门工作小组半年时间的努力，中进汽贸市场信息来源不断扩大，市场分析对象不断细化，数据内涵分析不断深化，整体市场研究能力大大增强。

其次，以信息化建设为依托，逐步建立完善高效的行政办公体系和业务运作体系。

2009年，信息化工作小组在深入调研、征求意见的基础上，编制《中国进口汽车贸易有限公司信息化发展规划（草案）》并着手启动全面信息化建设工作。6月中旬，一期项目正式上线，运行良好。二期开发建设的业务数据管理、财务借款及报销、人力资源基础数据管理等项目也于2009年进入试运行阶段。

中进汽贸信息化水平的提高进一步优化了工作流程，降低了办公成本，大大提高了行政办公效率。同时，中进汽贸总经理办公室也通过设立工作小组、召开行政办公系统工作会议、对外学习走访等多种形式，不断提升了专业水平和服务能力，强化了对二级公司的指导、管理和服务，正努力打造一个专业化、综合性、服务型的行政办公中心。

第三，具有竞争力的人力资源管理体系初步形成。

中进汽贸的人力资源管理工作坚持以"以人为本"为核心理念，不断落实"三大计划"，即"人才引进计划、员工成长计划、员工分享计划"，不断健全"三大体系"，即"保障公司发展的两级人才储备体系、以员工成长为核心的培养体系、以公司战略目标为导向的绩效管理体系"。2009年，中进汽贸在人才培养方面，进一步丰富了培训的内容，加大了培训力度，并建立员工培训反馈机制；在人事管理方面，在二级公司管理层人事制度上进行了重大调整，进一步推进了以绩效为导向、以市场化为原则的二级公司管理层人事制度改革；在绩效管理方面，中进汽贸由关注团队的经营绩效为主向关注公司整体的战略绩效和组织绩效为主转变，探索研究差异化绩效评价、奖惩方法，以做出更加客观、公正、可信的评价，提高激励约束的敏感度和实际效果。通过以上措施，中进汽贸具有竞争力的人力资源管理体系初步形成，并继续深化以"成就员工就是成就公司自身"的人才培养理念，努力成为一个学习型的组织、培养人的组织、成就人的组织。

第四，建设稳健专业的会计核算和财务管理体系，搭建健康高效的资金管理运作平台。

推进资金集中结算，创新内部融资服务模式。2009年，中进汽贸67%以上控股公司已全部启用九恒星资金管理系统，初步实现了资金集中结算管理。同时，通过创新"内部综合授信额度"这一内部融资服务模式，改变了过去单笔单报、单笔单批的模式，大大增强了资金流转效率，极大地满足了各公司的经营发展需要。

努力拓展融资渠道，扩大融资规模。截至2009年末，中进汽贸共有银行授信总额度110.69亿元，较2008年末增加83.79亿元，增长311%。2009年12月7日，公司与光大银行举行《银企战略合作协议》签约仪式，标志着中进汽贸与光大银行正式缔结战略合作伙伴关系。

不断提高专业化服务水平，降低资金成本，提升财务收益。2009年，中进汽贸通过组织制定日常资金计划，加强利率和汇率的研究，统筹安排资金，有效降低了资金成本。同时，不断创新理财思路和模式，通过全额保证金开展银行承兑汇票、稳得赢等保本理财业务，增加理财收益，为公司直接创造效益1360万元人民币。

第五，加快建立适应行业特点和资本市场特点的投资管理和资本运作体系。

在投资管理方面，2009年，中进汽贸在不断拓展新业务的同时，进一步完善经营管理分析体系，提高了绩效考核质量。一方面，中进汽贸投资管理部通过加强“预算”与“经营”的联动，突出“量化指标与非量化指标”相结合，有效提升了经营管理成效。另一方面，着力提升经营分析能力，针对不同业务类型推行差异化管理，强化对经营情况的动态跟踪管理。

在资本运作方面，2009年，中进汽贸共完成中进汽贸增资、中进众旺扩建、天津物流注册、北京三菱注册、中进众旺增资、中进租赁股权清理等10个对外投资和整合清理项目的调研、论证及相关材料的编写工作。同时，结合国机集团的战略发展规划，中进汽贸2009年稳步推进资本运作战略，形成“内部提升”与“外部拓展”的资本战略思路。一方面，加强对内部资源的优化、整合力度，理顺内部资产、业务关系。另一方面，坚持直接上市和借壳上市两条腿走路的方针，加大对上市资源的拓展工作，对壳资源进行分析论证，加强对宏观经济、汽车市场、证券市场的跟踪研究力度，在上市模式、路径选择、业务与资本运作的结合等方面进行有益的尝试和突破，努力搭建中进汽贸资本新平台。

第六，推行全过程风险管理，积极构建完备的风险管理体系。

2009年中进汽贸积极推行全过程风险管理，通过优化组织结构，发挥内部组织的职责和功能，通过密切关注市场变化、不断提高运作能力持续加强财务管理。在组织结构和工作机制上建立防范风险的“三道闸门”：通过定期市场预测、分析和研究，研判汽车市场发展趋势，提示进口汽车市场风险，为项目决策提供支持；通过专业化运作，使中进汽贸的库存量始终维持在较低水平；通过强化财务管理，加强资金监控，更加合理地配置内部资源。

在此基础上，中进汽贸进一步强化审计稽核工作：组织上，成立以总经理为组长的风险管理小组；机制上，进一步明确财务总监的一票否决权；制度上，出台一系列审计稽核及风险管控制度；使中进汽贸的风险管理工作形成一个完整的闭环。

2. 以改革创新精神加强企业党建工作，以深入开展学习实践科学发展观活动为契机，不断完善制度建设、组织建设、廉政建设，在二次转型过程中发挥引导、推动、保障和监督作用。

2009年，中进汽贸以深入开展学习实践科学发展观活动为契机，进一步确立目标共识、战略共识和价值观共识。多次召开跨部门交流会议及战略研讨会议，认真查找业务发展存在的问题，撰写分析检查报告，并针对问题制定包含54大项、162小项具体措施的整改落实方案。成立党委工作部和党委组织部，从组织建设上保证党委各项工作的落实；认真梳理党委各项规章制度与流程，从制度建设上确保党建工作向规范化、流程化方向发展，如制定《中进汽贸员工建言献策工作实施办法（草案）》，通过制度创新鼓励员工为企业发展献计献策，与企业共同成长；成立纪检监察室，不断加强惩防体系建设，坚持“预防为主、惩防结合”的方针，积极做好宣传教育工作，从廉政建设上加强监察教育工作。在日常党建工作基础上，中进汽贸在2009年组建一个工作小组——思想政治工作研究小组，随时发现和解决思政工作中的问题，将思政工作常态化；打造一项品牌活动——庆“七一”系列活动；大力支持一项工作——工会、共青团工作，指导其围绕转型，形成合力。

3. 加大企业文化建设力度，为企业可持续发展提供精神动力。

中进汽贸始终高度重视企业文化建设工作，丁宏祥总经理多次强调，中进汽贸要成为一个学习型的组织；一个培养人、成就人的组织，一个可持续发展的组织，同时，他也要求每一个员工成为企业价值的创造者、科学发展的实践者、二次转型的推动者、优秀文化的传承者。在公司领导的大力倡导和全体员工的共同努力下，中进汽贸的“吃亏”文化、“首先付出”文化、“合力同行、创新共赢、创造价值、科学发展”的核心价值观越来越被员工接受和认同。

2009年，中进汽贸充分利用员工的积极性和主动性大力开展企业文化建设工作，通过开展编辑《我们的家园》企业文化系列丛书、组织员工积极参加业余体育兴趣小组、开展学习实践科学发展观演讲等形式多样的企业文化建设活动，真正使员工参与到企业文化建设的过程中，使每一位员工都成为中进汽贸企业文化的建设者和传播者，优秀企业文化得以迅速形成。

在中进汽贸优秀企业文化形成的过程中，各团队也开始提炼本团队的文化，用文化激励人、用文化推动团队的发展。例如，资产财务部提炼出“忠诚、守信、专业、敬业”的团队精神和“遇事不推诿、工作讲效率、氛围求和谐、学习促发展”的团队文化；中进汽贸服务有限公司也提出“中进租赁，服务于心”的口号。优秀的企业文化正成为推动企业发展的不竭动力。

中国汽车工业进出口总公司（中汽凯瑞贸易有限公司）

【基本概况】

1. 发展情况。

中国汽车工业进出口总公司（以下简称中汽进出口）成立于1983年6月，是全国性的汽车行业工贸公司。原隶属于中国汽车工业总公司（以下简称中汽总公司），2003年11月中汽总公司重组后划归国机集团。

1990年以前，中汽进出口实行工贸结合、技贸结合、进出口结合，是中国汽车行业主要的对外贸易窗口，在进出口贸易、经济技术合作、人员交流和培训诸多方面做了大量工作，发挥了主渠道作用。

中汽进出口曾参与组织了汽车行业最早成立的两个中外合资企业——北京吉普汽车有限公司和上海大众汽车公司的合资谈判；在整车进口方面，中汽进出口多次参加政府采购团，大批量进口汽车；在出口方面，中汽进出口始终把扩大汽车产品出口视为重中之重，并集中精力开发汽车零部件市场。二十多年来，中汽进出口由一个汽车行业的工贸公司逐渐演变成以汽车行业为主，集国际贸易、国内贸易和实业投资为一体的综合型贸易公司。

1998年7月，中汽进出口出资成立了中汽凯瑞贸易有限公司（以下简称中汽凯瑞），注册资金一亿元人民币。以中汽凯瑞为贸易平台，扩大经营范围，调整经营策略，加强内部管理，强化了国内外销售网点和出口生产基地的建设，并不失时机地采取各种贸易方式与国内外经济贸易界进行了广泛的合作，取得了突飞猛进的发展。2008年，中汽凯瑞也成为国机集团的全资子公司。

中汽凯瑞主营汽车及汽车零部件的进出口业务，业务范围还包括机电成套设备出口、国内贸易（汽车4S店）、国外工程承包、汽车展览业务等。中汽凯瑞在国内拥有14家全资或控股子公司，5家海外办事处。中汽凯瑞近几年连续保持30%的增长，2009年经营额达38亿元。

中汽系统（中汽进出口和中汽凯瑞）拥有员工1755人，离退休人员234人。其中，党员202人；研究生以上学历38人，大学本科217人，大学专科303人，中专552人，高中以下645人；高级专业技术职务74人，中级专业技术职务96人，初级专业技术职务128人。

2. 自进入集团至2008年发展情况。

中汽系统自2003年底进入国机集团以来，获得了快速发展。主营业务收入由2004年的16.1亿元增长到2008年26.2亿元，增长62.7%。利润总额由2004年的4600万元增长到2008年5384万元，增长17%。进出口总额由2004年的2.1亿美元增长到2008年2.6亿美元，增长23.8%。

（1）重点项目稳步推进。2005年开始的进口福特项目，销售收入达6亿元人民币，取得显著经济效益。

2007年签署的出口古巴柴油机项目，分批向古巴出口2万台玉柴发动机。

2008年2月1日，与菲亚特集团汽车股份公司签署整车进口经销协议，菲亚特集团授权中汽凯瑞为菲亚特品牌进口整车的中国总经销商，这是国家汽车产业政策与品牌管理政策公布后，国际著名汽车品牌第一次授予国有企业作为汽车总经销商。

（2）内贸销售逐步扩大。中汽凯瑞内贸业务以建立汽车4S店为经营支点，开展品牌布局和区域布局，逐步建立销售网络，为未来业务能得到持续发展打下良好的基础。除原有的北京雷诺、北京日产、宁波日产、哈尔滨宝马几家4S店外，2007年初又成立北京福特4S店，2008年初在北京回龙观成立广汽丰田4S店（2009年初在天津成立英菲尼迪4S店）。为中汽系统内的汽车品牌发展奠定坚实的市场基础。

（3）生产基地建设效益明显。莱州华汽作为中汽凯瑞重要的出口生产基地，近年一直保持10%以上的增长。

（4）国外工程承包业务取得突破。2007年中汽凯瑞本部与下属贵州公司一起参与在斯里兰卡路桥建设的投标工作，并于2007年末在亚行贷款斯里兰卡公路修复项目上中标，金额1200万美元。

【主要指标】

1. 主要经济指标完成情况。

主营业务收入：实际完成37.7亿元，完成年度计划27.5亿元的137.1%；

进出口总额：实际完成2.6亿美元，完成年度计划1.85亿美元的140.6%；

利润总额：实际完成6223万元，完成年度计划5120万元的121.5%。

2009年中汽凯瑞继续保持稳定增长的发展态势，主营业务收入、利润总额、进出口总额等主要经营指标均完成国机集团的考核目标，同比增幅均超过30%，再创历史新高。

2. 财务经营状况分析。

中汽凯瑞2009年资产总额为220992万元，比2008年资产总额181652万元增长21.4%；净资产为39983万元，比2008年净资产总额33312万元增长20.02%，为当年经营净利润增加所致。

2009年，中汽凯瑞实现主营业务收入37.7亿元，比2008年的26.2亿元增长43.9%。其中，贸易进出口业务实现收入16.1亿元，占比42.7%，与2008年同期的11.8亿元相比增长36.2%，主要是公司2009年主动应对国际金融危机的影响，采取一系列鼓励出口措施，取得一定的效果；汽车4S店实现收入24亿元，占比63.7%，与上年同期的12.7亿元相比增长89.2%，主要原因受国家汽车消费政策的影响，消费人群消费意愿连续释放，汽车销量大幅度增加；生产基地业务板块实现收入2.59亿元，占比6.87%，与上年同期的2.28亿元相比增长13.8%，主要是2009年原材料价格下降、汇率相对稳定使生产基地销售收入同比增加3213万元。

中汽凯瑞2009年实现利润总额6223万元，比2008年的5384万元增长15.6%。其中，贸易进出口业务实现利润总额3359万元，占比53.97%；汽车4S店实现利润总额1605万元，占比25.79%；生产基地实现利润总额1564万元，占比25.13%。利润增加的主要原因是2009年原材料价格回落、汇率相对稳定以及国家鼓励汽车消费政策的影响，使公司的销售收入较2008年有了一定幅度的提高，保证了公司整体的盈利能力。

2009年中汽凯瑞贸易有限公司主要经济指标

项　目	2008年	2009年	同比增长（%）
资产总额（万元）	181652	220992	21.7
净资产（万元）	33312	39983	20.0
营业收入（万元）	269649	383049	42.1
利润总额（万元）	5384	6223	15.6
利税总额（万元）	17992	37037	105.9
全员劳动生产率（万元/人·年）	3.4	4.0	17.6
净资产收益率（%）	7.7	8.7	1.0
总资产报酬率（%）	5.0	4.8	-0.2
国有资产保值增值率（%）	92.9	109.3	16.4

【重大决策与重大项目】

1. 菲亚特项目：2008 年与菲亚特签署进口 1200 台整车的合同，截止到 2009 年底累计销售 808 台。除继续执行已签署的采购合同以外，2009 年还从菲亚特新引进一款自动挡车博悦，新签 600 台合同。

2. 柴油机项目：2007 年签订的 2 万台出口古巴柴油机项目合同，还有 8000 多台柴油机合同未执行。由于该项目拖的时间较长，人民币汇率的变化速度超过预期，再加上出口退税降低等原因，造成成本增加。经过多次磋商及谈判，古方已同意中汽凯瑞的涨价要求，调整了数量，后续项目于 2009 年底正式启动。

3. 雷诺车项目：2009 年启动进口雷诺 SUV 以及福特 SUV 项目，签订总金额近 9000 万美元合同。2009 年底，中汽凯瑞参加由商务部组织的赴欧贸易投资促进团，签下进口法国雷诺汽车大单，合同总金额近 15 亿元人民币，创雷诺汽车一次性出口中国市场之最。

4. 芸豆项目：2009 年 1 月签订对古巴出口 1 万吨芸豆项目，合同金额近千万美元，2009 年 4 月和 11 月分两批全部装船出运。

【产权制度改革】 2009 年，按照国机集团要求，中汽凯瑞及时开展全系统职工持股的清理工作，解决 3 家公司的职工持股问题，完成 6 家公司的清算工作。

【主要管理经验】

1. 经营管理。

基础管理更趋规范化。进一步完善公司的相关规章制度，顺利通过 ISO9000 质量管理体系的年度复审。人力资源管理体系不断完善，财务管理日趋深化，调整、完善管理链条，资产结构进一步优化，法律服务工作继续加强。

2. 党建工作。

持续深入开展企业党建和思想政治工作，充分发挥党组织的服务和政治保障作用。2009 年，公司党委以深入开展学习实践科学发展观活动为主线，坚持“围绕中心，服务职工，维护大局，促进发展”的工作思路，不断加强和改进企业党建和思想政治工作，团结带领广大党员干部职工坚定信心、迎难而上、凝心聚力，为公司持续健康发展提供了强大的动力。

3. 信息化建设。

推进财务信息化工作，截止到 2009 年底，中汽凯瑞系统已有 13 家分支机构纳入集团信息化轨道，极大地提高了企业财务管理水平和财务资源的配置效率。更新优化了营销管理业务系统，实现了预警管理、收汇管理和报表统计等功能。在此基础之上，进一步实现数据共享、知识管理、流程审批的企业管理信息集成，大大提高了协同办公水平，也为跨部门协作、管理创新提供支持平台。

4. 企业文化建设。

着力推动企业文化建设，公司向心力得到进一步提升。党群及企业文化部门紧贴实际开展宣传活动，推动公司精神文明和企业文化建设。工会本着“群众利益无小事”的理念，从细微处入手，关心职工生活，维护职工合法权益，加强企业民主管理，不断丰富职工业余文化生活。团委充分调动团员青年学习提高的积极性，通过野外拓展等多种形式把年青人团结到一起，在交流中增进友谊，在合作中共同进步。用公司文化凝聚人心，弘扬公司传统精神，稳定职工队伍，激发团队潜能，公司的凝聚力和向心力得到进一步的提升，工作氛围更加融洽和谐。

中国汽车工业国际合作总公司

【基本概况】

1. 发展情况。

中国汽车工业国际合作总公司（以下简称“中汽国际”）是中国机械工业集团有限公司（以下简称“国机集团”）的全资子公司。2005 年底，国机集团根据整合汽车板块的战略需要，对所属中国机电广告公司、中汽对外经济技术合作公司、中汽人才交流中心、中汽汽车及配件销售职业培训服务有限公司、中国汽车工业咨询发展公司、北京汽车工业发展研究所 6 家单位进行重组，设立了中汽国际。中汽国际于 2005 年 12 月 29 日正式揭牌运营。

重组之初，公司定位于“汽车文化传媒”公司，维持公司运营的唯一支撑是北京国际汽车展览会项目。但由于历史原因，这一项目受到另外四家共同办展单位的“联合”排挤，中汽国际随时都有出局的危险，公司生存岌岌可危。在这样的历史背景和条件下，中汽国际通过顽强拼搏，创造了一个生存与发展的奇迹。

公司成立后，一方面下大力气巩固北京车展主办者的地位，一方面努力培育新的自主品牌展。五年中，自主品牌展数量由 5 个增加到 40 个，年展览面积由 18 万平方米增加到 160 多万平方米，使中汽国际成为了“中国自主品牌最多、综合实力最强、规模和影响力最大”的展览公司。与此同时，公司积极开发工程成套、国际贸易、实业投资、文化传媒业务，实现了“五驾马车齐头并进、三大产业协调发展”的可持续健康发展局面。

这样的飞速发展得益于中汽国际在重组之初提出的走“业务多元化、投资产业化、市场国际化、经营品牌化、管理集团化”的“五化”发展道路的方针。

2006 年 12 月，中汽国际制定出台了以“展览稳企、实业强企、贸易富企、人才兴企、管理活企、文化旺企”为核心指导思想，以“工程成套板块（工程承包、设备成套、联合经营），贸易发展板块（进口贸易、出口贸易、国内贸易），实业投资板块（汽车园区、汽车整车、汽车零件），展览经营板块（汽车展览、综合展览、海外展览），综合业务板块（公关策划、交流培训、咨询研究）五大业务板块共同支撑、和谐发展的‘一五三制’经营模式”为核心内容的《中汽国际“一五”发展战略规划》。2008 年，依据中汽国际战略发展思路，成立了与五大业务板块相应的五大事业部。2009 年，中汽国际进一步完善了战略执行体系，并对五大业务板块的发展战略进行了细化，初步研讨和制定了子战略。各业务板块均形成一批可持续发展、拥有核心竞争力的优势项目。

2009 年末，中汽国际的总资产、净资产、销售收入和利润总额分别是 2006 年的 3 倍、5 倍、6 倍和 16 倍。

中汽国际的主要业务是：以设备成套为载体的国内外工程承包、以机电产品为主导的进出口贸易、以汽车服务贸易为主体的对外投资、以汽车及其配件会展为核心的国内外展览经营。此外，中汽国际还开展广告策划、展会特装、设计制作、营销活动策划与执行，以及汽车人才交流与培训、汽车咨询研究等文化传媒业务。

在“五化”发展方针的引领下，五年来，中汽国际经历了种种考验，克服了重重困难，顽强拼搏、改革创新，实现了从一家业务单一、人员复杂、困难重重、面临危机的展览服务性公司逐步发展成为业务多元、体制健全、管理有序、团队有力、文化健康、品牌优良、拥有核心竞争力、发展潜力旺盛的综合性新型高新技术企业的跨越。

2. 基本情况与历史沿革。

截至 2009 年 12 月，中汽国际在岗职工人数为 164 人，其中，拥有硕士及以上学历 25 人，本科学历102人，专科学历26人，中专及以下学历11人。拥有子公司15家。

为保证业务的顺利开展，合理配置资源，2006年5月中汽国际注册成立了全资子公司北京国机联创广告有限公司和北京国机联合展览有限公司；2007年4月注册成立了全资子公司国机环球（北京）展览有限公司，实行独立经营，为广告和展览业务的开展提供更好的发展平台。根据战略发展需要，2006年10月投资北京百旺绿谷汽车贸易有限公司；2007年3月投资成立深圳市联合车展管理有限公司；2007年3月投资成立查特中汽深冷特种车（常州）有限公司；2007年8月投资成立北京威士顿汽车内饰件有限公司；2007年12月投资成立威海智德真空科技有限公司；2008年6月投资成立永济中汽国际铝业有限公司；2008年7月投资成立上海竺能工程技术有限公司；2009年5月投资成立中汽尚格（北京）国际展览有限公司。

3. 自进入集团至2008年发展情况。

中汽国际于2005年12月底由6家单位重组组建，成为国机集团全资子公司。中汽国际重组的实施是按照“选择合适主体——主体更名升级——其它资产划转——确定组织架构——进行内部整合——全面清理整顿——制定发展规划——迅速开展业务”的思路进行的。

重组过程中，极其重要的工作是针对原6家重组主体的清理整顿。根据国机集团2005年11月21日党政联席会议的要求和部署，中汽国际重组领导小组成立并开始工作。重组领导小组（公司成立后的党政领导班子）从风险控制和可行性等几个方面进行了充分调研、讨论和分析，走访了国家工商总局等相关单位，对重组主体各自的情况进行了深入细致的摸查。2005年末，6家单位的总资产之和和净资产之和分别为7780万元和3051万元（该数字为账面值，实际不足），6家单位合并经营收入仅仅1亿元，亏损近1000万元，企业经营基础极其薄弱，难以抗击任何风浪。6家单位中，大部分管理混乱，人才流失严重，常年无业务开展，有的已经严重资不抵债。经营状况稍好的中国机电广告公司和中汽对外经济技术合作公司，也存在许多制约企业发展的不确定因素。

在摸清“家底”的基础上，全面开展艰苦的清理整顿工作。首先，分流人员，尽可能消除不稳定因素，减轻企业负担。将那些与公司不同心、不同德的员工，按照公司制定的政策，通过大量的说服、解释工作，劝其离开公司；对群众反映的违规违纪人员的问题，本着对组织、对企业和对当事人负责的态度，在认真细致的调查后，做出妥善处理。公司成立时员工人数是130多人，经过分流使员工人数减到不足60人，分流人员超过50%。其次，清理债权债务，以关停或转让股权的方式，清理了15家公司，避免因控制力弱和经营不善导致的亏损风险。再次，积极进行困难企业的脱困工作，重构业务体系，恢复现存公司的经营业务的开展。清理整顿为中汽国际各项经营业务的开展创造了良好的环境，为公司的健康持续发展奠定了坚实的基础。

中汽国际的重组采取的是内部整合与开展业务同步展开、并行推进的办法。重组过程大致可以分为四个阶段。

（1）形合——机构重组，提供体制保障。

重组之初，中汽国际重组领导小组决定：将公司的管理部门进行合并压缩，即总公司设立管理部门，其它仍具有法人资格的实体除特殊情况外，不再另设办公室、人事部、财务部等管理部门，其管理职能统一由总公司的管理部门代替。这样，一方面精简了机构，降低了公司成本和风险，同时也规范了各项工作规程，提高了管理水平和公司管控能力，降低了重组初期极易产生的内部摩擦。

其次，围绕汽车服务贸易主体业务发展目标，以及公司进一步发展的需求，选择优势项目和颇具特点的业务，加大长期投资和实业投资力度。与此同时，按照现代企业制度的要求和国家有关法律法规，制定并颁布了《中汽国际董事会制度》，对所属子公司进行科学、规范化管理，促进其更快发展。

此番调整后，公司经营结构有了积极的变化，主营业务和利润总额在重组一年之际就实现翻番增长。同时，迅速发展起来的新业务为公司经营业务多元化发展奠定了基础。

（2）人合——统一思想，打造人才队伍。

中汽国际设立后，公司在推进六家企业的“人合”过程中，采取的是从改造员工的思想观念和改变员工具体行为结合起来的方法，取得了明显的成效。

中汽国际首先从加强中层以上干部队伍的思想建设开始，培植公司的骨干力量，使其起到中间堡垒和先锋队的作用，最终使公司政令畅通，保证公司各项工作的开展。同时，针对员工的思想问题，中汽国际领导及时与其进行谈心、交流，解除思想疙瘩，使大家清晰地看到了公司美好的发展前景和未来，极大地鼓舞了全体员工的干劲，激发了员工的热情。

在公司总部各部门和子公司的架子搭建起来后，中汽国际按照“职能明确、管理到位、协调一致、运行高效”的标准，对机构职责、岗位设置及人员编制进行了科学的设计和规范。

此外，中汽国际还大力加强培训，提高员工素质。根据公司人才队伍状况，中汽国际开展“四五六”建设活动：开展“政治素质好、团结协作好、经营业绩好、作风形象好”的“四好班子”建设活动；按照“品质 Character、能力 Competence、沟通 Communication、创造 Creation、合作 Cooperation”的“五 C”标准培养人才，努力打造“学习型、严谨型、节约型、创造型、和谐型、愉悦型”的“六型”团队，旨在着力构建一支具有共同价值观、认同公司企业文化、拥有复合型知识结构、具备团队合作精神、具有战斗力的人才队伍，为中汽国际全面发展提供有力的人力资源保证。

（3）神合——文化再造，构建不朽灵魂。

中汽国际在重组之初就把再造全新的企业文化作为重点工作，深入挖掘子公司优秀文化理念，遵循“规章制度上取长补短、整合过程上循序渐进、思想理念上逐步融合”的原则，塑造重组原有优秀文化，并结合中汽国际自身战略发展目标，形成了共同的企业价值追求，从而在一个高起点上构建更具生命力、凝聚力的具有中汽国际特色的优秀企业文化。

为了统一思想意识，尽快形成文化合力，中汽国际出台了众多的管理制度或暂行管理办法，依靠行政的强制力和制度的约束力，着力改变员工的行为，从高起点、高层次推行公司整齐划一的行为理念，塑造公司价值观体系。此外，中汽国际工会、团委等群众组织，在公司党委的领导下，筹划并组织了许多丰富多彩、有益身心的集体活动，以此来加强员工的组织观念、集体观念和纪律观念。通过各种制度和措施，在不到一年的时间里，公司内部不但形成了积极向上、朝气蓬勃的文化氛围，也基本形成了全体员工认同并接受的企业文化雏形。

（4）发展——改革创新，开创宏伟大业。

重组之初，面对困境，中汽国际在对自身特点和外部环境进行仔细分析后，结合国机集团汽车板块发展规划目标，明确提出并制定了以“展览稳企、实业强企、贸易富企、人才兴企、管理活企、文化旺企”为核心指导思想，以“工程成套板块（工程承包、设备成套、联合经营），贸易发展板块（进口贸易、出口贸易、国内贸易），实业投资板块（汽车园区、汽车整车、汽车零件），展览经营板块（汽车展览、综合展览、海外展览），综合业务板块（公关策划、交流培训、咨询研究）五大业务板块共同支撑、和谐发展的‘一五三制’经营模式”为核心内容的《中汽国际“一五”发展战略规划》，为中汽国际的发展指明了前进方向。

实践证明，通过“形合”、“人合”、“神合”，中汽国际重组取得了巨大成功。

自 2006 年始至 2008 年这三年来，中汽国际的综合实力不断提升，核心竞争力不断增强，五大业务板块在迅速发展壮大的同时也培育出一批具有核心竞争力的优势业务。

工程成套领域获得进展。电站成套设备出口业务在印度市场取得了巨大的成功，船舶出口业务市场不断扩大。电站成套设备和船舶出口形成了滚动发展的良好势头。

展览业务领域巩固加强。年展览面积由 18 万平方米增加到 160 多万平方米，成就了中汽国际“中国自主品牌最多、综合实力最强、规模和影响力最大的展览公司”的美誉。

实业投资领域稳步推进。查特中汽深冷特种车（常州）有限公司生产的产品具有高技术、高档次、高附加值的特点。威海智德真空科技公司缩短了我国在干式真空泵领域与发达国家的距离，使我国成为世界上第六个可以生产该类产品的国家。北京百旺绿谷汽车园已经初具规模，目前已经建成的 4S 店涵盖了十余个国内外汽车品牌，该项目填补了北京西北部地区大型汽车交易市场和汽车园区的空白，也为公司业务的发展探索出一条新路。

国际贸易领域成效显著。汽车零部件进口业务的客户涵盖上海大众、东风标致/雪铁龙、东风本田等国内知名企业；豪华车进口业务成功开拓，成效显著；出口业务产品涉及拖拉机、工程机械等多个领域，在拉美等多个市场具有较高的知名度。

综合业务领域恢复发展。每年一届的中国国际汽车发动机工艺与设备研讨会在国内汽车行业具有很高的知名度；为国机集团及兄弟单位提供了大量优质、高效的广告、策划服务；承办《国机集团报》，极大地提高了国机集团的知名度和社会形象。

2006—2008 年，中汽国际主要管理工作扎实开展：《"一五"发展战略规划》顺利实施，基础管理工作稳步推进，人才队伍建设持续加强，筹资融资获得重大突破，公司品牌效应强势显现，企业文化建设取得成效，清理整顿工作进展顺利，组织建设体系逐步完善。

2006—2008 年，中汽国际经营额和利润总额等主要经营指标连年翻番，国有资产实力不断壮大。2008 年，中汽国际的资产总额为 40063 万元，净资产为 12895 万元，主营收入为 60068 万元，利润总额为 3129 万元，分别是重组时的 5 倍、5 倍、6 倍和 9 倍。

【主要指标】 2009 年中汽国际超额完成了国机集团下达的经营指标，并实现重组后经营额、利润总额等主要经济指标连续四年大幅度增长。

2009 年中国汽车工业国际合作总公司主要经济指标

项　目	2008 年	2009 年	同比增长（%）
资产总额（万元）	40062. 92	54710. 13	36. 56
净资产（万元）	12894. 86	16660. 97	29. 21
营业收入（万元）	60068. 05	68611. 51	14. 22
利润总额（万元）	3129. 19	6090. 27	94. 63
利税总额（万元）	3842. 75	7523. 66	95. 79
全员劳动生产率（万元/人・年）	18. 62	29. 08	56. 18
净资产收益率（%）	26. 56	32. 08	5. 52
总资产报酬率（%）	11. 73	14. 67	2. 94
国有资产保值增值率（%）	119. 64	145	25. 36

【重大决策与重大项目】 2009 年，中汽国际克服重重艰难，在成功稳定发展展览业务、文化传媒业务的基础上，在工程成套、国际贸易、实业投资等业务领域加大工作力度，获得重大突破，最终使经营开发取得显著成效。

1. 工程成套业务领域。

电站业务突飞猛进，新签 8 套电站成套设备出口合同，经营额达到 10 亿元，后续跟踪项目越来越多。其中，印度米奇公司两台 350MW 独立电站项目的签署，不仅标志着中汽国际从中小机组设备供应商向大型设备供应商的转变，也是从普通压力等级向亚临界压力的转变。

船舶业务方面，第三艘出口韩国 KE 公司的工作驳船顺利下水，并完成收汇工作。这是中汽国际第一次承接带有大量上装设备的驳船。中汽国际不但完成了各项工作，而且得到船东、船厂、合作伙伴和船级社的高度认可和信任，各方都明确表示愿意继续加强与中汽国际的合作。

电站成套设备和船舶等成套设备项目的执行，使公司进入高门槛行业，并迅速形成强势品牌效应。

2. 国际贸易业务领域。

大力开发汽车、汽车零部件、工程农机、钢铁、铝金属等原材料、建筑材料、化工产品、电子电器等产品的进出口业务，取得重大突破，经济效益明显提高。

进口贸易业务方面，以汽车、汽车零部件及生产用原材料为业务主线，立足现有进口配套业务，进军国内进口汽车零部件售后市场，努力发展国际知名品牌的汽车整车进口代理业务。上汽大众、上海通用别克/雪佛兰车型、东风本田、东风标致/雪铁龙等多个车型的 KD 零部件进口业务保持稳定运转，实现"JIT——及时供应"配套模式，保证了国产车型同国外车型的同步更新工作，为客户提供了更专业、更深层的进口服务，受到客户方的高度评价。整车进口业务继续扩大规模，实现正常化及规模化运转。执行了丰田、奔驰、林肯系列豪华车进口业务，完成整车的进口采购、国内销售工作，成为中汽国际进口业务板块新的增长点。

出口贸易业务方面，大力开发商用车出口市场及大型机械设备出口市场，重点开发亚洲、非洲、拉丁美洲新兴市场，探索零部件出口基地建设道路，抓好研发和技术服务环节，寻求创建“中汽国际”出口品牌。出口业务经营产品涉及拖拉机、工程机械、钢铁五金、建筑材料、电子电器、汽车零部件等多个领域，取得较为显著的经济规模和效益。

国内贸易业务方面，油品销售完成转变销售结构的构想，扩大了产品经营品种，在大型客户开发上获得成功，成为嘉实多中国最大汽车润滑油经销商。

3. 实业投资业务领域。

在实业化、产业化方面进一步发展，对所属全资子公司和实际拥有控制权的控股公司进行规范管理，促进其更快发展。

汽车园区建设方面，截至2009年11月，百旺绿谷汽车园项目已建成开业10家汽车4S店，共12个品牌，各企业经营情况良好。吸引了奥迪和宝马两大品牌在园区建4S店，现园区土地按原规划设计已全部租出。园区被列为海淀区2008—2009年度区域内“重点企业”，已经成为一个相对集中的中高档汽车园区。同时，经济效益比2008年有了很大的提高。

汽车整车经营方面，查特中汽深冷特种车（常州）有限公司的组织架构已经完全建立，通过了生产许可和产品的3C认证并正式投产。2009年成功获得中国海洋石油总公司第一个10台液态天然气（LNG）罐式车的订单。该订单的成功签约，极大地提升了查特中汽的品牌知名度和市场号召力，为开拓国内市场提供了契机，有效地完善了查特中汽的产品和技术结构。

汽车部件生产方面，加强与常州威士顿有限公司、北京威士顿汽车内饰材料有限公司、常州颖西汽车内饰件有限公司、北京国机隆盛汽车有限公司的日常协调沟通。威海智德真空科技有限公司的DP－200双螺杆干式真空泵被中国商业联合会评为“中国服务业科技创新奖特等奖”。

此外，中汽国际对“中汽尚格（北京）国际展览有限公司”、“南京国机会展有限公司（暂定名）”两个项目进行了入资组建工作。

4. 展览经营业务领域。

2009年，中汽国际组办的展览会面积继续超过100万平方米，国内展览项目布局更加完善，国外展览项目布局更加强势，成为中国会展业唯一一家年展览规模超过百万平方米的展览巨头。

品牌展览方面，中汽国际与法兰克福展览（上海）有限公司联合主办的“上海国际汽车零配件、维修检测诊断设备及服务用品展览会”得到迅猛发展。2009年12月第五届展会突破10万平方米，参展企业达2400多家，专业买家近4万人，位列亚洲第一，全球第三。2009年6月，中汽国际与太原市政府和山西省商务厅联合主办的“中国（太原）国际卡车暨物流展览会”亮相太原，首届展会即成为中国首个由商务部批准举办的国家级、国际化专业卡车物流展。展会展览面积达3万平方米，包括德国曼、瑞典斯堪尼亚，中国重汽、一汽解放、东风汽车在内的国内外知名品牌积极参与，经艰辛努力，使之成为亚洲第一、全球前列的专业卡车展会。

地方车展方面，全力开拓国内市场，培育一批具有国际影响力的汽车展会。在实现深圳车展“三展合一”后，又联合港澳特区政府部门推出跨区域车展——“深圳－香港－澳门国际汽车博览会”，展览面积突破10万平方米大关。截至2009年年底，北京车展、上海零部件展、深港澳车展、杭州车展、沈阳车展的展览面积均突破10万平方米大关，形成强势品牌。与此同时，中汽国际加大市场开发力度，以每年新开发项目不低于两个的速度迅速发展。

广交会方面，融合各方资源，将这一传统项目迅速做强做大，在原有基础上不断扩大参展面积，截至2009年年底，每届展会的参展面积达3万多平方米。尤其是在进口馆的设立、发展过程中做出了巨大贡献，得到了广交会主办方和参展企业的一致好评。

综合展览方面，先后开发中国国际机械工业展览会，中国国际蒸馏酒、葡萄酒博览会等。积极开发照相机械、仪器仪表、磨料磨具等行业的国际性展会，并和相关单位、行业组织达成一致。

海外展览方面，创新办展模式，在国外举办中国产品独家展，积极开拓国外展览市场。2009年，共组织参加世界各地展览60余个，取得较好效果。海外展览业务经济效益突破及接近百万的项目逐步增加，成为公司展览业务重要利润来源之一。

中国工业产品（委内瑞拉）展览会受到了国内外企业的极大欢迎，也得到了我国和举办国政府高层领导的高度赞扬和支持，还应邀参加了“中国对外开放30周年回顾展”，其展会实物也被国家博物馆永久收藏。2009年，中国商务部加入主办行列。委内瑞拉总统查韦斯也将该展会作为其亲自主持的《你好，总统》栏目的第二直播现场进行现场连线，并称赞该展是“中委贸易的优质平台”。

截至2009年年底，中汽国际的年展览规模已超过150万平方米，是成立初期18万平方米的9倍；拥有自主品牌展览40个，是成立初期5个的8倍；拥有10万平方米以上的超级展会5个，5万平方米以上展会超过20个。2009年，官方统计数据显示，中国境内从事展览业的公司超过6000家，2008年全国举办规模以上（面积3万平方米以上）展览256个，中汽国际所占份额高达12%。作为中国会展业的龙头，中汽国际已经得到行业主管部门的领导和业内专业人士的高度认可，荣获“2009年度中国会展业十大影响力企业”、“2009年度中国会展业突出贡献奖”等殊荣。

5. 综合经营业务领域。

综合业务方面克服基础薄弱的困难，努力开拓，以优质服务满足客户的需要。

公关策划业务方面，较好地完成了国机集团运动会、国际工程机械展、中国－东盟博览会等项目的组织、特装服务工作。积极努力做好《国机集团报》《中设通讯》《中汽国际》的编辑、发行工作。全年完成22期《国机集团报》，极大地提高了国机集团的社会形象和知名度。《中汽国际》的编辑出版发行对公司品牌的塑造、推广也具有重要作用。

交流培训业务方面，中汽人才、中汽汽车与配件销售职业培训服务有限公司完成了一些单位的人事代理、人才派遣、代招代聘业务及企业内训等工作。

咨询研究业务方面，中国汽车工业咨询发展公司较好地完成了第十五届中国国际汽车发动机技术与设备研讨会的组织工作，在行业内获得好评。北京汽车工业发展研究所较好地完成了2009年度《中国汽车工业综合分析》的客户征订和编辑工作。

中汽国际在做大做强已有业务的基础上，积极努力培育发展新兴业务，同时注重自有品牌、有垄断性、长期性项目的开发和开拓。2009年，经过努力，一批优势和强势项目成型，为公司的快速发展和品牌效应的迅速提升奠定了基础。

【科技创新】 2009年12月，中汽国际投资生产的“DP－200型双螺杆干式真空泵”被中国商业联合会评为“中国服务业科技创新奖特等奖”。

【主要管理经验】

1. 经营管理。

战略管理方面，进一步完善战略执行体系，并对五大业务板块的发展战略进行了细化，初步研讨和制定了子战略。各业务板块均形成一批可持续发展、拥有核心竞争力的优势项目。

基础管理方面，抓好质量管理工作，保持了ISO9001质量管理体系认证持续有效；严格监控经营项目有效执行，重点做好合同评审和风险控制；在海淀区把20000家高新技术企业缩减为1800家的情况下，中汽国际先后通过“北京市高新技术企业”、“海淀区创新企业”、“中关村高新技术企业”的认证，最大限度地享受相关优惠政策；执行新企业会计准则，积极配合集团任期审计、公司任期审计、年度财务审计等。

筹资融资方面，创新融资模式，拓宽融资渠道，扩大银行合作范围，加强银企合作，呈现多元化的融资方式。一是银行的免担保、免保证金的“双免”授信，“双免”授信是纯粹利用公司的信誉从银行获得授信额度的融资方式，中国银行总行已经给中汽国际纯信用综合授信；二是采用“专项融资，封闭管理”的项目融资方式，通过投保出口信用保险，使银行对项目有良好的预期，对公司执行和控制项目的能力充分认可，以项目封闭运作的模式给予公司所需的额度，先后以此种模式成功操作了出口印度电站多个项目；三是选择国机集团内部单位，实施互保融资。目前中汽国际已经与相关公司建立了互保关系，拓宽了融资渠道，降低了财务成本。

2. 党建工作。

中汽国际党委设有8个党支部，有党员100名。其中，35岁及以下党员32人。在岗党员64人，离退休党员16人，其他党员（档案寄存在中汽人才交流中心的人员）20人。

2009年，中汽国际党委结合具体实际，不断完善组织建设体系。加强公司领导班子思想政治建设，开展科学发展观教育活动；加强党支部建设，充分发挥基层党组织的战斗堡垒作用，增强了党组织的向心力和战斗力；加强对工会、共青团组织的领导，积极开展各类活动，增强凝聚力；加强纪检监察工作，促进党风廉政建设，促进了依法办事、守法经营和廉政意识的增强。

认真组织学习实践科学发展观活动，促进中汽国际“科学发展、特色崛起”再上新台阶。2009年3月19日，中汽国际深入学习实践科学发展观活动正式启动。在国机集团党委和第十一指导检查组的具体指导下，中汽国际党委围绕“提高科学发展水平，创新特色发展道路”的实践主题，圆满完成各项工作任务，达到预期目的，取得显著成效。在学习实践活动中，中汽国际党委要求广大党员干部努力把科学发展观的本质要求转变为推动科学发展的实际行动，把应对金融危机作为学习实践科学发展观的生动课堂，努力开拓创新，探索发展思路，制定有效措施，各项工作均取得显著成效。通过学习实践活动，党员领导干部的理论水平进一步提升，综合素质进一步提高，对中汽国际发展战略目标进一步坚定。经过中汽国际党员干部和全体员工的共同努力，中汽国际的学习实践活动取得了丰硕的成果。截至2009年底，需要整改的13条突出问题已全部得到整改，活动的满意度达到95%以上。

坚持“两手抓”、“两促进”，加强党支部建设。中汽国际党委深刻认识到支部建设的重要性，坚持“两手抓，两手都要硬”的方针，努力做到支部建设与业务工作“两不误、两促进”。坚持将支部理论学习活动与业务工作密切结合，力求做到理论学习要能够用于指导业务工作，支部建设必须要能够促进、配合和服务于业务工作，支部建设和理论学习的实际效果必须通过业务工作来体现，合理调配时间，保证政治学习和工作两不误。中汽国际党委组织、指导并监督检查各支部开展灵活多样的活动，努力增强党组织的凝聚力、号召力。除了民主生活会、专题学习和按上级党组织的统一部署开展的支部活动外，中汽国际党委还尽可能创造条件，利用业余时间开展活动，丰富员工生活，强化党员干部的忧患意识。此外，中汽国际党委还加强对入党积极分子的培养，条件成熟时发展他们加入党组织。支部建设的加强，壮大了党组织的力量，增强了党组织的向心力和战斗力。

从制度上落实党风廉政建设。中汽国际纪委完善了纪检监察规章制度，及时出台《中共中国汽车工业国际合作总公司委员会关于建立健全教育、制度、监督并重的惩治和预防腐败体系的实施办法》。用制度规范运作，按制度办事，靠制度管人的党风廉政建设运作体系初步形成，使纪检监察工作有章可循，有规可依。

3. 信息化建设。

制定了《中汽国际信息化发展规划（2009—2010）》，客观分析中汽国际目前的信息化现状和需求，为中汽国际未来两年的信息化发展确立了目标。

中汽国际的网络接入和网站平台逐步向着统一化、标准化的方向发展，中汽国际在京单位已实现统一网络介入服务商、搭建业务型网站平台，为中汽国际将来实现信息发展规划奠定了网络基础。此外，中汽国际根据《中汽国际信息化发展规划》制定的年度目标，启动了协同办公系统的建设工作。

4. 企业文化建设。

中汽国际企业文化建设具备以下特点：一是坚持思想政治工作和企业文化建设相结合，提升中汽国际“软实力”，二是工会创新开展“阳光沙龙”活动，三是编辑出版《中汽国际》报。

中汽国际党委始终认为，加强思想政治工作和企业文化工作，并把它们有机地结合起来，是实现中汽国际“软实力”提升的有效途径。为此，中汽国际党委针对重组时6家企业的经济基础、历史背景、人员素质、成长历程、业务结构等各个方面都不尽相同的现实情况，结合思想政治工作的需要，把再造全新的企业文化作为长期坚持的工作常抓不懈。通过进行中汽国际的“企业文化推进年”活动，制定、完善并监督执行中汽国际各项规章制度和管理办法，让中汽国际“价值观落地”；通过继续办好报纸、网站、宣传墙报，加强对中汽国际先进集体、先进人物、先进事迹和中汽国际所取得的发展成就的宣传，引导员工“想干事、能干事、干成事”，使广大员工在思想上根植文化、在行为上践行文化；通过举办多种多样的集体活动，使广大员工在活动中感受文化。党政合力，齐抓共管，通过思想政治工作和企业文化工作相结合，完善和丰富了企业文化的内涵，使中汽国际开展“四五六”

建设活动（四好班子、五C人才、六型团队）取得了实效。

“阳光沙龙”是员工交流思想和心得的平台，“民间性和自由性”成为其主要特点，旨在通过不定期的讲座、培训、座谈等形式，促进员工的共同提高，共同发展。2009年，心理和健康知识讲座、商务礼仪讲座、电影赏析等一系列的“阳光沙龙”活动让员工在繁忙的工作之余自由交流思想，开拓了员工的视野，增进了员工间的沟通。此外，中汽国际工会和团委还组织员工开展各种文体活动，如组建羽毛球、游泳、网球等体育活动兴趣小组并参加国机集团的运动会，组织员工集体赴甘肃宁夏休假等。

中汽国际企业文化建设始终紧紧跟随企业发展的步伐：从重组到完善，从摸索建设到发挥作用。而今的中汽国际，从价值观体系到员工操守，从团队建设到管理理念，皆有章可循，而又不呆板教条。而这一切，透过《中汽国际》报这扇窗就可以发现。2007年9月1日，经过一年多的酝酿，中汽国际的企业报《中汽国际》创刊。这份4开的“小报”涵盖了中汽国际经营、管理、企业文化等各个层面的信息，发行对象包括各级领导、行业专家以及数千名客户，及时有效地传播了中汽国际的发展动态和企业建设成果。作为一个载体，《中汽国际》很好地传播、诠释了中汽国际的企业文化，而报纸本身也成为企业文化新的组成部分。

中国农业机械化科学研究院

【基本概况】

1. 发展情况。

中国农业机械化科学研究院（以下简称中国农机院）是多学科综合性现代农业装备科研开发和产品制造机构，具有多专业技术研究领域，以现代农业装备、农产品与食品加工技术装备和生物质能源技术装备为主业，机电液一体化技术、工艺材料技术等共同发展，是集科学研究、科技产业、产品制造、工程建设于一体，为国民经济和国防建设服务的大型科技企业集团。

五十年多年来，承担了国家和部委科技项目2000多项，取得重要科技成果1800多项，其中460多项科技成果获部、省级奖或国家奖，向社会提供了9大类3000多种农机产品和技术。据不完全统计，国产主要粮食、经济作物和畜牧业生产所需机械与装备大部分源自中国农机院或院与兄弟单位合作研究开发。在此基础上拓展的工程机械、机场地面装备与航空航天技术也较好地满足了国民经济相关产业和国防建设的需要。在此期间，中国农机院获国家专利195项，制修订国家与行业标准1200多项，发表论文622篇，出版技术专著100多部。并主办着《农业机械》《农业机械学报》等10多种专业刊物。中国农机院在农机研究领域中领先地位和专业技术人才精英荟萃，拥有多个国家重点实验室、国家工程技术研究中心，为国家首批创新型企业，具有该专业硕士和博士学位授予权。

2009年，中国农机院营业收入达18．47亿元；总资产26亿元；利润总额1．75亿元；净资产收益率12．27%。经济效益增长较快，超过了近年来平均20%的增长速度。

2. 历史沿革。

（1）创建与发展阶段（1956—1985年）。中国农机院的前身为1956年10月成立的一机部农业机械研究所（1960年扩建为农业机械部农业机械科学技术研究院）和成立于1957年8月的中国农业科学院农业机械化研究所。1962年，两家院所合并，成立中国农业机械化科学研究院。

1963年，小王庄农场划归中国农机院，改名为中国农机院农机试验站。

1965年，南京农业机械化研究所、江西水田机械所、贵州山地机械所等一批部属农机科研单位和依兰、南昌、鄂温克等一批试验站划归中国农机院领导。各省市自治区农机（化）科研单位及部属高校、农机工厂的科研工作由中国农机院统一归口管理。中国农机院第一分院开始在山西省长治市筹建。我国农机（化）科研工作初步形成了中央到地方，从综合性研究到专业研究，覆盖全国的农机科研体系。

1971 年底，一机部将机械院、电气院和中国农机院合并成立一机部机械院。农机院被缩编为一机部机械院农业机械研究所。

1977 年 11 月，更名为“一机部农业机械科学研究院”。

1978 年 2 月 5 日，第一机械部批示中国农业机械学会挂靠在一机部，办公地址设在中国农机院。

1978 年 6 月，上海内燃机研究所和洛阳拖拉机研究所划归院领导。

1978 年，中国农机院开始招收硕士研究生。

1979 年 3 月，恢复“中国农业机械化科学研究院”名称。

1980 年 2 月，中国农科院农机化研究所（北京农机化研究所）由中国农机院代管，1983 年并入中国农机院。

1980 年 9 月，南京农机化所和内蒙古牧机所由中国农机院代管。

1981 年 11 月，国务院学位委员会正式批准中国农机院为农机设计制造学科博士学位和硕士学位授予单位。

1983 年，中国农机院先后组建了科技情报所、测试计算中心、耕作机械所、收获加工机械所、能源排灌机械所、液压技术所、食品机械所和液压件厂。

1985 年，中国农机院成为我国国际标准化组织 ISO/TC23 农林拖拉机和机械技术委员会的归口单位。

1985 年 7 月，机械工业部批准在中国农机院成立“中国农业机具产品质量监督检测中心”。

1988 年 8 月，国家技术监督局批准中国农机院成立“国家农机具质量监督检验中心”。

（2）改革与调整阶段（1986—1999 年）。20 世纪 80 年代末，中国农机院开始由单纯科研型向科研经营型转变。

1992 年 9 月，中国农机院被核定为“以农业公益性为主的多种研究类型的科研单位”，并颁发了科学事业费减拨到位证书。制订了《中国农机院深化改革实施方案要点》。

1994 年 10 月，中国农机院成为“国家进出口商品检验局农机具产品认可实验室”。

1995 年 3 月，国家科学技术委员会和国家技术监督局认定中国农机院为“科技成果检测鉴定国家级检测机构”。

1997 年，中国农机院与上海内燃机研究所筹建“国家农业现代化装备研究中心”。同年，先后成立了油脂机械装备设计研究所，组建了节水灌溉工程装备中心和薯类加工技术装备工程中心。

1998 年 12 月，国家机械工业局批准呼和浩特牧业机械研究所与中国农机院合并。

1999 年 7 月，经国务院批准，中国农机院转制为中央直属大型科技型企业。国家科技部批复依托中国农机院组建国家农业机械工程技术研究中心。

（3）成长与壮大阶段（2000—2008 年）。

2000 年，把现代农业装备、农产品加工机械装备、工程与液压机械装备、新材料、新工艺与机电集成技术及科技出版等作为院级产业化方向，拟定了院产业基地整体布局方案。

2000 年 10 月，国办批复原机械工业部第十设计研究院和机械工业部第三勘察研究院并入中国农机院。

2000 年，机械工业局批准在中国农机院建立“国家机械结构安全性与可靠性开放实验室”。

2001 年 1 月，中国包装与食品机械总公司整体并入中国农机院。

2003 年 3 月，国家科技部通过国家农业机械工程研究中心验收，并命名。

2005 年 12 月，国家科技部批复以中国农机院呼和浩特分院为依托单位，组建“国家草原畜牧业装备工程技术研究中心”。

2006 年 12 月，现代农装科技股份有限公司在深圳证券交易所正式挂牌，成为中关村“新三板”（中关村科技园区非上市股份有限公司代办股份转让系统）试点企业。

2007 年 3 月，国家科研项目改革试点，由中国农机院组织实施的“十一五”国家科技支撑计划“多功能农业装备与设施研制”重大项目成为农机行业有史以来国家政策支持强度最大、参与单位最多、研究领域最广的科技项目。

2007 年 7 月，国家科技部批准由中国农机院牵头，与行业7家骨干企业、4所著名院校、3家地方科研院所组建了农业装备产业技术创新战略联盟，共同开展行业共性、关键技术开发。

2007年，国家科技部批准依托中国农机院建立“土壤植物机器系统技术国家重点实验室”，这是我国首批36个企业国家重点实验室之一。

2008年1月，国家质量监督检验检疫总局、国家认证认可监督管理委员会批准在中国农机院建立“国家食品机械质量监督检验中心”。

2008年7月，成立了“机械工业生物质能装备工程研究中心”。

2008年，国家科技部、国资委、中华全国总工会联合批准为首批国家创新型企业。

2009年7月，中国农机院与中国机械工业集团有限公司重组，进入新的历史发展时期，与相关单位合力形成了我国农机研究、制造、贸易完整产业链的核心业务板块。

【主要指标】 2009年，中国农机院抓住国家大力支持农业装备快速发展的战略机遇，以重组进入国机集团为平台，通过继续深化改革，实现了较好的增长。主导产业进入规模扩张的快速增长期，在院属企业中，营业收入超亿元的达到8家，2亿元以上的企业由2008年的1家增长到3家。其中农业装备产业的主业地位进一步提升，实现营业收入超过10亿元，总体以30%以上的速度快速增长，占院营业收入比重由2008年的47%增加到56%。

2009年底中国农机院所属子企业共43户，全部纳入2009年度财务决算合并范围，其中：二级子企业21户，三级子企业15户，四级企业7户。所属企业中从事科工贸一体化经营的企业4户、从事生产销售的企业19户、从事商品流通经营的企业8户、从事勘察设计施工业务的企业2户、从事其他经营服务业的企业10户。

根据2009年度财务决算报告，中国农机院2009年末资产总额为262900万元，负债总额为152065万元，净资产为110835万元（其中：少数股东权益38625万元，归属于母公司的所有者权益72209万元），资产负债率57.8%；2009年全年实现营业务收入184740万元（其中：主营业务收入183190万元）；实现利润总额17557万元（其中：非经常性损益1199万元），净利润14822万元（其中：少数股东损益6130万元，归属于母公司所有者的净利润8692万元）；上缴税金61335万元，同比增长4.51%；净资产收益率为14.28%，总资产报酬率为7.66%，均与上年基本持平。

表1　**2009年中国农业机械化科学研究院主要经济指标**

项　目	2008年	2009年	同比增长（%）
资产总额（万元）	216287.39	262900.32	22
净资产（万元）	96828.35	110835.08	14
营业收入（万元）	151056.72	184739.99	22
利润总额（万元）	14090.11	17557.40	25
技术开发投入（万元）	7528.24	8247.23	10
利税总额（万元）	20309.83	25042.36	23
全员劳动生产率（万元/人·年）	17.81	22.65	27
净资产收益率（%）	14.66	14.28	-0.38
总资产报酬率（%）	7.35	7.66	0.31
国有资产保值增值率（%）	114.45	113.73	-0.72

表 2　　2009 年中国农业机械化研究院主要业务经营情况　　金额单位：万元

主业项目	主营业务收入			主营业务成本			毛利润		
	2009 年	2008 年	增减率（%）	2009 年	2008 年	增减率（%）	2009 年	2008 年	增减率（%）
合计	183190	146835	24.76	129678	110004	17.88	53512	36831	45.29
装备制造	91441	74914	22.06	68947	58640	17.58	22493	16274	38.21
国内外贸易	47066	30738	53.12	36513	21865	66.99	10553	8873	18.93
科研与工程设计	20359	21993	-7.43	11597	15493	-25.15	8762	6500	34.80
社会服务业	17722	15567	13.84	6893	10153	-32.11	10829	5414	100.02
工程承包	6444	3395	89.81	5608	3617	55.05	835	-222	476.13
专用设备制造	158	228	-30.70	118	237	-50.21	40	-8	600.00

【重大决策与重大项目】

1. 重大决策。

中国农业机械化科学研究院重组进入中国机械工业集团有限公司（以下简称国机集团）。2009 年 7 月 9 日，国务院国资委正式发出通知，同意中国农机院作为国机集团的全资子企业整体并入国机集团。两家企业实现重组，是国机集团贯彻落实国务院国资委关于加强中央企业国有经济布局调整、加快推进中央企业战略性重组要求，实施外部重组战略取得的又一项重大成果。

中国农机院 1999 年整体转制为中央直属科技企业，主要业务包括现代农业装备研发制造，农产品加工与食品包装机械装备研发制造，液压与工程机械装备研发制造，材料及机电液自动化技术研发制造，科技信息出版，农机行业发展规划、标准制定、产品检测和技术服务，建筑设计与工程勘察等七个板块，是国内农机行业科研技术水平最高、实力最强的大型科技企业。

中国农机院的整体并入，将大大增强国机集团在现代农业装备方面的技术力量，实现研发、制造、贸易资源的有效结合，为打造我国实力最强的集研发、设计、制造、贸易和服务完整产业链于一体的现代农业装备产业板块奠定坚实基础。

2. 重大项目。

现代农装科技股份有限公司通过中关村“三板”融资渠道增发股份 1000 万股，融资 5500 多万元投资建设河北涞水基地，已经完成一期 9341 平方米的主体工程，并顺利投产大型免耕播种机和高性能高地隙系列喷雾机；中机南方机械股份有限公司完成国家发改委“水稻插秧机和联合收割机国债技改项目”，通过验收；中机美诺科技股份有限公司承担的国家发改委产业技术进步“保护性耕作机械技改项目”建成投产。新工厂按国内领先的原则，投放一批激光切割机、焊接机器人、加工中心、电泳涂漆线等先进设备，大幅度提升了生产能力和水平。

2009 年国家发改委和工信部分别批准中国农机院装备制造业老工业基地调整改造及产业结构调整项目《中机北方机械有限公司自走式全幅玉米联合收获机技术改造项目》、重点产业振兴和技术改造《现代农装科技股份有限公司保定分公司精量低污染大型喷雾机项目》和《中机南方机械股份有限公司水稻生产全程机械化设备产业化项目》三个技术升级改造项目，陆续开工建设。项目达产后将新增自走式玉米收获机 800 台、半喂入联合收割机 2800 台、插秧机 2000 台、半喂入联合收割机专用变速箱等关键零部件产品 2.2 万只、精量低污染大型喷雾机 2000 台套的年生产能力，项目实施将进一步提升中国农机院在水稻、玉米生产和植保机械领域的产业化能力和水平。

【市场开拓】　2009 年，中国农机院各企业通过加大市场推广力度，积极拓展发展空间，取得较好的效果。开发高性能农机产品，致力于打造高端农机品牌。从打造“中农机”品牌、树农机院科技企业形象入手，进行市场开拓、扩大产品市场份额。

农业装备板块。2009年，板块内各企业营销管理体系进一步完善，在市场营销、客户管理、售后服务等方面有了较大提升。

现代农装科技股份有限公司结合我国区域农业分布特点，充分利用与各地农机管理部门密切合作的传统优势，运用战略联盟及资本运营手段，加强市场开发与拓展，通过市场细分，确定“点面结合，布局合理，突出重点”的营销战略体系。下属分公司、各事业部及控股子公司依托公司统一的销售战略，针对各自产品的用户做了合理的区域划分，形成五大区域为重点销售区域的营销网络布局，2009年公司实现销售收入7.1亿元，同比增长34.2%。

中机北方机械有限公司通过深度开发东北及内蒙市场，逐渐扩大市场占有率，其中水稻插秧机在吉林省市场占有率达到30%，半喂入联合收割机达到50%，玉米收获机为10%。2009年实现营业收入2亿元，比上年增长53.8%。

呼和浩特分院销售中心按照强化“华德”品牌效应的战略构想，不断建立完善营销体系，强化市场营销品牌战略，在保证传统市场销售的同时，积极开拓中原市场，使自主知识产权的方捆打捆机的国内市场占有率已达60%以上。2009年实现营业收入1.17亿元，同比增长33.5%

同时，中国农机院以市场为导向，以新产品开发和技术创新作为重要的市场开拓手段，增强综合竞争优势，不断推出市场需求大、前景好以及节能高效的农业装备及技术。

在产品销售方面，销售全喂入水稻联合收割机6919台，半喂入水稻联合收割机880台，水稻插秧机2517台，进一步巩固了全国水稻生产机械最大综合生产商的地位；大型高性能农机具生产经营迅猛发展，销售120马力以上拖拉机配套大型免耕播种机520台市场占有率超过60%，稳居全国首位；高性能高地隙系列喷雾机720台，市场占有率60%；打捆机与搂草机当年供货524台和3210台，市场占有率双双突破67%。

食品加工和包装机械。2009年，食品加工和包装机械通过一年多的产业整合，综合实力得到提升，业务涵盖粮食、果蔬、油脂、薯类加工和畜禽屠宰、保鲜工程，全面具备食品装备技术研发、设备制造、工程承包综合能力，实现主营业务收入1.28亿元，利润853万元。当年销售食品工程装备267台套，马铃薯精淀粉和速冻马铃薯条生产线、挂面全自动干燥生产线、胚芽和米糠以及油料膨化制油低温脱溶精炼工程等成套设备代表了国内粮油食品加工生产设备的最高水平，并实现成套出口。

工程勘查设计与施工。2009年，工程勘察设计与施工板块实现营业收入2.47亿元，利润1691万元。其中，中机十院国际工程有限公司全年新签订生产经营合同约1.5亿元，实现销售收入1.2亿元，同比增长10%，实现利润1100万元；第三勘察设计院实现营业收入6147万元，较上年增长12.1%；北京康利达建筑工程有限责任公司实现营业收入6500万元，较上年增长42.7%，实现利润500万元。勘察设计方面拓展设计和工程总承包市场，承接日本在珠海的玻璃器皿项目总承包工程，总额5653万元。建筑工程和房地产业务进展顺利。

液压技术与装备。其中，北京天顺长城液压科技有限公司完成从维修向制造的成功转型步入发展快车道，实现销售收入1.42亿元，利润1260万元。完成SP系列摊铺机系列化开发，“安泰克”小型摊铺机样机按期下线，SP系列摊铺机实现30台销售，取得市场占有率7.5%的良好业绩；液压系统业务把握高铁建设发展契机，2009年底又成功签约北车集团动车组流体产品供应项目1.2亿元订单。

北京金轮坤天特种机械有限公司在军工装备产业和科研取得新进展，机场地面保障、飞机载荷谱测试、航空发动机热障涂层项目全面展开，实现军工交货值5591万元，军工科研在研计划经费4300万元。交付飞机牵引车114台，军方市场占有率95%，并用于60周年国庆“十一阅兵”飞机牵引；交付改型挂装车3辆，航空发动机热障喷涂叶片1400多片。开发的TH4013SL伸缩臂叉车成为空军建军60周年飞行表演的保障车辆。

信息传媒。2009年，信息传媒产业领域进一步扩大，已发展为“13刊1报”，广告和发行主营业务收入达1.04亿元，实现利润1074万元。作为国家文化产业体制改革的首批试点单位，北京卓众出版有限公司加快由内容提供商向服务提供商的转变，强化广告、订制出版、市场研究和品牌专项活动，为客户提供整体解决方案，客户群体发展到560多家，单笔业务金额突破600万元。北京卓众出版有限公司积极尝试跨媒体经营，大力推进网络化和数字化进程，卓众汽车网试运行3年来，以灵活的方式开展新媒体经营业务。同时，又筹备建设数字化资源平台，进一步提升采编及经营工作成效。

【科技创新】 2009年中国农业机械化科学研究院取得鉴定科研成果16项，鉴定验收项目16项，获国家知识产权局授权专利21项。4项获得部级科技进步奖。创新产品和成果涵盖全程农业机械化生产、农副产品加工、新兴生物质能源行业，为行业提供原创性新技术、新产品。

【产业化发展】 农业装备产业作为中国农业机械化科学研究院的主导产业，总体以30%以上的速度快速增长，实现营业收入超过10亿元，其营业收入的贡献额由47%增加到56%，并形成北方优质稻和南方水稻生产的两个机械产品系列，销售全喂入水稻联合收割机6919台，半喂入水稻联合收割机880台，水稻插秧机2517台，进一步巩固了中国农业机械化科学研究全国水稻生产机械最大综合生产商的地位；大型高性能农机具生产经营迅猛发展，现代农装科技股份有限公司河北涞水和固安基地销售120马力以上拖拉机配套大型免耕播种机520台，市场占有率超过60%，稳居全国首位；高性能高地隙系列喷雾机720台，市场占有率60%；适应草原牧区草业发展和生物质转化利用市场需求，加大牧草和稻麦/棉花秸秆收获机械生产组织和联合销售，打捆机与搂草机当年供货524台和3210台，市场占有率双双突破67%。

农产品加工装备产业通过一年多的产业整合，全面具备粮食、果蔬、油脂、薯类加工和畜禽屠宰、保鲜工程等装备技术研发、设备制造、工程承包的综合能力，实现主营业务收入1.28亿元，利润853万元；勘察设计和建筑工程业务实现营业收入2.47亿元，利润1691万元；工程液压装备产业完成从维修向制造的成功转型步入发展快车道，实现销售收入1.42亿元，利润1260万元。

军工装备产业和科研取得新进展，机场地面保障、飞机载荷谱测试、航空发动机热障涂层项目全面展开，实现军工交货值5591万元，军工科研在研计划经费4300万元。

【改革改制】 中国农业机械化科学研究院获得国资委主辅分离、辅业改制第二批实施方案的批复后，全面启动对机械工业第三勘察设计研究院的主辅分离、辅业改制工作。经过两年多的艰苦努力，2009年9月，成功完成机械工业第三勘察设计研究院全员身份置换的整体改制工作。新机制带给企业新活力，改制后的新公司——中机三勘岩土工程有限公司正在逐步建立和完善企业法人制度，以有限责任为核心，按新的经营机制运行。通过盘活现有资产，加强内部管理，充分调动管理、生产和经营骨干的积极性，企业的活力得到增强，市场竞争能力已初步显示出优势。

根据国资委有关清理整顿亏损企业的文件精神，以及为精干主业，做大做强主业板块的战略部署，2009年，中国农业机械化科学研究院公开挂牌转让其持有的下属子公司——北京正大银光铸业公司国有股权，注销内蒙古华德科技有限责任公司和内蒙古华德楼餐饮有限公司，确保国有资产保值增值，有效压缩了研究院的管理层级，进一步提高了资源使用效率、经济效益和管控能力。

【主要管理经验】

1. 加强战略引领作用，科技产业发展形成良性互动。

中国农机院在生产经营中，坚定发展战略，即以现代农业装备为主业，以科研开发、产品生产和技术服务三点支撑，将中国农机院打造成为国内同行业综合实力最强，具有完善的管理、运营、创新体系的大型科技企业，成为农业装备领域具有国际先进水平的科技创新基地、高层次人才培养基地和高新技术产业发展基地。2009年，在科研、产业发展和技术服务方面均有较大突破。

在科研工作方面，坚持“自主创新，领先半步”的发展战略，紧紧围绕“以重大项目为依托，完善技术创新体系与机制，提升全院自主创新能力”的中心任务，瞄准重点和新兴产业领域，统筹推进科技规划与立项、重大项目组织实施以及国家重点实验室、国家工程技术研究中心、国家工程实验室、产业技术创新战略联盟和产业技术创新服务平台建设等各项工作，取得显著成绩。进一步优化完善了科技创新体系，平台和条件建设再上新台阶，自主创新、产业技术研发能力持续增强；行业服务与战略引领能力持续增强，进一步巩固和发展了行业地位。

在产业基地建设方面，2009年，中国农机院从企业战略出发，从产业结构调整和完善产业链布局出发，优化经营结构，把企业各种资源向主业倾斜投放，支持效益好、潜力大的主业企业，投资能够带动企业发展上台阶的关键技术和重点项目，提高了市场竞争力，形成了新的经济增长点。建成了贯穿东南西北中，以收获机械为龙头，涵盖农业机械、草原与畜牧机械、农产品与食品加工机械、可再生能源、工程机械等领域的七大产业基地，构建了完整的产业格局，经济总量位居行业前八名，基本形成了科技支撑产业、产业回馈科研的良性循环，自主创新成为产业持续发展支持能力。

2. 建立起战略导向与业绩导向有机结合的考核体系。

2009 年并入国机集团后，中国农机院认真学习国机集团的文件精神，结合实际制定了新的考核办法，建立起具有自己特色的经营业绩考核体系。在经营业绩考核中始终体现以下几项原则：

一是内部经营业绩考核与国机集团经营业绩工作相衔接，以实现目标层层分解、压力层层传递。

二是经营业绩考核工作与院实际情况相结合，不但要体现院发展战略，而且要根据不同发展阶段和出现的问题进行不断的调整，既保持连续性又能体现先进性，以保证引导作用的发挥。

三是考核指标少而精，体现实行短板管理，把最主要的和最需要改进的方面纳入考核工作中。

四是考核工作中重视上下沟通，达成共识，工作中齐心协力，以保证考核工作的顺利完成。

3. 加强内部控制，全面提高管理水平。

一是全面推行预算管理，建立并不断完善财务预算管理制度，健全预算组织工作体系，落实预算管理责任，规范预算编制方法与流程，充分发挥预算管理的引导与控制作用，努力提升市场竞争能力和风险防范能力。

二是切实做好资金管理，将资金集中管理与财务信息化相结合，严格控制非生产性开支，层层分解落实成本控制责任，降低采购成本，压缩库存，挖潜增收。强化资金集中管控，合理安排生产经营活动的资金需求，坚持量力而行，留足资金头寸。

三是加强投资管理，慎重对待投资及借款项目，加强项目论证，坚持风险和收益对等，并严格执行程序，严肃投资决策责任，在保障资金安全的前提下，提高资金效用。在投资规划方面，从适度超前统筹兼顾、平衡发展的原则出发，合理确定年度投资计划。在借贷款管理方面，完善借贷款管理办法，重点向院主业板块、盈利能力强、产品市场前景好的企业提供借贷款。在融资方面，通过综合授信来解决院属企业融资能力弱的问题，依靠院整体实力取得银行更优惠的授信条件，为院及所属企业的投资和生产运营开辟强有力的融资渠道。

四是规范采购管理，严格按照 ISO9001 质量管理体系的要求对采购行为实行规范化管理，控制采购成本，加强存货管理，采取比价采购。所需原材料大多从市场采购，避免对个别供应商的依赖；及时总结各种原材料市场涨跌规律及特征；依生产订单，市场行情和资金情况，及时组织采购，减少原材料库存，缩短生产运转周期，提高生产物料利用率。

五是强化风险管理，将风险意识融入各项决策之中，密切关注新的经营环境下出现的新的风险点，加强高风险业务管理，合理控制院属企业负债规模，严格控制对外担保，完善内部审计制度，规范董事监事管理制度，加强法律风险防范工作，尤其是重大合同的签订、执行的过程管理，全面提高企业经营风险防范能力。

4. 安全生产、节能减排常抓不懈。

在安全生产管理方面，贯彻“以人为本、珍爱生命”的经营管理理念，注重完善安全生产监督管理体系，贯彻“安全第一，预防为主”的方针，完善并认真执行相关制度，落实安全生产责任制，突出隐患排查整治，全面保障安全生产。在原有工作的基础上，将安全生产目标纳入院属企业负责人经营业绩考核工作。2009 年无安全生产事故发生。

在节能减排管理方面，发挥科研优势，注重工作特色，在贯彻落实国家有关政策的同时，积极调整结构，转变发展方式，逐渐完善节能高效农业装备为主的技术研发平台和产业化建设，致力于高新农业装备技术的研究和新能源、可再生能源的利用等行业共性技术的基础研究，努力建设行业内技术先进、资源节约、和谐发展的典范。

中国中元国际工程公司

【基本概况】

1. 发展情况。

中国中元国际工程公司（原机械工业部设计研究院），从1953年3月10日成立至今，经历从设计总局、设计总院、设计研究院到工程公司的机构演变，经历从管理部门、事业单位到经济实体、科技型企业的体制变革，经历从一家机械行业专业设计院发展至今成为业务范围涵盖设计咨询、项目管理、工程承包、建设监理、设备成套、国际贸易的大型工程公司。

公司现拥有30多个专业类别的工程技术人员1300多人，全国设计大师4人，各学科博士、硕士等200余人，各类注册工程师400余人。

公司纳入决算范围的子企业共有7户，其中三级企业6户，四级企业1户。分别是：三级企业：中元国际工程设计研究院、机械工业规划研究院、京兴国际工程管理公司、中元国际工程设计研究院海南分院、中元（厦门）工程设计研究院有限公司、北京中元国泰物业管理有限公司；四级企业：中元国际工程设计研究院上海分院。

2. 历史沿革。

1952年8月，第一机械工业部成立，抽调一批技术骨干力量，充实设计队伍。到当年年末，上海、沈阳、北京、太原及中南、西南、西北建立13个设计机构，人员达2000人，并在东北和华东设立5支勘察队，人员达450人，为机械工业勘察设计系统的形成打下初步基础。

1952年底，第一机械工业部根据“一五”计划的任务向中央人民政府财经委员会提出集中设计力量的报告，经批复同意并指出要从当时公私企业中抽调大批技术人员、集中一切可能集中的力量，组成各级设计部门。1953年3月10日，一机部决定成立设计总局及其下设的第一、第二、第三、第四设计分局。设计总局负责管理第一机械部的勘察设计工作。这就是中国中元国际工程公司最早的前身。

1958年4月，第一机械工业部、第二机械工业部、电机制造工业部合并。新组建的第一机械工业部对勘察设计系统的机构和管理体制进行改组，勘察设计业务由部基本建设局归口管理。

1965年，为迎接“三线”建设、加强对勘察设计工作的领导，第一机械工业部决定重新建立统一领导勘察设计系统的管理机构，成立第一机械工业部设计总院。设计总院设在第一设计院，由该院划出若干编制，建立精干的业务部门，承担业务管理工作。但是不久，“文化大革命”开始，设计总院还没有来得及发挥作用，就被迫停止了工作。

1972年6月，第一机械工业部决定恢复设计总院。经过一段时间筹备，从由北京外迁的第一设计院和第八设计院抽调一批业务骨干，并从部机关下放“五七干校”的干部中选调一批管理人员，共200多人，经国家建委批准，于1973年5月，设计总院恢复工作。

1979年初，农业机械部重新成立，再次同第一机械工业部分开。设计总院的管理范围作了改变。1981年，第一机械工业部决定，各设计院均改名为设计研究院，中国中元国际工程公司改名为“第一机械工业部设计研究总院”。1982年5月，第一机械部、农业机械部、国家仪器仪表总局合并，组建为机械工业部，机械工业部下设的设计院均又更名，中国中元国际工程公司相应更名为“机械工业部设计研究总院”。

自1973年设计总院恢复工作后，在主要从事机械工业勘察设计系统管理工作的同时，成立设计处，开始承担少量零星设计任务。1980年2月重新组建设计处，使从事设计任务的力量逐步扩大到600人。1985年，为了适应生产工作的进一步发展，加强院对生产工作的领导力量，同时撤消设计处一级机构，全院按照勘察设计系统管理及设计科研生产两个系统进行运作。

1987 年，国家机械工业委员会成立，中国中元国际工程公司改名为“机械工业委员会设计研究院”，取消原设计总院对勘察设计系统的管理职能，将其改由国家机械工业委员会建设协调司承担。中国中元国际工程公司从此转变为承担设计、科研的实体，形成以生产为中心，配有生产、管理、后勤、党群等各个部门齐全的国家甲级工程设计单位。1988 年，机械工业委员会和电子工业部组建成立机械电子工业部，中国中元国际工程公司改名为“机械电子工业部设计研究院”。1993 年，机械电子工业部撤消，成立机械工业部，中国中元国际工程公司改名为“机械工业部设计研究院”。1998 年国务院机构改革，撤消机械工业部，中国中元国际工程公司改为隶属于国家经贸委所属的国家机械工业局。

2001 年 8 月 23 日，经国家工商行政管理总局核准，中国中元国际工程公司正式更名为“中元国际工程设计研究院”，成为科技型企业。同时，通过管理体制的改革，中国中元国际工程公司正式与政府部门脱钩，归属于中国机械工业集团有限公司。

3. 自进入集团至 2008 年发展情况。

（1）主要经济指标。

表 1　2001—2008 年主要经济指标情况

年　份	主营收入（万元）	利润总额（万元）
2001	13516	557
2002	17414	634
2003	28060	1282
2004	35043	2059
2005	51631	2785
2006	61825	3157
2007	70410	5265
2008	86668	5461

（2）改革发展情况。

加强战略引领，明确发展方向。中国中元国际工程公司有序推进主业结构调整，在业务链上实现由单一设计咨询向项目管理、工程总程包多元化业务的演变；在服务领域上实现由单一为机械工业服务向民用、工业、能源三大支柱转变，继而形成医疗、机场物流、民用、工业、能源五大板块的专业化特色。为中国中元国际工程公司发展成为以设计为龙头，集工程咨询、工程设计、工程总承包、项目管理、设备成套和技工贸为一体的工程公司奠定基础。

推进机构改革，提高管理水平。按照公司一盘棋、扁平化管理的框架，加强公司对全盘工作的管理力度。职能部门的设置和调整、职能的重新划分，以减少管理层次，职能交叉和提高管理效率为目的，对开展总承包及相关业务所需的商务与市场、工程项目的生产管理、安全控制与管理等各环的专业职能予以完善和加强。按照整合优势资源、提升业务品牌、开展以专有技术为支撑的工程承包业务的思路，同时也是基于满足工程总承包及相关业务的发展提升阶段的发展要求，在研究、咨询设计、工程承包三位一体的运营模式下，整合成立医疗、机场物流、工业、民用、能源五个设计研究院，打造优势团队和核心业务板块。各生产部所全部隶属于公司，在公司领导决策层的统一指挥下，由各职能管理部门分别按照各生产部门所承担的业务属性统一管理。公司下属各法人单位、海南、厦门、上海分院建立健全法人治理结构，按照公司直属企业进行管理。

推动科技创新，增强科技实力。制定《“十一五”科技发展规划》，分析优势和差距，制定了工作目标、重点任务和实施措施；修改《关于科研、业务建设项目管理办法》，完善了科研业务建设与技术创新措施和激励制度，加强了科技人才队伍建设；制定了《科技质量考核细则》，进一步强化质量意识，规范质量管理。

创新经营模式，提升竞争优势。在设计咨询业务上，公司坚持走专业化特色化道路，并在医疗建筑、物流工程、工业工程、民用建筑、能源工程等五大领域形成了一批具有竞争优势的专长技术和特色品牌，成为中国中元国际工程公司发展和技术进步的支撑点，出现了齐头并进的格局。将特色技术优势和独特专长的行业，作为工程总承包业务的重点开拓方向，形成工程咨询设计、工程总承包、项目管理和贸易的多元化业务格局，努力实现在其业务链、产业链的市场价值、新领域、业务范围的延伸，形成公司新的经济增长点。以咨询促设计、以设计带工程，互动全面。为市场服务以点向面扩展，为业主提供全面的服务。以专业化技术为引领带来综合化实力的整体提高。2008 年来非设计收入已超过设计收入达65%，呈现出设计咨询与工程承包、项目管理齐头并进、共同发展、全方位服务和多元化经营的良好发展态势。

实施人才战略，搭建成长平台。中国中元国际工程公司坚持以人为本，大力开发人力资源、努力营造有利于人才成长和人才脱颖而出的环境。根据公司“建立和培养一支德才兼备、懂技术、会管理、善经营的经营管理人才队伍；建立和培养一支以技术创新为先导，掌握最前沿技术的专家和技术带头人队伍；建立和培养一支高素质项目经理队伍；建设具有各类执业资格为主体的高素质的专业技术人才队伍”的人才发展战略，在积极培养自身人才的基础上，通过建立规范、科学而有效的人才吸引、培养、使用和激励机制，加大外部吸收和引进人才的力度，推动人才结构改善。累计投入职工教育培训费300余万元，培训员工5000多人次。劳动合同、教育培训、薪酬分配、保险医疗、企业年金等各项制度日趋完善。

【主要指标】

表2　　2009年中国中元国际工程公司主要经济指标

项　目	2008年	2009年	同比增长（%）
资产总额（万元）	95604	120677	26.23
净资产（万元）	25879	32424	25.29
营业收入（万元）	86668	112093	29.34
利润总额（万元）	5461	7090	29.83
技术开发投入（万元）	9282	11222	20.90
利税总额（万元）	9081	12287	35.30
全员劳动生产率（元/人·年）	16046	34027	112.06
净资产收益率（%）	16.65	18.11	1.46
总资产报酬率（%）	6.45	6.56	0.11
国有资产保值增值率（%）	115.40	120.37	4.97

【重大决策与重大项目】

1. 重大决策。

2009年，中国中元国际工程公司锐意改革，在生产经营方面确立四个坚持的发展战略，即坚持设计为龙头向工程公司发展的战略目标；坚持技术专业化、发展综合化的运行方向；坚持巩固设计、做强管理、发展承包的工作方针；坚持注重服务、提升品质、两手抓的市场策略。

在公司战略指导下，中国中元国际工程公司经过组织机构调整和业务整合，完成五大业务板块的组建，即医疗工程、工业工程、能源工程、机场物流工程和民用建筑，每一个板块前后延伸，形成设计咨询、工程承包、项目管理一体化发展，为打造核心竞争力和开拓市场准备了机制条件。

在广泛和深入调研的基础上，根据四个坚持的发展战略，中国中元国际工程公司制定和颁布新的生产经营考核办法，鼓励生产业务“三位一体”，加强技术产业链的前后延伸，给承包类业务制定优惠政策，以利益驱动增长，鼓励工程承包和项目管理业务的大力发展。

在对公司SWOT分析的基础上，落实发展战略，结合国家、地区、行业的发展情况，发现热点地区、发掘有潜力的行业，培育重点生产经营地区和专项发展目标。

2. 重大项目进展。

设计咨询方面：对铁路站房、数据中心、航站楼、邮政枢纽、生物制药、城市规划等具有发展潜力的行业，积极参与市场竞争和开拓市场。通过多方努力，公司入围铁道部设计单位采购名单；数据中心作为未来发展的重点，同时又是中国中元国际工程公司技术的强项，集中公司优势力量积极争取数据中心项目，2009年公司参与国家开发银行（数据中心）、中国建设银行（数据中心、灾备中心）、中国农业银行（数据中心）、中国民航信息集团公司（数据中心、灾备中心）、中国石化科学技术研究中心（数据中心）、中国印钞造币总公司（德外数据中心）、国家超级计算深圳中心建设工程等项目，这些都是国家重点项目，关乎国家金融、信息安全，业主选择设计单位谨慎，设计招标周期长，许多项目正在积极跟踪之中，其中国家超级计算深圳中心、中国石化科学技术研究中心、中国印钞造币总公司（德外数据中心）项目已经中标或签约；武汉天河机场T3航站楼方案投标入围，开中元机场航站楼设计先河，意义重大；厦门市邮件处理中心的中标，为公司在这个极具潜力的行业发展打下一个良好的基础；中关村国际自主创新示范区核心区功能聚集带规划获得国际竞赛一等奖，标志着公司城市规划取得长足的进步。

工程承包方面：在国内工程承包方面，重视公司优势业务板块重点地区的布点以及业务的开拓，例如深圳医疗市场的开拓，滨海医院工程承包，贵州六盘水钢铁公司总医院的总承包项目运作，包钢稀土项目运作等。重点研究和采取措施促进工程承包和项目管理特别是国际工程承包业务的提高和发展。通过挖掘公司的优势资源、加强合作，努力开拓，先后签订一批重大项目，其中项目管理代表项目有昆明新机场建设工程航站楼机电、设备安装、洛阳东方医院综合病房楼、汶川灾后重建香港援建卧龙项目等；工程承包代表项目有石家庄商贸中心机电工程、甘肃会展中心建筑群等。在国际工程方面，先后签订援乌兹别克斯坦卡拉库里泵站改造EPC总承包项目、援摩尔多瓦中医中心项目施工总承包、TATA钢铁公司JHARKHAND焦化厂、尼日尔水泥厂总承包项目等。

【科技创新】 2009年中国中元国际工程公司科技创新主要分为科研基金项目、国家标准规范、标准图三部分。

1. 科研基金项目。

2009年3月，《项目管理大师》软件在中国中元国际工程公司正式上线并销售。在2004年立项的《新一代工程项目信息管理系统（NPMIS）》国机集团科技发展基金的基础上，通过多个工程项目的实际应用，项目组对其不断完善升级，形成具有质量、进度、安全投资控制、合同管理和资料管理等功能的《项目管理大师》软件。该软件已在中国中元国际工程公司正式上线，对监理项目和项目管理实施控制。在中国中元国际工程公司承接的“汶川地震灾后重建香港援建卧龙项目”（20个子项、单体建筑超过120项，资料管理工作量大）等20余个工程管理和监理项目上进行应用，并进入全国范围商业化推广阶段，已有十余家用户购买。

2009年5月，中国中元国际工程公司《国内综合医院的安全性设计与研究》课题获国机集团科技发展基金批准立项。

2009年8月，中国中元国际工程公司《科技发展基金管理办法》批准发布实施。

2009年9月，中国中元国际工程公司《高速磁浮系统高速道岔技术与工艺》申报国家科技部技术开发研究专项资金。

2009年11月，中国中元国际工程公司《建筑能耗诊断及其节能设计研究》作为国机集团科技发展基金完成。该项科研成果系统地研究了各种用能方案的有效范围及经济性，并将其用于节能诊断、节能评估、节能改造和节能工程设计中。该项目在研究过程中坚持走科研与产业化相结合方式，取得良好的经济效果。自2005年中国中元国际工程公司共参与北京市政府机构数十家单位的节能改造诊断工作和初步设计工作；2007年作为首批节能评估机构参与三十余项节能评估工作，2009年入选北京市首批合同能源管理项目节能服务机构。

2009年12月，国机集团科技发展基金《民航机场整体物流计算机信息平台》项目完成。该信息平台以现代物流理论为基础，采用互联网技术，突破传统的局域网束缚，使整个货运物流过程信息为一个完整的公共信息系统。此信息系统在中国国际货运航空有限公司北京运营基地，南航新白云机场货站的升级改造中进行应用、验证，取得良好的效果。

2. 国家标准。

2009年3月，中国中元国际工程公司参编的《建筑设计防火规范》荣获华夏建设科学技术三等奖。

2009年6月，中国中元国际工程公司参编的《建筑抗震鉴定标准》（GB50023－2009）发布。

2009年6月，中国中元国际工程公司参编的《建筑抗震加固技术规程》（JGJ116－2009）发布。

3. 标准图。

2009年3月，中国中元国际工程公司主编的《91SB12－1自动灭火工程》荣获全国优秀工程设计铜奖。

2009年3月，中国中元国际工程公司主编的《洁净手术部和医用气体设计与安装》标准荣获全国工程勘察设计行业优秀建筑工程设计三等奖。

2009 年 12 月，中国中元国际工程公司参编的《全国民用建筑工程设计技术措施（2009 年版）》出版发行。

2009 年 12 月，中国中元国际工程公司参编的《民用建筑工程初步设计深度图样》出版发行。

2009 年 12 月，中国中元国际工程公司参编的《全国民用建筑工程设计技术措施－结构（结构体系）》出版发行。

【主要管理经验】

1. 经营管理。

2009 年公司的生产经营工作，围绕公司 2008—2010 年发展规划中确定的“以公司既有的设计咨询优势为依托，发挥优势特色，立足北京及新型的城市发展地区，以重点区域辐射来带动公司在全国建设市场的进一步拓展；开拓国际市场和工程承包业务”的市场定位来展开。充分发挥六大板块、三位一体，以设计技术优势为龙头加快公司多元化生产经营的发展格局。

六大板块生产组织流程再造，三位一体运营模式生产经营平台的搭建已完成。各生产板块呈现出不同的生产特色，在激烈的市场竞争中，努力争创佳绩。

在生产调研的基础上，公司对业务进行了重新分类，并针对细分业务制定了鼓励和优惠政策，颁布新的生产考核办法，鼓励生产业务“三位一体”和技术产业链的前后延伸。

进一步完善工程总承包业务的管理流程和管理制度，2009 年公司明确各类工程项目的管理流程和控制重点，促进了公司工程项目管理的科学化、规范化和标准化。在项目执行过程中严格控制费用支出在批准的预算范围之内，从而降低和减少经营风险。特别对公司工程项目进行全面检查，总结经验、排查隐患，减少合同纠纷。加强承包项目的财务管理工作，在项目前期对项目风险进行财务评估，把好事前风险关；项目执行过程中指定专人，把好执行过程中的支出关，降低财务风险。做好银行授信工作，加强资金管理，为公司的各项业务提供有力的资金支持和财务保障。

2. 党建工作。

开展深入学习实践科学发展观活动，按照党中央的要求和国机集团的具体部署，中国中元国际工程公司依据《开展深入学习实践科学发展活动的实施方案》，紧密围绕“认识上水平、发展上台阶”的活动主题，扎实起步、稳步推进，圆满完成三个阶段六个环节的任务，达到“党员干部受教育、科学发展上水平、人民群众得实惠”的总体要求。

学习活动呈现出六个特点：一是党政密切配合、领导带头垂范；二是突出领导干部这个重点；三是在真学真用上下功夫；四是参与范围广、民主程度高；五是学习方法多、舆论氛围浓；六是科学安排，统筹兼顾。取得五个方面实实在在的成效：一是进一步增强了贯彻落实科学发展观的自觉性和坚定性；二是形成公司贯彻落实科学发展观的共识；三是推动科学发展的思路进一步丰富和完善；四是立足长远、进一步建立健全科学发展的长效机制；五是积极应对金融危机、生产经营保持平稳发展。学习实践活动的开展，进一步增强了公司各级党组织和党员队伍的凝聚力和战斗力，为促进公司又好又快发展注入新的强大动力。

3. 信息化建设。

为贯彻落实国机集团工作部署，推进信息化建设，提高企业管理水平，中国中元国际工程公司以拓展公司现有综合管理信息系统为契机，全新改版公司现行对外网站，稳步推进知识管理、项目管理、人力资源管理等信息系统建设，通过一系列扎实有效的措施实现公司信息化建设的全面升级。

对现有综合管理信息系统进行升级和拓展。在完成常规的“签报、会议、文件流转、资产管理、用车申请”等主要日常办公流程基础上，中国中元完成与工程项目管理有关的生产经营、科技质量、项目预算等关键控制点管理流程，如合同评审、信息备案、设计策划、设计评审、工程承包供方资格能力、项目实施预算和用款申请、科研立项管理等，并将这些流程中人力资源的配备与公司岗位资格名单实施链接，确保人员任职资格的准确性和实时更新。

初步搭建知识和信息库。中国中元国际工程公司系统整理和汇总历年科研成果、获奖项目、科技论文、质量管理规定等科技质量有关信息，并补充国家标准规范库、电子期刊、公司技术标准、设计模板等知识，方便技术人员网上检索和查询，达到信息共享。

自行开发项目管理和人力资源软件。中国中元国际工程公司积极开展主营业务管理软件的自主开发工作，对2004年立项的国机集团的首批科研基金课题《新一代工程项目信息管理系统（NPMIS）》不断改进和提升，形成现有《项目管理大师》，于2009年正式上线，对监理项目和项目管理实施控制。正在对公司重点项目“汶川地震灾后重建香港援建卧龙项目”（20个子项、单体建筑超过120项，资料管理工作量大）进行管理。通过自主开发，中国中元人力资源软件完成过半，已完成机构信息管理、员工基础信息、劳动合同管理、职称管理、专业技术人才资源基本情况统计等基本功能。

对外网站全新亮相。由资深建筑师主持公司外网页面设计，软件公司配合完成的中国中元对外网站全面亮相。新外网巧妙地运用中国中元办公楼外立面形象作为首页，结合各栏目的内容，将公司的核心竞争力和与时俱进展现给社会。

设计项目协同工作软件进入试用阶段。工程设计是中国中元的传统核心业务，为实现公司的“巩固设计咨询优势”的战略规划目标，需要加快工程设计协同管理系统建设，搭建设计人员全面协同的工作平台，加强管理，提高效率。

北京起重运输机械设计研究院

【基本概况】

1. 发展情况。

北京起重运输机械设计研究院（以下简称北起院）现隶属于中国机械工业集团有限公司。主要致力于起重运输领域产品的科研、试验、生产和工程承包，在我国起重运输机械行业的发展史上，北京起重运输机械设计研究院经过50多年的辛勤耕耘，留下了一个个坚实的足迹，取得了丰硕的科研成果。

1958年，在三峡等水利工程建设需要的背景下成立北起院，成立初期主要从事水利施工机械的研究设计。后根据国家建设的需要，其研究方向逐步调整为“起重运输机械”，由专业单一的科研单位，发展成为物料搬运技术领域内多专业的综合性研究院。

几十年来北京起重运输机械设计研究院创造了近百项我国首台和首套技术、产品、系列设计：上世纪60年代开发我国第一台斜面升船机、第一台振动输送机、第一台桥式堆垛机起重机和第一台悬挂输送机；70年代研制第一台斗轮堆取料机，第一台集装箱龙门起重机、第一台集装箱跨车、第一座立体仓库，完成了带式输送机系列设计；80年代研制第一条双线往复式客运索道——重庆嘉陵江索道、堆码包成套设备，完成桥式起重系列设计、内燃平衡重式叉车成套设备。几十年来，北起院荣获全国科技大会奖、国家科技进步奖及省部级科技成果奖200余项，为我国起重运输机械行业科技进步做出重大贡献。

进入新世纪，国家科技体制改革为北起院的快速发展注入活力。1999年，北起院正式转制为科技型企业进入中国机械工业集团有限公司。转制后北起院的业务逐步转向工程设计、工程承包、技术咨询与服务等领域。转制以来，完成工程项目数百项，成功开拓检验检测、设备监理等咨询业务，良好地开展了标准化管理、学会、协会等行业技术管理工作。

新时期，北起院实施新的发展战略，形成具有市场竞争优势的主要业务领域。

在物流仓储技术领域，北起院为汽车制造、家用电器、机械电子、食品医药、化工轻纺等行业研发、建造各类自动化立体仓库200多座。新世纪以来自动化物流配送中心市场的高速发展，为北起院在这一领域的持续发展提供机遇。面对国外厂商的激烈竞争，北起院不仅在医药物流方面，而且在电子电器制造、食品加工、服装制作及配送这三大应用领域打开市场，巩固了北起院在物流行业的龙头地位。

在客运索道技术领域，北起院为国内外客户设计承建了用于旅游、滑雪、交通等不同类型的客运索道200多条，占全国客运索道数量的40%以上。北起院在国内率先研发的新型脱挂抱索器客运索道，为开拓索道新市场打下良好的基础。

在物料输送技术领域，北京起重运输机械设计研究院利用多年积累的散料搬运技术优势，积极开展大型散料港口、露天矿、冶金料场、粮食中转库、化工原料场、制造业生产线等领域的物料输送系统的工程设计和工程承包，开发研制多种输送、给料、装卸等连续搬运设备，并针对大型港口项目、矿山项目和冶金项目展开国际合作，深得广大用户的好评。

在起重机械技术领域，北京起重运输机械设计研究院组织完成轻小型起重设备、桥式、门式起重机等行业产品系列设计，开发多种专用起重机及其关键零部件和多种专用起重机及其关键零部件的研发，多次填补我国起重机械行业的空白。近年来，更是根据市场需求，研发用于垃圾处理领域的自动控制垃圾搬运起重机和秸秆发电领域的自动化秸秆搬运起重机等特种起重机，为国家在环保、生物质发电等领域提供先进设备保障。

在检验检测方面，国家起重运输机械质量监督检验中心、国家安全生产北京矿用起重运输设备检测检验中心和国家客运架空索道安全监督检验中心均设在北起院。为我国各类起重运输机械产品的质量提高和客运索道的安全运行提供保证。

在行业技术管理方面，北京起重运输机械设计研究院负责我国起重运输机械标准化归口管理工作。分别有全国起重机械标准化技术委员会、全国连续搬运机械标准化技术委员会、全国工业车辆标准化技术委员会和全国物流仓储设备标准化技术委员会的秘书处四个技术委员会设立在北起院。《起重运输机械》杂志是北起院主办的国内物料搬运行业的技术核心期刊，创刊49年来为行业的科技进步和科技发展起到了积极的促进作用。中国机械工程学会物流工程分会、中国索道协会、中国工程机械协会工业车辆分会秘书处均设在北起院院，为行业发展和技术进步做出了贡献。

2. 基本情况。

截至2009年底，全院在岗职工482人，专业技术人员351人，占总人数的73%，中级以上职称人员185人，其中各类科技专家36人。35岁以下青年员工235人，占总人数的48.7%。全院设有8个职能部门，4个工程部，3个质量监督检验中心，1个杂志社，5个全资子公司。

3. 历史沿革。

1958年10月17日，第一机械部（以下简称一机部）和水利部以（58）机技字第344号文报国务院和国家科委，同意成立“水利起重运输与施工机械研究所”。

1959年9月18日，一机部三局发文批准研究所与“化工通用机械研究所”在北京市宣武区南纬路联合建所。

1960年9月23日，一机部三局发文，决定将研究所所名从原来“水利起重运输与施工机械研究所”改名为“第一机械工业部起重机械研究所”，并将工程机械部分分出另建工程机械研究所。

1963年1月24日，一机部批复三局，同意将研究所所名改为“第一机械工业部起重运输机械研究所”。

1970年3月，一机部发文批复研究所在信阳建所，投资184万元，定员650人。

1970年10月，一机部确定研究所搬迁河南信阳，11月选定河南信阳市南郊三里店原信阳农校校址，开始筹建。

1974年1月，一机部通知下放单位按所在地点重新命名，不再冠以“第一机械工业部”字样，其中包括规定研究所更名为“信阳起重运输机械研究所”。

1979年5月25日，一机部发文函告河南省机械局，研究所不再在河南信阳建设，仍使用北京现所址。

1982年11月，机械工业部发文研究所改名为“机械工业部起重运输机械研究所”。

1989年3月25日，机械电子工业部（以下简称机电部）、劳动部下发机电重〔1989〕494号文，授权研究所筹建“国家客运架空索道安全监督检验中心”。

1990年7月，机电部机电人〔1990〕866号文确定北京起重运输机械研究所为国家一类科研单位。

1997年7月，研究所创办以先进技术为依托的科、工、贸相结合的有限责任公司——“中起物料搬运工程有限公司”。

1999年7月，根据国务院国发函〔1999〕38

号文《国务院办公厅关于批准国家经贸委管理的10个国家局所属科研机构转制方案的通知》精神，研究所正式转制为科技型企业，并加入中国机械装备（集团）公司。

2001年1月，创办以检验检测为主要业务的“北京科正平起重运输机械检验所”，完成独立法人的工商注册工作。

2001年3月，研究所正式更名为“北京起重运输机械研究所”，完成“企业法人”的工商注册登记工作。

2002年5月，由研究所控股与香港鸿新有限公司、百莱玛（中国）机械有限公司合资组建“北京北起百莱玛机械有限公司”正式在北京工商注册。

2006年5月16日，“北京科正平起重运输机械检验所”更名为“北京科正平机电设备检验所”。

2008年10月，研究所由“北京起重运输机械研究所”更名为“北京起重运输机械设计研究院”。

4. 自进入集团发展情况。

北起院于1999年7月作为国家首批242个科研院所转制单位之一进入集团。在集团公司战略思想的统一指导下，确定了北起院的战略定位，要把北起院发展成为：以人为本，以市场为导向，以行业为基础，以创新为动力，以工程承包，系统集成为主体，以高新技术产品开发与生产和第三方技术服务为两翼的，管理科学，运作顺畅的科技型现代化企业。

根据北起院总体发展思路，结合所处行业、人员结构、市场需求，制定了市场发展战略，确定了业务模式、市场方向和目标。重点突出工程承包这一主体：在物流仓储、客运索道两大传统优势市场领域要保持国内市场占有率排名前三，力争本行业工程承包额年增长在20%以上，为北起院贡献50%以上的合同额，形成北起院发展的长久支撑；抓住国家大力发展生物能源、提倡节能环保的市场机遇，重点开发秸秆发电项目中秸秆存放、输送、投料等过程的起重运输成套设备和服务于垃圾发电行业的垃圾起重机成套设备，保持北起院在该行业领域市场占有率第一的领先地位，形成北起院工程承包业务的第三大支柱；利用北起院在散料输送电控系统方面的技术优势，依托国内外大型工程公司，共同开发国内外市场，取得必要的项目合同；依靠已经取得的各种资质，全力开拓第三方技术服务的广阔市场。

【主要指标】 2009年，面对复杂严峻的经营形势，在国机集团的正确领导下，北起院上下沉着应对、勇克时艰，在逆境中取得了新发展。

2009年北京起重运输机械设计研究院主要经济指标完成情况

序号	项　目	指标数	争取完成额	完成额	完成率（%）	同比增长（%）
1	新签合同额（万元）	35000	40000	41000	102.5	
2	主营业务收入（万元）	28900	29100	29909	103.49	10.93
3	利润总额（万元）	1500	1830	2561	170.73	28.37
4	成本占主营收入比重（%）	95		94.75		
5	净资产收益率（%）	9.88		20.37		
6	流动资产周转率（次）	0.7		0.75		
7	技术投入比率（%）	7.32		7.50		
8	已获利息倍数（倍）	15.5		30.06		

从指标完成情况看，2009年北起院继续保持稳定增长的发展态势，各项经营指标均完成集团下达的考核目标。其中主营业务收入、利润总额二项指标还完成了集团下达的争取目标。新签合同额不仅完成了院内的考核目标，而且还超过院内的争取目标。各项主要经济指标均创历史新高。

2009年度北起院总体经营状况良好，但受上年下半年定单减少影响，上半年各项指标完成情况不太理想，下半年市场形势明显好转，新签合同明显增多，确保了北起院生产经营各项指标完成情况好于2008年。全年本院新签合同额在4.1亿元左右，超额完成年初自定的3.5亿元的目标。其中新签索道工程1亿元，物流仓储工程1.2亿，起重工程1.2亿元，散料输送工程0.25亿元，其他类产品销售和技术服务类合同0.45亿元。特别是，起重工程和索道工程的营销人员积极努力，抢占国家拉动内需的有利时机，主动出击，历史性地使该两个领域的合同额都突破亿元大关。也使该两个领域的市场占有率得到提升，索道工程市场占有率在40%左右，生物质发电起重机市场占有率已接近80%。自动化物流仓储设备的市场占有率维持在20%左右。检验检测的三个中心（含标准工作），克服市场竞争激烈等诸多困难，积极开拓市场，转变服务模式，提高工作效率，全年共完成3500万元收入，成为北起院重要的支柱产业。

【重大项目】 溪口脱挂索道项目完成调试，通过型式试验。脱挂索道技术研发是北起院近年来技术创新的重点，也是北起院下一阶段新的经济增长点之一。溪口索道是北起院建设的第一条脱挂索道，由于用户承担的土建工程拖期，溪口索道的工期比原计划推迟一年多，经过努力已完成索道设备的安装调试工作，并通过国家索检中心的形式试验，基本具备项目验收和交付条件。该项目的建成，标志着我国已具备建设脱挂索道的技术能力，填补了国内空白。

广州国药物流中心项目交付使用。国药集团广州物流中心是国药集团继上海、天津后投资建设的第三个大型物流中心，其中全面涵括配送中心的各种作业模式和设备系统。包括AS/RS存储拣选系统、叉车库存储拣选系统、阁楼隔板货架系统、流利货架系统、拣选输送系统与高速分拣系统，其软硬件配置都代表国内配送中心的最高水平。

孚日立体库项目交付使用。孚日集团立体库是北起院承建的规模最大的用于家纺行业的自动化立体仓库，其中应用的自动巷道堆垛机高达27.5米，是国实际应用最高的国产单立柱巷道堆垛机，其技术达到国际先进水平。该项目的成功实施为北起院抢占家纺类立体库市场具有重要意义。

出口新加坡垃圾抓斗桥式起重机项目通过验收。2007年北起院与新加坡吉宝西格斯工程有限公司签订合同，由北起院为其承接的新加坡第五垃圾焚烧发电厂项目提供两套12.5t×19.2m半自动控制垃圾抓斗桥式起重机系统。北起院负责该垃圾抓斗桥式起重机系统的设计、制造、安装调试指导及培训工作。在该项目实施过程中，北起院相关人员与业主方面紧密配合、积极合作，精心设计，严格质量控制，使产品的整体技术、质量水平再一次得到提升。新加坡业主对北起院在垃圾抓斗桥式起重机的产品技术、质量、交货进度及服务水平等方面都给予很好的评价。

2009年4月24日该垃圾抓斗桥式起重机系统通过新加坡政府指定检验机构进行的特种设备验收，2009年5月13日通过业主方进行的功能验收，已投入正式运营。该项目的成功交付，为北起院开拓垃圾起重机国际市场奠定基础。

检测中心完成轻小型起重运输设备生产许可证申证企业199家，共计449份生产许可证检验报告；共完成33家企业96个产品出口许可证产品检验，出具96份出口许可证产品的检验报告；共出具1581份产品型式试验报告和型式试验合格证；共完成239家企业的制造条件鉴定评审、31家企业的安装、改造、维修条件鉴定评审；共完成170家企业的委托检验，出具480份产品检验报告，其中完成10家企业起重机械零部件产品的质量认证。

索检中心全年完成222条客运索道的定期检验和31条新建索道的验收检验；受理75条（其中包括拖牵索道29条）客运索道的总体设计审查；对95个索道公司的99条钢丝绳、65个公司的3398套固定抱索器、9个公司的177套脱挂抱索器进行无损探伤检测，并及时出具检验报告；完成部件设计文件鉴定18件次，并完成现场型式试验12件次；对17家制造、安装企业进行条件评审。

2009年8月，北起院成立专门从事矿用起重运输设备检测检验的安检中心。已经完成质量手册、程序文件、各类管理文件及各类准则的编写工作并外部文件的收集。进行实验室清理及装修，部分试验台架已经就位，相关人员进行培训。

标准化工作完成国家标准49项，行业标准8项。完成3个分技术委员和2个工作组的组建工作。较好地履行了四个全国标准化技术委员会的日常管理工作。积极参加国际标准化组织的活动，派员到英国伦敦参加ISO/TC96起重机技术委员会2009年系列会议。

【科技创新】 2009年，北起院围绕实现科技发展“二次创业”的目标，不断增加科技投入，进一步夯实创新基础，科技创新工作取得新成绩，创新能力显著提高。

北起院是北京市科委认定的“北京市科技研究开发机构”；“机械工业物料搬运工程技术研究中心”通过验收；2009年北起院被认定为国家级高新技术企业、中关村国家自主创新示范区高新技术企业。

中国一拖集团有限公司

【基本概况】

1. 发展情况及历史沿革。

中国一拖集团有限公司（以下简称中国一拖）是国家“一五”期间156个重点建设项目之一，是我国农机行业的重点骨干企业。经过50余年发展，中国一拖已成为以农业机械、工程机械、动力机械、车辆及零部件为主要业务的大型综合性机械制造企业集团；拥有的“东方红”商标为“中国驰名商标”。2008年中国一拖在中国企业500强中排名第400位。

1997年5月6日，中国一拖按照现代企业制度的要求改制为国有独资公司。1997年5月8日，中国一拖在拖拉机业务重组基础上投资设立第一拖拉机股份有限公司，并于1997年6月在香港上市。2001年实施债转股，中国一拖转变为多元股东持股的有限公司，其中，洛阳市国有资产经营有限公司（以下简称洛阳市国资公司）、中国华融资产管理公司（以下简称华融公司）、中国建设银行股份有限公司河南省分行（以下简称建行河南分行）、中国东方资产管理公司（以下简称东方公司）分别持股84.63%、7.75%、4.37%和3.25%。

2008年2月20日，国务院国资委正式批准国机集团无偿接收洛阳市国资公司持有的中国一拖67%的股权，对中国一拖实施重组。2009年2月，国机集团和洛阳市国资公司分别对中国一拖增资17亿元和1.05亿元，增资后中国一拖注册资本为27.9亿元，其中国机集团持股84.58%，洛阳市国资公司、华融公司、建行河南分行和东方公司分别持股10%、2.73%、1.54%和1.15%。

中国一拖有15个职能部门，1个研发中心，2个事业部，7家全资子公司，10家绝对控股子公司，9家相对控股子公司，19家参股公司，7家托管单位。

中国一拖总部按照战略设计和控股型的职能定位，承担战略决策、投融资、资本经营、科技开发、财务决策、目标管理等战略管控和资本经营责任；一拖股份公司在具有战略设计和控股型职能的同时，突出承担产业发展的组织、协调、评价和监控责任；事业部按照“多元化经营、专业化管理”的要求，具体承担产品经营的责任。

截至2009年12月31日，企业资产总额103亿元，负债总额61.4亿元，所有者权益41.86亿元，资产负债率59%；在岗职工19540人，在册员工25169人，从业人员24411人。其中，管理人员2938人，占从业人员的12.04%；专业技术人员2165人，占从业人员的8.87%；销售人员1583人，占从业人员的6.48%；生产人员17037人，占从业人员的69.79%；服务人员688人，占从业人员的2.82%。

2. 自进入集团发展情况。

2008年2月20日，国务院国资委正式批准国机集团无偿接收洛阳市国资公司持有的中国一拖67%的股权，对中国一拖实施重组，中国一拖正式进入国机集团。2008年，中国一拖以科学发展观为指导，紧紧围绕企业核心能力建设，以主导产品技术提升为重点继续推进结构调整，突出成本费用控制推行全面预算管理，改进研发、采购、销售管理努力提升营销能力，调整管控模式深化体制改革不断增强企业活力，在经济形势剧烈变化、企业经营困难增大的严峻形势下，经过广大干部职工的艰苦努力，经济规模保持平稳增长。

按照国机集团要求，中国一拖要重点发展农业装备、工程机械、汽车、柴油机等主业产品，2008年逐渐退出了电动车、部分房地产等一些非主营业务；同时按照国家国资委和财政部合并报表的规定，对于央企所属子公司持股比例在20%以下的不能纳入合并报表范围，如山东大丰、四川金广、莱州宏宇、济宁金牛等12家公司。按此要求，中国一拖2008年按现口径审计后营业收入为105亿元，比2007年增加15.8亿元，增幅为18%；利润总额1118万元，比2007年减少6799万元，降幅为85.88%；工业总产值73.1亿元，比2007年下降0.45%；工业销售产值74.5亿元，比2007年增加2.4%；出口1.4亿美元，比2007年增长62.4%；总资产88.9亿元，与年初81.9亿元相比增加7亿元。

【主要指标】 2009年，中国一拖实现营业收入121亿元，同比增长15.2%；利润总额2.47亿元，同比增加2.36亿元；出口额7629万美元，同比下降47.4%。

经济总量保持较快增长。实现销售产值80.2亿元，同比增长7.5%；工业增加值16.6亿元，同比增长48.5%。

企业盈利能力进一步增强。实现利润2.47亿元，同比增加2.36亿元；综合毛利率同比提高2.2个百分点。

主导产品保持快速增长。受国家农机补贴政策拉动，农装、动力业务保持快速增长势头，收入同比分别增长21.5%、37.4%。

职工收入实现稳定增长。在岗职工人均年收入24750元，同比增长15.8%。

出口业务降幅比较明显。受国际金融危机影响，国际市场需求大幅萎缩。实现出口7629万美元，同比下降47.4%。

2009年中国一拖集团有限公司主要经济指标

项　目	2008年	2009年	同比增长（%）
资产总额（万元）	882682	1032508	17.0
净资产（万元）	230324	418698	81.8
营业收入（万元）	1050655	1217206	15.9
利润总额（万元）	1118	24705	2110.8
技术开发投入（万元）	38712	40853	5.5
利税总额（万元）	26884	44453	65.4
全员劳动生产率（万元/人·年）	4.71	7.10	50.9
净资产收益率（%）	-2.69	6.66	9.38
总资产报酬率（%）	1.22	2.9	1.68
国有资产保值增值率（%）	103	112.07	9.07

【重大项目】

1. 大功率轮式拖拉机项目。

中国一拖大功率轮式拖拉机项目于2008年初立项，当年完成可行性研究、初步设计和施工图设计。项目总投资为4.04亿元，于2009年7月10日开工建设。

项目建成后，将形成年产3.3万台大功率轮式拖拉机的生产纲领，可实现销售收入45亿元，利税1.5亿元。

该产品是中国一拖自主研发的新产品，符合“十一五”期间我国农业、农业机械制造业发展规划的方向和目标，发展前景广阔，经济效益和社会效益显著。

该项目为新建大功率轮式拖拉机装配和试验联合厂房，主要由大轮拖联合厂房、试车跑道、整机停放场等组成。设备选择兼顾可靠、先进、投资合理三要素，采用典型、成熟、先进的生产设备，生产线建成后达到国内领先水平。

项目建设面积为4.8万平方米，其中钢结构厂房3.7万平方米、办公楼及其他辅助设施1.1万平方米。

2. 大功率农用柴油机项目。

中国一拖大功率农用柴油机项目于2008年初立项，当年完成可行性研究、初步设计和施工图设计。项目总投资为6.35亿元（含外汇2729万美元)，其中一期建设总投资2.85亿元。项目建成后，将形成年产4万台160马力以上大功率农用柴油机的生产能力，可新增销售收入10亿元，利税1.3亿元。

该产品是“十一五”期间我国重点发展产品，为大型农业机械、大中型工程机械提供大功率、大扭矩、高可靠性、经济、适用、环保和节能的新一代柴油机。该产品填补大中型农机、工程机械等非道路车辆柴油机空白，为企业的进一步发展创造条件，实现公司的可持续发展。

该项目为新建大功率农用柴油机项目联合厂房，主要内容为新建柴油机缸体和缸盖加工线，新建装配、试验、喷漆等生产线，引进先进的生产设备，组建机械加工车间、装配车间和涂装车间等。

项目建设面积5.4万平方米，其中钢结构厂房4.8万平方米、生活间0.6万平方米。项目于2009年6月5日开工建设。

3. 车桥（工程机械和拖拉机驱动桥）及数控机床新品开发扩能改造项目。

车桥（工程机械和拖拉机驱动桥）及数控机床新品开发扩能改造项目于2007年立项，并于当年完成可行性研究，2008年完成初设和施工图设计。总投资2.87亿元。

项目完成后车桥加工车间可承担每年8.5万根大中马力前驱动桥、工程机械桥产品54种零件的机械加工任务；车桥装配车间可承担年产8.5万根大中马力前驱动桥、工程机械桥的装配及出厂试验任务；车桥涂装车间可承担年产8.5万根大中马力前驱动桥、工程机械桥的前处理、油漆烘干等任务；数控机床装配车间可承担年产600台数控机床的装配试验的任务。

该项目为新建联合厂房、外协件库及办公辅房。设备采用典型、成熟、先进的生产设备，生产线建成后在国内达到领先水平。本项目生产区主要由车桥加工车间、车桥装配车间、车桥涂装车间、数控机床装配车间组成。

该项目总建筑面积为3.6万平方米，其中钢结构厂房为3万平方米，二层办公辅房等框架的建筑面积为0.6万平方米。项目于2009年8月8日开工建设。

4. 技术中心提升自主研发能力项目。

技术中心提升自主研发能力项目是中国一拖为保持农机行业的技术龙头地位，进一步提高产品的质量和性能，不断增强企业核心竞争力和可持续发展能力，在“十一五”期间计划投资3.9亿元实施的重要支撑性项目。项目建成后，中国一拖技术中心将达到国内一流、国际领先的技术水平。

中国一拖技术中心作为国家级企业产品研发中心，是全国唯一一家向全国同行业企业提供拖拉机技术标准的行业性技术中心，同时也是OECD中国官方拖拉机试验室和国际标准化组织ISO/TC23的依托单位，国家拖拉机、农用运输车产品质量监督检测中心就设在该中心。

根据规划，该项目主要包括科研大楼和研发基地建设，建设地点共分两地：科研大楼位于一拖技术中心的现址（简称技术中心南院)，新增建筑面积1.9万平方米；研发基地位于310国道以北、洛阳绕城高速以西，占地187亩，研发基地包括：试验跑道、整机试验室、发动机试验室、试制工厂等内容，新增总建筑面积7.57万平方米，设备240余台套。

科研大楼于2006年10月开工建设、试验跑道于2007年12月开工建设，2008年6月已竣工并交付使用，一期累计完成项目建设投资1.2亿元。

正在进行研发基地的整机试验室、发动机试验室、试制工厂等工程的建设。

【市场开拓】 2009年，中国一拖抓住国家投资政策拉动下主导产品市场快速增长的有利时机，创新营销管理与服务，加大市场开拓力度。一是加强项目营销策划。针对大中轮拖项目销售比例逐年增大的特点，中国一拖紧盯国家农补政策投向，紧跟省、市、县三级农补项目动向，采取多种方法加强营销策划，通过取得各级政府主管部门支持、重点区域代理商密切合作的协同效应，保证了大中轮拖销量大幅增长。工机业务跟踪国家加大基础设施建设投资的需求动态，实现项目销售2亿元。二是创新营销服务手段。探索拓宽银企合作领域，通过向经销商提供近3亿元的“全程通”融资服务，在减轻企业资金压力、降低企业资金成本和风险的同时，有效促进了农机产品销售。通过加大“融资租赁”服务模式的推广力度，促进了矿卡、压路机等产品销量的提升。三是强化销售渠道建设。农装业务继续深化渠道整合，不断推进区域代理和分级管理，进一步提高了渠道竞争能力，改善了终端形象。动力业务通过成立为经销商提供专业服务指导的市场促销单元、建立100%用户回访制度，并率先在行业中运用BS、CS网上电子报表和信息管理系统，提高了终端客户满意度，促进了产品销量和市场占有率的提升。四是国际营销水平得到提升。在国际金融危机严重冲击下，推出了YTO零部件电子订单系统并实施零部件标准化包装，首次在境外举办亚澳、欧洲和美洲三个区域商务会，与中非基金合资的中非重工投资有限公司于2009年8月正式运营，基本维持了国际市场营销网络的完整性，为国际市场开拓及YTO品牌提升奠定坚实的基础。

2009年，大轮拖实现销售3.71万台，市场份额32.3%，行业排名第一；中轮拖实现销售2.13万台，市场份额12.56%，行业排名第四；小轮拖实现销售4.9万台，市场份额14.9%，行业排名第二；履拖及其变型产品实现销售2810台，市场份额97%，行业排名第一；收获机械实现销售3005台。柴油机产品实现销售13.2万台，在非道路柴油机行业排名第一。压路机实现销售1773台，市场份额12.1%，行业排名第三；推土机实现销售487台，市场份额5.5%，行业排名第五；农村工程机械实现销售2387台；叉车实现销售1027台。

【科技创新】 2009年中国一拖向国家知识产权局共提交专利申请96项，其中发明13项、实用新型71项、外观设计12项；获得国家授权专利65项，其中发明4项、实用新型48项、外观设计13项。

2009年底世界最重型全液压轮胎压路机在中国一拖诞生。同时首创驾驶室配置天窗的国内吨位最大LDD314H全液压双钢轮振动压路机和首创四挡无级变速、一杆操纵的LSD228H全液压单钢轮振动压路机也已下线。这三款产品均为中国一拖最新开发的具有自主知识产权的高效、节能、环保道路施工设备，市场前景看好。

2009年中国一拖自主研发的《东方红—LG1304/LG1404/轮式拖拉机》《东方红S6TA/4柴油机》等12项科技成果通过河南省科技厅组织的成果鉴定，其中达到国内领先水平8项。企业制订、修订《水旱两用拖拉机通用技术条件》等国家标准31项。发表科技论文112篇。

“东方红-1604轮式拖拉机”、“新型液压机械式无级变速器研究开发”和“程控称量在线检控随流孕育装置及配套应用技术研究”分别获得2008、2009年河南省科技进步奖二等奖。程控称量在线检控随流孕育装置及配套应用技术研究项目研制成功后，先后在潍柴动力股份有限公司和亚新科凸轮轴（仪征）有限公司应用，提高了铸件孕育质量，降低废品率，新增利润约50万元，节支总额2153.06万元。

【产权制度改革】 2009年，中国一拖为了改善过度多元的业务结构，按照有所为有所不为的原则，积极推动业务重组，通过减资、产权转让等方式，完成在翼城县飞翔铸业有限公司、洛阳一拖职业教育中心、镇江华晨华通路面机械有限公司、镇江华通阿伦机械有限公司、四川省广汉市金广冶金发展有限公司、一拖（洛阳）路通工程机械有限公司的产权退出工作。

【主要管理经验】 2009年，中国一拖以推动企业转型为牵引，以提升管理能力为目标，大力开展管理创新，取得积极成效。

一是创新资金管理。积极推进资金集中管理，可动用资金集中度达到92%，提高了资金使用效率。同时，通过调整融资结构、扩大银行承兑汇票使用规模等措施，降低融资成本，财务费用同比减少6643万元，降幅为46.6%。

二是创新采购管理。有效开展保供降本。通过加强计划管理、建立降本指标考评体系等措施，实现综合降本4.2%（分析市场因素后）；积极推动业务转型。在集中内部采购资源、形成规模优势的基础上，实施采购经营模式创新，通过代理采购、项目运作、代理销售等方式，逐步建立钢材、橡胶等工业原材料供应基地，形成具有明显区域优势的原材料采购销售平台。2009年实现营业收入9.4亿元，在推动业务转型方面迈出坚实的一步。

三是创新物流管理。按照互利双赢和市场运作原则，积极推进销售产品及采购物资的物流整合，65%的物流资源已集中到一拖物流公司的平台上管理，为物流业务转型打下基础。

四是创新管理激励。深入贯彻发展必须创新的理念，制订并实施《职能部门管理创新激励实施办法》和《管理创新激励评价标准》，对13个管理创新、创效项目进行表彰奖励，奖励金额35.5万元。对管理创新项目的表彰奖励，极大地激发了职能部门管理创新的热情，调动了员工立足岗位学习和创新的积极性。

五是完善管理制度和流程，风险防范与管理得到加强。以防范重大投资、资本运营法律风险等为重点，修订《中国一拖法律风险管理工作评价标准》等文件，完善了企业法律风险防范制度。完善了资金管理、担保授权审批、投资管理等内部管理控制制度，切实从制度和流程上强化财务风险的控制，规避资金风险。加大不良资产处置力度，2009年不良债权清欠3.6亿元。强化审计管理，堵塞管理漏洞，直接减少损失900余万元。

江苏苏美达集团公司

【基本概况】

1. 发展情况。

江苏苏美达集团公司始创于1978年，是中国机械工业集团有限公司的主要成员企业，曾作为全国外经贸行业唯一代表受到国务院表彰。集团多年来积极推进由传统国有外贸企业向“以贸易为主导，贸工技结合，国际化、多元化的产业集团”转变的战略转型，致力于发展机电产品和纺织服装进出口主营业务，包括船舶建造和成套工程承建，电动工具、园林工具、动力机械、太阳能光伏组件等机电产品和纺织服装产品的研发、生产、出口贸易；技术设备、生产资料等商品的进口贸易。

公司共有六大专业子公司，现有员工1200人左右（不含实业工厂），从事技术研发、生产管理、质量保证的专业技术人员已达400多人，占全员的32%左右，业务人员占比约为41%，综合管理人员占比约为17%，生产管理人员占比约为11%。

“十五”以来，公司紧紧围绕主营业务发展需要，在南京的几处工业园区共购置工业土地约400亩，建成自有实业工厂的厂房近15万平方米，建立自有的机电产品生产工厂、研发中心、测试中心和服装打样中心，并与江苏大学、江苏科技大学联合投入建立机电产品研发测试和船舶设计中心。

苏美达集团作为一家传统的国有外贸企业，随着国家外贸体制改革的深入开展，在20世纪90年代中期开始面临一系列深刻的挑战。公司面临的挑战，实质是产业创新和经营模式转变的问题。苏美达从事的一直是高度竞争的业务领域，在多年的经营发展过程中一直有着创新、改革、求发展的强烈动机。公司从20世纪90年代中期开始就积极探索企业转型之路，大致经历三个主要步骤：

第一步（1998年）：以市场为导向，重组公司结构。公司主动打破过去外贸经营的思路和组织模式，建立以市场为导向的专业化经营体系，构筑相关多元化产业，自我裂变组建集团，同时组建成立六个按产品、产业分类的经营子公司，形成主业突出、专业化经营的公司组织架构。

第二步（2000年）：公司在“十五”发展规划中提出“以贸易为龙头，以技术为支撑，围绕贸易办实业”的发展思路，正式启动公司经营模式的创新和变革。

第三步（2003年）：在公司制定的2004—2008年中期战略规划中，确立“以贸易为主导，贸工技结合，国际化、多元化的产业集团”的企业定位和战略方向。

经过前期积累和战略调整后，苏美达集团进入快速发展通道，1998 年到 2008 年，进出口年均增长率为 37.45%，主营业务收入年均增长 52.88%，利润总额年均增长 222.52%。

表 1　　**1998 年、2008 年江苏苏美达集团总公司主要经济指标**

主要指标	1998 年	2008 年	增长率（%）
进出口额（万美元）	48208	210706	337.07
主营业务收入（万元）	256438	1477047	475.98
利润总额（万元）	2612	54924	2002.75
员工人数（人）	247	4410（含自有实业工人）	1685.42
净资产收益率（%）	8.10	38.58	
国有资产增值率（%）	6.33	25.17	

2. 历史沿革。

1978 年 10 月，苏美达前身中国机械设备出口公司江苏省分公司成立，直属中国机械设备进出口总公司领导。1988 年 6 月，因机械行业调整，划归江苏省机械工业厅领导，更名为“江苏省机械设备进出口公司”。1993 年 1 月，重新划归中国机械设备进出口总公司领导，更名为“中设江苏机械设备进出口集团公司”；2004 年 12 月，上划中国机械工业集团公司领导；2006 年 4 月，更名为“江苏苏美达集团公司”。

3. 自进入集团至 2008 年发展情况。

2004 年，苏美达集团划归国机集团直接管理，由三级子公司提升为二级子公司，为公司的发展注入新的活力。公司进出口总额突破 20 亿美元，主营业务收入突破 100 亿元大关，各项经营活动屡创佳绩。

在国机集团的指导下，苏美达集团不断加强品牌与渠道建设，着力加强国际化营销，2007 年在德国成立苏美达欧洲公司，有效地推动了欧洲市场的开拓。

表 2　　**2004 年、2008 年江苏苏美达集团公司主要经济指标**

主要指标	2004 年	2008 年	增长率（%）
进出口额（万美元）	90000	210706	134.17
主营业务收入（万元）	567928	1477047	160.08
利润总额（万元）	16002	54924	243.25
净资产收益率（%）	20.59	38.58	
国有资产增值率（%）	10.68	25.17	

【主要指标】

2009 年，苏美达集团主营业务收入实现 135 亿元人民币，同比下降 7.4%；进出口总额达 18.36 亿美元，同比下降 12.95%；其中出口 9.04 亿美元，同比下降 30.6%，进口 9.32 亿美元，同比增长 15.55%；国内贸易额完成 48.03 亿元，同比增长 18.41%；国内外资成套工程项目完成 3893 万美元，同比上升 4%；机电产品国际招标完成 2.3 亿美元，同比增长 210%。实现利润总额 5.93 亿元，同比增长 7.1%。

表3 2009年江苏苏美达集团公司主要经济指标

项目	2008年	2009年	同比增长（%）
资产总额（万元）	544824.2	760164.6	39.52
净资产（万元）	118878.2	139532.6	17.37
营业收入（万元）	1481846.1	1389888.6	-6.21
利润总额（万元）	54923.6	59776.9	8.84
技术开发投入（万元）	8174.5	11928.9	45.93
利税总额（万元）	89676	76717.6	-14.45
全员劳动生产率（万元/人·年）	2.24	2.42	8.04
净资产收益率（%）	38.50	34.6	-3.90
总资产报酬率（%）	12.76	9.6	-3.16
国有资产保值增值率（%）	124.75	124.6	-0.15

【重大决策与重大项目】 2009年的集团经营发展工作，面临着严重的外需萎缩，也面临着国内经济的内需不振，困难和挑战都非同一般。一年来，苏美达广大经营、管理战线上的同志们，立足长远、着眼当前、凝心聚力、共克时艰，以“保增长，促发展”的态度和行动应对危机，以调整创新的思路和举措开展中期调整，全面、有效地战胜了困难和挑战。

一是集团上下准确把握、周密部署、深入动员、全面应对国际国内经济形势的逆变。2008年四季度以来，国际国内经济形势骤然趋紧，集团上下周密组织、密切关注、充分分析，准确把握了形势变化，针对2009年的严峻形势，年初集团就提出“坚定信心、创新调整、防范风险、克难求进”的应对思路，并明确“抓订单、控风险、降成本”的应对重点，集团组织一系列经营形势分析研讨会和年中专题交流会，并开展持续全年的“危机当前，信心是金”专题宣传发动工作；技术公司组织开展历年来参训人数最多、培训内容最全、持续时间最长的系统的“冬训”活动，轻纺公司针对性地组织系列经理会议，船舶公司内部深入开展可持续发展的专题研讨，五金、机电、成套公司也都组织相应专题活动，针对性地开展系列巩固市场的积极措施，取得良好的认知统一和士气提振效果。

调整创新是应对危机的核心，2009年集团协同各主要经营和管理单位，立足当前、着眼长远，在研究系统解决当期经营难题的基础上，积极探讨如何巩固、奠定下一轮发展先机的六大发展课题调研，重点是稳定核心业务和巩固既有市场，继续通过创新发展和调整结构大力培育新增长点、发展业务新格局，提升企业的竞争优势和发展后劲，谋划在大调整的形势下创造下一轮的发展先机，也为集团整体“十二五”规划制定工作奠定一定的基础。

二是化危为机，推动进口、内贸强势发展。在2009年以来全国及江苏外贸经营大幅下滑的严峻形势下，技术公司谋划在先、目标明确、合力奋战、抢抓机遇，经过多年不断的以物资银行发展模式探索、商业盈利模式创新为主的“六个一”工程建设，并针对“寒冬”形势开展系统冬训和物流安全控制为主的经营管理加强，成功实现厚积薄发、逆势赶超，在主营产品价格下跌30%以上的情况下，实现营业收入73.75亿元，同比增长22.1%，实现进出口9.04亿美元，同比增长8%，技术公司的进出口总额和营业收入两项均占集团总量的半壁江山，其中进口规模连续五年在江苏外贸保持第一；国内贸易超过45亿元，同比增长43.5%以上，技术公司内贸收入占集团总收入的33%；实现利润1.8亿元，增幅40.49%。经过几年的持续优化调整，技术公司已基本完成发展方式的战略转型。已经从一个单一的以进口为主业的外贸公司转型为以国内外贸易为形式、大宗商品作载体、金融运作是本质的“物资银行”。新的战略发展模式和商业盈利模式初步构建、成效显著，公司已初步踏上快速、持续发展的轨道，成为稳固集团经营发展的强力增长点。

三是提高执行能力和服务质量，力保顺利交船。受金融危机和行业发展周期导致的海运量增幅大幅放缓、信贷急剧收缩等诸多不利因素影响，2009年中国造船业整体陷入寒冬，新签订单减少超60%，船东取消订单、推迟交船等现象普遍发生。在这种情况下，2009年以来船舶公司千方百计确保项目执行，密切关注、积极应对已生效的船舶建造合同调整，控制风险，避免损失，努力实现交船10条，实现出口2.28亿美元。同时，积极开拓针对国内外市场技术含量较高的特殊船型，成功签订新船7艘，合计2.11亿美元，实属不易。公司还立足造船和航运周期变化，深入探讨船舶工程业务与投融资方式、航运业延伸相结合的可持续发展模式，并积极开拓细分市场寻觅商机。

四是顺势而为，拓展市场，促进成套业务稳健发展。2009年成套公司顺势而为，抓住市场机遇，在抓施工、控质量、保履约，巩固国内环保工程市场地位和份额的同时，加大国内项目开拓力度，积极进入电力环保行业；公司还积极探索与科研院所联合和提供工程项目售后运行保障服务，提升国外工程项目竞争力，国外中小型工程项目市场开拓取得重大进展，全年签约5598万美元。

五是大力实施“3+2”战略，稳固纺织服装业务。作为劳动密集型行业，随着市场需求趋弱、原材料及人工成本等变动因素的影响，纺织服装业务面临着较大的挑战。2009年，在充分分析外部形势和自身核心竞争力的基础上，轻纺公司有针对性地制定实施了“持续推进主流客户建设，优化客户结构，提升产品档次，加快内贸发展，坚持走高效率、专业化、精兵强将为核心思路的质量之路、效益之路、转型之路”的“3+2”发展战略。轻纺公司全体员工目标明确、斗志昂扬、逆势而上，在全国纺织服装出口整体下降超10%的情况下，公司经营业绩保持了平稳发展，总体经营明显优于行业水平。根据海关最新统计，截至2009年11月底，轻纺公司在全国规模以上纺织服装出口企业排名中，位列第26位，位次较上年同期上升16位，在江苏名列第3位。

六是应对国际市场剧变，加快提升机电出口产品竞争能力。在这场危机中，由于欧美等市场需求疲软，作为中国出口最大的产品类型，机电产品受影响最严重，降幅也最大，集团五金、机电类单机产品出口同样受到较大影响。2009年在市场需求不旺的形势下，五金、机电公司继续深化“贸工技结合”战略，通过加大市场开拓、技术开发和实业投入力度，提高产品创新能力和附加值，严格控制采购、生产等成本，保证价格竞争力，在同质化竞争态势严峻的市场格局下，走创新发展、以质取胜、差异化竞争道路。尽管出口规模与2008年相比降幅较大，但核心业务的主市场和主客户稳定、市场份额稳固，并且毛利率水平同比增长6.5%，这里有产品价值提升和降本增效的双重因素。同时，2009年五金和机电公司在产品和技术创新方面，共申请各项专利31项。五金公司园林、电动工具持续创新营销模式，在德国、英国、美国组建销售公司或直接聘请销售经理，捕捉第一手市场信息，按公司要求拓展目标市场和客户，已经签约不少2010年新订单，取得积极成效。五金公司太阳能光伏产品在2009年整体行业急剧下滑的形势下，克难求进、积极开拓，首次在以捷克为代表的中欧市场上成功实现新的突破，在捷克以自主生产的辉伦品牌太阳能光伏组件为其电站装机总计达到6.3兆瓦，并为2010年的生产销售打下良好基础；与此同时，公司还成功消化了由于太阳能光伏市场急剧下滑带来的原材料价格差价损失，并取得良好的利润总额。机电公司在小型汽油发电机组等重点业务领域通过持续加强品牌营销，高密度走访非洲及东南亚市场主流客户、与客户共商应对危机的办法，采取积极的销售促进措施，鼓励支持进口商加大销售力度，帮助客户树立发展信心，大力巩固了既有市场份额；难能可贵的是2009年机电公司在新产品研制时间紧、任务重的情况下，经过坚持不懈地努力，促使汽油发电机组对美国市场出口取得较大增量，并获得客户的高度认可。机电公司的汽油发电机组2009年出口继续保持全国行业第一的位置；同时，还积极培育电子及汽车零部件两大类产品，逐渐成为机电公司新的增长点。值得肯定的是，机电公司在2009年困难的经营形势下，其利润率水平居集团单机出口业务之冠。

七是国内市场业务发挥出巨大的增量价值。在应对2009年的外贸经营危机中，集团进口和内贸两项针对国内市场的业务发挥了强大的增量效应。技术公司在技术改造业务方面，克服纺织机械、电子仪器的周期性低迷，直面机床业务的离散性难点，紧盯风电设备、光伏设备、工程机械的阶段性热点，抓住冶金、建材、轻工成套项目的或然性机会，机电设备进口超4亿美元，为集团进出口规模做出突出贡献；在国内贸易方面，技术公司审时度势、因势利导，抓住国家“四万亿投资”拉动内需的契机，大力建设上游资源和下游渠道，积极探索统购分销等新运营模式，积极利用贸易融资的比较优势，制定批量折扣、分段计费等有效促销策略，加大大宗商品国内贸易量，主动抢市场、保份额，全年交易钢材212万吨、木材78万立方米、化工产品25万吨、金属矿产36万吨、煤炭75万吨，实现了国内市场销售45亿元人民币，同比大幅增长43%，占技术公司营业收入的50%以上。成套公司抓住国家经济刺激计划带来的机遇，加大国内市场的开发力度，使国内环境工程业务再上新的台阶，全年实现国内销售1.6亿元，逐步成长为国内市政污水处理工程总承包行业的龙头企业。轻纺公司自主品牌HONEYME、服装内贸业务以及校服项目“三驾马车”并肩进军国内市场，全年销售突破6000万元人民币，成为轻纺公司转型发展战略的重要组成部分。五金公司积极培育内销电动工具品牌，探索国内业务发展模式，并实现了盈亏平衡；继续推进、扩大工程机械国内销售业务。

【科技创新】 2009年，苏美达集团公司当年完成新产品技术项目数10个，新产品产值为78.7亿元人民币，新产品销售收入为78.7亿元。全年共提出专利申请31项，其中发明专利5项，共获授权21项。

【主要管理经验】 2009年，集团及业务公司两个层面的管理工作，密切联系“保增长，促发展”的中心目标，确保集团整体管理的制度、组织、信息化三个体系的高效，保运行、保安全、保效率，主动、切实为业务发展解决实际困难和问题，调动一切可用资源，为业务经营克服形势困难提供支持和保障。

一是持续加强财务管理工作。面对金融危机给集团经营带来的严峻挑战和巨大压力，资产财务部主动创新调整，通过细化会计核算、加强风险管控、推行降本增效等措施，充分发挥财务管理的保障职能；通过金融产品的有效运作、用足用好各项政策、从财务的视角进行专业性的分析和合理化建议等方式，为业务发展提供保障、监督和增值服务，对集团整体经营起到了积极的保证和促进作用；注重文化和队伍建设，努力打造一支诚信为本、奉献高效、结构合理、人才辈出的财会队伍，努力实现由规范化财务管理向精细化财务管理的新跨越。2009年集团因出口退税申报工作质量较高受到省国税局的表彰，新增2家出口退税A类企业，集团三个单机公司均获此殊荣。

二是扎实开展危机形势下的风险防范、业务保障工作。2009年集团管理工作进一步提高企业应对风险能力，保证安全经营，严格执行各项管理制度，加强业务保障体系的有效运行，对重大项目、大宗物资、大额资金实行重点监控，全年未发生大的风险和损失。集团战略发展部以科学发展观学习为契机，围绕集团六大业务板块应对危机、持续健康发展为目标，深入业务、充分调研、广泛收集资料数据，积极为业务发展危中觅机、开拓创新献计献策；集团办公室结合ISO9001体系升级和ISO14000体系贯标工作，牵头组织推进集团制度体系的进一步完善，加强公共关系和外部资源建设，营造良好的外部环境；国际结算部针对特殊经营形势，围绕防范贸易风险、保障收汇安全的总体要求，重点在业务关键流程控制、贸易风险防范、业务专业保障、规范管理创优等几个方面做好相关工作；物流管理部积极采取有效措施，强化运营能力、资源整合、成本控制等多项措施，圆满完成“控风险、降成本、保出运”任务；2009年的危机形势也给法律事务工作带来新的问题和挑战，法律事务部积极开拓、有效应对，帮助各级业务人员提高风险防范意识，稳妥处理纠纷、化解危机，减少并挽回经济损失，保障了公司权益；信息管理部紧密结合集团经营业务和管理不断创新发展的需求，在出口、进口和内贸业务三个方面，以及集团财务与国机集团数据对接等方面，均作了大量工作，2009年荣获国机集团信息化工作评比第一名。

三是大力开展降本增效工作。一是实行全面预算管理，严格控制费用支出。在子公司所属实业工厂全部推行全面预算管理，在各子公司及本部职能部门则着重费用预算管理，严格执行财务报销制度，坚决杜绝不合理开支；二是灵活使用资金杠杆、创造资金收益。利用公司多年积累的资金优势，对一些工厂、合作方提供融资服务，按银行贷款利率获取资金占用费；在对外支付上，推广使用银票等方式，利用公司的授信额度，保证资金供给，降低资金成本，安全有效的资金运筹，创造收益5281万元；三是吃透政策精神，向政策要效益。2009年以来，中央和地方各级政府出台了一系列加快外贸发展的扶持政策，集团财务部、办公室等职能部门主动加强对政策的分析研究，向政策要效益，取得很好的收益；四是从物品采购入手，控制采购成本。资产财务部联合集团办公室、信息管理部、行政部、物流管理部等职能部门，对办公用品、电脑及配件、快件、汽车修理等加大统一采购和管理的力度，大幅降低了各项采购成本。

四是重点加强人力资源基础管理工作。一年来，集团人力资源部及子公司两级人力资源管理体系立足“以人为本”的宗旨，巩固和加强人才队伍的，大力开展企业文化建设，成效显著；优化构建人力资源体系信息平台，高效整合集团内外相关资源，为集团业务保障、服务；与此同时，有重点地夯实人力资源基础工作，在新员工招聘、培训工作的优化与提升，岗位素质模型的试点，以及劳动不定时工时制申报、技术职称申报工作的推动、集团全体员工档案管理等诸多方面，均促进集团人力资源工作整体再上新台阶。

五是行政综合工作不断提升。各综合行政职能部门进一步着力打造优质的保障和服务平台、积极加强自身能力建设，广泛开拓内外部资源，在公共关系维护、加工贸易管理、展览宣传、品牌建设、安全行车以及集团后勤保障、工程建设、安全生产、安全保卫、维护稳定等诸多方面，都作出了卓有成效的工作，为集团整体经营克难奋进起到积极的保驾护航作用。

面对2009年的严峻经营态势，集团党委保证核心领导作用，围绕中心开展工作，按照上级党组织工作部署，坚持以学习实践科学发展观为统领，围绕坚定信心、科学发展这一主线，周密准备、精心谋划、创新形式、彰显特色，把党建工作与经营管理工作有机融合。在国机集团党委的统一部署和领导下，2009年3月至6月在集团全面深入开展学习实践科学发展观的活动，切实通过开展学习实践活动，实现统一认识、查找不足、明确方向、推动发展，为期三个月的学习实践科学发展观活动取得良好实效；结合党的十七届四中全会及中共江苏省委十一届七次全会的召开，精心组织、有序开展全会精神的学习贯彻工作，认真制定实施意见，分层次组织党委中心组理论学习和党员干部专题学习，着力推动集团党建工作不断创新；持续推动基层党组织战斗力提升工作，重点提升党支部独立开展工作的能力，以新中国成立60周年为契机，组织各支部开展形式多样、内容丰富的党内主题教育活动，基层党组织独立开展工作的能力得到显著提高；党员干部队伍建设不断加强，广大党员干部积极落实集团各项工作部署，在工作岗位上创新进取、勇立新功；加大反腐倡廉教育力度，以建立健全党风廉政责任制为重点，大力开展专题学习教育活动，筑牢各级干部的拒腐防变思想防线；持续创新精神文明建设工作机制，调整考核办法，加大各单位精神文明建设工作特色做法的宣传力度，集团精神文明建设的层次和水平有效提升。

企业文化建设方面，针对危机形势充分整合党工团集合力量，加强集团及业务公司两个层面的互动，全面扎实推进集团企业文化建设工作。全年持续开展“危机当前，信心是金”的文化宣贯和发动工作，并以“逆势赶超、岗位建功”为主题，集中开展“四优”（政治素质优、岗位技能优、工作业绩优、群众评价优）先进集体和个人的典型宣传活动，通过内网平台、宣传展板、集团报等载体加大力度、创新形式，扩大宣传效果，发挥了重要的激励作用；精心组织成功举办旨在“提振士气、鼓舞人心”的集团第三届职工运动会，并在2009年9月举行的国机集团运动会取得团体第二的优异成绩，苏美达集团企业和职工精神面貌，多年来企业文化建设的丰硕成果得到集中体现。

中国浦发机械工业股份有限公司

【基本概况】中国浦发机械工业股份有限公司（以下简称中国浦发），于1992年9月10日经国务院经济贸易办公室批准成立，是自主经营、独立核算、自负盈亏、具有法人资格的全民所有制企业。中国浦发是原国家机械电子工业部响应中央开发浦东的号召，与上海市人民政府“部、市共建”，是全国一批大型机械工业企业，联合工商、交通等商业银行共同组建的新型股份制企业，隶属国家机械电子工业部。1993年12月22日，经国家经贸委、国家体改委、国家工商行政管理局批准，中国浦发机械工业总公司改制为中国浦发机械工业股份有限公司，注册资本20600万元。1997年中央部委体制改革以后，隶属于中国机械工业集团公司。2004年，中国浦发按照国资委和国机集团的统一部署，开展清产核资后，公司股份总数不变，注册资本缩减至13390万元。2008年9月，增加注册资本2060万元，注册资本为15450万元，最大股东为中国机械工业集团有限公司，所占股比50.7%。

中国浦发以国际国内贸易、工业园区和房地产开发建设、工程总承包等为主要业务。总部设在上海，总部现设贸易部门13个。公司拥有中机浦发房地产公司、上海中浦供销有限公司、上海浦美电器有限公司、上海浦发金桥联合发展有限公司、北京中机浦发工贸有限公司、上海浦发企业发展有限公司、杭州高新技术进出口有限公司、中国长江磨床进出口有限公司、上海浦景化工技术有限公司、中机国能工程股份有限公司、国浦（上海）机电设备有限公司、机电工业上海联销有限公司、中国空分设备有限公司13家控股子公司，职工总数近300人。

自成立以来，中国浦发在原机械部、国机集团和上海市委、市政府的领导和关怀下，充分发挥在机械行业中的影响，依托上海的环境优势，积极参与浦东开发，经历了“创业、调整、发展”的各个阶段，实现了公司经营主业的规模和范围。在国内外贸易、浦发金桥工业城建设、房地产开发、工程成套等诸多方面实现了诸多业绩。

中国浦发坚持以科学发展为第一要务，以巩固业务基础为主要抓手，兼顾业务的深度开发与上下游延伸，贸易规模逐步扩大，销售收入迅速上升，连续五年保持在20亿元以上的规模。2008年，公司实现销售收入25亿元，利润总额4249万元。公司主要开展以取向硅钢为主的钢材贸易、汽车零配件等国际国内贸易形成特色服务；开展机电产品进出口和国内外名牌产品的代理业务；为国内外企业提供化学品船、海洋工程服务等船舶的建造、贸易服务；开展空分设备、低温液化、环境保护、电站等项目的工程总承包服务；拥有醋酸、醋酸乙烯、乙二醇等化工产品的专利和生产工艺技术，为国内化工企业提供技术服务。

在工业园区开发建设中，中国浦发在位于上海浦东金桥开发区的浦发金桥工业城建成为上海浦东最成功的工业开发区之一，它所创下的单位面积招商投资额至今也是名列前茅。在浦发金桥工业城占地1平方公里的土地上，公司充分利用机械电子在全国的优势，不失时机地引进日本欧姆龙公司、德国罗伯特博世有限公司、美国萨澳公司、日本夏普公司、美国纳科公司、日本住友公司等跨国公司在浦发金桥工业城创办了欧姆龙（上海）有限公司、上海欧姆龙控制电器有限公司、上海欧姆龙自动化系统有限公司、中德联合汽车电子有限公司、上海夏普模具工业控制有限公司、上海海斯特叉车制造有限公司、上海耐莱斯阀门有限公司等一批国际上知名度较高的大企业入驻，投资总额近16亿美元。公司正在整合房地产资源，改变工业园区开发经营模式，开始园区再造建设，已完成浦发金桥工业城75号地块两幢标准厂房的建造，总建筑面积15796

平方米；72 号地块的服务中心项目正在建设施工中，预计 2011 年建设完成。

中国浦发房产开发业稳步发展。在上海市，公司成功地开发建筑面积达 5 万平方米的浦发花园和建筑面积达 6.6 万平方米的浦发广场；在天津市，公司成功地开发红光里房产和金钟公寓；在四川，公司成功开发内江市滨江东路 45 万平方米的商业和住宅房地产项目的一期建设。

中国浦发根据国机集团资源整合及子公司管理的发展战略要求，深化资本运作，获取规模效益。公司积极参与国机集团的资产重组和国机集团系统内兄弟单位的重组。公司已成为济南铸造锻压机械研究所有限公司、甘肃蓝科石化高新装备股份有限公司、苏州电加工机床研究所有限公司的股东之一；成功兼并中国长江磨床进出口有限公司，机电工业上海联销公司；收购中冶公司所持的上海物华置业有限公司 4.422% 投资权益；收购强机汽车销售有限公司 35% 的股权；投资组建国浦（上海）机电设备有限公司、上海浦景化工技术有限公司和中机国能工程股份有限公司等控股子公司。公司投资结构的不断调整优化，推进了公司股权投资工作，培育了核心竞争力。

中国浦发始终坚持“以人为本、以市场为导向、以创新为动力、以国有资产保值增值和股东价值最大化为使命”，坚持“诚信服务、稳健开拓”的经营法则，秉持“团结、和谐、创新、奋进”的企业理念，开展经营活动。作为公司三大主业的贸易、房地产开发、工程成套业务正在不断向前发展。公司正通过建立科学的管理流程，实现精细化管理；通过加强民主管理，凝聚企业文化；通过学习型组织的建设，树立企业良好形象。公司将努力成为国机集团在沪的窗口企业，成为上海市同行业中经济规模靠前、经济效益良好、具有独特经营结构和经营机制的知名企业。

【主要指标】 经济形势异常严峻的 2009 年，在全体员工的努力拼搏下，2009 年度基本完成各项预算指标。其中，营业收入比 2008 年增加 13077 万元，增幅为 5.2%；营业成本增加 17496 万元，增长 7.5%；投资收益与 2008 年相比增加 417 万元，增长 15.8%；经营费用与 2008 年相比减少 617 万元，下降 7.3%；管理费用与 2008 年相比减少 1616 万元，下降 28.3%；财务费用与 2008 年相比减少 881 万元，下降 35.7%；利润总额与 2008 年相比减少 1170 万元，下降 27.5%。

2009 年中国浦发机械工业股份有限公司主要经济指标

项　目	2008 年	2009 年	同比增长（%）
资产总额（万元）	162133	168059	3.66
净资产（万元）	22930	23578	2.83
营业收入（万元）	250331	275927	10.22
利润总额（万元）	4249	2785	-34.46
利税总额（万元）	11820	6142	-48.04
全员劳动生产率（万元/人·年）	24	15	-37.5
净资产收益率（%）	7.66	6.19	-1.47
总资产报酬率（%）	4.36	3.31	-1.05
国有资产保值增值率（%）	108.70	108.05	-0.65

【重大决策与重大项目】

1. 创新业务模式，拓展新的业务。

坚持以科学发展为第一要务，采用多种方式和多种渠道，加强与国机集团内部生产企业、科研院所进行内部合作，在发挥集团内资源有效调配、通力合作方面做探索和尝试。公司与机械工业第三设计研究院合作，协助三院为利比亚卡扎维市 4000 套住宅建设项目有效组织建设所需材料的供应及配送，协助三院对电器系统的成套设备提供多种选择方案。此外，积极与常州林业机械等两家企业进行洽谈，争取更多的合作机会，拓展新的业务。通过相互合作，锻炼中国浦发业务的运营模式，以大物流服务、采购管理服务、市场信息服务、资金服务等方面满足需求、创新贸易业务模式。通过提高服务的质量，简化和规范服务流程，提高资金效率，降低成本。

2. 提升业务技术含量。

中国浦发在成功开发醋酸醋酐产业化技术以来，分别完成山西焦化40万吨项目、河南顺达20万吨到40万吨扩产技术改造项目、云南云维20万吨技术改造项目的技术转让工作，继续开发30万吨乙炔法固定床醋酸乙烯工艺包、10万吨乙烯法醋酸乙烯工艺包，正在研制20万吨乙烯法醋酸乙烯工艺包，相关技术转让工作处于积极洽谈中。1000吨/年乙二醇中试项目已完成设计准备和工程施工，正进入中试。

3. 整合现有房地产资源，加快工业园区再造。

从战略高度出发，2009年8月公司完成四川内江"世纪滨江"项目的股权转让，实现30%的年投资回报率。四川浦发的成功转让，为浦发金桥公司72号地块（72号地块占地面积约14777平方米，总建筑面积约为34610平方米）再造和新项目的投入积累资金。2009年8月，在完成72号地块规划报批、建筑工程招投标等开工前期工作后顺利开工建设。为开展"上海浦发广场DE楼"项目，经国机集团同意，公司的全资子公司中机浦发房地产公司以601万元收购中冶公司所持的上海物华置业有限公司4.422%投资权益，力求实现投资收益最大化并妥善解决DE楼商业裙房经营模式。截至2009年年底，物华公司的实际股权结构为：浦发房产持有73.698%，广州锦发实业公司持有26.302%。

【股权投资】 2009年，中国浦发细化落实三年发展规划总体工作部署及投资管理办法要求，以促进有效投入稳定较快增长、推进重点项目顺利实施、持续调整优化投资结构、培育核心竞争力为目标，开展投资管理工作。

参与发起国机集团系统内兄弟公司上市是公司做大资产的战略性举措，有利于推动公司资产结构的进一步调整和优化资源配置。公司作为甘肃蓝科石化高新装备股份有限公司股东之一，2009年2月，经国机集团批准后，采取原股东等比例股权增资的实施方案，再投入100万元，股本增加40万股，共计240万股，股权比例仍为1.0%。为加快公司工贸结合的业务结构步伐，做精贸易服务业，把以国内石化、煤炭、能源产业工程总承包和项目管理业务作为战略性业务来积极开拓，2009年4月正式成立中机国能工程股份有限公司，实收资本1000万元，公司出资400万元，持股比例40.0%。为配合国家主辅分离、辅业改制的政策，整合国机集团资源，盘活闲置资产，减少管理环节与管理成本，公司以所属子公司上海浦美电器有限公司的名义参与投资组建苏州电加工机床研究所有限公司，出资1170万元，占股权比例19.5%。根据国机集团加强公司资源整合及子公司管理的发展战略要求，将规模较小的企业归并到较大的企业统一管理，完善国机集团规范管理的任务，2009年6月，公司根据上海强机汽车销售有限公司评审后的净资产价值向上海联合产权交易所提交挂牌申请，最终以不高于净资产出资的价格70.627万元成功收购联销公司所持有的35%股权。上海浦景化工技术有限公司系公司2006年9月增资扩股成立的控股子公司，随着市场逐步拓展，原500万元的注册资本已不能满足日常经营和客户的拓展，为将公司业务继续做大做强，浦景公司股东提取2008年税后净利润1323万元中的500万元进行等比例增资，该项工作于2009年12月全部完成，公司最终出资额为400万元，持股比例为40%。2009年，公司收购中国长江磨床进出口有限公司24.8%股权，股权收购工作提交给上海联合产权交易所，于12月底摘牌，以147.64万元（不高于每股账面净资产）的价格收购，总公司持股比例增至55.8%。

【主要管理经验】

1. 向管理要效益，提高自身效率。

提倡勤俭办企业，严格执行预算制度，重新审核全年预算，重点加强采购成本和管理成本的控制，从技术角度考虑降低财务成本和资金运作成本，管理费用同比下降16%。

培养壮大业务骨干队伍，为公司经营发展储备人才。在引进人才的同时，注重人才的开发、利用和培养。重新整合公司的经营部门，使业务员队伍壮大起来，最大可能地调动经营业务人员的主观能动性，发挥经营业务人员的潜力，鼓励业务员从单个业务、单兵作战开始，从小到大，从弱到强，在实践中锻炼成长，起到孵化器作用，培养壮大有关业务。不断由管理人员向业务人员转化，降低管理成本，壮大业务员队伍，有效提高公司的经营业绩，为公司经营发展储备人才。

2. 建立科学的管理流程，实现精细化管理。

根据业务的分类，制定完善《公司合同管理的实施细则和强化重大业务合同评审制度》《经营部门业绩考核办法》《管理部门业绩考核办法》；完善公司经营业务风险控制机制。通过加强制度的执行力，建立科学的管理流程，避免重大失误造成的损失，使公司实现精细化管理。

3. 加强职代会民主管理，建立公司《关于职代会民主评议领导干部实施办法》。

通过民主评议领导干部，加强企业民主管理，准确、客观、全面地反映公司领导干部各方面的情况；密切党群关系，促进党风廉政建设；促使领导干部认真贯彻党和国家的有关方针政策和法规，廉洁奉公，恪尽职守，提高自身素质。

4. 建立领导干部与员工的沟通平台。

充分发挥党、工会、共青团组织的作用，强化职代会报告制度。每年定期或不定期征求员工意见，了解员工工作，特别是了解员工生活、培训等方面问题，及时解决好浦发员工群众最关心、最直接、最现实的利益问题，解决好员工生活、工作中的困难，为员工解除后顾之忧；领导班子成员通过支部联系点制度，通过至少每年组织一次与分管部门负责人及员工的交流座谈会制度，进一步加强公司领导班子与员工间的互动和沟通，促进公司与员工的共同发展。

中国工程机械总公司

【基本概况】

1. 发展情况与历史沿革。

2005年12月28日，天津工程机械研究院与中国工程机械成套公司在津重组成功，中国工程机械总公司正式成立，总部坐落在天津市新技术产业园区。下属有16家企业，总资产16亿元，在岗职工总数1800余人，其中工程技术人员及管理人员717人，研究员级高级工程师24人，享受政府特殊津贴专家30人，获得国家和省部委授衔专家19人。

中国工程机械总公司主要业务范围包括：工程机械产品的研发设计、工程机械产品的生产制造、工程机械产品的销售、国际工程项目承包等。主要产品有：平地机、摊铺机、压路机、推土机、挖掘机、铣刨机、沥青混凝土拌和设备、液力机械产品、卷扬机、通用机械以及机械产品配件等。产品销售区域遍布欧美、亚洲、非洲、南美洲等近100个国家和地区。

公司秉承“永争第一”的企业理念，以市场为导向，致力于打造集产品经营、技术经营、资本经营和工程承包于一体全国乃至全球性最优秀的工程机械集团公司。

（1）制定战略。

2006年1月在公司的工作会议上，明确提出以现代化、集团化、国际化作为中国工程机械总公司的发展目标，并制定了具体、有效地推进措施。

2007年8月，提出“两个坚持，一个调整”的战略思路，为企业指出了更为清晰的发展方向。“两个坚持，一个调整”即坚持科技创新、人才队伍建设和资本扩张三大战略不动摇，坚持企业现代化、集团化和国际化的建设目标不动摇；从根本上调整经营方式，由单一的产品经营调整为产品经营、技术经营、资本经营和工程总承包四位一体的经营方针。

2008年“两个坚持，一个调整”的战略目标进一步得到深化，四位一体的经营模式取得实质性推进，与国内诸多知名厂家签订了OEM合作协议。

2009年10月，李鹤鹏总经理结合国内外形势，在“两个坚持，一个调整”战略目标的基础上，明确提出当前世界正进入低碳经济时代，公司要适应低碳经济发展，明确了今后三年的科研发展方向要以低碳经济为主，抓好节能技术和再制造技术的研究和产品开发。

（2）科技创新。

2005年12月28日中国工程机械总公司成立后，李鹤鹏总经理组织科技系统主要领导研究总公司未来科技发展战略，确定以工程机械智能化技术、节能技术、再制造技术为内容的“0611工程”，经过5个多月的筹划，2006年6月召开公司第一届科技大会，确定将“0611工程”作为公司未来5年科研发展方向，激发了科技人员的积极性和创新意识。

2007年“0611工程”取得阶段性研究成果。以智能化与节能技术为核心的“基于智能控制的工程机械关键技术开发和产业化”在天津市科技创新重点项目成功立项；节能型装载机完成一台试制样机；再制造方面，按计划完成第一台平地机的再制造和样机试制。2008年“0611工程”取得显著成绩，完成与同类型装载机的对比试验；节能装载机和工程机械再制造争取到国家和省部级项目支持，获得资助资金760万元；智能控制器完成装机考核；自动换挡控制技术和状态检测技术用于节能装载机。同时公司承担的智能工程机械创新及产业化项目被列为天津市20项自主创新产业化重大项目之一。

2008年年初，公司召开科技大会，公司用资160万元对有突出贡献的科技创新集体和个人进行鼓励，并且启动以提升工程机械核心技术为标志的“0821信息化工程”，以大力推进信息技术与工业化的融合。

2009年，积极推进节能型装载机、低成本节能型装载机、“两头忙”、材料表面工程技术在再制品上应用、平地机集中控制、第三代双变产品及电气换挡系统产品的产业化。其中平地机集中手柄、5t装载机电气换档手柄、6t节能装载机、旋挖钻机、挖掘装载机、冷再生机等产品参加2009北京BICES展会，获得较高评价。

承担天津市重点项目海河开启桥项目，获得天津市及有关部门高度评价，针对国内农业机械的市场需求，公司还尝试将工程机械上应用成功的智能化嫁接在农业机械进行研发并已通过装机考核试验，签订供货500台的合同。

（3）市场开拓。

2007年初步形成国际市场的销售网络，成立亚洲部、非洲部、南美部、欧洲部等有针对性的业务部门，加强区域分化，完善国际销售网络布局。制定和坚持“巩固国内市场，主攻国际市场”的工作方针，相继开发阿根廷、法国、意大利、美国等欧洲和北美洲国家市场。调整出口部，成立国际业务部，按照区域划分为欧洲部、南美部、亚洲部、非洲部，使得公司产品遍布全球85个国家和地区，出口量再创新高，初步建立国际化的代理网络。

2008年年初，正式成立中国工程机械总公司所属鼎盛天工工程机械销售有限公司，进一步探索市场开拓和营销模式，逐步建立和完善全球销售网络体系。重点开拓国内大型施工工程公司在海外项目的成套设备分包项目。通过与德国莱茵公司和英国南安普墩大学合作，对公司产品进行CE认证、提升产品设计水平，更好地满足国际市场需求。

2009年，完善国际销售网络，签订国际区域代理商17家，建立代理关系40余家，产品销往90个国家和地区，与30多个国家建立商贸关系。成功举办第十届北京国际工程机械展览与技术交流会，参展商数量、展览面积、到访人数均创历届之最。

（4）完善机构。

2006年年初，中国工程机械总公司机关部室并未正式建立，成立筹备组代行机关管理职能，负责对口上级单位工作以及公司内部协调管理。

2007年，先后成立综合管理部、党群工作部人力资源部、经营工程部、资本运营部、审计部、生产部、信息中心八个职能部门，完善了职能部门设置，明确了职责范围，公司的管理逐步规范。

2009年，加强总公司机关管理和职能建设，形成综合管理部、党群工作部、人力资源部、资产财务部、国际业务部（经营工程部）、资本运营部、科技发展部、审计部、企业安全生产管理办公室、信息中心十个职能部门，增设宣传办公室和信访办公室，企业各项工作全方位顺利展开。

2007年年底，还召开第一届工会会员代表大会，组建工会组织，所属单位职工和工会工作逐步规范。

2009年7月，组建公司团委，为公司做好团员青年工作、培养和锻炼年轻干部提供平台。

（5）经营管理。

从2006年9月开始，历时三个月，中国工程机械总公司及所属鼎盛天工工程机械股份有限公司、中工工程成套有限公司全面完成搬迁工作，2007年9月，所属天津工程机械研究院也全部搬入新厂区。整个搬迁工作涉及6家企业，1876余人，搬迁设备946台，材料6400多吨，用车共2655车次。搬迁的顺利完成，为企业的发展提供了一个全新的平台。

2006年2月，根据证监会、国资委、财政部、中国人民银行、商务部五部委联合下发的文件精神，公司所属鼎盛天工公司最终以10股转增6.1股的方式顺利完成股改工作，从而实现了流通股股东与非流通股股东共同的价值取向和利益基础，促进了公司现代化制度建设，提升了鼎盛天工公司整体价值。

2006年公司所属天津天工建设机械有限公司、天津市叉车总厂开始了企业整体分流安置和退出市场的工作。2008年天津天工建设机械有限公司、天津市叉车总厂改制完成，同时启动公司所属津南通用机械厂的改革改制工作，于2009年8月完成，原集体企业改制为股份制公司并更名为天津市津南通用机械有限公司。2007年公司所属天津市精研工程机械传动有限公司完成主辅分离、辅业改制工作。

公司所属鼎盛天工工程机械股份有限公司在2007年二季度开展"大干五十天"劳动竞赛活动，全体员工积极行动，克服困难投身"大干"，连续加班加点，确保了市场需求。2008年还开展"双文明"建设活动，有效提升了干部员工的责任意识、大局意识和执行制度规范的自觉性，从而逐渐形成良好的企业文化和习惯，增强了企业凝聚力。

2009年，为巩固学习实践活动的成果并促进整改落实方案取得实效，公司建立领导干部数据测评体系以加强对公司领导干部的考核和管理，使企业的管理水平和领导干部工作能力都有一定的提高。通过领导干部测评数据的考核，对公司各项工作的落实起到较好的督促作用，同时也促进了各职能部门作用的更好发挥。

2. 进入集团至2008年发展情况。

2005年12月28日，中国工程机械总公司正式成立。中国工程机械总公司成立以来坚决贯彻和实施"两个坚持，一个调整"的发展战略，实现了企业的平稳健康发展。

几年来，公司提出以工程机械核心技术为标志的"0611工程"和以工程机械产品制造信息化为标志的"0821工程"，并按计划逐步进行，取得显著成果。公司所属天工院为重点在技术转让、行业服务、非标试验台架和成套试验设备生产三个收入来源上，2007年以来实现技术收入8106.23万元。另外，通过中加合资项目使公司技术成果与国外技术成果的价值形成对等，使技术成果真正进入国际市场。

积极实施人才战略为企业发展提供智力支持，几年来共招聘录用各类人员513人，并逐步调整企业员工队伍结构，实行干部公开竞聘上岗制度，不断加大干部队伍的建设，提高了干部队伍的年轻化和知识化，为公司后期发展奠定人才基础。

在经营模式上，逐步由单一的产品经营模式逐步调整为为产品经营、技术经营、资本经营和工程总承包四位一体的经营思路。在产品经营方面坚持以资产和产品为纽带，以总公司产品为主营业务，以行业内其他厂家产品为配套业务的联合体，实现产品的集成联合。

重新整合建立国内销售代理商网络和国际代理商网络，2007年成立经营工程部，建立集团内部合作网络和国内工程施工企业海外工程设备分包网络，通过四个网络的建设来保证公司产品经营快速发展。开辟了全国按揭销售业务，得到了光大和渣打银行的授信，积极开展国外设备租赁销售及配件出口在海外组装的业务，并积极和金融机构合作，利用银行国际业务的合作在海外开展按揭销售的业务。

响应国资委的号召，公司所属天工院以自有资金增持鼎盛天工3213659股份，使天工院原持有鼎盛天工的股份由43.40%增加到46.565%，不仅维护了资本市场稳定，还增强了国有股权在上市公司的控股地位，促进了资本的流动。

几年来公司还逐步扩大"北京国际工程机械展会"的规模，并于2008年该展会获得中国行业品牌展会金手指奖。

截至2008年，公司总资产由2006年的128684万元增至167337万元，主营业务收入由2006年的54536万元提高至95524万元，利润总额由2006年的926万元增至1082万元，进出口总额由2006年的726万美元增至1900万美元。

【主要指标】 2009年完成销售额13亿元，主营业务收入11.7亿元，剔除内部销售后主营业务收入7.5亿元，利润总额1700万元，进出口总额完成5100万美元。

2009年，受金融危机影响国际市场订单急剧减少，公司出口大幅下滑，由于公司出口额占收入比重较大，影响了经营业绩。产能不足，也是一直困扰公司经营销售的重要问题。

2009年中国工程机械总公司主要经济指标

项 目	2008年	2009年	同比增长（%）
资产总额（万元）	165131.4	161825.9	-0.20
净资产（万元）	50235.8	53560.3	6.62
营业收入（万元）	95807.1	77207.7	-19.41
利润总额（万元）	1082.1	1850.4	76.83
技术开发投入（万元）	3418.4	3354.0	0.19
利税总额（万元）	4684.7	7191.7	53.51
全员劳动生产率（万元/人·年）	4.72	9.24	95.76
净资产收益率（%）	1.8	13.0	11.2
总资产报酬率（%）	1.9	2.0	0.1
国有资产保值增值率（%）	100.8	114.2	13.4

【重大决策与重大项目】 公司加大与加拿大方对生产公路热再生成套装备项目合作事宜的推进力度；公司申报的国家重点产业振兴和技术改造2009年新增中央预算内投资项目《双变（变矩器、变速箱）传动系统及智能控制国产化》获国家发改委、工信部联合立项批准，获得国家补助资金961万元；公司所属天津工程机械研究院被评为天津市专利创造类试点单位，申报的国家第一批35家“机电产品再制造试点单位”获国家工信部批准。

【产权制度改革】 在产权制度方面，公司坚持以“产权清晰、权责明确、政企分开、管理科学”的原则。

公司与所属天津鼎盛工程机械有限公司均遵照《企业国有资产评估管理暂行办法》及集团公司的相关规定，就七项专有技术进行转让；所属天津工程机械研究院与天津市津南通用机械有限公司通过天津产权交易中心发布产权转让信息，以公开挂牌竞价转让企业国有产权，天津工程机械研究院持股比例为35%。

【市场开拓】 2009年加大对中东地区、非洲地区、西亚、俄罗斯以及部分南美地区的市场开拓。重点开展大项目的落实拓展工作，特别是喀麦隆项目、伊朗军方采购和中航技赞比亚的合作项目。截至2009年公司共签订国际区域性代理商17家，建立代理关系40余家，产品销往90个国家和地区，与30多个国家建立商贸关系。

跟踪国际主要项目24个，其中：突尼斯粮库项目已签订设计方案及意向性合同，项目总额预计100万美元；与上海中油天宝钢管公司组成联合体共同参与突尼斯燃气管道公司钢管采购项目的招标，项目金额约1000万美元，已与供货厂完成标书，交予业主；俄罗斯铅锌矿项目与客户建立良好的合作关系，并签订合作备忘录，确定项目实施计划，将根据资金情况于2010年启动，在国机集团的支持下，成立乌兰乌德分公司以促进此项工作的开展。

针对国内市场进行核心市场、重点市场、边缘市场的划分，对核心市场采取相对机动灵活的措施；对重点市场加强宣传力度，扩大市场份额，加强回款；对边缘市场减少投入，把资源向核心和重点市场集中。在国机集团的大力支持下，在按揭销售方面有所突破。已和渣打银行、光大银行签订3.5亿元的国内按揭销售授信额度，有力地促进了国内产品销售。

【科技创新】 在科技创新工作上，公司紧紧围绕节能、再制造、信息化及低碳经济等技术领域积极开展工作，重点从以下四方面进行推进。

加大科技投入，全年完成科技投入4290万元，比上年增加25%。

继续实施“0611”和“0821”科技创新战略，大力推进工程机械前沿技术和基础理论研究，特别是信息化、智能化在工程机械产品上的应用研究。

为全面提升主导产品性能共确定18项重点科研项目，并且有12个项目已完成阶段性计划，占项目总数的67%，其中基于控制技术的6个节能装载机，节能效果显著，其性能指标处于国内领先水平。

积极促进新产品研制进程，利用已取得的科研成果，积极推进节能型装载机、低成本节能型装载机、“两头忙”、平地机集中控制、第三代双变产品及电气换挡系统等新产品的试制工作。已完成的集中手柄平地机、5t装载机电气换档手柄、6t节能装载机、旋挖钻机、挖掘装载机冷再生机等产品参加2009北京BICES展会，并获得较高评价。

公司所属天工院还针对国内农业机械的市场需求，尝试将工程机械上应用成功的智能化嫁接在农业机械进行研发，该项应用研究通过装机考核试验，并已签订供货500台的合同。

2009年公司共申请专利20项，其中发明专利5项，共获得专利授权15项，其中发明专利2项。发表论文18篇。公司所属天工院及精研公司通过高新技术企业认证。“G系列全液压单钢轮振动压路机”获“中国机械工业集团科学技术奖”二等奖；全年共到位798万元科技资助及4.8万元奖励资金。

【主要管理经验】 为了保证企业健康有序发展，按照现代企业制度的要求和市场化原则，2009年公司从制度建设、机构设置及管理理念等多方面进行了调整。

管理理念上公司将以行政管理为主的管理方式逐步调整为以经济的手段对所属企业进行管理，并明确提出公司经营要从传统的制造技术向先进的制造技术进行转变。

加强制度建设，公司和所属企业共制定52项规章制度，修订49项，这些制度涉及经营、财务、管理、安全生产、党务工作等诸多方面，促进了公司及所属单位管理逐步规范化、制度化。组织制定《领导干部责任追究制度》，制定和实施《建立企业经济运行数据及领导干部履行职责情况信息公布制度》，促进了干部执行力和管理水平的提高。

进一步健全公司组织机构，成立国际业务部、企业安全生产管理办公室和信访办，增设统计办公室、法律事务办公室、宣传办公室。并逐步提高各职能部门业务素质，提高管控、协调能力和服务水平。

中国磨料磨具进出口公司

【基本概况】

1. 发展情况。

中国磨料磨具进出口公司（以下简称中磨公司）成立于1980年5月，主营刚玉、碳化硅等各种磨料、磨具；人造金刚石、立方氮化硼等超硬材料及制品；工程陶瓷材料及制品；耐火材料及制品；五矿化工和各种专用设备；开展来料、进料加工业务；开展成套设备和技术的进出口贸易及相关国际招投标业务。下设进出口业务一部、进出口业务二部、进出口业务三部、进出口业务四部，海南公司，实业发展部等部门。现有在职职工138人，各级各类专业技术人员98人，具有高级工程师等高级职称人员19人，具有工程师等中级职称人员37人；离退休人员50人。

近几年来，中磨公司积极向国际大公司学习靠近，不断开拓、创新，努力为业务员提供良好的工作平台。为了使公司快速稳定持续发展，吸收优秀企业先进文化的同时，总结提炼公司的企业文化精髓，并结合中磨公司的实际，建立以“一心一意做贸易，专心致志创效益”为企业宗旨、以“坚韧中磨”为企业精神、以“用辛勤的劳动创造美好的生活”为经营理念、以“个、十、百、千、万、亿”为企业目标和以“追求利润最大化，追求客户最大满意度”为企业质量方针为核心的中磨公司企业文化。凭借精良周到的服务，努力扩大产品市场占有份额，贸易伙伴已达上百个国家和地区；生意越做越活，业绩逐年上升，从2002年的5060万美元进出口额上升到近10000万美元，年均增长13%。从而不断地扩大了中磨公司在国内国际行业中的影响，提高了出口产品和公司的知名度，特别是2008年金融危机的全面爆发，给公司的经营带来很大的困难，在河南省商务厅和国机集团公司的正确领导下，经过公司领导和全体员工的共同努力和顽强拼搏，使公司出口额突破一亿美元大关，取得了历史上的最好成绩，成为我国磨料磨具行业的一面旗帜。

2008年，中磨公司出口的碳化硅18000吨，约占全国年出口量的8%；2008年，中磨公司出口的人造刚玉60000吨，约占全国年出口量的8.5%；1992年，中国磨料磨具进出口公司当选为中国机床工具工业协会磨料磨具分会理事长单位；1998年，中国磨料磨具进出口公司当选为中国五金矿产化工进出口商会碳化硅分会理事长单位，同年被指定担任全国人造刚玉进出口协调小组组长单位；1980年5月，当选为中国机床工具工业协会常务理事单位。

2. 历史沿革。

为了加强对我国磨料磨具行业的组织管理，原第一机械工业部决定，并经国家工商行政管理局核准，于1980年5月成立中国磨料磨具工业公司，公司注册地址在河南省郑州市。公司承担一机部机床工具局对全国磨料磨具行业的行政管理职能，对原沈阳第一砂轮厂、郑州第二砂轮厂、贵阳第三砂轮厂、山东第四砂轮厂、西安第五砂轮厂、贵阳第六砂轮厂、第七砂轮厂，以及广州砂轮厂、上海砂轮厂等九大砂轮厂的人财物产供销，实行统一管理。

1981年12月，经原国家机械工业进出口委员会批准，成立了中国磨料磨具出口联营公司，联营公司与工业公司并存，但上级并未对其干部人事进行正式管理，由行业上主要的工厂联合组成，业务上归中国机械设备进出口总公司指导，主要开展人造刚玉、碳化硅、人造金刚石及其制品的出口外销业务。

1988年以后，随着企业的改革深化及机械部的主要生产厂家下放地方管理，各个工厂陆续退出联营。从此，中磨公司变成独立的自主经营、自负盈亏的企业单位。经营方式为进出口贸易，经营范围包括：磨料、磨具、超硬材料及制品、耐火材料、农机、轻工、化工等，在国际磨料磨具市场上占有较大份额。

1993年12月，经原机械工业部批准，“中国磨料磨具出口联营公司”变更为“中国磨料磨具进出口联营公司”。

1998年，国务院进行机构改革，机械电子工业部撤消后，中国磨料磨具进出口联营公司整体划入中国机械装备（集团）公司，正式成为国机集团成立之初的成员单位。

2000年5月，中国磨料磨具工业公司与机械工业第二设计研究院合并，由国机集团出面将工业公司的名称划交给机械工业第二设计研究院后，重组为中国联合工程公司。自此，中国磨料磨具进出口联营公司自成一体，单独经营。

2002年2月，经中国机械工业集团公司批准，并报国家工商行政管理总局登记注册，中国磨料磨具进出口联营公司的名称变更为中国磨料磨具进出口公司。

【主要指标】

2009年公司业务收入4.2357亿元人民币，出口创汇5118.09万美元，实现毛利3689.51万元，缴纳各种税收1812万元，完成国机集团确定的年度目标任务，国有资产总额达到20769万元，同比增长1.8%，国有资产保值增值率为116.78%。

2009年中国磨料磨具进出口公司主要经济指标

项　目	2008年	2009年	同比增长（%）
资产总额（万元）	20393	20769	1.80
净资产（万元）	7180	8255	15
营业收入（万元）	65535	42357	-35.30
利润总额（万元）	1683	1804	7.20
利税总额（万元）	1683	1804	7.20
净资产收益率（%）	20.17	18.16	-2.01
总资产报酬率（%）	9.44	9.40	-0.04
国有资产保值增值率（%）	121.91	116.78	-5.13

【党建工作】

在国机集团党委和郑州市经贸委的领导下，加强了党建工作，充分发挥党委的核心作用，党支部的战斗堡垒作用和共产党员的先锋模范作用，为公司的发展提供坚强的政治保证。截至2009年年底，中磨公司共有党员73人，其中在岗职工党员44人，离退休党员29人。现有党委一个，党支部5个。

2009年，按照国机集团公司党委的部署和郑州市经委党委的要求，系统地开展科学发展观学习教育活动，圆满地完成了学习调研、分析检查和整改落实三个阶段的学习，找到影响和制约公司科学发展的主要问题和职工群众关心的热点问题，制订《整改方案》，取得阶段性成果，为公司今后的科学发展奠定良好的基础。

公司党委注重党委班子的自身建设，努力搞好组织建设工作。按照上级党委的要求和组织程序，积极认真做好换届的各项准备工作，顺利完成党委和纪委的换届工作，建立新一届党委和纪委领导班子。

【重大决策与重大项目】

争取实现进出口额10000万美元，扩大进口规模，带动内贸内需，争取早日实现年毛利润10000元人民币，实现进出口“双亿”的目标。

为了保证公司主营业务健康快速发展，公司进行一系列工程技术专业及相关业务的在职培训，极大地扩大了职工的适应视野，完善个人的知识结构，取得了显著成效。

走科工贸集成产业之路，尽快形成公司完整的产业链条，尽快把埃及的碳化硅厂建成投产，既保证公司出口的货源，又可把利用外国资源生产的产品进口到国内销售，把进口的“短腿”补起来，从而把中磨公司做大做强。

为了进一步开拓国际市场，根据国家的产业政策，结合公司的技术优势和国际贸易的市场优势，利用现有机遇，公司积极实施“走出去把自己变成外商，在巴西建立办事处，扩大巴西及南美市场的贸易额；走科工贸集成产业之路，在国外建厂，建立公司自己完整的产业链条，从而实现中磨公司进出口额及实现利润达双亿”的战略发展目标。为此，公司先后在巴西、埃及、科威特等国家开展实地考察，取得显著的成绩。既保证了公司自己的出口货源，初步完成工贸产业链条，又以此为基础建立科技队伍，研究开发新产品，实现科工贸集成产业较完整的产业链条。

洛阳中收机械装备有限公司

【基本概况】

1. 发展情况。

洛阳中收机械装备有限公司（以下简称洛阳中收）是中国机械工业集团公司（以下简称国机集团）下属一级子公司，是在原中收“新疆－2”基础上，通过资源整合与提升，重点研发、制造、销售农业装备产品的现代化企业。公司于2006年7月18日成立，占地面积211亩，坐落于洛阳，总投资1.5亿元，具备年产1万台各型收获机械的生产能力，居行业前列。

洛阳中收是国内规模最大的专业生产收获机械的企业，公司拥有三条机械化流水装备线以及烤漆涂装线，产品五大系列，涵盖小麦、玉米、水稻、大豆、油菜等收获类产品。

2009年，根据国机集团发展战略需要，洛阳中收机械装备有限公司与中国一拖旗下的一拖（洛阳）收获机械有限公司实现重组，重组后的洛阳中收固定资产达2亿元，拥有“中国收获”、“东方红”两大农机知名品牌及多项自主知识产权技术，其中“新疆－2A”系列自走式谷物联合收割机是唯一参加国庆50周年展示的农机产品，技术已经被广泛应用；“开拓者”系列自走式玉米联合收获机开创了中国玉米大规模机械化收获的先河，技术处于行业领先地位；“东方红”系列联合收割机是行业内知名产品。

洛阳中收是农机行业第一家通过“环境管理、职业健康安全管理、质量管理”三体系认证的企业，“开拓者”大型自走式玉米机是行业内第一个通过欧盟CE认证的产品；“中国收获”是最具市场竞争力品牌。

洛阳中收秉承“和谐、勤奋、创新、发展”的企业文化，以“专业专注、持续发展”为发展理念。以国机集团雄厚的资源优势以及在国内外的品牌影响力，依托自己强大的研发实力和持续创新能力，追随时代和科技的前进步伐，实践着企业“做中国最强最专业的收获机械供应商”的愿景，为中国农业机械化的发展再谱华章。

2. 基本情况。

（1）人员情况。

公司现有从业人员737人，其中技术人员45人，一线职工434人，销售人员127人，管理及其他人员131人，享受国务院特殊津贴专家1人。

（2）产品情况。

洛阳中收中国收获系列产品按型号和规格分共计25类，其中新产品16类。按功能配置共71种产品，其中新品种44种；24种通过省级推广鉴定，并有6种产品通过部级推广鉴定。获得的国家专利技术有7项。

东方红系列产品按型号和规格分共计20类，其中新产品16类。按功能配置共46种产品，其中新品种25种。

（3）研发情况。

2009年投入研发费用568.51万元，较2008年同比增长88.2%。洛阳中收积极承接国家级科研项目的研究，凭借公司雄厚的科研和生产实力，主持并开发国家高技术项目两项。

（4）洛阳中收子公司情况。

有3个子公司：西安洛神机械制造有限公司（拟注销）；洛阳中收人机械销售有限公司（已注销）；洛阳中收机械装备有限公司鞍山分公司。

3. 自进入集团至2008年发展情况。

自2006年洛阳中收成立以来，公司领导班子始终按照国机集团战略规划和工作部署，开拓进取，发扬“和谐、勤奋、创新、发展”的企业精神，内抓管理，外拓市场，公司持续稳步经营。由建厂之初的小麦、玉米、水稻三大主导产品发展到2008年三大系列、七种机型、十余种变型产品。截止到2008年12月31日，洛阳中收资产总额为

3.05亿元；营业收入2.81亿元，同比增长56%；年度实现利润总额596.34万元，同比增长20%。

2008年生产各种收获机械产品2588台，比2007年1287台增长101.09%。销售各类收获机械2834台，同比增长47.6%。其中小麦收割机实现市场占有率7%，自走式玉米机全国市场占有率47%，市场份额继续保持全国第一。

洛阳中收一期工程于2006年10月5日正式破土动工，兴建洛阳中收，于2007年5月末基本完成工程主体并投产，于2007年9月一期工程全面竣工。2008年洛阳中收二期工程实施，已于2008年3月17日得到国家发展和改革委员会批准，国家财政补贴900万元落实到位。

2008年，洛阳中收完成集团公司的小8行玉米机项目。同时主持并开发“十一五”国家科技支撑项目《现代化农业与机械化耕作技术研究与示范》之子课题“稻麦跨区收获机械化技术研究”，顺利通过国家农机鉴定总站的各项性能指标鉴定，按项目合同书要求，2008年完成4LZ－2A中国收获2080C自走式谷物联合收割机新样机两台。

【主要指标】 2009年是洛阳中收成立以来发展环境最为严峻的一年。在国机集团的正确领导下，洛阳中收坚持以科学发展观统领全局，坚定信心、沉着应对，紧紧围绕以质量求发展，靠质量谋生存，努力打造“中国收获”优质品牌。截至2009年12月31日，洛阳中收资产总额为3.87亿元，营业收入3.57亿元，超额完成集团下达的2.86亿元的考核指标，年度实现利润总额1211.64万元。

2009年实现销售各类收获机械3480台，其中销售小麦收割机2486台，较2008年上升40%，市场占有率7%，位居行业第二。自走式玉米收获机销售644台，市场占有率45%，继续保持行业第一地位，其他产品销售350台，与2008年相比均有不同程度的增长。2009年生产各型收获机械及玉米装置3632台（套），比上年增长40%，创造洛阳中收历史新高。

2009年洛阳中收机械装备有限公司主要经济指标

项　目	2008年	2009年	同比增长（%）
资产总额（万元）	28322.27	38847.55	37.16
净资产（万元）	4395.69	5884.65	33.87
营业收入（万元）	28056.69	35741.63	27.39
利润总额（万元）	679.60	1182.72	74.03
技术开发投入（万元）	301.91	568.51	88.30
利税总额（万元）	809.11	1359.59	68.04
全员劳动生产率（万元/人·年）	5.23	8.22	57.17
净资产收益率（%）	11.09	16.85	5.76
总资产报酬率（%）	4.56	4.42	-0.14
国有资产保值增值率（%）	113.67	119.71	6.04

【重大决策与重大项目】 洛阳中收为进一步增强核心竞争能力，具备关键零部件及核心零部件的加工生产能力，于2008年10月10日向国机集团呈报《关于洛阳中收机械装备有限公司“大型自走式玉米联合收获机二期工程建设项目”的请示》；2009年6月9日，洛阳中收“大型自走式玉米联合收获机建设项目”被确定为河南省“双百”项目，即：河南省100个重点企业和100个重点建设项目；并在洛阳市政府的统一部署和要求下，洛阳中收“大型自走式玉米联合收获机二期工程建设项目”作为洛阳市动力谷11个重点项目之一；2009年9月3日，国机集团正式下发批复文件（国机科〔2009〕530号文），同意公司投资9812万元建设二期工程。

项目已与机械工业第四设计院签订二期工程《建设工程勘察合同》《建设工程设计合同》。二期工程项目正式进入施工招标阶段。项目计划于2010

年11月达到国家发改委验收标准，并于2010年12月正式投产试运行。

【科技创新】 2009年根据国家农机补贴政策的导向并结合市场需求，共研发五类17种新产品，全部通过省级推广鉴定，并有7种产品通过部级推广鉴定。2009年公司被授权的专利共7个（6个外观和1个实用新型），其中实用新型专利已获得证书。公司产品涵盖我国小麦、水稻、玉米（摘穗和籽粒直收）等粮食作物和油菜、大豆、葵花等大多数经济杂物的收获领域，完善和优化了公司的产品结构，转变了经济增长方式，其中玉米、油菜和大豆收获技术的成功开发，加快新市场的开拓。

洛阳中收主持并开发的国家高技术（863计划）“甜高粱茎穗联合收获技术与装置研究”项目，2009年项目已完成国内外资料收集与技术分析，制定总体技术实施方案。随着甜高粱在我国种植规模的快速扩大，甜高粱的收获日益成为甜高粱广泛利用的关键工艺。该项目在突破关键技术的基础上，研制出甜高粱联合收获机和捡拾集储作业机械，将为我国甜高粱的开发利用做出贡献。此外，该项目的研究也将拓展应用于其他高杆植物的收获技术中。

【产权制度改革】 随着国机集团“三年再造一个新国机”的战略实施，一拖集团已进入国机集团大家庭之中，为落实打造农机制造业板块的战略目标，实现集团内部资源的有效融合，洛阳中收与一拖集团旗下的收获机械资源进行整合。洛阳中收将成为国机集团系统最主要的从事收获机械生产经营企业，洛阳中收根据发展需要整合生产、销售、技术、品牌等资源，并利用洛阳中收启动二期工程为契机，一举将国机集团农机板块中的收获机械做大做强，让洛阳中收成为中国最专业最强的收获机供应商。

为加快推进企业重组和资源的优化配置，于2009年9月24日，国机集团下发《关于中国一拖集团有限公司与洛阳中收机械装备有限公司进行收获机械资源整合的批复》（国机资〔2009〕563号）文件，标志着两家企业的收获机械资源重组整合正式启动。重组工作有序进行，成立重组工作推进小组及具体工作小组，至2009年12月，已确定重组后机构设置、定岗定编，并拟定重组后的职工劳动合同方案。根据重组工作推进小组及各工作小组的工作进度，完成重组后2010年的销售政策，拟定2010年生产纲领，梳理外协、配套体系，安排生产布局。制定2010年经营目标、成本预算及科研计划。重组工作稳步向前推进。

【主要管理经验】

1. 以质量求发展，不断提升核心竞争能力。

公司把2009年作为企业的“质量年”，在严把产品质量的同时，配备各种设备和计量器具，并派出专门人员深入主要零部件供应厂家，指导生产工艺、监督生产制造，严把质量关，使零部件一次抽检合格率由原来的83.6%提高到92.2%，对关键和重要零部件做到100%检验，更进一步提升产品的核心竞争能力。

2. 进一步完善和带动供应体系，全面保障生产运行。

2009年公司完善供应体系的重点，从扩大供应体系转移为调整供应体系，本着合理利用现有供应体系有限资源，努力挖掘现有供应商内在潜能的原则，对现有供应商的供货进行一系列的调整，在2009年初拥有的213家供应商的基础上，坚持“多家竞争、比价采购、质优价廉”的原则，择优选用。完善供应体系184家，新发展10家，淘汰39家。公司利用在收获机械方面的自主创新技术成果，及技术专长等方面与合作企业开展的项目数为136项，在国家一系列拉动内需的政策下，农机行业迎来难得的发展机遇，公司生产产量较上年增长40%，为合作的企业带来1.8亿元的经营增长。

3. 进一步满足市场需求，调整发展战略。

公司为满足用户的配件需求，2009年公司组建配件公司，统一进行配件供应和销售，使公司产品售后服务得到进一步保障。

为充分享受地方政府优惠政策，及进一步解决东北运输费用偏高、产品运输破损等问题，2009年5月在辽宁省鞍山市成立鞍山分公司，进行组装生产，共生产、销售55台自走式玉米机，为下一步大批量装配销售奠定坚实的基础。

4. 完善制度建设。

进一步完善制度建设，针对原有的规章制度进行细致梳理，印制《2006—2009年公司规章制度汇编》，涉及人事、行政、财务、安全生产、销售、党群以及劳动分配等方面内容，明确了精细化管理的内涵。同时在2009年公司坚持实行部门目标考核制度，为评优评先、绩效奖励和年末中层干部述职考核提供重要依据。

5. 人力资源管理。

加强公司领导干部建设，在充分调研和考核的基础上，完成公司中层领导干部的调整和补充，保证了企业经营工作的有效运行；加强技术队伍建设，已完成25名毕业的大专和本科毕业生的职称晋升工作，公司研发中心主任荣获“第七批洛阳市优秀专家”称号，壮大了科技人才队伍；为使员工的技术和管理素质不断适应岗位要求和企业发展需要，加大员工培训力度，培训人员1178人次，培训合格率达97.7%；全面实施劳动合同管理，规范了劳动关系，为稳定企业、管控用人风险、构建和谐中收奠定基础。

6. 建立完善分配机制，实行收入和生产效率、经营效益相挂钩。

分厂实行计件制。小麦机从以往的装配人工成本约900元/台下降至498元/台，玉米机从以往的装配人工成本1200元/台下降到800元/台。实行计件制的同时，职工收益也大幅提高，车间职工的平均工资从以往的1300元/月，提高到2009年1—5月生产高峰期的3000元/月左右；为促进销售人员的销售热情，降低销售费用支出，公司年初与销售部签订《销售承包责任书》，销量、回款、售后服务同时挂钩。销售人员的收入与销售挂钩，2009年销售人员的收入提高30%左右；为鼓励研发技术人员创造积极性和管理部门人员的主动性，采取《研发中心技术创新项目考核与激励办法》和《管理部门绩效奖励方案》，很好地将生产、技术和管理工资相挂钩，极大地调动了员工的积极性。

7. 安全生产管理。

公司积极贯彻落实国家、河南省以及洛阳市对节能减排、环保相关规定和要求，切实加强组织领导，严格目标责任管理，强化全员节能环保意识，确保实现公司“十一五”节能环保主要目标。

截至2009年年底，公司各项指标完成良好，节能减排、环保与资源综合利用工作取得一定的成效。生产污水达到零排放，生活污水采取预处理，排放达到国家相关标准，所有固体废弃物排放100%的回收。

8. 企业党建及文化建设。

积极响应集团号召，开展争先创优活动。2009年开展学习实践科学发展观活动，组织全体党员学习各类先进人员和先进事迹。积极参加国机集团和洛阳市号召的各类公益活动，彰显企业的社会责任感。

在加强领导干部队伍建设方面，党委以做好党风建设和反腐倡廉工作为重点。签订了《党风建设和反腐倡廉工作责任书》。着重监督各级领导干部在生产经营工作中做到立党为公、廉洁自律。

积极吸纳先进的员工加入中国共产党，为党建工作增添活力，为党员队伍建设提供坚实的后备力量。

根据集团公司的“和”文化精神，制定公司的企业文化“和谐、勤奋、创新、发展”。2009年多次举办各种职工喜闻乐见的文化活动、体育运动会、户外运动等，丰富职工文化生活的同时，将企业文化建设工作不断深入。2009年洛阳市总工会授予公司“工人先锋号”荣誉称号。

长沙汽电汽车零部件有限公司

【基本概况】

1. 发展情况。

长沙汽电汽车零部件有限公司系中国机械工业集团有限公司的全资子公司，专业从事汽车发电机、起动机等系列产品的研发、制造和销售。公司成立于2005年1月，注册资金1.27亿元，位于国家级经济技术开发区—长沙经济技术开发区内，占地面积 145 亩。

公司前身系始建于 1957 年的中国第一家汽车电器厂——长沙汽车电器厂（以下简称长电），期间曾用名中汽长电股份有限公司，2008 年重组进入中国机械工业集团有限公司，是我国汽车电器行业唯一的中央直属大型企业。公司拥有较强的起动机、发电机零部件生产能力和各类机械加工能力，主要生产空调离合器以及各类发电机、起动机总成及零件。改革开放以来，长电不断引进、吸收、消化国际上最先进的开发技术、制造工艺、生产设备和质量保证体系，产品能覆盖欧美车系、韩日车系和各种柴油发动机，成为中国汽车起动机、发电机品种最全、覆盖最广的生产厂家，“长沙”品牌在国内外享有良好声誉。

从 1985 年长电率先引进德国 BOSCH 公司技术和关键设备，是国内最早采用国际先进技术的汽车电器生产厂家，公司一直保持着与 BOSCH 的良好合作。公司生产的多项产品，获国家银质奖，省优、部优。1997 年通过 ISO9001 质量体系认证；2000 年 12 月通过 VDA6. 1/QS9000 质量体系认证；2003 年通过 ISO14000 环境体系认证；2004 年 6 月通过 ISO/TS16949：2002 质量保证体系认证。2009 年 6 月长沙汽电再次通过 ISO/TS16949：2002 质量保证体系认证。在生产规模、技术水平、产品质量、新产品开发等方面，公司一直保持着国内同行业领先地位。

从 2005 年起，公司连续 6 年被长沙市评为利税过千万元先进企业。在 2003 年中国机械 500 强排行榜上，11 家湘企榜上有名，长电排序第 338 名，2003 年被授予湖南省机械行业规模效益十佳企业，被长沙市人民政府授予长沙二十强企业。

公司现有员工 910 余人，其中研究生及本科以上学历 78 人，大专以上学历 185 人，研究员级高工 2 人，中、高级职称 69 余人。

公司拥有本部生产基地、一个全资子公司（望城长电起动机有限公司）、一个中日合资企业（长沙日立汽车电器有限公司）和中国汽车电器行业管理和技术权威机构——长沙汽车电器研究所、编辑出版国内发行的汽车电器电子行业权威专业杂志《汽车电器》是中国汽车工业协会车用电机电器委员会理事长单位，中国汽车电器技术标准主任委员单位。

长沙汽车电器研究所创建于 1962 年，长期以来担任国家汽车电器技术标准制修订、汽车电器产品检测认证和汽车电器行业管理等三大任务，同时为长电厂设计、试制、试验汽车电器产品，是国内最具实力的汽车电器研发机构。研究所试验室 2001 年获得了国家质量技术监督局、中国机械工业联合会、国家实验室认可委员会颁发的“计量认证合格证书”、“机械工业质检机构证书”和“实验室认可证书”。该研究所作为公司的技术中心担负着公司新产品开发、设计及测试工作，云集了一批优秀的专业技术人员，设计手段先进，研究、开发能力处于国内同行业先进水平。可按国家标准、企业标准及国际上一些先进标准，进行汽车电器产品鉴定试验和产品质量监督检验。

《汽车电器》创刊于 1962 年，是全国创办最早的汽车类技术期刊之一，汽车电器电子行业权威专业杂志，中国期刊方阵“双效期刊”，国家级重点期刊。《汽车电器》曾多次被评为国家优秀期刊、全国机械行业优秀期刊、全国汽车行业优秀期刊、湖南省一级期刊。2001 年入选中华人民共和国新闻出版总署“中国期刊方阵双效期刊”，并被国内多家数据库和检索类期刊收录。

中国汽车工业协会车用电机电器委员会是由从事汽车电子、电器、电机企业组成的全国性工业行业协会；秉乘以“相信我，我会为您服务得更好”为宗旨，努力建设成为独立公正、行为规范、运作有序、代表性强、公信力高，适应社会主义市场经济发展要求、符合国际惯例的新型行业协会。

协会现有会员单位 300 多家，其中有相当一部分是跨国公司在华的合资（或独资）企业，大型国有、股份制和民营企业，如博世、德尔福、法雷奥等世界 500 强企业以及上海实业交通、航盛、瑞立等中国 500 强企业。多年来努力做好信息资讯、行业调查、研究报告、组展参展等工作，出版《汽车电器信息》月刊，《中国汽车电子电器工业分析报告》年刊、《中外汽车及零部件分析报告》年刊，《中国汽车电子电器电机十五规划》5 年刊，以优质的服务致力于中国汽车电子电器电机生产企业。

2. 历史沿革。

1957 年，长沙汽车电器厂建成。

1958 年，开始向一汽和第一拖拉机厂供应汽车电机电器。

1960 年 3 月 11 日，毛泽东主席视察长沙汽车电器厂。

1986年，长沙汽车电器工业（集团）公司成立，有国内43家企业参加。

1989年9月21日，江泽民主席视察公司“中国工业四十年发展成就展”展室。

1994年，长电与日本日立创办合资企业——长沙日立汽车电器有限公司。

1997年，通过ISO9001质量体系认证。

1998年，经国务院证券委批准，确定公司为发行境内上市外资股预选企业。

1999年3月26日，长沙汽车电器厂改制重组为中汽长电股份有限公司。

1999年7月，与德国BOSCH公司签订装配许可证及技术援助协议。

2000年12月，通过VDA6.1/QS9000质量体系认证。

2001年，长沙汽车电器检测中心获得国家质量技术监督局、中国机械工业联合会、国家实验室认可委员会颁发的“计量认证合格证书”、“机械工业质检机构证书”和“实验室认可证书”。

2002年，与德国BOSCH公司签订生产许可证及技术援助协议。

2003年，中国机械500强排行榜上，公司排序在第338名。

2004年12月，与德国博世公司签订部分资产转让协议。博世公司收购中汽长电部分资产成立博世汽车部件（长沙）有限公司，中汽长电成为博世公司享有优先权的零部件供应商。

2008年7月，湖南省人民政府与中国机械工业集团有限公司签署重组协议，中汽长电股分有限 公司资产重组为长沙汽电汽车零部件有限公司，成为中国机械工业集团有限公司全资子公司。

【主要指标】 2009年，公司由生产汽车电器零件转为生产汽车起动机、发电机为主，直接面对市场。公司制定了“恢复市场、调整结构、降本增效，扭亏增盈”的工作方针。千方百计创造较为稳定的经济支撑点，为力争2009年经营目标完成创造条件。

2009年公司本部主营业务收入5549万元，完成目标。其中出口收入135万美元，净利润1236万元，完成目标840.82%。

从以上各项指标完成情况来看，利润总额实现了扭亏为盈，增长幅度大，但主营业务收入、销售收入和工业产值还有一定的差距。

2009年长沙汽电汽车零部件有限公司主要经济指标

项　目	2008年	2009年	同比增长（%）
资产总额（万元）	22189	25228	13.7
净资产（万元）	8520	11755	37.97
营业收入（万元）	6956	5589	-19.65
利润总额（万元）	-1158	1599	238.08
技术开发投入（万元）	1023	209	-79.57
利税总额（万元）	-1066	1745	263.70
全员劳动生产率（万元/人·年）	19.12	18.63	
净资产收益率（%）	-19.29	12.19	
总资产报酬率（%）	-4.75	7.33	
国有资产保值增值率（%）	44.56	114.51	

【重大决策与重大项目】 公司战略：立足汽车行业，调整产品结构；规模效益并重，力争快速增长；实施人才战略，确保持续发展。

2009年是长电重组后的开局之年，也是承前启后的转折之年。公司由生产汽车电器零件转为生产汽车起动机、发电机为主，直接面对市场。由于2004年底湖南省政府为了引进世界500强企业——德国博世公司来湘投资，完全接受博世的不合理要求，导致长电只能为其生产零件，所以公司退出几乎所有的汽车主机厂和售后市场，时间虽短但市场却发生很多的变化，新车型层出不穷，汽车电器不断更新换代。面对新的机遇和挑战，要打好翻身仗，实现一个良好的开端，就必须因地制宜，制定切合实际的有效措施求发展。

努力恢复市场，近几年受博世合同的约束，公司主要以生产起、发电机零部件为主，市场份额极其有限，附加值偏低，导致公司零部件生产亏损严重。要使企业能继续发展，恢复传统产品生产是当务之急。公司制定“恢复市场、调整产品结构、降本增效，扭亏增盈”的工作方针，千方百计创造较为稳定的经济支撑点，为力争 2009 年经营目标完成创造条件。

南京依维柯原是长电独家供货的主机厂，车型也是国内目前相对畅销的乘用车之一。长期以来与长电关系融洽，公司将其作为恢复市场的首选目标。自 2008 年下半年开始公司做了大量的前期铺垫工作，2009 年长电赢得该市场的全部起动机配套份额。

玉林柴油机厂是公司唯一的柴油机主机厂，一度达到每月 2000 台供货量，但由于该厂机型的更新换代，导致每月仅 500 台左右的供货量。经过努力公司与玉柴就新产品开发项目达成意向，该厂作为国内最大的柴油机厂之一，是长电未来的主力市场之一。

扩大出口是公司近几年来持续努力的方向。出口地主要是伊朗、韩国和欧洲，其中伊朗是最大客户。

售后市场是伸缩性较大的市场，虽然长电游离这块市场几年，但值得庆幸的是进入维修的众多车辆中，其起动机、发电机基本上是长电当年的产品，如何抓住这个有利时机，尽快组织生产这部分产品进入维修市场是当务之急。一方面因陋就简地组织生产，另一方面还注重利用好社会资源为我所用，在起步之年取得一定的效果。

在调整结构，开发新产品上主要着眼于开拓市场和提高效益两个方面。

洛拖产品开发。自 2009 年下半年以来，长电利用洛拖进入国机集团的机会，在集团领导的大力支持下，公司积极与其沟通，经过对洛拖产品的分析，长电采用新型减速机取代原机型、用一种通用性较强的发电机取代原规格繁多的品种的方案，获得洛拖的认同。QDJ154F 已实现批量供货，发电机也已得到认可。

上海松芝空调机厂是国内最大的巴士空调机组的生产厂家，长电一直是其离合器的供应商，而当时此空调机所需的大功率发电机因为与博世合同的约束不能问津。公司从 2008 年下半年开始进行努力，2009 年初设计试制出首批样品，性能达到技术要求，正式样机已得到上海松芝认可。此产品不仅能够用在大巴上，还在大吨位卡车和工程机械有广阔的用途。

【科技创新】 2009 年公司经过重组后，成为国机集团全资子公司，摆脱博世公司的合同约束，公司由生产汽车电器零件转为生产汽车起动机、发电机为主，可以重新进入汽车主机厂和售后市场。离开市场虽然只有几年时间，但汽车市场的飞速发展，使得长电的部分主机产品已落后于市场的需求。在这种情况下，开发新产品，改进工艺，坚持技术创新尤显重要。

2009 年为重新恢复主机市场，能尽快为主机厂配套批量生产，公司加大新产品开发力度和对现有工艺技术的改进、改造。先后完成对中国一拖、南汽、潍柴等主机厂的新产品开发任务。其中洛拖 4 项、南汽 3 项、玉柴 4 项。

在加大新产品开发力度的同时，注重和坚持对现有工艺技术进行改进和提高，对 CVT 项目进行改进，通过对部分工艺改进，加工效率明显提高；完成电枢片简易连续模、铝压铸模的设计和制造，并投入批量生产，使公司模具制造水平有明显提高；配合公司产品设计科，完成公司多种新电机产品的工装、模具开发任务，节省大量的新产品开发费用。尤其是改进冲压送料机构提高效率的项目取得明显效果。原来一名员工每天只能生产 470 件产品，改进后每天可以生产 2000 多件产品，并且一名员工还可以同时操作二台冲床，工效提高八倍之多。

【主要管理经验】

1. 加强财务管理。

财务管理制度是公司针对财务管理、财务工作制定的公司制度。订立原则是根据国家有关法律、法规及财务制度，并结合公司具体情况制定。公司 2009 年认真执行财务管理制度，在实际工作中起到规范、指导作用：

（1）有效使用资金，监督资金正常运行，维护资金安全，努力提高公司经济效益。

（2）做好财务管理基础工作，建立健全财务管理制度，认真做好财务收支的计划、控制、核算、分析和考核工作。

（3）加强财务核算的管理，以提高会计资讯的及时性和准确性。

（4）监督公司财产的购建、保管和使用，配合综合管理部定期进行财产清查。

（5）按期编制各类会计报表和财务说明书，做好分析、考核工作。

2. 内部管理与员工培训。

一年来，面对生产的实际情况，公司加大内部管理工作的力度。通过严格规范的内部管理来增强企业的核心竞争力和员工队伍的凝聚力。结合质量体系认证工作，进一步明确部门职能和责任，规范工作程序，并不定期进行工作检查，使员工工作有标准、改进有尺度、规范有参照。2009 年在管理工作中，着重突出绩效管理这一核心。加强对管理人员尤其是中层干部的业绩考核工作。制定绩效考核实施办法，同时修改完善薪酬分配制度，通过制度的不断完善和激励机制的建立，管理团队尤其是中层干部的工作能力和绩效将不断加强和提升，形成良好的竞争工作氛围，充分调动管理队伍的工作热情和积极性。

规章制度是企业健康发展的保证，结合工作实际和市场形势相继出台一系列的规章制度和政策，确保公司的健康发展。近年公司先后制订《质量手册》《程序文件》《技工绩效考核实施细则》《管理人员绩效考核办法（试行）》《制造技工工资核算办法》，修订完善《部门主要职责》，进一步规范公司运行程序，保证各项工作有序进行。

针对公司经营重点和方针的转变，加强人力资源配置和员工培训，保证生产经营活动的正常开展。从 2008 年起公司就有针对性从各类技工职业院校招聘优秀学生充实到生产一线，并有针对性开展技能培训工作。2009 年，结合工作需要先后组织开展统计方法、冷热挤压技术、加工中心操作、SOLIDWORLCS、检验员技能等等业务培训，使员工技能水平在较短时间里有了明显提高。已有一批青年员工成为公司班组生产骨干力量，不仅提高了技工的理论水平，对技工队伍结构也产生较大改变。同时加强对销售、技术人员的充实。通过合理的人员配置和储备，对保证生产经营工作顺利开展起到有效的推动作用。

3. 信息管理与成本控制。

信息化管理是提高企业管理效率，规范企业管理程序的有效手段。公司于 2008 年 10 月开始推行使用 ERP 管理系统，涵盖包括销售、物流、财务、采购等部门业务内容。通过一年来的运行，各部门工作程序日趋标准和规范，形成各部门工作相互联系、相互制约、相互监督的机制，有问题及时发现、及时解决。同时提高了工作效率，简化了部门关系。各部门间信息传递更加便捷、准确、及时。与此同时财务部门加强成本控制力度，针对诸多影响产品成本的因素，积极采取措施来控制成本，如调整工艺路线，对外协件厂家选点，采购质优价廉的协作件，月末对生产现场、仓库等存货进行实地盘点。发现问题，及时查找原因，制定解决办法，进一步规范财务管理制度。由于严格控制财务支出和减少财务费用开支等有效方法，2009 年公司主营业务成本与上年相比下降 1724 万元，下降比例 26.13%，财务费用减少 160 万元。

4. 质量体系建设。

以 TS16949 质量保证体系认证作为切入点，加强企业质量管理工作，使质量管理工作运行更趋规范和有效。从 2008 年开始，公司把 TS16949 贯标工作作为重中之重，抓紧抓落实。通过近两年不断强化的基础工作，2009 年 6 月，公司顺利通过莱茵公司评审，获得体系认证证书。

2009 年在质量管理方面，着重开展以下工作：一是抓好员工培训，促质量管理素质提高。对相关人员进行五大工具培训，针对公司内审人员不足，外送相关部门员工进行培训并开展质量月活动。二是抓持续改进，使产品质量不断提升。2009 年先后接受南汽公司、长沙日立公司、长沙博世公司、磐吉奥公司、力帆的第二方质量审核，获得通过。加强内审、产品审核和管理评审工作，通过内审及时寻找生产过程存在的差距，并在实际工作中予以整改，保持了生产过程的稳定。同时对所有产品进行产品审核，确保产品质量。三是抓好质量体系建设，提升管理水平。通过 16949 评审工作，建立完善各项相关制度，质量管理体系已初具规模。制定、完善了供应商质量手册、第三层次等管理文件。

5. 树形象与练内功。

面对金融危机带来的严峻外部环境影响，研究所全体员工精诚团结，坚定信心，潜心加强内部管理。各项管理工作又上一个新台阶。2009年，检测中心不断完善检测手段，扩充检测能力共完成各种外委试验280项，实现检测收入300万元。顺利通过国家实验室的计量认证和实验室的复审工作。同时完成公司技术改造设备技术参数的确定及设备选型。积极参与国家行业标准的制、修订工作。2009年共完成9项标准制订和修正。

《汽车电器》杂志不断提高杂志品质，打造精品期刊。进一步优化编审流程、吸收实用、创新稿件，严把编辑、校对品质，走访企业，参加会展，扩大杂志宣传和影响。通过不断努力，稿件来源更为广泛，发行区域日渐扩大，不仅台湾地区、香港特区有征订，还走出国门，先后发行澳大利亚、美国、法国等国家和地区，2009年又新增加拿大。加强业务培训，提高业务素质。先后参加湖南省新闻出版局举办的“新闻采编人员培训”、“编辑岗位培训”，逐步培养一支高素质的出版人员队伍。2009年荣获湖南省科技期刊优秀栏目奖、优秀主编奖。

秉承“相信我，我会为您服务得更好”的宗旨，行业管理协会不断提高服务能力和管理水平，力求为会员提供更准确、及时资讯，使期刊更具特色；组织行业论坛和信息交流会，引进企业经营先进战略、理念，搭建信息交流平台；组织中国汽车电子电器展团参加国内外大型汽车零部件展览会，提升中国汽车电子电器展团声誉。

6. 企业党建与文化建设。

按照湖南省国资委的部署，长沙汽电列为参加全省第二批深入学习实践科学发展观活动的单位之一。在近半年的时间里，公司各部门、基层党支部、全体党员都参加学习实践科学发展观活动。为切实开展好实践科学发展观活动，把学习活动落到实处，让学习活动见成效。公司党委精心组织、周密安排，广大党员以高度的政治责任感、饱满的政治热情和良好的精神状态，积极投身到学习实践活动中，圆满完成学习实践活动三个阶段十七个环节的各项工作。在活动开展过程中，为确保成效，各支部加强学习，扎实工作，领导带头，发挥表率作用。公司召开各类座谈会6次、发放征求意见建议表120份、设置意见箱1个，采取多种形式广泛“开门纳谏”，领导班子召开专题民主生活会，分析工作中存在的问题，虚心听取职工群众的意见、建议。通过扎实有效的学习活动，广大党员干部思想观念有了新转变，进一步加深了对贯彻科学发展观工作重要意义的认识，并将科学发展观融入到自身工作当中去；工作作风有了明显改进，用科学发展观查找工作中存在的问题，找出解决的办法；执行能力有了新提高，用科学发展观指导具体工作的开展，制度建设有了新成果，进一步完善了有关管理制度，管理工作有了新进展，真正达到“党员干部受教育、科学发展上水平、人民群众得实惠”的目标要求，取得较好的效果。

公司始终坚持党要管党、党管干部的原则，围绕打造自律型、服务型、开拓型班子的目标，不断加强公司班子的自身建设，有力地促进了公司的改革和发展。

充分发挥公司领导班子在思想上的领先作用，政治上的核心作用，廉洁自律上的表率作用。一是抓政治理论教育，强化党性修养。注重对领导班子成员的政治素质的培养，坚持集中学习与分散学习相结合，通过学习，公司领导班子的理论素质得到了提高，党性观念明显增强，为企业的改革发展奠定了坚实的基础。二是抓干部管理考核，保持队伍的先进性。严格按照选人用人要求，使公司领导班子成员超过一半是近些年提拔的优秀中青年干部。三是在领导干部廉洁自律问题上，旗帜鲜明，认真执行党中央、省、市纪委一系列规定，结合实际制定了一系列廉洁自律的规定。实行廉洁自律党政一把手是第一责任人，实行以行政为主体，纪检监察工会实行监督的格局。对领导干部是否真正执行了五个不准，以及《关于加强国有企业领导干部廉洁自律的八条规定》等廉洁自律的规定进行考核，认真落实党风廉政责任制，搞好责任追究工作。按湖南省国资委的要求，对公司领导班子定期开展职工民主评议，用测评考核的形式对领导干部进行廉洁自律全方位的考核，这些措施的实施和执行，减少了领导干部发生违纪违规问题，增强了领导干部成员廉洁自律的自觉性，领导班子的工作得到职工群众的肯定。坚持民主生活会制度，不断提高民主生活会质量，领导班子召开专题民主生活会，针对各自工作积极开展批评与自我批评，班子成员达到在共事中加深理解，在相互支持中增进团结，充分发挥领导班子的整体合力。这些都是企业在困难时，临危不惧，维持正常运行和保持和谐稳定的强有力领导保证。

中国联合工程公司

【基本概况】 中国联合工程公司（以下简称中国联合）的前身是原机械工业部第二设计研究院（二院），成立于1953年3月，是新中国最早创建的大型综合性设计院之一。2000年10月进入国机集团，2001年以二院为核心，联合机械工业第三设计研究院、机械工业第五设计研究院、机械工业第十一设计研究院、机械工业勘察设计研究院等四家甲级院，五家勘察设计院联合重组，组建中国联合工程公司，2001年10月完成工商注册登记，12月正式挂牌，公司总部设在杭州。

2004年6月，机械工业第十一设计研究院更名为中联西北工程设计研究院。2005年6月，因国机集团打造汽车业务板块的需要，机械工业第五设计研究院从中国联合工程公司划出，与机械工业部第四设计研究院进行创立式合并重组，组建中国汽车工业工程公司。

至此，中国联合工程公司全资子公司有：机械工业第二设计研究院（公司本部）、机械工业第三设计研究院、中联西北工程设计研究院、机械工业勘察设计研究院。

中国联合有在职员工2800多人，专业技术人员占85%以上，其中有中国工程院院士1人、全国工程勘察设计大师7人、“新世纪百千万人才工程”国家级人选1人、享受国务院政府特殊津贴专家95人、具有高级技术职称的专家662人（含教授级高工146名）。

中国联合具有各类国家一级注册工程技术人员1100人次，其中注册城市规划师27人、一级注册建筑师87人、一级注册结构工程师157人、注册监理工程师100人、注册造价工程师46人、注册岩土工程师33人、注册咨询工程师70人、一级注册建造师104人、注册安全工程师33人、注册机械工程师85人、注册电气工程师75人、注册公用设备工程师131人、注册化工工程师7人、注册设备监理师20人、PMP（美国项目管理协会注册的项目管理专业人士）75人、首批全国勘察设计行业高级工程项目经理35人。

自2000年进入国机集团，特别是2001年联合重组为中国联合工程公司以来，中国联合主要经济指标以每年超过20%的增速快速发展，公司合同额从2001年的4亿多元，发展到2009年的50多亿元，主营业务收入从2001年的2亿多元，发展到2009年突破20亿元。公司的业务结构也发生巨大变化，从以工程设计咨询为主，发展到工程设计咨询、项目管理、项目代建、建设监理、工程总承包等工程建设全过程、全方位的服务，基本实现由单纯的设计院向科技型工程公司的转变。在建设部对全国一万多家设计企业综合实力和营业收入前一百名的排名中，中国联合连年名列百强榜，最前排名为第11位；在美国《工程新闻记录》ENR对中国工程设计企业60强的统计排名中，中国联合连年榜上有名，最前排名为第12位。2008年中国联合取得国家工程设计综合甲级资质，成为全国首批取得工程设计综合甲级资质的设计企业之一。2009年公司被认定为高新技术企业。

【主要指标】 2009年，中国联合资产总额289226万元，负债总额259107万元，所有者权益总额30119万元。资产总额较上年同期增加102671万元，增长55%。其中货币资金99835万元，货币资金增加主要为主营业务收入的增加。另外长期投资净增加299万元，对甘肃蓝科有限公司投资200万元、对中联程泰宁院投资30万元。负债总额较上年同期增加96092万元，增长59%。资产和负债的增长基本持平。所有者权益较上年同期增加6580万元，增长28%，所有者权益增加主要是本年净利润的增加。

资产和负债总额增长幅度较高，主要是总承包项目的增加，总承包项目的总金额较大、工期长，造成预付账款、未结转存货和对应的预收账款的增加所致。

中国联合2009年主营业务收入为204971万元，较上年同期173128万元增加31843万元，同比增长19%。从收入构成情况分析，其中工程承包收入105539万元，占总收入的51.5%，比上年同期增加11033万元，增长11.7%；设备承包收入23005万元，占11.2%，比上年同期增加17696万元，增长333%；设计、咨询、监理等收入76427万元，占37.3%，比上年同期增加3114万元，增长4.3%。

中国联合2009年利润总额为8022万元，较上年同期7069万元增加953万元，增长13.49%。净利润为6977万元，较上年同期5378万元增加1599万元，同比增长29.74%。成本费用占主营业务收入的比例为96.3%，较上年同期95.3%增加1个百分点。

中国联合2009年利润增长幅度低于收入增长幅度主要是因为总承包项目收入占总收入比例的增加，而总承包项目毛利率相对较低。在收入增长的同时，公司对成本费用进行严格控制，2009年成本费用占主营业务收入的比例基本维持不变。

2009年中国联合工程公司主要经济指标

项　目	2008年	2009年	同比增长（%）
资产总额（万元）	186554.7	289226.2	55
净资产（万元）	23539.4	30119.1	28
营业收入（万元）	173368.8	205114.0	18.3
利润总额（万元）	7069.3	8021.8	13.5
技术开发投入（万元）	13500.1	19471.8	44.2
利税总额（万元）	14922	16278.8	9
净资产收益率（%）	26.9	26.2	-0.7
总资产报酬率（%）	4.6	3.4	-1.2
国有资产保值增值率（%）	130.4	130.1	-0.3

【重大决策与重大项目】 2009年，中国联合为积极应对市场变化，根据业务特点，成立工业工程中心、民用工程中心、能源工程中心、工程建设中心和工业装备板块。

集中资源，做精做强设计咨询业务。设计咨询和勘察业务是中国联合的传统核心业务。2009年，中国联合始终把做精做强设计咨询勘察业务，保持持续平稳较快发展作为基本目标。积极转变发展模式，适时调整业务结构，牢牢遵循“为顾客创造价值”的经营理念，加强与大客户、大企业的战略合作，密切关注国家、行业发展趋势和重点投资领域，研究细分目标市场，积极采取相应的营销策略，保持了设计咨询和勘察业务的良好发展势头。

在工业工程领域，巩固老行业，开拓新领域，进一步巩固传统行业优势。利用在发电设备、通用机械等行业上的技术优势，承接上海电气核电项目等一批重大项目。积极开拓输变电等新行业、新领域，努力建立新的经营网络，承接南方电网特高压工程技术（广州）国家工程实验室/试验研究检修基地项目。成功开辟唐山、呼伦贝尔等新市场。积极开拓新能源技术市场，在风电设备制造、核主泵制造、多晶硅生产、薄膜太阳能生产等领域积极介入。积极推动工业特色技术传承和发展，继续开拓特色技术EPC项目，在高速动平衡、产品试验站、自动化立体库等特色技术领域认真做好技术创新。

中国联合所属机械工业第三设计研究院在专用车、微型车以及汽车零部件、轻工、啤酒饮料、重型机械、兵器、船舶行业有了较大的突破，同时，在我国专用车领域占有一席之地。

在民用建筑及市政规划领域，积极应对瞬息万变的市场变化，努力提高建筑方案创作水平，进一步巩固和深化与知名开发商的战略合作伙伴关系，加强与国内外知名设计咨询公司的互利合作，实现合作共赢。

2009 年中国联合加强与万科、金地、凯德等知名开发商的战略合作伙伴关系，新结交中国远洋、阿里巴巴、绿都等知名开发商。承接一批大型住宅项目以及凯德·来福士广场、远洋·大运河商务区、阿里巴巴·淘宝城等公建项目。

中国联合所属机械工业第三设计研究院加大对公共建筑的投标力度，一批较具社会影响力的公建项目成功中标，在上市公司、一线品牌营运商的业务覆盖面明显加大，合作关系进一步加强和深化，与中海、鲁能等品牌企业完善和深化了战略合作伙伴关系。

中国联合所属中联西北院重点针对医疗卫生、文化教育等国有重点投资领域，集中优势资源进行品牌和技术攻坚，努力保持民用建筑优势地位，签订陕西省科技资源中心等一批影响力和经济效益显著的项目。

规划市政业务不断创新，立足杭州及周边区域的同时，还拓展了许昌、唐山、镇江等外省规划设计市场。中国联合所属三院获得桥梁和风景园林甲级资质。中联西北院通过城市规划资质升甲级审批，成为陕西省仅有的 5 家甲级规划编制单位之一。

在能源与环境工程领域，继续贯彻落实国机集团“培育电站设计力量，完善电站板块业务链”的战略方针，增加资源投入，全力推进印尼 2 × 350MW 电厂施工图设计，用实际行动为完善国机集团电站工程承包业务链做出贡献。

与此同时，一如既往地开展相关重要行业、重大客户单位的层面经营工作，继续保持和发展与长期合作伙伴的良好关系，继续加强与其他老客户的联系，发挥长期合作伙伴的作用，保证了能源与环境工程项目来源，降低了经营成本。中国联合所属三院在城市污水处理、工业废水处理、除尘等领域有了较大发展。

在勘察与岩土工程领域，在大力开拓国际市场的同时，加大对本地及国内市场的开拓力度，承接大运及西运铁路客运专线的勘察工作，陕西兴化集团大化工项目勘察、北京曹妃店循环经济国家示范区建设项目勘察等多项国家及省级重点工程，巩固了工业领域勘察市场。承接大明宫国家遗址公园勘察、兵马俑秦皇大剧院桩基工程等多项城市建设重点工程项目，在勘察设计传统业务领域继续保持稳步发展。继续做好文物保护业务，开展彬县大佛寺病害调查、西安城墙保护等项目。凭借在古文物勘察领域的技术积累，拟在中国联合所属机勘院挂牌的“陕西文物岩土工程技术研究中心”，已完成申报评审，并报陕西省有关部门批准，建设工作正在顺利进行之中。

做大做好工程总承包和国际业务。2009 年，工程总承包、项目管理和政府项目代建取得较大发展，中国联合相继承接杭州文广集团艺苑迁建工程、杭州西溪水岸农转居工程、杭州西溪湿地三期宾馆项目等代建工程；承接越南（煤头）化肥项目热电站和中化泉州石化项目动力站 EPC 总承包项目，合同额达到 6.7 亿元。中国联合所属三院新签订成都神钢和云内动力 5 亿元的 EPC 总承包合同。

设备总承包业务继续保持良好发展势头。承接和实施一批具有较大影响力的工业炉项目，在国内外有较大影响，在特大型台车式炉研制领域继续保持领先优势。保持汽车曲轴热处理技术在国内的领先优势。2009 年竣工的安徽墙煌科技有限公司彩色铝板涂装生产线项目，填补了我国在宽幅彩涂铝板生产领域的技术空白。常州东风农机集团有限公司大拖覆盖件涂装生产线项目对开拓农机行业的涂装项目具有战略意义。

国际业务方面，为更好地开拓国际市场，筹备中国联合驻印尼雅加达代表处。实施印尼 SULUT 电站项目的储运工作。

中国联合所属三院正在实施的利比亚住宅建设项目全面启动，各专业设计方案全部完成，除电力和燃气专业外，均获业主批准，正在报批施工图设计文件；主要机具设备采购完毕，材料、设备合格供应商名单已形成，部分施工机械设备运抵现场，现场材料采购供应渠道已经建立；完成项目费用的详细预算，确定项目控制管理流程；项目预付款收到，正在申请第一笔进度款，项目风险得到有效控制。三院还重点加大对安哥拉市场的投入，海外业务稳步发展。

中国联合所属机勘院与国机集团所属各大公司深入合作，承接并实施斯里兰卡普特拉姆燃煤电站二期详勘等一系列项目。2009 年，国际工程占机勘院合同总额 20% 以上，国际业务发展态势良好。

【科技创新】 2009年中国联合继续加强科研业务建设和技术储备管理工作，完成《发电厂机组烟气脱硫工程技术研究》课题，推进《单机容量300/600MW机组的电厂设计勘察能力提升》等课题。申报《金属复合板材生产技术及工艺开发研究》等课题3项，已获国机集团批准为科技发展基金项目。对节能减排、新型能源等重点领域科研项目给予立项，共批准9个项目。组织安排《机械工业工程建设项目设计文件编制标准》《机械行业节能设计规范》《厂房建筑模数标准协调标准》等多次规范标准编制和修订会议。2009年，中国联合共有87个科研成果获得省部级以上奖，其中获国家级奖14项。

2009年中国联合积极做好高新技术企业认定资料准备工作，系统梳理公司的技术特长，完成PS、RD和可行性研究报告的整理，完成公司本部专利、标准规范等技术材料的整理、编辑工作，正式被国家科技部批准为高新技术企业。

中国联合所属中联西北院积极申报高新技术企业，成功申报陕西省科技计划项目3项，争取政府资金支持，努力打造研究型设计院。中联西北院设计的陕西省科技资源中心入选陕西省“绿色、生态、低能耗实验建筑”、“绿色建筑检测检验平台建设”科技攻关项目，建成后有望成为陕西省首例通过国际国内双绿色认证的节能生态建筑。

中国联合所属机勘院积极申报高新技术企业，被中国勘察设计协会授予行业“十佳自主技术创新企业奖”。组织承办《市政工程勘察规范》《建筑工程勘察文件编制深度规定》《工程测量术语标准》以及《湿陷性黄土地区基坑支护规范》等多次规范标准编制和修订会议。

【产权制度改革】 2009年，中国联合完成对甘肃蓝科石化高新装备股份有限公司和杭州中联程泰宁建筑设计研究院有限公司增加投资的工作。完成机械工业第三设计研究院增加注册资本金工作。组织国机研发中心资金到位工作。

【主要管理经验】 公司职能管理部门员工按照“积极服务，有效管理”的指导思想以及“有理想、负责任、守纪律、精管理、善创新、高效率”的十八字要求，充分发挥主观能动性，服务公司总体发展战略，提升科学管理水平，不断加强制度化、精细化、规范化管理，向管理要效益，为公司可持续发展提供有力支撑，创新性地开展各项工作。

1. 做好生产经营管理，提升公司品牌价值。

2009年，中国联合继续加强公共关系和层面经营工作，与国家有关部门、行业协会以及地方相关政府部门保持良好的关系和联络工作。与一些大公司、大集团高层加强沟通，建立战略合作关系，与多个开发区签订战略框架协议。2009年，圆满完成国家发改委对投资评估机构资质的重新认定工作，并入选咨询机构名单。取得浙江省代建单位资质证书、杭州市政府代建综合类资格。完成甲级工程造价咨询资质的延续。中国联合所属三院获得桥梁和风景园林甲级资质；中国联合所属中联西北院通过城市规划资质升甲级审批；中国联合所属机勘院新取得建筑行业、市政行业设计资质。

2. 开发人力资源，打造高绩效人才团队。

关注生产发展状况，及时满足人才需求。中国联合与中国建筑学会、全国高等学校建筑学科专业指导委员会合作，举办“中联杯”全国大学生建筑方案设计竞赛。与清华大学研究生院共建“中联—清华实训基地”，组织多名清华大学研究生到中国联合实习，提升中国联合在相关院校的知名度。继续保持较大的培训力度，开展网络学习中心的尝试，制作积累课件10余份。不断完善现代人力资源管理体系。以《人力资源规划》为依据，整理、编制各生产部门人力资源运行报告，及时提供人员基本情况，开展员工职业生涯发展规划设计。

3. 严格预算管理，提高财务管理水平。

组织国机研发中心资金到位工作，完成高新技术企业专项审计及高新企业的申报工作。配合完成集团开展的财务基础检查工作和任洪斌董事长任中审计工作。中国联合信用等级评定再次获得最高AAA等级的信用。

严格预算管理，各项费用支出都控制在审定预算范围内，各项财务指标完成情况良好。在完善生产部门成本核算范围的基础上做好生产部门成本核算工作。加强工程总承包业务的全过程核算，特别加强项目管理成本的核算和统计工作。积极解新的相关税收政策，研究工程总承包业务的税务筹划，与项目所在地税务部门加强沟通，努力降低税收成本。

积极与地方财政部门进行沟通，争取地方财政补贴和资助。加强与银行的合作，在日常结算中开通了工商银行的网上支付和工资、奖金发放系统。与银行签订手续费优惠的协议，降低业务成本。与工行浙江省分行和中行浙江省分行分别签订战略合作协议，工行和中行分别为中国联合提供30亿元等值人民币的意向性授信额度，确保公司开展工程总承包、代建和国际业务等各类业务对资金的需求。在日常的资金管理中，通过理财业务等方式，增加企业的效益。

中国联合所属中联西北院和机勘院继续申报成功“享受西部大开发税收优惠”政策，并连续第四次荣获西安市勘察设计信用评价5A级企业。

4. 高度重视质量安全管理，为企业发展提供可靠保障。

加强质量安全管理考核，加强对项目质量形成过程的控制。做好工程设计质量典型案例问题巡展；加强工程咨询、工程设计人员资格动态审核认定工作；继续开展施工图产品飞行/专项检查的设计质量抽查工作；组织专项结构设计研讨会、项目方案、设计质量评审；组织迎接部分地区和全国性的设计质量大检查；完成了对管理体系认证机构的整合，对“三合一”管理体系《手册》和《程序文件》进行修订；完成危险源清单、重大危险源清单和管理方案，环境因素清单、重大环境因素清单和管理方案的更新、审核和批准发布工作。完成2009版《主要职业健康安全、环境法律法规及其他要求清单》更新工作。开展2009年“安全生产月”系列活动。发布《工程总承包（项目管理）项目劳动安全防护用品配备指导意见》。

5. 加强信息管理，不断提高信息化水平。

2009年完善协同办公系统功能，开展信息系统对主营业务支撑的开发策划工作，规划信息化建设目标，提出分期实施策略。进一步做好工程总承包信息化管理工作，做好技术档案管理工作，加强档案信息化建设，提高电子文件的归档率。

6. 严格采购管理和审计监督，有效防范运行风险。

不断完善采购管理办法，规范采购程序，明确合同评审要点，进一步提高采购工作的效率和效益；对已有的分包通用合同文本进行补充修改；召开采购经理座谈会，提高采购经理的技术水平；审计法律部人员参与EPC项目的分包工作，使采购工作更规范化；严格预算编制和监督控制管理工作；完成财务收支、经济责任、工程项目及内控、管理专项审计等内部审计项目30项；积极开展法律宣传，严格审查各类合同，及时处理法律纠纷，有效降低经营风险。

中国联合所属三院对罗兰石墨工业（重庆）有限公司细颗粒等静压石墨项目交钥匙工程总承包、重烟工业生产一部易地改造工程项目进行工程项目财务收支及效益审计，通过项目审计，将为今后开展工程总承包提供有益的借鉴。中联西北院全年共审查各类合同协议430余份，完成2008年度合同执行情况效能审计工作。机勘院充分发挥企业法律顾问在债务及劳务纠纷处理中的作用。全年起诉案件4起，应诉案件2起，均已审理完毕，通过法律手段为院挽回经济损失400余万元，保护了企业合法权益。

7. 发挥“服务、协调、督办、参谋”作用，不断提高综合管理服务水平。

2009年清理、新订、修订并发布全部现行有效的规章制度124个，编制印发《2009年规章制度汇编》。完成职能管理工作流程的梳理和设计工作，确定工作流程135个。形成由数字化目标管理体系定期检查修编完善、会议决策事项完成和落实情况定期检查通报、年度工作安排重点事项完成情况定期督办协调组成的“三位一体”的目标管理体系。编制年度工作目标关联表，对执行情况进行检查、记录、考核。认真做好综合行政管理和服务工作，加强公文、印章管理以及社会治安综合治理、维稳、信访、保密等工作，为经济发展创造和谐稳定的环境。

8. 加强企业形象宣传，不断提升公司知名度和影响力。

大力倡导“实事求是、民主集中、以人为本、和谐发展”的管理文化，精心营造“公平、公正、和谐”的内部环境，始终遵循“发展为了员工、发展依靠员工、发展成果由员工共享”的发展理念，把企业文化建设融入到生产经营活动和各项工作中，增强了公司的凝聚力和向心力。

2009年4月23日，江泽民同志回到阔别50余载的二院（中国联合本部的前身），视察中国联合。视察期间，江泽民同志欣然提笔，再次为中国联合留下两幅亲笔题词：“求真，务实，自强，创新”、“江泽民回原第二设计分局现中国联合工程公司”。江泽民同志回中国联合视察和第四次为中国联合题词，给中国联合全体干部员工极大的鼓舞和鞭策，激发了广大员工的自豪感和工作热情，同时也极大地提升了公司的知名度和影响力。

不断完善企业形象识别系统，完成综合样本和工业工程、民用工程、能源工程、工程建设、工业装备以及建设监理等专业样本制作，更新和完善DVD宣传片、PPT幻灯片以及陈列室，及时更新网站新闻，新开辟英文网站新闻。

9. 加强党工团建设，为企业和谐稳定发展保驾护航。

在国机集团学习实践活动多个指导检查组的有力指导下，在公司党委的领导下，2009年3月至6月，集中开展深入学习实践科学发展观活动，紧紧围绕“理清思路强信心，依托国机谋发展，完善业务树品牌，科学发展促和谐”的活动主题，紧密联系工作实际，精心组织，周密部署，扎实推进，较好地完成了学习调研、分析检查、整改落实三个阶段的各项工作任务，达到“党员干部受教育、科学发展上水平、广大员工得实惠”的目标要求，取得较好成效。

加强廉洁自律教育，做到警钟长鸣。把党性党风党纪教育、预防职务犯罪、落实《国有企业领导人员廉洁从业若干规定》、加强效能监察以及建立健全惩治和预防腐败体系作为纪检监察工作的重点，为公司的和谐稳定发展提供了有力保障。

充分发挥党、工、团组织作用，完成工会、职代会日常工作和离退休老同志的服务，促进内部和谐。党工团积极组织职工开展各类主题教育和实践活动，成功举办了第十届职工运动会，组队赴京参加国机集团第三届职工运动会。工团组织和文体俱乐部组织丰富多彩的文体活动，营造积极向上的企业文化氛围，创造和谐美好的生活环境，进一步提升了凝聚力和向心力。2009年被中华全国总工会授予“全国亿万职工全民健身先进单位”荣誉称号。

10. 积极承担社会责任，努力建设和谐社会。

积极承担社会责任，努力为建设和谐社会多作贡献。与浙江龙泉市八都镇白角村结对帮扶；组织团员青年开展“东汽厂与中国联合工程公司青年共建林”设计竞赛，帮助东汽灾后重建；组织“心柑情援”义卖爱心橘活动；龙泉市兰巨乡“省直机关团工委低收入农户青少年结对帮扶”活动。还多次为受灾和遇到困难的员工进行募捐活动，帮助他们度过难关，充分体现了中国联合大家庭的温暖。

中国联合所属中联西北院帮助对口扶贫的绥德县张家沟村修建通村水泥道路，出资20余万元建设的汉中南郑县大田坝村党组织活动场所交付使用，“法制进社区宣传教育捐赠活动”，累计捐赠款物7万余元。机勘院援建的宝鸡市陈仓区屈家村240平米村级组织活动场所已投入使用，当地党委政府赠送锦旗“情系灾区，无私奉献”；机勘院及三位同志分别被授予陕西科技系统“抗震救灾和灾后重建先进集体”、“先进个人”和“全国勘察行业抗震救灾优秀思想政治工作者”称号。

中国汽车工业工程公司

【基本概况】

1. 发展情况。

中国汽车工业工程公司（以下简称中汽工程）2005年10月28日正式成立，是由原机械工业第四设计研究院（以下简称四院）、机械工业第五设计研究院（以下简称五院）通过创立式合并重组而成的国际型工程公司，总部设在天津。公司主营业务包括勘察设计、工程项目总承包、项目管理与工程监理、机械产品及零部件的研发、试验和生产、城市规划、市政公用设计，并承接境外工程等。自中汽工程成立以来，公司领导班子带领全体员工解决了四、五两院重组的机构设置、业务和人员融合、天津静海基地建设、企业文化及标准建立、市场营销及生产运营等一系列重大问题，初步实现了“以汽车工程为核心业务内容，以国际工程公司现代项目管理为模式，以汽车生产工艺和专用生产设备的设计、研究为核心竞争力，同时发展咨询、设计、承包、勘察、制造、监理等业务”的发展战略。

2. 基本情况及历史沿革。

（1）基本情况。

中汽工程拥有机械工业第四设计研究院、机械工业第五设计研究院两家子公司，公司现有职工2200余人，其中专业技术人员1129人，国家设计大师3人，政府特贴专家63人，国家有突出贡献的中青年专家2人；高级以上职称443人，国家各类注册师486人次。

中汽工程具有国家40余项各类资质证书，其中甲级资质证书近30项，是中国第一批通过ISO9001质量管理体系认证、拥有开展国外经济技术合作业务的公司，国际FIDIC的成员单位。

中汽工程以汽车工程项目设计和承包为主要业务内容。公司以工程技术为基础、工程设计为龙头、工程承包为主要业务，以汽车生产工艺及专用生产装备的承包为核心竞争力，承担着汽车工程及其他机械、医药、电子、民用等项目的规划设计、工程总承包，具备从咨询、设计到制造、安装、调试、陪产服务等完善的技术服务产业链业务。近年来，先后承接福特、通用、宝马、戴克等合资企业以及福田、江淮、长安、中华、东南、中国重汽、陕西重汽等各大汽车集团（公司）的设计和总承包任务，并走出国门，承接印度、越南等国家的汽车工程设计和总承包任务，是改革开放后我国首家承担国外汽车生产线总承包并获成功的公司。

（2）公司创立背景及历史沿革。

国机集团在《2004年度工作报告》和《2004—2020年的发展规划》中提出“抓住机遇组建汽车服务贸易板块，为造车人和用车人提供一条龙服务”的决策。其中打造汽车服务贸易板块的一项重要内容是将四院、五院联合重组成立汽车工程公司，以承担汽车工程与装备的咨询、设计、制造、项目管理、安装与调试运行服务以及工程总承包业务。

四院、五院的联合重组既是国机集团战略布局规划的要求，也是两家单位自身发展的需要，通过重组，强强联合，实现在技术能力上、人才资源上、市场领域上形成互补，达到专业更加配套、功能更加完善，使综合竞争实力大大提高；通过重组，能够汇集优势资源，迅速扩大资产规模，为在国内和国际上的竞争积聚实力。

在广泛征询四院、五院意见的基础上，结合两家企业实际，国机集团做出决定，实施对四院、五院的联合重组，并利用“中国”字头壳资源，整合组建新的汽车工程公司。根据新组建的工程公司经营发展的需要，将该公司总部地址设在天津，定名“中国汽车工业工程公司”。

3. 自公司成立至2008年发展情况。

（1）主要经济指标。

中汽工程经营合同额由2005年的5.06亿元（两院合计），增加到2008年15亿元，企业效益和员工收入大幅增加。2008年12月资产总额为14.2亿元，为2005年4.9亿元的2.9倍。2008年12月所有者权益为1.8亿元，国有资本保值增值率112%。自2005年至2008年，四年上缴各种税金累计1.42亿元。

（2）企业发展资源建设。

人力资源建设。中汽工程公司成立四年间共引进大学毕业人员369人，年均引进70多人，实现了员工队伍的扩大和稳定，新引进人员相当于全公司生产技术人员的32.7%。

硬件资源、生产保障资源建设。中汽工程公司自成立后投资了公司静海工程中心建设、长江道办公楼建设和小园职工住宅建设，并进一步加大对计算机、软件等生产设施和交通工具的投入。

（3）技术进步和品牌建设。

中汽工程公司推行标准化作业的管理，推动专业技术进步和技术开发，四年共制订技术、质量管理标准、规定文件179个。

四年中，实现进入高端汽车市场和达到与国外公司竞争的技术能力，确定在主行业上的优势地位，汽车工程项目市场占有率接近50%，通过完成各项有代表性项目和两次举办行业技术交流会，树立了企业在行业中的品牌。

四年中，科研开发投入共计1.4亿多元，占收入的6.25%。

（4）形成比较明确的企业发展方针、目标和战略。

一是企业发展方针。坚持当前效益和可持续效益统筹兼顾；建设和形成保证可持续发展的有力资源，满足可持续发展；建立一系列管理高效的作业流程和作业标准，实现标准化作业，与国际先进水平接轨；在保证经济效益的同时，要实现企业内员工的工作、生活环境的持续改进、更加舒适；创建让员工有发展前途的平台，营造企业公正、公平、利于个人成长、使之走向成功并形成良好风气的环境氛围。

二是企业发展方式。坚持以先人一步的思维和行动，以更快的发展加速度发展企业，坚持勤奋、高效、务实的工作作风，领导带头，身体力行，以身作则。

三是提出“形成差异化，超越同行业”的企业发展目标。

四是明确公司发展的战略定位。围绕一个宗旨——为“造车人”服务；体现两个原则——寻求创新和突破、更快发展；符合三个需要——新公司创立、做精做强企业、适应国家和地区经济环境；实现四化——传统业务精品化、规模化，新型业务产业化，市场拓展国际化，业务构成多元化；提出以专业公司为发展核心的模式和业务布局。

【主要指标】

1. 生产经营情况。

实现主营业务收入110043万元，比上年同期增长37.17%；利润总额3416万元，比上年同期增长38.08%，超额完成国机集团2009年度的考核指标；成本费用占主营业务收入的比重低于集团的考核指标99.8%；净资产收益率超额完成国机集团1.8%的考核指标，技术投入比率也超额完成集团考核指标。

2. 主营收入、成本费用、利润总额完成情况。

2009年中汽工程公司共实现主营业务收入110043万元，为工程成套与设计咨询类业务收入，比上年同期80225万元增加29818万元，增长38%。

2009年中汽工程公司成本费用为106794万元，同比增加25984万元，增长39.2%。

共实现合并利润总额3416万元，比年初国机集团下达的考核指标2310万元多1106万元。

2009年中国汽车工业工程公司主要经济指标

项　目	2008年	2009年	同比增长（%）
资产总额（万元）	142434	122991	-13.65
净资产（万元）	18674	20436	9.44
营业收入（万元）	80225	110043	37.17
利润总额（万元）	2474	3416	38.08
技术开发投入（万元）	3914	4519.7	15.48
利税总额（万元）	6657	7694	15.58
全员劳动生产率（万元/人·年）	38.46	49.32	28.24
净资产收益率（%）	9.48	10.38	0.90
总资产报酬率（%）	2.08	2.57	0.49
国有资产保值增值率（%）	112	109	-3

【重大决策与重大项目】

1. 战略管理。

中汽工程于2009年7月提出2009—2020年公司发展目标、策略及措施，制定并发布《中国汽车工业工程公司发展纲要》（以下简称《发展纲要》），指明了公司进一步快速、可持续、和谐发展的方向。

2009年7月6日，公司召开全面融合正式运行启动大会，以《发展纲要》和这次会议为里程碑节点，公司部署编制中国汽车工业工程公司发展规划（2010—2013年）和人力资源、技术创新、信息化建设3个专项发展规划的具体任务，力求通过此规划的制定和实施完成新的3年阶段发展目标，使公司的综合实力得到新的提升。

2009年下半年，根据企业发展的要求，公司制定“优化组织结构、产业调整、差异化发展、规模化经营”的总原则，启动三次创业。实现传统业务（工程设计和承包）精品化、新型业务产业化，市场拓展国际化、业务构成多元化的“四化”发展目标。采用以专业化工程公司为基础的模式进行业务布局和发展。

2. 市场营销。

（1）继续大力开拓市场，推行和完善组合式营销模式。在市场经营管理工作中，中汽工程公司坚持围绕“提高质量标准，推行从顾客满意到顾客感动，最终实现顾客忠诚和顾客依赖”的目标，积极推行和完善组合式营销模式，坚持总经理参加的高层营销，加强市场营销中的合作与协调，发挥了市场经营管理的优势，取得了良好的效果。

（2）制定和完善投标指导性文件，使投标工作程序化、规范化。2009年中汽工程公司注重投标项目的总结、完善和及时更新完善，能够在项目投标中提供要求合格，内容丰富、技术先进的标书。在投标过程中注意投标工作程序化、规范化建设。同时，坚持按行业、产品、专业、地域等分类方式不断充实、整理投标业绩资料和专业技术人员经历资料，使投标工作程序化、规范化。

（3）优势业务更加发展，拓展多元业务领域，确保公司平稳发展。涂装、总装、冲焊作为中汽工程公司的主导专业，在市场经营中，2009年优势作用明显，勇于开拓国际市场，狠抓贯彻执行。重点突破汽车涂装、总装、焊装及工程总承包等公司的优势业务，取得良好的收获，涂装、总装不仅成功获得高端项目，并且出色完成任务，获得好评，树立了品牌，形成了与国际一流公司竞争的能力。

此外，在轻工、医药、电子、电力风电等多种行业，努力开拓市场，寻找项目，取得较好的业绩和口碑。

积极寻求业务发展的有效途径，通过与日本公司组建合资的焊装业务公司，发展白车身的装焊业务，经营额大幅提升，使得公司的白车身装焊业务能力达到国内一流水平。

通过收购福田汽车的建筑公司，两家形成战略合作，实现双赢，保证了公司在福田市场的稳定。

（4）瞄准国家重点扶持和支持的行业拓展市场。2003年以来我国加快风电发展步伐，制定相关政策支持风电行业发展。天津市风电产业发展迅速，装机容量占全国总量的35%，已成为我国重要的风电产业基地。中汽工程公司瞄准这一契机，与国内外知名公司合作，相继承担丹麦维斯塔斯风力发电设备（中国）有限公司叶片厂、机舱组装厂、发电机组装厂、铸造厂等系列项目设计工作；承担天津东汽风电叶片工厂设计工作、比利时汉森风力发电传动装置项目设计工作等，为提高天津风电成套能力和形成叶片、电机、传动、控制系统等较为完整的产业链做出贡献。

（5）工业炉窑品牌优势进一步加大。随着由中汽工程公司所属五院总承包的上海重型机器厂加热炉群项目、中信重机加热炉群项目、公安部天津消防研究所耐火构件实验系统项目等几个在行业内有重大影响项目的圆满完成，公司的工业炉窑特别是加热炉技术已在行业内处于领先地位，品牌优势进一步扩大。

（6）国际业务初见成效，稳步推进国际市场开发。2009年中汽工程公司继续发挥海外经营基地——印度分公司的作用，做好印度项目的开拓和执行，建立和维系与印度汽车公司的业务关系。

通过国内汽车生产企业在海外的销售体系，与国外公司进行交流并且通过谈判签订涉外咨询合同。2009年，完成项目咨询的同时，开拓了海外咨询项目模式，并且积累了海外咨询项目的设计经验。

（7）加强对汽车整车制造企业以外的市场的开发。汽车零部件行业、工程机械行业、通用机械行业、机床行业等紧紧围绕国家重点建设投资领域的发展而壮大。中汽工程公司本年内加强对上述行业市场的开发，期望能通过这些开发建立新的增长点；并在分配政策上鼓励汽车零部件等小型项目的业务开展。

（8）关注民用院、监理、勘察的发展，注重天津市场的开发。随着我国城市化水平的不断提高，民用建筑的设计市场一直发展较快，中汽工程公司紧紧抓住天津滨海新区开发开放纳入国家发展战略的大好时机，开展市场营销及构建项目信息渠道，服务天津，服务在天津投资建厂的企业，采取措施，切实帮助民用项目、勘察、监理等业务加快发展，取得较好的成效。

3. 中汽工程2009年的主要签约项目。

工程设计：福田公司项目、上汽通用五菱项目、奇瑞公司项目、曙光集团项目、山东凯马项目、成都大运项目、中航锂电项目、中国华电项目、天津赛瑞项目。

承包项目：陕西通家微型车整体项目、沈阳华晨中华项目（涂装、总装B+U和涂装前处理）、通用五菱东部涂装车间、包头北奔重型汽车有限公司项目、中国一拖大轮拖总装车间、上海大众汽车有限公司四厂总装生产线、美国捷尔杰（天津）设备有限公司项目、上重工业炉项目。

民用项目：洛阳康都置业中原康城、河南明源实业明珠世纪城、河南科技大学新校区图书信息中心、洛阳力合·翰林苑。

【科技创新】

1. 建立公司标准体系。

2009年，中汽工程积极推进“三标管理体系”认证工作，下属子公司四院于2009年4月通过认证审核，并将于2010年5月完成对下属子公司五院的所有认证注册工作。

2009年，中汽工程积极推行标准化作业的管理，推动专业技术进步和技术开发，完成中汽公司标准体系主要文件的编制，出台制定公司技术标准和管理标准共计309个，其中技术标准131个，管理标准178个。

2. 技术开发及创新。

2009年，中汽工程强化技术创新、全员岗位创新和质量管理工作。制定相关政策，鼓励技术储备和技术创新，有力地推动了设计质量和设计效率的提高；发挥静海工程中心的作用，推动技术开发和加大技术创新的投入力度，实现真正具有自身技术的自主创新，创建企业品牌，不断提高依靠技术、质量获得项目的比例；在全员范围内展开“岗位创新”工作，寻找技术创新、自主创新的突破口。2009年3月至6月积极组织优秀工程设计、优秀咨询成果、科技进步奖等奖励申报，从项目实施开始，大力推进培育精品工程、精品意识；合理上报地方、集团、行业、国家的各项奖励，扩大社会影响。

2009年，中汽工程完成喷涂试验线的项目建设；上报奖项26项，获奖17项；申报专利10项；争取到天津市科委支持资金1300万元，国机集团支持开发基金340万元，洛阳市科技开发基金71万元。

3. 新产业开发。

中汽工程设立了新产业发展部，体现出对新产业开发的高度重视。新产业发展的重点工作主要在与公司工程设计业务相关联的产品、装备及施工工程等方面。正在推进和调研的项目主要有：

（1）次高频节能点焊机项目。项目产品为次高频逆变点焊机，为绿色节能产品，比普通点焊机变压器重量减少90%，用电减少70%。大量应用后，对汽车焊装车间将是一次革命性的改变，是一个环保节能项目、拥有关阔的市场前景。重点是开发相关的专机及机器人配套产品，并加大市场推广力度。

（2）电力无功补偿项目。产品为电力系统无功功率动态补偿装置，主要用于感性负载设备应用较多的车间变电所，补偿精度高，功率因数提高明显，节能效果显著。

（3）新型建筑材料项目。产品为PVC、TPO屋面防水卷材。该产品为高分子材料，防水效果好，耐久性好，反射率高，可实现“绿色建材”的循环使用，即卷材生产过程中产生的废料和屋面翻新的废料都能实现回收再利用。

（4）自动化物流设备项目。产品为自动化物流设备，广泛用于汽车装配、焊接、涂装等生产线上，提高车间自动化水平。

【产权制度改革】 2009年，中汽工程成功收购新兴福田建筑工程有限公司股份。通过收购，两家形成战略合作，实现双赢，保证公司在福田市场的稳定。

2008年8月5日，中汽工程与北京福田环保动力股份有限公司签订《股权转让协议》，双方约定鉴于新兴福田建筑工程有限公司注册资本5880万元，由北京福田环保动力股份有限公司持有2880万股，占股比49%；中国新兴矿产化工公司持有3000万股，占股比51%，且北京福田环保动力股份有限公司拟通过产权交易中心受让中国新兴矿产化工公司持有的2850万股，由中汽工程受让北京福田环保动力股份有限公司持有的新兴福田建筑工程有限公司2850万股，占股比48%。后经协商实现转让完成后，北京福田环保动力股份有限公司持有2730万股，股比46%；中汽工程将持有3000万股，股比51%；新兴矿化持有150万股，股比3%。

2009年，中汽工程已将3000万元股权受让款支付给福田公司，董事会改组正在进行中。

【主要管理经验】

1. 经营管理。

中汽工程要在新的平台下运行，必然要建立适应公司运行的新的管理模式。2009年完成重组后，公司采用的管理模式是：项目运行集中管理（包括市场营销、合同、生产作业等）、财务集中管理、资源统一、分配统一、技术质量和人力资源统一等各职能管理部门垂直管理为主的管理模式。采用这样的管理模式，是结合公司特定现状所选择的，没有先例和经验可参考，是探索和新的事物，需要在实践中不断完善和改进。

中汽工程在新体系下，提出十大管理原则：一是强化领导，发挥各级领导的模范带头作用；二是进一步宣贯和落实公司的企业文化；三是重新建立公司的各项考核和管理规定，实现过程、量化考核；四是坚持营销的龙头地位，强化项目营销组织和管理、生产保证、服务保证和接待高水平，建立大营销的概念，推行好组合式营销的模式；五是制定促进市场营销的考核奖励政策和生产保证的考核办法，切实做到多劳多得，坚持效率优先的原则；六是强化技术创新、全员岗位创新和质量管理工作，建立了多项技术、质量标准和管理标准；七是初步制定公司的发展规划，形成指导公司可持续发展的导向和动力；八是按照专业化工程公司的模式，优化组织结构，加快发展各专业工程院（所）；九是加强人力、财务、品牌等保证资源的建设，强化综合管理的服务保障职能；十是积极发挥各级党组织核心作用，做好职工的思想工作，强化党员和领导干部的模范带头作用。

2. 党建工作。

中汽工程下设两个党委即：洛阳四院党委、天津五院党委。全公司现有党员800余人，在职党员470余人，有37个党支部。全公司党组织建设工作，得到党政各级领导的高度重视，基础建设较好，各项工作制度完善。2009年在党内开展深入学习实践科学发展观的活动，各阶段工作目标圆满完成。通过活动充分调动党员干部的工作积极性，推动公司重组各项工作的进程，达到良好的活动效果。

3. 信息化建设。

2009年，中汽工程继续加强信息化建设，完成天津静海基地网路和弱电建设，涉及10个子项，全部建设已完成并投入运营。

实现洛阳与天津之间的网络连接。建设完成VPN虚拟局域网，洛阳、天津静海、天津五院、上海三地四处组成虚拟局域网，内部资源实现共享。升级RTX即时通讯系统，使中汽工程公司的全部用户能够在一个平台上交流，该软件支持1000人同时在线。

加强网络安全建设。采用用户身份认证技术，对数据进行安全加密，视具体情况确定数据安全的分类和等级。网络数据安全系统已投入运行，需要不断进行调整和完善。

完善公司信息化平台（OA平台），多项模块投入使用。

4. 企业文化建设。

2009年上半年，在全体普通员工范围内组织三次《企业文化手册》有关内容的闭卷考试，使得公司企业文化理念真正做到深入人心，积极践行到实际工作之中。

创立公司内部报刊和企业OA内网平台。成为公司沟通内部信息、对外宣传以及企业文化建设的重要平台。

用故事传承企业文化。编制《企业文化故事集》。围绕着《企业文化手册》中的有关内容，把公司有关部门和员工突出感人的事迹编制成册，逐步形成理念故事化，故事理念化的趋势。

加强项目管理现场的企业文化建设，根据《视觉识别手册》的要求，统一规范各项目现场和办公场所的目视化；根据各现场情况，着力抓好项目管理人员的节假日及休息日的活动，以适当调剂紧张、单调的现场生活。

创立学习型企业机制，把周六集中学习作为制度化进行落实。在员工中倡导学习之风，促成员工具有良好的学习习惯，建立学习型组织，树立全新的人才观和学习观，把缔造学习型组织作为企业永续发展的重要措施之一。

机械工业第六设计研究院

【基本概况】 机械工业第六设计研究院（以下简称中机六院）创建于1951年，2000年10月24日进入中央大型企业集团——中国机械工业集团有限公司，2000年以来，机械工业第六设计研究院大力推进以劳动、人事、分配为主的内部机制改革，真正从一个老体制的事业单位彻底改变为科技型企业，并抓住契机，积极培育市场，充分调动员工的积极性和创造性，快速提升管理水平，严格管理，科学管理，快速培养人才，实现了跨越式发展。

中机六院现有8个工程所、3个分院、3个子公司、2016名员工，其中，中国工程院院士1人、中国工程设计大师2人、英国皇家特许建筑设备注册工程师协会荣誉资深会员1人、享受政府特殊津贴专家28人、研究员级高级工程师110人、高级工程师386人、各类国家注册工程师507人的大型综合设计研究院。拥有工程总承包甲级资质，工程咨询设计甲级资质8个，乙级资质7个和压力容器、压力管道设计资质等共17个，首批成为河南省具有工程监理综合资质单位，获建筑企业施工资质二级；具有国家商务部颁发的对外工程承包经营资格证书。

业务涵盖工业、民用、市政和环境工程领域的咨询、设计、监理、管理、代建和总承包。建院以来，完成工程项目10000余项，主编、参编国家和行业标准、规范21项；荣获国家科技发明二等奖1项、中国土木工程创新最高奖詹天佑奖1项、鲁班奖6项、国家科技进步及优秀工程设计金、银、铜奖25项、省部级奖300余项。

在经济效益上，中机六院2008年的营业收入额经济指标与2000年相比，增长近十倍之多。

【主要指标】 2009年，中机六院圆满完成国机集团下达的各项考核指标，经营工作实现跨越式发展，签订合同额突破7亿元，较2008年增长40%，完成营业收入额4亿元。

表1　　2009年机械工业第六设计研究院主要经济指标

项　目	2008年	2009年	同比增长（%）
资产总额（万元）	25110	28137	12.05
净资产（万元）	8620	13032	51.18
营业收入（万元）	31055	40014	28.87
利润总额（万元）	2725	5968	119.01
利税总额（万元）	2685	3205	19.37
净资产收益率（%）	25.8	45.07	19.27
总资产报酬率（%）	12.7	22.42	9.72
国有资产保值增值率（%）	128.18	151.18	23

表 2　　2009 年机械工业第六设计研究院主要经济指标考核与完成比较情况　　单位：万元

项　目	营业收入	利润总额	成本费用占营业收入比例（%）
考核指标	31900	2800	91.94
完成额	40014	5968	84.89
完成比（%）	125.44	213.14	完成

【重要决策与重大项目】

1. 着眼长远发展，勾画新的未来。

根据战略管理滚动调整的思路，结合深入学习实践科学发展观活动，基于在市场、技术和服务等方面的业绩、品牌以及综合比较优势，在深入座谈调研的基础上，院长、党委书记赵景孔果断决策，提出要以大手笔勾画新未来，立足机械工业，加快综合发展，用 5～6 年的时间，发展成为“中国机械工业工程设计第一强院”的发展战略和奋斗目标，并提出要在这一宏伟目标指导下，以现有竞争优势为依托，打造形成若干个综合实力国内一流的工程院，全力拓展国内、外市场，快速提高该院综合实力，成为国内一流的综合性工程集团公司。这一新目标的适时提出，明确了机械工业第六设计研究院今后 5～10 年的发展方向和目标，形成发展共识，得到国机集团领导的肯定和支持，同时也鼓舞了广大领导干部和员工的工作积极性，对该院圆满完成年度经营工作目标和各项工作任务具有重要的影响和意义。

2. 调整组织机构，构建发展新格局。

为推动各生产部门在综合发展的基础上，进一步增强自身的专业化优势，3 月份，结合发展实际，院决策层果断对部分生产部门进行业务优化调整，形成院本部 9 个主业有侧重、发展目标明确的生产部门，构建新的发展格局。8 个多月以来，在新的部门领导班子带领下，各部门认真贯彻落实这一发展举措，经营工作取得显著业绩。第四工程所全年签订设计类合同额较上年增长 63%，综合发展的步伐加快，部门的均衡发展有了很大改观。第五工程所、第六工程所两个民用工程所在园林景观、大型文体建筑、酒店建筑、教育建筑、医疗建筑、住宅建筑设计和城中村改造市场，快速树立了各自的品牌形象，签订咨询、设计合同额分别较上年增长 74% 和 32%。中兴监理公司首批取得住建部综合资质后，2009 年在业务量提升和业务拓展方面表现突出，签订合同额较上年增长 58%。生产组织机构的优化调整，构建了机械工业第六设计研究院今后快速发展的新格局，同时也刺激、促进了经营工作的开展，为全年经营工作目标的顺利完成创造了条件。

3. 深入推进板块化运作。

按照院推进板块化运作的总体思路和经营工作要树立业绩、培养人才、提高市场占有率的总体要求，各生产部门大力推进板块化运作，9 个主要生产部门共整合形成 28 个相对独立、相互配合的业务板块，这些业务板块在院指导下，在各自的业务、行业等方面，均制定年度工作计划，分解落实院经营工作目标。市场运行部每月组织召开经营例会时，都及时反馈各生产部门、各板块经营发展动态，促进板块之间的了解和学习。2009 年，大多数板块快速成长，共有 17 个板块签订合同额超过 2000 万元，其中 8 个板块超过 3000 万元，厦门陆原综合板块、一所的非标设备板块、二所的无机非金属材料板块、六所的综合板块 4 个板块突破 4000 万元，同时，各板块在市场拓展、技术创新、人才培养等方面，也都迈开坚实的步伐。板块化运作的深入推进，加快各生产部门由“所”向“院”的转变，推动各生产部门业务链条的快速完善，也加快了院做大做强的步伐。

4. 业务拓展实现新突破。

工程咨询、设计、监理、项目管理等业务继续保持高速增长，2009 年签订合同额 6 亿元，较上年增长 40%，在金融危机的严峻形势下，实现快速发展。其中工程监理、工程项目管理业务发展迅猛，业务量突破亿元大关，达到 1.3 亿元，创历史新高。中兴监理公司还在公路及高速公路市场实现了零的突破，并且首次走出国门，成为机械工业综合实力最强的工程管理公司，2009 年全国综合排名升至第 31 位。核心业务的快速发展为下一步各项工作的推动打下经济基础，为提前实现“二五”规划其他各项工作目标创造有利条件。

5. 地域扩展再现新版图。

按照院工作计划安排，根据《各生产部门经营网点或经营代理人设置方案》，2009 年全院共建设信息网点 29 个，机械工业第六设计研究院已在全国八大综合经济区建设信息网点 70 余个，并招聘了相应的经营代理人，为经营拓展提供信息支撑。同时，为快速掌握行业企业的发展动态，把握今后一段时间的市场趋势，2009 年机械工业第六设计研究院制定 1351 家行业企业的走访计划，充分发挥各级经营人员和经营代理人的信息收集作用，按照分步实施、重点推进的工作部署，2009 年共走访企业 942 家。以上工作的顺利开展，收集大量有效经营信息，促进了经营工作的开展，达到以点带面的效果，进一步扩展了机械工业第六设计研究院在八大综合经济区的经营地域。

6. 市场领域打开新局面。

快速扩展五大工业行业市场。根据国家产业政策的调整和市场需求的变化，机械工业第六设计研究院瞄准国家鼓励发展、市场前景广阔的轨道交通装备、煤矿机械、石油石化机械、纺织机械、新能源装备五大行业，大力拓展经营，取得显著成效，分别承接行业的龙头、骨干企项目，树立了业绩，扩展了市场。其中，以第一工程所为主承接的中国北车大连机车旅顺基地项目，占地面积 2. 08 平方公里，是国内最大的轨道交通装备和通用动力机械研发制造基地，郑州煤矿机械集团搬迁改造项目，是亚洲最大、世界一流的液压支架研发、生产基地，郑州纺织机械集团整体搬迁改造项目，是国内最大的纺织机械生产基地，宝鸡石油机械有限责任公司整体搬迁改造项目，是国内石油机械行业的龙头骨干企业；在新能源装备行业，保持快速扩展的强劲势头，以天津分院为主，先后承接 10 几个风电装备项目的规划及设计，很多项目业主采取直接委托，形成行业独特的竞争优势。

提升了传统工业行业品牌地位。作为国内唯一的机床工具、无机非金属材料专业设计研究院，2009 年，中机六院以第一工程所为主，承接国内机床行业唯一一个搬迁改造项目——湖北三环黄石锻压设备有限公司整体搬迁改造项目，进一步巩固了院在该行业的垄断地位；第二工程所在国内磨料磨具行业工程设计和总承包市场，占有率已超过 90%，同时在碳素材料制品行业也快速形成了特色技术优势；在铸造领域，国内 4 个 30 万吨的铸锻工业园项目，都是世界级规模的工业园区，全部由院负责工程咨询、设计服务。在烟草行业，2009 年国家烟草局共发标 4 项技改设计项目中，院第四工程所精心组织，哈尔滨卷烟厂和海口卷烟厂两个项目中标，全国卷烟厂共发布的五个卷烟厂工程监理招标中，院参加南宁卷烟厂、曲靖卷烟厂和大理卷烟厂三个项目，并全部中标，行业专业咨询设计院的地位快速提高。

形成市政、环境市场的新优势。2009 年市政、环境业务加快向省内市场的渗透，共签订城市规划、城市给排水、城市供热、污水处理、垃圾处理、医疗垃圾处理等 35 个项目，合同额超过 2000 万元，并且在城镇、区域的总规、控规、详规和城市综合体的工程建设服务等方面积累了丰富经验，形成新的竞争优势。第三工程所承接的信阳市产业集聚区等多项产业集聚区规划设计、厦门陆原承接的越南中国（海防—深圳）经济贸易合作区首期修建性详细规划设计，代表中机六院的规划设计水平进一步提高，达到一个新的高度。同时，充分发挥中机六院在工业废水治理方面的技术优势，大力拓展总承包业务，开辟省外市场，第三工程所相继承接中国双汇河南济源、四川绵阳分部的蛋白废水治理承包业务，拓展了业务空间和市场空间。

巩固保持民用设计市场优势。在加快拓展工业、市政、环境市场的同时，机械工业第六设计研究院紧紧抓住省内民用设计市场，快速向其他地区拓展，提升业务量，承接一批有重要影响的民用项目。重庆分院承接的重庆市外事中心，第三工程所承接的金城时代广场，第四工程所承接的金科国际大厦，第五工程所承接的深航郑州基地项目，第六工程所承接的郑州银泰中心、开封职教园区、驻马店国际贸易中心等项目，进一步巩固了中机六院民用设计市场优势。同时，2009 年中机六院对医疗卫生业务板块进行资源整合，着力打造医疗卫生建筑设计专业院，2009 年已承接郑州市第二人民医院、中国人民解放军第一五四医院建设项目 14 项，快速扩展了河南省医疗卫生建筑市场，逐步形成了新的市场优势。

三维综合信息系统走向国际。结合在工业领域的工程设计优势和经验，机械工业第六设计研究院智能与信息工程所自主开发的三维管路设备管理系统，在国内烟草行业、制造业企业工程建设中首次应用三维可视化全生命周期管理，充分体现工业和信息化融合的思想，以压倒性优势战胜微软（中国）公司、法国达索（上海江达）等国际知名企业，开拓了新的市场领域。

【科技创新】

1. 健全创新制度，完善创新体系。

中机六院紧紧围绕主营业务发展的需要及核心竞争力的培育，形成了以重大型品牌项目、行业龙头项目、开拓性项目为创新载体，以新工艺、新技术、新产品、新材料、新方法的应用为内容，以解决工程项目中的共性技术问题为基础，以难新技术问题的攻关为重点，以重大关键技术问题的突破为目标的，基于具体工程项目的技术创新体系。在此基础上，2009 年，机械工业第六设计研究院又完善修订《技术进步及技术创新管理办法》《科技创新成果奖励办法》，组织完成中机六院各专业技术委员会改选换届工作，成立 15 个专业委员会和专业学组。并修订专业委员会的 8 项职责，进一步激发了各专业委员会的创新工作积极性。2009 年，中机六院共批准立项 34 项科研课题，完成《机械工厂装配车间设计参考资料》《大型电弧炉顶部通风除尘系统技术总结》《高层建筑复合地基变刚度设计总结》《医疗建筑的流线组织及中心消毒供应流程、医技用房构造研究》《双汇集团蛋白废水除氮脱磷技术攻关》等 15 项科研课题和 1 项国机集团科技基金项目；在中机六院 2009 年度标兵评选中，张新生、刘勇和武浩杰 3 人被评为院“技术创新标兵”；新组建的 15 个专业委员会，全年共组织各类技术活动 54 次，切实增强了院科研业务建设水平，提高了核心技术竞争力。

2. 注重成果应用，提高技术优势。

课题成果来源于具体工程，也应用于具体工程。在杭州卷烟厂工程设计中，中机六院首次将绿色建筑中机六的设计理念和评价标准应用于工业建筑领域，为院深入研究和制定我国绿色工业建筑评价标准积累了经验、奠定了基础；《工业炉群集中烟道设计及应用》成果已成功应用于中钢集团西安重机易地搬迁改造项目中，工程总承包的炉群余热综合利用项目，2009 年已竣工并成功投入运行，是机械行业节能降耗样板工程；完成的中国双汇集团漯河总部、济源分部、绵阳分部深度除氮脱磷总承包工程，破解了多项制约行业发展的废水治理技术难题，取得超越预期的实际效果。科研成果本身紧密结合“节能减排”举措，履行院基本的社会责任，同时，科研成果的推广应用，也形成中机六院独具特色的技术优势，取得显著的社会效益和经济效益。

3. 加强技术交流，促进共同提高。

作为中国绿色工业建筑学会的委托单位，2009 年 10 月份，中机六院组织启动国家《绿色工业建筑评价标准》的编写工作，标志着我国及国际上缺位多年的绿色工业建筑全生命周期的评价标准将快速推进；在完成《工业通风排气罩》大型国家标准图集的基础上，申请新的国家标准图《工业建筑空调设计与施工》《菱形可变叶片风量调节阀》的编制，并获批准；作为全国铸造学会环境保护及安全技术委员会主任单位，在主任委员赵景孔院长的指示和参与下，于 7 月底在银川成功地主办八届二次年会，得到全国铸造学会秘书长的肯定。

联合编辑出版《成组技术及生产现代化》科技期刊 4 期，编辑出版发行《技术信息》3 期、《技术信息质量专辑》2 期，申报发明专利 1 项、实用新型专利 4 项，获得《多工位拉罩式水旋喷漆室》（专利号：2009200924112）、《整体移动喷漆通风口对接装置》（专利号：2009200924127）、《窑门旋转装置》（专利号：2009200925986）实用型专利 3 项；全年共申报各类奖项 38 项，获奖 24 项，其中，机械工业科技进步奖 1 项，机械工业咨询成果奖 3 项，机械工业优秀工程设计奖 3 项，省城乡优秀设计奖 13 项，中国建筑学会智能化专项奖 2 项，《沈阳机床集团数控产业园》获中国机械工业优秀勘察设计一等奖、《周口市中心医院新病房大楼》获河南省优秀设计一等奖；负责规划、设计的宝鸡卷烟厂整体搬迁改造项目，荣获国家优质工程银质奖；沈阳机床（集团）有限责任公司涂装生产线二期工程获第四届工程总承包铜钥匙奖；沈阳机床（集团）发展数控机床及成套装备整体改造项目获第四届工程项目管理铜奖；负责设计监理的河南艺术中心被评为 2009 年度鲁班奖，郑州市第五人民医院病房楼及后备病房楼工程被评为 2009 年度国家优质工程银质奖，周口中心医院病房楼获省优秀设计一等奖。

【主要管理经验】

1. 人才战略卓有成效。

（1）加快优秀人才引进。

根据中机六院人才发展战略精神和 2009 年工

作计划，通过高校招聘、社会引进渠道，在人事部的总体协调下，全年共从社会、高校引进各类人才118人，其中高校毕业生79人，研究生占53%，社会引进具有注册资格和实践工作经验的优秀工程技术人员39人，进一步优化了院人力资源结构，提升了整体队伍素质，基本满足了生产、经营和生产部门管理工作的需要。

（2）加大人力资源开发力度，抓好四支队伍建设工作。

经营队伍建设。在严格把关、加快经营人才引进的同时，重点加强专职经营人员的培养，制定专门的培训大纲，对院基本情况、技术与市场优势、工程业绩、经营战略、经营策略、国际贸易知识、合同法等相关知识进行集中培训。日常工作中，结合院经营例会，一是加强对经营人员的考核管理，每月通报经营人员的信息收集、项目跟踪、合同签订等经营各环节的量化结果，及时督导经营人员改进工作，提高经营成效；二是积极进行案例教育，共组织经营人员案例交流会2次，工作座谈会2次，利用中标或失标项目，交流经验，发现不足，提高经营工作能力和水平；三是加大经营激励，年底评选出岳杰等5位经营标兵，树立榜样。

项目经理（总设计师）队伍建设。重点加强对岗位职责的认知和培训，2009年竞争上岗时，组织项目经理（总设计师）对其岗位职责和岗位工作细则进行了开卷考试，作为上岗的必要条件；在培养过程中，对于岗位职责履行到位，责任意识、质量意识、服务意识强的总设计师，及时树立典型，介绍好的做法和经验，带动提高项目经理（总设计师）队伍整体素质。借助质量及创新工作会议的机会，2009年10月，推选第四工程所付涛、第六工程所薛峰作了关于如何做好总设计师工作的发言，主要结合具体工程项目，围绕投标、设计过程的组织能力，服务协调能力，以及现场问题处理能力，交流项目经营运作过程中的心得体会；年底评选出了方瑾等3位总设计师标兵，并整理其工作材料，供总设计师岗位人员借鉴。

管理队伍建设。根据工作计划，2009年重点加强生产部门新进管理人员和职能管理部门管理人员的培养，组织召开2次管理人员工作座谈会，及时传达院管理工作思路，交流学习管理经验，探讨推进细化、量化、规范化管理的方法，引导管理人员结合院业务特点，不断完善院特有的管理体系。为加快中机六院管理体系建设，院长还专门组织了一次新进管理人员工作交流会，了解他们的成长情况，并就管理体系建设的主旨、原则和方法，进行指导和布置。在部门领导的指导下，新进管理人员正在加快对部门管理工作的认识和流程梳理，加快成长速度。第五工程所侯冬冬以图表化的形式，整理出《民用建筑工程设计管理体系》和《工程设计投标管理体系》，对推动院的规范化管理工作具有较强的借鉴意义。

专业带头人队伍建设。2009年主要开展两个方面的工作，一是在院岗位设置中增加了专业总设计师岗位，明确了上岗条件、岗位职责、岗位工作细则和量化考核办法，一批在本专业有技术带头作用又对本专业的质量、技术创新、技术交流、专业发展等有一定管理能力的人员，走上专业总设计师岗位，进一步加快院专业带头人队伍建设的步伐；二是在技术质量部的组织下，以院各专业委员会为交流平台，增进专业总设计师、专业主任设计师之间的技术探讨和技术切磋，促进本专业的快速发展和专业带头人技术、管理水平的快速提高。

加强员工培训，打造学习型企业。根据工作计划部署，2009年，各生产部门对2006年以来进院的员工，均针对员工专长和特点，制订培养计划，明确了员工成长目标，并提出具体要求。院支持符合条件的员工参加注册考试，2009年注册建造工程师、注册结构工程师、注册电气工程师、注册暖通工程师等11类注册资格考试，院共有50人次通过并获得注册资格；同时继续加大各类培训，共组织技术交流、专题讲座等各类培训87465学时，培训6511人次；支持员工攻读硕士研究生，共有4人参加武汉大学的MBA在职学习，3人通过西北工业大学的在职学习考试。在院2009年度职称评审中，根据任职条件及施工现场服务等情况，经职称评审委员会评审，有20人具备高级工程师任职资格，88人具备工程师任职资格，其中破格评审通过的有13人。

2. 落实“管理年”各项措施，练好内功。

（1）初步健全岗位职责体系。

根据工作计划部署，整理出台生产部门共21个岗位的岗位职责和岗位工作标准，组织职能管理部门41个岗位的岗位职责和岗位工作标准（细则）重新进行完善修改，这次修改是继2006年初次建立以来的第二次修改，修改后的各岗位岗位职责和岗位工作标准，更符合实际工作情况，操作性更强。全院各岗位岗位职责和岗位工作细则（标准）的出台，为各部门推进量化考核工作提供依据，初步建立起院岗位职责体系，向规范化管理迈进一大步。

（2）着力完善量化考核体系。

在继承的基础上，2009 年院对各生产部门（第一负责人）考核内容进行调整，重点按照院“二五”规划目标，就各项考核指标进行细化、完善，由原来的 38 项考核内容增加到 59 项，同时，为指导各部门的考核工作，下发生产部门经营总负责人、业务板块第一负责人、质量副职和生产副职考核指导要素，督促各生产部门完善考核办法，建立起从领导干部到各岗位员工系统的量化考核体系，深入推进量化管理工作。

（3）严格量化考核，推进淘汰、分配机制。

从 2009 年 4 月起，全院共有 697 人竞争上岗，623 人提高岗位工资标准，增资面 89%，人均增资 1271 元/月。按照以量化考核为基础，推进淘汰、分配机制的思路，根据 2009 年院岗位职责体系及量化考核体系，院继续严格落实各岗位量化考核办法，生产部门员工量化考核结果与本人效益工资、年终考核排队、竞争上岗、职称评定、续签合同等挂钩，管理部门员工量化考核结果与本人年底奖金、年终考核排队、竞争上岗、续签合同等挂钩。截止到 2009 年 12 月底，共有 29 人通过竞争考核机制予以淘汰。

（4）强化质量管理，推进贯标工作。

召开院质量创新工作扩大会议。9 月，围绕解剖问题、推进质量工作细化管理的精神，机械工业第六设计研究院组织召开 2009 年质量工作扩大会议，院本部在院中层及以上领导干部和厦门、天津、重庆分院的代表共 91 人参加会议。

扎实推进贯标工作。继续健全管理体系文件编制、出版 2009 年管理体系《运行文件》，修订 2009 年《文件和资料有效版本清单》；按国家 2008 年 12 月 30 日发布的 GB/T19001－2008/ISO19001：2008 的标准的要求，对院质量、环境、职业健康安全《管理手册》及有关的《程序文件》进行修订，并组织实施。认真贯彻管理体系标准要求，8 月，组织进行内部审核工作，提出 5 项改进建议和 2 项设计亮点；11 月，北京中设认证公司专家组对院进行“三标一体化”管理体系的第二次监督审核，共对 7 个受控部门及工程总承包现场进行监审，认为院各级岗位职责明确，管理工作制度化、量化工作突出，用标准规范各类管理活动，有效地控制院设计质量、环境、职业健康安全活动，体系运行持续有效。

（5）继续加强生产与服务管理。

实施细化管理。加快生产管理由粗放式管理向集约化管理转变，以“项目前期策划—过程协调控制—记录统计分析—量化考核奖惩—定期总结交流”为主线，加强生产过程细化管理，严格设计过程控制和计划变更，部门每天检查员工工作情况，计算员工负荷率。生产部门按照统一要求组织召开每周、每月、每双月、每半年生产例会，合理安排生产任务，交流、协调生产管理工作。

严格量化考核。加强生产管理量化考核工作，将产值目标管理引入生产管理考核体系。各生产部门每月对各类专业技术岗位在手人员项目数、完成施工图张数、完成产值、计划数、变更数、负荷率等内容列入考核，并根据考核工作中反映的问题，及时分析原因，采取改进措施。

全年主动与客户电话联系 148 次，收回服务记录 1312 份，服务记录评价为优秀的有 1087 份，评价为合格的 225 份，合格率 100%；收到客户表扬信 30 封，表扬人数 74 人次，客户对院服务质量的评价进一步提高。

（6）加强财务管理。

贯彻国机集团财务管理精神和财务管理有关规定，2009 年制定了《现金管理暂行办法》《关于加强我院财务管理的规定》《工程承包财务管理暂行办法》，进一步完善了财务管理体系；完成 2008 年度全院各部门财务收支决算、考核和 2009 年度全院财务收支预算编制工作，并将决算、预算情况向职工代表大会进行报告，加强了成本控制与核算；严格支出管理和手续审批，进一步规范各项财务管理工作。组织完成院财务基础检查工作和各级财务报表的上报工作；加强对所属分院、公司的财务检查，指导厦门分院规范分公司的财务管理工作，完成对重庆分院财务管理信息化软件的安装使用培训工作，组织开展中兴监理公司财务收支、管理情况的审计工作。通过严格管理，进一步提高院财务管理水平，提高了院经济效益。

（7）高度重视安全生产管理。

对生产安全、交通、消防等安全工作常抓不

懈，给与充分重视。为提高安全生产意识，落实安全生产责任，3月，各部门第一负责人在领导干部工作会议上与院长签订《安全生产责任书》，层层落实安全生产责任，并对安全生产的相关工作进行部署和要求；健全完善安全生产管理制度，编制2009年安全生产年度计划，制定《安全生产协议书范本》及《总承包协议范本》，修订《安全生产及境外突发事件综合应急预案》和《安全生产境外突发事件专项应急预案》，加强对安全生产管理的指导；重视日常工作中的安全生产管理工作，每逢节假日，都组织院相关部门对院区安全生产、文明办公情况进行例行联合检查，并要求驻外机构和工程现场妥善安排好安全生产工作；通过交警队安全讲座、视频案例等形式，组织4次司机人员的学习、交流活动；开展一次消防演练活动。在院领导的高度重视及各部门员工的共同努力下，全年无重大责任安全生产事故。

3. 继续推进企业文化建设。

落实《企业文化建设五年规划》，制定《2009年企业文化建设工作计划》，按照工作计划确定的重点工作，认真组织实施。继续对企业文化理念进行总结和提炼，形成院理念的基本内容，并在国机集团《企业文化与品牌》上刊登；以《企业文化——企业腾飞的隐形翅膀》为题目，为新员工系统讲解院企业文化有关内容，引导新员工加快融入院企业文化；搭建企业文化建设的交流、传播平台，继续办好《中机六院企业文化》专刊，共出版4期；起草编发院《社会责任报告》，并向社会公开发布；修改完善《领导干部基本要求》和《领导干部行为规范》，并发至每一位在职领导干部手中；通过员工运动会等大型集体活动，宣传院企业文化，提高员工凝聚力和社会影响力。

4. 抓好党的建设和纪检监察工作。

（1）圆满完成深入学习实践科学发展观活动。

按照国机集团党委的要求和部署，2009年3月，中机六院开始组织深入学习实践科学发展观活动，成立领导小组及办公室，制定实施方案，经过学习调研阶段、分析检查阶段、整改落实阶段，圆满完成深入学习实践科学发展观活动的各项任务。院长、党委书记赵景孔同志在向国机集团外部董事会汇报会上，首次提出“打造中国机械工业工程设计第一强院”的战略目标，得到与会领导的关注和重视；全院12个党支部，359名党员，以高度的责任感、使命感、紧迫感，积极投身学习实践活动，在生产经营工作十分繁重的情况下，做到“两不误，两促进”。

（2）用科学发展观武装头脑，加强领导班子思想政治建设。

在2009年的深入学习实践科学发展观活动中，机械工业第六设计研究院认真抓好领导班子成员的学习调研和分析检查工作，院长兼党委书记赵景孔同志亲自拟定学习调研题目，亲自为每一位院领导拟定分析检查报告的重点内容，通过学习调研和分析检查，院领导进一步领会了科学发展观重要思想的深刻内涵和重大意义，提高了领导班子的领导能力。

（3）开展争创“五好”党组织和“创先争优”活动，发挥党组织的战斗堡垒作用和党员的先锋模范作用。

院党委明确“创先争优”和争创“五好”党支部活动的要求和具体做法，把“创先争优”和争创“五好”党支部活动作为发挥党支部战斗堡垒作用和党员先锋模范作用的重要载体。各党支部注重发挥党支部和党员的作用，院党委也注意宣传报道党支部和党员的先进事迹。在2009年河南省建设厅党务工作评比中，院党委被河南省建设厅授予“五好”党委称号，4个党支部被授予“五好”党支部称号，13名党员被授予优秀共产党员称号，1位同志被授予优秀党务工作者称号。

（4）完成党支部的换届选举工作，做好党员发展工作。

2009年10月，中机六院对全院的党支部进行调整，调整后的12个党支部全部完成换届选举。2009年，新发展党员3人，预备党员转正15人，新确定发展对象4人，其中，大多数是在生产一线工作的青年员工，为院党员队伍注入新的活力。

（5）抓好纪检监察工作。

预防为主，加强领导干部廉洁自律工作。实行党风廉政建设责任制，年初，与各部门一把手签订“党风建设和反腐倡廉责任书”，明确领导干部有关廉洁自律规定，提出领导干部在党风廉政建设责任方面的要求。

做好重大节日期间的廉政建设工作。在春节等重大节日前夕，院纪委按照上级纪委的要求，下发文件，对领导干部提出廉洁自律的要求，提高廉洁自律意识，努力做好“节日病”的预防工作。

做好重点工程的廉洁自律工作。在2009年院新办公楼的建设工作中，院纪委提出要求并拟定廉洁自律责任书，与参与项目的每一位员工签订责任书。在项目建设过程中，一位参与项目建设的员工将设备供应商送的1000元现金交到院纪委。

长春机械科学研究院有限公司

【基本概况】

1. 发展情况。

长春机械科学研究院有限公司（以下简称长春机械院）始建于1959年，原名为“机械工业部长春试验机研究所”（以下简称长试所），是国家试验机行业技术归口单位。曾先后隶属于国家第一机械工业部、国家机械电子工业部、国家机械工业部、国家机械工业局，现隶属于中国机械工业集团公司（以下简称国机集团）。

1999年7月，根据国家关于科研机构管理体制改革的要求，作为国家242家首批转制科研单位之一，长试所由事业单位转制为科技型企业，成为国机集团的全资子公司。2000年5月30日，长试所被认定为高新技术企业。

2007年8月，根据国家央企改革的有关精神，研究所整体转制为有限责任公司。公司名称为“长春试验机研究所有限公司”。2010年1月1日长试所有限公司正式更名为“长春机械科学研究院有限公司”。

经过近50年的发展历程，长春机械院已形成可生产各类试验机、自动轴类校直机、汽车零部件性能检测设备、试验机附具附件等四大系列200多个品种产品的开发制造能力。产品被广泛应用于航空航天、国防军工、机械制造、质检机构、科研院所、大专院校等众多行业和领域，并远销到中国香港、西班牙、马来西亚、印度尼西亚、日本、巴基斯坦、阿尔及利亚、古巴、越南等多个国家和地区。

长春机械院现拥有在职员工280多人，各类科技人员占职工总数的63%，中级以上职称人员占各类科技人员的75%，高级工程师61人（研究员级13人），是技术密集型企业，具有综合开发、研究及生产制造能力。

长春机械院下设技术开发部、技术管理部、产品部、装调部、生产管理部、机械加工部、行业工作部等职能部门和管理部门，并于2008—2009年出资设立长春汇创软件有限公司、长春汇科试验仪器检验校准有限公司、长春汇凯科技有限公司三个全资子公司。

2. 历史沿革。

公司成立于1959年，隶属第一机械工业部第二局，事业单位性质。

1999年7月转制为高新技术企业，隶属机械工业部，国有科技型企业性质。

2007年8月改制为股份制企业，隶属国机集团，国有股相对控股的多元化股份制企业性质。

3. 自进入集团至2008年发展情况。

长春机械院自进入国机集团以来（2000—2008年底），经济得到快速发展，具体比较指标如表1。

表1　2000年、2008年长春机械科学研究院有限公司主要经济指标比较

项目名称	2000年	2008年
资产总额（万元）	3800	9200
净资产（万元）	700	2900
营业收入（万元）	1070	4680
利润总额（万元）	5.6	464
技术开发投入（万元）	80	559
利税总额（万元）	242	717

资产总额增长142%，上缴国家利税增长近3

倍，科技研发队伍和技术开发投入逐年加强和增长，10 年（2000—2009 年）企业主要经济指标之和超过过去 40 年（1959—1999 年）的发展总和。

【主要指标】

表 2 2009 年长春机械科学研究院有限公司主要经济指标完成情况

项　目	指标数	完成数
主营业务收入（万元）	5000	6198
利润总额（万元）	240	1266
进出口总额（万美元）	60	63
净资产收益率（%）	9.44	35.63
流动资产周转率（次）	0.9	0.9
技术投入比率（%）	14.15	15.4

从上表可以看出，2009 年长春机械院在世界性经济危机大前提下，长春机械院能够全面完成国机集团的各项经济指标，主要原因归结如下：

（1）主营业务收入比 2008 年增长 32.24%。主要是在校直机等服务于汽车业的主打产品上半年销售受挫的情况下，及时调整经营方向，向大课题、国外市场发展，下半年又得利国家政策支持，市场经济好转，因此，2009 年，长春机械院主营业务收入没有受到影响，反而以较快的速度发展。

（2）从利润构成分析，2009 年利润主要是主营业务收入和营业外收入两大部分构成。2009 年主营业务支出与主营业务收入没有等量增加，产生的 479 万元的差额，是 2009 年比 2008 年利润增长近 800 万元的主要因素，而降低产品成本的主要途径：一是加强了科学管理，二是调整了产品结构，三是规范了采购渠道。2009 年长春机械院继续享受税收优惠政策，这也是利润较高的一个重要因素。

表 3 2009 年长春机械科学研究院有限公司主要经济指标

项　目	2008 年	2009 年	同比增长（%）
资产总额（万元）	9238.5	10835.3	17.28
净资产（万元）	2906.4	4166.3	43.35
营业收入（万元）	4686.7	6197.7	32.24
利润总额（万元）	464.2	1265.9	172.70
技术开发投入（万元）	558.8	954.5	70.8
利税总额（万元）	716.9	1901.1	165.17
全员劳动生产率（万元/人·年）	7.22	8.76	21.28
净资产收益率（%）	17.07	35.63	18.56
总资产报酬率（%）	5.38	12.61	7.23
国有资产保值增值率（%）	118.35	143.38	25.03

【重大决策与重大项目】

1. 领导班子抓住时机措施得当。面对世界性经济萧条，如何把握时机发展自己，现任领导班子发挥了关键性的领航作用。及时调整经营生产目标——开发大项目和向国外发展。与中石油管道局签订的 2000 吨卧拉项目，与中国北车长客集团签订的转向架测试加载框架等项目，这些大项目的成功获得不仅为长春机械院赢得较好的经济效益，也为今后大项目管理积累宝贵的经验。2009 年新年伊始，长春机械院制定开发海外市场新措施，出台相应的管理办法和市场营销策略，指派专人专向负责国外市场业务，重点开拓古巴、巴基斯坦、西班牙、南非等国际市场，海外订单成为新的利润增长点，2009 年进出口总额比 2008 年有了明显的增长。2009 年主营业务收入比 2008 年增长 32.24%。此外，在 2009 年建设沈阳、上海、西安、武汉、广州办事处，有效扩大了经营市场。

2. 科学有效的管理。2009 年，长春机械院在制度建设、规范管理、节能增效等方面加强管理。年初，总经理就与各部门负责签定责任书，落实生产、管理、经营等目标任务，及时将目标进行科学分解。通过季度和年度绩效考核兑现考核结果，有效地调动了干部、员工的积极性，全员生产、经营热情得到很大程度的提高，劳动生产率比 2008 年提高 21.28%。2009 年，长春机械院在技术人才管理方面也有了较大的突破，扩建“设计师”队伍，使一批技术水平过硬、作风正派的高技术人才有了较优厚的待遇，使长春机械院科技人才队伍建设越来越稳固。

3. 2009 年 12 月，长春机械院在高新区超群街购买一块 3 万平米的土地，土地出让年限为 50 年，12 月已经取得所有权。未来新区规划以国家机械工业校直工程中心为核心，打造校直机及相关校正设备的研发、生产基地。

4. 2009 年 6 月，出资 200 万元注册成立“长春汇凯科技有限公司”，系长春机械院所属独资子公司。主要经营校正机械设备的研究、开发、销售及技术咨询，金属、非金属等高分子性能材料的研究、开发、销售及技术咨询，汽车零部件检验技术的研究、开发、技术咨询、机械设备、电子产品的销售。

【科技创新】 2009 年，组织完成实用新型专利申报 6 项，具体为：岩体平面模型试验系统；长管筒套矫正设备；8800 控制板卡；土体三轴流变试验机；岩体工程物理模拟试验系统；2000 吨钢板卧式拉伸试验机。同时，与一汽集团技术中心共同申请实用新型专利一项：缸体疲劳试验机。

按照企业发展规划，完成校直机工作效率提升项目、半自动校直机开发项目、弹性支座刚度检测项目、机械蠕变试验设备系列定型、环境检测系列化、土工专用设备项目的研发工作。

长春机械院主要四大支柱产品已基本形成产业化发展规模。

【主要管理经验】

1. 科学制定企业发展规划。

企业发展规划指导企业在一定时期的发展方向和发展速度，因此发展规划既不能虚无缥缈的够不着，也不能轻而易举地就能实现。因此，制定企业发展规划，既要要符合国机集团的整体发展水平，也要科学有效、切实可行。

2. 建立完善的绩效考核制度。

要实现人人肩上有指标，人人都要被考核的管理机制，使责任目标落实到人。完善的绩效考核标志是兑现承诺、一诺千金，达到一种能者上，庸者下的良好风气。

3. 党建工作。

2009 年党委把学习贯彻党的十七大精神和国机集团工作会议精神作为贯穿全年工作的主线，牢固树立科学发展观和正确政绩观，以发展为第一要务，确定发展思路，把握发展方向，确保公司持续有效较快协调发展。坚定不移地在政治上、思想上、行动上同党中央、上级党组织保持高度一致。完善党委中心组学习制度，强化理论学习，注重实践应用，充分发挥政治核心作用，不断提高引领企业发展的能力。在基层党组织建设方面，加强党支部制度化、标准化、规范化建设，认真调整各支部结构，充分发挥青年党员在一线的带头作用。在组织发展中，按照上级党组织的要求，严格按组织程序进行发展党员工作，认真实行培养期和转正期考核工作。2009 年，有四名同志如期转为中共预备党员，有四名同志被批准为入党积极分子。

4. 企业文化建设。

公司企业文化定位：“和”文化，“和”的定义：融合、责任、人本、和谐。融合：公司上下紧密团结，协助互补，目标一致，思想一致，行动一致，凝心聚力，和衷共济，融为一体；责任：全体员工共同维护企业利益，与企业共成长，与社会相融通；人本：坚持人才是第一资源，尊重每一位员工，调动阶级性，发挥主动性，提高创造性，营造人文和谐；和谐：发挥企业优势，锐意创新，达成内外共赢，同心同德，奋发有为，拼搏进取，共谋发展；使命：引领中国试验机与试验技术发展方向；愿景：打造国内试验机品牌，追赶世界先进技术。通过企业文化建设提升企业核心竞争力和凝聚力，最终达到推进企业和谐、快速发展的目的。

沈阳仪表科学研究院

【基本概况】

1. 发展情况。

沈阳仪表科学研究院（原名沈阳仪器仪表工艺研究所，以下简称沈阳仪表院）是始建于1961年5月5日的国家级科研院所，原隶属于机械工业部，1999年7月1日改制为企业，现隶属于中国机械工业集团有限公司。从2003年开始，先后重组杭州照相机械研究所、秦皇岛视听机械研究所、沈阳真空技术研究所，被国机集团定格为“核心业务企业”。

沈阳仪表院现有职工1022人，其中干部470人，工人552人。在职专业技术人员462人，其中高级职称120人（内含在职提高待遇高级工程师30人，高级工程师87人，高级会计师3人），中级职称139人，初级及初级以下职称211人。

沈阳仪表院下设9个全资子公司，分别为：沈阳汇博热能设备有限公司、沈阳汇博自动化仪表有限公司、沈阳汇博光学技术有限公司、沈阳汇博思宾尼斯传感技术有限公司、国家仪器仪表元器件质量监督检验中心、沈阳汇博珠林物业管理有限公司、杭州照相机械研究所、秦皇岛视听机械研究所、沈阳真空技术研究所；下设3个研究机构，分别为：沈阳汇博装备公司、力敏传感器中心、国际贸易部；下设7个管理部门，分别为：财务资产部、综合管理部、科技质量部、经营管理部、战略规划部、项目办公室、行业发展部。

经过49年的发展，沈阳仪表院形成“传感器、变送器、智能仪器仪表、光—机—电一体化产品、仪表成套系统及相关技术”、“波纹管、膨胀节、特种民用或军用波纹管组件、强化换热技术、弹性元件工艺装备及相关技术”、“高压水系统清洗设备及其自动化清洗系统、管道仪器、传感器工艺装备、划片机等专用设备及相关技术”、“光学薄膜产品、滤光片、反光镜、非球面透镜、数码镜头等光学元器件及相关技术”等在国内的领先优势，积累了一批市场潜力大的高技术产品；建成了国内最强的硅基传感器产业化基地、国内最强的高压组合电器补偿器及其配套产品产业化基地和国内最强的光学干涉滤光片产业化基地。

沈阳仪表院是全国仪器仪表元器件和仪表工艺的归口单位。设有一个国家级工程中心——传感器国家工程研究中心，机械工业弹性元件工程技术研究中心，省级企业研发中心，博士后工作站，三个国家级质检中心、一个部级质检中心——国家仪器仪表元器件质量监督检验中心、国家照相机质量监督检验中心、国家真空设备质量监督检验中心、机械工业电影机械与电化教育设备产品质量监督检测中心，四个标准化技术委员会——机械工业仪器仪表元器件标准化技术委员会、国家照相机械标准化技术委员会、机械工业电影和电教机械标准化技术委员会、中国真空技术标准化技术委员会。中国仪器仪表学会仪表元件分会、仪表工艺分会、中国仪器仪表行业协会传感器分会均设在本院。

2. 历史沿革。

1961年1月，第一机械部根据发展仪器仪表工业的需要，下达“（61）一机四周字〔5919〕号”文件，批准建立仪器仪表工艺研究所，直属第一机械工业部。5月5日，第一机械工业部仪器仪表工艺研究所筹备处公章启用，正式开始建所。

1963年1月9日，第一机械部上报国家科委以（草案（63）机密技经字34号文）申报计划任务书，正式将研究所定名为“第一机械工业部沈阳仪器仪表工艺研究所”。

1971年6月29日，第一机械部以“〔71〕一机技字第485号”文将本所下放给辽宁省机械局，同年，根据“辽革〔71〕119号”文件，接受辽宁省和沈阳市双重领导，改名为“沈阳仪器仪表研究所”。

1978 年 7 月，研究所被机械部接收，又重新命名为第一机械工业部沈阳仪器仪表工艺研究所。

1979 年 12 月 20 日，研究所由“〔79〕机办字 053 号”文明确直属国家仪器仪表工业总局领导，改名为“国家仪器仪表工业总局沈阳仪器仪表工艺研究所”。

1982 年 11 月 27 日，因国家仪器仪表工业总局撤消，研究所由“机委办涵〔1982〕292 号”文，重归机械部，定名为“机械工业部沈阳仪器仪表工艺研究所”。

1987 年 5 月 1 日，因国务院机构撤并改组，组建国家机械工业委员会，研究所定名为“国家机械工业委员会沈阳仪器仪表工艺研究所”。

1988 年 9 月 19 日，因国务院机构撤并改组，成立机械电子部，研究所由“机械办〔1988〕865 号”文定名为“机械电子工业部沈阳仪器仪表工艺研究所”。

1993 年，国务院重组各部委，重新设立机械部，研究所由“机械办〔1993〕143 号”文定名为“机械工业部沈阳仪器仪表工艺研究所”。

1999 年 7 月 1 日，根据国家科技体制改革“国科发政字〔1999〕143 号”文的决定，根据“国科发政字〔1999〕197 号”文，研究所由原事业单位转为企业单位，进入中国机械装备（集团）公司。

2000 年 3 月 1 日，经沈阳市工商行政管理局批准，正式注册为企业法人营业执照，企业名称为“沈阳仪器仪表工艺研究所”。

2002 年 12 月 4 日根据“国机企规〔2002〕414 号”文件《关于同意沈阳仪器仪表工艺研究所更名为“沈阳仪表科学研究院”的批复》，于 2003 年 1 月 1 日正式更名为“沈阳仪表科学研究院”。

2003 年 1 月 6 日，根据“国机规〔2003〕6 号”文件《关于沈阳仪表科学研究院和杭州照相机械研究所联合重组的决定》，杭州照相机械研究所整体并入沈阳仪表科学研究院，建立起以产权为纽带的母子公司体制，即沈阳仪表科学研究院为母公司，杭州照相机械研究所为子公司。

2003 年 9 月 15 日，根据“国机规〔2003〕443 号”文件《关于沈阳仪表科学研究院和秦皇岛视听机械研究所联合重组的决定》，秦皇岛视听机械研究所整体并入沈阳仪表科学研究院，建立起以产权为纽带的母子公司体制，即沈阳仪表科学研究院为母公司，秦皇岛视听机械研究所为子公司。

2008 年 1 月 29 日，根据“国机资〔2008〕58 号”文件《关于将沈阳真空技术研究所产权划转进入沈阳仪表科学研究院的通知》，沈阳仪表院结束了近三年来对沈阳真空技术研究所的托管，真空所产权关系正式划转进入仪表院，成为仪表院的全资子公司。

3. 自进入集团至 2008 年发展情况。

自国机集团成立，沈阳仪表院就成为国机集团的全资子公司。在国机集团的领导下，沈阳仪表院产业规模逐年扩大，科研生产经营管理工作日趋规范，进入了快速发展的轨道。

表 1　1997 年与 2008 年沈阳仪表科学研究院有关财务指标比较　金额单位：万元

序　号	财务指标	1997 年末	2008 年末	增长额	增长率（%）
1	营业收入	3413	19385	15972	467.98
3	利润总额	45	1170	1125	2500.00
4	利税合计	214	2525	2311	1079.91
5	固定资产	4340	22643	18303	421.73
6	总 资 产	5970	30333	24363	408.09
7	净 资 产	3220	14731	11511	357.48

科研实力得到提升。沈阳仪表院共完成科研项目 1662 项，获得国家、部、省、市等各项奖励 331 项，其中国家级发明奖和国家科技进步奖 11 项，省部级科技进步奖 86 项，专利和专有技术 130 项，形成四个重点技术和产业发展方向：传感器与自动化仪表；波纹管、膨胀节与换热器；物理清洗系统

与专用IC设备；滤光片与反光镜等光学薄膜器件。

产业化水平得到提高。2000年开始在沈阳浑南产业开发区购置40亩土地，投资建设浑南产业基地，建成了国内最强的组合电器用波纹补偿器生产基地；2005—2009年实施了“MEMS压力传感器与相关智能仪表产业化”项目，建设传感器大楼和机械加工厂房，提升了传感器、自动化仪表和光学薄膜器件等产业方向的生产规模和技术实力。

管理工作日趋规范。沈阳仪表院已通过ISO9001质量体系认证和GJB9001A军工质量体系认证。建立全国性营销网络，产品广泛应用于航空、航天、电力、石化、冶金、供热、供电、煤炭、轻工、建筑、制药等行业，部分产品已远销国外。沈阳仪表院作为重点协作配套单位，研制生产多项军工产品，成功应用于“高新工程”、“神舟五号”、“神舟六号”载人航天及“嫦娥一号”卫星等重点工程。

沈阳仪表院是辽宁省“守合同重信用”单位；辽宁省高新技术企业；辽宁省企业技术中心；国家博士后工作站；沈阳市火炬型科研院所；沈阳市五一奖状单位；沈阳市民主管理先进单位。沈阳仪表院获得国家信息产业部军用电子元器件合格分承包方资格证书、国防科工委武器装备科研生产许可证、三级保密资格证书、国防科工委协作配套先进单位，并获“中国航天五十年”表彰。“汇博”商标为辽宁省著名商标、“汇博”产品为沈阳市名牌产品。沈阳仪表院是全国模范职工之家、国资委先进基层党组织、辽宁省精神文明标兵单位、沈阳市先进党委、中国机械工业集团公司先进单位、全国教科文卫体系统先进工会组织。

【主要指标】 2009年末资产总额30985万元，负债17079万元（资产负债率55.12%），所有者权益总额13906万元，分别较上年增加653万元、1445万元、197万元。

表2　**2009年沈阳仪表科学研究院主要经济指标**

项　目	2008年	2009年	同比增长（%）
资产总额（万元）	30332.61	31456.22	4
净资产（万元）	14731.31	14256.69	-4
营业收入（万元）	19384.61	21433.21	11
利润总额（万元）	1169.96	1196.44	2.26
技术开发投入（万元）	3639.06	4026.98	10.65
利税总额（万元）	2525	3335	32
全员劳动生产率（万元/人·年）	7.92	8.86	11.86
净资产收益率（%）	7.15	7.88	0.73
总资产报酬率（%）	5	4.62	-0.38
国有资产保值增值率（%）	109.44	107.36	-2.08

【重大决策与重大项目】 2009年，在全球经济危机的环境下，沈阳仪表院突出重点，积极应对所面临的严峻经济形势，以全力完成国机集团下达的各项经营指标为目标，狠抓经营管理，加大力度扶持重点项目，支持产业升级，走精益化管理道路。2009年，在院领导班子的带领下，全院上下紧紧围绕经营，以提高产品技术为中心，重视核心竞争力的产品的开发，全院完成合同总额2.7亿元，主营业务收入2.1亿元，较2008年同期实现稳步增长，均完成国机集团下达的各项经营指标。

2009年，沈阳仪表院波纹管系列产品实现销售额13500万元，产品主要销往国内石油、化工及电力等行业，市场占有率达62%，其中仅主要产品高压组合电器用膨胀节，就实现销售额近7000万元。电沉积波纹管较上年实现较高增长，销售额增长率达73%。划片机、清洗机类产品2009年合同实现历史新高，实现销售额4500余万元，其中ZSH506型划片机已成功推向市场，整个市场发展势头看好。滤光片、反光镜系列产品2009年在工艺方面采用德国莱宝设备镀制主膜，产品的使用寿命延长、稳定性增加，产能也随之加大，实现销售额3000余万元，国内市场占有率分别为60%、50%。传感器、仪器仪表等系列产品加大力度开发具有自主知识产权、符合市场要求的新产品，实现稳步增长，实现销售额2800余万元。硅电容系列压力传感器是沈阳仪表院自主研制生产的产品，替代了传统的金属电容传感器，具有独立自主知识产权，受到市场的关注与认可。

2009年，沈阳仪表院集中资金重点扶持主导产业和重点产品发展，院与各产业部门执行项目定期跟踪，解决项目运作中实际存在的问题。滤光片产业化项目通过引进设备，产品竞争力明显提升，再次稳固了主导产品的地位；波纹管项目通过提升装备，形成组合电器用波纹补偿器系列产品，提升了产品的技术含量，市场份额不断增加；水清、划片机项目产品达到高端技术，产品水平达到国际先进水平行列，市场跟进比较快，成功占领国内市场；SOI、Si电容传感器项目进展不错，产品占领国内首要市场；国际贸易项目运转良好，分别与德国ABB公司、日本三菱、上海西门子等国际知名企业开展合作项目，产品已批量出口。

【科技创新】

1. 发挥技术优势，推进产业化不断深入。

沈阳仪表院研制生产的传感器、精密金属波纹管等产品成功应用于建国60周年的阅兵大典上。院的主导产品组合电器用波纹补偿器获得沈阳市振兴奖；GIS用波纹补偿器产业化获得辽宁省成果转化三等奖。并且逆势而上，成功出口日本和印度。换热器产品首次采用MONEL400材料，创造了较好的收益。划片机产品通过技术升级，其新型ZSH5型（半自动）的性能指标达到国外同类产品水平，其事业部成功入驻沈阳集成电路（IC）装备创新产业园。

2. 持续推进重点项目，增添发展后劲。

2009年投入600万元扶持主导产业和重点产品发展。滤光片产业化项目进展良好。通过引进设备、技术提升等手段，滤光片产品正逐步成为品种齐全、竞争力明显提高的主导产品。水清、划片机项目取得阶段性进展。高端水清产品技术水平提升较大，喷嘴压力达到280MPa，产品水平达到国际先进水平行列。波纹管项目通过提升装备，形成组合电器用波纹补偿器系列产品。组合电器用波纹补偿器产品成为院里的主导产品。

3. 发挥技术优势，突出行业地位作用。

2009年成功召开杭州照相机博览会。这个博览会已经有25年历史，现已发展为影响力较大的全球博览会。

沈阳仪表院参与共建辽宁（丹东）仪器仪表产业基地技术中心。该技术中心由辽宁（丹东）仪器仪表产业基地管委会、大连理工大学、沈阳工业大学、沈阳仪表科学研究院4家单位共建，主体建在仪器仪表产业基地，其他3家单位设分中心。中心将在今后的仪器仪表产业基地研发检测中心建设、企业技术支持和科研管理等方面发挥重要职能作用。

【产权制度改革】 按照国资委《关于规范国有企业职工持股、投资的意见》（国资发改革〔2008〕139号）的文件要求，对照检查，并根据国机集团《关于沈阳仪表科学研究院收购职工所持沈阳汇博光学技术有限公司等4家公司股权有关问题的批复》（国机资〔2009〕168号）的文件精神，清理职工持股情况，使得四个子公司全部变更为国有全资子公司，理顺了沈阳仪表院与各公司的关系，进一步明确了发展方向。

【主要管理经验】

一是实施战略发展规划，明确发展方向。2009年院投资50万元，进行战略规划工作，明确了沈阳仪表院未来发展方向、主导产业和重点产品。

二是装备产业园区建设规划工作正式启动。2009年院启动装备产业园区建设工作，与浑南新区签订协议，购买157亩工业土地，一期工程计划兴建2万平方米厂房，6000平方米办公楼。

三是进行薪酬体系的调整。按照效率优先，兼顾公平的原则，制订薪酬体系办法。

四是2009年实行企业年金制度，提高职工的养老保险待遇水平。

五是加强企业文化建设，促进企业和谐发展。2009年，继续开展“职工建言献策”活动，为仪表院持续发展提供原动力。开展丰富多彩的文体活动，活跃职工的文化生活。2009年举办庆祝建国60周年职工大合唱，振奋了精神，凝聚了力量。

六是开展信息化工作，推动技术创新。2008 年搭建“一院三所”的协同办公管理平台；2009 年出资 100 万元购买 SW、Altium、Tracepro 等设计软件。通过实施，技术人员可以实现三维建模及仿真验算等功能，设计效率和降低成本方面有了不同程度的提升。

合肥通用机械研究院

【基本概况】

1. 发展情况。

合肥通用机械研究院（以下简称合肥通用院），1956 年成立于北京，1969 年搬迁至合肥，1999 年转制为科技型企业，是原机械工业部直属的多专业综合性国家一类研究所。1999 年 7 月 1 日，加入中国机械工业集团有限公司。

合肥通用院主要从事化肥、化工、石化、燃气、冶金、电力、环保和国防军工等行业通用机械及化工设备的设计、开发、研制、检测、监理、工程承包、设备成套等，工程技术研发涵盖压力容器与管道、流体机械、包装食品机械及石油装备等领域的 20 多个专业。建院 50 余年来，共取得 2500 多项科研成果，其中国家科技进步奖 20 余项，省部级科技奖励 350 余项。已发展成为集科研开发、工程承包、产品生产、检测检验、职业教育为一体的创新型企业，为提升我国重大技术装备水平和国民经济建设发展做出重要贡献。

2. 基本情况及历史沿革。

合肥通用院占地面积 600 多亩，拥有固定资产近 2 亿元、大精尖设备仪器 300 余台套，总资产近 10 亿元，职工 1200 余人，其中 70% 是工程技术人员，具有高级职称以上 300 余人。

合肥通用院拥有合肥通用机电产品检测院（主要从事制冷空调、压缩机、泵、阀、机械密封等机电产品检测）、合肥通用机械研究所压力容器检验站（主要从事在用压力容器与管道检验、检测、安全评定、失效分析、风险评价、事故溯源、应急处置等长周期运行安全保障技术研究与应用）、合肥通用特种材料设备有限公司（主要从事特种材料、特殊结构、特别用途承压设备产业化生产等）等独资、控股子公司 10 余个。

合肥通用院自成立以来，共经历初始创建（1956—1968 年）、搬迁重建（1969—1982 年）、改革调整（1983—1998 年）、创新发展（1999 年以后）四个发展阶段。成立时名称为“第一机械工业部化工与通用机械研究所”，后伴随机械工业部名称的变化和研究所搬迁、转制等变迁，曾用名称包括“机械工业部合肥通用机械研究所”、“机械工业委员会合肥通用机械研究所”、“机械电子工业部合肥通用机械研究所”、“合肥通用机械研究所”等。

3. 自进入国机集团至 2008 年发展情况。

1999 年以来，全院经济持续快速增长，从 1999 年合同额不足 8000 万元，到 2001 年实现主营收入超过 1 亿元，再到 2006 年实现主营收入超过 3 亿元、2008 年实现主营收入超过 5 亿元。

合肥通用院为国家创新型试点企业（2009 年）、安徽省创新型企业（2008 年），并被认定为国家高新技术企业（2008 年），拥有众多科研、检测、标准化、技术交流与人才培养、行业技术服务等技术创新与服务平台。

1999 年以来，合肥通用院结合国家重大工程建设和重大工业设施运行安全保障需求，共承担包括国家科技支撑计划项目、863 计划项目、国际科技合作重点项目、国家科技部院所资金项目、社会公益资金项目和安徽省重点科技攻关项目等在内的国家级和省部级重要科研项目 300 余项，取得各类技术创新成果 1000 余项，获国家科技进步奖 4 项、省部级科技奖励 100 余项，拥有专利 90 余项（其中发明专利 24 项），制修订国家与行业标准 500 余项。

合肥通用院十分重视技术成果的工程化应用，一批重大技术成果解决了工程实际中突出的技术难题，为国家重大工程建设和重要工业设施长周期运行安全保障做出了突出贡献。如高温与腐蚀环境下在役重要压力容器寿命预测与安全保障技术，解决了高温与腐蚀环境下压力容器缺陷与损伤的完整性评估难题；压力容器与管道带温带压超声波检测技术，解决了在用高温压力容器与管道不停车在线检测、监测技术难题；大型储罐底板腐蚀声发射检测技术，解决了大型储罐底板腐蚀的不停车在线检测技术难题；石化装置风险评价与控制技术，解决了石化装置长周期运行安全保障技术难题；谷物冷却机的设计与开发，解决了我国500亿斤国家战略储备粮库关键设备长期依赖进口和受制于人的难题；大型高参数球罐建造技术，解决了我国百万吨乙烯工程低温乙烯球罐依赖进口的“卡脖子”难题；大型多股流缠绕管式换热器设计制造技术，解决了我国大化肥、液化天然气集输等工程关键设备的国产化设计、制造难题；大型石油储罐设计建造技术，解决了国家战略石油储备10万立方米以上大型原油储罐的国产化设计、建造难题。

近年来，合肥通用院承担的重要工程化应用项目有中国石油独山子石化120万吨/年乙烯改扩建工程35台球罐EPC项目（2006年），中国石化天津石化100万吨/年乙烯工程18台乙烯、丙烯球罐PC项目（2008年），汶川地震灾区危化品储运设施安全监控与应急抢险（2008年）、中国石油大庆石化9.11乙烯裂解装置火灾后压力容器及管道诊断评估（2006年）等。

合肥通用院利用其在锆、镍基合金及锆、镍基合金复合板等特种材料制化工设备设计、制造技术方面的领先优势，设立专业从事醋酸、醋酐、PTA等化工装置特种材料设备制造的“合肥通用特种材料设备有限公司”。公司2005年筹建、当年注册，2006年即取得国家质检总局颁发的A2类特种设备生产许可证。

此外，合肥通用院的特殊泵、特殊阀、高温与耐磨风机、铁路机车用无油压缩机和机场跑道除胶车、科普大篷车、制冷空调试验装备等产品也实现了产业化生产，年产值从数百万元到数千万元不等。

合肥通用院十分注重人才培养和团队建设工作，不仅自身形成了一支高素质的专业结构、年龄结构、知识结构、技能结构合理的创新人才队伍，而且为行业培养、造就和输送一大批科技英才。

全院职工中现有高级职称以上的300余人，其中有“新世纪百千万人才工程”国家级人选3名、国务院津贴32名、安徽省政府津贴20名、集团公司高科技人才12人，并涌现出全国劳动模范、中国青年科技奖、香港“何梁何利科学与技术创新奖”、全国优秀科技工作者、“五一”劳动奖章、国防科技工业协作配套先进个人，安徽省重大科技成就奖、安徽省劳动模范、“三八”红旗手、青年科技奖，合肥市首届科学技术杰出贡献奖获得者等一大批科技骨干。

合肥通用院压力容器与管道安全工程技术研究被授予“全国专业技术人才先进集体”称号，特种材料设备产业化创新团队被评为安徽省首批115创新团队。

【主要指标】 2009年，合肥通用院在巩固传统业务领域的同时，着重加大潜在经济增长点的技术开发及市场开拓力度，如特殊石化装备及压力容器、城市污水处理、节能空调系统、科普装备产品、军工装备等。通过全院职工的共同努力，使合肥通用院的生产和经营工作在逆境中取得新发展，保证了经济持续稳定增长，超额完成集团公司下达的考核指标，主营收入和利润总额分别超额完成30%与70%以上。检验检测、工程承包及设备成套和产业化为主要经济的增长点。

2009年合肥通用机械研究院主要经济指标

项目	2008年	2009年	同比增长（%）
资产总额（万元）	86746	110953	27.9
净资产（万元）	30788	42292	37.37
营业收入（万元）	57024	80161	40.57

续表

项目	2008 年	2009 年	同比增长（%）
利润总额（万元）	5959	8018	34.55
技术开发投入（万元）	5790	9785	69.00
利税总额（万元）	9119	13238	45.17
全员劳动生产率（万元/人·年）	11.17	16.48	47.54
净资产收益率（%）	16.70	19.12	2.42
总资产报酬率（%）	8.13	8.01	-0.12
国有资产保值增值率（%）	116.59	123.38	6.79

【重大决策与重大项目】 2009 年，合肥通用院加强对发展环境的分析和发展思路的研究，围绕"做大、做强、做久"这一长期发展理念，积极探索企业管理的新模式，进一步完善法人治理结构和经营管理模式，打破了分散经营管理机制，建立了集中统一经营和分散经营相结合的经营管理机制；打破单一经济承包责任制，建立目标管理和经济承包制相结合的经济运行管理机制；打破块块管理的方式，建立条块结合的领导管理机制；坚持重大事项民主决策，进一步完善了领导班子集体决策机制和职工代表大会民主决策机制；在国机集团指导下，战略重组工作取得重大进展，已将中国通用机械研究院有限公司运作为"净壳"，为下一步的注资、股份制改造和上市工作奠定坚实基础；加快产业化步伐，基本建成特种材料设备产业化基地并形成一定生产规模，启动流体机械（制冷空调、泵、阀门、风机）产业化基地规划工作；打造创新平台，压缩机国家重点实验室项目已经得到批准实施。

2009 年，合肥通用院承担的重大工程项目进展顺利，中国石油独山子石化千万吨炼油和百万吨乙烯工程全压力罐区 35 台球罐工程已顺利通过用户和中国石油的验收，并顺利投入使用；中国石化天津石化千万吨炼油和百万吨乙烯中 18 台乙烯丙烯球罐工程顺利完成，保证了国家重大工程项目的顺利开车。2009 年合肥通用院签订多项重大工程项目，3 月承揽中国石油吉林油田长岭 1 号气田地面工程中两台 2400m^3 低温液化二氧化碳子母储罐项目。该两台子母储罐为国内最大的储存液化二氧化碳子母罐，也是合肥通用院首次接触此类装备。此外，合肥通用院积极拓展 LNG 深冷储罐方面的业务，承接了陕西延长石油 5000m^3、10000m^3 液化天然气（LNG）深冷储罐工程设计任务，并力争取得 LNG 储罐的建造任务，努力使之成为合肥通用院新的经济增长点。2009 年合肥通用院承揽了多项污水环保工程项目，其中小仓房项目的日污水处理能力 10 万吨，具有较高的自动化程度。

【科技创新】 为加大核心技术与产品的研发与产业化力度，合肥通用院在 2008 年出台重奖"核心技术与产品研发"政策的基础上，2009 年又出台"新产品开发和产业化基金"实施与管理办法，计划每年至少投入 1000 万元，支持有条件的部门一方面大力开展核心技术与产品的研发工作，另一方面不断推进所开发技术与产品的产业化工作。

2009 年，国家科技部国际合作计划项目"以寿命为基准的承压设备设计制造关键技术研究"和"热泵机组的可靠与适应性测试评价系统研究"、"十一五"科技支撑计划科研项目"承压设备高温损伤行为与寿命预测方法研究及工程应用"和"大型高参数高危险性成套装置长周期安全保障关键技术研究及工程示范"、安徽省重大科技攻关项目"特种材料设备产业化关键技术研究"等重要科研项目通过验收或鉴定。喷射设备所的"磁悬浮式超高压水压除锈实验平台"，流体机械所的"XXⅢA 型舰艇无过载均衡泵机组"，压力容器检验站与压力容器技术基础部的"加工含硫高酸原油腐蚀监测与安全防护"、"石化装置基于风险的检验（RBI）核心技术研发与推广应用"、"通用中特 RBI 软件"和"通用中特 RBD 软件"，特种设备设计开发部的"缠绕管式换热器工艺与结构设计技术"，分离机械所的“MY 型过滤洗涤干燥三合一机”等一大批核心技术与产品脱颖而出。其中压力容器检验站开发的拥有自主知识产权的 RBI 与 RBD 软件是通过国家质检总局组织的专家评审、唯一被允许在承压设备工程风险评价中采用的国产软件，具有广阔的市场推广应用前景。

2009 年，合肥通用院技术成果获省部级科技进步一等奖 2 项、二等奖 6 项、三等奖 4 项；新申请专利、软件登记和软件著作权 35 项，其中申请发明专利 18 项；获得授权的专利 5 项，其中发明专利 3 项；新增“安徽省重点新产品”1 项，“安徽省高新技术产品”4 项，申报“国家重点新产品”1 项。由合肥通用院几代科研人员、历经 18 年完成的“特种材料设备设计、制造关键技术研究及其产业化”项目，攻克了特材设备的合理选材、设计检验和制造技术难题，实现了特材设备的国产化，使我国摆脱了特材设备长期依赖进口的局面，获 2009 年度安徽省科技进步一等奖。

2009 年合肥通用院主持起草国家标准项目 33 项，参加起草国家标准 32 项，共计 65 项，其中 1 项已发布，28 项已报批，18 项通过审查；主持起草行业标准 58 项，参加起草行业标准 25 项，共计 83 项，其中 18 项已报批，24 项通过审查。正在申请立项的标准项目有：国家标准 11 项，行业标准 5 项。

【产权制度改革】 在集团公司的指导下，合肥通用院兼并原中国电瓷进出口有限公司，实现战略重组。2009 年，中国通用机械研究院有限公司经国家工商总局核准并注册成立，转变为“净壳”，并将积极谋划上市。

2009 年，在资产处置方面的一个重要成果是通用学院磨店新校区成功转让，在最大程度上为合肥通用院盘活了资产，减少了投资损失。无锡惠山通用机械研究院土地和地面建筑的转让工作也在积极进行中，已完成转让审计，受让方正在进行审计的复核工作。高新区蜀山机电园原环境公司 30 亩土地，已按轻型流体机械产业化基地重新进行规划，将进行二期厂房建设。

【主要管理经验】

1. 战略管理。2009 年，针对战略规划和战略管理较为薄弱的情况，合肥通用院加强了对发展环境的分析和发展思路的研究，围绕“做大、做强、做久”这一长期发展理念，积极探索企业管理的新模式，战略重组工作取得重大进展，启动了中长期战略规划制订。

2. 预算与内部审计管理。合肥通用院实行两级预算管理制度：一是院级预算，根据战略发展规划、当年度工作计划，由院党政联席会、职代会讨论确定；二是部门预算，于年初组织各部门提出书面的年度费用预算报告，经部门负责人签字，分管院领导审核，院务会讨论、平衡，由院长最终批准。合肥通用院严格部门预、决算制度，加强预算执行的监控力度。实行成本控制与激励相结合，对创收部门和管理服务部门都有力地进行了资金成本控制，减少了财务风险。

合肥通用院逐步强化内部审计管理，实行事前审计控制、事中审计监督、事后审计决算的内部审计管理制度，增强了内部管理与控制的有效性和可操作性。

3. 人力资源与薪酬管理。2009 年，合肥通用院实施新的薪酬管理制度，对专业技术岗位、管理岗位和工勤技能岗位分别实行分级薪酬管理，根据业绩定量评定级别并进行动态考评调整。针对工程技术人员在取得教授级高级工程师职称后就失去追求动力的情况，新的工资制度将教授级高级工程师划分为五级，一级人员与两院院士待遇相同，二级人员与院领导待遇相同。这项政策极大地调动了已取得高级职称工程技术人员的积极性，对技术创新人才队伍的建设起到极大的推动作用。

甘肃蓝科石化高新装备股份有限公司

【基本概况】

1. 发展情况。

甘肃蓝科石化高新装备股份有限公司（以下简称蓝科高新）是以甘肃蓝科石化设备有限责任公司（以下简称甘肃蓝科）为平台，由兰州石油机械研究所（以下简称兰石所）整体改制并引进战略投资者，依照《公司法》创立的股份有限公司。蓝科高新已成为一家国有控股、产权多元化的现代高科技企业。

蓝科高新注册资本24000万元，是中国装备制造业颇有影响和业绩骄人的公司之一。现有股东8家，包括中国机械工业集团有限公司、海洋石油工程股份有限公司、中国联合工程公司、中国工程与农业机械进出口有限公司、浙江新大集团有限公司、上海开拓投资有限公司、盘锦华迅石油成套设备有限公司、中国浦发机械工业股份有限公司。

截至2009年12月底，蓝科高新的设备和产品已遍布全国31个省（市、自治区）以及亚洲、欧洲、非洲、美洲等10多个国家和地区。

蓝科高新是中国石油和石油化工装备研发的开拓者，中国海洋与沙漠石油装备的先驱。其前身兰州石油机械研究所是全国石油钻采机械和炼油化工设备的行业技术归口所，成立于1960年5月。蓝科高新主要从事石油钻采机械、炼油化工设备、海洋与沙漠石油设备和工程、炼油化工和天然气处理及液体回收工程、轻工与食品机械的研究、开发、设计、制造及石油钻采机械和炼油化工设备的性能测试与评定、石油和石油化工及其装备的计算机软件引进与开发、技术咨询及相关工程设计与总承包等业务。

50年来，蓝科高新为国家贡献科技成果945项，其中国家发明奖3项，国家科技进步奖两项，全国科学大会奖10项，部/省级科技进步奖150余项，专利78项，国家级新产品和国家火炬计划产品22项。拥有国家主管部门颁发的一、二、三类压力容器设计、应力分析设计资格证书和A1级、A2级、A3级压力容器制造许可证、ASME制造许可证、乙级工程设计和工程总承包资格证书、“三位一体”管理体系（ISO 9001质量管理体系〔QMS〕、环境管理体系〔EMS〕、职业健康安全管理体系〔OHSMS〕）认证证书、进出口企业资格证书、对外经济合作经营资格证书、出口产品质量体系认证证书、海洋开发工程专项设计资格证书等重要资格证书27项。2004年被国家科学技术部评为国家火炬计划重点高新技术企业。2008年12月，兰石所、甘肃蓝科和上海蓝滨石化设备有限责任公司获得《高新技术企业证书》。2009年8月，蓝科高新被科学技术部等三部门批准为创新型试点企业。

蓝科高新长期为国家编制有关石油机械工业的发展规划，从“六五”到“十一五”时期为国家编制重大规划42项。由蓝科高新主持和组织编制的经国家批准的石油化工设备行业国家和行业标准80余类400余项。由蓝科高新主办的全国中文核心期刊《石油矿场机械》和《石油化工设备》（美国工程信息公司（Ei）的Ei Page One数据库收录期刊）倍受业内人士的青睐，被认为是行业技术发展的见证。

自2004年以来，蓝科高新开始步入持续发展的快车道，生产能力以每年50%的增长率连续5年创历史新高，为整体改制和可持续发展奠定了坚实的基础。2009年，蓝科高新拥有总资产115266万元，实现销售收入6.57亿元，实现利税18759万元。

蓝科高新现有员工千余人，其中各类专业技术人员332人。在专业技术人员中，享受国务院特殊津贴的专业技术人员4人，教授级高级工程师30

人，高级工程师和其他系列高级技术职务人员107人，工程师和其他系列中级技术职务人员99人。

国家石油钻采炼油化工设备质量监督检测中心、中国石化总公司兰州设备失效分析与预防研究中心、机械工业石油钻采设备质量监督检测中心、机械工业换热器产品质量监督检测中心、省级兰州传热与节能工程技术研究中心均设在蓝科高新。

蓝科高新是中国石油和石油化工设备工业协会石油钻采机械专业委员会、全国锅炉压力容器标准化技术委员会热交换器分技术委员会的主任委员及秘书长单位，并长期主持日常工作。

2. 历史沿革。

1958年11月，第一机械工业部化工与通用机械研究所在原化工机械研究所石油机械组基础上成立石油机械研究室。

1959年5月23日，第一机械工业部化工与通用机械研究所石油机械研究室由北京迁至兰州，成立兰州石油机械研究室，由兰州石油化工机器厂领导。

1960年5月，第一机械工业部决定，成立兰州石油机械研究所，隶属第一机械工业部三局。

1963年12月12日，国家科学技术委员会批复第一机械工业部，同意将兰州石油机械研究所改为独立所，并进行扩建。

1966年2月13日，第一机械工业部通知，兰州石油机械研究所改由兰州石油化工机器厂统一领导，该厂产品设计部门全部进入兰州石油机械研究所。兰州石油机械研究所对外仍为一类所。

1971年6月29日，第一机械工业部决定，自1971年7月1日起，一批部直属研究院所下放到省、市领导。兰州石油机械研究所被下放甘肃省，隶属甘肃省机械工业局。

1978年4月11日，第一机械工业部通知，经国务院批准，将第一机械工业部下放至省、市的44家重点科研单位调整为双重领导，实行以部为主的管理体制。兰州石油机械研究所为其中之一。

1978年10月23日，经国务院同意，第一机械工业部和石油工业部印发《关于建立石油专用设备制造体系的报告》，决定兰州石油机械研究所划归石油工业部管理。

1980年6月，兰州石油机械研究所石油化工配件厂成立。

1980年12月，经国务院同意，国家经济贸易委员会和国务院机械工业委员会决定，兰州石油机械研究所划回第一机械工业部；从1981年1月1日起，正式由第一机械工业部领导。

1984年10月10日，机械工业部党组决定，兰州石油机械研究所为地（专）级单位。

1985年4月13日，机械工业部石化通用机械局批准《兰州石油机械研究所实行技术合同制试点方案》，决定取消事业费划拨，全面推行技术合同制。

1994年12月，兰州石油机械研究所石油化工设备厂成立。

1998年3月24日，国家机械工业局正式运行，兰州石油机械研究所改由国家机械工业局领导。

1999年5月，国务院批准国家经贸委管理的10个国家工业局所属242家科研机构改革方案；根据国家机械工业局所属68家科研机构转制方案，兰州石油机械研究所从7月1日起转制为科技型企业，并进入中国机械装备（集团）公司。

2001年3月，兰州石油机械研究所石油化工设备厂改制为甘肃蓝科石化设备有限责任公司。6月1日正式挂牌。

2002年4月，上海蓝滨石化设备有限责任公司成立。

2007年10月22日，经中国机械工业集团公司批复，同意《兰州石油机械研究所股份制改造上市方案》。

2008年12月6日，甘肃蓝科石化高新装备股份有限公司正式创立。

3. 自进入国机集团至2008年发展情况。

自1999年8月20日兰石所进入中国机械装备（集团）公司以来，兰石所的改革与发展步入一个新的阶段，科技创新、技术研发、成果转化、生产能力、整体改制、产业化基地建设、党建工作、队伍建设等工作取得了历史最好业绩，特别是自2004年以来，兰石所开始步入持续发展的快车道，生产能力以每年50%的增长率连续5年创历史新高，为整体改制和可持续发展奠定坚实的基础。

（1）科技成果。1999年至2008年，贡献科技成果124项次。期间，兰石所自制开发研制的14项产品被国家经济贸易委员会认定为国家重点新产品：不锈钢表面转化膜板式换热器、螺纹管外导流折流杆换热器、沙漠油田苦咸水淡化装置、81/2″ XMP2型高速三牙轮钻头、硫酸板式换热器、油气水分离处理成套装置、表面蒸发空冷器、大型板壳式换热器、板式空冷器、新型高效加氢换热器、板式空气预热器、钢制压力管静水压试验装备、大型板壳式换热器产业化、石油钻采工具试验基地试验系统。10项产品被科学技术部列为国家级火炬计划项目：HTCM传热系数在线测量仪、XSH新型输下灰成套装置、表面蒸发式空冷器、大型板式蒸发杀菌成套装置、沙漠石油钻采设备防沙/散热/防冷凝专用装置、钻杆开口动力大钳、油气水分离处理成套装置、新型高效加氢换热器、3000平方米板壳式换热器、板式空冷器。5项产品被国家经济贸易委员会等认定为中国工业（500项）重大科技产业化成果项目：大型板壳式换热器、表面蒸发式空冷器、沙漠石油钻采设备防沙/散热/防冷凝专用装置、油气水三项分离器、果汁及乳品大型多效蒸发灭菌装置。2003年9月19日，兰石所被科学技术部评为火炬计划优秀高新技术企业。2004年7月，科学技术部批准兰石所为国家火炬计划重点高新技术企业。2006年11月20日，兰石所被甘肃省科学技术厅、甘肃省经济委员会等确定为甘肃省首批创新型试点企业。

（2）行业技术。1999年至2008年，兰石所、蓝科高新先后承担了我国“东风三号”、“东风四号”、“资源一号”科学实验系列卫星，“风云一号”、“风云二号”气象卫星，“神舟”系列宇宙飞船、“嫦娥一号”、“天宫一号”探月卫星、空间站等航天材料无损超声波检验检测工作，确保了飞行器的安全运行。2008年北京奥运会前，为确保北京奥运会期间安全平安供气，兰石所完成了北京奥运会保障用气主气源地——长庆油田采气一厂共计385台和塔里木油田公司克拉、英买、牙哈、桑吉、轮南作业区共计483台关键高压压力容器检验检测工作。

（3）实现总收入。1999年为13088万元，2008年为50071.50万元。

（4）承揽合同。1999年为8300万元，2008年为7.18亿元。

（5）固定资产。1999年为3590万元，2008年为20055万元。

（6）产业化基地建设。根据兰石所发展实际，为解决产能不足、制约快速发展的瓶颈，2002年4月，兰石所在上海市金山区投资建设上海蓝滨石化设备有限责任公司，从此拉开了兰石所产业化基地建设的序幕。2007年8月14日，投资建设的上海蓝滨石油化工装备基地扩建工程项目在上海市金山区吕巷镇和平村举行奠基仪式。8月18日，投资建设的甘肃蓝科石化设备有限责任公司异地迁建项目在兰州国家级经济技术开发区安宁园区举行奠基仪式。

企业改制：2001年3月，兰州石油机械研究所石油化工设备厂改制为甘肃蓝科石化设备有限责任公司，并于同年6月1日挂牌运行。2007年12月，完成主辅分离、辅业改制工作。为使企业又好又快发展，2007年10月22日，经中国机械工业集团公司批复，同意《兰州石油机械研究所股份制改造上市方案》。2008年11月24日，经国务院国有资产监督管理委员会批准，同意兰州石油机械研究所整体改制。2008年12月6日，甘肃蓝科石化高新装备股份有限公司正式创立。2008年12月18日，在甘肃省工商行政管理局依法注册登记。2008年12月30日，甘肃蓝科石化高新装备股份有限公司正式揭牌。

（7）市场开拓。根据蓝科高新发展规划和改革实际，经营工作采取集中管理、条块结合的经营管理模式，确保了蓝科高新可持续发展。同时，蓝科高新提出以蓝科高新特色技术和专有产品占领和巩固市场以及西进东出、借船出海，扩大海外市场的经营方针。高新技术和产品占有市场的比重逐年增加，以高新技术和产品为主的设备不仅遍布全国各大油田、炼油厂、化工企业，还逐步打开了中亚、中东、东南亚、南美、北非等国家和地区市场。另外，在行业技术经营服务工作中，变“坐等”为“找活”，使过去那种等、靠、要的经营模式变为主动上门、扩大用户、巩固市场的经营模式。行业技术服务在公司经营总体上所占比重呈上升趋势，不仅稳定了石化市场，而且在稳定北方市场的同时，开始进军南方市场。

【主要指标】 2009年，蓝科高新全年实现净利10182万元，净资产收益率达23.61%，连续3年持续增长。公司营业收入65712万元，同比增长20.13%，其中，主营业务收入65216万元，占总收入的99.25%，同比增长20.04%。随着产品结构的调整，公司主营业务利润率从2007年的31.88%提高到34.29%。净资产收益率、总资产报酬率、净利润率与2007、2008年相比，到2009年成V字型的上升趋势，但仍保持在较高的水平。2007 年至 2009 年财务费用增加主要原因是公司于 2008、2009 年筹集大量资金用于取得土地使用权、建造厂房以及购买设备等投入新生产基地建设，致使固定资产、在建工程与无形资产等非流动资产大幅增长。

2009 年，蓝科高新技术开发费计提占总收入的 8.35%。在这种情况下，净利润的增长幅度也远远高于收入的增长幅度，说明蓝科高新的成本和费用控制得较为理想，表明蓝科高新的产业结构调整进展相当顺利，为今后的发展打下了坚实的基础。

2009 年甘肃蓝科石化高新装备股份有限公司主要经济指标

项　目	2008 年	2009 年	同比增长（%）
资产总额（万元）	93858.79	115265.66	22.81
净资产（万元）	33717.06	52353.98	55.28
营业收入（万元）	50071.50	65711.92	31.24
利润总额（万元）	8231.34	12266.89	49.03
技术开发投入（万元）	4389.86	5444.72	24.03
利税总额（万元）	10271.30	18759.27	82.64
全员劳动生产率（万元/人·年）	15.58	16.28	4.50
净资产收益率（%）	23.61	23.61	
总资产报酬率（%）	10.47	12.58	2.11
国有资产保值增值率（%）	144.77	130.01	-14.76

【改革改制】 根据蓝科高新一届二次董事会和 2009 年第一次临时股东大会决议，蓝科高新整合上海蓝海科创石油化工装备有限公司（以下简称蓝海科创），其业务、资产全部整合进入蓝科高新，蓝海科创注销。同时，蓝科高新向上海蓝滨石化设备有限责任公司（上海蓝滨系蓝科高新全资子公司）增资。整合形式为：（1）因蓝海科创为兰石所全资子公司，如果由蓝科高新购买蓝海科创的股权，将会产生重大关联交易，须依法进行产权挂牌交易程序。因此，采用由上海蓝滨直接购买蓝海科创名下的上海三期产业化基地建设用地的方式整合。（2）现有股东对蓝科高新以人民币货币资金形式同比增资，总增资额 10000 万元。蓝科高新总股本由 20000 万元调整至 24000 万元。（3）由蓝科高新向上海蓝滨增资 10000 万元。（4）购买上海三期产业基地建设用地完成相关手续后，蓝海科创依法注销。

完善董事会治理结构：蓝科高新董事会设立战略委员会、提名委员会、薪酬与考核委员会、审计委员会。

【重大决策与重大项目】

1. 发展规划。

2009 年 1 月 21 日，蓝科高新确定了蓝科高新三、六、九年近、中、长期发展规划，即：第一个三年规划：苦战三年，奠定基础，年产值达到 9 亿元；第二个三年规划：奋战三年，初具规模，年产值达到 12 亿元；第三个三年规划：大战三年，良性循环，年产值达到 15 亿元；长期发展目标：科技开创国际品牌，质量赢得全球信誉。蓝科高新本届领导班子三年任期目标是：（1）努力争取早日上市；（2）建立现代企业管理体系；（3）三年内公司净资产争取达到 6 亿元；（4）完成特色系统集成技术基础；（5）每年度开发国际先进水平的专利技术产品一项；（6）壮大行业技术专家队伍，争取成立一个国家级工程研究中心；（7）年产值实现 9 亿元；（8）人均年收入达到 6 万元；（9）国有资产保值增值，净资产收益率在 2008 年基础上逐年提高 10%；（10）主业逐步向上海蓝滨战略性转移。

2. 产业化基地建设情况。

（1）兰州基地建设：甘肃蓝科石化设备有限责任公司异地迁建项目。项目建设场地位于国家级兰州经济技术开发区安宁园区内，厂区征地面积

114.941亩，用地面积99.88亩（其余为代征道路面积）。

一期新建建筑面积为44500平方米，包括新建钢结构联合厂房28500平方米，综合办公楼16000平方米。本项目建成后主要承担高效节能换热器、塔器、球罐、蒸发灭菌器、表面蒸发式空冷器等石化产品研发、设计和生产任务。

（2）上海基地二期工程建设：上海蓝滨石油化工装备基地扩建工程研制项目。项目建设场地位于上海市金山区吕巷镇上海蓝滨西北1.5公里处，厂区征地面积136亩（含35亩道路代征地）。

新建联合厂房建筑面积为18720平方米，其中新建厂房15120平方米，车间辅助楼及变电所、空压站等3600平方米。本项目建成后主要承担钻机和钻机成套设备、高效节能换热器、板式热交换器、高压加氢换热器等石油钻采和炼油化工产品研发、设计和生产任务。

【市场开拓与产品销售】

1. 市场开拓。

2009年，蓝科高新新开发国内市场28个，主要有中国石油四川石化分公司、中国兵器华锦化工集团公司、新奥燃气控股有限公司、山东电力建设集团、中国石化普光气田等；2009年，国际市场比重增加，以高新技术和特色产品为主的设备出口逐步打开伊朗、伊拉克、叙利亚、沙特阿拉伯、尼日尔、乍得、柬埔寨等国市场，并巩固和稳定了苏丹、阿尔及利亚、土库曼斯坦、哈萨克斯坦等市场。

2. 产品销售及签约。

2009年，蓝科高新执行合同7.567亿元，其中，结转2010年合同额2亿元；实现销售收入6.57亿元（国机集团下达指标为5.89亿元）；完成中国石化普光气田设备供货60多台（套），实现合同额5000多万元，并一次开车成功；完成普光气田压力容器等设备检测检验和现场保运工作。

【主要管理经验】

1. 组织结构调整。

根据蓝科高新相关规章制度和运行要求，于2009年4月完成公司组织设置，开始全面运行。蓝科高新根据兰州、上海两地产业化基地建设实际以及生产设备能力情况，实现科学统一管理，合理配置生产资源，对全公司生产体系结构进行了调整，使生产体系结构更趋于合理，完善。一是将二级部门生产单位全部纳入公司整体生产体系，统一安排，统一调度，统一管理；二是编制了全公司生产体系全套管理制度；三是在兰州、上海两个生产基地划分产品制造布局，将钻采设备、海洋石油装备、板式类产品及重型石化产品的生产安排在上海基地进行，将管式类产品及常规产品安排在兰州进行。

2009年12月，上海市人民政府将上海市高新技术产业化海洋工程装备产业基地落户在上海蓝滨，亦即蓝科高新上海产业化基地。

2. 财务管理。

一是预算管理。对收集的往年的预算制定和执行情况以及当前的财务政策及预算变化因素认真分析，确定蓝科高新年度预算总体目标。根据蓝科高新短期发展目标、总体预算目标及前期分析结果，编制全系统预算，确定目标成本和目标利润，并向各预算责任部门下达分解的预算指标。安排人员通过预算系统跟踪监督，控制预算单位的日常支出和预算执行情况。通过对比各预算责任部门实现数和预算数，考核评价各责任部门的工作业绩和经营效果。

二是投、融资管理。主要从制定融资方案、融资渠道管理、内部融资管理三方面做工作。公司融资管理根据战略发展规划、生产经营状况、投资计划以及当前的资金需求进行预测和分析。对融资成本和风险进行分析，选择适合的融资方式、融资对象等。

三是财务管理。依据国家有关财务制度、会计准则及企业相关规定，制定并不断完善财务管理的各项制度。制定各项财务工作计划并监督实施，对公司财务运作进行控制。主要包括：制度建设，财务工作，预算与成本，会计核算管理，投、融资管理，部门考核管理。

四是成本费用控制。公司根据发展规划，制定年度经营目标。依据预算制定成本费用预算的要求并下达至各部门，根据公司的产品和劳务作业的生产过程特点、生产组织类型以及管理的需要制定《成本费用核算办法》。

3. 采购管理。

蓝科高新采购管理重点是生产材料的采购。生产材料的采购均按照有关规定严格执行，并且新的采购管理模式已逐步完善。按照蓝科高新生产材料管理工作要求，必须做到货比三家，并严格控制采购成本。

4. 风险管理。

蓝科高新自创立以来就加大内部控制体系的建立健全，并在实际工作中组织实施，把防范经营风险放在各项工作首位，进一步完善内部控制体系，优化内部各项业务流程。在中介机构的帮助下，对全公司在公司治理、会计核算、财务管理、经营管理、合同管理等方面存在的问题进行分析和摸底。针对公司实际运行机制，制定了57部规章制度，并于2009年10月30日发布试行。加上股东会、董事会和监事会原有的14部规章制度，蓝科高新正在施行和试行的规章制度为71部。这些规章制度保证了企业内控制度的健全，减少了企业经营风险，使企业纳入快速、健康、持续发展的快车道。

在企业管理体系方面，完成了蓝科高新管理体系手册及程序文件的再版工作，完成了上海蓝滨“三标合一”管理体系建立、试运行以及审核取证全过程咨询工作，管理工作均按综合管理体系运行，并一次性通过中国船级社管理体系认证年审。

5. 人力资源管理。

根据蓝科高新业务发展实际，通过不同渠道，2009年先后引进、录用19名专业技术人才。2009年，聘任教授级高级工程师两人，高级工程师6人，工程师18人，助理级专业技术职务4人。选拔上报中青年科技人才4人，选拔上报高层次科技人才3人，推荐工程类硕士学位研究生教育培训班学习3人。同时，规范企业用工机制，理顺劳动关系，推行全员劳动合同制和岗位聘用制。2009年，根据《中华人民共和国劳动合同法》和《中华人民共和国公司法》相关规定以及蓝科高新运行机制，规范了劳动用工制度，建立了员工劳动合同关系。

加大培训工作力度，全年组织各类培训267人次，其中，举办专业学习班1次，培训人员41人；组织外委短期培训86人次，包括压力容器设计人员资格继续教育，注册安全工程师继续教育培训，会计人员继续教育培训；职业资格认定、考试及职称考试63人。

兰州电源车辆研究所有限公司

【基本概况】

1. 发展情况。

兰州电源车辆研究所有限公司（以下简称兰电所），位于兰州市七里河区，占地面积约28612平方米，资产总额1亿余元。

兰电所拥有科研楼、制造工厂、通过CNAS认证的电站试验室、军改车性能试验室、环境试验室、无线电干扰屏蔽试验室等一系列完善的科研测试、生产制造的硬件设施。

兰电所是国家内燃机电站和军用改装车辆两个行业的标准、信息、产品质量管理以及科研、新产品开发的行业技术归口所。全国移动电站标准化技术委员会（SAC/TC329），国家内燃机发电机组质量监督检验中心、中国电器工业协会内燃发电设备分会、国防科工委军工专用机械军用移动电站及改装车军标组、中国电工技术学会移动电站技术专业委员会设在兰电所。年生产各类电源车、改装车辆近600多台（套），年销售收入为1亿元左右。

兰电所建所40多年来，为我国导弹武器系统地面电源设备完成“东风”1、2、3、4、5号；“红旗”1、2、3、61号；“海鹰”2号的设计、试制、试验、定型工作，为我国的国防现代化建设做出贡献。1980年5月我国向南太平洋海域发射火箭成功，兰电所受到中共中央、国务院、中央军委的贺电表扬。1984年受机械工业部的委托成功研制南极长城考察站的配套电站，受到有关部委的表彰。兰电所还成功研制我国第一台飞机地面交流电源车、第一台无人值守自动化电站、第一台低噪声电站、第一台大功率雷达电站等高技术、高品质、高可靠性的产品。为铁道兵部研制高原增压和低温启动车；为防化兵部研制成功轿式淋浴车、折叠式淋浴车；为工程兵部研制修理车、雷达修理车；为炮兵研制成功营级领导战地指挥车、新型自动调温车、"东三甲"地面设备改装车；为"DF－11"研制电源车、测控车。近年来先后为总后营房部、海后营房部、总参陆航局、总参二部、总参四部、总参通信兵部、武警总部等单位研制多种交直流特种电站。

从建所初期为国防工业发展承担一系列导弹系统地面装备的各种电源车辆产品的设计、研制工作。已批量生产低噪声电站、航空电站、雷达电站、自动化电站、特种改装车辆等几大系列产品，用户遍及全国。空军、陆航在兰电所设有军事代表室，负责军品质量的监督和验收。2004 年 3 月获得中国新时代质量体系认证中心颁发的《质量体系认证证书》；2004 年 12 月获得中国质量认证中心颁发的中国国家强制性产品认证证书；2005 年 1 月获得国防武器装备科研生产单位保密资格审查认证委员会颁发的《三级保密资格单位证书》，2007 年 4 月获得《二级保密资格单位证书》；2005 年 3 月获得军工产品质量体系认证委员会颁发的《军工产品质量体系认证证书》；2005 年 11 月获得国防科工委颁发的《武器装备科研生产许可证》。

近年兰电所产品的发展方向是低噪声产品和多功能电站产品，主要有：30kW 挂车电站；150kW 低噪声汽车电站；JWS01 无人机系统电源车；智能多制式军用电源车；BFC－951 交流移动电站；石油管道工程抢险车等。

兰电所从业人员 346 名，离退休人员 142 名。在职高级职称人员 25 名（教授级高工 6 名）；中级职称人员 42 名；各类专业技术人员 107 名。

2. 历史沿革。

1964 年 7 月，根据第一机械工业部（64）机密技字 5346 号文决定在天津筹建。1964 年 9 月，根据第一机械工业部七八局（64）机密七字 5417 号文件，成立第一机械工业部电气传动设计研究所电源车辆设计所 704 设计室。根据国机科学技术委员会（66）科三字 370 号指示和第一机械工业部七八局（66）八一办 112 号的指示，1966 年 6 月，内迁兰州，改为第一机械工业部电源车辆设计研究所。1972 年 5 月，根据上级指示，兰电所改为兰州电源车辆设计研究所。1973 年，根据第一机械工业部电器工业局（73）电技字第 557 号文指示，承担全军的军用改装车辆的设计、研究工作。至此成为内燃机电站和军用改装车辆两个行业的技术归口所。根据（78）技字 182 号文件，更名第一机械工业部兰州电源车辆研究所。1978—1999 年期间曾隶属第一机械工业部、机械电子工业部、国家工业局。1999 年 7 月，依据"关于印发《关于国家经贸委管理的 10 个国家局所属科研机构管理体制改革的实施意见》"转制为科技型企业，隶属中国机械工业集团有限公司。在此期间，成立兰电所控股的"兰州创源科技有限公司"（以下简称创源公司）和"兰州创力科技有限公司"（以下简称创力公司）两个控股公司，至此兰电所步入多元投资经营的发展模式。

2006 年 6 月，根据国资委《关于中国机械工业集团公司主辅分离、辅业改制分流安置富余人员第二批实施方案的批复》（国资分配〔2006〕638 号）文件批复，国机集团以《关于兰州电源车辆研究所主辅分离分流改制方案的批复》（国机资〔2006〕283 号），同意兰电所进行改制（兰电所和创力公司合并、创源公司出让）。2007 年 11 月，兰电所制订《主辅分离改制分流实施方案》，国机集团以《关于同意兰州电源车辆研究所主辅分离改制分流实施方案的批复》（国机资〔2007〕681 号）；2007 年 12 月，按照国机集团的战略规划，经国务院国资委批准整体改制为中国机械工业集团有限公司控股、多元投资的兰州电源车辆研究所有限公司。主要从事内燃机电站和军用改装车辆两个行业的技术开发、产品设计及制造。

3. 自进入集团至 2008 年发展情况。

兰电所自 1999 年进入集团至 2008 年保持良好的发展态势。

【主要指标】 2009 年国机集团下达兰电所的主要经济指标及完成情况为：主营业务收入指标 7000 万元，实际完成 7431 万元，完成指标的 106.16%；利润总额指标 680 万元，实际完成 1181 万元，完成指标的 173.68%；净资产收益率指标 13.2%，实际完成 24.28%，完成指标的 183.94%；成本费用占主营业务收入比重指标 100%，实际完成 93.05%；流动资产周转率指标 0.6，实际完成 0.81；已获利息倍数指标 6，无贷款及利息支出；技术投入比率指标 6.59%，实际完成 7.11%。员工人均收入较上年有所提高。

2009年，兰电所产品主导市场面临更加严峻的考验，虽然民品市场取得一定成绩并有所突破，但主导产品30kW电站合同形势不容乐观，订货合同额进一步下降，而且不确定的因素更加突出。市场竞争更加激烈，市场开拓任务非常艰巨。利润总额虽然完成集团公司下达的指标，但主营业务收入指标距离力争完成额还有较大差距。

2009年兰州电源车辆研究所有限公司主要经济指标

项　目	2008年	2009年	同比增长（%）
资产总额（万元）	13783	10286	-34.00
净资产（万元）	4400	5329	17.43
营业收入（万元）	8549	7430	-15.06
利润总额（万元）	1100	1190	7.56
技术开发投入（万元）	379	528	28.22
利税总额（万元）	1370	1313	-4.34
全员劳动生产率（万元/人·年）	30.87	25.57	-20.72
净资产收益率（%）	23.53	24.46	0.93
总资产报酬率（%）	7.86	9.89	2.03
国有资产保值增值率（%）	124.13	127.05	2.92

【重大决策与重大项目】

1. 2009年，兰电所共完成合同项目25项，其中2000kW箱式油机房、综合保障车等项目具有一定的技术难度，有所创新。在设计过程中技术部积极组织，项目组成员共同努力，满足了产品设计要求，取得较好的成效。

2. 国庆彩车项目为兰电所争光添彩。4月初，兰电所接到国庆60周年群众游行甘肃“盛世华章”彩车的研制任务，所领导班子高度重视，成立彩车研制领导小组，多次召开彩车研制专题会议。提出“高度重视，严密组织；精心施工，确保质量；完成任务，万无一失”的工作思路；成立技术及组装保障组、质检组、安保组。按照各自的职责分工，参与研制的全体员工，克服重重困难，精心组织、精心设计、精心施工。使这项艰巨任务从工程设计、现场施工、技术服务及组装、验收到转场、实景演练、庆典游行的保障，体现出了我所员工队伍能吃苦、能创新、能战斗的良好工作作风和精神风貌，圆满完成这项光荣的政治任务。国庆彩车的研制，为2600万陇原儿女增了光，添了彩，也为兰电所争得荣誉。兰电所受到甘肃省政府的表彰奖励，被授予贡献单位奖牌，颁发优秀设计制作奖励证书，项目相关员工受到首都庆祝建国60周年群众游行指挥部表彰及甘肃省政府办公厅表彰奖励。

3. 大力开拓市场。2009年提出市场开拓的总体思路是“重点抓好军品市场；紧盯民品市场不动摇，提高民品市场份额；关注和跟踪国际市场。”

2009年，军品市场仍然是兰电所市场经营的主导方向，同时兼顾民品市场的开拓。按照市场开发工作计划，经营人员先后走访甘肃移动公司、华阴特种装备科研试验基地、西宁供电局、西部管道公司、长庆油田、大庆油田等多家单位。通过市场开拓和走访调研，进一步增进对市场动态的了解和把握。在巩固原有市场的同时，开拓洪都航空工业集团公司、大庆油田天然气分公司、吉林油田、青海省安监局、北京天然气管道公司等新的市场。民品市场的经营业绩较往年有了较大提升，民品所占比重有明显增大，取得历史最好成绩。

【科技创新】

1. 新型自发电电站（二代）：完成首台样机工程设计与成套，并进行测试，试验验证样机研制达到研制任务书第一阶段集成创新的工作目标，为第二阶段自主创新工作打下可靠基础。

2. 发电电焊照明机组：完成第一阶段全部工作，包括首台样机的评审与整改；完成第二阶段工作中逆变电焊原理样机的搭建（包括原理样机方案等的设计）以及功能与性能的测试，经课题组多次的参数调整、调试，原理样机的焊接功能和焊接性能均达到理想状态，为下一阶段工作奠定基础。

3. 液压动力站：完成产品成套及实验考核方法的研究，即实验室持续性能考核测试方案设计，订购相关设备，初步完成系统压力调试、标定及带镐工作等功能性实验及数据测定。

4. 照明车系列化：完成产品的选型配置并会同财务、经营部门完成产品各配置的建议销售价格；完成产品用底盘的设计与成套并进行转向装置、防倒装置及驻车制动装置等的设计验证，测试了相关数据。

5. 风光油发电技术研究：预研的项目申报甘肃省科技重大专项计划项目，完成研制初步方案。起草编制并与省科技厅签订项目研制任务书，被省科技厅批准为甘肃省科技支撑计划项目，获得省科技厅项目经费支持15万元。

6. 向科技部申报2010—2012年度科技发展规划相关领域（机动式）新能源综合应用技术研究领域材料。申报国家重点试验室即“电源车辆国家重点实验室”建设。向科技部申报《分体节能型低噪声电站》立项可行性报告，得到科研专项资金支持53万元。完成科技部《自然灾害紧急救助综合保障系统》项目申报。完成兰电所《2010—2012年科研院所技术开发研究专项资金研究开发规划》的编写。40GQS5低噪声电站获国机集团2009年度中国机械工业集团科技进步三等奖。

7. 专利申报取得较大突破。2009年兰电所专利申报取得可喜成绩，较以往有较大突破。共申报实用新型国家专利6项，其中技术部申报一种水箱散热器的液位指示装置、一种顶置门的防雨装置、低油位声光报警三色条状发光管显示油量表3项实用新型国家专利；研发中心申报一种多功能照明车、一种轮式移动机械驻车制动装置、一种风力发电装置3项实用新型国家专利。

【主要管理经验】

1. 理念须创新。

根据开展党建工作及企业发展的实际需要，提出2009年为兰电所企业文化建设年，以深入学习实践科学发展观为契机，以解放思想、更新观念为先导，在全员中开展“科学发展观·理念创新大讨论”活动。推动和全面宣贯企业核心理念，即四个字，两句话：激情·执着。激情成就梦想，执着改变生活；不干则已，要干就要干好。在企业管理的各个方面贯穿“追求卓越，永无止境”的企业目标。通过网站、橱窗、报纸、黑板报、部门讨论等形式的推动和宣传，员工对企业核心理念和企业目标的理解更加深入、广泛。各职能部门在企业核心理念和企业目标推动宣贯中，结合各自职能、职责，通过部门讨论等形式，形成在企业核心理念和企业目标统领下适合各部门特色的部门理念。

2. 管理精细化。

2009年管理精细化工作主要为两个重点：业绩考核、6S管理；两条主线：质量、成本。

（1）两个重点：业绩考核、6S管理。

一是加强员工业绩考核和培训工作，员工管理进一步规范。技术、生产部门新的考核办法已制定并下发文件。技术部门按照考核办法加强了项目考核及员工绩效考核的管理；生产部门进一步完善了岗位考核表，各岗位增加了量化考核的目标，从二季度开始启用新的岗位考核表，加强员工的考核工作。结合岗位测评的相关数据，通过一定的工作分析，管理岗位和服务岗位系数测评已初步完成，进一步细化后，在2010年初可开始实施试考核。通过相关考核办法的制定和考核量化标准的建立，将进一步发挥业绩考核的激励作用，为全员业绩考核打下一定基础，使员工的工作积极性增强，各类人才的特长更好地发挥。

为了加强人力资源管理，实现兰电所员工队伍的整体优化，保持人力资源的吐故纳新，改善人才结构，提高全员的素质，使人尽其才，不断提高企业的创新能力，各部门制定岗位进入退出机制，明确各岗位履职基本要求及退出条件，为下一步实施岗位退出机制和各部门间的人才交流打下基础。

修订印发主任工程师管理规定，提高主任工程师的津贴标准。修订印发人才工程实施方案，人才工程的选拔、培养更加规范，

制定年度培训计划，加强员工的培训工作，使员工的理论知识不断更新，相关技能得到提升。

二是6S现场管理成效较为显著。2009年，兰电所全面推行6S管理，并以此为突破口，开展精细化管理工作。下发《关于在公司全面开展6S现场管理的通知》及《兰州电源车辆研究所有限公司6S现场管理实施方案》，成立6S活动领导小组及其

办公室。制定了6S活动考核办法、生产现场6S管理规定等制度；分别编制现场、库房、办公室6S检查评分标准。相关规章制度及标准的制定，为6S活动的开展提供可行的依据，使6S检查内容比较全面，评价标准相对准确，能够把6S活动贯穿到部门的各项活动中，便于检查、比较，为6S活动的深入开展打下良好的基础。

通过6S管理活动的开展，办公环境的整洁情况总体上有所改善，员工的认识进一步提高，员工的行为进一步规范。6S活动已初见成效，为持续有效的运行打下基础，促进兰电所的精细化管理工作。

（2）两条主线：质量、成本。

一是质量体系文件动态修订，体系过程管理得到加强。按照质量工作计划，质量管理部门检查各过程的计划执行和落实情况，通过对过程尤其是关键过程的监督抽查促进质量体系运行的有效性。通过与各职能部门的沟通，按照2008版本的要求对体系文件进行动态修订，提高了体系文件的适宜性。组织完成新版质量体系的内审工作；顺利通过新时代认证中心的民品换版再认证和军品第一次监督审核工作；完成质量体系管理评审工作。完成3C名称变更申请、新版合格证印制及现场审核工作。各项工作的开展和完成，为质量体系的持续、有效运行，奠定较好的基础。

质量管理部门按照《关于激励和推动产品质量改进的通知》，抓好产品质量总结改进措施，并在质量信息中加以通报。通过评比，有三个改进项目获产品质量改进表彰。适时调整检验人员的分工，加强检验人员的培训，使检验人员能够按照检验规范和原则开展工作。加强过程检验工作，及时进行现场巡检，并按照年初制定的进所物资检验办法规范进所物资检验，确保产品质量和生产进度。

二是产品成本预算工作初步开展，成本控制、成本核算工作得到加强。通过产品成本预算工作，使经营招投标有了报价依据，为合理报价打下基础；工艺部、生产部在生产过程中，通过新工艺、新方法的应用，加强各个过程的成本控制，节约了原材料，降低了产品生产成本；通过成本核算工作，使产品成本费用能够合理分摊，成本更加清晰。

洛阳轴研科技股份有限公司

【基本概况】

1. 发展情况。

洛阳轴研科技股份有限公司（以下简称轴研科技）是重点为国民经济建设各领域关键主机及国防建设研制“高、精、尖、专、特”轴承产品的高新技术企业。2005年在深圳证券交易所挂牌上市，证券代码002046。

轴研科技的主营业务为精密及特种轴承、高速机床主轴、轴承专用工艺装备和检测仪器以及轴承特种材料的研究、开发、生产和销售。

轴研科技在高精度、高可靠性轴承及相关零部件制造方面具有雄厚实力，生产的“高、精、尖、专、特”轴承产品广泛应用于航空、航天、航海、机床、风电、冶金、石油化工、医疗、汽车、纺织等各个领域。轴研科技是我国航天轴承领域的主要研制单位，圆满完成我国航天发展史上具有里程碑意义的第一颗“东方红”人造地球卫星、“神舟一号”到“神舟七号”系列载人飞船、“嫦娥”探月工程的轴承及组件的配套任务，多次受到有关部门的嘉奖。

2. 基本情况及历史沿革。

轴研科技是由洛阳轴承研究所于2001年改制组建的股份制企业。洛阳轴承研究所成立于1958年，是我国轴承行业唯一的国家一类科研机构，是我国轴承行业的技术研究、开发、咨询和服务中心。

1999 年，作为全国首批转制的 242 家科研院所之一，由事业单位转为科技型企业，并进入中国机械工业集团有限公司。

2009 年，洛阳轴承研究所有限公司和洛阳轴研科技股份有限公司的资产重组经中国证监会的审核批复，顺利完成，洛阳轴承研究所有限公司成为洛阳轴研科技股份有限公司的全资子公司。

轴研科技是我国轴承科技创新的龙头和产业基地，设有中国轴承工业协会技术委员会、ISO/TC4 中国秘书处、全国滚动轴承标准化技术委员会、国家轴承质量监督检验中心、国家专利交流工作站、机械工业职业技能鉴定轴承行业分中心、机械工业高速精密轴承工程研究中心、河南省机床主轴工程技术研究中心。共取得重大科研课题成果 813 项，其中获国家发明奖和国家科技进步奖等国家级奖励 31 项、省部级科技成果奖 204 项。共申请国家专利 399 项，其中 233 项获得国家知识产权局授权。

轴研科技拥有员工 785 名，其中技术人员 364 人，占员工总数的 46. 37%；各类高级技术人员 133 人，占技术人员的 37%，国家级科技人才 7 人。

轴研科技拥有全资子公司 2 个：洛阳轴承研究所有限公司和洛阳轴研科工有限公司；拥有控股子公司 1 个：洛阳轴研精密机械有限公司。

3. 自进入集团至 2008 年发展情况。

洛阳轴承研究所自 1999 年进入中国机械工业集团有限公司以来，确立了“立足中国轴承工业，发展高新技术产业”的目标，坚持以科研为先导、市场为导向、产业为支柱，走科工贸相结合的道路，加大了产业化投入，将多年积累的科研成果转化为高科技产品。

2001 年，洛阳轴承研究所按照上市公司的标准对其主业进行改制，成立洛阳轴研科技股份有限公司。2005 年，轴研科技流通股票在深圳证券交易所挂牌上市。通过改制上市，洛阳轴承研究所为其主营业务建立起现代企业制度，并为产业化发展募集到资金，使企业的产业化进程在“十五”期间不但收入、利润、资产规模等主要经营指标创造了历史最好水平，而且实现了前所未有的高速增长——主营业务收入翻了一番，总资产翻了两番，净利润翻了三番。

2004 年，轴研科技在洛阳（国家）高新技术产业开发区投资建设轴研科技第一产业园，实施电主轴、特种精密轴承及陶瓷轴承等产品的产业化项目。

2008 年，洛阳轴承研究所在洛阳先进制造业集聚区投资建设轴研科技第二产业园，实施精密型重型机械大型及特大型轴承的产业化项目。

轴研科技第一及第二产业园的建成投产，进一步提高了轴研科技轴承制造技术水平，实现了现有业务的规模化发展，扩大了产品的市场占有率，增强了企业的盈利能力。

【主要指标】 2009 年，轴研科技经营业绩继续保持稳定增长。完成主营业务收入 36233 万元，比上年增长 20. 59%，利润总额 4892 万元，进出口总额 160 万美元。

2009 年洛阳轴研科技股份有限公司主要经济指标

项　目	2008 年	2009 年	同比增长（%）
资产总额（万元）	66882. 30	71460. 80	6. 85
净资产（万元）	48230. 82	50867. 20	5. 47
营业收入（万元）	30046. 30	36233. 20	20. 59
利润总额（万元）	4391. 80	4892. 50	11. 40
技术开发投入（万元）	5533. 10	5834. 60	5. 45
利税总额（万元）	6097. 18	6641. 40	8. 93
全员劳动生产率（万元/人·年）	11. 24	15. 50	37. 82
净资产收益率（%）	7. 92	8. 10	0. 18
总资产报酬率（%）	7. 78	7. 30	-0. 48
国有资产保值增值率（%）	106. 78	110. 00	3. 22

【重大决策与重大项目】 2009年，在外部经济环境异常复杂的情况下，轴研科技在危机中寻求机遇。为进一步搞好区域销售工作，轴研科技实施“走出去”的销售方式，采用逐步推进策略。在西北西南地区、华东地区和中南地区设立驻外办事处。同时，仍实行以代理商和经销商为主线的销售模式，在全国进行战略布点。

2009年，在洛阳先进制造业集聚区的公司第二产业园实施的“精密型重型机械轴承产业化”项目一期工程竣工，二期工程已开工。产业化项目的研发、生产、营销和管理体系组建完备，为产业发展提供坚实的基础和组织人才保障。

【科技创新】 2009年，轴研科技共安排科研课题66项，其中国家级科研攻关项目22项，含国家科技支撑计划2项、863项目1项、国家科技部中小企业基金项目1项，完成鉴定验收项目20项。“齿轮箱轴承关键技术”项目获河南省重大科技专项“2.0MW风力发电机组关键技术研究与产业化”专家组评审通过。“大型数控机床电主轴及精密轴承产业化技术改造”项目列入中央投资重点产业振兴和技术改造专项资金支持项目。“3MW风电机组配套轴承产业化”项目成功入围河南省“双百”计划。

2009年，竞标成功国家科技重大专项“高档数控机床与基础制造装备”2项，其中负责“新型高速、高效、高刚度、大功率电主轴及驱动装置”课题。申报河南省科技重大专项“齿轮箱轴承关键技术研究开发”、“洛阳市轴承材料重点实验室”。

2009年，轴研科技申报专利81项，其中发明专利31项，实用新型专利48项。“卫星动量轮用高精度、长寿命轴承组件技术研究”获中国机械工业科技进步一等奖，“微型偏置动量轮的研制”获国机集团科技进步一等奖，“实践六号卫星偏置动量轮的研制”获河南省科技进步二等奖、洛阳市科技进步一等奖。

轴研科技不断加大广告投入和品牌宣传，实施品牌战略，积极配合公司的技术开发和质量管理，大大提升了公司形象和“ZYS”及“轴研科技”品牌的知名度，2009年，“ZYS”商标被国家工商行政管理总局商标局认定为中国驰名商标，“轴研科技”商标被认定为河南省著名商标。

【产权制度改革】 2009年，洛阳轴承研究所有限公司和洛阳轴研科技股份有限公司的资产重组在中国机械工业集团有限公司的指导下，经中国证监会的审核批复，顺利完成。实现了洛阳轴承研究所整体上市，成为公司改革发展史上的重要里程碑。

郑州磨料磨具磨削研究所

【基本概况】

1. 发展情况。

郑州磨料磨具磨削研究所（以下简称研究所）成立于1958年，是原机械工业部直属的综合性一类研究所，是国家超硬材料及制品工程技术研究中心的依托单位，也是我国首批100家享有进出口经营权的科研院所之一。1999年进入中国机械工业集团有限公司，为河南省高新技术企业。国家磨料磨具质量监督检验中心、全国磨料磨具标准化技术委员会、机械工业第四计量测试中心站、全国磨料磨具行业情报网、超硬材料协会、《金刚石与磨料磨具工程》杂志社等均设在研究所。

研究所自成立以来，承担着我国磨料磨具及超硬材料行业中的关键及共性技术与新产品研究开发、磨削基础理论研究、行业专用设备仪器的研究开发、标准与技术条件的研究制订、理化性能检测技术的研究开发、行业技术发展规划的研究制订、技术情报的收集与分析研究等任务。建所52年来，研究、开发科研成果1100余项，其中获国家和省、部级奖励有130多项，并有近600项成果获得推广应用。中国第一颗人造金刚石即由该所研制而成，并随之在超硬材料领域开发了我国第一颗立方氮化硼、金刚石聚晶、立方氮化硼聚晶，以及众多填补国内空白的人造金刚石及立方氮化硼制品等产品，成为我国超硬材料行业的发源地及有重要影响力的单位。主要产品领域为超硬材料、超硬材料制品、行业专用设备与检测试验仪器等。

研究所拥有员工314人（在职），其中教授级高工13人、中高级技术人员76人；中专以上学历237人；博士、硕士、学士学位115人，3人获得政府特贴。

研究所拥有一家参股上市公司（河南黄河旋风股份有限公司）、两家控股子公司（郑州新亚复合超硬材料有限公司、郑州博德超硬材料有限公司）和两家全资子公司（郑州磨料磨具磨削研究所试验工厂、郑州三磨超硬材料有限公司）。

2. 历史沿革。

1958年6月12日，第一机械工业部（58）机技字188号批复，同意成立郑州磨料磨具磨削研究所筹备处，由二局直接领导。

1962年6月21日，根据（62）二局办字第163号文批示，取消筹备处，改名为“第一机械工业部磨料磨具磨削研究所”。

1971年，第一机械工业部（71）一机技字第485号文指示，研究所下放到河南省领导，所改名为“郑州磨料磨具磨削研究所”。

1978年，根据第一机械工业部（78）一机技字472号文，研究所恢复以部为主的双重领导，改名为“第一机械工业部磨料磨具磨削研究所”。

1982年机械工业部（82）机办字1053号文，研究所更名为“机械工业部郑州磨料磨具磨削研究所”。

根据国家经济体制改革的要求，机械工业部合并到机械电子工业部、之后又改为机械工业委员会，研究所一直归机械工业部、机电部、机械委领导，直到1999年7月1日转制。

1999年7月1日，按照国科发政字〔1999〕143号文关于印发《关于国家经贸委管理的十个国家局所属科研机构管理体制改革实施意见》的通知及国科发政字〔1999〕197号文《关于印发国家经贸委管理的十个国家局所属科研机构管理转制方案的通知》要求，研究所转制为科技企业，同时进入中国机械装备（集团）公司（现中国机械工业集团有限公司），实行自主经营，独立核算，并按国家有关政策规定和上级要求，自2001年2月1日起更名为“郑州磨料磨具磨削研究所”。至此，研究所按国家政策规定按期完成转制工作，成为自收自支的科技型企业。

3. 自进入集团至2008年发展情况。

研究所进入集团前债务沉重，下岗人员较多，经营十分困难。面对当时严峻的形势，所班子制定“革新机制，求真务实，开拓市场，强化管理，有效发展”的工作方针。通过三项制度改革，实行全员劳动合同制，五五分成制，绩效工资制，竞争上岗，末位淘汰，人员优化激发了发展的活力；通过支柱产品的培育和商品化，产业化，加大科技投入，加大市场开拓和品牌的建设确定了发展的战略和目标；通过加快产业基地建设实现了科技成果的转化和产品规模化生产；通过企业的文化建设和人才战略的实施奠定未来的美好前景，实现了由2000年生产经营收入为1170万元，毛利425万元，到2008年以年30%的速度增长。实现了由靠技术成果转让联营发展为主的科研生产模式，到高新技术成果研究和产业规模化生产的高科技产品的发展模式的转变。

自1997年至2008年，研究所已取得新产品成果67项，其中国家级重点新产品6项，18项支柱产品进行产业化培育，并从产业化发展的角度出发，优化资源配置。

主要经济指标完成情况：1999年生产经营收入812万元，增长6.3%，财务收入1218万元，较上年增长9.6%。2000年生产经营收入1170万元，完成计划的114%，同比增长44%；毛利425万元，完成计划的121%，同比增长49%。2001年毛收入554.7万元，完成计划的138%，同比增长31.1%；生产经营收入1326万元，完成计划的99%，同比增长15.2%。2002年毛利收入691万元，完成计划的138%，同比增长25%；生产经营收入2138万元，完成计划的155%，同比增长62%。2003年毛利收入859万元，完成计划的132%，同比增长24.33%，生产经营收入2301万元，完成计划的117.41%，同比增长7.6%。

【主要指标】 2009年研究所共实现主营业务收入7195万元，其中产品销售收入6262万元。

为了进一步开拓国际市场，逐步增加高技术产品的出口额，研究所完善了德国及周边地区经销网络的建设工作，其部分产品开始在德国地区试用试销。同时对于欧洲、美洲、亚洲等地区，设立相应的外贸部门进行市场开放，为今后进一步开拓国际市场打下较好的基础。为开发新产品、新技术、新工艺，2009年科技支出990万元，较上年的894万元增长10.74%。

表1 2009年郑州磨料磨具磨削研究所科技投入和支出情况

项　目	2008年	2009年	同比增长（%）
科技来源（万元）	660	990	33.33
科技支出（万元）	894	990	10.74

表2 2009年郑州磨料磨具磨削研究所主要经济指标

项　目	2008年	2009年	同比增长（%）
资产总额（万元）	13919	13942	0.17
净资产（万元）	11193	10124	-9.55
营业收入（万元）	7304	7459	2.12
利润总额（万元）	2607	6231	139.01
技术开发投入（万元）	894	990	10.74
利税总额（万元）	7073	3431	-51.49
全员劳动生产率（万元/人·年）	13.24	16.14	21.90
净资产收益率（%）	61.62	22.68	-38.94
总资产报酬率（%）	44.94	18.71	-26.23
国有资产保值增值率（%）	123.16	125.45	2.29

【重大决策与重大项目】 2009年郑州磨料磨具磨削研究所整体发展目标是："以超硬材料制品作为本所产品和技术的重点发展领域，并以此带动相关产品和技术的发展，将本所建成国内超硬材料制品领域技术领先、产品优异、管理科学、结构合理、机制有效的龙头科技型企业"。

2009年承担科研项目35项，其中国家级项目11个（包括2个国家科技重大专项项目，2个国家科技支撑计划项目），省部级项目4个，其他项目20个。

其中"超高速超硬磨料系列砂轮"是国家科技重大专项"高速磨削、切削工艺研究——高速/超高速磨削工艺"的子课题，是针对航空航天、汽车、工具、模具等重点领域的需求，围绕5种难加工材料，以5种典型零件产品的磨削加工为突破点，研制与加工材料的加工特性相适应的高速、超高速超硬磨料砂轮，为我国高速/超高速磨削装备的设计制造提供关键技术支持。

"超高速精密外圆磨超硬磨料砂轮"是国家科技重大专项"难加工材料轴类零件150m/s超高速精密外圆磨床研发"的子课题。该项目针对难加工材料轴类零件超高速精密磨削，通过对砂轮设计、制造工艺和配方进行研究，开发出超高速外圆磨超硬磨料砂轮的成套制造技术，研制出适合不同材料、不同要求的150m/s超高速外圆磨砂轮。

"超硬材料砂轮的研制与开发"为国家科技支撑计划项目，是"高速高效切削工具的研究开发"课题的子课题，主要研究超高速陶瓷结合剂立方氮化硼（CBN）砂轮、高性能复合结合剂金刚石砂轮的关键技术。目标是开发出应用于汽车、刀具制造业的系列高速高效超硬磨料砂轮5～10种，产品使用性能达到或接近国外同类产品水平。

“线宽≤180nmIC 晶圆 CMP 抛光液研究”是2009 年科技部院所专项资金项目。该项目拟攻克“磨料二次粒径控制技术”、“防止金属离子对晶片污染的控制技术”、“二次粒径磨料的分散稳定技术”等关键技术难题，开发出系列新型高档CMP 抛光液产品。项目的实施，对完善我国电子信息领域用磨具产品的品种和系列，促进磨料磨具行业技术进步、产品结构调整和产业升级具有重要意义。

“LED 衬底加工用金刚石研磨液制造技术研究”是科技部院所专项资金项目。该项目拟攻克“降低磨料颗粒之间‘混凝效应’的控制技术”、“多功能复合研磨助剂的配伍技术”、“减少金刚石磨粒‘二次凝聚成团’的分散技术”等关键技术难题，研究开发主要应用于 LED（发光二极管）衬底蓝宝石晶片研抛加工的金刚石研磨液制造技术。该项目的实施，将完善我国精密加工磨具产品品种体系，部分替代普通研磨材料的使用，提高生产效率，降低能源消耗，打破国外公司在LED 研磨液产品的市场垄断。

这些项目是围绕电子信息、汽车、家电、工具行业市场需求，目标是开发生产出高、精、尖专用精密磨具系列新产品。项目的实施，不仅能够为所服务的行业提供配套工具和系统集成的服务，同时可提高该所产品的市场竞争能力。

【科技创新】 2009 年共完成科技项目 20 项，其中国家级 1 项，省部级 1 项，其他项目 18 个。

其中，科技型中小企业技术创新基金中小企业公共技术服务机构补助资金项目“超硬材料及制品检测技术服务平台”2009 年 9 月通过验收。

国机集团科技发展基金项目“汽车发动机曲轴加工用高速陶瓷 CBN 砂轮”已提交鉴定材料与申请，待鉴定。

2008 年完成的科技部院所专项资金项目“IC硅片高效超精密磨削用金刚石磨具的研究”，产品使用性能达到国外同类产品水平，填补了国内空白，获 2009 年中国机械工业科学技术奖二等奖。

2009 年申请专利 6 项，其中一项为发明专利，其他为实用新型专利；获得授权专利 6 项，一项为发明专利，其他为实用新型专利。

发明专利《金属结合剂超硬材料砂轮离心热压烧结方法及装置》首次将离心原理应用于砂轮的成型，解决了压制法成型高厚度砂轮存在的沿轴向密度和磨料浓度分布不均匀的技术瓶颈和高度局限性问题，以及压制法成型复杂型面砂轮难的技术难题。该发明技术处于国际领先水平。

2009 年研究所修订实施《市场开发资金使用管理办法》《创收部门考核办法》《专职销售人员管理办法》，在原有对重点大客户开发支持的基础上，增加了对开发新客户的支持力度；鼓励生产部门支持外贸工作，根据出口产品的收入，对生产部门实施出口专项补贴奖励；理顺生产和销售的关系，使专职销售人员的工作和考核与生产部门的生存发展有机联系起来，化解生产部门的营销压力；提高对销售人员的规范化管理的要求，促进研究所销售工作朝专业化发展的步伐。加大市场开拓和营销力度；根据当前市场状况和该所产品发展战略，重新明确了各部门主业及产品业务发展方向，制定该所重点产品的营销发展规划并布置实施。在此基础上，2009 年对 2008 年 3 月完成的“高精度超薄超硬材料切割砂轮产业化研究”、“双端面超精密磨削用超硬材料砂轮的研制”、“IC 硅片高效超精密磨削金刚石磨具的研究”三个项目进行成果转化，年内实现销售收入共计 2410 万元。已完成的国机集团科技发展基金项目“汽车发动机曲轴加工用高速陶瓷 CBN 砂轮”实施成果转化，2009 年为研究所创造 680 万元的产值和 610 万元的收入。

【主要管理经验】 2009 年，积极配合国机集团信息化规划的整体安排，努力做好财务集中管理系统、信息集成管理平台的使用。

完成研究所协同办公系统的正常升级与维护，升级版本贯彻多维管理思想，采用数据缓存技术，显著提高超大数据量下的系统性能。

完成项目管理系统，已挂接进 OA，该组件可实现项目计划管理、项目知识管理、项目文档共享和项目流程管理。完成研究所质检中心网站的建立并投入使用。完成研究所产品质量报检流程的设计，并嵌入协同办公系统。2009 年先后多次阻止黑客攻击，并积极与反垃圾邮件联盟交涉，保证邮箱正常运行。

完成销售订单管理系统并投入使用，使研究所生产、销售经营管理上了一个新台阶。

2009年，研究所继续加强企业文化建设，营造浓重的文化氛围，引导员工树立科学发展观，履行企业责任，构建和谐社会的理念，定位“和”文化，以“以创新和有成效的工作促进行业发展，用辛勤和有价值的劳动创造幸福生活”为企业使命，以“创新发展的前行者，社会价值的创造者，员工幸福的提升者”为企业发展愿景，努力实现“合力同行，创新共赢”的核心价值观，并将企业社会责任落实到日常营运过程中。

天津电气传动设计研究所

【基本概况】

1. 发展情况。

天津电气传动设计研究所（以下简称天传所）是原国家机械工业部直属研究所，成立于1954年8月。根据国务院全国部属242家科研院所由事业单位转为企业的精神，于2000年1月进入中国机械工业集团有限公司，于2001年6月取得营业执照，为其全资控股的科技型企业，是国家电气传动及其自动化、低压电控配电和中小型水电设备行业成套设备和装置的主要科研开发和生产制造基地。

2009年末天传所拥有职工654人，其中工程技术人员427人，国家级、部级专家20余人。具有天津电传所科技开发公司、天津电气传动设计研究所科技工程公司、天津天传电控配电有限公司、天津市帅超科技园、伟成发（天津）国际贸易有限公司和天津天传电气有限公司等六家全资或控股子公司及参股公司“西门子电气传动有限公司”，并设有事业单位“天津发配电及电控设备检测所”。

天传所内不仅有雄厚的综合配套技术力量，良好的科研、试验条件，而且有设备先进的生产制造车间。不但能够进行新产品的研究开发，提供先进的工程系统设计，而且能够为用户提供科研成果，承包成套工程，并直接提供自行生产制造的电气传动及自动化、低压电控配电和中小型水电成套系统、设备和装置。技术上居全国领先地位，并以技术先进、设计合理、质量可靠、优质服务在国内外享有盛誉。

天传所是国家电气传动及自动化、低压电控配电和中小型水电设备等行业的技术归口研究所。国家级的“国家电控配电设备产品质量监督检测中心”和部属的“中小型水力发电设备产品质量监督检测中心”、“天津市配电自动化工程技术研究中心”、“天津市电气节能产业孵化器”位于天传所，上述认证检测机构拥有先进的检测手段，多年来承担着行业产品的试验、检验和认证任务。位于天传所的“电气传动国家工程研究中心”更为电气控制系统和装置的产业化开发提供了优越的科研条件。

天传所非常重视基础性、共性的应用技术研究开发，广泛与国内外技术合作及交流，不断更新技术，提高水平，紧跟世界技术的发展，并与德国西门子公司合资组建“西门子电气传动有限公司”，与泰王国伟成发集团有限公司合资成立“伟成发（天津）国际贸易有限公司”。成立50余年来，天传所在电气传动及自动化、低压电控配电、中小型水电成套设备方面取得了近700项科技成果，其中部级以上科技成果奖140余项，为国家电气传动及自动化、低压电控配电和中小型水电设备行业的发展做出重要的贡献。

天传所是中国电工技术学会电控系统与装置委员会、中国自动化学会电气自动化委员会、中国电器工业协会水电设备分会、中国电器工业协会电控配电设备分会和中国电器工业协会变频器分会以及“全国低压成套开关设备和控制设备标准化技术委员会”的秘书处挂靠单位，并编辑出版国内外发行的《电气传动》杂志，与其专业领域内的各大专院校、科研单位和主要制造厂保持着技术上的紧密联系。

2. 历史沿革。

天传所成立于1954年8月，前身为天津电气成套设备公司，主要承担国内轧钢、造纸和电站等领域的电控装置的设计和工程配套。

1958年8月，正式更名为“天津电气传动设计研究所”，并在天津市河东区津塘路二号桥的新址上建起具有研究、设计、试验和生产规模的科研楼及试制车间，服务领域和科研生产能力不断扩大。

1962年12月，北京电器科学研究院的水轮机和电机两个研究室迁并到研究传所，增设第十一、十二研究室。

1969年10月，为加强三线建设，研究所部分科技人员、技术工人和管理干部内迁到甘肃省天水市，组建天水电气传动研究所。

1971年6月，研究所由中央直属所下放到地方，行政关系隶属天津市第一机械工业管理局。1978年4月，研究所又回复到第一机械工业部领导。

1994年8月，由国家计委批准，在研究所筹建“电气传动国家工程中心”。

1995年5月，与德国西门子公司合资组建“西门子电气传动有限公司”。

1997年7月，与法国阿尔斯通合资组建“阿尔斯通（天津）电力系统有限公司”，因市场和经营问题，该合资公司于2001年6月终止清算，并于2004年11月完成清算。

1999年7月，根据国务院全国部属242家科研院所由事业单位转为企业的精神，天传所于2000年1月进入中国机械工业集团有限公司，并于2001年6月6日完成企业法人登记注册，开始进行企业运作。

2002年5月，天传所通过ISO9001：2000质量管理体系认证；2002年12月，获得“TRIED”注册商标。

2005年5月，天传所与天津久安集团有限公司投资组建“天津天传电控配电有限公司”。

2006年4月19日，中共中央政治局常委李长春同志视察天传所；8月，天传所将VI创意形成的企业标识“天传”和“TRiED”注册为企业商标。

2007年3月，与泰国伟成发集团有限公司合资组建“伟成发（天津）国际贸易有限公司”，以履行伟成发钢铁有限公司综合钢铁工程，并拓展海外市场经营；9月，完成“天津水电联合开发公司”清算关闭事项。

2008年1月，天传所被科学技术部、国务院国资委、全国总工会确定为第二批创新型试点企业。

2009年1月，天传所投资2000万元组建国有独资的“天津天传电气有限公司”，推进企业战略规划实施；天传所负责编制的《中国电气工程大典》（第15卷《电气传动自动化》）出版发行；8月，天传所经国标委批复，获准组建“全国变频调速设备标准化技术委员会”；9月，天传所被国家科技部、税务总局确定为天津市第三批国家高新技术企业；11月，挂靠天传所的国家电控配电设备质量监督检验中心成功举办成立20周年暨新基地落成庆典活动。

3. 自进入集团至2008年发展情况。

自2000年1月进入中国机械工业集团有限公司以来，本着以市场为导向，以经济效益为中心，以企业管理为基础，以调整结构为突破口，兼顾历史，积极稳妥，全面推进的原则。通过优化整合内部机构、精简分流富余人员，调整改革分配制度、稳定并吸引各类人才，稳定主导产业经营、加强行业服务意识、拓展企业生存空间，抓好技术创新、确保可持续发展，推行现代企业管理模式，规范企业运作等不懈的改革努力。并且依照国家的宏观发展导向，结合国内外市场需求，从经营和管理等诸多方面着手，不适时机地调整经营和管理结构，不仅在传统的冶金行业电气传动及自动化领域保持了良好的经营业绩，还将经营领域拓展到其他行业的电气传动及自动化领域，并逐步拓展了海外经营市场。通过几年来不懈的努力，使企业在改革和发展的各个方面均取得了长足的发展进步。其中经营额由2000年的7782万元增长至2008年的39593万元，利润总额由2000年的147万元增长至2008年的2200万元，职工人均收入由2000年的13392元增长至2008年的48458元。

【主要指标】 2009年天传所共承接经营生产合同45144万元，比2008年增长14%。实现营业收入26857万元，其中：主营业务收入26374万元、其他业务收入483万元。成本费用总额25615万元，其中：主营业务成本20603万元，其他业务成本692万元，主营业务税金及附加331万元，营业、管理及财务费用3989万元。2009年实现利润总额1630万元。

2009年实现主营业务收入26374万元，比2008年下降18.2%；实现利润总额1630万元，比2008年减少25.91%。2009年主营业务收入和实现利润总额减少，其原因主要有两个方面：第一，受国际金融危机和国家产业调整的影响，天传所钢铁及有色行业电气传动自动化系统工程项目等主要经营业务受到较大影响。而且，由于新上和改建项目减少，市场竞争更加激烈，使得上述行业的经营工作遇到前所未有的困难，利润空间也随之降低；第二，2009年加大自筹对研究开发费用的投入。研发的天津市科技创新专项资金项目“大功率中压变频调速装置”及国家重大产业技术开发专项项目“低压电网智能化滤波补偿装置产业化研究”等两项研发项目，在取得财政资金支持的同时，也自筹投入大量的研发资金，2009年两项研发项目费用支出共计1587万元计入当期损益。

2009年天津电气传动设计研究所主要经济指标

项　目	2008年	2009年	同比增长（%）
资产总额（万元）	54637	56155	2.78
净资产（万元）	17715	18867	6.5
营业收入（万元）	33255	26839	-19.29
利润总额（万元）	2193	1627	-25.81
技术开发投入（万元）	3133	2628	-16.12
利税总额（万元）	3077	3257	5.85
全员劳动生产率（万元/人·年）	17.08	21.30	4.22
净资产收益率（%）	12.7	8.6	-4.1
总资产报酬率（%）	4.7	3.3	-1.4
国有资产保值增值率（%）	113.4	108.9	-4.5

【重大决策与重大项目】 受国际金融危机和国家产业调整的影响，2009年天传所钢铁及有色行业电气传动自动化系统工程项目等主要经营业务受到较大影响。而且，由于新上和改建项目减少，市场竞争更加激烈，使得上述行业的经营工作遇到了前所未有的困难。针对这种不利的经营形势，从年初开始，在市场经营方面，天传所各经营单位或通过调整经营队伍，转变经营方式，或通过拓展海外市场经营业务，搭建直接对外经营平台，或通过新技术和新产品的开发以及产业化实施，多管齐下，加大市场经营力度，扩大市场经营范围，同时加强项目运作的管理，加大欠款的催收力度。在物资采购方面，通过优化物资采购渠道，规范采购流程，细化采购管理，降低了物资的采购成本，提升了企业工程项目的竞争力。在生产制造方面，通过调整生产组织，理顺生产关系，制定生产工艺文件及管理制度，加强培训等措施，规范了生产流程，提高了产品的质量水平，激发了职工的劳动积极性，从而安全顺利地完成全年生产工作。

2009年，天传所共承接经营生产合同45144万元，比2008年增长14%。其中，电气传动自动化系统工程业务克服国家产业调整和市场经营困难的不利因素，全年承接经营生产合同26256万元，所承接的合同额为11120万元的宜昌全通五连轧及镀锌生产线项目刷新该领域历年来承接单项合同额的新纪录；水电成套设备经营在继续做好国内水电项目产业化产品供货的基础上，着力拓展印度、土耳其、巴基斯坦和阿富汗等海外水电项目的成套设计供货和直接外贸经营，承接经营生产合同3990万元；在低压电控配电装置市场经营方面，凭借“GCK2-Z智能型低压成套开关设备”、低压无功功率静态、动态补偿控制器和无功功率调节器等新型低压电控配电产品产业化实施以及相关的技术服务，实现技术转让和技术服务性收入320万元。

此外，贸易、检测和其他经营业务都有不俗的表现，尤其是检测业务以新基地和新装备位为契机，经营业绩逐年大幅提升，继2008年度检测收入实现1700万元后，2009年度更是达到2406万元的历年新高，同比增长41.5%。

2009年，天传所根据国家产业调整振兴规划，强化科研开发管理机制的改革，通过《科研开发管理条例》等5项科研开发管理及奖励条例的修订颁布，加快技术创新的步伐，激发研发人员的积极性。同时结合企业实际情况优化调整产业化结构，将科研开发的目标由技术攻关、工程化研究的现状，转向科研成果产品化及产业化，以满足重大工程项目、重大技术装备及量大面广通用设备的市场需求。

2009年，天传所除继续依照计划进度履行国家重大产业化技术开发专项项目“低压电网智能化滤波补偿装置产业化研究”、“十一五”国家科技支撑计划项目“中压高性能变频调速技术与装置研究开发”等六项在研纵向项目外，又申报并获批准科技部科研院所技术开发研究专项资金项目“大功率公共直流母线功率变换器”和天津市科技发展计划项目“轧钢自动化二级控制系统软件开发”两项科技开发项目，在研的纵向项目拨款累计到位1771万元。

2009年，天传所还申报天津市科技发展计划项目/国机集团科技发展基金资助项目“高效节能PWM整流电源工程化研究”、“液控直通滑套式大通径水轮机调压阀”和“24kV（20kV）箱式变电站”等研发项目，还针对市场需求自主立项“制动单元”、“新型调功器”和“高频开关电镀电源工程化”等科研开发项目。

继完成施工建设并顺利通过中国合格评定国家认可委员会组织的现场评审验收后，检验中心2009年对短路强度试验能力进行扩展，达到160kA并通过试验室认可委认可，处于国内同行领先水平，检验能力和创收能力得以大幅提升。为了开发新的检验项目，不断扩大检验范围，更多抢占检验市场经营机遇，2009年投资组织研发2MW高压变频试验系统，该试验系统已经进入施工和设备安装阶段。该试验系统将填补500kW以上高压变频器试验条件的空白，也将是检验中心继实现短路强度试验能力后建设的又一项提升检验能力的项目。此外，天传所还投资组织研发0－600kvar/2～50次无功谐波试验电源系统，并添置载荷500kG随机振动试验台、50kN万能拉力试验机、硬度计和记录仪等检验检测设备，以实现检验业务的持续、稳定和健康发展，为把检验中心打造成国际先进、国内一流水平的实验室奠定坚实的基础。

【科技创新】 2009年天传所“GCK2－Z智能型低压成套开关设备”获得中国机械工业科学技术进步二等奖，“智能化全数字水轮机调速控制设备”获得天津市科学技术进步三等奖，“智能全数字低压滤波补偿装置”获得天津市河东区科技成果转化奖。新申请专利24项（发明专利3项，实用新型专利21项），其中新授权实用新型专利13项。2009年天传所被天津市知识产权局确定为“天津市专利试点企业”，获得2009—2011年三个年度“天津市专利专项资金”支持。另外，天传所还完成“低压开关柜1/2抽屉推进装置”等14项科研成果的登记工作。负责组织编制的《中国电气工程大典》（第15卷《电气传动自动化》）出版发行。

【产权制度改革】 根据国家对于“电气传动国家工程研究中心”公司化运作的要求，于2009年启动“天津天传电气有限公司”组建运作。并于年初完成工商注册，将凭借于现代公司的法人管理结构，根据集团公司明确的电气传动自动化科技发展产业化板块，以电气传动及自动化作为主要经营方向，以“电气传动国家工程研究中心”作为产业化发展平台，将电机调速设备产业化项目作为产业发展突破口，着力于电气传动自动化的高新技术产品，依托于电气传动自动化的系统集成工程项目，辅助于电气传动自动化系统及产品的相关贸易，积极谋求以高新产品应用带动电气传动自动化系统集成工程经营，再以电气传动及自动化系统集成工程经营促进高新产品研发的新型产业发展道路。

根据企业的战略发展规划，天传所2009年通过各种途径，积极就企业重组改制事项与集团公司、投资公司和专业咨询公司沟通联系，努力探求实现的有效模式。

【主要管理经验】 尽管天传所经营发展面临宏观经济变化叵测，市场经营竞争异常激烈的局面，但是全所上下通过深入学习贯彻科学发展观，充分利用国际经济低谷和国内扩大内需的战略机遇期，从适应变化、稳定经营，加速研发、形成产业，服务行业、拓展检测，缩减成本、提高效率，坚定信心、规范管理和科学发展、全面提升等诸多方面采取积极主动的应对措施，从而保证了企业在逆境中的增长态势，为天传所的持续发展创造了有利条件。

中国电器科学研究院

【基本概况】

1. 发展情况及历史沿革。

中国电器科学研究院（以下简称中国电器院）成立于1958年，当时为适应国际技术合作和开展我国热带电器产品试验研究工作的需要，1958年3月中国政府与前苏联、前民主德国、匈牙利、波兰、前捷克斯洛伐克签订六国合作协议，共同组建中国电器院的前身“第一机械工业部广州电器科学研究所”。经过50多年的发展，中国电器院现已发展成一家集科研开发、检测评价、高新产业三大业务板块为一体的多学科应用型科技企业，业务范围包括能源、材料、工程、智能、环境、评价六大领域。拥有“工业产品环境适应性国家重点实验室”、“博士后科研工作站”等国家级科技开发平台9个；“广东省日用电器公共实验室”等省市级科技开发平台11个；国内外检测认证能力资质47个；各类行业科技服务机构18个；负责国际标准文件表决处理及技术归口的技术委员会和分技术委员会（TC/SC）17个；国家标准化技术委员会和分技术委员会11个；测试数据与评价结论获世界上70个国家的100个机构认可；2002年11月获国家建设部颁发“甲级工程设计证书”；2007年5月成为国际电工委员会（IEC）小型熔断器分技术委员会（IEC/SC32C）秘书处所在地；2008年10月正式加入“ASTM国际标准组织”（美国材料和试验协会）。能够为国内外客户提供电站励磁装备、大功率电源、可充电电池检测设备、粉末涂料、紫外光（UV）固化涂料、聚酯树脂、表面处理工程、自动化工程、环保工程、产品检测与认证、计量测试、校准服务、科技经济信息技术服务等产品与服务。自建院以来，完成科研成果2608项；国家与行业标准制定修订项目711项；获国家级科技进步奖励4项；获省部级科技进步奖367项；获得专利授权和软件登记172件，其中发明专利52件。为推动我国电器工业的发展和科技进步做出应有的贡献。

截至2009年年底，全院在岗职工1932人，专业技术人员1320人，占68.3%，中级以上职称人员705人，其中各类科技专家217人。35岁以下青年员工1385人，占总人数的71.7%。全院设有13个职能部门，1个中央研究院，1个国家重点实验室，1个国家日用电器质量监督检验中心，3个研究所，4个全资子公司。2002年3月更名为“广州电器科学研究院”，2007年6月冠名为“中国电器科学研究院”。

2. 自进入集团至2008年发展情况。

中国电器院于1999年7月作为国家首批242个科研院所转制单位之一进入国机集团。进入集团以来，在集团的正确领导和大力支持下，通过采取持续加大研发投入、创新研发模式、夯实研发平台、撬动和利用社会资源、提升产学研合作力度、推进产业精品建设、加强精细化管理、实施“走出去请进来”的国际合作战略等措施，逐步形成科研开发、检测评价、高新产业三大主营业务板块，经营规模不断扩大，各项经营指标成倍增长，业务结构持续优化，经济效益显著提高，实现了平稳快速增长。

1999年到2008年，中国电器院经营合同额由2.28亿元，增加到12.01亿元，年均增长20.3%；财务收入由1.78亿元，增加到7.14亿元，年均增长16.7%；资产总额由1.76亿元，增加到10.44亿元，年均增长21.9%；净资产额由0.74亿元，增加到2.75亿元，年均增长15.7%；占地面积由

19.3万平方米，增加到44.4万平方米，增加2.3倍；建筑面积由11.9万平方米，增加到27.3万平方米，增加2.3倍。

十年来，中国电器院以科学发展观为引领，大力转变思想观念，不断推进技术创新、管理创新、模式创新，确立了企业愿景和企业使命。科研开发坚持以战略规划为导向，以研发平台为依托，以专业技术中心为支撑，以人才队伍建设为根本，面向国家、行业、市场三个不同需求，对项目实行立项、实施、监督三分离的管理模式。2007年成立中央研究院，积极建立国内、国际两个科技合作网络，通过产学研用联盟，广泛利用社会资源，对科研项目、设备、人才等资源进行整合集成，集聚项目、资金、设备、人才和成果。持续加大技术开发投入力度，科研经费从1999年占营业收入的1.7%逐年提高到2008年的7.2%，科研开发水平和能力不断提升。1999—2008年合计申请各级政府科研经费1.34亿元，累计完成科技成果907项；申请专利和软件登记189件，获专利授权和软件登记127件，其中发明专利授权28件；国家与行业标准制定修订项目365项。

从2001年开始，中国电器院实施在中国两个最发达的经济区珠江三角洲和长江三角洲的战略布局。在珠三角，筹划在广州科学城建设“国家日用电器质量监督检验中心”检测基地（以下简称检测基地）、在花都建设“中国电器科学研究院高新产业园”（以下简称产业基地）。两个基地分别于2007年3月和2008年7月建成并投入使用。检测基地建筑面积5.2万平方米，拥有电器安全、电器性能、电磁兼容、环境适应性、化学分析、计量校准等各类试验室120个，具备5千份标准检测能力，是我国获国际CB实验室认可标准最多的试验机构。产业基地占地面积22.7万平方米，产业规模10亿元，主要生产电站励磁装置、大功率电源、电池检测设备、智能电子控制器、家电整厂成套试验装备与自动化生产检测装备、环保和涂装设备与工程、粉末涂料、紫外光（UV）固化涂料、聚酯树脂等产品。

按集团整体战略部署，2005年对武汉计算机外部设备研究所，2006年对中机机械基础件成套技术有限公司实施重组。通过采取整合资源、注入资金、移植项目、主辅分离、加强管理、派遣干部、竞聘上岗等措施，两个单位的经营形势有了明显好转，分别实现了盈利和减亏。

积极进行体制机制创新，加强制度建设，整合资源，明确经营管理目标，严格业绩考核工作。2002年开始实施关键绩效指标（KPI）考核制度，在每个考核周期，重点考核每级组织和每个职位的关键绩效指标，通过部门和员工的关键绩效指标达到提升整体绩效的目的。加强目标成本控制，实行财务经理委派制，建立相关制度，监管与控制合同风险，提高风险防范的能力。完善安全生产组织体系，促进安全生产管理的规范化和制度化。

【主要指标】 2009年，在宏观经济回暖趋势并不稳固、依然存在较大不确定性的情况下，中国电器院根据整体战略规划，依托国家的产业政策，继续加大科技投入，重点推进分布式生活污水及水资源利用一体化系统、高效节能数字化电源、家电产品绿色设计和废旧家电回收处理等项目的开发，通过技术创新提升产品技术含量和附加值。积极抓住国家实施家电下乡、节能认证等相关政策形成的产品检测认证业务扩大的机遇，及时投入和扩充试验室，增加相关检测设备，进一步提高技术服务收入比重，不断提升综合盈利水平。

2009年新签合同总额12.21亿元，同比增长1.80%。其中：工程成套4842万元；中介技术服务1.84亿元，同比增长53.13%；研发生产8.26亿元；进出口1850万美元，同比增长5.05%。

2009年主营业务收入7.79亿元，同比增长9.13%；技术开发投入6812万元，同比增长12.26%。截至2009年年底，资产总额为10.93亿元，同比增长4.70%；净资产3.42亿元，同比增长24.38%，净资产收益率14.22%，国有资本保值增值率为119.92%，较好地实现国有资产保值增值。

2009年产品销售（含出口）收入5.55亿元，同比增长2.98%，主要是下半年以来，虽然金融危机的影响仍然存在，但国内外市场逐步回暖，带动产品销售收入逐步回升；工程收入4750万元，同比下降4.41%；技术及中介服务收入1.68亿元，同比增长43.10%。主要得益于积极开拓高端技术中介服务市场，从而抵消了国内外产品销售市场萎缩带来的负面影响，也是2009年度主营业务收入同比实现增长的主要贡献来源。

2009年实现利润总额4291万元，同比增长

30.82%。主要源于毛利率较高的检测技术服务业务比重加大，使主营业务成本增长幅度低于主营业务收入增长幅度。年度产品平均毛利率为33.6%，比上年同期提高3%。其中，检测技术服务毛利率为58.1%，比上年同期提高3%；产品制造毛利率为26.5%，比上年同期提高1%；工程成套毛利率为25.25%，比上年同期降低1%。

2009年中国电器科学研究院主要经济指标

项　目	2008年	2009年	同比增长（%）
资产总额（万元）	104412	109320	4.70
净资产（万元）	27463	34159	24.38
营业收入（万元）	71402	78904	10.5
利润总额（万元）	3280	4291	30.82
技术开发投入（万元）	6068	6812	12.26
利税总额（万元）	7902	9107	15.25
全员劳动生产率（万元/人·年）	43.28	47.08	8.53
净资产收益率（%）	8.17	14.22	6.05
总资产报酬率（%）	4.07	4.9	0.83
国有资产保值增值率（%）	108.2	119.92	11.72

【重大决策与重大项目】 滚动修订三年发展规划。在重新审视院所处的环境和自身核心竞争力基础上，结合集团2008—2010年三年发展规划，对“2008—2010年发展规划”进行修订，滚动形成“2009—2011年发展规划”，提出新的发展目标和重点战略，调整明确今后的发展方向和措施，实现发展规划的动态更新。

深化国际化战略。筹建驻美研发分支机构，进一步深化国际合作，用国际化的视野和眼光，撬动和利用国际资源，加快国际化人才培养和引进，学习国际先进管理经验，实现人才、技术、管理与国际先进水平进一步接轨。

优势业务集中整合。通过整合计量、服务、标准、检验、认证、测试、鉴定、研发、培训等优势资源，打造完整、闭环的技术服务体系，为企业和客户提供更加完善和系统化的优质服务，中介技术服务能力大大提升。

推进华东战略布局。利用浙江嘉兴地处江、浙、沪城市群和环杭州湾经济带的中心位置，交通便利、辐射能力强、经济发展迅速、当地政府支持的有利条件，2009年5月中国电器院华东分院在浙江嘉兴市正式奠基。使检测认证业务辐射到中国经济最活跃、最发达和经济总量最大的长三角核心地区，检测认证服务范围进一步扩大，综合能力得到进一步增强。

调整营销策略。根据产业特点，在全力稳住原有市场，保持优势的同时，大力开拓新市场，推广新产品。国内市场：励磁产品的水电市场、动力电池检测设备、粉末涂料、紫外光（UV）固化涂料等产品在家电领域、聚脂树脂产品在华南市场，继续保持和巩固原有的优势地位。试验装备产品除原有市场外，大力向汽车领域推进，承接大客车空调性能试验室项目；大功率电解电源和开关电源、新一代数字化电源控制系统、全密闭水冷式表面处理电源等新产品已进入市场。国际市场：积极为客户提供全过程的技术解决方案，家用电器工厂与产品成套工程总承包业务增长较快。认证检测业务市场：开发了家电下乡、节能惠民工程、验货、欧洲能耗产品（EuP）认证、能效标识以及消防检查等新业务，实现了全年业务的快速增长；尝试引入网络销售的推广手段，借助阿里巴巴和中国制造网的电子商务平台，通过买家数据库，利用Email进行推广，不仅直接带动业务的增长，还实现了扩大品牌宣传的目的。

【科技创新】 2009年完成科技计划立项99项，完成标准制定修订项目42项。获得科技成果70项。组织申报上级科技奖12项，共有8项获奖，其中作为第一起草单位的GB/T20644.2—2006《特殊环境条件选用导则第2部分：高分子材料》等13项国家标准获国家质量监督检验检疫总局、国家标准化管理委员会“中国标准创新贡献奖一等奖”，另外获国家电网公司科学技术进步奖一等奖1项、中国机械科学技术奖二等奖2项、集团科学技术奖二等奖1项、省市科学技术奖三等奖3项。申请专利和软件登记共36件，其中申请发明专利8件，专利授权19件，其中发明专利授权6件。获得各级政府科技项目经费资助共计3031万元。

加强标准与行业技术平台建设，完成各级政府或行业科技开发平台申报和验收工作，包括国家创新型企业验收、广州电器科学研究院和广州擎天实业有限公司（以下简称擎天公司）国家高新技术企业认定、广州市海珠区总部企业基地认定、“中国机械工业日用电器成套装备工程（技术）研究中心”和“中国机械工业大型水电励磁装置和电源装置工程（技术）中心”验收等专项成果。位于广州和琼海的两个自然环境试验站，2009年6月分别被科技部授予“广州大气环境材料腐蚀国家野外科学观测站”和“海南大气环境材料腐蚀国家野外科学观测站”。

根据发展规划，不断加大对技术开发的投入，重点加大节能减排、绿色环保等项目的科技投入，开展高效节能数字化大功率开关电源、家电产品绿色回收处理技术与装备等项目的研究开发，组建无铅电子制造省部产学研创新联盟。积极聚集政府和社会各种科技资源，围绕节能环保领域，独家和合作申报一批政府重大科技专项或技术攻关项目，有22项获批准立项，其中“薄液膜下2A12铝合金第二相微区电化学腐蚀行为及机理研究”获国家自然科学基金委员会批准立项，是中国电器院首次作为第一承担单位承担国家自然科学基金项目。

【产权制度改革】 为推进改制工作，根据院股份制改造与上市方案的有关要求，集团于2009年11月对中国电器院增资8000万元。增资后中国电器院的注册资本由人民币1亿元增加至1.8亿元。

根据国资委、集团《关于清理规范国有企业职工持股有关问题的通知》要求，按照国机资〔2009〕694号《关于中国电器科学研究院收购职工所持广州擎天实业有限公司股权有关问题的批复》，中国电器院对774人所持擎天公司49%的股权实施收购，使中国电器院持有100%擎天公司的股权，规范有序地完成股权收购工作。

根据集团《关于推动集团所属企业清理调整四级及以下公司减少企业管理层次的实施意见》，积极开展四级公司的规范清理工作。注销“广东省金属表面处理工程技术研究开发中心”；对工业与日用电器行业生产力促进中心控股的“佛山市威凯电器科技有限公司”、“中山市日用电器科技创新中心有限公司”实施注销清算；对“广州擎天新材料研究开发有限公司”进行清算。开展擎天公司转让宁波思朗智能科技发展有限公司52.5%股权的立项和资产评估工作。

【主要管理经验】

1. 财务管理。

加强财务管理，降低财务费用，严格实施资金归口统一管理，合理筹划税收资金，实行借款利息资本化，控制有息举债规模，减少票据贴现频率，发挥票据融通的灵活性，增强现金流管理，提高资金使用效率，降低资金使用成本。通过制度规范预算管理，用绩效考核落实预算管理，用严格执行强化预算管理，用预算分解统一工作目标，用预算偏差监控业务过程，通过严格的预算管理实现了过程控制和结果控制。

2. 人力资源管理。

对人力资源管理进行新的探索和尝试，主要有两个方面，一是实行与院校联合培养实习生的模式，通过校企合作方式直接引进优秀学生到单位实习，并有针对性地培养学生，使最终录用的人才能够更有效发挥作用；二是为减少人力资源管理的风险，部分岗位开始实施劳务派遣用工，通过外包的方式，确保员工素质，分散用人风险，简化劳务管理，提高用人效率，优化人员结构。

3. 科技体系创新。

完善科研体系建设，积极推进“创新方法”的应用，增强自主创新能力。与广东省科技厅联合实施国家科技部“广东省创新方法重点行动计划”项目，进一步完善科技创新体系建设，提升专利和成果的技术水平。

4. 实行首席专家制。

制定了推行首席专家制的实施方案，首席专家不再兼任行政职务，主要职责是重大研究项目和超前储备项目的策划和执行。通过实行首席专家制，引入竞争择优机制，组建高水平研发团队，实现优质科技资源与重大攻关项目的有机结合。

5. 安全生产。

严格落实安全生产责任制情况，完善以企业主要负责人为核心的安全生产和质量管理的领导责任制。明确各级岗位的责任人与职责，逐级落实分解责任，针对七个安全生产重点单位和部门，开展“三查一整改”活动，加强安全宣传教育及开展应急预案演练活动。

6. 党建工作。

截至2009年12月31日，中国电器院及下属各企业共有党员721人，其中女党员201人，35岁以下党员262人，在岗人员党员406人，离退休人员党员292人，其他党员23人。党委17人，党总支1个，党支部28个。在集团党委领导下，开展了深入学习实践科学发展观活动，通过学习实践活动，使广大党员干部受到教育，解放思想，转变观念，提出符合自身发展的“三个着力提升、四个强化建设、五个创新能力”的新思路，取得良好的效果，2009年4月获“全国五一劳动奖状”荣誉称号。2009年9月，召开中国电器院第十二届党代会，完成党委和纪委换届工作，选举产生新一届党委和纪委。2009年11月，召开中国电器院工会第十三次会员代表暨第七次职工代表大会，选举产生第十三届工会委员会和工会经费审查委员会。

7. 信息化建设。

2009年6月完成《2009—2011年信息化发展规划》编制工作，开展信息化需求、外部供应商调查和相关培训工作共12次。首先，在科研开发信息化管理寻求突破口，形成有特色的科研开发信息化管理体系。其次，对检测认证业务相关部门提升信息化管理能力，引入VTIGER CRM客户关系管理系统和“VBA报告自动生成”系统，逐步实现客户资源管理，提高报告的出具速度和服务效率。

8. 企业文化建设。

进行三地CI企业形象统一设计，三地企业识别系统的制定与导入工作，重新设计、制作三地完整的识别系统VI手册，对VI手册的使用进行规范，保证三地对外形象的完整与统一。改编创作适用于不同场合的院歌，并根据企业环境和组织机构的变化，及时对企业宣传片进行补充完善。2009年统一设计和更换新款工作服和行政服，企业和职工形象焕然一新。积极开展员工文体活动，参加集团及地方各项文体活动，树立企业良好社会形象，2009年在集团第三届职工运动会上获团体总分第五名。

广州机械科学研究院

【基本概况】

1. 发展情况。

广州机械科学研究院（以下简称研究院）建于1959年，是原机械工业部直属综合性一类研究机构、国家机械行业技术归口单位之一。是国家首批91家创新型企业之一，三级军工保密资格单位、广东省专利试点企业、全国机械行业文明单位、广东省高新技术企业，经国家人力资源和社会保障部批准设立博士后科研工作站，“广研”商标荣获广东省和广州市著名商标称号。

研究院主要从事机械基础技术、基础材料、基础元件领域的高新技术和产品的研发，在液压、光机电一体化装备、密封、润滑、汽车零部件检测、设备润滑状态监测等方面的研究水平居国内先进水平，先后承担了大批国家、省、市各级科技攻关项目，取得了1000多项科研成果，其中200多项成果获国家、部省、市级科技奖励，其中67项填补国内空白和国内第一、38 项替代进口、2 项填补国际空白，为国家机械装备核心部件国产化做出重大贡献。同时，研究院还拥有三个行业级检测中心和一个工程研究中心，并组建广东省机械装备公共实验室。

研究院内设管理机构4个：综合管理部、财务经营部、人力资源部、科技发展部。科技开发与产业部门7个：技术研究开发中心、液压研究所、润滑研究所、密封研究所、汽车零部件研究所、设备状态监测研究所、胶业研究所。控股并参股公司8个：中国汽车零部件工业公司、广州中机实业有限公司、广州宝力特液压密封有限公司、广州震高机械有限公司、广州吉盛润滑科技有限公司、北京华德广研密封件有限公司、广州摩根密封件有限公司、广州宝力特聚氨酯有限公司。

2009 年末，在职职工 1187 人（含子公司），专业技术人员 474 人，其中高级、中级职称 137 人，专职科研人员 125 人，占职工人数的 11%。

1999 年转制为国有科技型企业进入中国机械工业集团有限公司，是国务院首批 242 家转制的重点研究院所之一。2002 年 7 月起更名为“广州机械科学研究院”。

2. 自进入集团至 2008 年发展情况。

自 1999 年改制进入集团至 2008 年，广州机械科学研究院借助科研成果产业化，从一个研究机构发展到全面参与国家重点工程、重大项目的研发与制造知名集成服务商；从过去的小规模作坊式中试生产发展到拥有产值达 5 亿元的现代化中试生产基地，产业集群效益和集成服务能力大大提升。逐步实现从求生存向求发展的转变，成为国家首批创新型企业，经济规模跃上新台阶。主营收入从 1999 年的 3399 万元增长到 36526 万元；利润从 1999 年的 120 万元增长到 1563 万元。总资产从 1999 年的 8082 万元增长到 37928 万元，净资产从 1999 年的 3200 万元增长到 11670 万元。

产业方面，汽车零部件产业从无到有，成为研究院新的经济增长点；密封产业从小规模中试生产成长为中国密封技术集成服务领先者和国际知名密封产品制造商；液压机电产业成为冶金、核电、航空航天、军工等国家重点行业服务商，成功开拓了高精度伺服控制成套装置市场；润滑产业以绿色制造工艺油液为产业发展方向，致力于环保、安全、高效、节能和长寿命润滑油液的研发和生产，产品广泛应用于汽车、机床、模具等机械制造行业；油品检测产业成为国内设备状态检测与故障诊断的标杆商检机构，检测报告获美国、英国等 39 个国家的国际互认，在国内具有产品和科研成果检测鉴定仲裁的地位。

【主要指标】

2009 年广州机械科学研究院主要经济指标

项　目	2008 年	2009 年	同比增长（%）
资产总额（万元）	31425	37929	21
净资产（万元）	11298	11670	3
营业收入（万元）	31780	36632	15
利润总额（万元）	1297	1563	21
技术开发投入（万元）	3343	3696	11
利税总额（万元）	3742	4218	13
全员劳动生产率（万元/人·年）	27	32	19
净资产收益率（%）	10.54	12.70	2.16
总资产报酬率（%）	4.12	4.12	
国有资产保值增值率（%）	112	103	-9

【重大决策与重大项目】 2009 年，密封研究所坚持走以技术成果为突破口，通过技术孵化实现产品进入新行业市场的开发策略，成功推动非橡塑密封新产品开发项目步入产业化运作阶段，成功为三峡水电站水轮机组试制直径 13 米、周长 42.7 米

的特大聚氨酯密封圈，是国内最大尺寸密封圈，单套价值30多万元。润滑研究所成功地把深孔钻油打入美心曲轴，并在多家公司试用Q101BM成功，在西南市场树起广研润滑油品牌；汽车零部件研究所通过增强检测能力，与华南理工大学、广州汽车集团、比亚迪公司等开展合作研究，与行业知名整车厂及汽车零部件商建立合作关系，成功参与重要客户的关键部件采购与新产品研发业务，汽检中心进入国家检测资源共享平台，成为国家铁道部和英国铁路公司的分包实验室，广汽集团乘用车零部件及比亚迪汽车、上汽通用五菱汽车、长丰汽车转向系统定点检测机构和广汽集团汽车研究院发动机定点检测机构，并顺利完成其两个批次自主品牌发动机高速耐久测试；设备状态监测研究所借助国家大力发展风电产业的机遇，大力开拓风电市场业务，成为大唐新能源、华电新能源、国电龙源等风场运营公司设备状态监测首选服务商，并开拓了变压器油检测市场；中汽零公司发挥行业资料源优势，建立中山、银川、天津、营口、苏州等多个各具特色的产业基地，拓展了国内贸易，市场开拓业务比上年有大幅度增长。

【科技创新】 2009年，研究院共申请纵向课题39项（含军工项目3项），获得纵向科技项目立项11项，争取政府经费资助1906.2万元，到位1377.1万元。全院承担的课题共70项（含院基金37项），完成科技项目20项（含院基金8项）；修制订国家和行业标准6项、企业标准7项，承担11项行业标准的复审工作（历年来最多）；申请专利受理15项，获得授权专利5项，发表论文共47篇。荣获国机集团科学技术二等奖1项、三等奖2项，液气密行业优秀新产品一等奖1项，市科技进步二等奖1项；硅酮密封胶等4项产品获得“广东省高新技术产品”称号，绿色水基切削液等3项产品获得“广州市自主创新产品”称号。成为全国第四批知识产权试点企业，广东省知识产权优势企业、广东省重大科技专项实施单位。

【主要管理经验】 一是集成服务提升行业影响力。2009年，研究院针对集成业务开发的迫切需要，特别是围绕重点客户的集成服务需求，积极推进业务协同合作并取得新的进展。宝力特公司、密封研究所在优势互补的基础上，联合组建煤机市场开发小组，统一协调和具体实施煤机市场开发业务，突破了各业务组织之间的壁垒，充分发挥了密封所现有的销售网络和宝力特的销售骨干的作用，逐步形成煤机市场开发“六化”的发展战略，即：产品高端化、销售精益化、市场重点化、资源社会化、宣传广泛化以及合作战略化，取得显著成效。已经深入接触河南、山西两省4家大型煤炭综合采掘设备生产企业，以及山西、河南、安徽三省的13家煤矿集团，并在郑州、银川、鄂尔多斯等几个大型煤炭生产区域和煤炭综采设备生产基地设立办事处。2009年，煤矿液压支架用密封产品全年销售收入达1208万元，同比增长251%。

二是依托现有销售网络资源，通过业务协同推动集成业务开发，带动研究院各专业产品拓展市场，中汽胶业在开拓主机配套市场的同时，成功拓展煤机市场，成为山西泉煤集团等煤机企业的密封胶服务商。液压所还积极响应国机集团资源共享、优先配套的政策，首次在大项目上与中国重型院携手合作，承担广州JFE钢板有限责任公司重卷包装机组的液压设备制造，合同金额约550万元。正在与福马集团计划开发的连续板热压机组提供液压系统的技术服务。

三是信息化水平不断提高。研究院积极配合国机集团的信息化规划工作，已完成与国机财务接口工作、OA升级、RTX更新、培训、人才培养、PDM（产品数据管理）供应商沟通等相关信息化管理工作，信息化（主要有ERP、OA、RTX等）基本覆盖全院所有部门（子公司），正深化BI建设。随着ERP使用的深入，各使用单位开始感受到ERP对其工作的帮助日益明显，同时也提出各种新的需求。信息处结合业务部门的实际业务特点，在原有的标准功能基础之上进行系统个性化开发。每月定期发布月度ERP运行情况分析发布后，得到各部门领导的重视，有效发现纠正系统操作问题并发现新的功能要求，收到相当好的效果。

四是以人为本，和谐文化焕发新机，党组织政治核心作用得到进一步发挥。研究院在2009年3月启动深入开展学习实践科学发展观活动，严格按照集团党委的统一部署和要求，高度重视，精心组织，周密部署，扎实推进，较好地完成各个阶段的工作，基本实现“干部受教育、发展上水平、群众得实惠”的目标。经调查统计，对研究院开展深入学习实践科学发展观活动情况满意的占57.4%，基本满意的占42.6%，满意率为100%。

五是研究院结合企业实际，努力创新党建工作形式。一是创新学习方式，通过开展“党员轮流宣讲”、“读一本好书”的学习活动使学习活动搞得有声有色。二是创新工作方式。除坚持“三会一课”制度、集中学习制度、民主评议党员制度和创先争优活动之外，继续坚持每月一次的党支部书记联系会、支部组织委员、宣传委员、纪检委员等的专题学习交流制度，使院支部建设工作更趋规范化、程序化。

回顾50年光辉历程，大力推行“和”文化。以院庆50周年为契机，大力推动“和”文化的建设，确立集团的“合力同行、创新共赢”的企业核心价值观。围绕“和”文化理念，研究院精心策划了展厅、宣传片、宣传画册、《合力同行》院史画册、网站、院士讲座、装备制造业论坛、院庆庆祝活动等，向院内外献上一份文化大餐。

积极开展争先创优工作，通过树先进、立典型，如开展“先进集体”、“先进工作者”以及“研发能手”、“服务标兵”、“青年文明号”、“巾帼文明岗”、“杰出女员工”等评选工作和“五四红旗团委”和“青年文明号”的创建活动，引导广大员工学先进、做先进，努力营造学、赶、超的良好氛围。2009年，密封所金工车间还获得广东省“工人先锋号”称号。

积极开展扶贫助困、服务社会活动，彰显企业社会责任感。按广东省委、省政府的安排，研究院对口扶贫连南县涡水镇涡水村，建立首期10万元的扶贫基金，以免息项目扶持形式资助贫困户。通过开展“爱心助学”、“爱心父母”活动，资助广东省英德市黎溪镇的9位失学儿童。同时，研究院也积极参与其他各级社会捐助活动。研究院高度重视企业维稳工作，并致力于和谐企业的建设，荣获广州市劳动关系“和谐企业”称号。

党工团建设成绩突出。研究院党委荣获国机集团“先进基层党组织”，院团委荣获国机集团“五四红旗团委”，密封所金工车间被广东省总工会授予“广东省工人先锋号”，3个部门荣获国机集团和省直“青年文明号”。

济南铸造锻压机械研究所有限公司

【基本概况】

1. 发展情况。

济南铸造锻压机械研究所有限公司（以下简称济南铸锻所）始建于1956年，是原机械工业部直属专业从事铸造机械、锻压机械、液压技术等多专业综合性应用技术研究、开发和行业归口管理的一类科研机构。

研究所现有员工700余人。其中，各类专业技术人员占70%，具有高级专业技术职务的人员占员工总数的20%，拥有一批享受国务院特殊津贴的专家和学科带头人。

1999年7月，根据国务院对国家所属242家首批重点科研机构改革方案，研究所转制为科技型企业，成为中国机械工业集团有限公司的成员企业。

2009年12月，由中国机械工业集团有限公司和宝钢集团有限公司、中国重型机械研究院有限公司、中国浦发机械工业股份有限公司、机械工业第三设计研究院共同发起，以增资扩股方式，将济南铸锻所改制为各方共同持股的有限责任公司——济南铸造锻压机械研究所有限公司。

济南铸锻所主要从事铸造机械及铸造工程机械化、自动化成套技术及装备；锻压机械及锻压工程机械化、自动化成套技术及装备；数控锻压和激光加工技术及设备、数控板材加工成套装备；各种大型闭式通用和专用机械压力机、液压机及自动化生产线；液压元件及系统的新技术、新产品开发、设计、制造；铸造锻压机械产品质量检测；相关技术的咨询服务。产品主要应用于汽车、钢铁、电力、船舶、能源、航空航天、军工等领域，技术水平国内领先，部分产品达到或接近国际水平。

研究所还承担着全国铸锻机械行业技术组织和技术服务工作。国家铸造锻压机械产品质量监督检验中心、国家铸锻机械标准化技术委员会、中国机床工具工业协会铸造机械分会、锻压机械分会，以及中国机械工程学会塑性分会锻压设备学术委员会等行业机构均设在该所，并面向国内外公开发行《中国铸造装备与技术》《锻压装备与制造技术》等科技核心期刊。研究所是我国铸锻机械行业协会理事长单位，承担着我国铸锻机械行业科技发展规划编制建议、"高端数控机床与基础制造装备"国家重大专项需求建议、国家铸锻机械行业标准规划制订等重大工作。

研究所以其深厚的历史积淀和行业背景、卓越的专业人才队伍、雄厚的技术实力，培育和推动了我国铸造锻压机械行业的发展。已累计完成国家和省市等科技项目3100余项，其中科研与新产品开发项目达1500多项，获国家批准专利150余项，有160多项成果获得国家和省部级科技进步奖或发明奖，为汽车、钢铁、电力、船舶、能源、航空航天、军工等行业提供大量高端数控铸锻机械产品，满足了国家在不同发展时期对基础装备的需求，为国家经济建设、行业技术进步和我国装备制造业的振兴做出重要贡献。

研究所秉承"为顾客创造价值，为卓越不懈追求"的经营理念，以发展高端铸锻机械成套装备为目标，以振兴中国装备制造业为己任，竭诚为国内外新老用户提供铸造机械、数控锻压机械和板材加工领域完整的解决方案及成套加工装备，致力于降低消耗，提高效率和铸锻机械行业可持续发展。

2. 历史沿革。

1956年10月，第一机械工业部第二机器工业管理局在济南设立锻压机械设计研究处。

1957年6月，第一机械工业部第二机器工业管理局在北京设立铸造机械专业设计室。

1959年9月，济南设立锻压机械设计研究处，与北京铸造机械专业设计室同时分别成立锻压机械研究所筹备处和铸造机械研究所筹备处。

1961年9月，经国家科委批准锻压机械研究所筹备处和铸造机械研究所筹备处在济南合并，改称"第一机械工业部铸造锻压机械研究所"，最终确定的建所日期为1956年11月。

1971年9月，第一机械工业部决定将研究所下放地方，归属山东省机械工业局领导，下放后的单位名称取消"第一机械工业部"的冠名，改为"济南铸造锻压机械研究所"。

1978年4月，第一机械工业部根据中央指示精神，决定将济南铸造锻压机械研究所由山东省机械工业局领导，改为以机械部领导为主，实行双重领导，并恢复"第一机械工业部济南铸造锻压机械研究所"的名称。

1982年11月，研究所名称改为"机械工业部济南铸造锻压机械研究所"。

1987年4月，名称改为"国家机械工业委员会济南制造锻压机械研究所"。

1988年10月，名称改为"机械电子工业部济南铸造锻压机械研究所"。

1993年5月，研究所名称改为"机械工业部济南铸造锻压机械研究所"。

1999年7月，国务院于1999年5月决定对国家经贸委管理的十个国家局所属242个科研机构实施科研体制改革，济南铸造锻压机械研究所由原隶属国家机械工业局，改属中国机械装备（集团）公司，并从同年7月1日起改制为科技型企业。

2000年10月，根据国机集团《关于济南铸造锻压机械研究所改制申请报告的批复》（国机企规字〔2000〕第285号），研究所进行职工持股局部改制试点，将所属四个产业部门分别改制为四个国有资本相对控股、改制部门职工和所部职工共同参股的有限责任公司，即：济南捷迈铸造机械工程有限公司，济南捷迈锻压机械工程有限公司，济南捷迈液压机电工程有限公司，济南捷迈数控机械有限公司。国有资本股份占35%；职工股份占65%。以上四个子公司分别于2001年上半年完成工商登记注册。

2004年5月，按照国机集团要求，将四个子公司国有资本的控股比例由原来的35%调整到51%。

2006年10月，按照国机集团《关于同意济南铸造锻压机械研究所控股子公司重组工作实施方案的批复》（国机资〔2005〕380号）以新设合并方式将四个子公司重组为济南铸锻所捷迈机械有限公司，国有控股比例77.47%。

2009年12月，根据国机集团《关于济南铸造锻压机械研究所改制重组及产业化投资方案的批复》（国机资〔2009〕774号），由国机集团和宝钢集团有限公司（宝钢集团）、中国重型机械研究院有限公司（中国重型院）、中国浦发机械工业股份有限公司（中国浦发）、机械工业第三设计研究院（机械三院）共同发起，以济南铸造锻压机械研究所为整体改制对象，采取增资扩股的方式改制为各方共同持股的有限责任公司——济南铸造锻压机械研究所有限公司。2009 年 12 月 25 日公司召开创立大会暨首届一次股东会。新公司出资总额为 32000 万元，其中 27000 万元作为新公司注册资本，其余 5000 万元计入新公司资本公积。国机集团出资占 59.303%；宝钢集团占 20%；中国重型院占 12.697%；中国浦发占 5%；机械三院占 3%。

3. 自进入集团至 2008 年发展情况。

（1）1999—2008 年主要经济指标完成情况。

表 1　1999 年、2008 年济南铸造锻压机械研究所有限公司主要经济指标

项　目	1999 年	2008 年	同比增长（%）
资产总额（万元）	25295	55635	120
净资产（万元）	6858	7263	6
营业收入（万元）	10099	39989	296
利润总额（万元）	591	1851	213
技术开发投入（万元）	1776	3631	104
利税总额（万元）	759	3470	357
全员劳动生产率（万元/人·年）	2.15	11	412
净资产收益率（%）	8	22	14
总资产报酬率（%）	2.53	6.22	3.69
国有资产保值增值率（%）	87	124.13	37.13

（2）改革发展情况。

1999 年 7 月，按照国务院关于国家经贸委管理的 10 个国家局所属 242 个科研机构管理体制改革决定的精神，济南铸造锻压机械研究所整体转制为科技型企业，进入中国机械工业（集团）公司。

1999 年 11 月，经国机集团同意换届组建了该所第五届行政领导班子，任期四年。按照“抓大放小，精简高效”的指导思想，成立铸造、锻压、数控机械和液压四个产业公司，内部模拟市场运作。当年新增合同成交额 16353 万元，较上年增加 45%；实现销售收入 10099 万元，同比增长 8%；利润 1460 万元，同比增长 41%。

2000 年 9 月 1 日，国机集团以国机企规字〔2000〕第 237 号文批复，同意由“机械工业部济南铸造锻压机械研究所”更名为“济南铸造锻压机械研究所”，并于 12 月 19 日完成国有独资企业工商登记注册，这标志着研究所从国家科研事业单位向独立的经济实体企业转换完成。

2000 年 10 月 17 日，国机集团以国机企规字〔2000〕第 285 号文《关于济南铸造锻压机械研究所改制申请报告的批复》，同意研究所进行职工持股局部改制的试点方案。按照该方案，将所属的四个产业部门分别改制为四个国有资本控股（占 35%）、改制部门职工参股（占 65%）的有限责任公司。

2000 年 12 月 28 日，第一个改制的产业公司“济南捷迈数控机械有限责任公司”创建完成，投入独立运营。全所当年新增合同成交额 13816 万元，实现销售收入 9660 万元。

至 2001 年 2 月，又相继创建济南捷迈锻压机械工程有限责任公司、济南捷迈铸造机械工程有限责任公司和济南捷迈液压机电工程有限责任公司。全年新增合同成交额突破两亿元大关，达到 20361 万元，较上年同期增加 47.42%；实现销售收入 10126 万元，同比增长 1.08%。科技开发工作也取得新的进展。研究所承担的“九五”国家重点科技攻关项目“轿车铸件毛坯精化高效造型与清理成套技术装备”被评为“九五”国家重点科技攻关计划优秀科技成果。

自 2001 年到 2003 年，研究所改制以来，控股的四个捷迈子公司的生产经营工作全面展开，逐步规范地按照公司法进行有效的运作，实现改制的主要目标。2003 年研究所生产经营工作取得历史最好水平，销售收入达到 26000 万元，创利润 946 万元。

2004年，按照国机集团发展战略的要求和上级对公司股份制改革的有关规定，研究所将各子公司国有资本的控股比例由原来的35%调整到不低于50%，并根据调整后的股权结构，按照法定程序产生了各子公司新的股东会、董事会和监事会。通过国有控股比例和法人治理结构的调整，对控股子公司的国有资本控制力得到进一步加强。

2004年，根据国机集团关于所属企业改制后的管理层次以集团为基准向下延伸不超过三级的要求，出资收购由研究所控股子公司与扬州锻压机床公司联合出资组建的扬州捷迈锻压机械有限公司的股权，将其改为由研究所与扬州锻压机床公司联合投资组建的子公司。收购完成后，研究所实际持有扬州捷迈锻压机械有限公司50%的股权，公司名誉董事长、副董事长、总经理分别由研究所所级领导担任。

2006年，根据国机集团国机资〔2005〕380号文的批复，研究所所控股的济南捷迈四个子公司采用新设合并方式重组为济南铸锻所捷迈机械有限公司，并于2006年10月26日完成工商登记。当年实现主营业务收入26809万元，利润1288万元。

2007年11月，研究所新一届领导班子上任，提出销售规模"三年翻一番、六年翻两番"的战略发展规划。全年新增合同额43656万元，实现销售收入27302万元，当期实现利润总额2484万元。

2008年，研究所抓住机械产品市场有利形势，通过组织机构和生产资源调整，使新增合同额和销售收入均比往年有较大幅度增加。全年年新增合同额52347万元，取得较好的经营成果，实现主营业务收入39590万元，比经营财务考核指标30000万元，增加9590万元，当期实现利润总额1913万元。

2008年，研究所进一步提出人才强企战略、科技兴企战略和品牌提升战略等重点战略措施，重新调整机构设置，聘任一批中层领导干部，制订了《经营合同管理办法》《劳动人事管理制度》《成本核算制度》《内部审计暂行规定》等一批规章制度，对产品和市场进行重新定位，对业务流程进行规范，并首次提出力争用3～5年的时间把济南铸锻所捷迈机械有限公司操作上市的目标。

济南铸造锻压机械研究所整体转制为科技型企业，进入国机集团以来，历经多次调整，企业组织机构、资产结构、运行机制等方面均得到较大改善，经济效益、资产规模逐年增长，为增强企业综合实力，促进企业持续、稳定、健康发展打下基础。

【主要指标】 2009年是研究所实现"三年翻一番，六年翻两番"既定目标中第一个"三年翻一番"的第二年，是承先启后的关键年。研究所抓住国家为应对金融危机、调整宏观经济政策的有利时机，积极应对金融危机所带来的不利影响，努力消化各种减利因素，在激烈的市场竞争中充分发挥自身优势，全面完成各项经济指标。新签合同额57672万元，比上年增加5168万元，完成主营业务收入41602万元，实现利润总额2250万元，创研究所历史上经济效益最高水平。

表2　　2009年济南锻造锻压机械研究所有限公司主要经济指标

项　目	2008年	2009年	同比增加
资产总额（万元）	55635	62509	6874
净资产（万元）	7263	8762	1499
营业收入（万元）	39989	41602	1613
利润总额（万元）	1851	2250	399
技术开发投入（万元）	3631	4119	488
利税总额（万元）	3470	5013	1543
全员劳动生产率（万元/人·年）	11	13	2
净资产收益率（%）	21.19	21.38	0.19
总资产报酬率（%）	6.22	5.45	-0.77
国有资产保值增值率（%）	124.13	131.61	7.48

2009年完成营业收入41602万元，比上年增加1613万元，同比增长104.03%。其中主营业务收入39596万元，销售的主要产品是自动化静压造型线系统、数控径向轴向辗环机、热轧剪切流水线、数控冲床等高新技术产品。

2009年实现利润总额2250万元，比上年同期增加399万元，归属于母公司净利润1209万元，比上年同期增加465万元。

技术开发投入4119万元，主要用于2009年所承担的国家重大专项两个高端数控产品研发项目及高速精密数控冲床等10个新研发项目的费用支出。

全年实现利税总额5013万元，比上年增加1543万元，创研究所历史最好成绩，也为国家创造更多的社会财富。

【重大决策与重大项目】

1. 调整产品结构，制订配套措施、阶段目标及实施方案。

研究所根据市场需求情况，按照全面协调和可持续发展的基本要求，本着兼顾规模和效益的原则，对现有产品结构进行分析梳理，作出重大调整；并分别不同产品情况，提出具体产品分类目录、配套措施、阶段目标及有关实施方案，促其尽快做大，产生效益，为实现“三年翻一番，六年翻两番”的战略目标奠定可靠基础。产品结构调整为三种类型：

（1）适合成批生产的产品。数控转塔冲床、数控激光切割机、开卷校平自动化生产线、闭式机械压力机、薄板拉伸液压机、数控角钢加工生产线、铝合金铸造成套设备、混砂单元、插装阀集成系统、电液控制系统。

对此类产品随着研究所生产资源和资金状况的不断改善，将在生产场地、加工设备、资金安排等方面给予必要的保障，使其在2013年达到65000万元的销售规模。

（2）单台价值和技术附加值高、市场竞争力强、单件小批生产的产品。铸造成套造型自动化生产线、厚板开卷校平自动生产线、铸造专用除尘设备、大型数控辗环机、汽车纵梁加工成套设备、数控金属板材柔性加工系统、金属板材冷弯成形自动化生产线。

对此类产品主要采取加强市场营销力量，拓宽信息渠道，配备得力技术人员，辅以生产资源的必要保障，使其在2013年达到30000万元的销售规模。

（3）近期储备产品。制芯中心、高档大型数控辗环设备、数控厚板激光切割机、数控三维曲面激光切割机、数控伺服转塔冲床、大型闭式四点机械压力机、高端数控开卷校平生产线、铸造清理成套设备、船用金属板材成形成套设备。

此类产品将作为增强研究所发展后劲的技术储备，在力争取得国家和地方政府支持的基础上，通过增加科技投入，不断改善科研开发条件，配备高端科技开发人才，辅以必要的激励措施，使其在2013年达到15000万元的销售规模。

在金融危机最为困难的形势下，研究所全面完成了各项经营指标，初步显示出产品方向和结构调整带来的优势，使产品销售依然保持了较高的签约率，需求订单远大于产能的态势。

2. 实施人才强企战略、科技兴企战略和品牌提升战略管理。

（1）人才强企战略。研究所把人才队伍建设摆在重要位置，按照“以人为本”的原则，加大人才的培养力度，不断推进制度创新，制定人才引进、培养和任用有关制度，不断建立完善有利于人才成长、水平和能力发挥的机制、环境与管理模式，建立人才引得进、留得住、不拘一格使用人才的用人机制，保证人才的合理利用及积极性、创造性的发挥。采取“请进来、走出去”的办法构筑“人才高地”，广泛吸纳各类高层次人才，选派骨干力量到高等院校进行学习深造，努力培养优秀的科技人才队伍，建设一支高素质的专业技术人才队伍；努力培养优秀的技术工人队伍，重点培养高级技师、技师等有技术专长的人才；努力建设高素质、职业化的企业经营者队伍，形成企业经营管理团队。通过实施“人才强企”战略，形成一个政治素质高、改革意识强、业务水平高、敢干大事业、善谋大发展、工作效率高、具有凝聚力的员工队伍，为企业发展壮大不断输入新鲜血液，确保企业永续发展。

（2）科技兴企战略。科学技术是第一生产力，是企业发展的源泉和内动力。研究所高度重视和坚持走技术领先驱动型发展之路，全力推动科技创新、科技进步。通过不断加大对科技研发的投入，把培育核心竞争力，打造具有研究所特色的自主创新体系，确保研究所的研发水平和技术竞争力处于行业领先地位作为研究所科技兴企的战略目标。围绕主要业务板块，有效整合科技资源，努力抓好产品成套和市场引导型产品，积极推进技术成套产品开发。通过与国内外技术合作、项目合作等方式，不断提升该所产品、工艺、技术开发的水平。

（3）品牌提升战略。塑造和提升良好的品牌，积极开展品牌经营，是提高企业综合竞争力、创造更多的超额价值的重要举措。要树立品牌理念，建立品牌体系，强化品牌形象，把品牌传播贯穿于整个企业行为。不断提升“济南铸锻所”品牌的知名度和美誉度，发掘和提升核心价值，以品牌促进企业发展，形成品牌扩张与核心竞争力不断增强的良性互动关系。在产品方面，紧紧围绕“以品牌为突破，巩固现有市场，扩大高端市场，挺进国际市场”，逐步实现创造国内知名品牌、中国名牌、国际名牌战略。

3. 加强预算管理。

研究所健全预算组织机构，科学合理编制预算指标，层层分解下达、分级落实。设置研究所部和控股子公司二个预算管理级次，首先由所预算管理委员会，根据全所总体发展目标，综合考虑预算年度国家宏观形势、市场竞争、生产要素、产品价格变动等客观因素影响，结合近三年的实际经营情况，提出预算编制意见，确定全所的主要财务预算指标，上报集团批复后，根据下属控股子公司近三年的实际经营情况，分解下达至控股子公司预算管理委员会，所长与控股子公司总经理签定经营目标责任书。

控股子公司预算管理委员会再根据公司内各部门近三年的实际经营情况，将所预算管理委员会下达的财务预算指标再次分解下达给各部门，各部门经过认真论证、核实后，部门负责人与子公司总经理签定经营目标责任书。

研究所重视强化预算监控作用，每月对控股子公司主要经营指标执行情况，按照时间进度进行分析，针对预算执行中产生的偏差，查找问题根源，采取有效措施及时纠偏，确保全年经营目标的实现。

4. 加强投融资管理。

研究所投融资管理严格按照国机集团有关规章制度的要求执行。

2009 年研究所为支持下属控股子公司扬州捷迈机械有限公司（以下简称扬州捷迈公司）的发展，与合资方协商，经国机集团国机资〔2009〕326 号文批复，分别以自有资金现金的出资方式，完成对扬州捷迈公司各追加 200 万元的投资。

在融资管理方面，研究所合理控制负债规模，生产经营坚持量入为出。2009 年新增银行贷款 5500 万元。其中用于根据集团的要求实施改制重组，在战略投资资金没有到位的情况下，通过银行融资解决了该所两块国有划拨土地变更出让性质，上缴土地出让金及相关税费 2500 万元；为提前筹备的改制项目中产业化基地建设的启动资金 800 万元；为 2009 年生产经营规模扩大，投入的生产经营性资金 2200 万元，有力地保障了全年经营目标的实现。融资过程所涉及的担保抵押等有关事项均事前报集团总部审批同意。

5. 发挥自身优势，开拓市场，扩大产品销售。

2009 年，研究所下属各产业公司积极应对激烈的市场竞争和金融危机所带来的不利影响，努力消化各种减利因素，充分发挥自身优势，重点开拓汽车、机械、钢铁、电器市场，扩大产品销售，取得了良好的经营成果，全年新增合同额 57672 万元，比上年增加 5168 万元；实现主营业务收入 41256 万元，比经营财务考核指标 38500 万元，增加 2756 万元；当期实现利润总额 2225 万元，比经营财务考核指标 2160 万元，增加 65 万元。

【科技创新】 “辊弯成型关键技术研发及应用”项目荣获“中国机械工业科学技术奖”一等奖；另外获济南市科学技术三等奖一项；山东省铸造装备工程中心项目、汽车纵梁产业化项目、国家标准制订项目分别荣获济南市科技进步暨创新型城市建设表彰奖励；自主开发的“车架纵梁柔性制造成套生产线的研制”项目通过省级鉴定，达到国际先进水平；完成制定、修订国家标准 10 项；获得授权专利 11 项，其中发明专利 1 项；成功申报 7 项国家科技重大专项课题。其中：2 项为主申报单位；5 项为技术支撑申报单位。另外，还成功申报科技部、山东省科技厅、济南市科技局和国机集团科研计划项目 5 项。

开发、设计的“铸造成套造型自动化生产线”、“汽车纵梁加工成套设备”等成套、成线产品随着市场需求的快速增长，其产品规格、性能、可靠性得到深化开发，生产规模、产值不断扩大，逐步成为该所产业化发展的重点产品。随着该所对产业化产品的市场定位，投融资工作加强、生产条件的改善，企业整体产业化水平得到较大提高。

【产权制度改革】 按照国机集团部署要求和济南铸造锻压机械研究所战略发展规划，为进一步理顺产权与经济关系，优化资产结构、改善财务状况、扩大产业规模、做大做强主业，解决长期以来在组织、资源结构不适应企业运行和发展要求的问题，促进企业持续、健康、稳定发展。在前期大量研讨、沟通，广泛听取职工意见，并对多种方案进行分析论证的基础上，制订提出整体改制重组方案，于2009年10月28日以铸锻行〔2009〕35号《关于报送济南铸造锻压机械研究所改制重组方案的报告》上报国机集团。该方案的总体框架是：本着长期合作、互利共赢、共同发展的原则，通过引进战略投资，将济南铸造锻压机械研究所整体改制为国机集团控股的有限责任公司。

2009年8月6日，国机集团根据改制重组工作的进展情况和实际需要，确定了该所改制重组的审计评估基准日为2009年7月31日，并委托社会中介机构对本次改制重组涉及该所及控股子公司“济南铸锻所捷迈机械有限公司”和“扬州捷迈锻压机械有限公司”的财务报告以及各类资产及相关负债进行审计和评估，分别出具标准无保留意见《审计报告》和《资产评估报告》。

2009年12月30日，国机集团以国机资〔2009〕774号《关于济南铸造锻压机械研究所改制重组及产业化投资方案的批复》，批复研究所改制重组及产业化投资方案。由中国机械工业集团有限公司和宝钢集团有限公司、中国重型机械研究院有限公司、中国浦发机械工业股份有限公司、机械工业第三设计研究院共同发起，以增资扩股方式，将济南铸造锻压机械研究所改制为各方共同持股的有限责任公司——济南铸造锻压机械研究所有限公司。

济南铸造锻压机械研究所有限公司成立后，将济南铸锻所捷迈机械有限公司以吸收合并方式并入新公司，原济南铸锻所捷迈机械有限公司注销。原济南铸造锻压机械研究所、济南铸锻所捷迈机械有限公司的所有资产、负债、业务和人员等均由改制后的新公司承接。

按照国机集团《关于济南铸造锻压机械研究所收购职工所持济南捷迈机械有限公司股权有关问题的批复》（国机资〔2009〕728号）要求，收购职工所持济南捷迈机械有限公司20.83%的股份，收购完成后研究所持有济南捷迈机械有限公司100%的股权，按照国家有关规定，收购价格不高于济南捷迈机械有限公司2008年度审计后的净资产值减去已实施的2008年度分红。

至此，济南铸造锻压机械研究所基本完成产权改革与机构重组工作。

重庆仪表材料研究所

【基本概况】

1. 发展情况。

重庆仪表材料研究所（以下简称研究所）成立于1961年，是原机械工业部直属一类研究所，是全国唯一专门从事仪表功能材料共性基础技术研究的综合性研究所。经过近50年的发展，研究开发领域包括测温材料、耐腐蚀材料、恒弹性材料、磁性材料、精密电阻材料、金属陶瓷材料、化合物半导体材料以及各种功能材料和元件。在电、磁、光、热、声、力学、化学、生物等参量的能量与信息的获得、转换、传输、显示、存储、处理等高新技术领域有较强的技术实力，产品在仪表、电子、自动化、冶金、机械、石油、化工、军工领域得到广泛应用。由研究所主持的行业机构有中国仪器仪表学会仪表材料学会、中国仪器仪表行业协会仪表材料分会、全国仪表功能材料标准化技术委员会。是机械工业仪表材料产品质量监督检测中心、机械工业仪表功能材料生产力促进中心。编辑出版全国发行的《功能材料》技术刊物是中文材料科学核心期刊，《功能材料信息》是中文材料科学技术期刊；先后经国务院学位委员会批准与湖南大学共同建立“材料物理与化学”博士学位授予点；经国家人事部批准建立博士后科研工作站；经国家科技部批准组建“国家仪表功能材料工程技研究中心”，使研究所成为国家重点支持的研发平台。建所以来，共形成金属功能材料及制品、贵金属材料及制品、测温材料、元件及装置、传感器敏感材料及元件、难熔金属材料、特种陶瓷材料及制品、磁性材料及器件等六条中试工艺生产线。在测温材料、特种合金、工程仪表三大优势专业领域在国内处于领先地位。共取得科研成果869项，获得省部级以上科技进步奖励214项，其中国家级奖9项。这些成果已经广泛应用于机械、汽车、电子、能源、石化、冶金、轻工、舰船、航空、航天与国防军工等众多领域。解决了国家一系列重点工程、重大装备和军工配套所需的关键材料与元件，为我国国民经济的发展和国防军工技术进步做出卓越贡献。

截至2009年年底，全所在职职工288人，其中技术人员199人，占69%。中级以上职称人员108人，其中专家、教授10人，高级工程师44人，工程师技师54人。所区占地46733平方米，有建筑面积27633平方米，有固定资产原值5008万元，有仪器设备995台（套）。设有3个事业部，1个加工部，1个研究中心，1个行业中心，1个信息化中心，1个项目部，5个职能部门。有中层以上干部40名，平均年龄43.88岁。

2. 历史沿革。

1961年，经国家科委、国家计委、国家经委和一机部联合行文批准在湖南株洲组建“第一机械工业部仪表专用材料研究所”。

1965年，根据党中央加强三线建设的战略部署，国家三委一部批准将当时第一机械工业部上海材料研究所的第八研究室和第一机械工业部上海材热工仪表研究所的第三研究室与第一机械工业部仪表专用材料研究所合并为第一机械工业部重庆仪表材料研究所内迁重庆北碚三花石。

第六个五年计划期间，国家投资2000万元在北碚主城建设仪表功能材料科研测试基地，1986年基地竣工，研究所由三花石全迁北碚主城。

1999年，国务院科研院所管理体制改革，242个科研机构第一批实行转制，重庆仪表材料研究所进入中国机械工业集团公司，由事业单位转变为科技型企业。

3. 自进入国机集团至2008年发展情况。

转制为企业进入国机集团，伴随着集团公司的成长，在集团公司的文化感召和统领下，研究所解放思想，转变观念，抓住机遇，全力推进改革，创造了有史以来最好的发展态势。

研究所抓住重庆直辖和西部大开发的历史机遇，在国家科技创新体系的结构性调整中占据较为有利的位置，先后经国家有关部委批准建立了博士学位授予点、博士后科研工作站和国家工程技术研究中心，一举跻身于国家和重庆市重点支持的研发平台；成功争取享受重庆市地方的科研院所转制优惠政策，妥善安置好已经离退休和临近退休的职工，利用转制优惠政策对临近退休的职工实行一次性的提前退休，实现了人员队伍的年轻化和年龄结构的合理化；实施以人事、用工和分配制度为核心的运行机制变革，建立适合该所特点的激励与约束并存的用工与分配制度，强化岗位责任，体现按劳分配、多劳多得、效率优先、兼顾公平的原则，调动了职工的积极性；以社会“五保”为基础，以补充养老保险、补充医疗保险、住房公积金为补充，为职工建立完善的保障制度，解除了职工的后顾之忧，稳定了职工队伍；实施人才培养工程，对干部、职工进行多层次、全方位、不同形式的培训，并形成制度。通过实施人才培养工程，大大提高了现有人员队伍各方面的素质和业务能力，更新了观念，为迎接挑战作好准备；强化面向市场的应用开发和生产经营管理，建立并持续保持9001系列国标/国军标质量管理体系，通过中国实验室国家认可委员会实验室认可，获得国家司法鉴定许可、国家制造计量器具许可、武器装备科研生产许可，推行法制化的质量管理，产品的市场竞争能力不断提高，一举打破主营业务持续近10年的徘徊局面；在强化产业、推进市场的同时成立科研开发力量相对集中的研究中心，实施科研开发、成果转化的激励制度，通过以争取国家项目为主线，以项目负责制为运行模式，以储备技术、开发新产品为目标的方式运行，为持续发展培养、锻炼了一支科研开发的有生力量；以“建设一流的研发基地、和谐的小康家园”为企业目标，提倡“团结、奋进、求实、创新”的企业精神，倡导“开拓、民主、务实、高效”的企业作风，追求“以人为本、全面发展”的企业价值观，构建了独具特色的企业文化。共建和谐家园、美好生活、奋进团队得到全所职工的认同，形成共同的价值取向，决策力、执行力和战斗力得到空前提高，形成面向未来的竞争优势。

进入集团的十年，是企业发展迅猛的十年。1999年到2008年，重庆仪表材料研究所主营业务规模由2016万元增加到2亿多元，年均增长26%；财务收入由2423万元，增加到1.855亿元，年均增长25.1%；资产总额由3300万元，增加到5000多万元。

【主要指标】 2009年，全球性的金融危机影响到各行各业，研究所的主要产品市场受到冲击，生产经营工作受到一定影响。面对严峻的经营形势，在国机集团的正确领导下，企业领导班子科学决策，团结带领全所职工，克服重重困难，调整经营策略，强化科学管理，使经营生产在逆境中取得好成绩，2009年生产产值达到2.4亿元。

2009年实现营业收入2.07亿元，同比增长11.89%，完成集团目标的133.55%；利润总额753万元，同比增长3.86 %，完成集团目标的86.78%；净利润632万元，同比增长－12.47 %，完成集团目标的104.98%；净资产收益率为10.56 %，比集团考核目标高0.2个百分点；总资产报酬率为6.40%，比集团考核目标低1.61个百分点；主营业务利润率为9.47 %，比集团考核目标低24.15个百分点；成本费用占主营业务收入比重为96.80 %，比集团考核目标低1.8个百分点。从指标完成情况看，研究所保持稳定增长的发展态势，全面完成集团的考核目标。

2009年重庆仪表材料研究所主要经济指标

项　目	2008年	2009年	同比增长（%）
资产总额（万元）	10055	14614	45.3
净资产（万元）	5711	6379	11.7
营业收入（万元）	18547	20798	12.1
利润总额（万元）	722	839	16.2
技术开发投入（万元）	1011	2093	107
利税总额（万元）	1524	1325	－13.1
全员劳动生产率（万元/人·年）	2.6	2.91	12
净资产收益率（%）	11.91	13.65	1.74
总资产报酬率（%）	7.7	7.2	－0.5
国有资产保值增值率（%）	112.63	114.51	1.88

【重大项目与重大决策】 产业化基地的建设，是企业发展战略中的一项重大决策。研究所一直以来，都是以小批量、多品种的生产模式经营，由于生产条件所限，无法实现规模化产业。基地建设，能促进企业由小批量作坊式生产向大规模生产方式的转换，由科研单位的管理运作方式向现代化企业管理方式的转换，并将重新整合资源，重点推进优势产业的研发和市场开拓。

经过全方位调研，所领导班子决定并经职工代表大会通过，将重庆仪表材料研究所功能材料产业化基地建在蔡家组团同兴工业园。2009年9月20日，作为重庆市向建国60周年献礼十大项目之一，在北碚区行政中心举行“功能材料产业化基地建设”启动仪式。重庆市科委和北碚区人民政府联合行文并授牌，北碚区人民政府与集团公司签订《关于在蔡家组团工业园共建重点实验室的协议》并分两年各投资1000万元。10月底研究所与北碚区政府就产业化基地建设正式签订《投资协议书》，同时启动原所生产区土地变性调规使土地增值，为基地建设资金做好准备。

【经营管理】

1. 经营战略管理。

研究所一直是以小批量、多品种、小规格的方式面向市场，生产环境和设备也只能应付小批量生产，多年的成果和不断推出的新产品受生产条件的限制，无法实现真正的产业化。所党政班子在集团公司的大力支持下，果断决策，征地200亩，以股份制方式建设功能材料产业化基地，通过产业化基地的建设实现战略重大调整。

特种合金领域，重点发展高性能、高附加值产品，产品生产方式由传统的多品种、小批量的作坊式生产方式向多品种、大批量与大规格尺寸、大单件重量并举，产品技术创新与规模化生产相辅相成的模式转变，实现规格、单重的质的飞跃，以量的扩张谋取规模效益。为此，2009年企业增加部分设备投入。

工程仪表产业，调整思路，从单一元件生产过渡到成套的配套服务。重点针对石化、煤化工、电站、核反应堆等高端产品领域开展成套技术产业开发。充分利用集团为子公司搭建的内部合作平台，争取分包集团内部企业大型电站等成套项目有关测温及热工的工程配套，同时以企业发展基础较好的煤化工为突破口，逐步实现由单一的元件生产过渡到成套配套。

测温材料及元件领域，发展思路是练好内功，提升产品品质，做好服务，进一步扩大产量，提高市场占有率。同时逐步做到由销售材料向销售元件过渡，做好材料的深加工，提高产品的附加值。

2. 加强预算管理。

2009年预算管理工作被企业领导提到一个新的高度，为了作好预算管理工作，修订《预算管理办法》。在事业部制管理模式的体系下，制定《生产经营预算编制办法》。

3. 强化绩效考核。

所长与各产业公司总经理签订绩效目标责任书，增加了经营指标的考核权重，绩效薪酬与考核指标完全挂钩。特别是对营销人员，在撤销销售公司，将销售人员划归产业公司与技术、生产融为一体的基础上，第一次实行月工资与当月销售回款业绩挂钩，年绩效工资与全年业绩挂钩。不仅极大地调动了职工的主观能动性和积极性，而且解决了技术与销售脱节现象，提高了市场反应速度和售后服务质量。

4. 深化人力资源管理。

面对研究所发展战略的重大调整，制定三年人力资源发展规划，并加强培训、考核与任用，在待遇上倾斜，收到一定成效。一是加强专家队伍和人才的选拔推荐，推荐选拔专业技术带头人、青年技术骨干、技术操作能手，制定选拔考评办法，在待遇上给以相应的保障，充分发挥了骨干人员的积极性和主观能动性，保证了骨干队伍的相对稳定。二是加大员工培训力度，开展形式多样的培训活动。全年共实施培训500多人次，人均培训1.7人次。重点对营销人员进行营销技巧、团队意识等培训；对技术人员实施创新方法培训，对中层干部加强责任意识、执行力的培训；对新员工和转岗人员实行导师制，坚持在岗培训与培训教育相结合，全方位、多角度促进员工成长。

【科技创新】 2009年，根据集团科技大会精神，企业不断增加科技投入，进一步夯实创新基础，科技创新能力显著提高，取得了新成绩。全年共实施科研项目36项，完成科研项目20项，结转16项。申报国家、军工重点科研项目23项，所列新品开发项目7项，获得国家项目及军工项目支持1179.2万元。申报专利6项，授权专利2项，制定国家标准1项，行业标准2项。

2009年，研究所多项重点科研项目取得骄人的成绩。

1. “石油天然气钻采勘测专用高性能耐腐蚀合金系列”是研究所列入国家科技部院所专项资金三年规划（2007—2009年）的重点项目，项目产品主要用于制造高含硫油气开采及勘测装备的重要部件，是石油勘测开采工程急需的关键材料。项目是在研究所40余年研发高性能耐蚀合金的基础上，通过与国外著名油田装备服务商的合作，以美国NACE标准为基准，开发石油勘测开采专用高性能耐蚀合金。

该项目已连续三年获得科技部资助，批准国拨经费281万元。研究所投入资金1100多万元，新购了包括500kg真空感应熔炼炉、300kg电渣重熔炉、连续光亮退火炉、进口直读光谱分析仪等大型关键仪器设备，建立了年产高性能特种合金300吨的生产能力。

2. “双参数线状火焰探测器”是研究所在线状温敏传感器领域的新一代技术与产品。研究所通过两年的努力，已全面掌握其核心技术，为国庆60周年阅兵装备提供急需的产品，已建立小批量生产线，正开展批量生产的技术攻关。

另外，研究所承担的航空工业多项弹性材料及元件、加热除冰材料及元件的研制任务对于提高我国航空装备的技术水平和国产化能力，具有重要意义。

【产权制度改革】 2009年，经集团同意已将研究所持有重庆仪才物业管理有限公司84.2%的股权全部出售，并办理相关转让手续。

【党建工作】 2009年，在集团和重庆市科技工委的领导下，所党委以开展学习实践科学发展观活动为契机，加强党员干部和领导班子思想建设，认真贯彻党的七届四中全会和胡锦涛总书记的讲话精神，结合所里科研生产实际，强化内部管理，加大党员干部廉政宣传教育力度，提高了党员干部的廉洁自律意识，紧紧围绕创新和发展两大主题，带领全所干部职工，奋力拼搏、积极开拓，扩大生产规模，狠抓经济建设，充分发挥党支部的战斗堡垒作用和党员的先锋模范作用，注重企业文化建设，调动全员积极性，使科研生产在经济没有完全复苏的情况下又上新的台阶，产值再创历史新高。

学习实践科学发展观活动历时4个月，取得效果。通过此次学习实践活动，增强了党员干部应对挑战，抢抓机遇，实现逆势而上的能力，坚定了持续全面健康发展信心，明确了发展思路，提高党员干部的思想素质，进一步加强了领导班子建设，为企业的改革发展提供了坚强有力的政治保证、思想保证、组织保证和作风保证。

截至2009年12月底，在职党支部7个，在职党员107人，其中当年发展5人。为加强组织建设，所党委从基础工作抓起，要求各支部把组织发展作为支部工作的重要任务之一，及时把优秀人才吸收到党的队伍中来。通过争先创优工作激励党员向先进模范人物看齐，全所评出先进科技工作者、先进生产工作者、先进管理工作者、销售标兵13名，优秀共产党员5名，先进党支部1个。推荐重庆市科技工委优秀党员1名，先进基层党组织1个，优秀党务工作者1名。推荐国机集团优秀党员1名，先进基层党组织1个，优秀党务工作者1名。推荐重庆市先进工作者1名。所里对先进工作者、优秀党员、先进党支部给予多种形式的奖励。所党委和各支部组织党员开展丰富多彩的组织活动，把优秀青年、积极份子吸引到党组织中来。“七一”所党委举行一系列庆祝活动，召开隆重的“七一”庆祝大会，表彰了先进，举行新党员宣誓，结合学习实践科学发展观活动，召开学习实践科学发展观活动总结大会。

加强党员干部的廉政建设是所党委的重要工作。年初，所党委同全所各部门负责人签定《廉洁自律责任书》，同时根据新的形势和科学发展的需要，对所惩防体系文件的《“三重一大”决策制度以及重要事项议事规则和决策程序》《党风建设和反腐倡廉工作联席会议制度》《中层以上干部行为规范》《中层以上干部廉洁自律检查制度》和《领导干部廉洁从业谈话制度》进行修订，把反腐倡廉的理念体现在企业改革和体制创新中。进一步增强党员干部的宗旨观念和纪律观念，强化政治意识和责任意识。通过自查和审核，全所中层以上干部没有发现违背廉洁自律七项要求的行为，也没有接到群众的反映和举报。

【主要管理经验】

1. 加强成本费用和风险控制，有效防范企业资金风险。

研究所科研生产用原材料，价格贵，变化波动大，把握价格波段低谷非常重要。所里成立价格委员会，负责对物质采购信息分析、产品价格的制定进行决策。供应部门对一般物资采购价格执行三家以上供应商询价方法；大宗固定资产购买，建立技术委员会提出技术要求的同时确定标书的标底价格责任。成立评标委员会，对投标的标书进行评比，最后排序交所领导决策。在干部中强化了风险管控意识，成立风险管理工作小组，对大宗原材料采购、大型设备采购从采购信息、招投标、设备选型、价格、重大经营合同等进行全面监控，有效防范企业资金风险，确保企业稳定发展。

2. 加强信息化建设，扩大企业的知名度和影响力。

成立信息化中心，明确信息化工作职责，制订《2009—2012年信息化发展规划》。对所门户网站进行全新改版，在技术架构、内容结构、产品系列、美工设计等方面均有创新，网页从180多个增加到500多个，并及时进行更新。据CNZZ统计，改版后门户网站不到半年的访问量达到4.9万次；再配合实施谷歌、雅虎、百度、阿里巴巴（中/英）等网络商业平台推广，有效地扩大了企业的知名度和影响力。

成都工具研究所

【基本概况】

1. 发展情况及历史沿革。

成都工具研究所于1956年创建于北京，是原机械工业部的直属研究所，是我国机械工业的综合性工具科研机构。1965年内迁至成都，1994年被认定为高新技术企业，1998年经国家科技部批准，成都工具研究所为“国家精密工具工程技术研究中心”和“国家工具生产力促进中心”的依托组建单位。1999年5月经国家经贸委批准进入中国机械装备（集团）公司，转制为科技型企业。2001年12月成都工具所以大部分经营资产出资，联合湖南大学、江苏大学、重庆渝伦高技术陶瓷有限公司等七家发起人，发起设立“成都工研科技股份有限公司”，公司注册资本4230万元。

成都工具所建所54年来，承担了大量国家、省、部级下达的国家重点科技攻关项目，及其他重大科研任务，取得丰硕的科研成果。先后获得国家发明奖3项，国家科技进步奖6项，省部级科技进步奖200余项。

成都工具所是我国工具行业技术归口单位，担负着全国工具行业发展规划、全国刀具、量具、量仪产品质量监督检验认证工作，负责起草制定全国刀具、量具、量仪产品标准，是全国刀具、量具、量仪产品质量监督检验国家认证实验室和全国刀具标准化委员会、全国量具量仪标准化委员会所在地。中国机械工业金属切削刀具技术协会、中国机床工具工业协会工具分会、中国仪器仪表学会机械量测试分会等行业社团组织挂靠在成都工具研究所。出版有国家一类技术刊物《工具技术》杂志和行业刊物《工具展望》，创建有中国工具信息网网站。

成都工具所建所以来，培养了一批工具技术专业人才，有突出贡献的国家级专家4人，享受政府特殊津贴科技专家24人，机械工业科技专家和青年专家7人，四川省科技专家及拔尖人才6人。共有10余人获得“全国五一劳动奖章”、四川省劳动模范、四川省十大杰出青年，成都市劳动模范光荣称号。

成都工具研究所现有在岗员工586人，管理人员103人；科研人员193人（含教授级高工18人，高级工程师90人，工程师85人）；操作工人290人。

成都工具研究所主要从事精密切削工具和精密测量仪器以及表面改性处理技术与装备三大类机械产品的共性技术研究及高新技术产品的开发与生产。主导产品以硬质合金石油管螺纹刀具、数控刀具、超硬刀具、孔加工刀具、轴承刀具、汽车刀具、齿轮量仪系列、激光干涉仪系列、主动量仪、工位量仪及PVD、CVD、PCVD涂层技术与装备、QPQ盐浴复合处理技术与装备等构成，这些产品和技术均拥有自主创新的核心技术，从科研开发、新材料、新工艺、专用装备、市场等方面形成了完整的体系。

成都工具研究所精密硬质合金螺纹刀具产品在国内处于领先地位，为我国石油管行业，如上海宝钢、天津无缝钢管公司、鞍山钢铁公司、大庆油田、胜利油田、辽河油田等提供了大量高效刀具产品，替代了大量进口；生产的系列硬质合金可转位刀具应用于军工、矿山、冶金、汽车制造、火车车轮加工、航空航天、轻纺机械制造等行业；硬质合金轴承刀具应用于各种轴承的精密加工；硬质合金孔加工刀具、小模数齿轮滚刀、超硬刀具、陶瓷刀具广泛应用于机械加工各个领域，促进了我国机械工业加工工艺及产品质量水平的提高。

成都工具研究所开发的主要测量仪器产品有：齿轮测量仪器系列和齿轮测量中心，广泛用于各行业齿轮产品的检测，部分产品进入军工企业，为军工制造提供了可靠的高精度测量保证；激光干涉仪、机床控制用测量系统广泛用于各行业的产品测量和生产中的在线测量；开发生产的各种汽车在线测量仪器及专用测量设备为汽车零部件企业及轴承企业解决生产加工难题作出了贡献。

成都工具研究所开发生产的表面处理技术及装备，包括 PVD、CVD、PCVD 涂层技术，在刀具、模具制造等领域得到广泛应用。刀具、模具经过涂层，大幅度提高了产品耐磨性和使用寿命；QPQ 盐浴复合处理技术广泛用于汽车、摩托车、通用机械、兵器、机床制造、齿轮及工模具行业，主要增加产品的耐磨蚀性，提高产品使用寿命。

成都工具研究所在科技体制改革中，坚持以市场为导向，以经营为龙头，以生产为支柱，以科研为后盾，在产业化发展的道路上迈出坚实的步伐，形成科研开发—生产—质量保障—市场营销—技术服务为一体的一条龙生产经营体系，通过 ISO9001 质量认证体系。

2. 1999—2008 年发展情况。

（1）经营业绩及发展。

1999 年 5 月。成都工具研究所转制进入中国机械工业集团公司以来，为创造有利于科研、生产和市场营销的环境，对不适应市场经济要求的运行机制和组织机构进行了结构性改革和资源优化配置，合理地进行了科技资源整合，解决了科研生产重点不明确、资金和人才配置不合理、科研项目重复、科研力量分散等问题，确立“全力推进科技创新，加快实现跨越式发展”的科技发展战略，在产业化、市场化方面取得显著成绩，成都工具所 1999—2008 年主要经济指标见表 1。

经过十年的发展，成都工具研究所资产总额从 4819 万元增加到 21076 万元，增长 4. 37 倍；净资产从 2610 万元增加到 12695 万元，增长 4. 86 倍；销售收入从 2443 万元，增加到 10536 万元，增长 4. 3 倍；利税总额从 223 万元增加到 1727 万元，增加 7. 7 倍。

十年来，成都工具研究所从实验室的生产模式发展为根据市场需求而生产的专业化模式。销售方式从直销转变为片区销售、代理商销售，建立上海办事处、天津办事处、山东办事处，销售网络覆盖全国各地。销售人员从十年前几人发展到 30 余人。各业务销售比重为：硬质合金切削刀具类占 85%，精密量仪类占 3%，表面处理类占 2%，配套服务占 7%，其他占 3%。

（2）科技发展。

一是科技管理方面。根据国家有关科技的政策法规，结合实际情况，制定、科技成果转化、科研项目实施、科技及产品质量管理、知识产权保护以及信息化运行管理等一系列考核、激励与科技管理制度，主要有《科技成果鉴定验收管理办法》《科技成果报奖管理办法》《科研项目管理办法》《科研与新产品开发项目奖励办法》《知识产权保护规定》等，实现了科技管理政策的制度化、科学化、民主化、程序化，基本上做到有章可循、有序运行和不断完善，创造了良好的内部环境和保障措施。

表 1　1999—2008 年成都工具研究所主要经济指标　单位：万元

指标名称	1999 年	2000 年	2001 年	2002 年	2003 年	2004 年	2005 年	2006 年	2007 年	2008 年
资产总额	4819	6558	8865	12700	11688	12319	12081	15909	19587	21076
净资产	2610	3207	4847	6979	6148	6276	6793	9542	12145	12695
销售收入	2443	3248	3830	3857	4185	4644	6424	10181	11988	10536
利润总额	8	521	584	2074	-435	177	634	1946	2791	797
利税总额	223	848	984	2629	3	725	1335	2930	3869	1727

二是科技投入方面。转制后，成都工具所充分利用原有科技优势和自身特点，加大科技投入和新品开发力度，保证每年将销售收入总额的 5% ~8% 用于科研开发和技术改造，平均每年设立 10 项科研开发项目、新产品试制项目以及技术改造项目，不断加强科技成果的转化力度，从而提高了自主创

新能力；同时，全方位、多渠道地积极寻求国家和地方政府的支持，充分利用国家优惠政策和政府资金支持，加快和扩大科技成果转化和产业化进程。

三是科研成果。在1999年到2008年期间，先后承接国家各类纵向科技项目20多个大项，主要包括有：国家科技部科研院所技术开发研究专项资金项目13项，国家中小企业创新基金项目4项，国家科技支撑计划项目5项，国家自然科学基金项目2项，以及2项国家新产品计划项目和2项国家“技术创新”技术改造项目等，累计获得各级政府部门科技拨款达5000余万元。主要成果：

精密专用数控刀具项目。研制成功了石油管材高钢级石油管螺纹梳刀，正在逐步替代国外同类进口产品。现已形成品种、规格基本齐全的系列化产品，并已形成中试批量生产规模。该项技术分别获四川省人民政府四川省优秀新产品二等奖、四川省人民政府科技进步三等奖和中国机械工业集团公司科学技术三等奖。

火车车轮数控加工专用系列刀具。为满足我国铁路运输大幅度提速，新开发的高速火车车轮加工专用系列刀具，已形成9种型号的系列化刀具产品的中试生产规模，实现了科技成果的转化。获四川省人民政府四川省优秀新产品二等奖以及四川省科技进步三等奖。

轴承刀具。为满足出口轴承加工加工的需要，开发了金属陶瓷内圈沟道刀、外圈沟道刀、密封槽刀、倒角刀等轴承加工用刀具产品，已形成系列化、规格化，其使用寿命达到了日本同类刀具的80%以上，具备金属陶瓷轴承刀具产业化能力；推动了金属陶瓷材料及刀具在制造行业上的大力发展，为国家节约大量外汇。

ERW钢管生产线刀具。近年来，各国都在积极研究采用高频直缝电阻焊管（ERW）代替无缝管和螺旋焊管，成都工具所针对ERW钢管生产线高效、高速、断续、干式切削和热态加工的特点，研发出具有高抗冲击韧性、红硬性和热稳定性，适合热态加工要求，满足数控加工生产节拍要求的ERW钢管成套系列高效刀具，刀具寿命达到国外同类产品的80%以上，获得科学技术成果鉴定证书，填补我国在这一领域的空白，实现该类刀具的国产化。

表面改性技术。成都工具所在化学气相沉积（CVD）技术领域，率先研发成功新型中温化学气相沉积（MT－CVD）技术，开发出涂覆功能性更强的中温化学气相沉积（MT－CVD）新工艺和两种高性能超级涂层材料，大幅度提高刀具耐磨性、红硬性和使用寿命，满足国内市场急需，达到国际先进水平，该项目获国家科技进步三等奖。

QPQ盐浴复合处理技术。该技术具有很高的学术水平，它使我国在金属盐浴表面强化改性技术方面达到世界先进水平，该项目先后获国家科技进步二等奖、四川省科技进步一等奖。QPQ技术的用户已达600多家，应用的产品有数百种之多，在全国各地已建立100多条QPQ技术生产线，涉及汽车、机车、纺织机械、石油机械等几十个行业。

精密量仪。开发出汽车齿轮在线自动检测仪、数控机床转台检测系统、CV450齿轮测量中心、CGW300数控型滚刀测量机以及双纵模稳频激光干涉仪等新产品。“齿轮在线自动检测分选机的开发研究”项目通过由四川省科技厅组织的科技成果鉴定，并申报发明专利两项，实用新型专利两项。该项目在2006年荣获中国机械工业集团公司科学技术一等奖。“双纵模稳频激光干涉仪的开发研究”项目，成功研制出新型双纵模稳频激光干涉仪达到国内领先水平。“主动量仪断续测量技术的开发研究”项目，成功研制出一种可实时测量断续表面尺寸误差的主动量仪产品。这些项目的研究，填补我国量仪领域内的多项空白。

专利、发明。转制以来，累计获得授权专利12项，其中发明专利8项。

（3）人力资源管理。

从1999年转制到2008年，成都工具所的人力资源管理完成“人事档案管理”到“人力资源管理”的转变，已逐步建立招聘、薪酬、福利、考核激励、培训、社保等完善的人力资源管理体系。

2000年建立集体合同制度，全面实行劳动合同制，根据生产经营需要，依法自主决定招聘职工，是科研院所转制用工观念转变迈出的第一步。从到高校招聘大学生和技校招聘工人，是企业“走出去”招人的开始。2006年为企业重大投资项目的启动而引进关键技术人才，此后，不断地从社会各种渠道招聘企业需要的技术、管理、操作各类人才。

薪酬及考核激励制度不断改革及完善。2003年运用中英合作国企重组的咨询项目进行的人力资源管理咨询，提出《工资体系建议》，改制后首次进行分配制度改革，对各部门实行工资总额目标控制，对中层以上的管理人员实行风险年薪制；2005年出台的《岗效工资试行办法》，经不断完善，又于2008年制定《薪酬管理暂行办法》进一步强化岗位责任、激励稳定骨干人才起到关键作用。社会保险及福利方面由原来按档案工资作为投保基数，逐步变为按照国家相关政策规定以实际工资作为缴纳社保及公积金基数，切实提高职工社保及福利待遇。

完善人力资源管理制度。改制以来，成都工具研究所出台《关于富余人员转岗》《分流的实施程序》《富余人员转岗》《分流上岗程序》《关于建立集体合同制度的报告》《部门薪酬总额核定办法》《岗效工资试行办法》《提前离岗职工退养金的管理办法》《薪酬管理办法》《员工管理办法》《中层干部管理暂行办法》《员工教育培养办法》等。

（4）成都工具研究所改制设立股份公司。

根据国家科技部组建国家工程中心应按公司制运作的要求，成都工具所以国家精密工具工程技术研究中心为载体，以绝大部分经营性资产出资，联合七家相关企业，经国家经贸委和四川省人民政府批准，于2001年12月设立“成都工研科技股份有限公司”。股份公司设立之初注册资本4230万元，成都工具研究所占69.5%。在2003年的清产核资中，股份公司申报并经批复，实收资本减少为3682万元。至2008年9月，成都工具研究所又相继收购部分股东的股权，使其持有股份公司的股权增加到81.33%。

（5）重大技术改造。

为加速发展，调整产品结构，扩大市场规模，自2007年以来，成都工具研究所每年投入1000万元以上进行技术改造。购置缓进给成型磨、慢走丝机床、精密数控电火花加工、万能工具铣、万能工具磨床、粉末成型压机、刀具动平衡机、加工中心、对刀仪、光学影像测量仪等，特别是《新建50吨硬质合金毛坯石蜡工艺生产线》项目的实施，为开发新工艺，解决原材料供应瓶颈，减少生产周期和运行成本，新产品开发等起到重大作用。

【主要指标】 2009年是成都工具研究所市场经营极为困难的一年。由于欧美对我国石油管实行反倾销制裁，出口大幅下降，主要产品石油管螺纹梳刀市场销售量下降40%以上；另一主要产品轴承专用刀具受出口的影响，订货下降60%；其他产品如火车轮毂刀、通用螺纹刀具、超硬刀具都不同程度受到影响。面对不利局面，成都工具研究所积极采取应对措施，一方面大量走访客户，开拓新市场；另一方面积极开发新产品，扩展市场，相继开发ERW生产线刀具、石油管特殊扣刀具、深孔钻刀具、硬质合金数控刀具、汽车刀具等，并扩大贸易业务。通过努力，全面完成2009年的各项经济指标任务。

2009年，成都工具研究所资产总额为21759万元，同比增长3.24%；净资产13646万元，同比增长7.5%；销售收入12279万元，同比增长16.54%；利润总额1418.6万元，同比增长77.9%。

表2 **2009年成都工具研究所主要经济指标**

项　目	2008年	2009年	同比增长（%）
资产总额（万元）	21076.4	21759.5	3.24
净资产（万元）	12694.7	13653.4	7.55
营业收入（万元）	10536.4	12279	16.54
利润总额（万元）	797.4	1418.6	77.9
技术开发投入（万元）	958.4	868	-9.43
利税总额（万元）	1726.5	2355.6	36.43
全员劳动生产率（万元/人·年）	9.58	10.09	5.32
净产收益率（%）	5.03	7.96	2.93
总资产报酬率（%）	4.64	7.89	3.25
国有资产保值增值率（%）	103.94	107.74	3.80

【重大决策与重点项目】 精品和新品工作、市场工作、降本增效工作是成都工具研究所2009年确定的三项重点工作。

精品制造。一方面是要有科学、合理的工艺路线，有确保工艺实现的装备条件；另一方面是要有严格的工艺控制和员工精益求精工作态度。定期和不定期的产品质量分析会、磨床速度的报警装置配备、磨床进给系统的数控化改造、产品主管技术人员的现场工艺巡查、关键工序的质量控制规范、刀片喷砂和抛光工艺的优化和设备的配备、刀片钝化工艺的控制和改进等，进一步推进了成都工具研究所精品制造的进程。

市场意识在2009年得到明显的强化。各产品开发部门的市场职能进一步明确，市场调研、用户走访、技术服务等工作和产品的技术工艺管理、新产品开发等工作有机的结合，既促进了市场服务，又指导了技术改进方向，同时也是技术人员综合能力培养提高的有效途径。技术人员参与市场开拓和服务工作进一步深入。

降本增效工作更是得到全员的重视和参与。成本的意识、节约的意识有明显的强化，效果明显。如何将降本工作与产品的成品率控制，与生产效率提高，与仪器设备的按规定维护保养等工作相衔接，是降本增效工作进一步深化的重点。

【科技创新】 在2008年“国家科技支撑项目”成功立项的基础上，2009年又有新的突破。“国家科技重大专项”两个牵头项目和七个参与项目的成功立项，获得国家财政支持2000万元以上。全年科研立项17项，科研新项目的立项和资金的投入，对成都工具研究所的科技创新工作带来极大的促进作用。年度科研项目经费到位800多万元，创历史新高。2009年新获得5项专利的授权。全年在研项目共35项，完成并通过项目鉴定（或验收）10项。

新产品、新型号的开发依然是2009年的技术开发工作重点。硬质合金石蜡工艺线的有效运行改变了前几年刀片毛坯主要依靠外购的状况；特殊型号的产品开发和小批量供货成为2009年螺纹刀片、轴承刀片和数控刀具的经营特点；机夹式深孔钻的开发实现了深孔钻产品的升级；涂层组织的控制、表面质量的改善以及量仪产品的改进已经显现出成效。

【产权制度改革】 按照国机集团的总体战略部署和积极推进子公司改制上市的工作思路，依照集团子公司的改制重组模式，2009年正式启动成都工具研究所及成都工研科技股份有限公司的改制及资产重组工作，并制定重组整合方案。重组整合的目标是：整合成都工具所的所有资源和优势，以股份公司为载体，实现现代企业制度的规范管理，实现持续健康、快速发展。重组工作首先对成都工具所的存量资产（不含股份公司的股权资产）进行评估、审计，并改制为国有独资的有限责任公司，重新注册。第二步，对成都工研科技股份公司的资产进行评估、审计，以增资扩股的方式吸纳改制后成都工具所的全部资产，使之成为成都工研科技股份公司的全资子公司，积极推进企业整体上市。

【主要管理经验】

1. 制定企业发展战略。

2009年成都工具研究所制定2009—2012年战略规划，明确了企业愿景、使命和核心价值观。愿景是“工具科技先锋”；使命是“振兴中国工具工业，建设机械制造强国”；核心价值观是“求实创新、追求卓越”。明确资产重组改制战略，强化核心力战略、持续创新战略；提出树品牌、优化组织结构、实施科技创新、加强人才队伍建设、扩大市场规模、建设企业文化等相关措施。

2. 党建、企业文化建设。

党委工作、党支部工作紧紧围绕经济工作而展开，特别是在学习实践科学发展观的活动中，围绕“科学发展做精做强”这一主题，组织全体党员特别是党员领导干部进行调研，积极探讨影响和制约成都工具研究所科学发展的关键问题，想措施，找答案，抓整改，求落实，在六个方面提出具体的整改意见，重点部署13项重点工作。统一了思想，明确了方向，这些重点工作的积极推进有力促进成都工具所的和谐建设进程。在活动期间，所党委和上海宝钢股份资财采购部党委还建立党委共建关系，进一步密切双方的交流与合作。党员组织生活的形式也得到不断探索，纪念建党88周年赴革命纪念地参观考察活动取得较好效果。

中国重型机械研究院有限公司

【基本概况】

1. 发展情况及历史沿革。

中国重型机械研究院有限公司（原西安重型机械研究所）创建于1956年，是我国重型机械行业综合性技术研发单位，也是我国装备工业较早建立的国家级应用技术开发研究院所之一。1999年随国家第一批242个科研院所转制为科技型企业，以资产划转方式加入中国机械工业集团公司。2004年7月，经国务院国资委和陕西省批准，陕西省冶金设计研究院整体划入西安重型机械研究所。2006年9月，国家工商行政管理局批准在西安重型机械研究所的基础上组建成立中国重型机械研究院，仍隶属于中国机械工业集团公司管理。2009年1月，由中国机械工业集团有限公司和宝钢集团有限公司作为出资人，将中国重型机械研究院改制为中国重型机械研究院有限公司（以下简称中国重型院）。

中国重型机械研究院有限公司下设14个专业研究所、2个试制工厂、4个分院、6个全资及控股子公司。现有在岗员工1100多人，其中，中国工程院院士1人，专业技术人员700余人，研究员及专家近100人，并设有博士后科研工作站。

50多年来，中国重型院研制的大型成套技术装备创造180多项“中国第一”，40项中国企业新纪录。累积完成1000余项研究成果，280多项科技成果荣获国家和省部级科技进步奖，拥有500多件专利技术，2000多台套先进的设备和数百套大型成套装备成功应用在国内外冶金等企业。

2. 进入集团至2008年发展情况。

1999年以来，西安重型机械研究所经过转制并且加入中国机械工业集团公司，渡过初期的困难阶段之后，适时抓住机遇，变革管理体系，建立起现代企业制度，形成研发体系直接面对市场，激发自主创新的机制、制度和科技创新的模式。在调动员工创新创造积极性、加强知识产权保护力度及加强内部管理等方面推行多项管理制度及激励措施。主要有，建立起了比较完善的企业管理制度；全员实行劳动合同制、实行企业财务制度，将过去与行政级别、技术职称挂钩的工资制度变为以岗位和业绩为主的企业薪酬制度并根据企业经济效益适时调整；企业管理走向扁平化，扩大了管理自主权，调动了二级单位和员工的积极性等等。

近十年来，中国重型机械研究院始终坚持自主创新的理念，不断进行技术积累，创造业绩中着力领先、提升高度；研发方向上瞄准国外技术发展趋势和前沿技术；研发内容上关注核心技术和关键设备、形成自主知识产权，着力填补空白；实现了从技术研发、设备成套到工程总包的历史性跨越。自转制以来，创造近百项国内首台（套）装备业绩，创造40项中国企业新纪录，获得80余项国家和省部级科技进步奖，授权专利240余件，在市场竞争中，获得超过100亿元的合同订单。2006—2007年国家科学技术部调查全国277家转制科研院所，中国重型机械研究院科技成果转化与推广获得的横向合同收入居全国转制院所第一。

表1　　2000—2008 年中国重型机械研究院有限公司经营情况　　单位：万元

年　度	合同额	总资产	净资产	利润总额
2000	17253. 15	22205. 32	4643. 09	560. 13
2001	19661. 15	19181. 94	8780. 24	2978. 30
2002	30826. 00	28346. 30	10049. 33	1283. 63
2003	64369. 59	40397. 70	12577. 34	2876. 17
2004	89807. 26	71672. 68	17873. 59	5538. 89
2005	117525. 22	85574. 69	26788. 74	8830. 56
2006	135160. 30	97553. 51	35798. 14	9159. 55
2007	213898. 86	138979. 57	49804. 77	10749. 96
2008	258721. 22	203367. 93	75396. 72	10950. 21

【主要指标】 2009 年中国重型机械研究院有限公司签订合同总额 261610. 3 万元，是年度指标 206100 万元的 126. 93%，是 2008 年 258721. 2 万元的 101. 11%；主营业务收入 159679 万元，比考核指标 140000 万元增长 14. 05%；利润总额 12470 万元，比考核指标 10200 万元增长 22. 25%；净资产收益率为 12. 99%，比考核指标 9% 增加 3. 99 个百分点；技术投入率 10%，比计划指标的 8. 54% 增加 1. 46 个百分点；流动资产周转率 0. 75 次，低于 0. 9 次的考核指标。

2009 年，面临金融危机所带来的经营不利的环境，加强对项目进度的动态管理及分析，合理控制项目付款；通过加强应收账款管理以及合理调配资金严格控制财务风险；与银行积极合作，建立新的产品销售金融合作模式，有效规避了财务风险。

截至 2009 年 12 月 31 日，中国重型机械研究院有限公司对外投资 2975 万元，2009 年实现投资收益 239 万元。

表2　　2009 年中国重型机械研究院有限公司主要经济指标

项　目	2008 年	2009 年	同比增长（%）
资产总额（万元）	203367. 9	267519	131. 54
净资产（万元）	6892. 9	9930	144. 06
营业收入（万元）	148938	159679	107. 21
利润总额（万元）	10950	12470	113. 88
技术开发投入（万元）	14893. 8	15967. 9	107. 21
净资产收益率（%）	15. 05	12. 99	-2. 06

【重大决策与重大项目】

1. 2009 年列入国家、省市及集团的科研计划并获得资金支持的项目。

国家发改委国家重大产业技术开发专项：转炉煤气干法净化回收技术；科技部科研院所技术开发研究专项：黑色金属挤压机设备和工艺；科技部首批国家自主创新产品：转炉煤气干法净化回收系统；工信部国家科技重大专项：2 万吨难变形合金卧式挤压机；陕西省科技厅陕西省重大科技创新项目：ф7000mm 数控径轴向轧环机；陕西省发改委 2009 年陕西省装备制造业发展专项：特大型有色金属挤压成套技术与装备产业化；未央区科技局未央区科技计划项目：核电用循环水蝶阀研制；国机集

团科技发展基金项目：多辊精密矫直机与板形检测、智能控制；陕西省科技厅陕西省重点新产品：CMYQ－325型全液压电液锤。

2. 6个项目列入2009年度陕西省机械工业新产品试制计划，包括：JFE宽带钢切边剖分重卷机组项目，8000吨自由锻造液压机项目，GHLL高速冷轧管机项目，5m航空轮胎加载试验台项目，ϕ180/ϕ550×600mm四辊可逆铍铜轧机项目，烧结过程废气脱硫处理系统。

3. 完成7个项目科技成果鉴定和验收项目。

165MN自由锻造油压机研制（由上海市科技厅鉴定）；钢液RH真空精炼成套技术装备（由中国机械工业联合会鉴定）；大型高品质板带材纵向剪切关键技术与装备研制（由中国机械工业联合会鉴定）；新型页岩油回收工艺及关键技术研究与应用（由西安市科技局鉴定）；舞钢大型板坯连铸成套技术装备（由陕西省科技厅鉴定）；烧结过程废气脱硫新工艺研究应用（由西安市科技局验收）；工业窑炉烟气脱硝（氮）技术开发（由国家科技部验收）。

2009年，面对金融危机对专业领域市场的影响进一步加深的形势，中国重型机械研究院有限公司快速应变，取得了较好的市场业绩。

连铸成套装备市场方面共有10台18流板、方坯连铸机投产。中标世界最大断面400×2700mm特厚板坯连铸机设计项目，这标志着我国由连铸坯直接生产特厚轧制板材的瓶颈已被打开，同时使我国连铸工艺装备水平迈上新的台阶，对拓宽我国钢板品种规格，促进钢铁技术进步，增强综合国力有着重大意义。

板带精整市场面向高端，签订的设计、供货的180万吨冷轧汽车板精整项目，是国内首套用于汽车板的重卷机组和包装机组。

重型锻压市场先后签订3台125MN、4台90MN铝挤压机和1台40MN双动卧式锆挤压机，其中，40MN双动卧式锆挤压机是我国首台大型锆管挤压机。

管棒材轧制市场方面，开发的Φ325排管锯、LG280长行程环孔型冷轧管机，均为国内首台；为世界上最大的不锈钢管生产企业美国DMV公司设计的LG－10－GHLL高速冷轧管机，代表国内最高水平。

环保节能市场方面，将转炉煤气干法回收系统应用于其他行业，已在矿热电炉上取得进展。

钢液精炼市场方面，完成的RH总包等项目相继投产，各项性能指标均达到国际先进水平。

板带轧制市场方面，签订的1450mm五机架冷轧成套供货项目，改变了中国大型冶金装备核心关键技术只能依靠进口的局面。

【科技创新】 2009年，中国重型机械研究院有限公司共有13项科技成果分获国家和省部科技奖。

表3　　2009年中国重型机械研究院有限公司13项科技成果获奖情况

序　号	项目名称	获奖名称	获奖等级
1	中薄板坯连铸机成套技术与关键设备开发及应用	国家科学技术进步奖	二等奖
2	165MN自由锻造油压机研制	中国机械工业科学技术奖/上海市科技奖	特等奖/一等奖
3	《重型机械标准》5卷	中国机械工业科学技术奖	二等奖
4	彩色钢板印花工艺和设备技术研究	陕西省科学技术奖/中国机械工业科学技术奖	一等奖/二等奖
5	LG－15－GHLL型两辊高速环孔型冷轧管机	中国机械工业科学技术奖	二等奖
6	莱钢120吨RH炉外精炼成套技术装备	中国机械工业集团科技进步奖	一等奖
7	大型H型钢压力矫直机	中国机械工业集团科技进步奖/陕西省科学技术奖	二等奖/二等奖

续表

序　号	项目名称	获奖名称	获奖等级
8	13 吨高效节能电液锤	中国机械工业集团科技进步奖/陕西省科学技术奖	三等奖/三等奖
9	前上料短行程双动铝挤压机	陕西省专利奖	二等奖
10	顺置式转板电除尘器技术研究	陕西省环保科技奖	一等奖
11	转炉煤气干法净化回收系统	西安市科技奖	一等奖
12	七辊式大规格高精度高合金圆钢矫直机组	西安市科技奖	二等奖
13	360mm×450mm 大方坯连铸装备技术国产化研究	冶金科学技术奖	一等奖

2009 年全年授权专利共 78 项，其中发明专利 16 项，实用新型专利 62 项。

2009 年共有 7 项重大装备项目被中国机械工业联合会和中国企业家协会评为中国企业新纪录：二十辊精密轧机入口和出口准备/重卷机组；CMYQ－450 型（16 吨）全液压电液锤；页岩油回收试验项目；全自动大 H 型钢压力矫直机；高精度高导铜及铜合金带粗中轧机组和精轧机组；LG－15－GHLL 型两辊高速环孔型冷轧管机；10 万吨 SH2007 型内热式直立炭化炉。

【产权制度改革】 2009 年 1 月召开中国重型机械研究院有限公司创立大会。召开第一次股东会，批准公司改制报告和公司章程，选举首届董事会、监事会成员；召开一届董事会第一次会议，选举董事长，决定法人代表，聘任总经理、副总经理、财务总监、董事会秘书，通过公司董事会工作制度、总经理工作制度、董事会秘书工作制度；召开一届监事会第一次会议，选举监事会主席，通过监事会工作制度。召开第二次股东会和一届二次董事会，审议通过年度工作总结和计划、财务预决算和利润分配方案等重大事项。

【主要管理经验】 一是经营科研管理方面。2009 年国内冶金市场形势严峻，中国重型机械研究院有限公司抓紧项目跟踪、签约和实施，加强项目进度的动态管理，使全年签订的经营合同额、完成的各项指标任务等取得新的进展。同时，根据项目课题需要成立不同形式的攻关课题组，实行组长负责制开展创新攻关工作。通过各种鼓励创新技术应用的行为，实现每项课题有创新，每台设备有技术进步，提升了创新的科研成果业绩、增强了市场技术竞争实力，在不断提高员工收入和社会地位的同时，使企业不断实现价值最大化。

二是信息化建设方面。2009 年，中国重型机械研究院有限公司根据实际工作需要，进行 CAD 局域网扩充改造；升级 CAD 核心服务器存贮系统；档案管理计算机化，查询网络化。根据国机集团要求，制定未来三年信息化发展规划；财务信息化方面，以集团统一使用的财务 NC5.0 财务软件为依托，进一步拓展软件使用范围，尽可能与业务软件联网，提高企业整体信息化水平；研发的智能化控制技术成果 CIMS 系统软件、嵌入式计算机模块等将传统工业化与现代信息化两化融合为新的管控一体化。信息技术的运用，极大地提高了公司核心竞争力。

三是党建、企业文化建设方面。2009 年，中国重型机械研究院有限公司按照三个阶段、六个环节的程序组织开展深入学习实践科学发展观活动，使企业员工对于企业如何科学发展有了新的认识。在 2009 年的经济危机中，中国重型机械研究院有限公司重视企业文化的建设，用企业文化理念凝聚人心，激励创新，实现职工与企业共渡危机，共同发展。

苏州电加工机床研究所有限公司

【基本概况】

1. 发展情况。

苏州电加工机床研究所有限公司（以下简称苏州电加工）是由原苏州电加工机床研究所改制组建。以电加工技术和设备的研发、制造、生产、销售为主营业务，产品集精密机械、高频电源、检测控制、计算机数控技术为一体，主要解决导电材料零件因材料特殊、形面复杂或结构微细等传统加工无法解决的制造难题。是我国电加工、特种加工行业研发实力最强、产品门类最多的高技术企业。

苏州电加工主要产品有各种电火花微小孔加工机床、电火花成形机床、电火花切割机床以及各种电加工、特种加工专用设备，产品主要应用于航天、航空、军工、能源、IT、微型机械、医疗器械、模具、汽车、钢铁等行业，特别是苏州电加工机床研究所有限公司的一些专项技术和专用设备广泛用于航天、航空、军工等国防装备（主要是发动机关键零件）的制造，是国防科技工业难加工材料加工技术研究应用中心理事单位，肩负着对国家的特殊责任。

苏州电加工拥有包括国务院特殊津贴专家、中国机械工业集团有限公司高层次科技专家在内的一流的专业技术队伍，现有职工120人，各类专业技术人员86人，占职工人数70%以上。

苏州电加工是我国特种加工行业归口所，是行业的研发、信息和服务中心，编辑出版全国中文核心期刊《电加工与模具》。中国机械工程学会特种加工分会、中国机床工具工业协会特种加工机床分会、全国特种加工机床标准化技术委员会、机械工业电加工机床产品质量监督检测中心、中国模具工业协会技术委员会、机械工业电加工工程技术中心和重点实验室等行业组织及机构均设立或挂靠在研究所。

2. 历史沿革。

苏州电加工创建于1958年秋，时名为苏州市重工业局机械研究室，主要从事农业机械、通用机械的研究和技术服务工作。1959年末，经苏州市重工业局批准，更名为苏州市重工业研究所。20世纪60年代初，随着我国机械工业的发展，行业的科研工作摆上日程，在苏州市科委的支持下，又更名为“苏州市电加工研究所”，专门从事电加工技术与装备的研究开发工作。1963年，为加强机械行业的科研工作，第一机械工业部先后组建多个专业研究所，苏州市电加工研究所更名为“苏州电加工研究室”，直属一机部北京机床研究所。1966年5月“文革”开始，科研工作处于停顿状态。1970年苏州电加工机床研究所下放地方划归江苏省机械工业厅。1977年更名为“江苏省电加工研究所”。1978年各项工作开始逐渐步入正常轨道划归一机部，定名为“一机部苏州电加工机床研究所”。之后，随着国家机构的改革，苏州电加工机床研究所所名前曾先后冠以机械工业部、机械电子工业部、国家机械工业委员会、国家机械工业局。

1999年7月，苏州电加工作为国家首批转制的科研院所，由事业单位转制为科技型企业，进入中国机械工业集团有限公司。2008年改制为苏州电加工机床研究所有限公司。

3. 自进入集团至2008年发展情况。

苏州电加工1999年转制进入国机集团后，开始进入快速发展时期。转制之初，在中国机械工业集团的指导下，根据实际情况和所处环境的改革形势，从转换体制机制着手，以部分科研生产部门为主体，组建职工持有股份的苏州中特机电科技有限公司，建立以岗位职责技能、岗位效益为主的工资制度，并不断完善各项经济责任制，对研发部门实行技术经济责任制，对销售部门实行营销经济责任制，对其他部门也实行相关的经济责任制，设立

“新产品增效奖”，将研究所经济效益、新产品研制水平同职工收入挂钩，稳定了技术骨干队伍，极大调动了广大职工的积极性。

党的十六大召开后，根据苏州电加工所处电加工行业的状况和苏州电加工机床研究所技术积累厚实、研发能力强的特点，领导班子贯彻落实科学发展观，制定并全面实施了以创新为核心的差异经营战略，不断加大研发投入，全力发展人无我有、人有我新的专用电加工技术及专用电加工设备，全力发展人有我精、人有我高的技术复杂、别人暂时难以模仿的高端电加工通用机床，全力发展人难我行、人求我创的特殊材料零件电加工业务。形成专用设备、通用机床、特殊材料电加工“三足鼎立”经营模式，打造出独有的竞争优势，推动主业经营快速发展。

2003 年，因苏州市城市建设需要，苏州电加工位于苏州市桐泾南路的科研生产基地整体拆迁，经反复研究，综合平衡后，苏州电加工机床研究所在苏州市国家高新技术开发区购置土地 60 亩，开始新所建设。2005 年 5 月新所建成，5 月 18 日苏州电加工机床研究所整体迁入新址苏州市高新区金山路 180 号，从根本上改变了科研生产条件，登上更高更新的发展平台，进入新的发展时期。

2008 年，根据中国机械工业集团发展战略，苏州电加工进行主辅分离、辅业改制，以吸收合并的方式，将苏州中特机电科技公司并入苏州电加工机床研究所，组建苏州电加工机床研究所有限公司，新公司资产总计 8164 万元，总股本 6000 万元，中国机械工业集团有限公司持股 40%，苏州电加工机床研究所有限公司工会持股 40.5%，上海浦美电器有限公司持股 19.5%，初步建立起现代企业运行机制。

在这十年中，苏州电加工共获省部级科技奖项 8 项，获国家专利 9 项，其中国家发明专利 4 项，为我国航空航天军工骨干企业研发一批专项技术和专用设备，解决许多国防装备（如苏 27、歼十、神舟、嫦娥、卫星导弹发动机）加工制造难题，为国家安全做出特殊贡献，在国防装备制造领域形成很大的影响，实现苏州电加工机床研究所有限公司作为中央院所在国家层面存在发展的价值。苏州电加工机床研究所有限公司主营收入从 1999 年的 1008 万元，发展到 2008 年的 3620 万元，增长 3.4 倍，从靠事业费拨款亏损运行，到 2008 年实现利润 634 万元。

【主要指标】 2009 年宏观经济经历改革开放 30 年来从未有过的困难和挑战，苏州电加工和电加工行业也经历了前所未有的冲击和考验。在集团的领导下，所领导班子坚定信心，团结带领广大科技人员和全体职工积极应对各种挑战，提出“抢专盯通拼加工，节流储能保流动”的经营方针，牢牢抓住专用设备的销售，紧盯通用加工设备市场的需求变化，全力抢接特殊材料零件的电加工业务，使经营业绩稳步攀升，完成 200 台套电加工机床的生产，实现主营收入 3721 万元，比预算指标增长 16%，实现利润 273 万元，比预算指标增长 30%，在保增长、保民生、保稳定等方面都取得显著成效。

2009 年也是苏州电加工主辅分离整体改制后的第一年，这一年苏州电加工机床研究所有限公司财务状况运行良好，在管理方面，主要是加强学习、完善制度、规范运作、进一步强化预算管理。按照“稳妥可靠、量入为出、科学增长”的原则，细化预算指标，严格预算管理，加强成本费用控制和风险管理，及时回笼资金，提高资金利用率，设定流动资金警戒线，防止资金链断裂。由于措施得力，在危机之年，苏州电加工流动资金不仅未出现紧张状况，反而比往年更充裕，保障了科研、生产销售的正常运行。

2009 年苏州电加工机床研究所有限公司主要经济指标

项　目	2008 年	2009 年	同比增长（%）
资产总额（万元）	9072	8509	-5.8
净资产（万元）	6510	6263	-3.8
营业收入（万元）	3958	3784	-4.4
利润总额（万元）	634	273	-56.9

续表

项目	2008 年	2009 年	同比增长（%）
技术开发投入（万元）	386	532	37.8
利税总额（万元）	1080	875	-19.0
净资产收益率（%）	6.01	5.44	-0.57
总资产报酬率（%）	8.83	3.11	-5.72
国有资产保值增值率（%）	102.21	106.29	4.08

由于2008 年底实施主辅分离改制，苏州电加工所的资产规模和结构发生重大变化，主要经济指标的比较基础也随之发生重大的变化。改制对其他经济指标也造成一定影响。2008 年与2009 年之间的一些经济指标很难对比。

【重大决策与重大项目】 在全力抓好主业经营，应对金融危机的同时，2009 年苏州电加工抓住国家振兴装备制造业的重大机遇，高度重视国家和省、市重大科研项目的申报与落实，完成“十一五”“863”计划先进制造技术“高效、精密电加工技术与装备”重点项目的立项工作和“高档数控机床与基础制造装备”2 个科技重大专项的立项工作。

列为“863”计划的项目，针对航空、航天、军工、汽车、能源、微电子等行业需求，瞄准国际技术前沿，研究复杂型面零件精密加工、特殊材料零件高效加工、特殊功能结构微细加工技术，重点开发五轴联动精密电火花加工、高效精密单向走丝线切割加工、特殊材料高效数控放电铣削加工和复杂型面电解加工、脆性材料放电铣削及超声辅助复合加工、微细结构多功能电加工等6 种特种加工装备，重点攻克装备设计控制和加工工艺关键技术，主要性能指标要达到国际同类产品技术水平，将进一步提升我国电加工行业的核心竞争力与可持续发展能力。

获批的国家科技重大专项为“固定工作台式五轴联动精密数控电火花成形加工机床”和“自动穿丝、精密、高效、数控单向走丝电火花线切割机”两个课题，前者的批量生产可满足我国航天航空、精密模具、发电设备等关键制造领域对相关重要零件和复杂模具进行高效精密加工的需求，后者加工性能优异，可以进行三维复杂直纹面的高效、微细、精密切割，加工精度高，表面质量好，是我国航空航天、军工、模具等行业精密零件加工不可或缺的关键设备。

苏州电加工两个科技重大专项的实施，对于提升我国数控电加工机床和基础制造装备产业的自主创新能力和核心竞争力，带动行业结构调整和相关产业发展，具有重要意义。

另外，2009 年苏州电加工还实施科技部转制院所技术开发研究专项资金项目5 项，完成2 项；完成科技部中小企业创新基金项目2 项；实施苏州电加工所科技发展基金项目3 项，完成1 项；实施和完成省、市科技计划项目各1 项。

2009 年共获5 项专利，其中3 项为软件著作权专利，1 项为国家发明专利。

【市场开拓和科技创新】 2009 年宏观经济形势严峻，我国电加工行业受到了严重冲击，面对危机苏州电加工实施积极的“差异经营”战略，在通用机床的销售受到一定影响的情况下，根据国家《装备制造业调整和振兴规划》十大领域的需求研究，调整产品的销售策略，抓住钢铁、汽车、国防装备制造等九大产业重点项目，抢抓订单，研制生产各类专用设备，有效规避了风险，在市场开拓、产品销售、重大项目进展、科研成果、产业化发展等方面，采取一系列措施，取得新进展。

针对钢铁企业在国家4 万亿元投资的拉动下，内部结构调整，淘汰落后产能的情况，加大数控轧辊磨床成套设备的生产和销售，产销量达到上年的四倍。

针对高速铁路和城市轨道交通的快速发展，研制中型、大型阳极切割专用设备，满足钢轨及道叉的高效、低成本加工。

针对汽车产业在国务院《汽车产业调整和振兴规划》的各项政策刺激下，汽车产销售大幅上升的情况，加大汽车轮胎模具电火花加工设备的研制，产销实现了同比翻番。

针对汽车节能减排的需求，为相关企业研制汽车发动机喷油嘴专用设备，解决了汽车发动机节油、高效，达到欧Ⅲ排放关键零件的加工难题，填补了国内空白，结束了国内企业依赖进口的历史。

针对国防装备制造中遇到的各种传统机械加工无法解决的加工难题，充分发挥电加工的独特优势，开发新技术、新工艺，研制专用设备，满足了国防装备制造的需求。

这些产品技术含量高，利润率相对也高，依靠"差异经营"，在危机之年实现业绩的稳定。

【产权制度改革】 按照国资委和中国机械工业集团有限公司的统一部署，苏州电加工在2008年度完成主辅分离整体改制第一阶段的工作。进入2009年，为了完成第二阶段的改制工作，即吸收合并苏州中特机电科技有限公司，做了大量行之有效的工作，在评估基准日（2008年5月31日）的有效期内完成对苏州中特机电科技有限公司的吸收合并工作，在进行吸收合并的同时，职工用在苏州中特机电科技有限公司的股权置换苏州电加工机床研究所有限公司的股权，补足第一阶段改制职工没到位的2128万元实收资本。与此同时，原苏州电加工机床研究所的全资子公司——苏州机床工具公司也改制成为苏州电加工机床研究所有限公司的全资子公司——苏州机床工具有限公司。

【主要管理经验】 2009年，面对严峻的宏观经济形势，以开展深入学习实践科学发展观为契机，进一步强化管理，突出重点，狠抓落实，各项管理工作取得明显的成效。

1. 抓整体改制，保障新公司顺利发展。

苏州电加工在2008年度组建后，吸收合并苏州中特机电科技有限公司成为第二阶段改制的难点问题，所领导班子迎难而上，通过艰苦努力，解决了在吸收合并过程中的许多棘手难题，如期完成整体改制，同时化解了人民路房地产出让腾空中的钉子户问题，保障了新公司的顺利运行。

2. 抓新公司机制建立创新，保障各项经营活动有效运行。

在开展学习实践活动中，苏州电加工根据科学发展观，结合新公司建立的迫切需要，抓紧新公司运行机制建立和创新。着力抓了新公司激励机制的建设，通过总结发展中激励机制的经验，根据改制后的具体情况，完成各种技术、营销经济责任制的制订与签订。与各事业部签订"技术经济责任制"，与各销售部签订"销售经济责任制"，与行业部签订"行业工作经济责任制"，重新修订"新产品增效奖"，并对各事业部领导试行年薪制，基本在内部机制上解决因整体改制后股份结构、资产结构变化产生的员工特别是业务骨干收入水平受影响的问题，有效调动了一线干部员工的积极性，促进了科研、生产、销售的有效运行。重点制定"财务制度"、"薪酬制度"、"对外付款审批规定"、"关于执行'三重一大'事项集体决策制度的实施办法"等十个方面50项重要的规章制度，基本形成了新公司的制度体系。

3. 抓差异经营，在金融危机中求生存谋发展。

由于电加工机床产品的主要市场是模具制造，而模具制造业受外向型经济影响很大，所以在金融危机中受冲击很大，电加工机床特别是通用电加工机床企业受到很大的冲击，产品大量滞销，经济效益广泛下滑。面对严峻的经济形势，苏州电加工以科学发展观为指导，重新审视发展战略，一致认为，转制以来实施全力打造高端通用电加工机床和发展专项电加工技术及设备的"以创新为核心的差异经营战略"是符合苏州电加工机床研究所有限公司实际及科学发展观的。面对金融危机通用电加工机床受到严重影响的情况下，必须抓住航天航空军工及汽车等行业发展机遇，加强专项技术及专用设备的运作，全体干部员工形成共识，调整了营销政策，加大营销力度，公司领导、销售部、事业部全力以赴，盯项目、跑用户、抢订单，从根本上保障了苏州电加工在金融危机中的生存和发展。

4. 抓技术创新，加快新产品开发在经济的冬天里"储能"。

通过学习实践活动，审视发展战略，分析金融危机形势，苏州电加工更进一步坚定坚持"以创新为核心"的决心。全体干部职工一致认为在金融危机中，苏州电加工更要加大创新力度、加快研发，加快产品结构调整，在冬天里"储能"。这样，在经历了全球经济动荡，市场结构、竞争结构发生很大变化，企业的市场地位会重新"洗牌"后，苏州电加工才能够更有竞争力，实现更好的发展。2009年苏州电加工抓紧完成给沈阳黎明、成发、斯奈克玛等航天航空企业专机项目的研制，加快西安航天发动机厂专机、中型轮胎模专机、数控金刚砂轮修整设备、发动机喷咀倒锥微孔等项目的研发进度，对数控慢走丝线切割机的微精加工电源、拐角精度控制及软件技术着力进行提升，实施数控成形机微精加工技术及轮胎模花纹块数控电火花成形加工技术开发方案。

2009 年苏州电加工抓住国家振兴装备制造业战略，积极申报“十一五”“863”计划先进制造技术和国家数控机床重大专项课题，主要领导亲自抓有关电加工项目的申报，申报项目全部中标，获得国家经费及配套资金达 1000 多万元，有力支撑了研发创新。在此期间，苏州电加工还申报江苏省和苏州市的 2 个科技支撑项目，获得相应的支持。

5. 抓内部民生，营造更为和谐的企业发展氛围。

苏州电加工按主辅分离的政策改制，原职工要进行身份置换，并给予补偿金，虽然 2008 年底新公司已成立，但由于中特吸收并入等重大改制问题没有完成，职工身份置换补偿金没有发放。这是体现以人为本内部民生方面最突出的问题。苏州电加工克服种种困难，在完成苏州中特机电科技有限公司的吸收合并之后，迅速安排办理相关手续，很快发放了职工身份置换补偿金，保障了职工的利益，促进了和谐发展。

6. 抓人才强企战略，建设一流的专业技术队伍。

苏州电加工实施人才强企战略，加快人才队伍尤其是高层次人才队伍建设，努力营造“以人为本”的人才环境，着力提升企业核心竞争力。苏州电加工拥有国务院特殊津贴专家、中国机械工业集团有限公司高层次科技专家在内的一流专业技术人才。完成整体改制后，根据科研生产的需求，做好中长期人力资源需求预测和年度用人计划，注意专业技术人员结构的合理配置，做好人才的培养和引进，把招聘录用和内部培养相结合，把量才录用和量才使用相结合，特别注意对年轻干部和年轻专业技术人员的培养。同时采用一系列有效举措吸引人才。稳定人才方面，在严格考核的前提下，按照人员的不同层次和岗位，实行岗位工资与绩效工资相结合的薪酬制度，保证技术业务骨干的薪酬相对处于较高的水平。苏州电加工还对年轻技术骨干实行精确的能力评估，评估结果与工资收入分配挂钩，激发了他们不断提高自己技术业务水平的动力。此外，还利用主辅分离整体改制的机会，根据一线年轻技术骨干的能力和水平，配给一定量的股份，让他们感到自己是企业真正的主人。

7. 抓好党建促发展，党组织的战斗力得到充分发挥。

2009 年作为全国第二批开展深入学习实践科学发展观活动的中央企业，苏州电加工在中国机械工业集团有限公司的领导下，经过学习调研、分析检查、整改落实三个阶段，在解决突出问题、完善体制机制、应对金融危机和保民生、保增长、保稳定等各方面取得显著成效。在活动中形成的《关于贯彻落实科学发展观情况的分析检查报告》，已成为苏州电加工机床研究所有限公司当前和今后一个时期的指导性文件，党建工作的作用得到更好的发挥，企业党建得到进一步加强。

根据实际情况，苏州电加工制定党委中心组学习制度和党员领导干部民主生活会制度，增强了党委中心组学习效果，提高了民主生活会质量，调整充实了领导班子，相对年轻的干部进入班子，班子的结构得到优化，领导干部的全面素质和能力得到提高。

2009 年主辅改制后，所党委积极适应新形势、新情况的要求，主动参与企业重大问题决策，有力地推动了企业决策的科学性、规范性。2009 年党委参与企业改制、经营管理、投资管理和干部提拔任用所有重大问题的决策，通过深入开展学习实践科学发展观活动，党组织的政治核心作用和保证监督作用得到更好的发挥。

8. 重视企业文化建设，打造核心竞争力。

2009 年，苏州电加工正式颁布“企业文化宣言”。进一步强化了具有苏州电加工机床研究所有限公司特色的优秀理念，不断提高企业内在素质和员工的行为道德水平，增强了员工的工作热情和责任心，增强了凝聚力，着力打造“激情与责任”的企业精神，提出激情是创新的魂魄，倡导干部员工对工作充满激情，对创新充满激情，对用户的需求充满激情。同时，苏州电加工加快与中国机械工业集团有限公司文化的融合。把中国机械工业集团有限公司“合力同行，创新共赢”核心价值观，同苏州电加工的企业精神有机结合，同“差异经营”战略有机结合，打造苏州电加工机床研究所有限公司作为我国电加工、特种加工技术领跑者的形象，企业文化已成为企业核心竞争力的重要组成部分。

桂林电器科学研究所

【基本概况】

1. 发展情况及历史沿革。

桂林电器科学研究所（以下简称桂林电科所）成立于1954年，原名为中国第一机械工业部电器科学研究院，1970年从北京搬迁至桂林。随着国务院部委机构调整先后隶属第一机械工业部、机械工业部、国家机械工业委员会、机械电子工业部、国家机械工业局，为中央部委直属研究所。1999年7月，根据国务院关于中央直属科研院所转制的部署转为科技型企业，2000年1月，经国家经贸委、科技部批准进入中国机械装备（集团）公司，2000年8月23日，在广西完成企业登记注册手续（注册的企业名称为“桂林电器科学研究所”），现为中国机械工业集团有限公司成员单位。

桂林电科所长期以来承担着国家部委下达的各类科研任务，共取得研究成果900余项，其中获国家、省部级科技进步奖139项。在桂林电科所诞生过中国第一块仪表用磁钢、第一片铜铬触头、第一批F、H级绝缘材料、第一台电子束焊接机、第一套聚丙烯拉膜机组……这些第一，填补了国内空白，多次获得国家有关部门的嘉奖。在上个世纪70~90年代，桂林电科所作为国家一级综合型性的研究所、作为全国唯一的电工材料专业研究和行业技术归口单位，在我国电工行业的技术进步中发挥了重要的主导作用，为我国电工行业的发展做出了重大贡献。

桂林电科所转为科技型企业后，主要从事电工材料（电触头材料、绝缘材料）及应用技术、拉膜机成套装备及机电专用设备、特种电机设计与制造、电气自动化等多个学科的研究开发及生产应用。近年来，在依托自身强大的技术开发实力基础上，通过重组、整合原有的电工合金、绝缘材料、模具、自动化、电气物理、特种电机六大专业，创建了具有自主知识产权的“电工材料”、“薄膜生产技术成套装备”、“特种电机”、“聚酰亚胺薄膜”四大高新技术产业，发展成为以触头材料、绝缘材料、薄膜生产线、特种电机为主导产品，具有一定结构效益的高科技产业集团。

桂林电科所注册资本3520万元，所区占地面积21.4万平方米。拥有各种精良的设备仪器和较强的产品与技术开发手段，具有优越的研发条件和生产能力。2000年4月，经国家科学技术部批准“电工材料行业生产力促进中心”在桂林电科所挂牌，2001年被广西自治区科技厅认定为高新技术企业，2001年经国家人事部批准成立博士后科研工作站，2006年经广西区科技厅批准设立“广西电工材料工程技术研究中心”。

2009年全所在职人员578人，其中专业技术人员315名（高级技术职务77人，中级技术职务111人，初级技术职务127人），工人263人。

全所现有5个职能管理部门：所办公室、科技经营处、人力资源处、资产财务处、物业三产管理部；设有5个事业部门：成套装备部、电气系统工程部、绝缘材料事业部、薄膜事业部、行业工作部；组建3个具有独立法人资格的公司：桂林金格电工电子材料科技有限公司、桂林华晨特种电机发展公司、桂林辰山照明工程发展公司。

主要产品有电工合金材料（包括中高压触头材料、银基低压触头材料等）、特种塑料（包括干式不饱和系列聚脂模塑料、密胺聚酯模塑料等）、薄膜生产技术及成套装备（聚丙烯薄膜BOPP、聚酯薄膜BOPET、聚酰亚胺薄膜BOPI生产线的机械、电控设计及制造）、特种电机。

挂靠在桂林电科所的“机械工业电工材料产品质量监督检测中心”是具有第三方公正地位的专业检测机构，是通过国家认证认可监督管理委员会资质认定（CMA）和中国合格评定国家认可委员会

(CNAS) 认可的专业实验室，是我国电工材料最专业最具有权威的综合性实验室，同时也是世界上众多跨国集团公司的签约实验室；桂林电科所分别承担全国电工合金标准化技术委员会、全国绝缘材料标准化技术委员会和全国模具标准化技术委员会秘书处工作，负责国际标准化组织 IEC/TC10、TC15、TC68 以及 ISO/TC29/SC8 国内技术归口管理，参与国际标准的制修订工作，并组织制定三个行业的国家标准、行业标准、国家军用标准；桂林电科所同时还是中国电器工业协会电工合金分会、中国电器工业协会绝缘材料分会、中国电工技术学会绝缘材料与绝缘技术专业委员会秘书处所在地，负责组织本行业的技术交流、科技成果的推广应用，编制本行业发展规划，建立本行业技术和经济信息网络，与国外行业相关组织建立正常的联系和交流工作，编辑出版《模具工业》《绝缘材料》《电工材料》三种国内外公开发行的技术刊物；承担中国模具工业协会人才培训部、机械工业职业技能鉴定指导中心模具行业分中心的日常工作，负责管理模具行业人才培训工作，组织开展模具行业职业技能鉴定工作。

2. 2000—2008 年发展概况。

(1) 改革与创新。

一是根据市场竞争的需要重构组织体系和进行干部调整，转变干部职工思想观念。2002 年桂林电科所果断打破几十年来不变的研究所式的专业设置和散、乱的经营实体的格局，撤销了研究分所和研究室建制，放弃了模具设计制造、机械加工实验工厂、氢氧站等缺乏竞争力和非主营业务并撤销其组织机构，按现代企业制度运作要求重新设置业务机构/部门，同时按德才兼备和年轻化的原则重新聘任一级机构中层干部 20 人。这次机构重组，部门从原来的 25 个整合成 9 个，中层以上干部从原来的 50 多人精简至 26 人。经过撤并重组后，突出了主营业务，形成资源共享、优势互补、干部队伍精干的新局面。

二是制定全所总体发展战略和规划。2003 年组织桂林电科所将战略规划研究列为重要工作，并组建了由所长任组长、所领导、各部门/公司的领导和核心骨干共同参与的战略研究工作小组。经过多次的调研、分析、研讨，确定了桂林电科所的总体发展战略，明确了事业定位、战略思想、战略目标和实施方案，并制定了总体发展战略规划，为将来的发展指明方向。

三是组建桂林金格电工电子材料科技有限公司。2003 年 1 月 2 日，经国机集团批准，桂林电科所筹建的核心股份公司桂林金格电工电子材料科技有限公司（以下简称金格公司）正式揭牌成立。同年 7 月，金格公司顺利完成第一次增资扩股工作，选举产生公司董事会、监事会。该公司每年完成的主营业务收入和利润均占全所收入和利润的 85% 以上，且每年均已 25% 以上的速度增长，2008 年公司的销售收入已达 3.7 亿元，成为桂林电科所的支柱产业。

四是积极、慎重地处理历史遗留的债务问题，将债务诉讼造成的损失降至最低程度。桂林电科所全资子公司辰山、凯杰公司 1994 年贷款引进年产 40 万台印制绕组电机生产线引起的诉讼案遗留问题造成的影响是极其严重的，为保证桂林电科所的科研、生产、经营活动的正常运行，桂林电科所经过与桂林市政府、光大银行、桂林工行、广西高院、桂林中院、南方橡胶集团、桂林市工商局、桂林市国资委等多方沟通和协调，有效缓解了债权方和债务方及相关方的紧张局面，促使此事朝着缓和化方向发展，将债务诉讼的影响降到最低程度，保证了全所科研、生产、经营活动的运行在一定时期内有一个较为安全的外部环境。

五是对管理机制和制度进行重大调整。继 2002—2003 年的组织机构和业务重组之后，2004 年按现代企业管理模式设置和制定管理、研究开发、生产和营销四个系列的职位/职务规范，建立中层干部（正职）任期目标和年度目标制和目标层层分解落实制度，首次要求把战略目标层层分解落实到各级干部及每个员工，对全体员工实行目标管理。在全所范围推行岗位说明书制度，明确各岗位的职责和工作任务要求以及考核标准等。建立和实施对外具有吸引力、对内相对公平和能稳住人才的薪酬体系，建立比较科学和严格的绩效管理和绩效考评制度，改革新员工培养机制和制度，促进新老员工的成长和发展。

六是积极组织开展“清产核资”和整顿清理所办公司工作。2003—2006 年，根据国机集团“三清”工作的精神和桂林电科所产业结构调整的部署，对所属的 25 个实体进行清理整顿，先后完成与桂林电科所有关联的 17 家企业（机构）的工商登记注销工作，完成 2 家公司股权转让工作。

七是坚持持续进行技改，主营业务竞争实力显著提升。围绕主营业务，集中财力进行技术改造，改善研发条件、提高制造工艺水平、扩大生产规模、增强持续发展的后劲。2003—2008 年共投入约 4930 万元资金新建薄膜生产线，扩建电工材料生产线，新建装配车间以及增加生产设备、检测设备等。通过技改，生产能力、工作环境和工作效率大为改善，不仅提升了桂林电科所的形象，而且达到了提升竞争力的目的。

八是建立质量管理体系，产品质量大幅提高。有效的质量管理体系是产品质量的重要保证。2003 年金格公司、华能公司率先通过由中国质量认证中心广西评审中心的 ISO9001：2000 质量体系审核认证，并在运行中不断改进和完善；金格公司产品耐热改性不饱和聚酯模塑料 PT—310 顺利通过 UL（美国保险商实验室）的认证。2006 年 11 月，桂林电科所、金格公司、华晨公司顺利通过中联认证中心的现场审核，获 GJB9001A－2001（军工产品）和 GB/T19001－2000 idt ISO 9001：2000（民品）质量管理体系认证证书；同时以桂林电科所名义申请武器装备科研生产许可证审查，并于 2006 年 11 月底通过专家组的现场审查，获得证书。

九是组织集资建房，大力改善职工住房条件。2004 年 1 月—2005 年 6 月年组织开展集资建房，新建楼房 11 栋，总建筑面积 39972.64 平方米，其中职工住宅 225 套，社区服务用房 12 间，汽车车位 85 个，自行车库 124 间。桂林电科所里投入资金约 427 万元，用于集资楼房的特殊人才的奖励房和职工食堂等公用用房。集资住宅楼的建造极大地改善了职工生活条件和环境，彻底解决了职工住房紧张的问题，为留住骨干和吸引人才创造了条件。

十是平稳地将退休人员移交社区管理，企业进一步轻装上阵。将退休人员移交社区管理是一项涉及桂林电科所发展和退休人员切身利益的重要工作。为执行国家规定和按时完成移交工作，桂林电科所多次主动了解老同志的要求，多次召开退休人员会议进行政策解答，多次与桂林市社保局、保险所和社区领导联系、商量，并设立所长专项工作信箱听取意见。经过深入细致的做工作和妥善解决诸多历史遗留问题，2006 年下半年将退休人员平稳移交社区管理，进一步减轻了企业的管理和工作负担，为集中精力搞好科研生产创造条件。

（2）经营状况和经济效益持续提升。

桂林电科所改制后，在国机集团强有力的领导下，进入全新的发展阶段。桂林电科所主导产品的研发力量、技术水平和质量在行业中处于领先地位，其中电工材料的中高端产品的销售收入排名行业第一，电工材料产品总的销售收入在行业排名第四，我国成功发射的“神五”、“神六”载人宇宙飞船中使用的四个关键零配件为桂林电科所提供；桂林电科所设计或制造的 50 多条国产化薄膜生产线在全国各地投入运行，占现运行的国产生产线 85%，成为用户替代进口国产化的首选供应商；在国内率先开发出印制绕组电机，这种电机广泛应用于导航、跟踪、数控、电动车、机器人等领域中，已开发生产出 30W 至 7000W 各种型号规格的特种电机。特种电机产品主要为军品配套和出口美国、韩国。

表 1　　2000—2008 年桂林电器科学研究所主营业务收入及利润情况　　单位：万元

项　目	2000 年	2001 年	2002 年	2003 年	2004 年	2005 年	2006 年	2007 年	2008 年
主营业务收入	6297	7639	9693	13168	20669	21343	29522	35233	41333
利润总额	134	129	258	458	1174	635	1048	1553	958

【主要指标】 2009 年实现主营业务收入 32626 万元；实现利润总额 1513 万元。与上年同期相比，主营业务收入减少 8706 万元，增长率为－21.06%；利润总额增加 557 万元，增长率为 58.26%。

表2　　2009年桂林电器科学研究所主要考核指标完成情况

项　目	指标完成情况	集团考核指标	完成率（%）	差异（%）
进出口总额（万美元）	110	70	157.14	57.14
主营业务收入（万元）	32626	28000	116.52	16.52
利润总额（万元）	1513	1200	126.08	26.08
成本费用占主营业务收入比重（%）	94.41	98.52		-4.11
净资产收益率（%）	14.18	1.40		12.78
技术投入比率（%）	7.82	5.00		2.82
已获利息倍数	6.13	1.70		4.43
流动资产周转率	1.79	3.80		-2.01

表3　　2009年桂林电器科学研究所主要经济指标

项　目	2008年	2009年	同比增长（%）
资产总额（万元）	23626	26954	14.71
净资产（万元）	7411	8539	13.2
营业收入（万元）	41618	33733	-18.95
利润总额（万元）	958	1513	57.93
技术开发投入（万元）	3175	2946	-7.21
利税总额（万元）	2317	3108	34.14
全员劳动生产率（万元/人·年）	6.89	13.81	100.44
净资产收益率（%）	6.34	12.74	6.4
总资产报酬率（%）	6.51	7.15	0.64
国有资产保值增值率（%）	72.95	115.22	42.27

【重大决策与重大项目】

1. 资源配置优化和产业结构调整取得新的进展。

为了优化战略布局，规避产业结构潜在风险，桂林电科所根据发展的需要和市场需求，继续大力推进薄膜新产业的发展，并取得实质性的进展，完成了电器改造、机械改造、生产线大修、产品配方和生产工艺研究、产品试制、市场调研、与用户建立初步供货意向等工作，薄膜生产线经过改造可连续开机运行，试产产品性能达到国家标准。

2009下半年为进一步实施所的发展战略，提升桂林电科所在绝缘材料行业的形象和地位以及竞争能力，再次整合资源进行业务板块调整——组建绝缘事业部。2009年底已完成实验室筹建、国内外绝缘材料新技术分析及调研、市场调研与开发、中试生产和制度建立等方面的工作，并积极承揽发电/输配电绝缘材料研制项目和开发新产品。

2. 重大科技项目稳步推进。

AgSnO2触头材料的研制和新产品的推广应用项目——针对供施耐德的混粉法AgSnO2（12）片材产品，继续开展批量生产工艺的改进和完善工作，销售量由2008年的7吨增长到2009年21吨，取得了显著的经济效益；采用混粉法AgSnO2（12）带材边料制备雾化法AgSnO2材料的工艺基本可行，但材料综合性能尚需进一步改进和提高，应用领域也需进一步拓宽，以扩大销售量；经过试验，初步确定了化学共沉积法AgSnO2材料的制备工艺，有待于在材料电性能方面进行验证。

科技部院所基金项目《特种功能性增强酚醛模塑料系列产品研究》——完成混料机、破碎机、双螺杆挤出机、上行式皮带输送机、开放式炼胶机等技改设备的安装、调试工作，编制、完善了酚醛塑料原材料及产品技术条件、生产作业指导书及作业记录，对原材料及产品的检验、出入库及存放进行规范管理，使酚醛塑料车间具备批量生产的能力，并步入规范管理的轨道。

科技部院所基金项目《大型双轴定向薄膜生产线关键技术的研究》——技术研究已完成，性能参数超过原预期目标，其中一部分技术已实际运用到6.7米幅宽、机械速度350米/分、年产量15000吨的BOPP生产线上。资料已整理完毕，等待鉴定。

国机科技发展基金项目、广西科技开发项目《双轴定向薄膜同步拉伸机》和《电子用聚酰亚胺薄膜制造技术的研究》项目——技术研究已完成，正在整理资料，等待鉴定。

国机集团纵向课题《手摇发电机研制》——对减速器及电机进行电枢和磁场设计改进，提高效率，进入样机试验阶段。同时根据市场情况进行20W无刷手摇发电机70SY的研制，样机得到用户认可，正进行批量生产的准备工作。

《无刷电机研制》——试制了145ZW系列样机，性能参数达到预期指标，基本掌握绕线式无刷电机的设计要点，以现有的定子为主开发出24V、36V、48V等一系列直流无刷电机，其中145ZW36－500、145ZW48－250无刷电动机样机试制完成并交用户试用，出口缅甸军用145ZW24－350无刷电动机已小批量供货。

【科技创新】 全年共安排科研开发项目25项（纵项课题13项、所管课题12项），标准制修项目16项，组织完成课题鉴定4项；组织申报各类科技项目8项，落实科技计划项目7项；启动本年度所技术创新基金项目申报工作，申报项目13项；响应广西区实施“千亿元产业重大科技攻关工程”计划，向广西区科技厅提出16个项目的攻关目标。

2009年度共获授权专利9项，分别为发明专利3项（银基合金带材导电加热设备、银－纳米氧化锡电触头材料的制备工艺、耐高温的银氧化物触头材料的制造方法），实用新型专利6项（火焰效果灯、超声波雾化装置、聚酰胺酸树脂输送装置、共磁场印制绕组直流电动机－测速机机组、印制绕组电枢结构、金属带材清洗干燥流水线）。年度内提交7项专利申请均被国家知识产权局受理，分别为发明专利3项，实用新型专利4项。完成第三批全区企业知识产权工作试点单位总结验收工作和桂林市首批知识产权示范企业的申报工作。

2009年在金融危机影响严重和自有资金比较困难的情况下，桂林电科所仍然投入520万元用于购置固定资产和进行技改，使聚酰亚胺薄膜生产线技术改造、电工材料工程中心研发平台建设、实验室的改造与建设、工艺及设备的改造等一批重大技改项目得以顺利完成，使桂林电科所开展研发的硬件设施、生产设备和工艺得到进一步改善，为桂林电科所的产业发展和技术进步奠定良好的物质基础。

【产权制度改革】 为贯彻落实国务院国资委《关于规范国有企业职工持股、投资的意见》（国资发改革〔2008〕139号文）和国机集团《关于规范清理职工持股有关问题的通知》（国机资〔2009〕321号文）精神，桂林电科所研究制定和实施《桂林电器科学研究所规范职工持股实施方案》，对桂林金格电工电子材料科技有限公司25个自然人股东的股权进行妥善处置，2009年底从现有的资金中抽出部分资金受让金格公司25名自然人股东的股权。桂林电科所二级公司金格公司由原来的所属控股子公司变成所属全资子公司。

【主要管理经验】

1. 加强人才队伍的建设，加大人力资源开发力度。

加强干部队伍建设，进一步完善干部业绩考核体系，努力调动各级干部工作的积极性和创造性；完善领导干部综合素质测评体系，选拔德才兼备的年青骨干到重要岗位任职；为青年干部和后备干部提供学习与锻炼的机会，选送青年干部参加高层次的再教育学习，组织后备干部在部门之间轮岗锻炼。

充分利用金融危机造成生产经营节奏较缓的时机，制定和实施各类人员培训计划，强化员工知识与技能的学习培训，引导员工向学习人才发展。所部全年完成职工培训约500人次，全所共有约2100人次参加不同类别和形式的培训，参培人次比2008年增长一倍，有效地提高了管理人员的管理能力和职工的技能与素养，为满足科研生产、经营管理的需求和企业长期发展打下良好的基础。

2. 稳步推进战略管理。

2009年，根据内外部环境的新变化，分析改进战略执行中存在的问题，修订发展规划，理清发展思路，明确未来的发展目标、业务定位和相关措施。同时组织修订科技发展规划、产业技术开发与技术改造规划等，并下发实施。

3. 积极实施成本目标管理。

2009年，桂林电科所大力推行成本目标管理和实施成本量化考核，各部门/公司普遍建立或完善了成本核算制度和内控机制，细化成本核算标准和流程，将成本核算任务层层分解、落实，层层考核、把关，成本核算与管理迈上新的台阶。

4. 努力抓好经营管理和质量管理。

及时制定全所和各公司、事业部的经营目标，并逐级分解落实；及时协调解决生产、研发过程中存在的各种问题，加强对重大经营合同和固定资产投资的审查和管理，定期组织对各公司、事业部的经营及管理业绩进行考核，促进各部门/公司不断提高管理水平和执行力。

坚持抓好 ISO 9000 质量体系在全所的有效运行，坚持持续改进和完善质量管理工作，质量管理日趋规范，职工的质量意识日益加强。

5. 积极推行精细化管理，不断提高管理质量。

2009年，桂林电科所大力推行6S管理活动，管理小组制定了6S活动方针、实施计划、考核办法，定期组织学习培训和宣贯，引导员工认识6S、关心6S，积极投身到6S推进活动中。6S管理活动已初见成效，许多闲置物品被清理，生产现场和设备整洁有序，物料摆放一目了然，作业空间得到合理有效的利用，一个整洁、规范的工作环境正逐步显现。

6. 加快信息化建设步伐。

努力推进信息化建设，明确各部门、公司信息化工作的目标和重点，重点推进信息数据库建设和财务 NC 系统的建设，开发并建立生产管理系统、生产流程看板、供应链管理系统，为进行科学高效的管理和决策提供了有力支持；积极推进使用正版软件工作，全所使用正版软件率逐步提高。

7. 注重抓好企业党建工作。

一是认真抓好领导班子建设，积极开展创建“四好”班子活动，坚持党委中心组学习制度、党政领导联席会制度、民主生活会制度和“三重一大”制度，着力解决改革与发展中存在问题和矛盾。

二是深入扎实地组织开展学习实践科学发展观活动，广大党员、干部、职工，认真学习、努力实践、积极创新、讲求实效。通过开展学习实践活动，全所进一步解放思想、更新观念，找准问题、理清思路、明确目标，振奋精神、激发干劲，促进了各项工作的顺利开展。

三是大力创新党建工作，不断探索和改进党委的工作方式，不断创新支部活动的内容与形式；进一步修订《支部工作考核办法》，完善考核评价指标，促使各支部切实增强作用意识和创新意识；各党支部坚持“三会一课”制度，认真做好各项工作，保证党建工作落到实处；继续深化“一名党员一面旗”活动，举办支部委员培训班等。2009年9月完成所党委、纪委换届改选工作。

2010

中国机械工业集团有限公司年鉴

CHINA NATIONAL MACHINERY INDUSTRY CORPORATION YEARBOOK

第四篇

规章制度选编

中国机械工业集团有限公司章程

第一章 总 则

第一条 为适应建立现代企业制度的需要，规范中国机械工业集团有限公司的组织和行为，根据《中华人民共和国公司法》（以下简称《公司法》）、《中华人民共和国企业国有资产法》（以下简称《企业国有资产法》）、《企业国有资产监督管理暂行条例》（以下简称《监管条例》）等法律、行政法规，制定本章程。

第二条 公司名称：

中文：中国机械工业集团有限公司，简称国机集团；

英文：China National Machinery Industry Corporation，简称SINOMACH。

第三条 公司住所：北京市海淀区丹棱街3号；邮编：100080。

第四条 公司注册资本为人民币伍5，296，829，000.00元

第五条 公司是依照《公司法》规定设立的国有独资公司，享有法人财产权，并以全部财产对公司的债务承担责任。

第六条 董事长是公司的法定代表人。

第七条 公司依法自主从事经营活动，遵守国家法律、行政法规，遵守社会公德、商业道德，诚实守信，接受政府和社会公众的监督，承担社会责任。

第八条 公司的合法权益受法律保护，不受侵犯。

第九条 公司根据中国共产党章程的规定，设立中国共产党的组织，开展党的活动。公司党组织发挥政治核心作用。公司为党组织的活动提供必要条件。

第十条 公司职工依照《中华人民共和国工会法》、《公司法》及有关法律、法规的规定，组织工会，开展工会活动，维护职工合法权益。公司为工会提供必要的活动条件。

第十一条 本章程对公司、出资人、董事、监事、高级管理人员均具有法律约束力。

第二章 经营宗旨和经营范围

第十二条 公司经营宗旨：以振兴中国机械工业为己任，以跻身世界先进行列为目标。

第十三条 公司经营范围：资产经营与资本运营；重大项目投资；机械装备与机电、汽车产品的技术研究、开发、设计、制造、销售、检测认证和服务；国内外各类工程的可行性研究、技术咨询与服务、勘察设计、工程施工、工程监理、项目管理、设备成套和工程总承包；国际经济技术合作和机电、汽车产品进出口；经国家有关部门批准的其他业务。

第十四条 公司按照市场导向，根据经营发展的需要和自身能力，经工商部门核准，可适时调整经营范围和方式。

第三章 出资人的职权

第十五条 公司由国家单独出资，国务院国有资产监督管理委员会（以下简称国资委）根据国务院的授权依法履行出资人职责。

第十六条 公司不设股东会，国资委依照《公司法》、《企业国有资产法》、《监管条例》等法律、行政法规的规定对公司行使下列职权：

（一）制定或批准公司章程及章程修改方案；

（二）委派和更换非由职工代表担任的董事，决定其报酬；对董事会和董事履职进行评价；

（三）组织对董事的培训，提高董事履职能力；

（四）批准董事会的年度工作报告；

（五）代表国务院向公司派出监事会；

（六）批准公司的年度财务决算方案；

（七）批准公司的利润分配方案和弥补亏损方案；

（八）批准公司增加和减少注册资本；

（九）批准发行公司债券方案；

（十）批准公司合并、分立、解散和清算或者变更公司形式；

（十一）批准公司的主业及调整方案；

（十二）批准有关非上市公司国有产权转让、上市公司国有股份转让、国有产权无偿划转及公司重大资产处置等事项，批准公司重大会计政策和会计估计变更方案；

（十三）对企业年度财务决算、重大事项进行抽查审计，并按照企业负责人管理权限组织开展经济责任审计工作；

（十四）对公司年度和任期经营业绩进行测试评价并纳入中央企业负责人经营业绩考核结果；

（十五）按照国务院和国务院有关部门关于国有资产基础管理、股份制改革、主辅分离、辅业改制和企业重大收入分配等行政法规和部门规章的规定，办理需由国资委批准或者出具审核意见的事项；

（十六）查阅董事会会议记录、董事会决议、财务会计报告等文件；

（十七）对公司的经营进行监督、提出质询或建议；

（十八）向社会公布公司年度生产经营及财务决算有关信息；

（十九）法律、行政法规规定的其他职权。

第十七条 国资委确保公司依法享有经营自主权，并依照有关规定授权公司董事会行使出资人的部分职权，决定公司的重大事项。

第四章 董事会

第一节 董事会组成

第十八条 公司设董事会。董事会是公司的决策机构，依法行使《公司法》规定的职权和国资委授予的部分职权，对国资委负责。

第十九条 董事会由七至十三名董事组成（包括一名职工董事），其中外部董事占多数。

外部董事由国资委委派。职工董事由职工代表担任，经职工民主选举产生。

第二十条 董事会设董事长一名，设副董事长一名。董事长、副董事长由国资委指定。

第二十一条 董事会每届三年，董事每届任期不超过三年，任期届满，依照有关规定和程序可以连任。

第二十二条 因董事任期届满，或者董事在任期内辞职导致董事会成员低于法定人数的，在新选聘董事就任前，原董事仍应当依照法律、法规和本章程的规定，履行董事职务。

第二节 董事会的职权和义务

第二十三条 董事会对国资委负责，依《公司法》和国资委有关规定行使下列职权：

（一）根据国资委的审核意见，决定公司的发展战略和中长期发展规划，并对其实施进行监控；决定公司的投资计划，批准公司的交易性金融资产投资和非主业投资项目，确定应由董事会决定的公司内部重大固定投资、对外投资项目。董事会决定的公司发展战略和中长期发展规划、年度投资计划，报国资委备案；

（二）批准公司年度预算方案并报国资委备案，制订公司的年度财务决算方案；

（三）制订公司的利润分配方案和弥补亏损方案；

（四）制订公司增加或减少注册资本的方案以及发行公司债券的方案；

（五）制订公司合并、分立、解散和变更公司形式的方案；

（六）制订公司章程草案和公司章程的修改方案；

（七）按照有关规定，行使对公司高级管理人员职务的管理权，决定聘任或解聘公司总经理；根据总经理提名，决定聘任或者解聘公司副总经理和其他高级管理人员；决定聘任或解聘董事会秘书。

按照国资委有关规定，决定上述公司高级管理人员的经营业绩考核和薪酬、奖惩等事项。

（八）决定公司子企业的领导班子和公司职能部门负责人的任免、薪酬、考核与奖惩方案及公司特殊人才的引进；

（九）决定公司内部管理机构及分支机构的设

置；制定公司的基本管理制度；

（十）决定公司的风险管理体系，包括风险评估、财务控制、内部审计、法律风险控制，并对其实施监控；

（十一）制订公司的重大收入分配方案，包括企业工资总量预算与决算方案、企业年金方案等；批准公司职工收入分配方案；

（十二）决定聘用或解聘承办公司审计业务的会计师事务所，并决定其报酬；

（十三）依法履行对全资、控股、参股子公司的股东职权，决定公司行使所投资企业股东权利所涉及的事项；

（十四）听取总经理的工作汇报，督促检查总经理和其他高级管理人员对董事会决议执行情况，批准总经理年度工作报告；

（十五）除应由国资委批准的有关方案外，批准公司重大融资、重大资产处置、对外并购重组、资产抵押、质押和对外担保；

（十六）批准公司对外捐赠或赞助；

（十七）决定企业内部业务重组和改革事项；

（十八）国资委授予董事会行使的出资人的部分职权；

（十九）法律、行政法规规定的其他职权。

第二十四条 在经理层工作失误时，董事会可以授权相关人员直接管理可能对公司造成重大影响的经营事务。

第二十五条 董事会履行下列义务：

（一）执行国资委决定，对出资人负责；

（二）向国资委提交年度工作报告；

（三）向国资委提供董事会的重大投融资决策信息；

（四）向国资委提供真实、准确、全面的财务和运营信息；

（五）维护公司的合法权益、形象及商誉，维护公司职工、债权人和用户的合法权益；

（六）确保国家有关法律、行政法规、规章和政策在公司的贯彻执行；

（七）建立健全董事会组织的运行规则，确保董事会依法、有效、科学决策；

（八）法律、行政法规规定的其他义务。

第三节　董事的权利、义务及责任

第二十六条 董事通过出席董事会会议、参加董事会的有关活动行使权利。

第二十七条 董事在任职期间，享有以下权利：

（一）获得行使董事权利所需的公司有关信息；

（二）出席董事会会议，在董事会会议上充分发表意见，对表决事项行使表决权；

（三）可以对提交董事会会议的文件、材料提出补充、完善和更改的要求；

（四）可以提出缓开董事会会议和暂缓对所议事项进行表决的建议；

（五）可以提出召开临时董事会会议的建议；

（六）参加董事会下设的专门委员会，出席专门委员会会议并充分发表意见；

（七）根据董事会或者董事长的委托，检查董事会决议执行情况，并要求公司有关部门和人员予以配合；

（八）根据履行董事职责的需要，董事可以到公司调研、考察，向公司有关人员了解情况；

（九）根据有关规定领取报酬、津贴；

（十）根据有关规定，在履行职务时享有出差、办公等方面的待遇；

（十一）向国资委、监事会反映有关情况；

（十二）法律、行政法规规定的其他权利。

第二十八条 董事应承担以下义务：

（一）遵守法律、法规和公司章程，忠实履行职责，保护公司资产的安全，维护出资人和公司的合法权益；

（二）保守公司商业秘密；

（三）投入足够的时间和精力，谨慎、勤勉地履行董事职责；

（四）出席董事会会议、所任职专门委员会会议以及董事会的其他活动，了解和掌握充分的信息，独立、审慎地发表意见或做出表决；

（五）自觉学习有关知识，积极参加国资委、公司组织的有关培训，不断提高履职所需的能力和知识水平；

（六）法律、行政法规规定的其他义务。

第二十九条 董事不得有《公司法》第一百四十九条规定的行为，董事不得利用职权收受贿赂或者其他非法收入，不得侵占公司财产。

第三十条 职工董事在董事会中与其他董事享有同等权利，承担同等义务。履行职务时有关待遇比照公司其他董事执行。

在董事会研究、讨论职工工资、福利、安全生产以及劳动保护、劳动保险，尤其企业改制过程中职工安置等涉及职工切身利益的重要问题时，职工董事认为有必要进一步听取职工意见的，可建议董事会听取职工意见后再做决定。

职工董事应当如实反映职工的意见和要求，代表和维护职工的合法权益。

第三十一条 董事责任的追究

董事责任指董事在以董事身份履行职务过程中或履行董事义务时，因单独或共同作为或消极不作为而导致公司或第三方遭受损失，按照法律、行政法规或本章程的规定而应承担的法律后果。

有下列行为之一的，董事应当承担董事责任：

（一）董事违反法律、法规或者本章程规定的董事义务，给公司造成损失的；

（二）董事会决议违反法律、行政法规或者本章程规定，致使公司遭受损失，参与表决的董事无法证明其对该决议投反对票的。

第三十二条 董事主要以下述方式承担董事责任：

（一）经济赔偿。该赔偿系因董事责任导致的公司直接经济损失，或公司因承担连带责任而向第三方支付的赔偿金额；

（二）解聘董事职务。依据本章程规定的程序予以解聘；

（三）消除影响。给公司造成名誉损失的，通过新闻媒体等公开方式及时消除负面影响；

（四）其他方式。

第四节 董事长

第三十三条 董事长行使下列职权：

（一）确定董事会会议议题；

（二）召集并主持董事会会议；

（三）制订、修订董事会运作的各项制度；

（四）代表董事会签署有关文件，代表公司对外签署有法律约束力的重要合同或文件；

（五）向董事会提名董事会秘书人选，并根据董事会决定，签发公司高级管理人员的任免文件；

（六）提出董事会专门委员会的设置与人选建议；

（七）监督检查董事会决议的落实情况，对董事会决议的执行提出指导性意见；

（八）听取公司及所投资公司、直属企业关于经营管理情况的汇报；

（九）掌握董事会的运作情况，并根据运作中存在的问题和运作需达到的要求，提出改进或完善的意见、建议；

（十）代表董事会向国资委报告年度工作；

（十一）负责董事会与国资委的沟通；

（十二）负责董事会与监事会的沟通；

（十三）审批公司董事会经费预算方案及经费开支；

（十四）与董事进行会议之外的沟通，听取董事的意见，并组织董事进行必要的工作调研和业务培训；

（十五）在发生不可抗力或重大危急的情形，无法及时召开董事会会议的紧急情况下，对公司事务行使符合法律规定和公司利益的特别裁决权和处置权，并在事后向董事会报告；

（十六）法律、行政法规规定和国资委或董事会授予的其他职权。

第五节 董事会专门委员会

第三十四条 董事会下设常务委员会、提名委员会、薪酬与考核委员会和审计与风险管理委员会。可根据需要设立其他专门委员会。董事会专门委员会的构成与职责符合中央企业董事会试点的有关规定。

第三十五条 董事会专门委员会是董事会下设专门工作机构，为董事会重大决策提供咨询、建议。专门委员会不得以董事会名义做出任何决议，但根据董事会特别授权，可就授权事项行使决策权。

第三十六条 董事会可根据需要聘请有关专家、学者或者中介组织组成非常设专家咨询机构，为公司战略和发展规划、重大投融资方案等提供专业咨询意见。

第三十七条 董事会各专门委员会由公司董事组成，成员由董事长提名，并由董事会决定；各专门委员会对董事会负责。

（一）常务委员会。由五至七名董事组成，其中外部董事占多数，主任（召集人）由董事长担任。该委员会主要负责指导和监督董事会决议的执行；根据董事会的特别授权，对公司有关事项做出决策。负责对公司发展战略、中长期发展规划、投融资、并购重组、股权转让等重大事项进行研究并向董事会提出建议。

（二）提名委员会。由三至五名董事组成，其中外部董事占多数，主任（召集人）由董事长提名、董事会决定。该委员会主要负责提名公司总经理及特殊人才的引进；对公司高级管理人员和向所投资公司委派的董事长、董事、监事以及直属企业总经理、副总经理、财务负责人等人员的人选、选择标准和程序进行研究、审查并向董事会提出建议。

（三）薪酬与考核委员会。由三至五名董事组成，且全部为外部董事，主任（召集人）由董事长提名、董事会决定。该委员会主要负责制订公司高级管理人员和职能部门负责人的薪酬、考核与奖惩方案；制订向所投资公司委派的董事长、董事、监事及直属企业总经理、副总经理、财务负责人等人员的薪酬、考核与奖惩方案；研究公司职工收入分配政策及方案并提出建议。

（四）审计与风险管理委员会。由三至五名董事组成，且全部为外部董事，主任（召集人）由董事长提名、董事会决定。该委员会主要职责：指导企业内部控制机制建设；向董事会提出聘请或者更换会计师事务所等有关中介机构及其报酬的建议；审核公司的财务报告、审议公司的会计政策及其变动并向董事会提出意见；向董事会提出任免公司内部审计机构负责人的建议；督导公司内部审计制度的制定及实施；对企业审计体系的完整性和运行的有效性进行评估和督导；与监事会和公司内部、外部审计机构保持良好沟通。

第三十八条 董事会专门委员会应就董事会议案提出专项意见，以增强董事会决策的民主性和科学性。

董事会专门委员会履行职权时各董事应充分表达意见。意见不一致时，应向董事会提交各项不同意见并作说明。

第三十九条 董事会专门委员会应制订议事规则，具体规定各专门委员会的组成、职责、工作方式、议事程序等内容，经董事会批准后生效。

第四十条 公司各职能部门及其负责人有义务为董事会及其下设的各专门委员会提供工作服务。经专门委员会同意，公司职能部门负责人可以参加专门委员会的有关工作。

第六节 董事会会议

第四十一条 董事会会议由董事长召集和主持。董事长不能履行职务或者不履行职务时，由副董事长召集和主持。未设副董事长或副董事长不能履行职务或者不履行职务时，由半数以上董事共同推举一名董事召集和主持。

第四十二条 董事会会议分为定期会议和临时会议，定期董事会会议每年至少召开四次，每年首次定期会议应于上一会计年度完结之后的四个月以内召开。

第四十三条 董事会定期会议应于会议召开的七个工作日前书面通知全体董事、监事及需要列席会议的其他人员。董事会会议通知的内容至少应包括时间、地点、期限、议程、事由、议题及有关资料、通知发出的日期等。

第四十四条 出现下列情况之一时，董事长应在五个工作日以内签发召开临时董事会会议的通知：

（一）董事长认为有必要时；

（二）三分之一以上董事提议时；

（三）监事会提议时；

（四）国资委认为有必要时。

第四十五条 凡须经董事会决策的事项，需于通知发出的同时向董事提供充分的相关资料。当三分之一以上董事认为资料不充分或论证不明确时，可联名提出缓开董事会会议或缓议董事会议题，董事会应予采纳，但该项提议应于董事会会议召开三个工作日前以书面形式发送至董事会秘书。

第四十六条 董事会会议应由二分之一以上的董事出席方可举行。

每名董事有一票表决权，各董事应独立判断并进行表决。

表决意见分为同意、反对和弃权。

第四十七条 董事会决议以举手、书面投票等方式进行表决，凡投弃权票的董事，需就无法发表意见及其障碍进行说明。

第四十八条 董事对董事会拟决议事项有重大利害关系的，应当回避，不得对该决议事项行使表决权。

第四十九条 董事会决议分为普通决议和特别决议。董事会通过普通决议时，应经全体董事过半数同意；通过特别决议时，应经全体董事三分之二以上同意。

审议以下事项应以特别决议通过：

（一）公司战略和发展规划方案、对外长期投资方案、债券发行方案，公司重大资产抵押、质押及对外担保事项；

（二）聘任或解聘公司总经理；

（三）公司增加或者减少注册资本金的方案；

（四）公司合并、分立、解散或者变更公司形式的方案；

（五）公司章程和章程的修改方案。

第五十条 董事会会议一般应以现场会议的形式召开。遇特殊情况，在保证董事能够充分发表意见的条件下，经董事长同意，可采用电话会议或签署书面决议等方式对议案做出决议。

第五十一条 董事会会议应当由董事本人出席，董事因故不能出席的，可以书面委托其他董事代为出席。委托书应当载明委托人姓名、受托人姓名、授权范围、授权权限和授权期限等事项，并由委托人签名或盖章。代为出席会议的董事应当在授权范围内行使董事的权利。董事未出席董事会会议，亦未委托代表出席的，也未在董事会会议召开之前对所议事项提出书面异议的，视为投弃权票，该董事对董事会决议应承担责任。

一年内董事未亲自出席董事会会议三次以上，视为不能履行董事职责，董事会可提请国资委予以解聘。

第五十二条 不能亲自出席董事会会议的董事，也可通过向董事会办公室提交对所议事项书面意见（同意、反对或弃权）的方式行使表决权，但书面意见应当最迟在董事会会议召开之前提交。该同意、反对或弃权的意见将视为表决票。

第五十三条 董事会会议应对所议事项做成会议记录，对董事的异议点要作特别记载，并形成董事会决议。出席会议的董事、列席会议的董事会秘书和记录人，应当在会议记录和决议上签字。出席会议的董事有权要求在会议记录上对其在会议上的发言做出说明性记载。董事会会议记录作为公司文件，由董事会秘书负责保存。

第五十四条 董事会会议记录包括以下内容：

（一）会议召开的日期、地点和召集人（主持人）姓名；

（二）出席董事的姓名以及委托他人出席董事会的董事姓名；

（三）会议议程、议题；

（四）董事发言要点；

（五）专门委员会的专项意见；

（六）每一决议事项的表决方式和结果，表决结果应载明同意、反对或弃权的票数及投票人姓名；

（七）会议其他相关内容；

（八）会议记录人姓名。

第五十五条 董事会决议违反法律、法规或者公司章程，致使公司遭受损失的，投同意票和弃权票的董事个人承担直接责任（包括赔偿责任），但经证明在表决时曾表明异议并记载于会议记录的投反对票的董事，可免除个人责任。

第七节 董事会秘书

第五十六条 公司设董事会办公室，该办公室作为董事会常设工作机构，负责筹备董事会会议，办理董事会日常事务，组织董事会会议材料，反馈董事会决议执行情况，与董事沟通信息，为董事工作提供服务等事项，并负责为董事会各专门委员会提供服务及其与有关部门的联络工作。

第五十七条 董事会设董事会秘书一名，领导董事会办公室的工作。

董事会秘书是公司高级管理人员，由董事长提名，董事会决定聘任或解聘。董事会秘书不兼任公司其他职务。董事会秘书应当具备企业管理、法律等方面的专业知识和经验。

第五十八条 董事会秘书的主要职责：

（一）筹备董事会会议，准备董事会会议议案和材料；

（二）列席董事会会议，制作董事会会议记录，草拟董事会会议决议；

（三）保管董事会会议决议、会议记录和会议其他材料；

（四）准备和递交需由董事会出具的文件；

（五）负责与董事的联络，负责组织向董事提供信息和材料的工作；

（六）筹备董事会下设的各专门委员会会议，准备会议有关材料，且可以列席该会议；

（七）负责编制董事会年度工作经费方案；

（八）协助董事长拟订重大方案、制订或者修订董事会运作的各项规章制度；

（九）跟踪了解董事会决议的执行情况，并及时报告董事长；

（十）负责草拟董事会年度工作报告；

（十一）负责董事会与国资委和监事会的日常联络；

（十二）董事会授权行使的法律、行政法规和公司章程规定的其他职权。

第五十九条 董事会设立董事会经费。董事会秘书负责制订董事会经费预算方案，由董事长批准，纳入当年财务预算，计入管理费用。

第六十条 董事会秘书为履行职责，有权出席总经理办公会等公司内部的有关会议，要求公司有关部门和人员提供相关文件、信息和其他资料，说明有关情况。公司有关部门和人员应当及时、完整提供相关资料，客观、详细地说明相关情况。

第五章 董事会与出资人的沟通协调机制

第六十一条 需国资委决定、批准、审核、备案的事项，董事会应当及时向国资委提供相关材料。

第六十二条 董事会应当督促公司高级管理人员按照有关法律、行政法规和部门规章的要求，建立生产安全事故、突发公共事件等即时报告制度，确保上述事件发生后，公司在第一时间报告国资委和国家有关部门、事件所在地人民政府，并报告开展应急救援和处置等情况。

第六十三条 公司遭受重大损失或者发生重大经营危机事件，董事会或董事会确定的机构、人员应当在事件发生的当日报告国资委；由于客观原因难以立即报告的，最迟应当于事件发生后3个工作日内报告。

第六十四条 董事会应当按照法律、行政法规和国资委有关规定向国资委报告其他事项。

第六十五条 对于须由董事会制订方案报国资委批准的事项或者董事会须按照国资委有关文件规定决定的事项，董事长、董事会设立的专门委员会召集人或其委托的董事应当在董事会通过该方案或者决定该事项之前听取国资委的意见，并将该意见报告董事会。

第六十六条 董事会及其专门委员会认为有必要就有关事项向国资委报告或者与国资委沟通的，可以随时报告或者沟通。

第六十七条 董事会应当按照监事会有关要求报送《企业年度工作报告》等文件，并直送监事会。董事会向国资委报告的事项及相关材料，同时抄送监事会。

第六十八条 董事会应当确定向国资委、监事会报送信息的承办机构和人员，规定报送的程序和有关责任。董事会应当就有关沟通事项，确定与国资委、监事会沟通的董事或其他人员。

第六十九条 董事会就所报送信息的真实性、准确性、完整性和及时性对国资委负责。

第七十条 国资委通过会议、调研、培训、个别沟通等多种形式，向董事会、董事提供有关信息，通报有关情况，了解董事会、董事工作情况，听取意见和建议。

第六章 总经理

第七十一条 公司设总经理一名。设副总经理若干名、财务负责人一名。

第七十二条 总经理每届任期三年，任期届满可以连聘连任。总经理可以在任期届满以前提出辞职。总经理因特殊原因不能履行职务时，由董事会指定一名副总经理代行其职。

第七十三条 总经理对公司和董事会负有忠实义务和勤勉义务，应当维护出资人和公司利益，认真履行职责，落实董事会决议和要求，完成其年度、任期经营业绩考核指标和公司经营计划，承担公司安全生产和环境保护第一责任人的责任。总经理对董事会负责，受董事会授权行使下列职权：

（一）主持公司日常的经营管理工作，组织实施董事会决议；

（二）召集并主持总经理办公会；

（三）拟订公司年度经营计划和投融资方案；

（四）拟订公司年度财务预算方案和决算方案；

（五）拟订公司利润分配方案和弥补亏损方案；

（六）拟订公司增加或减少注册资本方案；

（七）拟订公司发行债券方案；

（八）拟订公司各类股权多元化方案、国有产权转让方案以及与其他企业重组方案；

（九）拟订公司内部业务重组和改革方案；

（十）拟订公司内部管理机构设置方案以及公司分支机构设置方案；

（十一）拟订公司人事、财务、审计、企业法律顾问和职工民主监督等基本管理制度；

（十二）拟订公司风险管理体系，包括风险评估、财务控制、内部审计、法律风险控制；

（十三）拟订公司职工的收入分配政策和方案；

（十四）制定公司的具体规章；

（十五）经法定代表人授权，代表公司处理对外事宜和签署有关合同、协议等法律文件；

（十六）批准公司董事会授权范围内的投融资、借款、担保、对外捐赠或赞助等事项，具体由《总经理工作制度》规定；

（十七）提出公司副总经理、财务负责人、总经理助理、职能部门负责人等人员的任免；

（十八）提出公司向所投资公司委派的董事长、董事、监事及直属企业的总经理、副总经理、财务负责人等人员的任免；

（十九）拟订公司职能部门负责人的薪酬、考核与奖惩方案；拟订向所投资公司委派的董事长、董事、监事及直属企业总经理、副总经理、财务负责人等人员的薪酬、考核与奖惩方案；

（二十）聘任或者解聘除由董事会聘任或解聘以外的公司管理人员；

（二十一）批准全资子公司章程和章程的修改方案；

（二十二）根据董事会授权对直属企业依法进行管理和监督；

（二十三）董事会授予的其他职权。

第七十四条 总经理履行下列义务：

（一）向董事会及其专门委员会汇报工作；

（二）根据董事会或监事会的要求，向董事会或监事会报告公司重大合同的签订、执行情况、资金运用情况和盈亏情况；

（三）遵守法律、法规和本章程的规定，履行诚信和勤勉的义务；

（四）法律、法规和董事会规定的其他义务。

第七十五条 总经理应制订总经理工作制度，报董事会批准后实施。

第七十六条 公司经理层在行使职权时，不得变更董事会决议或超越其职权范围。

第七章 监事会

第七十七条 公司设监事会。

监事会由国资委代表国务院向公司派出。监事会主席由国资委指定。监事会中的职工监事由公司职工代表大会选举产生。

第七十八条 监事会依照《公司法》、《企业国有资产法》、《国有企业监事会暂行条例》等法律、行政法规的有关规定，行使下列职权：

（一）检查公司财务；

（二）对董事、高级管理人员执行职务的行为进行监督，对违反法律、行政法规、公司章程或者国资委规定的董事、高级管理人员提出罢免的建议；

（三）当以上人员的行为损害公司的利益时，要求其予以纠正；

（四）国务院规定的其他职权。

第八章 民主管理

第七十九条 公司依照有关法律、法规的规定，通过职工代表大会或者其他形式，实行民主管理。职工代表大会根据国资委党委、国资委《关于建立和完善中央企业职工代表大会制度的指导意见》行使职权。

第八十条 职工董事、职工监事应当定期向职工代表大会或职工大会报告履行职责的情况，接受监督、质询和考核。

第九章 财务会计和审计

第八十一条 公司依照国家法律、行政法规的有关规定，建立健全公司和所投资公司、直属企业的财务会计制度和内部审计制度。

第八十二条 公司按照法律、行政法规的规定，在每一会计年度结束后一百二十日以内编制年度财务报告，经注册会计师审查验证，并经公司董事会审议通过。

第八十三条 公司除法定的会计账册外，不另立会计账册。

第八十四条 公司交纳所得税后的利润，按下列顺序分配：

（一）扣除依法可以弥补以前年度的亏损；

（二）提取百分之十列入法定公积金。

第八十五条 公司内部审计部门根据国资委《中央企业内部审计管理暂行办法》的规定，对董事会负责，开展内部审计工作，对公司及所投资公司、直属企业等分支机构的经营管理活动进行审计监督。

公司内部审计部门接受董事会审计与风险管理委员会的指导和监督。

第十章　劳动管理

第八十六条　公司依照法律、法规和本章程的规定建立职工招聘、试用、聘用、辞退、职业培训、工作分配、劳动条件、劳动保护、劳动报酬、职工福利、工作时间、休假、劳动纪律等方面的规章制度，保障劳动者享有劳动权利和履行劳动义务。

第八十七条　公司实行劳动合同制度。公司必须与职工依法签订劳动合同。

第十一章　合并、分立、解散和清算

第八十八条　公司经国资委批准，可以依法进行合并或者分立。

第八十九条　有下列情形之一的，公司应当解散并依法进行清算：

（一）国资委决定解散；

（二）因合并或者分立而解散；

（三）依法宣告破产；

（四）违反法律、法规被依法责令关闭；

（五）因不可抗力事件致使公司无法继续经营。

第九十条　公司解散时，应依法成立清算组对公司进行清算。清算结束后，清算组应制作清算报告，报国资委批准，并报公司登记机关，申请注销公司登记，公告公司终止。

第十二章　章程的修改

第九十一条　有下列情形之一的，公司应当修改章程：

（一）《公司法》或有关法律、行政法规修改后，章程规定的事项与修改后的法律、法规的规定相抵触；

（二）本章程限定事项发生重要变化；

（三）国资委决定修改章程。

第九十二条　本章程由董事会负责修订。修订后的章程应报国资委批准。涉及公司登记事项变更的，依法办理变更登记。

第十三章　附　则

第九十三条　本章程所称“以上”、“以内”均包括本数。

第九十四条　本章程所称“经理层”，包括公司总经理、副总经理、财务负责人等。

第九十五条　本章程所称“所投资公司”，包含公司所投资的全资、控股子公司及参股公司。

第九十六条　本章程所称“直属企业”，是指公司下属的按照《中华人民共和国全民所有制工业企业法》注册的企业。

第九十七条　本章程中的“高级管理人员”指公司总经理、副总经理、财务负责人、董事会秘书。

第九十八条　本章程经国资委批准后生效。

第九十九条　本章程由国资委授权公司董事会负责解释。

中国机械工业集团有限公司董事会工作制度

第一章 总 则

第一条 为规范中国机械工业集团有限公司（以下简称公司）董事会决策机制，确保董事会高效运作和科学决策，根据《中华人民共和国公司法》（以下简称《公司法》）、《中华人民共和国企业国有资产法》（以下简称《企业国有资产法》）、《董事会试点中央企业董事会规范运作暂行办法》以及《中国机械工业集团有限公司章程》（以下简称《公司章程》）等有关规定，制定本工作制度。

第二条 董事会是公司的决策机构，在《公司章程》规定的职权范围内决定公司的一切重大事项。公司董事会对公司和出资人负责，对授权经营范围内的国有资产向国务院国有资产监督管理委员会（以下简称国资委）承担保值增值责任。

第三条 本工作制度适用于公司董事会、董事会专门委员会、董事及本工作制度中涉及的有关人员。

第二章 董事会的授权

第四条 董事会建立审慎、科学、制衡与效率兼顾的授权机制，在不违反法律、法规强制性规定的前提下，对董事会常务委员会、董事长、总经理进行授权如下：

（一）对董事会常务委员会的授权

（1）决定公司内部管理机构的设置、公司分支机构的设立或者撤销方案；

（2）批准公司单项金额在一亿元以内的新增长期投资；

（3）批准公司单项金额在一亿元以内的产权出让；

（4）批准公司单项金额在五亿元以内的资产出让；

（5）批准公司单项金额在五亿元以内的资本性支出；

（6）批准公司单项金额在八亿元以内的新增长期融资，以及单项金额八亿元以内的新增短期融资；

（7）批准公司单项金额在五亿元以内的资产抵押、质押和对内担保；

（8）批准公司单项金额在一千万元以内，年累计二千万元以内的对外捐赠或赞助，并按规定报国资委批准；

（9）对公司经营计划外的事项或突发、紧急及临时重大事项进行处置；

（10）必要时，可以听取公司向所投资公司委派的董事长、董事、监事及直属企业的总经理、副总经理、财务负责人等人员的工作汇报。

（二）对董事长的授权

（1）批准公司单项金额在八千万元以内的新增长期投资；

（2）批准公司单项金额在八千万以内的产权出让；

（3）批准公司单项金额在二亿元以内的资产出让；

（4）批准公司单项金额在二亿元以内的资本性支出；

（5）批准公司单项金额在五亿元以内的新增长期融资，以及单项金额五亿元以内的新增短期融资；

（6）批准公司单项金额在三亿元以内的资产抵押、质押和对内担保；

（7）批准公司单项金额在五佰万元以内，年累计一千万元以内的对外捐赠或赞助，并按规定报国资委备案；

（8）批准公司子企业的领导班子和公司职能部

门负责人按照国家有关规定退休；

(9) 批准公司子企业的领导班子和公司职能部门负责人按照国家和公司有关规定调离及辞去职务；

(10) 批准已经董事会审议通过的公司重组、改制议案的有关具体实施方案、企业更名及工商行政等政府部门和中介机构要求公司出具的相关程序性文件和事项；

(11) 必要时，可以听取公司向所投资公司委派的董事长、董事、监事及直属企业的总经理、副总经理、财务负责人等人员的工作汇报。

（三）对总经理的授权

(1) 批准公司单项金额在五千万元以内的新增长期投资；

(2) 批准公司单项金额在五千万元以内的产权出让；

(3) 批准公司单项金额在八千万元以内的资产出让；

(4) 批准公司单项金额在八千万元以内的资本性支出；

(5) 批准公司单项金额在二亿元以内的新增长期融资，以及单项金额三亿元以内的新增短期融资；

(6) 批准公司单项金额在二亿元以内的资产抵押、质押和对内担保；

(7) 批准公司单项金额在一百万元以内，年累计金额五百万元以内的对外捐赠或赞助，并按规定报国资委备案；

(8) 批准全资子公司章程和章程的修改方案；

(9) 听取公司向所投资公司委派的董事长、董事、监事及直属企业的总经理、副总经理、财务负责人等人员的日常经营工作汇报。

第五条 董事会常务委员会、董事长、总经理应及时就上述授权的行使、执行情况向董事会备案。

董事会可根据具体情况对上述授权做出调整。

第三章 董事会专门委员会

第六条 根据工作需要，董事会下设常务委员会、提名委员会、薪酬与考核委员会和审计与风险管理委员会等。

董事会也可根据需要设立其他专门委员会。

第七条 董事会各专门委员会由公司董事组成，对董事会负责。成员由董事长提名，董事会讨论通过。

第八条 常务委员会由五至七名董事组成，其中外部董事占多数。主任（召集人）由董事长担任。常务委员会会议应邀请公司其他党政领导列席会议；必要时，常务委员会可根据议题需要，邀请相关部门负责人及其他人员列席会议。列席会议人员可以提出建议，但没有表决权。

常务委员会主要担负以下职权：

（一）制订公司发展战略和中长期发展规划，并对其实施进行监控；

（二）审议公司的基本管理制度；

（三）审议公司增加或者减少注册资本的方案以及发行公司债券的方案；

（四）审议公司主营业务资产的股份制改造、与其他企业重组方案；

（五）审议公司内部业务重组和改革方案；

（六）审议公司年度经营目标、经营计划和投融资计划；

（七）审议财务预算方案、决算方案、利润分配方案和弥补亏损方案，向董事会提出建议；

（八）对须经董事会批准的重大投融资方案提出建议；

（九）拟订公司章程和章程修改方案；

（十）拟订公司治理制度；

（十一）拟订公司合并、分立、解散或变更公司形式的方案；

（十二）监督和指导公司董事会决议的贯彻落实；

（十三）对常务委员会日常办事机构负责人的任免提出有关意见；

（十四）对其他影响公司发展的重大事项进行研究并提出建议；

（十五）董事会授予的其他职权。

第九条 提名委员会由三至五名董事组成，其中外部董事占多数，主任（召集人）由董事长提名，董事会决定。

提名委员会主要担负以下职权：

（一）提名公司总经理；

（二）对向投资公司委派的董事长、董事、监事以及直属企业的总经理、副总经理、财务负责人等人员的提名、委派或任免程序和方法进行研究、审查，并向董事会提出建议；

（三）对董事长提名的董事会秘书及总经理提出的公司副总经理、财务负责人、总经理助理、职能部门负责人等人选进行考察，向董事会（或经董事会授权的常务委员会）提出考察意见。在必要时，提名委员会可以直接提名公司副总经理、财务负责人人选；

（四）对总经理提出的向所投资公司委派的董事长、董事、监事及直属企业的总经理、副总经理、财务负责人等人选进行考察，向董事会（或经董事会授权的常务委员会）提出考察意见；

（五）提出引进特殊人才的人选；

（六）在国内外人才市场以及公司内部搜寻上述待聘职务人选；

（七）对提名委员会日常办事机构负责人的任免提出有关意见；

（八）董事会授予的其他职权。

第十条 薪酬与考核委员会由三至五名董事组成，且全部为外部董事，主任（召集人）由董事长提名外部董事担任，并经董事会讨论通过。

薪酬与考核委员会主要职权：

（一）制订公司总经理、副总经理、财务负责人、董事会秘书等高级管理人员及职能部门负责人的薪酬、考核与奖惩方案；

（二）制订向所投资公司委派的董事长、董事、监事及直属企业的总经理、副总经理、财务负责人等人员的薪酬、考核与奖惩方案；

（三）研究公司职工收入分配方案并提出建议；

（四）对薪酬与考核委员会日常办事机构负责人的任免提出有关意见；

（五）董事会授予的其他职权。

第十一条 审计与风险管理委员会由三至五名董事组成，且全部为外部董事，主任（召集人）由董事长提名外部董事担任，并经董事会讨论通过。

审计与风险管理委员会的主要职权：

（一）审议公司年度内部审计工作计划；

（二）监督公司内部审计质量与财务信息披露；

（三）监督所投资公司和直属企业审计工作质量和财务信息披露；

（四）提出承办公司审计业务的会计事务所的聘请或解聘的建议；

（五）监督公司社会审计等中介机构的聘用、更换和报酬支付；

（六）提交全面风险管理年度报告；

（七）审议风险管理策略和重大风险管理解决方案；

（八）审议重大决策、重大风险、重大事件和重要业务流程的判断标准或判断机制，以及重大决策的风险评估报告；

（九）审议内部审计部门提交的风险管理监督评价综合报告；

（十）审议风险管理组织机构设置及其职责方案；

（十一）监督、评估、检查公司内部风险管理体系运行的质量和效果；

（十二）对审计与风险管理委员会日常办事机构负责人的任免提出有关意见；

（十三）董事会授予的其他职权。

第十二条 董事会专门委员会是董事会下设的专门工作机构，为董事会重大决策提供咨询、建议。专门委员会不得以董事会名义作出任何决议。

但是，根据董事会特别授权，常务委员会可就授权事项行使决策权。

第十三条 董事会可根据需要聘请公司有关专家或社会专家、学者组成非常设专家咨询机构，为公司制定中长期战略发展规划、重大投融资方案提供专业咨询意见。

第十四条 专门委员会运作规则

（一）专门委员会应建立各自的议事规则；

（二）专门委员会履行职权时，各董事应充分表达意见。意见不一致时，应向董事会提交各项不同意见并作说明；

（三）专门委员会可邀请集团公司其他董事、监事、高层管理人员列席会议；必要时，委员会也可邀请有关的专家、顾问列席会议；

（四）各专门委员会经董事长同意，可聘请中介机构为其提供专业意见，费用由公司承担；

（五）董事会办公室负责对董事会各专门委员会提供服务及与有关部门的联络。专门委员会设置日常办事机构，办事机构负责人的任免要听取专门委员会的意见。

第四章　董事会会议

第十五条 董事会会议由董事长召集和主持。董事长不能履行职务或者不履行职务时，由副董事长召集和主持。未设副董事长或副董事长不能履行职务或者不履行职务时，由半数以上董事共同推举一名董事或国资委指定一名董事召集和主持。

第十六条 董事会会议分为定期会议和临时会议，定期董事会会议每年至少召开四次，每年首次定期会议应于上一会计年度完结之后的四个月内召开。

有下列情形之一的，应召开临时会议：

（一）董事长认为必要时；

（二）三分之一以上董事提议时；

（三）监事会提议时；

（四）国资委认为有必要时。

第十七条 提议召开临时会议，应当按照下列程序办理：

（一）签署书面提议（应注明会议议题），提请董事长召集临时会议；

（二）董事长必须在收到前述书面提议之日起五个工作日内委托董事会秘书发出召开临时会议的通知。

第十八条 会议通知应以书面作出，送达的方式包括信函、传真、电子邮件或经专人送达等，但在特殊情况下召开的董事会临时会议可以口头、电话或其他方式通知。董事收到会议通知后，应及时予以确认并反馈相关信息（包括是否出席会议、行程安排等）。

第十九条 董事会秘书负责董事会的会议通知事宜，会议通知由董事长或董事长指定的董事签发，其内容如下：

（一）会议日期和地点；

（二）会议期限；

（三）事由及议题；

（四）发出通知的日期。

第二十条 通知送达的受达人为各董事、监事和应列席的其他人员。

第二十一条 董事会定期会议的通知应在会议召开的七个工作日前以书面的形式送达受达人，同时附有该会议的议案。

特殊情况下召开临时会议，其通知根据实际情况及时送达。

第二十二条 当三分之一以上董事或两名以上外部董事认为资料不充分或论证不明确时，可联名提出缓开董事会会议或缓议董事会会议所议议题，董事长应予采纳。但该项提议应于董事会会议召开三个工作日前以书面形式送达董事会秘书。

第二十三条 董事会会议应当由董事本人出席。遇特殊情况，董事不能亲自出席会议时，可以书面委托其他董事代为出席。委托书应载明委托人姓名、受托人姓名、授权范围、授权权限、授权期限等事项，并由委托人签名或盖章。

第二十四条 代为出席会议的董事应当在授权范围内行使董事的权利。董事未出席董事会会议，亦未委托代表出席的，视为放弃在该次会议上的投票表决权。该董事对董事会决议应承担责任。

第二十五条 董事会研究《公司章程》。第四十九条 规定的特别决议事项时，董事不得委托他人代理出席董事会会议。

第二十六条 通过电话会议方式或签署书面决议方式召开董事会会议的，视作与会董事亲自出席会议。

第二十七条 董事会会议应当由二分之一以上（董事委托其他董事代为出席的，该委托的董事不计入出席人数）的董事出席方可召开。

第二十八条 董事会会议一般应以现场会议的形式召开。遇特殊情况，经董事长同意，董事会会议也可以采取下列方式召开：

（一）电话会议方式；

（二）书面签署决议方式。

电话会议方式是指借助电话及类似通讯设备举行会议，并能保证每位董事可以正常进行发言和讨论。以电话会议方式召开的，应制作现场录音，并形成书面记录和会议决议，由与会董事签署后一并存档。

书面签署决议方式是指制成书面议案材料分别送交各位董事，由董事签署书面决议的方式召开董事会会议。对董事表决意愿的书面意见应制作会议记录。

第五章　董事会会议议案

第二十九条 会议议题应通过以下方式提出：

（一）董事提议；

（二）总经理提议；

（三）专门委员会提议；

（四）上一次董事会会议确定的事项；

（五）其他合乎规范的方式。

第三十条 议题经董事长确定后，由董事会办公室制作议案资料。议案应包含提案人、议题、议题阐释及理由等内容，重大事项还必须有风险分析。

第三十一条 各项议案应于董事会会议召开之日的十五个工作日（定期会议）或七个工作日（临时会议）以前送交董事会秘书。

第六章 董事会的议决程序

第三十二条 会议程序

（一）董事会会议召开时，首先由董事长宣布会议议题，并根据会议议程主持议事；

（二）董事长应保障与会董事充分发表意见，控制会议进程、提高议事效率；

（三）董事与会前应充分审阅议案资料，会议发言应要点明确，具有针对性；

（四）董事长可以应董事要求，指定相关人员对议题作出说明；

（五）经专门委员会研究的议题，由专门委员会向董事会提出专项意见；

（六）董事会对议决事项应逐项审议和表决，并形成董事会决议；

（七）董事会讨论有关议题时，如遇议题相关内容难以明晰并足以影响董事作出正确判断的，由董事长决定暂缓表决，待进一步论证后，决定是否提交下次会议表决。

第三十三条 董事会决议以举手、书面投票等明示方式进行表决，每名董事有一票表决权。董事应按自己的判断独立表决。

表决意见分为同意、反对和弃权。

第三十四条 董事会决议分为普通决议和特别决议。董事会通过普通决议时，应经全体董事过半数同意；通过特别决议时，应经全体董事三分之二以上同意。

审议以下事项应以特别决议通过：

（一）公司发展战略和发展规划方案、对外长期投资方案、债券发行方案，公司重大资产抵押、质押及对外担保事项；

（二）聘任或解聘公司总经理；

（三）公司增加或者减少注册资本金的方案；

（四）公司合并、分立、解散或者变更公司形式的方案；

（五）公司章程和章程的修改方案。

第三十五条 董事会秘书负责组织制作表决票。表决票包括如下内容：

（一）董事会会议届次、召开方式、时间及地点；

（二）董事姓名；

（三）审议表决的事项；

（四）投同意、反对、弃权票的方式指示；

（五）其他需要记载的事项。

第三十六条 表决票由董事会秘书负责分发给出席会议的董事，并在表决完成后由其负责收回。

受其他董事委托代为投票的董事，除自己持有一张表决票外，应代委托董事持有一张表决票，并在该表决票上的董事姓名一栏中注明“受某某董事委托投票”。

第三十七条 就关联交易事项表决时，有利害关系的董事属于下列情况之一的，该董事可以出席会议并阐明意见，但不计入法定人数，亦不参与表决：

（一）董事个人直接或间接与公司已有的或者计划中的合同、交易、安排有关联关系时；

（二）董事担任法定代表人、董事、经理、财务负责人，或者以其他形式直接或间接控制的企业，直接或者间接与公司已有的或者计划中的合同、交易、安排有关联关系时；

（三）董事的配偶、子女担任法定代表人、董事、经理、财务负责人，或者以其他形式直接或间接控制的企业，直接或间接与公司已有的或者计划中的合同、交易、安排有关联关系时；

（四）法律、法规及《公司章程》规定应当及时回避时。

第三十八条 未出席董事会会议的董事若与所议事项有关联关系，不得就该事项授权其他董事代理表决。

第三十九条 如果董事在公司首次考虑订立有关合同、交易、安排之前以书面形式通知董事会，声明由于通知所列内容，公司日后达成的合同、交易、安排与其有利益关系，则在通知阐明的范围内，视为该董事做了披露。

第四十条 每一审议事项的投票，应当在董事会秘书的监督下进行清点，并由董事长当场公布表决结果和宣布决议是否通过。

出席会议的董事对表决结果有异议的，有权请求立即验票，董事长应当及时验票。

第四十一条 对于以电话会议方式和书面签署决议方式召开的会议，参加会议的董事应在送达的表决票上明确写明投同意、反对或弃权票。投弃权票的董事应说明理由。

第四十二条 董事对董事会决议承担相应责任。董事会决议违反法律、法规或者《公司章程》规定，致使公司遭受损失的，对决议事项投同意票和弃权票的董事，按照法律和公司有关规定追究责任。但经证明在表决时曾对决议事项表明异议并记载于会议记录的投反对票的董事，可以免除责任。如董事未出席会议，也未委托代表，也未在会议召开之日或之前对所议事项提供书面意见，视为投弃权票，不免除责任。

第四十三条 董事会会议应对所表决事项作出董事会书面决议，由出席董事签署。

董事会决议应列明会议召开时间、地点、董事出席情况、议题内容和表决结果。

董事会决议应该按照年、届、次分别编号。

董事会决议签署后，董事会秘书应将董事会决议的复印件送交各位董事。

第四十四条 董事会做出决议后，由总经理组织实施，并将执行结果向董事会报告。

董事会常务委员会、董事长有权指导和监督董事会决议的执行。

第七章 董事会会议记录

第四十五条 董事会会议应对所议事项做成会议记录，会议记录由董事会秘书负责。会议记录应包括下列事项：

（一）会议召开的日期、地点和召集人姓名；

（二）出席董事的姓名以及委托他人出席董事会的董事姓名；

（三）会议议程、议题；

（四）董事发言要点；

（五）专门委员会的专项意见；

（六）每一决议事项的表决方式和结果，载明同意、反对或弃权的票数和董事表决意见；

（七）会议其他相关内容；

（八）会议记录人姓名。

董事会会议记录由参加会议的董事以及董事会秘书签字。

第四十六条 董事会决议、会议记录、委托人的授权委托书及董事会会议材料均作为公司文件，由董事会秘书负责存档。

第四十七条 董事应妥善保管会议文件。董事及会议列席人员对会议文件和会议审议的内容负有保密的责任和义务。

第八章 董事会秘书

第四十八条 公司设立董事会办公室作为董事会常设工作机构，设董事会秘书一名，领导董事会办公室的工作。

董事会秘书是公司高级管理人员，由董事长提名，董事会决定聘任或解聘。董事会秘书不兼任其他职务。董事会秘书应当具备企业管理、法律等方面的专业知识和经验。

第四十九条 董事会秘书的主要职责：

（一）筹备董事会会议，准备董事会会议议案和材料；

（二）列席董事会会议，制作董事会会议记录，草拟董事会会议决议；

（三）保管董事会会议决议、会议记录和会议其他材料；

（四）准备和递交需由董事会出具的报告和文件；

（五）负责与董事的联络，为董事提供信息和材料，反馈董事会决议的执行情况；

（六）筹备董事会下设的各专门委员会会议，准备会议有关材料，且可以列席该会议；

（七）负责编制董事会年度工作经费方案；

（八）协助董事长拟订重大方案、制订或者修订董事会运作的各项规章制度；

（九）跟踪了解董事会决议的执行情况，并及时报告董事长；

（十）负责草拟董事会年度工作报告；

（十一）负责董事会与国资委的日常联络；

（十二）董事会授权行使的法律、行政法规和公司章程规定的其他职权。

第九章 董事会经费

第五十条 董事会根据工作需要，设立董事会经费。

第五十一条 董事会秘书负责制订董事会经费

预算方案，由董事长批准，纳入当年财务预算，计入管理费用。

第五十二条 董事会经费用途：

（一）董事的津贴；

（二）董事会会议的费用；

（三）中介机构咨询费；

（四）以董事会名义组织的各项活动经费；

（五）董事会的其他支出。

第五十三条 董事会经费由公司财务部具体管理，各项支出由董事长审批。

第十章 附 则

第五十四条 本工作制度所称“所投资公司”，包含公司所投资的全资、控股子公司及参股公司。本工作制度所称“直属企业”，是指公司下属的按照《中华人民共和国全民所有制工业企业法》注册的企业。

第五十五条 章程中所称“子企业的领导班子”是指公司所投资公司的董事长、董事、监事和直属企业的总经理、副总经理、财务负责人等人员。

第五十六条 本工作制度自董事会审议通过后生效。

第五十七条 本工作制度未尽事宜，依照国家有关法律、法规和《公司章程》的规定执行。本工作制度如与国家日后颁布的法律、法规或经合法程序修改后的《公司章程》相抵触时，按国家法律、法规和《公司章程》的规定执行，并立即修订，报董事会审议通过。

第五十八条 本工作制度所称“以上”、“以内”均包括本数。

第五十九条 本工作制度由董事会负责解释。

中国机械工业集团有限公司档案管理办法

第一章 总 则

第一条 为加强中国机械工业集团有限公司（简称：国机集团）的档案管理工作，充分发挥档案的利用价值，更好地为企业改革与发展服务，根据《中华人民共和国档案法》《企业档案管理规定》和《会计档案管理办法》，结合国机集团的实际情况，制定本办法。

第二条 本办法所称的档案是指国机集团所属企业及国机集团总部在生产经营和管理活动中形成的对企业具有保存和利用价值的，并按归档要求整理归档的不同载体的文件材料。

第三条 国机集团档案工作接受国家档案局的监督和指导。国机集团档案管理实行统一领导、分级管理的基本原则，确保档案的完整、准确、系统和安全。

第二章 机构与职责

第四条 国机集团档案工作由综合管理部归口管理，并对所属企业的档案工作进行指导、监督和检查。

其主要职责为：

（一）贯彻、执行《中华人民共和国档案法》等有关档案工作的方针、政策和法规，负责制定国机集团档案管理制度。

（二）参加国家档案局档案工作协作组活动；指导国机集团档案工作；组织所属企业档案工作的交流和协作。

（三）开发档案信息资源，开展编研工作，发挥档案的信息资源作用。

（四）加强档案管理的业务建设，采用先进的管理技术手段，逐步实现档案管理工作的标准化、规范化和现代化。

（五）负责国机集团总部在生产经营和各项管理活动中形成的文件材料、声像、照片等的归档和档案保管、利用、鉴定、销毁和移交等工作。

第五条 企业档案工作人员应忠于职守，遵纪守法，具有相应的档案专业知识和业务能力。

第三章 档案管理

第六条 国机集团所属企业负责本单位归档文件材料的收集和整理工作。总部各部室负责本部室归档文件材料的收集和整理。定期交本单位档案部门集中管理，任何部门或个人不得拒绝归档。

第七条 档案的分类。国机集团所属企业根据本单位特点自行确定分类。国机集团总部档案的分类依据管理职能，结合档案内容及形成的特点，保持档案之间的有机联系，便于科学管理与开发利用。

国机集团总部档案类目设置分为二级。

一级类目设置二十四类，分为综合管理类、人事管理类、资产财务类、资本运营类、经营管理类、科技管理类、审计管理类、法律工作类、纪检监察类、董事会工作类、党群工作类、会计档案类、人事档案类、电子文件类、基本建设类、设备仪器类、物业管理类、战略规划类、工程管理类、信息管理类、军工管理类、工会工作类、装备制造类和汽车业务类。

二级类目在一级类目的基础上，综合管理等18类根据管理特点和工作内容进行设置；会计档案类按形成特点和文件材料形式设置；人事档案类按人事档案管理规定设置；电子文件类按载体类别设置；基本建设类按工程性质和项目设置；设备仪器类按型号或种类设置；军工管理类（部室文）按军工档案管理规定设置。

第八条 国机集团总部档案的编号。

国机集团总部档案标记符号为“GJ”。编号用阿拉伯数字表示，一级类目采用双位制，即11、12、13……，以此类推；二级类目采用单位制，即0、1、2、3……，以此类推。

总部24个一级类目编号顺序为：“GJ11”综合管理类、“GJ12”人事管理类、“GJ13”资产财务类、“GJ14”资本运营类、“GJ15”经营管理类、“GJ16”科技管理类、“GJ17”审计管理类、“GJ18”法律工作类、“GJ19”纪检监察类、“GJ20”董事会工作类、“GJ21”党群工作类、“GJ22”会计档案类、“GJ23”人事档案类、“GJ24”电子文件类、“GJ25”基本建设类、“GJ26”设备仪器类、“GJ27”物业管理类、“GJ28”战略规划类、“GJ29”工程管理类、“GJ30”信息管理类、“GJ31”军工管理类、“GJ32”工会工作类、“GJ33”装备制造类、“GJ34”汽车业务类。

所属企业的档案标记符号和编号方法自定。

第九条 根据《中华人民共和国保密法》及有关规定，企业档案密级分为绝密、机密和秘密三级。

第十条 根据有关规定，国机集团企业档案的保管期限分为永久、定期两种，定期一般分为30年，10年。

凡是反映本单位主要职能活动和基本历史面貌的，具有长远保存利用价值，应永久保管。

对在一定时期内有利用价值的，应酌情列为定期（30年或10年）保管。

凡介于两种保管期限之间的，按照保存时间较长的一档确定保管期限。

第十一条 凡归档的文件材料必须完整、准确、系统。文件书写和载体材料应能耐久保存。文件材料整理要符合规范标准。归档的电子文件要求文字、图象、标识清晰，应有相应的纸质文件材料一并归档保存。

第十二条 国机集团总部综合管理类、人事管理类、资产财务类、资本运营类、经营管理类、科技管理类、法律工作类、董事会工作类、党群工作类、电子文件类、基本建设类、设备仪器类、物业管理类、战略规划类、工程管理类、信息管理类、军工管理类、工会工作类、装备制造类和汽车业务类的档案管理由综合管理部负责。审计管理类、纪检监察类、会计档案类、人事档案类、军工管理类（部室文）和工程管理类（项目）的档案在移交综合管理部归档前，分别由审计稽查部、监察室、资产财务部、人力资源部、军工管理办公室和工程事业部负责管理。

第十三条 国机集团总部归档要求

（一）归档时间：

1. 需要归档的国机集团和部室文件材料等，应在每年三月底前将上一年度的文件材料整理完毕。

部室文件材料由产生文件的职能部室负责整理立卷后，移交档案室。工程项目合同在合同执行完毕的3个月内，由工程事业部将合同履行的全部材料移交档案室。

2. 企业资产与产权发生变动，按《国有企业资产与产权变动档案处置办法》做好档案的处置工作。

3. 审计管理类、纪检监察类和会计档案类的文件材料，由审计稽查部、监察室和资产财务部整理立卷，保管三年后移交档案室。人事档案类、军工管理类（部室文）分别由人力资源部和军工管理办公室负责管理。

（二）归档份数：文件材料一般归档二份。

（三）归档手续：归档时要履行交接手续，填写“国机集团档案移交清单”，部室负责人审定签字后，移交档案室归档。归档文件材料卷内要有“归档文件目录”和“备考表”。

第十四条 各企业要建立文件材料的形成、积累、整理和归档制度，并列入管理工作程序，列入企业部门的职责范围和有关人员的岗位责任制。

第十五条 要建立健全企业的档案年报制度。对室存档案的接收、移交、利用等要定期进行统计。

第十六条 各企业要采取有效措施做好档案的保管工作，确保档案的完整与安全。国机集团总部档案库房管理按《中国机械工业集团有限公司总部档案库房管理制度》执行。

第四章 档案的开发和利用

第十七条 企业档案现代化应与企业信息化建设同步发展。根据档案现代化管理的需要，配置必要的设备，不断提高企业档案管理水平。

第十八条 根据工作需要，编制必要的检索工具，开发档案信息的二次加工，积极创造条件，最大限度地满足企业改革和发展的需要。

第十九条 国机集团总部档案实行借阅登记制度，档案借阅按《中国机械工业集团有限公司总部档案室借阅制度》执行。

第二十条 各企业要定期对档案进行密级审查和价值鉴定。经鉴定确定销毁的档案和秘密公文，必须进行登记，提出销毁报告，经部门领导和公司主管领导批准后，在指定地点由两人监销。

第二十一条 国机集团对管理、保护和开发利用档案工作做出成绩，给企业带来经济效益或社会效益的单位或个人，给予表彰和奖励。对不按规定归档而造成文件材料损失的，或对档案进行涂改、抽换、伪造、盗窃、隐匿和擅自销毁而造成档案丢失或损坏的直接责任者，依法进行处理。

第五章 附 则

第二十二条 各企业要根据《中华人民共和国档案法》《企业档案管理规定》和《会计档案管理办法》，参照本办法，结合单位实际，制定相应的档案管理工作制度，切实做好企业档案工作。

第二十三条 本办法由国机集团综合管理部负责解释。

第二十四条 本办法自颁布之日起施行。《中国机械装备（集团）公司档案管理办法》（国机综〔2003〕460号）同时废止。

附件：1. 国机集团总部文件材料归档范围和保管期限（略）

2. 国机集团档案移交清单（略）

3. 归档文件目录（略）

4. 备考表（略）

中国机械工业集团公司公文处理办法

第一章　总　则

第一条　为加强中国机械工业集团公司（以下简称国机集团）公文处理工作，使之规范化、制度化、科学化，不断提高公文处理工作的质量和效率，根据国家和国资委有关公文处理的规定，结合国机集团的实际，特制定本办法。

第二条　国机集团公文，是在生产经营管理等过程中形成的具有法定效力和规范体式的文书，是传达贯彻党和国家的路线、方针、政策，贯彻落实国机集团战略部署、经营方针、决议、决定，发布规章制度，请示和答复问题，报告情况，开展经营活动等的重要工具和重要资料。

第三条　公文处理包括公文的拟制、办理、管理、整理（立卷）、归档、销毁等一系列相互关联、衔接有序的工作。

第四条　公文处理坚持实事求是、保证质量、精简数量、注重效率、准确及时的原则；坚持规范化、制度化、科学化的原则；坚持严格依法确保国家秘密和企业秘密安全的原则。

第五条　国机集团综合管理部是公文处理的归口管理部门，负责公文的登记、批办、催办、归档等管理工作，并指导、检查所属公司、院、所的公文处理工作。

第六条　国机集团董事会办公室、综合管理部、党委工作部、纪律检查办公室和工会办公室分别负责董事会文件、公司文件、党委文件、纪委文件和工会文件的登记、批办、催办、归档等管理工作。团委文件由党委工作部负责管理。

第二章　公文种类

第七条　国机集团公文由“董事会文件”、“公司文件”、“党委文件”、“纪委文件”、“工会文件”、“团委文件”、“部室文件”、“专用文件”和“签报”等组成。

第八条　“文件”指内容重要、格式规范、版头有“文件”字样并套红印刷的公文。国机集团“文件”的使用范围：

（一）《中国机械工业集团公司董事会文件》：属于董事会职责范围内、需以董事会名义行文的事项，以《董事会文件》行文。

（二）《中国机械工业集团公司文件》：属于公司职责范围内、需以公司名义行文的事项，以《公司文件》行文。

（三）《中共中国机械工业集团公司委员会文件》：属于党委职责范围内、需以党委名义行文的事项，以《党委文件》行文。

（四）《中共中国机械工业集团公司纪律检查委员会文件》：属于纪委职责范围内、需以纪委名义行文的事项，以《纪委文件》行文。

（五）《中国机械工业集团公司工会联合会文件》：属于工会职责范围内、需以工会名义行文的事项，以《工会联合会文件》行文。

（六）《共青团中国机械工业集团公司委员会文件》：属于共青团职责范围内、需以共青团名义行文的事项，以《共青团文件》行文。

（七）《中国机械工业集团公司部室文件》：凡转发一般性文件，部室会议通知，任免驻外干部，有关业务工作处理等事项，以《部室文件》行文。

（八）《专用文件》：指具有特定文件版头和处理程序，且限定在一定的业务范围内使用的公文。国机集团“专用文件”有：

1.《中共中国机械工业集团公司委员会任免通知》：适用于所属公司、院、所党委、纪委领导干部的任免，国机集团总部党委、纪委系统干部的任免。

2.《中国机械工业集团公司任免通知》：适用于所属公司、院、所行政领导干部的任免，国机集团总经理助理、总部部室负责人（含副职）和处级（含副职）干部的任免。

3.《中国机械工业集团公司出国、赴港澳任务批件》、《中国机械工业集团公司出国、赴港澳任务通知书》、《中国机械工业集团公司出国、赴港澳任务确认件》：适用于经国务院有关部门及地方政府审批的出国及赴港澳任务中需由国机集团确认的，经国机集团审批的出国及赴港澳任务。

4.《中国机械工业集团公司因公出国及赴港澳人员审查批件》：适用于审批国机集团党政正职以下出国及赴港澳人员和所属公司、院、所出国及赴港澳人员。

（九）《签报》：适用于总部各部室向公司领导请示、报告工作，反映情况，提出建议。

第九条 国机集团公文分为“决定”、“通知”、“通报”、“报告”、“请示”、“批复”、“意见”、“函”、“会议纪要”等种类。

（一）决定

适用于对重要事项或重大行动做出安排，奖惩有关单位及人员。

（二）通知

适用于转发上级主管部门和不相隶属单位公文，批转所属公司、院、所的公文，发布规章制度，要求所属公司、院、所办理和需要周知或共同执行的事项，任免人员等。

（三）通报

适用于表彰先进，批评错误，传达重要精神，交流重要情况。

（四）报告

适用于向上级主管部门汇报工作、反映情况、提出意见或者建议，答复上级主管部门的询问。

（五）请示

适用于向上级主管部门请求指示、批准。

（六）批复

适用于答复所属公司、院、所的请示事项。

（七）意见

适用于对重要问题提出见解和处理办法。

（八）函

适用于不相隶属单位之间相互商洽工作，询问和答复某一事项或某些业务性、临时性的问题等。

（九）会议纪要

适用于记载会议情况和议定事项。

第三章 公文格式

第十条 公文一般由涉密等级和保密期限、紧急程度、发文单位标识、发文字号、签发人、标题、主送单位、正文、附件、成文日期、印章、附注、主题词、抄送单位、印发单位和印发日期等部分组成。

（一）涉密公文应当分别标明“绝密”、“机密”、“秘密”，其中，“绝密”、“机密”级公文应当标明份数和序号。序号用阿拉伯数字标在文件左上方，密级用3号黑体字标在文件右上方。

（二）紧急公文应当根据紧急程度分别用3号黑体字在文件右上方标明“特急”“急件”。

（三）发文单位标识应写发文单位全称或规范化简称；联合行文，主办单位排列在前。

（四）凡上报的公文，应当在发文字号右侧注明签发人，发文字号居左空1字，签发人姓名居右空1字，用3号仿宋体字标识。

（五）公文标题应当准确简要地概括公文的主要内容并标明公文种类。公文标题一般在红色反线下空2行，用小2号宋体字，加黑，可分1行或多行居中排布。回行时，要做到词意完整，排列对称，间距恰当。

（六）主送单位指公文的主要受理单位，应当使用全称或规范化简称。标题下空1行，左侧顶格用3号仿宋体字，名称后标全角冒号。

（七）公文正文在主送单位名称下1行，每自然段左空2字，用3号仿宋体字，回行顶格。数字、年份不能回行。

（八）公文附件分为附件和参考附件。在正文下1行左空2字，用3号仿宋体字标识“附件”，“附件”后标全角冒号和名称。附件如有序号，使用阿拉伯数码排序（如“附件：1. ×××”），附件名称后不加标点符号。

附件是随正文发出、补充说明正文的，须打印，一并存档。

参考附件作为领导签发文件时的参考资料，不随正文发出，需打印存档。

（九）公文如有附注，用3号仿宋体字，居左空2字标识在成文时间下1行。

（十）公文主题词。董事会文件、公司文件、党委文件、纪委文件、工会文件、团委文件、部室文件均应根据内容标引公文主题词。主题词应在公文“抄送”栏上方，用3号黑体字，居左顶格标识，后标全角冒号。词目用小3号宋体字，词目之间空1字。主题词一般控制在5句之内。

（十一）公文如有抄送，在主题词下1行；左空1字用3号仿宋体字标识“抄送”，后标全角冒号；抄送单位用逗号隔开，回行时与冒号后的抄送单位对齐；在最后一个抄送单位后标句号。

（十二）印发单位和印发日期，位于抄送单位之下，占1行位置，用3号仿宋体字。印发单位左空1字。印发日期右空1字，为文印日期，用阿拉伯数码标识。

第十一条　发文字号

发文字号包括发文代字、年份和序号。发文单位标识下空2行，用3号仿宋体字，居中排布；年份、序号用阿拉伯数码标识；年份应标全称，用六角括号“〔　〕”括入；序号不编虚位（即1不编为001），不加“第”字。发文字号之下印一条与版心等宽的红色反线。

几个单位联合发文，只标明主办单位发文字号。

国机集团公文发文字号如下：

（一）董事会文件、公司文件、党委文件、纪委文件、工会文件和团委文件

1.《中国机械工业集团公司董事会文件》发文字号为“国机董〔××××〕××号”。

2.《中国机械工业集团公司文件》发文字号为“国机×〔××××〕××号”（“国机×”中的“×”为各部室的代字）。

3.《中共中国机械工业集团公司委员会文件》发文字号为“国机党〔××××〕××号”。

4.《中共中国机械工业集团公司纪律检查委员会文件》发文字号为“国机纪〔××××〕××号”。

5.《中国机械工业集团公司工会联合会文件》发文字号为“国机工会〔××××〕××号”。

6.《共青团中国机械工业集团公司委员会文件》发文字号为“国机团委〔××××〕××号”。

（二）部室文件和专用文件

1.《中国机械工业集团公司部室文件》发文字号为“国机××〔××××〕××号”（“国机××”中的“×”为各部室代字，“×”为部室中处室的代字）。

2.《中共中国机械工业集团公司委员会任免通知》发文字号为“国机党任〔××××〕××号”。

3.《中国机械工业集团公司任免通知》发文字号为“国机人任〔××××〕××号”。

4.《中国机械工业集团公司出国、赴港澳任务批件》发文字号为“国机出任〔××××〕××号”（也使用于赴台批件）。

5.《中国机械工业集团公司出国、赴港澳任务通知书》发文字号为“国机出任通〔××××〕××号”（也使用于赴台通知书）。

6.《中国机械工业集团公司出国、赴港澳任务确认件》发文字号为“国机出任确〔××××〕××号”（也使用于赴台确认件）。

7.《中国机械工业集团公司因公出国及赴港澳人员审查批件》发文字号为“国机出审〔××××〕××号”。

（三）中国机械工业集团公司函，发函字号为“国机×函〔××××〕××号”（“国机×函”中的“×”为各部室代字）。

（四）公文部室代字

为了便于区别和查询，国机集团各部室发文代字及发函代字统一规定如下：

董事会办公室　（董）
综合管理部　（综、外）
战略规划部　（规）
〔企业文化部（文）〕
人力资源部　（人、人任）
〔党委干部部（党、党任）〕
资产财务部　（财）
资本运营部　（资）
审计稽查部　（审）
法律事务部　（法）
工程事业部　（工）
党委工作部　（党、团委）
纪律检查办公室　（纪）
〔监察室（监）〕
工会办公室　（工会）
新闻与信息中心　（信）
经营管理部　（经、展）
〔安全生产办公室（安）〕

科技发展部　　（科）

〔军工管理办公室（军）〕

装备制造部　　（装）

汽车业务部　　（汽）

第十二条　成文日期

成文日期以领导人签发的日期为准；联合行文，以最后签发单位领导人的签发日期为准；干部任免以会议通过日期为准。

（一）会议通过的文件，应在标题之下、正文之前注明会议名称和通过日期。

（二）规章制度性文件的发布日期与施行日期一致时，不另行注明施行日期；不一致时，须注明施行日期。

（三）成文日期用汉字将年、月、日标全，"零"写为"○"。

第十三条　发文印章

公司发文在落款处只标成文日期，不署发文企业名称。加盖印章，应端正、居中，下压成文日期。联合发文，有关单位都应标注日期、加盖印章。

第十四条　公文用纸

公文用纸一律采用国际标准A4型（长297毫米、宽210毫米），左侧装订。公文中的标识规则，参照《国家行政机关公文格式》国家标准执行。

第四章　行文规则

第十五条　行文要求

（一）行文应当确有必要，注重实效，坚持少而精的原则。

（二）行文关系根据职权范围、隶属关系确定，一般不得越级行文。

（三）所属公司、院、所报送国机集团的公文应当做到：

1. 请示或报告的事项应属国机集团职权范围内的事项。

2. 报送国机集团的公文，应主送国机集团或国机集团党委或国机集团纪委，不得径送承办部室，不得多头分送；除国机集团领导同志直接交办的事项外，原则上不直接报送领导同志个人。

3. 凡需要国机集团协助邀请党中央、国务院领导同志，国资委等部委领导同志出席活动的正式文件，需提前30天报国机集团。

凡邀请国机集团领导参加有关活动的正式文件需提前10天报国机集团。

4. 报送国机集团的公文，统一由国机集团综合管理部受理，并负责对公文体例、格式、行文规则等进行审核，对报送的公文质量进行评价、通报。

5. 向国机集团报送公文，原则上报送1份。有特殊要求的，按要求办理。

（四）主送上级主管部门的公文，用"请示"或"报告"，应标注签发人。

（五）"请示"应当一文一事，只写一个主送单位。如需同时送其他单位，应用抄送形式，原则上不得同时抄送所属单位。"请示"应当在附注处注明联系人的姓名和电话。

（六）报告中不得夹带请示事项。

（七）向无隶属关系的有关部门洽谈工作、询问或答复问题、请求批准和征询意见等，行文使用"函"。函件由各部室自行编号，主送一个单位，抄送其他有关单位，须使用带有"中国机械工业集团公司"字样的信纸。

（八）向国资委报送公文，非涉密文件原则上经综合管理部电子用印后，通过国资委非涉密公文传输系统传送，特急件可由专人送达。

一般情况下，请示性公文、综合性和重要情况的报告类公文一式3份；回复意见、报送材料、备案类公文一式2份；抄送类公文一式1份；其他有份数要求的，按要求报送。

（九）国机集团向全体所属单位发文，公文的主送单位表述为："各公司、院、所"；向部分所属单位发文，公文的主送单位表述为："有关单位"；向在京所属单位发文，公文的主送单位表述为："在京各公司、院、所"；向全体所属单位和总部各部室发文，公文的主送单位表述为："各公司、院、所，总部各部室"。

（十）凡以国机集团、国机集团党委和国机集团纪委的名义发文，抄送公司领导。凡以国机集团董事会的名义发文，抄送董事会领导。

凡国机集团规章制度、规定、办法，国机集团经营月报和分析，国机集团董事会文件，战略规划部、人力资源部、资产财务部、资本运营部、审计稽查部、经营管理部、科技发展部、装备制造部和汽车业务部等部室行文的公司文件，以及国机集团主要领导出国文件，抄送国务院驻国机集团监事会。

重要行文根据需要可抄送有关单位和总部各

部室。

（十一）国机集团总部各部室之间对有关问题未协商一致时，有关部室不得各自行文。如擅自行文，综合管理部经请示公司领导，可予以撤销。

（十二）凡不符合国家、国资委等部委和国机集团有关公文处理规定的，综合管理部可要求有关部室予以改正。

第十六条 草拟公文应注意以下事项

（一）内容应符合国家的法律、法规，符合党的方针、政策，符合国机集团的有关规定和实际情况。

（二）表达的情况确实，表述的观点明确，条理清楚，层次分明，文字精炼，用词恰当，标点准确，篇幅力求简短。文件的行文关系恰当，公文体式得当，使用规范化简称。

（三）人名、地名、数字、引文要准确。时间应写具体的年、月、日。引用公文应先引标题，后引发文字号。

（四）数字使用阿拉伯数码，单位名称使用国家法定计量单位。成文日期、文章结构层次、序数、词和词组、惯用语、缩略语、具有修辞色彩语句中作为语素的数字必须使用汉字的除外。

（五）公文中章节序数的写法一般按下列顺序排列：第一层为“一、二、三……”，第二层为“（一）（二）（三）……”，第三层为“1.2.3……”，第四层为“（1）（2）（3）……”。

第五章 公文办理程序

第十七条 公文办理分收文和发文。收文办理一般包括接收、登记、拟办、批办、承办、阅办、催办、立卷、归档等程序。发文办理一般包括拟稿、核稿、会签、签发、编号、用印、分发、归档等程序。

第十八条 国机集团行政收文统一交由综合管理部负责登记、编号，并由综合管理部负责人提出拟办意见，分送公司领导批示或交有关部室办理。各部委和所属公司、院、所文件直送各部室的，要交由综合管理部统一处理。

传递文件要力求准确、及时，掌握时效，特急公文要优先处理、即收即办。

国机集团党委、纪委和工会收文，分别由国机集团党委工作部、纪律检查办公室和工会办公室负责。团委收文由党委工作部负责。

第十九条 国机集团文件发文流程

（一）“董事会文件”发文流程：

1. 主办部室承办人拟稿
2. 主办部室领导核批
3. 有关部室会签（需要会签时）
4. 董事会秘书审核
5. 董事长或副董事长签发
6. 董事会办公室编号
7. 承办人文印
8. 董事会办公室用印、立卷归档
9. 主办部室封发

（二）“公司文件”发文流程：

1. 主办部室承办人拟稿
2. 主办部室领导核批
3. 有关部室会签（需要会签时）
4. 综合管理部部长审核
5. 公司领导审阅签发
6. 综合管理部编号
7. 承办人文印
8. 综合管理部用印、立卷归档
9. 主办部室封发

（三）“党委文件”发文流程：

1. 主办部室承办人拟稿
2. 主办部室领导核批
3. 有关部室会签（需要会签时）
4. 党委工作部部长审核
5. 党委书记或党委副书记审阅签发
6. 党委工作部编号
7. 承办人文印
8. 党委工作部用印、立卷归档
9. 主办部室封发

（四）“纪委文件”发文流程：

1. 主办部室承办人拟稿
2. 纪律检查办公室主任审核
3. 有关部室会签（需要会签时）
4. 纪委书记或党委书记、党委副书记审阅签发
5. 纪律检查办公室编号
6. 承办人文印
7. 纪律检查办公室用印、立卷归档
8. 主办部室封发

（五）“工会文件”发文流程：

1. 主办部室承办人拟稿

2. 主办部室领导审核
3. 有关部室会签（需要会签时）
4. 工会主席审阅签发
5. 工会办公室编号
6. 承办人文印
7. 工会办公室用印、立卷归档
8. 主办部室封发

（六）“团委文件”发文流程：

1. 主办部室承办人拟稿
2. 主办部室领导审核
3. 有关部室会签（需要会签时）
4. 团委书记审阅签发
5. 党委工作部领导阅
6. 党委工作部编号
7. 承办人文印
8. 党委工作部用印、立卷归档
9. 主办部室封发

（七）“部室文件”发文流程：

1. 主办部室承办人拟稿
2. 主办部室领导签发
3. 有关部室会签（需要会签时）
4. 公司主管领导阅
5. 主办部室编号
6. 承办人文印
7. 主办部室用印、立卷归档、封发

（八）“签报”办理流程：

1. 主办部室承办人拟稿
2. 主办部室领导核批
3. 有关部室会签（需要会签时）
4. 综合管理部编号
5. 公司领导审阅签发
6. 承办部室阅办
7. 综合管理部立卷归档

（九）函件作为国机集团文件，比照公司部室发文程序办理。

第二十条 文件编号。文件经公司主管领导签发后，由发文管理员按照职责权限负责统一编号。党委干部部、党委工作部发文和团委发文由党委工作部统一编号。董事会、纪律检查办公室和工会办公室发文分别由董事会办公室、纪律检查办公室和工会办公室编号。

国机集团文件、函件、记录的编号原则按文件、函件、记录的类别，按公司、部室分别排序编号。文件、函件、记录字号由部室代字、年份和序号组成。序号不编虚位，不加“第”字，用阿拉伯数码排序编号。编号文件包括电子文件和有关纸质文件。

第二十一条 文件更改。凡经公司领导签发的文稿，原则上不得再行改动。如必须修改时，须填写《国机集团文件更改审批单》，说明更改内容及原因，经公司领导签发，新旧文稿一并存档。旧文稿应标注“作废保留”。

第二十二条 文件错误率考核。国机集团综合管理部定期对所属企业和总部文件发文错误率进行考核，通报结果，规范和加强国机集团文件管理，避免和减少公文错误，提高公文质量。

考核范围为所属企业上报国机集团的正式文件和国机集团总部各类发文、签报等。

文件错误主要包括：越级行文；“请示”、“报告”不分；公文主旨不清；文件标题错误；主送单位、抄送单位名称不正确；公文中出现的数字不正确；发文时间不正确；行文格式不规范，存在影响原文内容、字义的错别字、漏字等。

第二十三条 公文督办。综合管理部归口公文督办工作。

（一）国资委等上级机关交办的公文，有关部门会签或征求意见的公文及其他需要回复、汇报、反馈结果的公文，由综合管理部负责督办；董事会、总经理办公会、党委会和纪委会等会议议定事项需办理的公文，分别由董事会办公室、综合管理部、党委工作部和纪律检查办公室负责督办。

（二）未能按时办结的公文，主办部室应及时向有关部门沟通、说明情况。

（三）经公司领导签发的文稿，原则上在5个工作日内办结。

第二十四条 非涉密电子文件管理

（一）电子文件是指国机集团在企业生产经营管理过程中依赖计算机，在数字设备及网络环境中生成、阅读和处理，并在网络上传输，格式完整，版头有“文件”字样并套红印刷的非涉密公文，包括国机集团收文、发文、签报、通知和所属企业报送的公文等。

（二）电子公文办理分收文和发文。

（三）电子文件的存储载体主要为磁带、磁盘、光盘等。

第二十五条 电子收文管理

（一）电子收文是指纸质的外来文件在收文登

记时，通过扫描等方式进行电子化处理转换成特定格式，随同国机集团文件处理单一起在OA系统中流转的电子文件。

（二）OA收文管理员原则上负责扫描20页以下的非涉密外来文件；20页以上的来文，扫描第一页作为附件在网上运转，并在文件标题上给予注明。文件处理单在系统中流转，OA收文管理员视流转的情况将纸质文件送达相关人员查阅，直至文件流转完毕。

（三）承办部室在收到交办的电子公文后应及时办理，不得延误、推诿。紧急电子公文应即收即办；一般电子公文处理原则上不超过五个工作日；确有困难的，应在文件处理单中予以说明。

对不属于本部室职责范围或者不宜由本部室办理的电子公文，应注明原因，当天退回OA收文管理员。

（四）领导批办公文，由批办的领导签字并注明日期。一般报告性公文，主批人签名表示“已阅知”；对有具体请示事项或办理事项的公文，主批人要明确签署意见并签字，签名表示“同意”请示事项或办理事项。

（五）各部室经办人在文件处理完毕后，在文件处理单承办部门一栏中注明“办理完毕”，提交综合管理部归档。

请示文因各种原因暂不办理，经办人应及时告知请示单位。

第二十六条 电子发文管理

（一）电子发文是指在OA系统中拟稿和流转的电子文件。一般由正文和附件两部分组成，正文必须是word文件，附件可以是各种格式的电子文件。

（二）公司发文需总部有关部室会签的，主办部室领导办完核批手续后，应提交会签部室；经会签后，送综合管理部审核。

需要相关部室会签的文件，原则上应当天处理。

（三）在电子公文流转过程中，审核如遇会签人出差、外出开会等情况，应授权办理，以保证文件及时处理。

（四）涉密发文，承办部室在OA系统输入文件标题时须将关键词用×××代替，由OA发文管理员按照本办法有关规定统一编号，正文以纸质形式办理。

（五）电子文件发放前必须对文件的外观形式和格式规范进行文整。标题文字应力求准确、简要；标题排版应排列对称，间距恰当；文件字迹清晰、版面整洁。

（六）各部室在OA系统上发布非公文类通知、公告、意见征集等，须经部室领导审批。拟稿人应提前一天在OA系统中发布，不再使用纸质形式。

第二十七条 所属企业电子文件管理

（一）各企业要负责本单位OA系统信息技术支持，确保电子文件的真实性、完整性、安全性和有效性。

（二）各企业应指定专人负责本单位的电子文件的管理和提供利用，每天应登录国机集团OA系统，接收集团公司的公文和通知公告等，确保文件及时处理。

（三）各企业应通过OA系统向国机集团报送公文，除涉密等特殊情况外，原则上不再受理纸质文件。

（四）通过OA系统上报的公文应经企业领导人审签，文件应有编号，注明签发人，加盖公章。

紧急公文应在其右上角加注“急件”标识。“请示”文应在附注处标明联系人的姓名和电话。

（五）通过OA系统上报的公文，需要提供用印后纸质文件的pdf格式彩色扫描件，必要时提供word文件。上报文件如附件较多，电子文件和纸质文件应同时报送。

（六）为保证电子收文质量，各企业用于扫描的正式红头文件必须干净整洁，扫描时应将分辨率调整为100dpi至150dpi之间，扫描源文件应选择文本格式，生成的pdf格式扫描文件应经过优化处理。

第二十八条 公文文稿中凡有涉及其他单位的问题，主办部室应当主动与有关单位协商、会签。会签应注意以下事项：

（一）国机集团送公司外单位会签的文稿，必须在国机集团办完审核、核签手续后，方能送出会签。

（二）外单位送国机集团会签的文稿，必须经主办单位领导人核签，国机集团方能接受会签。

（三）国机集团发文稿，需公司内有关部室会签的，必须在主办部室领导办完审核手续后，方能送出会签；经会签后，送综合管理部审核。

（四）国机集团部室会签文稿，原则上由部室部长（主任）在会签栏内签署。对文稿有不同意见，在会签栏内输入意见，由主办部室考虑是否采纳。除明显错误外，原则上不对原文进行修改。会签中，有关部室之间协商不能取得一致意见时，由综合管理部负责协调；仍不能取得一致意见时，如实报公司领导裁决。

第二十九条 国机集团文件签发

（一）董事会发文：由董事长或副董事长签发。

（二）公司发文：一般由公司主管领导签发；属于重大的问题，由公司主管领导审核后，送总裁签发。

（三）党委发文：由党委书记或党委副书记签发。

（四）纪委发文：由纪委书记或党委书记、党委副书记签发。

（五）工会发文：由工会主席签发。

（六）团委发文：由团委书记签发。

（七）部室发文：由各部室部长（主任）签发。

第三十条 国机集团文件签发要求

（一）各级领导审核、签发公文要认真负责、严格把关。

（二）发出或归档的文件必须加盖公章。承办部室用印时，需从OA系统中打印拟稿纸、文件正文、附件、参考附件、流程跟踪单和红头文件。综合管理部正式文件（纸质）归档2份。

第三十一条 非涉密文件需要发送国务院驻国机集团监事会、公司领导、总部各部室和所属企业的，原则上通过OA系统进行分发，不再发送纸质文件。

第三十二条 公文印刷要讲究外观形式，格式规范、字迹清晰、油墨均匀、版面整洁。

需送外印刷的文件，由综合管理部归口办理。

第六章 公文保密

第三十三条 涉及国家秘密和企业秘密事项的公文要依据《中华人民共和国保守国家秘密法》及国机集团有关规定，准确划定密级，按要求明确标明密级及保密期限。

第三十四条 传递涉密公文，必须采取保密措施，确保安全。

第三十五条 复印或转发中共中央、国务院密级文件必须履行批准手续，并经综合管理部部长批准。密级文件复印时要注明复印单位、时间、份数和发放范围。

第七章 公文归档、查阅和销毁

第三十六条 公文办理完毕后，应根据《中华人民共和国档案法》及国机集团的有关规定，及时将公文拟稿纸、正文、附件等有关材料整理立卷、归档。集团公司坚持电子文件与纸质文件并存归档的原则。公文归档时要有交接手续。个人不得保存应存档的公文。

第三十七条 OA系统管理员应定期备份数据库，确保数据正确性、有效性和完整性。对需要归档保存的电子文件一季度进行一次电子文件归档，脱机存储于光盘的载体上，进行记录，一式3套，1套封存保管，1套供查阅使用，1套异地保存。

第三十八条 综合管理部负责国机集团文件的归档工作。公文立卷应根据其特性、相互联系和保存价值分类整理，保证齐全、完整，正确反映本部室的主要工作情况，便于保管、查找和利用。公司文件由综合管理部即办即归；董事会文件、党委文件（团委文件）、纪委文件、工会文件由董事会办公室、党委工作部、纪律检查办公室和工会办公室分别负责登记、整理、立卷，于次年3月底前一并交综合管理部归档；总部各部室的文件、函件由各部室负责登记、整理、立卷，于次年3月底前一并交综合管理部归档。

第三十九条 联合办理的公文，原件由主办单位立卷、归档，其他单位保存复印件或其他形式的公文副本，须登记归档。

第四十条 总部各部室和所属企业可以在OA系统中查阅自己权限范围内的相关文件。

第四十一条 经过鉴别，没有存档价值和存查必要的公文，由综合管理部部长批准定期销毁。

涉密公文的销毁须进行登记，由综合管理部指派2人以上在国家保密局指定的单位进行监销，确保不丢失、不漏销。

第八章 附 则

第四十二条 本办法由国机集团综合管理部负责解释。

第四十三条 本办法自发布之日起施行。《中国机械工业集团公司公文处理办法》（国机综〔2006〕336号）和《中国机械工业集团公司非涉密电子文件管理暂行办法》（国机综〔2007〕659号）同时废止。

中国机械工业集团公司印章管理办法

第一章 总 则

第一条 为加强中国机械工业集团公司（以下简称：国机集团）印章的使用与管理，规范用印程序，严格用印手续，更好地为企业的发展服务，特制定本办法。

第二条 本办法适用于国机集团各类印章的管理。

第三条 综合管理部是国机集团印章的归口管理部门，负责印章的使用和监管，核准、办理相关印章刻制手续及封存作废印章等。

第二章 用印审批和范围

第四条 “中国机械工业集团公司董事会”印章的使用须经董事长或副董事长签字批准，用印范围主要包括：

1. 以国机集团董事会名义报送国资委等国家有关部门的请示、报告、统计报表等；

2. 按规定程序对董事等发放的文件，包括会议通知、会议决议、规定、办法等；

3. 向有关单位发出的正式函件等；

4. 其它需要用印的文件、材料等。

日常事务性用印事项，由董事会办公室主任审核，董事会秘书签字批准。

第五条 “中国机械工业集团公司”印章的使用须经公司主管领导签字批准，用印范围主要包括：

1. 以国机集团名义报送相关上级部门的请示、报告、统计报表等；

2. 对所属企业下发的文件，包括决议、决定、规定、办法、批复、通知等；

3. 向有关单位发出的正式函件等；

4. 其它需要用印的文件、材料等。

日常事务性用印事项，由用印部室负责人和综合管理部负责人签字批准。

第六条 “中国机械工业集团公司”英文印章的使用须经公司主管领导签字批准，用印范围主要包括：涉及对国（境）外的业务活动，如进出口业务单证、对外合同、协议、信函等。

第七条 “中共中国机械工业集团公司委员会”印章的使用须经党委书记或党委副书记签字批准，用印范围主要包括：

1. 以国机集团党委名义报送上级党组织的请示、报告、统计报表等；

2. 对所属企业党组织下发的文件，包括决议、决定、批复、通知等；

3. 向有关单位发出的正式函件等；

4. 其它需要用印的文件、材料等。

日常事务性用印事项，由党委工作部负责人签字批准。

第八条 “中共中国机械工业集团公司纪律检查委员会”印章的使用须经纪委书记或纪委副书记签字批准，用印范围主要包括：

1. 以国机集团纪委名义报送上级纪律检查委员会的请示、报告、统计报表等；

2. 对所属企业纪委下发的文件，包括决议、决定、批复、通知等；

3. 向有关单位发出的正式函件等；

4. 其它需要用印的文件、材料等。

日常事务性用印事项，由纪律检查办公室负责人签字批准。

第九条 “中国机械工业集团公司工会联合

会”印章的使用须经工会主席签字批准，用印范围主要包括：

1. 以国机集团工会名义报送上级工会的请示、报告、统计报表等；

2. 对所属企业工会下发的文件，包括决议、决定、批复、通知等；

3. 向有关单位发出的正式函件等；

4. 其它需要用印的文件、材料等。

日常事务性用印事项，由工会办公室负责人签字批准。

第十条 “中国机械工业集团公司法定代表人名章”的使用须经主管部室领导签字、法律事务部负责人会签，公司主管领导签字批准，并经法定代表人确认或提供相关文件后方可使用。使用范围包括委托书、授权书、聘任书等文件。

第十一条 “中国机械工业集团公司合同专用章”的使用须提供审批手续齐全的《中国机械工业集团公司合同（协议）评审表》，在综合管理部统一编号后用印，合同原件包括附件一并归档。如有授权，还需提供授权书或委托书的复印件。主要用于以国机集团名义对外签署的买卖合同、技术合同、租赁合同、委托合同和担保合同等各类合同、协议。

第十二条 “中国机械工业集团公司国有资产评估项目备案专用章”的使用须经公司主管领导批准。主要用于项目资产评估备案。

“中国机械工业集团公司法定代表人财务专用章”、“中国机械工业集团公司财务专用章”的使用须经资产财务部负责人批准。主要用于财务结算、财务支票等事宜。

第十三条 “中国机械工业集团公司工资总额审核专用章”和“中国机械工业集团公司人力资源部”印章的使用须经人力资源部负责人批准。主要用于企业人力资源调配和人事劳资等事宜。

第十四条 “中国机械工业集团公司资质专用章”的使用须经科技发展部负责人批准。主要用于勘察设计、建筑、监理等企业资质的变更、增项、升级以及个人资质注册、变更等事宜。

第十五条 “中国机械工业集团公司报关专用章”的使用须经工程事业部负责人批准。主要用于出口报关等事宜。

第十六条 “中国机械工业集团公司综合管理部”印章的使用须经综合管理部负责人批准。主要用于企业一般事务性事项，包括对外的日常函件、通知及行政后勤等有关事宜。

第十七条 国机集团各部室印章的使用按规定的部室职责范围经部室领导批准。

第三章 用印规定

第十八条 为了加强印章使用的管理，国机集团各部室必须建立用印登记制度，严格遵守用印审批手续。

第十九条 使用印章应遵循按需使用和对等的原则，凡能使用部室印章的，原则上不使用国机集团印章；一般事务性事项，应使用综合管理部印章。

第二十条 经办人用印时要认真填写《国机集团用印审批单》（见附表），明确用印事由、用印种类、用印件数和用印时间等。

1. 国机集团正式发文有公司主管领导签字，可直接用印，日期为公司领导签发日期。

凡有公司领导签字的各类函件可直接用印。

文件用印后，如内容需修改变动，须填写《国机集团文件更改审批单》，说明更改内容及原因，经公司领导签字后方可用印，新旧用印件一并归档，旧用印件标注“作废保留”。

2. 多部门联合发文，由牵头部室的公司主管领导签发后用印。

3. 因工作需要对外提供公司印模，需按审批程序办理，一式两份，综合管理部存档原件。

4. 国机集团所属企业办理工商登记，进出口年检、房产证明、投标法人证明等事宜，需要使用国机集团印章时，所属企业应提供盖有本单位印章的办理函件，由总部相关部室人员填写用印审批单后办理。

5. 严格控制国机集团英文印章的使用。外文函件用印须附中文译文。

6. 使用公司章、法定代表人名章等，综合管理部留存完整的用印后的复印件存档。

第二十一条 凡以国机集团名义对外出具的各类非文件类证明函件等，一律使用公司统一印制的“中国机械工业集团公司”A4 便函纸。

第二十二条 用印时，公章位置上不压文，下骑年盖月。严禁在空白纸张、空白便函、空白报表、空白单证上用印。

第二十三条 印章管理人员要严格审核用印件的内容及用印审批单，公司管理办法对用印有明确要求的，按文件规定执行。对用印文件内容有误；文理不通、字迹不清、书写潦草、有涂改、有错别字而产生歧义；批准权限不当等情况的，不予用印。

第二十四条 经办人不允许印章管理人员校核用印件内容的，可拒绝用印或报领导处理。

第四章 印章刻制

第二十五条 所属企业需刻制、更换单位行政、党委、纪委印章，应提出书面申请，经本单位领导签字后，行政印章报综合管理部核准；党委印章报党委工作部核准；纪委印章报纪律检查办公室核准；工会印章报工会办公室核准。总部新设部室刻制印章，需提供人力资源部机构设置文件。

第二十六条 各部室分管的印章，由各部室提出印章刻制内容，经公司主管领导批准，综合管理部负责刻制。刻好后由部室人员签字领取，交专人保管，印模标样综合管理部留存。

第二十七条 原则上不允许使用已经作废封存的印章，确因工作需要使用旧章，须经公司主管领导批准。

第五章 印章保管

第二十八条 国机集团各类印章须指定专人负责保管，并存放在铁柜内。印章保管人员负有保证印章安全的责任。

第二十九条 国机集团各类印章按职责范围分别存放和管理。

国机集团董事会印章由董事会办公室保管。

国机集团印章、钢印、法定代表人名章、英文印章、合同专用章由综合管理部保管。

国机集团党委、团委、精神文明建设综合治理领导小组等印章由党委工作部保管。

国机集团纪委印章由纪律检查办公室保管。

国机集团工会印章由工会办公室保管。

国机集团安全生产办公室印章由经营管理部保管。

国机集团报关专用章由工程事业部保管。

国机集团法定代表人财务专用章、国有资产评估项目备案专用章、财务专用章等由资产财务部保管。

国机集团干部调配专用章、工资总额审核专用章、职称评审委员会等印章由人力资源部保管。

国机集团资质专用章、科学技术成果鉴定专用章由科技发展部保管。

国机集团各部室印章由各部室分别保管。

第三十条 国机集团各类印章原则上禁止带出公司使用。如因工作需要确须带出公司，要有书面申请，按用印的权限进行审批，经综合管理部负责人和公司主管领导签字批准，由两人以上（含两人）携章办理事宜。

第六章 附 则

第三十一条 本办法由国机集团综合管理部负责解释。

第三十二条 本办法自发布之日起施行，《中国机械工业集团公司印章管理办法》（国机综〔2005〕607 号）同时废止。

中国机械工业集团有限公司外事管理暂行规定

第一章　总　则

第一条　为加强中国机械工业集团有限公司（以下简称国机集团）外事管理工作，促进国机集团外事管理科学化、制度化，特制定本规定。

第二条　国机集团综合管理部是国机集团外事工作的归口管理部门，负责组织协调和管理国机集团的外事工作和其他有关涉外事宜，为国机集团各公司、院、所及总部提供外事服务。

第三条　国机集团各公司、院、所应指定部门和人员负责本单位外事工作。

第二章　外事事项及审批权限

第四条　下列事项需由国机集团报有关主管部门审批：

（一）国机集团领导班子成员中需报国资委批准的因公出国（境）事项。

（二）赴未建交国家事项。

（三）需经有关部门批准的赴香港、澳门、台湾地区事项。

（四）邀请外国副省部级以上人员及前政要人员来华。

（五）邀请有特别规定的国家或地区人员来华。

（六）邀请涉及敏感问题的外国人员来华。

（七）出国（境）参加或举办展览会。

（八）出席在国外举办的涉及重要、敏感问题的国际会议。

（九）申请在国内举办大型国际会议。

（十）邀请党和国家领导人会见外宾或参加重要外事活动。

（十一）规定需报批的其他事项。

第五条　在国机集团业务范围内的下列事项，由国机集团领导审批。

（一）国机集团各公司、院、所及总部人员赴一般国家因公出国（境）事项。

（二）国机集团权限范围内，国机集团各公司、院、所及总部人员因公赴香港、澳门事项。

（三）国机集团权限范围内，国机集团各公司、院、所及总部组团赴台湾地区执行公务的立项申请。

（四）因公出国（境）人员护照、签证（或出境证明）及赴港澳通行证、签注申办事项。

（五）向国内有关单位、我驻外使领馆和外国驻华使领馆发出的重要函电。

（六）需由国机集团领导会见、宴请外宾或出席的外事活动。

（七）其他国机集团权限范围内的涉外事项。

第六条　在国机集团业务范围内的下列事项，由国机集团综合管理部领导审批。

（一）邀请外国相关业务人员来华事项。

（二）跨地区、跨部门的“双跨”出国团组预审事项。

1. 国机集团各公司、院、所及总部组织的“双跨”出国团组征询参团单位外事主管部门意见的征询意见函件；

2. 国机集团各公司、院、所及总部人员参加由其他地区、部门组织的“双跨”出国团组的征询意见答复函件。

（三）向国内有关单位、我驻外使领馆和外国驻华使领馆发出的一般外事业务函电。

（四）国机集团综合管理部权限范围内的其他外事事项。

第七条　国机集团各公司、院、所业务范围内的下列事项，由各单位自行审批。

（一）有外事审批权的单位权限范围内的因公出国（境）事项和邀请外国相关业务人员来华

事项。

（二）有邀请外国人员来华权限的单位邀请外国相关业务人员来华事项。

（三）与国（境）外单位进行业务联系的函电。

（四）本单位权限范围内的其他外事事项。

第三章　外事工作要求和纪律

第八条　外事工作政策性强，责任重大，且授权有限。各单位在对外工作中要认真执行国家的有关政策，遵守国机集团的有关管理规定，不得违规办事；在涉外活动中遇有不明确的问题，应及时请示报告，不得自作主张。

第九条　各单位应对涉外人员进行必要的思想政治、安全保密、外事纪律和外事礼仪教育。

所有涉外人员在对外活动中均应提高警惕，增强安全防范意识，严守国家秘密，保守单位秘密，严格遵守外事纪律和有关规章制度，不得做有损国格、人格和有辱国家、单位形象的事。

出国（境）人员在外期间要自觉接受我国驻外使领馆或机构的指导和监督，遵守前往国家（地区）的法律法规，尊重当地的风俗习惯。严禁出入赌博、色情等不健康场所。

第十条　因公出国（境）任务必须认真履行审批手续。未经任务审批单位同意，出国（境）人员不得擅自延长在外停留时间、增加顺访国家（地区）或改变往返路线，必要的过境应按最为经济合理的原则安排。

第十一条　组织或参加因公出国（境）团组，必须结合单位业务工作需要，出访任务要明确，有实质性内容，人员要少而精，无关人员不得“搭车”或“照顾”出访。严禁用公款变相出国（境）旅游。

第十二条　严格控制跨地区、跨部门的“双跨”出国（境）团组。确因业务项目需要组织的“双跨”团组，组团范围仅限于与项目有直接关系的单位和人员，并按规定办理预审手续。严禁组织一般性考察和营利性“双跨”团组。

第十三条　执行因公出国（境）任务的人员，除国家规定允许持用因私证件的情况外，一律持用因公证件。

国机集团各公司、院、所及总部人员的因公出国（境）证件，由国机集团申办和管理；国机集团所属单位中有外事审批权或因公出国（境）证件委托地方政府办理的单位，按照因公证件颁发机关的管理规定申办和管理本单位人员的因公出国（境）证件。证件持用人及所在单位应遵守有关因公出国（境）证件的管理规定。因私出国（境）不得使用因公出国（境）证件。

第十四条　因公出国（境）手续必须按因公渠道办理。因公出国签证手续，须由外交部或外交部授权的单位办理，其他单位和个人不得擅自前往外国驻华使领馆办理。

第十五条　因公出国（境）人员选派条件，按国家有关政策和国机集团的规定执行。

第十六条　不得给与本单位业务无关的外国人办理来华邀请手续。

第十七条　外事接待工作要厉行节约，简化礼仪。出国（境）人员抵离时，如不涉及外交或礼宾问题，一般不派人员迎送。

第十八条　各单位应加强对外事活动的监督检查。对违反外事政策规定、外事纪律和外事工作规章制度的人员，要认真查处、监督纠正，其中情节严重、影响恶劣者，应按照规定给予处分，并在一定时期内不允许其出国（境）。

因公出国（境）团组或驻外机构和人员发生违纪违规问题，除对当事人严肃处理外，还要根据有关规定追究组团单位或驻外机构以及派出单位负责人的责任。

第十九条　对违反政策规定，弄虚作假、采取欺骗手段办理外事事项的单位和个人，将视情节轻重追究当事者的责任，直至交由纪检监察部门或公安司法部门查处。

第二十条　国机集团外事管理部门的工作人员，因把关不严、工作失误造成严重后果的，应给予行政处分；因滥用职权、玩忽职守、徇私舞弊、贪污受贿涉嫌犯罪的，将依法移送司法机关处理。

第四章　附　则

第二十一条　国机集团在办理外事服务事项时收取适量的手续费用。收费项目及标准另行通知。

第二十二条　本规定由国机集团综合管理部负责解释。

第二十三条　本规定未涉及的事项和遇有本规

定与国家有关规定不一致时，按国家相关规定执行。

第二十四条 本规定自公布之日起执行。原《中国机械装备（集团）公司外事管理暂行规定》（国机外〔2003〕267 号）同时废止。

中国机械工业集团有限公司战略管理办法

第一章 总 则

第一条 为了规范中国机械工业集团有限公司（以下简称国机集团）战略管理工作，提高国机集团及所属企业战略决策的科学性和有效性，依法履行出资人职责，根据《中华人民共和国公司法》、国务院国资委《中央企业发展战略和规划管理办法（试行）》《中国机械工业集团有限公司章程》及有关文件规定，制订本办法。

第二条 本办法所称战略包括发展战略和规划，是指企业为了长期生存和发展，对未来一定时期内的发展定位、发展目标、发展思路、实施方案等所作出的具有方向性、整体性和全局性的总体谋划。

第三条 本办法中战略管理是指战略的制订、审核、实施、评估与修订等工作。

第四条 本办法适用于国机集团总体战略、职能战略以及子公司战略的管理。

第五条 本办法中子公司是指国机集团所属全资子公司。

第二章 管理机构

第六条 国机集团董事会为国机集团战略管理的决策机构，负责审议、批准国机集团总体战略和职能战略，并对其实施进行监督。

第七条 国机集团董事会授权战略规划部归口管理国机集团总体战略的制订、组织实施、实施效果的评估和修订，协调、组织国机集团职能战略的制订、审核和修订，进行子公司战略的审核、实施指导和监控检查。

第八条 子公司负责本单位战略的制订、实施、评估和修订。

第三章 制订与审批

第九条 战略内容主要包括：内外部环境分析、战略定位、指导思想、发展目标、保障措施、实施方案等内容。

第十条 国机集团总体战略要在充分分析、研究集团内外部环境和资源能力等因素的基础上制订，报国机集团董事会审批。总体战略经国机集团董事会批准后报国务院国资委备案。

第十一条 国机集团职能战略要在总体战略的框架下制订，由战略规划部组织相关职能部门报国机集团董事会审批。

第十二条 子公司战略要以国机集团总体战略为依据，结合自身实际情况制订，并报国机集团审核。国机集团在一个月内将审核意见反馈给子公司。

第十三条 子公司根据国机集团审核意见对战略进行修订，并将正式文本（一式三份）及其电子文档报国机集团备案。

第四章 实施与修订

第十四条 战略的实施要对发展目标和战略任务进行分解，制订具体措施，建立保障机制，并对实施情况进行跟踪、评估和反馈。

第十五条 子公司要在每年年初对上一年的战略执行情况进行评估，国机集团对子公司的评估情况进行抽查。子公司战略评估报告应及时报送国机集团备案。

第十六条 国机集团总体战略及其职能战略的修订应在充分评估集团内外部环境发生较大变化的基础上，由国机集团董事会下达修订工作任务，战略规划部组织进行修订。

第十七条 子公司根据国机集团总体战略和职能战略的调整或企业内外部环境的变化，适时对战略进行调整修订，并报国机集团审核。

第十八条 子公司经营者对本公司战略的实施负有领导责任。战略的执行和完成情况将纳入对经营者任期考核的内容。

第五章 附 则

第十九条 国机集团对控股、参股公司的发展战略，通过派出的股东代表、董事在股东会或董事会上充分表述意见。

第二十条 子公司可参照本办法制订本单位战略管理办法。

第二十一条 本办法经国机集团董事会授权，由国机集团战略规划部负责解释。

第二十二条 本办法自发布之日起执行，原《中国机械装备（集团）公司战略管理办法（暂行）》（国机研〔2005〕327号）同时废止。

中国机械工业集团有限公司担保管理办法

第一章 总 则

第一条 为加强中国机械工业集团有限公司（以下简称国机集团）担保业务管理，规范国机集团及所属子公司担保行为，有效防范财务风险，积极推进国机集团资金集中结算，支持国机集团主营业务的开展，依据《中华人民共和国担保法》、《企业国有资本和财务管理暂行办法》等国家有关法律法规，特制定本办法。

第二条 本办法所说的担保是指法律规定的保证、抵押、质押行为。

第三条 本办法适用于国机集团总部（以下简称集团公司）和所属全资、控股子公司，原则上不包括参股或行使管理职能的成员单位。

第二章 管理制度和原则

第四条 国机集团对担保实行“集中管理、分级授权”制。国机集团担保业务由集团公司集中统一管理，并根据情况授权子公司负责所属子公司的担保事项。

第五条 国机集团担保管理应严格遵循“集体决策、严格审查、控制风险、支持业务、监管到位”的原则。

第六条 提供担保应由公司领导以集体表决（如董事会、总经理办公会等最高决策机构）的方式决定，但经总经理办公会、董事会等最高决策机构授权主管公司领导审批一定金额范围内担保事项的情况除外。集体表决必须有相应的文字或书面记录。

第七条 国机集团将充分发挥集团整体优势和财务公司的金融平台作用，在控制风险的情况下，积极支持子公司银行授信、项目融资等担保业务。

第八条 国机集团所属子公司应按照本办法和单位实际情况，建立健全担保管理制度，并有效实施。担保业务管理制度和内容应包括：

（一）职责和政策，各单位应明确担保业务岗位责任和分工，确保办理担保业务的不相容岗位相互分离、相互制约和监督。明确担保的对象、职责、范围和禁止担保的事项；制定科学规范的担保业务操作程序。

（二）评估与审查，各单位在受理担保业务时，应当组织相关人员对申请担保单位的主体资格、资产质量、财务状况、经营情况、行业前景和信用状况，申请担保项目的风险性和合法性，对申请担保单位反担保和第三方反担保的不动产、动产和权利归属等进行风险评估和审查，确保担保业务符合担保政策，并形成评估审查报告。

担保的评估和审查应当征求法律顾问或相关专家的意见。

（三）授权与审批，各单位建立了授权审批管理制度的，应明确对担保业务的授权批准方式、权限、程序、责任和相关控制措施，规定经办人办理担保业务的职责范围和工作要求。严禁未经授权的机构或人员办理担保业务。

（四）监测和报告，各单位应明确担保事项监督检查机构和人员的职责权限，重点加强对被担保单位、被担保项目资金流向的日常监测，及时做好担保项目监督和后续跟踪，定期了解被担保单位的财务状况和经营管理情况，形成书面报告。对异常情况应随时予以关注和报告。

（五）财产保管和担保业务记录，各单位应集中妥善保管有关担保财产和权利凭证，定期对财产的存续状况和价值进行复核，发现问题及时处理。对担保的对象、金额、期限和用于抵押和质押的物品、权利及其他有关事项进行全面记录。

第三章　职责分工和管理

第九条　集团总部资产财务部为国机集团担保事项的归口管理部门，组织实施和管理国机集团的担保事项，负责集团总部担保事项的受理、审查、监督和相应的管理工作；集团总部所有担保事项须经集团总部法律事务部协同审查，出口卖方信贷项目担保和项目专项融资担保事项须经集团总部经营管理部协同审查。

第十条　子公司资产财务部门为本单位担保事项的归口管理部门，应根据本办法和集团公司的要求，组织实施和管理本单位的担保事项。

第十一条　按照“集中管理、分级授权”的管理制度和原则，国机集团对担保事项实行以下职责分工和管理：

（一）集团公司总部负责国机集团担保管理办法的制定、修改和发布，负责监控、统计和分析国机集团担保情况，评估、检查和完善国机集团担保管理内部控制制度，对所属二级企业的担保事项行使受理、审批、监督、检查和管理职能。

（二）国机财务有限责任公司（以下简称财务公司）应根据国家相关规定和要求，根据集团公司批准的《担保实施办法》，在其业务经营范围内，受理集团内部各项担保业务。

（三）集团公司授权所属二级企业根据本办法规定负责其所属子公司的担保事项，并行使相应的受理、审批、监督、检查和管理职能。

第四章　集团公司担保管理

第十二条　集团公司担保是指集团公司对债务人或履约人按期偿还债务或履约作出的保证承诺，担保方式只限于信用保证，不提供抵押、质押、留置和定金等形式的担保。

第十三条　集团公司担保业务范围：

集团公司可以为国机集团所属二级企业的重大进出口项目融资提供信用担保，原则上不提供银行综合授信额度担保。集团公司不得向国机集团以外的单位或个人提供担保。

第十四条　为发挥财务公司金融功能，更好利用财务公司对担保事项专业的风险评估和审查作用，对向集团公司申请的担保业务，集团公司可以采取书面形式委托财务公司进行风险评估和调查，并形成担保评估报告。

第十五条　对集团公司提供的担保，被担保单位原则上应提供相应的反担保，并具有实际的反担保承担能力。

第十六条　对下列情况，集团公司不予提供担保：

（一）经审查风险较大的自营或代理项目；

（二）效益不高的非主营业务或项目；

（三）不符合国家法律法规和政策的项目；

（四）子公司财务状况不佳，管理混乱，经营风险较大，且出现经营纠纷或对外担保已产生较大连带责任的；

（五）集团公司提供的担保已发生纠纷、承担连带担保责任或造成损失等情况的；

（六）申请单位提供虚假材料或与第三者串通

骗取担保的。

第十七条 向集团公司申请担保业务的子公司应符合以下条件：

（一）具有良好的信誉，经营稳健，财务状况良好、有较强的综合偿债能力；

（二）无应交未交、拖欠和少交集团公司资本收益、管理费和担保费用等款项的记录；

（三）合法经营，近3年没有出现重大违法、违规事件和不良经营记录；

（四）管理规范，具有健全的内部管理和控制制度，并能有效执行。

第十八条 集团公司提供重大进出口项目担保的内容包括：项目融资以及投标保函、预付款保函、履约保函等信用类保函的担保。

第十九条 子公司申请担保的重大进出口项目应体现以下原则：

（一）项目符合国机集团发展战略，能提升国机集团在国内外市场的竞争实力，能扩大国机集团对外工程承包、大型成套设备和机电产品出口，增强国机集团的综合实力；

（二）项目能发挥国机集团综合竞争优势，增强集团成员单位之间的协作，提高成员企业参与市场竞争的能力；

（三）项目有良好的经济效益和收汇保证，风险较小。

第二十条 向集团公司申请担保的项目须具备以下条件：

（一）项目已获国家有关部门批准；

（二）项目金额一般在等值1000万美元以上，且经济效益显著，项目毛利率一般不低于合同总价的10%；

（三）申请担保单位曾经执行过类似的重大进出口项目，具有相当的项目组织、履约和执行能力。

（四）出口项目已投保出口信用保险，并取得出口信用保险公司的承包意向书，承包金额能够覆盖合同风险80%及以上。

（五）项目申请担保金额原则上不超过合同金额的80%；

（六）项目经可行性分析论证，风险较小。

第二十一条 集团公司将加强对子公司银行授信业务的统一管理。对于集团公司牵头申请的银行整体授信业务，具有资金需求的子公司，应事先上报并纳入集团年度统一授信计划。

第二十二条 集团公司将优先支持已纳入集团公司资金集中结算或银行授信统一管理的子公司申请担保的重大进出口项目。

第二十三条 为提高工作效率，有效控制风险，集团公司实行评估审查和授权审批制度。对受理的担保事项，应按照要求进行必要的评估和审查，履行相应的审批程序。

第二十四条 为积极推进集团资金集中结算和统一管理，集团公司根据不同担保业务的风险情况，按照不同标准收取担保费用。

担保费用按年计算，其计算方法为：

一、银行综合授信额度担保：每年收取的担保费＝担保总额×相应的担保费率×担保期限。

二、项目专项担保：按照实际担保余额为基础计算确定，担保收费＝Σ（实际担保余额×持续时间×相应的担保费率）。

500万元以上的担保项目，每笔项目或每年的担保费用最低不低于5万元；500万元以下的担保项目，每笔项目或每年的担保费用最低不低于1万元。

担保费用于集团正式提供担保时一次性收取。

对已经全部纳入集团资金集中结算和银行授信统一管理的子公司，集团公司将给予担保收费优惠。

对部分纳入或未纳入集团资金集中结算业务和部分执行集团银行授信统一管理的子公司，集团公司将按照收费标准执行。

第五章　子公司担保管理

第二十五条 子公司应参照本办法的规定和要求，研究制定本单位担保实施办法。

第二十六条 子公司要加强担保风险的管理和控制，集团公司授权二级企业行使其所属单位担保事项的审批决策权，二级以下子公司无权审批决策任何担保事项。子公司提供担保业务只能控制在集团所属三级子公司以内（含三级子公司），集团所属三级子公司以下单位不得提供担保业务。

第二十七条 集团所属各子公司，一律不得为集团公司以外单位或个人提供担保。

第二十八条 子公司下列担保事项，需向集团公司备案：

（一）子公司为其所属控股子公司（持股比例

大于50%小于100%）提供担保；

（二）子公司为集团内部其他子公司提供担保；

子公司下列担保事项，需报经集团公司批准：

（一）子公司以自有房产或权利办理抵押或质押的担保，应报集团公司批准；

（二）子公司为其所属相对控股、参股子企业（持股比例小于或等于50%）提供担保。

第二十九条 子公司对所属子公司或集团内部成员单位提供担保向集团公司申请批准或备案时，要提交以下材料：

（一）对外担保申请报告。包括以下内容：被担保单位的基本情况、担保风险评估情况、担保项目情况、担保期限及金额、反担保情况说明、风险防范措施等；

（二）子公司对担保的书面审查意见；

（三）子公司董事会或总经理办公会纪要复印件；

第三十条 子公司应积极清理历史遗留的担保业务，并按照本办法加以规范。要建立担保风险预警和报告制度，对可能出现的风险、诉讼或损失，要积极防范和应对，并及时上报集团公司。

第三十一条 财务公司对外提供担保主要是配合集团公司实施资金集中结算和加强集团财务管理的需要，要严格执行监管部门的监管要求、公司章程和国机集团有关担保管理规定，建立健全担保业务内部控制和管理制度，有效控制风险。

集团公司资产财务部、审计稽查部有权定期或不定期监督、检查财务公司担保工作。

财务公司对外提供担保收费可参照集团公司收费的标准，自主确定。

第三十二条 除财务公司以外，子公司对外提供担保累计余额原则上不得超过其最近一个会计年度合并会计报表中净资产金额。

第三十三条 子公司应加强对外担保项目的跟踪和监管，并及时向集团公司报告和反馈担保管理中的问题，规范和加强担保档案保管工作，在年度财务报告中详细说明各担保项目的情况。

第六章 担保的监测和报告

第三十四条 担保单位应对本单位担保事项建立台帐，详细记录对担保的对象、金额、期限和用于抵押和质押的物品、权利及其他有关事项。

第三十五条 担保单位对提供的担保项目，应建立担保情况的监测和报告制度。定期监测了解被担保单位的经营情况和财务状况，定期对担保项目进行跟踪和监督，了解项目的执行、资金的使用、贷款的归还、财务运行及风险等情况。

对于异常情况和问题，要做到早预警、早发现、早研究和早解决。对于重大问题和特殊情况，应及时向单位总经理办公会、董事会或集团公司报告。

第三十六条 财务公司应每季度向集团公司书面报告其对外担保情况，各有关子公司应每季度向集团公司书面报告集团公司为其提供的重大担保项目进展情况。

第三十七条 集团公司资产财务部将不定期组织集团公司有关部门，或委托中介机构对子公司担保管理的内部控制和执行情况、集团公司提供担保的项目进行监督和检查。

第七章 担保合同和风险防范

第三十八条 担保单位应当根据审批意见，出具正式担保，按规定与银行等债权人签定书面《担保合同》，明确担保范围、担保金额、担保期限等主要内容。订立合同前，应当征询法律顾问或专家的意见，确保合同条款符合国家有关法规和担保政策的规定。

第三十九条 为明确担保双方的权利和义务，担保单位与被担保单位之间应签订《担保协议》，《担保协议》中应明确担保内容、担保金额、担保期限、反担保措施和担保费用等。

第四十条 担保单位对外提供担保应要求被担保单位提供必要的反担保，签定相关协议，办理有关手续。反担保可以采取第三方保证、有效资产的抵押和质押等方式。

第八章 附 则

第四十一条 本办法由集团总部资产财务部负责解释和修改，自印发之日起执行。

第四十二条 本办法执行后，国机集团其他关于担保规定如与本办法相抵触，以本办法为准。

中国机械工业集团有限公司资金集中结算实施方案（试行）

（国机财〔2004〕42号）

为充分发挥国机财务有限责任公司（以下简称财务公司）金融功能，实现集团内部资金集中结算，加强中国机械工业集团有限公司（以下简称国机集团或集团）资金财务管理，优化集团资金资源配置，降低财务费用，控制财务风险，特制定本实施方案。

一、总　则

第一条　本实施方案的范围包括国机集团所有成员单位。

第二条　集团资产财务部为资金集中结算的管理、监督部门；集团授权财务公司进行集团资金集中结算工作的业务操作。

第三条　国机集团资金集中结算的基本原则：

1. 资金集中的原则：

成员单位必须分别在财务公司和集团指定合作银行（以下简称合作银行）开立账户，办理存贷款和结算等业务。

2. 资金权属不变的原则：

成员单位对本单位账户内资金拥有所有权，企业根据业务需要自主支配。

3. 确保资金安全与配置效率的原则：

（1）财务公司应不断强化风险意识，完善内控制度，确保资金安全。

（2）财务公司应不断提高资金运作能力和水平，努力提高资金使用效益。

（3）财务公司应树立良好的服务意识，提高资金配置与结算效率，降低相关费率。

4. 结合实践不断完善实施方案，更好地满足集团发展和成员单位需求的原则。

二、操作办法与实施步骤

第四条　国机集团资金集中结算的具体操作办法，依据《国机财务有限责任公司集团资金集中结算操作办法》（以下简称“操作办法”）执行。

第五条　集团资金集中结算采取分步实施，逐步推进，稳步发展的方式，积极稳妥推行。通过两年左右时间实现集团成员单位资金的集中结算。

1. 2004年的主要工作：

（1）2004年一季度，所有成员单位在财务公司及合作银行开立账户，开展存贷款和结算业务，并将在非合作银行开立的银行结算账户报集团资产财务部备案。

（2）2004年第二季度前，在京成员单位将银行基本存款账户变更到合作银行。

（3）选择5～10家在京成员单位进行集中结算试点，撤销非合作银行的结算账户，将全部结算业务纳入合作银行统一办理。其他成员单位要依照“操作办法”逐步扩大在财务公司和合作银行的资金结算规模。

2. 2005年的主要工作：

（1）2005年第2季度前，在京所有单位结算业务均纳入合作银行，进行集中结算。

（2）2005年第2季度前，京外单位均纳入集团集中结算系统管理。

三、合作银行

第六条　集团指定合作银行的确定原则：

1. 优先选择与集团内企业业务来往密切，对集团业务发展支持较大的商业银行。

2. 选择具有较强实力，有广泛的营业网点和先进的网上银行支付系统，能够满足集中结算要求的商业银行。

3. 选择具备大型企业资金集中管理经验，并有成功案例，且具有良好服务意识的商业银行。

4. 合作银行的数量选择应适度，避免过于集中和分散，前期以3至4家为主，其中1至2家为国有商业银行，1至2家为股份制商业银行。

第七条 集团指定合作银行的范围：

根据合作银行确定原则，暂定以下银行为集团资金集中结算的合作银行：

1. 中国银行总行营业部
2. 中国建设银行东四支行
3. 中国民生银行总行营业部
4. 招商银行双榆树支行
5. 中国工商银行总行营业部

第八条 成员单位在财务公司开立账户的同时，可以选择一家或多家合作银行开户并办理相关业务。

第九条 集团资产财务部为成员单位在合作银行开立的账户核定基本余额，办理授权手续。每日营业终了，将超过基本余额部分的资金转入成员单位在财务公司开立的内部结算账户中，实现资金集中。

第十条 在完全实行资金集中结算前，成员单位在合作银行以外的银行开立的结算账户应尽量通过网上银行进行结算，并由集团公司与成员单位和开户行签定网上查询协议。

第十一条 集团资产财务部负责协调合作银行、财务公司与成员单位之间的资金业务关系，帮助解决业务合作中存在的问题。并根据实际情况，适时调整合作银行。

四、工作监督与风险防范

第十二条 集团资产财务部负责研究和制定集团资金集中结算工作的方案、政策和相关管理规章制度；负责对财务公司开展资金集中结算的情况执行管理和监督；根据本实施方案和相关规章制度定期或不定期对成员单位在财务公司及合作银行的开户及结算情况进行检查，并向集团主管领导及总裁办公会汇报。

第十三条 集团资产财务部或审计稽查部有权定期或不定期检查财务公司集中结算内控制度建设及执行情况，资金运营与经营状况，并向集团主管领导及集团总裁办公会汇报。

第十四条 财务公司负责集团集中结算资金的安全，不断规范业务流程，丰富业务品种，接受集团资产财务部的监督管理，定期或不定期向集团资产财务部及主管领导汇报公司资金使用状况，呈报公司资金变动分析报告。

五、附　则

第十五条 本实施方案自印发之日起试行，各成员单位遵照执行。

第十六条 本方案由集团资产财务部负责解释，各成员单位在试行中如有任何问题，请及时反馈到集团资产财务部，便于进一步修改、完善本方案。

中国机械工业集团有限公司资产处置管理暂行办法

第一章　总　则

第一条 为加强国有资产的管理，积极维护国有资产的权益，根据《公司法》、《企业国有资产监督管理暂行条例》（国务院378号令）、《企业国有产权转让管理暂行办法》（国资委、财政部令第3号）和《国有股东转让所持上市公司股份管理暂行办法》（国资委、证监会19号令）及其相关配套文件的精神，特制定本办法。

第二条 本办法旨在规范中国机械工业集团有限公司（以下简称国机集团）总部及所属企业（含集团全资、控股子公司及二级以下子企业）的资产处置行为。具体包括资产的转让、报废、报损，以及公司的合并、分立、解散、破产等事项。

第三条 本办法适应的资产处置类型：

（一）国机集团总部及所属企业持有的企业股权的处置事项；

（二）国机集团总部及所属企业固定资产的处置事项；

（三）国机集团总部及所属企业无形资产的处置事项；

（四）对于国机集团总部及所属企业转让所持上市公司股份的管理参照《国有股东转让所持上市公司股份管理暂行办法》（国资委、证监会19号令）等文件规定执行，本办法不再单独规定；

（五）对于国机集团总部及所属企业在经营过程中形成的流动资产等，按照企业经营活动的有关程序和规定管理，不属于本办法管理范围；

（六）对于国机集团总部及所属企业在从事证券投资活动中持有的债券、证券的处置，不属于本办法管理范围。

第四条 在资产处置的过程中，应坚持以下基本原则：

（一）公开公正公平的原则。即处置资产的方式必须公开透明，转让价格的确定必须公正公平，受让方的选择必须公正公开；

（二）规范性原则。即资产处置行为必须依照国家有关法律法规和国机集团的管理规定，规范办理；

（三）效益最大化原则。即处置资产的目的应当是谋求资产效益的最大化，保障国有资产的权益。

第五条 企业拟对相关资产实施处置时，应先对拟处置资产的产权状况进行确认。产权不清或存在产权纠纷的资产，原则上应在产权明晰后，再行处置。

第二章 职责与权限

第六条 资本运营部根据集团战略规划的要求和当期资本运营工作的需要，总体负责审查集团总部及所属企业的资产处置事项。

第七条 资产财务部参与对企业资产处置行为的会审，主要负责审查所属企业上报拟处置资产的真实性，评估的规范性及确认资产的评估结果，并负责监管企业资产处置后产权登记等有关事项。

第八条 国机集团总部业务归口管理部门及其他相关部门根据资产处置项目的具体要求，参与项目会审。

第九条 资产处置项目的审批，根据国机集团董事会所授权限，分级报请国机集团主管领导、总经理、总经理办公会和董事长、董事会常务委员会、董事会分级审批。

第三章 股权转让的审批

第十条 国机集团所属企业需要转让所持有的企业股权时，应事先向国机集团提出申请，经集团批准同意后，方可正式实施。

企业提出转让所持股权的申请时，应按照《国机集团国有资产产权管理申报文件规范指引》的规定制定申报文件和提供相关资料。

第十一条 国机集团资本运营部接到企业股权转让申请材料后，应提出初步的审查意见，商资产财务部和业务归口管理部门等相关部门会审后，报集团主管领导。

第十二条 批准权限：

（一）国机集团总部及所属企业拟转让股权净资产价值或预期转让价格在10000万元以上的，经集团总经理办公会审议后，提交集团董事会审批。

（二）属于下列情形之一的，经国机集团总经理办公会审议后，提交集团董事会常务委员会审批：

1. 国机集团总部及所属企业拟转让股权净资产价值或预期转让价格在8000万元至10000万元（含）的；

2. 被转让企业的主营业务属于集团主营业务范畴且具有一定经营规模，同时我方处于控股地位的；

3. 被转让企业的业务对集团主营业务的发展具有重大影响的；

4. 股权转让过程中涉及大量职工安置和社会稳定问题的。

（三）国机集团总部及所属企业拟转让股权净资产价值或预期转让价格在5000万元至8000万元（含）的，经集团总经理办公会审议后，提交集团董事长审批。

（四）国机集团总部及所属企业拟转让股权净资产价值或预期转让价格在3000万元至5000万元

（含）的，经集团主管领导审核后，提交集团总经理办公会审批。

（五）国机集团总部及所属企业拟转让股权净资产价值或预期转让价格在1000万元至3000万元（含）的，经集团主管领导审核后，提交集团总经理审批。

（六）国机集团总部及所属企业拟转让股权净资产价值或预期转让价格在1000万元以下（含）的，由集团主管领导审批。

国机集团资本运营部根据审批意见，批复企业的股权转让行为。

第十三条 企业改制过程中涉及到股权的转让问题，国机集团在审查企业改制方案时，一并审批。

第四章 固定资产与无形资产转让的审批

第十四条 国机集团所属企业需要转让价值或预期转让价格在1000万元以上的固定资产和无形资产时，实施前应先向集团提出申请，在集团批准同意后，方可正式实施。企业提出的申请报告，应对资产的具体状况和处置理由进行说明。

国机集团所属企业转让价值及预期转让价格在1000万元（含）以下的固定资产和无形资产时，由企业按照集团的有关要求和自身的管理规定进行决策。

第十五条 国机集团资本运营部接到所属企业资产转让申请材料后，应提出初步的处理意见，并在商资产财务部和业务归口管理部门等相关部门会审后，报集团主管领导。

第十六条 批准权限：

（一）国机集团总部及所属企业拟转让资产价值或预期转让价格在50000万元以上的，经集团总经理办公会审议后，提交集团董事会审批。

（二）国机集团总部及所属企业拟转让资产价值或预期转让价格在20000万元至50000万元（含）的，或该部分资产的转让涉及企业稳定，关系重大的，经集团总经理办公会审议后，提交董事会常务委员会审批。

（三）国机集团总部及所属企业拟转让资产价值或预期转让价格在8000万元至20000万元（含）的，经集团总经理办公会审议后，提交董事长审批。

（四）国机集团总部及所属企业拟转让资产价值或预期转让价格在5000万元至8000万元（含）的，经集团主管领导审核后，提交集团总经理办公会审批。

（五）国机集团总部及所属企业拟转让资产价值或预期转让价格在3000万元至5000万元（含）的，经集团主管领导审核后，提交集团总经理审批。

（六）国机集团总部及所属企业拟转让资产价值或预期转让价格在1000万元至3000万元（含）的，由集团主管领导审批。

国机集团资本运营部根据审批意见，批复企业的资产转让行为。

第五章 股权（产权）转让的实施

第十七条 企业实施股权（产权）转让，必须按照国务院国资委《企业国有产权转让管理暂行办法》及其相关配套文件的规定和要求办理。

第十八条 国机集团所属企业接到集团关于股权（产权）转让的批准文件后，在实施转让前，应按照国机集团《国有资产评估管理办法》的要求，对产权价值进行评估，并将评估结果报集团资产财务部备案。

第十九条 企业的股权（产权）转让行为，在获得最终批准和完成资产审计评估后，除得到国资委和国机集团的特别批准外，均应在政府设立的产权交易市场进行公开挂牌交易。

第二十条 企业实施股权（产权）公开转让时，应选择在上海联合产权交易所、天津产权交易中心、北京产权交易所和重庆联合产权交易所中的任意一家发布国有产权转让信息，并由该产权交易机构或企业所在地的区域性产权交易机构组织相关产权交易活动。

第二十一条 企业国有股权（产权）的受让方应具有良好的财务状况和支付能力；具有良好的商业信用；受让方为自然人的，应当具有完全民事行为能力。

企业国有股权（产权）转让涉及到受让方为外国的企业和其他经济组织或个人的（以下简称外商），应对照《外商投资产业指导目录》及相关规定，对国家对外商受让标的企业产权有限制性或禁止性规定的，应在公告中明示。受让方最终确定为外商的，应由转让方按照国家有关管理规定报政府相关职能部门审核批准。

第二十二条 企业应在广泛征集国有股权（产权）转让受让方的条件下，根据转让标的企业的实际情况，制定受让条件。受让条件应表述清晰，且不违反公平竞争原则。未经公开发布的受让条件不能作为否定意向受让方资格的依据。

第二十三条 企业国有股权（产权）转让价格的确定，应当依据以下规定：

（一）企业国有股权（产权）转让价格应以资产评估结果为参考依据，并在产权交易市场中公开竞价，积极寻求国有产权的保值、增值。

（二）转让企业国有股权（产权）的首次挂牌价格不得低于经核准或备案的资产评估结果。经公开征集没有产生意向受让方的，转让方可以根据标的企业情况确定新的挂牌价格并重新公告，再次挂牌的价格，原则上不得低于评估值的90%。如拟确定的新的挂牌价格低于资产评估值的90%的，应当获得国机集团书面批准同意。

（三）企业国有股权（产权）转让中涉及的职工安置、社会保险等有关费用，不得在评估作价之前从拟转让的国有净资产中先行扣除，也不得从转让价款中进行抵扣。

（四）在产权交易市场中公开形成的转让价格，不得以任何付款方式为条件进行打折、优惠。

第二十四条 企业国有股权（产权）转让交易方式的确定，应依据以下规定：

（一）经公开征集产生两个或两个以上受让方时，转让方应与产权交易机构协商，根据转让标的的具体情况采取拍卖、招投标或场内竞价的方式组织实施产权交易。

（二）经公开征集只产生一个受让方时，转让方可以采取协议转让的方式实施产权交易。

（三）企业国有股权（产权）转让成交后，转让方与受让方应当签订产权转让合同，并取得产权交易机构出具的产权交易凭证。

第二十五条 企业国有股权（产权）转让价款原则上应当一次付清。如金额较大、一次性付清却有困难的，可以采取分期付款的方式。采取分期付款方式的，受让方首期款不得低于总价款的30%，并在合同生效后5个工作日内支付；其余款项应当提供合法银行担保，付款期限不得超过1年。

第二十六条 企业国有股权（产权）转让涉及到职工安置的，应积极保护转让标的企业职工的合法权益。职工安置方案应经过职代会审议，并由当地劳动保障部门审核。

应当按照有关政策规定处理好与职工的劳动关系，解决拖欠的职工工资、欠缴的各项社会保险费及其他有关费用，并做好企业职工各项社会保险关系的接续工作。

第二十七条 企业国有股权（产权）转让涉及管理层收购、国有划拨土地使用权转让和由国家出资形成的探矿权、采矿权转让的，应符合国家法律和相关政策规定。

第二十八条 企业股权（产权）交易完成后，应及时办理产权注销手续，并在两周内将交易情况及产权交易凭证副本报集团资本运营部备案。

第六章　企业合并、分立、解散、破产的审批

第二十九条 国机集团所属企业进行合并、分立、解散、破产等，均应事先报集团审批。上报时，应同时报送企业的相关资料和财务报表，以及实施合并、分立、解散、破产的具体方案。

第三十条 国机集团资本运营部在对企业上报的申请材料和方案进行审查后，提出初步意见；并在商资产财务部和业务归口管理部门等相关部门会审后，报集团主管领导。

第三十一条 批准权限：

属以下情况之一的，经集团主管领导审议后，提交集团总经理办公会审批。

（一）国机集团所属二级子公司的合并、分立、解散、破产行为；

（二）国机集团所属含有“中国”字头的各级子公司的合并、分立、解散、破产行为；

（三）国机集团所属总资产超过50000万元以上的各级子公司的合并、分立、解散、破产行为；

（四）国机集团所属各级子公司在企业合并、分立、解散、破产过程中牵涉到大量人员安置问题的；

（五）国机集团所属各级子公司的企业合并、分立、解散对集团主业经营有较大影响的。

其余的企业合并、分立、解散、破产事项由集团主管领导审批。

第三十二条 国机集团所属企业合并、分立、解散、破产的申请在得到集团批准后，应严格按照

集团批准的方案实施。实施过程中出现重大问题和有与集团批准方案严重违背的地方，应及时向集团报告。

实施完成后，应及时将实施情况报集团备案。

第三十三条 由法院判定企业进行解散、破产的，企业需及时向集团报告，并按有关规定组织实施。实施完成后，应将实施情况报集团备案。

第三十四条 企业实施合并、分立、解散、破产后，应及时办理产权变更和注销手续。涉及到资产的处置时，应遵照国资委和国机集团的有关规定办理。

第七章 企业资产报损、报废的审批

第三十五条 国机集团总部及所属企业对外投资所形成的产权或股权，在所投资企业进行清算前，原则上只能进行转让，不得作为投资损失处理。只有在所投资企业的经营期限已满，并且已连续两年停止经营的情况下，如果所投资企业资产状况确实很差或资不抵债，股权已无转让价值，并且企业的控股方不能组织对企业进行清算时，方可申请进行投资损失处理。

第三十六条 集团资本运营部在对企业上报的申请材料进行审查后，提出初步意见；并在商资产财务部和业务归口管理部门等相关部门会审后，报集团主管领导审批。

第三十七条 国机集团总部及所属企业的资产报损、报废及账务核销参照《中国机械工业集团有限公司不良资产管理暂行办法》执行。

第八章 监管与处罚

第三十八条 国机集团对所属企业的资产处置情况进行不定期的检查和抽查。集团资本运营部、资产财务部和业务归口管理部门具体负责对所属企业资产处置行为的监督检查。

第三十九条 国机集团所属企业在年末应对本年度资产处置事项进行全面清理和总结，并将清理总结结果向集团报告。

第四十条 国机集团所属企业的资产处置行为应严格按照本规定办理。对于违反国资委和国机集团规定处置资产的行为，国机集团将视情节进行严肃处理。

第四十一条 国机集团所属企业违规处置资产，情节严重的，国机集团将追究企业主要负责人和当事人的责任；造成资产重大损失的，要给予企业主要负责人和当事人经济处罚，直至追究刑事责任。

第九章 附 则

第四十二条 本办法由国机集团资本运营部负责解释。

第四十三条 本办法经国机集团总经理办公会批准，自发布之日起实施，国机集团原有有关制度与本办法相抵触的，按本办法执行。

中国机械工业集团有限公司投资管理暂行办法

第一章 总 则

第一条 为贯彻实施中国机械工业集团有限公司（以下简称国机集团）发展战略，积极推动国机集团产业结构调整，正确引导投资方向，有效防范投资风险，使投资工作规范化、科学化，依据《中华人民共和国公司法》、《企业国有资产监督管理暂行条例》和《中央企业投资监督管理暂行办法》等国家有关法律法规以及国机集团《章程》的相关规定，制订本办法。

第二条 本办法适用于国机集团及其全资、控

股子公司（以下简称所属企业）的投资项目，包括企业长期投资（含以 BOT、BOO 等方式进行的其他经营性投资）、重大资本性支出等。

第三条 本办法所指长期投资系指国机集团及所属企业，以现金、实物资产、无形资产（包括土地使用权等）投入等形式，或者以购买股票等有价证券的方式，向其他企业进行股权投资和收购的行为（包括以 BOT、BOO 等方式进行的其他经营性投资）。

第四条 本办法所指资本性支出系指国机集团及所属企业进行基本建设、技术改造、房屋装修改造等固定资产投资，以及购置其他固定资产、无形资产（包括土地使用权等）和出资设立境外办事机构等投资事项。

其中，技术改造项目是指依托现有企业，利用国内外先进技术、管理经验和发挥现有企业的设备、技术、资金、人才、管理等优势，以提高效益、调整结构为目的而采取的技术改善、提高措施。技术改造项目中基本建设投资金额原则上不应超过总投资的30%。

第五条 国机集团及所属企业投资，必须坚持以下原则：

1. 符合发展战略的原则。投资要符合国机集团总体发展战略的重点和方向，有利于提高国机集团的整体利益；

2. 效益第一的原则。投资要努力降低投资成本，改善投资结构，争取最佳效益；要注意长远效益与近期效益相结合；

3. 符合市场需求的原则。投资必须依据市场需求及未来市场发展趋势，符合国家经济结构、产业结构和产品结构的调整要求；

4. 科学规范操作的原则。投资必须符合国家法律法规的规定，并在国机集团有关规定允许的范围内进行；要坚持项目审批制度，认真做好可行性研究与论证；要坚持集体决策，重要投资项目应征求有关专家或咨询机构的意见。

第二章 归口管理

第六条 国机集团及所属企业的投资项目实行分类分级管理。国机集团及所属企业的长期投资项目和资本性支出项目，按照金额大小实行分级管理（国家另有规定的按有关规定执行）。

第七条 国机集团及所属企业的投资活动按以下分类实行归口管理：

1. 企业投资凡涉及设立公司、收购股权（包括境外股权），融资租赁、土地开发和基本建设的，由资本运营部归口管理〔LU1〕；

2. 企业技术改造项目投资，包括中央预算内投资补助和贴息项目，以及国防固定资产投资项目（以下简称“国家重点和国防项目”），由科技发展部和军工管理办公室归口管理；

3. 企业实施股票、证券、债券等单一有价证券类的财务性投资以及金融性的投资等，由资产财务部归口管理。国机财务有限责任公司从事的日常性财务性投资另行规定；

4. 企业为实施承包合同、开发国外及港、澳、台市场而在国外及港、澳、台出资设立的代表处、分公司等境外办事机构和境外公司；为执行境外工程承包、EPC、BOT、BOO 项目实施的经营性投资，包括设立项目公司和资本性支出等，由经营管理部归口管理。

第八条 投资归口管理部门主要职责如下：

1. 组织开展对投资项目的审核与论证；

2. 向国机集团领导和相关会议进行项目汇报；

3. 按照国家有关规定向政府有关部门申请项目的审批、核准或备案；

4. 根据国机集团最终决策意见办理项目批准的有关手续和文件；

5. 监督项目的执行。

第九条 为保证国机集团投资项目审批工作的质量，做到科学、客观、公正，国机集团设立投资审查委员会，负责开展对重大投资项目的审查工作。投资审查委员会工作按《中国机械工业集团有限公司投资审查委员会工作暂行办法》执行。

第十条 各投资归口管理部门牵头组织相关业务归口管理部门和各有关职能管理部门负责对国机集团及所属企业的投资项目进行审核与论证，重大的投资项目须提交投资审查委员会进行审查。经投资审查委员会审查通过的投资项目，根据投资额大小报请集团总经理办公会、董事长、董事会常务委员会和董事会审批决策。

第十一条 国机集团及所属企业申报的中央预算内投资补助和贴息项目，以及国防固定资产投资项目等，在国机集团审查同意后，应按国家有关规定办理报批手续。

第十二条 国机集团及所属涉及企业土地开发的投资项目，应按国机集团关于企业土地管理的相关规定办理，同时应执行国家相关规定。

第十三条 国机集团及所属企业投资设立境外公司和境外办事机构的，除按本办法及《国机集团境外机构管理办法》的规定办理相关审批外，还应在国机集团审批同意后，报国家商务部和国家发改委等有关部委批准。

第十四条 国机集团控股子公司的投资项目，属于应报国机集团审查的，在通过国机集团审批后，由控股子公司根据公司章程的规定决议通过后实施。

第十五条 非经国机集团特许，所属企业及其子公司均不得从事证券、期货、外汇交易和金融衍生品等高风险投资业务。

第十六条 国机集团所属三级企业（集团所属企业的全资、控股子公司）原则上不允许实施长期股权投资。确属需投资的项目，须经国机集团根据本办法审查批准后办理。

集团所属四级及以下子公司均不允许实施长期股权投资。

第十七条 属以下任何情况之一的，除国家特殊规定或国机集团特批外，原则上不得投资：

1. 企业自有生产经营资金不足的；
2. 长期投资项目的收益率预计达不到银行同期定期存款五年期利率的；
3. 企业非主业投资占企业总投资比重超过10%的；
4. 投资项目中企业自有资金占总投资比重不到40%的；
5. 企业总投资规模超过企业财务承受能力的。

第十八条 国机集团所属企业属以下情形之一的，国机集团原则上不批准其实施新的投资项目：

1. 未按规定报国机集团批准的；
2. 未按规定报国机集团备案的；
3. 擅自更改国机集团批复内容的；
4. 有多个处于不良状态的长期股权投资未采取有效措施进行处理的。

第十九条 所属企业应从严控制参股性质的长期投资，不得参与非财务性且战略意义不突出的参股股权投资项目。

第二十条 所属企业境外投资项目，必须符合企业现有业务的发展要求和国家有关部委的规定。

第三章 投资决策管理

第二十一条 投资管理实行投资决策责任制，决策人对投资决策负责。

第二十二条 国机集团及所属企业投资项目须报请国机集团总经理办公会、董事长、董事会常务委员会和董事会审批决议的，需要预先经国机集团投资审查委员会审查通过。

国机集团总部

第二十三条 单项金额在1亿元以上（不含）的长期投资项目和单项金额在3.5亿元以上（不含）的资本性支出项目，经国机集团总经理办公会审议通过后，提交国机集团董事会审批。

第二十四条 单项金额在8000万元（不含）至1亿元（含）之间的长期投资项目和单项金额在2.5亿元（不含）至3.5亿元（含）之间的资本性支出项目，经国机集团总经理办公会审议通过后，提交国机集团董事会常务委员会审批。

第二十五条 单项金额在5000万元（不含）至8000万元（含）之间的长期投资项目和单项金额在1.5亿元（不含）至2.5亿元（含）之间的资本性支出项目，经国机集团总经理办公会审议通过后，提交国机集团董事长审批。

第二十六条 单项金额在3000万元（不含）至5000万元（含）之间的长期投资项目和单项金额在5000万元（不含）至1.5亿元（含）之间的资本性支出项目，经国机集团主管领导审查通过后，提交国机集团总经理办公会审批。

第二十七条 单项金额在1000万元（不含）至3000万元（含）的长期投资项目和单项金额在3000万元（不含）至5000万元（含）的资本性支出项目，经国机集团主管领导审查通过后，由国机集团总经理批准。

第二十八条 单项金额在1000万元（含）以下（含）的长期投资项目和单项金额在3000万元（含）以下的资本性支出项目，由国机集团主管领导审批。

国机集团所属企业

第二十九条 国机集团对所属二级企业投资进行分类授权管理。根据企业性质分为两类，根据企业净资产规模分为五级。具体的分类分级标准如下：

序　号	企业性质	级次标准	
1	第一类：上市公司（包括集团各级企业所属的上市公司）	第一级	净资产超过10亿元
2		第二级	净资产10亿元以下（含10亿）
3	第二类：非上市公司	第一级	净资产超过5亿元
4		第二级	净资产2至5亿元（含5亿）
5		第三级	净资产2亿元以下（含2亿）

第三十条　集团对二级子企业进行授权，在国机集团授权框架内所属企业对授权权限可进行分解和再授权，并制定制度明确权利和责任。

第三十一条　国机集团对所属企业授权后，对该所属企业自主决策投资权限的进行年度总量控制，防范投资过度。

第三十二条　国机集团所属二级企业投资管理授权标准为：

一、第一类第一级

（一）单项金额在3.5亿元以上（不含）的长期投资项目和单项金额在8亿元以上（不含）的资本性支出项目，经国机集团总经理办公会审议通过后，提交国机集团董事会审批。

（二）单项金额在2.5亿元（不含）至3.5亿元（含）之间的长期投资项目和单项金额在6亿元（不含）至8亿元（含）之间的资本性支出项目，经国机集团总经理办公会审议通过后，提交国机集团董事会常务委员会审批。

（三）单项金额在1.8亿元（不含）至2.5亿元（含）之间的长期投资项目和单项金额在4.5亿元（不含）至6亿元（含）之间的资本性支出项目，经国机集团总经理办公会审议通过后，提交国机集团董事长审批。

（四）单项金额在1.2亿元（不含）至1.8亿元（含）之间的长期投资项目和单项金额在3.5亿元（不含）至4.5亿元（含）之间的资本性支出项目，经国机集团主管领导审查通过后，提交国机集团总经理办公会审批。

（五）单项金额在8000万元（不含）至1.2亿元（含）的长期投资项目和单项金额在2.5亿元（不含）至3.5亿元（含）的资本性支出项目，经国机集团主管领导审查通过后，由国机集团总经理批准。

（六）单项金额在5000万元（不含）至8000万元（含）的长期投资项目和单项金额在1.5亿元（不含）至2.5亿元（含）的资本性支出项目，由国机集团主管领导审批。

（七）单项投资金额低于人民币5000万元（含）的长期投资项目和单项金额低于人民币1.5亿元（含）的资本性支出项目，由企业自行决定，并报国机集团相关投资归口管理部门备案。

（八）企业自行决定的长期投资项目年度累积的投资金额高于人民币1.2亿元（不含）、资本性支出项目年度累积的投资金额高于3.5亿元（不含）以后的投资项目，按照本办法第二十三至二十八条执行。

二、第一类第二级

（一）单项金额在2.5亿元以上（不含）的长期投资项目和单项金额在6亿元以上（不含）的资本性支出项目，经国机集团总经理办公会审议通过后，提交国机集团董事会审批。

（二）单项金额在1.8亿元（不含）至2.5亿元（含）之间的长期投资项目和单项金额在4.5亿元（不含）至6亿元（含）之间的资本性支出项目，经国机集团总经理办公会审议通过后，提交国机集团董事会常务委员会审批。

（三）单项金额在1.2亿元（不含）至1.8亿元（含）之间的长期投资项目和单项金额在3亿元（不含）至4.5亿元（含）之间的资本性支出项目，经国机集团总经理办公会审议通过后，提交国机集团董事长审批。

（四）单项金额在8000万元（不含）至1.2亿元（含）之间的长期投资项目和单项金额在1.5亿元（不含）至3亿元（含）之间的资本性支出项

目，经国机集团主管领导审查通过后，提交国机集团总经理办公会审批。

（五）单项金额在5000万元（不含）至8000万元（含）的长期投资项目和单项金额在1亿元（不含）至1.5亿元（含）的资本性支出项目，经国机集团主管领导审查通过后，由国机集团总经理批准。

（六）单项金额在3000万元（不含）至5000万元（含）的长期投资项目和单项金额在5000万元（不含）至1亿元（含）的资本性支出项目，由国机集团主管领导审批。

（七）单项投资金额低于人民币3000万元（含）的长期投资项目和单项金额低于人民币5000万元（含）的资本性支出项目，由企业自行决定，并报国机集团相关投资归口管理部门备案。

（八）企业自行决定的长期投资项目年度累积的投资金额高于人民币8000万元（不含）、资本性支出项目年度累积的投资金额高于1.5亿元（不含）以后的投资项目，按照本办法第二十三至二十八条执行。

三、第二类第一级

（一）单项金额在2亿元以上（不含）的长期投资项目和单项金额在5.5亿元以上（不含）的资本性支出项目，经国机集团总经理办公会审议通过后，提交国机集团董事会审批。

（二）单项金额在1.4亿元（不含）至2亿元（含）之间的长期投资项目和单项金额在4亿元（不含）至5.5亿元（含）之间的资本性支出项目，经国机集团总经理办公会审议通过后，提交国机集团董事会常务委员会审批。

（三）单项金额在1亿元（不含）至1.4亿元（含）之间的长期投资项目和单项金额在2.5亿元（不含）至4亿元（含）之间的资本性支出项目，经国机集团总经理办公会审议通过后，提交国机集团董事长审批。

（四）单项金额在7000万元（不含）至1亿元（含）之间的长期投资项目和单项金额在1.2亿元（不含）至2.5亿元（含）之间的资本性支出项目，经国机集团主管领导审查通过后，提交国机集团总经理办公会审批。

（五）单项金额在4000万元（不含）至7000万元（含）的长期投资项目和单项金额在8000万元（不含）至1.2亿元（含）的资本性支出项目，经国机集团主管领导审查通过后，由国机集团总经理批准。

（六）单项金额在1000万元（不含）至4000万元（含）的长期投资项目和单项金额在3000万元（不含）至8000万元（含）的资本性支出项目，由国机集团主管领导审批。

（七）单项投资金额低于人民币1000万元（含）的长期投资项目和单项金额低于人民币3000万元（含）的资本性支出项目，由企业自行决定，并报国机集团相关投资归口管理部门备案。

（八）企业自行决定的长期投资项目年度累积的投资金额高于人民币7000万元（不含）、资本性支出项目年度累积的投资金额高于1.2亿元（不含）以后的投资项目，按照本办法第二十三至二十八条执行。

四、第二类第二级

（一）单项金额在1.5亿元以上（不含）的长期投资项目和单项金额在4.5亿元以上（不含）的资本性支出项目，经国机集团总经理办公会审议通过后，提交国机集团董事会审批。

（二）单项金额在1亿元（不含）至1.5亿元（含）之间的长期投资项目和单项金额在3亿元（不含）至4.5亿元（含）之间的资本性支出项目，经国机集团总经理办公会审议通过后，提交国机集团董事会常务委员会审批。

（三）单项金额在8000万元（不含）至1亿元（含）之间的长期投资项目和单项金额在1.5亿元（不含）至3亿元（含）之间的资本性支出项目，经国机集团总经理办公会审议通过后，提交国机集团董事长审批。

（四）单项金额在4000万元（不含）至8000万元（含）之间的长期投资项目和单项金额在8000万元（不含）至1.5亿元（含）之间的资本性支出项目，经国机集团主管领导审查通过后，提交国机集团总经理办公会审批。

（五）单项金额在2000万元（不含）至4000万元（含）的长期投资项目和单项金额在5000万元（不含）至8000万元（含）的资本性支出项目，经国机集团主管领导审查通过后，由国机集团总经理批准。

（六）单项金额在500万元（不含）至2000万

元（含）的长期投资项目和单项金额在2000万元（不含）至5000万元（含）的资本性支出项目，由国机集团主管领导审批。

（七）单项投资金额低于人民币500万元（含）的长期投资项目和单项金额低于人民币2000万元（含）的资本性支出项目，由企业自行决定，并报国机集团相关投资归口管理部门备案。

（八）企业自行决定的长期投资项目年度累积的投资金额高于人民币4000万元（不含）、资本性支出项目年度累积的投资金额高于8000万元（不含）以后的投资项目，按照本办法第二十三至二十八条执行。

五、第二类第三级

（一）单项金额在1亿元以上（不含）的长期投资项目和单项金额在3.5亿元以上（不含）的资本性支出项目，经国机集团总经理办公会审议通过后，提交国机集团董事会审批。

（二）单项金额在8000万元（不含）至1亿元（含）之间的长期投资项目和单项金额在2.5亿元（不含）至3.5亿元（含）之间的资本性支出项目，经国机集团总经理办公会审议通过后，提交国机集团董事会常务委员会审批。

（三）单项金额在5000万元（不含）至8000万元（含）之间的长期投资项目和单项金额在1.5亿元（不含）至2.5亿元（含）之间的资本性支出项目，经国机集团总经理办公会审议通过后，提交国机集团董事长审批。

（四）单项金额在3000万元（不含）至5000万元（含）之间的长期投资项目和单项金额在5000万元（不含）至1.5亿元（含）之间的资本性支出项目，经国机集团主管领导审查通过后，提交国机集团总经理办公会审批。

（五）单项金额在1000万元（不含）至3000万元（含）的长期投资项目和单项金额在3000万元（不含）至5000万元（含）的资本性支出项目，经国机集团主管领导审查通过后，由国机集团总经理批准。

（六）单项金额在1000万元（含）以下的长期投资项目和单项金额在1000万元（不含）至3000万元（含）的资本性支出项目，由国机集团主管领导审批。

（七）单项投资金额低于人民币1000万元（含）的资本性支出项目，由企业自行决定，并报国机集团相关投资归口管理部门备案。

（八）企业自行决定的资本性支出项目年度累积的投资金额高于5000万元（不含）以后的投资项目，按照本办法第二十三至二十八条执行。

第三十三条 国机集团及所属企业及其子企业利用资本公积和留存收益等转增企业资本，超出企业自行决定权限的，均由国机集团主管领导审批，且不列入该企业年度总量控制范围。

第三十四条 国机集团对所属企业的授权，仅限于二级公司。拥有上市公司的二级企业，其上市公司的投资项目按照授权权限第一类标准执行，其非上市部分的投资项目按照授权权限第二类标准执行。

第四章 投资审批程序

第三十五条 国机集团所属企业设立有董事会的，对纳入国机集团审批管理的投资项目，国机集团派出董事应在所任职企业董事会正式决议前，事先征求国机集团意见。

第三十六条 国机集团及所属企业报请国机集团审批投资项目时，须提交下列资料：

1. 投资项目的申请文件（申请文件中应明确项目责任人）；
2. 立项报告或项目建议书；
3. 项目可行性研究报告；
4. 与合作方签署的合作意向书；
5. 项目合作方背景资料、资信状况及证明材料；
6. 项目责任人背景材料、责任承诺书和项目责任人对该项目的意见；
7. 凡国机集团派有财务总监的，应附上财务总监的专项意见；
8. 其他需要提供的材料。

第三十七条 凡应提交国机集团董事会、董事会常务委员会审批的投资项目，或对企业发展意义特别重大的投资项目，所投资企业原则上应先编制立项报告或项目建议书（或可行性报告代项目建议书），报国机集团审批。

第三十八条 被批准立项的项目，由投资企业进行可行性研究与论证、制订投资方案、与合作方签订意向书等，再报国机集团办理投资可行性方案的审批手续。已批准立项的项目，其再次上报的可行性方案原则上应与立项批复内容一致，由国机集团主管领导审批。

第三十九条 国机集团及所属企业提请决策投资项目时，所提交的可行性研究报告，内容应客观真实，条理清晰，论据充分，具体要求见附件1。

凡应提交国机集团总经理办公会及以上审批的投资项目，可行性研究报告原则上应由甲级咨询机构编制。

第四十条 投资项目的审核、批准：

国机集团及所属企业提请审批投资项目并报齐相关材料后，由国机集团投资归口管理部门对项目组织审查、论证，然后提交业务归口管理部门和资产财务部、法律事务部等相关部门会审，并提出初审意见。

初审意见为否决的，经国机集团主管领导对初审意见审定同意，该初审意见即为最终意见。

初审意见未否决的，即可依据前述投资项目审查、审批决策权限及有关规定执行。

第四十一条 投资项目的备案管理

国机集团对企业自行决定的投资项目实行备案管理，备案通过后的投资项目方可正式实施。企业报请国机集团备案投资项目时，须提交下列资料：

1. 投资项目的申请文件（申请文件中应明确项目责任人）；

2. 立项报告或项目建议书；

3. 项目可行性研究报告；

4. 与合作方签署的合作意向书；

5. 项目合作方背景资料、资信状况及证明材料；

6. 项目责任人背景材料、责任承诺书和项目责任人对该项目的意见；

7. 凡国机集团派有财务总监的，应附上财务总监的专项意见；

8. 其他需要提供的材料。

国机集团对实现行备案管理的投资项目，除对存在问题的进行提示外，一般不再回复。国机集团自收到备案的投资项目材料10个工作日内未予回复的，视为备案通过。

第四十二条 属于国家中央预算内投资补助和贴息项目以及国防固定资产投资项目的，项目初步设计须报国机集团。原则上应在国机集团初步审查同意，并报上级主管部门批准后，项目方可实施。

属于国机集团批准的基本建设项目，其初步设计方案应报国机集团备案。属于国机集团批准的技术改造项目，其初步设计方案应报国机集团审批。

第五章 监督管理规定

第四十三条 企业投资必须努力确保投资收益，并把收益情况列入对相关机构、人员的考核指标。国机集团各投资归口管理部门应积极掌握企业投资项目的实施情况和投资收益情况。

第四十四条 所属企业不得为躲避审查，将大额投资项目拆解为小项目进行投资。一经发现，将追究投资企业主要负责人的责任。

第四十五条 所属企业应对投资项目实施规范的财务管理，不得将对外投资长期挂帐。投资企业的总会计师或财务总监应当依照《中央企业总会计师工作职责管理暂行办法》和《国机集团财务总监管理暂行办法》对投资项目实施财务监管。

第四十六条 投资企业应当加强对投资项目的后评价管理。国机集团将根据需要，有重点地选择项目开展后评价工作，具体由国机集团审计稽查部、业务归口管理部门和投资归口管理等部门参照国资委《中央企业固定资产投资项目后评价工作指南》的相关要求共同实施。国机集团将根据检查结果，对投资评价结果不佳、执行不力的企业，采取收回授权或降低授权等级等措施。

第六章 附 则

第四十七条 有关投资项目执行与监督管理的具体规定，按照《中国机械工业集团有限公司投资监督管理实施意见》的要求执行。

第四十八条 本办法由国机集团资本运营部负责解释。

第四十九条 本办法经国机集团批准，自发布之日起实施，国机集团原有有关制度与本办法相抵触的，按本办法执行。

中国机械装备（集团）公司关于所属企业领导人员任期经济责任审计的规定

（国机审〔2003〕610号）

第一章 总 则

第一条 为了加强对中国机械装备（集团）公司（以下简称集团）所属企业领导人员的管理和监督，正确评价其任期经济责任，促进企业加强和改善经营管理，保障国有资产保值增值，根据《企业国有资产监督管理暂行条例》、《审计署关于内部审计工作的规定》、《国有企业及国有控股企业领导人员任期经济责任审计暂行规定》及《实施细则》、《中国机械装备（集团）公司内部审计暂行规定》，结合集团的实际情况，制定本规定。

第二条 本规定所称任期经济责任，是指企业领导人员任职期间对其所在企业资产、负债、损益的真实性、合法性和效益性，以及有关经济活动应当负有的责任。

第三条 任期经济责任审计的任务，是通过实施审计，对所属企业领导人员任期的经济责任做出客观的表述和评价，对企业经营管理及内部控制存在的问题提出意见和建议。

第四条 本规定适用于集团对所属企业领导人员的任期经济责任审计。所属企业对下属单位领导人员的任期经济责任审计可以参照本规定执行。

第五条 本规定所称所属企业，是指国机集团全资、控股的子公司、设计院、研究所；所属企业领导人员，是指所属企业的董事长、总经理（厂长）、所长、院长等主持行政工作的领导人员。

被审计人，是指按照本规定应当接受任期经济责任审计的所属企业领导人员；被审计单位，是指被审计人所在的企业。

第六条 所属企业领导人员任期届满，或者任期内办理调任、免职、辞职、退休等事项前，以及在企业进行改制、改组、兼并、出售、拍卖、破产等资产重组时，应当进行任期经济责任审计。

根据工作需要，可以安排任期经济责任届中审计。

第七条 任期经济责任审计结果，作为对被审计人任用、免职、辞职、解聘、退休等提出审查处理意见时的参考依据。

第八条 任期经济责任审计需要委托会计师事务所实施的，审计费用由集团承担。

第九条 集团所属企业领导人员任期经济责任审计工作由审计稽查部负责组织实施。

第二章 审计范围和内容

第十条 审计的时间范围，依照被审计人的任职期间，由人力资源部根据干部任命文件及干部管理的有关规定确定。

第十一条 审计的单位范围，除被审计人所在企业必须审计外，还要视对被审计人任期经济责任影响的重要程度，对其全资、控股和实际控制的公司、企业进行延伸审计。

第十二条 审计的内容：

（一）任期主要经营指标的完成情况。

（二）企业资产、负债、损益的真实性、合法性和效益性。

（三）国有资产的安全、完整和保值增值情况。

（四）收益分配情况。

（五）重要经济事项（如投资、借款、担保、抵押、大额采购、资产处置、改制重组等）。

（六）与资产、负债、损益相关的内部控制制度的健全和遵循情况。

（七）遵守国家财经法规的情况。

（八）对上届任期审计意见和建议的落实情况。

（九）与任期经济责任有关的其他重要事项。

第十三条 与任期经济责任无关的事项，不在审计和评价的范围。

第三章 审计程序

第十四条 审计程序：

（一）审计立项。年末，人力资源部按照本规定将下一年度拟安排的全部审计项目（包括单位、被审计人、任职期间）书面通知审计稽查部，审计稽查部据以编制年度审计计划。在每个审计项目实施前一个月，人力资源部再书面通知审计稽查部安排审计。

（二）成立审计组。根据审计业务特点，审计稽查部选派胜任工作的人员组成审计组。审计组负责审前调查、制定审计方案、实施现场审计、提交审计报告。需要委托会计师事务所实施的审计项目，审计稽查部根据被审计单位的特点和审计业务的难易程度，选择能够胜任该项目的会计师事务所并提出审计要求和审计重点。会计师事务所据此制定审计方案，经审计稽查部审定后，双方签订审计业务约定书。

（三）审前调查。审计组通过查阅企业基础材料、会计报表年审报告等有关被审计单位的资料，及时与集团有关部室沟通，与被审计单位沟通，掌握被审计单位的基本情况，初步确定审计重点。

（四）审计通知。审计稽查部在审计组到达审计现场前，应提前 15 日向被审计单位下达审计通知。

（五）审前准备。被审计单位在收到审计通知后，要成立由单位领导（被审计人除外）和审计、财务、办公室、人事等有关部门参加的审计工作小组，明确一名单位领导负责审计全过程的组织协调和领导工作，并将小组成员名单报给审计稽查部。审计工作小组要按规定做好审计前的准备工作和现场审计的各项配合工作。在审计组到达审计现场时，被审计人应向审计组提交述职报告，被审计单位提交任期审计报表及相关资料。

（六）现场审计。审计组按照本规定和审计方案开展现场审计工作。被审计单位和被审计人要积极配合，向审计组介绍被审计单位情况，提供必要的工作条件和场地，明确现场审计联系人，提交各种报表、凭证资料。对现场审计中出现的问题，审计组和被审计单位要及时与审计稽查部沟通，及时协调解决。

（七）审计协调。审计组在完成现场审计前，应对审计中的重要事项与被审计单位（或被审计人）沟通，了解核实情况。审计报告初稿形成后，要先征求审计稽查部的意见，经过修改，再征求被审计单位和被审计人的修改意见。根据修改意见，审计组在进一步核实的基础上，征求审计稽查部的意见，完成定稿，并征求被审计单位和被审计人的正式意见。被审计单位和被审计人在收到审计报告之日起 5 个工作日内反馈正式意见，逾期不反馈的，视为同意审计报告。

（八）审计报告。审计组在收到被审计单位和被审计人签署的正式意见后，向审计稽查部提交正式审计报告。审计稽查部分别向监事会、人力资源部提交审计报告，并抄送被审计单位和被审计人。审计稽查部根据审计报告向主管领导书面汇报审计要情，并抄送有关部门。

（九）审计意见。审计稽查部针对审计报告披露的问题，经过分析研究，下达审计意见书，提出审计意见和建议，要求被审计单位限期整改，并将落实情况书面报告审计稽查部。

（十）审计跟踪。审计稽查部对审计意见和建议的落实情况进行跟踪检查。

（十一）审计归档。审计稽查部整理与审计项目有关的审计通知、审计业务约定书、审计报告等材料，登记档案目录，按集团规定妥善保管。

第四章 述职报告

第十五条 述职报告是被审计人对其任职期间的经营业绩和经济责任的自我评价。

第十六条 述职报告的主要内容：

（一）被审计单位的基本情况。

（二）被审计人的任职期间、职责范围。

（三）任期内重要经营管理措施、重大经营决策及效果。

（四）任期经营指标、经营目标及完成情况。

（五）任期末财务状况、资产质量状况。

（六）国有资产保值增值情况。

（七）上交税利情况。

（八）职工收入及福利情况。

（九）遵守国家财经法规情况。

（十）企业内控制度健全及执行情况。

（十一）上届遗留问题及处理情况。

（十二）本届遗留经济事项说明。

（十三）经营管理工作存在的不足和建议。

（十四）对上届任期审计意见和建议的落实情况说明。

（十五）其他需要说明的事项。

第十七条 述职报告应于审计组到达审计现场时向审计组提交。

第五章 审计报告

第十八条 审计报告是指由审计组出具的审计结果报告。

第十九条 审计报告要内容完整、事实清楚、客观公正、评价恰当。审计评价要坚持客观性原则、重要性原则和谨慎性原则。

第二十条 审计报告由封面、目录、报告正文、附表、责任声明书、被审计单位和被审计人的意见组成。

第二十一条 审计报告正文的内容：

（一）基本情况。

（二）主要工作和业绩。

（三）主要经营指标完成情况。

（四）财务状况。

（五）不良资产、潜盈潜亏、或有事项。

（六）内部控制制度的建立和执行情况。

（七）重要经济事项说明。

（八）审计建议。

第二十二条 审计报告中的调整事项，是为了正确评价经济责任，对会计报表数据进行的加工，只适用于任期经济责任的评价，不影响被审计单位原来的会计决算结果。

第六章 附 则

第二十三条 本规定由审计稽查部负责解释。

第二十四条 本规定自 2004 年 1 月 1 日起执行，《中国机械装备（集团）公司国有企业法人任期经济责任审计条例》（国机企审字〔1999〕第 159 号）同时废止。

中国机械装备（集团）公司内部审计暂行规定

（国机企审计〔2002〕529 号）

第一章 总 则

第一条 为了加强中国机械装备（集团）公司（以下简称国机集团）的内部审计工作，保证国有资产保值增值，维护国有权益，促进国机集团健康、快速、稳定地发展，根据《中华人民共和国审计法》、《中华人民共和国会计法》和《审计署关于内部审计工作的规定》等有关法律、法规和规章，结合国机集团实际情况，特制定本规定。

第二条 本规定适用于国机集团总部及其所属单位。

第三条 国机集团实行内部审计制度。内部审计机构和内部审计人员依照国家法律、法规和单位管理制度，通过运用审计方法，对本单位及所属单位的经营管理活动进行检查和评价，提出审计意见和建议，为企业领导决策提供信息资料，为企业改进管理和提高效益服务。

第四条 内部审计机构和内部审计人员在本单位分管审计工作的主管领导的直接领导下，制定和完善内部审计规章制度，独立行使审计职权，客观公正地开展审计工作。

第二章 内部审计机构和内部审计人员

第五条 下列单位应设立独立的内部审计机构：

（一）净资产在5000万元以上。

（二）投资设立的单位在10个以上（包括全资、控股和有控制权的单位）。其他单位根据需要设置内部审计机构或者配备内部审计人员。

第六条 内部审计机构对主管领导负责并报告工作。

单位可以根据需要，设立审计委员会，配备总审计师。

第七条 内部审计人员，要具备与其从事的审计工作相适应的审计、财务、金融、经济、工程等方面的专业知识和业务能力，要具备内部审计从业资格，按国家规定逐步实行持证上岗制度。

独立的内部审计机构负责人还要具备中级以上专业技术资格。

第八条 内部审计人员依法履行职责受国家法律和单位制度保护，任何单位（部门）和个人不得拒绝、阻碍审计工作，更不得打击报复内部审计人员。

第九条 内部审计人员办理审计事项，应当忠于职守，坚持原则，客观公正，实事求是，廉洁奉公，保守秘密。

第十条 内部审计人员与被审计单位、被审计人或者审计事项有利害关系的，要主动向内部审计机构负责人或主管领导请求回避。

第十一条 内部审计机构履行职责所必需的经费，应当列入本单位财务预算，并予以保证。

第十二条 内部审计人员专业技术职务资格的考试和聘任，按国家有关规定执行。

第三章 内部审计机构职责

第十三条 对本单位及所属单位的资产、负债、损益及其经营管理活动进行审计。

第十四条 对本单位及所属单位主要经营项目、重大财务收支、重要经营决策进行审计。

第十五条 对本单位及所属单位国有资产的安全完整、保值增值情况进行监督检查。

第十六条 对本单位及所属单位内部控制制度的建立及执行情况进行检查、评价。

第十七条 对本单位投资决策情况进行审计。

第十八条 对本单位主要经济合同的签订和执行情况进行审计。

第十九条 对本单位的基建工程项目进行审计。

第二十条 按照国家有关规定，开展任期经济责任审计。

第二十一条 办理主管领导批准的其他审计事项。

第四章 内部审计机构权限

第二十二条 内部审计机构有权要求被审计单位报送财务收支计划、财务预算决算、会计报表和其他有关文件、资料。

第二十三条 内部审计机构有权制定本单位的内部审计规章制度，有权参加本单位有关财务管理和经营决策方面的会议，参与研究制定、修改有关的规章制度。

第二十四条 内部审计机构在审计过程中可以行使下列权限：

（一）召开与审计事项有关的会议。

（二）检查会计凭证、会计帐簿、会计报表以及其他与财务支有关的资料和资产，查阅有关文件、资料。

（三）检查管理和核算财务收支的计算机系统及其反映的电子数据和有关资料。

（四）对审计事项的有关问题，向有关单位和个人进行调查，并取得证明材料。

（五）对正在进行的严重违反财经法规、严重损失浪费行为，报经主管领导批准，及时予以制止。

（六）对违反财经法规的行为提出纠正意见，对经营管理中存在的问题提出改进建议。

（七）对严重违反财经法规和造成严重损失浪费的单位和人员，提出追究责任的建议。

（八）对可能转移、隐匿、篡改、毁弃的会计凭证、会计帐簿、会计报表以及其他与财务收支有关的资料，经主管领导批准，有权暂时予以封存。

第二十五条 对违反规章制度的行为，内部审计机构所在的单位，可以在管理权限范围内，授予内部审计机构必要的处理、处罚权。

第二十六条 对阻碍审计工作，拒绝提供有关资料的，在报经主管领导同意后，可依法采取必要的措施。

第二十七条 对违反本规定的单位或个人，有权建议按规定给予处理、处罚。

第五章 审计方式和程序

第二十八条 根据具体情况，可采取以下审计方式：

送达审计。被审计单位将有关资料送到内部审计机构指定地点的审计。就地审计。审计人员到被审计单位直接进行审计。委托审计。单位委托会计师事务所等社会审计机构进行的审计。

第二十九条 审计程序：

（一）审计项目的立项和撤销，要由主管领导批准。根据本单位的总体工作安排，内部审计机构拟定年度审计计划，并根据工作需要进行调整，内部审计机构按计划实施审计。其他部门提出的审计项目，经批准后，由提出部门委托内部审计机构实施。

任期经济责任审计，由人事部门在年初提出年度计划，通知内部审计机构，内部审计机构据此编制年度审计计划。年度内有增减变动的，人事部门要及时通知内部审计机构，内部审计机构据此调整年度审计计划，合理安排工作。

（二）审计实施前，一般应至少提前 3 天书面通知被审计单位，临时安排的审计项目除外。审计前，要成立审计小组，确定审计人员，制定实施审计工作方案。

（三）审计工作中，要按规范收集相关材料，编制工作底稿，进行客观分析。对审计中发现的问题，可随时向被审计单位提出改进建议。

（四）审计结束时，编制审计报告，书面征求被审计单位或被审计人的意见，被审计单位或被审计人要在收到审计报告之日起 5 日内反馈书面意见，否则，视为同意审计报告。针对反馈的意见，经复核后确定是否修改审计报告。审计报告要由报告出具人确认并签字。

（五）审计报告要报送单位领导审批，内部审计机构按单位领导的审批意见拟定审计决定或审计意见书，并送达被审计单位。被审计单位必须执行审计决定，并对审计中提出的问题进行整改。

其他部门委托的审计项目，可以不形成审计决定或审计意见书。

（六）被审计单位对审计决定或审计意见书如有异议，可在接到书面文件后 10 日内，向内部审计机构所在单位主管领导提出书面意见，并由主管领导协调解决。

逾期或未提出异议，要按审计决定或审计意见书整改落实。

（七）对重要的审计项目要进行后续审计，检查审计决定的执行情况，督促对审计问题的整改落实。

（八）内部审计机构对办理的审计事项要建立审计档案，审计报告、审计决定、审计意见书、审计底稿、原始资料和证明材料等，要及时立卷归档，按规定管理。

第六章 内部审计管理

第三十条 国机集团内部审计工作归国机集团统一领导，并接受国家审计机关和内部审计行业管理机构的管理、指导和监督。

第三十一条 国机集团审计稽查部负责指导和监督所属单位的内部审计工作，组织工作经验交流，表彰先进单位和个人。

第三十二条 所属单位根据本规定，结合实际情况，制定本单位的具体实施办法，并报国机集团审计稽查部备案。

第三十三条 所属单位内部审计机构负责人的任免，事前要征求国机集团审计稽查部的意见。

第三十四条 所属单位内部审计机构和人员的设置及变动情况，要在设置或变动后 30 日内报国机集团审计稽查部备案。

第三十五条 所属单位内部审计工作计划、总结、报告、报表，要按要求上报国机集团审计稽查部。

第三十六条 国机集团审计稽查部配合人力资源部对内部审计人员进行业务培训。

第七章 违规责任

第三十七条 被审计单位或个人违反本规定，拒绝提供与审计事项有关的文件、资料及证明材料的，或者提供虚假资料、阻碍检查的，内部审计机构应当责令其限期改正；情节严重的，按规定给予处理、处罚。

第三十八条 被审计单位无正当理由拒不执行审计决定的，内部审计机构应当责令其限期改正。因不采纳审计建议，对审计提出的问题未进行整改，未采取措施规避风险，造成经济损失的，被审计单位主要负责人承担相应的责任。

第三十九条 对内部审计人员及相关人员打击报复的，按国家法律严肃处理。

第四十条 内部审计人员滥用职权、徇私舞弊、玩忽职守、泄露秘密，造成不良影响或给被审计单位造成经济损失的，对直接责任者视情节按规定给予严肃处理。

第四十一条 对被审计单位违反财经法规、造成严重损失浪费的事项，涉嫌个人违纪、违法犯罪的事项，内部审计机构要及时按规定移送本单位纪检监察部门调查处理。

第八章 附 则

第四十二条 本规定由国机集团审计稽查部负责解释。

第四十三条 本规定自2003年1月1日起施行。《中国机械装备（集团）公司内部审计工作暂行办法》（国机企审字〔1998〕第80号）同时废止。

中国机械工业集团有限公司法律工作管理办法

第一章 总 则

第一条 为加强中国机械工业集团有限公司（下称“国机集团”）法律工作管理，防范企业法律风险，促进企业依法治企，维护企业合法权益，根据《中华人民共和国企业国有资产法》、《国有企业法律顾问管理办法》等法律法规，制定本办法。

第二条 国机集团法律工作以建立企业法律风险防范体系为核心，以完善企业法律顾问制度为基础，坚持事先防范、事中控制为主，事后补救为辅，全程参与的工作原则，为企业决策、管理以及生产经营提供全面、专业、高效的法律支持和保障。

第三条 本办法适用于国机集团总部以及所属全资和控股企业（下称“所属企业”）。

第二章 法律工作组织体系

第四条 国机集团法律工作组织体系由国机集团总法律顾问、法律机构和法律工作人员构成。

第五条 国机集团设总法律顾问。总法律顾问履行下列职责：

（一）全面负责国机集团法律工作，统一协调处理国机集团决策、经营和管理中的重大法律事务；

（二）参与国机集团重大经营决策，保证决策的合法性，并对相关法律风险提出防范意见；

（三）参与国机集团重要规章制度的制定和实施；

（四）负责国机集团法律工作组织体系建设；

（五）其他应当由总法律顾问履行的职责。

第六条 国机集团总部设法律事务部，承担国机集团总部法律事务工作，归口管理国机集团法律工作。

第七条 所属企业应当按照国机集团法制建设工作相关要求设立专门法律机构，承担本企业法律事务工作，接受国机集团的管理、监督和指导。

第八条 法律机构的职责包括：

（一）为企业重大经营决策提供法律意见；

（二）参与起草、审核企业重要规章制度；

（三）起草、审核企业合同，参与企业重大合同谈判；

（四）参与企业重组、改制、投融资、招投标、对外担保等重大经济活动，处理相关法律事务；

（五）负责企业商标、专利、商业秘密等知识产权法律保护；

（六）负责企业员工法制宣传教育和普法培训；

（七）接受企业法定代表人的委托，处理企业法律纠纷，代理诉讼、仲裁案件，参加行政复议、听证等法律程序；

（八）负责选聘律师事务所及专利、商标事务所等中介咨询机构，对其工作进行监督和评价；

（九）办理企业领导交办的其他事务。

第三章　法律工作人员

第九条　企业法律机构应当配备一定数量的专职法律工作人员。

经国机集团批准暂未设立专门法律机构的所属企业，应至少配备一名法律工作人员，承担本企业法律事务工作。

第十条　企业法律事务原则上由企业法律工作人员承办，疑难、特殊的法律事务可以根据企业外聘律师管理制度的规定聘请律师协助办理。

第十一条　企业法律工作人员应当积极参加全国企业法律顾问执业资格统一考试，取得企业法律顾问执业资格。

第十二条　参加企业法律顾问职业岗位等级资格评级并被评为一级、二级或三级企业法律顾问的企业法律工作人员，有权享受相应的专业技术职务任职资格待遇。

第十三条　企业法律工作人员应当切实履行职责，不断提高服务和管理水平，依法维护企业合法权益。

第四章　法律工作制度

第十四条　企业法律工作应当坚持以法律风险防范为中心，建立健全事先防范、事中控制为主，事后补救为辅的法律风险控制机制，预防和减少法律纠纷。

第十五条　企业应当建立健全本单位法律工作各项管理制度，为法律工作人员履行职责提供必要的组织制度和物质保障。

第十六条　企业应根据本企业法律工作实际情况，逐步建立完善下列法律管理制度：

（一）合同评审管理制度；

（二）重大纠纷案件管理制度

（三）知识产权保护制度；

（四）授权管理制度；

（五）企业法律顾问管理制度；

（六）法律培训管理制度

（七）外聘律师管理制度；

（八）其他企业法律工作中应当建立的制度。

第十七条　企业法律机构应根据企业法律工作管理的特点，建立下列法律机构内部管理制度：

（一）法律事务工作流程管理制度；

（二）法律文件档案资料管理制度；

（三）其他内部管理制度。

第五章　法律工作管理

第十八条　国机集团法律工作遵循统一管理、分级负责的原则。

第十九条　国机集团根据上级主管机构关于中央企业法制工作的要求并结合集团实际，制定国机集团法制工作目标规划，所属企业负责贯彻落实和执行。

第二十条　国机集团对所属企业法律机构设置和法律人员配备实行备案管理制度，所属企业应当根据国机集团的要求上报本企业法律机构、人员设置及变动情况。

第二十一条　国机集团设立企业法律顾问岗位资格评审委员会，组织集团系统企业法律工作人员一级、二级、三级法律顾问资格评审。

第二十二条　结合法律工作实际需要，国机集团组织集团系统法律工作人员进行工作交流和专业培训，提高企业法律工作人员整体专业素质。

第二十三条　国机集团设立普法机构，组织集团系统内普法宣传教育活动，提高集团全体员工法律意识和法制观念。

第二十四条　国机集团实行重大法律纠纷案件管理制度，指导、监督所属企业重大法律纠纷案件的处理、备案和组织协调工作。

第六章 监督检查

第二十五条 国机集团对各所属企业法律机构设置、法律工作人员配备情况进行检查，对不符合要求的所属企业提出限期整改意见。

第二十六条 所属企业未按国机集团要求建立健全法律风险防范机制，妨碍、干预法律工作人员正常履行职责，发生重大经营决策失误或发生法律纠纷案件，给企业造成重大经济损失的，国机集团将依法追究企业负责人的领导责任。

第二十七条 对恪尽职责、为企业避免或挽回重大经济损失，在防范和化解法律风险工作中做出突出贡献的企业法律工作人员，国机集团给予表彰和奖励。

第七章 附 则

第二十八条 本办法由国机集团法律事务部负责解释。

第二十九条 本办法自公布之日起实施。原《中国机械装备（集团）公司法律工作管理暂行规定》（国机法〔2003〕278 号）同时废止。

中国机械工业集团有限公司非实体经营管理办法

第一章 总 则

第一条 非实体经营业务是指利用和发挥集团公司整体优势，以集团公司名义对外承接，由集团总部和所属企业共同实施的经营活动。

第二条 非实体经营业务服务于集团公司整体发展战略和所属企业个体发展战略，目的是促进集团公司整体和所属企业的共同发展。

第三条 集团公司开展非实体经营业务的原则是不与所属企业进行业务竞争。集团所属企业能够单独承揽并实施的业务，不纳入非实体经营业务。

第四条 集团总部工程事业部负责非实体经营业务的领导、组织、协调、管理和监督。

第二章 业务范围和经营模式

第五条 非实体经营业务的范围包括：大型成套机电设备出口和对外工程承包业务，包括 BOO、BOT 等投资承包工程业务；大宗商品进出口及国内贸易；依托对外工程承包优势的自然资源投资开发业务。

第六条 非实体经营业务中，成套机电设备出口和对外工程承包业务，原则上合同金额应在 1 亿美元以上，或者虽在 1 亿美元以下，但对于集团公司和所属企业具有特殊战略意义；对于大宗商品进出口及国内贸易业务，原则上合同金额应在 2000 万美元以上。

第七条 非实体经营业务的实施主体为集团所属企业。非实体经营业务的基本经营模式为“联合开发，承包执行，项目管理，咨询监理”。项目的开发，在集团公司领导下，由集团总部工程事业部和所属企业共同开拓；项目的履约执行，由集团总部工程事业部组织一家所属企业总承包或者组织多家所属企业共同承包；项目的管理，由所属企业和集团总部工程事业部共同组成项目部，实行项目经理负责制；项目的监理，由集团总部工程事业部组织所属企业担任项目顾问咨询和项目监理。

第八条 集团总部工程事业部内部设立业务管理处和业务经营处，分别负责非实体经营业务的业务管理和业务经营工作。

第三章 项目的立项管理

第九条 集团总部工程事业部和所属企业都应积极开展市场营销工作，积极开发适合非实体经营业务的项目。针对市场环境、技术要求、业主背景、融资条件等相关信息，集团总部工程事业部和所属企业共同进行研究，确定是否立项开展工作。

第十条 集团总部工程事业部的业务经营处将相关情况汇总分析并填写项目立项表后履行报批程序。5亿美元以下的项目由集团总部工程事业部领导批准立项，5亿美元以上工程承包业务和所有投资类业务的项目由集团公司主管领导批准立项。项目立项表由相关所属企业、集团总部工程事业部业务经营处、业务管理处签字，并按上述权限进行报批。项目立项表的具体格式由集团总部工程事业部制订。

第十一条 项目立项后，集团总部工程事业部应与相关所属企业签署非实体经营项目开发意向书，明确各自的工作范围、职责、工作方式等事项，并共同组成项目开拓小组，明确项目开拓负责人和主要成员。开拓小组负责项目的开拓直至项目签约的所有具体工作。

第四章 项目的评审管理

第十二条 严格防范和掌控风险，促进非实体经营业务快速健康发展，是非实体经营工作的一项基本原则。在业务的关键环节要进行严格的评审。评审工作应在所属企业和集团总部两级进行，所属企业要认真负责地对纳入非实体经营业务的项目进行评审并提交评审报告，在此基础上，集团总部方可进行评审。

第十三条 评审分为项目投标报价评审、项目签约评审及项目生效评审。原则上所有项目都要进行投标报价评审和签约评审。项目签约后，业主、价格、资金等情况发生重大变动及国际政治、经济环境发生重大变化或者签约超过六个月仍无法生效的，在开立预付款保函、履约保函或办理其他关键生效事项前须进行项目生效评审。项目生效后，在执行过程中如遇价格、主要技术要求、工期等重大变更的，须视同签约，在签署变更文件之前，按变动后合同总金额的规模等级，重新办理签约评审。

第十四条 评审采取会议形式进行。组成人员包括集团总部工程事业部部长、副部长、总工程师、相关所属企业领导及有关商务、技术、财务、法律、经营管理等专业人员。评审会议由集团总部工程事业部领导主持，组织工作由集团总部工程事业部业务管理处负责，评审后，须整理评审会议纪要并填写评审表进行报批。

第十五条 符合以下条件的项目，评审后，报集团公司主管领导批准：

1. 投标报价评审：

不需开立银行保函进行议标、投标的项目，或者需要开立银行投标保函且金额在5亿美元以下的项目。

2. 项目签约评审：

金额在5亿美元以下的项目。

3. 项目生效评审：

金额在5亿美元以下的项目。

第十六条 符合以下条件的项目，评审后，报集团公司总经理办公会议批准：

1. 投标报价评审：

需要开立银行投标保函且金额在5亿美元以上的项目。

2. 项目签约评审：

金额在5亿美元以上的。

3. 项目生效评审：

金额在5亿美元以上的。

4. 所有投资类承包工程项目（BOO、BOT、资源开发等）。评审通过后，投资事宜须按集团公司“投资审查委员会工作暂行办法（修订）”的规定执行。

第十七条 评审无论是否通过均须书面通知集团总部相关部门和相关所属企业。

第五章 项目的签约管理

第十八条 根据非实体经营项目的需要，非实体经营项目合同对外签约前的履约保函由集团总部资产财务部负责办理。

第十九条 项目通过评审后，经集团公司法人代表授权，非实体经营项目对外合同由集团总部人员或相关所属企业人员签署。

第六章 项目的执行管理

第二十条 对外已签约的非实体经营项目，由相关所属企业在集团总部工程事业部组织下制订项目策划书，对项目的执行进行整体策划。项目策划书的内容包括项目的基本情况，进度、质量、验收要求，价格、支付、成本、效益分析，风险分析及控制措施，履约执行组织、分包、采购、施工、监理等实施方案。策划书由所属企业领导审查批准后提交集团总部工程事业部审批，集团总部工程事业部审批后报集团公司主管领导核准。

第二十一条 在项目策划书的基础上，集团总部工程事业部与所属企业共同确定项目执行承包合同、咨询监理合同，明确规定所属企业的责任、权利、义务、价格、支付方式、履约保证，以及项目主要负责人员等。非实体经营项目的利润原则上按五五比例在集团公司和所属企业之间分配，集团公司与所属企业据此原则签订项目执行承包合同。

第二十二条 集团公司与所属企业的项目执行承包合同按照金额大小分级审批。金额在10亿元人民币以下的，由集团总部工程事业部业务经营处会签业务管理处及集团总部资产财务部、法律事务部后报集团总部工程事业部领导批准；10亿元人民币以上的，集团总部工程事业部领导审批后报集团公司主管领导批准；特别重大或有特殊事项的，经集团公司主管领导审批后报集团公司总经理批准。

第二十三条 实行项目经理负责制，以相关所属企业为主，相关所属企业和集团总部工程事业部共同组织项目部，采用国际通行的项目管理技术和方法对非实体经营项目进行管理。项目经理部由集团总部工程事业部业务经营处归口管理并办理集团总部内部的有关具体工作事宜。项目经理、副经理、现场经理、总工程师等岗位人员由相关所属企业提出人选，经集团总部工程事业部审查，由集团公司主管领导和总经理批准任命。财务经理由相关所属企业或资产财务部提出人选，由集团公司主管领导和总会计师批准任命。

第二十四条 根据项目业务情况，需要在海外设立项目办事机构的，以负责项目承包执行的相关所属企业为主设立并管理，在集团公司授权范围内以集团公司名义开展工作。集团总部工程事业部可根据需要向开展非实体经营业务的国家或地区派出项目代表负责非实体经营业务的开展和管理。

第二十五条 参与非实体经营业务的相关所属企业要认真负责地开展工作，建立健全相应的规章制度，支持项目经理开展工作。相关所属企业主要领导对工作总体负责，项目经理对工作直接负责。项目经理要按月向集团总部工程事业部、集团公司主管领导、总经理提交工作报告；按月向集团总部资产财务部提交财务报告，每半年提交项目预算执行情况报告。

第七章 采购和分包管理

第二十六条 对于非实体经营项目，集团总部工程事业部负责与执行项目的所属企业签订项目执行承包合同。涉及非实体经营项目的设计、采购、施工等分包合同由项目经理部具体办理，需要以集团公司名义进行分包、采购的，由集团总部工程事业部与相关所属企业协商确定，集团总部工程事业部按集团公司有关程序审批后，授权所属企业签约执行。

第二十七条 非实体经营项目对外的分包、采购工作应采用公开招标或邀请招标方式办理，坚持公平竞争、择优选择的原则，杜绝违法违规行为。一旦发现违法违规行为，由纪检监察部门按规定查处。

第二十八条 相关所属企业要建立严格的工作程序和评审、审批管理程序，非实体经营项目的所有采购和分包合同，开标结果、评审会议纪要等文件，须提交集团总部工程事业部备案。

第二十九条 由于特殊原因，采用招标之外方式办理的采购、分包，需经相关所属企业主管领导批准，并报集团总部工程事业部备案。

第八章 咨询监理工作

第三十条 非实体经营业务应充分发挥集团公司市场营销、工程管理和顾问咨询、监理优势，对项目从开发到完工的全过程进行顾问咨询监理工作。在开发阶段，根据需要聘请所属企业的营销、融资、法律、技术专家组成顾问咨询工作组，进行营销、融资、法律、技术方案、合同文件的顾问咨询工作。在履约执行阶段，采用合同形式将项目的咨询监理业务分包给承担项目执行工作以外的所属企业开展工作，并由该所属企业成立项目咨询监理工作组。

第三十一条 承担咨询监理的所属企业要依据对外合同和项目策划书、项目部的工作计划等文件，认真负责开展工作，其他所属企业要积极配合其工作。承担咨询监理的所属企业参加项目履约执行阶段的重点环节的工作，从事日常监理检查工作，并独立向相关所属企业、集团总部工程事业部、集团公司主管领导、集团公司总经理提交如下书面报告：

1. 按月度提交项目总体、主要部分的进度报告、质量报告；

2. 按半年度提交项目收入、成本、预算执行情况变化原因的审核报告；

3. 随时提供项目执行过程中重大事件的情况报告。

第三十二条 集团总部工程事业部根据需要，及时落实咨询监理工作。在开发阶段，咨询监理工作由集团总部工程事业部业务经营处负责管理；在项目执行阶段，咨询监理工作由集团总部工程事业部业务管理处负责管理。

第九章 中间费用管理

第三十三条 在非实体经营项目开发、签订、履约、执行中，根据项目需要，可按照国际惯例确定和使用国内外代理企业从事顾问、咨询、联络、沟通工作，并支付合理费用。具体管理细则由集团总部工程事业部另行制定报集团公司领导批准。

第十章 财务、审计和法律工作

第三十四条 财务、审计和法律工作是非实体经营业务中的重要内容。集团公司资产财务部、审计稽查部和法律事务部须明确人员或设立专门机构负责并参与非实体经营业务开发和执行过程中的相关工作。对于执行期超过2年的项目，执行项目所属企业必须向现场派驻财务人员，人事关系在所属企业，行政由项目部管理，业务由资产财务部归口管理。

第三十五条 非实体经营项目的信用保险、保函和融资等工作由集团总部资产财务部和工程事业部负责，具体遵照集团公司相关办法执行。在集团内部，承担非实体经营的所属企业应提供如下履约保证：

1. 公司总经理签署的履约保证书。

2. 主要供货商应按合同提供与集团对外责任等比例保函。

3. 在集团财务公司或集团公司合作银行进行资金收付全程封闭结算，并授权集团总部资产财务部监管。

4. 将非实体经营项目当年预计利润作为保证金预留在集团公司。集团公司向执行项目的所属企业付款时，按比例扣除预先设定的项目利润，若项目在当年执行正常，在次年一月份，集团公司将支付上年预扣的项目利润。

5. 必要时，可要求相关所属企业以项目执行承包合同金额为基础，按集团公司对外开具履约保函金额的50%向集团公司开具履约保函。

第三十六条 项目部和集团总部工程事业部依据项目执行承包合同和工程进度计划编制包括资金预算在内的项目预算书，预算书格式由集团总部资产财务部确定，经项目经理、所属企业、集团总部工程事业部业务经营处和集团总部工程事业部领导审查通过后，报集团总部资产财务部、集团公司主管领导和总会计师审批。

第三十七条 非实体经营项目的付款，项目部依据预算付款进度提出付款申请，经集团总部工程事业部和资产财务部审批后支付，必要时报集团公司主管领导批准和集团公司总会计师核准。具体拨付细则由集团总部资产财务部和工程事业部另行制定。

第三十八条 集团总部审计稽查部负责项目的过程审计、项目完工审计和项目竣工审计，向集团公司领导提交审计报告并监督审计事项的落实。

第十一章 奖励和惩罚

第三十九条 集团公司对参与非实体经营业务并创造业绩的所属企业和项目部领导给予支持和奖励。在年度工作会议上，对工作有成绩的所属企业进行专项表扬鼓励。对符合集团公司市场开发基金管理办法规定的非实体经营项目予以优先扶持。

第四十条 按照集团公司的发展战略和所属企业的发展战略，集团总部工程事业部会同战略研究部门，在所属企业自愿的原则下，分行业确定从事非实体经营业务的骨干成员企业，从长期发展的角度进行非实体经营业务合作，促进所属企业做强做大、快速发展。

第四十一条 人才队伍是发展非实体经营业务的关键，必须加大人才的培养力度。集团公司每年从非实体经营业务的利润中，提取并增加国际化经营和工程项目管理方面的培训开支，具体办法由集团总部工程事业部会同人力资源部另行制定。

第四十二条 对于集团公司任命担任项目经理、监理组长、副经理、总工程师、现场经理岗位的人员，项目金额在1亿美元以上的，除相关所属企业给予的待遇之外，集团公司给予岗位津贴补助，由集团公司专项发放到个人，补助费用由集团公司工程事业部在项目管理费用中支付，具体标准如下：

1. 金额在5亿美元以下的项目：项目经理每月5000元（税前），监理组长、副经理、现场经理、总工程师每月3000元（税前）；

2. 金额在5亿美元以上的项目：项目经理每月8000元（税前），监理组长、副经理、现场经理、总工程师每月5000元（税前）。

第四十三条 在项目竣工审计后，如非实体经营项目实现预算利润且执行项目的所属企业在项目执行年度中经营保持盈利（不含非实体经营项目利润），集团公司可酌情对所属企业给予奖励，奖励总额不超过所属企业非实体经营实现利润上缴的资本收益额。奖励办法另行制定。

第四十四条 对在工作中出现过失导致未实现非实体经营项目预算利润，甚至出现经营风险的相关所属企业和项目人员，集团公司将进行通报批评，必要时，取消该所属企业承接非实体经营业务的资格，给予该所属企业主管领导行政或经济处罚。

第四十五条 集团总部工程事业部会同人力资源部，根据项目涉及的国家情况，制定项目现场人员薪酬待遇指导意见，报集团公司主管领导、总经理批准后下发，相关所属企业参照执行。

第十二章 扩大集团内部合作

第四十六条 扩大集团内部合作，完善集团内部的产业链，发展整体竞争优势，是非实体经营业务的基本任务之一。积极鼓励所属企业之间开展内部合作业务。对于能够进行内部合作的业务，集团公司优先考虑支持开展非实体经营业务。

第四十七条 扩大内部合作要以科学、可行为基本原则，具体经营中，采用本办法规定的承包原则办理。内部合作并不减轻总承包企业的责任，总承包企业应加强管理，切实负起责任；从事分包工作的企业要自觉服从总承包企业的管理和要求；相互支持配合，杜绝相互扯皮、推诿、不负责的现象发生。

第十三章 附则

第四十八条 集团总部工程事业部可以根据本办法制订非实体经营业务的专项管理细则，报集团公司主管领导批准执行。

第四十九条 本办法自发布之日起开始执行，2002年发布的国机企经〔2002〕302号文同时废止。本办法由集团总部工程事业部负责解释。

中国机械工业集团公司全资及控股企业党员领导干部民主生活会的有关规定

第一章　总　则

第一条　为健全中国机械工业集团公司全资及控股企业（以下简称所属企业）党员领导干部民主生活会制度，提高党员领导干部民主生活会质量，加强党员领导干部思想和作风建设，有效开展党内监督，促进民主生活会的制度化、规范化，根据上级党组织有关文件精神，结合国机集团实际，制定本规定。

第二条　本规定所称党员领导干部，是指按照干部管理权限，由国机集团直接管理的所属企业领导人员中的党员领导干部。

第三条　党员领导干部要坚持双重组织生活会制度，既参加所在党支部、党小组的组织生活会，又参加定期召开的党员领导干部民主生活会。

第四条　所属企业党员领导干部民主生活会要定期召开，原则上每年召开一次，一般安排在8月底以前。特殊情况下，可随时召开党员领导干部专题民主生活会。因故需要延期召开的，须报国机集团党委工作部备案。

第五条　民主生活会的基本内容

（一）对照检查贯彻落实党的路线、方针、政策和国资委党委、国机集团党委以及本企业党委的工作部署及执行情况。

（二）按照“四好”领导班子标准，对照检查领导班子自身建设的情况。

（三）对照检查贯彻民主集中制原则，发扬党内民主，转变作风等方面的情况。

（四）对照检查廉洁从业，自觉遵守维护党的纪律和有关规定，以及党风建设和反腐倡廉工作责任制执行情况。

（五）检查上次民主生活会整改措施落实情况。

（六）上级党组织安排的其他重要内容。

第二章　会议准备

第六条　确定会议主题和召开时间。各单位可根据上级党组织对民主生活会的统一要求确定主题，或自行确定会议主题。围绕会议主题，结合工作实际，重点查找企业存在的突出问题、领导班子和成员在党性党风方面存在的突出问题以及其他方面的问题。并将《民主生活会会前备案表》于会前15天报国机集团党委工作部备案，同时抄送国机集团党委干部部、纪律检查办公室。会议日期和主题应提前通知应到会人员，使其做好准备。

第七条　认真组织学习。围绕会议主题，组织领导班子成员学习党和国家以及上级党组织的有关文件规定，确保一定的集中学习时间，学习具体内容由各单位根据实际情况确定。同时，每位班子成员要认真自学规定的篇目，发扬理论联系实际学风，结合工作，认真思考，查找不足。

第八条　广泛征求意见。会前，党委要在一定范围内通报会议的时间和主题，指定党委或纪委相关职能部门组成征求意见小组，可采取发放征求意见表、个别谈话、召开座谈会、设立意见箱等形式，广泛听取本单位干部职工对领导班子及其成员的意见和建议。意见汇总后，由党委书记如实反馈给领导班子及成员，并向国机集团党委报送意见汇总情况。

第九条　开展谈心活动。党委主要负责人要同领导班子每位成员分别谈心，班子成员之间要互相谈心，坦诚交流思想，增进了解，加强团结。

第十条　撰写发言提纲。领导班子每位成员根据民主生活会主题和职工群众意见，认真撰写发言提纲，深刻进行自我剖析。提纲内容一般包括：存在问题的具体表现，产生问题的原因分析，个人整改措施。同时对领导班子及成员存在的突出问题提出批评或建议。

第三章 召开会议

第十一条 党委书记是开好民主生活会的第一责任人。党委书记为会议主持人，党委职能部门负责人为会议记录人。非领导班子党委委员、纪委委员、工会主席列席会议。列席人员可以发言，对领导班子及其成员提出批评或建议。

第十二条 开展批评与自我批评。领导班子成员要认真开展批评与自我批评，明确整改措施和今后努力方向；领导班子成员之间相互批评既要坚持原则，又要从团结大局出发，与人为善，不无限上纲。

第十三条 因故缺席会议的同志，会前要向党委书记请假，并向会议提交书面发言。书面发言在会上宣读，并列入会议记录。会后，党委书记要及时转达领导班子其他成员对其提出的批评或建议。

第十四条 会议结束时，党委书记要对民主生活会作出评价和小结，提出要求。

第四章 会议落实

第十五条 制定整改方案。对会前征求的意见和民主生活会上检查和反映出来的问题，要制定明确、具体、有针对性的整改方案，明确责任人和整改完成时间，并在下次民主生活会上对整改落实情况进行通报。

第十六条 通报会议情况。要在一定范围内通报民主生活会召开的情况，内容包括：对职工群众意见的认识、对有关问题的说明、整改措施等，以接受职工群众监督。

第十七条 上报会议有关材料。民主生活会后，各单位要及时将民主生活会的有关材料整理归档，并于会后15日内将《民主生活会会议记录表》及会议综合情况报告报送国机集团党委。报告的主要内容包括：会前准备工作情况、领导班子成员开展批评与自我批评情况、领导班子存在的主要问题以及今后整改措施等，并同时附领导班子成员个人发言提纲。

第五章 会议管理

第十八条 国机集团所属企业党员领导干部民主生活会管理工作由国机集团党委领导，党委工作部负责日常工作。

（一）民主生活会检查和反映出的问题，应由本级党组织解决的，要积极制定改进措施，切实加以解决；需要上级党组织帮助解决的，应及时报告。

（二）国机集团党委选派参加会议的同志，要认真做好记录，会后及时向国机集团党委报告情况。

（三）对问题较多、职工群众意见较大的领导班子，国机集团党委工作部、党委干部部、纪律检查办公室要按照各自工作职责，加强对该企业民主生活会的指导。

（四）对于未经国机集团党委同意而不按时组织召开民主生活会的所属企业党委书记，以及无故不参加民主生活会的党员领导干部，应给予批评教育或其他处理。

第十九条 国机集团所属企业党员领导干部民主生活会召开的情况，由国机集团党委工作部负责组织，党委干部部、纪律检查办公室配合，收集整理，并形成书面报告，上报国机集团党委。

第六章 附 则

第二十条 本规定由党委工作部负责解释。

第二十一条 本规定自发布之日起执行。《关于中国机械装备（集团）公司所属企业领导班子民主生活会的有关规定》（国机党〔2003〕2号）同时废止。

关于中国机械工业集团有限公司全资及控股企业党组织换届选举工作实施办法

第一章　总　则

第一条　为加强中国机械工业集团有限公司全资及控股企业（以下简称所属企业）党组织换届选举工作，促进所属企业党组织换届选举工作制度化、规范化。根据《中国共产党章程》《中国共产党基层组织选举工作暂行条例》（中发〔1990〕8号）和《中央组织部、国务院国资委党委关于加强和改进中央企业党建工作的意见》（中办发〔2004〕31号）的有关规定，结合国机集团实际情况，制定本实施办法。

第二条　本办法所称所属企业党组织，是指由国机集团党委直接管理的全资及控股企业党委（党总支）。

第三条　所属企业党组织换届选举工作接受上级党组织领导。在京所属企业党组织由国机集团党委领导；京外所属企业党组织由所在地上级党组织和国机集团党委双重领导。

第四条　所属企业党组织换届选举日常管理工作由国机集团党委工作部负责，党委干部部配合。

第五条　所属企业党组织任期届满，应按时进行换届选举。如需延期或提前进行换届选举的，报上级党组织批准。延长期限一般不超过一年。

第二章　基层党组织设置及任期

第六条　党组织设置。所属企业根据工作需要和党员人数，经上级党组织批准，一般设立党的基层委员会或总支部委员会（以下分别简称“党委”、“党总支”）。

第七条　所属企业党委每届任期四年；党总支每届任期三年。

第八条　设立党委的所属企业应设立同级纪律检查委员会（以下简称“纪委”），每届任期和党委相同；设立党总支的所属企业应设纪律检查委员。

第九条　所属企业党组织委员职数设置原则

（一）党委设委员5至11名；纪委设委员3至7名。党委设书记1名，副书记1至2名；纪委设书记1名，可由党委副书记兼任，根据工作需要，可设副书记1名。

（二）党总支设委员3至5名。设书记1名，根据需要可设副书记1名。

（三）所属企业党委原则上不设立常务委员会。

第十条　所属企业党委（党总支）一般由党员大会选举产生。具备以下条件，经上级党组织批准，可以召开党员代表大会进行选举。

（一）党员人数在500人以上的或党员人数在500人以下，但所辖党组织驻地分散、党员工作流动性较大、集中难度较大的。

（二）离退休党员、待岗等非在岗党员占党员总人数40%以上的党组织。

第三章　选举工作筹备与报批

第十一条　所属企业党组织任期届满之前，应提前3个月与上级党组织进行沟通、商讨有关换届选举事宜。人事安排意见与国机集团党委干部部沟通情况。

第十二条　经上级党组织同意进行换届选举的所属企业，应召开党委（党总支）会或党委（党总支）扩大会，讨论确定换届选举工作有关事项，并以书面形式向上级党组织呈报《关于召开中国共产党×××党员大会（第×次代表大会）的请示》。内容主要包括：

（一）党委、纪委或党总支任期情况，党组织和党员队伍基本情况。

（二）召开大会的时间、形式（党员大会或党员代表大会），主要议程，拟定代表名额、构成比例及分配原则。召开党员代表大会需说明理由。

（三）新一届党委、纪委或党总支委员名额、选举差额比例（一般不少于20%）以及书记、副书记的配备职数。

（四）工作计划及其他相关事项。

京外所属企业按照所在地上级党组织的要求报送换届选举工作请示，并抄报国机集团党委备案。

第十三条 所属企业根据上级党组织的批复意见，召开党委（党总支）会或党委扩大会，讨论决定新一届党委、纪委或党总支委员候选人条件及酝酿提名办法等事项，并对换届选举工作进行部署。

第十四条 召开党员大会的，筹备工作包括：

（一）召开党委（党总支）会讨论决定召开党员大会有关事宜。

（二）与上级党组织沟通并报送有关情况，获得上级党组织批准。

（三）组织和协助做好委员候选人的酝酿、提名推荐和考察工作。

（四）起草大会工作报告、党费收缴使用情况报告及其他会议文件。

（五）做好党员大会选举准备工作。

第十五条 召开党员代表大会的，筹备工作包括：

（一）召开党委会（党委扩大会）讨论决定召开党员代表大会有关事宜。

（二）建立筹备工作机构，制定筹备工作计划。

（三）与上级党组织沟通并报送有关情况，获得上级党组织批准。

（四）对代表选举工作进行部署，组织指导下属单位做好代表选举工作。

（五）组织和协助做好委员候选人的酝酿、提名推荐和考察工作。

（六）提出大会领导机构及其组成人员名单。

（七）起草大会工作报告、代表资格审查报告、党费收缴使用情况报告及其他会议文件。

（八）做好党员代表大会选举准备工作。

第十六条 所属企业党组织在召开换届选举党员大会（党员代表大会）前1个月，向国机集团党委报送委员候选人预备人选请示，京外所属企业需同时抄报所在地上级党组织备案。请示内容主要包括：

（一）新一届委员候选人预备人选及书记、副书记候选人酝酿讨论情况。

（二）委员候选人预备人选名单，按姓氏笔划为序排列。

（三）干部任免审批表。

第十七条 所属企业党组织根据国机集团党委批复，按照《中国共产党章程》《中国共产党基层组织选举工作暂行条例》等规定的程序进行选举。

第四章　代表的选举

第十八条 经上级党组织批准，召开党员代表大会的所属企业，代表名额一般为100人左右。

第十九条 代表名额的分配根据党员人数和工作需要确定。代表构成应体现广泛性，各类人员构成比例根据企业实际确定。

第二十条 对于规模较大、下属单位较多而又分散的所属企业，允许其所在地之外的下属单位党组织选派代表参加党员代表大会，并授予参加会议的代表选举权、被选举权和表决权。

第二十一条 代表必须是有选举权的正式党员，而且是党员中的优秀分子。代表应具备的条件：

（一）共产主义信念坚定，在关键时刻和重大原则问题上是非分明，坚定地站在党的立场上。

（二）认真学习马列主义、毛泽东思想、邓小平理论和“三个代表”重要思想，贯彻落实科学发展观，模范执行党的路线方针政策和上级党组织的决议、指示，有较高的政治理论水平和议事能力。

（三）工作中表率作用突出，成绩显著。

（四）公道正派，清正廉洁，密切联系群众，在职工群众中具有较高威信。

（五）坚持党性原则，以对党的事业高度负责的精神，如实反映本单位党组织和党员的意见，正确行使党员权利。

第二十二条 代表产生的程序：

（一）代表的选举按照《中国共产党基层组织选举工作暂行条例》有关规定进行，实行无记名投票、差额选举，差额比例不少于应选人数的20%。

（二）代表由所属各选举单位选举产生。选举单位一般按照下一级党委或独立设置的党总支、党支部划分。必要时，也可以将几个基层党组织划分为一个选举单位。

（三）选举单位根据上级党组织分配的代表名额和代表条件，组织全体党员酝酿提名，按照不少于代表名额30%的差额比例提出代表候选人推荐人选。

（四）选举单位按照上级党组织提出的代表构成比例的要求，根据多数党组织或多数党员的意见，从推荐人选中按照不少于代表名额20%的差额比例提出代表候选人初步人选。

（五）选举单位在对代表候选人初步人选考察的基础上，召开党委（党总支、党支部）会进行充分讨论，确定代表候选人预备人选，报上级党组织审查。

（六）选举单位召开党员大会，对代表候选人预备人选进行充分酝酿，根据多数选举人的意见确定代表候选人，进行选举。选举结果应报上级党组织审批。

第五章　委员会的选举

第二十三条　所属企业党委、纪委或党总支委员由党员大会（党员代表大会）实行差额选举，以无记名投票方式选举产生，按照《中国共产党基层组织选举工作暂行条例》有关规定进行。委员候选人的差额比例不少于应选人数的20%。

第二十四条　委员产生的程序：

（一）所属企业党委、纪委或党总支委员候选人按照德才兼备和结构合理的原则提名，由所属企业党委（党总支）提出提名的基本条件，包括：

1. 企业党政主要领导人员一般实行“双向进入，交叉任职”。

2. 企业党委、纪委或党总支委员候选人的年龄原则上要能够任满一届。

3. 委员候选人党龄一般不少于5年。

（二）所属企业党委（党总支）提出下一届委员会组成的原则意见，与国机集团党委工作部和党委干部部进行沟通。

（三）经国机集团党委原则同意后，所属企业党委组织下属党组织酝酿推荐，根据多数党组织的意见提出委员候选人初步人选，由党委集体讨论确定。

（四）按照干部管理权限，对委员候选人初步人选的德、能、勤、绩、廉进行考察。根据考察结果确定委员候选人预备人选，报国机集团党委审批。

（五）根据国机集团党委批复意见，按照选举程序选举委员。

召开党员代表大会的，由大会主席团审议通过候选人预备人选，提请各代表小组酝酿讨论，根据多数选举人的意见确定候选人，提交党员代表大会选举。

召开党员大会的，党委（党总支）向党员大会介绍候选人预备人选酝酿产生情况，提请大会讨论并根据多数选举人的意见确定候选人，提交党员大会选举。

第二十五条　书记、副书记的产生程序：

（一）党委（党总支）书记、副书记由新一届党委（党总支）会第一次全体会议等额选举产生。

（二）纪委书记、副书记由新一届纪委会第一次全体会议选举产生，党委会第一次全体会议审议通过。

第六章　选举工作的组织实施

第二十六条　选举工作按照《中国共产党基层组织选举工作暂行条例》有关规定执行。召开党员大会进行选举的，由本届委员会主持；召开党员代表大会进行选举，由大会主席团主持。

第二十七条　进行选举时，有选举权的到会人数超过应到会人数的五分之四，会议有效。

第二十八条　选举采用无记名投票的方式。选票上的候选人名单以姓氏笔划为序排列。

第二十九条　选举设监票人、计票人。监票人负责对选举全过程进行监督。监票人和计票人应在非党委委员、纪委委员候选人中产生。计票人在监票人监督下进行工作。

第三十条　选举收回的选票，等于或少于投票人数选举有效；多于投票人数，选举无效，应重新选举。每一选票所选人数等于或少于规定应选人数的为有效票，多于规定应选人数的为无效票。

第三十一条　进行正式选举时，被选举人获得的赞成票，超过实到会有选举权人数的一半，始得当选。

得票超过半数的人数多于应选名额时，以得票多的当选。遇票数相等不能确定当选人时，应就票数相等的被选举人重新投票，得票多的当选。

得票超过半数的人数少于应选名额时，对不足的名额可另行选举。候选人从未当选的得票多的候选人中确定，实行差额选举；如当选人数接近应选名额，也可以减少名额，不再进行选举。

第三十二条 投票结束后，监票人、计票人应认真统计核对投票人数和票数，做好记录，由监票人签字并公布候选人得票情况，由会议主持人宣布当选人名单。选票应妥善保存以备核查。

第三十三条 选举应尊重和保障党员的民主权利，体现选举人的意志。任何组织和个人不得以任何方式强迫选举人选举或不选举某人。在酝酿候选人和选举过程中，不允许任何非组织活动。

第三十四条 在选举中，凡有违反《中国共产党章程》和《中国共产党基层组织选举工作暂行条例》规定的行为，必须认真查处，根据问题的性质和情节轻重，给予有关党组织、党员批评教育，直至给予组织处分。

选举结果的报批

第三十五条 党员大会（党员代表大会）结束后，所属企业党组织应及时将选举结果报上级党组织。内容主要包括：

（一）选举情况（应到会人数、实到会人数、每个当选人获得的票数）。

（二）党委、纪委或党总支委员名单。

（三）党委（党总支）书记、副书记名单，经同级党委通过的纪委书记、副书记名单。

第三十六条 选出的委员，报上级党组织备案；书记、副书记报上级党组织批准。纪律检查委员会选出的书记、副书记，经同级党的委员会通过后，报上级党组织批准。在京所属企业党组织选举结果报国机集团党委批复；京外所属企业党组织选举结果由国机集团党委与企业所在地上级党组织协商办理批复手续。

第三十七条 党员大会（党员代表大会）闭会期间，所属企业党委书记、副书记、纪委书记出缺或需要调整时，按照干部管理权限，由国机集团党委研究后指派或调整。

第三十八条 所属企业党委、纪委或党总支委员在任期内由于工作调离、退休等原因出缺的，如果不影响工作，可以不增补委员；如果工作需要，应按照有关规定履行报批程序后，召开党员大会（党员代表大会）进行补选，并将补选结果报上级党组织备案。

第八章 附 则

第四十条 本办法由国机集团党委工作部负责解释。

第四十一条 本办法自发布之日起执行，《中共中国机械装备（集团）公司委员会关于所属企业党组织换届选举工作实施办法》（国机党〔2003〕27号）同时废止。

中共中国机械工业集团公司委员会党风建设和反腐倡廉工作责任制实施办法

（国机党〔2007〕4号2007年1月26日）

第一章 总 则

第一条 为加强中国机械工业集团公司（以下简称国机集团）党风建设和反腐倡廉工作，明确所属企业党政领导班子和领导班子成员对党风建设和反腐倡廉工作应负的责任，根据中共中央、国务院《关于实行党风廉政建设责任制的规定》，制定本实施办法。

第二条 本办法适用于国机集团所属企业及全资、控股子公司（以下简称所属企业）。

第三条 实行党风建设和反腐倡廉工作责任制，要以马克思列宁主义、毛泽东思想、邓小平理论和“三个代表”重要思想为指导，全面落实科学发展观，认真贯彻执行党和国家关于党风建设和反腐倡廉工作的方针、政策、规定以及国家的法律法规和所属企业的规章制度。

第四条 党风建设和反腐倡廉工作责任制实行党委统一领导，党政齐抓共管，纪委组织协调，部门各负其责，依靠群众的支持和参与；坚持谁主管、谁负责，一级抓一级、层层抓落实。

第五条 党风建设和反腐倡廉工作责任制纳入国机集团对所属企业党政领导班子和领导班子成员的目标管理。坚持与国机集团发展相适应，与所属企业经营管理工作和企业文化建设相结合。做到同部署、同落实、同考核、同总结。

第二章 责任范围

第六条 国机集团党委对所属企业党政领导班子和领导班子成员的党风建设和反腐倡廉工作负全面领导责任，党委书记负总责，对所属企业党政主要负责人的党风建设和反腐倡廉工作负直接领导责任。

第七条 所属企业党委对本企业的党风建设和反腐倡廉工作负全面领导责任，党委书记负总责，对本企业党政领导班子和领导班子成员的党风建设和反腐倡廉工作，对其所属单位的党政主要负责人的党风建设和反腐倡廉工作负直接领导责任。党政领导班子成员按照工作分工，对其分管的单位（部门）及其单位（部门）负责人的党风建设和反腐倡廉工作负直接领导责任。

第八条 国机集团纪委和所属企业纪委全面履行党章赋予的职责和任务，协助同级党委做好党风建设工作，负责组织落实党风建设和反腐倡廉工作责任制。

第三章 责任内容

第九条 所属企业党政领导班子的责任：

一、贯彻落实党中央、国务院、国资委和国机集团关于党风建设和反腐倡廉工作的部署和要求，研究制定职责范围内的党风建设和反腐倡廉工作规划和年度计划，并组织实施；

二、制定本企业教育、制度、监督并重的惩治和预防腐败体系，建立和完善本企业党风建设和反腐倡廉的工作机制和制度；

三、组织开展对党员、特别是党员领导干部思想道德、党纪国法和反腐倡廉的学习教育工作；

四、履行监督职责，对负直接领导责任的单位（部门）的党风建设和反腐倡廉工作进行监督检查；对单位（部门）负责人的思想作风、学风、工作作风、领导作风、生活作风以及廉洁从业进行监督检查；

五、执行党的民主集中制，开好民主生活会，做好厂务公开、述职述廉工作；

六、组织开展效能监察工作；

七、维护职工权益，稳定职工队伍；

八、重视信访举报工作，及时制止、查处本企业发生的违纪违法行为；对重大违纪、违法案件及时向国机集团和有关部门报告；

九、加强对纪检监察工作的领导，支持纪检监察部门履行职责，定期听取纪检监察部门的工作汇报。

第十条 所属企业党政领导班子成员的责任：

一、认真组织落实党风建设和反腐倡廉工作责任制；

二、模范遵守党纪国法，认真执行《国有企业领导人员廉洁从业若干规定（试行）》，以及国资委、国机集团和本企业的规章制度、议事规则和程序，维护国家、企业利益，不滥用职权，不以权谋私；

三、执行企业民主管理制度，接受民主监督，不侵害职工群众合法权益；

四、信守商业道德和市场规则，公平参与市场竞争，自觉抵制商业贿赂。

第十一条 落实党风建设和反腐倡廉工作责任制不应有下列行为和情况的发生：

一、不执行上级部署的党风建设和反腐倡廉工作；

二、掩盖党风建设和反腐倡廉工作方面存在的问题，

三、对发生的违反纪律和规定的行为不制止、不查处；

四、对严重违法违纪问题隐瞒不报、压制不查；

五、妨碍监督检查，拒不接受监督部门的意见和建议。

第四章 责任书的签订

第十二条 所属企业的《党风建设和反腐倡廉工作责任书》（以下简称责任书）由国机集团党委书记与所属企业党委书记签订；所属企业党政领导班子成员的责任书由本企业党委书记与领导班子成员签订。

第十三条 责任书的内容主要包括：责任期、责任内容、本期工作重点、签订人和签订日期。其中，本期工作重点根据国机集团党委、纪委每年提出的工作任务并结合各所属企业的实际情况确定。

第十四条 责任书每年签订一次。于每年年初签订，年末进行考核。

第五章 监督检查与考核评价

第十五条 国机集团党委、纪委负责组织实施落实党风建设和反腐倡廉工作责任制情况的监督检查与考核评价工作，纪律检查办公室负责具体的组织协调工作。

第十六条 监督检查与考核评价的主要内容有：

一、有关责任书的落实情况；

二、责任期工作重点的完成情况；

三、发现和解决本企业党风建设和反腐倡廉工作中存在问题的情况。

第十七条 监督检查与考核评价的方式以企业自查自评为主、国机集团重点抽查与综合评审为辅。

第十八条 所属企业的自查自评：

一、党委对本企业落实党风建设和反腐倡廉工作责任制的情况每年年中自查一次，并于六月底以前将自查情况书面报告国机集团纪委。

二、党政领导班子成员对个人落实党风建设和反腐倡廉工作责任制的情况每年自查一次，并在民主生活会上对有关自查情况作出报告。

三、每年年底召开党政领导班子落实党风建设和反腐倡廉工作责任制的总结会，听取党政领导班子落实党风建设和反腐倡廉工作责任制情况的汇报。

参加会议的人员有党政领导班子成员、党委委员、纪委委员、工会委员，以及中层领导干部、部分职工代表和离退休职工代表等。

四、组织民主测评、民主评议。了解职工群众对本企业党政领导班子及其领导班子成员落实党风建设和反腐倡廉工作责任制的评价，以及对加强和改进企业党风建设和反腐倡廉工作的意见和建议。

民主测评、民主评议在总结会之后进行。参与民主测评、民主评议的人员为中层干部、职工群众

代表和离退休职工代表等。其中，职工群众代表不低于参与民主测评、民主评议人员的30%。

五、召开党委会。对党政领导班子及其领导班子成员落实党风建设和反腐倡廉工作责任制情况进行自评，撰写自评报告。内容包括：开展党风建设和反腐倡廉工作的基本情况；有关责任书责任内容和工作重点的完成情况；职工群众民主测评和民主评议的情况；目前存在的突出问题以及解决这些问题将要采取的措施；其他需要说明的情况等。

六、报送自评报告。自评报告经党委、纪委同意于每年十二月底之前报国机集团纪委。

第十九条 国机集团的重点抽查和综合评审：

一、纪律检查办公室组织不定期的重点抽查。每年重点抽查的单位数不低于所属企业总数的20%。重点抽查的方式有：

（一）参加所属企业民主生活会。听取党政领导班子成员特别是党政主要负责人关于落实党风建设和反腐倡廉工作责任制的自查情况；

（二）现场检查。通过听取工作汇报、召开座谈会、查阅相关资料、进行民主测评等方式了解所属企业党政领导班子及其领导班子成员落实党风建设和反腐倡廉工作责任制的实际情况；

二、纪委负责综合评审工作。具体工作由纪律检查办公室组织协调党委工作部、党委干部部等部门进行。主要内容有：

（一）审阅所属企业自评报告；

（二）听取纪律检查办公室关于落实党风建设和反腐倡廉工作的自查与重点抽查的情况介绍；

（三）了解和沟通所属企业党风建设和反腐倡廉工作存在的问题以及整改情况；

（四）提出考核评价结果，报国机集团党委。

第二十条 考核评价结果分为合格与不合格。符合责任书的要求，并在责任期内完成责任书确定的工作重点的为合格；不符合责任书的要求，或没有完成责任期确定的工作重点的为不合格。

第六章 奖励惩处与责任追究

第二十一条 国机集团党委、纪委负责对所属企业党政领导班子及其领导班子成员落实党风建设和反腐倡廉工作责任制的奖励惩处与责任追究。纪律检查办公室与党委干部部负责具体工作。

第二十二条 落实党风建设和反腐倡廉工作责任制的考核评价结果是领导干部重点培养、选拔和任用的重要依据。

第二十三条 国机集团党委、纪委对落实党风建设和反腐倡廉工作责任制成绩突出的单位和个人予以表彰。对考核评价为不合格的，国机集团纪委组织纪律检查办公室和党委干部部对该企业党政主要负责人进行提醒或戒勉谈话，提出整改要求。

该企业要将有关整改情况上报国机集团纪委，接受监督检查。

第二十四条 被考核为不合格的领导班子或领导班子成员不能参加各种先进集体或先进个人的评选活动。

第二十五条 发现所属企业有第十一条所列情形之一的，对负直接领导责任的责任人视情节轻重，按照党章及党的有关规定、国家法律法规以及国机集团的有关规定给予批评教育或党纪政纪处分；涉嫌犯罪的，移交司法机关追究刑事责任。

第二十六条 所属企业党政领导班子集体讨论决定的违法违纪事项，依照党章、党内有关规定以及法律法规和国机集团的有关规定追究责任。

第七章 附 则

第二十七条 本办法自发布之日起实行。国机集团党委2000年印发的“关于贯彻落实《关于实行党风廉政建设责任制的规定》的实施意见”（国机企党〔2000〕13号）同时废止。

第二十八条 所属企业可以按照本办法，结合属地党组织的有关规定和本单位的实际情况制定具体办法。

第二十九条 本办法由国机集团纪律检查办公室负责解释。

中国机械工业集团有限公司信息工作管理办法

第一章 总 则

第一条 为加强中国机械工业集团有限公司（以下简称国机集团）信息工作，推进信息工作管理的规范化、制度化、科学化，更好地为国机集团的发展服务，特制定本办法。

第二条 国机集团信息工作的主要任务是：围绕集团中心工作，反映企业重要工作情况，为集团公司领导和上级部门了解情况、科学决策、指导工作提供信息服务；为中央企业之间、国机集团成员企业之间的沟通、交流、学习服务；为国机集团内外宣传工作服务。

第三条 国机集团信息工作实行分级负责和归口管理的体制，按照集中与分散结合、横向与纵向结合的原则建立信息工作网络。

第四条 本办法适用于国机集团总部及所属子公司。

第二章 信息分类

第五条 本办法所指信息主要包括内部信息和外部信息两大类，不包括以公文形式流转的信息。内部信息是指国机集团及子公司在生产、经营、科研、管理和党建等活动中产生的各种信息；外部信息是指从国机集团系统外获取的，与国机集团生产、经营、科研和管理活动相关的各类信息。

第六条 内部信息分为企务信息和统计信息。

（一）企务信息包括：

1. 党和国家有关重大方针、政策出台后的反应及贯彻、落实情况；

2. 国资委、国机集团重要工作部署的落实情况；

3. 生产经营情况，重点项目、重大工程、重大科技成果及有关重要工作进展情况；

4. 企业文化建设及党建工作情况；

5. 工作中的典型经验、做法；

6. 工作中出现的新情况、新问题及相关措施、建议；

7. 企业各种宣传品，重大活动、重点项目资料；

8. 其他重要信息。

（二）统计信息主要指由国机集团总部各部室归口管理并定期收集、汇总的各类业务统计数据，包括：

1. 综合统计信息；

2. 经营统计信息；

3. 财务统计信息；

4. 人事统计信息；

5. 科技统计信息；

6. 资本运营统计信息；

7. 党群统计信息；

8. 其他统计信息。

第七条 外部信息主要包括：国家政策法规、国内外经济形势、外经贸信息、市场及产品信息、科技信息、行业信息、客户需求信息、竞争对手信息等。

第三章 组织机构

第八条 国机集团新闻与信息中心为信息工作归口管理部门。主要职责是：

（一）研究制订国机集团信息工作计划并组织实施；

（二）建立国机集团信息工作的各项规章制度；

（三）负责国机集团有关信息的收集、整理、发布、报送和档案等日常工作；

（四）负责建立信息工作网络；

（五）负责综合性信息载体的建设和管理；

（六）结合国机集团改革和发展中存在的新情况、新问题，开展信息调研工作；

（七）组织开展信息工作交流，指导子公司信息工作；

（八）组织信息工作人员的业务培训；

（九）对信息工作进行考评；

（十）与上级信息主管部门和公众媒体的工作联系。

第九条 各子公司要根据工作实际，充实完善信息工作机构，配备必要的信息工作人员，确保信息工作正常开展。要在总部内设机构和企业所属各级单位设立信息联系点，确定信息员，建立健全信息工作网络。

第十条 各子公司须明确分管信息工作的领导和信息工作管理部门，负责本单位的信息工作。集团总部各部室、各子公司指定一名同志为信息联络员（以下简称“信息员”），具体负责本单位信息的采集、报送工作，以及与集团信息部门的日常工作联系。信息员的有关情况报国机集团新闻与信息中心备案，如有调整，须及时通告。

第十一条 总部各部室、各子公司要在参加会议、阅读文件、调查研究、业务培训等方面，为信息工作人员创造必要的工作条件。

第四章 信息采集

第十二条 国机集团新闻与信息中心具体负责集团系统各种重要企务信息的采集和处理。总部各部室及各子公司信息员须将本部门、本单位日常重要企务信息整理后，及时报集团新闻与信息中心。

第十三条 国机集团总部各业务管理归口部门负责与本部门业务有关统计信息的采集工作，并根据有关规定或工作需要，对统计结果进行汇总分析、上报或发布。

第十四条 外部信息主要通过市场、互联网、信息咨询机构、公共图书馆、社会媒体、调查研究等方式获得。国机集团总部各部室及各子公司应根据工作需要建立外部信息的采集渠道，及时采集与本单位工作密切相关的各种信息。

第十五条 各单位信息主管部门应根据工作需要，适时开展综合性或专题性信息调研工作，对本单位、本部门好的经验和做法及时总结，对影响本单位、本部门工作的重大问题、苗头性问题及时反映，努力提高信息的深度和质量。

第五章 信息质量

第十六条 信息的采集和报送要保证质量，符合全面、及时、准确、规范的要求。

（一）反映事物的全貌和发展的全过程，喜忧兼报，防止以偏概全，严禁弄虚作假；

（二）情况、问题、数据真实、客观，不夸大、不缩小，有时效性和可比性；举措、经验有新意和参考性，对策、建议有针对性和可操作性；

（三）要反映本单位或本部门的新情况、新问题、新思路、新经验、新举措，在新意上下功夫；

（四）信息内容重点突出，文法规范，逻辑严谨，言简意赅，要素齐全。

第六章 信息报送

第十七条 各单位、各部门上报的各类信息须经所在公司、部门主管信息工作领导审批；新闻与信息中心通过指定传输系统接收的各种信息视为已经报送单位审批可以使用的信息，报送单位对该信息的真实性、准确性及安全性负责。

第十八条 所有报送新闻与信息中心的企务信息，须以专稿的形式，一事一报，并通过专用的信息系统进行报送。

第十九条 集团总部各部室、各子公司除及时报送各类信息外，还应将以下信息资料及时寄送国机集团新闻与信息中心：

（一）总部各部室编辑的各类统计信息简报、重要的信息调研报告等；

（二）企业主管、主编的公开出版物及企业内刊；

（三）企业各种宣传品，包括企业样本、宣传册、宣传片；

（四）媒体报道样稿；

（五）企业重大活动、重点经营项目、重大科技成果的文字综述材料、照片、视频资料等；

（六）其他有重要价值的文字、图片及视频资料。

第二十条 各类统计信息按国机集团各业务管理部门要求的方式和时间报送。

第七章 信息整理

第二十一条 新闻与信息中心负责对各单位上报的信息及收集的各种资料进行筛选、鉴别、分类、整理。

（一）筛选 围绕集团公司的中心工作，根据参考价值大小、有无启发作用等原则进行选择；

（二）鉴别 核实和查证，去伪存真，衡量效用；

（三）分类 按照信息的内容或实际需要进行分类；

（四）综合 对信息进行定性定量分析，对其进行编辑和研究。

第八章 信息发布

第二十二条 国机集团信息上报或发布的渠道包括：

（一）国资委指定上报的信息载体。主要包括：

《国资委工作交流》、《国资委企业专刊》、《国资委党委通讯》、《央企要情》、国资委网站等；

（二）国机集团自办的各种信息载体，主要包括《国机集团报》、《Sinomach Today》杂志、国机集团网站、国机集团总部办公自动化系统及总部各部室主办的各种简报、刊物等；

（三）其他党和政府主管部门、行业协会；

（四）社会公众媒体。

第二十三条 信息上报和发布的实施机构：

（一）向以上国资委主要信息载体及一般公众媒体的信息报送或发布工作由新闻与信息中心具体组织实施；

（二）其他专项信息报送工作由对口或负责部室按照有关管理办法和要求具体组织实施。

第二十四条 新闻与信息中心对国资委报送信息、对外发布信息以及在内部载体使用信息时，需履行相关审批程序。信息报送和发布依据发布载体不同按各自审批程序执行。

第九章 信息安全

第二十五条 按照“谁公布，谁负责”的原则，落实信息安全责任制。信息报送和发布部门应建立信息安全责任制度，按照职责分工，对所报送或发布的信息安全负责。

第二十六条 各种上报和发布信息必须按规定履行相应审批程序，并在批准的范围内使用，确保信息安全。

第二十七条 为防止网络故障，对重要信息应定期进行备份，各种上报和发布信息应分类建档，立卷保存。

第十章 考核及评分

第二十八条 为提高信息工作质量，国机集团新闻与信息中心对各成员单位、集团公司总部各部室上报被采用的信息实行统计评分制度。评分标准如下：

（一）被《国机集团报》采用的一般信息，每篇2分；要闻版信息、字数超过1000字的专题类信息，每篇3分；

（二）被国机集团网站采用的信息每篇1分；

（三）被《Sinomach Today》英文杂志采用的动态类信

息每篇2分，专题类信息每篇3分；

（四）国资委网站采用的信息每篇1分；被国资委信息

刊物采用的动态类信息每篇2分，综合类信息每篇5分；

（五）被国资委推荐中共中央办公厅、国务院办公厅刊

物采用的动态类信息，每篇加3分；综合类信息，每篇加8分；

（六）推荐被大众媒体采用的信息，每篇酌情加3－5分；

（七）同一信息被不同信息刊物或载体采用，累计记分；

（八）未通过专用信息报送系统发送而被采用的信息不计分。

第二十九条 信息通报表彰制度。国机集团新闻与信息中心定期向子公司、集团公司总部各部室通报信息报送及采用情况。年末根据各子公司、总部各部室被采用信息的得分情况，评选国机集团信息报送先进单位和先进个人，予以表彰。

第十一章　附　则

第三十条　国机集团各子公司可根据本办法制定本单位信息管理工作实施细则。

第三十一条　本办法自公布之日起施行。

第三十二条　原《中国机械工业集团公司信息管理工作办法》同时废止。

第三十三条　本办法由国机集团新闻与信息中心负责解释并组织实施。

附件：

1. 中国机械工业集团有限公司信息员登记表（略）

2. 中国机械工业集团有限公司信息发布审批单（略）

3. 中国机械工业集团有限公司信息采用情况及评分统计表（略）

中国机械工业集团有限公司新闻采访与新闻发布管理办法

第一章　总　则

第一条　为加强对外宣传工作，规范中国机械工业集团有限公司（以下简称国机集团）新闻采访与新闻发布活动，特制定本办法。

第二条　新闻采访活动是保证公众知情权、实现社会舆论监督的重要途径，任何组织和个人不得干扰、阻碍新闻采编人员合法的新闻采访活动。国机集团作为大型中央企业集团，负有为新闻机构合法的新闻采访活动提供便利和必要保障的义务。

第三条　通过新闻采访和新闻发布活动，充分利用各类媒体覆盖面广、社会影响大的优势，塑造国机集团良好社会形象和声誉，为集团发展营造良好的舆论环境，是国机集团对外宣传工作的重要内容。

第四条　国机集团接受媒体新闻采访活动和开展新闻发布活动实行分级组织、归口管理、有效监控的管理原则。

第五条　本办法所指新闻采访活动主体，除各级新闻、出版主管部门批准、注册、备案的正式媒体外，还包括各级政府、社会组织、行业协会等主管、主办的各类报刊、网站等宣传载体。

第六条　本办法适用于国机集团总部及所属子公司。

第二章　组织管理

第七条　集团总部新闻与信息中心作为国机集团新闻宣传工作主管部门，归口负责集团总部新闻采访和发布活动的组织和管理，并对子公司自主组织或开展的新闻采访和发布活动负有监督、指导和协调配合的工作职责。各子公司应明确本单位新闻采访和发布活动的归口管理部门，具体负责本单位相关工作的组织安排，以及与集团新闻与信息中心的工作联系。

第八条　新闻采访与发布活动组织管理的主要工作包括：

1. 相关制度的制订；
2. 新闻媒体渠道和关系的建立与维护；
3. 新闻采访、发布活动的策划、组织和实施；
4. 媒体记者的接待；
5. 媒体发布稿件的审查及档案管理。

第三章　新闻发布制度

第九条　建立新闻发布制度。新闻发布是对外发布重大信息，以及应对重大事件、危机事务和紧急事件处理时，面向社会媒体采取的必要行为。

第十条 国机集团新闻发布的主要内容包括：年度运营情况报告，重大战略决策，重大重组、改制及投资行为，重大经营活动，危机事务或紧急事件发生后的相应处理等。

第十一条 新闻发布的形式主要包括：召开新闻发布会，或组织小范围媒体记者进行的采访报道。各子公司根据实际需要适度安排。

第十二条 国机集团新闻发布分二级管理。一级新闻发布指以集团名义组织的新闻发布活动，以国内或国际主流媒体为主要发布对象；二级新闻发布指以各子公司名义组织的新闻发布活动，以地方、行业媒体为主要发布对象。

第十三条 按照新闻发布制度要求，各单位应指定本单位新闻发言人。集团新闻发言人由董事会秘书担任；各子公司新闻发言人由子公司任命后报集团新闻与信息中心备案。

第十四条 集团一级新闻发布会由拟发布新闻的单位提出，经集团总经理办公会批准后（特殊情况须报经集团董事长批准），由新闻与信息中心具体组织实施；集团一级一般性媒体集中采访活动，由新闻与信息中心请示有关领导同意后组织实施。二级新闻发布活动由子公司自行组织，子公司重大新闻发布实施后须将发布内容报集团新闻与信息中心备案。

第四章 新闻采访

第十五条 各子公司应加强日常新闻采访接待工作，严格工作流程，实行统一管理。由归口管理部门具体负责对媒体采访要求的答复、媒体记者的接待和新闻采访活动安排等工作。

第十六条 媒体记者提出采访应提供书面采访函件，详细写明采访事项、时间、被采访人姓名等信息。归口管理部门在审验新闻记者身份、并详细了解采访目的和内容后，经请示本单位主管领导批准并取得被采访人同意后，具体落实相关采访事宜。

第十七条 接受记者采访时，被采访人对事实表述要准确，对涉及企业机密或各种敏感信息应保持谨慎或予以回避。被采访人和归口管理部门对记者发布稿件要实施双重审查，以防报道事实差错以及企业机密和各种敏感信息的泄漏。

第十八条 归口管理部门要及时做好记者发布稿件的收集和建档工作。各子公司应将年度重要媒体采访报道材料报集团新闻与信息中心备案存档。

第十九条 未事先报告集团新闻与信息中心并经集团领导同意，集团系统任何人员不得就涉及国机集团重大问题或敏感信息接受媒体记者的采访。由此造成的一切不良后果由被采访人负责，集团新闻与信息中心将会同有关部门追究其相应责任。

第五章 附 则

第二十条 突发事件的新闻采访和新闻发布除遵照本管理办法相关规定外，同时必须符合国家有关规定和集团突发事件应急预案的要求。

第二十一条 上市公司信息发布的特殊要求，按照国家有关规定执行。

第二十二条 国机集团各子公司可根据本办法制定本单位新闻采访与新闻发布管理工作实施细则。

第二十三条 本管理办法由集团新闻与信息中心负责解释，自颁布之日起生效。

附件1：国机集团子公司新闻发言人备案登记表（略）

附件2：国机集团子公司重大新闻发布情况备案表（略）

附件3：国机集团接受新闻媒体采访审批表（略）

中国机械工业集团公司信息化建设项目管理暂行办法

第一章 总 则

第一条 为全面加强中国机械工业集团公司（以下简称国机集团）信息化建设项目的管理，使国机集团信息化建设项目管理更加科学化、规范化、制度化，保证项目建设质量，提高投资效益，特制定本办法。

第二条 本办法适用于由国机集团总部组织实施的软件项目开发、软件产品实施、基础网络建设、系统集成等信息化工程项目。国机集团所属企业可参照执行，或依据本办法制定本企业的信息化建设项目管理办法。

第二章 项目立项

第三条 国机集团新闻与信息中心根据《中国机械工业集团公司信息化发展规划》的要求，结合国务院国资委关于中央企业信息化工作的安排和要求，提出国机集团年度信息化项目建设计划和项目预算，经国机集团信息化领导小组审议通过后，正式立项，作为国机集团的年度信息化工作计划。

第四条 未列入国机集团年度信息化工作计划的，除国务院国资委统一安排的项目外，原则上不予立项。特殊情况，由业务部门填写《国机集团信息化建设项目立项申请书》（附件1），向新闻与信息中心提出申请，经新闻与信息中心审核后，由业务部门和新闻与信息中心共同进行项目可行性论证，出具《项目可行性研究报告》，提交国机集团信息化领导小组审议，获准后立项，纳入国机集团年度信息化工作计划。

第三章 项目招标

第五条 国机集团信息化建设项目按照《中华人民共和国招标投标法》和《中华人民共和国政府采购法》的有关规定实行招标或议标采购。具体需视项目规模和性质，经请示公司主管领导同意后确定采用招标或议标方式。

第六条 项目招标工作由新闻与信息中心或业务部门牵头成立评标委员会，负责对招标项目的评审，并根据评审结果确定候选中标方。评标委员会由新闻与信息中心或业务部门根据项目规模及特点组织有关人员参加，其中必须有集团纪检办公室（监察室）的人员参加。

第七条 项目招标应充分考虑入围厂商对需求的理解、产品价格、公司实力、公司规模、典型用户、产品特点、实施经验、售后服务等方面的综合因素，择优选用。

第八条 为保证项目招标的准确性，对于软件开发和实施类项目，在项目招标之前，必须由新闻与信息中心或业务部门对项目的需求进行初步确认，并召开“需求澄清会”。“需求澄清会”的目的是向参与的厂商介绍项目需求，以便其形成对本次项目的需求分析说明书和项目解决方案。各参与厂商对需求的理解和项目解决方案的合理性，要作为评标时重要的评分标准。

第九条 评标委员会根据评标结果确定的候选中标方，必须报请公司领导同意后，方能确定为最终中标方。

第十条 中标方确定后，由新闻与信息中心或业务部门代表公司与中标方签订项目合同，中标方正式成为项目的实施方。

第四章 项目组织

第十一条 国机集团信息化建设项目实行项目负责人制度，项目经理作为项目的负责人，全面负责项目的组织实施，并对项目的成败负责。

第十二条 对于规模较大，实施周期较长的项目，应成立项目领导小组。项目领导小组由公司领导、新闻与信息中心及业务部门负责人共同组成。项目领导小组职责：

一、全面负责项目的组织领导工作。

二、负责项目实施过程中重大问题的决策和协调。

三、参与项目重要里程碑的会议或活动。

第十三条 项目经理由新闻与信息中心人员或业务部门人员担任。项目经理职责：

一、项目经理代表国机集团全面负责所任项目的组织实施和管理工作，是项目的第一责任人。

二、负责和实施方共同制定项目进度计划和实施方案，建立项目管理制度，并监督实施方的实施进度和项目质量。

三、负责协调项目执行过程中的问题，主持项目例会。

四、负责对项目需求进行整体控制，在需求有争议时，决定最终的需求方案。

五、负责定期向项目领导小组报告项目建设情况。

六、负责组织项目验收，确认合同的完成。

七、负责对项目进行总结以及收集汇总项目有关材料。

第五章 项目实施

第十四条 项目需要有明确的主实施计划和里程碑计划。项目主实施计划需要明确项目的时间计划、沟通计划、交付物列表等。

第十五条 对于规模较大的项目和跨部门项目，项目正式启动后，必须建立项目例会制度，及时沟通、协调项目执行过程中的问题，并及时向参与项目的各方通报项目进度情况，保证项目顺利推进。

第十六条 项目实施流程和实施计划的制定参考《国机集团信息化建设项目实施流程》（附件2）执行；项目建设各阶段需要的交付物清单参考《国机集团信息化建设项目各阶段交付物参考表》（附件3）执行。

第六章 变 更

第十七条 项目进度计划变更，必须获得业务部门、新闻与信息中心和实施方的认可，并由项目经理和实施方负责人共同签字确认，并通报项目领导小组和相关主管领导。

第十八条 项目需求作为项目合同的基础和验收的依据，在项目合同签订后原则上不再新增或变更。若确需新增或变更，必须填写《国机集团信息化建设项目需求变更申请单》（附件4），经双方项目经理同意后方可变更。没有获得同意的新增或变更需求，可作为下次项目升级的内容。

第七章 项目验收

第十九条 实施方完成合同规定的全部项目工作后，方可依据合同约定的验收条款向国机集团项目经理提交书面项目验收申请，双方约定验收方式和验收报告提交时间。

第二十条 项目经理根据合同要求和验收申请组织人员对项目进行验收，验收的主要内容包括系统功能、性能、项目文档等。

第二十一条 实施方在验收工作完成后提交书面验收报告，验收报告由项目经理签收。项目经理按照项目的性质，可要求相关部门签署验收意见，相关部门应在接到项目验收报告后的十个工作日内签署验收意见，若不同意验收，应有明确的理由。逾期不签署意见视为同意验收。

第二十二条 项目验收通过后进入系统维护阶段；验收未通过则由实施方继续完成项目工作，在项目工作完成之后，重新提交验收申请。

第八章 附 则

第二十三条 本办法由集团新闻与信息中心负责解释。

第二十四条 本办法自颁布之日起实行。

附件：

1. 国机集团信息化建设项目立项申请书（略）
2. 国机集团信息化建设项目实施流程（略）
3. 国机集团信息化建设项目各阶段交付物参考表（略）
4. 国机集团信息化建设项目需求变更申请单

中国机械工业集团有限公司虚拟专用网络管理暂行办法

第一章 总 则

第一条 中国机械工业集团有限公司（以下简称国机集团）虚拟专用网络（以下简称 VPN）是覆盖集团总部和二级单位的商密级网络通讯系统。该网络基于互联网，通过 VPN 设备构建，形成集团总部与二级单位、各二级单位之间的加密网络链路，以实现高效、安全的信息传输。为加强集团 VPN 系统管理，明确工作职责和工作要求，确保系统正常运行，特制定本办法。

第二条 国机集团 VPN 系统由集团总部一级节点、各二级单位（总部）二级节点和移动节点（如出差、临时外部接入的情况）构成。本办法适用于使用任何硬件、软件方式接入国机集团 VPN 系统的单位和个人。

第二章 职责分工

第三条 国机集团新闻与信息中心是 VPN 系统的责任部门，负责 VPN 系统的整体构建与运行维护管理，具体职责如下：

（一）负责 VPN 系统的规划、部署、管理和运行维护；

（二）负责制定和修订 VPN 系统管理、运行维护相关制度；

（三）负责集团统一部署的一、二级节点 VPN 设备的资产管理。

第四条 各二级单位既是 VPN 系统的使用主体，也是本单位及二级以下节点的管理主体。各单位须明确责任部门、负责人和技术联系人，做好部署在本单位的二级节点 VPN 设备和移动节点的日常管理和维护，并及时将相关人员情况以《国机集团 VPN 系统运维工作联系表》（见附件）报集团新闻与信息中心。

第三章 设备接入

第五条 集团通过向各二级成员单位统一部署二级节点 VPN 设备的方式搭建集团 VPN 系统。原则上，对已先行建立 VPN 系统的二级单位，通过复用已有设备的方式与集团总部互联，不再部署二级节点设备。

第六条 对于新增的二级单位，以及需比照二级单位接入 VPN 系统的情况，新闻与信息中心将根据相关文件，及时调整 VPN 网络的组成，调配 VPN 设备，新增二级节点设备。

第七条 原则上，各二级单位局域网内用户均可在办公场所使用入网计算机，直接访问 VPN 系统内资源。对于移动节点用户，须安装客户端软件，经过认证后方可访问 VPN 系统内资源。

第四章 管 理

第八条 集团 VPN 系统实行统一部署，分级运行管理：

（一）集团新闻与信息中心负责统一部署一、二级节点设备；保障一、二级节点之间的通讯畅通；负责一级节点设备的日常管理；管理集团总部移动节点用户；

（二）二级单位负责本单位二级节点设备的日常管理；管理本单位移动节点用户；

（三）二级单位（含三级单位）用户必须通过部署在本单位的二级节点VPN设备验证后，方可与集团总部VPN设备通信。

第九条 原则上，各二级单位在组建本单位局域网或网络调整过程，须严格按照集团统一规划的网络地址部署本单位局域网（详见《国机集团2006—2010年网络建设规范》）。

第十条 为保证集团VPN系统稳定、高效和安全的运行，集团有权使用网络管理软件对统一部署的一、二级VPN设备进行监测、管理，二级单位须保证从集团总部可以通过技术手段直接管理二级节点VPN设备。

第十一条 各二级单位须加强对本单位局域网的安全管理，对接入集团VPN系统的用户进行审核，防止因本单位局域网安全问题引发集团VPN系统的故障和集团总部局域网安全问题。如一经发现安全隐患，集团新闻与信息中心有权先行关闭责任单位的VPN连接。

第十二条 各二级单位VPN系统的管理和运行维护的责任部门、负责人和技术联系人发生变化的，请及时联系集团新闻与信息中心变更信息。

第十三条 各二级单位如有办公地点、网络结构和接入链路调整，须及时报集团新闻与信息中心备案，提前3天联系新闻与信息中心确认相关调整的配置参数。

第十四条 使用集团统一配置VPN设备的二级节点，应指派专人管理VPN设备，做好设备密码保护、配置参数保护和定期检测设备运行状态等工作；保持VPN设备7×24小时正常运行。如有遗失或非正常损坏，二级单位须按照设备合同价赔偿或支付维修费用。

第十五条 使用非统一配置的VPN设备接入集团VPN系统的单位，须自行维护本端VPN设备，并保证与集团VPN系统的正常连通。

第五章 变更和撤销

第十六条 集团新闻与信息中心根据集团信息化建设要求，以及集团二级单位名录调整，书面通知有关单位调整或撤销已部署的VPN设备。

第六章 维 护

第十七条 国机集团VPN系统运行维护工作由集团新闻与信息中心归口负责，VPN设备由厂家统一维护，所有VPN设备含三年的硬件备品、备件服务，服务方式包括远程技术支持和紧急救援支持。各单位在VPN系统使用过程中，如发现硬件、网络问题请与集团新闻与信息中心联系。

第十八条 各二级单位负责本单位VPN以外的其他网络设备（如路由器、防火墙、核心网络交换设备等）的调试与维护。

第七章 其 他

第十九条 本办法由国机集团新闻与信息中心负责解释。

第二十条 本办法自发布之日起执行。

附件：国机集团VPN系统运维工作联系表（略）

中国机械工业集团有限公司
业绩考核“经营管理指标”计分实施细则

第一条 为进一步完善中国机械工业集团有限公司（以下简称国机集团）经营业绩考核工作，有效发挥经营管理在企业经营中的导向作用，加大国机集团在内部合作、科技投入、资金集中和安全生产等方面的管控力度，根据《国机集团企业经营者经营业绩考核暂行办法》（国机人〔2009〕55号）关于考核经营管理指标的规定，制定本实施细则。

第二条 本实施细则作为《国机集团企业经营者经营业绩考核暂行办法》（国机人〔2009〕55号）有关条款的具体细化，在年度经营业绩考核时一并纳入考核体系，即按照本实施细则计算的经营管理指标考核得分计入企业经营者年度经营业绩目标考核得分。

第三条 经营管理指标考核计分的原则：

一、严格量化标准，减少在业绩考核指标确定过程中出现的矛盾和偏差，充分体现科学、公平、合理的原则。

二、鼓励成员单位之间扩大内部业务合作，促进集团内部资源合理配置，优势互补的原则。

三、鼓励企业扩大科技投入，实现科技投入与企业发展同步增长的原则。

四、强化资金集中管理，降低集团资金成本，提高资金使用效率，保证资金安全的原则。

五、督促企业全面落实安全生产主体责任，建立安全生产长效机制，有效防范生产安全事故的原则。

第四条 经营管理指标考核计分办法

（一）经营业绩目标考核基准值的确定和计分

1. 完成主营业务收入考核目标值，考核目标值高于或低于前三年实际完成值的平均值部分，每高或低5个百分点，加或减0.5分，最多加或减2分。

2. 完成利润总额考核目标值，考核目标值高于或低于前三年实际完成值的平均值部分，每高或低3个百分点，加或减1分，最多加或减6分。

3. 其他各项经营考核指标（进出口总额、净资产收益率、成本费用占主营业务收入比重、流动资产周转率、已获利息倍数）目标值若低于前三年实际完成值的平均值，对低于平均值的考核指标扣1分。

4. 经营业绩考核指标基准值的确定涉及特殊等非正常因素需剔除的，由国机集团经营管理部商有关部门核定。

（二）内部合作成交额的确定和计分

1. 内部合作成交额以合作各方当年生效合同（指已按合同约定开展工作）为计算依据，按管理关系分别统计上报，国机集团经营管理部负责核定。

2. 按内部合作成交额占当年新签生效合同比重，每达到1%，加1分，最多加5分。

（三）科技投入考核计分办法

1. 在利润总额考核目标值完成的情况下，技术投入比率考核目标值超额完成部分，视同业绩利润计算考核加分。

2. 科技投入统计依据企业财务决算基本情况表（企财08表）。

（四）资金集中结算考核计分办法

1. 资金集中结算的考核指标为资金集中度。资金集中度指成员企业在国机财务有限公司月均存款余额与全部银行存款月均余额的比例。

2. 以集团确定的资金集中度为基数（2009年基数暂定30%），每高或低5个百分点，加或减1分，最高加或减5分。

3. 资金集中度由国机财务有限公司统计上报，国机集团资产财务部负责核定。

（五）安全生产责任目标考核与计分

1. 按照国机集团《安全生产责任目标考核试行办法》，考核结果为严重不合格（E级）的，扣20分。

2. 若企业发生较大（含）以上生产安全责任事故，多方共同承担责任的，每起事故扣20分；承担管理责任、次要责任、一定责任等非主要责任的，每起事故扣10分。

3. 按照《国机集团安全生产责任目标考核试行办法》，考核结果为轻微不合格（D级）的，扣10分。

4. 企业发生亡人的一般生产安全责任事故，并承担主要责任的，每起事故扣10分；多方共同承担责任的，每起事故扣5分；承担管理责任、次要责任、一定责任等非主要责任的，每起事故扣3分。

5. 企业发生重大环境污染、公共安全等事件，并造成重大社会影响的，以及发生生产安全事故，存在瞒报行为的，扣5分。

上述生产安全责任事故的界定以国资委第21号令为准；责任划分及认定以政府安监部门正式结论为准；境外项目生产安全责任事故责任划分及认定由国机集团另行制定办法规定。涉及重复扣分的，以最高扣分为准。

第五条 若企业发生较大（含）以上生产安全责任事故（事故分级依据国务院第493号令），并承担主要责任的，实行安全生产“一票否决”，即扣除企业经营者年度经营业绩目标考核全部得分。

第六条 本实施细则所列经营管理指标考核计分涉及内容，随着企业经营环境变化、国资委考核指标调整和国机集团经营管理工作导向可做相应调整。

第七条 本实施细则由国机集团经营管理部负责解释。

第八条 本实施细则自2009年起实施。

中国机械工业集团科学技术奖奖励办法

第一章 总 则

第一条 为奖励在机械工业科研开发、技术创新、勘察设计、工程承包、工程施工、高新技术产业化等科技工作中做出突出贡献的科技人员和单位，鼓励机械工业广大科技工作者的积极性和创造性，促进机械工业科学技术的进步和发展，根据《国家科学技术奖励条例》和《社会力量设立科学技术奖管理办法》的有关规定，制定本办法。

第二条 中国机械工业集团科学技术奖是经国家科学技术部批准，在国家科技奖励主管部门注册，由中国机械工业集团有限公司（以下简称国机集团）面向全国机械行业设立的奖项。

第三条 为维护奖励的严肃性和权威性，中国机械工业集团科学技术奖奖励工作实行公开、公平、公正原则，其评审和表彰工作不受任何组织或个人的不当干预。

第四条 中国机械工业集团科学技术奖，每年评审、奖励一次。

第五条 本办法适用于中国机械工业集团科学技术奖评选的推荐、评审、授奖等各项活动。

第二章 奖励范围和评审标准

第六条 下列机械工业科技成果可以申报中国机械工业集团科学技术奖：

（一）科技发明成果；

（二）推动科技进步的应用开发成果；

（三）实现高新技术成果转化和产业化效果明显的成果。

下列科技成果不得申报：

（一）涉及国防、国家安全领域的保密项目；

（二）已获省部级以上科技奖励项目；

（三）已经申报过本奖项（无论是否获奖），没有新的重大改进和提高的项目；

（四）仅依赖个人经验和技能、技巧又不可重复实现的技术；

（五）有争议的项目。

第七条 中国机械工业集团科学技术奖申报条件

（一）科技发明成果应当同时具备以下条件：

1. 技术成果是国内外所没有的，或者虽然国内外已有但其相关技术内容尚未在国内外公开发表，也未曾公开使用；

2. 具有显著的技术特点和明显的技术进步，与已有同类技术相比，技术经济指标优于同类技术；

3. 经两年以上实践，证明可以应用并取得良好效果；

4. 已申请国家发明专利。

（二）推动技术进步的应用开发成果包括：1）为提高生产力水平而进行的研究、开发、试验所产生的具有实用价值的新技术、新产品、新工艺、新材料；2）工程总承包中，推广应用高新技术在出口方面作出重要贡献的，或是在工程总承包中探索出的、有理论基础又有创新的，且经实践经验证明能指导工程承包活动的先进管理方法、流程、软件等；3）在勘察设计、施工活动中，采用先进的工艺、设备、材料和技术，并有新的突破，在节省能源、环境保护和降低成本等方面有明显效果，并经过实践检验，综合经济效益比已建成的同类型项目有明显提高。

推动技术进步的应用开发成果应当具备下列条件：

1. 技术上有重要创新，解决了行业发展中的关键技术问题，对推动行业进步有显著作用；

2. 项目经两年以上生产应用，实现了技术创新的市场价值或社会价值，为本行业发展做出重大贡献；

3. 原则上近五年内通过技术鉴定、验收或技术评估的项目。

（三）实现高新技术成果转化和产业化效果明显的成果应具备以下条件：

1. 在本行业技术水平国内领先；

2. 在本专业技术领域得到广泛应用；

3. 在本行业对技术进步产生了较大影响，取得重大经济效益或社会效益。

第三章　主要完成人与主要完成单位

第八条　评奖项目主要完成人与主要完成单位的条件

（一）项目主要完成人应当具备下列条件之一：

1. 提出、确定或实施项目的总体技术或设计方案，为项目完成在技术上起决定性作用者；

2. 关键技术和疑难问题以及系统管理方面重大创新的直接贡献者；

3. 在成果转化和推广应用中做出创造性贡献者；

4. 在解决试验及高新技术产业化方面做出重要贡献者。

（二）项目主要完成单位是指在科技成果的研制、开发、推广应用过程中提供技术、设备、资金和人员等条件，对项目的完成起到组织、协调作用的主要单位，或在工程完成过程中起决定性作用的承建单位。

第九条　本办法对单项授奖人数和授奖单位数实行限额。

1. 特等奖项目主要完成人不超过 35 人，单位不超过 15 个；

2. 一等奖项目主要完成人不超过 15 人，单位不超过 10 个；

3. 二等奖项目主要完成人不超过 10 人，单位不超过 7 个；

4. 三等奖项目主要完成人不超过 5 人，单位不超过 5 个。

第四章　评审机构与评审程序

第十条　中国机械工业集团科学技术奖评审机构为中国机械工业集团科学技术奖评审委员会，日常办事机构为中国机械工业集团科学技术奖励办公室。中国机械工业集团科学技术奖评审委员会负责中国机械工业集团科学技术奖的评审工作，奖励办公室负责奖励评审的组织、申报材料的格式形式审查及其他日常工作。

第十一条　中国机械工业集团科学技术奖采用专家会议评审制。

第十二条　评审委员会委员实行聘任制，每届任期为两年。评审委员会委员每届由 15～25 人组成，由专家库（专家库按专业分类建立）中按专业聘任，负责评审工作，出具评审报告，提交评审结果。

第十三条　评审委员会按专业分设若干评审组小组，评审小组负责本专业组项目的初评和推荐出特等奖及一、二、三等奖项目。

第十四条　专家会议评审采用无记名投票方式进行，有效投票数不得少于应到评审委员数的五分之四。评审委员为报奖项目完成人，在讨论和表决该项目时应回避，该委员不计入应到人数。

第十五条　评审委员会专家库成员资格：

（一）教授级高工或在本行业作出重要贡献的高级工程师；

（二）对所评项目所属领域有丰富的专业理论知识和实践经验，熟悉国内外该领域技术发展的状况；

（三）具有良好的职业道德和品质。

第十六条　评审委员会专家组成员在评审过程中应保持独立、客观、公正，对出具的意见与报告负责；对评审项目评审情况和技术严格保守秘密，不能以任何方式泄露、剽窃评审项目的技术成果。

第五章　奖励等级与标准

第十七条　中国机械工业集团科学技术奖励等级和标准

中国机械工业集团科学技术奖设特等奖、一等奖、二等奖、三等奖。

（一）特等奖项目：应达到国际先进水平（需提供国家确认的查新单位出具的查新报告），技术难度特别大，或在系统管理方面有特别重大创新，工程复杂程度特别大，项目对促进行业科技进步或国民经济建设具有特别重大作用，经实践验证有特别重大的经济效益和社会效益；

（二）一等奖项目：应达到或接近国际先进水平（需提供国家确认的查新单位出具的查新报告），技术难度很大，或在系统管理方面有重大创新，工程复杂程度大，项目对促进行业科技进步或国民经济建设具有重大作用，经实践验证有重大经济效益和社会效益；

（三）二等奖项目：应达到国内领先水平，技术难度大，或在系统管理方面有较大创新，工程复杂程度较大，对促进行业科技进步或国民经济建设有较大作用，经实践验证有显著经济效益和社会效益；

（四）三等奖项目：应达到国内先进水平，有一定技术难度，对促进行业科技进步或国民经济建设有一定作用，经实践验证有较大经济效益和社会效益。

第六章　申报要求和方式

第十八条　申报要求

（一）独家完成的项目由单位组织申报；

（二）两个或两个以上单位合作完成的项目，由主持单位与其他完成单位协商一致后，由项目主持单位组织申报；

（三）个人项目，需有五名以上具有高级技术职称（其中需有三名非本单位）的专家书面推荐后，由个人申报。如该项目完成人是在职人员，需项目完成人所在单位提供同意个人申报证明。

第十九条　申报中国机械工业集团科学技术奖需填写《中国机械工业集团科学技术奖推荐书》，并附以下附件：

（一）科技成果鉴定证书或验收报告、评估报告、专利证书的复印件加盖单位公章；

（二）已获经济效益证明（有财务公章的证明）；

（三）用户使用或社会效益证明；

（四）科技成果研究报告；

（五）科技成果查新报告（特等奖及一等奖项目查新范围要求为国内外）；

（六）其他有关材料。

推荐书一式五份，附件一式两份按上述顺序排列独立装订成册。

第二十条　申报方式

中国机械工业集团科学技术奖申报日期为每年的年初至三月底。申报者应于每年三月底前将申报材料报送或邮寄（以邮戳为准）到中国机械工业集团科学技术奖励工作办公室（地址：北京市海淀区丹棱街3号A座中国机械工业集团公司总部大楼2125室），逾期者本年度不得参加评审。

第七章　异议处理和授奖

第二十一条　为提高中国机械工业集团科学技术奖的评审质量，贯彻评审工作的公开、公平、公正的原则，接受社会和行业的监督，中国机械工业集团科学技术奖实行公示和异议制度。

第二十二条　中国机械工业集团科学技术奖评审结果将在国机集团网站（www. sinomach. com. cn）及有关媒体上公示。

自公示之日起30天内为异议期。异议期内，任何单位或个人均可对获奖项目中的弄虚作假、剽窃等问题，向中国机械工业集团科学技术奖励工作办公室提出书面异议。异议书应包括以下内容：

1. 异议内容及有关异议的事实依据；

2. 以单位名义提出异议的，应写明单位名称、法人、联系人、通信地址、联系电话和传真，并加盖单位公章；

3. 以个人名义提出异议的，应签署本人真实姓名（签字）、身份证号码，并写明通信地址、联系电话。

第二十三条　由中国机械工业集团科学技术奖励工作办公室负责调查并提出处理意见，相关单位和个人应积极配合。

第二十四条　异议期满后，中国机械工业集团科学技术奖评审结果报国机集团总经理办公会批准。由国机集团领导向获奖单位及个人颁发奖金及证书。并从获奖项目中择优推荐申报国家科学技术奖励。异议未处理完毕的项目，不予授奖。异议处理完毕的项目，将按处理意见办理。

第二十五条 中国机械工业集团科学技术奖奖金金额为：特等奖 10 万元，一等奖 4 万元，二等奖 2 万元，三等奖 1 万元。奖金由中国机械工业集团科学技术奖奖励基金列支。

第八章 附 则

第二十六条 评奖单位手续不齐全或不符合规定准备资料的，当年不予受理评奖。

第二十七条 获奖项目如发现有弄虚作假或剽窃他人成果者，经查属实，撤销其奖励，退回奖金、荣誉证书，两年内不得参加评奖。

第二十八条 本办法由“中国机械工业集团科学技术奖”奖励办公室负责解释。

第二十九条 本办法自 2010 年 1 月 1 日起施行，原《中国机械工业集团科学技术奖奖励办法》（国机科〔2006〕214 号）同时废止。

中国机械工业集团有限公司科技管理办法

第一章 总 则

第一条 为进一步规范中国机械工业集团有限公司（以下简称国机集团）科技管理工作，加快科技进步，提高自主创新能力，增强国机集团核心竞争力，为集团的发展提供有力支撑，依据国家有关法规，结合国机集团实际，制定本办法。

第二条 科技管理工作包括企业科技发展战略规划研究、科技创新体系建设、科研开发、科研成果推广应用及产业化等内容。

第三条 本办法适用于国机集团总部（以下简称集团）和所属各公司、院、所（以下简称各单位）。

第二章 管理原则

第四条 坚持以科学发展观统领科技工作全局，贯彻落实科教兴国和人才强国战略，坚持“自主创新、重点跨越、支撑发展、引领未来”科技方针。

第五条 坚持以市场为导向、产学研紧密结合，坚持原始创新、集成创新、引进消化吸收再创新相结合，以增强技术创新和市场竞争能力为目标，符合国家产业政策、科技发展方向和国机集团发展战略的要求。

第六条 按照区域和行业比较优势，选择重点发展领域和优先主题，加快整合资源，培育主导产品及优势产业，不断提高国机集团整体核心竞争力。

第七条 国机集团积极鼓励、支持、协助和引导所属企业承担国家科技攻关、军品配套研制、新产品等科研项目。

第八条 国机集团充分发挥自身整体优势和平台作用，积极组织和争取国家科研开发和产业化等任务。鼓励和支持集团内部合作，协同攻关，增强集团科技创新能力，加大科技对集团发展的支撑作用。

第三章 组织机构与职责

第九条 国机集团科技管理实行科学决策、合理统筹、分级负责制。

第十条 国机集团总经理办公会是国机集团科技工作最高管理机构，负责审定集团科技工作重大事项。

第十一条 国机集团设立科学技术委员会，国机集团科学技术委员会是国机集团科技工作最高参谋机构，负责审议集团科技工作重要事项。

第十二条 国机集团科技发展部为科技工作业务归口管理部门。负责研究制定国机集团科技发展规划及相关政策，负责研究制定相关规章制度和相关业务管理。

第十三条 各单位应设立相应机构负责本单位的科技管理工作，科技业务管理对口国机集团科技发展部。

第十四条 国机集团科技工作业务范畴主要包括以下两大类十二方面内容：

（一）科技综合管理

1. 研究制订国机集团科技发展规划
2. 科研平台建设
3. 知识产权管理
4. 成果与奖励管理
5. 标准管理
6. 科技交流与合作
7. 科技统计
8. 开拓新渠道和业务

（二）项目管理

9. 国家项目管理
10. 基金项目管理
11. 技术改造项目管理
12. 备案项目管理

第四章 科技综合管理

第十五条 建立科技规划研究和编制制度。国机集团根据国家发展五年规划、国家科技发展规划、国家产业政策，以及集团发展战略，结合实际情况及时制定国机集团科技规划。

第十六条 国机集团科技发展五年规划实施过程中，必要时可根据发展形势和环境变化，对科技规划做相应研究及调整。

第十七条 各单位应根据国机集团发展战略、科技发展规划，结合本单位实际情况研究制定本单位科技发展规划，并报集团备案。贸易类公司可不编制科技规划。

第十八条 国机集团支持各单位科研机构和科研平台建设，积极鼓励各单位设立省部级科研机构，负责组织各单位申报国家级科研机构。

第十九条 国机集团对科研机构实行备案管理，建立科研机构数据库，各单位应对所设立的科研机构有关数据进行实时维护，保证科研机构有关信息的准确性和有效性。

第二十条 合理利用集团科技发展基金，支持科研机构建设，支持科研设备、条件和手段的换代升级。

第二十一条 建立科研机构资源共享机制，建立并实时维护实验、试验、检测等条件和设备数据库，保证各单位充分了解和利用集团科技资源。

第二十二条 国机集团加大知识产权管理与保护力度，知识产权管理和保护遵照《中国机械工业集团有限公司知识产权管理办法》执行。

第二十三条 国机集团对专利等知识产权实行备案管理，建立专利信息数据库，各单位对专利信息数据库实时维护。

第二十四条 各单位在科技活动中形成的科技成果应及时做好鉴定验收、登记、归档，统一管理，并向本单位知识产权管理部门申报，以适当的方式予以保护。成果鉴定工作遵照《中国机械工业集团有限公司科学技术成果鉴定管理办法》执行。

第二十五条 积极鼓励各单位设立科学技术奖，以激励科技工作人员的积极性和创造性。鼓励推荐优秀科技成果参加省部以上级科学技术等各类奖的评选。国机集团对各单位所获省部级以上各类奖项实行备案管理。

第二十六条 国机集团鼓励科技工作人员科技创新，设立“中国机械工业集团科学技术奖”对促进机械工业技术进步做出突出贡献的组织和个人进行奖励。“中国机械工业集团科学技术奖”实施遵照《中国机械工业集团科学技术奖奖励办法》执行。

第二十七条 国机集团积极鼓励各单位科技成果的推广应用。国机集团对在科技产业化取得突出成绩的企业予以奖励，奖励活动遵照国机集团有关规定执行。

第二十八条 国机集团鼓励各单位参与行业、国家、国际标准的制定。对参加制定标准的单位以适当的方式进行资金补贴，具体实施遵照《中国机械工业集团有限公司标准制（修）订工作资助实施办法（试行）》执行。

第二十九条 各单位应加大标准工作力度，积极参与，统一管理，应设有标准工作专项资金。参加制定并完成的标准及时报集团备案。

第三十条 国机集团积极鼓励和组织各单位与国内外企事业单位、学术团体、协会、学会和民间组织等有关方面进行科学技术的交流与合作，并结合实际，对所属企业有关人员进行技术培训。

第三十一条 各单位应依据实际情况和需要积极参与相关科技交流与合作。各单位的国际科技交流与合作活动事先应向集团通报，活动完成后应及时将情况报集团备案。

第三十二条 国机集团建立科技统计制度，科技统计主要包括年度统计和快报。年度统计于次年1月底前完成。快报根据实际情况和要求组织实施。

第三十三条 国机集团科技管理部门应依据统计数据按要求及时完成各部委科技统计报表。对科技统计数据适时分析，为集团科技工作提供决策依据。

第三十四条 各单位应建立科技统计数据库。科技统计由科技管理部门指定专人负责，由各部门协作完成。

第三十五条 国机集团科技发展部立足为各单位服务的宗旨，努力开拓新的渠道和业务，为各单位科技工作创造更好的发展条件。

第五章 项目管理

第三十六条 国机集团科技发展部归口管理项目包括：国家科研项目、科技发展基金项目、技术改造项目、备案项目。军品配套项目管理按国机集团有关规定执行。

第三十七条 国机集团积极鼓励和组织各单位申报承担国家科研项目，经集团公司申报，并被列入国家计划的项目实施计划管理。

第三十八条 按照国家有关要求，国机集团科技发展部会同财务部门按项目的计划和要求核拨国家项目补助经费，项目经费的使用和管理按照财政部《科技三项费用管理办法（试行）》的有关规定执行，项目资金专款专用，不得截留和挪用。项目承担单位应积极落实配套资金，有效组织项目顺利实施。

第三十九条 国机集团将定期或不定期对项目执行情况进行检查，对项目国拨资金的使用情况进行专项审计检查。国家科研项目承担单位，应于7月10日、次年1月10日前分别将项目半年执行情况（包括资金使用情况）及年终总结报集团。

第四十条 国家科研项目完成后，承担单位应及时做好项目验收准备工作，并向集团提出验收申请。收到申请后，集团在30日内按相关要求组织项目验收，并将验收结果上报国家有关部委。

第四十一条 国机集团为积极鼓励和引导各单位加大科技投入，加快集团科技进步，设立科技发展基金。

第四十二条 科技发展基金主要用于各单位的科研开发、平台建设、科研条件升级和科技成果产业化等方面。通过支持项目的形式，对其进行资金补助。

第四十三条 科技发展基金资助的项目列入国机集团科技发展基金项目管理范畴，实行计划管理，具体管理遵照《中国机械工业集团有限公司科技发展基金管理办法》执行。

第四十四条 国机集团鼓励各单位加快科技成果产业化进程，鼓励有条件的单位，结合国家产业政策和集团发展战略进行产业化基地改扩建，加快结构调整产业升级。

第四十五条 国机集团技术改造依据集团发展规划，结合实际，进行统筹安排和部署，实行严格的审批制度和备案制度。

第四十六条 国机集团技术改造项目管理，按建设规模实行分级管理，具体实施遵照《中国机械工业集团有限公司技术改造项目管理办法》执行。

第四十七条 由项目承担单位直接向国家有关部门申报、且任务计划由国家有关部门直接下达到项目承担单位的科研项目为备案项目，实施备案管理。

第四十八条 项目承担单位应及时将列入国家计划的备案项目报集团备案。每年1月底前将上一年度已验收的备案项目清单报集团。

第六章 附 则

第四十九条 集团总部和各单位科技管理部门，可根据本办法，结合本单位具体情况制定相应的实施细则，也可参照本办法执行。

第五十条 本办法如与国家有关法规法令相抵触的按国家有关规定执行。

第五十一条 本办法由国机集团科技发展部负责解释。

第五十二条 本办法自2010年1月1日起施行。原《中国机械装备（集团）公司科技管理暂行办法》（国机科〔2003〕号）同时废止。

中国机械工业集团有限公司知识产权管理办法

第一章 总 则

第一条 为规范中国机械工业集团有限公司（以下简称国机集团）知识产权工作，加强对知识产权的管理、保护和利用，鼓励发明创造，促进集团科技进步和创新，依据《中华人民共和国专利法》、《中华人民共和国著作权法》、《中华人民共和国商标法》、《国家知识产权战略纲要》等国家有关法律法规，制定本办法。

第二条 本办法适用于国机集团总部（以下简称集团）和所属各公司、院、所（以下简称单位）。

第三条 知识产权管理坚持科学发展观，坚持激励创造、有效运用、依法保护、科学管理的方针。建立和完善知识产权制度，为建设创新型企业提供有力支撑。

第四条 国机集团鼓励各单位积极创造，支持创新要素向各单位集聚，建立以企业为主体、市场为导向、产学研相结合的知识产权创造体系，提高知识产权运用能力。

第五条 本办法涉及的知识产权，是指依照国家有关法律、法规规定或者合同约定，应该属于单位享有的知识产权，及单位与他人共享的知识产权。包括：

1. 专利权；
2. 商标权；
3. 著作权；
4. 商业秘密（包括技术秘密）；
5. 企业名称权；
6. 国家颁布的法律、法规所保护的其他智力成果和活动的权利。

第二章 知识产权归属

第六条 除以保证重大国家利益、国家安全和社会公共利益为目的，并由科技计划项目主管部门与承担单位在合同中明确约定外，执行国家科技计划项目所形成的科技成果的知识产权属于承担单位。

第七条 国机集团科技发展基金项目形成的科技成果的知识产权将按项目投资资金比例由国机集团和项目承担单位共同享有。

第八条 执行本单位的任务或者主要是利用本单位的物质技术条件所完成的发明创造为职务发明创造。职务发明创造申请专利的权利属于该单位；申请被批准后，该单位为专利权人。发明人或者设计人依法享有在专利文件上署名的权利，获得奖励和报酬的权利。利用本单位的物质技术条件所完成的发明创造，单位与发明人或者设计人订有合同，对申请专利的权利和专利权的归属作出约定的，从其约定。

第九条 以单位名义申请注册的商标和服务标记，其专用权依法归单位所有。

第十条 由单位主持、代表单位意志创作、并由单位承担责任的作品，单位视为作者，著作权属于单位。

为完成单位的工作任务所创作的作品是职务作品，著作权由作者享有，但单位在其业务范围内对其享有优先使用权。作品完成两年内，未经单位同意，作者不得许可第三人以与单位使用的相同方式使用该作品。

主要利用单位的物质技术条件创作、并由单位承担责任的工程设计图、产品设计图、地图、计算机软件等职务作品，作者享有署名权，著作权的其他权利由单位享有，单位可以给予作者奖励。

第十一条 在执行单位任务过程中所产生或形成的、不对外公开的技术成果或信息，包括技术和工艺参数、工艺技术流程、试验数据、图纸、调研资料、技术诀窍、设计方案、新材料试用情况、用户情况、经营渠道等技术信息和商业信息，属单位所有。

第十二条 受单位委派出国讲学、进修、培训、留学等人员，除与接收方另有协议外，在国外完成的发明创造或其他智力劳动成果的知识产权归委派单位；需向国外申请专利的，应当首先申请中国专利。

第十三条 经合法途径接收的培训、进修、离退休返聘、借用及兼职人员，在学习或工作期间，利用接收单位物质技术条件完成的发明创造或技术成果，所形成的知识产权归接收单位，完成者享有署名、获得奖励和报酬的权利。

第十四条 合作开发所完成的发明创造或技术成果，除合同另有约定外，所形成的知识产权由合作各方共享。

第十五条 委托开发所完成的发明创造或技术成果，其权属按研究开发方与委托方合同约定划分。

第十六条 单位变更、终止时，其知识产权应依法处置。

第十七条 单位与他方合作、或受委托方委托进行研究开发，应在合同中明确知识产权的权属。知识产权权属不清或有争议的，单位应依法及时进行界定。

第三章 组织机构和职责

第十八条 国机集团设立知识产权管理工作领导小组，负责集团知识产权管理和保护的统筹领导工作，知识产权管理和保护工作的具体业务，仍由相应职能业务部门现有职责权限进行负责。各单位应明确知识产权管理部门或岗位，负责本单位的知识产权管理和保护工作。

第十九条 国机集团知识产权管理工作领导小组及相应业务部门对知识产权管理和保护工作的主要职责有：

1. 贯彻执行国家知识产权法律、法规、战略纲要，开展集团知识产权战略研究，制定集团知识产权工作的方针、政策和规划，指导、监督、检查有关单位的知识产权保护和管理工作；

2. 宣传普及有关知识产权法律知识，培训知识产权管理人员，增强各单位知识产权保护意识和能力；

3. 协助有关单位和部门进行知识产权争议和纠纷的调解和处理；

4. 建立国机集团知识产权信息库；对各单位重大知识产权实行备案管理；负责集团总部下达的计划项目的知识产权管理。

第二十条 各单位应明确分管领导和归口管理部门或岗位，负责知识产权管理和保护工作，其主要职责是：

1. 贯彻落实国家知识产权战略纲要，落实执行国机集团知识产权管理办法，结合本单位实际情况，建立和完善本单位各项有关知识产权的具体规章制度；开展本单位知识产权战略研究，制定知识产权工作规划并组织实施；

2. 宣传和组织职工学习知识产权的法律和法规；

3. 负责本单位的专利、商标、著作权管理，组织有关的无形资产评估，技术秘密认定，协助处理知识产权纠纷、诉讼等有关法律事宜；

4. 保护本单位知识产权的合法权益和经济利益；

5. 参与洽谈、审核本单位涉及有关知识产权内容的各类合同、协议，并进行监督。

第四章 知识产权管理和保护

第一节 知识产权管理

第二十一条 国机集团对专利、优秀非专利技术成果、职务论著、商标实行备案管理制度。各单位按有关要求于规定的时间将前一年所形成的专利、优秀非专利技术成果（获省部级奖以上成果）、职务论著、商标报集团。

第二十二条 国机集团对知识产权重大事项实行上报制度。各单位应及时将本单位知识产权纠纷、处置等重大事项上报集团。

第二十三条 国机集团对各单位知识产权管理和保护实行检查制度。国机集团对各单位的知识产权管理与保护状况实行不定期的检查，对不符合要求的单位提出整改意见，各单位按整改意见和有关要求进行整改。

第二十四条 单位应建立和完善知识产权管理制度。应设有知识产权管理和保护的专项费用（或拨出专款，或从单位技术转让收益中提取），用于知识产权管理、保护、培训，补助专利申请、审查、维持，商标注册、续展、知识产权诉讼等项以及其他有关开支。

第二十五条 单位应建立知识产权信息检索制度，建立知识产权信息数据库，完善信息获取手段，培训信息检索与分析人员。申请承担科研项目前，须进行专利及相关文献检索，拟定自主知识产权目标，并提交知识产权可行性分析报告；项目执行过程中，项目承担单位须根据相关领域知识产权的发展动态，及时调整研究策略和措施，防止知识产权侵权，避免重复研究。

第二十六条 单位应当建立知识产权档案集中管理制度。对涉及知识产权的各类纸质、电子档案落实专人妥善管理，严格借阅审批、登记制度，防止非法复制、扩散或流失。

第二十七条 单位须建立和完善知识产权形成的过程管理制度，做好研究、开发各阶段技术资料的归档、保存及使用管理。研究、开发过程中，要做好技术资料记录、保管工作，确保原始资料的完整。项目完成后，必须将实验数据、记录、工作底稿、图纸、声像等技术资料收齐，按各研究阶段整理送技术档案管理部门登记、归档。

第二十八条 建立职工发明创造申报制度，对在研究、设计、开发和中试、生产、经营过程中形成的科技成果，应及时向单位的知识产权归口管理部门申报，提出拟保护的内容，知识产权归口管理部门应对拟保护的内容进行评估，确定应采取的保护措施。

第二十九条 建立论文发表的前置登记审查制度，对有可能申请专利的职务发明创造，在申请前任何人不得以任何形式公开（《专利法》规定的不丧失新颖性的情况除外）；对不宜申请专利的职务发明创造，应作为单位的技术秘密或商业秘密予以保护。

第三十条 在职、离退休反聘、借调、进修、培训人员或博士后在站人员，有与本单位的科研内容或经营内容相关的非职务发明创造，在进行专利申请、转让、使用、许可前，或有涉及本单位技术权益的非职务作品，在进行登记、发表、出售前，应当事先向所在单位的知识产权归口管理部门申报。知识产权归口管理部门在接到申报后30个工作日内，提出书面审核意见，通知申报者本人，并进行备案。过期未通知申报人的，则视为认可。与单位无关的非职务发明创造，或非职务作品，也可以告知单位知识产权归口管理部门进行登记备案，以避免纠纷。

第三十一条 单位在重组改制、以技术投资入股或合资创办企业，涉及知识产权进行产权交易或许可贸易时，必须根据国家规定委托有资格的评估中介机构进行无形资产价值评估，并报国机集团审核批准。

第三十二条 国机集团科技发展基金项目形成的知识产权进行产权交易、投资时，须经有资格的评估中介机构进行无形资产价值评估后，报国机集团批准。国机集团按基金项目支持比例享有权益。

第二节 知识产权保护

第三十三条 单位应从维护和提高企业核心竞争力的战略高度加强知识产权保护工作。深入开展知识产权法律知识宣传教育和培训，在全体员工特别是科技研发、企业管理人员中形成知识产权保护意识和法律意识。

第三十四条 单位应建立和健全知识产权保密制度，对技术秘密、商业秘密等知识产权应采取合法有效的保密措施予以保护，包括保密规定、保密协议、保密设施等具体措施。

第三十五条 单位应当建立知识产权保护激励和约束机制，通过签订合同的形式明确知识产权归属，明确单位和员工在知识产权保护工作中的权利、义务和责任。

在职、离退休留用、借调、进修、培训人员或博士后在站人员应自觉维护单位的合法权益，未经单位同意或许可，不得擅自将属于单位的技术成果或信息泄露、发表、使用或转让。

对涉及或可能知悉商业秘密的科技、管理或相关业务人员，单位应与之签订保密协议。对重大科研项目或对单位经济利益具有重大影响的项目，单位可与相关人员另行签订单项保密协议。

第三十六条 建立参观、来访接待制度，除规定参观范围、介绍内容、注意事项外，对涉及技术秘密的研究、实验、生产、制造、保存等重点场所，应当采取专门的防范措施。凡涉及国家科学技术秘密的单位，未经主管部门的批准，不得擅自安排与此相关的参观活动。

第三十七条 科研项目的承担单位应对其所有的科技计划项目研究成果采取必要措施，依法申请相关知识产权并加以管理和保护，对侵犯其知识产权的违法行为，有责任寻求法律手段予以制止。

知识产权归口管理部门应对科研项目执行中形成的资料、数据的保管和使用，专利申请、软件登记等成果保护措施的履行进行检查。

承担国家、地方科技计划项目的单位应按规定对所形成的知识产权进行的保护，并受计划下达单位的监督检查。

第三十八条 单位对其生产、制造、加工、拣选或者经销的商品，需要取得商标专用权的，应当向商标局申请商品商标注册。单位对其提供的服务项目，需要取得商标专用权的，应当向商标局申请服务商标注册。

第三十九条 为了避免侵权或失权，在引进或出口技术时，应对输出国或输入国有关该项技术的知识产权法律状况和技术状况进行检索、核查，结果报知识产权归口管理部门，以制定保护措施。

第四十条 单位在签订专利技术许可或转让合同、商标许可合同，以及涉及本办法第三条内容的其他合同时，应明确知识产权的权属、保护、收益等条款，经知识产权归口管理部门审查后，由单位法定代表人或其委托代理人签署。

第四十一条 凡承担国家或部门重大科技项目的主要科技人员，在任务尚未结束之前，原则上不得调离、出国定居或辞职；被确定为国家技术秘密的涉密人员，须经确定密级的主管部门批准，并由单位对其进行保密审查，并签署保密责任承诺书后，方可调离、出国定居或辞职。

各类人员在办理离退休或调动、辞职、出国定居手续前，须交回属于单位的全部资料、实验数据、仪器设备、样品等，否则不予办理。

第四十二条 单位应当实行知识产权保证书制度，与有关人员签订知识产权保证书，履行保护本单位知识产权的义务。

对单位技术权益和经济利益有重要影响的科技、管理或相关业务人员（包括离、退休人员），单位应在劳动聘用合同或者保密协议中约定竞业限制条款。约定在限制期限内，不得在生产同类产品或经营同类业务且有竞争关系的其他单位任职，或自己生产、经营与原单位有竞争关系的同类产品或业务，限制期不应超过三年。

第四十三条 参加项目鉴定、评审、评估、验收工作的专家及相关人员，未经项目单位或有关责任人同意，不得擅自披露、使用或向他人提供、转让有关项目的技术资料、文件或商业秘密。

第四十四条 单位应充分发挥企业内部法律机构和法律工作人员在知识产权管理和保护中的重要作用。企业法律人员在企业日常科研开发、经营管理活动中，要与有关部门积极协作、相互配合，共同作好知识产权日常管理和保护工作。

第四十五条 单位应建立知识产权侵权法律纠纷预案机制。当发生知识产权侵权或法律纠纷案件时，有关部门应积极会同法律人员迅速采取应对措施，积极运用法律手段应对侵权纠纷，保护企业合法权益。

第五章 奖 惩

第四十六条 国机集团应建立和完善知识产权考核评价体系，并按国家有关规定将知识产权工作绩效指标纳入单位领导考核指标体系，对知识产权工作进行客观、科学评价。

第四十七条 国机集团对知识产权管理和保护先进模范单位进行表彰；对知识产权管理和保护工作不到位的单位根据实际情况按规定进行处罚。单位应根据国家和集团有关规定制定具体的奖惩措施。

第四十八条 国机集团对各单位的授权专利实行一次性奖励。一项发明专利一次性奖励3000元，一项实用新型专利或者外观设计专利一次性奖励1000元，奖金由国机集团科技奖励基金列支。

第四十九条 单位应按照国家有关规定，对职务发明创造者或被认定为职务技术秘密项目的完成者给予表彰、奖励或报酬，并作为考核其能力、业绩的重要指标之一。

第五十条 对于在知识产权取得、运用、保护以及知识产权管理工作中有突出贡献的，或有效制止侵权、维护单位知识产权合法权益、成绩显著的人员，各单位应给予表彰奖励。

第五十一条 单位领导因知识产权保护和管理工作失误而给本单位造成重大的损失的，将按国机集团有关规定予以行政处罚，特别严重的将送国家司法机关依法处理。

第五十二条 违反本办法，对科研、开发项目完成后不按时归档，资料不全或拒不归档的，要追究项目负责人和当事人的责任。情节严重的，不予受理成果鉴定及申报奖励，业务考核和提职晋级扣分以及其他处分。

第五十三条 违反本办法，擅自将属于单位的科技成果或信息泄露、发表、使用或转让的，或涉及单位重大利益的保密科技项目有关人员拒不与单位签订保密协议的，单位有权不予聘用、延期晋级、通报批评等，并有权要求经济赔偿。

第五十四条 违反本办法，未经批准擅自离职，对单位工作造成影响或造成损害的，单位有权拒绝办理各种手续，拒绝开具各种证明，并有权要求经济赔偿。

第五十五条 违反本办法，借工作、职务之便，未经当事人许可，擅自披露、使用或向他人提供、转让有关技术资料、文件或商业秘密的，所在单位应视情节轻重，给予行政处分。

第六章 附 则

第五十六条 本办法如与国家法律法规相抵触，以后者为准。

第五十七条 本办法由国机集团科技发展部、法律事务部负责解释。

第五十八条 本办法自 2010 年 1 月 1 日起实施。原《中国机械工业集团公司知识产权管理办法（试行）》（国机科〔2006〕36 号）同时废止。

中国机械工业集团有限公司资质管理办法

第一章 总 则

第一条 为充分发挥各类资质在国机集团所属企业生产、经营中的特殊作用，提高所属企业对资质也是生产力的认识，加强所属企业资质工作的科学化、规范化管理，根据国家住房和城乡建设部、国家改革和发展委员会、商务部和国家质量监督检验检疫总局对资质管理工作的相关规定，特制定本办法。

第二条 本办法所称的资质管理工作是指对国家和地方行政管理部门颁发的有关进出口企业资质、对外经济合作经营资质、招标代理机构资质和工程咨询、工程勘察设计、工程施工、工程监理和设备监理等各类资质进行的管理。

第三条 本办法适用于国机集团及所属企业。

第二章 资质管理原则

第四条 国机集团资质管理工作实行统一归口申报和年检、集团总部和所属企业日常分级管理的原则。

第五条 国机集团鼓励所属企业在自身能力和条件具备的情况下，积极申报各类资质。

第六条 对国机集团内任何一个所属企业都无法单独申请的资质，国机集团将根据国家的有关规定，以国机集团的名义统一申报，获得资质后，国机集团将根据所属企业的申请和经营业务需要，授权所属企业对外使用。

第三章 资质的日常管理

第七条 国机集团科技发展部是国机集团资质

工作的归口管理部门。

第八条 为加强对各类资质的管理，国机集团所属企业须建立专职（兼职）机构，或指定专人负责归口管理本企业和其所属子公司（分支机构）的资质管理工作。

第九条 各所属企业应根据业务需要和国家或地方资质主管部门的规定，制订本单位和其所属子公司（分支机构）的资质申报和资质年检计划，并根据计划开展相关工作。

第十条 各所属企业应根据已获得的资质，结合本单位实际情况，制定或完善本单位的资质管理规定和办法，明确归口管理部门和协办部门，明确管理工作程序、工作内容等。

第十一条 所属企业应当在其资质等级许可的范围内承揽工程业务，禁止超越其资质范围或以其他的名义承揽有关工程业务。

第十二条 资质管理人员应认真学习国家和地方行政主管部门颁发的有关方针、政策，规章制度，应熟悉和掌握有关资质管理办法，资质标准以及相关的业务知识等。

第十三条 各所属企业应建立资质管理材料的归档制度，保证资质证书和各类材料的完整性、正确性和时效性。

第十四条 各所属企业应按规定在集团信息集成管理平台上填报持有的资质信息，资质发生变动后应及时更新信息集成管理平台中的内容。

第四章 资质申报与年检的管理

第十五条 国机集团所属企业申请各类资质和对资质进行年检，除国家管理机关或审批部门另有规定外，均须经国机集团初审同意并出具初审意见后上报资质审批部门。

第十六条 资质申报材料的准备

（一）所属企业申请进出口经营资格，须按照《关于进出口经营资格管理的有关规定》和《商务部关于调整进出口经营资格标准和核准程序的通知》，准备符合上述规定要求的申报材料。

（二）所属企业申请对外承包工程经营权和对外承包劳务经营权，须按照《关于调整所属企业申请对外承包劳务经营权的资格条件及加强后期管理等问题的通知》、《关于调整生产所属企业申请成立进出口公司和开展对外经济技术合作业务资格条件有关事项的通知》、《中华人民共和国对外经济合作经营资格证书管理办法》、《对外贸易经济合作部办公厅关于部分调整对外承包工程、劳务合作经营资格条件的通知》和《企业申请对外承包工程经营资格的条件及须提交的材料》，准备符合上述规定要求的申报材料。

（三）所属企业申请中央投资项目招标代理机构资格，须按照《中央投资项目招标代理机构资格认定管理办法》和《国家发展改革委办公厅关于做好中央投资项目招标代理资格日常管理工作的通知》，按申报的资格类别准备符合上述规定要求的申报材料。

（四）所属企业申请工程咨询单位资格，须按照《工程咨询单位资格认定办法》、国家发展改革委关于适用《工程咨询单位资格认定办法》有关条款的通知和当年报送有关事项的通知要求，一年集中办理一次，按申报的资格类别准备符合上述规定要求的申报材料，经“中国工程咨询业务管理系统”进行网上填报，电子和文本材料统一报送国机集团进行初审。

（五）所属企业申请工程勘察设计资质，应按照建设部《建设工程勘察设计资质管理规定》、《建设工程勘察设计资质管理规定实施意见》和《工程勘察设计资质标准》的规定，准备《工程勘察设计资质申报表》（含电子文档）、相应附件材料和企业基本信息表电子文档，甲级资质报国机集团进行初审，乙级及以下资质向企业工商注册所在地的省、自治区、直辖市人民政府建设主管部门提出申请。

（六）所属企业申请工程监理企业资质，应按照建设部《工程监理企业资质管理规定》，准备工程监理企业资质申请表及相应电子文档和有关附件材料向企业工商注册所在地的省、自治区、直辖市人民政府建设主管部门提出申请。

（七）所属企业申请工程施工资质，应按照建设部《建筑业企业资质管理规定》、《建筑业企业资质等级标准》、《施工总承包企业特级资质标准》和《建筑业企业资质管理规定实施意见》，准备《建筑业企业资质申报表》（含电子文档）及相应附件材料，工程施工总承包资质报国机集团进行初审，专业承包和劳务分包资质向企业工商注册所在地的省、自治区、直辖市人民政府建设主管部门提出申请。

（八）所属企业或其子公司（分支机构）申请

设备监理工程师注册，应按照《注册设备监理师执业资格注册管理办法》的规定，准备《设备监理工程师注册申请表》和注册设备监理师执业资格证书及身份证复印件报国机集团进行登记注册。

第十七条 所属企业需要通过国机集团申请第十六条列举的资质和其他资质时，应将各种申报材料和给国机集团的申请报告报送集团科技发展部，经国机集团初审并出具意见后，报国家资质主管部门核准或审批。

第十八条 资质的年审或年检材料的准备

（一）所属企业获得进出口企业资格证书后，要根据本办法第十六条第（一）款中提到的有关文件的规定申请年审并准备年审材料。

（二）所属企业获得中央投资项目招标代理机构资格后，要根据本办法第十六条第（三）款中提到的有关文件的规定申请年审并准备年审材料。

（三）所属企业获得工程勘察设计资质后，要根据本办法第十六条第（五）款中提到的有关文件当中关于监督管理的规定接受建设行政主管部门的监督检查。

（四）所属企业或其子公司（分支机构）获得工程监理企业资质后，要根据本办法第十六条第（六）款中提到的有关文件当中关于监督管理的规定接受建设行政主管部门的监督检查。

（五）所属企业或其子公司（分支机构）获得工程施工企业资质后，要根据本办法第十六条第（七）款中提到的有关文件当中关于监督管理的规定接受建设行政主管部门的监督检查。

第十九条 所属企业各类资质申报和年检结果，须在获得资质或通过年检后15日内更新信息集成管理平台中企业资质信息表并报国机集团科技发展部备案。

第二十条 所属企业的各类资质证书需要通过国机集团换证时，应在国家主管部门规定的截止日期前30天，将规定的申请材料报国机集团科技发展部；各类资质证书需要通过国机集团申报、升级、增项和年检时，应在国家主管部门规定的截止日期前20天，将规定的申报材料报国机集团科技发展部，国机集团在收到所属企业的申报材料后7个工作日内作出初审结论，初审合格的，由国机集团统一上报；初审不合格的，国机集团将在收到申报材料后10个工作日内将意见反馈给申报企业。

第二十一条 所属企业的资质申报材料或年检申报材料以及相关证明材料等均须真实可靠，有关数据应准确无误，不得弄虚作假，违规操作。

第五章 资质证书的保管和使用

第二十二条 所属企业和其所属子公司（分支机构）应制定各类资质证书正本、副本以及证书复印件（含电子版文本）的使用管理办法，指定部门负责保管。

第二十三条 所属企业资质证书不得外借。

第六章 附 则

第二十四条 本规定由科技发展部负责解释，自发布之日起实行，原《中国机械装备（集团）公司资质管理办法（试行）》同时废止。

中国机械工业集团公司关于加强对装备制造归口管理企业管理与服务的实施意见

国机集团发展战略明确提出，要“大力发展机械装备研发与制造、工程承包、贸易与服务三大主业，逐步加大对机械装备研发与制造业务的并购力度和投资力度”，确立了装备制造业务在集团战略中的重要地位，为国机集团装备制造企业的发展指明了方向。

国机集团所属装备制造归口管理企业（以下简称制造企业）长期以来为我国农业、林业机械化发展，以及工程机械和地质装备产业的发展，做出了巨大贡献，是行业的骨干和精英。这些企业集中了国机集团目前最主要的装备制造产业资源，其资产、业务和员工规模都已占国机集团的相当比重，是国机集团发展装备制造业务的重要力量和主要平台。

但是，目前制造企业的发展面临三大课题，一是这些企业大都属于传统型生产企业，有的企业在管理、运行方面，存在大量的改革、调整要求；有的企业尚背负有沉重的历史包袱需要解决；有的企业在业务发展上还面临较大的困境。二是当前国际国内经济形势的快速变化，对这些企业提出了新的要求，要求企业快速应变，强化战略指导和加强运营管理，不断提高企业抗风险能力。三是国机集团战略要求制造产业的发展要立足于与世界强势跨国企业竞争，要求制造企业要不断打造自身的竞争优势，培养自己的国际竞争能力。要解决好这三大课题，就要求国机集团上下共同努力，通过有效的管理，高效的沟通和协调服务，确保制造企业获得良好的经营环境和有力的条件支持，不断提高企业风险防范能力，不断争取更多的发展机会，以获得更快更优的发展。同时，这些企业的健康与发展，必将带来国机集团全局的稳定和发展。所以，加强对制造企业的管理与服务，是国机集团的一项重要工作，国机集团为此成立装备制造部专门负责相关工作。

通过充分考虑制造企业的业务特点和管理要求，国机集团将从以下几个方面加强对制造企业的管理和服务工作。

一、加强战略指导与支持，重点把握企业发展方向

战略是企业面对激烈变化、严峻挑战的经营环境，为求得长期生存和不断发展而采取的竞争行动与管理业务的方法，是企业经营思想的集中体现，是对企业经营范围的科学界定。目前各制造企业都有既定的战略和明确的主营业务领域，并且为应对市场，都在依据战略积极筹划实施技术改造，增加能力，拓展产品领域。为确保各企业的战略能够与国机集团整体战略保持一致，确保各企业之间业务和市场领域的协调平衡发展，国机集团有关部门将努力做好工作：

1. 国机集团战略规划部、装备制造部将加强装备制造各业务板块整体战略的研究工作，将结合企业实际，从全局高度组织制定国机集团相关装备制造业务板块的产业发展规划；并据此进一步加强对板块内制造企业战略规划制定的组织、指导和审查、审批工作；同时，将积极协助和指导制造企业开展战略调整与实施工作。

2. 国机集团资本运营部、装备制造部将依据相关制造业务板块的产业发展规划，加强各业务板块内的战略资源投入、资源调整和整合的组织、审批和实施工作，努力形成各板块内最优化的资源配置。

3. 国机集团装备制造部将依据国机集团整体战略规划和相关产业发展规划，审查审批各制造企业的主营业务调整事项，指导企业确定业务和市场方向，努力避免国机集团内部相同业务板块内企业之间的无效竞争，避免资源的重复投入和力量的分散，以形成各板块合理的业务布局。国机集团要求，各制造企业需要调整和改变主营业务方向的，需报请国机集团批准后方可实施。

二、加强业务信息沟通与报告，及时掌握企业动态

真实、准确、及时的业务信息能够反映企业当期的运行状况和发展态势，是国机集团了解掌握企业情况，实施有效监管的重要依据。为及时掌握制造企业的运行情况，分析企业发展趋势，及早发现企业潜在的问题，帮助企业防范风险，国机集团必须掌握企业业务信息。

国机集团要求掌握的各制造企业业务信息包括：

1. 生产指标情况：各大类产品按月的累计产量、产值；

2. 销售指标情况：各大类产品按月的累计销售量（以实际销售发生为准）、销售额、回款额（当期回款率）；

3. 库存情况：主要指成品库存量、库存额，包括企业内部库存和社会库存；

4. 其他指标情况：包括成本利润水平、应收帐款变化情况等；

5. 其他业务情况：指除产品制造和销售以外的其他业务开展简况；

6. 综合说明：企业经营趋势简单分析及经营异动原因情况说明。

国机集团要求掌握以下范围内企业独立的业务信息：

1. 各制造企业的合并数据报表和有关情况；

2. 各制造企业本部的单独数据报表和有关情况；

3. 各制造企业以下几类子公司和三级公司的数据报表和有关情况：

①经营规模占到各制造企业总规模 10% 以上的；

②在册员工规模超过 1000 人的；

③对各制造企业整体业务影响比较大的重要企业。

国机集团要求各制造企业将以上范围内的有关企业的业务信息按月报送国机集团装备制造部。企业报送业务信息的表式及要求将另行下发，其中：凡已通过集团财务、经营信息化系统报送的报表，将不再重复布置；若企业现行报表能够满足要求的，可使用现报表报送。

装备制造部在接到企业报送的数据后，将结合企业当期的有关信息，尽快形成汇总分析报告提交国机集团分管领导和总经理，并抄送有关部门，为国机集团领导决策提供参考。

同时，对于企业业务信息中反映出来的重要问题或明显不良趋势，装备制造部将会同有关部门及时开展工作，包括采取专项调研、专项问题会审等措施，帮助企业尽快解决问题。

为确保业务信息及时准确地报送，国机集团要求各制造企业有确定的部门负责信息的报送工作，并有专门的责任人员。

三、加强重大事项监管，努力做好协调与服务

国机集团现有各项规章制度对所属企业重大事项的管理已经做出了明确规定，各制造企业应严格遵照执行。国机集团装备制造部将从归口管理和协调服务的角度，协助集团相关职能部门共同做好制造企业以下重大事项的监督管理和协调服务工作：

1. 企业发展战略以及产业发展规划的制定与调整事项；

2. 企业的合并、分立、破产、关闭清算、资产重组、产权制度改革等事项，以及其他重大改革调整事项；

3. 企业对外投资，以及 1000 万元以上的固定资产投资和资产处置事项；

4. 对企业外部担保事项；

5. 母公司和重要子公司的年度经营生产计划和财务预、决算方案；

6. 企业重大资产损失事项；

7. 其他重大影响企业国有资本保值增值和影响企业稳定的事项。

装备制造部将通过有效的沟通、协调、指导、服务和实施监管，确保制造企业重大事项在工作的全过程能够更好地符合国机集团的管理要求，方案更加科学，信息更加通畅，审批更加快捷，实施更加规范，风险更加可控，质量明显提高。同时，通过沟通、协调和服务，将为国机集团领导的决策获取更全面的企业信息。

装备制造部加强对制造企业重大事项的管理与服务，将结合重大事项推进实施的三个阶段，分别进行。其中：

对于第一阶段，即企业前期研究及方案制定阶段，装备制造部将重点做好协调和服务工作。国机集团提倡并建议各制造企业在此阶段即可以以任何方式与装备制造部沟通联系，装备制造部将针对企业的要求，提供必要的帮助与服务。具体包括对项目的合法性、合规性和可操作性提出建议意见，并结合国家有关产业政策和集团管理要求提出修改建议；以及对于符合国家政策和集团战略要求的事项，适时向有关职能部门通报，并向国机集团领导或政府有关部门汇报，协助企业做好前期沟通工作。

对于第二阶段，即国机集团审批决策阶段，装备制造部将积极做好与有关方面的沟通协调工作，以促进审查工作质量的提高，并确保审批的快速有效。制造企业的请示报告上报国机集团后，在批转有关职能部门开展审查论证的同时，将同时批转装备制造部协办，装备制造部将根据此前掌握的项目情况，结合平时了解的企业整体状况，为项目的审查审批提出建设性意见，并进行审批会签。

对于第三阶段，即项目实施阶段，装备制造部将重点督促企业按照国机集团批准的方案实施项目，并对实施过程中发生的有关问题进行协调处理。装备制造部将根据项目情况和国机集团审批意见的不同，有选择地开展以下工作：

1. 根据项目需要，要求企业定期提交情况汇报；

2. 组织对项目进展情况进行不定期现场检查；

3. 为项目实施的重要环节和关键步骤提供帮助指导，并参与项目实施过程中有关事项的协调处理。

4. 对一些特别重大的项目，在项目完成后，组织开展项目经验总结工作。

四、加强工作主动性，提高管理和服务水平

国机集团装备制造部作为制造企业的归口管理和服务部门，将依据集团明确的部门职责，努力开展工作；将不断加强和完善自身的功能建设，积极主动当好制造企业与国机集团之间的沟通桥梁，努力为企业提供支持和服务。

装备制造部将组织力量，积极关注和研究装备产品市场发展动向和国家产业发展政策，为企业提供政策指导和服务；将积极配合和参与企业组织的重大经营活动和行业活动，协助企业做好宣传推广活动。

装备制造部将积极组织制造企业开展业务发展交流活动，以及与国机集团内其他企业之间的业务合作；将积极组织利用国机集团的综合优势资源和其他企业的技术研发资源、市场资源，为制造企业提供支持和服务；将积极争取和引导国机集团各有关政策给予制造企业以重点支持；将积极协助制造企业争取国家和政府有关政策的支持。

附：装备制造归口管理企业名单

1. 中国一拖集团有限公司

2. 中国福马机械集团有限公司

3. 中国工程机械总公司

4. 中国地质装备总公司

5. 中国收获机械总公司

6. 洛阳中收机械装备有限公司

中国机械工业集团有限公司节能减排监督管理暂行办法

第一章 总 则

第一条 为贯彻落实《中华人民共和国节约能源法》《中华人民共和国环境保护法》《中华人民共和国循环经济促进法》、国务院国有资产监督管理委员会《中央企业节能减排监督管理暂行办法》《中央企业负责人经营业绩考核暂行办法》等有关法律法规，推动国机集团及所属企业转变经济增长方式，切实履行社会责任，建设资源节约型和环境友好型企业，努力做好节能减排工作，特制定本办法。

第二条 本办法适用于国机集团总部及所属二级企业（以下简称所属企业）。各所属企业应依据本办法，制定本企业节能减排管理的相关制度，加强对下属子企业节能减排工作的监督管理。

第三条 结合国机集团所属企业的实际，为突出管理重点，集团对各所属企业节能减排工作实行分类指导和管理。其中：能源消耗和污染物排放量相对较高、对国机集团节能减排工作影响相对较大的企业列为重点企业；其他能源消耗和污染物排放量相对较小的企业列为一般企业。具体名单见附件。

集团对所属企业的分类实行动态管理，根据各企业业务的变化，以及能源消耗和污染物排放量的增减情况，按年度进行调整。

第四条 各所属企业应严格遵守国家节能减排法律法规和有关政策，依法接受国家节能减排监督管理部门、所在地方政府节能减排监督管理部门的监督管理。

第二章 组织领导管理

第五条 为加强对节能减排工作的组织领导，国机集团成立以集团主要负责人为组长的节能减排工作领导小组，作为国机集团节能减排工作的最高领导机构，履行以下职责：

（一）组织贯彻落实国家节能减排工作的方针政策和法律法规，以及国资委的各项工作部署；

（二）审定国机集团节能减排工作规划，指导所属企业制定节能减排工作规划和目标；

（三）研究决定国机集团节能减排工作的有关制度、工作目标，以及节能减排重大事项和重要工作安排；

（四）决定对所属企业的节能减排考核目标和工作要求；

（五）决定节能减排工作的奖惩事项；

（六）决定对所属企业节能减排工作分类管理的调整事宜。

第六条 国机集团节能减排工作领导小组下设节能减排办公室，履行以下职责：

（一）研究提出国机集团节能减排工作规划、管理制度、工作方案和目标，以及对各所属企业节能减排的考核指标和奖惩建议；

（二）督促落实国机集团节能减排工作领导小组的各项决定；

（三）组织对所属企业的节能减排工作专项检查，以及开展节能减排工作交流；

（四）负责对所属企业节能减排统计监测及数据信息的汇总分析，向上级机关报送；

（五）具体审核企业考核目标的完成情况；

（六）组织对节能减排工作的宣传、培训；

（七）协调解决国机集团节能减排工作中的相关问题。

国机集团装备制造部具体承担节能减排办公室的日常工作。

第七条 国机集团综合管理部负责集团总部的节能减排工作，国机集团其他职能部门配合完成节能减排相关工作。

第八条 国机集团各所属企业均应成立节能减排工作领导小组，对本企业的节能减排工作负总责，并研究决定本企业节能减排工作的重要事项。其中重点企业应由以企业主要负责人担任组长。

第九条 各所属企业均应明确相应的部门和人员负责企业节能减排的日常组织协调和监督管理工作，全面执行集团下达的各项工作安排。

第十条 国机集团及所属企业应加强节能减排专业队伍的建设，加强对企业负责人、节能减排监督管理人员、节能减排重点岗位业务人员的节能减排教育和培训。

第三章 统计监测与报告制度

第十一条 国机集团及所属企业应建立健全节能减排统计监测管理体系和综合管理信息系统，加强对生产经营过程中能源消耗和污染物排放的统计监测及信息报送工作。

第十二条 集团总部及各企业应做好节能减排计量、统计等基础管理工作，建立能源消耗及污染物排放统计台帐，坚持严格按照国家规定的口径、范围、折算标准和方法，对能源消耗和污染物排放指标进行定期收集、汇总、分析。

第十三条 国机集团各所属企业应当建立健全企业内部能源消耗和污染物排放数据的逐级汇总制度。

各所属企业应对本企业和在财务报表合并范围内的子企业，以及托管企业的能源消耗和污染物排放量进行汇总，形成本企业半年度报表和年度报表，连同总结分析报告，分别于每年的7月10日、次年的1月20日前报送国机集团装备制造部。

第十四条 各所属企业节能减排总结分析报告应当包括本企业能源消耗和污染物排放状况及变化、节能减排管理状况、节能减排措施、节能减排成效、存在问题及改进措施等。重点企业还应当增加开展与同行业节能减排技术指标对比分析的相关内容。

第十五条 国机集团综合管理部负责国机集团总部能源消耗和污染物排放量的统计工作，定期提供国机集团总部能源消耗和污染物排放量的报表。

第十六条 集团总部及各所属企业应确保本企业能源消耗和污染物排放统计数据的完整与准确。重点企业必要时应采取企业自我检查与内部审计，或通过第三方检测、外部审计等多种形式，对节能减排效果进行评估和核定。

第十七条 国机集团装备制造部负责集团节能减排统计监测报表的统计汇总，并按要求向国资委报送半年度、年度节能减排统计监测报表和总结分析报告。

第十八条 各所属企业应当及时将本企业节能减排重大举措、重要科研成果，本企业及下属企业发生的节能减排重大违规和环保事故，以及各级政府对本企业及下属企业节能减排奖惩等重要事项报告国机集团。

第四章 考核与奖惩

第十九条 国机集团根据与国资委签署的节能减排目标和期限，分解落实对各所属企业的节能减排目标责任。

第二十条 国机集团对各所属企业的节能减排工作，按企业分类按年度实行考核。

对于重点企业，主要考核能反映企业行业特点的综合性能源消耗指标和主要污染物排放指标，同时集团与企业主要负责人按年度签署节能减排目标责任书。

对于一般企业，原则要求其能耗和主要污染物排放下降水平不低于国资委对集团的整体考核水平，集团通过测算后按年度统一下达指标，各企业执行。

第二十一条 各重点企业应当根据国家节能减排有关政策、企业所处行业特点和节能减排水平，对照同行业国际国内先进水平，提出本企业科学合理的节能减排考核目标建议值。国机集团根据“同一行业，同一尺度”的原则，审核确定对各重点企业的节能减排考核目标。

第二十二条 国机集团对各所属企业节能减排考核目标执行情况实施动态监控。

第二十三条 对各所属企业节能减排目标完成

情况按照下列程序进行考核：

（一）年度末，各所属企业对本年度节能减排目标完成情况进行总结分析。（二）国机集团对各所属企业上报的节能减排目标完成情况进行审核。（三）国机集团公布各所属企业节能减排工作考核结果。

第二十四条 依据国资委的管理要求，集团各所属企业凡发生有下列情形之一的，视情况扣减企业领导人年度经营业绩考核分；情况特别严重者，集团给予通报批评；必要时，应追究有关当事人的责任。

（一）节能减排数据严重不实，弄虚作假的；

（二）未完成节能减排考核目标的。其中单项指标实际下降幅度与目标要求相比每相差10%（含以内）扣减0.1分；

（三）发生环境责任事故或发生节能减排重大违法违规事件的；

（四）发生其他严重影响企业节能减排工作的事项的。

具体扣减分值由集团节能减排工作办公室根据所属企业年度考核情况提出建议意见，报节能减排工作领导小组审定。单个企业累计扣分最多不超过2分。

第二十五条 所属企业属于下列情况的，国机集团给予通报表扬。其中成绩特别突出者，给予"节能减排优秀企业奖"。具体包括：（一）企业主要产品单位能耗、污染物排放水平达到国内同行业最好水平，接近或达到国际同行业先进水平。（二）综合能耗降低率、主要污染物排放总量降低率等指标在国机集团各企业中居于前列。

（三）在节能减排技术创新方面取得重大突破，在推动全社会节能减排方面做出突出贡献。

第二十六条 各所属企业应按照一定的程序和办法，对本企业年度节能减排指标进行分解落实，并加强对目标完成情况的考核。

第五章 其他事项

第二十七条 国机集团积极支持鼓励所属企业开展以下工作：

（一）以国际先进节能减排技术为标杆，加大科技投入和技术攻关力度，努力在节能减排重点领域形成一批具有自主知识产权的核心技术；

（二）把节能减排工作与企业发展战略、产业结构调整紧密结合，不断优化产业结构、产品结构和能源消费结构，开发高附加值、节能环保产品。（三）加大投入力度，加快技术改造步伐，持续改善和优化生产工艺和流程，逐渐淘汰高污染、高耗能、落后的生产技术、工艺和装备，加快应用先进的、节能减排新技术、新材料、新工艺和新产品，全面提升工艺装备的现代化水平。

第二十八条 国机集团及所属企业在对外收购兼并、新建和改扩建项目过程中，应当符合国家产业政策和节能环保标准，实行环境影响评价和节能评估审查制度。

第二十九条 国机集团以前有关规定中，凡与本办法不一致的地方，以本办法为准。本办法由国机集团装备制造部负责解释。

第三十条 本办法自公布之日起施行。

附件：中国机械工业集团有限公司企业节能减排分类名单

附件：中国机械工业集团有限公司企业节能减排分类名单

内部重点企业（9家）	
1	中国一拖集团有限公司
2	中国海洋航空集团公司
3	中国农业机械化科学研究院
4	中国地质装备总公司
5	中国汽车工业进出口总公司（含中汽凯瑞贸易有限公司）
6	中国福马机械集团有限公司

续表

7	合肥通用机械研究院（含中国电瓷进出口有限公司）
8	中国机械工业建设总公司（含中国轴承进出口联营公司、国机技术装备公司、深圳中机实业有限公司）
9	中国工程机械总公司
内部一般企业（42家）	
1	江苏苏美达集团公司
2	洛阳轴研科技股份有限公司
3	甘肃蓝科石化高新装备股份有限公司
4	中国电器科学研究院
5	中国收获机械总公司（含新疆中收农牧机械公司）
6	洛阳中收机械装备有限公司
7	长春机械科学研究院有限公司
8	长沙汽电汽车零部件有限公司
9	济南铸造锻压机械研究所有限公司
10	中国中元国际工程公司
11	桂林电器科学研究所
12	广州机械科学研究院（含中国汽车零部件工业公司）
13	中国重型机械研究院有限公司
14	中国联合工程公司
15	中国汽车工业工程公司
16	中国进口汽车贸易有限公司
17	中国机械设备进出口总公司（含中国机械对外经济技术合作总公司）
18	机械工业第六设计研究院
19	成都工具研究所
20	重庆仪表材料研究所
21	中工国际工程股份有限公司（含中国工程与农业机械进出口有限公司）
22	天津电气传动设计研究所
23	沈阳仪表科学研究院（含沈阳真空技术研究所）
24	兰州电源车辆研究所有限公司
25	中国电工设备总公司
26	郑州磨料磨具磨削研究所
27	中国自动化控制系统总公司（含中国电线电缆进出口有限公司）

续表

28	中国磨料磨具进出口公司
29	北京中汽京田汽车贸易有限公司
30	北京起重运输机械设计研究院
31	中国通用机械工程总公司
32	北京国机隆盛汽车有限公司
33	中国重型机械总公司
34	国机财务有限责任公司
35	苏州电加工机床研究所有限公司
36	中国汽车工业国际合作总公司
37	中国浦发机械工业股份有限公司
38	中国机械工业成套工程总公司
39	中国机床总公司（含中国如意技贸中心）
40	北京华隆进出口公司
41	机翔房地产开发公司
42	国机集团总部

中国机械工业集团有限公司
关于汽车业务管理的若干规定

第一章　总　则

第一条　为促进中国机械工业集团有限公司（以下简称国机集团）汽车业务健康、快速、持续发展，贯彻“为造车人服务，为用车人服务”的经营理念，进一步完善国机集团汽车业务管理模式，提高工作效率，防范经营风险，做大做强国机集团汽车板块，根据《中华人民共和国公司法》等有关法律、法规及国机集团对汽车业务管理的相关要求，结合实际，制定本规定。

第二条　本规定适用于国机集团汽车业务归口管理企业和国机集团其他从事汽车业务的相关企业。

第二章　划分及归口管理

第三条　国机集团汽车业务部作为国机集团汽车业务的归口管理部门，根据《国机集团总部部门职责与岗位编制》等文件规定，负责对国机集团所有从事汽车业务及相关企业实施归口管理。

第四条　国机集团汽车业务部主要职责包括：

1. 负责研究制定国机集团汽车产业发展方向和产业规划并组织实施；

2. 负责收集汽车产业信息与政策并组织发布交流；及时掌握归口管理企业的重大决策、经营状况、对外投资、财务预决算等重要情况，为国机集团领导决策提供依据；

3. 负责对国机集团汽车业务的组织协调与监督管理；负责对归口管理企业实施业务管理，并就重要业务决定提出建议；

4. 负责协调国机集团与归口管理企业的联系，做好上情下达和下情上报工作，对归口管理企业的工作提供支持与服务；

5. 配合相关部门对归口管理企业的日常管理工作进行联系、协调、监管、督办及评价等。

第三章 管理方式及分类

第五条 国机集团汽车业务管理分为产业管理和板块管理，产业管理是指国机集团汽车业务部根据国机集团发展战略和国机集团汽车产业发展规划，对国机集团汽车业务的发展进行指导和管理；板块管理是指国机集团汽车业务部负责或配合有关部门对集团汽车业务归口管理企业的管理。

第六条 国机集团对汽车业务归口管理企业的管理主要体现在战略管理、信息管理、业务管理、人力资源管理、财务管理、投资管理、绩效管理、督办管理等方面。

第七条 战略管理

国机集团汽车业务部配合战略规划部制定集团汽车业务发展战略规划并组织实施，配合战略规划部审定汽车业务归口管理企业的战略规划和相应的产品、市场策略。

第八条 信息管理

1. 国机集团汽车业务部负责收集汽车产业信息与政策，配合新闻与信息中心通过搭建国机集团“汽车业务信息平台”等方式组织发布交流；负责加强与国机集团所有从事汽车业务企业的沟通与联系，建立信息通道，做好上情下达和下情上报工作，对汽车业务归口管理企业的工作提供支持与服务。

2. 国机集团汽车业务部配合有关部门对集团所属汽车业务归口管理企业的重大决策、经营状况、对外投资、财务预决算等重要数据进行收集、整理、分析，并负责编制国机集团汽车归口管理企业的《企业月度管理报告》，为国机集团领导决策提供依据。

第九条 业务管理

重点围绕“汽车服务与贸易、汽车装备制造及研发检测、汽车金融服务”三大业务体系开展相关汽车业务管理工作，具体包括：

1. 国机集团汽车业务部负责对集团汽车业务的日常运营进行协调和监督并提供相应的支持与服务；对集团汽车板块运营的趋势进行预测。

2. 国机集团汽车业务部负责对归口管理企业的经营管理情况和经验进行收集，并及时做好整理、分析、上报、反馈、交流推广，不断提升归口管理企业的经营管理水平。

3. 国机集团汽车业务部负责引导归口管理企业开拓相关新业务，对集团汽车领域中重大投资项目和重要客户进行跟踪服务和公关活动；及时收集和掌握归口管理企业市场开发情况和项目执行情况，包括重大项目合同的签约、履约情况等，并提出相关指导意见、提供必要的配套服务。

第十条 人力资源管理

国机集团汽车业务部配合人力资源部，及时了解集团汽车业务归口管理企业领导班子的运行状况，并参与对企业领导班子和股权代表的考核。

第十一条 财务管理

国机集团汽车业务部依据集团会计核算和财务管理制度，配合资产财务部审定汽车业务归口管理企业年度营运计划和预算方案，并监督执行；参与组织上述企业融资项目的策划、报批与实施。

第十二条 投资管理

国机集团汽车业务部依据集团汽车产业发展战略，结合汽车行业的运行特点，参与并配合资本运营部对国机集团汽车业务领域的投资计划审定和投资项目的相关论证、报批、实施及效果评价等工作。

第十三条 绩效管理

国机集团汽车业务部配合有关部门参与集团汽车业务归口管理企业年度绩效考核指标的制定及年度考评工作。

第十四条 督办管理

国机集团汽车业务部配合相关部门监督集团所属汽车业务归口管理企业对集团审计和监察意见的整改落实。

国机集团汽车业务部对上述企业贯彻落实集团各项决策情况进行督办。

第四章　附　则

第十五条　本规定凡涉及企业治理规则的管控行为，都必须依法合规，遵循相关的决策与管理程序。

第十六条　本规定自下发之日起执行。

附：国机集团汽车业务归口管理企业名单

1. 中国进口汽车贸易有限公司
2. 中国汽车工业进出口总公司
3. 中国汽车工业国际合作总公司
4. 北京中汽京田汽车贸易有限公司
5. 北京国机隆盛汽车有限公司
6. 长沙汽电汽车零部件有限公司

第五篇

荣誉汇编

2009年全国、省部级、中央企业和国机集团先进集体及先进个人

一、全国劳动模范（按姓氏笔划排列）

马　坚　中国电器科学研究院　院长、党委书记

刘敬桢　中国汽车工业国际合作总公司　总经理、党委书记

李继东　中国一拖集团有限公司　工程师

谢东刚　中国重型机械研究院　院长、党委书记

二、全国三八红旗手

罗　艳　中工国际工程股份有限公司董事长、总经理

戴　微　天津电气传动设计研究所系统分所产品管理部部长

三、全国优秀职工之家

中国电工设备总公司工会委员会

四、中央企业先进集体和先进个人

（一）中央企业先进集体

中国电器科学研究院广州擎天实业有限公司励磁分公司

（二）中央企业五四红旗团委

中国机械设备进出口总公司团委

中国海洋航空集团公司上海海虹实业（集团）巢湖中辰药业有限公司团委

中国汽车工业国际合作总公司团委

中国农业机械化科学研究院团委

中国联合工程公司（本部）团委

中国电器科学研究院团委

（三）中央企业五四红旗团支部

中国机械设备进出口总公司西麦克国家展览有限责任公司团总支

中国机械工业建设总公司第四团支部

（四）中央企业青年文明号

中国一拖集团有限公司一拖（洛阳）柴油机有限公司装配车间总装线

中国中元国际工程公司京兴国际工程管理公司监理部

北京起重运输机械设计研究院起重机械工程部

合肥通用机械研究院国家压力容器与管道安全工程技术研究中心

（五）中央企业“神华杯”青年创新奖

国机集团荣获“神华杯”第二届中央企业青年创新奖评选表彰项目名单

1. 银奖（1项）

项目名称：挖掘机下车架侧框工艺改进

选送单位：中国福马机械集团有限公司

所属类别：技能人才创新项目

2. 铜奖（1项）

项目名称：国有企业重组的创新解决方案

选送单位：中国汽车工业国际合作公司

所属类别：企业管理创新项目

3. 优秀奖（7项）

（1）项目名称：IC硅片高效超精密磨削用金刚石磨具的研究

选送单位：郑州磨料磨具磨削研究所

所属类别：实用技术创新项目

（2）项目名称：四行自走式玉米联合收获机

选送单位：洛阳中收机械装备有限公司

所属类别：实用技术创新项目

（3）项目名称：马铃薯联合收获及分段收获模式下的马铃薯收获机研制与示范

选送单位：中国农业机械化科学研究院

所属类别：实用技术创新项目

(4) 项目名称：2BMG－24免耕施肥播种机

选送单位：中国农业机械化科学研究院

所属类别：实用技术创新项目

(5) 项目名称：大型抽水蓄能机组数字式励磁装置

选送单位：中国电器科学研究院

所属类别：实用技术创新项目

(6) 项目名称：工业窑炉烟气脱硫、除尘、脱硝系统

选送单位：中国重型机械研究院有限公司

所属类别：实用技术创新项目

(7) 项目名称：创新产品工装夹具

选送单位：中国一拖集团有限公司

所属类别：技能人才创新项目

4. 优秀组织奖

中国机械工业集团有限公司团委

（六）中央企业劳动模范

王清池　中国机械设备进行出口总公司

艾买提·莫合买　中国收获机械总公司

武浩杰　机械工业第六设计研究院

（七）中央企业优秀共青团员

姜岳婷　中国汽车工业进出口总公司

解建伟　中国电器科学研究院

（八）中央企业优秀共青团干部

李赐犁　中国进口汽车贸易有限公司团委副书记

周灵芝　机械工业第六设计研究院团委副书记

江　玮　洛阳轴承研究所团委书记

（九）中央企业青年岗位能手

鲍　能　中国福马机械集团有限公司常林股份有限公司高级工

关科峰　中国一拖集团有限公司一拖（洛阳）开创装备科技有限公司数控事业部经理

徐　波　江苏苏美达集团公司五金工具有限公司业务部门经理

五、省部级先进集体

首都文明单位标兵　中国重型机械总公司

中国通用机械工程总公司

河南省“学习型组织先进班组”　中国汽车工业工程公司涂装工程所

吉林省省模范集体　长春试验机研究所有限公司

河南省五好党委　机械工业第六设计研究院

辽宁省优秀班组　沈阳仪表科学研究院汇博热能公司特种金属波纹管组

甘肃省五一劳动奖状　兰州电源车辆研究所有限工作

陕西省模范职工之家　中国重型机械研究院

陕西省五四红旗团支部　中国重型机械研究院冶金设计院

江苏省工人先锋号　常林股份有限公司总装车间流水线

江苏省工人先锋号　江苏苏美达国际技术贸易有限公司

广东省工人先锋号　广州机械科学研究院密封研究所金工车间

六、省部级先进个人

天津市五一劳动奖章　王福山　中国工程机械总公司

河南省五一劳动奖章　赵为民　中国一拖集团有限公司东方医院

安徽省五一劳动奖章　章小浒　合肥通用机械研究院

重庆市2009年先进工作者　赵光明　重庆仪表材料研究所

江苏省五一巾帼标兵　缪瑛　江苏苏美达集团公司

江苏省新长征突击手　施铁华　中国福马机械有限公司常林股份有限公司

江苏省知识青年职工标兵　宋惠萌　中国福马机械有限公司苏州苏福马机械有限公司

七、国机集团先进集体和先进个人

（一）国机集团先进单位和单项奖

1. 中国机械工业集团有限公司先进单位

中国机械设备进出口总公司

江苏苏美达集团公司

中国电工设备总公司

中国联合工程公司

中工国际工程股份有限公司

中国进口汽车贸易有限公司

中国一拖集团有限公司

中国农业机械化科学研究院

国机财务有限责任公司

中国重型机械研究院有限公司

甘肃蓝科石化高新装备股份有限公司

合肥通用机械研究院

2. 中国机械工业集团有限公司单项奖

市场开拓奖　中国进口汽车贸易有限公司

协同合作奖　中国机械设备进出口总公司

安全生产奖　中国机械工业建设总公司

财务管理奖　中国重型机械总公司

信息化成就奖　江苏苏美达集团公司

3. 中国机械工业集团有限公司科技进步特别奖

科技创新奖　中国重型机械研究院有限公司

科技创新奖　中国福马机械集团有限公司

科技创新奖　中国机械设备进出口总公司中机国际工程设计研究院

（二）国机集团先进集体

中国机械设备进出口总公司第三工程成套事业部

中工国际工程股份有限公司成套工程三部

中国福马机械集团有限公司江苏林海动力机械集团公司

中国海洋航空集团公司中海工程建设总局

中国地质装备总公司探矿工程机械有限公司

中国收获机械总公司制桶事业部

中国机械工业建设总公司中国三安建设工程公司

中国重型机械总公司建材工程事业部

中国通用机械工程总公司第二工程部

中国进口汽车贸易有限公司业务三部

中国汽车工业进出口总公司北京中汽雷日汽车有限公司

中国汽车工业国际合作总公司工程成套一部

中国农业机械化科学研究院中机南方机械股份有限公司插秧机车间

中国中元国际工程公司医疗建筑设计研究院

北京起重运输机械设计研究院起重机械工程部

中国一拖集团有限公司第三装配厂总装车间

江苏苏美达集团公司江苏苏美达国际技术贸易有限公司

中国浦发机械工业股份有限公司杭州高新技术进出口有限公司

中国工程机械总公司技术中心平地机研究室

中国联合工程公司第一工业工程设计研究院

中国汽车工业工程公司涂装工程院

机械工业第六设计研究院第一工程所

沈阳仪表科学研究院沈阳汇博热能设备有限公司

合肥通用机械研究院国家压力容器与管道安全工程技术中心

甘肃蓝科高新装备股份有限公司海洋装备研究部

天津电气传动设计研究所监督检验中心

广州机械科学研究院机械工业油品检验评定中心

济南铸造锻压机械研究所数控机械分公司

重庆仪表材料研究所测温材料公司

苏州电加工机床研究所有限公司数控电火花轮胎模加工技术及设备课题组

（三）国机集团劳动模范

沈　蔚　中工国际工程股份有限公司

薛仕欣　中国福马机械集团有限公司

张　波　中国海洋航空集团公司

马　彦　中国地质装备总公司

朱增强　中国收获机械总公司

任俊安　中国机械工业建设总公司

高泽一　中国重型机械总公司

朱　兵　中国进口汽车贸易有限公司

韩国强　中国汽车工业进出口总公司

何　峥　中国农业机械化科学研究院

段华荣　中国一拖集团有限公司

翟洪义　中国工程机械总公司

高海涛　洛阳中收机械装备有限公司

杨　强　中国联合工程公司

金　丹　沈阳仪表科学研究院

章小浒　合肥通用机械研究院

李　军　甘肃蓝科高新装备股份有限公司

葛世东　洛阳轴研科技股份有限公司

潘　薇　郑州磨料磨具磨削研究所

张忠模　重庆仪表材料研究所

王社昌　中国重型机械研究院

朱红敏　苏州电加工机床研究所有限公司

八、其他

（一）全国侨联系统先进基层组织

中国中元国际工程公司归国华侨联合会

（二）全国归侨侨眷先进个人

黄锡璆　中国中元国际工程公司首席总建筑师

商　纯　国机集团侨联主席、中国中元国际工程公司原党群部主任

李桂珍　中国农业机械化科学研究院侨联主席

（三）国庆六十周年先进集体和先进个人

首都国庆60周年群众游行指挥部专家组成员突出贡献奖　杨俊智　兰州电源车辆研究所

甘肃彩车特别贡献奖　杨俊智、张红忠、陈建业、丁维、周强　兰州电源车辆研究所

国庆六十周年阅兵保障服务先进个人　车立德　中国地质装备总公司北京钻探工具厂

天津市国庆60周年优秀组织奖　天津电气传动设计研究所

2009年全国及行业优秀工程奖

一、2009年度国家优质工程奖银质奖

1. 工程名称：兰州铝业股份有限公司大型预焙槽电解铝技术改造项目

勘察及设计单位：机械工业勘察设计研究院　沈阳铝镁设计研究院

2. 工程名称：宝鸡卷烟厂易地技术改造项目（一期）

勘察及设计单位：中国有色金属工业西安勘察设计研究院　机械工业第六设计研究院

3. 工程名称：延安卷烟厂易地技改联合工房工程

勘察及设计单位：机械工业勘察设计研究院等

4. 工程名称：郑州市第五人民医院病房楼及突发性公共卫生事件后备病房楼工程

监理单位：郑州中兴工程监理有限公司

二、第八届中国土木工程詹天佑奖

中国东方电气集团公司出海口基地建设项目　中国联合工程公司设计、中国机械工业建设总公司施工总承包

三、全国优秀工程勘察设计行业奖

（一）工程勘察

一等奖	
西安财经学院新校区一期工程岩土工程勘察、试坑浸水试验及复合载体夯扩桩静载试验	机械工业勘察设计研究院
二等奖	
西港国际大厦岩土工程勘察及桩基试验与检测	机械工业勘察设计研究院

（二）建筑工程

一等奖	
浙江美术馆	中国联合工程公司
1933老场坊保护性修缮工程1#楼2#楼	中国中元国际工程公司

续表

二等奖	
中国人民解放军总医院群体扩建工程	中国中元国际工程公司
三等奖	
陈嘉庚纪念馆	中国中元国际工程公司
常熟理工学院逸夫图书馆	杭州中联程泰宁建筑设计研究院有限公司
梅兰芳大剧院	中国中元国际工程公司
第五国际中心	中联西北工程设计研究院
厦门国际会展中心二期工程	中元（厦门）工程设计研究院有限公司
北京朝阳医院改扩建一期工程门急诊及病房楼	中国中元国际工程公司

（三）住宅与住宅小区

三等奖	
西安融侨《紫薇馨苑》	中联西北工程设计研究院

（四）热力燃气工程

三等奖	
哈尔滨市道里区集中供热工程	北京市煤气热力工程设计院有限公司　中国中元国际工程公司

（五）建筑工程标准设计

二等奖	
医疗建筑	中国建筑标准设计研究院 中国医院协会医院建筑分会 北京清水爱派建筑设计有限公司 北京北方天宇建筑装饰有限责任公司 苏州美瑞德建筑装饰有限责任公司 中国中元国际工程公司

（六）智能化建筑专业

一等奖	
沈阳机床（集团）有限责任公司发展数控机床及成套装备整体改造项目	机械工业第六设计研究

（七）轨道交通工程

三等奖	
伊朗德黑兰地铁1号线北延伸线工程	北京城建设计研究总院有限责任公司 中机中电设计研究院 北京全路通信信号研究设计院 同方股份有限公司同方泰德国际科技（北京）有限公司

四、2009 年机械工业优秀工程勘察设计奖

获奖项目名称	获奖单位
一等奖	
上海浦东国际机场 T2 航站楼行李处理系统	中国中元国际工程公司
沈阳鼓风机（集团）股份有限公司战略重组易地改造项目	机械工业第二设计研究院
沈阳机床（集团）有限责任公司发展数控机床及成套装备整体改造项目	机械工业第六设计研究院
安徽江淮汽车股份有限公司年产 15 万辆乘用车项目	机械工业第四设计研究院
百万机组管屏整体高温固溶热处理生产线工程	中国联合工程公司
大连华锐船用曲轴有限公司厂房工程	中国中元国际工程公司
中国人民解放军总医院群体扩建工程	中国中元国际工程公司
梅兰芳大剧院	中国中元国际工程公司
中国银行信息中心	中国中元国际工程公司
北京财富中心二期工程	中国中元国际工程公司
杭州东方润园项目	中国联合工程公司
西安财经学院新校区一期工程岩土工程勘察、试坑浸水试验及复合载体夯扩桩静载试验	机械工业勘察设计研究院
二等奖	
锅炉房设计规范	中国联合工程公司
上海浦东国际机场西货运区公共货运站	中国中元国际工程公司
广州石化热电站资源综合利用改造工程	中国联合工程公司
将军烟草集团有限公司济南卷烟厂“十五”后期易地技术改造项目	机械工业第六设计研究院
重庆国际复合材料有限公司年产 3 万吨电子细纱项目	机械工业第三设计研究院
长沙中天广场	中机国际工程设计研究院
陈嘉庚纪念馆	中国中元国际工程公司
萧宏大厦	中国联合工程公司
华宇金沙港湾二期	机械工业第三设计研究院
利星行大厦（望京 B28 地块行政办公楼）	中国中元国际工程公司
中国空空导弹研究院 1000 号大楼	机械工业第四设计研究院
湖北省三峡库区兴山县桥头滑坡防治工程设计	机械工业勘察设计研究院
三等奖	
中国重汽集团杭州发动机有限公司发动机试车系统	机械工业第三设计研究院
麦格纳技术与模具系统（天津）有限公司	机械工业第五设计研究院
高合金热处理生产线工程	中国联合工程公司
上汽通用五菱青岛分公司产能扩建项目涂装车间	机械工业第四设计研究院

续表

获奖项目名称	获奖单位
哈尔滨市道里区集中供热工程热源厂	中国中元国际工程公司
上海电气－西门子联合体－上海石洞口联合循环工程	中国联合工程公司
北京首都国际机场扩建工程能源中心	中国中元国际工程公司
和平医药现代物流中央配送中心及零售连锁网络技改项目	机械工业第三设计研究院
徐州徐工随车起重机有限公司提高专用车质量和能力技术	机械工业第一设计研究院
重庆川仪总厂有限公司仪器仪表基地工程项目 主厂房，辅厂房	中联西北工程设计研究院
德胜国际中心	中国中元国际工程公司
《小型潜水排污泵选用及安装》	机械工业第一设计研究院
重庆鲁能星城四期	机械工业第三设计研究院
中国图书进出口西安公司西安中图大厦	中联西北工程设计研究院
周口市中心医院新建病房大楼	机械工业第六设计研究院
下沙华元梦琴湾	中国联合工程公司
西子·阳光星城	中国联合工程公司
武警河南总队医院病房楼	中联西北工程设计研究院
柬埔寨达岱河一级电站可研阶段工程测量	机械工业勘察设计研究院
中和花园	机械工业第四设计研究院
中央国家机关公务员住宅（林萃公寓）项目	中机十院国际工程有限公司

五、2009年机械工业优秀工程咨询成果奖

获奖项目名称	获奖单位
一等奖	
东方电气（集团）东方汽轮机有限公司汉旺生产基地灾后异地重建项目可研报告	中国联合工程公司
中国科学院国家天文台500米口径球面射电望远镜（FAST）项目可研报告	中国中元国际工程公司
广州汽车集团股份有限公司乘用车项目申请报告	机械工业第四设计研究院
中国嘉陵工业股份有限公司（集团）整体迁建及技改项目厂址选择报告	机械工业第三设计研究院
二等奖	
东方电气风电（新能源）华东制造基地建设项目可研报告	中机国际工程设计研究院
中国二重大技术装备出海口基地一期建设项目可研报告	中国联合工程公司
大连市长兴岛临港工业区产业规划	机械工业第六设计研究院
沈阳北车西屋轨道制动技术有限公司可研报告	机械工业第五设计研究院
重庆长客城市轨道交通车辆有限责任公司新建城市轨道项目可研报告	机械工业第三设计研究院

续表

获奖项目名称	获奖单位
哈尔滨空调股份有限公司百万千瓦超超临界机组空冷系统建设项目可研报告	机械工业第三设计研究院
大功率交流传动电力机车动车组牵引电机、变压器技术改造项目可研报告	中机国际工程设计研究院
徐州华东机械厂徐州煤矿装备研发制造基地可研报告	机械工业第六设计研究院
三等奖	
二重集团公司技术中心（成都）总部建设项目可研报告	机械工业第三设计研究院
中国科学院研究生院新园区建设工程项目可研报告	中国中元国际工程公司
北京市30家政府机构节能诊断项目建议书（代可研报告）	中国中元国际工程公司
宝鸡石油机械有限责任公司搬迁改造建设项目可研报告	中国联合工程公司
广西柳工机械股份有限公司《柳工年产3万台叉车工程项目》可研报告	机械工业第三设计研究院
天津六O九电缆有限公司航天航空电缆产品基地可研报告	机械工业第五设计研究院
湖南省双牌县污水处理厂及配套管网工程可研报告	中机国际工程设计研究院
广西玉柴机器股份有限公司柴油机再制造建设项目可研报告	机械工业第三设计研究院
潍柴动力股份有限公司发电机组、气体发动机及再制造发动机等产品建设项目申请报告	机械工业第三设计研究院
武汉重型机床集团发展数控重型、超重型机床产品技术升级可研报告	机械工业第六设计研究院
城市设计实施机制体系研究报告	机械工业第三设计研究院
中国四联仪器仪表集团有限公司高品质蓝宝石晶体产业化项目资金申请报告	机械工业第三设计研究院
重庆巴南鱼洞老街规划设计导则	机械工业第三设计研究院
杭州五菱汽车联合发展有限公司《汽车后驱动桥及螺旋锥齿轮技术改造项目》项目资金申请报告	机械工业第三设计研究院

六、2009 年中国建筑学会建筑创作大奖

（一）中国建筑学会建筑创作大奖获奖项目名单

项目名称	设计单位	设计人
浙江美术馆	中国联合工程公司	程泰宁、钱伯霖、王大鹏
海口火车站	中国中元国际工程公司	王长刚、曹亮功、张新平
1933 老场坊保护性修缮工程——1 号楼、2 号楼	中国中元国际工程公司	赵崇新、陈海鹏、朱中原
佛山市第一人民医院	中国中元国际工程公司	黄锡璆、谷建、丁建

（二）中国建筑学会建筑创作大奖入围奖项目名单

项目名称	设计单位	设计人
北京新东安市场（APM）	中国中元国际工程公司	费麟、朱曼茜、赵竹佩、唐景彬、刘晓光
四川建川博物馆 不屈战俘宾馆	中国联合工程公司	程泰宁、郑贸恩、胡洋
广州新白云国际机场南航基地货运站	中国中元国际工程公司	许迎新、杨丰、唐炜
卫生部北京医院老北楼重建工程	中国中元国际工程公司	黄锡璆、谷建、郭春雷

2009 年全国、机械行业和国机集团科学技术奖

一、国家科学技术奖

项目名称	奖项	获奖单位
中薄板坯连铸机成套技术与关键设备开发及应用	二等奖	中国重型机械研究院有限公司（第一完成单位）
高层混合结构体系的关键技术及应用	二等奖	中机国际工程设计研究院（第四完成单位）
稻/麦秸秆人造板制造技术与产业化	二等奖	苏州苏福马机械有限公司（第七完成单位）

二、中国机械工业科学技术奖

奖项	行业	项目名称	获奖单位
特等奖	重型机械	165MN自由锻造油压机研制	上海重型机器厂有限公司、中国重型机械研究院有限公司、上海交通大学、重庆大学
一等奖	机械共性技术标准	辊弯成型关键技术研发及应用	北方工业大学、济南铸造锻压机械研究所、上海乐孚明机械有限公司、凌云工业股份有限公司、无锡华光轿车零件有限公司、上海和达汽车配件有限公司、北京中建柏利工程技术发展有限公司
一等奖	工程建设	上海浦东国际机场T2航站楼行李自动处理系统	中国中元国际工程公司
一等奖	通用机械	石化装置风险评价与风险控制关键技术研究及工程应用	合肥通用机械研究院、中国特种设备检测研究院、中国石油化工股份有限公司茂名分公司、中国石油化工股份有限公司青岛安全工程研究院、浙江工业大学、北京华泰恒达安全科技有限公司、淮北煤炭师范学院、大连西太平洋石油化工有限公司
一等奖	机械基础件	卫星动量轮用高精度、长寿命轴承组件技术研究	洛阳轴承研究所有限公司、洛阳轴研科技股份有限公司、河南科技大学
二等奖	仪器仪表	高压喷射清洗技术及成套设备研制	沈阳仪表科学研究院
二等奖	通用机械	复杂条件下承压设备高温疲劳蠕变寿命预测方法及工程应用	合肥通用机械研究院、中国科学技术大学
二等奖	通用机械	CPD－600LB型两位三通粉体换向阀研制	合肥通用机械研究院
二等奖	机床工业	环保型多功能合成切削液	广州机械科学研究院
二等奖	机械基础件	航空发动机轴系轴承试验器研制及相关技术研究	洛阳轴研科技股份有限公司
二等奖	机床工业	IC硅片高效超精密磨削用金刚石磨具的研究	郑州磨料磨具磨削研究所
二等奖	机械基础件	提高主轴轴承寿命的材料及热处理技术应用研究	洛阳轴研科技股份有限公司、洛阳轴承研究所有限公司

续表

奖项	行业	项目名称	获奖单位
二等奖	电工电器	GCK2－Z 智能型低压成套开关设备	天津电气传动设计研究所、天津天传电控配电有限公司、常熟开关制造有限公司、上海华银开关厂有限公司、宁波天安（集团）股份有限公司、上海电器成套厂有限公司、北京电器有限公司
	工程建设	沈阳鼓风机（集团）股份有限公司战略重组易地改造项目	机械工业第二设计研究院、沈阳鼓风机（集团）有限公司
	工程建设	梅兰芳大剧院	中国中元国际工程公司
	工程建设	上海浦东国际机场西货运区公共货运站	中国中元国际工程公司
	电工电器	电子产品绿色无铅焊接应用技术研究	广州电器科学研究院
	机械共性技术标准	耐热弹性合金丝	重庆仪表材料研究所
	机械共性技术标准	重型机械标准（体系）	中国重型机械研究院有限公司、中国第一重型机械股份公司、太原重型机械集团有限公司、大连重工·起重集团有限公司
	重型机械	雅戈尔物流配送中心自动化物流系统	北京起重运输机械设计研究院
	机械共性技术标准	汽车环境适应性关键技术研究与推广应用	广州电器科学研究院
	重型机械	彩色钢板印花工艺和设备技术研究	中国重型机械研究院有限公司、顺德新源镒钢铁制造有限公司
	重型机械	LG－15－GHLL 型两辊高速环孔型冷轧管机	中国重型机械研究院有限公司、常熟华新金属工业品有限公司、西安航空发动机（集团）有限公司第八机械厂
三等奖	重型机械	北京香山公园客运索道更新改造工程	北京起重运输机械设计研究院
	工程建设	北京首都国际机场能源中心	中国中元国际工程公司
	工程机械	挖掘装载机 WZ30－25	常林股份有限公司
	通用机械	DWT－70 机车用无油压缩机	合肥通用机械研究院
	农业机械	20t/d 米糠膨化保鲜技术及关键装备	中国农业机械化科学研究院
	机械基础件	抗磁轴承特种磨削技术研究	洛阳轴研科技股份有限公司、洛阳轴承研究所有限公司

续表

奖项	行业	项目名称	获奖单位
	工程建设	哈尔滨市道里区集中供热工程热源厂	中国中元国际工程公司
	工程建设	深圳烟草工业有限责任公司易地技术改造工程	机械工业第六设计研究院
	工程建设	西子联合控股有限公司大型燃气蒸汽联合循环发电生产基地及大型燃气轮机余热锅炉项目(一期)	机械工业第二设计研究院
	仪器仪表	电子蠕变长时试验系统	长春试验机研究所有限公司
	工程建设	新东北电气集团高压开关有限公司高压开关关键零件电镀生产线	中联西北工程设计研究院
三等奖	工程建设	北京现代汽车有限公司PDI车间清洗房/输送线设备	机械工业第四设计研究院
	工程建设	汽车涂装生产线可视化仿真系统的研究和应用	机械工业第四设计研究院、河南科技大学
	机械共性技术标准	园艺电泵标准	江苏大学、中国农业机械化科学研究院、浙江利欧股份有限公司
	仪器仪表	内置式控制棒驱动机构用磁致伸缩位置指示器研制	重庆仪表材料研究所、中国核动力研究设计院
	机械共性技术标准	多元合金添加剂的研制及其替代铜在高强度灰铸铁件上的应用	中国一拖集团有限公司、河南理工大学
	机械共性技术标准	程控称量在线检控随流孕育装置及配套应用技术研究	中国一拖集团有限公司

三、2009年中国机械工业集团有限公司科学技术奖获奖项目

序　号	项目名称	完成单位	主要完成人
一等奖项目			
1	莱钢120吨RH炉外精炼成套技术装备	中国重型机械研究院有限公司	王建国、任彤、徐长安、佟冰、董伟光、屈薛勇、郭星良、陈亚文、焦悦、马军华、韩俊峰、区兴华、曹永恒、邓杰
2	6M型柴油机	中国一拖集团有限公司 洛阳拖拉机研究所有限公司	朱敬安、董伟、俞荣江、鲍建军、黄新芳、王迎新、张庚乾、范鸿峰、宋海水、孙金锁、陈洪涛、许凤霞、沈天宇、张涛、贺玉杰
3	微型偏置动量轮的研制	洛阳轴研科技股份有限公司 洛阳轴承研究所有限公司 河南科技大学	李建华、靳国栋、梁波、郭金芳、臧稳通、杨茹萍、邹继斌、姜维、单服兵、童燕、孟庆伟、蒋蔚、金杰、雷建中、葛世东
二等奖项目			
1	20000m^3 低温乙烯储存装置	中国空分设备有限公司	林福彝、李积杰、高原、初建武、张敏丹、童国宇、张晓东、凝晶、缪越、陈志虎
2	广州石化热电站资源综合利用改造工程	中国联合工程公司	顾晓山、刘军、徐圣、何冰流、岑尔芬、王营梁、徐宏、曾进、毛康生、徐治国
3	大型H型钢压力矫直机	中国重型机械研究院有限公司 莱芜钢铁股份有限公司	黄维勇、张超、赵永平、李景伟、汪恩辉、薛红卫、赵西韩、乔廷刚、薛占军、孟君
4	350MW级空冷汽轮发电机型式试验测控系统	CMEC中机国际工程设计研究院	袁凯南、易凡、尹国分、唐士源、何文学、王维、黎向东、王林春、杨彦东、夏兆宏
5	汽车环境适应性关键技术研究与推广应用	中国电器科学研究院	马坚、揭敢新、陆启凯、江鲁、王俊、彭坚、章晓斌、高庆福、薛守仁、冯皓
6	G系列全液压单钢轮振动压路机	鼎盛天工工程机械股份有限公司	郭艳敏、曹凤新、马美蓉、赵宝林、陈伟、靳波、蒋长龄、吴建君、王学军

续表

序 号	项目名称	完成单位	主要完成人
7	北京生命科学研究所	中国中元国际工程公司	张道茹、曾笑钢、张敏、张旭、戴玉英、陈丹、林向阳、仇志华、奚传栋，孙文章
8	ZL50H 轮式装载机	常林股份有限公司	桑涛、沈星宇、吴光耀、黄朝晖、陈跃、汪庆海、丁志鹏、吴培贤、赵培兴
9	精密自动砂轮划片机	沈阳仪表科学研究院	袁慧珠、白宇、马岩、余胡平、张明明、孙家全、李艳丽、鞠仁忠、白雪峰、郝鑫
10	船舶通用水泵及轴系密封装置与密封材料研究	合肥通用机械研究院	李鲲、李江、杨书益、姚黎明、励行根、俞志君、杨博峰、郑国运、班玉红、吴兆山
三等奖项目			
1	解放军某装备部队自动化物流系统	北京起重运输机械设计研究院	祁庆民、周薇、吴宇东、赵峰、陈涤新
2	重大装备润滑状态监测与磨损故障诊断技术中心建设	广州机械科学研究院	闵新和、贺石中、陈秀深、黄志坚、张洁华
3	高效稳燃低污染锅炉煤粉燃烧器	哈尔滨电站设备成套设计研究所中国电工设备总公司	曲高军、李承业、于德亭、步维光、钟祚群
4	40GQS5 低噪声电站	兰州电源车辆研究所有限公司	王旭红、达棣、马彬、张岭、谭景文
5	东方红 – C702 – A/C802/C902 型履带拖拉机	中国一拖集团有限公司洛阳拖拉机研究所有限公司	郭志强、杨东山、王学军、靳润生、黄佩军
6	天瑞集团铸造有限公司机车车辆合金钢配件 V 法生产项目	机械工业第六设计研究院	刘新江、张本平、刘统洲、张清宽、李文东
7	耐热弹性合金丝	重庆仪表材料研究所	李方、王宏、张十庆、张平、王金太
8	生物医学硬膜滤光片	沈阳仪表科学研究院	费书国、阴晓俊、赵帅锋、张勇喜、曹轶
9	通用流体机械测试软件	合肥通用机械研究院 合肥通用环境控制技术有限责任公司	田旭东、王溢芳、舒国安、王雷、曹义新
10	高速离心机用电主轴系列产品开发与应用	洛阳轴承研究所有限公司 洛阳轴研科技股份有限公司	叶军、黄昆、杨柳欣、邱宪国、商顺德

续表

序　号	项目名称	完成单位	主要完成人
11	东风汽车股份有限公司轻型商用车涂装车间技术改造项目	机械工业第四设计研究院	许志军、高广亮、戴旻、赵丰、丁跃达
12	1P65F 汽油机的研制	江苏林海动力机械集团公司 江苏苏美达林海动力机械有限公司	孙朋山、袁晓春、张荣山、贾德欣、李崧
13	水泥生产线余热发电设备安装技术	中国机械工业第五建设工程公司	汪光明、王光前、杨少华、余文波、朱友文
14	上海电气集团上海电机厂有限公司线圈分厂技术改造项目	中机国际工程设计研究院 上海电气集团上海机电厂有限公司	雷之尧、肖林华、杨占春、宋竞彦、朱伯群
15	高效节能 CMYQ－325 型全液压电液锤	中国重型机械研究院有限公司 第一拖拉机股份有限公司	董建虎、刘积录、辛宏斌、曹文胜、杨丹锋

2010

中国机械工业集团有限公司年鉴

CHINA NATIONAL MACHINERY INDUSTRY
CORPORATION YEARBOOK

第六篇

大事记

1997—2008 年中国机械工业集团有限公司大事记

1996 年 10 月 21 日、12 月 4 日，机械工业部分别向吴邦国副总理和国家经贸委呈送关于组建中国机械装备（集团）公司的申请。12 月 31 日，国家经贸委国经贸企〔1996〕906 号文正式批复成立中国机械装备（集团）公司。同年 12 月 4 日，机械工业部机械经〔1996〕969 号文，决定将 25 家部属公司的国有资产授权中国机械装备（集团）公司统一管理。

1997 年

1 月 28 日

中国机械装备（集团）公司成立大会召开，并正式挂牌，标志着国机集团正式组建。

1998 年

3 月 12 日

机械工业部同意将中国国际贸易促进委员会机械行业分会所持有中国浦发机械工业股份有限公司股权划转国机集团。

4 月 22 日

中国机械装备（集团）公司董事会成立，董事会由权义鲁、朱森第、沈克林、姜承勋、陶建幸、奚家成、潘崇义组成。朱森第任中国机械装备（集团）公司董事长；陶建幸、奚家成任中国机械装备（集团）公司副董事长。

7 月 2 日

国家机械工业局国机经〔1998〕238 号文决定将原机械工业部在中国轴承进出口联营公司、中国电瓷进出口联营公司和中国长江磨床进出口联营公司三家公司中所持国家股权划转给中国机械装备（集团）公司。

7 月 6 日

国家机械工业局国机经〔1998〕244 号文决定将原机械工业部在中国电线电缆进出口联营公司所持有的国有股权划转给中国机械装备（集团）公司。

10 月 30 日

国家机械工业局国机改〔1998〕554 号文同意中国汽车工业咨询公司加入中国机械装备（集团）公司。

1999 年

5 月 22 日

科学技术部、国家经济贸易委员会国科发政字〔1999〕197 号文公布国家经贸委管理的 10 个国家局所属科研机构转制方案。北京起重机运输机械研究所等 21 家科研单位进入国机集团。

9 月 20 日

国家经贸委员会国经贸监督〔1999〕907 号文批复同意中国机械设备进出口总公司、中国地质装备总公司等 31 家企业划归中国机械装备（集团）公司管理。

12 月 2 日

财政部财经字〔1999〕107 号文同意中国机械装备（集团）公司在财政部单列。

2000 年

1 月 7 日

国家经贸委、科学技术部国经贸技术〔2000〕16 号文同意天津电器传动设计研究所、桂林电器科学研究所进入国机集团。

7 月 3 日

外经贸部公布 1999 年度中国进出口额最大的

500家企业和出口额最大的200家企业名单，国机集团名列进出口额最大的500家企业第16位，出口额最大的200家企业第9位。

9月22日

中国机械装备（集团）公司经国家工商局核准，经营范围进一步扩展，除国内外大型成套设备的研制及工程项目的承包，组织本行业重大技术装备的研制、开发和科研产品的生产、销售外，还增加了汽车（不含小轿车）及汽车零部件的销售。

11月2日

国务院办公厅转发建设部等部门关于中央所属工程勘察设计单位体制改革实施方案的通知（国办发〔2000〕71号），机械工业部设计研究院、机械工业部第二设计研究院、机械工业部第三设计研究院、机械工业部第四设计研究院、机械工业部第五设计研究院、机械工业部第六设计研究院、机械工业部第十一设计研究院、机械工业部勘察研究院八个勘察设计单位进入国机集团。

2001年

2月7日

国机集团召开在京单位党政领导会议，中央企业工委赵杰兵副书记宣布人事变动决定。高元恩总裁退休，由潘崇义常务副总裁主持集团工作。

4月9日

国机集团在京召开了欢迎监事会进驻见面会。潘崇义常务副总裁，谷政协、赵风茂副总裁，监事会驻国机集团全体同志及各子公司、科研院所、勘察设计院党政主要领导和本部各部室负责人领导70多人参加了会议。

6月9日

外经贸部公布2000年度中国进出口额最大的500家企业和出口额最大的200家企业名单，国机集团名列进出口额最大的500家企业第20位，出口额最大的200家企业第14位。

8月7日

中国机械设备进口总公司与刚果共和国水利能源部在京签订了2亿多美元的英布鲁水电站项目合同。刚果水利能源部和中国机械设备进出口总公司总经理李树智分别代表双方在合同上签字。

8月31日

国机集团召开在京所属单位党政负责人会议，中央企业工委赵杰兵副书记、组织部殷晓静副部长等一行到会并宣布了中国机械装备（集团）公司领导班子调整决定：中国机械装备（集团）公司不再设董事会，董事会职务自然免除。任命任洪斌为中国机械装备（集团）公司总裁，赵风茂、李树智、徐建、卢环副总裁。免去潘崇义、谷政协的副总裁职务。成立中共中国机械装备（集团）公司委员会、纪律检查委员会，撤消中国机械装备（集团）公司党组。潘崇义任党委书记，任洪斌、谷政协任党委副书记，谷政协任纪委书记。

10月30日

中国工程与农业机械进出口总公司与菲律宾政府在北京人民大会堂举行了菲律宾BANANOANG灌溉工程贷款协议签字仪式，国家主席江泽民、菲律宾总统阿罗约出席了签字仪式，任洪斌总裁与菲律宾驻华大使签署合同。

12月20日

巴基斯坦木扎法戈－盖提50万伏输变电项目合同协议签字仪式在北京人民大会堂举行，国家主席江泽民与巴基斯坦总统穆沙拉夫出席了签字仪式。集团公司副总裁兼中国机械设备进出口总公司总经理李树智在项目合同上签字。

2002年

1月28日

国机集团成立五周年庆典活动在北京展览馆举行。

1月28日

中国银行与国机集团80亿元人民币银企合作协议在北京签字。该协议的签署，将有利于国机集团在加入WTO后积极参与国际市场竞争，开展对外贸易，扩大机电产品和大型工程项目和成套设备出口。

4月1日

国机集团www.cnmeg.com网站正式对外开通。

5月24日

国机集团新的组织机构方案确定，设置综合管理部、人力资源部、资产财务部、战略规划部、经营管理部、科技质量部、审计稽查部、法律事务部、党委办公室、纪律检查（监察）办公室共8部2室，新的部门负责人同时到位。

5月27日

外经贸部公布了2001年中国出口额最大的200

家企业和进出口额最大的500家企业名单，国机集团位居2001年中国出口额最大的200家企业第12位，列2001年进出口额最大的500家企业第18位。

6月5日

国机集团向中国少年儿童基金会、“中国儿童慈善活动日”组委会捐款53万余元，体现了国机集团关怀社会、奉献社会的企业精神。

6月14日

国机集团被“中国儿童慈善活动日”组委会授予“公益明星单位”称号。

7月22日

美国《工程新闻记录》（ENR）评选的“2002年度全球225家最大国际承包商、国际200强工程咨询设计企业”排名结果揭晓，国机集团首次参与评选并在225家最大国际承包商排名中名列第50位，在国际200强工程咨询设计企业排名中名列第112位。

8月29日

中国企业联合会公布“2002年中国企业500强”的产生结果，国机集团位居第78位。

9月14日

国机集团关于菲律宾北吕宋项目合作备忘录等四个协议在菲签署，李鹏委员长与阿罗约总统出席签字仪式。

9月28日

在京企业职工运动会举行。同日，《国机集团报》创刊号出版发行。

10月10日

吴邦国副总理会见应国机集团邀请来华访问的委内瑞拉瓜亚纳公司总裁一行。

10月16日

任洪斌总裁当选党的十六大代表。

10月24日

李岚清副总理视察西安重型机械研究所。

12月4日

国机集团总部ISO9001质量管理体系和ISO14001环境管理体系贯标工作启动。

2003年

1月2日

沈阳仪表科学研究院与杭州照相机械研究所重组（国机规〔2003〕2号）。

2月18日

中国出口信用保险公司、中国机械装备（集团）公司全面合作框架协议在京签署。

2月28日

国机集团新版网站正式对外开通。

3月17日

机翔房地产开发公司除个别项目外所有资产、业务和人员通过剥离并入中国北方工业装备有限公司（国机规〔2003〕88号）。

3月19日

“拨改贷”项目清理工作启动。

3月31日

2003年纪检监察工作会议在北京召开。

4月4日

机械工业规划研究院整体并入中元国际工程设计研究院（国机规〔2003〕122号）；中国机械基础件成套技术公司整体并入中国电工设备总公司（国机规〔2003〕123号）。

5月27日

国务院驻国机集团监事会听取国机集团2002年工作汇报。

6月17日

国机集团在商务部公布的“2002年中国出口额最大的200家企业”排名中名列第8位，在“2002年中国进出口额最大的500家企业”排名中列第15位。

7月24日

国机集团总部通过两标（ISO9001：2000、ISO14001：1996）一体化管理体系认证。

7月28日

美国《工程新闻记录》（ENR）评选的“2003年度200强工程咨询设计企业”排名结果揭晓，国机集团在国际200强工程咨询设计企业排名中名列第93位。

8月19日

中工信托投资公司改组为国机财务有限责任公司的申请方案获中国银行业监督管理委员会批准，国机财务有限责任公司召开发起人会议。

8月20日

国机规〔2003〕407号文批复中国工程与农业机械进出口总公司与中国空分设备公司重组。

8月25日

美国《工程新闻记录》（ENR）评选的“2003

年度全球225家最大国际承包商”排名结果揭晓，国机集团在225家最大国际承包商排名中名列第42位。

9月12日

沈阳仪表科学研究院与秦皇岛视听机械研究所重组（国机规〔2003〕443号）。

9月22日

国机集团被商务部授予“中国外贸企业信用体系示范单位”。

10月1日

中共中央政治局常委、国务院副总理黄菊视察济南铸造锻压机械研究所。

10月6日

中国机械设备进出口总公司与印尼国家电力公司正式签署风港燃煤电站合同，温家宝总理出席仪式。

10月12日

首届科学技术大会在北京召开。

10月28日

会计知识竞赛成功举办。

10月30日

国机集团被中国对外承包工程商会授予“2000—2002年度对外承包工程特别奖”。

11月8日

《中国大中型企业国际竞争力评价报告》公布，国机集团综合得分排名第六。

11月17日

国务院国有资产管理委员会国资改革函〔2003〕358号文批复同意中国汽车工业进出口总公司、中汽对外经济技术合作公司等6户企业划转国机集团管理。

12月2日

国机规〔2003〕564号文批复中国电工设备总公司与哈尔滨电站设备成套设计研究所重组。

12月22日

中国进出口银行与国机集团在京签署“出口项下一揽子授信框架协议”。

12月30日

菲律宾北吕宋铁路项目在菲律宾马尼拉正式签署商务合同，合同的签订标志着国机集团“非实体经营”这一战略性经营举措取得了突破性进展。

2004年

2月26日

首个非实体经营项目—菲律宾北吕宋铁路项目的贷款协议在菲律宾总统府签署。中国进出口银行羊子林行长和菲律宾财政部部长阿玛彤女士代表双方在贷款协议上签字。李树智副总裁代表国机集团出席了签字仪式。

2月26日

任洪斌总裁与所属公司经营者代表“2004年经营目标责任书”的签字仪式在京隆重举行。

3月29日

2004年纪检监察工作会议在杭州召开。

4月21日

国机集团与招商银行签署40亿元人民币的银企合作协议。

5月13日

国机资〔2004〕148号文决定：中国汽车零部件工业联营公司、北京西岭宾馆重组进入中国汽车工业进出口总公司。

5月14日

国机集团与中国进口汽车贸易中心重组大会在集团公司总部举行。

5月27日

国机集团在商务部公布的“2003年中国出口额最大的200家企业”排名中名列第22位，在“2003年中国进出口额最大的500家企业”排名中列第31位。

6月2日

国务院派驻国机集团监事会主席谢钟毓一行正式进驻国机集团开展工作。

6月10日

2004年北京国际汽车展览会在京开幕，国机集团首次以主办方身份参加车展，赵风茂副总裁代表集团公司出席开幕仪式并为展览会剪彩。

6月25日

2004年职工技能大赛在天津工程机械研究院及其所属中外建发展股份有限公司隆重举行。来自国机集团系统的8家单位共20名选手参加了车工、工具钳工、铣工和CAD制图四个工种的技能竞赛。

6月29日

在北京举行的中国证券监督管理委员会股票发

行审核委员会2004年第43次会议上，洛阳轴研科技股份有限公司首次公开发行股票的申请获得批准。

7月27日

在北京举行的中国证券监督管理委员会股票发行审核委员会2004年第56次会议上，中工国际工程股份有限公司首次公开发行股票的申请获得批准。

7月30日

中共中央政治局常委、全国人大常务委员会委员长吴邦国出席了我国首台40万千瓦级重型联合循环燃气轮机的下线发运仪式，并亲自为该燃气轮机揭幕。该机组是当前国际上最先进、容量最大的重型燃气轮机，其制造基地——秦皇岛出海口重型燃机制造基地的燃机厂房、试车站和工艺装备均由中国联合工程公司设计。

8月3日

国机集团领导班子调整宣布大会在京召开，会议宣读了《关于王松林等3人职务任免的通知》(国资任字〔2004〕49号)。任命王松林为国机集团副总裁，骆家駹为国机集团总会计师；免去赵风茂国机集团副总裁职务（退休）。会议还宣布了国资委党委关于下届集团公司党委主要组成人员候选人的建议决定。

8月9日

中机国际工程设计研究院（原机械工业部第八设计研究院）重组加入国机集团的欢迎大会在集团公司会议室召开。

8月25日

国机集团发出招聘公告，面向集团公司系统公开招聘中国机械设备进出口总公司总经理。这是集团公司首次通过公开招聘的方式选拔所属企业“一把手”。

9月3日

美国《工程新闻记录》（ENR）杂志公布了2004年度“全球225家最大国际承包商”和“国际200强工程咨询设计公司”的排名，国机集团在国际承包商225强中名列第37位，在国际工程咨询设计200强中名列第94位。

9月6日

中国企业联合会公布“2004年中国企业500强”的产生结果，国机集团位居第84位。

9月10日

首届职工运动会在北京举行，包括集团公司总部在内的33家单位组队参赛，其中有1/3的队伍来自京外单位。运动会有近1000多名运动员参加，盛况空前。

9月22日

由国机集团主办的“第八届深圳国际汽车展览会”在深圳高交会展览中心举行。

10月1日

国机集团对中国机械工业建设总公司、中国重型机械总公司、中国电工设备总公司、中国通用机械工程总公司及中汽对外经济技术合作公司5家企业的总经理岗位进行了公开招聘。

10月19日

中共中央政治局委员、中共天津市委书记张立昌在天津迎宾馆，接见了参加国机集团汽车工程板块重组座谈会的任洪斌总裁等全体会议代表，达成了在政策和资源上支持国机集团在津设立的汽车工程公司等投资项目的意向。

10月26日

由国机集团主办的第五届中国杭州国际汽车展览会暨中国东部（杭州）国际汽车零部件采购供应商大会在杭州市国际会展中心举行，本届车展是华东地区汽车工业规模最大的一次展览盛会。

12月1日

国务院批准了由中国机械设备进出口总公司与刚果（布）水利能源矿产部签订的英布鲁水电站协议，双方合同正式生效。该项目总装机容量为120MW，是我国目前在非洲以出口卖方信贷方式承建的最大工程之一。

12月6日

中共广东省委常委、广州市委书记林树森在广州会见了任洪斌总裁，徐建、王松林副总裁一行。双方就国机集团在广州建立中国（广州）汽车零部件检测中心和汽车零部件研发中心、共同发展汽车会展业和汽车金融业等事宜进行了会谈。

12月9日

中国机械对外经济技术合作总公司（CMIC）整体并入中国机械设备进出口总公司（CMEC），作为CMEC的全资子公司；将CMEC所持有的中设江苏机械设备进出口集团公司（苏美达集团）80%的股权划归集团公司直接持有。

12月15日

中国共产党中国机械装备（集团）公司第一次代表大会在北京会议中心隆重召开。会议选举产生了国机集团新一届党委和纪委，完善了国机集团党的组织，为国机集团的快速、健康发展提供了组织保障。

12月15日

任洪斌总裁在钓鱼台国宾馆拜会了来访的巴基斯坦总理肖卡特·阿齐兹，并重点就卡拉奇轻轨1号线项目与阿齐兹总理交换了意见。

12月27日

新办公大楼购买协议正式签订，徐建副总裁代表国机集团在协议上签字。

2005年

1月14日

由国机集团、中国机械工业联合会、中国汽车工业咨询委员会联合主办的中国汽车产业发展研讨会在北京钓鱼台国宾馆举行。

1月19日

国机集团被北京市科学技术委员会认定为高新技术企业。

2月24日

中国机械设备进出口总公司承包的安哥拉罗安达城市电网改造和扩建项目二期开工典礼在罗安达市举行。国务院副总理曾培炎、国务院副秘书长汪洋、商务部副部长魏建国及安哥拉财政部长、能源水利部长、交通部长出席了典礼。

2月24日

国机集团总部保持共产党员先进性教育活动动员大会在北京召开。

3月24日

国机资〔2005〕136号文件批复同意武汉计算机外部设备研究所重组进入广州电器科学研究院。

3月28日

在中共中央、国务院举行的国家科学技术奖励大会上，西安重型机械研究所研制的“100MN油压双动铝挤压技术与装备研制”获2004年度国家科技进步一等奖，这是国机集团近年来第五次获得该奖项。

3月29日

国机集团《关于中国轴承进出口联营公司实行委托管理的通知》决定，将中国轴承进出口联营公司委托给中国机械工业建设总公司进行管理。

4月26日

任洪斌总裁代表国机集团与菲律宾北吕宋铁路公司在马尼拉签署了有关菲律宾北吕宋铁路第一期第二段项目的承建合作备忘录。正在对菲律宾进行国事访问的国家主席胡锦涛与菲律宾总统阿罗约出席了签字仪式。

5月26日

“轴研科技”在深圳证券交易所挂牌上市，股票代码为002046。

5月26日

国机集团总部先进性教育活动总结大会召开，集团公司总部先进性教育活动圆满结束。

5月27日

国机集团在商务部公布的“2004年中国进出口额最大的500家企业”和“2004年中国出口额最大的200家企业”排名中分列第34位和第25位。

6月1日

由中国机械设备进出口总公司承建的我国目前最大的水电站出口项目——尼泊尔西赛提4×187.50MW水电站的签字仪式在北京举行。

6月7日

国机集团与中国远洋运输（集团）总公司（中远集团）战略合作协议签字仪式在北京举行，任洪斌总裁与中远集团魏家福总裁分别代表双方企业在合作协议上签字。国机集团与中远集团正式达成战略合作伙伴关系。

6月13日

国机集团第二批保持共产党员先进性教育活动动员培训大会召开，国机集团第二批先进性教育活动拉开序幕。

6月28日

参股广州汽车集团股份有限公司。

7月1日

国机集团党委决定授予中设国际贸易有限公司党支部等26个基层党组织“中国机械装备（集团）公司先进基层党组织”称号；授予周莉等55名同志“中国机械装备（集团）公司优秀共产党员”称号；授予杨万胜等23名同志“中国机械装备（集团）公司优秀党务工作者”称号，并予以表彰。

8月5日

中国机械工业建设总公司重组国机技术公司。

8月21日

2005中国企业500强发布暨高层论坛在天津举行。国机集团位列2005中国企业500强第90位、服务业500强第41位，机械、电子内外贸易批发业第1名。

8月30日

中国机械设备进出口总公司（CMEC）和斯里兰卡电力局在北京人民大会堂签署了CMEC承建斯里兰卡普塔拉姆3×300MW燃煤电站项目的谅解备忘录。国家主席胡锦涛和斯里兰卡总统库马拉通加夫人出席了签字仪式。

9月8日

经国资委和国家工商行政管理总局批准，从2005年9月8日起，“中国机械装备（集团）公司”正式更名为“中国机械工业集团公司”，简称仍为“国机集团”。

9月26日

国机集团在京企业保持共产党员先进性教育活动总结大会在北京召开。

10月28日

机械工业部第四设计研究院（四院）、机械工业第五设计研究院（五院）通过创立式合并重组方式组建的中国汽车工业工程公司在天津揭牌。

10月28日

国机集团直属团委召开在京企业增强共青团员意识主题教育活动启动培训大会。在京企业增强共青团员意识主题教育活动全面启动。

10月28日

国机集团正式迁入位于中关村丹棱街3号的新办公大楼，树立了国机集团崭新的企业形象。

11月1日

陕西省冶金设计研究院（设计院）整体划入西安重型机械研究所（西重所）欢迎大会在西重所隆重召开，这标志着西重所将实现从技术研发、设备成套到工程总包的历史性跨越。

11月4日

沈阳仪表院托管沈阳真空所。

11月8日

“中国机械工业集团公司”揭牌庆典活动隆重举行。来自各方嘉宾和代表300余人出席庆典仪式。

11月17日

2005年会计知识竞赛在北京举行。

11月23—25日

2005年国机集团人才工作会议在集团公司总部举行，这是集团公司成立以来首次召开的、以人才工作为主题的专门会议。

12月2日

中国进出口银行与国机集团《战略合作协议》签字仪式在北京举行，双方签署了总额为30亿美元（约合人民币240亿元）的战略合作协议。中国进出口银行董事长、行长李若谷与任洪斌总裁分别代表合作双方在协议上签字。

12月12日

中国机械设备进出口总公司承建的特立尼达和多巴哥（特多）铝厂项目在特多首都西班牙港希尔顿饭店举行了签字仪式，这是我国在中美洲加勒比海地区承接的最大的国际工程承包项目。

12月13日

中国工程院正式对外发布2005年新增院士名单，中国联合工程公司总建筑师程泰宁榜上有名。

12月15日

国机集团品牌战略规划评审会在评审委员会主任任洪斌总裁的主持下召开，会议对《中国机械工业集团公司品牌战略规划》进行了评审。品牌规划工作的启动意味着国机集团品牌意识的觉醒，这是国机集团发展迈向新阶段的重要表现，是向更高层次经营活动迈出的第一步。

12月28日

由天津工程机械研究院和中国工程机械成套公司重组组建的中国工程机械总公司成立大会在津隆重举行。天津市副市长杨栋梁、任洪斌总裁为新公司揭牌并致辞。

12月29日

由中汽对外经济技术合作公司、中国机电广告公司、中汽人才交流中心、中汽汽车及配件销售职业培训中心服务有限公司、中国汽车工业咨询发展公司、北京汽车工业发展研究所六家企业重组成立的中国汽车工业国际合作总公司揭牌仪式在集团公司19楼会议室隆重举行。

2006年

1月17日

国机集团2006年工作会议在集团公司总部召开。国有重点大型企业监事会主席谢钟毓出席会议并作重要讲话。

2月22日

国机集团决定中国浦发机械工业股份有限公司托管机电工业上海联销公司。

3月3日

国机集团与国电集团建立长期战略伙伴关系。双方将发挥各自在电力领域资源和市场优势，共同开发市场，实现循环发展和可持续发展。

3月15日

中斯两国最大经贸合作项目——中国机械设备进出口总公司承建的斯里兰卡普塔拉姆300MW燃煤电站工程正式签约。

4月12日

中国工程与农业机械进出口总公司与吉尔吉斯斯坦正式签署吉尔吉斯克孜勒基亚水泥厂项目，这是上海合作组织优惠出口买方信贷项下第一个商务合同。

4月19日

中共中央政治局常委李长春同志视察天津电气传动研究所，对科研院所自主创新做出重要指示。

4月25日

国机集团工会联合会第一次代表大会召开。

5月11日

国资委王瑞祥副主任一行到国机集团进行党建思想工作专题调研。

5月19日

经中国人民银行批准，国机集团获准发行短期融资券14亿元人民币，其中2006年第一期短期融资券10亿元人民币在全国银行间债券市场成功发行。这一举措为国机集团在资本市场开辟了新的平台。

5月30日

国机集团信息化推进大会在集团总部召开。这是国机集团成立以来首次就信息化建设工作召开的专题会议。会议对未来5年信息化建设工作的重点任务做出了部署。

6月10日

吉尔吉斯斯坦总统巴基耶夫一行到国机集团参观访问，巴基耶夫总统与任洪斌总裁进行了亲切友好的会谈，并参观了国机集团主办的专场展览。

6月19日

在建设部发布的2005年度全国工程勘察设计企业营业收入前100强排名中，中国联合工程公司与中国中元国际工程公司分别位居第17名和第45名。

6月19日

中国工程与农业机械进出口总公司所属中工国际在深圳交易所上市，这是全流通条件下的第一只上市新股。任洪斌总裁亲临交易现场并鸣锣开市。

6月22日

中国机械设备进出口总公司签署塞内加尔政府信息网工程合同，胡锦涛主席和阿卜杜拉耶·瓦德总统出席了签字仪式。

7月6日

中国工程与农业机械进出口总公司团委荣获2005年度中央企业五四红旗团委称号。

7月12日

商务部公布了2005年中国进出口500强及出口200强企业名单，国机集团分别排在第28位和25位。

7月28日

2006年年中经营工作会议在集团公司总部召开。

8月9日

企业文化体系建设启动大会在集团公司总部召开，任洪斌总裁在会上作了重要讲话，国机集团企业文化体系建设全面启动。

8月14日

国资委对国机集团2005年度财务决算结果进行了批复，确认国机集团各项业绩考核指标全面完成。2005年，国机集团国有资本保值增值率114.5%，处于商贸行业优秀水平。

8月15日

国机集团第一次团员代表大会暨团委一届一次会议在京召开，会议选举产生了国机集团团委第一届委员会。

8月16日

完成主辅分离改制的中国空分设备有限公司成立庆典在杭州举行。

8月28日

国务院国资委召开表彰推进会，国机财务业务部等4个班组（科室）获中央企业学习型红旗班组（科室）称号；中机六院武浩杰等4名个人获知识型先进职工称号。

9月1日

中国机械设备进出口总公司签署“塞内加尔达喀尔环城输变电项目”框架协议，这是中塞复交后两国间第二个大型工程项目。

9月2日

2006年中国企业500强揭晓，国机集团位居

500强第84位，排名较上年提高6位。在同时公布的服务业企业500强中，国机集团位列第33位，排名较上年提高8位。

9月5日

国机集团与印度尼西亚三林集团在京签署战略合作备忘录。

9月7日

中国机械设备进出口总公司、中国进出口银行和加蓬共和国政府共同签署了贝林加“矿电路港”项目框架协议，中共中央政治局常委、中央纪委书记吴官正与加蓬总统邦戈出席了签字仪式。该项目是我国在非洲最大的工矿和基础建设综合工程项目，初步概算总投资近30亿美元。

9月19日

国机集团成立改制工作领导小组，正式启动中国机械设备进出口总公司股改上市工作。

9月20日

第二届国机集团职工运动会在京隆重举行，来自集团公司总部和所属企业的41支队伍、1700多名运动员参加了60个项目的比赛。

10月8日

国机集团荣获“2006世界市场中国（承包商）十大年度品牌”，任洪斌总裁被评为“2006推动中国品牌国际化50人”。

10月11日

国机集团荣获“2006中国对外承包优秀企业奖”，任洪斌总裁被评为“2006中国对外承包工程人物”。

10月12日

国机集团组织举办所属企业高级经营管理者招聘考试，面向社会公开招聘部分所属企业13名高级经营管理者。

10月13日

首届“中国标准创新贡献奖”评选揭晓，合肥通用院、广州电科院、重材所等科研院所共获得7个奖项。

10月15日

第100届中国出口商品交易会开幕，国机集团主展展区交易额合计超过3亿美元。

10月16日

国机集团总部任洪斌、合肥通用院杨铁成和洛轴所赵滨海三同志入选2006年“新世纪百千万人才工程”国家级人选名单。

10月20日

非实体经营项目——菲律宾北吕宋铁路项目一期一段工程正式开工。

10月26日

中国重型机械研究院揭牌仪式在西安举行。

10月28日

中国中元国际工程公司举行更名揭牌庆典。

10月31日

在中国－东盟博览会期间，国机集团签署了菲律宾北吕宋铁路一期二段工程框架协议。

11月5日

机械工业第六研究设计院等多家研究院所被评为全国“优秀勘察设计院”，中国中元国际工程公司丁建总经理等多名个人被评为“优秀勘察设计企业家”。

11月16日

2006年安全生产工作会议在集团公司总部召开。

11月18日

中国机械工程学会第九次全国会员代表大会在杭州召开，任洪斌总裁当选为中国机械工程学会副理事长。

11月19日

由国机集团主办的2006（第九届）北京国际汽车展览会隆重开幕。开幕当天，中共中央政治局委员、国务院副总理曾培炎在国家有关部委领导和集团公司王松林副总裁的陪同下参观了展会，并对北京车展做出了高度评价，强调要把北京车展办成世界高水平的汽车盛会。

11月20日

全国政协常委、原机械工业部部长何光远，中国机械工程学会常务副理事长宋天虎考察中国联合工程公司。

12月21日

国机集团荣膺2006中国企业社会责任调查“最具社会责任企业20强”，任洪斌总裁被评为“最具人文关怀企业家”。

2007年

1月25日

新一届国有重点大型企业监事会（29办）正式进驻国机集团。

3月12日

国机集团成功签署非实体经营项目——印尼3×330MW电站项目EPC合同，合同金额8.6亿美元。

3月16日

任洪斌总裁受全国人大常委会副委员长、中国机械工程学会理事长路甬祥委托，以中国机械工程学会副理事长的身份，率团出席了在比利时举行的“国际机械工程学会联合会议”。

3月20日

2007年国机集团纪检监察工作会议召开。

5月15日

中国机械设备进出口总公司与中机国际工程设计研究院实施联合重组。这标志着国机集团第一次在内部实现了以商贸为主的工程承包企业与设计院的重组。

5月17日

国机集团入选ENR 2006年度全球最大225家国际承包商第50位，全球最大200家设计咨询公司第97位，在入选的中国公司中均列第三位。王松林副总裁出席颁奖活动并代表获奖的中国企业发表讲话。

5月22日

国机集团与中铁总公司建立战略合作关系。双方将在海外工程项目的实施上开展更为紧密的合作，共同协作、参与承担重大海外工程项目的实施。

7月20日

国机集团内部合作研讨会暨青联一届二次会议在杭州召开，着力推进企业价值观在核心业务中的渗透融合。

7月21日

由中央企业青联和香港青年联会主办的“携手迈向国际经济舞台——内地与香港青年企业家发展论坛”在国机集团举行。

8月6日

由中国机械设备进出口总公司总承包的斯里兰卡普特拉姆燃煤电站一期工程举行开工典礼，斯里兰卡总统马欣达·拉贾帕克萨出席仪式并讲话。

8月9日

2007年信息化工作现场会在南京召开。

8月24日

国机集团总部召开一届一次职工代表大会暨工会会员代表大会。

8月31日

中国机械设备进出口总公司签署老挝3×600MW宏掌火电站工程项目合同。该项目合同总金额为13.5亿美元，建设工期60个月。

9月1日

2007中国企业500强排行榜发布，国机集团位列第78位，排名较上年提高6位。

9月18日

首届“和谐国机杯”国机集团职工乒羽比赛在京开幕。来自集团公司系统的33支乒乓球队和29支羽毛球队近400人参加了比赛。

9月21日

由《英才》杂志主办的“成长十年”大型活动在京举行，任洪斌总裁在本次活动中荣膺“中国商业十年经典回顾”奖。

9月28日

长春试验机研究所有限公司召开新公司成立庆典大会，成为集团公司第一家完成主辅分离、辅业改制的研究院所。

10月15日

中国共产党第十七次全国代表大会在人民大会堂隆重开幕，十七大代表、国机集团党委书记、总裁任洪斌出席大会。

10月15日

《财富》杂志（中文版）揭晓“2007最受赞赏的中国公司”排行榜，国机集团首次入榜，位居“贸易、进出口行业”的第四名。

10月24日

我国第一颗绕月探测卫星——“嫦娥一号”在西昌卫星发射中心顺利升空，国机集团所属多家科研单位为“嫦娥一号”提供了精密仪器及技术服务，为我国首次探月工程做出了贡献。

11月1日

国机集团与印度尼西亚巴布亚省签署合作备忘录。

11月1日

原全国人大常委会副委员长、国务院副总理邹家华视察机械工业第六设计研究院承建的北京机床所精密机电有限公司天竺工厂。

11月16日

“中外跨国公司CEO圆桌会议”在京召开，国机集团在会上荣膺“最具核心竞争力的中国企业”

称号。

11 月 16 日

国务院国资委正式下发通知，批复同意中国福马机械集团有限公司重组进入国机集团，成为国机集团的全资子公司。

11 月 23 日

第三届会计知识竞赛在京举行。

11 月 24 日

“第三届中国优秀企业公民表彰大会”在人民大会堂召开，国机集团荣获“2007 优秀企业公民”称号。

12 月 7 日

BCG 发布的“新全球挑战者”研究报告中，国机集团第一次上榜。该报告从快速发展经济体国家中评出 100 家增长迅速、急速全球化并在重塑全球行业格局的公司，并将其命名为“新全球挑战者”。

12 月 12 日

兰州电源车辆研究所有限公司召开成立挂牌庆典大会，兰州电源车辆研究所顺利实施并完成企业改制工作。

12 月 12 日

国务院国资委正式下发通知，批复同意中国海洋航空集团公司重组进入国机集团，成为国机集团的全资子公司。

12 月 19 日

庆祝《国机集团报》创刊 100 期座谈会在京举行。

12 月 20 日

国机集团高层次科技人才评审会在集团公司总部召开。这是《中国机械工业集团公司高层次科技人才管理暂行办法》颁布以来的首次评选。

2008 年

1 月 17 日

国机集团 2008 年工作会议召开，任洪斌总裁在题为《抢抓机遇，锐意进取，为做强做大国机集团而努力奋斗》的工作报告中提出“再造一个新国机”。

1 月 25 日

国机集团新班子宣布大会召开，标志着现代企业制度建设迈出重要步伐。经国资委研究决定，国机集团成立董事会，任命任洪斌为董事长，徐念沙为副董事长，李延江、徐建为董事；提名徐建为总经理人选，王松林、刘大山、谢彪为副总经理人选，骆家駹为总会计师人选。

2 月 20 日

国务院国资委发文批复，同意国机集团接收无偿划转的中国一拖集团有限公司 67% 股权，中国一拖正式成为国机集团的新成员。

2 月 22 日

国机集团签订巴拿马 MONTE ESPERANZA 电站项目合同，合同金额 3.85 亿美元，这标志着国机集团开拓南美市场取得阶段性成果。

2 月 29 日

在中国机电工业商会“大型成套设备企业信用等级评价结果发布会”上，国机集团及下属八家企业荣获首批大型成套设备企业最高信用等级评价。

3 月 5 日

国机集团三名人大代表、三名政协委员光荣参加两会。出席十一届全国人大一次会议的三名代表是：刘大功（中国一拖）、谢东钢（中国重型院）、陈仲（桂电所）；出席全国政协十一届一次会议的三名委员是：任洪斌（集团总部、全国青联界别）、唐大智（女，CMEC、经济界别）、柳崇禧（中汽工程、科学技术界别）。

3 月 19 日

国机集团 2008 年纪检监察工作会议召开。

3 月 30 日

中国电工设备总公司进行项目可行性研究和工程设计的目前世界上最大的煤层气发电项目——山西晋城 120MW 煤层气发电项目日前竣工并进入试运行阶段。最高发电量可达到 84000 万度。

4 月 1 日

经中国人民银行批准，国机集团继 2006 年发行总额 14 亿元人民币短期融资券之后，再次在银行间债券市场成功发行了为期一年的 12 亿元短期融资券。

4 月 15 日

中国机械设备进出口总公司签署我国与喀麦隆最大合作项目——喀麦隆体育设施发展项目。合同金额超过 2.4 亿欧元。

4 月 20 日

中国一拖集团有限公司生产的 17 台 YTO－1804 大轮拖发往乌兹别克斯坦、哈萨克斯坦和乌克兰等国。这是我国国产 180 马力大轮拖首次走出国门。

4月21日—5月1日

由任洪斌董事长亲自带队、部分子公司领导组成的国机集团商务代表团赴美国进行考察访问。代表团访问了美国中部制造业集中的密歇根州、俄亥俄州、宾夕法尼亚州和华盛顿市。主要考察了这些地区的工程技术资源、教育资源、管理资源和投资环境。

4月25日

国机集团签署了印尼AWAR－AWAR 2×350MW燃煤电站EPC总承包合同，合同总金额5.88亿美元。

5月8日

国内首条全自动125MN热模压力机生产线在中国一拖集团有限公司正式投产。

5月8日

经住房和城乡建设部批准，中国电工设备总公司（中电公司）所属兴电管理公司喜获工程监理综合资质，成为全国最早获得批准工程监理综合资质的四家监理企业之一。

5月9日

在第七届全国企业报刊年会上，《国机集团报》荣获“2007—2008年度全国优秀企业报刊特等奖”。

5月11日

中国重型机械研究院牵头研制成功的目前世界最大吨位的自由锻造油压机——16500吨自由锻造油压机在上海重型机器有限公司正式投入使用。该设备完全拥有自主知识产权，达到国际先进技术水平，是我国重大装备研发的一次突破。

5月12日

接到四川汶川大地震发生的消息后，徐建总裁立即组织召开紧急会议，启动应急预案，部署抗震救灾应急准备工作。

5月14日

任洪斌董事长主持召开国机集团领导班子和相关部室负责人会议，全面部署抗震救灾工作，并决定向灾区捐款1000万元。同日下午，国机集团举行向灾区捐款活动。

5月21日

国资委驻国机集团监事会丹笑山主席等领导听取国机集团领导班子的工作汇报，并对国机集团发展作出了重要指示。

5月24日

中国机械设备进出口总公司（CMEC）承建的加蓬贝林加铁矿项目《矿权协议》签字仪式在加蓬总统府举行。加蓬共和国总统邦戈和国机集团副总裁兼CMEC总经理谢彪出席了仪式。

5月26日

截至5月26日，国机集团总计为汶川地震灾区捐款捐物达到4586万元，其中捐款2218.2万元，捐物价值2367.8万元。所捐物资包括灾区急需的推土机、挖掘机、装载机、压路机、移动电站和发电机组等机械设备，越野车，价值831万元的服装。同时，国机集团还紧急征调了12架直升机参与运送救灾物资，并派出了抢险志愿队。

5月29日

国机集团董事会职工董事选举大会在京举行，经无记名差额投票方式选举，党委工作部（企业文化部）部长、工会联合会主席魏锋当选为职工董事。

5月30日

国机集团上海产业基地投资项目签约仪式举行。该基地规划用地100万平方米，用于兴建石油化工、电站空冷设备等产品的研制基地。

6月6日

截至当日，国机集团总部和46家子公司的17473名党员累计交纳（汶川）抗震救灾“特殊党费”490万元。

6月6日

美国辛辛那提大学和美国MAG公司组成的科技代表团访问国机集团。

6月17日

国机集团与国家开发银行签署200亿元人民币授信总额战略合作协议。按照协议，国家开发银行将以国家信用为基础，发挥在融资和政府组织协调方面的优势，在股权投资、产业整合、科技产业化、技改项目以及“走出去”业务等方面向国机集团提供多种方式的开发性金融借款，为国机集团打造综合性装备工业跨国集团提供坚实可靠的资金保障。

6月17—18日

在第四次中美战略经济对话期间，中国进口汽车贸易有限公司与美国克莱斯勒汽车公司签订了合作备忘录，计划未来两年进口2.2万辆吉普车，总金额超过4亿美元。中进汽贸董事长、总经理丁宏祥作为中方企业家代表在论坛上发表题为“商者无疆，相融共生”的演讲。

6月19日

经人力资源和社会保障部正式发文，广州机械科学研究院获准设立博士后科研工作站，这也是国机集团第10家博士后科研工作站。

6月27日

经国务院国资委同意，国机集团召开第一届董事会第一次会议。

7月4日

中国电工设备总公司与巴布亚新几内亚电力公司就扬开坝趾2×9MW水电站EPC项目在巴新首都莫尔斯比港成功签约。项目的成功签约标志着我国在南太平洋电力工程市场实现了零的突破。该项目是自巴布亚新几内亚建国以来，我国在该国承揽的第一个电力项目。

7月4日

国机集团第一届董事会常务委员会第一次会议在集团公司总部召开。会议重点讨论通过了总部组织机构调整方案，决定将总部13个部门调整为16个部门。

7月10日

国机集团重组长沙汽电汽车零部件有限公司（长电零部件公司）签约仪式在湖南长沙隆重举行。湖南省国资委将长电零部件公司100%的股权无偿划转国机集团，长电零部件公司成为国机集团全资子公司。

7月11日

“我与奥运同行——国机集团北京奥运会驾驶员志愿者出征动员大会”在集团公司总部隆重举行。任洪斌董事长向17名志愿者郑重颁发奥组委“志愿者录取通知书”。

7月22日

在国务院国资委召开中央企业负责人视频会议上，李荣融主任对2007年度中央企业经营业绩考核体系调整情况和考核结果进行了介绍。据悉，在2007年实际纳入考核的152家中央企业中，国机集团考核结果为B级，属于中央企业优良序列。

7月28日

科学技术部、国务院国资委和中华全国总工会联合公布了首批“创新型企业”名单，中国重型机械研究院（中国重型院）和广州机械科学研究院（广州机械院）榜上有名。此次全国共有91家企业获此殊荣。

7月29日

美国首都华盛顿使馆区最大的使馆建筑——中国驻美大使馆新馆举行隆重的开馆仪式。中国中元国际工程公司承担了该馆的施工图设计和全过程的项目管理工作，同时还与其他设计机构一起承担了初步设计工作。

8月1日

沈阳仪表科学研究院自主研发的第一台国产变频清洗机成功面市，该清洗机的成功研制填补了国内工业清洗领域的空白，打破了变频清洗机的国外垄断。

8月15日

由兰州石油机械研究所研制开发的9000平方米板壳式换热器正在福建炼油乙烯项目芳烃联合装置140万吨/年连续重整装置安装，标志着我国目前最大换热面积的板壳式换热器即将投入工业应用，也标志着板壳式换热器实现大型化、国产化进入了一个新的发展阶段。

8月20日

任洪斌董事长、徐建总裁在集团总部会见了全球咨询业巨擘——波士顿咨询公司（BCG）大中华区主席麦维德先生（Mr. David C. Michael）一行。双方就国机集团市场竞争优势、国际化目标、企业风险管控、人力资源策略和企业面临的挑战等诸多问题进行了深入的沟通和交流。

8月28日

洛阳轴承研究所精密型重型机械轴承产业化项目奠基仪式在洛阳市涧西科技工业园区举行。该项目已被国家发改委列入2008年工业国债项目。

8月30日

由中国企业联合会和中国企业家协会评选的2008中国企业500强发布。国机集团以683亿元的营业收入排在2008中国企业500强第67位，比2007年提高11位。在同时发布的其他排名中，国机集团位列2008中国服务业企业500强第28位，比2007年提高5位；在2008中国企业效益200佳和纳税200佳中分别名列第99位和第115位。

9月11日

所属企业运行情况沟通交流会在集团总部召开，这是国机集团提出建立所属企业沟通交流会制度后，首次召开的此类会议。建立所属企业沟通交流会制度，是国机集团不断提升经营管理水平的一项重要举措。

9月17日

谢彪副总裁与来访的土库曼斯坦主管能源、建筑、建材的副总理奥拉佐夫（Orazov D. N.）一行在钓鱼台国宾馆举行了会谈。双方就目前合作的玻璃厂和纸厂项目进行了沟通，并就今后双方关系的进一步发展交换了意见。

9月25日

由《英才》杂志社主办，国机集团作为战略合作伙伴协办、联合新浪网等主流媒体联合推出的“2008第二届贡献中国高峰会”在北京隆重举行。此次活动规格高，社会影响大。通过协办该活动，国机集团企业的品牌得到了有效传播。

9月28日

举世瞩目的“神舟七号”飞船圆满完成任务，顺利返回地面。这也标志着国机集团所属科研院所此次“神七”配套任务圆满完成。国机集团为“神七”问天提供的高科技产品，经受住了实践的考验。

10月14日

公司治理及董事会运作培训会在集团总部举行。此次培训是国机集团成为国资委第三批董事会试点企业后召开的一次重要会议。

10月15日

2008年科技大会在集团总部举行。会议为今后一段时期的科技工作统一了思想、明确了方向，并提出了国机集团科技发展“第二次创业”的目标、重点任务和措施。

10月25日

中工国际工程股份有限公司签署马达加斯加安布迪鲁卡水电站项目。合同总金额9.76亿元人民币，预计工期4年。

11月12日

桂林电器科学研究所成功研制出6.7米双轴定向聚丙烯薄膜（BOPP）生产线。这是我国国产幅宽最宽、速度最快的一条生产线，它结束了我国宽幅高速生产线只能依靠进口的历史，标志着我国拉膜机生产能力迈上了一个新的台阶。

11月14日

中共中央政治局常委、中央纪律检查委员会书记贺国强视察中国电器科学研究院检测基地，广东省委常委、纪委书记朱明国，省委常委、广州市委书记、市人大常委会主任朱小丹等陪同视察。

11月15日

中国电工设备总公司总承包的博茨瓦纳Morupule B 4×150MW循环流化床电站项目合同正式签约，合同金额为9.7亿美元。这是中国企业首次进入博茨瓦纳电力市场。

11月16日

在美国出席二十国集团领导人金融市场和世界经济峰会的国家主席胡锦涛专程来到中国驻美国使馆新办公楼，亲切接见了中国中元国际工程公司项目工作人员等使馆工程建设人员。

11月17日

正在也门访问的全国人大常委会副委员长司马义·铁力瓦尔地及全国人大代表团一行视察了由国机集团承建的援也门萨那纺织厂设备更新改造项目，看望并慰问了正在现场执行援助任务的国机集团工程技术人员。

11月19日

在中央企业侨联第二次代表大会上，刘大山副总裁当选中央企业侨联第二届委员会常委、副主席。

11月20日

任洪斌董事长出席中工国际工程股份有限公司承建的委内瑞拉法肯州输水项目通水仪式，并被授予“法肯州胡安·克里斯托莫元帅一级英雄荣誉勋章”。

11月26日

为贯彻落实国务院国资委李荣融主任在2008年三季度中央企业经济形势通报视频会上的讲话精神，国机集团召开经营工作座谈会，对当前宏观经济形势和金融危机对国机集团的影响，以及如何采取有效应对措施进行深入分析讨论。这是国机集团为应对当前金融危机召开的一次重要会议。

12月1日

中工国际工程股份有限公司与老挝交通部民航局在老挝万象签署了老挝琅勃拉邦国际机场重建项目合同。中共中央政治局常委、全国政协主席贾庆林和老挝建国阵线中央主席西沙瓦·乔本潘共同见证了合同的签署。随同贾庆林出访的任洪斌董事长出席了签字仪式。

12月3日

我国历史上最大批量的大功率履带拖拉机出口项目在中国一拖集团有限公司（中国一拖）启动。200台YTO－C1302QX履带拖拉机将出口乌兹别克斯坦共和国，首批发车42台。

12月5日

由国家民政部主办的“第二届中华慈善大会暨2008年度中华慈善奖评选表彰大会”在人民大会堂隆重举行。国机集团荣膺我国公益慈善领域最高政府奖——中华慈善奖“最具爱心内资企业”称号。

12月5日

中国机械设备进出口总公司与中国机械工业建设总公司签署内部合作合同，就共同实施“特立尼达和多巴哥年产12万5千吨电解铝厂项目”达成一致意见。该项目合同金额3.42亿美元，是国机集团迄今为止最大的内部合作项目。

12月8日

2008ENR“中国承包商和工程设计企业双60强”排名在上海正式揭榜。中国联合工程公司、中国中元国际工程公司再度荣登“中国工程设计企业60强”榜，分别排名第15位、第40位。这也是该项排名自设立以来这两家企业连续第五年入榜。

12月10日

由中国机械工业建设总公司研发的“大型桥式起重机整体提升方法及其设备”被国家知识产权局授予国家发明专利。

12月30日

甘肃蓝科石化高新装备股份有限公司（蓝科高新）揭牌庆典仪式在兰州隆重举行。这标志着兰州石油机械研究所整体改制上市工作的开始。

12月31日

2008年国机集团经营额突破1000亿元，达到1119亿元，主营业务收入、利润总额、进出口总额等各项经营指标全面超额完成经营考核计划，再创历史新高。

2009年中国机械工业集团有限公司大事记

1月18日

拥有50多年历史的中国重型机械研究院成功改制为中国重型机械研究院有限公司。改制后的新公司由国机集团和宝钢集团有限公司共同出资组建，注册资本5亿元。这标志着国机集团重点科研院所改制再次取得新突破。

2月5日

中国中元国际工程公司参加的世界最大的单口径射电望远镜——500米口径球面射电望远镜的工程在贵州奠基。

2月6日

中国电工设备总公司承包菲律宾马利万斯2×300MW电站EPC项目正式签约，合同金额5.8亿美元。

2月12日

中国机械工业建设总公司参建的厦门出入境检验检疫局综合实验大楼和机械工业第六设计研究院监理的商丘市第一人民医院病房楼、安阳卷烟厂“十五”重点技术改造项目联合工房、厦门出入境检验检疫局综合大楼三个工程同时获得中国建设工程鲁班奖。

2月17日

任洪斌董事长出席在加拉加斯举办的中委企业家论坛，并发表了题为《合力同行，创新共赢，为中委经贸发展做出更大贡献》的主题演讲。委内瑞拉总统查韦斯和中国国家副主席习近平出席论坛。

2月20日

国务院国资委正式行文批复，同意国机集团无偿接收长沙汽电汽车零部件有限公司（长电零部件）100%股权，长电零部件由此正式成为国机集团的新成员。

2月27日

中共中央政治局委员、国务院副总理张德江在工业和信息化部部长李毅中，河南省、洛阳市有关领导的陪同下，对中国一拖集团有限公司进行考察。

3月5日—12日

第十一届全国人民代表大会第二次会议和政协第十一届全国委员会第二次会议在北京召开。来自国机集团的刘大功、谢东钢、陈仲等3名全国人大代表和任洪斌、唐大智、柳崇禧等3名政协委员出席两会。

3月10日

中国电器科学研究院正式成为国内首家获得美国消费品安全委员会（CPSC）授权认可的玩具行业第三方检测评估机构。

3月10日

我国首个百万吨级示范煤制油工程近日在中国神华煤制油有限公司投煤试车，生产出了合格的石脑油和柴油等目标产品。由甘肃蓝科石化高新装备股份有限公司研制开发的板式湿空冷器首次在煤直接液化装置中得到成功应用。

3月11日

国机集团与河南省人民政府在北京签署关于共同推进河南省装备制造及相关产业发展的战略合作框架协议。国机集团和河南省人民政府将共同推进包括洛阳现代农业装备生产基地在内的装备制造业基地建设。

3月13日

国机集团召开深入学习实践科学发展观活动动员大会，标志着国机集团深入学习实践科学发展观活动动全面启动。

3月15日

江苏苏美达集团公司捷克38.2兆瓦太阳能电站项目合作协议正式签署，项目金额约1亿美元。该项目是捷克共和国建国以来最大规模的太阳能电站工程，也是东欧最大的太阳能电站工程。

3月20日

中国机械设备进出口总公司签订安哥拉罗安达市南部郊区电气化建设项目EPC总承包合同，该项目是目前安哥拉最大的城市电网建设项目，合同金额2.98亿美元。

3月26日

中国联合工程公司设计、中国机械工业建设总公司施工总承包的中国东方电气广州出海口基地建设项目荣获“中国土木工程詹天佑大奖”。

3月28日

国机集团《以价值链整合为导向的大型外贸企业业务模式转型》项目荣获第十五届国家级企业管理现代化创新成果二等奖。

3月30日

经国家发改委、国务院国资委、中国人民银行等审批机关批准，国机集团成功发行了总额8亿元、三年期固息企业债券，票面年利率为3.00%。

3月31日

中共中央政治局常委、中央书记处书记、国家副主席习近平，在国家有关部门负责人和河南省、洛阳市有关领导的陪同下到中国一拖集团有限公司考察工作。

4月24日

国机集团外部董事聘任宣布大会在集团总部召开。国资委企干二局姜志刚局长宣布对韩锡正、刘高倬、安德武、连维增、陶建幸、张来亮六位外部董事的聘任通知。

5月10日

继2007年首次上榜后，国机集团再次荣登“2009年BCG100新全球挑战者”百强榜。全球战略管理咨询领域巨擘——波士顿咨询公司（BCG）资深合伙人兼董事总经理、大中华区主席麦维德先生发来贺信表示祝贺。

5月15日

中共中央政治局常委、中央纪委书记贺国强在国家有关部门负责人和河南省省委书记徐光春、洛阳市市委书记连维良的陪同下，到中国一拖集团有限公司考察工作。

5月21日

中国重型机械总公司柬埔寨达岱水电站BOT项目开工仪式暨北京三联国际投资有限责任公司·柬埔寨达岱水电有限公司成立大会在京举行。该项目是迄今为止中国企业在柬埔寨投资额度最大的项目。

5月26日

在山东文登举行的中国机械工业百强、汽车工业三十强信息发布会上，中国机械工业联合会、中国汽车工业协会公布了2008年度机械工业百强、汽车工业三十强企业名单。国机集团以销售收入932.67亿元位列2008年度机械工业百强榜首。

5月27日

国机集团第一届董事会第一次会议在集团总部举行，这是国机集团公司治理进程中具有里程碑意义的一次重要会议。

5月30日

国机集团与平安养老保险股份有限公司签订了

企业年金受托管理合同，标志着国机集团企业年金计划正式建立并启动。

6月1日

中国电工设备总公司赞比亚卡伦维希（Kalungwishi）水电站EPC合同签约仪式在京举行。这是我国在赞比亚最大金额的工程承包项目，合同金额6.69亿美元。

6月1日

甘肃蓝科石化高新装备股份有限公司（蓝科高新）上海石化装备产业基地揭牌暨上海蓝滨重型石化装备研制项目奠基仪式隆重举行。该项目的奠基是国机集团机械装备产业发展的一件大事，同时标志着蓝科高新改革发展进入了一个全新的阶段。

6月1日

经国务院国有资产监督管理委员会同意，并经国家工商行政管理总局核准，中国机械工业集团公司自即日起更名为中国机械工业集团有限公司，原名称终止使用。公司中英文简称、地址、联系方式不变。

6月5日

沈阳仪表科学研究院自主研发的“MEMS硅基压力敏感芯片批产工艺技术”项目科研成果经专家鉴定，达到了国内领先、国际先进水平，填补了我国自主批量生产硅基压力敏感芯片的空白。

6月10日

中工国际工程股份有限公司与中国工程与农业机械进出口总公司资源整合取得阶段性成果。中工国际股权上划获准，成为集团直接控股上市公司。中国工程与农业机械进出口总公司，相关资产剥离后，重组进入中工国际。

6月29日

国机集团隆重召开深入学习实践科学发展观活动总结大会暨“两优一先”表彰大会，全面总结学习实践活动情况，并对巩固和扩大学习实践活动成果作进一步部署。

6月29日

中国机械设备进出口总公司与斯里兰卡电力局签署了普特拉姆燃煤电站二期项目EPC合同。该项目是中斯两国迄今为止最大的经贸合作项目，也是斯里兰卡建国以来最大的工程建设项目，合同总金额超过8.5亿美元。

6月30日

由甘肃蓝科石化高新装备股份有限公司自主研制开发的国产首台10500平方米高效节能板壳式换热器和国产首台100万吨/年PX装置10910平方米板式空气预热器通过了出厂验收，即将应用于中国石油乌鲁木齐石化分公司100万吨/年芳烃联合装置。这标志着我国重型石化设备的研制开发进入了一个新的发展阶段，并将结束同类产品依靠进口的历史。

7月6日

中共中央政治局常委、全国人大常委会委员长吴邦国，全国人大常委会副委员长李建国，在安徽省省委书记王金山，省长王三运，省委常委、合肥市市委书记孙金龙等陪同下，到合肥通用机械研究院视察。

7月6日

由甘肃蓝科石化高新装备股份有限公司开发研制的国产首台100万吨/年PX装置高通量管换热器通过出厂验收。它是目前国内首台自主设计、制造的国产高通量换热器，结束了同类产品依靠进口的历史。

7月8日

国务院国资委正式发出通知，同意中国农业机械化科学研究院作为国机集团的全资子企业整体并入国机集团。两家企业实现重组，是国机集团贯彻落实国务院国资委关于加强中央企业国有经济布局调整、加快推进中央企业战略性重组要求，实施外部重组战略取得的又一项重大成果。

7月10日

由《环球企业家》杂志与国际领先的战略管理咨询公司罗兰·贝格联合主办的2009年度“最具全球竞争力中国公司”评选揭晓，国机集团再次入围50强企业名单。

7月21日

国资委披露2008年度中央企业业绩考核结果，国机集团与一汽集团、中国建材、中国铁建、中煤科工首次进入A级。

8月13日

中国重型机械研究院有限公司和河南龙成集团汉冶特钢有限公司签订国产世界最大断面400×2700mm^{2}直弧形特厚板坯连铸机合同。标志着我国连铸工艺装备水平迈上新台阶。

8月19日

中国机械设备进出口总公司（CMEC）与德国Evonik Steag GmbH公司在人民大会堂联合签署了承

建土耳其阿亚斯（AYAS）1×600MW超临界电站项目EPC总承包合同。此次签约项目是CMEC出口到土耳其的第四个电站项目，也是第三个600MW超临界火力发电站项目。

8月21日

全国政协主席贾庆林为国机集团题词，祝贺国机集团2009年上半年在全球金融危机不利形势下仍然取得了较好的经营业绩，并勉励国机集团为国家保增长做出新的贡献。

9月6日

2009年中国企业500强排榜单发布，国机集团位列第59位，比2008年提升8位。

9月17日

国资委在国机集团召开中国机械工业集团有限公司董事会试点工作会议，国务院国资委邵宁副主任向六位外部董事颁发聘书，任洪斌董事长代表集团董事会与外部董事签订了服务合约。

9月18日

第三届职工运动会在北京丰台体育场隆重举行，共有来自集团系统49家单位的2300名运动员和教练员参加运动会。

9月23日

任洪斌董事长在国资委接受了国资委网站与新华网联合推出的《辉煌60年国企巡礼》高端专访。该访谈栏目为国资委网站新中国成立60周年宣传系列活动之一，旨在宣传报道新中国成立60年来国有企业取得的显著成就，并与网民交流优秀国有企业典型的改革发展经验，在社会引起广泛关注。

9月28日

中国福马机械集团有限公司常林工业园举行奠基典礼，项目总投资额8.65亿元。

10月18日

由中机国际工程设计研究院承担设计等多项工作的上海电气临港重装备基地1800MW级汽轮发电机试验站顺利完成了首台百万千瓦级汽轮发电机型式试验，标志着目前世界上规模最大的汽轮发电机试验站系统一次性调试成功，正式投入使用。

10月21日

国机集团与中国重型汽车集团有限公司（中国重汽）在济南签署《战略合作框架协议》。

10月22日

由中国联合工程公司承建的两条宽幅彩色铝板涂装生产线正式投产。这两条生产线是目前国内工艺最先进、设备档次最高的彩涂铝板生产线，填补了我国在宽幅彩涂铝板生产领域的技术空白。

10月28日

中国勘察设计协会四届三次常务理事会暨庆祝建国60周年颁奖大会在京召开。国机集团和所属中国联合荣获“十佳工程承包企业”大奖，中国中元荣获“十佳自主技术创新企业”大奖，徐建总裁以及中国中元丁健总经理、中国联合郭伟华总经理荣获“十佳现代管理企业家”大奖。

11月10日

中国电线电缆进出口有限公司重组进入中国自动化控制系统总公司，成为其控股子公司。

11月16日

中国空分设备有限公司重组进入中国浦发机械工业股份有限公司，成为其控股子公司。

11月22日

由中国工程机械总公司所属天津工程机械研究院参与设计制造的亚洲跨度最大、安装精度最高的开启桥——天津滨海新区海河开启桥顺利开启并成功合龙。

11月26日

“创新理论与方法”工作启动暨培训大会在集团总部召开。

11月29日

由中国福马机械集团有限公司所属江苏林海动力机械集团公司（林海公司）生产的全年第10万辆LYM110（07C）摩托车成功下线，标志着林海公司摩托车板块单品种年产量新纪录的诞生。

12月8日

2009度中国机械工业科学技术进步奖评选揭晓，国机集团参评项目共获得特等奖1项、一等奖4项、二等奖15项、三等奖14项。其中，由中国重型机械研究院有限公司自主开发研制的165MN自由锻造油压机获得特等奖。

12月11日

工业和信息化部下发关于《机电产品再制造试点单位名单（第一批）》的通知，中国工程机械总公司所属天津工程机械研究院获准成为首批工程机械类7家试点单位之一。

12月16日

国机集团与中国出口信用保险公司签订战略合作协议，标志着双方合作又步入了新阶段，国机集团将藉此加大国际市场开拓力度。

12 月 24 日

由中国电工设备总公司作为联合体牵头方总承包的老挝洪沙 3×600MW 电站项目工程合同在香港成功签约，合同总金额高达 16.8 亿美元，是迄今为止我国出口并总承包建设的最大的火电站项目。

12 月 28 日

由甘肃蓝科石化高新装备股份有限公司承担的甘肃省重大科技专项项目——超大型板壳式换热器通过甘肃省科技厅的鉴定验收，整体指标达到国际先进水平，填补了国内空白。

第七篇

附　录

装备制造业调整和振兴规划

（国务院办公厅2009年5月12日公布）

装备制造业是为国民经济各行业提供技术装备的战略性产业，产业关联度高、吸纳就业能力强、技术资金密集，是各行业产业升级、技术进步的重要保障和国家综合实力的集中体现。

为应对国际金融危机的影响，落实党中央、国务院关于保增长、扩内需、调结构的总体要求，确保装备制造业平稳发展，加快结构调整，增强自主创新能力，提高自主化水平，推动产业升级，特编制本规划，作为装备制造业综合性应对措施的行动方案。规划期为2009—2011年。

一、装备制造业现状及面临的形势

经过多年发展，我国装备制造业已经形成门类齐全、规模较大、具有一定技术水平的产业体系，成为国民经济的重要支柱产业。特别是《国务院关于加快振兴装备制造业的若干意见》（国发〔2006〕8号）实施以来，装备制造业发展明显加快，重大技术装备自主化水平显著提高，国际竞争力进一步提升，部分产品技术水平和市场占有率跃居世界前列。我国已经成为装备制造业大国，但产业大而不强、自主创新能力薄弱、基础制造水平落后、低水平重复建设、自主创新产品推广应用困难等问题依然突出。同时，受国际金融危机影响，2008年下半年以来，国内外市场装备需求急剧萎缩，我国装备制造业持续多年的高速增长势头明显趋缓，企业生产经营困难、经济效益下滑，可持续发展面临挑战。应该看到，我国目前正处于扩大内需、加快基础设施建设和产业转型升级的关键时期，对先进装备有着巨大的市场需求；金融危机加快了世界产业格局的调整，为我国提供了参与产业再分工的机遇，装备制造业发展的基本面没有改变。必须采取有效措施，抓住机遇，加快产业结构调整，推动产业优化升级，加强技术创新，促进装备制造业持续稳定发展，为经济平稳较快发展做出贡献。

二、指导思想、基本原则和目标

（一）指导思想

全面贯彻落实党的十七大精神，以邓小平理论和“三个代表”重要思想为指导，深入贯彻落实科学发展观，依托国家重点建设工程，大规模开展重大技术装备自主化工作；通过加大技术改造投入，增强企业自主创新能力，大幅度提高基础配套件和基础工艺水平；通过加快企业兼并重组和产品更新换代，促进产业结构优化升级，全面提升产业竞争力，努力推进装备制造业由大到强的转变。

（二）基本原则

坚持装备自主化与重点建设工程相结合。加强政策支持和市场引导，充分利用实施重点建设工程和调整振兴重点产业形成的市场需求，加快推进装备自主化，保障工程需要，带动产业发展。

坚持自主开发与引进消化吸收相结合。支持企业自主开发新产品，鼓励开展引进消化吸收再创新，引导企业逐步由依赖引进技术向自主创新转变，大力推进技术产业化。

坚持发展整机与提高基础配套水平相结合。努力实现重大技术装备自主化，带动基础配套产品发展。提高基础件技术水平，开发特种原材料，扭转基础配套产品主要依赖进口的局面。

坚持发展企业集团与扶持专业化企业相结合。支持装备制造骨干企业通过兼并重组发展大型综合性企业集团，鼓励主机生产企业由单机制造为主向系统集成为主转变，引导专业化零部件生产企业向“专、精、特”方向发展，形成优势互补、协调发展的产业格局。

（三）规划目标

1. 产业实现平稳增长。保持装备制造业生产经营稳定，增加值占全国工业增加值的比重逐步上升，为扩大内需、转变发展方式、确保国民经济稳定增长提供保障。

2. 市场份额逐步扩大。提高国产装备质量水平，扩大国内市场，国产装备国内市场满足率稳定在70%左右，巩固出口产品竞争优势，稳定出口市场。

3. 重大装备研制取得突破。全面提高重大装备技术水平，满足国家重大工程建设和重点产业调整振兴需要，百万千瓦级核电设备、新能源发电设备、高速动车组、高档数控机床与基础制造装备等一批重大装备实现自主化。

4. 基础配套水平提高。基础件制造水平得到提高，通用零部件基本满足国内市场需求，关键自动化测控部件填补国内空白，特种原材料实现重点突破。

5. 组织结构优化升级。形成若干家具有国际竞争力的科工贸一体化大型企业集团，形成一批参与国际分工的“专、精、特”专业化零部件生产企业。

6. 增长方式明显转变。生产组织方式和重要生产工艺得到改进，现代制造服务业得到发展，单位工业增加值能耗、物耗和污染物排放显著降低，劳动生产率显著提高，大型企业集团的现代制造服务收入占销售收入比重达到20%以上。

三、产业调整和振兴的主要任务

（一）依托十大领域重点工程，振兴装备制造业

1. 高效清洁发电。以辽宁红沿河、福建宁德和福清、广东阳江、浙江方家山和三门、山东海阳以及后续核电站建设工程为依托，推进二代改进型、AP1000核电设备自主化，重点实现压力容器、蒸汽发生器、控制棒驱动机构、核级泵阀、应急柴油机等主要设备的国内制造。以东北、西北、华北北部和沿海地区大型风电场工程为依托，推进风电设备自主化，重点实现变频控制系统、风电轴承、碳纤维叶片等产品的国内制造。进一步提高70万千瓦以上水电设备、大型抽水蓄能机组、百万千瓦级超临界/超超临界火电设备、大型燃气机组、垃圾焚烧发电设备等技术装备的性能质量。开发太阳能发电设备。发展大型火电、核电站辅机。

2. 特高压输变电。以特高压交直流输电示范工程为依托，以交流变压器、直流换流变压器、电抗器、电流互感器、电压互感器、全封闭组合电器等为重点，推进750千伏、1000千伏交流和±800千伏直流输变电设备自主化。

3. 煤矿与金属矿采掘。以平朔东、胜利东二号、白音华、朝阳等十个千万吨级大型露天煤矿，酸刺沟等十个深井煤矿，以及大型金属矿建设为依托，大力发展新型采掘、提升、洗选设备，重点实现电牵引采煤机、液压支架、大型矿用电动轮自卸车、大型露天矿用挖掘机等设备的国内制造。

4. 天然气管道输送和液化储运。以西气东输二线、陕京三线等天然气管道输送工程为依托，发展长距离输送管道燃压机组、大型管线球阀和控制系统等装备；以浙江、江苏、珠海、青岛等液化天然气接收站工程为依托，发展大型液化天然气运输船及接收站等设备。

5. 高速铁路。以在建的京沪、京广、京沈、沪昆等约1万公里高速铁路客运专线，以及西部干线铁路、煤运通道建设项目为依托，组织实施铁路交通设备自主化，实现高速动车组、大功率交流传动电力/内燃机车、重载货车、大型养护机械等装备的国内制造。

6. 城市轨道交通。以北京、上海、广州、深圳等17个城市近70条线路工程项目为依托，重点实施城市轨道交通车辆、信号系统、列车网络控制系统、制动系统、主辅逆变器等机电设备自主化。

7. 农业和农村。以国家新增千亿斤粮食工程为依托，大力发展大功率拖拉机及配套农机具、节能环保中型拖拉机等耕作机械，通用型谷物联合收割机、新型半喂入式水稻联合收割机、高效玉米联合收割机、自走式采棉机等收获机械，免耕播种机，节水型喷灌设备等。适应新农村建设、农业现代化的需要，重点发展农产品精深加工成套设备、灌溉和排涝设备、沼气除料设备、农村安全饮水净化设备等。

8. 基础设施。适应交通、能源、水利、房地产等行业发展需要，以大型隧道全断面掘进机、大型履带吊和全路面起重机、架桥机、沥青混凝土搅拌和再生成套设备等为重点，发展大型、新型施工机械；以空管设备和空管自动化系统、行李和货物高

速分拣系统、安检设备与智能化监测系统、航显综合系统及设备、机场信息集成系统及设备等为重点，发展机场专用装备；以大型斗轮堆取料机、翻车机、装卸船机等为重点，发展港口机械。

9. 生态环境和民生。适应环境保护和社会民生需要，大力发展污水污泥处理设备、脱硝脱硫设备、余热余气循环再利用设备、环境在线监测仪器仪表，食品、药品、煤矿瓦斯等安全检测设备，重大事故应急救援设备，数字化医疗设备等。

10. 科技重大专项。加快实施高档数控机床与基础制造装备科技重大专项，重点研发高速精密复合数控金切机床、重型数控金切机床、数控特种加工机床、大型数控成形冲压设备、重型锻压设备、清洁高效铸造设备、新型焊接设备与自动化生产设备、大型清洁热处理与表面处理设备等八类主机产品，基本掌握高档数控装置、电机及驱动装置、数控机床功能部件、关键部件等的核心技术。

（二）抓住九大产业重点项目，实施装备自主化

1. 钢铁产业。以钢铁产业调整和振兴规划确定的工程为依托，以冷热连轧宽带钢成套设备、大型板坯连铸机、彩色涂层钢板生产设备、大型制氧机、大型高炉风机、余热回收装置等为重点，推进大型冶金成套设备自主化。

2. 汽车产业。结合实施汽车产业调整和振兴规划，重点提高汽车冲压、装焊、涂装、总装四大工艺装备水平，实现发动机、变速器、新能源汽车动力模块等关键零部件制造所需装备的自主化。

3. 石化产业。以石化产业调整和振兴规划确定的工程为依托，以千万吨级炼油、百万吨级大型乙烯、对苯二甲酸（PTA）、大化肥、大型煤化工和天然气输送液化储运等成套设备，大型离心压缩机组、大型容积式压缩机组、关键泵阀、反应热交换器、挤压造粒机、大型空分设备、低温泵等为重点，推进石化装备自主化。

4. 船舶工业。结合实施船舶工业调整和振兴规划，重点提高焊接、涂装工艺装备水平，实现船用柴油机、曲轴、推进器、舱室设备、甲板机械等关键零部件制造所需装备的自主化。

5. 轻工业。结合实施轻工业调整和振兴规划，以食品机械、制浆造纸机械、塑料成型机械、制革制鞋机械、光机电一体化缝制机械、包装设备以及食品安全检测设备等为重点，推进轻工机械自主化。

6. 纺织工业。结合实施纺织工业调整和振兴规划，以粗细联、细络联、高速织造设备，非织造成套设备、专用织造成套设备，高效、连续、短流程染整设备等为重点，推进纺织机械自主化。

7. 有色金属产业。结合实施有色金属产业调整和振兴规划，以高精度轧机、大断面及复杂截面挤压机等为重点，推进有色冶金设备自主化。

8. 电子信息产业。结合实施电子信息产业调整和振兴规划，以集成电路关键设备、平板显示器件生产设备、新型元器件生产设备、表面贴装及无铅工艺整机装联设备、电子专用设备仪器及工模具等为重点，推进电子信息装备自主化。

9. 国防军工。结合国防军工发展需要，以航空、航天、舰船、兵器、核工业等需要的关键技术装备，以及试验、检测设备为重点，推进国防军工装备自主化。发挥军工技术优势，促进军民结合。

（三）提升四大配套产品制造水平，夯实产业发展基础

1. 大型铸锻件。重点发展大型核电设备铸锻件，百万千瓦级超临界/超超临界火电机组铸锻件，70 万千瓦以上等级大型混流式水轮机组铸锻件，石化、煤化工重型容器锻件，冷热连轧机铸锻件，大型船用曲轴、螺旋桨轴锻件，大型轴承圈锻件等。

2. 基础部件。重点发展大功率电力电子元件、功能模块，大型、精密轴承，高精度齿轮传动装置，高强度紧固件，高压柱塞泵/电动机、液压阀、液压电子控制器、液力变速箱，气动元件，轴承密封系统、橡塑密封件等。加快发展工业自动化控制系统及仪器仪表、中高档传感器等。

3. 加工辅具。重点发展大型精密型腔模具、精密冲压模具、高档模具标准件，高效、高性能、精密复杂刀具，高精度、智能化、数字化量仪，高档精密磨料磨具等。

4. 特种原材料。重点发展耐高温、耐高压、耐腐蚀电站用钢（钢管），大型变压器用高磁感取向硅钢，高压、特高压输变电设备用绝缘材料，高速列车转向架、轮对用特种钢，飞机用高档铝型材，轴承、齿轮、模具、量具、刃具、高强度紧固件用特种钢，机床滚珠丝杠和直线导轨专用钢材，高耐磨钢，高强度、耐高温、低磨损、长寿命复合密封材料等。

（四）推进七项重点工作，转变产业发展方式

1. 加快产业组织结构调整。重点支持装备制造

骨干企业跨行业、跨地区、跨所有制重组，逐步形成具有工程总承包、系统集成、国际贸易和融资能力的大型企业集团。加大对重点基础配套企业的投入力度，引导民营资本和外资投向基础零部件、加工辅具等领域，发展一批高起点、大规模、专业化企业，健全产业配套体系。

2. 增强自主创新能力。加大科研投入力度，集中攻克一批长期困扰产业发展的共性技术。加快建设一批带动性强的国家级工程研究中心、工程技术研究中心、工程实验室等，提升企业产品开发、制造、试验、检测能力。推进以企业为主体的产学研结合，鼓励科研院所走进企业，支持企业培养壮大研发队伍。

3. 提高专业化生产水平。改进企业生产组织方式，合理配置资源，整合区域内铸造、锻造、热处理、表面处理四大基础工艺能力，建设专业化生产中心。加大技术改造投入力度，推广先进制造技术和清洁生产方式，提高材料利用率和生产效率，降低能耗，减少污染物排放。

4. 加快完善产品标准体系。加快制（修）订装备产品技术标准，提高标准水平，促进新技术、新工艺、新设备、新材料的推广应用，淘汰落后产品。跟踪国际先进技术发展趋势，注重与国际标准接轨，积极参与国际标准制（修）订工作，促进自主创新产品进入国际市场。

5. 利用境外资源和市场。充分吸收借鉴境外先进管理经验，有选择地引进先进技术，为海外专业技术人才回国工作创造良好条件，提高我国装备制造业技术水平。支持有条件的企业兼并重组境外企业和研发机构。稳定和扩大装备产品出口，提高出口产品技术含量、附加值和成套水平。

6. 发展现代制造服务业。围绕产业转型升级，支持装备制造骨干企业在工程承包、系统集成、设备租赁、提供解决方案、再制造等方面开展增值服务，逐步实现由生产型制造向服务型制造转变。鼓励有条件的企业，延伸扩展研发、设计、信息化服务等业务，为其他企业提供社会化服务。

7. 加强企业管理和人才队伍建设。引导装备制造企业加快改革步伐，优化产权结构，转换经营机制，建立现代企业制度，加强企业管理，全面提高科学决策和生产、经营水平，增强参与国际竞争和防范市场风险的能力。改进企业生产组织方式，加强产品质量管理，落实各项安全生产措施，提高生产效率和产品质量。加强人才队伍建设，重点引进和培养创新型研发设计人才、开拓型经营管理人才、高级技能人才等专业人才，强化职工培训，提高职工队伍素质，满足企业可持续发展需要。

四、政策措施

（一）发挥增值税转型政策的作用

充分发挥增值税转型政策对企业技术进步的促进作用，鼓励企业加大技术改造力度，加快装备更新，调整产品结构，推动企业技术进步。

（二）加强投资项目的设备采购管理

中央预算内投资项目要支持自主创新的技术装备。项目申报文件中须附有设备采购清单，项目咨询评估阶段需对设备采购方案进行评估，项目实施阶段要加强对设备招投标的监督和指导，确保自主创新设备采购方案的落实。

（三）鼓励使用国产首台（套）装备

建立使用国产首台（套）装备的风险补偿机制。鼓励保险公司开展国产首台（套）重大技术装备保险业务。

（四）加大技术进步和技术改造投资力度

制定《装备制造业技术进步和技术改造项目及产品目录》，支持使用国产首台（套）重大技术装备，支持目录内装备的自主化、节能节材减排改造、企业兼并重组后内部资源整合、区域性四大基础工艺中心建设、发展现代制造服务业等。

（五）支持装备产品出口

完善出口退税政策，适当提高部分高技术、高附加值装备产品的出口退税率。鼓励金融机构增加出口信贷资金投放，支持国内企业承揽国外重大工程，带动成套设备和施工机械出口。

（六）调整税收优惠政策

鼓励开展引进消化吸收再创新，对生产国家支持发展的重大技术装备和产品，确有必要进口的关键部件及原材料，免征关税和进口环节增值税。在对铸件、锻件、模具、数控机床产品增值税实行先征后返的政策到期后，研究制定新的税收扶持政策，调整政策适用范围，引导发展高技术、高附加值产品。

（七）推进企业兼并重组

制定鼓励境内企业跨地区、跨行业、跨所有制重组的政策措施，妥善解决富余人员安置、债务核定与处置、财税利益分配等问题；对重组企业发行股票、企业债券、公司债券、中长期票据、短期融资券以及申请贷款等予以支持；对境内企业并购境外制造企业和研发机构，可给予相关项目贷款贴息支持。鼓励金融机构在风险可控的条件下开展境内外并购贷款业务。

（八）落实节能产品补贴和农机具购置补贴政策

用好节能产品补贴资金，对购买高效节能装备产品的终端用户给予补贴，2009年先行开展对高效电机推广应用的补贴。抓紧落实好农机具购置补贴政策，及早兑现到户。

（九）建立产业信息披露制度

适时向社会发布产业政策导向、项目核准、企业重组、产能利用、进出口、生产销售库存等信息，为企业投资决策、银行贷款、土地预审等提供信息指导。

（十）支持产品检验检测和认证机构建设

加强产品质量检验检测能力建设，提高质量检测水平。建设高速铁路、城市轨道交通等新型装备产品检验检测和认证机构，完善国家强制性产品认证体系。

五、规划实施

国务院有关部门要根据《规划》分工，尽快制定完善相关政策措施，密切配合，形成合力，确保《规划》顺利实施。要适时开展《规划》的后评价工作，及时提出评价意见。

各地区要按照《规划》确定的目标、任务和政策措施，结合当地实际抓紧制定具体落实方案，确保取得实效。具体工作方案和实施过程中出现的新情况、新问题要及时报送发展改革委、工业和信息化部等有关部门。

重大技术装备自主创新指导目录

工业和信息化部　科学技术部　财政部
国务院国有资产监督管理委员会
（2009 年 12 月 25 日）

一、编制说明

为提高装备制造业自主创新水平，满足国民经济和国家重点建设工程对装备产品的需求，特编制《重大技术装备自主创新指导目录》（以下简称“目录”）。“目录”将为企业开发市场急需的新装备产品提供导向，为各级政府及金融机构、基金组织运用各种经济、行政和法规手段支持装备制造业的发展提供依据。

（一）指导思想

围绕重点发展重大成套设备、高技术装备和高技术产业所需装备。“目录”的编制坚持国家战略需求和市场需求相结合；坚持产业链上下游协调发展；坚持成套装备、关键分系统和关键基础零部件同步发展，不断提升重大技术装备自主创新水平。

（二）重大技术装备领域的选择

“目录”编制的范围包括：

1. 清洁高效发电设备
2. 超/特高压输变电成套设备
3. 大型石油及石化装备
4. 大型煤化工成套设备
5. 大型高精度冶金成套设备
6. 大型煤炭及大型露天矿设备
7. 轨道交通装备
8. 大型环保及资源综合利用设备
9. 大型施工机械
10. 新型纺织机械
11. 新型/大马力农业装备
12. 电子/生物/医药等高技术装备
13. 高技术船舶及海洋工程装备
14. 高档数控机床
15. 民用飞机
16. 高档印刷机械
17. 关键基础零部件及大型铸锻件
18. 机场专用装备及港口机械

其中，高技术船舶及海洋工程装备、高档数控机床和民用飞机，因为国家有关部门已在科技重大专项和其他科技专项计划中考虑，本《目录》中只列出领域名称，省略具体内容。

（三）重大技术装备产品分类原则

列入本“目录”的产品分为两类：

Ⅰ类产品是指新开发的产品——采用新技术原理、新设计构思，能够显著提高性能和质量的产品；

Ⅱ类产品是指重大改进和提高的产品——在性能、结构、材质、工艺等方面有明显改善的产品。

（四）重大技术装备产品入选标准

入选“目录”的重大技术装备产品需满足下列条件：

1. 重大工程和国民经济建设急需
2. 进口量大
3. 出口创汇额高或出口潜力大
4. 节能、节材潜力大，环保，经济效益和社会效益显著

这些产品在技术上应达到国际先进水平，并具备 2012 年前可以完成研制工作的技术基础。

二、指导目录

1. 清洁高效发电设备

编　号	产品名称	类别	主要技术指标	需突破的关键技术	市场预测或产业化前景
1.1	核电				
1.1.1	AP1000	Ⅰ	（略）	（略）	（略）
1.1.2	高温气冷堆	Ⅰ	（略）	（略）	（略）
1.1.3	二代改进	Ⅲ	百万千瓦级		
1.1.3.1	核一级泵、阀（包括：主泵；稳压器比例喷雾阀和安全阀；大口径高压闸阀和止回阀；二级主蒸汽隔离阀等）	Ⅰ	要求高可靠性，具有耐辐射、抗地震、无泄漏、抗冷热交变冲击及定时阻断等特定功能	1. 主泵高效、多工况点水力模型研制；无润滑启动；转子特定工况稳定性计算； 2. 核一级阀门及主蒸汽隔离阀结构设计计算；高可靠性密封研制； 3. 通过结构设计、特殊材料研制及加工工艺满足核一级泵、阀各种特定功能要求； 4. 核一级泵、阀试验装置及试验技术	积极发展核电是我国重要能源战略，2010—2015 年核电建设高峰期要具备年产 10～12 套百万千瓦核电装备能力。其中核级泵、阀、核级仪控系统是核电装备自主化的薄弱环节
1.1.3.2	核二级泵（包括：上充泵、喷淋泵、安注泵、余热排出泵、水压试验泵等）	Ⅱ	满足各种特定水力性能和多工况点运行要求，还需具备耐辐射、抗地震、耐杂质磨损及抗冷热交变冲击等各种特定功能	1. 高效、低气蚀、多工况点水力模型研制； 2. 通过结构设计、特种材料研制及加工满足核二级泵各种特定功能要求； 3. 抗热冲击及杂质试验装置设计及试验技术； 4. K1 电机研制	
1.1.3.3	核级数字化仪控系统	Ⅰ	满足核安全级要求	1. 控制室系统和人机接口技术； 2. 数字化保护系统仪控设备设计与制造技术； 3. 数字化控制系统仪控设备设计与制造技术； 4. 核级仪表	
1.2	大型火电机组				
1.2.1	百万千瓦超超临界火电机组关键辅机	Ⅰ	满足百万千瓦超超临界火电机组可靠运行要求	1. 大型锅炉给水泵、凝结水泵研制； 2. 高温高压阀门、安全阀、调节阀研制； 3. 送引风机研制； 4. DCS 数字化控制系统研制； 5. 600～1000MW 发电机保护断路器研制	预计每年机组需求 10 台以上，其中泵、阀、风机、DCS 等关键辅机目前主要依靠进口

续表

编　号	产品名称	类别	主要技术指标	需突破的关键技术	市场预测或产业化前景
1.2.2	百万千瓦空冷电站	I	额定功率为1000MW级，汽轮机为直接空冷，蒸汽参数25MPa，发电煤耗300g标准煤/kWh，电厂热效率41%，机组可用率>95%	1. 高背压末级长叶片技术； 2. 低压缸气动性能、刚性及结构优化技术； 3. 汽轮机组轴系稳定技术； 4. 空冷器结构设计与制造工艺； 5. 空冷凝气系统结构及布置优化技术； 6. 百万千瓦空冷机组主辅机系统集成技术	多煤少水地区需求较大，全国未来3年预计达10台以上
1.2.3	60万千瓦超临界循环流化床	I	超临界锅炉主蒸汽压力25MPa，温度570℃，流量1900t/h，SO^2排放小于400mg/Nm^3、NOX排放小于200mg/Nm^3，发电效率42%，全工况实时动态仿真，事故追忆复现	1. 炉膛选型及热负荷分布计算技术； 2. 垂直管圈水冷壁水动力设计技术； 3. 锅炉热循环回路及风系统设计技术； 4. 锅炉关键部件制造焊接机防腐技术； 5. 超临界循环流化床整体布置优化技术	我国高硫煤占11%，低热值劣质煤占20%，可用超临界循环流化床锅炉发电，达到低污排放的要求，近年预计有30台以上的需求
1.2.4	大型整体煤气化天然气－蒸汽联合循环机组（IGCC）	I	循环联合功率450～550MW，燃气轮机进口初温1450℃～1500℃，热效率48%	1. 系统集成设计技术； 2. 煤气化炉及煤气净化装置的研发； 3. 燃气轮机研发制造技术； 4. 余热锅炉结构优化技术及受热面防积碳、磨损、结渣、结晶技术； 5. IGCC系统先热回收设备的研发； 6. IGCC系统及控制系统技术	在400MWIGCC示范工程的基础上，到2012年总容量将达到3000MW
1.3	水电机组				
1.3.1	百万千瓦级水电机组	I	额定功率900MW及以上	机组包括水轮机及调速器，发电机及励磁等附属设备的系统集成设计技术	我国有近3.5亿千瓦的水电待开发，到2020年新增水电装机1亿千瓦。近期有白鹤滩、乌东德等高水头大容量水电机组20余套，并可提升其他特大型水电机组技术水平
1.3.1.1	水轮机及附属设备	I	水头200米等级的水轮机转轮模型，最优效率94.5%以上	1. 水力设计和模型试验技术； 2. 机组刚强度及动力响应技术； 3. 大型混流式转轮制造工艺及工地制造技术； 4. 数控调速器及元件研发	

续表

编　号	产品名称	类别	主要技术指标	需突破的关键技术	市场预测或产业化前景
1.3.1.2	水轮电机及附属设备	I	额定容量 1000MVA；额定电压 24kV；功率因数 0.9	1. 电磁设计技术； 2. 定子线棒、转子线圈绝缘材料及制造技术； 3. 6000T 级推力轴承结构及润滑参数技术； 4. 空冷或蒸发冷却技术； 5. 数字励磁系统技术	
1.3.2	大型抽水蓄能机组	I	额定功率 250MW 及以上，水头 200m 及以上	水泵水轮机及调速器技术； 发电电动机及励磁、启动装置等附属设备的系统集成设计及仿真技术	建设抽水蓄能机组是电网调峰的重要手段，一般调峰机组应为全国总装机容量的 10%，但目前差距较大。2008 年装机容量 7.9 亿千瓦，而抽水蓄能机组仅为 1000 万千瓦，发展空间较大
1.3.2.1	水泵水轮机及调速器	I	水泵水轮机转轮模型效率；水轮机工况效率 92%；水泵工况效率 90.5%	1. 水泵水轮机转轮模型水力设计和试验； 2. 水泵水轮机工况转换及过渡过程； 3. 机组正反向运行下的刚强度及稳定性； 4. 转轮、球阀及密封； 5. 数字调速器双向调节及元件研制	
1.3.2.2	发电电动机及励磁、启动装置	I	额定容量 280MVA 及以上	1. 发电电动机电磁设计技术； 2. 高速重载双向推动轴承和导轴承技术； 3. 高压增强绝缘绕组技术； 4. 发电电动机工况转换及过渡过程技术； 5. 发电电动机驱动及制动技术； 6. 数字励磁装置技术； 7. 大功率变频启动装置技术	
1.3.3	贯流式水轮发电机组	I	功率 50MW 级；水头 30m 及以下；水轮机转轮模型最高效 93%；发电机效率 98%	1. 水轮机转轮模型水力设计及试验技术； 2. 机组刚强度及事故停机转速稳定技术； 3. 机组通风冷却技术； 4. 低速重载轴承结构及润滑技术； 5. 叶片数控加工技术	预计三年内有 30 多台大型贯流式机组的需求，并可提升其他大型贯流式机组的技术水平

续表

编　号	产品名称	类别	主要技术指标	需突破的关键技术	市场预测或产业化前景
1.3.4	冲击式水电机组	I	水头500m及以上，功率80MW及以上机组；水头1000m及以上，功率40MW及以上机组；水轮机转轮模型最高效率91.5%；发电机效率97%	1. 水斗式转轮模型水力设计及试验技术； 2. 机组刚强度及稳定性技术，转轮应力及耐疲劳性能； 3. 转轮整体锻造及水斗数控加工及测量技术； 4. 喷嘴结构优化及控制技术； 5. 发电机F级绝缘及通风技术	每年将有10台套以上高水头冲击式机组，并为准备开发的水头1500m、功率160MW做准备
1.4	风力发电机组				
1.4.1	2.5MW以上陆上风力发电机组及关键部件	I	功率曲线保证率大于95%；风场平均年可利用率大于95%；设计寿命大于20年；满足国家电网接入系统的要求	1. 风机的总体设计技术； 2. 风机叶片、主轴承、控制系统研制技术	国内目前每年新增装机容量近10000MW，预计到2020年将达到1亿千瓦的总装机容量
1.4.2	3~5MW海上风力发电机组及关键部件	I	额定功率3~5MW；设计工作寿命20年；风场平均年可利用率大于95%；功率曲线保证率大于95%；电能质量符合等同IEC61400-21标准要求	1. 海上风机总体及气动设计技术； 2. 海上风机的特殊性技术研究； 3. 风机叶片、齿轮箱、轴承、控制系统研制技术	

2. 超、特高压输变电成套设备

编　号	产品名称	类别	主要技术指标	需突破的关键技术	市场预测或产业化前景
2.1	超高压交直流输电设备及关键部件				
2.1.1	变压器	I	出线装置、套管：交流50万伏、75万伏，直流所有规格； 调压开关：交流50万伏、75万伏有载、无载调压开关； 直流输电的直流场成套设备	1. 出线装置：设计技术、引线绝缘结构、制造工艺、试验技术等技术研究； 2. 套管：套管设计、芯子绕制技术，空芯绝缘子设计、制造技术； 3. 调压开关：设计、制造技术； 4. 直流输电的直流场成套设备：直流场系统设计、阀厅接地开关、直流滤波器用直流电容器及成套装置、直流隔离开关、转换开关及测量装置等产品的设计制造技术	目前全部进口，部分由国内外方控股合资企业供货

续表

编号	产品名称	类别	主要技术指标	需突破的关键技术	市场预测或产业化前景
2.1.2	开关设备	I	灭弧装置、液压操作机构：交流50万伏、75万伏	1. 灭弧装置：提高灭弧室开断性能研究、灭弧室触头材料研究、喷口材料研究、气流场特性研究等； 2. 操作机构：设计技术及结构的研究，动力学研究，强度、密封等工艺研究、可靠性研究等	目前全部进口
2.2	特高压交流输电设备及关键部件				
2.2.1	变压器	I	出线装置、套管、调压开关：交流100万伏	1. 出线装置：设计技术、引线绝缘结构、制造工艺、试验技术等技术研究； 2. 套管：套管设计、芯子绕制技术，空芯绝缘子设计、制造技术； 3. 调压开关：设计制造技术	目前全部进口
2.2.2	开关设备	I	灭弧装置、操作机构、大型盆式绝缘子100万伏、50千安以上	1. 灭弧装置：提高灭弧室开断性能、灭弧室触头材料、喷口材料、气流场特性等； 2. 操作机构：设计技术及结构，动力学，强度、密封等工艺、可靠性； 3. 大型盆式绝缘子：设计、制造技术	目前全部进口
2.3	±80万伏直流输电设备及关键部件				
2.3.1	变压器	I	250MVA及以上	1. 灭弧装置：提高灭弧室开断性能、灭弧室触头材料、喷口材料、气流场特性等； 2. 操作机构：设计技术及结构，动力学，强度、密封等工艺、可靠性等； 3. 大型盆式绝缘子：设计、制造技术等	目前引进技术、全部进口
2.3.1.1	变压器关键部件	I	变压器套管、变压器出线装置：直流套管所有规格	1. 变压器套管：套管设计、芯子绕制技术，空芯绝缘子设计、制造技术； 2. 变压器出线装置：设计技术、引线绝缘结构、制造工艺、试验技术等	目前全部进口

续表

编 号	产品名称	类别	主要技术指标	需突破的关键技术	市场预测或产业化前景
2.3.2	换流阀	Ⅰ	±80 万伏	换流阀绝缘设计，换流阀抗震设计，触发与保护设计技术等	目前全部进口
2.3.2.1	平波电抗器	Ⅰ	±80 万伏	设计、制造技术	
2.3.2.2	水冷设备	Ⅰ	±80 万伏	水冷却主设备可靠性设计，传感器的强电场抗干扰和可靠性设计、水冷设备冗余设计等关键技术研究	目前全部进口
2.3.3	控制和保护设备	Ⅰ	±80 万伏	直流输电控制与保护仿真技术研究，成套系统设计，控制与保护设备研究以及监控系统研究等关键技术	目前核心技术引进，国内组装
2.3.4	直流场设备	Ⅰ	±80 万伏	直流场系统设计、阀厅接地开关、直流滤波器用直流电容器及成套装置、直流隔离开关、转换开关及测量装置等产品的设计制造技术	目前全部进口

3. 大型石油及石化装备

编 号	产品名称	类别	主要技术指标	需突破的关键技术	市场预测或产业化前景
3.1	百万吨级乙烯装置				
3.1.1	百万吨级裂解气压缩机组（含驱动汽轮机）	Ⅱ	介质：乙烯裂解气 功率≥5.2 万千瓦 多边效率 85%	1. 高效模型级研发技术 2. 大型转子强度及稳定性计算 3. 大型转子及机壳设计制造工艺技术 4. 大功率机组联动试车和验证技术	预计 2020 年前将新建和改造 30 余套百万吨级乙烯装置，目前国内已核准百万吨级装置有五套以上
3.1.2	百万吨级乙烯压缩机组（含驱动汽轮机）	Ⅱ	介质：乙烯及其他烃类介质 功率≥1.5 万千瓦 多边效率 80%	1. 高效模型级研发技术 2. 机组联动试车和验证技术 3. 低温材料与关键工艺技术	
3.1.3	百万吨级丙烯压缩机（含驱动工业汽轮机）	Ⅱ	介质：丙烯 功率≥3 万千瓦 多边效率 82%	1. 高效模型级研发技术 2. 大型转子及机壳制造工艺技术 3. 大型机组联动试车和验证技术	

续表

编 号	产品名称	类别	主要技术指标	需突破的关键技术	市场预测或产业化前景
3.1.4	工艺流程泵（包括：百万吨级急冷油/水泵，高速进料泵、大功率液力透平泵等）	I	介质：油及工艺液体 驱动设备为汽轮机 满足百万吨级乙烯装置工艺需求	适应能量回收的蒸汽轮机设计制造技术及高效泵水力模型研发，抗气蚀技术，高转速泵流体设计技术	
3.1.5	百万吨乙烯装置自动化仪表集散控制系统（DCS）	I	主控系统IO设计容量≥10万点；高可靠性，平均故障间隔时间MTBF＞40万小时	大规模分布式控制系统网络结构及其稳定性、可靠性技术，系统集成技术，关键工艺过程专用控制软件包技术	
3.2	百万吨级精对苯二甲酸装置（PTA）				
3.2.1	大型多轴工艺空气压缩机组（含压缩机、汽轮机、尾气透平、电机及齿轮箱）	I	介质：空气 功率≥2万千瓦	1. 大功率多轴离心压缩机及高精度高速齿轮箱设计制造技术； 2. 尾气回收透平设计制造技术； 3. 多股流、低品位蒸汽汽轮机设计制造技术； 4. 整机试验验证技术	目前国内已经核准的60万～100万吨PTA装置有30套以上，其中大型工艺空气压缩机、压力离心机、大型高速泵等关键设备基本进口
3.2.2	精制高速进料泵	I	介质：工艺液体 转速≥25000rpm 扬程≥120m	高效水力模型研制技术，泵组集成技术	
3.2.3	压力螺旋卸料离心机	I	转鼓直径≥1200mm 带压操作	大型压力离心机设计制造技术及试验验证技术	
3.3	石油、天然气长输管道设备				
3.3.1	天然气长输管道离心压缩机	I	介质：天然气 功率：2万千瓦及以上等级效率≥85%	1. 管道离心压缩机设计制造技术； 2. 增压站多机组负荷分配控制技术以及在线监测技术等	“十二五”期间，我国将建设4万公里的石油天然气长输管道，其中输气压缩机组、输油泵及阀门等主要场站设备依赖进口
3.3.2	变频驱动电机	I	功率≥2万千瓦 转速：3120～5040rpm	高速电机转子设计制造技术，无刷励磁技术，大功率变频技术与关键设备研制	
3.3.3	驱动燃气轮机	I	转速≥5000rpm，30MW级及以上驱动燃气轮机	燃气轮机整机、压气机、动力涡轮，燃烧系统和控制系统等设计制造及集成技术，整机试验验证技术	

续表

编　号	产品名称	类别	主要技术指标	需突破的关键技术	市场预测或产业化前景
3.3.4	大口径全锻焊油气长输管道球阀	Ⅰ	40″及48″、class600级及以上全锻焊油气管道球阀	焊缝无热处理工艺技术，高压密封技术，气液联动驱动装置研发，长输管道阀门特定性能要求试验验证技术等	
3.3.5	管道油泵	Ⅰ	流量：1300～3100m^3/h 扬程：350～1100m	高效水力模型研发技术 大型转子和泵壳制造工艺技术 机组试验验证技术	
3.4	大型天然气液化设备				
3.4.1	预冷压缩机	Ⅰ	介质：丙烷或混合冷剂等 功率≥3万千瓦 多边效率≥85%	1. 高效模型级研发技术； 2. 大型转子及机壳制造工艺技术； 3. 大型机组联动试车和验证技术；	是天然气液化的关键处理设备，国内尚无自主产品，中石油、中海油液化项目有较大规模的市场需求
3.4.2	深冷混合冷剂离心压缩机	Ⅰ	介质：丙烯、丙烷等等 功率≥4万千瓦 多边效率≥85%	1. 高效模型级研发技术； 2. 大型转子及机壳制造工艺技术； 3. 低温材料及关键工艺技术； 4. 大型机组试验验证技术；	
3.4.3	大功率变频驱动电机	Ⅰ	42MW、62MW、96MW高速变频电机	高速变频电机、大功率变频器自主设计制造技术	
3.4.4	工业燃气轮机	Ⅰ	30MW级、效率36%、功率30MW级驱动燃气轮机	燃气轮机的整机、压气机、动力涡轮，燃烧系统和控制系统等的设计制造及集成技术	
3.4.5	大型高效冷箱	Ⅰ	约40个铝制板翅式换热器四单元并联，夹点最小温差达1℃，压力≥6MPa	高效翅片设计计算及工艺技术，高压大截面冷箱钎焊技术，冷箱总体设计计算软件开发	
3.4.6	大型缠绕管换热器	Ⅰ	单位容积换热面积≥100～170m^2/m^3；管程压力≥7Mpa；换热面积约4万平方米	设计制造技术，螺旋形多层复迭铝管与不锈钢筒体的焊接工艺技术及试验验证技术	
3.4.7	大型天然气液化储罐	Ⅱ	18万立方米预应力混凝土全仓容地上贮罐，悬顶式内罐	结构设计、密封及保温技术，低温材料研制及现场焊接组装技术	

续表

编 号	产品名称	类别	主要技术指标	需突破的关键技术	市场预测或产业化前景
3.4.8	大型 LNG 成套装置自动化仪表控制系统	Ⅰ	主控系统 IO 设计容量>2 万点；最小控制周期达到 50ms，时间同步精度 1ms；无故障运行>40 万小时	自动化装备集成与安全控制技术，DCS 远程管理与诊断技术，现场总线数字化控制技术，APC 技术应用及 OTS 仿真系统技术	
3.5	海陆石油钻采设备				
3.5.1	特种陆地钻机及配套设备研制	Ⅱ	包括：12000 米以上特深井钻机、5000 米以上极地钻机、7000 米以上全拖挂钻机、3000 米以上斜井钻机及钻机配件	适应于极地、沙漠、海洋等复杂地形地貌要求和特殊作业工艺的新型特种钻机系统；交流变频电驱动技术	目前北极圈可开采的石油储量 123 亿吨，极地钻机市场需求较好。全拖挂钻机因移运性好，适于在沙漠、平坦地区作业。拖挂钻机现不能满足开拓国际市场的需要。斜井钻机在河南、大庆、新疆等国内浅稠油田以及委内瑞拉等国外客户均有需求
3.5.2	大功率电动钻机柴油发动机	Ⅱ	缸径×行程：190×255； 标定功率：1310kW； 标定功率转速：1000r/min； 首次大修时间 35000h	高性能、高可靠性、大功率、低排放	目前电动钻机动力大多依赖进口产品，发展电动钻机用高可靠性柴油机，能有效改变目前被国际卡特匹勒等少数知名品牌所垄断的局面
3.5.3	12000 米海洋钻机	Ⅰ	绞车功率：6000HP，钻深能力：12000m 以上	模块化、高可靠性、节能、抗台风； 适应海洋条件的超深钻机设计制造技术	我国海上石油资源量 240 亿吨，天然气 14 万亿立方米，占我国油气总资源量的 1/3。海洋石油的开发是我国油气增长的一个重要途径，而目前我国深海石油钻机主要依赖进口
3.5.4	水下防喷器、水下井口和采油树	Ⅰ	水深能力：2000m 以上	高可靠性、自动化控制、耐高压、抗腐蚀、防泄漏	国产化空白，全部依赖进口
3.5.5	水下分离器	Ⅰ	水下分离器、连接器、基座适应水深 1500m，水下连接器操作压力 5000psi，水下基座承载能力 200t	结构设计、自动化控制系统、阀门选型和成橇关键技术，密封、液压控制和仿真技术	国内尚无水下生产系统设计能力。可打破国外在水下生产系统方面的技术垄断，为建设300～1500m 深水大中型油气田工程提供技术支撑

续表

编　号	产品名称	类别	主要技术指标	需突破的关键技术	市场预测或产业化前景
3.5.6	海底管道应急维修系统	Ⅰ	海底管道快速检测与修复	漏点定位、水下定点开挖，防腐涂层清理，管道水下冷切割与修复，水下检测运载工具，管道应急维修系统模拟实验室	海洋石油海底管道总长度超过5000公里，“十一五”期间约铺设1300公里。海底管道维修在我国刚刚起步
3.5.7	海底管线激光复合焊接设备	Ⅰ	适用于海管S lay \ J lay高效焊接	激光复合焊接设备研制技术、焊接工艺开发技术	用于海底油气管线的高效焊接，尤其能大幅提升深水J lay铺管的焊接效率，该技术为国际领先的焊接技术

4. 大型煤化工成套设备

编　号	产品名称	类别	主要技术指标	需突破的关键技术	市场预测或产业化前景
4.1	煤制油设备				
4.1.1	高压油煤浆进料隔膜泵	Ⅱ	出口压力20MPa以上，工作温度290℃，固体含率50%	1. 多支点、大推力动力端设计； 2. 特殊冲洗、密封结构的液力端设计； 3. 特殊介质工况下易损件寿命提高； 4. 电气、检测和控制系统设计	煤制油是解决我国油资源短缺的重要措施之一，由于煤制油工艺条件苛刻，关键设备主要依靠进口
4.1.2	液化反应器离心循环泵	Ⅱ	出口压力20MPa以上，工作温度480℃，固体含率50%	耐磨结构、特殊密封结构，电气控制系统设计	
4.1.3	长寿命高压差减压阀	Ⅱ	压差20MPa，高固含率，气、液、固三相流体用，寿命2000h以上	材料、结构设计，抗冲击与耐磨集成技术	
4.2	煤制化肥设备				
4.2.1	大型气流床气化炉成套设备	Ⅱ	投煤量1000t/d以上，有效气成分：CO＞90%，H2＞90%；碳转化率＞99%；煤烧嘴使用寿命8000h以上	1. 烧嘴头部冷却结构，耐磨性能； 2. 气化反应温度控制； 3. 气化炉内件积灰结垢问题解决； 4. 激冷方式优化	煤制气设备是发展煤化工和煤清洁燃烧发电的关键设备之一，目前大型煤制气设备尚需解决许多关键问题
4.3	大型空气分离设备	Ⅱ	7万立方米以上应用于煤化工、冶金、石油化工等领域，年需求量10套以上		

5. 大型高精度冶金成套设备

编　号	产品名称	类别	主要技术指标	需突破的关键技术	市场预测或产业化前景
5.1	彩色涂层钢板成套生产设备	I	工艺速度≥180m/min，涂层厚度≥20μm，附着力（T弯）达到1级	1. 表面色差在线检测技术； 2. 高端家电、办公产品生产工艺技术； 3. 烘干废气循环、回收和处理技术	高端家电、办公设备涂层板需求量较大
5.2	高精度热连轧成套设备	I	卷取温度控制精度±18℃，轧制速度23～25m/s，最小可轧厚度1.2mm，最小厚度精度0.03mm，平坦度±20I	1. 机架间冷却控制技术； 2. 轧后冷却控制技术； 3. 板形控制中轧制模型建立及优化； 4. 定宽机设计制造技术； 5. 生产管理级自动控制技术	高强度、高精度热轧板国内需求量渐增
5.3	高精度冷连轧成套设备	I	轧制速度1600～1800m/min，板厚差±3～±8μm，板形凸度5～8I，带板表面折射率≥70%	1. 屈服强度≥800MPa的轧制工艺技术； 2. 板形控制手段优化和数学模型建立； 3. 主传动“0级”和生产管理级控制模型开发	高精度、高强度家电、汽车用板自主生产前景广阔
5.4	干熄焦（CDQ）成套设备	I	产能≥150～190t/h，配套7m以上焦炉，焦炭耐磨转鼓指数m40≥87%	1. 熄焦运载车的设计制造技术； 2. 出焦旋转密封装置设计制造技术； 3. 干熄焦强制循环泵制造技术； 4. 高温循环风机制造材料研制	年需求量≥10套

6. 大型煤炭及大型露天矿设备（略）

7. 轨道交通装备（略）

8. 大型环保及资源综合利用设备

编 号	产品名称	类别	主要技术指标	需突破的关键技术	市场预测或产业化前景
8.1	污水处理及回用技术装备				
8.1.1	2000 ~ 20000 吨/日村镇污水一体化生物处理装置	Ⅱ	进水源：COD 300 ~ 400mg/l，BOD 150 ~ 200mg/l，TN 50 ~ 60mg/l，TP 4 ~ 5mg/l，SS 160 ~ 220mg/l； 出水指标达到《城镇污水处理厂污染物排放标准》（GB 18918）的一级 B 标准	1. 研制新型生物载体，开发装填结构形式及相应工艺参数； 2. 开发流程顺畅、紧凑的污水处理一体化装置，要求单元处理合理组合	该产品适用于村镇污水一体化处理，目前我国西部地区还有许多地级市和县需要该类产品
8.1.2	油污染防治成套技术装备	Ⅰ	高精度：油水分离精度 0.1 ~ 15ppm； 广普性：处理对象从原油到轻油、一切矿物油； 广幅性：可适应 0 ~ 100% 的来水含油量、耐大油量冲击； 实现油的原质回收和再利用，不造成油品二次污染； 不添加药剂，不需反冲洗	1. 阻截除油关键材料（HK 纤维陶瓷膜等）深度开发技术； 2. 油污染防治及回收技术	2007 年全国共发生船舶污染事故 107 起，每升溢油在水体分解中大约要消耗 3.2 × 105 升海水中的溶解氧，对海洋生态危害极大，该技术可解决溢油污染问题
8.1.3	高浓度难降解化工污水处理技术装备	Ⅱ	适用污水浓度 COD 500mg/l 以上，无机盐共存浓度在 3% 以上，废水处理达到国家有关排放标准	采用高效的无机盐与有机物分离技术，利用特殊菌完成对有机物的降解过程，最终辅以高效氧化技术完成微量有机难降解物的脱除	在精细化工、医药化工、农药化工、橡胶促进剂生产等行业中产生大量此类废水，其处理技术是我国化工行业可持续发展的关键技术
8.2	海水淡化成套设备				
8.2.1	5 万 ~ 20 万吨/天膜法海水淡化成套设备	Ⅰ	成套设备中单机产水能力达到 20000 吨以上，有能量回收装置，电能消耗小于 5kWh/m^3，脱盐率达到 99.5% 以上	1. 高性能海水淡化反渗透膜、能量回收装置和高压泵等组件的制造技术； 2. 北方地区冬季低温对膜装置的影响及应对技术； 3. 海水预处理技术、工艺及成套设备研制，使进膜海水满足 COD < 5mg/l，BOD < 3mg/l 等指标； 4. 海水淡化的集散控制技术开发	预计 2020 年前，海水淡化日产量达到 50 万吨，投资规模 40 亿 ~ 50 亿元

续表

编 号	产品名称	类别	主要技术指标	需突破的关键技术	市场预测或产业化前景
8.2.2	5 万～20 万吨/天蒸馏法海水淡化成套设备	Ⅰ	成套设备中单机产水能力达到 20000 吨以上，电能消耗小于 1.8kWh/m^3，脱盐率达到 99.5%以上，淡化水 TDS 小于 10ppm	1. 低温多效蒸馏海水淡化新型传热材料研制及蒸馏装置关键部件优化； 2. 专用药剂与材料的研制技术； 3. 低温多效蒸馏仿真及智能化控制技术	预计 2020 年前，海水淡化日产量达到 50 万吨，投资规模 40 亿～50 亿元
8.3	大气污染防治技术装备				
8.3.1	300～1000MW 燃煤电站烟气 SCR 脱硝技术装备	Ⅰ	脱硝效率≥90%； 氨逃逸率≤3ppm； 脱硝催化剂使用寿命≥24000h； 氮氧化物排放需到达国家标准； 无故障使用时间或保障连续使用的措施	1. 脱硝关键技术及装备开发； 2. SCR 脱硝催化剂和载体开发； 3. 大型钢结构安全与稳定技术； 4. 大力发展拥有自主知识产权的脱硝专用 CFD 软件	烟气脱硝技术是目前世界上应用最成熟的脱硝技术，适用于大型燃煤电站。根据我国《电力工业“十一五”发展规划及 2020 年远景目标》，到 2010 年，全国煤电装机容量达 5.93 亿千瓦。新建火电项目将尽可能采用 60 万千瓦及以上超临界、超超临界机组。2009—2011 年，将新增燃煤电厂烟气脱硝设施 5000 万千瓦
8.3.2	钢铁烧结机烟气脱硫技术装备	Ⅱ	脱硫效率达到 90%时 Ca/S≤1.3； 脱硫系统出口烟尘浓度≤50mg/Nm^3； 出口烟气温度≥70℃； 脱硫副产品 100% 利用	通过对烧结机工艺的匹配性和适用条件的研究，开发具有自主知识产权的烧结机半干法烟气脱硫技术及设备。重点研究脱硫除尘系统集成设计技术、脱硫系统集成控制技术、脱硫系统设计软件、脱硫灰的收集和输送技术、脱硫副产物资源化综合利用技术、配套关键设备和组件	目前，我国钢铁行业烟气脱硫处理进展较慢，现有烧结机 500 多台，烧结面积为 54000m^2。从 2009 年起，我国要大规模推广应用烧结机脱硫，预计市场规模将达到 100 亿元
8.4	资源综合利用技术装备				
8.4.1	30 万辆/年报废汽车处理线	Ⅰ	主机功率：1500kW； 生产率：35～45t/h； 锤头旋转直径：2.02m	超宽磷板输送机，自控高速双滚筒进料机，磁选分离技术，强力锤式破碎技术	根据《2008 年国民经济和社会发展统计公报》，截至 2008 年底，全国民用汽车保有量达到 6467 万辆，比上年末增长 13.5%。每年报废车辆超过 200 万辆。同时，《汽车产品回收利用技术政策》规定：从 2010 年起，所有国产及进口的 M2 类和 M3 类、N2 类和 N3 类车辆的可回收利用率要达到 85% 左右

续表

编　号	产品名称	类别	主要技术指标	需突破的关键技术	市场预测或产业化前景
8.4.2	废塑料复合材料回收处理成套设备及综合利用技术装备	I	回收金属（铝等）的纯度≥98%，金属回收率≥99%，回收塑料纯度≥95%，处理量1～5t/h	1. 粉体化回收废塑料技术（不会改变化学成分，造成二次环境污染）； 2. 高压静电分选技术； 3. 智能化自动控制技术； 4. 贵金属提取技术	铝塑复合膜、铝塑板、塑料复合膜、光缆电缆等复合制品的回收处理是一个亟待解决的社会化问题，该产品适用于废弃印刷线路板、废塑料复合材料的回收及利用
8.4.3	2万～10万吨/年PET瓶处理线	I	PET瓶处理能力：20000～100000吨/年； 具有破碎、清洗、风选、比重分选、光分选功能； 分离纯度：99.9%； 产品达到拉丝级聚酯切片质量标准； 符合《废塑料回收与再生利用污染控制技术规范》（HJ/T364）	有色瓶片分选技术和光分选设计开发技术，热透平清洗技术和设备，比重分选技术及设备	目前，中国有500多万吨的PET切片用于生产饮料瓶，75%以上使用后的废聚酯瓶将能够被回收。回收的大部分瓶子用来加工成用于纺织工业的聚酯纤维，但因设备技术简陋，只能生产低档次纤维。该产品开发利用后，可大幅度提高再生切片纯净度。预计年需求30～50条，销售收入约40亿元
8.5	节能技术装备				
8.5.1	工业锅炉智能燃烧系统	I	实时检测锅炉系统及附属设备的运行参数，自动调节系统运行状态； 采用计算机、可编程序控制器，调节锅炉在最佳的风、煤比下燃烧，实现整个生产过程的控制和系统管理； 节约燃料：2%～8%	宽煤种燃烧设备及系统的设计、制造技术： 1. 适合多煤种燃烧的链条工业锅炉的配风和炉拱的完全数值模拟辅助设计技术； 2. 适合我国国情的菜单式系列燃煤工业锅炉系统节能集成技术； 3. 基于数值模拟及模糊控制原理的“燃煤工业锅炉优化运行专家指导系统”和“远程监测平台”； 4. 工业锅炉炉水在线监测和自动排污技术研究与设备； 5. 工业锅炉鼓风系统和蒸汽管网系统的节能技术和装置	我国在用燃煤工业锅炉约47万余台，平均运行效率仅65%左右，比国际先进水平低15～20个百分点，节能潜力十分巨大。燃煤工业锅炉节能改造是“十一五”十大节能重点工程之首

续表

编 号	产品名称	类别	主要技术指标	需突破的关键技术	市场预测或产业化前景
8.5.2	板管蒸发式冷凝空调设备	I	使用全绿色工质 R134a 和 R407C 环保机组； 单机制冷范围：单元式空调机组：200～600kW，蒸发式冷凝冷水机组：1000～3000kW，并可按用户要求进行模块组合； 标准工况下整机能效比：单元式空调机组：3.6～4.0，蒸发式冷凝冷水机组：4.4～5.0，超过传统中央空调系统能效比30%； 机组制冷量：能在0、25%、50%、75%、100%范围内分级能量调节，若有特殊要求，也可在15%～100%范围内无级调节	新型高效板管式换热板片及其加工制造技术，并以板管换热片为核心技术，实现与其他配套部件的集成	该产品达到国际先进水平，填补了国内外制冷技术的空白，比传统制冷技术节能30%； 该产品可用于大型建筑的节能改造，是国际制冷行业技术进步的一个重要方向，具有广阔的应用和市场空间，我国每年约有600亿元的市场需求量

9. 大型施工机械

编 号	产品名称	类别	主要技术指标	需突破的关键技术	市场预测或产业化前景
9.1	电液换挡变速箱	I	160～400kW 前4档后3档或前4档后4档	工艺设计与产品制造技术，可靠性和质量稳定性技术，换挡电磁阀及控制器	长期进口，是工程机械产品关键零部件，年需求量5万台以上
9.2	湿式制动驱动桥	I	总速比20～22 桥荷20～40t 制动力矩50000～60000Nm	湿式离合器技术，热平衡技术	长期进口，是工程机械产品关键零部件，年需求量3万台以上
9.3	整体式多路阀	I	工作压力35－42MPa 流量160－300L/min 具有与压力无关的流量分配特性 液动比例和电液比例控制方式 具有高频响和高重复精度	工艺设计与产品制造技术，铸造技术、清砂工艺技术	长期进口，是工程机械产品关键零部件，年需求量10万台以上

续表

编　号	产品名称	类别	主要技术指标	需突破的关键技术	市场预测或产业化前景
9.4	开式系统通轴式轴向柱塞泵	Ⅰ	排量90～260ml/r 公称压力35MPa 峰值压力42MPa	工艺设计与产品制造技术，双金属铸造技术、摩擦副的耐磨技术、表面处理技术	长期进口，是工程机械产品关键零部件，年需求量10万台以
9.5	液压马达	Ⅰ	公称压力40MPa 峰值压力45MPa 转速大于4000r/min时排量90～355ml/r	工艺设计与产品制造技术，双金属铸造技术、摩擦副的耐磨技术、表面处理技术	长期进口，是工程机械产品关键零部件，年需求量11万台以上

10. 新型纺织机械（略）

11. 新型、大马力农业装备

编　号	产品名称	类别	主要技术指标	需突破的关键技术	市场预测或产业化前景
11.1	拖拉机				
11.1.1	大马力轮式拖拉机	Ⅰ	配套柴油机功率≥180马力；排放指标达到欧ⅢA，前驱动桥、动力换档变速箱等关键零部件为国内生产，具有自主知识产权	1. 配套柴油机需达到其要求，并且排放指标达到欧ⅢA要求； 2. 要配有动力换档变速箱、传动大扭矩的干式或湿式离合器、安全驾驶室等关键部件，四轮驱动机型要配有带差速锁的前驱动桥； 3. 符合ISO11783标准的机载Can bus总线控制技术； 4. 大转向角驱动桥技术； 5. 液压提升器负荷传感技术	每年国内市场需求50～80台，出口前景较好，预计国外市场需求1.5万～2万台
11.1.1.1	电控动力换档变速箱	Ⅰ	利用液电控制，全区段负载变速。速度范围从0～40km/h，传递功率达到360kW	1. 电液联合控制技术； 2. 自动控制换档逻辑设计技术	国内市场每年需求约100个；主要配套出口拖拉机，每年需求约250～300个
11.1.1.2	传递功率132kW以上的离合器（包括干式和湿式两种）	Ⅰ	与动力换档变速箱配套的、传递动率范围在132kW以上，包括干式离合器、湿式离合器两种	1. 干式或湿式离合器设计原理及结构； 2. 所选用的原材料及加工工艺； 3. 使用寿命及可靠性； 4. 离合器配套功率区段优化技术	每年国内需求量在200台以上

续表

编　号	产品名称	类别	主要技术指标	需突破的关键技术	市场预测或产业化前景
11.1.1.3	悬浮型安全驾驶室	Ⅰ	驾驶员耳旁噪声≤86dB（A）	1. 驾驶室减振和隔振技术； 2. 安全防护与人机工程结构和材料技术	国内大型拖拉机配套和拖拉机出口市场每年需求计约1万台
11.2	收获机械				
11.2.1	大中型联合收割机	Ⅰ	喂入量≥5kg/s	1. 关键零部件的研究，以提高茎秆和籽粒湿度的适应性； 2. 复脱机构的研究； 3. 清选机构的研究，提高籽粒的清洁度； 4. 新近结构的采用； 5. 信息技术在整机和作业流程监控中的采用	预计每年需求量在500台左右
11.3	大马力拖拉机配套农机具	Ⅱ	配套柴油机功率≥125马力的拖拉机，包括保护性耕种机械、耕整地机械、播种和精密播种机械、各种联合作业机械	1. 节能、节材、耐用的基础工作部件的研究； 2. 根据农业作业和拖拉机性能要求，各种部件的合理配置； 3. 应合理利用拖拉机液压输出，便于操作； 4. 土壤工作部件新材料与制造工艺技术	1. 铧式犁每年国内需求量在300台以上； 2. 播种机在900台左右； 3. 各种联合整地机在500台以上； 4. 保护性耕种机械每年需求量在500多台

12. 电子、生物和医药等高技术装备（略）
13. 高技术船舶及海洋工程装备（略）
14. 高档数控机床（略）
15. 民用飞机（略）
16. 高档印刷机械（略）

17. 关键基础零部件及大型铸锻件

编　号	产品名称	类别	主要技术指标	需突破的关键技术	市场预测或产业化前景
17.1	大型铸锻件				
17.1.1	高温汽冷堆超大型锻件	Ⅰ	第四代核电站所需锻件		
17.1.2	火电机组高中压转子和低压转子锻件等	Ⅰ	百万千瓦级超临界、超超临界火电机组	超纯净钢冶炼及偏析控制技术，关键材料应用技术，热处理技术	百万千瓦超超临界火电机组预计每年需求10台以上
17.1.3	火电汽轮机缸体不锈钢铸件	Ⅰ	超超临界火电机组	大型不锈钢铸件造型、冶炼、铸造技术	百万千瓦超超临界火电机组预计每年需求10台以上
17.1.4	水电水轮机上冠、下环不锈钢铸件	Ⅰ	用于70万千瓦以上级水电机组	大型不锈钢铸件造型、冶炼、铸造技术，异形变断面不锈钢件变形控制技术	我国有近3.5亿千瓦的水电待开发，到2020年新增水电装机1亿千瓦。近期有白鹤滩、乌东德等高水头大容量水电机组20余套，并可提升其他特大型水电机组技术水平
17.1.5	核电压力容器锻件	Ⅱ	用于二代改百万千瓦级核电站	超纯净钢冶炼及偏析控制技术，600吨级大型双真空钢锭制造技术，关键材料应用技术，热处理技术，无损探伤技术	大型铸锻件是百万千瓦核电设备国产化攻关重要内容之一，为适应大力发展核电需要，必须尽快解决其关键技术问题
17.1.6	核电蒸汽发生器锻件	Ⅱ	用于二代改百万千瓦级核电站		
17.1.7	核电主管道锻件	Ⅱ	用于二代改百万千瓦级核电站		
17.1.8	核电汽轮机低压转子锻件	Ⅰ	用于二代改百万千瓦级核电站		
17.1.9	冶金轧辊锻件	Ⅱ	3300mm厚板以上支撑辊，大型复合铸钢轧辊	超纯净钢水冶炼技术	大型支撑辊和大型复合铸钢轧辊尚需部分进口，具有市场潜力
17.1.10	大型船用曲轴锻件	Ⅱ	90机以上超大型船用曲轴	锻造工艺技术	替代进口，年需求量约30根曲轴
17.2	轴承				
17.2.1	高速动车组轴承	Ⅰ	动车轴承满足时速≥200km/h，寿命≥450万公里，120万公里可靠度≥99%；地铁轴承满足时速80km/h，寿命80万公里，可靠度99%	1. 高速铁路动车组轴承及地铁车辆轴承设计技术，包括载荷谱的建立，有限元分析等； 2. 轴承摸拟试验技术及装备； 3. 轴承零件的加工与检测技术	年需求量20万套，销售额20亿元左右。2011年完成研发，获铁道部认可，2015年国内市场占有率达30%

续表

编　号	产品名称	类别	主要技术指标	需突破的关键技术	市场预测或产业化前景
17.2.2	大型精密高速数控机床轴承	I	dmN 值 2.5 × 106mmr/min，精度 P4.P2 级，16000h 精度稳定使用，8000h 无维修	1. 高速轴承的设计技术； 2. 轴承用钢材质量控制技术； 3. 轴承的振动、噪声、配对、凸出量控制技术； 4. 轴承零件的加工与检测技术	年需求量 20 亿元左右。国内市场占有率 2011 年达 30%，2015 年达 50%
17.2.3	大型薄板冷热连轧及涂镀层设备轴承	I	冷轧工作辊轴承连续工作要达到 600h；支承辊轴承连续工作要达到 10000h	1. 轴承钢材质量控制技术； 2. 轴承的设计技术； 3. 轴承的密封与润滑技术； 4. 轴承零件的加工工艺技术； 5. 轴承的检测技术	年需求量 10 亿元。国内市场占有率 2011 年达 30%，2015 年达 50%
17.2.4	盾构机主轴承	I	轴承寿命达到 5000h 以上	1. 结构模型的建立、保持架运动学模型设计、应力分析及寿命计算等设计技术； 2. 套圈材料标准、锻造工艺参数等； 3. 滚道、挡边及齿轮齿根表面淬火等零件热处理技术； 4. 大型滚子和保持架等零件精加工技术； 5. 试验参数和试验装置设计	2011 年小批量生产为主机配套，2015 年国内市场占有率达 50%
17.2.5	中高档轿车轴承	I	使用寿命 25 万公里	1. 自动挡变速箱长寿命轴承的设计、加工工艺、检测与试验技术； 2. 更新换代的集成化轴承的开发技术	年需求量 2 亿套，市场约 100 亿元。国内市场占有率 2011 年达 30%，2015 年达 50%
17.2.6	1.5MW 以上风力发电机组增速器轴承、主轴轴承、发电机轴承（包含 1.5MW 增速器轴承）	I	使用寿命 20 年；176000h，可靠度 99%	1. 轴承可靠性设计、制造和试验技术； 2. 轴承工况和受力分析，载荷谱的建立； 3. 钢材质量控制技术和措施； 4. 表面改性技术； 5. 残余奥氏体的最佳控制； 6. 轴承寿命和可靠性试验加载、工况近似模拟状态检测和试验、数据采集及处理方法等	年需求量 17 万 ~ 21 万套，销售额 40 亿 ~ 56 亿元。国内市场占有率 2011 年达 60%，2015 年达 80%
17.3	液压件				

续表

编　号	产品名称	类别	主要技术指标	需突破的关键技术	市场预测或产业化前景
17.3.1	行走机械用高压柱塞泵	I	开式高压：公称压力≥35MPa，峰值压力42MPa；闭式高压：公称压力≥40MPa，峰值压力45PMa，排量≥63mL/r；电比例控制	1. 负荷传感、电子控制； 2. 泵体铸造； 3. 关键偶件表面处理； 4. 高性能高可靠性密封； 5. 测试技术及装备	国内空白、替代进口，市场需求量大，各种工程机械、大型农机、大型车辆
17.3.2	行走机械用高压柱塞马达	I	公称压力25PMa－40MPa； 排量63～355 mL/r； 转速1000～4000r/min； 电比例控制	1. 电子控制； 2. 双速； 3. 关键偶件表面处理； 4. 测试技术及装备	国内空白、替代进口，市场需求量大，各种工程机械
17.3.3	高压整体式多路阀	I	公称压力35MPa～42MPa；流量100L～350L/min	1. 整体式阀体铸造； 2. 电比例控制； 3. 流量共享系统； 4. 试验检测技术和设备	20吨挖掘机主控制阀，履带式起重机、大型全路面起重机，旋挖钻、连续墙等桩工机械，用量大，国内空白
17.3.4	片式多路阀	I	公称压力≥25MPa，流量≥75L/min；负荷传感系统、总线控制先导系统	1. 负荷传感控制； 2. 电比例控制； 3. 总线控制先导系统； 4. 试验检测技术和设备	起重机、小型挖掘机、混凝土泵车臂架控制，用量大，国内空白
17.3.5	双级，三级电液伺服阀	I	公称压力≥31.5MPa，流量≥60L/min	1. 高可靠性； 2. 加工工艺及装备； 3. 试验检测技术和设备	冶金、国防、重大装备、尖端实验装置、机器人、试验机、工业自动化领域
17.3.6	高频响比例阀	I	公称压力≥31.5MPa； 单级：通径≥6mm； 双级：通径≥16mm	1. 高精度阀体和滑阀加工； 2. 高频响比例电磁铁； 3. 传感器； 4. 电子控制技术	冶金、国防、重大装备、尖端实验装置、机器人、大型金属压延、冲压设备

续表

编 号	产品名称	类别	主要技术指标	需突破的关键技术	市场预测或产业化前景
17.3.7	大型行走机械用液力变速器	Ⅱ	输入功率＞160kW； 前4后3挡； 电液换档； $\eta max \geq 0.85$	1. 泵轮、涡轮、导轮叶型设计及薄壁铸造； 2. 结构优化； 3. 检测及试验设备； 4. 流场可视化及分析； 5. 电液换挡阀优化	用于工程机械和农业机械等行走机械，年需求5万~6万台
17.3.8	阀岛	Ⅰ	具有集成诊断、系统优化，环境监测等功能，总线控制； 流量：300L/min~1500L/min；分散与集中控制； 模拟量输入输出模块（0~10V；4~20mA）、控制512个I/O点；内置或外置PLC	1. 集成多种现场总线连接； 2. 故障诊断； 3. 电输入/输出模块； 4. 软件研发； 5. 检测方法及检测设备； 6. 标准	阀岛是各国研发的重点产品。国际先进国家的阀岛产量已占阀类销售的40%以上。广泛应用于汽车，包装、印刷及造纸设备、食品与饮料、钢铁石化、电子仪表、过程控制、机械制造及自动化流水线等，将在未来工业控制中占主宰地位
17.4	密封件				
17.4.1	大型风力发电关键密封件	Ⅰ	1. 长时间耐候性：7~10年不发生龟裂； 2. 在1m/s转速、油脂润滑状态下，运行寿命达7~10年，里程达20万公里； 3. 环境温度为-45~+50度； 4. 密封结构：采用新型密封结构形式，保障风力发电机组年工作时间达到6000小时以上的国际先进标准	1. 长寿命耐老化； 2. -40℃低温下正常启动； 3. 提高耐磨性； 4. 长期弹性保持能力； 5. 结构优化设计； 6. 风力发电机组密封系统评价体系的建立	当前基本为国外进口产品。 2008年我国风电装机容量达到1200万千瓦，以每年增长800万千瓦的速度，2020年装机容量将达到1亿千瓦，相当1.5MW/台风机将达到6万台以上
17.4.2	大型水力发电装备密封	Ⅰ	满足国内市场需求	产品评价体系的建立和完善	为水轮发电机球阀、转轮叶片、接力器等配套，国产化需求迫切。2007年底，我国水电装机容量达到1.48亿千瓦，占全国装机容量比例为20.64%，为我国第二大发电方式

续表

编号	产品名称	类别	主要技术指标	需突破的关键技术	市场预测或产业化前景
17.4.3	煤矿采掘设备关键密封件	I	满足国内市场需求	产品评价体系的建立和完善	煤炭是我国主要能源来源，为提高煤炭开采的机械化水平和开采效率，国家将进行一系列的煤炭改革，形成十三个大型煤炭基地。液压支架密封为煤炭开采机械化进行配套服务，代替进口产品
17.5	传动件				
17.5.1	冶金齿轮箱	I	1. 宽板轧机齿轮箱，最大轧制宽板宽度 2300mm，最大功率 12000kW； 2. 大型冶金起重机用齿轮箱：最大力矩 2600kNm	1. 高功率密度、高可靠性设计技术； 2. 关键制造技术； 3. 试验测试技术	冶金工业有稳定增长的需求
17.5.2	高速火车齿轮箱与城市轨道交通齿轮箱	I	200km/h、300km/h、350km/h 高速火车用；城市轨道交通专用齿轮箱	大功率、高转速、重负载、小空间齿轮箱设计技术；箱体密封及润滑技术；可靠性技术；大批量生产的可靠性技术	预计未来 2 年内将有超过 3000 台电力机车和 600 台内燃机车的需求。高速火车方面，预计 2010 年底将投入使用 1000 列左右，比 2007 年的 105 组有大幅度提升。根据我国城市城轨地铁的发展需要，2010 年需配车辆 6000 多辆
17.5.3	精密小模数蜗轮蜗杆副	I	模数 0.5 ~ 2.0、蜗杆头数 1 ~ 6. AGMA：8 ~ 14 级、ISO /GB3 ~ 6 级、DIN3 ~ 6 级、JIS0 ~ 4 级	修配技术，蜗轮专用材料，精密测量技术	精密仪器、工业控制装置、各类泵、阀、国防军工。精度和寿命都达到国际水平，能满足配套主机的要求，主要出口工业化国家
17.5.4	高精特齿轮	I	4 ~ 5 级精度，细高齿设计、三维拓补修形、高性能、高精度、长寿命、低噪声，高效、绿色、超大批量生产，中模数	高效精密制造技术、超大批量生产的质量控制技术	车辆、高档机床、工程机械、电动工具、纺织机械等超大批量应用

续表

编　号	产品名称	类别	主要技术指标	需突破的关键技术	市场预测或产业化前景
17.5.5	大型星轮齿轮箱	I	速比 20 ~ 1000，扭矩 1000 ~ 5000kNm，功率 500 ~ 9000kW	大批量生产的可靠性技术	星轮传动技术是我国自主知识产权技术，是对少齿差传动理论的重大发展，它同时兼具大速比、大扭矩、大功率、小体积的特点。它的发展壮大将会带来无法估量的社会效益和经济效益
17.5.6	石油平台升降电驱齿轮齿条	I	提升载荷 80 ~ 480t，满足美国和中国两家船级设（ABS、CCS）的规范要求，模数 > 60mm，硬齿面和中硬齿面	1. 海洋工作和抗台风环境下的高可靠性设计； 2. 静强度行星传动和齿条设计； 3. 特大模数（~100）中等精度齿轮/齿条制造	海洋资源丰富，占世界储量的 1/3，预测海洋地质储油达 1400 亿 ~ 2000 亿吨。升降式海洋石油开采平台广泛应用，占各种移动平台总量的 45% 以上，单座设备价值超 2 亿元

18. 机场专用装备及港口机械（略）

2009年中国机械工业100强企业名单

排　名	企业名称	省区市	主要产品	主营业务收入（万元）
1	中国机械工业集团有限公司	北京市	机械装备研发与制造、工程承包、贸易与服务	10194682
2	上海电气（集团）总公司	上海市	电站锅炉、电梯、机床、机械设备	7406129
3	潍柴控股集团有限公司	山东省	内燃机、内燃机配件、汽车及配件	5228133
4	徐州工程机械集团有限公司	江苏省	汽车起重机、装载机、压路机、平地机	5051776
5	中国东方电气集团有限公司	四川省	发电设备	3667450
6	长沙中联重工科技发展股份有限公司	湖南省	起重机械、混凝土机械、环卫机械、挖掘机械	3372691
7	三一集团有限公司	湖南省	混凝土机械、挖掘机械、起重机械、煤矿机械	3042464
8	哈尔滨电站设备集团公司	黑龙江省	发电设备、电站锅炉、电站汽轮机	3028253
9	上海振华重工（集团）股份有限公司	上海市	港口机械、大型桥梁钢构	2756400
10	广西玉柴机器集团有限公司	广西壮族自治区	柴油机、工程机械	2719732
11	山东时风（集团）有限责任公司	山东省	三轮汽车、低速货车、拖拉机	2106312
12	大连重工·起重集团有限公司	辽宁省	起重机械、装卸机械、冶金设备、风力发电设备	1926136
13	北京京城机电控股有限责任公司	北京市	电站锅炉、发电设备、电站汽轮机、数控机床	1839590
14	中国西电集团公司	陕西省	变压器、全封闭组合电器、高压断路器、电力整流器	1594730
15	特变电工股份有限公司	新疆维吾尔自治区	变压器、电线电缆、新能源	1475429
16	中国龙工控股有限公司	上海市	装载机、挖掘机、叉车、压路机	1441551
17	山东工程机械集团有限公司	山东省	推土机	1402401
18	福田雷沃国际重工股份有限公司	山东省	收获机械、大中小型拖拉机、工程机械、三轮运输车	1361688
19	宝胜集团有限公司	江苏省	电线电缆	1226994
20	常林工程机械集团	江苏省	挖掘机、装载机、平地机、压路机	1215805

续表

排　名	企业名称	省区市	主要产品	主营业务收入（万元）
21	沈阳机床（集团）有限责任公司	辽宁省	金属切削机床	1206188
22	广州市白云电气集团有限公司	广东省	电容器、变压器、绝缘子、真空开关管	1201620
23	北方重工集团有限公司	辽宁省	矿山设备、水泥设备、冶炼设备、金属轧制设备	1199402
24	广西柳工集团有限公司	广西壮族自治区	装载机、挖掘机、压路机、叉车	1101201
25	太原重型机械集团有限公司	山西省	起重设备、矿山设备、轧钢设备、车轴、车轮、液压机械产品	1090890
26	远东控股集团有限公司	江苏省	电线电缆	1066018
27	中信重工机械股份有限公司	河南省	矿山设备、建材水泥设备、冶金设备、有色设备	1053829
28	大连机床集团公司	辽宁省	数控机床、加工中心、组合机床、普通车床	1048660
29	新疆金风科技股份有限公司	新疆维吾尔自治区	风力发电机组	947608
30	中国第一重型机械集团公司	黑龙江省	金属轧制设备、石油化工设备、大型铸锻加工件，冶炼设备	927276
31	大连冰山集团有限公司	辽宁省	制冷空调设备、食品机械	921246
32	正泰集团股份有限公司	浙江省	低压电器、高压电气、建筑电器、仪器仪表	912513
33	华立集团股份有限公司	浙江省	电能表、铜箔板	902716
34	山东五征集团	山东省	三轮汽车、低速货车、载货汽车、拖拉机	887479
35	成都神钢工程机械（集团）有限公司	四川省	挖掘机、装载机、平地机	878755
36	江苏常发实业集团有限公司	江苏省	柴油发动机、轮式拖拉机	876558
37	许继集团有限公司	河南省	变压器、开关控制设备、其他输配电及控制设备	855694
38	佛山普立华科技有限公司	广东省	照相机、摄像头、投影机	828766
39	德力西集团有限公司	浙江省	低压电器、高中压电器、高中压成套电气设备	814583
40	浙江富春江通信集团有限公司	浙江省	电力电缆、通信电缆、通信光缆、导线	807059
41	中国第二重型机械集团公司	四川省	金属轧制设备、电工电器配件、通用机械配件	806059
42	湘电集团有限公司	湖南省	交、直流电动机，风力发电机组，工业泵	758484
43	天津塑力线缆集团有限公司	天津市	电线电缆，高分子料，铜材、铝材，电缆材料	719609
44	大全集团有限公司	江苏省	高低压开关柜、母线槽、断路器	702413
45	江苏上上电缆集团有限公司	江苏省	电力电缆、电线	686672

续表

排　名	企业名称	省区市	主要产品	主营业务收入（万元）
46	富通集团有限公司	浙江省	光缆、光纤、通信电缆、元器件	646917
47	沈阳鼓风机集团有限公司	辽宁省	风机、泵、气体压缩机	643548
48	天津百利机电控股集团有限公司	天津市	发电设备、金切机床、锻压设备、粗钢及通用产品	641700
49	青岛泰发集团股份有限公司	山东省	手推车、轮胎、塑料制品	570148
50	日立建机（中国）有限公司	安徽省	挖掘机	553799
51	江苏华朋集团有限公司	江苏省	变压器、蓄电池、起重运输机械、仪器仪表	538923
52	厦门厦工机械股份有限公司	福建省	装载机、挖掘机、压路机、叉车	536788
53	宁波海天塑机集团有限公司	浙江省	注塑机、数控机床	534149
54	宝鸡石油机械有限责任公司	陕西省	石油钻机、泥浆泵	527974
55	卧龙控股集团有限公司	浙江省	电机、电源、变压器、电动车	522304
56	瓦房店轴承集团有限责任公司	辽宁省	轴承	508795
57	平高集团有限公司	河南省	高压断路器、高压隔离开关、全封闭组合电器	507000
58	杭州汽轮动力集团有限公司	浙江省	工业汽轮机	500558
59	洛阳LYC轴承有限公司	河南省	轴承及零部件，汽车零部件	478360
60	青岛汉河集团股份有限公司	山东省	电力电缆、钢芯铝绞线、矿用电缆	463581
61	青岛变压器集团有限公司	山东省	电力变压器、电磁线、电力电缆	454130
62	天津市金桥焊材集团有限公司	天津市	焊条、焊丝	448798
63	中国四联仪器仪表集团有限公司	重庆市	工业自动化仪表及控制系统、成份分析仪器	447708
64	天马控股集团有限公司	浙江省	轴承、机床、电梯	411767
65	山东临工工程机械有限公司	山东省	装载机、压路机、挖掘机	380987
66	陕西鼓风机（集团）有限公司	陕西省	风机、工矿配件、仪表、锅炉	366778
67	浙江万马集团有限公司	浙江省	电线电缆、通信电缆	359093
68	浙江杭叉工程机械集团股份有限公司	浙江省	叉车	356418
69	杭州制氧机集团有限公司	浙江省	气体、液体分离及纯净设备制造，气体压缩机，风机，环保设备	356401
70	山东阳谷电缆集团有限公司	山东省	电力电缆、交联电缆、光缆	352311
71	南京汽轮电机（集团）有限责任公司	江苏省	燃气轮发电机组、电站汽轮发电机组、风力发电机、交流电动机	345765
72	陕西秦川机床工具集团有限公司	陕西省	金属切削机床、金切削切工具制造、钢铁铸件制造	335242
73	山东常林机械集团股份有限公司	山东省	手扶拖拉机、柴油机、压路机、装载机	328358

续表

排 名	企业名称	省区市	主要产品	主营业务收入（万元）
74	新东北电气（沈阳）高压开关有限公司	辽宁省	气体绝缘金属封闭开关、高压断路器	326257
75	安徽应流集团	安徽省	铸钢件	324395
76	安徽叉车集团有限责任公司	安徽省	叉车	314357
77	卫华集团有限公司	河南省	电动葫芦、电动单梁起重机、双梁起重机	312226
78	天正集团有限公司	浙江省	电度表、低压电器主要元件、低压电器一般元件	283833
79	安徽中鼎控股（集团）股份有限公司	安徽省	汽车密封件	279963
80	人本集团有限公司	浙江省	轴承成品	272566
81	烟台冰轮集团有限公司	山东省	制冷及成套设备、大型铸件	271337
82	兰州兰石集团有限公司	甘肃省	石油钻采设备，炼油化工设备，各类铸件、锻件，快锻压机	266919
83	江苏通润机电集团有限公司	江苏省	油压千斤顶、高低压开关柜、电梯电引机	264721
84	北京电力设备总厂	北京市	中速辊式磨机、特种工业汽轮机、电抗器	262435
85	风帆股份有限公司	河北省	铅酸蓄电池	262308
86	无锡华光锅炉股份有限公司	江苏省	电站锅炉和工业锅炉、燃气轮机余热锅炉、垃圾焚烧锅炉	258242
87	昆明云内动力股份有限公司	云南省	柴油机及机组、柴油发电机组	255106
88	开山集团	浙江省	螺杆空压机、活塞式空压机、压力容器	242821
89	新华昌集团有限公司	江苏省	集装箱制造	242076
90	常柴股份有限公司	江苏省	单缸柴油机、多缸柴油机	240818
91	杭州锅炉集团股份有限公司	浙江省	电站锅炉、工业锅炉、锅炉辅机、锅炉部件	229074
92	浙江盾安人工环境设备股份有限公司	浙江省	制冷配件、中央空调	228158
93	久保田农业机械（苏州）有限公司	江苏省	拖拉机、插秧机、收割机	221959
94	中煤张家口煤矿机械有限责任公司	河北省	刮板输送机、转载机、破碎机	221645
95	日本电产（大连）有限公司	辽宁省	轴流风机、精密马达	210580
96	济南二机床集团有限公司	山东省	金切机床、金属成形机床、铸造机械	206798
97	浙江球冠集团有限公司	浙江省	电气装备用电线电缆、电力电缆、控制电缆	200958
98	SMC（中国）有限公司	北京市	各种气动元件、装置及辅助元件，工业自动化机电一体化元件	197279
99	重庆康明斯发动机有限公司	重庆市	发动机	191752
100	四川宏华石油设备有限公司	四川省	石油钻机、泥浆泵	187823

2009年中国企业500强前100强名单

排　名	企业名称	营业收入（万元）
1	中国石油化工集团公司	146243938
2	中国石油天然气集团公司	127300293
3	国家电网公司	114073711
4	中国工商银行股份有限公司	49000400
5	中国移动通信集团公司	45185199
6	中国建设银行股份有限公司	40293700
7	中国人寿保险（集团）公司	37900940
8	中国银行股份有限公司	35227960
9	中国农业银行股份有限公司	33403700
10	中国中化集团公司	30897547
11	中国南方电网有限责任公司	28552483
12	宝钢集团有限公司	24683881
13	中国中铁股份有限公司	23461928
14	中国铁建股份有限公司	22614071
15	中国电信集团公司	22110274
16	中国建筑工程总公司	20715506
17	中国海洋石油总公司	19478855
18	中国远洋运输（集团）总公司	19063965
19	中粮集团有限公司	18852644
20	中国联合网络通信集团有限公司	18804643
21	中国五矿集团公司	18533614
22	中国交通建设集团有限公司	18057942
23	上海汽车工业（集团）总公司	17293017
24	中国中钢集团公司	16835989
25	河北钢铁集团有限公司	16703313
26	百联集团有限公司	16530727
27	中国冶金科工集团公司	16518137
28	中国第一汽车集团公司	16446614

续表

排　名	企业名称	营业收入（万元）
29	中国中信集团公司	15449128
30	东风汽车公司	15271295
31	中国华能集团公司	15137481
32	中国航空工业集团公司	15107492
33	中国兵器装备集团公司	15064335
34	中国兵器工业集团公司	14758414
35	江苏沙钢集团有限公司	14523215
36	神华集团有限责任公司	14401326
37	中国邮政集团公司	14392943
38	中国平安保险（集团）股份有限公司	13980300
39	首钢总公司	13200000
40	中国人民保险集团公司	13093381
41	交通银行股份有限公司	12953100
42	中国铝业公司	12912092
43	武汉钢铁（集团）公司	12370251
44	华为技术有限公司	12274138
45	中国化工集团公司	12203751
46	华润（集团）有限公司	12182397
47	山东钢铁集团有限公司	12050468
48	海尔集团公司	11895668
49	广州汽车工业集团有限公司	11554891
50	联想控股有限公司	11521069
51	浙江省物产集团公司	10730856
52	中国航空油料集团公司	10632154
53	中国船舶重工集团公司	10348275
54	江苏苏宁电器集团有限公司	10234242
55	中国大唐集团公司	10165408
56	太原钢铁（集团）有限公司	10093064
57	中国铁路物资总公司	10020276
58	中国太平洋保险（集团）股份有限公司	9783500
59	中国机械工业集团有限公司	9741658
60	天津市中环电子信息集团有限公司	9664804
61	上海电气（集团）总公司	9622213
62	鞍山钢铁集团公司	9595844

续表

排　名	企业名称	营业收入（万元）
63	中国外运长航集团有限公司	9462482
64	中国国电集团公司	9450745
65	山西煤炭运销集团有限公司	9023941
66	中国华电集团公司	8946801
67	益海嘉里投资有限公司	8438921
68	河南煤业化工集团有限公司	8211530
69	美的集团有限公司	8081158
70	山东魏桥创业集团有限公司	7567493
71	中国海运（集团）总公司	7486153
72	马钢（集团）控股有限公司	7463668
73	天津市物资集团总公司	7371435
74	天津汽车工业（集团）有限公司	7277530
75	山西焦煤集团有限责任公司	7179795
76	中国中煤能源集团有限公司	7125265
77	中国电力投资集团公司	6980746
78	中国电子信息产业集团公司	6856204
79	湖南华菱钢铁集团有限责任公司	6833293
80	中国平煤神马能源化工集团有限责任公司	6813417
81	上海建工（集团）总公司	6784650
82	珠海振戎公司	6729359
83	北京汽车工业控股有限责任公司	6723605
84	泰康人寿保险股份有限公司	6507674
85	中国建筑材料集团公司	6292504
86	大连大商集团有限公司	6255500
87	陕西延长石油（集团）有限责任公司	6222405
88	中国航天科工集团公司	6101977
89	中国水利水电建设集团公司	6081346
90	江西铜业集团公司	6058158
91	杭州钢铁集团公司	6001416
92	黑龙江北大荒农垦集团总公司	5744740
93	中国南方航空集团公司	5717384
94	中国航空集团公司	5580914
95	新华人寿保险股份有限公司	5568278

续表

排 名	企业名称	营业收入（万元）
96	招商银行股份有限公司	5530800
97	金川集团有限公司	5506451
98	南京钢铁集团有限公司	5505849
99	沈阳铁路局	5404831
100	上海铁路局	5329808

2009 年中国进出口额 100 强企业名单

单位：万美元

1	中国石油化工股份有限公司	
	进出口额（Total Value of Imp. & Exp.）	5515795
	出口额（Exp.）	427179
	进口额（Imp.）	5088616
2	中国石油天然气集团公司	
	进出口额（Total Value of Imp. & Exp.）	2709881
	出口额（Exp.）	527720
	进口额（Imp.）	2182162
3	达丰（上海）电脑有限公司	
	进出口额（Total Value of Imp. & Exp.）	2553216
	出口额（Exp.）	2175651
	进口额（Imp.）	377566
4	鸿富锦精密工业（深圳）有限公司	
	进出口额（Total Value of Imp. & Exp.）	2335690
	出口额（Exp.）	1320618
	进口额（Imp.）	1015071
5	富泰华工业（深圳）有限公司	
	进出口额（Total Value of Imp. & Exp.）	1628427
	出口额（Exp.）	879727
	进口额（Imp.）	748700

续表

6	中国中化集团公司	
	进出口额（Total Value of Imp. & Exp.）	1407402
	出口额（Exp.）	218843
	进口额（Imp.）	1188559
7	诺基亚（中国）投资有限公司	
	进出口额（Total Value of Imp. & Exp.）	1116780
	出口额（Exp.）	835257
	进口额（Imp.）	281523
8	仁宝信息技术（昆山）有限公司	
	进出口额（Total Value of Imp. & Exp.）	1035079
	出口额（Exp.）	889852
	进口额（Imp.）	145228
9	华为技术有限公司	
	进出口额（Total Value of Imp. & Exp.）	962470
	出口额（Exp.）	698985
	进口额（Imp.）	263485
10	鸿富锦精密电子（烟台）有限公司	
	进出口额（Total Value of Imp. & Exp.）	895520
	出口额（Exp.）	516483
	进口额（Imp.）	379038
11	名硕电脑（苏州）有限公司	
	进出口额（Total Value of Imp. & Exp.）	878544
	出口额（Exp.）	634778
	进口额（Imp.）	243765
12	纬新资通（昆山）有限公司	
	进出口额（Total Value of Imp. & Exp.）	790435
	出口额（Exp.）	716321
	进口额（Imp.）	74113
13	中国海洋石油总公司	
	进出口额（Total Value of Imp. & Exp.）	754604
	出口额（Exp.）	149181
	进口额（Imp.）	605423
14	中国船舶工业贸易公司	
	进出口额（Total Value of Imp. & Exp.）	752855
	出口额（Exp.）	631140
	进口额（Imp.）	121715

续表

15	中国第一汽车集团	
	进出口额（Total Value of Imp. & Exp.）	736355
	出口额（Exp.）	23971
	进口额（Imp.）	712385
16	苏州三星电子液晶显示器有限公司	
	进出口额（Total Value of Imp. & Exp.）	663332
	出口额（Exp.）	173385
	进口额（Imp.）	489946
17	惠州三星电子有限公司	
	进出口额（Total Value of Imp. & Exp.）	656652
	出口额（Exp.）	386737
	进口额（Imp.）	269915
18	群康科技（深圳）有限公司	
	进出口额（Total Value of Imp. & Exp.）	618590
	出口额（Exp.）	396003
	进口额（Imp.）	222586
19	英顺达科技有限公司	
	进出口额（Total Value of Imp. & Exp.）	595919
	出口额（Exp.）	510862
	进口额（Imp.）	85058
20	中国通用技术（集团）控股有限责任公司	
	进出口额（Total Value of Imp. & Exp.）	592315
	出口额（Exp.）	126737
	进口额（Imp.）	465578
21	中粮集团有限公司	
	进出口额（Total Value of Imp. & Exp.）	589653
	出口额（Exp.）	136473
	进口额（Imp.）	453180
22	鸿富泰精密电子（烟台）有限公司	
	进出口额（Total Value of Imp. & Exp.）	578713
	出口额（Exp.）	390526
	进口额（Imp.）	188187
23	英特尔产品（成都）有限公司	
	进出口额（Total Value of Imp. & Exp.）	571856
	出口额（Exp.）	242649
	进口额（Imp.）	329207

续表

<table>
<tr><td rowspan="4">24</td><td colspan="2">中国机械工业集团公司</td></tr>
<tr><td>进出口额（Total Value of Imp. & Exp.）</td><td>568779</td></tr>
<tr><td>出口额（Exp.）</td><td>396002</td></tr>
<tr><td>进口额（Imp.）</td><td>172777</td></tr>
<tr><td rowspan="4">25</td><td colspan="2">英源达科技有限公司</td></tr>
<tr><td>进出口额（Total Value of Imp. & Exp.）</td><td>532943</td></tr>
<tr><td>出口额（Exp.）</td><td>501289</td></tr>
<tr><td>进口额（Imp.）</td><td>31654</td></tr>
<tr><td rowspan="4">26</td><td colspan="2">宝山钢铁股份有限公司</td></tr>
<tr><td>进出口额（Total Value of Imp. & Exp.）</td><td>531855</td></tr>
<tr><td>出口额（Exp.）</td><td>116398</td></tr>
<tr><td>进口额（Imp.）</td><td>415457</td></tr>
<tr><td rowspan="4">27</td><td colspan="2">中国中钢集团公司</td></tr>
<tr><td>进出口额（Total Value of Imp. & Exp.）</td><td>526824</td></tr>
<tr><td>出口额（Exp.）</td><td>52448</td></tr>
<tr><td>进口额（Imp.）</td><td>474376</td></tr>
<tr><td rowspan="4">28</td><td colspan="2">伟创力制造（珠海）有限公司</td></tr>
<tr><td>进出口额（Total Value of Imp. & Exp.）</td><td>508966</td></tr>
<tr><td>出口额（Exp.）</td><td>280559</td></tr>
<tr><td>进口额（Imp.）</td><td>228407</td></tr>
<tr><td rowspan="4">29</td><td colspan="2">中国五矿集团公司</td></tr>
<tr><td>进出口额（Total Value of Imp. & Exp.）</td><td>502598</td></tr>
<tr><td>出口额（Exp.）</td><td>48578</td></tr>
<tr><td>进口额（Imp.）</td><td>454020</td></tr>
<tr><td rowspan="4">30</td><td colspan="2">珠海振戎公司</td></tr>
<tr><td>进出口额（Total Value of Imp. & Exp.）</td><td>492967</td></tr>
<tr><td>出口额（Exp.）</td><td>50</td></tr>
<tr><td>进口额（Imp.）</td><td>492916</td></tr>
<tr><td rowspan="4">31</td><td colspan="2">天津三星通信技术有限公司</td></tr>
<tr><td>进出口额（Total Value of Imp. & Exp.）</td><td>483281</td></tr>
<tr><td>出口额（Exp.）</td><td>267384</td></tr>
<tr><td>进口额（Imp.）</td><td>215896</td></tr>
<tr><td rowspan="4">32</td><td colspan="2">大连西太平洋石油化工有限公司</td></tr>
<tr><td>进出口额（Total Value of Imp. & Exp.）</td><td>481571</td></tr>
<tr><td>出口额（Exp.）</td><td>142683</td></tr>
<tr><td>进口额（Imp.）</td><td>338887</td></tr>
</table>

续表

33	北京索爱普天移动通讯有限公司	
	进出口额（Total Value of Imp. & Exp.）	475761
	出口额（Exp.）	310563
	进口额（Imp.）	165198
34	昌硕科技（上海）有限公司	
	进出口额（Total Value of Imp. & Exp.）	457009
	出口额（Exp.）	389207
	进口额（Imp.）	67802
35	中国远洋运输（集团）总公司	
	进出口额（Total Value of Imp. & Exp.）	407228
	出口额（Exp.）	228198
	进口额（Imp.）	179030
36	中国航空工业集团公司	
	进出口额（Total Value of Imp. & Exp.）	384295
	出口额（Exp.）	227877
	进口额（Imp.）	156418
37	浙江省国贸集团	
	进出口额（Total Value of Imp. & Exp.）	377931
	出口额（Exp.）	313191
	进口额（Imp.）	64740
38	友达光电（苏州）有限公司	
	进出口额（Total Value of Imp. & Exp.）	377192
	出口额（Exp.）	149994
	进口额（Imp.）	227197
39	星科金朋（上海）有限公司	
	进出口额（Total Value of Imp. & Exp.）	372960
	出口额（Exp.）	185070
	进口额（Imp.）	187890
40	深圳富泰宏精密工业有限公司	
	进出口额（Total Value of Imp. & Exp.）	371284
	出口额（Exp.）	234038
	进口额（Imp.）	137246
41	深圳华为通信技术有限公司	
	进出口额（Total Value of Imp. & Exp.）	366219
	出口额（Exp.）	194982
	进口额（Imp.）	171237

续表

42	中兴通讯股份有限公司	
	进出口额（Total Value of Imp. & Exp.）	361708
	出口额（Exp.）	358148
	进口额（Imp.）	3560
43	东方国际（集团）有限公司	
	进出口额（Total Value of Imp. & Exp.）	355355
	出口额（Exp.）	212976
	进口额（Imp.）	142379
44	纬智资通（昆山）有限公司	
	进出口额（Total Value of Imp. & Exp.）	351671
	出口额（Exp.）	339420
	进口额（Imp.）	12252
45	三星电子（苏州）半导体有限公司	
	进出口额（Total Value of Imp. & Exp.）	349518
	出口额（Exp.）	16343
	进口额（Imp.）	333175
46	江苏沙钢集团有限公司	
	进出口额（Total Value of Imp. & Exp.）	345100
	出口额（Exp.）	37676
	进口额（Imp.）	307423
47	广东省丝绸纺织集团有限公司	
	进出口额（Total Value of Imp. & Exp.）	341980
	出口额（Exp.）	310190
	进口额（Imp.）	31790
48	友达光电（厦门）有限公司	
	进出口额（Total Value of Imp. & Exp.）	340683
	出口额（Exp.）	149056
	进口额（Imp.）	191626
49	中国港湾建设（集团）总公司	
	进出口额（Total Value of Imp. & Exp.）	336489
	出口额（Exp.）	262024
	进口额（Imp.）	74465
50	乐金飞利浦液晶显示（南京）有限公司	
	进出口额（Total Value of Imp. & Exp.）	333808
	出口额（Exp.）	134235
	进口额（Imp.）	199572

续表

51	仁宝资讯工业（昆山）有限公司	
	进出口额（Total Value of Imp. & Exp.）	330149
	出口额（Exp.）	314938
	进口额（Imp.）	15210
52	宁波奇美电子有限公司	
	进出口额（Total Value of Imp. & Exp.）	324553
	出口额（Exp.）	132288
	进口额（Imp.）	192265
53	冠捷电子（福建）有限公司	
	进出口额（Total Value of Imp. & Exp.）	320878
	出口额（Exp.）	286423
	进口额（Imp.）	34455
54	伟创力实业（珠海）有限公司	
	进出口额（Total Value of Imp. & Exp.）	302491
	出口额（Exp.）	164379
	进口额（Imp.）	138111
55	纬创资通（中山）有限公司	
	进出口额（Total Value of Imp. & Exp.）	301649
	出口额（Exp.）	173884
	进口额（Imp.）	127766
56	金士顿科技电子（上海）有限公司	
	进出口额（Total Value of Imp. & Exp.）	299807
	出口额（Exp.）	168718
	进口额（Imp.）	131089
57	达富电脑（常熟）有限公司	
	进出口额（Total Value of Imp. & Exp.）	298974
	出口额（Exp.）	204480
	进口额（Imp.）	94494
58	浙江省物产集团	
	进出口额（Total Value of Imp. & Exp.）	294138
	出口额（Exp.）	75045
	进口额（Imp.）	219092
59	联想信息产品（深圳）有限公司	
	进出口额（Total Value of Imp. & Exp.）	292082
	出口额（Exp.）	292081
	进口额（Imp.）	94494

续表

60	苏州三星电子电脑有限公司	
	进出口额（Total Value of Imp. & Exp.）	289499
	出口额（Exp.）	197502
	进口额（Imp.）	91997
61	中国工艺（集团）公司	
	进出口额（Total Value of Imp. & Exp.）	284968
	出口额（Exp.）	87822
	进口额（Imp.）	197146
62	珠海三美电机有限公司	
	进出口额（Total Value of Imp. & Exp.）	283761
	出口额（Exp.）	156995
	进口额（Imp.）	126765
63	宝马（中国）汽车贸易有限公司	
	进出口额（Total Value of Imp. & Exp.）	282433
	出口额（Exp.）	0
	进口额（Imp.）	282433
64	东风汽车公司	
	进出口额（Total Value of Imp. & Exp.）	278057
	出口额（Exp.）	29348
	进口额（Imp.）	248709
65	长城国际系统科技（深圳）有限公司	
	进出口额（Total Value of Imp. & Exp.）	272314
	出口额（Exp.）	272183
	进口额（Imp.）	131
66	仁宝电子科技（昆山）有限公司	
	进出口额（Total Value of Imp. & Exp.）	270562
	出口额（Exp.）	211379
	进口额（Imp.）	59183
67	中国电子进出口总公司	
	进出口额（Total Value of Imp. & Exp.）	270294
	出口额（Exp.）	196538
	进口额（Imp.）	73756
68	海尔集团公司	
	进出口额（Total Value of Imp. & Exp.）	266180
	出口额（Exp.）	162065
	进口额（Imp.）	104116

续表

69	中国中信集团公司	
	进出口额（Total Value of Imp. & Exp.）	261457
	出口额（Exp.）	53337
	进口额（Imp.）	208120
70	TCL 集团股份有限公司	
	进出口额（Total Value of Imp. & Exp.）	260312
	出口额（Exp.）	137882
	进口额（Imp.）	122430
71	摩托罗拉（中国）电子有限公司	
	进出口额（Total Value of Imp. & Exp.）	259353
	出口额（Exp.）	210531
	进口额（Imp.）	48822
72	广东省东莞机械进出口有限公司	
	进出口额（Total Value of Imp. & Exp.）	257641
	出口额（Exp.）	143212
	进口额（Imp.）	114429
73	中国首钢国际贸易工程公司	
	进出口额（Total Value of Imp. & Exp.）	257411
	出口额（Exp.）	52050
	进口额（Imp.）	205361
74	梅赛德斯－奔驰（中国）汽车销售有限公司	
	进出口额（Total Value of Imp. & Exp.）	253947
	出口额（Exp.）	0
	进口额（Imp.）	253947
75	威宇科技测试封装有限公司	
	进出口额（Total Value of Imp. & Exp.）	251744
	出口额（Exp.）	128632
	进口额（Imp.）	123112
76	中国烟草国际有限公司	
	进出口额（Total Value of Imp. & Exp.）	249799
	出口额（Exp.）	70274
	进口额（Imp.）	179526
77	晟碟半导体（上海）有限公司	
	进出口额（Total Value of Imp. & Exp.）	245785
	出口额（Exp.）	144062
	进口额（Imp.）	101723

续表

78	上海纺织（集团）有限公司	
	进出口额（Total Value of Imp. & Exp.）	240401
	出口额（Exp.）	214230
	进口额（Imp.）	26172
79	广东省广新外贸集团有限公司	
	进出口额（Total Value of Imp. & Exp.）	240261
	出口额（Exp.）	169747
	进口额（Imp.）	70514
80	海力士一恒忆半导体有限公司	
	进出口额（Total Value of Imp. & Exp.）	239858
	出口额（Exp.）	145647
	进口额（Imp.）	94211
81	神华集团有限责任公司	
	进出口额（Total Value of Imp. & Exp.）	238778
	出口额（Exp.）	148490
	进口额（Imp.）	90288
82	浪潮乐金数字移动通信有限公司	
	进出口额（Total Value of Imp. & Exp.）	236602
	出口额（Exp.）	129066
	进口额（Imp.）	107536
83	无锡夏普电子元器件有限公司	
	进出口额（Total Value of Imp. & Exp.）	229504
	出口额（Exp.）	121433
	进口额（Imp.）	108071
84	深圳赛意法微电子有限公司	
	进出口额（Total Value of Imp. & Exp.）	229223
	出口额（Exp.）	138977
	进口额（Imp.）	90246
85	金川集团有限公司	
	进出口额（Total Value of Imp. & Exp.）	228468
	出口额（Exp.）	9227
	进口额（Imp.）	219241
86	大连船舶重工集团有限公司	
	进出口额（Total Value of Imp. & Exp.）	225844
	出口额（Exp.）	204384
	进口额（Imp.）	21460

续表

<table>
<tr><td rowspan="4">87</td><td colspan="2">高先电子（深圳）有限公司</td></tr>
<tr><td>进出口额（Total Value of Imp. & Exp.）</td><td>225706</td></tr>
<tr><td>出口额（Exp.）</td><td>117817</td></tr>
<tr><td>进口额（Imp.）</td><td>107889</td></tr>
<tr><td rowspan="4">88</td><td colspan="2">戴尔（厦门）有限公司</td></tr>
<tr><td>进出口额（Total Value of Imp. & Exp.）</td><td>223039</td></tr>
<tr><td>出口额（Exp.）</td><td>177012</td></tr>
<tr><td>进口额（Imp.）</td><td>46027</td></tr>
<tr><td rowspan="4">89</td><td colspan="2">深圳市中兴康讯电子有限公司</td></tr>
<tr><td>进出口额（Total Value of Imp. & Exp.）</td><td>220848</td></tr>
<tr><td>出口额（Exp.）</td><td>129</td></tr>
<tr><td>进口额（Imp.）</td><td>220719</td></tr>
<tr><td rowspan="4">90</td><td colspan="2">希捷国际科技（无锡）有限公司</td></tr>
<tr><td>进出口额（Total Value of Imp. & Exp.）</td><td>220403</td></tr>
<tr><td>出口额（Exp.）</td><td>95685</td></tr>
<tr><td>进口额（Imp.）</td><td>124718</td></tr>
<tr><td rowspan="4">91</td><td colspan="2">恩斯迈电子（深圳）有限公司</td></tr>
<tr><td>进出口额（Total Value of Imp. & Exp.）</td><td>219869</td></tr>
<tr><td>出口额（Exp.）</td><td>101207</td></tr>
<tr><td>进口额（Imp.）</td><td>118662</td></tr>
<tr><td rowspan="4">92</td><td colspan="2">美的集团有限公司</td></tr>
<tr><td>进出口额（Total Value of Imp. & Exp.）</td><td>217726</td></tr>
<tr><td>出口额（Exp.）</td><td>196212</td></tr>
<tr><td>进口额（Imp.）</td><td>21514</td></tr>
<tr><td rowspan="4">93</td><td colspan="2">乐金飞利浦液晶显示（广州）有限公司</td></tr>
<tr><td>进出口额（Total Value of Imp. & Exp）</td><td>207338</td></tr>
<tr><td>出口额（Exp.）</td><td>98055</td></tr>
<tr><td>进口额（Imp.）</td><td>109283</td></tr>
<tr><td rowspan="4">94</td><td colspan="2">上海浦东国际机场进出口有限公司</td></tr>
<tr><td>进出口额（Total Value of Imp. & Exp.）</td><td>207123</td></tr>
<tr><td>出口额（Exp.）</td><td>77689</td></tr>
<tr><td>进口额（Imp.）</td><td>129435</td></tr>
<tr><td rowspan="4">95</td><td colspan="2">瑞钢联集团有限公司</td></tr>
<tr><td>进出口额（Total Value of Imp. & Exp.）</td><td>202388</td></tr>
<tr><td>出口额（Exp.）</td><td>34</td></tr>
<tr><td>进口额（Imp.）</td><td>202354</td></tr>
</table>

续表

<table>
<tr><td rowspan="4">96</td><td colspan="2">中建材集团进出口公司</td></tr>
<tr><td>进出口额（Total Value of Imp. & Exp.）</td><td>200344</td></tr>
<tr><td>出口额（Exp.）</td><td>22347</td></tr>
<tr><td>进口额（Imp.）</td><td>177997</td></tr>
<tr><td rowspan="4">97</td><td colspan="2">英华达（上海）科技有限公司</td></tr>
<tr><td>进出口额（Total Value of Imp. & Exp.）</td><td>199179</td></tr>
<tr><td>出口额（Exp.）</td><td>127406</td></tr>
<tr><td>进口额（Imp.）</td><td>71772</td></tr>
<tr><td rowspan="4">98</td><td colspan="2">江西铜业集团公司</td></tr>
<tr><td>进出口额（Total Value of Imp. & Exp.）</td><td>197412</td></tr>
<tr><td>出口额（Exp.）</td><td>9659</td></tr>
<tr><td>进口额（Imp.）</td><td>187753</td></tr>
<tr><td rowspan="4">99</td><td colspan="2">鞍钢集团国际经济贸易公司</td></tr>
<tr><td>进出口额（Total Value of Imp. & Exp.）</td><td>196797</td></tr>
<tr><td>出口额（Exp.）</td><td>53915</td></tr>
<tr><td>进口额（Imp.）</td><td>142882</td></tr>
<tr><td rowspan="4">100</td><td colspan="2">安徽国贸集团</td></tr>
<tr><td>进出口额（Total Value of Imp. & Exp.）</td><td>194362</td></tr>
<tr><td>出口额（Exp.）</td><td>133377</td></tr>
<tr><td>进口额（Imp.）</td><td>60985</td></tr>
</table>

2009—2010 年入选 ENR 全球最大 225 家国际承包商的中国企业名单

序　号	排　名		公司名称
	2010 年	2009 年	
1	13	17	中国交通建设股份有限公司
2	22	25	中国建筑股份有限公司
3	25	51	中国铁建股份有限公司
4	26	28	中国机械工业集团公司
5	31	61	中国冶金科工股份有限公司

续表

序 号	排 名		公司名称
	2010 年	2009 年	
6	32	59	中信建设有限责任公司
7	41	56	中国水利水电建设集团公司
8	46	100	中国石油工程建设（集团）公司
9	53	62	中国中铁股份有限公司
10	69	94	中国石化工程建设公司
11	76	120	中国石油天然气管道局
12	78	83	上海电气集团股份有限公司
13	79	95	山东电力建设第三工程公司
14	80	80	四川东方电力设备联合公司
15	84	99	中国葛洲坝集团股份有限公司
16	86	72	中国土木工程集团公司
17	89	103	上海建工（集团）总公司
18	101	123	山东电力基本建设总公司
19	106	142	中国地质工程集团公司
20	108	137	哈尔滨电站工程有限责任公司
21	117	140	北京建工集团有限责任公司
22	119	147	中国江苏国际经济技术合作公司
23	123	112	中国石化集团中原石油勘探局
24	124	90	中国化学工程集团公司
25	125	122	中国水利电力对外公司
26	128	131	中地海外建设有限责任公司
27	130	141	中国海外工程有限责任公司
28	133	143	青建集团股份公司
29	135	109	中国技术进出口总公司
30	137	145	合肥水泥研究设计院
31	140	153	中国万宝工程公司
32	141	172	中国大连国际经济技术合作集团有限公司
33	149	202	上海城建（集团）公司
34	151	189	中国寰球工程公司
35	157	168	安徽建工集团公司
36	159	165	中国河南国际合作集团有限公司
37	160	185	中国机械进出口（集团）有限公司
38	162	* *	泛华建设集团有限公司
39	169	191	新疆北新建设工程（集团）有限责任公司

续表

序　号	排　名		公司名称
	2010 年	2009 年	
40	179	212	安徽省外经建设（集团）有限公司
41	184	222	中国武夷实业股份有限公司
42	185	192	中国江西国际经济技术合作公司
43	186	175	中国中原对外工程公司
44	188	193	中钢设备公司
45	197	* *	南通建工集团股份有限公司
46	200	* *	江苏南通三建集团有限公司
47	201	194	中国有色金属股份有限公司
48	206	199	威海国际经济技术合作股份有限公司
49	207	220	中鼎国际工程有限责任公司
50	208	* *	云南建工集团总公司
51	215	* *	上海隧道工程股份有限公司
52	217	225	浙江省建设投资集团有限公司
53	221	* *	江苏南通六建建设集团有限公司
54	224	224	中国成套设备进出口（集团）总公司

备注：1. “* *” 表示企业在该年度未参加或未入选 225 家最大国际承包商排名。

2. 2010 届排名基本数据为企业上一年度即 2009 年度对外承包工程完成营业额。

中国机械工业集团有限公司子公司名录

京内单位

中国机械设备进出口总公司

单位名称	中 文	中国机械设备进出口总公司		
	英 文	China National Machinery & Equipment Import & Export Corporation		
简 称	中 文	中设集团	英 文	CMEC
地 址		北京市宣武区广安门外大街178号		
邮政编码		100055	电话区号	010
办公室电话		63268208	传 真	63268208

中工国际工程股份有限公司

单位名称	中 文	中工国际工程股份有限公司		
	英 文	China CAMC Engineering co., Ltd.		
简 称	中 文	中工国际	英 文	CAMCE
地 址		北京市海淀区丹棱街3号		
邮政编码		100080	电话区号	010
办公室电话		82688866/8600/8500	传 真	82688688/8588

中国福马机械集团有限公司

单位名称	中 文	中国福马机械集团有限公司		
	英 文	China Foma (Group) Co., Ltd.		
简 称	中 文	中国福马	英 文	CFMC
地 址		北京市朝阳区安苑路20号世纪兴源大厦		
邮政编码		100029	电话区号	010
办公室电话		84898622	传 真	84898421

中国海洋航空集团公司

单位名称	中 文	中国海洋航空集团公司		
	英 文	China Ocean Aviation Group Incorporation		
简 称	中 文	中海航	英 文	COAGI
地 址		北京市海淀区翠微路36号		
邮政编码		100036	电话区号	010
办公室电话		63984671	传 真	63984670

中国地质装备总公司

单位名称	中 文	中国地质装备总公司		
	英 文	China Geo – Equipment Corporation		
简 称	中 文	中装总公司	英 文	CGE
地 址		北京朝阳区望京西园221号博泰大厦505－510		
邮政编码		100036	电话区号	010
办公室电话		64789688	传 真	64789866

中国收获机械总公司

单位名称	中 文	中国收获机械总公司		
	英 文	China National Harvester Machinery Corporation		
简 称	中 文	中收总公司	英 文	SINOHARV
地 址		新疆乌鲁木齐市北京北路91号		
邮政编码		830013	电话区号	0991
办公室电话		7868351 7868499	传 真	7868499

中国机械工业建设总公司

单位名称	中 文	中国机械工业建设总公司		
	英 文	China Cmiic Engineering & Construction Corporation		
简 称	中 文	中机建设	英 文	CMIIC
地 址		北京市西城区三里河南五巷5号		
邮政编码		100045	电话区号	010
办公室电话		68595600	传 真	68524881

中国机床总公司

单位名称	中 文	中国机床总公司		
	英 文	China National Machine Tools Corp.		
简 称	中 文	机床总公司	英 文	CNMTC
地 址		北京市东城区北三环东路36号环球贸易中心A座23层		
邮政编码		100013	电话区号	010
办公室电话		58257788	传 真	58257787

中国重型机械总公司

单位名称	中 文	中国重型机械总公司		
	英 文	China National Heavy Machinery Corporation		
简 称	中 文	中国重机	英 文	CHMC
地 址		北京市公主坟复兴路甲23号		
邮政编码		100036	电话区号	010
办公室电话		68211861	传 真	68217772 68296024

中国电工设备总公司

单位名称	中 文	中国电工设备总公司		
	英 文	China National Electric Equipment Corporation		
简 称	中 文	中国电工	英 文	CNEEC
地 址		北京市海淀区首体南路9号中国电工大厦		
邮政编码		100048	电话区号	010
办公室电话		68798580	传 真	68798000

中国通用机械工程总公司

单位名称	中 文	中国通用机械工程总公司		
	英 文	China National General Machinery Engineering Corp.		
简 称	中 文	中通公司	英 文	GME
地 址		北京市宣武区太平街甲2号		
邮政编码		100048	电话区号	010
办公室电话		83132008	传 真	83132001

中国自动化控制系统总公司

单位名称	中 文	中国自动化控制系统总公司		
	英 文	China National Automation Control System Corp.		
简 称	中 文	中国自控总公司	英 文	CACS
地 址		北京市朝阳区团结湖北路2号		
邮政编码		100026	电话区号	010
办公室电话		65821837	传 真	65821616

中国机械工业成套工程总公司

单位名称	中 文	中国机械工业成套工程总公司		
	英 文	China National Machinery Industry Complete Engineering Corporation		
简 称	中 文	中国成套	英 文	CMCEC
地 址		北京市海淀区首体南路9号主语国际4座7层		
邮政编码		100044	电话区号	010
办公室电话		68739900	传 真	68739831

国机财务有限责任公司

单位名称	中 文	国机财务有限责任公司		
	英 文	SINOMACH Finance Co., Ltd.		
简 称	中 文	国机财务	英 文	SINOMF
地 址		北京市海淀区丹棱街3号A座8层		
邮政编码		100080	电话区号	010
办公室电话		82606829	传 真	82606805

中国进口汽车贸易有限公司

单位名称	中 文	中国进口汽车贸易有限公司		
	英 文	China Automobile Trading Co., Ltd.		
简 称	中 文	中进汽贸	英 文	CATC
地 址		北京市海淀区西三环北路72号世纪经贸大厦A座		
邮政编码		100048	电话区号	010
办公室电话		68488367	传 真	68488202

中国汽车工业进出口总公司（中汽凯瑞贸易有限公司）

单位名称	中 文	中国汽车工业进出口总公司（中汽凯瑞贸易有限公司）		
	英 文	China National Automotive Industry Imp. & Exp. Corp.		
简 称	中 文	中汽进出口	英 文	CAIEC
地 址		北京市北四环中路265号		
邮政编码		100083	电话区号	010
办公室电话		82379010	传 真	82379188

中国汽车工业国际合作总公司

单位名称	中 文	中国汽车工业国际合作总公司		
	英 文	China National Automotive Industry International Corp.		
简 称	中 文	中汽国际	英 文	CNAICO
地 址		北京市海淀区丹棱街3号A座5层		
邮政编码		100080	电话区号	010
办公室电话		82606899	传 真	82606999

北京华隆进出口公司

单位名称	中 文	北京华隆进出口公司		
	英 文	Beijing Wallong Import & Export Corporation		
简 称	中 文	北京华隆	英 文	CNAICO
地 址		北京市朝阳区朝外大街19号华普国际大厦11层		
邮政编码		100020	电话区号	010
办公室电话		65802027	传 真	65802010

北京中汽京田汽车贸易有限公司

单位名称	中 文	北京中汽京田汽车贸易有限公司		
	英 文	Beijing Zhongqijingtian Auto Trading Co., Ltd.		
简 称	中 文	中汽京田	英 文	ZQJT
地 址		北京市丰台区西四环南路39号		
邮政编码		100071	电话区号	010
办公室电话		63860808-800	传 真	63819666

北京国机隆盛汽车有限公司

单位名称	中 文	北京国机隆盛汽车有限公司		
	英 文	Beijing Guoji Longsheng Automobile Co., Ltd.		
简 称	中 文	国机隆盛	英 文	Guoji Longsheng
地 址		北京市海淀区西北旺镇百旺绿谷汽车园		
邮政编码		100094	电话区号	010
办公室电话		82402099	传 真	82405129

机翔房地产开发公司

单位名称	中 文	机翔房地产开发公司		
	英 文	Jixiang Real Estate Developing Corporation		
简 称	中 文	机翔公司	英 文	JIXIANG
地 址		北京市海淀区丹棱街3号B座17层1706室		
邮政编码		100080	电话区号	010
办公室电话		58752526	传 真	58752526

北京国机丰盛汽车有限公司

单位名称	中 文	北京国机丰盛汽车有限公司		
简 称	中 文	国机丰盛	英 文	JIXIANG
地 址		北京市昌平区回龙观欧德宝汽车城23-24号		
邮政编码		102208	电话区号	010
办公室电话		80750908	传 真	80750908

中国农业机械化科学研究院

单位名称	中　文	中国农业机械化科学研究院		
	英　文	Chinese Academy of Agricultural Mechanization Sciences		
简　称	中　文	中国农机院	英　文	CAAMS
地　　址		北京市朝阳区德胜门外北沙滩 1 号院		
邮政编码		100083	电话区号	010
办公室电话		64882223	传　　真	64877326

中国中元国际工程公司

单位名称	中　文	中国中元国际工程公司		
	英　文	China IPPR International Engineering Corporation		
简　称	中　文	中国中元	英　文	IPPR
地　　址		北京市海淀区西三环北路 5 号		
邮政编码		100089	电话区号	010
办公室电话		68732700	传　　真	68732688

北京起重运输机械设计研究院

单位名称	中　文	北京起重运输机械设计研究院		
	英　文	Beijing Materials Handling Engineering&Research Institute		
简　称	中　文	北起院	英　文	BMHRI
地　　址		北京市东城区雍和宫大街 52 号		
邮政编码		100007	电话区号	010
办公室电话		64079409	传　　真	64052584

京外单位

中国一拖集团有限公司

单位名称	中　文	中国一拖集团有限公司		
	英　文	YTO Group Corporation		
简　称	中　文	中国一拖	英　文	YTO Group
地　址		河南省洛阳市建设路 154 号		
邮政编码		471004	电话区号	0379
办公室电话		64968111　64968211	传　真	64213228

江苏苏美达集团公司

单位名称	中　文	江苏苏美达集团公司		
	英　文	SUMEC Group Corporation		
简　称	中　文	苏美达集团	英　文	SUMEC
地　址		江苏省南京市长江路 198 号苏美达大厦		
邮政编码		210018	电话区号	025
办公室电话		84531901	传　真	84411772

中国浦发机械工业股份有限公司

单位名称	中　文	中国浦发机械工业股份有限公司		
	英　文	China Perfect Machinery Industry Corp., Ltd.		
简　称	中　文	中国浦发	英　文	CPF
地　址		上海市普陀区中山北路 1759 号 D 座 24 楼		
邮政编码		200061	电话区号	021
办公室电话		61397700－601	传　真	61390988

中国工程机械总公司

单位名称	中　文	中国工程机械总公司		
	英　文	China National Corporation of Construction Machinery		
简　称	中　文		英　文	CCMC
地　址		天津市新技术产业园区华苑产业区（环外）海泰南北大街 5 号		
邮政编码		300384	电话区号	022
办公室电话		58396110	传　真	58396108

中国磨料磨具进出口公司

单位名称	中　文	中国磨料磨具进出口公司		
	英　文	China Abrasives Import & Export Corporation		
简　称	中　文	中磨公司	英　文	CAEC
地　址		河南省郑州市中原中路 183 号		
邮政编码		450006	电话区号	0371
办公室电话		67630241	传　真	67632549

洛阳中收机械装备有限公司

单位名称	中　文	洛阳中收机械装备有限公司		
	英　文	Luoyangzhongshou Machinery&Equipment Co., Ltd.		
简　称	中　文	洛阳中收	英　文	Luoyang Zhongshou
地　址		中国洛阳工业园区纬六路2号		
邮政编码		471000	电话区号	0379
办公室电话		62186655　62186215	传　真	62186118

长沙汽电汽车零部件有限公司

单位名称	中　文	长沙汽电汽车零部件有限公司		
	英　文	Changsha Qidian Automotive Products Co., Ltd.		
简　称	中　文	长沙汽电	英　文	Changsha Qidian
地　址		长沙经济技术开发区盼盼路29号		
邮政编码		410100	电话区号	0731
办公室电话		82798418	传　真	82798500

中国联合工程公司

单位名称	中　文	中国联合工程公司		
	英　文	China United Engineering Corporation		
简　称	中　文	中国联合	英　文	CUC
地　址		浙江省杭州市石桥路338号		
邮政编码		310022	电话区号	0571
办公室电话		88151843	传　真	88137083

中国汽车工业工程公司

单位名称	中　文	中国汽车工业工程公司		
	英　文	China Automobile Industry Engineering Corporation		
简　称	中　文	中汽工程	英　文	AE
地　址		天津市南开区红旗路370号		
邮政编码		300190	电话区号	022
办公室电话		59528589	传　真	59527381

机械工业第六设计研究院

单位名称	中　文	机械工业第六设计研究院		
	英　文	No. 6 Institute of Project Planning & Research of Machinery Industry		
简　称	中　文	中机六院	英　文	SIPPR
地　址		河南省郑州市中原中路191号		
邮政编码		450007	电话区号	0371
办公室电话		67606016	传　真	67628091

中国中元国际工程公司

单位名称	中　文	中国中元国际工程公司		
	英　文	China IPPR International Engineering Corporation		
简　称	中　文	中国中元	英　文	IPPR
地　址		北京市海淀区西三环北路5号		
邮政编码		100089	电话区号	010
办公室电话		68732700	传　真	68732688

长春机械科学研究院有限公司

单位名称	中 文	长春机械科学研究院有限公司		
	英 文	Changchun Research Institute for Mechanical Science Co., Ltd.		
简 称	中 文	长春机械院	英 文	CRIMS
地 址		吉林省长春市硅谷大街1118号		
邮政编码		130012	电话区号	0431
办公室电话		85193212	传 真	85192115

沈阳仪表科学研究院

单位名称	中 文	沈阳仪表科学研究院		
	英 文	Shenyang Academy of Instrumentation Science		
简 称	中 文	沈阳仪表院或仪表院	英 文	SAIS
地 址		沈阳市大东区北海街242号		
邮政编码		110043	电话区号	024
办公室电话		88711866	传 真	88713452

合肥通用机械研究院

单位名称	中 文	合肥通用机械研究院		
	英 文	Hefei General Machinery Research Institute		
简 称	中 文	合肥通用院	英 文	HGMRI
地 址		安徽省合肥市长江西路888号		
邮政编码		100089	电话区号	0551
办公室电话		68732700	传 真	5312185

甘肃蓝科石化高新装备股份有限公司

单位名称	中 文	甘肃蓝科石化高新装备股份有限公司		
	英 文	Lanpec Technologies Limited		
简 称	中 文	蓝科高新	英 文	LANPEC
地 址		甘肃省兰州市安宁区蓝科路8号		
邮政编码		730070	电话区号	0931
办公室电话		7639820	传 真	7663346

兰州电源车辆研究所有限公司

单位名称	中 文	兰州电源车辆研究所有限公司		
	英 文	Lanzhou Power Station & Vehicle Institute Co., Ltd.		
简 称	中 文	兰电所	英 文	LPSVI
地 址		甘肃省兰州市七里河区民乐路64号		
邮政编码		730050	电话区号	0931
办公室电话		2880499 2868710	传 真	2868841

洛阳轴研科技股份有限公司

单位名称	中 文	洛阳轴研科技股份有限公司		
	英 文	Luoyang Bearing Science & Technology Co. Ltd.		
简 称	中 文	轴研科技	英 文	ZYS
地 址		河南省洛阳市吉林路1号		
邮政编码		471039	电话区号	0379
办公室电话		64881155	传 真	64880153

郑州磨料磨具磨削研究所

单位名称	中 文	郑州磨料磨具磨削研究所		
	英 文	Zhengzhou Research Institute for Abrasives & Grinding		
简 称	中 文	三磨所	英 文	ZRIAG
地 址		郑州市高新技术开发区梧桐街121号		
邮政编码		450001	电话区号	0371
办公室电话		67622264	传 真	67629107

天津电气传动设计研究所

单位名称	中 文	天津电气传动设计研究所		
	英 文	Tianjin Design & Research Institute of Electric Drive		
简 称	中 文	天传所	英 文	TRIED
地 址		天津市河东区津塘路174号		
邮政编码		300180	电话区号	022
办公室电话		84376168	传 真	24391813

中国电器科学研究院

单位名称	中 文	中国电器科学研究院		
	英 文	China National Electric Apparatus Research Institute		
简 称	中 文	中国电器院	英 文	CEI
地 址		广东省广州市新港西路204号		
邮政编码		510300	电话区号	020
办公室电话		89050853	传 真	84461729

广州机械科学研究院

单位名称	中 文	广州机械科学研究院		
	英 文	Guangzhou Mechanical Engineering Research Institute		
简 称	中 文	广州机械院	英 文	GMERI
地 址		广州市黄埔区茅岗路828号		
邮政编码		510700	电话区号	020
办公室电话		32388303	传 真	32389135

济南铸造锻压机械研究所有限公司

单位名称	中 文	济南铸造锻压机械研究所有限公司		
	英 文	Jinan Foundry & Metalforming Machinery Research Institute Co., Ltd.		
简 称	中 文	济南铸锻所	英 文	JFMI
地 址		济南市二环南路8060号		
邮政编码		250022	电话区号	0531
办公室电话		87979108	传 真	87964055

重庆仪表材料研究所

单位名称	中 文	重庆仪表材料研究所		
	英 文	Chongqing Instrument Materials Research Institute		
简 称	中 文	重材所	英 文	CIMRI
地 址		重庆市北碚区龙凤三村一号		
邮政编码		400700	电话区号	023
办公室电话		68863921	传 真	68863932

成都工具研究所

单位名称	中　文	成都工具研究所		
	英　文	Chengdu Tool Research Institute		
简　称	中　文	工具所	英　文	CTRI
地　　址		四川省成都市府青路二段24号		
邮政编码		610051	电话区号	028
办公室电话		83243828	传　　真	83244548

中国重型机械研究院有限公司

单位名称	中　文	中国重型机械研究院有限公司		
	英　文	China National Heavy Machinery Research Institute Co., Ltd.		
简　称	中　文	中国重型院	英　文	HEAVY MACH.
地　　址		西安市辛家庙东元路209号		
邮政编码		710032	电话区号	029
办公室电话		86322399	传　　真	86713965

苏州电加工机床研究所有限公司

单位名称	中　文	苏州电加工机床研究所有限公司		
	英　文	Suzhou Electromachining Machine Tool Research Institute Co., Ltd.		
简　称	中　文	苏州电加工	英　文	SEMTI
地　　址		苏州市高新区金山路180号		
邮政编码		215011	电话区号	0512
办公室电话		68251291	传　　真	68253876

桂林电器科学研究院

单位名称	中　文	桂林电器科学研究院		
	英　文	Guilin Electrical Equipment Scientific Research Institute		
简　称	中　文	桂林电科院	英　文	GLESI
地　　址		广西省桂林市辰山路1号		
邮政编码		541004	电话区号	0773
办公室电话		5888346	传　　真	5813513

第八篇

国机集团形象展示

CMEC

地址：北京市海淀区翠微路36号　电话：010-63984671　传真：010-63984670　邮编：100036　主页：http://www.coagi.com.cn

我国第一个百万千瓦核电基地总承包项目－东方重机（广州）有限公司

中机建设

圭亚那斯凯尔顿糖厂项目

成都污水处理厂项目

泰国sv花园

中国机械工业建设总公司（简称“中机建设”）始建于 1953 年，是我国成立最早的大型国有施工企业之一。公司是建设部批准的工程施工总承包一级企业，拥有 AAA 级资信等级和商务部批准的对外经营权、对外贸易权、对外派遣劳务资质和许可证书，通过了 ISO9000 质量管理体系、ISO14001 环境管理体系、GB/T28001 职业健康安全管理体系审核认证。

公司成立 50 余年来，先后承担了数百项大中型重点工程建设，工程领域遍及机械、汽车、建材、冶金、电力、化工、石油、电子、轻工、广播电视、环保、市政、公用和民用建筑等行业，施工业绩遍布全国各地。与此同时，秉承“真诚服务人类，用心建设未来”的企业理念，公司积极面向国际市场，承担了德国、英国、意大利、挪威、澳大利亚、圭亚那、尼日利亚、缅甸、香港、澳门等国家和地区的工程项目建设，在国际工程承包与项目管理方面积累了丰富的经验。

国家体育馆钢结构吊装焊接工程

GME 中國通用機械工程總公司

China National General Machinery Engineering Corporation

公司办公大楼

时任国务院总理朱镕基、国资委主任李荣融参观并听取公司廊坊污水厂项目情况介绍

中国通用机械工程总公司成立于 1979 年，是集工程承包、设备集成、技术服务、进出口贸易为一体的专业工程公司。公司具有对外工程承包经营，进出口贸易，甲级机械工程设计、甲级设备监理、压力容器和环境工程专项设计等资质，是中国机电产品进出口商会、中国对外工程承包商会、中国通用机械工业协会的会员单位。

公司成立 30 年来，坚持广泛服务于经济建设各个领域，坚持技术创新，传承和弘扬诚实守信、优质服务的经营理念，业务领域不断拓展，企业文化建设不断深入，核心竞争力不断增强，实现了持续健康发展，已成为管理科学，资产优良，特色鲜明，在国内外具有广泛影响的专业工程公司。目前，公司正向着国内一流、国际著名的专业工程公司迈进。

廊坊污水处理厂设备国产化示范工程

秦皇岛煤码头洒水除尘项目总承包工程

重庆轻轨较新线环控通风及空调工程

大亚湾核电站技术服务及备品备件项目

●地址：北京市西城区太平街甲 2 号 ●邮编：100050 ●电话：（010）63133888（总机）●传真：（010）83132001 ●公司网址：www.cgme.com.cn

〖公司简介〗 BRIEF INTRODUCTION TO CACS

中国自动化控制系统总公司成立于1981年，总部位于北京CBD商圈，设有4个全资子公司、4个控股公司和5个参股公司。2009年10月，经国机集团批准，公司进行资产重组，中国电线电缆进出口有限公司并入总公司，成为旗下控股子公司之一。

自成立以来，公司凭借雄厚的技术实力和理论经验双优的人才优势承揽完成了国内外重点工程项目千余项。公司业务定位于传统自控、国际工程和国际贸易、输变电总包和成套工程、环保工程、新能源工程以及产品与开发。曾荣获国务院“重大办”颁发的国家重大技术装备研制成果特等奖三项、突出贡献奖三项及国家首批颁发的机电设备甲级成套资格证书和收费资格证书。

■传统自控——青岛港液体化工码头>>>
Traditional Automatic Control—Qingdao Liquid Chemical Port

■传统自控——宁波国际会展中心>>>
Traditional Automatic Control---- Ningbo International Conference and Exhibition Centre

■国际工程—— 越南电力总公司输变电工程>>>
International Project—Transmission Line and Substation Project of Laokay, Vietnam

■环保工程——安徽金源热电厂氨法烟气脱硫项目>>>
Environment Project--- The Ammonia Flue Gas Desulfurization Project in Anhui Jinyuan Thermal Power Plant

地址：中国·北京朝阳区团结湖北路2号
电话：(010) 65821837 (010) 65823388 总机
传真：(010) 65821616
邮编：(010) 100026
网址：//www.CACS.com.cn

Add: No. 2 Tuanjiehu North Road, Beijing, P.R.China
Tel: (0086-10) 65821837 (0086-10) 65823388 Ext.
Fax: (0086-10) 65821616
Postcode: 100026
Website: //www.CACS.com.cn

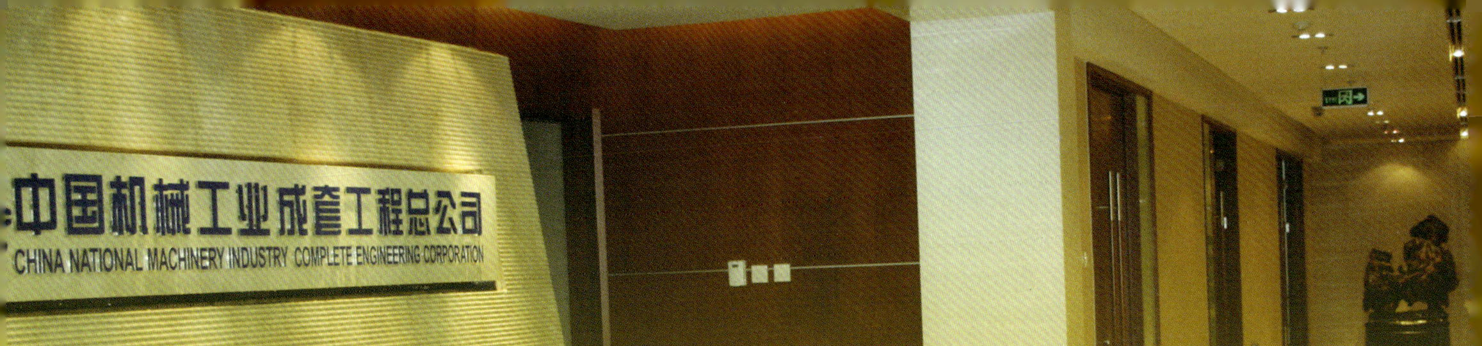

中国机械工业成套工程总公司

中国机械工业成套工程总公司（CMCEC）是1985年成立的综合性大型外贸企业。业务涉及国际工程承包、进出口贸易、房地产开发、能源环保和国防军工装备配套等众多领域。在全球经济一体化背景下不懈努力，开拓创新，现为隶属于国务院国有资产监督管理委员会的中国机械工业集团有限公司的成员企业。

中国成套秉承协作共赢的理念、专业专注的态度，致力于面向全球市场，不断强化企业责任，一直以优质的产品和服务，为客户创造最大价值。前瞻未来，我们将以“国际化、集团化、科学化”的发展思路，积极建设现代企业制度，优化资源要素配置，携手客户与合作伙伴，实现企业发展战略梦想，为经济社会发展做出新的贡献。

- 地址 北京市海淀区首体南路9号主语国际4座7层
- 邮政编码 100044
- 办公室电话 010-68739900

军工项目设备开箱验收

港口工程

缅甸双氧水厂

总裁：丁建

中国中元国际工程公司是集工程咨询、工程设计、工程总承包、项目管理、设备成套和技工贸为一体的工程公司。公司核心企业始建于1953年，是国家工程建设行业的核心骨干企业。具有甲级工程设计综合资质，城市规划、工程总承包、建设监理、工程咨询、工程造价甲级资质；压力管道、压力容器设计资格；有独立的进出口经营贸易权、对外经济合作资格证书、进出口企业资格证书、自理报关单位注册登记证书、招投标管理单位资质、施工图设计文件审查许可证和质量、环境、职业健康安全管理体系认证证书，是全国勘察设计综合实力百强单位之一。

医疗工程

解放军总医院外科大楼

内蒙古自治区医院洁净手术室工程

机场物流工程

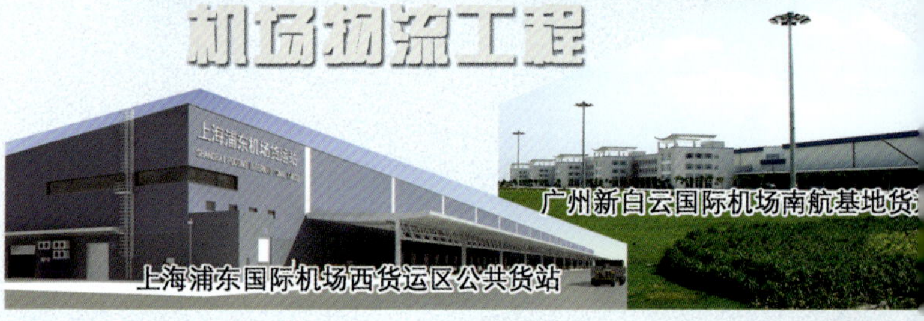

广州新白云国际机场南航基地货

上海浦东国际机场西货运区公共货站

工业工程

恩德东营风电设备叶片生产车间

深圳西部通道香港海关集装箱检查系统9MV加速器

民用建筑工程

中国驻美国大使馆新馆工程

梅兰芳大剧院

能源环境工程

北京首都国际机场供热厂

华电国际十里泉发电厂

工程总承包 项目管理和贸易

巴西大西洋钢厂堆取料机项目

重庆五一高级技工学校数控机床实训车间

工程建设咨询

中央民族大学新校区工程

太极湖生态旅游新区

中国中元国际工程公司
电话：010-68458355　邮编：100089　网址：www.ippr.com.cn　传真：010-68732688　地址：北京市西三环北路5号 中元国际工程大

中国聯合工程公司

CHINA UNITED ENGINEERING CORPORATION

中国联合工程公司是以原机械工业第二设计研究院为核心，联合多家国家甲级勘察设计单位组建的大型科技型工程公司。

现有在职员工3000多人，专业技术人员占85%以上，其中中国工程院院士1人、全国勘察设计大师7人、“新世纪百千万人才工程”国家级人选1人、享受国务院政府特殊津贴专家95人、具有高级技术职称的633人（含教授级高工141名），各类国家一级注册工程技术人员1100人次。

公司是国内首批获得工程设计综合甲级资质的企业之一。多年来，完成了10000多项大中型工程；主编、参编国家、地方和行业标准、规范80余项；获得国家科技进步奖26项（其中一等奖2项）、国家优秀工程勘察设计奖52项、各类省部级奖850多项。在全国一万多家勘察设计单位综合实力和营业收入排名中，连年进入百强榜；在美国《工程新闻记录》ENR对中国工程设计企业60强的统计排名中，连年榜上有名。

公司在做精做强设计咨询业务的同时，大力开拓工程总承包、项目管理和政府投资项目代建业务，努力提升EPC能力，积极参与国际竞争。公司将凭借强大的综合优势，竭诚为国内外业主提供各类工程建设全方位、全过程服务。

- 公司总部地址：杭州市石桥路338号
- 公司网址：www.chinacuc.com

设计并总承包的浙江美术馆，荣获建设工程“鲁班奖”、全国优秀项目管理银奖

设计的镇海炼化第二热电厂，是国内首座以石油焦为燃料的热电厂

设计的印度尼西亚2×350MW燃煤电厂

设计的东方汽轮机有限公司灾后异地重建工程

中国联合工程公司总部大楼

院办公楼

机械工业第六设计研究院

院长、党委书记赵景孔

机械工业第六设计研究院，简称中机六院，隶属中央大型企业——中国机械工业集团公司，是全国勘察设计行业综合实力百强单位，主要从事工业、民用、环境与市政工程的咨询、设计、监理、项目管理、项目代建和工程总承包业务。已通过ISO9001质量管理体系、ISO14001环境管理体系、GB/T28001职业健康安全管理体系“三标一体化”认证。

历经60年，中机六院已发展成为拥有8个工程所、3个分院、3个子公司、37个专业、2000多名员工的科技型企业，先后完成11000余项国内外大、中型项目的工程咨询、设计、监理和总承包业务，获国家、省、部级等各类奖300余项。工业项目涉及机床工具、重矿机械、工程机械、通用机械、农用机械、轻纺机械、石化机械、机车车辆、轻工烟草、电工电器、仪器仪表、标准件、汽车及其零部件、军工等众多工业行业；民用项目涉及大型公共建筑，办公建筑，商业建筑，医疗、教育建筑，文化、体育建筑，交通、司法建筑，住宅建筑以及景观规划等；市政工程涉及城市给排水、城市环境治理、城市供热等。

中机六院坚持以市场为导向，以顾客满意为中心，以打造中国机械工业工程设计第一强院为发展目标，凭借雄厚的综合实力、丰富的设计经验、先进的设计理念和热情周到的服务，竭诚与国内外同仁携手合作，共谋发展！

- 地址：中国郑州市中原中路191号
- 邮编：450007
- 联系方式：0371-67606030　67606029

大连重工起重集团有限公司泉水制造基地

中国第一重型机械集团公司铸钢车间工程总承包项目

沈阳机床集团数控产业园

新的生活从东方红®开始
金色服务 在您身边
ATTENTIVE SERVICE AROUND YOU
庆祝建厂55周年
YTO
中国一拖集团有限
YTO GROUP CORPORA
www.ytogroup.com

中国福马机械集团有限公司是位居中国机械500强的专用设备研发、制造、销售的大型企业，是中国林业机械协会的会长单位和中国工程机械协会副理事长单位。以生产经营工程机械、林业机械、小动力及摩托车制造；林产品加工；相关技术服务及贸易为主业。

多年来，公司秉持“合力行稳、专精致优”的经营方针及“和谐、勤奋、创新、自强”的核心理念，推进企业信息化、5S管理、精益管理、可视化管理等现代管理方法。培育了较强的专用机械产品开发能力、制造能力和具有一定国内外市场影响力的中国福马机械品牌，主导产品技术和质量处于国内领先水平，多个产品获得“全国用户满意产品”称号，多个系列产品通过3C、EMC、CARB、CETL、欧标认证等国际认证，产品远销美国、加拿大、日本、德国、东南亚等130多个国家和地区。

出口肯尼亚年产3万立方米刨花板生产线

系列装载机

全地形车ＬＨ300ＡＴＶ

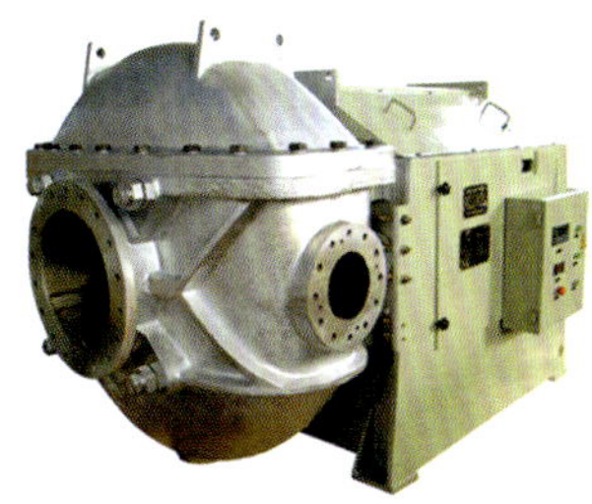

48英寸热磨主机

林工®

林业及木工刀具

电话：010—84898622、84898187　传真：010—84898421　邮政编码：100029
地址：北京市朝阳区安苑路20号世纪兴源大厦　网址：www.chinafoma.com　Email：chinafoma@chinafoma.com

中国工程机械总公司

中国工程机械总公司隶属中国机械工业集团有限公司，经过重组成立于2005年，总部位于天津市新技术产业园区。下属有16家企业，总资产16亿元，在岗职工1800余人。

公司主要业务范围包括：工程机械产品的研发设计、生产制造销售和国际工程项目承包等。主要产品有：平地机、摊铺机、压路机、推土机、挖掘机、铣刨机、沥青混凝土拌和设备、液力机械产品、卷扬机、通用机械以及机械产品配件等。

公司秉承“永争第一”的企业理念，以市场为导向，致力于打造集产品经营、技术经营、资本经营和工程承包于一体全国乃至全球性最优秀的工程机械集团公司。

地址：天津新技术产业园区华苑产业区（环外）海泰南北大街5号
邮编：300384

公司研发的 ZL60JN 节能装载机

YZ18G压路机

公司研制的PY350G平地机

公司参与设计的天津滨海新区海河开启桥

CRIMS

长春机械科学研究院有限公司

CHANGCHUN RESEARCH INSTITUTE FOR MECHANICAL SCIENCE CO., LTD.

简介 BRIEF INTRODUCTION

- 中国机械工业集团长春机械科学研究院有限公司，始建于1959年，原名为：机械工业部长春试验机研究所，是国家试验机行业技术归口研究单位。国家机械工业材料测试仪器工程研究中心、中国国家试验机质量监督检验测试中心、全国试验机标准化技术委员会秘书处、中国仪器仪表行业协会实验仪器分会秘书处、吉林省机械工业检测技术公共服务中心均设在我公司。
- 2010年1月1日，根据国家主管部门批准，公司改名为长春机械科学研究院有限公司，直属于中国机械工业集团公司。公司通过ISO9001-2000质量管理体系认证及CE认证。
- 公司始建以来，共完成科技项目1000多项，有100多项获得过国家、部（省）级奖项。仅近10年，就获得过部级以上奖项28项。经过50多年的发展历程，在产品种类上形成生产各类试验机、自动轴类校直机、汽车零部件检测设备、试验机附具附件等4大系列200多个品种，这些产品广泛应用于航空航天、国防军工、机械制造、质检机构、科研院所、大专院校等众多行业及领域，并远销到香港、西班牙、马来西亚、印度尼西亚、日本、巴基斯坦、阿尔及利亚等多个国家和地区。
- 进入新世纪，公司将继续专注于材料检测试验设备及校直设备的研发制造，一如既往地为广大用户提供优质服务，用一流的试验检测技术，服务于民族工业。

主营产品:

①

②

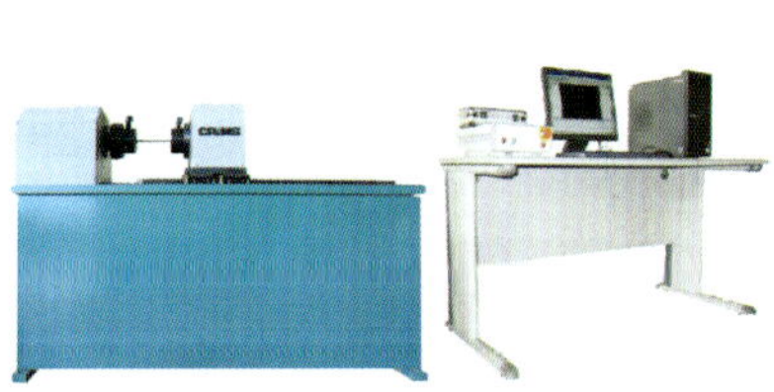
③

④

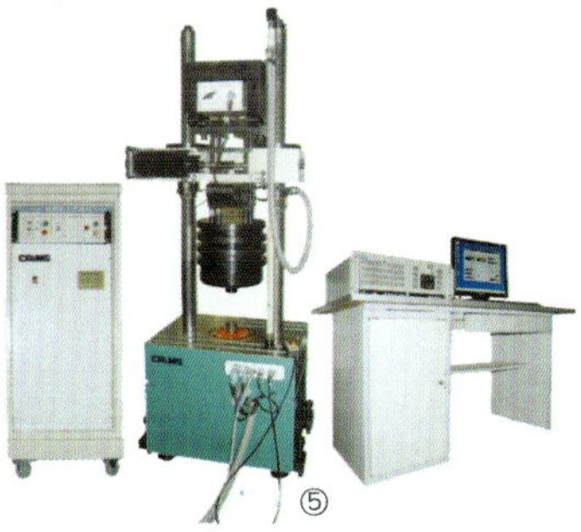
⑤

⑥

⑦

⑧

⑨

① 电子万能试验机
② 电液伺服万能试验机
③ 微机控制扭转试验机
④ 电液伺服动静疲劳试验机
⑤ 电磁谐振式高频疲劳试验机
⑥ 电子蠕变松弛持久试验机
⑦ 岩石剪切流变试验机
⑧ 双轴双向徐变试验机
⑨ 三轴土体流变试验机

长春机械科学研究院有限公司

地址：中国 吉林 长春 硅谷大街1118号
Add.: NO.1118 Guigu Street Changchun Jilin Chi
邮编（P.C.）：130012
电话（Tel.）：(86)0431-85189595/85192128
传真（Fax.）：(86)0431-85171288
E-mail: sales@ccss.com.cn
公司网址：www.ccss.com.cn

沈阳仪表科学研究院

SHENYANG ACADEMY OF INSTRUMENTATION SCIENCE

沈阳仪表科学研究院是辽宁省高新技术企业、辽宁省“守合同重信用”单位和全国模范职工之家、国资委先进基层党组织。

研究院是全国仪器仪表元器件和仪表工艺的归口单位，“传感器国家工程研究中心”、“国家仪器仪表元器件产品质量监督检验中心”、“国家照相机械产品质量检验中心”、“国家真空设备质量监督检验中心”、“机械工业仪器仪表元器件标准化技术委员会”、“中国仪器仪表学会仪表工艺分会、仪表元件分会”、“中国仪器仪表行业协会传感器分会”均设在研究院。

经过49年的发展，共完成科研项目1662项，获得国家、部、省、市等各项奖励331项，专利和专有技术130项，建成了国内最强的硅基传感器产业化基地、国内最强的高压组合电器补偿器及其配套产品产业化基地和国内最强的光学干涉滤光片产业化基地。

地址：沈阳市大东区北海街242号　邮编：110043
电话：024–88713979　网址：www.hb–sais.com

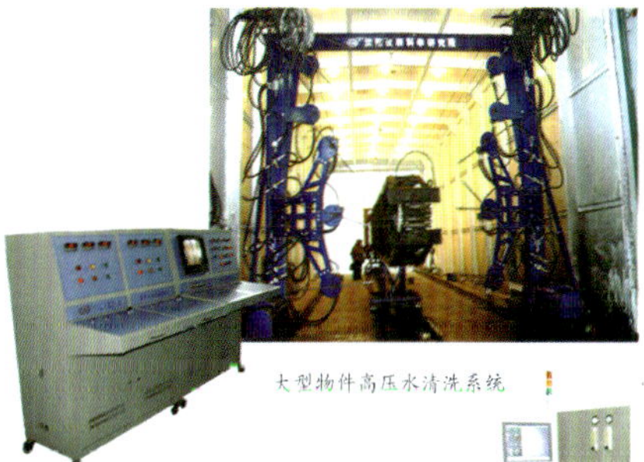
大型物件高压水清洗系统

高压水射流清洗机
（本院已开发出280MPa的高压清洗机）

国内领先、国际先进的
高性能划片机

装备产品

精密光学滤光片

生物医学光学滤光片
具有国内最强的光学干涉滤光片产业化基地

光学产品

OEM压力传感器

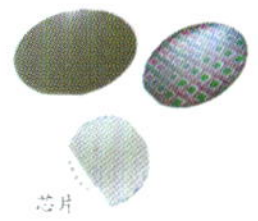
芯片
沈阳仪表院为国内唯一的芯片制造企业

具有自主知识产权的
高性能硅电容压力传感器

传感器产品

成功用于“神舟”系列飞船、
“嫦娥”卫星的精密波纹管产品

组合电器用波纹补偿器
（具有国内最强的生产线）

弹性元件产品

合肥通用机械研究院
Hefei General Machinery Research Institute

合肥通用机械研究院简介

合肥通用机械研究院1956年成立于北京，1969年搬迁至合肥，1999年转制为科技型企业，是原国家机械部直属的多专业综合性的国家一类科研院所，现隶属于中国机械工业集团有限公司。全院占地面积六百余亩，固定资产两亿多元。主要从事石油、化工、能源、冶金、燃气、环保、国防军工等行业通用机械、化工设备的设计开发、产品研制、工程承包、设备成套、检测检验、设备及工程监理等。

系国家创新型试点企业，设有国家压力容器与管道安全工程技术研究中心、压缩机技术国家重点实验室、国家科技部国际科技合作基地、压力容器与管道安全保障技术创新服务平台以及三个国家产品质量监督检验中心、一个国际标委会分委会、十个全国标委会、四个省部级工程技术研究中心、四个省部级重点实验室、一个博士后科研工作站和一个企业院士工作站。建院50余年来，共取得各类科研成果2500多项，其中，获国家科技进步奖20余项、省部级科技奖励350余项。技术成果均已在国民经济建设中得到了广泛应用，取得了突出的经济和社会效益。

着重围绕“国家重大工程与国防军工建设关键技术装备国产化研制”和“国家重大工业设施和城市生命线工程装备长周期运行安全保障技术研究”两个方面开展技术创新工作。覆盖压力容器与管道安全工程技术、储运装备、特种金属材料设备、制冷空调与环境控制技术、密封、泵、风机、包装机械、压缩机、阀门、科普装备、石油装备、通风设备、高压水射流、过滤与分离机械等专业领域。

科研

工程

独山子石化百万吨乙烯工程全压力罐区35台球罐项目

天津石化百万吨乙烯12台乙烯球罐项目

国家战略石油储备工程大型原油储罐项目

产业化

以煤代油装置的大型缠绕管式换热器

镍基合金B3分离料斗

新型余热脱硫回收装置

煤粉三通换向阀

机车用全无油压缩机

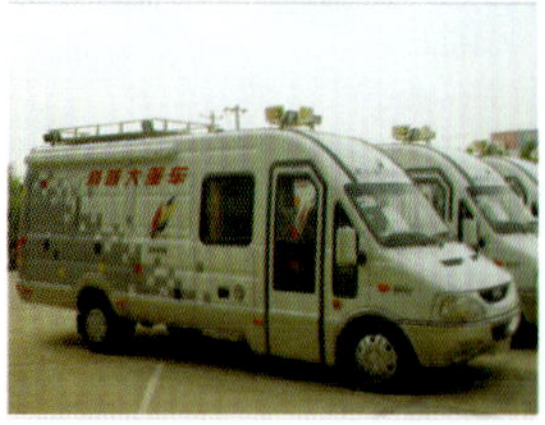

Ⅱ型科普大篷车

兰电所

LPSVI

兰州电源车辆研究所有限公司（兰电所）创建于1966年，原系机械工业部所属科研事业单位，1999年7月转制为科技型企业，2007年12月经国务院国资委批准整体改制为中国机械工业集团公司控股、多元投资的有限责任公司。主要从事内燃机电站和军用改装车辆两个行业的技术开发、产品设计及制造。现批量生产低噪声电站、航空电站、雷达电站、自动化电站、特种改装车辆等几大系列产品。获得质量体系证书、强制性产品认证证书、二级保密资格单位证书。

兰电所是内燃机电站和军用改装车辆两个行业的技术归口单位。主办有首届全国中文核心期刊《移动电源与车辆》。国家内燃机发电机组质检中心、中国电器工业协会内燃发电设备分会、全国移动电站标准化技术委员会、国防科工委军工专用机械军用移动电站及改装车军标专业组、中国电工技术学会移动电站技术专业委员会设在兰电所。

BFC–951交流移动电站

应急电站

40KW应急通信电站

工程抢险车

兰电所办公大楼

地址：中国甘肃兰州市七里河区民乐路64号　　邮编：730050
电话：86–0931–2868718　　http://www.lzdys.com

ZYS 轴研科技 洛阳轴研科技股份有限公司

洛阳轴研科技股份有限公司是重点为国民经济建设各领域关键主机及国防建设研制“高、精、尖、专、特”轴承及相关产品的高新技术企业；保持着滚动接触理论、轴承设计、制造、材料、试验及信息标准等方面的综合优势；占据着航空航天、舰船兵器、矿山冶金、风力发电、机床工具、机械装备用精密轴承、轴承工业成套装备及检测仪器、电主轴等研究、开发、试验的领先地位；具有一批在全国轴承行业处于领军水平的专家队伍，从事的主要研究代表着我国轴承行业的技术发展方向；圆满完成了我国航天发展史上具有里程碑意义的“东方红”系列人造地球卫星、“神舟”系列载人飞船、“嫦娥”探月工程的轴承及组件的配套任务。

技术服务中心

第一产业园

第二产业园

主营业务

精密及特种轴承、高速机床主轴、轴承专用工艺装备和检测仪器以及轴承特种材料的研究、开发、生产和销售。

先进的加工设备

中国机械500强
中国商标优秀企业
国防科技创新团队
全国企事业知识产权示范单位
《福布斯》“2009中国最具潜力中小企业200强”
河南省50户高成长型高新技术企业

引领轴承工业科技　提升世界装备水平

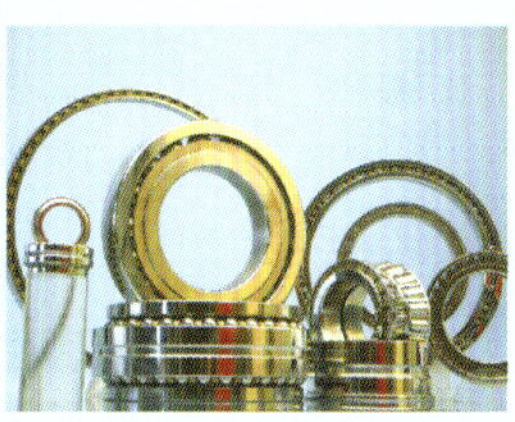

ZZSM 郑州磨料磨具磨削研究所

郑州磨料磨具磨削研究所创建于1958年，是我国磨料磨具行业唯一的综合性研究机构，全国磨料磨具、超硬材料行业技术研究、开发、信息和咨询服务中心，1999年转制为科技型企业，隶属于中国机械工业集团有限公司。

继1963年和1967年成功开发出中国第一颗人造金刚石和立方氮化硼之后，该所又相继开发出树脂结合剂、陶瓷结合剂、金属结合剂、电镀金属结合剂等一系列填补国内空白的超硬材料制品、行业专用的生产和检测设备。产品广泛应用于电子信息、汽车、航空航天、工具、家用电器等行业。1998年，以该所为依托建立了“国家超硬材料及制品工程技术研究中心”，标志着该所在行业中的技术领先地位。

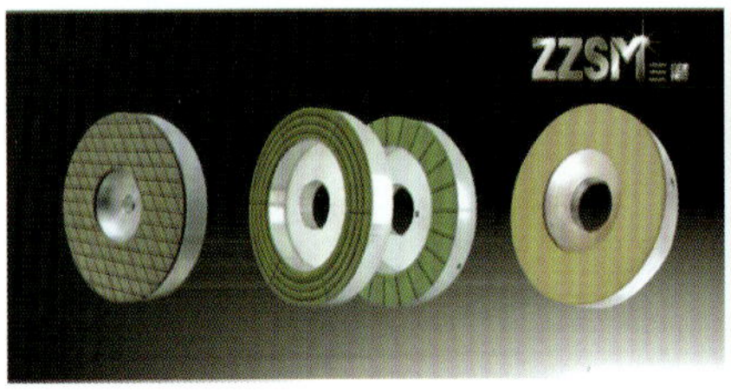

超硬材料磨盘

电子行业用产品

高速陶瓷CBN砂轮

广 州
械科学研究院

JFMI 捷迈机械

济南铸造锻压机械研究所有限公司

JINAN FOUNDRY & METALFORMING MACHINERY RESEARCH INSTITUTE CO.,LTD.

济南铸造锻压机械研究所始建于1956年，是原国家机械工业部直属的铸锻机械行业技术研发和归口管理的一类科研机构。

1999年7月转制为科技型企业，成为中国机械工业集团有限公司的成员单位。

2009年12月，由中国机械工业集团有限公司和宝钢集团有限公司、中国重型机械研究院有限公司、中国浦发机械工业股份有限公司、机械工业第三设计研究院共同发起，以增资扩股方式，将济南铸造锻压机械研究所改制为济南铸造锻压机械研究所有限公司。

公司现有员工700余人，各类专业技术人员占员工总数的70%，高级专业技术人员占员工总数的20%。

公司主要从事铸造机械及铸造工程机械化、自动化成套技术及装备，锻压机械及锻压工程机械化、自动化成套技术及装备，数控锻压和激光加工技术及设备、数控板材加工成套装备，各种大型闭式通用和专用机械压力机、液压机及自动化生产线，液压元件及系统的新技术、新产品开发、设计、制造；铸造锻压机械产品质量检测；相关技术的咨询服务。

公司还承担着全国铸锻机械行业技术组织和技术服务工作。国家铸造锻压机械产品质量监督检验中心、国家铸锻机械标准化技术委员会、中国机床工具工业协会铸造机械分会和锻压机械分会以及中国机械工程学会塑性分会锻压设备学术委员会等行业机构均设在该公司。并公开出版《中国铸造装备与技术》《锻压装备与制造技术》等科技核心期刊。

目前，公司已累计完成国家和省市等科技项目3 100余项，其中科研与新产品开发项目1500多项，获国家批准专利150余项，有160多项成果获得国家和省部级科技进步奖或发明奖。

LR0412地轨式数控激光切割机

SKYE21225C型数控伺服转塔冲床(闭式)

静压造型线

SPU16-36-4汽车U型纵梁三面数控冲孔生产线

地址：山东省济南市二环南路8060号 邮编：250022 电话：0531-87979108 传真：0531-87964055 网址：www.zds.com.cn

重庆仪表材料研究所

重庆仪表材料研究所成立于1961年，是原机械工业部直属一类研究所，是全国唯一专门从事仪表功能材料共性基础技术研究的综合性研究所。经过近50年的发展，研究开发领域包括测温材料、耐腐蚀材料、恒弹性材料、磁性材料、精密电阻材料、金属陶瓷材料、化合物半导体材料以及各种功能材料和元件。在电、磁、光、热、声、力学、化学、生物等参量的能量与信息的获得、转换、传输、显示、存储、处理等高新技术领域有较强的技术实力，产品在仪表、电子、自动化、冶金、机械、石油、化工、军工领域得到广泛应用。由研究所主持的行业机构有中国仪器仪表学会仪表材料学会、中国仪器仪表行业协会仪表材料分会、全国仪表功能材料标准化技术委员会；是机械工业仪表材料产品质量监督检测中心；机械工业仪表功能材料生产力促进中心。编辑出版全国发行的《功能材料》技术刊物是中文材料科学核心期刊；《功能材料信息》是中文材料科学技术期刊；先后经国务院学位委员会批准与湖南大学共同建立了“材料物理与化学”博士学位授予点；经国家人事部批准建立了博士后科研工作站；经国家科技部批准组建了“国家仪表功能材料工程技研究中心”，使研究所成为国家重点支持的研发平台。建所以来，共形成金属功能材料及制品、贵金属材料及制品、测温材料、元件及装置、传感器敏感材料及元件、难熔金属材料、特种陶瓷材料及制品、磁性材料及器件等六条中试工艺生产线。在测温材料、特种合金、工程仪表三大优势专业领域在国内处于领先地位。共取得科研成果869项，获得省部级以上科技进步奖励214项，其中国家级奖9项。这些成果已经广泛应用于机械、汽车、电子、能源、石化、冶金、轻工、舰船、航空、航天与国防军工等众多领域。解决了国家一系列重点工程、重大装备和军工配套所需的关键材料与元件，为我国国民经济的发展和国防军工技术进步做出了卓越贡献。

特种合金公司的精密合金产品，有板材、带材、丝材、棒材、管材

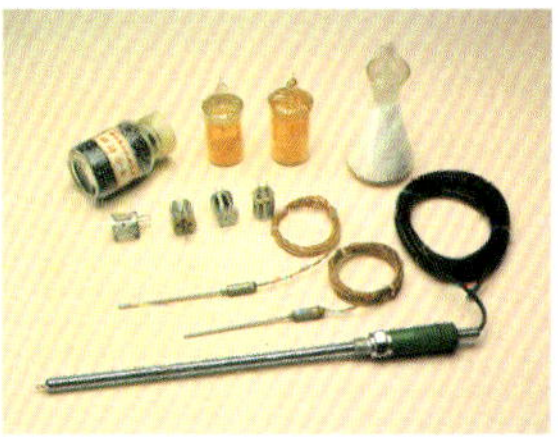

贵金属材料及器件

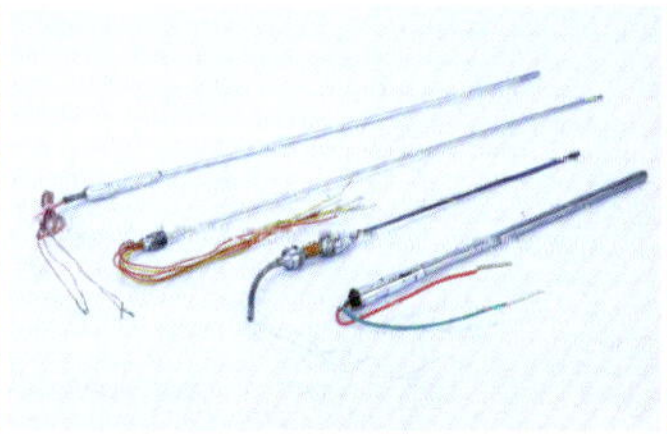

生产的各种铠装测温器件

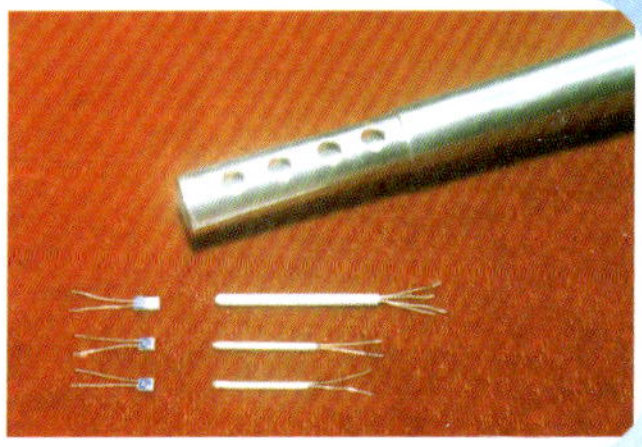

生产的核级测温元件

地址：中国重庆市北碚区龙凤桥　邮编：400700　电话：023-68863921　传真：023-68863932　网址：http：//www.ycs.com.cn

成都工研科技股份有限公司
成都工具研究所有限公司

成都工具研究所创建于1956年，是原国家机械工业部直属的我国机械行业综合性科研机构，是“国家精密工具工程技术研究中心”的依托单位，一直是我国工具行业的技术归口单位，是国家刀具质检中心、机械部量具量仪质检中心和中国机械工业金属切削刀具技术协会、中国机床工具工业协会工具分会、中国仪器仪表学会机械量测试仪器分会等10余个行业、群团组织的挂靠单位。1999年进入中国机械工业集团公司，转制为科技型企业。主要从事精密切削刀具、刀具材料、精密测量仪器和表面改性技术等领域的共性基础技术研究及高技术产品的开发和生产。

建所50多年来，一直承担着国家和部省（市）下达的大量重点科技攻关项目及其重大科研任务，仅1978年以来，获国家级发明奖3项，国家级科技进步奖6项，全国火炬计划优秀项目奖2项，全国科技大会奖13项，机械部及省市科技进步与成果奖130余项，有多项国内外专利，高新技术已出口欧洲先进工业国家。2001年成都工具研究所以绝大部分经营性资产出资，联合湖南大学、江苏大学发起设立“成都工研科技股份有限公司”。成都工具研究所2010年8月改制并更名为成都工具研究所有限公司。

● 地址：中国四川成都市府青路二段24号 ● 邮编：610051 ● 电话：028-83243828 （办）83240704（销售） ● 传真：028-83244548
● 成都工具研究所网址：http://www.ctri.cn ● 中国工具信息网网址：http://www.chinatool.net

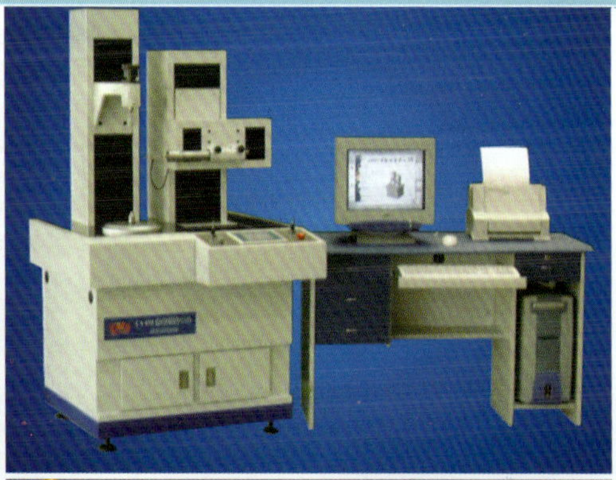

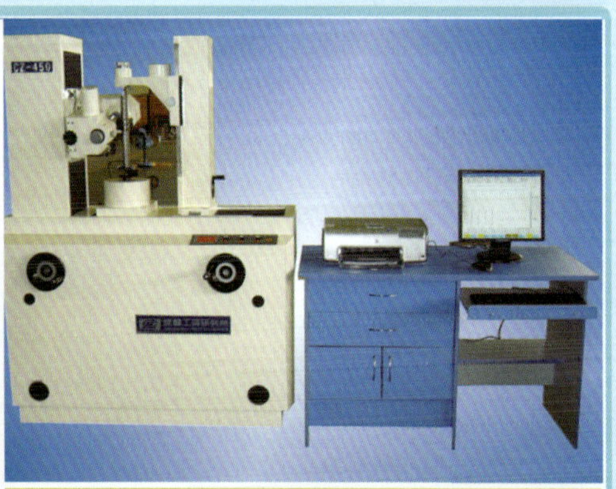

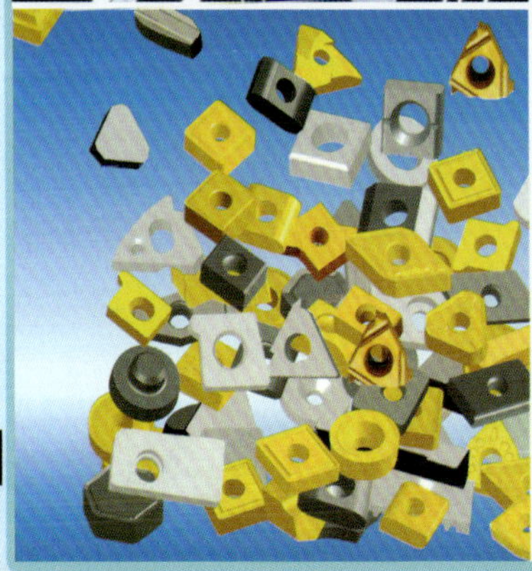

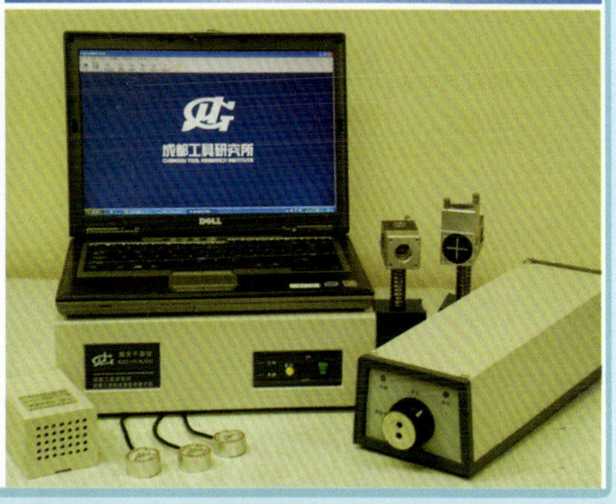

中国重型机械研究院有限公司

中国重型机械研究院有限公司（原西安重型机械研究所）创建于1956年，是以金属冶金工程设计、冶炼、连铸、轧制、重型锻压、环保装备设计、研发为主，机、电、液和基础件配套齐全的大型现代科技企业。提供工程咨询、机械工程监理、设计咨询、设备检测等行业技术服务。具有国家发改委颁发的建筑工程咨询甲级资质、钢铁行业咨询甲级资质，国家建设部颁发的建筑工程设计甲级资质及冶金行业、市政公用燃气工程设计乙级资质。“金属挤压与锻造装备技术国家重点实验室”、“国家装备制造业高精度带材轧制成套装备产业化基地”、“机械工业烟气治理工程（技术）研究中心”、“机械工业连铸技术装备重点（工程）实验室”、“陕西省大型工业铝型材挤压技术与装备工程技术研究中心”、“陕西省大型板坯连铸成套技术装备产业化基地”、“陕西省能量回收转炉煤气干法净化成套装备产业化基地”等研发平台设在公司。

中国重型机械研究院有限公司以“开发创新，装备中国”为使命，发扬溯源、创新、诚信、奋进的企业精神，瞄准国际先进水平，以一流的产品质量、一流的服务质量开拓国内外市场，诚信经营，持续改进，尽心竭力地为用户提供满意的服务。

125MN油压双动铝挤压机

360x450mm大方坯连铸机

165MN自由锻造油压机

玻璃窑炉脱硫、除尘、脱硝系统

地址：中国·陕西·西安市未央区东元路209号　电话：(029) 86322300　传真：(029) 86713965
邮政编码：710032　网址：www.sino-heavymach.com；www.xaheavy.com　电子邮箱：office@sino-heavymach.com

新院门

中国进口汽车贸易有限公司
CHINA AUTOMOBILE TRADING CO., LTD

中国进口汽车贸易有限公司（以下简称“中进汽贸”）是经国务院批准于1993年5月19日成立的大型国有企业，原名：中国进口汽车贸易中心，2007年改制更名为：中国进口汽车贸易有限公司。

中进汽贸原隶属于国家经贸委。国家机构改革后，作为国家骨干企业先后由中央大型企业工委、国务院国资委直属管理。2004年5月，经国务院国资委批准，与中国机械工业集团公司重组，成为该集团的成员单位。

中进汽贸始终以进口车经营为核心业务，面对国际、国内汽车市场的新形势和新变化，确立了向综合贸易服务型企业转型的发展战略。中进汽贸将利用良好的行业地位、充足的资金实力和专业的运作经验和团队，努力为汽车制造企业提供市场分析、车型选择、认证协助、订货管理、资金融通、通关物流等多项增值服务和当地化服务。中进汽贸将在为合作伙伴创造价值的过程中体现自身的价值，致力成长为受尊敬的多品牌综合汽车贸易服务商。

业务领域

进口汽车批发与贸易服务业务

创新与跨国汽车公司的合作模式，成为多个跨国汽车公司的总包销商和服务提供商；成为其在中国进口车业务的战略合作伙伴，不断深化和拓展合作内涵。

汽车零售服务业务

汽车零售服务领域快速发展，截至目前，全资或控股汽车4S店已增至20余家，汽车零售服务网络不断扩大。涉及的主要汽车品牌多达十几个。

汽车贸易服务园区业务

汽车贸易服务园区业务自2005年启动以来，进一步完善了中进汽贸的汽车相关业务，通过在汽车产业链上的延伸，这一优势的经营模式将会在全国一、二级重点城市大面积展开。

汽车租赁、二手车及改装业务

品牌租赁，一直以中高端客户作为目标客户群，多年优质服务，客户群稳定；二手车连锁业务：二手车连锁经营模式的基础上，打造全新的二手车品牌服务；汽车改装件经销业务：与德国ABT公司、Irmscher公司签署了长期合作协议，成功开拓新业务领域。

汽车传媒及电子商务业务

中国名车网
Chinaauto.com.cn
中国第一进口车平台

打造国内知名的进口汽车官方网站，并在这一过程中探索出电子商务公司运作的经验。在此基础上，利用多年积累的资源，探索进口汽车传媒领域新的发展模式。

汽车金融及战略投资业务

HUAXIA BANK 华夏银行

汽车金融及战略投资业务是中进汽贸寻求突破的全新业务领域，中进汽贸将努力发展成为国内领先的进口车金融服务商和国内领先的汽车战略投资商。

品牌活动

中国进口汽车风云榜

与新浪网联合推出的年度活动。是目前国内最权威的进口汽车评选品牌。迄今已成功举办三届。

中国进口汽车高层论坛

由中国机械工业集团公司主办，中进汽贸承办的进口汽车年度大型会议，迄今已成功举办六届。

天津国际汽车贸易展览会

与天津滨海新区管委会、天津保税区管委会联合主办。是目前国内唯一具有进口汽车贸易功能的国际性专业展会，迄今已成功举办九届。

中国进口汽车贸易有限公司 CHINA AUTOMOBILE TRADING CO., LTD 地址：北京市海淀区西三环北路72号世纪经贸大厦A座（100048） 电话：8610-88422222 http://www.ctcai.com.cn

中国汽车工业进出口总公司（中汽凯瑞贸易有限公司）

China National Automotive Industry Import and Export Corporation

中国汽车工业进出口总公司（中汽进出口）成立于1983年6月。公司总部设在北京，在国内拥有多个全资或控股子公司，在海外有多个常驻贸易机构。1998年7月，中汽进出口出资成立了中汽凯瑞贸易有限公司（中汽凯瑞），注册资金一亿元人民币。

中汽凯瑞主营汽车及相关零部件的进出口业务，业务范围还包括国内乘用车销售（汽车4S店）、汽车零部件生产及海外销售、机电成套设备出口、船舶制造及出口、国外工程承包、汽车展览业务等。中汽凯瑞近几年连续保持30%的增长，2009年主营收入38亿元，进出口总额2.6亿美元，在竞争中求发展，在合作中树信誉，取得了良好的经营业绩。

中汽系统将继续遵循国际贸易准则和有关法规，本着平等互利原则，信守合同，以高效、优质的服务，积极增进与各国朋友的友好合作，扩大贸易往来，以创共同繁荣！

成批进口的汽车停在港口

在法兰克福国际汽车零部件展览会上

成批出口卡车正在港口发运

地址：中国北京北四环中路265号　邮编：100083　Add：NO.265，Bei-Si-Huan-Zhong-Lu Rd ,Beijing 10083 China
电话 Tel：86-10-82379010，82379009　传真 Fax：86-10-82379088，82379188

CNAICO 中汽国际

中国汽车工业国际合作总公司

China National Automotive Industry International Corp.

中国汽车工业国际合作总公司（中汽国际）是中国机械工业集团有限公司的全资子公司。主要经营范围是：工程成套、贸易发展、实业投资、展览经营和综合业务。

作为一家综合性大型国有企业，中汽国际依托中国机械与汽车行业深厚的积淀和丰富的资源，积极开展全球性经济技术合作，为亚洲、欧洲、拉丁美洲和非洲众多国家和地区的电力、工业、农业、交通等国民经济重要领域提供技术装备和相关服务。同时，也为中国的经济建设进口急需的技术和装备。

目前，中汽国际是中国重要的成套电站设备出口商和重要的汽车及其配件贸易商，也是中国自主品牌最多、综合实力最强、规模和影响力最大的国际展览公司。

公司已通过 ISO9001 国际管理体系认证。

秉承"真心爱护员工，诚心服务客户，实心建设未来"的企业核心价值观，中汽国际正在为打造国内领先、国际一流的综合贸易服务集团化公司而不懈努力。

轮机转子盘车实验

拖拉机出口

完工的罐体

王绿谷汽车园外景效果图

北京车展现场盛况

地址：中国北京海淀区中关村丹棱街3号A座　邮编：100080
Add:No.3 Danling Street,Haidian District,Beijing 100080,P.R.China
电话 (Tel)：86-10-82606899　82606999
传真 (Fax)：86-10-82606999
Http://www.CNAICO.com.cn
E-mail:cnaico@cnaico.com.cn

北京中汽京田汽车贸易有限公司

广汽本田汽车中汽特约销售服务店

公司地址：北京市丰台区西四环南路39号

续险业务：63816216

邮　　编：100071

客服中心：63869778

销售热线：63862888 63830025

传真:63819666

售后服务：63860808-815/816

网址:www.hondazqjt.com

保险理赔：63860808-817

24小时救援热线：15910797387

北京国机隆盛汽车有限公司

公司简介
Company Profile

北京国机隆盛汽车有限公司（东风本田汽车国机隆盛特约销售服务店）是由中国机械工业集团公司、中国进口汽车贸易有限公司和中国汽车工业国际合作总公司等共同出资组建的国有控股股份制企业，是经东风本田汽车有限公司授权的集整车销售、售后服务、配件供应、信息反馈“四位一体”的特约销售服务店，特约店位于北京市海淀区西北旺镇百旺绿谷汽车园。主要业务是汽车（含小轿车）的销售及维修，经营主要车型为东风本田汽车有限公司生产的CR-V、CIVIC、SPIRIOR列产品。公司占地面积8000平方米，拥有经过东风本田公司培训的优秀销售业务人员及维修专业技术人员，先进成套的维修设备、检测设备及专用工具，是经有关部门批准的一类大修企业，可为用户提供一流的服务。

公司按照“以人为本，服务至上”的指导思想，秉承东风本田汽车公司“我们为用户创造喜悦”的经营理念，努力实现“用户的喜悦、销售的喜悦、创造的喜悦”。

公司地址：北京市海淀区西北旺镇百旺绿谷汽车园
销售热线：82402699　82403800　传真：82405129
服务热线：82402599　82402366　邮箱：bjgjls@163.com　网址：www.gjhonda.com

东风 HONDA

第九届中国国际机床工具展开幕式

展会现场

中国浦发机械工业股份有限公司成立于1992年10月，公司是以国际国内贸易、房地产开发、工程总承包等为主要业务的综合性公司，拥有13家控股子公司，职工总数近300人，公司总部设在上海，注册资本1.545亿元，最大股东为中国机械工业集团有限公司，所占股比50.7%。

公司积极参与浦东开发，实现了经营主业的规模发展，取得了骄人的业绩。开发建设浦发金桥工业城，成功引进27家国内外著名企业入驻，单位面积招商投资额名列前茅，成为上海浦东最成功的工业开发区之一。成功开发了上海“浦发广场”、天津“红光里房产”和“金钟公寓”、四川内江 “世纪滨江”等项目。

开展国际国内贸易形成特色服务；开展机电产品进出口和国内外名牌产品的代理业务；为国内外企业提供化学品船、海洋工程服务等船舶的建造、贸易服务；开展空分设备、低温液化、环境保护、电站等项目的工程总承包服务；拥有醋酸、醋酸乙烯、乙二醇等化工产品的专利和生产工艺技术，为国内化工企业提供技术服务。

目前，公司正在进行结构调整和优化管理，继续夯实主业基础，实现可持续的长远发展。

中国浦发办公场所

中国浦发与中国空分重组

中国电工与中国浦发签署战略合作协议

承接、建造的船舶出口业务

机翔房地产开发公司

1993年经国家经委批准机械工业部成立机翔房地产开发公司。1998年划归中国机械工业集团有限公司所属。公司主营房地产开发、经营、建筑工程承包、房屋维修、装饰、装修等。

公司通过对“机械大厦”和“王府大厦”等大型房地产开发项目的实际运做，在较大型的房地产项目开发建设的策划、市场预测、各项前期工程等方面积累了丰富的经验，在房地产评估、计算机管理、工程监理、工程概预算及物业管理方面均有较高素质的专业人员，并陆续在北京、安徽、广西等地完成房地产项目的开发建设。

近年来，公司通过参股物业公司开始涉足物业管理行业，同时积极开拓新的相关业务，不断扩大公司规模，公司实力不断增强。公司正在成为集商业房地产经营和物业管理服务为一体的综合性企业。

地址：北京市海淀区丹棱街3号中国电子大厦B座1706　　邮编：100080　　电话：010－58752526

物业公司管理的楼盘

王府大厦项目

北京华隆进出口公司

BEIJING WALLONG IMPORT & EXPORT CORPORATION

北京华隆进出口公司是中国机械工业集团有限公司的全资子公司。北京华隆进出口公司成立于1993年，注册资本为1亿元，对国机集团授权资产进行经营管理，从事成套设备、机械设备和轻工产品进出口以及加工贸易等业务。公司全资拥有华隆（香港）有限公司、上海华隆进出口公司、江苏华隆兴进出口公司和厦门华隆进出口公司等下属企业，作为原始股东持有中国光大银行股份有限公司、万向钱潮股份有限公司、福建龙溪轴承（集团）股份有限公司等上市公司的股份。

出口产品_收割机

Beijing Wallong Import & Export Corporation (SINOWALLONG) is a Wholly-owned subsidiary of China National Machinery Industry Corporation (SINOMACH). SINOWALLONG was established in 1993 with registered capital of RMB 100 million. Being a subsidiary of SINOMACH, SINOWALLONG acts as an operator for asset management authorized by the group. At the same time, SINOWALLONG is engaged in the international engineering contracting, processing trade, I/E of machinery/equipment and light industrial goods etc. SINOWALLONG wholly-owns four subsidiaries, namely Jiangsu Wallong-Hsin I/E Corporation, Xiamen Wallong I/E Corporation, Hongkong Wallong Co. Ltd. and Shanghai Wallong I/E Corporation. SINOWALLONG also holds stock shares of some listed companies such as Ever Bright Bank (601818), WanXianQianChao (000559), LongXi Bearing (600592), etc.

出口产品_颗粒机组

地址：北京市朝阳区朝外大街19号华普国际大厦11层　联系电话：0086-10-65802288　传真：0086-10-65802010

网址：http://www.sinowallong.com　电子邮件：office-wallong@sinowallong.com　邮编：100020

第二届董事会第4次会议

国机财务有限责任公司

国机财务有限责任公司是于2003年9月经中国银行业监督管理委员会批准成立，具有企业法人地位的非银行金融机构。公司股东为中国机械工业集团公司（以下简称“国机集团”）及27家集团成员单位，注册资本为5.5亿元人民币。

公司按照现代企业制度建立了完善的法人治理结构，实行董事会领导下的总经理负责制。公司拥有完备的金融服务功能和强大的运作能力。公司主要业务包括存款、贷款、投资等资产负债业务，以及支付结算、担保、票据、咨询服务等中间业务，其经营范围涵盖了本行业的全部业务领域；拥有一支熟悉金融和资本市场，具有丰富经验的高素质专业人才队伍；与国内各主要商业银行建立了广泛的合作关系。

作为国机集团的金融平台，公司依托集团雄厚的产业资本和丰富的业务资源，为集团加强资金管理和提高资金使用效益，提供优质、安全、快捷的金融服务，为集团工程承包、机电产品贸易及科技产品产业化等业务提供资金支持。公司以成员单位需求为导向，努力探索具有国机特色的金融服务模式，通过不断完善服务手段，提升业务品质，拓展经营空间，严格控制风险，保持了健康快速发展。

公司以诚信为本，谋求与客户共同发展，认真履行对客户承担的责任和义务，严格执行国家的法律法规和政策。真诚希望与集团成员单位及金融同业紧密合作，为实现国机集团发展战略，振兴民族机械工业做出贡献。

公司前台

内控体系建设启动会

公司业务部

团委拓展活动